개혁주의 신학

고든 J. 스파이크만 지음
류호준·심재승 옮김

기독교문서선교회

Reformational Theology
(A New Paradigm for Doing Dogmatics)

By
Gordon J. Spykman

Translated by
Ho-Joon Ryou & Jae-Sung Shim

Copyright © 1992 by Wm. B. Eerdmans Publishing Co.
Originally published in English under the title
as *Reformational Theology* by Gordon J. Spykman
Translated by the permission of Wm. B. Eerdmans Publishing Co.
255 Jefferson Avenue S. E., Grand Rapids, Michigan 49503, U. S. A.
All rights reserved.

Korean Edition
Copyright © 2002 by Christian Literature Crusade
Seoul, Korea

저자서문

원고는 완성되지 않는 것 같다. 그 안에는 언제나 더 설명하고 더 잘 표현해야 할 부분들이 보이기 마련이다. 그러나 언젠가는 펜을 놓고 출판사로 가지고 가야 한다. 이제 내가 그렇게 해야 할 시간이다. 나는 1980년대에 조직신학에 대한 주요 프로젝트를 시작할 때에 지금 내놓는 이 책에 대한 꿈을 꾸었다. 이제 지난 10여 년을 돌아보면서 내 작업을 도와준 많은 이들에게 감사의 표현을 하고 싶다. 우선 내게 매우 중요한 섬김의 본을 보여 준 칼빈대학교과 네덜란드의 자유대학교 도서관 직원들, 이 책을 쓸 수 있도록 안식년을 주고 일을 덜어준 대학본부, 그리고 원고를 참을성 있게 읽고 교정해 준 돌트대학교의 존 벤더 스텔트 교수, 그리고 수없이 계속되는 원고의 교정에 끈기 있게 그리고 진심으로 도와준 도나 퀴스트와 에스더 벤더 트위그에게 감사를 드린다. 그리고 이 책을 마치기까지 많은 고난 가운데서 나를 지탱해 준 아내 엘레노르에게 감사를 드린다.

이제 이 책을 신학계에 발표하면서 그 안에 무엇이든 선하게 도움이 될 만한 것들이 있다면, 나는 그것들을 아버지 알버트에게 돌린다. 나에 대한 아버지의 지치지 않는 지지, 공부를 하지 않았지만 건전한 신학적인 통찰력, 그리고 이 "개혁신학 작업을 위한 새로운 패러다임"을 끝까지 마치게 해 준 그분의 적극적인 관심을 기억하면서 나는 이 책을 아버지에게 바친다.

1991년 가을에
고든 J. 스파이크만

역자서문

저자인 고든 J. 스파이크만 박사는 미국 개혁교회의 목사로서 미시간주에 위치한 칼빈대학교의 조직신학 교수로 오랫동안 봉직하였다. 그는 평생을 개혁신학(칼빈주의 신학)을 배우고, 설교하고, 가르치면서, 교회를 섬기다가 주님의 부르심을 받기 바로 전해인 1992년에 본서를 출판하였다. 스파이크만은 전통적인 개혁신학을 사랑하고 그 깊은 내용을 평이한 언어로 설명하는 데 평생을 바친 학자로, 특별히 신학에 뿌리 깊이 남아 있는 이원론적인 사고구조에 반대하여 성경이 요구하는 통합적인 세계관을 신학에 널리 편 분으로 유명하다. 그는 한국 장로교에서 조직신학의 기본교재 중의 하나로 사용되면서 널리 알려진 루이스 벌코프(Loius Berkhof)와 동일한 기독개혁교단(Christian Reformed Church)에 속해 있으면서 그와 동일한 신학적 전통에 서 있다.

벌코프가 오랫동안 교장으로 봉사하였던 칼빈신학대학원(Calvin Theological Seminary)과 스파이크만 박사가 봉직한 인문계 대학인 칼빈대학교(Calvin College)는 작은 연못을 사이에 두고 같은 캠퍼스 안에 위치해 있다. 작은 연못이 그 사이에 있는 것과 같이, 그리고 두 분의 저서들 사이에 60년이라는 시간적인 차이가 있는 것과 같이, 본서는 단순히 루이스 벌코프의 반복은 결코 아니다. 본서의 이름에서 분명하게 드러나듯이, 스파이크만은 오랜 유산의 개혁신학의 내용을 새로운 패러다임 안에서 전개하고 있다.

그가 말하는 '새로움'은 무엇인가? 개혁신학의 내용을 어떻게 새롭게 전개한단 말인가? 그가 말하는 개혁신학 안에서의 새로움은 전통적인 주제(loci) 형태의 조직신학을 탈피하는 것을 말한다. 전통적인 조직신학은 일반적으로 신론, 인간론, 기독론, 구원론, 교회론, 종말론 등 여섯 개의 주제를 중심으로 구성하여 나아간다. 그러나 본서의 저자는 특별히 세 가지 관점에서 새롭게 개혁주의 신학을 써내려 가고 있다. 첫째는 신학을 기술하는 구조론에서, 둘째는 신학 방법론에서, 셋째는 성경신학과의 관계성에서 그렇다. 다시 말해서 스파이크만 박사가 말하는 '새로운 개혁신학'의 '새로움'이란, '창조-타락-구속-완성'이라는 성경계시의 틀을 사용하여 개혁신학의 내용을 재정립하고 있다는 구조에서, 그리고 철학적인 성찰을 신학의 기초에 사용한다는 방법론에 있어서, 그리고 지난 반세기 동안 맺혀진 성경신학의 열매들을 신학에 잘 접목시키고 있다는 점에서 매우 두드러지게 나타난다.

본서는 전체 5부로 구성되어 있다. 제1부는 '기초'를, 2부는 '선한 창조'를, 3부는 '죄와 악'을, 4부는 '구원의 길'을, 그리고 5부는 '완성'을 다루고 있다. 제1부는 신학방법론, 신학방법에 관한 신학의 역사, 신학에서의 성경의 위치, 그리고 성경에 대한 교리를 심도 깊게 그리고 명쾌하게 다루고 있다. 성경에 관한 교리는 본서에서 신학의 방법상 가장 기본적인 위치를 차지하고 있을 뿐 아니라, 개혁신학의 내용을 가장 잘 표현한 부분 중의 하나이다. 저자는 조직신학이 추상적이거나 사변적이 되어서는 안 된다는 확신과 함께, 성경이 계시하는 구속역사의 순서와 내용을 중심으로 신학이 형성되어야 한다고 주장한다. 이러한 그의 주장은 16세기의 칼빈의 목소리를 다시 듣는 듯한 느낌을 준다. 사실 스파이크만은 자신의 신학의 가장 근본적인 기초로 칼빈의 『기독교강요』를 꼽고 있다. 칼빈과 함께 스파이크만의 신학에 깊은 영향을 준 신학자는 아브라함 카이퍼(Abraham Kuyper)이다. 카이퍼가 주창한 기독교 세계관을 통하여 19세기로부터 20세기로 넘어오면서 헤르만 바빙크(Herman Bavinck)와 같은 동료들과 함께 신칼빈주의(Neo-Calvinism)라고 불리는 화란개혁주의의 기틀이 놓이고, 이 세계관에 의한 학문적인 영향은 도이비를트(Dooyeweerd)와 볼렌호벤(Vollenhoven)에 의해서 철학에 깊은 영향을 끼치고, 그 위에 많은 성경신학자들, 예를 들어 헤르만 리더보스(Herman Ridderbos)와 게할더스 보스(Geehardus Vos)의 성경연구의 결실이 본서에 쌓이고 있음을 모든 페이지에서 분명하게 볼 수 있다.

제2부는 창조세계를 다루는데, 그 안에 하나님을 역사하시고 계시하시는 주체로서 설명하고, 이어서 창조세계를 하나님의 뜻으로 지어진 하나님의 세계로써, 타락,

구속, 그리고 완성으로 이어지는 계시역사의 기준으로 설명하고 있다. 그 안에 인간론과 인류역사를 구속의 역사로 보는 견해가 더해진다. 제3부는 죄에 대한 이해와 죄의 전가에 대하여, 그리고 그리스도에 이르기 직전까지의 율법의 사용을 설명하고 있다. 제4부는 구원의 길을 다루면서 이스라엘과 교회, 그리스도 안에서의 구속, 교회, 성령의 역사, 그리고 그리스도인의 삶을 설명하고 있다. 마지막인 제5부는 구속의 완성을 원래 창조세계로의 회복으로 보는 종말론으로서 구속의 범위가 우주적임을, 교회의 완성을, 그리고 천년기 등에 관한 전통적인 주제들을 다루고 있다.

스파이크만은 루이스 벌코프의 조직신학의 뒤를 잇는 개혁신학의 후배로서 신학방법과 내용의 구성에 있어서 새로운 패러다임을 주장하고 있다. 그 이유는 스파이크만이 벌코프의 조직신학이 20세기 북미의 개혁신학에 가장 큰 영향을 끼쳤음을 인정하면서, 그의 신학이 뿌리 깊은 스콜라스티시즘(scholasticism)의 영향 아래에서 쓰여져서 다분히 추상적이며 사변적이라고 생각하기 때문이다. 스파이크만이 이해하는 신학은 영원한 진리에 대한 추상적인 개념 연구가 아니라, 성경이 계시하는 구속역사에 대한 역사적이며 구체적인 연구, 따라서 이 땅에서의 매일의 삶을 중요시 여기는 연구이며, 성과 속을 구별하는 이원론적 사고를 지양하고, 성도의 삶과 교회의 사역을 교회 안으로만 규정하지 않음으로써, 모든 것을 포괄하는 개혁주의 성경의 이해와 그에 근거한 철학적 통찰력을 기초로 하는 연구이다.

이렇게 형성된 신학은 독자로 하여금 그의 신학적인 작업이 지속적으로 성경의 내용에 뿌리를 내리고 있다는 사실로 말미암아 기쁨을 누리게 한다. 저자는 '근본주의/자유주의' 신학이라는 양극단의 갈등 상태에서 신학을 형성하는 것보다, 전통적인 개혁신학의 틀과 그 성경해석의 원리를 긍정적으로 적용할 것을 주장한다. 다시 말하면, 종교개혁 이후 발전하고 형성된 개혁신학의 틀과 그 성경해석의 원리를 가지고 성경을 이해하고, 또한 그렇게 얻은 성경신학의 결실을 조직신학에 적용해야 한다는 그의 주장이 본서에 잘 실행되어 있다:

> 신학에서 하나님에 대해서 아는 방법은 기독교 공동체에서 믿음의 생활을 알게 되는 방법과 근본적으로 다르지 않다. 후자는 성경의 이야기가 우리에게 계시해 주는 이 땅 위에 매우 구체적이고 우리가 경험할 수 있는 사건들을 통하여 알게 된다. 신학은, 우리의 믿음의 삶의 교리를 연구하는 전문적인 학문으로서, 그러한 구체적인 경험들의 의미를 깊이 성찰하는 임무를 가지고 있다. 신학은 믿음의 생활과 동떨어진, 사변적인 방법을 택할 이유가 없는 것이다. 그러므로 방법론적으로 볼 때에, 하나님의 존재, 실존, 지식, 속성, 그리고 위격에 대한 성찰을 성경이 계시하는 바와 같이 하나님께서 피조물과 가지신 언약의 관계라는 신앙고백적인 상황을 떠나서, 그리

고 하나님의 나라를 다스리는 창조주의 왕권이라는 상황을 떠나서 하는 것은 매우 심각한 문제를 안은 모험인 것이다(제2부, 들어가는 서언에서).

성경에 대한 교리에 있어서도 저자는 개혁신학이 가르쳤던 내용을 창조에 심으신 하나님의 법과 기준에 연결하여 포괄적인 내용으로 다루고 있다. 사실 본서의 가장 중요한 기초는 아래에 설명할 기독교 세계관과 함께 성경에 대한 교리이다. 신학의 기초를 다룸에 있어서 성경과 관련하여 본서가 새로운 패러다임으로 주장하는 것은 "세 가지 요소의 신학"이다. 과거의 신학들이 하나님 중심적이거나 또는 인간 중심적이어서 그로부터 파생되는 이원론적인('위/아래' 또는 '객관적/주관적') 이해의 잘못과 함께 신학의 내용이 가지는 위험을 경고하면서, 저자는 하나님과 인간 사이에 하나님의 말씀이 "창조의 법"으로서 연결한다는 신학의 구조를 주장하고 있다. 여기서 세 가지 요소란, '하나님', '인간', 그리고 그 사이를 잇고 동시에 한계를 형성하는 창조의 법으로서의 '하나님의 말씀'을 의미한다. 이러한 "세 가지 요소의 신학"의 주장은 다양한 반응을 불러일으키고 있으나, 전통적인 신칼빈주의의 신학의 방법과 서론에 관한 심도 깊은 논의로서 다루어져야 할 것이다. 이 '창조의 법'이라는 개념은 칼빈주의 신학에서 창조에 있어서의 하나님의 주권이나 또는 법으로 사용되던 언어이다. 이렇게 이해되는 하나님의 말씀이 신학의 기초가 되는 것이다. 또한 이 용어는 하나님과 인간 사이를 잇는 언약 개념의 좀더 넓은 뜻을 지니고 있다:

> 신학의 결정적인 질문은 기준에 대한 것이다…그러므로 신학의 결정적인 질문은 어디에 신학의 기준을 두느냐이다. 만약 하나님과 인간 사이에 언약의 말씀이라는 세 가지의 요소를 두지 않는다면, 그래서 전통적인 양분화된 시각으로 신학을 한다면, 여러 가지 문제들이 나타난다…하나님의 말씀은 창조주와 인간 사이의 언약과 책임의 관계를 이룩하는 언약의 결속이라는 것을 여기서 강조할 필요가 있겠다. 이러한 언약의 결속은 일치하면서도 다양한 하나님의 계시를 이해하는 데 필수적이며, 또한 신학을 포함해서 하나님의 성도가 하나님께 드리는 인간의 반응에 필수적인 요소이다. 그러므로 신학의 체계를 형성하는 데 있어서 하나님의 말씀은 그 '잃어버린 연결'을 찾는 데 가장 필수적인 것이다(제1부, IV. 7. 기준의 위치 중에서).

성경계시가 보여 주는 구속역사의 전개를 따라서 창조-타락-구속-완성의 구조로 이해되는 저자의 '세계관적인 신학'은 조직신학에만 국한되지 않는다. 다시 말하면, 성경계시의 전개를 이러한 구조로 이해하는 개혁주의의 통찰력은 신학연구에만 국한되지 않고, 인간이 하는 모든 학문과 활동을 이해하고 구속하는 건전한 틀로 사용되고 있다. 따라서 개혁주의의 성경을 읽는, 그리고 세계를 보는 시각에 관한 통찰력은 신학을 인간이 수행하는 모든 활동과 학문 중의 한 영역으로 보며, 동시에 다른 모든 활동과 학문도 그러한 시각에서 삶과 학문을 이해하고 작업을 할 것을 요구한다. 이러한 '세계관적' 이해는 아더 홈즈(Arthur Holmes)의 『기독교 세계관』(Contours of a World View), 알버트 월터스(Albert Wolters)의 『창조, 타락, 구속』(Creation Regained), 그리고 폴 마샬(Paul Marshall)의 『천국만이 나의 집은 아닙니다』(Heaven is not My Home)에 잘 나타나 있다.

철학적인 통찰력을 신학의 작업에 긍정적으로 사용한다는 말은 철학의 내용을 기초로 신학을 형성한다는 의미가 아니며, 철학적인 그리고 논리적인 근거에 따라 성경을 이해한다는 의미도 아니며, 영원한 진리 자체에 대한 추상적인 진리탐구를 의미하는 것은 더더욱 아니다. 개혁주의 신학에서, 적어도 스파이크만에게 있어서 신학의 내용과 형성을 위한 철학의 사용은 성경이 요구하는 바에 따라 이해되는 창조주 하나님, 인간 자신, 세상과 세상의 구조, 그리고 질서에 대한 철학적인 통찰력을 사용함을 의미한다. 이렇게 이해되는 철학은 성경의 계시에 맞추어진 기독교철학이라고 부를 수 있다. 철학은 스스로 독립된 위치에 서 있지 않으며, 세상의 모든 것과 같이, 하나님의 나라 안에서 그리스도와 그의 말씀의 권세 아래 놓인 인간의 활동 중의 하나이다. 세상과 자신에 대한 철학적인 성찰은 하나님과 인간, 그리고 세상에 대하여 계시하는 성경이 요구하는 신학의 일부라고 스파이크만은 생각한다:

> 칼빈이 말한 것처럼 신학 가르침의 올바른 순서는 그러한 주제들을 앞에서 다루는 것이라 하였다. 그 이유는 신학은 그 자체로 홀로 서거나 고립된 학문으로 유지할 수 없기 때문이다. 신학에는 언제나 신학 이전에 가정해야 할 것들, 즉 신앙고백적인 것들, 해석학적이고 철학적인 이슈들, 종교 입장에 관한 이슈들, 믿음에 헌신함, 세계관과 인생관이 있어서, 우리는 신학의 내용에 들어가면서 이러한 것들을 다루어야 한다. 이런 것들을 다루는 것이 바로 신학 서론의 중요한 관심인 것이다. 신학이란 너무나 중요해서 자기들의 철학적인 토대에 대해서 불분명한 신학자들에게 맡길 수가 없는 것이다(제1부, V. 11. 개혁신학의 재구성 중에서).

이러한 스파이크만의 신학적인 기초는 매우 분명하게 헤르만 도이비르트와 벌카우어로부터 온 영향이다. 저자의 이러한 철학의 이해와 사용은 칼 바르트가 가진 반철학적인(혹은 철학적인 성찰을 신학에 사용하되 철학이라는 용어를 반대하는) 신학의 방법을 비판한다.

본서에서 저자가 신학을 사변적이거나 추상적으로 추구하지 않고 성경계시의 순서를 따라서 '창조-타락-구속-완성'의 구조로 이해한다는 것은 신학의 깊이에 있어서나 그 넓이에 있어서 과거의 조직신학에 뒤진다는 것을 의미하지 않는다. 그것은 오히려 신학 자체가 하나님과 그의 백성 사이의 살아 있는 언약의 상호작용이라는 주제를 중심으로 전개된다는 것을 의미한다. 그것은 또한 하나님과 그의 백성 사이의 언약관계는 단순히 이론적인 것이 아니며, 계시 안에서 역사적이며 실질적이며 실존적임을 의미한다.

한 신학의 구성과 내용이 모든 것을 다 말할 수는 없다. 하나의 구성방법은 하나의 목표를 가지고 가장 포괄적인 신학의 내용을 구성한다. 본서도 마찬가지이다. 본서의 구성방법과 내용의 전개에 관해서 여러 가지 평가와 함께 비판도 있었다. 개혁신학 내에서 많은 우호적인 평가와 함께, '오직 성경'으로 돌아온 개혁신학이 왜 다시 '철학'의 기초로 돌아가야 하는가, 또는 기독교 철학이라는 것이 과연 주장하는 대로 성경의 내용에 의해서 형성되는가(이 질문들은 철학이 무엇인가와 기독교 철학이 어떻게 가능한가라는 기초적인 토의로부터 시작이 되어야 할 것이다. 어느 방향으로 답변이 결정되든지 이러한 논의는 지속될 것이다), 이러한 신학의 구조에 있어서 전통적으로 가르쳐 온 신론 그리고 삼위일체에 관한 주제는 어디서 다루어야 하는가 등등 여러 반응들과 대화들이 있었다.

이러한 평가들에 열린 시각을 유지하면서 우리 나라의 교회 상황에서, 특별히 신학수업이라는 상황에서 본서의 위치와 가치를 평가해 보자. 스파이크만이 북미의 상황에서 우려하고 있는 것, 그 우려로 말미암아 전통적인 개혁신학의 내용을 재구성하고 있는 이유는 신학이 추상적이고 사변적이며 혹은 이론적인 작업으로 끝나는 것이 아니라는 확신에 근거해 있다. 저자가 주장하는 것은 개혁신학을 전혀 새로운 신학방법 위에 재구성하자는 것이 아니라, 16세기의 칼빈신학의 기초를, 20세기 초의 카이퍼와 바빙크가 세운 개혁신학의 내용을, 벌코프 조직신학의 이론적이고 스콜라스틱한 구성을 보완하여, 성경이 요구하는 기독교 철학의 통찰력과 성경신학의 결실 위에 재구성함으로, 그리스도인의 사고와 삶에 좀더 구체적이고 실질적인 내용으로 구성하자는 것이다. 신학이 하나님에 관하여, 창조세계에 관하여, 그리고 인간과 구원에 관하여 연구하는 지식의 체계라면, 그 내용에 대한 연구가 어찌 사변적이거나 이론적인 것으로 그칠 수 있을 것인가? 그 내용이 어찌 우리의 이해에 감동을 주고 우리의 가슴을 떨게 하지 못할 것인가? 신학의 내용을 올바르게 이해한다면 하나님에 대한, 인간에 대한, 그리고 인간의 구원과 영원한 삶에 대한 지식이 어찌 우리로 하여금 가슴 북받쳐 오르는 감동으로 살게 하지 못할 것인가? 여기서 말하는 감동이란 경건한 삶으로서의 감동뿐 아니라, 신학의 전체 체계를 형성하며 그 안에서 성경—신학과 성경주석의 역사—삶의 현장과 교회를 아우르는 그리스도인의 전 인간과 교회의 사역을 형성하고 움직이는 원동력을 말한다.

신학은 구름 위에 떠 있는 개념에 대한 연구가 아니라 하늘에 계신 하나님께서 이 땅에서 구체적이고 실제적으로 이루어 가시는 구속을 믿고, 깨닫고, 그에 따라 사고하고 참여하여 사는 삶에 대한 성찰이다. 이러한 신학적인 연구 중에서 조직신학은 다른 분야들보다 더 논리적이고 이론적인 요소를 가지고 있다. 그리고 우리 나라에서 조직신학 교과서는 대부분 번역본으로 원래 그것들이 쓰여진 상황과 의미가 분명하지 않은 채 사용되므로 공부하기 더욱 어렵게 만들었던 것이 사실이다. 조직신학을 올바른 신앙의 기초로 그리고 그 신앙의 체계를 형성하는 중요한 연구라고 이해하지만, 가까이 하기에는 너무 딱딱하고, 어렵고, 먼 것으로 알고 있는 신학도들이나 성도들에게 본서는 조직신학을 공부해야 할 이유와 함께 올바르게 공부할 길을 명쾌하게 제시하고 있다.

신학적인 작업은 성경의 가르침을 종합적으로 이해해서, 성경이 요구하는 창조세계라는 세계관 안에서 하나님께서 심어놓으신 사물들에 대한 가치관, 그리고 특별히 인간의 위치와 사명이라는 틀 안에서 이해하는 지식을 필요로 한다. 이러한 지식을 얻는 데 있어서 건전한 틀을 갖추는 것은 매우 중요하다. 사실 이러한 주장 자체가 성경을 읽고 신학을 형성하는 하나의 틀로부터 우러나온다. 스파이크만 본서는 개혁신학을 교회의 유익을 위하여 펼치는 목적을 달성하는 데 있어서 주목을 받을 만한 저서이다. 그의 목적이 한국의 신학계와 교회에 좋은 영향을 끼치기를 소원한다.

2002년 6월 서울 방배동에서
역자 류호준 · 심재승 識

목 차

저자서문 / 3
역자서문 / 4

제1부 기 초

제1장 원리와 취지 / 25

1. 본서의 기획 설명 25
2. 유수한 개혁전통에 서서 27
3. 최근 성경신학의 결실을 조직신학에 사용 31

제2장 신학 서론 – 역사적 개론: 철학은 신학의 동반자인가? / 35

1. 주제 35
2. 혼란스러운 권고 35
3. 거대한 장벽 38
4. 기독교 사상의 여행 39

5. 2세기에 일어났던 위기 40
  6. 중세의 혼합 42
  7. 종교개혁: 새로운 출발 44
  8. 반작용 45
  9. 반종교개혁 운동 46
 10. 다시 이해하는 스콜라스티시즘 47
 11. 원래의 질문 48
 12. 급진적인 혁명 49
 13. 자유주의의 꿈 50
 14. 일원론: 이원론의 종말 52
 15. 현대사상의 창시자 53
 16. 현대신학의 아버지 54
 17. 20세기의 "교부들" 55
 18. 전환기의 인물 61
 19. 좌표 62
 20. 진리에 좀더 가까이 62

제3장 최근 신학의 딜레마 / 65

  1. 처음과 마지막 65
  2. 두 개의 표준 66
  3. 하나님이 없는 세상, 세상이 없는 하나님 66
  4. 적응 67
  5. 대립 68
  6. 복잡한 전개 69
  7. "아래로부터의" 신학 69
  8. "위로부터의" 신학 71
  9. 제한된 선택 74
 10. 중간의 길 76
 11. 우리와 함께 계시는 하나님 77
 12. 상관성 77

13. 혼합 방법 78
14. 경험주의 신학 82
15. 문제에 대한 재인식 86
16. "삼요소"의 신학 88

    a) 결혼에 대한 그리스도인의 견해
    b) 정부에 대한 그리스도인의 견해
    c) 예정—선택과 영벌

제4장 분명한 기본 범주 / 92

1. 서론 92
2. 창조주/피조물의 상이점 93
3. 대조 93
4. 이원론 95
5. 촌락/읍/도시 97
6. 칼빈주의 신학이 제시하는 대안 98
7. 기준의 위치 100
8. 타당하지 않은 선택들 101

    a) 이신론
    b) 범신론
    c) 영지주의
    d) 종교주의설
    e) 일원론

9. 신학 언어 103

    a) 복수의미
    b) 단일의미
    c) 유추적인 의미

10. 기준되는 하나님의 말씀 105

제5장 신학 서론: 조직신학의 새로운 방향 / 107

1. 새로운 모범 107

2. 오직 성경 ... 107
3. 창조에 대한 하나님의 말씀 ... 110
4. 성육신된 말씀 ... 115
5. 점점 더 가까이 ... 117
6. 하나인 메시지 ... 118
7. 성경이 열쇠이다 ... 120
8. 일반계시와 특별계시 ... 121
9. 순례의 길 ... 124
10. 언약의 동반자 ... 126
11. 개혁신학의 재구성 ... 130
12. 성경적 세계관과 기독교 철학 ... 134
13. 기독교 철학과 신학 ... 137
14. 신학의 한 줄기로서의 조직신학 ... 142
15. 기독교 철학의 보증서 ... 144

    a) 창조주/창조세계
    b) 중재하시는 말씀
    c) 무로부터의 창조
    d) 하늘과 땅
    e) 문화소명
    f) 구조/방향

16. 교의(조직) 신학: 동역자와 종의 위치 ... 147
17. 성경의 정경성 ... 151
18. 최근의 해석학 ... 157
19. 성경해석의 전제 ... 160
20. 성경관 ... 161
21. 성경의 메시지와 방법 ... 166
22. 신앙고백적 해석 ... 169
23. 복습 ... 174
24. 예고 ... 175

제2부 선한 창조

들어가는 서언

제1장 우주론 / 183

1. 삼위일체 하나님의 역사 … 183
2. 출발점으로서의 하나님의 선한 창조 … 186
3. 가르침의 올바른 순서 … 188
4. "태초에 하나님이…!" … 191
5. "시작"은 명확한 시작을 의미한다 … 193
6. 창조에 있어서의 시간 … 196
7. 구조와 기능 … 202
8. "무로부터의" 창조 … 204
9. 하나님과 신들 … 207
10. 창세기의 날의 시간 … 210
11. 의인화의 표현 … 213
12. 일반계시와 자연신학 … 215
13. 두 권의 책 … 218
14. 바르트의 반격 … 220
15. 창조 개념의 쇠퇴 … 224
    - a) 복음주의 신학
    - b) 오순절운동
    - c) 실존주의
    - d) 과정신학
    - e) 독일 그리스도인
16. 창조질서 … 227
    - (1) 일반적인 표준 … 227
    - (2) 핵심적인 임무들 … 230
    - (3) 결혼의 규범 … 232
    - (4) 국가의 삶을 위한 기초 … 233
    - (5) 공동체의 구조 … 235
17. 안식 … 241

제2장 인간론 / 246

1. 관점 246
2. 인간중심주의 또는 신중심주의? 249
3. 인간이 무엇이관대…? 255
4. 신학적 인간론 258
5. 정체성의 위기 261
6. 종교적 중심으로서의 "마음" 271
7. 인간: 하나님의 형상 277
8. 인간의 소명 284
9. 전인(全人): 몸과 영혼 289
10. 공동체 안의 인간 302
11. 책임과 봉사를 위한 인간의 자유 307
12. 인간의 권리 309
13. 문화소명 314
14. 언약/하나님의 나라 315

제3장 역사 / 326

1. 시간, 역사, 그리고 문화 326
2. 하나님의 섭리 329
3. 역사를 중요하게 여김 337
4. 역사적 분화 337
   (1) 구약에서 337
   (2) 구약과 신약 사이에서 340
   (3) 신약에서 342
   (4) 서구 기독교 전통에서 344
      a) 교회/국가간의 계속적인 갈등
      b) 대학의 발전
5. 기적들 347

제3부 죄와 악

서론: 선한 창조 그리고 타락

제1장 죄의 뿌리 / 364

  1. 죄와 악의 기원   364
    (1) 이중의 전제   366
    (2) 일원론적 "설명들"   367
    (3) 이원론적 "설명들"   369
    (4) 악마적 "설명들"   372
  2. 원죄   374

제2장 쓴 열매의 결실 / 378

  1. 죄라는 이름   378
  2. 한 상태에서 다른 상태로   381
  3. "저주가 있는 저 끝까지"   383
  4. 부전자전   386
    a) 모방
    b) 유전
    c) 전가
    d) 진화
  5. 화를 입음   392
  6. 의지의 자유/속박   395
  7. 죄의 삯   400

제3장 죄로부터의 회복 / 404

  1. 구속사 안에서의 율법의 위치   404
  2. 율법과 복음   406
  3. 그리스도께 이르는 "가정교사"로서의 율법   409
  4. "율법의 마침"으로서 복음   413

제4부 구원의 길

들어가는 서언

제1장 유일한 길 / 420

제2장 하나님께서 이스라엘을 다루시는 방법 / 423

   1. 이스라엘의 "선(先)역사"   423
   2. 선택된 백성   424
   3. 언약역사   428
   4. 옛 것과 새 것: 숨겨진 것…계시된 것   433
   5. 구약정경: 언약의 책   435
     (1) 율법   436
     (2) 선지서들   438
     (3) 성문서   440
   6. 이스라엘, 메시아, 그리고 교회   442

제3장 그리스도 안에 있는 하나님의 길 / 449

   1. 삼중의 주제   450
     (1) 증언   450
     (2) 선포   453
     (3) 가르침   454
   2. 예수: 역사와 케리그마   455
     (1) 역사적 예수 연구의 '옛 학파'   457
     (2) 신정통주의의 출현   460
     (3) 역사적 예수 연구의 '새 학파'   465
     (4) 지금이 곧 미래이다   466
   3. 하나님의 그리스도   470
     (1) 임마누엘: 하나님이 우리와 함께 계시다   471
     (2) 기독론적 논쟁들   473

① 초기의 논쟁들
　　　② 교회 공의회
　　(3) 우리 가운데 임재하시는 중보자 ……………… 484
　　　① 선지자로서의 그리스도
　　　② 제사장으로서의 그리스도
　　　③ 왕으로서의 그리스도
　4. 성령의 오심 ……………………………………………… 496
　　(1) 오순절 성령강림 사건 ………………………… 497
　　　① 그리스도와 그의 영
　　　② 오순절 이전의 성령
　　　③ 교회의 탄생
　　(2) 성령의 영속적인 임재 ………………………… 505
　　　① 세계 속에서의 성령의 사역
　　　② 교회 안에서의 성령의 역사
　5. 제도로서의 교회 ……………………………………… 511
　　(1) 제도로서의 교회와 유기체로서의 교회 ……… 512
　　(2) 신자들의 어머니로서의 교회 ………………… 515
　　(3) 교회의 사명들: 세상 안에서 그리고 세상을 향하여 …… 517
　　　① 선교
　　　② 중보
　　　③ 봉사
　　　④ 성도를 온전케 함
　　(4) 교회의 상황성 ………………………………… 520
　　(5) 교회의 특성 …………………………………… 523
　　　① 교회의 일치성
　　　② 교회의 거룩함
　　　③ 교회의 보편성
　　　④ 교회의 사도성
　　(6) 교회의 표식들 ………………………………… 534
　　　① 설교
　　　② 성례
　　　③ 세례

④ 성찬
　(7) 참 교회와 거짓 교회 ･････････････････････ 545
　(8) 교회 리더십 ･･････････････････････････････ 547
　　　① 특별한 직분
　　　② 교회법
　(9) 제도와 유기체 ･･･････････････････････････ 552
6. 유기체로서의 교회 ･･････････････････････････ 553
　(1) 세상에 살지만, 거기에 속하지 않은 ･･････ 554
　(2) 무제한적인 사명 ････････････････････････ 558
　(3) 기독교 공동체 삶의 표식 ･･････････････････ 560
　　　① 그리스도인의 자유
　　　② 거룩으로의 부르심
　(4) 교회와 하나님 나라 ････････････････････････ 565
7. 그리스도인의 삶 ････････････････････････････ 567
　(1) 그 이름 안에는 무엇이 있는가? ･･･････････ 567
　(2) 믿음의 단계들 ････････････････････････････ 569
　(3) 공동체 안에서의 개인들의 삶 ･･･････････････ 571
　(4) 그리스도인의 순례의 길 ････････････････････ 573
　　　① 중생: 새로운 삶
　　　② 칭의: 하나님 앞의 의로움
　　　③ 성화: 믿음을 지킴
　　　④ 견인: 다시는 돌아가지 않음
　(5) 계속해서 기도함 ･･･････････････････････････ 596
　(6) 그리스도 안에서의 선택 ･････････････････････ 599

제5부 완 성

들어가는 서언

제1장 최종단계 / 611

　1. 매혹적인 우주적 담화 ････････････････････････ 611

2. 전개되어 가는 교리 ······ 613
3. 마지막 일들/첫 번째 일들 ······ 616
4. 두 관점 ······ 618
　(1) 터널 비전 ······ 618
　(2) 시간들 사이에서 ······ 619
5. 오랜 연기 ······ 623
6. 그렇다면 우리는 어떻게 살아야 하는가? ······ 625

제2장 천년왕국 / 627

1. 한 목소리와 많은 메아리 ······ 627
2. 뒤를 돌아보며 ······ 628
3. 종말론의 기본 유형들 ······ 630
　(1) 후천년설 ······ 630
　(2) 전천년설 ······ 631
　(3) 중간 논평 ······ 634
4. 해석학적 기준 ······ 635
5. 친천년왕국설 ······ 637
6. 봉인되지 않은 메시지 ······ 640

제3장 종말론적 카운트다운 / 642

1. 시대의 표적 ······ 642
2. 적그리스도 ······ 645
3. 막는 자와 그가 막는 것들 ······ 647
4. 중간상태 ······ 648
5. 부활의 삶 ······ 651
6. 마지막 심판 ······ 654
7. 모든 것 안에 모든 것 ······ 658

참고문헌 / 663

Reformational Theology

제1부

기초

Reformational Theology

제1장 원리와 취지

1. 본서의 기획 설명

　네덜란드 라이든 대학교의 교의학 교수인 헨드리쿠스 벌코프는 그의 저서 『기독교 신앙』(*Christian Faith*, 영역본, 1979)의 개관에서 조직신학을 저술하는 것은 외로운 작업이라고 서술하고 있다(p. xii). 그것이 칼 바르트, 에밀 부르너, G. C. 벌카우어, 오토 베버와 헬무트 틸리케와 같은 유수한 신학자들이 견실한 신학을 남긴 유럽의 광범위한 개혁신학의 분위기이며, 또한 아드리오 코닉을 배출한 남아프리카의 분위기라면, 그것은 북미 대륙에 있어서는 더욱 그러하다. 루이스 벌코프는 우리 개혁신학 전통 중에서 이 외로운 사역을 감당한 한 사람으로 서 있다. 그의 대표작인 『조직신학』(*Systematic Theology*, 1947)은 논쟁의 여지가 없이 독보적인 존재이며, 헤르만 혹스마의 『개혁주의 신학』(*Reformed Dogmatics*, 1966)과 칼 헨리의 연작, 『신, 계시, 권위』(*God, Revelation, and Authority*, 1976 이후)와 함께 개혁신학 저술의 대표로 남아 있다. 그 이외에 약간의 신학자들을 거론할 수 있을 것이다. 그러나 우리의 시대는 이 분야에 약간의 저서들을 남겼을 뿐이다.
　우리는 이러한 개혁신학의 유산에 감사하면서 동시에 우리는 헨드리쿠스 벌코프의 다른 논평, 즉 "전통적인 조직신학은 현대에 더 이상 아무도 묻지 않는 질문에 대한 심원한 답변을 제공한다"는 데에 동의하지 않을 수 없다. 우리는 이러한 판단을 과장이라고 넘길 수 있을까? 아니면 이러한 판단은 현대 신학의 통념을 꿰뚫는 통찰력을 보이고 있는가? 현대에 들어와서, 특별히 제2차 세계대전 이후 몇 십 년 동안 서구 사회는 근본적인 변화를 거쳐왔다. 이러한 변화를 거쳐서 이제 20세기의 끝에 가까이 가는 지금, 우리는 개혁신학이 기독교 신앙이라는 영구한 논제를 어떻게 다룰 것인가를 신중하게 검토해야 한다.

이렇게 주장하는 데에는 적어도 두 가지 이유가 있다. 첫째 이유는 우리가 경험하는 소위 계몽주의 후기의 그리스도인의 생활이 내포하고 있는 위기이다. 서구 기독교는 현대 세속주의의 파도에 의해서 말 그대로 침수되어 버렸다. 과거의 이원론적인(dualist) 전통 신학의 구조는 결국 '신성한' 영역을 '세속적인' 영역의 같은 선상에, 또는 위에 병존시키거나 아니면 적어도 보전시키는 결과를 남겼다. 과거의 오래된 이러한 이원론적인 신학의 전통은 이제 반전되어서 현대 과정 신학에 새로운 일원론(monism)을 탄생시켰다. 이러한 현대 신학의 일원론은 세속주의에서도 살아남아 있는 '신성한' 영역이 거주하는 '이층 다락방'을 부수어 버렸다. '근본적인 세속주의'의 활동으로 인해서 '신성한' 것은 기껏해야 현대의 '세속적인' 세상 경험의 심원인 '존재의 바탕'(Ground of Being) 정도로 전락해 버렸다. 그러므로 우리 시대의 개혁신학에 요구되는 것 중의 하나는 과거의 이원론적인 전통과 현대의 새로운 일원론적인 신학의 대안으로서 실질적인 가치가 있는 기독교 신학을 새롭게 정립해야 한다는 것이다.

개혁신학을 새롭게 정립해야 할 두 번째 이유는 좀더 근본적인 이유인데, 그것은 다름아닌 기독교 삶을 성경에 근거하여 이해하는 개혁신학의 기본적인 전제에 뿌리를 두고 있다. 믿음의 삶은 지속되는 성화의 삶이다. 신학을 탐구하는 것은 성화로 이르는 소명을 실제로 살아가는 한 방법이다. 그러므로 신학을 하는 것은 그리스도인에게 있어서 영속적인 작업이다. 교회의 각 세대는 전 세대의 신학이 세워 놓은 바탕 위에 새롭게 신학을 세울 소명을 받았다. 이러한 새로운 노력은 분명히 우리 세대에 독특한 기준을 제공하며 또한 교회 역사에 우리 시대의 중요한 위치를 설정해 준다. 그러나 신학이 하나님의 말씀의 영구한 표준에 충실하게 반응해야 한다는 면에서 신학은 영구적으로 특정한 규범에 매여 있다. 신학작업의 진실성은 그러므로 "교회에 단번에 주신"…"조상들의 믿음"에 명백하게 일치해야 하는 관계에 달려 있다. 충실한 서기관에게 요구되는 것처럼, 충실한 신학자에게도 "그의 보물 창고로부터 전통적인 것과 새로운 것을 동시에 꺼내오는" 작업이 요구된다. 그러므로 신학의 작업에 소명을 받은 이는 "두렵고 떨림으로 구원을 이루는" 일을 이론적으로 감당하여야 한다. 그것은 바로 교회 안과 밖에서 보고 듣는 모든 이들에게 "우리 안에 거하는 소망을 설명해 주는" 조직적인 작업이다. 이러한 의미에서 보면, "신학을 한다"는 것은 창조 때부터 우리에게 축복과 소명으로 주신 문화 소명(cultural mandate)을 우리 삶에 구원론적으로 갱신시키는 작업이라고 할 수 있다. 그러므로 개혁은 계속 지속되어야 한다는 유명한 문구("개혁교회는 계속해서 개혁되어야 한다!")가 교회뿐만 아니라 신학에도 그대로 적용되어야 할 것이다. 다시 말해서, 개혁신학은 지속적으로 개혁되어야 한다는 것이다!

20세기의 끝에 가까이 가는 이 시대에 우리 앞에는 개혁신학의 비옥한 밭이 다시 한 번 펼쳐져 있다. 많은 신학자들은 과거와 현재에 쌓아놓은 개혁신학 안에서의 성경신학의, 철학의, 신학의 노력들의 결실을 수확할 때가 왔다고 믿고 있다. 개혁신학의 발전과 개혁을 위한 작업으로 신학의 새로운 통찰력, 새로운 지평, 새로운 시각, 새로운 방향을 모색하면서, 필자는 개혁신학 전통의 틀 안에 서서 그 전통의 가장 우수한 지성으로부터 탐구하기를 소망한다.

필자는 이 신학작업에서 신학의 개요 이상의 것을 목표로 삼지 않는다. 필자는 우리 앞에 펼쳐져 있는 신학 상황의 자세한 부분들의 모습을 세밀하게 탐구하지 않고, 그 커다란 윤곽들을 단순히 스케치함으로 현대 개혁신학의 커다란 밑그림을 제공하고자 한다. 이러한 작업은 당연히 더 자세한 신학작업을 요구한다. 이러한 신학작업의 시초를 공개하면서 본인은 신학 동료들로 하여금 그들의 위치에서 그들이 인식하는 대로 협력, 비평, 또는 기여하기를 초대한다. 이와 동시에 본인은 여러 해 동안 수업을 하면서 이러한 신학의 아이디어들을 형성할 수 있도록 도와준 본인의 학생들에게 깊은 감사를 표한다.

2. 유수한 개혁전통에 서서

전통은 바로 신학의 생명이 살아 흐르는 통로이다. 전통에서 단절된 신학은 잘려진 꽃과 같다. 그것은 마치 뿌리와 흙으로부터 분리된 꽃이 사람의 손 안에서 곧 시들어 버리는 것과 같다. 건강한 신학은 전통과 분리되어 전혀 새롭게 태어나지 않는다. 건전한 전통에 뿌리를 둠으로 과거와의 신학적 연결이 확실해지며, 동시에 전통은 미래의 새로운 가능성의 문을 열어준다. 격언이 말하는 것처럼 "전통은 미래로 가는 전주곡이다." 그러므로 읽을 가치가 있는 모든 조직신학이 특정한 전통 안에 서 있는 것은 당연한 일이다.

신학서가 한 전통 안에 서 있다는 것은 본서에도 적용이 됨은 물론이다. 서론에서 신학의 배경을 밝히는 데에는 타당한 이유가 있다. 왜냐하면 그 전통을 숨김으로 얻는 것이 없기 때문이다. 물론 전통이 신학작업을 하는 데 궁극적인 기준이 아님은 분명하다. 신학의 기준은 모든 그리스도인의 삶이 그렇듯이 하나님의 말씀이다. 그럼에도 불구하고 전통은 신학에서 결정적으로 중요한 위치를 차지하고 있다. 그 이유는 그것이 기독교의 한 공동체의 정체성과 건전한 지성의 자극이 거하는 장소이며 동시에 그 공동체의 사고의 형태가 형성되며 신학과 삶의 반영이 일어나는 곳이기 때문이다. 전통은 역사적이며 문화적인 통로로서 그 안에서 신학자는 그들의 작업을 통하여 하나님의 말씀이 가르치고 요구하는 것에 응답한다. 현재와 과거를 통틀어 모든 신학은 안정성과 함께 또한 시험적인 임시성도 포함하게 된다.

본서는 과연 어떠한 전통 안에서 신학작업을 하고 있는가? 이미 밝힌 바와 같이, 본서는 기독교 종교개혁의 개혁주의-칼빈주의의 전통에 서 있다. 개혁주의란 종교개혁이 낳은 다른 교회들, 예를 들어서 루터교, 영국 국교회, 쯔빙글리, 또는 재세례파의 신학적 전통과 다르며, 물론 로마 카톨릭이나 동방 정교의 전통과 다른 입장에 서 있는 신학의 형태이다. 본서에서 말하는 개혁주의 신학을 이루는 근간은 네덜란드의 개혁교회를 통해 형성되고 표현된 개혁전통을 말하며, 이것은 스코틀랜드 장로교와는 다른 특징을 가진 신학 전통이다. 네덜란드 개혁주의 신학이 물론 역사적으로 언제나 통일된 목소리를 내지는 않았다. 네덜란드 개혁신학도 종교개혁을 따르는 다른 교회들이 그랬던 것처럼 여러 가지 우여곡절을 겪으면서 성장해 왔다. 이런 상황을 겪으면서도 개혁신학은 종교개혁의 신학과 뚜렷한 연결성을 가진 신학으로 발전하여 왔다. 물론 종교개혁의 신학 사고가 지금까지 손상되지 않은 전통으로 내려온 것은 아니지만, 그 안에는 회복할 수 있는 사고의 형태가 남아 있다. 이 남아 있는 종교개혁의 사고의 형태가 바로 본인이 따르고자 하는 것이며, 지금 그것을 스케치함으로 개혁전통에 선 새로운 형태의 조직신학을 소개하려고 한다. 그것을 스케치하는 가장 좋은 방법은 그 개혁전통에 서 있었던 가장 두드러진 인물들을 소개하는 것일 것이다.

본서의 신학의 역사적 배경으로 먼저 존 칼빈의(1509-1564) 저서 중의 완결판인 『기독교강요』(*Institutes of Christian Religion*)를 언급해야 하겠다. 칼빈은 성경이 가르치거나 동의하지 않는 한 교부 중의 어느 누구의 의견도, 그가 존경했던 클레바우스의 버나드(Bernard of Clairvaus)조차도 받아들이지 않았다. 칼빈 신학의 귀한 점은 바로 그가 가졌던 성경에 대한 강한 의존이었다. 그의 근본되는 성경 해석학적인 원리는(물론 그가 언제나 충실하게 따르지는 못했지만), 성경 이상을 말하지 않는다는 것이다. 그 이유는 그것이 단지 사색이기 때문이다. 또한 성경 이하를 말하지 않는다는 것이다. 그 이유는 그것이 성경을 빈약하게 만들기 때문이다. 신학 방법론적으로 말할 때에, 성경의 계시는 신학 작업의 시금석이 된다. 이러한 방법을 가지고 칼빈은 과거의 천여 년의 신학들을 더듬어 어거스틴에(칼빈은 다른 신학자들보다 어거스틴을 긍정적으로 많이 인용하였다) 이르고, 다시 어거스틴으로부터 바울과 기타 성경의 말씀에 이르렀다.

칼빈으로부터 시작을 하여 이제 19세기로 뛰어 넘어가자. 그렇게 함으로 우리는 이 둘 사이의 200년이 넘은 개혁신학이 사변화된(scholastic) 시기를 건너뛰었다. 다음에 다루어야 할 인물은 19세기에 칼빈주의 신학을 부활시킨 아브라함 카이퍼(1837-1920)이다. 이 시기의 네덜란드 개혁신학을 신칼빈주의(Neo-Calvinism)라고 한다. 카이퍼가 남긴 가장 중요한 업적은 그의 신학보다는 오히려 그가 피력한 개혁주의 세계관이다. 물론 이 세계관 안에 그의 신학이 형성되고 표현된 것은 당연한 일이다. 당시의 신학은 카이퍼의 동료였던 헤르만 바빙크(1854-1921)에 의해 정립되었고 그의 저작은 그 후 현재까지 네덜란드 개혁신학의 근간이 되고 있다. 바빙크는 신칼빈주의의 독보적 지도자로서 그의 조직신학은 19세기에서 20세기로 넘어오면서 개혁신학의 기틀을 마련하였다. 이들 이후 개혁신학은 클라스 스킬더(1890-1952)와 코넬리우스 반틸(1895-1987)에 의하여 풍성하게 발전하였다.

그러나 네덜란드 개혁신학이 현대 미국 대륙의 개혁신학에 남긴 가장 깊고 지속적인 영향은 루이스 벌코프(1873-1957)의 저서 『조직신학』(Systematic Theology)이다. 그의 교의학은 개혁신학 안에서 오랫동안 이론화된 신학이 그 말기에 완화된 형태를 가지고 있다. 금세기 중반에 들어서 이러한 이론화된 또는 사변화된 신학은 그 발판을 잃어가기 시작하였다. 이러한 사변화된 신학 대신에 새롭게 요구된 것은 벌카우어의 펜으로부터 흘러나온 『교의학 총서』(Studies in Dogmatics)에 의해서 이루어졌다. 벌카우어의 역동적인 신학은 루이스 벌코프 신학의 근간이 되는 사변화된 개념으로부터 우리들을 해방시키고 있다. 벌카우어의 신학은 보다 더 칼빈의 신학에 가까운 신학 개념과 구조를 가지고 현대 개혁신학을 새롭게 형성하고 있으며, 동시에 바빙크의 신학 사고를 우리의 시대에 새롭게 조명하고 있다. 벌카우어는 약 20권이나 되는 방대한 저서를 남겼지만, 신학을 포괄적이며 종합적으로 정리한 조직신학은 남기지 않았다.

위에 설명한 역사적 배경을 두고 우리는 우리의 현재 모습을 대하게 된다. 이러한 배경에 감사, 존경, 그리고 동정적인 비판을 가하는 혼합된 감정을 가지고 우리는 이제 우리의 전통 위에 신학을 세우기를 원한다. 성경의 가르침인 "네 부모를 공경하라"는 말씀은 우리의 칼빈, 카이퍼, 바빙크, 스킬더, 반틸, 루이스 벌코프, 그리고 벌카우어에게 적용되지 않을 수 없다. 왜냐하면 이들은 개혁신학이라는 신학의 영역 안에서 우리로 하여금 좀더 나은 하나님의 종들이 되도록 우리를 도운 하나님의 종들이기 때문이다.

마지막으로 본서의 신학작업상 중요한 것은 기독교의 철학이다. 성경에서 가르치는 세계관을 기초로 성장한 현대의 기독교 철학의 열매는 이제 기독교의 역사적-신학적인 전통의 정체성을 밝히는 데 중요한 역할을 감당하고 있다. 이러한 맥락에서 볼 때 본서가 추구하는 새로운 형식의 개혁신학은 아더 홈스가 그의 저서 『기독교 세계관』(Contours of a World View, 34-38)에서 말하는 '기독교 세계관적 신학'과 그 핵을 같이 하고 있다. 진솔한 자기 성찰의 철학이 없는 신학작업은 진실로 가치가 없는 행위이다. 어쩌면 어떤 이들(칼 바르트와 다른 신학자들)은 철학적인 성찰 없이 신학적인 작업을 하는 것처럼 가장할 수도 있다. 그러나 철학적 자기 성찰은 결코 신학으로부터 분리될 수 없는 것이다. 조직신학은 너무 중요하기 때문에 자신의 철학적 성찰이 분명하지 않은 신학자들에게 맡겨둘 수가 없는 것이다. 철학이 없는 신학은 협소하고, 얕은, 그리고 공허한 작업이 될 수밖에 없다. 본서가 추구하는 개혁신학의 시도는 바로 이러한 위험을 인식하고 있다. 다행히 우리에게는 우리가 기댈 수 있는 기독교 철학이 있다. 그것은 바로 '법-이데아의 철학'(Philosophy of Law-Idea)이다.

이것은 지난 반세기 전에 암스텔담의 자유대학교에서 볼렌호벤(1892-1978)과 헤르만 도이비를트(1894-1977)에 의해 형성되었다. 그들은 우주적 철학(cosmonomic philosophy)의 결정적인 기초를 마련하였다. 물론 그들의 철학의 작업은 마땅히 철학이나 신학이 그러하듯이 다 완성되어진 것이 아니어서, 지금도 현대의 기독교 사상가들의 계속적인 검증과 연구를 기다리고 있다. 그럼에도 불구하고 이 법-이데아 철학의 근본적인 개념과 기초적인 구조는 우리로 하여금 칼빈주의 전통 안에서 신학을 할 수 있는 분명한 배경을 제공하고 있다. 이 철학은 현재 아주 널리 보급이 되어 있어서 마땅히 개혁신학을 새롭게 정립할 기회를 제공하고 있다. 그 이유는 이 기독교 철학은 신학자들에게 그리고 모든 기독교 사상가들에게 하나님의 나라 안에서 우리가 마땅히 살아가야 할 방향과, 의미, 구조에 대한 통찰력을 제공하고 있기 때문이다. 안드레 트루스트(Andre Troost)는 이러한 주제들은 "성경적인 세계관과 철학적으로 개혁주의적인 바탕에서 출발한 신학의 배경에서만 확실한 정당성을 가지고 형성될 수 있다"라고 하였으며, 곧이어서 "현재까지 내가 알기로는 이러한 신학은 존재하지 않았다"라고 하였다("Circular of the International Conference of Institutions for Christian Higher Education", no. 18〈April 1980〉, 2).

3. 최근 성경신학의 결실을 조직신학에 사용

본서가 추구하는 신학작업은 넓은 신학 연구에 있어서 성경신학과 조직신학 사이에 서로에게 결실있는 영향을 줄 수 있다고 믿는다. 과거에는 이 두 신학작업에 아주 높고 거의 극복할 수 없을 만한 장벽이 가로막혀 있었다. 이 둘 사이의 연결은 실질적으로 끊겨져 있었다. 그 결과 그들은 각기 분리된 길을 걸었으며, 각각은 자신의 영역을 둘러싸아 방어하였으며, 각각의 독특한 방법론을 옹호하며, 각각 자신들만의 컨퍼런스로 모이며, 서로 상대방의 신학적 결실과 방법을 의심하여 왔다. 결국 조직신학과 성경신학 사이의 협력은 존재하지 않았다. 신학도도 종종 이러한 분리와 갈등을 심각하게 느꼈을 것이다.

헬무트 틸리케(Helmut Thielicke)는 자신의 저서 『복음적 신앙』(*Evangelical Faith*, 1968-1974)을 신학의 종합으로 헌사하면서 팽팽하게 긴장된 이러한 관계를 신학작업의 서열 안에서 서술하고 있다. 그는 다음과 같이 말하고 있다: "신학의 소논문들의 모음 이외에 종합된 신학서가 쓰여지지 않은 시대에 종합된 조직신학의 첫 부분을 내어놓은 것은 어쩌면 건방진 일일지 모른다." 비록 본인의 신학 방향이 틸리케의 것과는 근본적으로 다를지라도, 본인은 다음과 같이 금세기 신학의 모습을 스케치하고 있는 그와 이상할 정도로 동질감을 느끼지 않을 수 없다:

> 현재 우리의 신학적 작업은 큰 모자이크에 돌 몇 개를 더하는 그런 위치에 있는지 모른다. 그리고 나는 여러 동료 신학자들의 중요한 단행본들로부터 많은 것을 배움으로 현재의 신학작업에 많은 도움을 얻었다. 그러나 나는 신학 전체의 큰 그림을 다시 부활하고자, 적어도 그것이 존재한다는 사실을 회상시키려고 한다. 나는 나무들을 봄으로 전체 숲을 잃어버리는 누를 범하기를 원치 않기 때문이다. 숲 속에서 열심히 일하는 이들은 본인을 그 숲을 지나치는 소풍객쯤으로, 또는 여기 저기 기웃거리지만 한 군데에 집중하지 않는 기분 좋게 거니는 사람으로 여길지 모른다(이런 종류의 여행이 종종 가장 힘든 일이긴 하다). 비록 그들이 나를 어떤 분개함을 가지고 볼지라도, 나는 그들 모두를 감사와 존경을 가지고 동료로 대한다. 그리고 나는 그들의 수고로 말미암아 숲 속의 길들이 지나다니기 좋게 닦여진 것을 안다. 만약 숲 속에서 작업을 하는 이들이 소풍객에게 조금 관심을 기울인다면, 그들은 곧 그 소풍객이 그들의 일을 보기를 원했던 것을 알 수 있을 것이다. 그렇지 않다면 그들이 애써서 숲 속의 그곳까지 찾아오지 않았을 것이다. 그

소풍객은 단순히 그 숲 속의 일들, 그가 직접 본 것과 그 일들의 이유를, 첫 번째로 밖의 사람들에게 알리기 위해서 노력하고 있는 것이다. 그가 보는 것은 쓰러뜨려진 나무들의 집단이나 또는 홀로 서 있는 나무가 아니라, 광범위하게 퍼져 있어 사람들을 이끄는 숲 그 자체이다(Vol. I, 16-17).

조직신학자들은 성경신학자들을 성경 속의 서로 분리된 작은 부분들을 연구함으로 전체의 구조를 연구하지 않고 이것 저것을 연구하는 학자로 취급하는 경향이 있다. 반대로 성경학자들은 조직신학자들을 학문의 한 커다란 구조 안에 부분들을 넣어 일관된 이성에 맞추어서 신학의 한 체계를 구축하려는 이들로 여겨 무시해 버리는 경향이 있다. 그래서 서로의 학문 존재의 정당한 이유조차도 무시해 버리며, 서로의 우월성을 주장하기에 바쁘다. 성경신학은 종종 신학의 가장 근본적인 단계에서 이루어지는 가장 순수한 신학으로 알고, 조직신학을 척박한 사변으로 무시한다. 반대로 조직신학은 종종 자신의 학문을 가장 정교하게 마무리된 신학의 형태로 자랑한다. 이 두 신학 형태는 서로 건물의 기준이 되는 초석인지 아니면 건물의 꼭대기에 얹힌 관석인지에 대해 많은 논쟁을 하고 있다.

이제는 이런 의미 없는 논쟁을 마칠 때가 되었다. 다른 학문과 마찬가지로 신학 안에도 서로 다른 작업의 부분들이 있고 그 사이의 한계선이 분명하게 그어진다. 그러므로 조직신학과 성경신학은 자신들의 독특한 정체성과 영역을 가지고 있다고 볼 수 있다. 각각은 자기의 고유한 연구 대상을 가지고 있으며, 고유한 작업 구성의 원리와 방법을 가지고 있다. 물론 성경의 가르침에 충실해야 한다는 의미에서 둘 다 '성경적인' 학문임에는 틀림이 없다. 성경신학이 성경의 가르침을 더 직접적으로 대하고 있다는 사실이, 비록 조직신학이 성경을 덜 직접적으로 대하고 있기는 하지만, 그것이 조직신학보다 더 성경에 충실하다는 이유가 되지는 못한다. 이 둘은 마땅히 하나님의 말씀의 권위를 둘의 공통된 기준으로 알아서 그 앞에 머리를 숙여야 한다. 둘은 공히 이러한 영구적인 기준에 대한 인간의 응답이기 때문이다. 그러나 그 둘은 연구하는 내용에 있어서, 연구하는 수단에 있어서, 그리고 그 연구의 결과에 있어서 다른 점들을 가지고 있다. 이 다른 점들은 마땅히 존중되어야 한다.

그렇다고 이 다른 점들이 이 둘 사이의 신학적 일치를 해칠 수는 없다. 그 이유는 그 둘은 전체 신학의 체계 안에 공존하고 있기 때문이다. 이 둘의 상호 의존은 신학의 작업에 아주 중요하다. 그러므로 신학은 성경신학의 열매를 조직신학에 분명하게 그리고 밀접하게 반영함으로 그 둘을 가까운 관계로 만들기 위해서 노력하여야 한다. 본서 신학의 핵심이 되는 체계의 원리는 성경계시 안에서 역사적으로 펼쳐지는 '창조-타락-구원-완성'이라는 기본적 주제들의 구성으로 되어 있다.

지난 몇 십 년 동안 우리는 성경신학의 활발한 활동으로 많은 열매를 보았다. 그러나 불행하게도 그 열매들은 복합적인 결과를 낳았다. 역사비평 방법은 근본주의적인 성경주의자들의 거센 반응을 불러일으켰다. 역사비평 방법과 근본주의적인 성경주의 방법 이외에 세 번째 방법이 있다. 성경 해석의 방법에 있어서 논쟁의 여지가 있는 진보주의와 근본주의의 두 극단 외에 우리에게는 개혁주의 해석이라는 건전한 선택이 강한 전통으로 남아 있다. 개혁주의 신학 안에서의 최근의 성경신학의 활발한 연구는 신학 전체에 깊은 영향을 남겨서 과거의 헬라 전통, 중세의 전통, 그리고 스콜라스틱 형태의 성경 해석의 오류를 극복하고 있음을 볼 수 있다. 성경을 보다 의미 깊게 읽는 방법이 바로 우리의 눈 앞에 기다리고 있는 것이다. 지금은 바로 이러한 성경신학의 열매들을 새롭게 갱신된 개혁신학으로 종합, 정립할 때이다.

아래에서 성경신학이 밝히는 신학의 중요한 주제들을 살펴보자:

- 창조질서를 성경의 계시를 이해하는 영속적인 틀로 본다. 이러한 시각은 우주 전체의 역사를 그 시각 안에 두고 있다.
- 인간을 하나님의 형상을 지닌 존재로, 좀더 역동적인 시각에서 이해한다.
- 인간을 육체와 영혼으로 분명하게 양분하는 헬라 전통을 탈피하여 성경에서 말하는 총괄적인 시각에서의 인간 이해를 회복한다.
- 인간의 타락 현실을 본질적으로 이해하며 그것이 인간의 삶에 미치는 근본적이며 광범위한 효과를 깊이 인식한다.
- 창조와 구원에 대한 성경계시의 상호 관계성을 깊이 통찰한다.
- 구약과 신약의 관계를 언약과 그 성취의 관계로 해석하여 그 사이의 일치를 인식한다.
- 성경계시 안에 역사가 직선형으로 전개되는 개념을 좀더 일관성 있게 발달시킨다.
- 성경 가르침이 구원 역사를 중심으로 이루어지며 그것은 다시 예수 그리스도 안에서 되어지는 하나님의 전능하신 역사를 조명한다는 인식을 개발한다.
- 구약의 율법이 가지는 영구한 연관성을 그리스도인의 삶의 지침으로 재발견한다.
- 이스라엘을 집합적 인격으로 이해하고 그리스도에게서 그 완성된 성취를 보며, 동시에 새로운 이스라엘인 그의 몸된 교회에로 연장된다는 깊은 인식을 갖는다.
- 성경의 계시를 그 역사적, 문화적 배경 안에서 재구성하고 좀더 분명하게 인식하는 데 고고학의 연구를 사용한다.
- 비교 언어학의 연구가 성경의 난해한 단어나 개념의 이해에 도움이 된다는 인식을 갖는다.
- 헬라 철학의 개념을 신약성경에 첨가시키는 경향을 거부하고 히브리의 역사적, 문화적 배경을 성경 이해에 좀더 새롭게 사용한다.

최근의 성경신학의 연구 결과가 보이는 이와 같은 귀중한 통찰력의 도움으로 우리는 성경의 계시 전체 속을 꿰뚫는 황금의 시각을 갖게 되고, 그 결과 우리는 삶에 대해 좀더 건전하고 일관성 있는 시각을 갖게 된다. 개혁신학에 있어서 이러한 시각은 언약(covenant)과 하나님의 나라(kingdom)에 대한 성경의 가르침으로 간략하게 요약될 수 있다. 언약과 나라는 한 동전의 양면과 같다. 따라서 우리는 창조를 하나님께서 그의 나라를 존재케 하시는 계약의 행위로 볼 수 있다. 타락 후에 하나님께서는 그 언약을 다가오는 하나님의 나라의 개념을 가지고 새롭게 하셨다. 궁극적인 목표는 새로워진 이 땅에 존재하는 모든 창조물의 회복이다. 그러므로 창조 시에 나타내신 언약은 하나님 나라의 삶의 근본적인 기초가 되며 영구적인 기준이 되는 것이다. 이와 흡사하게 창조시에 하나님께서는 그의 나라를, 즉 자신이 다스리시는 '하늘과 땅'이라는 영토를 창조하셨다.

그 후에 왕의 종들인 인류는 그 왕에게 반란을 일으켰으며, 그러나 하나님께서는 다시 찾아오셔서 이스라엘의 예언자들을 통하여 그 나라를 새롭게 하셨으며, 다시 오실 왕, 예수를 통하여 그 나라를 결정적으로 이미 이룩하셨다. 그러므로 그 나라는 하나님의 과거의 구원역사로 말미암아 현재 이루어진 현실로 우리의 삶 안에, 현재에 영구적인 실제로(예수 그리스도 안에 '이미' 이루어진), 또한 동시에 장래에 궁극적으로 완성될 것이라는 확실한 약속에 근거한 소망으로(그러나 '아직' 완전히 이루어지지 않은 상태로) 존재한다. 이러한 의미에서 언약과 하나님의 나라는 하나님께서 그의 창조세계와 함께 하시는 하나의 실재를 보는 두 개의 시각인 것이다. 창조 때에 주어진 원래의 영구적인 질서를 뒤돌아볼 때에 언약은 바로 창조이다. 장래에 완전하게 새로워질 창조를 미리 내다볼 때에 하나님의 나라는 곧 언약이다. 이러한 장래에 대한 비전은 하나님의 언약에 충실할 것과 그의 나라에서의 섬김에 대한 분명한 의미와 소망을 우리에게 확인시켜 준다.

그러므로 이러한 신학작업은 성경적인 시각을 개혁신학 안에서 좀더 효과적으로 만드는 데 목적이 있다. 신학의 구조적으로 볼 때, 이러한 신학작업은 전통적으로 조직신학을 구성했던 주제들을 창조-타락-구원-그리고 마지막에 이루어질 모든 창조물의 완성으로 이어지는 성경의 이야기 전개에 따라 재구성하는 것을 말한다. 개혁주의 세계관에서 볼 때, 이러한 성경의 중심적인 주제들은 아버지를 시작하신 이로, 아들을 중보자로, 성령을 권능자로 이해하는 삼위일체의 교리와 상호참조가 된다. 이러한 것들이 본인이 조직신학의 기본 구조로 삼는 원리들이다.

제2장 신학 서론[1] – 역사적 개론
철학은 신학의 동반자인가?

1. 주제

서론적인 개관에 앞서서 먼저 여기에 간략한 주제를 밝혀둔다. 여기에서 중요한 결론은 앞으로 서술될 본서를 꿰뚫는 중심 주제인 철학에 대한 신학의 관계에 대한 정립이다. 그 결론은 이렇다: 신학과 철학을 제대로 이해했을 때에 기독교 신학, 특별히 개혁신학의 가장 좋은 서론은 기독교 철학이라는 점에서 그 둘은 서로에게 동반자인 셈이다(참고, Gordon J. Spykman, "Christian Philosophy as Prolegomena to Reformed Dogmatics", 'N Woord op sy Tyd, 137-56).

2. 혼란스러운 권고

어떤 일들은 결코 해결되지 않는 것 같다. 거의 2,000여년의 서구 신학의 역사는 지금쯤이면 신학과 철학 사이의 관계에 대하여 뚜렷한 동의에 이르렀을 것이라고

---

[1] 본 장에서 토론되는 내용의 초점은 신학 서론적인 것들로, 말 그대로 "미리 거론되어야 할 것들", 즉 일반적으로 조직신학의 서론으로 불리고, 또는 틸리케의 표현으로 하면 "혼란스러운 상황을 분명하게 밝히는 일"이다(Evangelical Faith, vol. 1, 11).

기대를 할 수도 있다. 그러나 실상 그러한 동의는 이루어지지 않았다. 이 문제에 대한 여러 가지 견해는 몇 가지 패턴으로 요약할 수 있다. 어떤 학자들은 철학과 신학의 혼합을 시도하여 왔다. 다른 이들은 '모든 학문의 여왕'으로서의 신학의 성스러운 궁정에 초대되지 않은 침입자로서 철학의 위치를 허영하기도 하였다. 다른 이들은 철학을 복음에 반대되는 적으로 이해하기도 한다. 어떤 이들은 그 두 사이에 인위적이고 현혹시킬 만한 장벽을 쌓기도 하였다. 또 다른 이들은 이 질문을 아예 무시하기도 하였다.

본인의 학창 시절에도 때때로 이 관계에 대해 고민한 기억이 남아 있다. 우리가 현재 하고 있는 작업에는 둘 다 요구되는 학문이다. 그 둘은 공히 기독교의 고등 학문 아래 그 위치를 차지한다. 그러나 한 학문의 여정에 있어서의 동반자로서 그 둘은 중요한 계기가 있을 때마다 협력하는 것보다는 오히려 서로에게 상처를 주어왔다. 그렇다면 어떻게 우리는 32강의실의 철학 강의와 35강의실의 신학 강의를 통합시킬 수 있을까? 기독교의 신앙과 학문을 통합하는 것에 대해서, 그리고 성경적이고 개혁주의적인 '세계관-인생관'(world-and-life view)이 그리스도인의 삶에 미치는 영향에 대해 많은 토론이 있어왔다. 그러나 이러한 토론은 언제나 한결같은 소리를 내지 못했다. 주제의 토론은 불투명했고 그 결과 엄청난 혼란이 남곤 하였다.

종종 나는 바빙크의 글들을 읽었다. 거기서 나는 반복적으로 그리고 동일한 문단 안에서 임의적으로 언급되는 슐라이어막허나 하르낙과 같은 신학자들과 동시에 칸트나 헤겔과 같은 철학자를 발견하고 놀라움을 금치 못했었다. 과연 그는 어떻게 그런 복잡한 연계를 그의 신학에 사용할 수 있었을까?

이러한 질문을 염두에 두고, 또한 그 신학자들에 깊은 경외감을 가지고, 또한 배울 마음의 준비를 갖추고 나는 나의 교수님들에게 도움을 청하였다. 그때 내가 얻은 답변들은 놀라울 정도로 동일한 것들이었다. 그것은 주로 이러했다: 신학은 믿음에 관한 것들을 다루는 학문이고, 철학은 이성을 다루는 학문이다. 그러나 나는 이런 단순 논리에 만족할 수 없었다. 왜냐하면 분명히 어떤 이성의 문제들은 신학의 영역 안에서 다루어지기 때문이었다. 만약 그런 단순논리에 따라서 이성의 문제가 신학의 영역에서 다루어지지 않는다면, 단순한 믿음으로 충분했을 것이다. 그렇다면 무엇 때문에 목회를 준비하는 훈련기간에 몇 년간의 이성적인 훈련이 필요한 것인가? 신앙은 철학으로부터 멀어질 수 없다.

나의 계속되는 질문에 답변은 있었다: 철학은 일반 계시의 영역 안에서 활동을 하며, 신학은 특별 계시의 영역에서 활동을 한다. 이 답변도 나의 호기심을 만족시키

제2장 철학은 신학의 동반자인가? 37

지 못했다. 기독교 철학을 하는 활동에 있어서 성경은 이성과 상관없이 분리된, 닫힌 책으로 남는다는 것은 상상할 수 없는 일이기 때문이다. 사실상 철학자들은 이제까지 성경과 함께 씨름해 오고 있다. 나는 또 다른 답변에 접했다: 철학은 일반 은총에 관한 문제들을 다루고, 신학은 특별 은총의 문제들을 다룬다. 이런 답변들을 들으면서 나는 이런 답이 중세의 오랜 딜레마가 아직 살아 있는 것으로 이해하였다. 토마스 아퀴나스는 이러한 개념들 속에 20세기에도 건강히 살아 있으며, 로마 카톨릭 교회뿐만 아니라 개혁교회 안에도 자신의 제자들을 가지고 있는 것이다.

이런 종류의 이원론적인 답변은 신학 수업에 전혀 도움이 되지 않을 뿐 아니라 오히려 문제를 복잡하게 만들 뿐이다. 그러나 이런 놀라울 정도로 비슷한 답변들에 대해 내가 느낀 불편함은 아직 다듬어지지 않은 원초적인 것이었다. 왜냐하면 이런 두 영역으로 분리되는 것에 익숙한 정신 구조가 내 안에 존재하였기 때문이다. 네덜란드의 '분리운동'(Secession)[2] 정신을 떨어버리는 것은 전혀 쉽지 않은 과제였다. 이러한 배경으로 인해서 틀에 맞춘 듯한 이러한 답변들에 대한 나의 불편함과 도전은 강의실에서 어느 정도 객관적인 거리를 두고 학문적으로 그리고 냉정하게 다룰 수 있는 문제가 아니었다. 이러한 호기심은 결국 인간 삶의 전체를 보는 보다 심원하고 종합적인 시각을 찾는 개인적인 추구를 하도록 내 안에 울리는 목소리가 되었다.

지금 돌이켜 보건대 그런 이원론적 시각은 창조 시에 주어지고 성경의 계시에서 밝히는 통합적인 세계관과 인생관과 심각하게 멀어져 있다는 것을 볼 수 있다. 이러한 분리의 시각은 기독교 학문에 불필요한 딜레마를 제공하고 있다. 그 딜레마는 세상 현실의 실제는 그것과 모순되는 영적인 영역과 혼동되어 있다고 믿는, '대조'(antithesis)의 본래의 본질을 잘못 이해하고 있는 것을 보여 주고 있는 것이다. 이러한 딜레마는 우리에게 불필요한 이율배반을 가져오고, 그 결과 마치 두 초점 안경으로 사물을 대하는 것처럼, 우리는 언제나 세상을 육체와 정신, 자연의 영역과 은혜의 영역, 그리고 육신의 양식과 영적인 양식과 같이 두 개의 긴장 관계로 보게 되었다. 그러므로 마치 세상의 실제가 그렇게 존재하는 것처럼 생각하게 되었다. 그리고 원래 세상에 존재하지 않는 이원론의 사고가 그런 두 초점의 사고로 인해서 발생했다는 것을 인식하지 못하게 되었다. 신학과 철학 사이의 관계에 대한 오해는 창조 세계를 이원론적으로 보는 시각에 의해서 발생되었다. 그 결과는 기독교 학문 안에

---

2) 19세기에 네덜란드 개혁교회에 일어났던 부흥 운동으로서, 이성과 도덕 사이를 나누는 아주 전형적인 현대적 사고 방식에 깊이 영향을 받은 신앙의 형태이다.

서 성경이 가르치는 통합적 사고의 시각을 잃어버리는 것으로 나타났다. 이원론적인 사고는 창조 질서 안의 풍부하고 다채로운 요소들을 하나로 꿰뚫는 통합적 일치와 함께 하나님의 세상 안에서 인간은 어떤 존재로 어떻게 살아야 할 것인가를 묻는 종교적인 통합적 감각을 침해하고 있다.

3. 거대한 장벽

헬무트 틸리케에 따르면, "최근의 신학적 지성과 영성의 상황은 특별한 이원론으로 잘 대표되고 있다"(*Evangelical Faith*, vol. I, 11). 그러나 이원론의 문제는 전혀 새로운 것이 아니라 우리와 함께 오랫동안 있어 왔다. 그것은 나를 가르쳐 준 교수들보다, 중세의 토마스 아퀴나스와 그의 제자들보다, 그리고 물론 종교개혁 후기의 기독교 스콜라스틱 학자들보다 훨씬 전부터 있었다. 그것은 거의 2,000년 되는 서구 기독교 전통을 그 매 고비마다 괴롭혀 왔다. 서로 다른 두 영역을 내용으로 하는 사고의 틀은 기독교 학문의 모든 세대마다 '지식의 통합'("unified field of knowledge", 쉐퍼)에 가장 '거대한 장벽'(본회퍼)으로 작용해 왔다.

기독교 역사를 비평적으로 돌이켜 볼 때, 우리가 가진 가장 기본적인 문제들은 기독교 세계관이라는 근본적인 이슈들을 '그리스도와 문화'(H. Richard Niebuhr)라는 아주 부정확한 이해가 만들어 낸 가상의 딜레마에 의하여 파생되었다는 것을 알 수 있다. 이러한 잘못된 이해로 인해서 우리는 두 개의 표준이라는 문제 안에 파묻히고 말았다:

> 다음에서 '두 개의 서로 다른 영역으로 하는 사고'에 대한 본회퍼의 날카로운 지적을 보자: 신약 교회 시대 이후 기독교 윤리를 이루고 그 전체 사고의 방향을 의식적으로 무의식적으로 결정했던 근본 개념은 서로 다른 두 영역, 즉 거룩하고 초자연적이고 기독교적인 영역과 세상적이고 자연적이고 비기독교적인 영역의 병치와 갈등이다. 이러한 이해는 우선 중세 사고의 기본적인 틀이 되었고, 종교개혁 후기 정통 신학에 부활되었다…스콜라스틱 사고의 틀 안에서 자연적인 영역은 은혜의 영역에 종속되었다. 루터 신학의 후기의 사고에서는 이 세상 질서의 자율성은 그리스도의 법에 배치되는 것으로 이해되었다. 그리고 경건주의 교회에서 선택받은 백성의 교회는 이 땅에 하나님의 나라를 건설하기 위해서 악한 세상과 씨름을 해야 했다. 이러한 패턴의 사고는 그리스도의 가르침을 인간이 사는 실재의 제한 안에 가두어 부분적이고 편협하게 만들고 말았다…그리스도 안에 있는 실재가 얼마나 중요하든지 이러한 사고 안에서 그것은 다른 실재 가운데 존재하는 부분적인 실재에 불과하다.
>
> 하나의 전체 실재를 거룩한 영역과 속된 영역으로, 기독교적인 것과 세상적인 것으로 나누는 것

은 유일한 실재 안에 다른 하나의 실재를 만들어서, 그 결과 영적인 존재는 속된 존재와 상관이 없게 되고, 속된 존재는 영적인 존재와의 관계에서 자기의 세상적 자율성을 주장하고 그 실력을 행사할 가능성을 열어 주었다. 중세의 수도사와 19세기 세속주의 기독교는 이러한 두 가능성을 대변하고 있다. 전체 중세 역사는 세상적인 영역 위에 군림하는 영적인 영역, 자연 위에 군림하는 은혜로 요약되며, 현대 역사는 세상적인 것이 영적인 것에 훨씬 더 종속하는 사고의 패턴으로 요약되고 있다. 그리스도와 세상이 서로 반대되는 그리고 상호 반발하는 영역으로 이해되는 한, 인간은 통합적인 유일한 실재 전체를 포기하고, 둘 중의 한 영역에 자신을 정착시키는 딜레마에 빠질 수밖에 없다. 그래서 인간은 세상 없는 그리스도를 찾든가, 아니면 그리스도 없는 세상을 찾든가 둘 중의 하나를 선택해야 한다. 두 경우 다 잘못된 경우임은 말할 것도 없다. 그렇지 않으면 인간은 두 영역 안에 동시에 살려고 노력함으로 자신에게 영원한 갈등의 멍에를 씌우게 된다. 종교개혁 후기의 그리스도인들이 바로 이러한 종류의 인간이며 그들은 자신들의 기독교 사고가 실제와 일치하는 유일한 기독교 사상이라고 믿었었다(*Ethics*, 196-97).[3]

4. 기독교 사상의 여행

신학의 서론이라는 주제로 우리가 공부하면서 이원론적인 사고에 대한 정확한 이해를 돕기 위해서 나는 여러분을 서구 기독교의 중심 안에서 중요한 몇 시대의 여행에 초대한다. 물론 이 여행이 전통적인 신학과 철학에 대한 완전한 연구가 되지는 않으며 이러한 연구는 다른 한 권의 책을 쓰도록 요구한다. 우리가 여기서 다룰 개관적인 스케치는 시대의 중요한 사상의 흐름과 인물을 다루게 될 것이다. 이러한 연구는 가능한 한 역사적인 사실에 충실하게 소개될 것이다. 이 연구의 중심은 역시 기독교 신학자들이 어떻게 자신들의 신학작업과 철학 작업과의 관계를 이해했는지에 맞추어질 것이다.

우리의 취지와 목표를 분명히 하기 위해서 여기 중심되는 관점을 열거한다: 1) 이미 말한 바와 같이 신학과 철학과의 관계, 2) 이와 연결하여서 신학 서론과 나머지 신학과의 관계, 3) 이러한 이슈들이 자연/은혜라는 이원론적 사고의 틀 안에서 다루어질 때의 반복되는 문제들, 4) 두 개의 대등한 기준의 사고로 야기되는 변증법적인 갈등, 5) 이러한 사고가 그리스도인의 공동체에 미치는 영향.

---

3) 본회퍼의 아직 정립되지 않은 '윤리'의 개념과 '그리스도 안에서의 실재'에 대한 그의 그리스도-유일론적인(Christomonist) 이해에 대해서는 아직도 논쟁의 여지가 있다. 물론 이것이 여기서 말하는 중심 내용은 아니다. 그 중심은 이원론적인 사고와 삶에 대한 그의 진술하고 간결한 비판이다.

5. 2세기에 일어났던 위기

완고할 정도로 남아 있는 이러한 신학적 문제의 기원은 2세기까지 거슬러 올라간다. 예수 그리스도가 교회의 반석을 놓은 후 제4 또는 5세대가 출연한 무렵에 원래 사도들의 복음 전파의 패턴은 처음으로 신학이라는 사고의 틀과 함께 나타나기 시작했다. 초기 기독교 신학의 내용과 본질을 알아보기 위해서 우리는 어떤 사람들이 이러한 일에 참가했는지 알아보아야 한다. 그 대부분은 유대인으로 개종한 그리스도인들이 아니었다. 그들은 그리스-로마 계통으로 젊은 그리스도인들이었다. 이들은 중세의 학자들이 수도승이었던 것과 대조되며, 현대의 신학자들이 대학의 교수들이라는 점과도 대조를 이루는, 주로 교회의 목회자들과 감독이나 주교들이었다. 이러한 상황은 그들로 하여금 히브리 문화의 배경으로 시작된 복음이 그리스-로마 제국의 문화로 발전하면서 발생하는 신앙과 삶의 문제를 아주 실제적으로 다루도록 유도하였다. 따라서 초대교회 교부들의 저작은 요약된 교리문답적이고, 신조적일 뿐만 아니라 또한 변증적이며 논쟁적이기도 하였다. 그 이유는 당시의 역사적 상황은 그때 널리 퍼져 있던 사상들, 즉 플라톤 사상, 아리스토텔레스 사상, 스토아주의, 쾌락주의(에피큐리아니즘), 특별히 후에 영지주의 신학이라는 이단의 뿌리가 된 신플라톤 사상와 같은 그리스 철학이 교부들이 이해한 복음과 충돌한 시대였기 때문이다.

18세기와 함께 2세기는 서구 기독교 신학의 향방에 가장 결정적인 전환기와 고비가 되었다. 그 당시의 학자들은 다음과 같은 질문들과 씨름을 하였다: 철학의 학문을 공정하게 취급하는 동시에 신학의 본질을 손상하지 않으면서 어떻게 기독교 신학과 헬라 철학의 관계를 정립할 것인가? 어떻게 복음과 세상의 이상 사이의 상이점을 극복하고 둘 사이에 다리를 놓을 것인가? 초대 교부들은 이러한 질문들의 답을 이끌어내는 데에 도움을 받을 만한 것들을 가지고 있지 않았다. 그들이 호소할 만한 어떠한 전통도 존재하지 않았다. 그들이 가진 것은 구약 예언자들과 신약 사도들의 증거와, 이런 전통 안에서 그리고 그들 자신들의 삶의 환경 안에서 이루어진 초대 사도들과 순교자들의 증거였다. 이런 상황에서 기독교 신학이 헬라 철학에 반대해야 하는가 하는 질문에 대하여 다양하고 때로는 모순되는 답들을 제시한 것은 결코 이상한 일이 아닐 것이다.

그들의 답변 중에서 가장 세상을 등지는 답을 제시한 학자는 "예루살렘이 아테네와 무슨 상관이 있는가?"라는 유명한 질문으로 자신의 견해를 밝힌 터툴리안

(Tertullian, 150-225)이다. 물론 이 질문에 대한 자신의 답은 분리, 고립, "그곳에서 나오라"는 권고였다. 이후 세상으로부터 물러남의 사상은 기독교의 한 부분의 성격을 결정지었다. 초대 교회의 주변에서 도전해 오는 수많은 이방종교의 유혹과 상대적으로 연약한 초대 교회의 상황은 흑백논리를 통해 쉽게 답변을 찾게 만들었다. 물론 이러한 답변은 신학과 철학 사이의 관계에 대해 아주 분명한 답을 주었다. 터툴리안은 초기에는 좀더 헬라-로마 철학에 접근한 견해를 견지하다가 나중에 몬타나주의에 심취한 후에는 강하게 철학에 거부 반응을 보이고 있다. 그의 질문이 얼마나 매력적으로 오랫동안 기독교 역사에 영향을 끼치는가에 상관없이, 마치 중세의 수도원 운동에서 보여 주는 것과 같이 그의 견해는 기독교 신학이 채택한 세계관은 아니었다.

터툴리안의 견해보다 우세한 견해는 역시 초대 교회의 학자들인 저스틴 마터(Justin Martyr, ?-165)와 알렉산드리아 학파의 클레멘트(Clement, 150-215), 그리고 오리겐(Origen, 185-253)에 의해서 형성되었다. 이들의 견해는 헬라 문화에 좀더 긍정적인 입장을 취하고 있다. 그들은 둘 사이에 적응을 추구하면서 상호 보완적인 견해를 개발하였다. 이성과 논리가 믿음에 종속하듯이, 헬라 철학도 기독교의 진리를 개발하고 이해하는 데에 준비적인 역할을 감당할 수 있다고 그들은 주장하였다. 마치 그리스 신화에 나오는 트로얀의 목마처럼 기독교 신학은 헬라 철학에 문을 열어줌으로 기독교 신조를 형성하는 데 하인처럼 섬기게 하였다. 철학자들은 신학자들의 '하인들'로 이해하게 되었다. 신학이 철학 위에 군림한다는 가정된 성취감이 뚜렷해짐으로, 그래서 어떤 그리스도인들은 세상의 '자연적인 빛'을 자신들의 기독교 사상 안에 동화시켰다고 믿게 됨으로, 기원 후 529년에 이르러서는 그때까지 남아 있던 마지막 헬라 철학의 학파가 문을 닫게 되었다.

그러나 역사의 흐름 안에 점차 승자는 패자가 되어갔다. '철학자-하인'은 차츰 기독교 신학을 재구성하는 '건축 감독'으로 자라났다. 대표적인 기독교 학자들은 기독교의 믿음의 내용을 형성하면서 아주 자연스럽게 헬라의 사상을 받아들였다. 이원론의 사고가 그 바탕에 있는 헬라의 사상은 곧 기독교 신학의 윤곽을 결정하는 기본 골격으로 자리를 잡아갔다. 그 대표적인 예로 어거스틴이 대조하는 '신의 도성'과 '세상의 도성'을 들 수 있다. 이러한 이원론적인 사고의 채택은 초대 교회의 신학의 모델로 부상하였다. 물론 당시에도 그 둘 사이의 관계에 대해서 아직 결정되지 않은 불안정과 유동성이 있었다. 그러나 대표적인 경향은 신학을 이해하고 형성하는 서론으로 철학을 이해하는 견해였다. 이러한 이해 안에서 헬라 철학은 공적으로 죽었다고 선언되었다. 그러나 사실 헬라 철학은 기독교 신학의 은혜 아래 건장하게 살아 있었다. 기독교 학자들은 이미 죽었다고 간주된 헬라 철학에서 빌려온 이원론적인 종교의 주제를 그들의 신학의 구조에 동화시킴으로 결국 자신들의 성경의 가르침의 독특성을 손상시키고 말았다. 그 결과 기독교 신학은 그 근본 출발점부터 그 전체의 구조에 이르기까지 왜곡되어 이해되기 시작하였다.

6. 중세의 혼합

수세기 동안 기독교와 외래 사상과의 적응은 교회 안에 내적으로 해결할 수 없는 논리적 갈등과 해결되지 않은 혼합으로 남게 되었다. 이원론적인 방법론은 일치된 결론에 도달하지 못하기 때문에 이러한 내적 갈등은 좀더 해결된 내적 일치를 요구하였다. 이러한 요구에 따라 헬라 철학과 기독교 신학의 상호 공헌을 함께 묶어서 일치된 전체 그림을 이루는 이론적인 틀을 찾기 위한 노력이 이루어졌다. 그러나 이러한 연구는 과거로부터 이어져 오는 이원론에 대한 근본적인 비판이 없이 이루어졌다.

13세기에 이르러서야 새롭게 접근하는 연구가 가능하게 되었다. 보에티우스(Boethius, 480-525)의 저작에 의해서 '어두운 중세'에 살아 남은 아리스토텔레스의 논리의 옷을 입은 헬라 철학이 새로운 힘을 얻게 되었다. 그때까지 기독교 학자들은 플라톤의 철학에 따라 수직적이고 계층적인 구조에 익숙해 있었다. 그러나 상황은 달라져서 비교적 수평적인 사고를 하는 아리스토텔레스의 원인-결과의 논리에 따라 토마스 아퀴나스(1225-1274)가 혼합 구조의 사고의 틀을 제창하였다. 과거의 문제를 재거론하면서 아퀴나스는 자신의 견해를 중세, 종교개혁, 현대 사회, 그리고 우리에게까지 전파하고 있다. 그는 은혜가 자연을 갱신하고 회복한다는 성경의 가르침 대신에, 초대 교회 교부들의 전통에 따라 은혜는 자연을 보완하고 그 위치를 상승시킨다고 주장하였다. 따라서 성경이 가르치는 심판과 구원이 보이는 '방향성의 대조'는 현실 속에서 서로 대항하는 두 개의 기준이 보이는 '구조적 대조'로 다시 한 번 왜곡되었다. 이러한 왜곡은 자연을 낮고 은혜를 높은 위치에 두어서 현실을 분할된 시각으로 보는 결과를 낳았다. 자연은 비록 죄를 지었을지라도 아직 기본적으로 선하나, 은혜는 훨씬 더 선하다고 주장하였다. 철학은 이성이라는 자연의 영역에 속하고 신학은 믿음이라는 초자연적인 영역에 속하는 것으로 보는 양분된 시각이 그 기본 골격이다.

아퀴나스가 설명하는 실재는 요구되는 유기적으로 통합된 세계에 대한 시각을 제공하지 않는다. 전통적으로 전수되어온 이원론의 변증법은 근본적으로 해결되지 못하고 다음 시대로 이어졌다. 토마스 학파가 공헌한 것은 아퀴나스 자신의 철학자이자 신학자로서의 학문 안에, 그리고 제도화된 교회 안에서 현세적인 것과 영원한 것을 모으는 '기능적인 통합'이었다. 지상의 권세와 하늘의 권세라는 이 두 자루의 검(劍)은 궁극적으로 하나의 권세 안에 그 위치를 찾았고, 그러므로 자연에 대한 지식은 철학으로, 그리고 초자연적인 지식은 신학으로, 통합된 지식이 아니라 각각 자신의 독특한 영역을 그대로 지닌 상태로, 교회라는 제도의 권세 안에 종속하게 되었다. 철학은 기독교의 학문 안에서 자연 상태를 이론적으로 다루는 학문으로 자리를 잡았다. 자연히 자연 법칙이 철학의 기준이 되었다. 철학은 죄로 인한 타락에 영향을 받지 않은(쉐퍼의 말에 의하면 토마스 학파는 '불완전한 타락'이라는 개념으로 이해된다), 자연 그대로의 인간 이성에 의해서 이루어졌다. 철학 내용의 진실성의 근거는 선하고 이성적인 인간들에게 공통된 보편적인 논리의 법칙이다. 인간의 고결한 이성에 근거를 둔 철학이 계시에 의존하는 것을 그것의 근본적인 특색으로 삼지 않은 것은 당연한 일이었다. 하나님의 존재를 이성적으로 증명하는 노력은 철학의 작업 중에서 아주 중요한 일부가 되었다. 이러한 학문의 구조 안에서 자연 신학(natural theology)의 형태를 가진 철학은 신학의 본래 내용에 서론이라는 시녀로 섬기며, 그 신학은 초자연적인 진리를 이론적으로 성찰하는 학문으로 이해하게 되었다. 철학적인 논쟁은 기독교의 믿음을 세우는 이론적인 근거를 제공하였다. 따라서 변증법적인 역할이 철학에서 중요한 부분이 되었고, 그것이 제공하는 복음에 대한 이성적인 방어, 정당화, 입증 위에 신학을 세우게 되었다.

이상에서 보는 것과 같이 토마스 학파가 이룩한 세계관은 신학과 철학의 관계를 포함한 오래된 학문의 갈등을 해결하기 위해서 고안되었다. 자연과 은혜라는 이원론의 구조 안에서 통합된 세계관을 이끌어 내려는 그들의 거대한 작업은 그러나 무익하게 끝나고 말았다. 토마스 학파가 주장하는 통합은 그 범위가 포괄적이긴 하나 그것이 처음에 가지고 시작한 이원론의 양극의 문제를 그대로 지닌 채, 오히려 새로운 긴장을 야기하는 불확실한 혼합, 즉 가상의 통합이 되고 말았다. 그것은 결국 세계관의 문제에서 아무것도 이루어내지 못했다. 그리고 신학과 철학 모두 결국 상대를 극복하여 통합을 이끌어내지 못하고 있다. 그 이유는 토마스 학파는 진정한 기독교 철학의 가능성을 처음부터 부인하고, 그 대신 자연 신학을 신학의 기본 구조로 대체하고 있기 때문이다. 따라서 그들은 진정으로 성경적인 신학의 서론을 불가능하도록 만들었다. 신학 자체도 통합을 이루어내지 못했다. 그것은 천상의 축복과 같은 영적인 영역에 초점을 둠으로, 신학 자체를 이 땅에서 하나님의 백성의 실질적인 삶의 접촉과 단절시키고 말았다.

7. 종교개혁: 새로운 출발

종교개혁은 기독교 세계관에 새로운 전기를 마련하였다. 그러나 불행하게도 그 기초적인 영향은 단명하고 말았다. 그러나 그것은 초대 교회 이후 오래 지속되어 온 이원론적인 시각과 근본적으로 다른 시각을 처음으로 서구 기독교 신학에 제공하였다. 개혁주의적 조직신학의 새로운 형태를 추구한다는 기본 목적을 가지고 종교개혁을 역사적으로 살펴볼 때에 우리는 16세기 중반에 제네바에서 있었던 존 칼빈의 이야기에 주목해야 한다. 칼빈은 종교개혁자들의 2세에 해당하는 인물이다. 마틴 루터(1483-1546)와의 다른 점에도 불구하고 칼빈은 루터를 자신의 영적인 아버지로 인정하고 있다. 근본적으로 그 둘의 신학은 동일한 선상에서 이해되어야 한다. 루터는 칼빈과 별도로 이해할 수 있다: 그러나 루터 없이 칼빈을 이해할 수는 없다. 선각자요 투사였던 루터는 고요하게 연구할 여유가 없었다. 개혁자로서의 그의 삶은 폭풍우 그 자체였다. 그는 급변하는 상황이 요구하는 이슈들에 대해서 즉각적인 답변들을 주어야 했으며, 그의 신학은 뛰는 가운데 성장하고 형성되어 갔다. 그의 신학은 당연히 정연하게 잘 다듬어진 신학이 아니라, 논리적으로 관련된 주제들에 대한 성찰들은 개혁 1세대의 거친 권능을 담아 모은 신학이다. 이러한 현상은 그의 '숨겨진 하나님'(*deus absconditus*)과 '계시된 하나님'(*deus revelatus*)의 이해, 복음과 율법, 하나님의 나라와 세상의 나라에 대한 설명에서 잘 나타난다.

이에 반해 칼빈은 루터가 마련해 놓은 경이적인 개혁의 터 위에 좀더 정돈된 상황에서 그의 신학작업에 몰두할 수 있었다. 따라서 그의 신학의 성격은 좀더 신중하고 사려 깊은 방법에 의해 진행되었고 그 결과 그는 종합적이고 구조적으로 의미 깊은 신학의 체계를 남길 수 있었다. 그의 대표작인 1559년 판 『기독교강요』(*The Institutes of Christian Religion*)는 첫 판인 1536년 판 위에 12회에 이르기까지 계속되는 증보, 수정, 정제를 통해 완성된 것으로 종교개혁신학의 결정체를 보이고 있다.

그의 신학에서 칼빈은 과거 1,000여 년 동안의 잘못된 신학을 거슬러 되돌아가서 어거스틴의 신학에 그 뿌리를 두고 있다. 동시에 그는 바울의 가르침을 새롭게 인식하고 그것을 통해서 성경 계시의 전체 가르침을 추구하고 있다. 이러한 신학의 체계에서 본 저자는 어거스틴으로부터 칼빈에 이르는 전통의 선상에서 성경의 가르침을 추구하면서, 칼빈을 현대의 그리스도인을 위한 좀더 정제된 개혁신학의 역사적 출발점으로 삼는다.

16세기의 개혁에 이르기 직전에 중세교회에는 어거스틴학파(Augustinian), 토미스트학파(Thomist), 스코티스트학파(Scotist), 노미날리스학파(Nominalist)와 같은 여러 종류의 신학이 활발하게 그리고 자유롭게 성장하였다. 그러나 트렌트 공의회(Council of Trent, 1545-1563)에 이르렀을 때의 카톨릭 교회의 상황은 개혁주의 신학에 반대하기 위해서 일체가 되어 반개혁주의 신학을 제창하게 되었다. 그러므로 트렌트 공의회는 여러 종류의 중세 신학을 함께 묶어서 개혁주의자들을 심판할 수 있게 되었다.

칼빈의 신학은 그 당시 중세 신학과 트렌트 신학 속에 만연하던 이원론적인 구조로부터 결정적인 탈출을 시도하였다. 그것은 새로운 복음적인 미래로 이어지는 출발점이 되었다. 그러나 몇 가지 점에서 칼빈은 그가 주창한 개혁 신조를 충분히 그리고 일관성 있게 발전시키지 못하고 있음을 볼 수 있다. 그의 신학은 신학의 마지막은 아니지만, 새로운 신학으로 향하는 찬란한 시작이 되었다. 그가 남긴 신학에의 공헌은 개혁된 체계 안에서 신학과 철학의 작업이 가능하도록 좀더 총체적이고 논리적인 방향을 제시하였다는 데에 있다.

8. 반작용

이러한 새로운 시도는 불행하게도 오래 가지 못했다. 개혁의 초기에 심겨진 새로운 씨앗은 그 싹을 트면서 계속적으로 성장할 약속을 주었다. 트여진 싹은 철학과 신학의 두 분야에서 내적인 개혁이 지속될 기대를 안겨 주었다. 그러나 그 싹은 잘 익은 열매를 맺기 전에 질식하고 말았다.

이러한 질식은 두 개의 새로운 반작용에 기인한다. 한 편으로, 개혁신학은 강력하게 반발하는 로마 카톨릭의 반개혁주의 운동에 의해서 좌절되었다. 그 결과로 철학과 신학의 문제들에 대해서 전통적인 중세의 토미스트 학파의 거센 재주장이 득세하게 되었다. 다른 한 편으로 칼빈의 신학에 담겨져 있던 새로운 시도는 그가 살던 한 세기가 다하기도 전에 그가 가르치던 제네바 학교의 계승자인 데오도르 베자(Theodore Beza, 1519-1605)와 같은 개혁신학자들의 반대되는 신학적 성격에 의하여 좌절되고 말았다. 카톨릭의 반개혁주의에 반대하기 위하여 중세의 스콜라스티시즘(scholasticism)의 기독교 판이 개혁교회에 등장한 것이다. 이에 따라 전통적인 이원론이 재등장하였다. 그 이후 이원론의 전통은 여러 가지 형태를 통해서 17세기, 18세기, 19세기를 걸쳐서 20세기에까지 번져오고 있는 것이다.

이제 우리는 위에 설명한 두 가지 반작용의 내용을 살펴보기로 하자.

9. 반(反)종교개혁 운동

종교개혁이 발생하면서 로마 카톨릭 교회는 자신의 주위에 요새를 둘러싸고 보호하려고 하였다. 그러면서 종교개혁자들에 대한 공격과 함께, 후에 19세기에 들어서 카톨릭 교회 자신이 곤란을 당하게 되는 당시의 세속화되어 가는 경향, 반권위주의, 그리고 혁명적인 경향에 대해 공격을 가했다. 종교개혁이 추구하는 현대적이고 진보적인 사고를 상쇄시키기 위해서 카톨릭 교회는 자신의 역사 안에 험증된 토마스 아퀴나스와 트렌트 공의회의 신조를 계속적으로 주장하게 되었다. 1879년에 이르러서 토마스 아퀴나스는 로마 카톨릭의 학문을 지키는 천사 박사 신학자(angelic doctor)로 공인되었다. 그 결과 20세기에 들어서 발생하는 현대주의의 위협, 신조의 발달을 역사 비평적으로 실존주의적으로 이해하려는 경향, 성경 비평의 위협, 이제까지 획일적이던 교회의 이미지를 혁신시키려는 노력, 그리고 심지어는 후에 제2 바티칸 공의회(Vatican II)에서 개가를 올리는 '신신학'(New Theology)의 영향에 부딪혔을 때 교황들은 계속해서 아퀴나스의 신학으로 돌아갈 것을 카톨릭 신학자들에게 역설하였다.

카톨릭 교회의 보호적 본능의 절정은 1869-1870년에 열린 제1회 바티칸 공의회에서 나타났다. 이 공의회에서 아퀴나스 신학이 추구하는 이원론에 입각한 카톨릭 신학의 기본 구조가 아주 확실한 언어로 작성되고 이것은 교황의 권위에 의하여 공표되었다. 아래에서 그 내용을 살펴보기로 하자.

다음의 선언문이 말하는 종교적 지식을 얻는 두 개의 다른 질서를 살펴보자:

> 카톨릭 교회는 과거나 현재나 동일하게 지식을 얻는 두 개의 다른 질서가 있음을 주장해 왔다. 그 둘은 서로 다른 원리 안에서 서로 다른 대상의 지식을 추구한다. 그것이 원리 면에서 다른 이유는 하나는 자연 이성으로 추구하는 것이고 다른 하나는 하나님께서 허락하시는 믿음으로 추구하는 것이기 때문이다. 그것이 서로 다른 대상을 추구하는 이유는 자연 이성이 얻을 수 있는 지식 이외에, 하나님 안에 숨겨져 있는 신비, 즉 하나님께서 계시해 주지 않으면 얻을 수 없는 그러한 지식이 있기 때문이다.

이성과 믿음은 서로 모순되지 않는다:

비록 믿음이 이성 위에 존재하지만 그 둘 사이에 진정한 의미에서의 상이점은 결코 존재하지 않는다. 그 이유는 신비를 계시해 주시고 믿음을 심어 주시는 그 하나님 자신이 또한 인간의 이성의 빛을 밝혀 주시기 때문이고, 동시에 하나님은 자신을 부인하시지 않으며 진리 또한 진리를 부인하지 않기 때문이다. 그 둘 사이에 마치 모순점이 있는 것처럼 보이는 것은 믿음의 신조들이 교회가 전통적으로 지키는 이성에 의하여 이해되고 설명되지 않았거나, 아니면 이성의 판단에 따르지 않고 대신에 어떤 사견을 따랐거나 했기 때문이다.

10. 다시 이해하는 스콜라스티시즘

위에서 이미 살펴본 바와 같이 아퀴나스의 이원론적-변증법적 혼합 경향은 중세 교회를 지배하였다. 그것은 종교개혁 직후인 초기 현대에 들어와서 기독교회가 카톨릭의 반종교개혁 운동에 대항하면서 다시 유사 기독교(pseudo-Protestant) 사상의 중심이 되었다. 그 결과 16세기에 얻은 귀한 신학의 유산들이 17세기 이후에는 상실되었다. 기독교의 신학은 부활하는 토미즘의 신학 앞에서 심한 도전을 받게 된 것이다. 이러한 현상은 개혁교회의 신학에도 해당한다.

개혁교회도 예외 없이 루터와 칼빈의 신학이 밝히 보여 준 것과 같은 재발견된 복음적인 신학의 양상을 상실하였다. 그것을 상실한 대신에 기독교회는 로마 카톨릭 교회가 종교개혁 운동에 반발하는 신학을 펼친 것과 마찬가지로 자신들의 반발하는 신학으로 맞서게 되었다. 그 결과로 교회는 성장하지 않고 침체의 늪에 빠져들었다. 그보다 더욱 악화된 것은 개혁교회의 신학자들이 콘스탄틴, 어거스틴, 아퀴나스의 세계관에 입각해서 형성된 종교개혁 이전의 신학작업으로 되돌아갔다는 데에 있다. 이러한 세계관에서 가장 두드러지게 발달한 것은 물론 아퀴나스의 토미즘이다. 기독교의 스콜라스틱 학자들은 카톨릭의 전통적인 토미즘에 대항하기 위해서 자신들이 새롭게 발전시킨 토미즘을 사용하게 되었다. 그것은 실질적으로 기독교의 술을 로마 카톨릭의 병에 담은 결과를 낳았다. 기독교 학자들은 신학의 형태, 범주, 개념 등에 있어서 중세 스콜라스틱 신학의 이원론적 구조 위에 그들의 신학을 정립하였다. 이러한 신학의 모습은 부활한 스콜라스티시즘과 전통적인 스콜라스티시즘 사이에 서로 물고 물리는 영적으로 지루한 싸움의 연속을 불러왔다. 그들은 서로 놀랍게도 비슷한 무기로 무장을 하였다. 그 둘은 공통적으로 아리스토텔레스의 논리

형태에 깊게 관련이 되기 때문에 그들의 주장과 그 주장에 대한 재주장은 그 구조면에서 아주 흡사하였다.

그 결과는 전혀 놀랍지 않았다. 그들의 신학 사상은 고대의 이원론적 사고, 즉 자연/은혜의 구조, 이성/믿음의 분리, 자연/초자연의 반발과 아주 흡사하게 나타났다. 심지어는 루터 교회의 전형적인 율법/복음의 반대 구조도 종종 이원론적인 형태로 나타났다. 이에 따라 철학은 신학보다 낮은 영역으로 자리 매김이 되었다. 신학은 모든 학문의 여왕으로, 철학은 그의 하녀로 불려졌다. 철학은 자연 신학으로 흡수되면서 신학의 근본 작업에 종속적인 임무를 부여받았다. 그 임무란 기독교 신조에 대한 이성적 근거를 제공하며, 논리라는 일반적인 바탕 위에서 신조들의 타당성을 주장하며, 그 진실성을 입증하고, 기독교 믿음을 이성적으로 변증하며, 이러한 모든 것을 종합하여 궁극적으로 이성적인 신학의 입문을 제공함으로 그 위에 신학의 체계를 세울 수 있도록 하는 것이다.

이러한 현대 스콜라스틱 형태의 신학은 개신교 안에서 한두 개의 교회에 국한되지 않고 모든 후기 종교개혁의 전통에 스며들어서 폭넓은 영향을 행사하였다. 개혁교회도 그 예외는 아니었다. 개혁교회의 학자, 성도들도 일반 계시/특별 계시, 이성/믿음, 일반 은총/특별 은총, 율법/복음, 내적 언약/외적 언약, 육체/영혼 등에 대해서 이원론의 구조 안에서 생각하고 말하고 저술해 왔다. 심지어는 구약과 신약에 나타나는 섭리의 관계에 대해서도, 철학과 신학의 관계에 대해서는 말할 것도 없이, 그리고 그러한 사고의 결과로 수반되는 신학과 그 서론의 관계 그리고 변증학과 신학의 관계에 있어서 이원론적인 사고는 팽배하였다.

"물론 이원론의 문제는 우리의 문제이다. 그 문제는 아직도 우리를 괴롭히고 있다. 그것은 우리의 성경을 읽는 것을 왜곡시키며 우리의 순종의 방향을 방해하고 있다. 그러나 무엇보다도 심각한 이원론의 도전은 그것이 두 개의 서로 다른 충성을 우리에게 요구한다는 데에 있다. 그것은 우리로 하여금 두 왕을 섬기도록 강요한다" (Brian J. Walsh and J. Richard Middleton, *The Transforming Vision: Shaping a Christian World View*, 113).

II. 원래의 질문

이상과 같은 신학과 철학의 관계에 대하여 역사의 스케치를 한 후에 우리는 원래의 질문으로, 내 학창 시절의 의문으로 되돌아 왔다. 이러한 역사적 배경을 염두에 두고 본인은 본인이 묻는 질문과 이제까지 들어온 답변들을 좀더 분명히 이해하게 되었다. 또 한 가지 지금 분명해진 것은 그 답변들은 문제에 대한 해결이 아니라 오히려 그 문제들을 더 보강해 주고 있다는 확신과 그렇게 판단하게 된 이유이다.

12. 급진적인 혁명

이 문제에 대한 결론에 이르기 전에 우리는 먼저 계몽주의 시대의 사상을 좀더 주의 깊게 점검해 볼 필요가 있다. 제2세기와 함께 18세기는 서구 기독교 신학의 드라마를 열어가는 데 있어서 아주 중요한 전기가 되었다. 18세기보다 더 근본적인 신학과 문화의 혁명을 다른 데서 찾아볼 수 없기 때문이다. 1789년의 프랑스 혁명은 파리에서 그 절정을 이루었다. 물론 그것은 하루아침에 이루어진 것은 아니며, 그 뿌리는 14-15세기의 르네상스의 인문주의[4] 사상가들에게까지 이어진다. 르네상스 인문주의의 일차적 영향은 종교개혁에 발생한 기독교의 부흥운동이다. 그러나 그것은 종교개혁 후기에 이르러 강한 이성주의적 사고에 힘입은 개신교 스콜라스티시즘과 함께 다시금 부흥하게 되었다. 계몽주의 시대에 이르러서 르네상스의 인본주의, 개신교의 이성적으로 설명되는 신학의 정통, 그리고 카톨릭의 사상은 그 절정에 섰다. 이러한 사상의 전환은 신학에도 깊은 전환기를 마련했다.

이러한 전환기는 어거스틴과 칼빈의 저서에서 설명될 수 있다. 그 둘은 하나의 서로 깊이 연결된 통로에 의해서 하나님과 인간을 아는 진정한 지식이 얻어진다고 공통적으로 역설하였다. 이것은 서구 기독교 전통 안에서 확립되어진 확신이다. 계몽주의 사상이 흥왕하기 이전에 대부분의 서구 학자들은 카톨릭, 루터란, 칼빈주의자, 쯔빙글리파, 영국국교회, 재세례파에 상관없이, 모두 지식을 얻는 데 있어서 하나님을 아는 지식이 우선적으로 중요한 것에 동의하였다. 하나님의 자신의 계시는 모든 지식에 근본적이고 의심의 여지가 없는 실제로 인정되었으며, 인간을 아는 지식은 이차적인 것으로 인정되었다. 하나님의 말씀의 실제성은 확고하여서 전혀 의

---

[4] 14-16세기에 이어지는 유럽의 인문주의(humanism)는 르네상스의 한 강조점으로 고대 문헌의 정확한 의미에 접근하고자 하는 학문적인 운동이다. 이 운동은 고대 문헌들을 원어로 읽고 이해하기 위해서 언어, 문학, 수사학 등을 연구하였다. 이러한 학문 운동은 성경의 언어 연구, 원본 연구, 칼빈 등 많은 학자들의 성경 주석과 같은 지대한 업적을 남김으로 종교개혁의 학문적 기초를 이루었다. 그러므로 이 개념은 현대사회에 들어와서 신본주의에 반대하며 인간의 자율성을 강조해서 사용되는 인본주의와는 구별되어서 이해되어야 한다 (역자주).

심의 대상이 되지 못했다. 그 결과 하나님의 말씀에 관계되어서 일어나는 불확실성이나 불안정성은 하나님의 계시의 문제가 아니라, 그에 대한 인간의 반응의 미흡함으로 설명이 되었다.

   기독교의 이러한 근본적인 믿음의 신조는 계몽주의 사상에 의하여 여지없이 무너지고 말았다. 하나님에 대한 의문이 늘어나고 인간의 관심들이 강조되어 갔다. 신학의 중심이 하나님으로부터 인간으로 옮겨갔다. 하나님의 주권이 비운 자리를 가장된 인간의 자율성이 채워갔다. 프랑스 혁명이 외쳤던 구호를 회상하라: "신은 없다. 더 이상 인간을 다스리는 주인은 없다. 오직 인간이 모든 것의 잣대이다." 하나님은 가려지고, 인간의 위대함은 찬양되었다. 하나님 중심의 사상은 물러가고 인간 중심의 사상은 부흥하였다. 신학은 인간론의 정제된 형태로 나타났으며 초월적인 기준들은 세상으로 떨어지고 인간 역사가 오직 과학적으로 취급되었다. '하나님의 나라'라는 성경의 개념은 인간의 업적의 이데올로기로 변화하였다. 신학의 관심은 점차 '존재론'(ontology, 창조 질서의 연구)에서 멀어지고 '인식론'(epistemology, 인간 지식의 가능성을 연구)으로 가까이 다가갔다. 그 한 결과는 현대와 최근의 신학이 매료되고 있는 이성적인 과정으로 이해되는 해석 방법이다. 모든 중요한 신학적 이슈들은 점차 해석학적인 문제로 취급되어가고 있다. 계몽주의 사상의 가장 중요한 영향 중의 하나는 역사에 대한 인간의 관심이다. 현대인의 역사관점은 18-19세기에 이어 20세기에까지 꾸준하게 발전하였다. 그 결과 최근의 역사 비평주의의 가능성을 활짝 열어 놓았다. 이전의 신학이 '존재'(being)에 관심을 두었다면 최근의 신학의 관점은 점차 '되어짐'(becoming)에 관심을 두게 되었다. 실존적인 상황, 진화론적 과정, 불안정, 변화, 가변성, 내재성 등의 개념들이 인간 삶의 의미들을 설명하는 중요한 해석학적인 열쇠들로 등장하였다. 이 모든 것들의 결과는 역사 비평 방법들이 과학적인 방법을 신학으로 도입하는 험증된 방법으로 널리 알려지게 되었다는 것이다.

13. 자유주의의 꿈

   역사 비평과 함께 학문의 모든 분야에 침투한 것은 다윈의 사상이다. 이것도 또한 현대적 인간 사고 속에 깊이 깃들어 있는 역사적 의식에서 시작되었다. 역사 의식과 다윈의 진화론은 곧 연합하게 되었다. 계몽주의의 인간 중심적 신조와 현대적 인간 사고의 역사적 인식이 다윈의 진화론과 결합했을 때, 그 결과로 나타난 것이 현대 자유주의이다. 자유주의의 기본 골격은 다음과 같다: 인간의 내재적 선함과 완전해질 수 있는 가능성, 이성적인 기독교, '믿음' 보다는 '사실'에 근거한 종교, '인간 모두 안에 존재하는 하나님의 불꽃'에 대한 인식, 하나님을 인간 운명의 궁극적인 결과와 일치시키는 이해, 미국 현 시대에 이루어지는 하나님의 나라에 기초를 둔 문화적 낙관주의 등이다. 그런데 제1차 세계대전은 이러한 종교적 이상주의를 심각하게 재고할 수 있는 전기를 마련하였다. 제1차 세계대전은 "모든 전쟁의 종말을 고하기 위한 전쟁"이 되어야 했다. 이러한 19세기 유럽의 장밋빛 사상은 1914년에 독가스로 가득 찬 전장에서 급격하게 그 종말을 맞고 말았다. 그 타격은 북미에서는 더욱 심했다. 최근의 몇 십 년 동안 우리는 자유주의 종교의 환상에 의해 태어난 인간 중심의 이상이 마치 아름다운 동화의 성이 하늘로부터 수천 개의 조각으로 부서져 우리 머리 위로 떨어지는 것 같은 느낌을 받는다. 동화의 거품은 터져 버렸다. 계몽주의 낙관론의 영향에서 멀어진 상태에서 순진하게 쓰여진 인간 역사의 시나리오는 이제 상상할 수 없게 된 것이다.

다른 중요한 신학들의 체계가 그러했던 것처럼, 전통적인 자유주의 또한 신성/세속, 믿음/이성의 오래된 변증법적 갈등의 구조 위에 그 모습을 드러냈다. 자유주의의 관심은 현대인간의 사상이 받아들일 수 있도록 기독교 믿음을 표현하고 설명하는 것이었다. 자유주의 신학자들은 그러므로 경건을 위한 장소와 시간, 영적 경험을 위한 다락방과 같은 인간 삶의 영적인 부분들에 대한 어느 만큼의 관심을 가졌다. 성스러움과 속됨은 불편한 갈등 속에 공존하는 것으로 이해되었다. 그러나 자유주의는 삶의 영적인 면을 간수하기 위해서 노력하면서도 이 세상의 현실성에 더 많은 강조를 두었다.

자유주의의 천적은 근본주의였다. 그러나 근본주의 신학도 역시 현대 사고가 가지는 특성을 따라 이원론적 구조에 의하여 구성되었다. 단지 그 결과의 방향이 자유주의와 판이하게 달랐을 뿐이다. 근본주의는 속됨이라던가, 육신의 필요성, 그리고 이 세상의 삶을 포함해야 하는 필요성 등을 완전히 부인할 수는 없었다. 그것은 이러한 얽혀짐을 필요악으로, 또는 죄의식을 수반한 동조로 이해하였다. 그 이유는 근본주의의 핵심은 저 세상에 있기 때문이다. 그러므로 그것은 신성한 영역, 영적인 은거, 그리고 삶으로부터 멀어진 산중 경험에 중점을 두었다.

자유주의와 근본주의가 신학적인 내용에 얼마나 달랐는지 그리고 근본주의가 얼마나 거세게 자유주의에 반발을 했는지 상관없이, 그 둘의 신학은 신성함/속됨이라는 양분의 구조 위에 발달하였다. 이런 공통된 시발을 가지고 그들은 정반대의 방향으로 각각 신학을 전개하였다. 그러나 실상 그 둘은 같은 이원론 사상의 분류로서, 아주 불편하기는 하지만 그 둘은 역시 동료간이다.

14. 일원론(Monism): 이원론의 종말

계몽주의 신학의 발달은 금세기의 중반에 들어서 지배적으로 성장한 일원론적 신학을 우리 눈 앞에 보이고 있다. 아마도 우리는 이 드라마의 마지막 장면을 보고 있는지 모른다. 그 이유는 이러한 발달이 일관되게 계속된다면 그것은 신학 자체의 종말을—적어도 신학이 하나님과 계시에 대한 의미 있는 설명으로 이해되어질 때—의미할 것이기 때문이다. 하나님과 계시의 초월성을 표준되는 말씀으로 이해하여 그것들은 우리의 실질적인 경험 훨씬 위에 두는 인식은 오히려 그 반향으로 이어져서 내재적 신학의 가능성을 열어주고 있다.

지난 몇 십 년 동안 일원론적 신학의 전개는 확실해졌다. 자유주의 신학은 '성스러움'과 '속됨'의 중간에 집을 지은 타협이었다. 일원론적 신학은 계몽주의 사상이 주장하는 방향으로 일관되게 전개해 나간 결과이다. 이러한 신학 경향의 급진적 표현은 사신(死神) 신학이다. 이러한 신학은 장수하지 못했다. 그러나 그것이 남긴 영향은 그것이 목표한 대로 남아 있다. 현재 성장하는 세속 신학들은 '위층'(성스러움)을 있는 그대로 두면서 버리는 것이 아니라, 그것을 완전히 파괴해 버리고 그 대신 '아래층'(세속)에 영원한 집을 지으려는 것이기 때문이다. 좀더 정확히 말하면, 그들은 위층을 아래층으로 헐어 내려는 것이다. 로빈슨(J. A. T. Robinson)은 우리는 신이 '저기 위에'나 '저 밖에' 계시다고 할 수 없다. 신은 '여기 우리 안에' 있기 때문이다. 신은 '존재의 근본'(Ground of Being)—모든 존재의 근본, 그러므로 또한 인간 존재의 근본이기도 하다(Paul Tillich). 신은 더 이상 '높은 곳'에 거하지 않는다. 그는 우리 삶의 '깊은 영역'(depth dimension)일 뿐이다. 신은 우리와 함께 역사의 과정 안으로 동화되어서 미래로 이어지는 우리의 열린 모험의 참여자가 되었다.

여러 형태의 과정 신학(process theology), 세속화 신학(secular theology), 또는 일원론 신학(monist theology)에 있어서—그들이 무슨 다른 이름으로 불려질지라도—그들의 사상의 움직임은 '위로부터'가 아니라 '아래로부터'이다. 계몽주의의 혁명적인 사고의 전환은 현대에 전속력으로 질주하고 있는 것이다. 고대의 이원론은 현대의 일원론에 그 사명을 떠맡기고 있는 것이다. 세속주의 사상은 창조주-창조물의 상이점을 지우기 위해서 창조주를 세상 발달의 과정 안으로 흡수하고 있다. "인류는 신의 동역자가 아니라, 신의 창조물이다…그렇다면 신과 인간이 서로 인격적인 모습으로 마주 보는 가능성이 제외되기 때문이다"(Hendrikus Berkhof, *Christian Faith*, 153).

15. 현대사상의 창시자

계몽주의 사상의 위대한 창시자는 임마누엘 칸트(Immanuel Kant, 1724-1804)이다. 그의 사상의 합성은 아퀴나스의 사상의 합성이 중세의 사상을 형성하는 기반이 되었듯이 현대의 사상의 형성 근간이 되었다. 칸트의 사상 안에 그 이후의 모든 철학과 신학은 그 출발점을 찾고 있다. 우리 모두는 칸트의 그림자 안에 걷고 있는 것이다. 칸트는 그의 저서 『순수 이성 비판』(*Critique of Pure Reason*)에서 이상주의(idealist) 전통과 경험주의(empiricist) 전통을 합성시키고 있다. 『실천 이성 비판』(*Critique of Practical Reason*)에서 그는 종교를 도덕으로 이해하여 그 위치를 찾고 있다. 이 두 개의 비평을 통해서 칸트는 장차 현대 사상의 근간을 이룰 세계관의 기본 구조를 형성하고 있다. 순수 이성(pure reason)은 엄격한 논리와 과학적인 방법에 의해서 주장되는 이성으로서 순수한 사실, 현상, 감각을 통해서 얻는 경험의 데이터를 담당하는 부분이다. 이 감각 현상의 세계 저 너머에 있는 것이 본체의 이상(noumenal ideals)이며, 종교이며, 윤리이며, 도덕이며, 가치의 판단이다.

이 영역에서 우리가 경험하는 것이 신, 자유, 그리고 영속성이다. 이런 종교적인 것들은 모두 자율성을 지닌 인간 이성이 우리의 사고 안에 도덕 명령으로 요구하는 것 이외에 그 무엇도 아니다. 그러한 요구들은 객관적인 진리로서 요구되지 않고, 다만 '만약에' 라는 가정을 지니고 있어서 인간은 그 요구의 타당성이 굳건히 인정될 때에 그것에 따라 행동하게 되는 것이다. 칸트가 그의 『이성의 한계 안에서의 종교』(*Religion within the Bounds of Reason Alone*)에서 밝힌 것과 같이 인생의 의미는 인간 이성의 합리성에 의존되기 때문이다. 칸트의 일반적인 세계관 안에서 오랜 전통을 지닌 이원론의 사고는 다시 한 번 살아나서 인생을 다루는 내적 구조적 원리를 근본적으로 형성하고 있다. 이 구조적 원리는 양분의 구성을 새롭게 바꾸었을 뿐 전통적인 이원론에 근거하고 있다. 그는 전통적인 자연/은혜의 양분을 과학/도덕, 사실/가치, 자연/자유의 양분으로 설명하고 있다. 과학은 실제의 굳은 사실을 합리적으로 다루며, 신학은 종교적인 영역에 속하기 때문에 인간이 사고하는 성스러움, 도덕 생활, 그리고 가치 판단 등을 그 안에 포함한다.

그러므로 신학은 더 이상 과학의 영역에 포함되지 않는다. 신학은 기껏해야 '예술'로 인정되고 있는 것이다. 과학의 영역이 '무엇'이라는 사실을 다룬다면, 도덕은 '왜'라는 사실의 이유와 '어디로'라는 방향을 다룬다. 과학은, 그것은 물론 철학을 포함하여서, 실제 사실을 다루되 가치를 초월한 객관적인 입장에서 다룬다. 이와 다르게 신학은 사실적인 확고한 근거나 이성적인 수단이 결여되어 있기 때문에 그 영역을 도덕적인 가치를 판단하는 데에 국한시킨다. 이러한 이유로 인해서 신학은 순수 이성이 아닌 도덕적인 직관에 의해서 움직인다. 그는 또한 자연 신학(natural theology)에 대해서, 신학의 이성적인 근거를 철학이 제공할 수 있다는 것에 대해서, 이성에 근거를 둔 믿음에 대해서, 그리고 이성적인 지식이 신학의 서론으로서 가능하다는 것에 대하여 연구하였다. 이러한 신학의 과정 안에서 칸트는 전통적으로 사고되어 온 하나님의 존재에 대한 이성적인 증거를 신학을 지지하는 철학적인 버팀목으로 보아서 그것들의 가치를 일거에 부인하고 있다. 칸트의 과학/신학의 구조는 1,000여 년의 서구 신학에 그 뿌리를 두면서도 신학 전체의 뿌리를 근본적으로 뽑고 있는 것이다. 이런 사고의 체계 안에서 신학은 철학을 포함한 다른 모든 학문들과 분리되게 되었다. 신학은 뿌리가 없는 집처럼 홀로 서게 된 것이다. 그 밑에는 도덕적 이상으로 승화된 인간의 이성이라는 표류하는 모래가 있을 뿐이다.

16. 현대신학의 아버지

칸트를 현대 사상의 조부로 두고, 다니엘 슐라이어막허(Daniel Schleiermacher, 1768-1834)는 의심의 여지없는 현대 신학의 아버지가 되었다. 슐라이어막허의 업적은 칸트의 철학적 비전을 신학에 적용했다는 데에 있다. "19세기 전체가 슐라이어막허에 달려 있다"는 칼 바르트의 말은 결코 과장이 아니다. 칸트 후의 현대 신학은 전과 같을 수가 없었다. 그는 이제까지 신학의 바탕이 되어온 이성적인 논리와 주장들을 단번에 허물어 버렸다. 그렇다면 신학은 어떻게 그 존재 가치를 지킬 수 있을 것인가? 이 질문이 바로 슐라이어막허가 그 자신에게 물은 질문이었다. 기독교의 믿음을 체계적으로 정립하기 위해서 어떤 새로운 체계를 신학의 서론으로 놓아야 할 것인가?

슐라이어막허는 이 문제에 대한 답을 얻기 위하여 종교적 믿음의 대상은 '객관적인' 가치를 가지지 않는다는 칸트의 결론을 우선 받아들였다. 그 대상들은 단지 인간의 마음이 설정해 놓은 가정에 불과한 것이다. 그러므로 기독교의 신조는 '주관적인' 바탕에 근거를 구고 형성된다. '감성'(Gefühl, feeling)이라는 개념이 이 주관적인 바탕을 마련하고 있다. 감성은 곧 '종교적인 자의식' 또는 유한한 인간이 무한한 타자에게 느끼는 '무조건적인 의지의 감정'으로서 신학을 하는 해석학적인 열쇠가 되었다. 슐라이어막허에 의하면 이러한 깊은 종교적 직관은 인간에게 일반적인 현상이라는 것이다. 모든 인간은 신에게로 향한 요구를 가지며 모든 인간의 사회는 각각 그 사회에 독특한 종교적인 경험들은 그들의 후세에 전통으로 전한다. 여러 종교들 중에서 기독교는 인간의 윤리적인 삶에 대한 열망의 전개에 가장 높은 위치를 차지하고 있다. 그렇기 때문에 기독교는 이성적으로 윤리적인 인간의 충절과 동의를 얻는 것이다. 따라서 그는 구약성경을 이스라엘과 여호와 하나님과의 교통으로 보고 신약을 예수의 제자들이 예수께로 향한 찬양으로 보고 있다. 슐라이어막허는 당시에 종교를 무시하고 외면하던 사람들을 향해서 그의 유명한 저서 『종교에 관하여』 (On Religion: Discourse to Its Cultured Despisers)를 썼으며 거기서 기독교를 새로운 기반 위에서 변증하고 있다.

슐라이어막허는 기독교 신학을 형성하기 위한 새로운 기반을 자신이 제공하였다고 믿었다. 그러나 신학에 대한 그의 접근은 이미 칸트가 시도한 것과 동일하게 인간 중심이요 주관적인 접근이었다. 칸트와 같이 그는 이성적인 논증 위에 신학을 세우는 데에 반대하며, 오히려 인간의 종교적 경험에 그 바탕을 두고 있다. 그 결과 기독교 믿음은 영적인 감성에 뿌리를 두게 되었다. 이러한 신학의 접근 방법에 있어서 신학의 작업은 인간의 이러한 일반적인 감성을 체계적으로 설명하는 것이 되었다. 그리고 인간의 종교적인 경험들을 과학적으로 연구하여 그 결과를 기독교 신학의 서론으로 삼게 되었다.

17. 20세기의 "교부들"

이러한 역사적인 배경을 이해할 때에 1920년경에 새롭게 나타나는 칼 바르트(Karl Barth, 1886-1968)의 신학이 왜 신학자들에게 폭탄처럼 떨어졌는가를 알 수 있게 된다. 바르트 자신은 슐라이어막허의 19세기 자유주의 신학의 가장 저명한 후계자 밑에서 목회를 배운 인물이다. 바르트는 이러한 교육을 받고 그 신학 사상에 열중한 상태에서 1911년에 자신의 나라인 스위스의 자펜빌(Safenwill)이라는 작은 마을에서 목회를 시작하였다. 그러나 곧 제1차 세계대전의 고통스러운 세월을 겪는 동안 그는 전통적인 자유주의 신학이 영적인 파산에 이른 것을 느끼게 되었다. 그가 느낀 가장 큰 고통은 매주일의 설교였다. 1914-1917년간의 고통의 기간 동안에 바르트는 자유주의 신학이 위기 속에 빠져 있는 세계에 의미 있는 메시지를 줄 수 없는 무능함을 깨달았다. 그는 필사적으로 새로운 탈출구를 찾았다. 이러한 영적인 싸움의 결과로 나타난 것이 그의 『로마서 주석』(*Römerbrief*, 1919, 1921; 영역, *Epistle to the Romans*, 1950)과 『하나님 말씀의 신학』(*Theology of the Word of God*, 1922)이다. 새로운 것을 찾아 헤매던 세계는 그의 신학작업에 귀를 기울이고 응답했다. 바르트는 자신의 새로운 신학작업에 대해 다음과 같이 쓰고 있다: "폭풍 속에 나는 교회의 종탑에 오르다가 발을 헛딛고 말았다. 나는 떨어지지 않으려고 팔을 휘저었다. 그러다가 갑자기 종루 안에 있는 종을 치는 밧줄을 붙잡았다. 나는 떨어지지 않으려고 안간힘을 썼고 그럴 때마다 종이 울렸고 마침내 사람들이 달려 나와서 무슨 일이 일어나고 있는가 할 때까지 종은 계속 울렸다."

바르트의 이런 우화적인 설명은 제1차 세계대전 후에 신학계가 얼마나 새로운 신학의 접근을 기다렸는가를 잘 설명해 준다. 이것은 동시에 그의 신학작업이 그때까지의 신학을 뒤로 돌리는 결과를 가져온 것을 설명하고 있다. 토미즘과 자유주의 신학에 대한 대안으로서 바르트는 종교개혁 신학을 추구하였고 그것을 20세기에 적합하게 설명하기 위해서 칼빈의 신학을 자기 나름대로 재해석하였다. 이렇게 출발을 하고 나서 바르트는 수많은 저서를 신학계에 출판하였다. 그의 대표작은 역시 『교회 교의학』(*Church Dogmatics*) 총서이다. 많은 사상가들의 경우처럼, 바르트의 경우에도 그의 초기와 후기의 신학에 다른 점이 발견되지만, 그의 신학의 총칭으로 '위기 신학', '변증법적 신학', '신정통주의 신학', 심지어는 코넬리우스 반틸(Cornelius Van Til)이 부른 것과 같은 '신현대 신학' 등으로 부를 수 있다. 그것이 무엇으로 불려지든 간에 바르트의 다작은 중세 스콜라스틱 신학과 현대의 자유주의 신학에 대한 거센 도전으로 설명할 수 있다. 신학의 구조면에 있어서 그 둘 다 똑같은 실수를 범하고 있다고 바르트는 믿었다. 그 이유는 그 둘 다 기독교 신조를 위하여—그것이 이성이든지 아니면 감성이든지—어떤 형태의 철학적 기초를 가지고 있기 때문이다. 그 둘 다 받아들일 수 없다고 그는 생각했다. 왜냐하면 그 둘 다 이 세상의 역사적 실제와 인간의 경험에는 인간으로부터 하나님에게까지 이르는 존재의 체계(hierarchy of being)가 있어서, 그것이 기독교 믿음을 설명하는 한 방법이 된다고 가정하기 때문이다.

바르트는 이러한 공통된 가정의 실수는 어떤 이성적 서론이 기독교 신조를 형성하는 하부 구조가 될 수 있다는 가능성에 있다고 믿었다. 그리고 그 실수의 바닥에는 자연 신학이나 일반 계시의 개념이 있다. 이러한 근거에서 보면 자연 신학은 신학 자체를 세우기 위한 준비로 볼 수 있다. 바르트는 이러한 이성을 근거로 한 전통적인 사고와의 전면적인 결별을 선언한다. 그러므로 그는 신학의 작업을 하는데 있어서 철학의 어떠한 긍정적인 역할도 부인한다. 철학은 그 본질에 있어서 진정한 의미의 기독교 신학에 대항하기 때문이다. 그것은 기독교 신학에 근본적으로 반대한다. 기독교 철학이라는 개념 자체가 모순된 개념이다(바르트의 이러한 신학적 사상을 염두에 두고 다음과 같은 질문을 해보자: 바르트는 자신이 주장하는 것보다 훨씬 더 철학의, 특별히 키에르케고르의 전통에 서 있는 실존 철학의 영향을 받고 있는 것은 아닌가? 과연 신학은 철학적인 사색과 동떨어져서 존재할 수 있는가?).

바르트는 신학의 방법론적 근거에서 스콜라스티시즘과 자유주의 신학의 전제들을 부인한다. 신학의 서론에서 스콜라스티시즘은 기독교 믿음을 위해서 이성적인 근거를 전제하고, 자유주의는 경험적인 근거를 전제한다고 바르트는 생각하였다. 둘 다 인간의 주관성에 근거한다는 것이다. 둘 다 하나님의 타자성(otherness, 인간의 제한성에 반대해서 하나님의 초월성과 무제한성을 강조함), 계시, 그리고 믿음을 부인하는 것으로 바르트는 생각했다. 둘 다 인간의 불꽃을 통하여 인간으로부터 하나님께 이르는 길을 찾고자 하였다. 둘 다 인간의 가능성에 그 뿌리를 두고 있다. 둘 다 아래로부터의 신학을 추구하고 있다.

바르트는 이러한 신학의 파도를 막기 위하여 '밖으로부터의' 신학으로 급회전하였다. 신학에 있어서의 인간의 모든 내재적인 요소들을 제거하고 그는 하나님의 완전한 초월성에 강한 강조를 두었다. 하나님은 '완전한 타자'(wholly Other)라고 그는 외쳤다. 과거의 신학들이 신학의 표준을 인간과 그의 세계로 끌어내렸다면, 그의 신학은 그 표준을 오직 인간 너머에 계신 하나님에게만 두기로 작심을 하였다. 신학에서의 오랜 전통인 하나님/인간이라는 구조 안에서, 물론 바르트도 이것을 받아들이듯이, 다른 현대 신학자들이 인간적인 요소들을 너무 많이 강조하였다면, 바르트는 그 정반대로 하나님의 요소를 너무 많이 강조한 결과를 낳았다. 이러한 과격한 접근은 둘 다 성경의 메시지를 제한하고 우리의 신학작업을 왜소하게 만들어 버린다.

'아래로부터의' 신학을 반대하고 바르트는 '위로부터의' 신학을 추구하였다. 바르트의 신학 방법론과 방향에서의 이러한 과격한 전환은 바르멘 선언(Barman Declaration, 1934)을 작성할 때에 그가 가졌던 중요한 역할을 잘 설명하고 있다. 바르트에 의하면, 히틀러의 나찌 치하에 살던 '독일 그리스도인들'은 그리스도인의 믿음과 사회주의 국가의 종교를 결속하려는 유혹에 굴복하여 가고 있었다. 이에 대해 그는 진정한 믿음은 인간의 종교와 다르다고 역설하였다. 그 둘은 절대로 혼합될 수 없다. 위로부터 오는 것은 절대로 아래의 것으로 인해 옷 입혀질 수 없다. 더구나 아래로부터의 것이 현대 이교도적인 것일 때에는 더 말할 나위가 없다. 이 이슈에 대한 바르트의 강한 태도는 결국 그를 독일에서 추방하여 그의 조국 스위스로 가게 하였다.

바르트에 의하면 기독교 신학은 오로지 '위로부터의' 신학이어야 한다. 그것은 위로부터 오는 것에 완전히 열려 있어야 한다. 그것은 하나님과 예수 그리스도 안에 있는 그의 계시로부터 시작이 되어야 한다. 그것은 그것 자신의 근거에 기초해야 하며 다른 외부적인 것, 이성적인 철학, 자연 신학, 또는 경험적 변증에 기초해서는 안 된다. 기독교 믿음은 믿음 그 자체로 시작을 해야 한다. 기독교 신학에는 서론이라는 것이 있을 수 없다. 우리는 고대의 가르침들을 귀담아 들을 필요가 있다: "우리는 이해하기 위해서 믿는다"(*credimus ut intelligamus*, 어거스틴); "이해함을 추구하는 믿음"(*fides quaerens intellectum*, 안셀름). 그러므로 신학을 이루는 모든 서론은 금지되어야 한다. 신학 서론은 '미리'라는 개념으로 시작될 수 없으며, 오히려 '…으로부터 시작'이라는 개념으로 시작되어야 한다. 모든 이성적인 변증학, 자연신학, 종교적 현상, 경험적인 반영, 철학적인 근거, 그리고 신학을 이루기 위해서 동원되는 모든 종류의 서론들을 배격하고 나서, 바르트는 말하기를 기독교 신학은 오직 자기의 발로만 서야 하며, 자기 자신에게만 충실해야 하며, 자기 자신을 출발점으로 삼아야 한다고 하였다.

이러한 과격할 정도로 새로운 신학의 접근은 그의 초기 신학 동지였던 에밀 부르너(Emil Brunner, 1889-1966)와의 쓰디쓴 논쟁을 일으키고 결국은 둘 사이를 오래 갈라놓고 말았다. 최근의 신학계에서 부르는 이 두 거인들, '코끼리'와 '고래'의 논쟁은 바로 이러한 이슈들에 집중하고 있다. 처음에 바르트는 부르너를 "슐라이어막허의 전제와 전혀 다른, 그리고 그것으로부터 자유로운, 그리고 처음으로(1924년) 그의 신학에 반대하는 글을 쓴 신학자"로 소개하고 있다. 그러나 1930년에 들어서 이 두 사람의 거인 신학자들은 거센 논쟁으로 다투고 그 결과 30년 이상 각각의 길을 가고 말았다.

바르트와 부르너는 하나님의 주도함이 신학에 있어서 가장 우선되는 것이라는 데에 동의하고 있다. 그러나 바르트에게 있어서 하나님의 주권은 절대적이고 배타적인 반면에, 부르너에게 있어서의 그것은 단지 비교적이라는 것이 다르다. 부르너의 신학은 일반 계시에 응답하는 면에 있어서의 인간의 피조성을 인정하고, 그것이 구원하는 계시를 받아들이는 한 기초가 될 수 있다는 것을 인정한다. 부르너는 그의 논쟁적인 변증을 신학을 위한 서론으로 이끌어 갔다. 따라서 그는 계시가 답변할 수 있는 그러한 질문들을 적어도 인간은 물을 수 있다고 주장하였다. 바르트에게 있어서 이러한 주장은 자연 신학이 또다시 신학의 작업에 이성적 서론이 될 수 있는 가능성으로 느껴졌다. 그것은 '약속의 땅'(신정통주의 신학)으로 이미 건너간 후에 다시 '이집트의 고기를 끓이는 통'(전통적인 신학)으로 되돌아가는 것을 의미했다.

바르트와 부르너는 하나님의 계시의 '번개의 전광'이 밖으로부터 직접적으로 그리고 결정적으로 내려옴으로 신학에 극단적인 수직감을 형성한다는 데 동의하고 있다. 그러나 부르너는 인간에게는 하나님의 메시지를 받을 '번개의 피뢰침'이 있다고 하였다. 이에 대해서 바르트는 대답하기를 번개는 그 자신의 피뢰침을 수반한다고 하였다. 이 말은 인간에게는 하나님의 계시를 받을 만한 어떤 준비도 없다는 것이다. 우리는 하나님께서 모든 것을 준비하시도록 기대해야 한다는 것이다. 하나님 자신이 인간이 그의 계시와 만날 수 있도록 준비의 장을 마련하신다는 것이다. 이러한 하나님의 돌파가 기독교 신학을 형성하는 유일한 출발점으로 남아 있어야 한다는 것이 그의 주장이다. 어떠한 서론도 이러한 것을 앞설 수 없다. 만약 신학의 서론이 신학 안에 그 자리를 차지한다면, 그것은 신학 그 자체의 첫 번째 말 이상 아무것도 되어서는 안 된다.

바르트 신학의 접근은 기독교 신학의 시초를 놓는데 이성적이고 경험적인 서론을 당연시했던 전통적인 신학에 대한 필요한 수정을 제공하고 있다. 그것은 건전한 반응이었다. 그러나 반응은 결코 진정한 그리고 결정적인 해결이 되지 못한다. 바르트는 철학과 신학의 관계 그리고 서론과 신학 자체의 관계가 그 둘 사이의 분열을 그 안에 품고 있었으며, 그 분열은 일반 계시를 지식을 얻는 독립적인 근원으로 만들어서 결국 자연 신학으로 이어지게 하였다고 옳게 보았다. 이러한 신학적 사고는 특별 계시의 실제를 충분히 이해하지 못하게 하였다. 그러나 바르트가 전통적인 신학에 반대해서 펴낸 반응도 똑같이 부적당하다. 그는 문제를 해결하기 위해서 일반 계시에 대한 기독교회의 신조를 싸잡아 물리쳐 버렸다. 그와 동시에, 바르트의 신학을 일관되게 설명하기 위해서, 성경은 특별 계시라는 전통적인 위치로부터(바르트는 성경을 '종이(paper) 교황'이라고 불렀다) 계시에 대한 우선적인 증거의 역할로 축소되었다. 그 이유는 계시 자체의 정의가 말해 주는 것처럼, 계시는 하나님이 자신을 보여 주는 개인적인 행위이기 때문이다. 이러한 계시는 예수 그리스도 안에서만 충분하게 이루어진다. 이렇게 함으로 바르트는 그의 기독론주의(Christomonism)에 이르게 된다.

개혁신학은 바르트의 신학이 보여 주는 건전한 수정에 민감해야 한다. 그러나 그가 주장하는 것처럼 신학 서론의 모든 것을 부인하는 것에 동참할 필요는 없다. 바르트로부터 배우되, 그의 신학보다 건전한 길을 가야 한다. 우리는 신학 서론이 신학 전체에 있어서 완전히 필수 불가결한 부분이라는 것을, 믿음은 신학 서론이나 신학 자체에 공통된 출발점이라는 것을, 창조 계시는5) 자연 신학을 암시하지 않는다는 것을, 그리고 오랫동안 받아들여졌던 자연/은혜, 이성/믿음의 양분은 신학 서론과 신학을 양분하는 관계로 정립하는 데 표준이 되지 않는다는 것을 배워야 한다.

바르트의 신학을 설명하는데 마지막으로, 그는 신학 서론과 신학을 양분하는 전통적인 사고를 거부하면서 그 둘을 뒷받침하는 상이점은 거부하지 않았다. 이것은 그의 신학 전체의 기본적 체계를 보면 자명해진다. 변증법적 긴장과 함께 그가 다루는 영원과 시간, 초역사(superhistory)와 일반 역사는 전통적인 은혜/자연의 양분 구조를 연상시킨다. 바르트의 강한 주장에도 불구하고, 사실은 이러한 상이점들의 관계는 오캄의 윌리엄(William of Occam)과 같은 초기의 의지주의자(意志主義者, voluntarist)와 키에르케고르와 같은 후기 실존주의자의 영향으로 채색되어진 것이다. 그러므로 이 오래된 문제에 대한 오래 전의 신학들이 주로 정적이었다면, 바르트의 설명은 좀더 역동적이고, 행동의 양상을 포함하며, 덜 딱딱하고, 상투적이지 않다. 위로부터 내려오는 돌연한, 순간적인, 그리고 구속할 수 없는 하나님의 계시의 불꽃은 우리 일상의 자연 세계 안에 하나님과 인간의 간헐적인 만남이라는 형태로 은혜의 옷을 입힌다. 이 은혜의 만남은 자연 세계를 정죄하기도 하고 의롭게 하기도 하지만, 그 자연 세계에 대한 영적인 방향과 새롭게 하는 역사를 변형시키지 않으면서 발생한다. 이상에서 본 바와 같이 바르트는 전통적인 이원론을 극렬하게 비난하지만, 이미 많은 학자들이 빠졌던 같은 위험에서 자신을 탈출시키지 못하고 있다. 다른 이들과 같이, 바르트는 과거와 같이 양분된 집안에 자신의 거처를 마련하였다. 다른 것이 있다면, 바르트는 그 안에 어떤 주요한 변화를 주어서 가구들의 위치를 전면적으로 바꾸고 오고가는 길을 바꾸었다는 데에 있다.

---

5) 본서의 저자 스파이크만은 개혁신학에서 전통적으로 쓰여진 일반 계시(general revelation)나 또는 자연 계시(natural revelation)라는 단어 대신에 창조 계시(creation revelation)라는 단어를 쓰고 있음에 주의하라. 이것은 그가 강조하는 '창조-타락-구원-완성'이라는 신학의 서술 방법에 기초가 되는 창조를 재조명하기 위함이다. 창조의 개념과 광범위한 창조 세계에 대한 이해는 칼빈의 신학과 개혁주의 신학에 있어서 아주 중요한 주제로 전체 신학의 중요한 맥을 형성하고 있다. 본서의 제1부 3장, ⑮를 주의 깊게 살펴보라(역자주).

18. 전환기의 인물

디이트리히 본회퍼(Dietrich Bonhoeffer, 1906-1945)는 계몽주의에서 태동하고 지금 우리 시대에 활발하게 전개되고 있는, 전통적인 이원론으로부터 현대의 일원론으로 이어지는 운동에 있어서 중요한 전환기적 인물이다. 1939년 그에게 전쟁이 치열한 유럽으로 돌아가지 말 것을, 그리고 안전한 새로운 세계에서 그의 신학을 계속 연구할 것을 미국의 복음주의 그리스도인들이 설득할 때에, 본회퍼는 독일로 돌아가기로 마음먹었다. 독일로 돌아가는 배 안에서 그는 내적인 평안을 찾았고, 결국 저항 운동에 참여하였다. 그는 지하 운동의 적극적인 일원으로, 지하 신학교의 일원으로, 그리고 히틀러를 암살하려는 행동에 참여했고 그것으로 인해서 순교의 죽음을 맞은 인물이다.

바르트의 초기 제자로서 본회퍼는 그의 스승의 신학이 문화를 새롭게 하려는 그리스도인의 노력을 무력화시킨다는 것을 깨달았다. 은혜에 대한 바르트의 개념은 자연에 뚫고 들어오지 못하며 하나님의 말씀에 순종하여 그것을 개혁하지 못하였다. 바르트의 신학은 그리스도인들로 하여금 사회의 변화를 위해서 그리고 악에 대항하는 증거자로 기도하기를 명하지만, 그것은 하나님의 뜻에 좀더 충실하게 사회를 재건하는 실제 행동을 하게 하는 자극을 제공하지 않는다. 바르트의 '전혀 다른 타자'(wholly other)이신 하나님은 개혁을 위한 프로그램에 실제적인 동역자가 되지 못했다. 본회퍼는 루터교의 경건주의의 영향도(교회를 위한 복음, 세상을 위한 법률) 이러한 일을 감당하지 못한다고 믿었다. 이러한 신학은 당시 독일 교회가 처해 있는 실존적인 몸부림에 필요한 메시지를 줄 힘이 없는 교회당의 예배밖에 보여 주지 못했다. 그것은 '값싼 은혜'였다.

전통적인 양분, 즉 자연에 반대되는 은혜, 자연 위의 은혜의 구조는 무력했다. 본회퍼는 하나님의 은혜는 세상 안에서, 실질적으로 인간에게 원색적으로 일어나는 세상에서, 아주 세속적인 인간의 일들 속에서 이루어져야 한다고 결론지었다. 그는 그래서 '세상적인 기독교'(worldly Christianity)를 주창하였다. 그는 (바르트에 반대해서) '안에 계시는 하나님'과 실제 '가운데 계시는 그리스도'에 대해서 신학을 형성하였다. 그리스도 안에서 하나님은 세상 안으로 들어오시고 결국 십자가에 묶이셨다. 하나님이 인류를 정복하시는 것은 바로 자기를 희생하는 하나님의 무력함(powerlessness)이다. 그리스도는 타자를 위한 인간으로 오셨다. 그 안에서 하나님은 자신을 포기하였다. "하나님 앞에서, 그리고 하나님과 함께, 우리는 하나님 없이 산다"(Before God, and with God, we live without God, *Letters and Papers from Prison*, 360). 본회퍼는 일찍 죽음을 맞이하게 된다. 그러므로 우리는 그의 신학적 결론에 대해서 추측할 수밖에 없다. 오래된 자연과 은혜의 양분을 해결하기 위해서 그는 은혜를 자연으로 포함시키고, 초월성을 속세의 실제 속으로 몰아넣을 가능성을 열어 놓았다. 결국 그는 의도하지는 않았지만, 그의 신학 사상은 여러 형태의 일원론과 제2차 세계대전 이후에 활발하게 진행되는 과정신학의 가능성을 열어주었다.

19. 좌표

지난 신학의 역사를 서둘러 살펴본 결과 우리에게는 한 가지 중요한 이슈가 자명해진다. 그것은 철학/신학, 이성/믿음, 신학 서론/신학, 자연/은혜, 자연 신학/신학 자체의 양분이다. 이러한 양분의 사고 앞에서 우리는 어느 한 가지나 둘 다 중에서 선택을 해야 한다. 결론적으로, 현재 되어지고 있는 개혁신학에 끼쳐지는 이 문제의 영향을 살펴보자.

20. 진리에 좀더 가까이

금세기가 시작될 무렵 미국 프린스턴의 변증학자들과 암스텔담의 자유대학교의 카이퍼와 바빙크 사이에 논쟁이 있었다. 그 논쟁의 중심은 이성과 믿음 사이의 관계와 신학 서론의 가치 문제였다. 프린스턴의 입장은 이성주의(rationalism)였고 암스텔담의 입장은 믿음주의(fideism)였다. 벤자민 워필드(Benjamin B. Warfield, 1851-1921)는 전자의 입장을 설명하기를, 변증학은 신학 서론의 본질적인 것이라고 하였다. 그것의 역할은 신학의 기초를 놓은 일이라는 것이다. 일반적인 논리의 법칙에 따라, '객관적인' 이성의 반영을 통해서, 그리고 논증을 위해서 일단 믿음의 역할을 일시적으로 중지하고, 개혁신학자는 변증학자로서 신학 서론에서 조직신학의 근간이 되는 기초를 미리 형성해야 한다. 이러한 기초에는 하나님의 실제와 계시 그리고 하나님의 말씀에 응답하는 인간에 대한 신조적인 질문들을 증명해야 하는 것들이 포함된다.

암스텔담 학파의 입장을 설명하면서 카이퍼는 프린스턴 변증학자들은 자연 이성이라는 잘못된 개념에 근거를 둔 자연 신학의 하나의 예라고 비난하였다. 프린스턴 변증학은 죄에 빠진 인간의 결함의 극단적인 결함을 과소평가하며 동시에 그리스도 안에서 구원하시는 하나님의 역사의 권위를 충분히 포함시키지 않는다. 그것은 또한 성경이 신앙과 불신, 인간의 타락과 중생 사이에 그어놓은 명백한 차이를 외면하고 있는 것이다. 그러므로 그것은 '두 종류의 사람들'과 따라서 파생되는 '두 종류의 학문들'의 차이점을 과소평가 하거나 아예 지워버리는 것이다. 카이퍼의 견해에 따르면, 서론은 신학 자체와 같이 오직 믿음이라는 출발을 갖는다. 이성적으로 형성된 변증을 신학 전체의 체계를 위한 바탕으로 보는 대신에, 그는 그것을 신학이라는 집의 많은 방 중에서 하나의 변두리 방으로 취급하였다. 이성에 의거한 변증은 하나의 부산물로서 신학 전체 중에서 하나의 보조적인 역할을 갖는다. 그것은 기독교 신학의 비난자들과의 만남을 염두에 둔 신학의 특별한 주제에 초점을 둔 분야일 뿐이다. 워필드는 이에 대해 답변을 하기를, 만약에 변증이 조직신학의 하나의 부속으로 전락할 경우, 개혁신학의 모든 주제들을 설명한 후에는 이 설명들이 진정한 '사실'이 아닌 단지 '환상'일지도 모른다는 질문이 일어날지도 모른다고 하였다.

　여기서도 우리는 신학에 접근하는 심각한 상이점들을 볼 수 있다. 이 상이점들은 우리가 위에서 살펴본 바와 같이 지난 2,000년간의 역사가 보여 주는 상이점과 아주 흡사하다. 이 경우에서는 같은 칼빈주의 신학 안에서, 네덜란드의 개혁교회와 스코틀랜드계의 장로교 전통이 서로 다르게 주장하고 있는 것이다. 이 논쟁에는 신학 서론을 신학의 어디에 놓을 것인지—개혁신학의 앞에, 또는 뒤에, 또는 그 가운데에—보다 더 많은 질문을 포함하고 있다. 그 바탕에 흐르는 질문은 역시 서론의 본질에 대한 것이다.

　개혁신학을 위한 새로운 작업을 하면서 본인은 여기서 카이퍼의 견해의 타당성을 설명하고자 한다. 신학 서론은 물론 서론이다. 이 말은 한 번 다루고 지나가면 그냥 잊어버릴 그런 서론으로서가 아니다. 신학 서론은 믿음이 포함된 상부 구조를 떠받치기 위해서 이성적으로 논증된 하부 구조가 아니다. 그것의 역할은 밖으로부터 신학을 정당화하는 것이 아니라, 하나의 특정한 전통으로부터 신학을 설명하는 시작을 이루는 것이다. 그러므로 신학 서론은 하나님의 말씀을 믿음으로 받아들이는 기초를, 이어지는 신학의 작업을 위해 계속되는 시발점으로 삼는다는 데에 있어서 신학 전체의 필수 불가결한 요소가 된다. 그것 자체도 물론 성경에서 가르치는 세계관에 근거한다. 좀더 이론적으로 말해서, 그런 세계관은 기독교 철학의 형태를 결정한다. 신학은 이러한 이론적인 평가 기준을 요구하며, 그러한 전체 밑그림을 제공하는 것은 기독교 철학의 소명이다. 앞으로 이어지는 본서의 신학 설명에서 본인은 기독교 철학의 기본적인 양상들을 개혁신학의 작업을 위한 이론적인 시각으로 묘사할 것이다. 이런 의미에서 신학 서론은 근본적인 것이다. 기독교 철학은 신학 안에 깔려 있는 전제들을, 실제로 받아들이고 있는 창조의 양상을, 신학의 방법과 해석을, 표준이 되는 평가 기준을, 그리고 기타 기본적인 개념들을 분명히 해 준다. 이러한 작업은 서론이 감당하는 가장 확실한, 실제적인, 그리고 유익한 소명인 것이다.

제3장 최근 신학의 딜레마

1. 처음과 마지막

　내게 당신의 신학 서론을 보여 주시오. 그러면 내가 당신의 전체 신학을 예언하리이다. 신학이 일관된 학문이라면 이것은 아주 타당한 말이다. 처음과 마지막은 아주 밀접하게 연결되어 있기 때문이다. 이것이 바로 최근에 들어서 신학 서론에 대한 연구가 아주 중요하게 이루어지고 있는 이유이다. 신학에서의 근본적인 출발점은 신학의 나머지 전체의 내용을 결정한다는 인식이 늘어나고 있는 것이다. 만약 서언이 잘못되었다면, 종말론에도 결함이 생기고 그 사이에 있는 모든 신조들도 마찬가지가 될 것이다.

　개혁신학에 있어서도 '첫 번 것'은 대단히 중요하게 다루어져야 한다. 따라서 서언은, 즉 신학 서론에 처음 다루어지는 주제, 창조와 함께 세상에 주어진 하나님의 '첫 말씀'에 그 뿌리를 두어야 한다. 신학 서론을 창조의 근본으로부터 분리시키는 것은 타락한 창조의 회복으로 이해되는 구원을 근거 없는 주제로 공중에 뜨게 만들기 때문이다. 그리고 새 하늘과 새 땅의 약속된 성취는 공허한 유토피아로 축소되고, '푸른 수평선 너머'에 있는 '아름다운 섬' 쯤으로 인식되어 우리로 하여금 막연한 미래로 향하게 할 것이다. 만약 창조 체계에 대한 성경적인 기초가 무너진다면 개혁신학의 모든 주제들도 또한 쌓아놓은 책 무더기처럼 무너지고 말 것이다.

2. 두 개의 표준

우리가 제2장의 역사적-신학적 개관에서 살펴본 바와 같이 서구 기독교 전통의 대부분에 양분된 표준의 사고 체계(하나님-인간, 그리고 그 사이에 아무것도 없는)가 굳게 자리잡고 있음을 볼 수 있다. 이런 고집 센 견해는 아직도 현재의 신학에 고통을 가하고 있다. 그 바탕에는 다음과 같은 표준에 대한 질문이 숨어 있다: 우리는 어디에 신학의 표준을 두어야 하는가? 그것은 하나님인가 아니면 인간인가? 그것은 은혜의 영역인가 아니면 자연의 영역인가 아니면 그 둘의 합성인가? 그것은 성스러운 영역인가 아니면 속세의 영역인가 아니면 둘 다인가? 이러한 질문들은 2세기의 교부들에게 영향을 끼친 헬라의 철학으로까지 되돌아갈 수 있다. 이제 우리는 이러한 영향들을 현대의 언어로 이해해 보자.

3. 하나님이 없는 세상, 세상이 없는 하나님

현대의 사고를 주장해 온 것은 오래된 철학적인 문제에 대해 답을 준 칸트의 정의이다. 칸트가 그의 『이성적 기관들 사이의 갈등』(*Conflict of the Faculties*)에서 서술한 딜레마에서 탈출한 신학자는 거의 없다. 그는 이 문제를 이렇게 서술하고 있다: 이성에는 두 개의 다른 세상이 있다. 그 하나는 순수 이성(과학)이고, 다른 하나는 실천 이성(도덕으로 이해되는 종교)이다. 하나님과 하나님의 주제들을 다루는 신학은 이 둘 중의 하나에 소속되어져야 한다. 만약 하나님이 증험할 수 있는 인간 이성의 기능에 속한다면, 그 하나님은 기독교의 하나님은 아니다. 왜냐하면 영으로서의 하나님은 인간의 경험적인 연구에 해당하지 않기 때문이다. 그 반대로 하나님이 과학적인 실제의 세상 밖에 존재한다면, 당연히 하나님은 순수 이성의 대상이 될 수 없다. 그러므로 하나님은 직관의 대상밖에 될 수 없다. 이것이 바로 현대 신학의 고민인 것이다.

칸트는 두 번째의 이성의 세상에서 종교를 이해하려고 하였다. 이러한 체계 안에서 하나님은 이성적인 인간에게 도덕적으로 요구되어서 가정된 존재로, 결국 도덕적 가치의 표준으로 가정되었다. 하나님은, 위에서 말한 것과 같이, 초자연적인 존재이므로 자연과 순수 이성의 영역에 존재하지 않는다. 그러므로 세상에는 하나님이 계시지 않으며, 하나님 또한 세상을 가지지 않는다. 이러한 상황에서 칸트는 종교의 영역을 찾으려 하였다. 하나님, 믿음, 성경, 신학 등은 오직 가정(假定)적 지위(hypothetical status)만을 갖는다. 이런 주제들은 인간의 인식 밖에 있으므로, 당연히 과학적 입증이 불가능하고, 그래서 순수 이성으로 증명할 수 없게 된다. 이들은 오직 '만약에…하다면'이라는 가정의 위치만을 가진다. '만약에' 종교적인 성찰의 주제가 이성적으로 확실하고, 그러므로 '만약에' 그것에 관련된 도덕적 명령이 우리에게 하나님의 존재를 부여한다면, 우리는 그것에 따라 행동해야 한다.

그러므로 신학의 전체, 특별히 조직신학은 세상과 분리된 허공의 영역으로 승화해 버렸다. 따라서 신학에 접근하는 순수한 이성의 준비로 여기던 전통적인 의미로서의 서론도 불가능해졌다. 이러한 칸트의 세계관에서 현상 세계로부터 하나님께 이르는 길, 그리고 학문으로부터 신학에 이르는 길은 오직 '실천적인' 길뿐이다. 전통적인 철학/신학, 신학 서론/신학의 양분 문제에 대한 칸트의 재구성은 모든 현대 신학작업의 배경이 되었다.

4. 적응

현대 신학은 칸트의 딜레마의 여러 형태의 변형을 배출하였다. 그러나 칸트의 양분의 체계의 기본을 혁파하고 전혀 새로운 것을 출발시킨 사람은 없다. 칸트의 전제들을 받아들이고 나서, 양분된 두 개의 영역을 연결시킬 수 있는 가능성은 많이 제한되어 있다. 그러나 다음의 가능성들을 살펴보자.

첫 번째 것은 적응으로, 칸트의 철학을 기독교에 적응시키는 것에 대해서 살펴보자. 가장 가능한 방법은 칸트의 양분을 기독교의 필요에 좀더 접근하도록 변형시키는 것이다. 칸트가 가진 과학에 대한 엄격한 견해와 종교에 대한 안일한 견해를 연결시키면서, 신학자들은 하나님 안에 갖는 믿음, 논리에 근거를 둔 신학 서론, 그리고 신학 자체를 좀더 확고한 위치에 세우기 위해서 노력하였다. 이러한 노력의 전형은 슐라이어막허와 그의 제자들에게서 발견된다. 그들은 근본적으로 이 세상으로부터 하나님에게 이르는 길을 마련하고자 하였다. 이들은 칸트의 양분을 받아들인 상태였다. 그와 동시에 이들은 어떤 종류의 연결을 찾아내기 위해서 여러 가지 주장들을 개발하였다. 전통적인 로마 카톨릭 신학은 이러한 아래로부터의 신학 접근을 지지하면서 존재의 유추[1] (analogia entis, analogy of being)의 개념을 이용하였다. 그러

---

1) '존재의 유추'란 중세의 아퀴나스와 그 이후의 신학과 철학에서 사용되는 개념으로 유한한 존재와 무한한 존재 사이의 유추적인 관계를 말하는 것이다. 이러한 개념은 인간 경험에 의해서 하나님

나 대부분의 현대 신학자들은 이러한 개념이 암시하는 존재론(ontology)을 거부하였다. 이러한 존재론 대신에 그들은 종교 철학, 문화 인류학, 역사 비평학, 현상학, 그리고 실증주의 과학 등에 의해서 개발된 실존주의적인 방법을 사용하기를 원하였다. 이러한 접근들은 거의 대부분 희박한 가능성만을 가지고 있다. 그러므로 어떤 신학자들은 칸트의 이원론을 충실하게 따르고 있는 형편이다. 다른 이들은 일원론의 가능성을 타진하고 있다. 또 다른 이들은 양분된 두 개의 표준을 종합시키기 위해서 노력하며, 이러한 종합은 과학과 종교를 서로 보완하는 위치에 서게 하거나 아니면 변증법적인 관계를 둘 사이에 두거나 하는 방법으로 이루어지고 있다.

5. 대립

두 번째의 방법은 대립이다. 이 방법의 대변자들은 바르트, 부르너와 그들의 뒤를 잇는 신정통주의 신학자들이다. 철학에 반대하는 바르트의 반복되는 주장에도 불구하고 그의 신학 역시 실존 철학의 범주를 통해서 여과된 칸트 철학의 영향을 강하게 드러내고 있다. 양분론의 분명한 사상이 그의 신학의 핵심에 가까이 접근해 있는 것이다. 바르트는 다만 슐라이어막허와 정반대에서 신학 운행을 하고 있는 것이 다를 뿐이다. 슐라이어막허가 인간으로부터 하나님께 이르는 다리를 짓고 있다면, 바르트는 그 둘 사이의 골짜기를 전혀 건널 수 없는 무한으로 정의하고 있는 것이다. 인간의 경험으로부터 하나님께 이를 수 있는 사다리는 존재하지 않는다고 그는 외친다. 마치 하나님께서 모든 가능한 사다리를 자신의 등 뒤로 잡아 올린 것처럼 말이다. 그러므로 하나님과 세상은 서로 대립하는 위치에 서 있는 것이다. 하나님은 '완전한 타자'(the Wholly Other)인 존재이다. 이 세상은 하나님이 그의 아들을 보내신 '먼 나라'인 것이다. 그리스도가 유일한 접촉점으로서, 세상을 위해서 보낸 하나님의 유일한 말씀이며, 유일한 다리와 사다리인 것이다. 신학을 이루는 모든 운동은 밖으로부터 이루어진다. 계시, 믿음, 선포, 그리고 교회는 모두 하나님의 주도권으로 이루어진 것들이다. 그러므로 신학은 결코 아래로부터 위로 오르는 운행이 아니요, 반드시 위로부터 아래로 내리는 운행이어야 한다. 바르트의 견해에 의하면, 논리에 근거를 둔, 그래서 신학의 방향을 설정하는 그러한 의미에서의 신학 서론의 위치는 존재할 수 없는 것이다.

의 존재를 증명하려는 노력과 하나님의 속성을 인간의 속성과 비교하여 설명할 때에 주로 사용되었다 (역자주).

6. 복잡한 전개

바르트의 '배제하는' 경향의 신학은 슐라이어막허의 '포함하는' 경향의 신학과 큰 대조를 이루고 있다. 이 둘은 우리 시대 신학의 큰, 그러면서 정반대되는 경향을 이루고 있다. 이 둘의 뿌리는 칸트로까지 이어진다. 현대 신학의 거의 대부분은 이 18세기의 거인, 슐라이어막허의 그림자 안에 걷고 있는 것이다. 19세기 그리고 20세기에 들어서도 슐라이어막허는 칸트 사상의 전승자로 신학 전반을 주도하고 있다. 바르트는 "최근 신학 역사의 첫 자리는 현재는 물론이고 장래에도 슐라이어막허의 자리일 것이다. 그에게는 경쟁자가 없는 형편이다"라고 말할 정도이다. 슐라이어막허가 프레드릭 대제(大帝)에게 말한 것은 슐라이어막허 자신에게도 그대로 적용된다고 바르트는 말하였다: "그는 학파를 형성하지는 않았으나 한 시대를 형성했다."

금세기에 들어서 바르트와 그의 대량의 추종자들이 새로운 신학의 방향을 건설하였으나, 금세기에 특별히 중반 이후부터는 그 바르트의 시대도 끝나가는 듯하다. 일시적인 신정통주의 신학의 뒤를 이어서 계속 행진하는 슐라이어막허의 신학 방법은 과정신학의 일원론적인 세속적 신학의 경향 안에서 그 전통적인 자유주의 신학의 재부상을 하고 있는 것이다. 신학 서론을 '밑에서 위로' 향하는 신학의 준비 단계로 놓는 대신에, 새로운 자유주의의 신학은 하나님을 추구하되 '뒤로' 추구함으로 하나님을 역사 과정의 정의할 수 없는 출발점으로 보든지, 아니면 하나님을 '안으로' 추구하여서 하나님을 '존재의 바탕'(Ground of Being)으로 보든지, 아니면 하나님을 '앞으로' 추구하여서 인간 역사의 장래 표적으로 보든지 하고 있는 것이다. 이런 여러 가지 복잡한 신학의 전개와 그 불협화음은 아직도 칸트 철학의 사상적 패턴을 그 배경으로 두고 있음을 볼 수 있다.

7. "아래로부터의" 신학

앞에서 살핀 바와 같이, 슐라이어막허 신학의 기본적인 틀은 여러 가지 형태로 부활하고 있다. 그렇기 때문에 그의 신학을 좀더 연구할 필요가 있다. 그의 저서 『기독교 신앙』(Christian Faith)에서 슐라이어막허는 하나님을 이론적 반영의 이성적 세계의 밖에 두는 칸트의 사상을 옹호하고 있다. 그렇다면 어떠한 근거 위에 하나님에 대해서 의미 있는 신학을 말할 수 있는가? 슐라이어막허는 하나님은 인간의 종교적인 경험에 대한 반영으로 알 수 있다고 대답하였다. 모든 인간에게는 '절대적 의존의 감정'(feeling of absolute dependence)과 '경건한 자의식'(pious self-consciousness)이 있다는 것이다. 이러한 개념으로부터 출발을 해서 그는 일반적인 인간의 현상을 분석하였다. 세계 종교들의 비교 연구를 통해서 그는 종교적 경험의 단계들을 형성하려 하였다. 이 인간 종교의 진화 안에서 그는 기독교가 가장 높은 위치를 차지하고 있다고 하였다. 다른 종교들이 구원에 대한 어떤 개념을 가지고 있는지는 몰라도 그는 기독교만이 '구세주'를 제공하고 있다고 주장하였다.

실제를 양분되는 시각으로 보면서, 동시에 계시를 신학의 출발점과 중심 표준으로 보기를 거부하는 신학자는 슐라이어막허의 견해의 한 종류를 따르는 것 외에 다른 선택이 없다. 그러므로 내적인 모순과 큰 문제를 안고 있음에도 불구하고 이러한 이유로 인해서 최근의 세속 신학은 이 견해에 계속해서 끌리고 있는 것이다. 이러한 신학의 체계 안에서 신학 서론은 아주 중요한 역할을 갖는다. 그것은 신학을 위한 기본적인 원리를 제공하는 일이다. 그러나 인간이 바라보는 현상은 그러한 무게 있는 증거를 얻을 수 없다. 게다가 실증주의적인 방법은 인간의 종교성에 대한 평가와 판단을 정당화할 만한 적당한 기준을 가지고 있지 못하다. 슐라이어막허를 따르는 실증주의 방법은, 만약 하나님이 존재한다면, 그 하나님은 우리 인간의 경험과 이론적 반영의 대상이 되지 못한다고 하는 칸트의 협상할 수조차 없는 완고한 이론에서 벗어나기 위해 노력하고 있다. 그러나 결국에 슐라이어막허는 칸트와 같은 인본주의적인, 그러나 다른 방향에서의 구조에 안식하고 있음을 유의하여야 한다. 슐라이어막허도 역시 신학의 기준을 하나님으로부터 인간에게로 옮겨 놓고 있다. 인간의 반응이 신학의 기준이 된 것이다. 이러한 접근은 종교를 계시에 의존하지 않도록 만들고 말았다. '종교적 감정'을 인간의 자의식의 자연스러운 표현으로 정의하면서, 슐라이어막허는 인간 경험의 자율성과 우선 순위에 대한 문을 활짝 열어 놓은 것이다. 그가 말하는 '절대적 의존 감정'이 창조에 대한 성경적 신조의 자리를 차지한 것이다. 그 결과는 신학이 아닌 인간론이다. 슐라이어막허의 신학 방법은 세계 종교와 기독교 믿음 사이에 확고한 연결이 있다는 그의 전제에 달려 있다. 이 연결성은 종교들을 동일한 선상에서 움직이는 점으로 비교하며 그들 사이에 근본적인 상이점을 인정하지 않는다.

슐라이어막허는 그의 『기독교 신앙』(Christian Faith)의 2판에서 이러한 균일성의 신학 이상에 대한 상당한 변화를 가하고 있다. 여기서 그의 혼합은 서서히 무너지고 있다. 거기서 그는 "기독교 신조의 출발점은 바로 그 자체의 근본이다"라고 주장하고 있다(11, 5). 이러한 변화 위에서 신학은 그가 이제까지 많은 노력을 기울여 왔던 것, 즉 신학 서론의 단계에서 종교적-현상적 기반을 광범위하게 형성할 필요를 더 이상 갖지 않게 된 것이다. 이러한 양보는 만약 그가 후에 그의 신학을 재구성한다면 신학 전체를 상당히 다시 쓰도록 했을 것이다. 그러나 이러한 후기의 양보는 그의 신학에 분명한 모순으로, 내적인 자가당착으로 풀리지 않고 남아 있다. 슐라이어막허는 자신의 방법에 따라 자신의 신학을 뒤집고 있는 것이다.

8. "위로부터의" 신학

슐라이어막허의 신학과 함께 바르트의 신학은 우리 시대의 신학에 매우 중대한 영향을 끼쳤으므로 여기 따로 그 강조점과 비평에 대해서 언급할 필요가 있다. 슐라이어막허의 신학 접근으로부터의 그의 타개책은 현재 신학의 가장 근본적인 출발이었다. 그럼에도 불구하고 바르트는 다른 신학자들과 마찬가지로 칸트의 문제를 해결하지 못하고 있다. 하나님의 타자성에 대한 그의 극심한 강조는 오히려 칸트의 문제를 더욱더 부각시켰다는 지적도 있다. 그러나 이러한 그의 강조의 독특성을 통하여 바르트는 신학의 중심을 슐라이어막허의 역사라는 축으로부터 자신의 초자연이라는 축으로 옮기고, '주관주의'로부터 '객관주의'로, 인간으로부터 하나님에게로, 인간의 종교로부터 하나님의 계시로, '아래로부터의' 신학에서 '위로부터의' 신학으로 옮겼다. 바르트가 대부분의 현대 신학에 광범위하게 퍼져 있는 방법에 상당한 변화를 가져왔음으로 인해서 그의 신학 사상은 최근의 신학의 경향에 아주 중요한 발판이 되고 있다. 긍정적이든 부정적이든, 거의 대부분의 선두에 선 신학자들은 자신들의 신학을 그의 신학과 연결시켜서 설명해야 할 압력을 느끼고 있는 것이다.

이미 살펴본 바와 같이, 슐라이어막허는 마지막에 "(신학의) 표현은 동시에 (신학의) 근본이다"(Darstellung ist zugleich Begründung)라고 동의하였다. 이러한 신학 개념은 그의 기본 사상과 다른 것이다. 그는 결국 이러한 후기 사고를 그의 신학에 접목시키지 못하고 말았다. 그러나 그는 기독교의 신조는 기독교만의 고유한 것이라고 간접적으로 인정을 한 것이다. 슐라이어막허의 이런 주목할 만한 동조는 바르트에게 이르러서는 중요한 출발점이 되고 있다. 바르트에게 있어서 일반 종교로부터 기독교의 신조에 이르는 길은 아예 불가능한 것이다. 기독교의 신학은 그 자신만이 정의할 수 있는 것이기 때문이다. 그것은 그 자신의 독특한 것, 즉 하나님의 말씀, 예수 그리스도 안에 이루어지는 하나님 자신의 인격적인 계시, 믿음이라는 하나님의 권위적인 선물, 그리고 하나님의 세계라는 의미에서의 교회에 의해서만 출발이 되기 때문이다. 따라서 바르트는 인간의 가능 잠재성에 뿌리를 두는 현대 신학 서론의 개념과 존재의 단계(hierarchy of being)에 두는 로마 카톨릭 신학의 개념을 둘 다 거부하고 있는 것이다. 신학의 방향과 접근은 반드시, 언제나, 유일하게 '위로부터' 되어져야 한다.

슐라이어막허의 신학이 끊어지지 않은 연결을 말했다면, 바르트의 신학은 근본적인 결렬을 말하고 있다. 일반적인 종교적 현상으로부터 신학을 출발하는 대신에, 하나님의 존재에 대한 이성적 증거로 출발하는 대신에, 계시의 접촉점으로 역사를 전제하는 부르너의 논쟁 대신에, 틸리히가 주장하는 것처럼 철학의 질문에 답변을 주는 '답변의' 신학 대신에, 기독교의 믿음 이전에 기독교를 변증하는 방법 대신에, 바르트는 기독교 신학은 그 자신의 독특한 것으로 시작이 되어야 하고 마쳐야 한다고 주장하였다. 따라서 그는 하나님의 말씀의 신학을 엄격하게 고수하였다. 그는 전통적으로 정의된 모든 신학 서론을 계속적으로 거부하였다. **Prolegomena**(신학 서론)의 접두사 **pro**는 신학에서 "그 원래 지니고 있는 의미의 뜻이 아니라, 무엇 이전에 다루어져야 할 것을 의미하지 않고, 무엇의 처음에 다루어져야 할 것을" 의미한다고 그는 말하였다(*Church Dogmatics*, I/1).

신학의 기준은 내재적인 것이 아니라 초월적인 것이다. 기독교의 믿음은 우리 주위에 있는 어느 것에서도 그 접촉점을 찾을 수 없다. 신학의 범위는 수평적인 것이 아니고 근본적으로 수직적인 것이다. 신학의 중심 단어는 '진화'가 아니고 '만남'이다; '문화'가 아니고 '그리스도'이다; '인간으로부터 하나님께'가 아니고 '하나님으로부터 인간에게'이다; '위로 향하는 사다리'가 아니고 '외부로부터의 접근'이다; '공동의 결속'이 아니라 '자의식'이다; '적응'이 아니라 '직면'이다; '유사함'이 아니라 '타자성'(otherness)이다; '인간의 업적'이 아니라 '하나님의 사건'이다. 따라서 바르트는 신학의 주위에 성을 쌓아서 그 안팎으로 신학 서론이 드나들지 못하도록 막고 있다. 방법론적으로 말해서 바르트는 기독교 신학을 그 자체의 집안에 가두어 놓고 있는 것이다. 가능한 유일한 신학의 서론은 신학이라는 닫혀진 원 안으로부터 이루어지는 것이다. 실제로 신학의 독특한 작업을 하고 있는 상황에서만 신학은 그 문을 우리에게 열어주는 것이다. 그러므로 신학에 이르는 서론은 신학이라는 자체의 울타리 안에 위치해 있는 것이다. 그것의 출발점은 계시이고, 그것의 최종 목표는 선포이다.

바르트는 다음의 글에서 이러한 그의 목표를 뚜렷이 하고 있다:

우리가 신학의 지식을 얻는 길을 설명하기 위해서 우리는 신학 자체의 작업의 길과 동떨어지거나 또는 위의 길을 선택할 수 없다. 동떨어진 길이나 위의 길은 단지 인간 가능성을 연구하는 기본 학문으로서의 존재론이거나 인간론이어서, 그 안에서 어딘가 믿음과 교회에 대해서 상고할 뿐이다. 교회의 구주의 결정이 이미 인간에 의해서 예견되도록 가정된 교회의 실제는 동떨어진 길이나 위의 길로 보여질 뿐이다. 이 둘의 경우 모두, 즉 현대주의와 로마 카톨릭의 신학 서론에 있어서, 신학의 작업을 실제로 진행하기 전에 이미 무엇이 신학 지식을 얻는 길인가를 알 수 있고 사실 알려진다. 복음주의 신학은 이렇게 이루어질 수 없다. 그것은 그 자신의 길로만 시작될 수 있는 것이고, 그 길 위에서만, 그 첫 작업으로, 그러나 분명히 진정으로 그 길 위에서만, 이 길의 정확성에 대해서 말할 수 있다. 기독교 신학은 외부로부터 어디에도 그 자신으로 제한된 선 안에 들어올 길이, 그것이 인간의 일반적인 가능성이든지 아니면 교회의 실제이든지 간에, 없다는 것을 알고 있다. 신학이 가지는 모든 지식, 그것이 가진 지식이 정확하다는 바로 그 지식조차도 "사건"으로 이루어지기 때문에, 그 지식을 증명할 만한 것이 이 사건에 동떨어져서 그리고 위에도 없다는 것을 그것은 알고 있다. 그러므로 신학 서론 어디에도 그러한 증명을 위해서 시도할 곳이 없다. 이러한 증명은 오직 신학 자체의 안에서만 가능하며, 물론 신학의 첫 장으로 할 수 있을 것이다. 그러나 이 길과 동떨어져서 그리고 그 위에 그것을 보장할 다른 길은 없는 것이다 (Church Dogmatics, I/1).

이렇게 주장하는 바르트에 동의하면서 오토 베버(Otto Weber)는 "모든 신학의 출발점은 그 중심점에 의해서 간접적으로 주어진다"라고 하였다. 그러므로 "신학에는 실제로 신학 서론이 없는 것이다"(Foundations of Dogmatics, Vol. I, 5).
따라서 바르트주의자에 의한 신학작업의 대상은 기독교 믿음의 신조 안에 표현된 성경의 그리스도를 교회가 선포하는 것이라고 설명할 수 있다. 이것을 좀더 설명하기 위해서 우리는 다음의 것들을 강조할 필요가 있다. '교회'는 신학을 하는 장소이다; 신학은 교회 안에서, 교회를 위하여, 그리고 교회에 의해서 이루어져야 한다. 그러므로 바르트의 조직신학의 제목은 『교회 신학』(Church Dogmatics)이다. 시간 안에 사는 우리들에게 '선포'는 하나님의 말씀의 현재 상태이다. 그러므로 하나님의 말씀에 대한 이차적인 증거이다. 언제나 그리고 유일하게 존재하는 위로부터 오는 인격적인 중재인 계시, 이것이 바로 '그리스도'이며, 이러한 신학 사상은 바르트의 '그리스도 유일론'(Christomonism)의 당연한 결론이다. 그리스도 안의 유일한 하나님의 말씀에 대한 으뜸가는 증거로서의 '성경'은 우리를 계시로 이끌어 주는 지표이다. 역사적으로 받아들여져 온 '신조'는(전형적으로 신조들에 무관심했던 자유주의 신학 이후에) 우리에게 아직도 아주 중요하다는 것을 바르트는 새롭게 강조하고 있다.

바르트가 정립하는 신학의 맨 뒷부분, 즉 신조의 부분은 흥미로운 점을 유발시킨다. 그것은 신학의 방법론에 있어서, 바르트도 슐라이어막허처럼, 자신이 선택한 극단적인 신학의 접근 방법을 일관되게 유지하지 못하고 어느 정도 양보를 인정하고 있는가 하는 질문이다. '신조'란 과거의 전통으로부터 이어져오는 어떤 특정한 선상의 역사적 연결성을 인정하여서 이루어진다. 바르트가 역사적 연결점이라는 수평적 연결성을 인정한다는 것은 결국 그가 강하게 주장하는 극단적인 수직의 신학 방법을 타협하거나 아니면 적어도 약화시키는 것이 아닌가? 교회의 모든 세대를 걸쳐서 이루어진 신조의 발달은 결국 그의 신학 안에 세워져 있는 신학 서론의 한 형태가 되지 않는가? 비록 바르트가 신학 서론을 신학 안에 위치하면서 굳이 신학의 '첫 주제'(first)라고 강조는 하고 있지만, 신조 형성의 역사적 과정은 바르트의 신학이 암시하는 '신학에 앞선'(before)이 아닌가? 그것은 분명히 바르트의 '만남'의 신학이라는 내부로 밖에서부터 접근해 가는 것으로 보이기 때문이다. 그러므로 마치 슐라이어막허의 세계 종교 비교에서처럼, 신학의 방법론에서 볼 때, 바르트의 신학에서 신학의 전통이 신학 서론과 같은 기능을 하고 있는지 우리는 궁금해진다. 결론적으로 바르트가 주장한 계시와 역사적 실제와의 불연속성에 대한 원래의 강조점은, 슐라이어막허가 주장한 인간의 종교적 체험이 계시로 이어지는 연속성을 강조한 것처럼 동일하게 지킬 수 없는 강조점인 것으로 보여진다.

9. 제한된 선택

이제까지 살펴본 신학의 역사는 우리에게 신학과 서론의 관계에 대한 세 가지 선택을 제공해 준다. 첫째로, 전통적인 '이성적' 선택이 있다. 이 접근 방식은 교회의 초기와 중세에 그리고 현대에 이르기까지 지배적인 힘을 유지하고 있다. 그 주요한 주창자는 로마 카톨릭과 개신교 스콜라스틱 전통이다. 이들은 신학의 기초를 헬라의 철학과 자연 신학의 권위 위에, 특별히 하나님의 존재에 대한 이성적인 증명 위에 세운다.

칸트의 철학이 등장하면서 이러한 신학의 접근 방식은 사용 정지되었다. 계몽주의의 영향 아래에서 이성적인 신학의 서론은 현대인들에게 그 설득력을 잃어갔다. 그 이유는 이러한 이성적인 방법들은 기독교 믿음을 증명하려고 했기 때문이다. 현대의 세속화된 정신 구조가 이러한 암시된 전제를 더 이상 받아들이지 않게 되자 이러한 전제들이 배출하는 결론 또한 그 무게를 잃게 되었다.

계몽주의는 또 하나의 신학 서론의 방식을 배출하였는데, 그 기초는 슐라이어막허에 의하여 세워졌다. 그것은 이성에 의존한 연역법을 버리고 그 대신 좀더 귀납법적인 방법을 취하였다. 그리고 그것은 역사적인 방법의 출현으로 이어졌다. 그 이전의 방법들이 그러했던 것처럼 이 방법도 아래의 세상으로부터 하나님께 이르는 접근을 시도하였다. 그러나 그 방법에 있어서 실존주의적인 논리와 인간의 경험과 인간 종교의 일반적인 현상들을, 실증주의 학문의 도구들을 사용하여서 나타난 분석들을 근거로 하였다. 이 방법은 물론 결점을 안고 있었다. 그 이유는 그러한 방법들이 수집한 데이터와 분석들이 그 주장하는 결론을 이끌어 내기에 충분치 못했기 때문이다. 그 당시 만연해가던 세속주의는 아래에서 위로건, 위로부터 아래로건, 또는 하나님 너머이건 간에 모든 길들을 봉쇄해 버리고 있었다.

전통적으로 받아들여졌던 이성에 근거한 방식과 보다 현대적인 역사에 근거한 방식은 둘 다 하나님/인간 그리고 그 이외에는 아무것도 인정하지 않는 양분의 시각으로 신학에 접근하고 있는 것이다. 이 두 견해는 공통적으로 신학 서론을 이성적으로 포장된 인간으로부터 하나님께 이르는 길로 보고 있다. 신학 방법론에서 볼 때, 이 두 견해는 공통적으로 신학 서론에 기독교 이전의 사고, 즉 기독교 믿음에 의해서 형성되지 않은 선입견이 없는 것을 전제하고 있다. 학문에는 그 저자의 개인적인 사고가 묻어나지 않아야 한다고 생각하기 때문이다. 그렇기 때문에 그 둘 다 조직신학은 믿음을 설명하기 이전에 어떤 종류의 서론을 필요로 한다고 생각한다. 그 둘 사이의 다른 점은 그 신학 서론의 본질이 다르다는 것이다. 그러나 신학의 아래로부터 위로 향하는 기본 방향은 동일하게 남아 있다.

이 두 방식과 기본적으로 다른 유일한 방식은 바로 바르트의 신학이다. 그는 존재의 추론에 기초한 중세의 신학과 인간론적으로 접근하여 종교적 경험을 분석하는 두 방법을 다 거부한다. 칸트 후에 이성적인 방식은 대부분 버림을 받았다. 현대 신학에서 다루어지는 두 가지의 남은 방식은 슐라이어막허와 바르트의 신학들이다. 세상을 양분된 시각으로 보는 한 현재 논쟁이 되고 있는 이 두 가지 방식들 중에서 어느 하나를 택하지 않는 것은 거의 불가능하다. 그러므로 서로 대조가 되는 이 두 신학의 방법은 현대 신학자들에게 둘 중의 하나를 택할 것을 강요하고 있는 것이다. 한 편으로, 바르트의 신학을 일관되게 전개하고 적용할 경우에 '전적으로 다른' 하나님에 대한 신조를 충실한 내용으로 채우기가 극심하게 어렵고, 다른 한 편으로, 슐라이어막허의 신학은 하나님을 인간적인 면으로 재구성하고 기독교 신조를 인간적인 개념들로 채우기 때문이다. 바르트의 신학은 하나님을 위대한 '주체'로, 그리고 인간을 하나님의 사역의 대상으로 만들었으며, 슐라이어막허의 신학은 인간을 '주체'로, 하나님을 인간 가능성의 목표와 대상으로 만들었다.

이러한 결과는 현대 신학이 넘을 수 없는 거대한 딜레마인 것처럼 보인다. 신학 서론에 관심이 있는 모든 학자는 양분된 신학을 형성한 오랜 역사가 우리에게 지우는 이러한 선택에 대해서 언급을 하여야 한다. 개혁신학의 서론으로서 우리는 과연 어느 방식을 선택해야 하는가? 현재의 신학 상황은 제3의 선택을 말하지 않는 것 같다. 과연 그런가?

10. 중간의 길

많은 현대 신학자들은 신학 역사가 우리에게 지우는 무거운 짐을 인식하고 있다. 신학 서론에 대해서 연구하는 많은 개혁신학자들에게는 둘 다 받아들일 수 없는 선택이기 때문이다. 성경에 초점을 두는 신학자에게 신정통주의 신학의 방법은 너무 '객관적'이며, 자유주의의 방법은 너무 '주관적'이기 때문이다. 그렇다면, 대안은 있는가?

최근의 경향은 둘 사이에 다른 길, 즉 딜레마를 이루는 둘로부터 도움을 받고 동시에 그 사이에 새로운 길을 내려고 하는 것이다. 물론 이런 방법은 슐라이어막허와 바르트로부터 공히 뒷받침을 얻는 방법이다. 그 타당성은, 위에서 살펴본 바와 같이, 바르트와 슐라이어막허가 그들의 엄격한 주장들을 그 반대 방향으로 조금씩 움직이면서 어느 정도의 양보를 인정하고 있음에 달려 있다. 중간의 길을 추구하는 현대 신학자들은 둘을 단순히 결합하는 제3의 방법이 일반적으로 갖는 곤란을 피하려고 노력하고 있다.

그러나 동시에 그들은 이 제3의 방법을 위해서 확고한 체계를 형성하지 못하고 있다. 그러므로 그들의 방법이 주장하는 내용은 하늘과 땅 사이, 하나님과 인간 사이 어딘가에 어중간하게 걸려 있는 처지가 되었다. 그 주창자들은 그 둘 각각의 최선들의 결합으로 얻어지는 최대한의 장점을 강조하려 한다. 그 결과는 '관계성' (relationality)이라고 하는 정의할 수 없는 개념에 의해서 두 발로 버티고 있는 것 같은 결론에 이르는 것이다. 이러한 신학의 재구성은 각각 하나님의 계시와 인간의 응답에 상응하는 '객관성'과 '주관성' 사이에 존재하는 바로 그 상이점 안에 있는 문제를 간과하고 있는 것이다. 이러한 상이점은 오직 현 세상 안에서의 차이점만 나타낼 뿐 창조주와 그의 창조물 사이의 관계를 나타내지 못하기 때문이다.

11. 우리와 함께 계시는 하나님

이 문제와 관련하여서 얻을 수 있는 한 가지 교훈은 성경의 권위의 본질에 대해서 네덜란드 개혁교회가 "우리와 함께 하시는 하나님"(God with Us, God met ons, 1980)이라는 보고서에서 밝히는 내용에서 볼 수 있다. 이 보고서는 '진리에 대한 새로운 개념'을 설명하고 있다. 전통적으로 대조를 이루는 '객관적인 진리의 개념'과 '주관적인 진리의 개념' 대신에 이 보고서는 '상대적인 개념의 진리'를 주장한다. 이 보고서는 객관적인 개념의 진리가 비록 초월적인 기준을 옳게 인식하게 하지만, 인간을 너무 수동적이고 받아들이기만 하는 위치에 놓는 것으로 보아서 그것을 거부한다. 주관적인 개념의 진리도, 비록 인간을 계시의 과정에 활동적인 주체로 보긴 하지만, 어려운 점이 없는 것은 아니다. 주관성은 인간의 주체로 하여금 외적인 기준을 심각하게 고려하지 않고 쉽게 진리의 문제에 대한 결정을 하도록 하기 때문이다. 그러므로 "누구든지 진리를 그것의 객관성이나 주관성에 제한하는 사람은 진리의 충만성을 상대화하든지 아니면 감소화하는 것이다."

객관성과 주관성은 반드시 함께 존재해야 한다. "객관적인 요소는 바로 주관적인 요소 안에, 그리고 그것과 함께 있을 때에 더 분명하게 보여지며", 그 반대로 "주관적인 요소는 객관적인 요소 안에, 그리고 그것과 함께 있을 때에 비로소 그 자체의 본질이 분명해지는 것이다." 따라서 이 보고서는 "객관성과 주관성이 함께 분명히 보여지게 하는 상호작용이라고 부르는 둘 사이의 관계를 강조하여 설명한다." "이 관계(상관성)가 잘 이루어진다면, 위로부터의 신학은 아래로 떨어지지 않고 아래로부터의 신학의 설명에 의하여 오히려 그 자체의 성격이 분명해진다." 제3의 방법이라는 애매함에도 불구하고 이 보고서는 "진리의 개념을 상대적으로 이해하려는 움직임은 (즉, 주관적인 것 속에 나타나는 객관적인 것, 그리고 그 반대의 것도) 성경의 진리에 대한 더욱 풍부한 시각을 우리에게 제공한다"라고 주장하고 있다(9-23).

12. 상관성(Correlational Motif)

양분된 사상에 대한 해결 방법으로 제시된 '상관성' 이해는 현대 신학자들 사이에서 좀더 이론적으로 발달하였다. 이러한 발달을 이해하기 위해서 우리는 세 사람의 개혁주의 신학자, 벌카우어(G. C. Berkouwer), 헨드리쿠스 벌코프(Hendrikus Berkhof), 해리 카이털트(Harry Kuitert)의 견해를 살펴보도록 하자.

이 문제는 벌카우어에게 계속되는 관심의 대상이었다. 반세기를 넘는 기간동안 연구한 그의 신학작업은 '객관성/주관성'의 문제에 있어서 세 개의 다른 변화로 이어서 발달이 된다. 초기 벌카우어는 계시의 '객관성'에 강조를 두었으나, 후기에는 실존적으로 이해된 '주관성'에 강조를 두었다. 그의 유명한 『교의학 총서』(Studies in Dogmatics) 신학작업으로 표현되는 그의 전성기의 신학은 그의 중간기의 신학이었다. 여기에서 그의 상대성의 개념은 그의 신학의 전체에 깊이 스며들어 있다. 상대성은 그의 신학에서 외곽을 차지하거나 우연히 발생한 개념이 아니라, 그의 신학의 중심을 구성하는 중심 주제이다. 벌카우어는 일관되게 그것을 '상호관계' 혹은 '상관성'(correlational motif, correlatie motif)이라고 부르고 있다. 이 개념은 하나님과 인간의 관계의 교차점에 위치하여서 둘을 이어주는 기능을 하므로, 그것은 결국 하나님의 은혜와 인간이 믿음으로 하는 응답을 함께 묶는 역할을 한다. 벌카우어는 이 상관성을 협력의 관계에서, 서로 보조하는 관계에서, 또는 경쟁이 되는 관계에서 이해하기를 강하게 반대한다. 그것은 오히려 인간이 그의 창조주와 구세주를 만나는 종교적으로 가장 중요한 위치를 표현한다. 이러한 위치 위에 그의 신학의 전체가 형성되어 있다.

벌카우어는 신학 서론에 대한 저서를 남기지 않았다. 그러므로 아마도 그의 『신앙과 칭의』(Faith and Justification)의 서론을 제외하고는 다른 곳에서 그의 신학 방법론을 찾아볼 수 없다. 그러나 그의 상관성 주제는 삼분화라는, 즉 하나님/상관성/인간이라는 신학의 방법에 아주 긍정적인 움직임으로 이해할 수 있다. 그럼에도 불구하고 둘 사이의 갈등에 끼어서 이루어진 이 개념은 분명하게 체계적으로 형성되지 못했다. 그 이유는 아마도 "세계를 설명하는 형이상학적인 체계"에 근거한 철학적인 상념을 혐오하는 그의 생각 때문인 것 같다. 그 결과 이 '상관성'은 마치 양분화의 사상 안에 갇혀 있는 것처럼 이쪽으로 저쪽으로 흔들리고 있는 것이다. 따라서 그의 신학의 중심축은 그의 초기의 '객관성'을 중시하는 쪽으로부터 그의 후기의 '주관성'을 강조하는 쪽으로 변화해 가는 것으로 이해할 수 있다. 그의 신학이 진행되어 가는 동안 그의 '상관성'은 양분화된 두 극의 갈등 사이에서 중지된 상태로 매달려 있는 것이다.

13. 혼합 방법

헨드리쿠스 벌코프도 그의 저서 『기독교 신앙』(Christian Faith, 1979)에서 이와 비슷하게 좌우로 왔다 갔다 한다. 신학 방법론적인 의미에서 그는 벌카우어보다도 더 심각하게 이 문제로 고심을 하고 있다. 벌코프의 신학은 처음부터 끝까지 신학 서론의 문제가 그 중심축을 이루고 있다. 그는 이 문제에 대해서 하나 하나 과정을 매우 분명하게 짚어서 설명해 나가고 있다. 그러면서 그는 주관적이고 인간의 경험을 광범위하게 포함하여 설명하는 슐라이어막허의 방법을 따를 것인지 아니면 보다 객관적이고 배타적인 바르트의 방법을 따를 것인지의 중요한 기로에 서 있음을 볼 수 있다. 그러나 헨드리쿠스 벌코프의 답변은 그의 질문에 비해서 훨씬 빈약함을 볼 수 있다. 그는 그의 신학을 두 가지의 다른 방법들 위에 세우고 있기 때문이다. 그 결과는 혼합주의식 체계이다.

두 가지 방법 중에서 어느 것이 더 우세한가? 벌코프는 이 질문에 대해 선뜻 답을 주기를 꺼려한다. 그는 말하기를, 널리 지지를 얻는 신학 저서는 그 당시 유행되고 있는 흥미 있는 아이디어로부터 영감을 얻는다고 한다. 그러나 그의 저서는 색다른 기준에 대해서 말하고 있다:

> 신학 안에 보이는 탈선의 시각에서 볼 때에 기독교 믿음이 자라났든 또는 땅에 안착을 했든(이 둘 중의 어느 것이 더 적합한지는 이후에 밝혀질 것이다) 바로 그 '종교'라는 인간의 현실로부터 우리의 신학 서론을 시작해야 한다. 그러므로 우리는 현상적인 접근과 역사적인 접근을 결합시킬 것이다. 그렇게 함으로 우리는 계몽주의라는 사건 이후로 슐라이어막허와 다른 신학자들의 신학 방법으로 움직여 가는 한 세기에 걸친 전통에 참여하게 되는 것이다. 이러한 선택은 '종교가 없는' 우리 시대의 시각에서 보면 흥미 없는 것일지도 모른다. 그러나 그런 시대에라도 종교 세계 안에 존재하는 기독교 믿음의 시초를 부인할 수는 없는 것이다(5쪽).

여기서 헨드리쿠스 벌코프는 슐라이어막허의 신학 방법을 따르고 있다. 그렇지만 동시에 그는 바르트의 신학을 전혀 부인하지도 않기 때문에, 그의 신학이 진행되어 가는 동안 그것은 혼합적인 양상을 띠게 된다. 그의 신학의 접촉점은 슐라이어막허와 바르트가 각자 인정한 양보들에 의해서 시작이 된다. 벌코프는 슐라이어막허의 양보, 즉 세계 종교들 간의 연결성은 기독교 신앙으로 '뛰어 오르는' 과정 가운데서 결국은 깨어져 버린다는 주장과, 바르트의 양보, 즉 수직적인 하나님의 '개입'은 수평적인 인간의 전통을 수반한다는 주장에 그의 신학 출발점의 근거를 두고 있다. 이러한 혼합의 양상을 가지고, 바르트의 거센 반대에도 불구하고, 벌코프는 "우리는 신학 서론의 타당성이 충분히 있다고 밝힌다"라고 말한다. 그렇다면 어떻게 그 내용을 설정할 것인가? 이 질문에 그는 답한다: "광범위한 인간의 실존으로부터 우리는 종교를 선택하는데, 종교는 기독교 믿음이 전체 실제 안에서 마땅히 가질 수 있고 또 가져야 하는 그 의미를 추구하기 위해서 우리가 들어가는 항구와 같은 것이다"(6). 여기서 보는 바와 같이, 신학 서론과 신학 사이의 관계에 있어서 벌코프는 슐라이어막허의 신학 방법에 크게 영향을 받고 있는 것을 알 수 있다.

그러나 동시에 그는 바르트가 주장하는 기독교 믿음의 독특성과 다른 것과의 다른 점들을 또한 중요시 하고 있다. 그리고 벌코프는 슐라이어막허가 시도하는 것처럼 신학 서론을 기독교 믿음의 우위성을 증명하는 증거들의 모집으로 보지 않고, 그 대신 신학 서론을 일반 종교와의 관계 속에 설정해 놓고 있다.

벌코프의 신학은 현 세상의 실제와 하나님의 구원이라는 두 축과 그 둘의 관계 위에 이루어진다. 여기에 이어질 수 있는 질문은, 마치 바르트가 물을 것 같은, 과연 신학 서론은 한 주제로부터 다른 주제로 넘어가는 데 꼭 필요한 것인가 하는 것이다. 그냥 기독교의 신조를 직접 설명하는 것으로 신학은 충분하지 않은가? 그것으로 충분하다면, "그냥 문을 열고 곧장 (신학으로) 들어가는 형식으로 이루어진 종교개혁 시대의 신학에서 우리는 배울 것이 많을 것이다"(4). 그렇다면 신학 서론은 필요하지 않을 것이다. 우리는 왜 이러한 신학 패턴을 따를 수 없는가? 이 질문에 대한 벌코프의 답변에서 우리는 바르트의 신학 접근 방법과 비슷함을 찾을 수 있으며, 바르트의 신학에서 우리는 종교개혁의 신학의 양상을 볼 수 있다. 벌코프는 전통적인 의미에서의 신학 서론, 즉 이성적인, 현상학적인, 그리고 역사적인 증명을 위한 신학 서론은 신학에 필수 불가결한 요소가 아니라고 하였다. 그러나 끝에 가서 벌코프는 또다시 슐라이어막허의 신학에 접근한다. 궁극적으로 벌코프는 신학 서론은 보다 실질적인 이유에 의해서 존재한다고 주장하였다. 다음에서 그의 주장을 살펴보라:

> 우리가 종교개혁 신학자들의 신학 방법을 모방하지 않는 이유는 우리가 그들과 다른 시대에 살고 있기 때문이다. 그들과 우리 사이에는 계몽주의와 그 이후에 나타나는 여러 가지 현대 문명이 놓여 있다. 이러한 현대 문명의 과정 속에서 점점 인간의 자의식은 발달하고 하나님이라는 개념은 점점 왜소해져 갔다. 구원과 실제는 점점 더 분리되어갔다. (현상적인) 실제는 점점 풍부해져 가는 반면, 구원은 점차 희미해져 갔다. 그리스도인조차도 영적인 영역으로부터 무언가 이로운 것을 끄집어 내지 못한다. 만약 신조가 믿음을 분명히 하고 깊게 하는 것이라면, 신학자는 그가 작업하는 그 영역을 잃어 버릴 수가 없는 것이다. 이전에 해방(또는 구원)의 양상으로 경험되었던 신학은 우리 시대에 이르러서는 그 의미를 상실하였다. 현대의 사고는 믿음이 인간이 매일 사는 실질적인 세상과 동떨어져 있다는 생각을 주지시킨다. 이러한 상황에서 신학 서론의 필요성이 절실해진다(4-5).

벌코프는 두 개의 혼합으로 그의 신학을 구축한다: 하나는 세상의 종교를 분석하는 신학 서론이고 이것은 신학 자체라는 기독교 믿음을 설명하는 것으로 이어진다. 그러나 이 둘 사이에는 또한 분명한 불연속성이 존재한다. 믿음은 하나님과의 만남으로 발생하는데 그것은 우리 주위에서부터 이루어지는 것이 아니라, 하나님의 주도로 이루어지기 때문이다. 따라서 신학은 "하나님께서 그리스도 안에서 이루시는 우리와의 관계의 내용을 조직적으로 설명한 것"이다(35). 이러한 관계성이 바로 신학의 중심축을 이룬다. 이러한 신학적 반영은 "인간 감성의 상태로 향하지 않으며, 그렇다고 하나님께 직접적으로 향하지 않고, 하나님이 개입하셔서 이루어지는 하나님과 인간과의 만남으로 향하는 것이다"(35). 이러한 만남 안에서 신학자는 기독교 믿음을 갖기 전 단계인 뒷 방향으로(신학 서론), 아직 믿음을 고백하지 않는 사람들을 향해서 신학적인 사고를 하는 것이다. 이러한 위치에서 신학자는 또한 앞으로 향해서(신학 자체), 그 만남이 의미하는 것을 향하여, 믿음의 큰 걸음을 건너 뛴 후의 삶으로 사고를 계속한다.

핸드리쿠스 벌코프의 신학 안에서 슐라이어막허의 신학과 바르트의 신학이 혼합되는데, 바로 거기서 신학 서론을 어떻게 다루어야 할 것인가 하는 오래된 질문이 묻어 나온다. 현재의 신학 양상은 서로 대조를 이루는 두 개의 접근의 혼합이며 이것은 결국 내적인 모순을 수반한다. 슐라이어막허가 신학을 역동하게 만든 것, 즉 신학 이전에 바탕으로 먼저 이루어지는 서론을 바르트는 한꺼번에 제거해 버리려, 또는 신학의 첫 부분으로만 포함시키려 하였다. 신학의 문제는 단순히 신학 서론을 어디에 어떻게 위치하느냐 하는 것으로 끝나지 않는다. 왜냐하면 그 바탕에는 매우 중요한 문제, 즉 신학 서론은 하나님의 계시와 인간의 종교적 반응 사이에서 무엇을 그 기준되는 출발점으로 삼아야 하느냐 하는 질문이 있기 때문이다. 다시 말하면, 신학은 아래에서부터인가 아니면 위로부터인가 하는 질문이다. 한 걸음 더 나아가, '객관성/주관성'의 문제는 그 질문의 구성상 이미 잘못된 것은 아닌가? 그렇게 묻는 이유는 '객관적인' 개념과 '주관적인' 개념은 세상 안에서의 실제를 다루는 데는 적합한 지 몰라도, 하나님과 인간의 관계를 다루는 데는 부적합하기 때문이다. 이러한 이유는 또 다시 우리로 하여금 '객관성/주관성'의 문제를 해결하려는 모든 노력은 결국 무효로 돌아가는 것은 아닌가 하는 질문을 갖게 한다. 양분화된 세상의 사고로 볼 때 나타나는 이러한 신학의 막다른 골목은 우리로 하여금 진정한 '세 번째' 방법으로 향하게 한다.

14. 경험주의 신학

우리는 헤리 카이털트의 저서 『신앙이란 무엇인가?』(Wat Heet Geloven?, 1977)에서 또 다른 혼합주의 양상을 발견할 수 있다. 카이털트는 거기서 바르트의 신학을 하나님, 인간, 계시, 세상과 모든 것을 '신비화' 시켜 버리고 마는 '초자연주의 신학' 으로 정죄하고 있다. 그는 동시에 슐라이어막허의 신학은 신학을 실증주의 학문의 노예로 삼는 '자연주의 신학' 으로 규정하고 있다. 그렇다면 현대 신학에 남은 것은 무엇인가? 이러한 막다른 골목에서 하나님에 대해서 의미 있게 말할 수 있는 길은 무엇인가? 카이털트는 신학의 서론을 변증의 의미에서 구성하고 있다. 서론은 대화의 장소를 예비하는 것이다:

> 그것은 그리스도인과 비그리스도인 사이에, 그리스도인과 다른 그리스도인 사이에 대화를 가능하게 한다(그리스도인 사이에도 다른 사고가 존재하기 때문에 그들 사이에도 서론적인 대화는 필요하다). 한쪽은 기꺼이 진실을 받아들이지만 다른 쪽은 그렇게 하는 데에 어려움을 느끼며, 한쪽은 신앙의 확신을 가지지만 다른 쪽은 "어떻게 알 수 있느냐"고 반문하기 때문이다(232).

기독교 신조는 과연 어떻게 진리로 인정될 수 있는가? 우리는 어떻게 그것이 진리라는 것을 과학적으로 우리 이웃에게 증명할 수 있는가?

칸트의 문제를 해결하기 위해서 카이털트는 그 문제 뒤의 시각에서 바라본다. 이러한 시각을 그는 '…너머의 위치' 의 시각(meta-position)이라고 부르며, 그것은 결국 신학의 서론으로서 철학적으로 접근하는 것을 의미한다. 이러한 시각으로부터 그는 "…은 …이다"라는 믿음의 신조를, 예를 들어서 "하나님은 창조주이며 구세주이시다"에서처럼, 집요하게 언어학적으로 규명하려 한다. 이러한 종류의 이론적인 숙고는 신학의 명제들의 전제, 의미, 그리고 그 안에 내포하고 있는 함축성들에 관한 연구를 하도록 한다. 기본적으로 이것은 바르트의 신학이며, 간접적으로는 그것은 19세기 자유주의 신학의 방법이다. 그것은 결국 인간을 중심으로 하는 사고의 신학을 말한다. 인간론은 그러므로 신조의 의미를 여는 해석학적 열쇠로 작용하며, 이것은 인간에게 계시의 중재 역할을 부여하는 것이다. 이러한 신학 접근으로 카이털트는 '경험주의 신학' (experiential theology)에 이르며, 기독교 믿음을 결정하는 중요한 기준으로 자연, 문화, 역사 과정으로서의 하나님의 장래의 이해, 그리고 세상에 개입하시는 하나님의 마지막 성취 등을 다룬다.[2] 칸트 이후의 신학 발달은 우

---

[2] 카이털트의 신학방법론에 관해서는 그의 최근의 저서를 보라: H. M. Kuitert, Het algemeen

리로 하여금 역사와 복음 선포(kerygma) 사이에 하나를 선택하도록 곤경에 빠뜨린다. 그것은 또한 믿음을 이 땅 아래로 내려서 이 땅에서 특별하게 살도록 하는, 그러나 동시에 세속화거나 인간적으로 변화될 위험을 포함한 신학을 선택하든지, 아니면 믿음을 하늘 위로 끌어올려서 이 땅의 삶에 변화를 요구하지 않는 신학을 선택하든지 요구한다.

신학의 이러한 막다른 골목에서 바르트는 19세기 신학이 강조하던 내재성을 부인하고 완전한 초월성을 선택하였다. 카이텔트는 바르트의 신학을 여러 가지 신학의 방향들이 만나는 교차로로 보았다. 그 이유는 바르트의 신학의 위치는 "우리 시대의 신학을 이해하기 위해서 반드시 시작해야 하는 그 위치이기 때문이다"(194). 카이텔트는 다음과 같이 쓰고 있다:

> 칸트가 만들어 놓은 딜레마 안에서—즉 만약 하나님이 이 세상의 경험 안에 이해된다면, 그는 하나님이 아니게 되며; 만약 하나님이 존재한다면, 하나님은 우리 세상의 경험 안에 계시지 않다—우리가 만약 기독교 믿음을 포기하지 않으려면, 우리는 바르트의 접근 방법 이외에 다른 것을 선택할 수 없게 된다. 칸트의 딜레마에서 벗어나지 않는 한, 이것이 바르트 신학의 강점이다. 이러한 딜레마 안에서 바르트의 신학은 실증주의라는 과학 우선주의의 곤경으로부터 신학을 구하는 유일한 길이다. 그러나 문제는 이 딜레마가 옳게 형성되었는가 하는 것이다. 계시의 초자연적인 개념에 의지하는 대신에 우리는 이 딜레마 자체를 부수어 버릴 수 있기 때문이다. 왜냐하면 하나님과 인간의 경험은 그 본질에 있어서 서로 상반되지 않기 때문이다. 그 반대로 그리스도인은 경험을 통해서 하나님에 대한 지식을 얻을 수 있으며, 그 경험의 축적을 통해서 기독교회는 하나님에 대한 지식을 집성할 수 있기 때문이다. 물론 이런 접근은 하나님을 완전히 우리 경험의 대상으로 만드는 위험을 수반한다. 이제 신학은 우리에게 다음의 하나를 선택하도록 한다: '하나님'이라는 단어의 의미를 비어버리든지, 하나님에 대한 지식을 인간의 주관으로부터 마음대로 끌어내든지, 아니면 그 지식을 (역사적인) 경험으로부터 전달받든지(228-29).

선택은 바르트의 초자연주의, 슐라이어막허의 주관주의, 카이텔트의 역사로 분명하게 구분되고 있다. 여기서 질문은 과연 카이텔트의 논제가 진정한 의미의 '제3의 선택'인가 하는 것이다. 슐라이어막허와 바르트에 대해서 카이텔트는 "이 둘은 현대문제의 산실이다. 그 둘은 그들이 각자 생각하는 기독교 믿음의 근본을 유지하려 하였으며, 그들은 서로 상대의 부족함을 극복하려 하였으며, 그러므로 신학의 갈등은

---

betwijfeld christelijk geloof: een herziening(Baarn: Ten Have, 1992). 영역으로는 *I Have My Doubts: How to Become a Christian Without Being a Fundamentalist*, translated by John Bowden(London: SCM Press; Valley Forge, Pa.: Trinity Press International, 1993)(역자주).

전혀 해소되지 않았다"(197)고 한다. 그러므로 대부분의 현대 신학자들은 "자연주의로 빠지지 않으면서 초자연주의를 피하는 길을 추구하였다"(198). 이러한 선상에서 카이털트는 인간의 경험을 계시된 진리의 매체로 보려 하였다. 그의 논제는 바르트와 거리를 두어 형성되었다. 그러나 과연 그의 신학은 슐라이어막허의 신학의 수정판 이상의 의미를 가지는가?

안셀름(Anselm)의 신학 접근 방식인 *fides quaerens intellectum*[3]를 따르면서 바르트는 신학은 계시 자체 안에서 그 출발점을 찾아야 한다고 주장하고 있다. 신학은 자기 자신의 발로 굳게 서야 하며, 창조, 역사, 인간의 경험, 종교, 또는 기타 실존적인 현상에서 그 서론적인 바탕을 찾아서는 안 된다. 이것과 관련해서 카이털트는 아래와 같이 말하고 있다:

> 우리는 바르트의 지성적인 통찰력을 헐뜯거나 또는 그가 믿음을 신학의 출발점으로 삼는 방법을 경시할 생각이 없다. 우리는 한 걸음 더 나아가 바르트의 신학 방법 외에 다른 방법이 과연 가능한가 하는 것까지 물을 수 있다. 기독교 신학자가 믿음 이외에 신학의 출발점으로 삼을 수 있는 것이 있는가? 그리고 신학은 믿음으로부터 시작을 해서 그것의 지성적인 설명으로 향하는 이 외에 다른 방향으로 갈 수 있는가!? 이러한 질문들은 질문 자체가 답을 줄 수 있을 것이다. 그러나 반대도 만만치 않으므로 우리는 신학이 그렇게 할 수도 없고 그렇게 할 필요도 없다고 결론을 내릴 수밖에 없다. 바르트 이전의 신학은 이렇게 이루어지지 않았다…이전의 신학은 신학 출발의 시점에서 믿음을 내팽개치지 않았으며, 그렇다고 그것은 신학자로 하여금 그의 신학을 예수 그리스도 안에 있는 믿음을 설명하라고 유도하지도 않았다(64).

카이털트는 이것이 바로 바르트 신학의 아킬레스 건(腱)이라고 이해한다. "하나님이 바로 하나님이기 때문에 하나님은 증명될 수 없다"는 이유로 인해서 바르트의 신학은 기독교 믿음을 서론적으로 정당화할 수 없다고 한다(189). 그러므로 바르트의 신학은 마치 닫혀진 집 같아서, 문도 창문도 없으며, 안팎의 모든 대화의 채널이 끊겨져 있는 것이다. 하나님은 오직 완전한 초월 세계 안에서만 가능하도록 된 것이다. 하나님은 자신을 드러내는 계시의 주체이자, 대상이자, 중재자이므로, 계시는 닫혀진 원(圓)이다. 계시는 어떤 인간적인, 역사적인, 또는 이 세상적인 중재를 허

---

3) 영어로 faith seeking understanding으로 번역되는 이것은, 이해로 향하는 믿음, 또는 신학을 이해하기 위해서 먼저 믿음이 필요하다는 전통 신학에서 유명한 격언이다. 이 격언은 기독교 신학 안에서 믿음과 이성과의 관계를 설명하는 것으로 어거스틴과 안셀름의 신학에서 잘 나타나고 있다.

락하지 않는다. 카이털트에 따르면, 이러한 신학의 구성은 모든 신학의 작업을 부인하는 것이며, 오직 신학 위에 강요하는 바르트의 무겁고 많은 분량의 책들만이 남는다는 것이다.

칸트의 딜레마가 얼마나 완전히 현대 신학의 구조에 널리 퍼져 있는지 카이털트는 확연히 깨닫고 있는 것이다. 다른 신학자들과 같이 카이털트도 이러한 현대 신학의 막다른 골목에서 탈출을 시도하고 있다. 이러한 노력들의 핵심은 중간의 노선을 선택하는 것이며, 그 결과는 중재 신학(mediating theology)의 양상으로 나타난다. 그래도 남아 있는 질문은 바로 이러한 방법으로 그 둘 사이를 좁힐 수 있느냐 하는 것이다.

카이털트는 이러한 체계가 전통 신학과 일치한다고 주장한다. 전통 신학은 바르트가 했던 것같이 자신이 이룩한 기초 위에 출발한 것이 아니고, "그리스도인과 비그리스도인이 공유하는 진리와 통찰력으로 출발을 하였기 때문이다." 그래서 전통 신학은 "공유된 진리의 발판을 만들고 그 위에 기독교 믿음을 설명하는 구조를 세울 수 있었다…대화와 주장을 가능하게 하는 이 공유된 발판은 인간론의 영역에서 가장 잘 다루어질 수 있다." 이러한 신학 접근에서, "그리스도인과 비그리스도인 사이의 대화가 효과적으로 회복될 뿐만 아니라, 그 대화 참가자들의 주장이 모두 가능하도록 적당한 위치를 차지할 것이다"(111-13).

그러므로 바르트에 반대하면서, 카이털트는 "나는 예수 그리스도 안에 있는 믿음으로 신학을 출발하는 것을 인정한다. 그러나 그러한 믿음을 출발점으로 삼고 또한 그것을 '방법론적 원리'로 전환하는 것은 내가 생각하기에 문 없이 집을 짓는 것과 같다"(217). 왜냐하면 '표준이 되는 믿음의 개념'을 출발의 전제로 받아들이는 것은 다른 신념을 가지고 있는 사람들과의 대화를 차단하는 것이기 때문이다.

헨드리쿠스 벌코프가 추구하는 '중간의 길'은 '바르트의 기본 구조의 모순된 재구성'이라고 카이털트는 생각한다(210). 여기에 대해서 벌코프는 아마도 이렇게 물을 것이다: 카이털트가 '중간'으로 추구하는 것은 슐라이어막허 신학의 모순된 재구성이 아닌가? 카이털트의 방법은 19세기 신학의 접근과 무엇이 기본적으로 다른가? 그런데 카이털트는 계시의 실제를 분명하게 인정하였다(222). 이것이 주요하게 다른 점이다. 그러나 신학 방법론에 있어서 계시는 그의 신학 서론에서 중요한 역할을 차지하지 못한다. 신학에서 실질적으로 작용하는 기준은 역사적인 경험의 축적 위에 활동하는 인간 공통의 비판적 사고이다. 여기서 양분화된 신학의 작업은 다시 한 번 재구성되고 있다. 그러나 그 기본적으로 가지고 있는 문제는 전혀 해결되지 않고 있다.

물론 우리는 역사를 진지하게 숙고해야 한다. 역사는 하나님께서 그의 세계와 함께 하시는 길이다. 그 길은 타락과 구원을 통해서, 창조 세계가 가진 가능성을 하나님 자신의 나라의 실현에 이르도록 방향을 인도하는 것이다. 그러나 인간의 역사적 경험의 축적은 계시가 아니다. 물론 그러므로 신학의 표준이 될 수 없다. 만약 인간의 문화가 신학으로 이끄는 서론의 기준이 된다면, 인간의 반응은 곧 신학작업의 기준이 될 것이다. 이렇게 되면 역사주의, 문화 상대주의, 과학주의의 위험은 또다시 크게 부상할 것이다. 신학의 바탕에 창조의 기초가 없는 한, 기독교 신학의 한 가지 남은 선택은 인류 역사 안에 하나님께서 여시는 종말론적으로 열린 장래로 도피하는 것이다.

15. 문제에 대한 재인식

현재 우리가 하고 있는 것은 신학 서론의 현재 문제들을 추려내고 있는 것이다. 그 기본 질문은 신학 서론의 표준을 어디에 두느냐 하는 것이다. 서론에 대한 현재의 경향은 과거의 경향과 근본적으로 다르지 않다. 기독교 신학은 양분화된 시각으로 이미 굳어진 경향을 극복할 수 있는 능력과 의지를 보여 주지 못하고 있다. 과거의 좀더 정적이고 존재론적인 세계관이 좀더 동적이고 실존적인 세계관으로 발바꿈을 했어도 같은 문제, 즉 신학 서론의 표준이 '저 위'에 있는지 아니면 '여기 아래'에 있는지가 우리를 계속 괴롭히고 있는 것이다. 이러한 주제를 놓고 주요한 논쟁들이 벌어지고 있으며, 이 두 개의 극 사이에서 논쟁의 중심은 서서히 그 사이의 인간의 영역이 희박한 곳으로 이동해 가고 있다. 그리고 그 경향은 하나님의 수평과 인간의 수평의 혼합으로 이동해 가고 있다.

이러한 논쟁의 결과는 하나님의 계시와 인간의 반응 사이에서 왔다갔다 하는 표준의 모호한 개념으로 나타난다. 표준을 하늘 위로 올리거나 이 땅 아래로 끌어내리는 대신에, 그것은 양극 사이의 정의할 수 없는 갈등 사이에서 중지되어 있는 상태이다. 하나님이든지 인간이든지 둘 중의 하나를 중심축으로 삼기보다는 애매하고 복잡하게 얽힌 혼합으로 나타난다. 이러한 경향은 양분화된 신학 시각에 대한 불만족을 간접적으로 암시하고 있는 것이다. 그러나 이러한 경향 안에 내재되어 있는 변증은 아직도 이 문제를 해결할 수 있는 적당한 방법으로 알려지고 있는 형편이다. 동시에 '중간' 지역으로 이동하고 있는 이러한 신학 경향은 중간 표준을 찾아야 하는 필요성을 역설해 주고 있다. 열정적으로 움직이지만 아직도 명료하지 않은 목표를 가진 이 작업은 '행방불명의 연결점'을 찾고 있는 중이다.

계시와 반응 사이의 상이점에 초점을 맞추는 대신에 현대 신학은 양극의 불투명한 이미지를 투영하고 있다. 그러나 인간적인 극은 모든 것을 자기의 방향으로 이끌어가고 있다. 인간의 역사 현실, 문화적 상황, 인간의 경험은 계시를 결정하는 것으로 보여지고 있다. 그렇다면, 인간의 반응은 하나님의 계시에 참여하는 것인가? 이 땅의 관계들은 하나님께서 세상과 가지신 관계에 도움을 주는가? 그렇다면 어떻게 그것이 가능한가? 그렇다면 하나님의 하시는 일은 인간의 일과 같이 역사의 발달에 종속되는가? 인간의 반응은 하나님께서 우리와 가지신 관계를 형성하고 또 그 관계의 기준이 되는가? 인간의 관계는 기초적인 하나님과 인간의 관계를 우리가 이해하는 데에만 기준이 되는가? 만약 예수 그리스도에 대한 우리의 경험이 예수가 진실로 누구였고 현재 누구인지 설정하고 동시에 그 판단의 기준이 된다면, 우리는 결국 '교회 신학' 아래서 갈릴리의 역사적 예수(그가 누구였고 현재 누구인지)와 후에 기독교의 사고 속에서 신격화된 그리스도를 구별하는 것은 아닌가? 칼빈이 말한(고전 2:7) 하나님은 자신의 계시를 인간이 이해할 수 있는 역량 수준으로 적응하셨다는 것은, 인간의 이해가 계시를 설정하고 그 판단 기준이 된다는 것과는 전혀 다른 것이다. 위로 향하는 방향과 아래로 향하는 방향 사이에서 현대 신학은 정의할 수 없는 곳 어딘가에 그 쉴 곳을 찾고 있는 중이다.

그러는 동안 신학의 물결은 점점 더 '미래'를 향해서 움직이고 있다. 이 말은 신학 형성의 중심축이 '위'에서 '아래로' 그리고 '앞'으로 움직이고 있으며; 다른 말로는 '하나님-축'으로부터 '인간-축'으로 그리고 '미래-축'으로; 초월적인 하나님으로부터 인간의 내재성으로 그리고 다시 종말론적인 자신의 초월로; 믿음으로부터 사랑으로 그리고 다시 소망으로 움직여가고 있는 것이다. 그러면서 예수의 부활, 십자가, 그리고 타락 뒤에 있는 원초적이고 움직일 수 없는 실제는 고려되지 않고 있는 것이다. 성경이 증거하고 있는 창조의 질서는 실존적인 이해의 현실 앞에서 그 빛을 잃어가고 있다. 그리고 이것의 결과는 우리 위에 떨어진다. 창조 계시가 그 빛을 잃어 가는 한, 현재 여기에서 우리가 갖는 구원의 개념과 장래 나타날 모든 만물의 궁극적인 재창조 또한 그 빛을 잃어가고 있기 때문이다.

현대 신학이 추구하는 '중간의' 신학은 비록 명시하지는 않지만 '삼분화' 요소의 체계를 향해 가고 있다. 이것은 아주 희망적인 표시이다. 그럼에도 불구하고 이런 기회를 충분히 활용하고 있지는 못한 상황임도 또한 인식하여야 한다. '중간의' 신학은 '중간'이라는 불투명하고 진동하는 개념을 향해서 움직이고 있으며, 그렇다고 그 '중간'을 신학의 기준점으로 삼지도 않으면서 말이다. 이러한 상황에서 볼 때, 본 저자는 다른 현대 신학자들이 의식하지 못하는 사이에 추구하는 것이 바로 우리가 본서에서 이루려고 하는 새로운 체계의 개혁신학의 핵심이라고 믿는다. 새로운 체계의 개혁신학은 하나님의 말씀의 의미를 신학의 중심축으로서, 그리고 계시하시는 하나님과 창조물들의 반응과 연결하고 그 한계를 설정하는 기준으로 설명하는 것을 그 목표로 한다.

16. "삼요소"의 신학[4)]

양분화된 시각에서 구성하는 신학에 대한 해결책으로 삼분화 요소의 체계를 구상하면서 우리는 추상적이고 이론적인 관심 이상의 것을 추구한다. 이러한 구상은 훨씬 실질적인 함축성을 포함하고 있기 때문이다. 신학과 실제는 반드시 긴밀히 연결되어야 하기 때문이다. 이 둘은 서로 반목하지 말아야 한다. 그러나 이 둘은 서로 반대의 입장에서 이해되기도 한다. 한 편으로, 사람들은 종종 신학은 그 본질상 하늘 위의, 공허한, 그리고 모호한 사색에 대해서 말하는 것이고, 그 반대로 사실 중요한 것은 실질적인 가치를 갖는 것이라고 믿고 있다. 다른 한 편으로, 사람들은 특별히 학문 주위에 있는 사람들은 인간의 문제를 해결하는 데 있어서 과학적이고 이론적인 지식에 중점을 두고 실질적인 지식은 추측으로 내치기도 한다. 이 둘은 다 문제를 잘못된 시각에서 접근하고 있는 것이다. 이 둘은 다 이론과 실제의 관계를 오해한 바탕에서 야기된 것들이다.

종종 우리는 "그것은 이론적으로는 대단한 것이지만, 실제적인 면에서 별 가치가 없다"는 이유로 어떤 견해를 물리치는 경우를 본다. 이런 경우가 사실이라면, 만약 어떤 견해가 비실질적이라면 그것은 또한 가치가 없는 이론일 것이다. 이론이란 실질적 가치와 동떨어진 것이 아니기 때문이다. 이론(신학)과 실제(경건)는 실제를 아

---

4) 삼요소는 three-factor의 번역이다. '삼요소'의 신학은 저자가 살펴본 과거 신학이 가졌던 양분화된 시각(two-factor 시각)이 이룩한 신학에 대한 해결책이다. 철학과 신학에서 two-factor는 원래 양분화된 시각을 의미하는 이원론(dualism)의 다른 말로 사용되었다면, three-factor를 말하면서 저자는 통일된 실제를 삼요소로 분류해서 보는 개혁신학적인 시각을 의미한다. 이원론과 양분화 시각이 서로 대응하는 두 개의 극이 양립하는 것을 강조한 것이라면, 저자는 이에 반대해서 통일된, 단일 시각으로 보는 실제에 존재하는 삼요소에 대해서 말하고 있는 차이를 이해하라(역자주).

는 두 개의 동등한 길인 것이다. 실질적인 지식이 우선적이다—예를 들면 예수 그리스도 안에 있는 믿음으로 말미암아 우리는 하나님에 대해서 알게 된다. 이론적인 지식은 이차적이다—그것은 믿음/지식에 대한 비평적인 반영이기 때문이다. 실제가 이론을 축적시킨다. 성경의 권위를 고백하는 것은 실제이며, 이러한 고백에 신학적인 작업을 한 것이 바로 이론인 것이다. 이론은 믿음/지식이라는 실제와 어느 정도의 거리를 유지한다. 그 이유는 그 믿음/지식을 좀더 깊이 그리고 비평적으로 숙고하기 위해서이다. 따라서 이론이란 하나님의 나라 안에 사는 실질적인 매일의 삶이 가져오는 정보를 비평적으로 반영한 것이다.

양분화된 시각으로 보는 신학은 기독교 삶의 실제적인 경험에 대한 이론적인 설명을 추구하는 데 있어서 계속적으로 어려움을 느낀다. 이러한 문제를 해결하는 길은 삼분화된 시각이다. 삼분화된 시각으로 보는 실제는 이 세상에서 우리가 살면서 부딪히는 실질적인 질문들에 대해 훨씬 더 적합하고 만족스러운 답을 제공한다. 아래에서 세 가지의 예를 들어보자.

a) 결혼에 대한 그리스도인의 견해

양분화된 시각에서 볼 때에, 결혼의 기준은 하나님과 인간 둘 중에서 선택을 해야 한다. 이럴 때에 그리스도인은 전자를 택하면서 "결혼은 하늘에서 맺어진 것이다"라고 말한다. 이럴 때에 어떻게 우리는 그 기준과 연결을 가질 수 있는가? 하나님은 "빛에 거하시기 때문에 우리가 접근할 수 없기 때문이다." 결혼의 실질적인 서약은 하나님의 영원한 명령 안에 숨겨진 채로 이루어진다. 이렇게 함으로 우리는 하나님 편에 모든 것을 쌓아놓고 인간 쪽에는 빈 통만을 놓게 된다. 그렇게 되면, 우리는 어떻게 결혼의 문제를 해결할 수 있는가? 결혼의 기준이 하늘 너머에 있기 때문이다. 결혼은 이미 성스러움의 영역에 속하고 있는 것이다. 어떻게 우리는 결혼에 대한 책임을 말할 수 있는가? 만약 결혼이 파탄에 이르면, 우리는 하나님을 비난해야 하는가?

이와 반대로, 결혼의 기준을 인간 역사의 현장으로 끌어내리면 우리는 "결혼은 이 땅에서 만들어진 것이다"라고 결론을 내릴 것이다. 결혼은 이 땅의 것이 전부인가? 그렇다면 결혼은 세속의 제도일 것이다. 그것은 두 사람의 사이에 이루어진 단순히 사회적인 계약이며, '제삼자'의 개입은 전혀 없는 것이다.

삼요소 시각은 세 번째 요소를 인식한다. 그것은 창조 명령으로 주어진 하나님의 말씀으로, 결혼의 기준으로 작용하여서 우리에게 결혼에 대해서 충실할 것을 요구한다. 따라서 결혼은 다른 곳이 아닌 '땅 위'에서 이루어지는 것이며, 그러나 언제나 '하나님과 대면하여' 이루어진다. '하나님 앞에서'의 시각은 하나님의 말씀에 그 뿌리를 두고 있는 것이다. 말씀으로서 하나님은 결혼에 대한 자신의 명령을 유지하신다. 그것을 통해서 하나님께서 이루어놓으신 결혼에 관한 기준은 우리의 일상 생활에 접근할 뿐만 아니라 우리에게 책임을 요구하는 것이다.

b) 정부에 대한 그리스도인의 견해

양분화된 시각으로 보았을 때 정치의 기준은 '위의 것'이 아니면 '아래의 것'일 것이다. 전자를 택할 경우, 현재 존재하는 정부의 형태와 기능이 하나님의 뜻이라는 이유로 존중될 것이다. 그래서 현 상태가 굳어지며 정치 개혁은 멀어질 것이다. 주권자는 공적인 책임보다는 "왕이 누리는 하나님께서 부여한 권한"으로 자신을 보호할 것이다. 이러한 견해는 정부에 대한 불순종의 문제에 대한 아주 쉬운 답변을—그것은 언제나 그른 것이다—제공한다.

그러나 정반대의 선택을 한다면, 정부의 기준은 국민의 주권으로 해석될 것이다. 국민의 목소리는 결국 하나님의 목소리로 변화할 것이다. 정치 생활의 기본은 국민의 뜻으로 정착이 되고, 사회 계약설로 형성이 되며, 다수의 의견이 정치를 결정할 것이다. 정치의 실행은 결국 "국민의, 국민에 의한, 국민을 위한 정부"에 충성을 맹세하는 것과 동일시될 것이다.

이 둘에 반대하는 세 번째 선택은 역시 삼요소의 시각으로부터 제시된다. 정치의 기준은 확인할 수 없는 하나님의 뜻에 숨겨져 있는 것이 아니라, 변할 수 있는 국민의 목소리에 있는 것이 아니라, 중재하는 하나님의 말씀에 있는 것이다. 하나님의 말씀은 창조와 함께 주어지고, 예수 그리스도의 구원하는 사역에 의해서 재주창되고, 성경의 증거에 의해서 조명되어서 인간 삶의 공적인 의를 추구한다. 이러한 견해는 하나님의 계시와 인간의 반응을 연결하며, 종교적으로 해석된 관계 안에 그 둘의 정체성을 유지시킨다.

c) 예정—선택과 영벌

양분화된 신학에서 이 신조는 양극이 이루는 갈등 안에 서 있다. '타락 이전 예정설'과 '타락 이후 예정설'[5]의 첨예한 대립은 하나님의 예정을 양분화 시각에서 본

---

5) 타락이전 예정설(supralapsarianism)과 타락이후 예정설(infralapsarianism)은 하나님의 예정설

좋은 예이다. 만약 예정이 하나님의 영원하신 마음 안에 미리 결정된 그의 각본에 따라서 이루어진 역사의 재연으로 이해한다면, 성경이 가르치는 선택과 영벌의 의미는 어두운 그림자에 잠기게 된다. 확신과 안식을 주는 대신에 하나님의 주권적인 은혜의 이러한 표현은 불안과 초조의 감정만을 우리에게 남긴다. 이러한 견해가 남기는 이론적인 사색, 실질적인 고통, 그리고 피동적인 사고 대신에, 다른 신학자들은 선택과 영벌에 대한 기준을 인간 경험의 수평 안에 있는 인간의 책임의 영역에 두고 있다. 그 결과로 나타나는 것은 정제된 모습의 인본주의이다.

세 번째 선택으로, 삼요소의 신학 안에서 우리는 예정에 대한 기준을 하나님의 마음 안에 두지 않고, 인간의 영성에 두지 않고, 하나님과 인간을 연결하는 하나님의 말씀이라는 언약의 연결에 둔다. 이러한 시각은 선택과 영벌이라는 기독교 신조를 재구성하는 적절한 방법론적 가능성을 제공한다. 이 구조에서 하나님은 자신을 언약의 말씀에 결합하고, 또한 우리를 그 말씀에 결합시킨다. 이렇게 되면 우리는 하나님께서 자신의 언약에 충실함에 대해서 보다 의미 깊은 연구를 할 수 있게 된다—하나님은 자신의 선택과 영벌의 말씀에 충실하시다. 인간 편에 있어서도 역시 충실함(선택)과 불충실함(영벌)은 좀더 분명하게 그 의미를 확신과 명령으로 드러낸다.

에 대해서 네덜란드 개혁주의 신학에서 발생한 논쟁이다. 이 단어들은 *supra*(이전) + *lapsum*(타락)과 *infra*(이후) + *lapsum*(타락)의 합성어이다. 전자는 하나님의 예정이 인간의 창조와 타락 이전에 이미 정해졌다고 믿는 것이고, 후자는 예정이 타락 이후에 이루어졌다고 믿는 것을 말한다(역자주).

제4장 분명한 기본 범주

1. 서론

지난 장들에서 우리는 과거의 주요 신학들이 그 사고 양상에 있어서 거의 다 이원론에 근거하고 있다는 것을 밝혔다. 삶에 관한 이러한 이원론의 시각은 양분화된 세계관에 그 깊은 뿌리를 내리고 있다. 이원론의 시각과 양분화된 세계관은 그 맥을 같이 하고 있다. 인생의 기준을 '위층'에 둘 것인지 아니면 '아래층'에 둘 것인지를 선택해야 하는 시점에서 성경에 민감한 그리스도인은 그들의 직관에 따라 전자를 선택한다. 그러면서 물어야 할 질문은 그 위층으로 가는 손잡이를 어떻게, 어디서 얻느냐 하는 것이다. 그리고는 곧 그 기준을 경험의 세상으로 끌어내림으로 인간에게 좀더 적합하도록 한다. 그 나타나는 결과는 이원론의 기준-즉 하나님을 우선적인 기준으로, 그리고 교회나, 교황이나, 개인의 영적인 경험을 이차적으로 두는-그러한 기준이다. 따라서 '그리스도와 문화' 또는 '성스러움과 세속'이라는 변증법이 부상하게 된다. 이원론의 출발점은 결코 누구나 원하는 통합된 시각을 보여 주지 못한다. 일원론적 세계관을 보여 주는 과정 신학들에 있어서도 이러한 통합은 보이지 않는다. 그렇다면 무엇이 이원론적인, 양분화된 접근 방법을 구성하고 있는 것인가? 이 문제를 분명하게 해결하기 위해서, 본질상 이원론으로 이해되지 말아야 할 신학의 상이점 둘을 이원론과 대조시킴으로 그 차이점을 살펴보아야 한다.

2. 창조주/피조물의 상이점

그 첫 번째는 성경에 근거하는 신학에 근본적으로 필요한 창조주/피조물의 차이이다. 하나님과 세상은 각각 독특하게 상이한 실존들이다. 그 둘의 차이점은 양적으로 질적으로 설명될 수 있다. 하나님과 인간이 다른 것은 단지 세상 안에 존재하는 것들 사이의 다른 점이 아니라, 근본적인 존재의 다름으로 설명될 수 있다. 하나님은 완전한 주권자이며, 그러므로 세상 안에서 그저 다른 존재가 아니라 "전적 타자"(the Other)이다. 인간이 하나님의 형상을 지닌 존재라는 것을 가르치는 성경도 하나님의 근본적으로 다름을 부인하지 않는다. 이 둘 사이에는 언약적 동반자의 관계(covenant partnership)가, 하나님의 말씀의 중재에 뿌리를 둔 상호적인 관계가 있다. 이 하나님의 말씀은 하나님과 창조물을 연결시키는 다리 역할도 하지만 동시에 둘 사이의 차이점을 강조하는 한계 역할도 한다. 그러므로 하나님을 인간화하는, 또는 인간을 신격화하는 모든 노력은 그 자체에 모순을 안고 있는 것이다. 하나님은 하나님으로, 인간은 인간으로 있어야 한다. 그러므로 모든 '존재의 유추'(analogia entis)는 근본적으로 배제되어야 한다. 여기서 강조해야 할 점은 바로 이것이다: 창조주/피조물의 차이는 이원론으로 인식되지 말아야 한다. 모든 대조를 이루는 쌍들을, 이 경우처럼 하나님과 인간, 이원론이나 양분의 시각으로 보는 것은 사물을 혼동하고 왜곡시키는 결과를 낳는다. 사물의 대조되는 차이점(duality, 이중성)이 모두 이원론(dualism)은 아닌 것이다.

3. 대조(Antithesis)

이원론은 창조주와 피조물 사이에 생기는 것이 아니라 창조 세계 안에 생긴다. 그러나 인간 역사 안에 발생하는 모든 대조들이 양분으로 이해되어서는 안 된다. 예를 들어서 남자와 여자 사이, 유대인과 이방인 사이, 그리고 동쪽과 서쪽의 차이를 이원론으로, 다시 말하면 양분의 시각으로 보는 것은 사물의 진리를 왜곡시키는 결과를 낳는다.

그러므로 우리는 이 세상에서 이원론으로 불리지 말아야 하는 대조, 또는 차이점을 인식해야 한다. 이러한 것들의 예가 바로 성경에서 말하는 정반대 또는 대조의 개념이다. 예를 들어서 창세기 3장의 '여자의 후손'과 '뱀의 후손'을 생각해 보라. 또 신명기 30:15, 19에 기록된 모세의 말씀, "보라 내가 오늘날 생명과 복과 사망과

화를 네 앞에 두었나니…생명을 택하고"를 기억하라. 여호수아 24:15의 말씀, "너희 섬길 자를 오늘날 택하라 오직 나와 내 집은 여호와를 섬기겠노라"를 기억하라. 열왕기상 18:21의 말씀, '너희가 어느 때까지 두 사이에서 머뭇머뭇 하려느냐 여호와가 만일 하나님이면 그를 좇고 바알이 만일 하나님이면 그를 좇을지니라." 신약성경에서 하나님과 돈 사이에, '넓은 길'과 '좁은 길' 사이에 말하는 대조를 살펴 보라. 그리스도께서 말하는 같은 밭에서 자라는 밀과 잡초, 그리고 같은 들판에서 자라는 양과 염소의 대조를 살펴보라.

성경에서 가르치는 반대 또는 대조는 우리 삶에서 나타나는 영적인 갈등들에 초점을 맞춘 것들이다. 세계의 역사에는 서로 부딪히는 두 개의 힘이 나타난다. 그것은 '빛의 나라'와 '어두움의 나라'이다. 하나님의 심판과 은혜는 우리 주위에 아주 큰 의미를 지닌다. 근본적으로 인간은 그리스도인이든지 아니면 비그리스도인이다. 그러나 동시에 이러한 반대는 그리스도인 사이에도 나타난다. '옛 사람'과 '새 사람'은 그리스도인의 가슴 안에서 갈등으로 나타난다. 다음에서 바울의 말을 들어 보라: "원하는 이것은 행하지 아니하고 도리어 미워하는 그것을 함이라…오호라 나는 곤고한 사람이로다"(롬 7:15, 24). 그리스도인도 하나님 앞에 "나의 믿음 없는 것을 도와주소서"(막 9:24)라고 기도한다.

여기서 열거하고 있는 것은 이원론의 예들이 아님에 주의하라. 여기서 말하는 대조 또는 반대는 선과 악 사이의 뚜렷한 영토를 놓고 싸우는 것이 아닌, 영적 전쟁을 표현한 것들이다. 이런 것들은 지역적으로, 또는 공간적으로 나타낼 수 없는 것들이다. 이 두 힘 사이의 적대 또는 반대의 관계는 실제의 양분, 즉 하나는 거룩하고 다른 하나는 세속적인 그러한 양분과 일치하지 않는다. 여기서 말하는 대조는 모든 인간 삶의 현상에서 나타나는 방향에 있어서의 반대를 말한다. 죄는 온 세상에 완전히 편만해 있다. 하나님의 은혜도 역시 온 세상에 퍼질 것을 주장한다. 그러므로 대조의 관계는 마치 무를 쪼개듯이 영혼과 육체를, 믿음과 이성을, 신학과 철학을, 교회와 세상을, 전자를 선한 것으로 그리고 후자를 악한 것으로, 이원론적인 입장에서 이해해서는 안 된다.

하나님은 창조시에 이 세상을 향한 자신의 뜻, 즉 언약에 충실함(covenant faithfulness)과 나라에서의 순종(kingdom obedience)을 세우셨다. 타락 후에는 이 뜻을 다시 예수 안에 세우셨다. 그러나 '적'들은 이에 반대하는 공격을 계속하고 있다. 그러므로 우리는 기독교 기관이나 학교들을 '반대되는' 또는 '분리된' 것들로 잘못 명명해서는 안 된다. 오히려 그 반대가 옳은 생각이다. 기독교 기관과 학교의 목적은 그리스도가 모든 것의 구주라는 확신 안에 존재한다. 소위 '중립적인' 기관과 학교들이 진실로는 인본주의적이고 세속적인 것들이며 이런 것들이 실제로는 '반대되는' 그리고 '분리된' 것들이다. 그들은 성경에서 말하는 하나님의 뜻에 따라 서 있지 않기 때문이다. 그들은 새로워진 세상의 질서, 즉 "하나님께서 그리스도 안에 계시사 세상을 자기와 화목하게 하시며"(고후 5:19)의 질서와 실질적으로 분리되어 존재하는 것들이다. 우리가 진실로 부딪혀야 하는 질문은, 우리는 그리스도를 향하고 있는지 아니면 반그리스도를 향하고 있는지에 대한 질문이다. 이러한 순종/반대의 결정은 우리 삶의 모든 곳에 깊은 영향을 끼치는, 기본적으로 중요한 결정이다. 그러나 중요한 것은 이것을 이원론의 시각으로 보는 것은 사물의 혼동이고 왜곡이라는 것이다.

4. 이원론

그러면 이원론은 무엇인가? 그것이 창조주/피조물의 차이가 아니라면, 그리고 그것이 반대나 대조가 아니라면, 그것은 무엇인가? 종교적으로 깊은 단계에서 이원론은 반대의 날카로운 날을 무디게 한다. 우리로 하여금 영적으로 한 방향이나 다른 방향으로 움직이게 하는 대신에, 이원론은 우리의 충절을 나누게 만든다. 우리를 정해진 한 정신 구조로 인도하는 대신에, 그것은 세상 안에 선을 그어놓고 우리로 하여금 나누어진 두 영역을 동시에 걷게 만든다. 이원론은 어떤 부분들이나, 요소들이나, 활동들이나, 인간 삶의 영역들을 선한 것으로 그리고 그것들과 대조되는 것들을 선하지 않거나 악한 것으로 규정함으로, 영적으로 반대되는 것에 존재론적인 지위를 부여한다.

매우 실질적인 예를 들어서, 이원론은 일요일을 주의 날로 생각하게 만든다. 그렇다면 일요일을 제외한 다른 날들은 어디에, 또는 누구에게 속한 것들인가? 십일조는 주님께 속한 것으로, 그러나 그 이외의 것들은 우리가 마음대로 사용해도 되는 것으로 생각하는 것 또한 이원론이 남긴 결과이다. 찬송가나 기도에 나오는 "이 시간을 주님께 드립니다"라는 말은 성경에서 가르치는 성스러움은 어떤 특정한 시간에 국한되지 않는다는 것을 이해하지 못한 결과에서 나오는 말이다. 성스러움이란 그리스도인의 삶의 전체 영역에서 그리고 그 모든 부분들에 살아 있어야 하는 것이다. 그러나 모든 종류의 이원론들은 믿음을 이성으로부터, 은혜를 자연으로부터 분리시킴으로 종교적으로 일치된 삶을 나누어 버린다. 그리고 그것들은 잘못된 선택을 하도록 만든다. 그렇게 함으로 그것들은 우리로 하여금 한 발은 성스러운 영역에 그리고 다른 한 발은 세속의 영역에 살도록 유도한다. 이원론의 사고는 그리스도인의 삶 전체가 구주에게 헌신되었다는 의미에서 성스럽다는 것과, 그러나 그와 동시에 그 삶의 전체가 이 세상의 실제에 살고 있다는 의미에서 또한 세속적이라는 것을 깨닫지 못한다.

이원론은 죄를 이 세상에 본래 존재하는 것으로 인정한다. 그래서 우리 삶의 어느 부분은 본래부터 그리고 본질적으로 악한 것으로 생각한다. 그것들은 다른 부분들보다 약간 낮은 위치를 차지하고 있을 뿐이다. 어느 직업은 다른 직업보다 높고 훨씬 성스럽게 느낀다. 독신은 결혼보다 순수하며, 신학은 그것의 이성적인 바탕을 이루는 서론이나 철학이나 다른 학문보다 훨씬 영광스러우며, 전도는 사회 사업보다 고상한 것으로 생각한다. 어떤 일에서 믿음은 소중하게 생각이 되나, 어떤 일에서는 고려되지 않으며, 다른 일에서는 심각하게 고려되지 않는다. 인생의 어떤 영역에 종교는 중요하나, 다른 영역에서 종교는 다만 중립적인 위치만을 차지한다. 이러한 가치 기준의 양분화는 수천 개로 나열할 수 있을 것이다.

이원론식의 사고는 구조와 방향을 혼동한 것으로 정의할 수 있다. 이원론식의 사고는 이 세상의 실제를 두 개의 힘들이 서로 반대되는 입장에 서 있는 것으로 보고, 이 두 개의 힘들은 다시 창조의 기본 구조에 본래부터 존재하고 있었던 것으로 보는 견해이다. 따라서 인생의 어느 부분과 역사의 양상은 구원받을 수 있는 부분으로, 그러나 다른 부분들은 기껏해야 먼 거리에서 구원을 바라볼 수 있는 부분으로 생각이 되는 것이다. 우리가 이미 살펴본 과거의 신학들의 모습에서 우리는 이러한 이원론식의 사고를 볼 수 있었다.

어느 종교에서는 선과 악으로 대조되는 이원론적인 사고가 신들 자체로 반영되기도 한다. 이러한 종교는 궁극적인 이원론의 형태를 보여 주는데 바로 헬라 신화에 나오는 제우스와 타이탄의 대립이 그런 양상을 띤다. 어떤 미신에서는 선행을 하는 귀신과 악행을 하는 귀신으로 영적인 세상을 나누는 것도 볼 수 있다. 마니교(manichaeism)에서는 영이라는 선한 신과 물질이라는 악한 조물주(demiurge)의 대조를 보인다. 서구의 기독교 신학에서도 우리는 루터의 '계시된 하나님'(*Deus revelatus*)와 '숨겨진 하나님'(*Deus absconditus*)의 대조와 같은 궁극적인 형태의 이원론을 찾아볼 수 있다. 개혁신학도 마찬가지로 이원론의 구속에서 완전히 자유롭지 못했다.

이원론에서 하나님의 기준은 언제나 인간의 삶으로부터 멀리 떨어져 있거나, 아니면 인간 삶의 한 부분으로 인정되거나, 아니면 두 개의 대립되는 힘으로 인식이 되어서 인간으로 하여금 그 둘 사이를 왔다갔다하게 만든다. 이원론은, 한 편으로, 이 세상에서의 삶을 부정하는 거짓된 노력이며, 또한 동시에, 다른 한 편으로, 그 삶을 받아들이게 하는 노력이다. 이원론은 곧 완성될 하나님의 나라에 관해서 말하는 성경의 가르침, 즉 '이미'(already)와 '아직'(not yet)의 긴장을 흡수하기보다 오히려 그 갈등을 깊게 하는 경향이 있다. 그래서 어느 부분은 그리스도의 통치로 '이미'의 영역이 되고, 다른 부분은 '아직도'의 영역에 남아 있다는 생각이 바로 그것이다. 기독교 믿음은 종종 외적으로 학문에만 관계가 있다고 여겨지기도 한다. 이러한 모든 기독교의 이원론적인 사고는 창조/타락/구원으로 이르는 성경의 메시지를 가장 성스럽고 옳은 실제로 보는 것을 불가능하게 만든다. 이원론은 반대로 인간 삶의 어느 부분을 죄의 실제로 인정하여 버린다. 그러므로 온 우주에 미치는 구원의 메시지를 제한하여 버린다. 이원론은 그리스도인의 증거를 인간 삶의 제한된 부분으로 국한시키는 것이다.

지금까지의 설명을 요약하면서 우리는 창조주/창조물의 차이는 영구적으로 존재하는 실제의 모습이라고 말할 수 있다. 이 차이는 현재 역사적 실제로 우리 안에 존재하고 있는 것이다. 그러나 이원론은 이 실제를 개념적으로 왜곡시킨 것이다.

5. 촌락/읍/도시

이원론의 시각으로 보는 실제의 왜곡된 모습은 인간 역사를 광범위하게 재구성하고 있다. 이 왜곡된 모습은 아마도 사실 발생한 역사적 사실을 그대로 반영하고 있을 것이다. 그러나 사실을 어느 기준이 되는 가치에 따라 전개되는 것으로 묘사하는 것은 역사적 사실의 나열과는 전혀 다른 것이다.

인간 역사를 재구성하면서 인간은 종교적으로 세 단계를 거치면서 성장해 왔다. 첫 번째 단계는 '촌락'이다. 이러한 원시적인 단계에서 삶의 모든 부분들은 영적인 영역으로 인식되었다. 실제에 대한 종교적인 시각이 삶의 모든 관계들 안에 퍼져 있었다. 중간 단계는 '읍'으로 설명될 수 있다. 이 단계에서는 혼합된 사회의 모습을 보여 준다. 삶은 신성한 것과 세속적인 것으로, 은혜와 자연으로 분명하게 분리되어 이해되었다. '촌락'에 해당하는 신성한 일원론의 사고는 '읍'에 해당하는 신성함/세속됨의 이원론에 그 자리를 내주었다. 현대의 인간은 지금 '도시'라는 새로운 형태의 종교적 양상으로 치닫고 있다. 시계추는 '신성한' 축으로부터, 그 중간 단계를 걸쳐서, 지금은 '세속화된' 축으로 움직여 가고 있다. 그 결과로 생기는 사회는 '세속의 도시'이다. 기술 문명에 속하는 인간의 모든 삶은 세속화라는 거대한 물결 속에 침잠하고 있는 것이다.

어떤 사람들은 이러한 진화론적인 변천을 저주할 것이다. 다른 이들은 이러한 변천을 자연스러운 발달로 보고 드디어 "인간의 때가 왔다"고 할 것이다. 어떤 견해를 따를지라도, 여기서 말하고자 하는 바는 같다: 서구 역사는 이원론적인 세계관에 의하여 재구성되고 있다. 이러한 역사의 재구성은 이원론적인 정의를 세 가지 단계에 적용함으로 인간의 역사를 묘사해 왔다. 따라서 이러한 시나리오는 세계 역사에 왜곡된 실제의 모습을 강요해 왔다.

6. 칼빈주의 신학이 제시하는 대안

지금까지 살펴본 시각과 전혀 다른 시각을 헤르만 바빙크와 같은 신학자들이 설명하는 칼빈주의 신학에서 찾을 수 있다. 이원론의 문제를 다루면서 바빙크는 전통적인 아퀴나스식의 자연/은혜의 양분된 개념들을 설명하고 있다. 바빙크는 이러한 문제를 지난 신학들의 전통에서 벗어난, 보다 개혁주의적인 입장에서 설명하고 있다. 바빙크는 다음과 같이 말하고 있다. "인간 역사에 되풀이되는 이 큰 문제"는 "어떻게 은혜가 자연에 연결되어 있는지…창조와 재창조는 어떻게 관련이 되는지, 인간성과 기독교는 어떻게 연결이 되는지, 위의 것과 아래의 것은 어떻게 연결이 되는지의 문제들이다." 그리스도인들간에 나타나는 다른 점들은 이런 근본적인 문제로부터 발생한다:

> 우리는 오른쪽에서, 또는 왼쪽에서 계속적으로 실수를 되풀이하고 있다. 한순간 우리는 기독교적인 것을 인간적인 것을 위해 희생하고, 그 다음에는 인간적인 것을 기독교적인 것을 위해 희생한다. 한 쪽에서는 이 세상에 치중하는 문제가 불거지고, 다른 쪽에서는 저 세상에 치중하는 문제가 불거지고 있다. 그러나 우리는 기독교적인 것과 인간적인 것들은 서로 대립하거나 그 사이에 갈등이 없다고 주장하는 확신 속에 살고 있다.

바빙크에 의하면, 이 문제는 자연을 은혜보다 낮은 위치로 인식하는 사상을 지닌 로마 카톨릭 신학에 특별히 큰 문제가 있는 것이다. 은혜는 자연을 보충하고 그 격을 높이지만 결코 자연을 회복시킬 수는 없다. "기독교가 삶 안에 내재하며 개혁하는 원리가 되지 못하므로" 이러한 사고에 있어서 '영원한 이원론'이 존재하게 된다.

그러나 종교개혁신학에 의하면, "기독교는 자연 위에 초월적으로 맴도는 양적인 실재가 아니라, 종교적이고 도덕적인 힘으로 자연 속에 침투하는 내재적인 힘이 되어서 불순한 요소들을 내쫓는 일을 감당한다." 그러므로 "은혜는 인간을 초자연적인 영역으로 끌어올리지 않고, 오히려 죄로부터 인간을 해방시킨다. 은혜는 자연에 반대되지 않으며, 오직 죄에 반대한다." 이러한 이해 안에서 볼 때, "종교개혁은 거의 모든 분야에서" 다른 신학이 가지고 있는 이원론과 초자연주의에 충돌하였다. 특별히 이러한 충돌을 칼빈에게서 볼 수 있다:

> 칼빈이라는 프랑스 개혁자의 위대한 사상에서, 재창조는 마치 카톨릭 신학이 보는 것처럼 창조를 보충하는 시스템이 아니며; 그리고 마치 루터가 보는 것처럼, 창조를 다루지 않는 다만 종교적인 개혁도 아니며. 그것은 또한 재세례파들이 보는 것처럼, 전혀 새로운 창조가 아니라, 모든 창조물들이 새롭게 된다는 기쁜 소식이다. 여기에 복음의 의미가 부각되며 그 원래의 보편성이 나타난다. 복음으로 변화되지 않는 것, 또는 그렇게 되지 말아야 할 것은 없다. 교회뿐 아니라 가정, 학교, 사회, 그리고 국가 모두는 기독교의 원리의 지배 아래 있는 것이다.

바빙크는 복음의 메시지는 "자연을 폐지하지 않으며, 다만 그것을 회복시키는" "오직 은혜"라고 하였다. "그리스도는 하나님 아버지가 하신 일을 파괴하러 오지 않고 다만 사탄의 것을 파괴하러 왔기 때문이다." 은혜는 타락한 자연의 회복인 것이다. "창조 때에 주어진 모든 창조물의 형태가 죄로 인해서 망가졌을 뿐, 창조물의 물질은 은혜에 의하여 완전하게 개혁되기 위하여 그대로 남아 있는 것이다." 그 결과는 놀라운 휴식, 해방, 그리고 책임이다. 왜냐하면 "만약 당신이 그리스도인이면, 그리스도인이라는 말이 나타내는 충분한 의미에서 그리스도인이라면, 그러면 당신은 이상하거나 별난 인간이 된 것이 아니라, 완전한 인간이 된 것이다. 그리스도인이 된다는 것은 인간이 된다는 것이다. 구원된 것은 인간의 인간성이기 때문이다"(Jan Veenhof, *Nature and Grace in Bavinck*, 4-24).

바빙크의 이러한 시각은 다른 대부분의 신학들과 근본적으로 다른 선택을 제공한다. 그것은 칸트가 현대 사상에 남긴 계속되는 딜레마를 해결할 수 있는 시각을 제공해 준다. 그리고 한 걸음 더 나아가 그것은 전통적인 이원론을 뛰어넘어서 오래된 문제를 근본적으로 새롭게 정의한다. 그것은 신학을 새로운 방향으로 유도한다. 그것은 조직신학의 양상을 새롭게 변화시킨다. 그것은 신학 서론의 문제들에 전혀 다르게 접근한다. 이것이 바로 우리가 본서에서 추구하는 신학적 방향이자 신학적 방법이다.

7. 기준의 위치

신학의 결정적인 질문은 기준에 대한 것이다. 신학은 그 자체로 정당화되거나, 그 자체로 설명이 되거나, 또는 그 자체로 옹호되지 않는 학문이다. 그 근본이 되는 기초에 있어서 신학은 그것이 추구하는 기본이 되는 권위에 의해서 세워지기도 하고 무너지기도 한다. 그러므로 신학의 결정적인 질문은 어디에 신학의 기준을 두느냐이다. 만약 하나님과 인간 사이에 언약의 말씀이라는 제삼의 요소를 두지 않는다면, 그래서 전통적인 양분화된 시각으로 신학을 한다면 여러 가지 문제들이 나타난다.

우선 한 편으로 하나님을 신학의 기준으로 삼아보자. 그러면 그 기준은 하나님의 영역 어딘가에 속하게 될 것이다. 그 기준은 인간 편에 서 있는 것이 아니라, 하나님 편에 서 있는 것이다. 양분화된 사고 안에서의 이러한 선택은 신학의 기준을 인간의 삶으로부터 하나님께로 끌어올려서 초월적인 영역에 두는 것을 의미한다. 그 결과로 실질적인 의도와 목적에 있어서 이 기준은 인간이 다다를 수 있는 위치에서 벗어나 있는 것이다. 이러한 신학은 접근할 수 없고, 계속적으로 지속할 수 없는 학문이 될 것이다. 이러한 신학은 예측할 수 없는 하나님의 속성에 강조를 두게 되고 계시를 간헐적으로 내리는, 알 수 없는 개입으로 보게 될 것이다. 그것은 또한 창조 세계로부터 물러나 신비주의적인 입장에서 영적인 비전을 바라보도록 요구할 것이다. 이러한 양상의 조직신학은 바르트의 신학에서처럼 형이상학적인 사색이 될 것이다.

양분화된 시각에서 가능한 다른 하나는 그 기준을 이 땅 아래로 끌어내리는 것이다. 그 기준은 인간 세상 안에 어딘가에 그리고 인간 경험의 영역에 속할 것이다. 인간의 반응은 궁극적으로 계시의 형태와 힘을 가지게 될 것이다. 그 결과는 슐라이어막허의 신학에서처럼 창조적인 것이 신학의 기준이 되는 신학일 것이다.

양분화된 시각에서 이루어지는 신학은 계속적으로 오래된 딜레마 안에 우리를 가두어 놓는다. 이러한 신학은 그것이 일관되게 행해질 경우에 신학의 기준을 영원화시키던지 아니면 역사화시킬 것이다. 그것은 공중에서 증발하든가 아니면 역사의 흐름 속에 흡수되어 버릴 것이다. 그 마지막 결과는 잘 정제된 형태의 이신론(理神論, deism)이거나 아니면 인본주의일 것이다.

이러한 선택들은 만족할 만한 해결에 이르지 못한다. 그러므로 신학은 오랫동안 제삼의 선택을 위해서 많은 노력을 기울여왔다. 신학자들은 이러한 노력들을 통해서 다리를 놓는 건축가들이 된 것이다. 서구 기독교 신학은 여러 형태의 다리들의 전시장이 되어버렸다. 그 중에 대표적인 것으로 존재의 유추, 하나님의 개입, 이 세상의 질서 안에 발산되어 온 신성, 세상의 진화를 통해서 이르는 궁극적인 목표, 높은 단계의 영역에 도달하기 위해서 사용되는 영지주의적 무아경, 지식의 상응 논리, 축복스러운 비전 등등이 있다. 신학이 양분화된 시각으로 시작되는 한, 그것은 하나님과 인간이라는 서로 대립되는 개념으로 그리고 협력하는 개념으로 이루어지는 갈등을 극복하지 못하게 된다. 이러한 상황에서 일치는 기대할 수 없는 환상이 되고 만다. 그 대신 인간과 그의 창조주 사이에 줄다리기만 계속될 뿐이다. 하나님의 주권을 축소시킴으로 알미니안 신학이 되거나, 아니면 인간의 책임을 제한시킴으로 과도한 칼빈주의로 좌초하거나 해야 할 것이다. 그렇다면 단 하나의 남은 선택은 이 양극 사이에서 어떤 제삼의 길을 찾는 것이다.

그러나 이러한 시각에서 보는 신학은 신학의 한계를 정하고 창조주와 피조물 사이의 다리 역할을 하는 하나님의 말씀에 대한 성경의 증언은 중요시되지 않을 뿐더러 발전도 되지 않는 것이 문제이다. 하나님의 말씀은 창조주와 인간 사이의 언약과 책임의 관계를 이룩하는 언약(covenant)의 결속이라는 것을 여기서 강조할 필요가 있다. 이러한 언약의 결속은 일치하면서도 다양한 하나님의 계시를 이해하는 데 필수적이며 또한 신학을 포함해서 하나님의 성도가 하나님께 드리는 인간의 반응에 필수적인 요소이다. 그러므로 신학의 체계를 형성하는 데 있어서 하나님의 말씀은 그 '잃어버린 연결'을 찾는 데 가장 필수적인 것이다.

8. 타당하지 않은 선택들

양분된 시각에서 보는 신학은 우리를 막다른 골목으로 몰아간다. 이러한 신학의 막다름에서 벗어나려는 노력 중에 다음과 같은 위험이 도사리고 있음을 기억하라.

a) 이신론(Deism)

이신론의 신학 체계에서는 하나님의 말씀이 주는 능력의 연결이 결여되므로 창조주와 피조물은 따로 떨어지게 된다. 그러나 이신론자가 무신론자는 아니다. 이신론자들은 어떤 형태의 신에 대한 개념을 가지고 있으며, 그것은 이 세상 원래의 근원으로 '최고의 존재'(Supreme Being), 또는 '고귀한 손'(Higher Hand)으로 불려진다. 그들은 이 세상이 창조된 후에 그것의 창조주로부터 독립하여 홀로 운행하게 된다고 믿는다. 이러한 경우에 하나님은 마치 영원한 휴가를 떠난 주인처럼 인식이 된다. 이 주인은 가끔씩 자신의 집을 방문하곤 한다. 이러한 간헐적인 방문을 그들은 기적이라 부른다. 이러한 기적 이외에 인간은 자신에게 주어진 포기할 수 없는 자율권에 따라 행동한다. 일단 시계공이 시계를 디자인하고, 만들고, 태엽을 감은 후에 그 시계는 그 시계 안에 숨겨져 있는 자연의 법칙에 따라 스스로 움직여 간다. 이러한 사고의 결과는 실질적인 무신론이다.

b) 범신론(Pantheism)

범신론은 이신론의 반대 방향으로 움직인 사고이다. 하나님과 인간의 한계를 긋는 하나님의 말씀이 부재인 상태에서 하나님과 자연은 혼동되고 만다. 범신론은 고대의 신플라톤주의와 비슷한 형태를 띠고 있다. 다른 점은 후자의 사고가 하나님으로부터 인간에게 내려오는 것이라면, 전자의 현대 사고는 거꾸로 인간으로부터 하나님에게로 올라가는 것이다. 이 세상은 영적인 일치를 향해 진행하여 결국은 신성한 영역으로 진화한다. 인간 안에는 '신성한 불꽃'이 있어서 잘 조절할 경우에 그것은 완전한 불꽃으로 성장할 수 있다. 이 세상의 가장 고귀한 것은 인간이며, 인간 안에서 가장 고귀한 가능성은 바로 신이다. 그러므로 피조물이 이를 수 있는 가장 높은 단계의 상징은 신인 것이다. 범신론자들은 진화의 과정 안에서 인간과 모든 피조물은 실질적으로 또는 가능성 안에서 신으로 인식한다. 그 결과는 창조주와 피조물의 한계를 부인하는 것이다.

c) 영지주의(Gnosticism)

위에서 이미 본 것과 같이, 신플라톤주의는 창조를 신으로부터 퇴보한 것으로 보았다. 신은 완전한 영이다. 창조는 물질이기 때문에 영의 세계보다 미개하며, 그러므로 외부의 힘에 의하여 지배를 받는다. 물질의 세계는 오직 이 세상을 피하는 것으로 탈피할 수 있다. 창조와 인간 안에 있는 영은 선한 것이며, 이것은 신과의 교통을 가능하게 하는 유일한 통로이다. 고대의 영지주의든 현대의 새로운 해석이든 간에 그것도 마찬가지로 창조주와 피조물간의 경계를 허물어버린다.

d) 종교주의설(宗敎主意說, Voluntarism)

영지주의와 마찬가지로 여기서도 하나님과 세상 사이에 언약의 연계가 존재하지 않는다. 그러나 이신론과 반대로, 여기서는 이 세상 안에서 이루어지는 모든 것들은 하나님의 직접적이고 간접적인 개입으로 여긴다. 창조는 그 자신 안에 중요한 실재를 가지지 않는다. 이 세상은 하나님의 주권에 위협으로 인식되기 때문이다. 하나님만이 전부이며 창조는 아무것도 아니다. 이 세상은 실질적으로 가치가 있는 존재가 아니다. 인간 역사는 꼭두각시 춤이다. 창조 세계 안의 모든 행위는 그 근거에 있어서 하나님의 행위이다. 하나님의 의지가 모든 창조 세계의 행위들의 직접적인 원인인 것이다. 이러한 사고의 결과는 고요함과 무저항주의이다.

e) 일원론(Monism)

일원론이라는 현대의 세계관은 범신론의 뒤집힌 형태, 즉 창조가 진화하여 신성으로 올라가는 것이 아니라, 신성이 역사 과정의 영역으로 동화하는 사고의 형태이다. 신은 세상과 동떨어져서 아무 정체성이 없으며, 마찬가지로 세상도 신과 동떨어져서 그 정체성이 없다. 그 둘은 그렇다고 단순히 혼합될 수는 없다. 하나의 과정 안에서 그들 사이에는 신성과 세속이라고 불리우는 이분화된 영역이 만유내재신론(萬有內在神論, panentheism)이라는 개념 안에 존재한다. 그러므로 신의 존재는 '저 위'나 '저 밖'으로 설명되지 않고 '여기 아래'나 '이 안에'로 설명이 된다. 신은 역사가 전개되어 나가는 과정 안에, 즉 미래로 열린 모든 가능성 안에 깊이 동화되어 있다. 이 미래는 신과 인간이 함께 열어 가는 모든 종말의 가능성을 말한다. 범신론과 영지주의처럼, 일원론이라는 과격한 역사주의는 창조주와 창조물과의 관계를 재설명할 것을 요구한다. 그 이유는 궁극적으로 둘 다 자신들의 독특한 정체성을 상실하기 때문이다. 이 둘은 결국 만유내재적으로 일치하게 되기 때문이다. 그러므로 하나님과 그의 창조물과의 관계에는 더 이상 계시하고 그 계시에 반응하는 관계가 성립되지 않는다. 신학을 이 관계를 반영하는 학문이라고 할 때에, 이러한 사고에서 신학은 더 이상 존재하지 않게 된다.

9. 신학 언어

위에 나열한 제안들은 그리스도인의 건전한 세계관으로 받아들일 수 없는 것들이다. 그들은 모두 이분화된 세계관을 도입한다. 이러한 신학의 막다름은 신학 안에, 특별히 성경 해석과 조직신학에, 뜨거운 의미론적인 논쟁을 불러일으키고 있다. 여기 중심되는 질문은 이것이다: 우리가 하나님에 대해 말하는 언어에 우리는 어떤 본질, 지위, 무게를 둘 수 있는가? 우리가 하나님에 대해 말하는 언어는 과연 실제 하나님과 어떤 관계가 있는가? 현대의 활발한 연구에는 다음과 같은 세 가지의 견해가 있다.

a) 복수의미

어떤 신학자들은 우리가 하나님에 대해서 말하는 언어의 성격을 '두 가지의 의미'를 갖는 것으로(equivocal—복수의미) 설명한다. 하나님은 인간과 근본적으로 다른 차원에 존재하기 때문에 인간의 언어는 하나님의 실재를 확실하게 다룰 수 없다는 뜻이다. 그러므로 하나님에 대해서는 직접적으로 또는 분명하게 말할 수 없다. 하나님과 인간은 전혀 공통점을 가지고 있지 않기 때문이다. 여기서 불연속이 강조된다. 그 둘 사이에는 인간의 언어가 연결할 수 없는 거대한 공백이 있다. 그러므로 모든 신학 언어는 기껏해야 추측이며 모호한 것이다. 이러한 신학의 언어는 결국 회의론(skepticism)이나 불가지론(agnosticism)으로 결론이 날 수밖에 없다.

b) 단일의미

다른 신학자들은 신학의 언어를 '단일의미'를 갖는 것으로(univocal—단일의미) 설명한다. 이 견해는 하나님과 인간 사이에 상당한 공통점이 있다는 전제를 가지고 있다. 이러한 공통점은 존재, 시간, 이성, 언어 등의 공통된 특성을 강조함으로 하나님과 인간을 근접시킨다. 창조주와 피조물의 상이점은 서로 일부분 중복된다. 그러므로 인간이 하는 하나님에 대한 말은 일대일 관계에서 실제의 하나님과 일치한다는 생각을 하게 된다. 인간의 언어는 하나님의 것과 근본적으로 일치한다고 생각한다. 여기서는 하나님과 인간 사이의 연결점이 강조된다. 우리가 하나님을 '아버지'로 부르는 것의 의미는 인간이 가지고 있는 육신의 아버지의 의미와 일치한다는 것이다. 이러한 단일 의미의 이해는 하나님께서 그의 창조물을 어떻게 다루시는가를 과장하여 설명한 것이다. 그것은 하나님의 주권을 축소시키거나 인간의 가능성을 확대하여 해석함으로 결국 언어적 역사주의로 향하게 된다. 이 견해는 하나님의 말씀에 응답할 수 있는 잠재력을 가지고 있는 피조물인 이러한 인간의 언어를 하나님과 관계해서 기준화시키는 결과를 가져온다.

c) 유추적인 의미

세 번째 견해는 하나님에 대해서 말하는 인간의 언어를 유추적으로(analogical—유추적인) 보는 견해이다. 이 견해는 이분화의 사고와 결별하고 삼분화의 사고와 밀접한 관계를 가진다. 이 견해가 사실 '복수의미'와 '단일의미'의 견해들이 가지고 있는 진리들을 추구하고는 있지만, 이것은 그 두 견해들의 집합이 아니다. 이것은 오히려 제삼의 선택을 제공한다. 그 이유는 이 견해가 신학 언어의 기준을 하나님께

둠으로 신학의 언어를 너무 멀리 떨어지게 하지 않으며, 인간에게 둠으로 너무 가깝게 하지도 않고, 중재하는 하나님의 말씀에 둠으로 신학의 언어를 하나님과 인간 사이에 계시와 응답이라는 대화의 관계를 유지시키기 때문이다. 신학의 모든 것은 계시에 달려 있다. 하나님의 말씀은 요한복음이 말하는 바로 그 말씀이다.[1] 우리가 하나님과 대화하거나 하나님에 대해서 말하는 것은 하나님의 말씀과 유추적인 관계에서 있다.

우리의 신학 언어도 마찬가지이다. '복수의미'의 견해는 너무 적은 하나님에 대한 지식을 주장하며, '단일의미'의 견해는 너무 많이 주장한다. 그러나 '유추적'인 견해는 우리가 하나님에 대해서 알거나 말하는 것은 하나님에 대한 전체 지식도 아니고 그것에 대한 완전한 이해도 아니며, 단지 그것으로 아는 하나님에 대한 지식이 충분하고, 진실되고, 그리고 믿을 수 있다는 것을 주장한다. 그 이유는 하나님의 말씀은 한계를 정하기도 하지만 동시에 관계를 성립시킴으로 다리 역할도 하기 때문이다. 하나님은 자신의 말씀에 참되시기 때문이며, 그의 말씀은 하나님을 참되게 계시하기 때문이다. 물론 하나님 자신은 말씀이 계시하는 것보다 훨씬 큰 존재이다. 그러나 계시된 말씀은 계시되지 않은 하나님에 대한 지식과 상반되지 않는다. 그러므로 유추적으로 이해되는 언어는 우리로 하여금 하나님에 대해서 아는 지식과 신학 언어 앞에 겸손하게 그러나 확신이 있는 모습으로 서게 하는 성경의 가르침을 따르고 있다.

10. 기준되는 하나님의 말씀

신학에는 하나님의 말씀을 잠재우는 여러 방법들이 있다. 바로 위에서 말한 것들이 바로 이런 일을 해왔다. 하나는 계시된 기준을 너무 멀리 놓음으로 사라지게 하였다. 다른 하나는 그것을 인간 세상에 너무 끌어당김으로 결국 인간의 소음 안에 사라지게 하였다. 이것은 양분된 시각이 형성한 모든 신학들이 낳은 결과이다. 오직 삼분화된 구조의 신학만이 말씀을 하나님과 세상 사이에 기준으로 삼아서 그 사이를 언약의 관계로 묶어줌으로 이러한 위험을 탈피할 수 있다. 계시는 그 자체의 있는 그대로 하나님의 말씀으로 인정되어야 하며, 인간의 응답은 그 자체 그대로 계시

---

1) 본서에서 말하는 삼분화 세계관 안에서의 하나님의 말씀은 초대 교회에서 여러 교부들이 주장한 Logos 신조와 혼동하지 말아야 한다.

에 대한 인간의 반응으로 삼아야 한다. 그러나 인간의 응답은 기준이 되어서는 안 된다. 그것은 완전히 인간의 것이며, 계시는 완전히 하나님의 것이기 때문이다. 우리는 절대로 하나님의 말씀을 인간화하거나 인간의 반응을 신성화해서는 안 된다. 칼세돈 신조의 언어를 인용해서 우리는 창조주와 피조물은 '분리되지 않고' 그리고 '나누어지지 않게' 공존하며, 동시에 '변하지 않고' 그리고 '혼동되지 않고' 공존한다고 말할 수 있다. 이렇게 함으로 우리는 하나님의 말씀의 기준을 너무 멀리 밀어버림으로 세상을 세속화시키지 않으며, 또는 너무 가까이 끌어당김으로 세상을 너무 신성화시키지 않을 수 있다. 이러한 신학의 체계는 우리로 하여금 삼분화된 세계관―즉 하나님/하나님의 말씀/인간―으로 이루어지는 세계관의 중요성에 눈을 뜨게 한다. 이러한 시각에서 하나님의 말씀은 창조주와 그의 피조물 사이에 한계도 되면서 동시에 다리 역할을 하고 있다.

때로는 천마디의 말보다 그림 하나가 더 귀할 때가 있다. 아래의 쉬운 그림에서 삼분화된 시각으로 보는 실제를 이해하기 바란다.

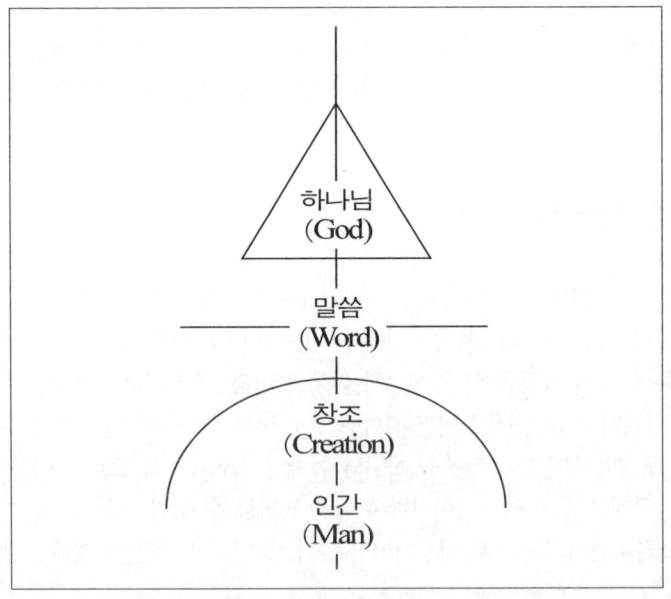

제5장 신학 서론: 조직신학의 새로운 방향

1. 새로운 모범

이제 우리는 신학 서론에서 새로운 장으로 넘어간다. 지금까지 우리는 이분화된 (또는 두 개의 요소로 구성된) 신학이 만드는 이원론의 잘못을, 그리고 그것이 신학의 이론과 실행에 야기하는 피할 수 없는 막다름을 살펴보았다. 이제까지 전통적인 방법으로 설명하려던 이 문제는 이제 새로운 모범을 요구하고 있다. 이제 우리는 개혁신학을 새롭게 구성하면서 그 신학의 서론으로 이 모범을 설명하고자 한다. 이 모범의 핵심은 창조 세계를 삼분의(또는 세 개의 요소로 구성된) 시각으로 이해하는 것이다. 이제 좀더 자세하게 설명하기로 하자.

2. 오직 성경(Sola Scriptura)

실제를 삼분화의 시각으로 이해하는 핵심은 하나님의 말씀을 올바로 이해하는 것으로부터 시작이 된다. 하나님의 말씀은 종교적인 끈이며 끊어지지 않는 연결로 창조주와 그의 창조물을 언약의 공동체로 함께 묶는다. 그러면 세상에서 영위하는 우리 삶을 위해서 우리는 어디에서 하나님의 말씀의 지위와 역할에 대해서 배워야 하는가? 인간의 근본적인 죄성을 고려할 때에, 우리에게는 단 하나의 지적인 출발점밖에 없다. 그것은 성경이다(벨직 신앙 고백, 제2항을 참고하라). 성경은 창조 실제의 존재적 질서를 올바로 이해하는 데 지적인 열쇠인 것이다. 성경은 필수 불가결한 안경으로서(칼빈, 『기독교강요』 I, 6, 1) 죄로 얼룩진 시각을 가진 우리가 반드시 쓰고서야 창조, 역사, 그리스도, 종교, 그리고 이외의 모든 것들의 진정한 의미를 이해할 수 있는 것이다. 우리가 진정으로 하나님과 관련된 진실에 이르고자 한다면, 우리는 성경을 피해서 그것에 도달할 수가 없다. 성경 자체가 성경에 대해서 가르치고 있다: 디모데후서 3:16-17의 말씀, 곧 "모든 성경은 하나님의 감동으로 된 것으로 교훈과 책망과 바르게 함과 의로 교육하기에 유익하니 이는 하나님의 사람으로 온전케 하며 모든 선한 일을 행하기에 온전케 하려 함이니라." "하나님의 사람으로 온전케 하는" 그리고 "모든 선한 일을 행하기에 온전케" 함에는 신학의 작업도 포함되는 것은 물론이다.

성경을 신학의 출발점으로 선택할 때에 우리는 다른 선택을 저버려야 한다. 우리가 살펴본 바와 같이 현대 신학은 여러 가지의 다른 선택들에 대해서 말해 왔다. 종교개혁의 신학이 말하는 '오직 성경'에 우리가 '예'라고 답을 하는 것은 신학의 다른 출발점들에 대해서 '아니오'라고 답을 하는 것을 전제로 한다. 여기 아니오라는 답에 포함되는 것들로 우리는 인간의 이성, 자연 법칙, 역사적 방법론, 종교 현상, 그리고 과학적인 검증에 대한 전적인 위탁을 들 수 있다. 이러한 접근들은 이제까지 종교 철학, 문화적 인간론, 심리학, 종교의 사회학, 그리고 역사 비평학의 학문을 통해서 깊게 그리고 포괄적으로 연구되었다.

'오직 성경'을 우리의 인식론적인 출발점으로 삼으면서 우리는 그 의미를 분명하게 해 두어야 할 필요가 있다. '오직 성경'이라는 기준은 성경만이 하나님의 유일한 계시라는 것을 말하지 않는다. 그것이 '오직 성경'이라는 16세기 종교개혁의 별칭의 원래 의미는 아니다. 칼빈, 루터, 그리고 다른 개혁자들은 하나님께서 자신을 성경과 함께 창조와 그리스도 안에서도 계시하고 있다고 가르쳤다. 게다가 그들이 가르치는 '오직 성경'은 교회 전통, 신학, 철학, 교부들, 그리고 과학과 예술의 중요성을 결코 부인하지 않았다. 인간의 모든 활동들은 그리스도인의 삶 안에서 각각 그들의 위치를 가지고 있는 것이다.

우리가 여기서 묻는 질문은 바로 이것이다: 그리스도인의 믿음은 어떤 무오한 기준에 의해서 평가되어야 하는가? 무엇이 핵심적인 판단의 기준인가? 우리의 답은 '오직 성경'이다. 종교개혁 신학의 핵심을 설명하는 이러한 슬로건은 신학의 방법을 그 안에 내포하고 있다. 오직 성경의 가르침 안에서만 우리는 모든 것을 옳게 판단할 수 있으며, 선한 일에 우리를 접합시킬 수 있는 것이다.

'오직 성경'에 대한 이러한 강조는 기독교 신학작업의 방향을 강하게 인도하고 있다. 죄의 실제와 그것이 인간의 사고에 깊은 영향을 끼치고 있다는 것을 염두에 둘 때에, 우리는 '오직 성경'의 가르침을 통해서 창조에 대하여 가르치는 하나님의 말씀을 그리고 그리스도 안에 성육신한 그의 말씀을 이해할 수 있게 된다. 하나님의 계시의 전반을 창조의 시각에서 그리고 구원의 시각에서 연구하는 것, 그리고 계시가 우리에게 다가오는 모든 형태에 대해서 연구하는 것은 종교개혁 전통의 아주 중요한 명제였다.

신학은 제한적인 경향(reductionist, 여러 가지 필요한 요소 중에서 하나만을 강조하여 신학을 구성하는 경향)에 의하여 여러 방향으로 괴롭힘을 당해 왔다. 전통적인 자유주의 신학이 말하는 계시는 예수의 모범적인 인격에 국한된다. 신정통주의 신학은 더욱 과격하게 하나님의 말씀을 예수 그리스도 안에 단 한 번 계시된 하나님에 국한시키고 있다. 그 이유는 자신의 계시는 그 정의상 언제나 개인적인 사건이기 때문이다. 이러한 그리스도 일원론은 창조와 성경을 계시의 중요한 양상으로 인식함으로 훼손하고 있는 것이다. 복음주의적인 그리스도인들도 종종 이러한 제한 강조적인 경향으로 실수를 범하고 있다. 그 예로 창조를 단순히 주어진 자연적인 상황으로 인식하는 것을 들 수 있다. 예수 그리스도는 개인의 구세주요 왕으로 섬긴다. 그러나 계시의 개념은 주로 성경으로 국한시키는 잘못을 범하고 있다.

신학의 출발점이 되는 계시의 이러한 다양성을 인식하고 있는 개혁신학은 다음과 같은 성경의 가르침에 귀를 기울여야 한다: "하나님의 입으로 나오는 모든 말씀으로 살 것이라"(마 4:4). 우리는 제한 강조적인 경향에 따라 '오직 성경'이 가지는 풍부한 신학적인 의미를 상실하지 말아야 한다. 성경은 하나님의 계시가 전달되는 다른 통로들을 제한하지 않기 때문이다. 오히려 성경을 통해서 우리는 우리 아버지의 세상의 모든 우주적인 면들을 바라볼 수 있는 창을 얻게 된다. 코넬리우스 반틸(Cornelius Van Til)이 지적한 것과 같이 "자연 안에 주신 하나님의 계시는 성경 안에 주신 하나님의 계시와 함께 하나님께서 인간에게 주시는 유일하고 웅대한 언약-계시를 구성한다"(*The Doctrine of Scripture*, 4).

다음의 명제는 우리의 신학적 출발점을 잘 설명한다: 성경을 하나님의 말씀으로 충실하게 인식할 때에 우리는 성경에 계시된 것보다 많은 하나님의 말씀이 있다는 것을 알 수 있게 된다. 성경 자체가 성경 외에 하나님의 말씀으로 인정되는 실제가 있다는 것을 가르치기 때문이다. 이 명제를 확증하기 위해서 하나님의 말씀의 풍부한 실제에 대해서 가르치는 성경을 상고해 보기로 하자.

3. 창조에 대한 하나님의 말씀

우선 창조에 대한 하나님의 말씀을 상고해 보기로 하자. 성경은 하나님의 세상에 대한 하나님의 다스림에 대해서 설명하고 있다. 우리가 성경의 본문에 충실하면서 성경이 말하는 구원 역사를 살펴본다면 우리는 창조에 대해서 말하는 성경의 의미를 찾을 수 있을 것이다. 이 세상이 시작할 때에 하나님께서는 밤과 낮으로 자신의 말씀을 계속 그의 세상에 전하셨다. 성경은 이러한 하나님의 말씀 전하심을 "하나님의 가라사대"나 "빛이 있어라" 등의 표현으로 말하고 있다. 물론 하나님의 말씀은 단순한 희망 사항의 표현이 아니었다. 그의 말씀은 그것이 목적하는 것을 이루었다. 그의 말씀은 권세가 있고, 강하며, 역동적이고, 창조하며, 그것이 목적하는 것을 이룬다. 목적하는 바를 이루어내는 창세기에서의 창조의 말씀은 하나님과 욥의 대화에 의하여 더욱 강조된다. 욥에게 하나님께서 말씀하신다:

"기한을 정하여
문과 빗장을 베풀고
이르기를 네가 여기까지 오고 넘어가지 못하리니
네 교만한 물결이 여기 그칠지니라 하였노라
네가 나던 날부터 아침을 명하였었느냐?"(욥 38:10-12)

이 말씀은 모든 창조물에 미치는 하나님의 주권을 분명하게 말하고 있다. 시편 기자는 다음과 같이 하나님의 말씀에 대해서 말하고 있다:

"여호와의 말씀으로 하늘이 지음이 되었으며
그 만상이 그 입 기운으로 이루었도다
저가 말씀하시매 이루었으며
명하시매 견고히 섰도다"(시 33:6, 9).

서구의 사고는 '말'과 '행동'을 분명하게 구분한다. 말은 값싼 것이고 정말로 중요한 것은 행동이다. 위의 성경 구절에서 보는 바와 같이 성경에서는 이러한 구분을 찾을 수가 없다. 하나님에게 있어서 말과 행동은 반드시 일치하기 때문이다. 그 둘은 서로 바꾸어 사용할 수 있을 만큼 동일하게 사용되고 있다. 하나님의 언급된 행동과 행동화된 말씀으로 인하여 하나님은 모든 것을 창조하셨으며, 세상의 구조를 정하시고, 질서와 의미와 방향을 모든 것들 사이에 세우셨다. 말씀이 그 효과를 놓친 것은 전혀 없다:

"비와 눈이 하늘에서 내려서는
다시 그리로 가지 않고
토지를 적시어서 싹이 나게 하며
열매가 맺게 하여 파종하는 자에게 종자를 주며
먹는 자에게 양식을 줌과 같이.
내 입에서 나가는 말도 헛되이 내게로 돌아오지 아니하고
나의 뜻을 이루며
나의 명하여 보낸 일에 형통하리라"(사 55:10-11).

하나님께서 모든 것들을 창조하시고, 지금은 보전하시며, 다스리시며, 그것들이 원래 가진 목적에 따라 인도하는 하나님의 행위를 시편 기자들은 하나님의 말씀이 하고 있는 것으로 강조를 두어서 말하고 있다. 하나님의 말씀은 하나님 자신의 것이기 때문에 하나님 자신의 권세에 기인하고 있다. 동시에 그 말씀은 창조 세계를 초월하고 있음을 주의하라. 시편 119:89를 읽어 보자:

"여호와여 주의 말씀이
영원히 하늘에 굳게 섰사오며."

이 말씀은 바로 하나님의 말씀이다. 따라서 그것은 하나님과 구별이 되어야 한다. 동시에 그의 말씀은 창조 세계를 초월하여서 그 모든 것들을 다스린다. 이러한 성경의 가르침을 우리는 다음과 같이 요약할 수 있다: 하나님의 말씀, 즉 창조에 대한 하나님의 뜻은 창조 안에 계시되어 있다. 시편 19:1-4는 이러한 가르침의 핵심이다:

"하늘이 하나님의 영광을 선포하고
궁창이 그 손으로 하신 일을 나타내는도다
날은 날에게 말하고
밤은 밤에게 지식을 전하니

언어가 없고 들리는 소리도 없으나
그 소리가 온 땅에 통하고
그 말씀이 세계 끝까지 이르도다."

이러한 가르침은 다음의 시편에서도 잘 나타나고 있다:

"그 명을 땅에 보내시니
그 말씀이 속히 달리는도다
눈을 양털같이 내리시며
서리를 재같이 흩으시며
우박을 떡 부스러기같이 뿌리시나니
누가 능히 그 추위를 감당하리요
그 말씀을 보내사 그것들을 녹이시고
바람을 불게 하신즉 물이 흐르는도다
저가 그 말씀을 야곱에게 보이시며
그 율례와 규례를 이스라엘에게 보이시는도다
아무 나라에게도 이같이 행치 아니하셨나니
저희는 그 규례를 알지 못하였도다 할렐루야"(시 147:15-20).

"너희 용들과 바다여 땅에서 여호와를 찬양하라
불과 우박과 눈과 안개와 그 말씀을 좇는 광풍이며"(시 148:7-8).

하나님의 말씀에 대한 여러 가지 시편의 표현들, 즉 말씀, 율례, 규례, 명령, 뜻 등은 비록 각기 다른 의미를 가지고 있어도 그것들이 강조하는 의미는 하나이다: 하나님이 모든 것들의 근원이며, 주인이며, 지금도 그의 말씀으로 그것들을 다스린다. 물론 이러한 구약의 표현들은 대부분 시적인 표현들이다. 이러한 이유로 인해서 우리는 때때로 이런 표현들, 예를 들어 "그 말씀이 속히 달리는도다"(시 147:15)의 표현을 실제에 직접적으로 해당하는 말이기보다는 단지 시적인 비유로 보는 경향을 띨 수가 있다. 이렇게 성경을 읽는 것은 성경의 본래 의미를 왜곡하는 것이다. 이러한 다양하고 풍부한 시적인 표현들을 우리가 묶어서 살펴볼 때에 우리는 그것들이 창조 세계를 향하신 하나님의 실질적이고 직접적인 뜻임을 알 수 있다. 이러한 표현들의 의미를 묶어서 우리는 성경이 말하는 창조에 대한 우리의 신조를 구성할 수 있다.

그렇다면 창조에 대한 하나님의 말씀으로서의 '일반계시'는 인간이 추구하는 여러 가지의 과학과 어떤 관계가 있는가? 신학을 포함한 이러한 학문들을 추구하면서 우리는 모든 창조 세계의 실제는 하나님의 말씀의 능력을 반영하고 있다고 말할 수 있다. 시편 19편은 다음과 같이 설명할 수 있다: 하늘은 하나님의 말씀이 어떻게 천체의 모든 운행을 주관하고 있는지를 보여 줌으로 하나님의 영광을 선포하고 있다. 마찬가지로 만유인력의 법칙은 어떻게 하나님께서 떨어지는 작용을 주관하시는가를 보여 줌으로 하나님의 영광을 드러내고 있다. 또한 모세혈관 작용도 어떻게 하나님께서 나무의 성장을 주관하시는가를 설명함으로 그의 영광을 보이고 있다. 이러한 하나님의 말씀은 세상을 초월한 위치에 있다.

그래서 하나님의 말씀은 인간의 직접적인 학문적 연구의 대상이 되지 않는다. 따라서 아무 설명이 없이 다만 창조 자체와 하나님의 계시를 일치하는 것은 잘못된 것이다. 이러한 표현은 범신론적인 실수를 내포하고 있다. 창조가 가진 계시는 직접적이기보다는 반사적이며 반응적인 것이다. 칼빈이 가르친 것과 같이, 우리는 모든 창조물들이 '각기 그 종류대로' 하나님의 말씀의 능력에 응답하여 창조된 것을 보고 창조주로서의 하나님에 대한 지식을 얻을 수 있다. 이러한 방법으로 우리는 철새의 이동, 토지의 사용, 인간의 이성, 유아 발달 등 창조 세계의 모든 실제를 설명할 수 있는 것이다. 인간이 사는 창조 세계의 실제 안에서 신학은 인간의 믿음 생활을 반영하는 학문이다. 학문의 이론적인 추구는 각각의 창조물이 창조에 대한 하나님의 말씀에 반응하는 모습과 양상들을 모아 창조의 계시에 어떻게 반사되고 있는지를 연구하는 것이다.

잠언에서는 하나님의 말씀이 '지혜'로 의인화되어서 우리를 만나고 있다. '지혜'는 창조 시부터 하나님의 계획자로, 하나님의 기준을 가진 자로, 하나님의 뜻을 품은 자로, 그리고 그 안에서 창조주가 창조의 생명을 지은 자로 하나님을 섬기고 있다. 잠언 9:1, "지혜가 그 집을 짓고 일곱 기둥을 다듬고"는 시적인 표현으로 하나님의 창조 행위에서 지혜가 감당한 몫을 설명하고 있다. 잠언 8:22-31은 좀더 분명하게 창조 시 섬긴 지혜의 일을 표현하고 있다:

"여호와께서 그 조화의 시작 곧 태초에 일하시기 전에
나를 가지셨으며
만세 전부터, 상고부터, 땅이 생기기 전부터
내가 세움을 입었나니…
그가 하늘을 지으시며 궁창으로 해면에 두르실 때에
내가 거기 있었고

그가 위로 구름 하늘을 견고하게 하시며
바다의 샘들을 힘있게 하시며
바다의 한계를 정하여 물로 명령을 거스리지 못하게 하시며
또 땅의 기초를 정하실 때에
내가 그 곁에 있어서 창조자가 되어
날마다 그 기뻐하신 바가 되었으며
항상 그 앞에 즐거워하였으며
사람이 거처할 땅에서 즐거워하며 인자들을 기뻐하였었느니라."

창조에 대한 하나님의 말씀은 창조의 행위에만 국한되지 않으며 모든 창조물의 생명이 살아 운행하는 데에까지 미친다. 이사야서에 나오는 하나님이 인도하시는 농부의 비유를 생각해 보라(28:23-29). 농부의 땅을 갈고 개간하고 파종하는 지혜에 대해 "모략은 기묘하며 지혜는 광대한 것이라"했고 "여호와께로서 난 것이라"고 했다. 이 농부는 그가 성경에서 가진 가르침에 따라서 열심히 일한 것으로 생각할 수 있다. 그러나 그가 가진 농업 기술은 직접적으로 기록된 성경에서 얻은 것이 아니다. 그가 가진 농업 기술의 가르침은 땅과 씨앗에 감추인 하나님의 지혜로부터 온 것이며, 농부는 그것들을 여러 해 동안 계속되는 그의 경험으로부터 찾은 것이다. 햇빛과 비에 대한, 그리고 계절의 변화에 대한 하나님의 말씀에 주목하면서, 농부는 하나님으로부터 '적당한 방법'을 배우는 것이다.

지금까지 살펴본 구약에 나타난 창조에 대한 하나님의 계시는 신약의 가르침에 의해서 뒷받침된다. 요한은 그의 공관복음에서 하나님의 말씀(로고스)의 중심을 처음에는 창조에 그리고 구원에 관련시켜서 강조하고 있다. 창세기의 창조 기사를 연상시키면서 요한은 "태초에 말씀이 계시니라…만물이 그로 말미암아 지은 바 되었으니 지은 것이 하나도 그가 없이는 된 것이 없느니라"(요 1:1-3). 하나님의 말씀이 창조에 중재 역할을 한 것을 이보다 더 직접적으로 설명하고 있는 곳은 없다. 히브리서 기자는 하나님의 구원에, 창조에, 그리고 섭리에 관련하여 하나님의 말씀이 어떻게 역사하고 있는가를 보여 준다:

"옛적에 선지자들로 여러 부분과 여러 모양으로 우리 조상들에게 말씀하신 하나님이 이 모든 날 마지막에 아들로 우리에게 말씀하셨으니 이 아들을 만유의 후사로 세우시고 또 저로 말미암아 모든 세계를 지으셨느니라 이는 하나님의 영광의 광채시요 그 본체의 형상이시라 그의 능력의 말씀으로 만물을 붙드시며 죄를 정결케 하는 일을 하시고 높은 곳에 계신 위엄의 우편에 앉으셨느니라"(히 1:1-3).

하나님의 말씀이 중재 역할을 감당하는 데 대한 이러한 강조는 11:3에 다시 한 번 명백하게 나타난다: "믿음으로 모든 세계가 하나님의 말씀으로 지어진 줄을 우리가 아나니 보이는 것은 나타난 것으로 말미암아 된 것이 아니니라."

마지막으로 베드로후서를 살펴보기로 하자. 이 세상은 우연히 지금과 같은 운행의 과정을 가고 있다고 맹목적으로 생각하므로 기독교를 조소하는 사람들에게 베드로는 하나님의 말씀의 중요성을 강조하면서 다음과 같이 말하고 있다:

"이는 하늘이 옛적부터 있는 것과 땅이 물에서 나와 물로 성립한 것도 하나님의 말씀으로 된 것을 저희가 부러 잊으려 함이로다 이로 말미암아 그때 세상은 물의 넘침으로 멸망하였으되 이제 하늘과 땅은 그 동일한 말씀으로 불사르기 위하여 간수하신 바 되어 경건치 아니한 사람들의 심판과 멸망의 날까지 보존하여 두신 것이니라"(벧후 3:5-7).

그러므로 처음부터 끝까지 우리의 세상은 하나님의 말씀의 중재 없이는 생각할 수조차 없는 그런 세상인 것이다. 그 말씀에 의하여 세상이 창조되었으며, 동일한 말씀으로 인하여 세상은 보존되고 그 역사는 하나님께서 원래 계획하셨던 종말의 목표를 향하여 달려가고 있는 것이다.

4. 성육신된 말씀

하나님의 말씀은 오직 하나인 유일한 말씀이다. 처음부터 끝까지 하나님은 하나의 말씀으로 변치 않는 일관된 자신의 뜻을 나타내셨다. 하나님은 두 개의 말 또는 세 개의 말을 하지 않으셨다. 하나님의 삼분화된 말씀은 마치 하나의 주제에 대한 세 개의 다른 접근과 같은 것이다. 다음과 같은 비유를 생각해 보라. 우리는 H_2O라는 부호로 물을 나타낸다. 그러나 우리는 물을 세 가지의 다른 모양으로, 즉 액체로, 단단한 모양으로, 그리고 가스로 대할 수 있다. 어떠한 모양이든 간에 그것들은 다 같은 H_2O, 즉 물이다.

이와 마찬가지로 하나인 하나님의 말씀은 우리 삶 위에 세 가지의 다른 모습으로 나타난다. 그 첫째 모습은 성경에 창조와 함께, 창조 안에, 그리고 창조를 위해서 말씀되어진 하나님의 근본적인 권위의 말씀으로 나타난다. 인간이 죄 아래 빠진 후에 하나님께서는 "아들로 우리에게 말씀"하고 계시다(히 1:2). 그리스도는 인간으로 성육신한 하나님의 말씀이다. "말씀이 육신이 되어 우리 가운데 거하시매 우리가 그 영광을 보니 아버지의 독생자의 영광이요 은혜와 진리가 충만하더라"(요 1:14). 그리스도에 대한 이러한 원초적인 지칭은 종말과 관련되어서 나타나는 그의 호칭과 함께 승자의 권위를 가지고 있다. 계시록에서 백마를 타고 있는 이는 '충신과 진실'이며 그의 이름은 '하나님의 말씀'으로 나타난다(계 19:11-13). "그리스도는 하나님의 알파요 오메가이다." 그리스도가 하나님의 알파와 오메가이신 것은 성육신 이전의 말씀으로서, 그리고 비하하시고 승귀하신 성육신하신 말씀으로서 그렇다는 것이다. 그러므로 바울은 창조, 하나님의 뜻의 신비, 구원의 복음, 성도들이 받게 될 영광스런 상속들과 같은 것들에 대한 하나님의 충만한 목적들을 모두 '그리스도 안에'(en Christo, 엡 1:3-23) 두려고 부단히 애를 쓰고 있는 것이다. 기독론적으로 초점을 맞춘 이러한 시각은 그 범위에 있어서 매우 우주적이다. 다음 구절이 이 사실을 숨막히는 감동으로 묘사하고 있다:

"그는 보이지 아니하시는 하나님의 형상이요 모든 창조물보다 먼저 나신 자니 만물이 그에게 창조되되 하늘과 땅에서 보이는 것들과 보이지 않는 것들과 혹은 보좌들이나 주관들이나 정사들이나 권세들이나 만물이 다 그로 말미암아 그를 위하여 창조되었고 또한 그가 만물보다 먼저 계시고 만물이 그 안에 함께 섰느니라 그는 몸인 교회의 머리라 그가 근본이요 죽은 자들 가운데서 먼저 나신 자니 이는 친히 만물의 으뜸이 되려 하심이요 아버지께서는 모든 충만으로 예수 안에 거하게 하시고 그의 십자가의 피로 화평을 이루사 만물 곧 땅에 있는 것들이나 하늘에 있는 것들을 그로 말미암아 자기와 화목케 되기를 기뻐하심이라"(골 1:15-20).

하나님의 말씀으로서의 그리스도 예수는 그러므로 창조의 의미를 파악하는 중요한 열쇠가 된다. '만물' 안에서 그리스도는 중심이 되고 주관자인 것이다. 동시에 그리스도는 처음부터 마지막까지 성경 가르침의 핵심을 이루고 있다. 그리스도가 없는 구약성경은 이루어지지 않은 약속들로 남아 있는 것이다. 마태복음은 이러한 구약의 약속들이 그리스도 안에 '이루어진' 것을 강조하고 있다(눅 24:25-27; 요 5:39; 행 8:35 참고). 그리스도의 삶, 죽음, 그리고 부활은 신약성경의 중요한 핵심을 이루고 있다(요 20:30-31).

어거스틴, 칼빈, 그리고 다른 신학자들이 예수 그리스도를 이 세상에 대한 하나님의 모든 목적의 '거울'로 비유한 것은 그리스도가 복음의 중심인 것을 명백하게 나타내 준다. 그리스도는 하나님의 궁극적인 말씀인 것이다. 그 이외에 우리는 다른 하나님의 말씀을 찾지 못한다. 그리스도는 하나님 아버지의 마음과 뜻을 우리에게 반영시켜 주기 때문이다. 그리스도 안에 계시된 하나님의 말씀은 계시의 한계를 우리에게 정해 줌으로, 시편의 표현으로 하자면, 거기까지 우리가 접근하고 그 이상은 접근이 금지되어 있는 것이다. 그와 동시에 그리스도는 하나님과 인간 사이를 연결하는 확실한 다리이다. 그는 하나님과 인간을 잇는 유일한 중재자이다. 그리스도는 분명하게 자신을 통하지 않고는 아무도 아버지께로 올 자가 없다고 하였다. 그러므로 우리는 그는 지나서 또는 넘어서 바라다볼 필요조차 없다. 그리스도는 하나님의 이 세상을 위한 첫 번째, 중간의, 그리고 마지막 말씀이다. 창조, 보전, 심판, 구원, 그리고 종말에 이르기까지 세상을 다스리시는 하나님의 모든 역사를 그리스도를 통하여 이루셨다. 모든 권세는 내 것이라고 그리스도는 분명히 주장하고 있다. 다른 이름을 통하여 위와 같은 역사들의 주체를 찾을 수 없는 것이다. 그리스도의 위격(位格)과 역사는 세상을 사는 우리 인간의 의미를 찾는 해석학적인 열쇠인 것이다. 그러므로 기독교 신학은 그리스도가 중재한, 그리스도가 중심된 신학이어야 한다. 그리스도를 누구라 하느냐가 우리가 물어야 할 가장 핵심되는 질문이다.

    신학을 포함한 기독교의 모든 학문은 하나님의 나라 안에서의 그리스도인의 삶을 위해서 하나님의 창조 말씀의 기준을 식별해야 하는데, 그것은 바로 성육신 한 말씀의 권위 아래에서, 성경에 나타난 그의 말씀으로 인해 조명되고 인도되어야 하며, 그러므로 궁극적으로 "모든 생각을 사로잡아 그리스도에게 복종케"(고후 10:5) 할 수 있도록 하는 것이다.

5. 점점 더 가까이

    인간 역사를 통하여 하나님은 그의 말씀을 인간이 처한 곤경에서 이해하도록 적합하게 조절하셨다. 원래 창조를 위한 하나님의 말씀은 보이지 않고 들리지 않는 것이었지만, 그것은 그것이 만들어 낸 효과를 통하여 분명히 식별될 것이기 때문에 (시 19:1-4) 인간의 필요라는 시각에서 볼 때에 충분한 것이었다. 그 말씀은 에덴동산의 직접적인 대화를 통하여 더욱 분명해졌다(창 2:15-17). 창조를 위해 되어진 하나님의 말씀의 원래의 능력은 전혀 그 효력을 상실하지 않았다. 그것은 어제 뜬 태양처럼 아직도 생생하고 분명하다.

    그러나 지금 이러한 하나님의 창조에 대한 말씀의 능력은 하나님의 '영원하신 능력과 신성'을 '불의로 진리를 막는' 인간의 죄성으로 인하여 어두워졌으며 그 결과 인간이 역사에서 만들어 낸 많은 거짓으로 덮여져 있는 것이다(롬 1:18-23). 이러한 죄의 효과를 분쇄하기 위해서 하나님은 그의 은혜로 인하여 그의 말씀을 우리에게 보내시고, 우리로 하여금 점점 가까이 그의 진리의 계시로 이끌고 계신다. 그리고 하나님은 자신의 정한 시간에 따라 우리를 끝까지 인도하실 것이다. 하나님은 자신의 계시를 우리에게 주셨다. 잠언에 나타나서 길가에 소리 높여 울던 '지혜'는 요한복음에서 '로고스'가 되었다. 우리의 구원을 위하여 그 말씀은 나사렛의 예수 안에서 인간으로 성육신 되었으며, 그러므로 죄를 제외하고는 우리의 모습과 동일하게 되었다. 창조의 중재자는 구원의 중재자로 다시금 우리에게 가까이 다가온 것이다.

구원 역사에서 볼 때에 하나님은 우리에게 성경을 주심으로 우리와 함께 오리를 걸어오셨고, 우리에게 그의 아들을 주심으로 우리와 함께 십리를 걸어오신 것이다. 예수 그리스도에 대한 선지자들과 사도들의 증언들을 통하여 하나님께서는 그의 말씀을 우리의 귀에 가까이 들고 오신 것이다. 태초에 이루어진 하나님의 창조의 말씀은 지금 역사 안에 기록된 글로 우리에게 전해온다. 하나님은 자신의 말씀을 흰 종이 위에 검게 쓰여진, 인간의 글로 기록된, 말씀으로 우리 무릎 위에 놓아 주신 것이다. 성육신과 동일한 방법으로 하나님은 자신의 말씀을 우리의 언어로 성육신 시키셔서 완전히 그리고 진실되게 하나님의 것으로, 그리고 동시에 완전히 그리고 진실되게 인간적인 것으로 우리에게 말씀하고 계시는 것이다. 모세의 말처럼 하나님의 말씀은 지금 우리의 손 안에 있는 것이다:

"내가 오늘날 네게 명한 이 명령은 네게 어려운 것도 아니요 먼 것도 아니라 하늘에 있는 것이 아니니 네가 이르기를 누가 우리를 위하여 하늘에 올라가서 그 명령을 우리에게로 가지고 와서 우리에게 들려 행하게 할꼬 할 것이 아니요 이것이 바다 밖에 있는 것이 아니 네가 이르기를 누가 우리를 위하여 바다를 건너가서 그 명령을 우리에게로 가지고 와서 우리에게 들려 행하게 할꼬 할 것도 아니라 오직 그 말씀이 네게 심히 가까워서 네 입에 있으며 네 마음에 있은즉 네가 이를 행할 수 있느니라"(신 30:11-14).

하나님의 말씀이 이스라엘에게 이렇게 가까웠다면, 완성된 성경을 가지고 있는 우리에게는 얼마나 더욱 가까운 것이랴!

6. 하나인 메시지

이러한 시각에서의 성경 연구는 하나님의 말씀을 삼요소로 이해하는 데 도움이 된다. 하나님은 인간의 상황이 변하는 데에 따라 자신의 말씀을 적응시켜 주셨다. 하나님의 말씀은 우리를 불러 하나님의 나라에 살게 하시고 또한 우리가 마땅히 살아야 할 방향을 제시해 주고 있다. 이러한 방향 제시 아래에서 율법과 복음 안에 선포되어 있는 하나님의 능력은 살아 있는 것이다. 그러나 하나님의 말씀은 단순히 우리의 변화하는 상황에 맞추기만 하는 것은 아니다. 하나님께서는 그의 말씀으로 근본적으로 새로운 상황을 계속적으로 창조하시기 때문이다. 창세기 3:15의 '어머니 언약'을 통하여 하나님은 우리가 죄에 빠지는 것을 차단하셨다. 아브라함을 부르심으로 하나님은 새로운 나라를 창조하셨다. 그리스도 안에서 그의 말씀은 육신이 되고, 하나님은 그리스도 안에 새로운 상황을 창조하셨다: "이전 것은 지나갔으니 보라 새 것이 되었도다"(고후 5:17). 인간 역사의 갈림길 위에서 그리스도 안에 나타난 하나님의 말씀은 구원의 연결점으로서 선지자들과 사도들의 메시지들을, 구약과 신약의 언약들을, 미래로 향하는 구약의 메시아적 메시지와 신약의 증언들, 가르침들, 그리고 선포들을 한데 연결시켜 주고 있다. 하나님의 말씀의 꾸준하고 계속적인 능력은 창조를 시작으로 해서 타락과 구원을 걸치고 그리스도 안에 새 피조물의 창조로 이어가고 있다. 우주 역사의 모든 과정들은 보전하고 치료하는 하나님의 말씀의 능력 아래에 전개되고 있는 것이다.

창조물의 시간이 흘러감에 따라 계시의 양상은 바뀌어 갔다. 그러나 계시의 근본적인 의미는 그대로 보전되고 있다. 창조의 말씀, 성경에 기록된 말씀, 그리고 성육신된 말씀 사이에는 내적인 갈등이나 모순이 존재하지 않는다. 창조의 말씀은 시작으로부터 지금까지 일관되게 "나를 믿고, 사랑하며, 섬기라"는 메시지이다. 이러한 순종적인 삶에의 부름은 역시 성경 계시의 중심이 되고 있다. 그리고 인간 역사의 중심에 서서 하나님의 말씀은 놀랍게도 개인적으로 다가온다:

> 우리의 죄를 위해 십자가의 수치를 담당한 이를 통하여
> 하나님께서는 자기의 뜻을 가장 확실하게 말씀하신다.

그러므로 하나님의 말씀은 세 가지의 양상 안에서 하나의 메시지로 우리에게 다가온다. 그것은 다양 속에 나타나는 일치된 메시지이다. 그것은 하나님도 하나, 세계도 하나, 중재자도 하나, 언약도 하나, 뜻도 하나, 구원의 길도 하나, 다가올 하나님의 나라도 하나이기 때문이다.

성경은 인간 역사 뒤에 숨어 있는 근원으로 우리를 인도한다. 하나님의 말씀이 기록되기 위해서 하나님의 말씀은 직접 선지자에게 임하였다—"하나님의 말씀이 내게 이르기를 '이스라엘에 이르라…'" 하나님의 말씀은 또한 그리스도에 의해서 직

접 전달되었다—"그가 입을 열어 말하기를…." 이러한 직접 계시는 분명히 하나님의 말씀이다. 그러나 이러한 양상의 직접 계시는 우리에게 전달되지 않는다. 우리는 성경 안에 충실하게 기록된 하나님의 말씀에 의존하여야 한다. 그러므로 현대의 우리의 삶에 있어서 하나님의 계시의 모든 의도와 목적은 그러니까 꿈, 비전, 직접 계시, 출현, 성육신을 통하여 전달되었던 하나님의 계시는 성경 안에 계시된 말씀에 초점이 맞추어져 있는 것이다.

또한 강단에서 복음이 충실하게 선포될 때에 우리는 "오늘날 우리가 하나님의 말씀을 들었노라"고 말할 수 있는 것이다. 그리고 주일날 예배를 통하여 우리의 섬김의 삶이 새롭게 되고 교회 문을 나서서 맞는 월요일에 우리는 일하고 증거하면서 "하나님이 이렇게 말씀하셨다"라는 확신 속에 살아가는 것이다. 그러나 선포된 말씀은 하나님의 말씀의 네 번째 양상은 아니다. 그것은 기록된 성경 말씀의 주석이며, 해석이며, 번역이며, 또한 적용이다. 그러므로 선포의 타당성은 성경 메시지의 충실한 전달에 달려 있는 것이다. 정확하게 전달된 말씀은 성경의 메아리인 것이다. 선포는 항상 기록된 하나님의 말씀을 반영해야 하는 것이다.

7. 성경이 열쇠이다

신학 인식론으로 볼 때 성경이 그 열쇠가 된다. 우리의 구원의 도를 아는 지식은 오로지 성경에 달려 있다. 성경은 우리로 하여금 예수 그리스도 안에 성육신 한 하나님의 말씀과 직면하게 만든다. 성경은 또한 하나님의 창조의 말씀이 가지는 영원한 표준에 대한 지식을 얻는 해석학적인 열쇠로서, 이 세상에 사는 그리스도인의 삶을 지탱하는 능력이 된다. 인간이 현재 처해 있는 곤고한 상황에서 인간의 언어로 기록되어서 우리를 구원하고 자유롭게 하는 하나님의 말씀 안에서만 우리는 창조 세계의 진정한 의미를 발견할 수 있게 된다.

창조의 말씀은 이 세상을 위한 하나님의 첫째 말씀으로 남아 있다. 그것은 동시에 하나님의 마지막 말씀이기도 하다. 하나님은 자신의 말씀을 철회하시지 않기 때문에 그 말씀은 이 세상 끝까지 굳게 서 있을 것이다. 그러므로 그의 창조의 말씀이 이 세상을 창조하고 유지하는 능력은 아직도 그대로 남아 있는 것이다. 문제는 하나님의 말씀에 있는 것이 아니라, 그 말씀에 반응하는 인간 편에 있는 것이다. 그러므로 하나님의 창조의 말씀이 그 의도와 목적상 원래 충분하다고 해도, 우리의 현재의 필요로 볼 때에 그것은 충분하지 않은 것이다. 이러한 상황 아래서 하나님께서 내리시는 은혜로 말미암아 우리에게 있어서 하나님의 첫째 말씀은 마지막 말씀이 아니다. 하나님께서는 그의 창조의 말씀을 구원의 말씀 안에 되풀이하고 계시기 때문이다. 하나님은 결코 자신의 말씀을 취소하시지 않는다. 하나님의 첫 말씀은 이렇다: "태초에 하나님이 천지를 창조하시니라." 그의 마지막 말씀은 새 하늘과 새 땅이다. 구원의 역사 안에서 에덴 동산은 새 예루살렘이라는 도시로 성장하였다. 하나님께서 인간에게 주셨던 그 동산은 창조되고, 잃어 버렸었는데 다시 회복되고 성취될 것이다.

구원의 계획은 원래 창조의 계획을 대신하는 전혀 다른 세계가 아니다. 원래의 창조 계획은 아직도 건재하다. 구원이란 하나님께서 자신의 원래 계획을 계속 추구하시되, 인간의 죄로 말미암아 버려진 세계를 돌아서 이루는 것을 말한다. 창조와 구원은 근본적으로 동일한 목표, 즉 "하나님을 영화롭게 하고 그를 영원히 즐거워하는" 목표를 가지고 있다. 이 목표는 원래 창조의 목적에 따라 이루어지지 않았기 때문에, 현재는 돌아가는 길을 따라 이루어 가고 있다는 것이 다를 뿐이다. 바빙크는 여기에 대해 다음과 같은 견해를 가지고 있다:

> 은혜의 (또는 구원의) 언약과 창조의 언약은 각각 가는 길에 대해서는 다르지만, 그 최종 목표는 동일하다…도착점은 출발점으로 되돌아가며, 도착점은 동시에 출발점보다 높이 올리워진 곳에 처해 있다(Jan Veenhof, *Nature and Grace in Bavinck*, 19-20).

그러므로 구원의 말씀은 우리에게 창조의 말씀을 다시 확언하고 재주장하고 있는 것이다. 구원의 완결된 비전은 우리를 불러서 하나님의 나라 안에서 그리스도의 동역자가 되게 하며, 그와 함께 우리로 하여금 원래 하나님께서 가지셨던 창조의 목적, 비록 타락하고, 심판 받고, 그러나 지금은 구원되고 새로워지는 그 창조의 목적을 회복하는 일에 동참하도록 한다(롬 8:18-25).

8. 일반계시와 특별계시

그러므로 개혁신학에 있어서 가장 근본적인 이슈는 창조와 구원의 관계를 옳게 이해하는 것이다. 전통 신학에서 사용한 용어를 사용한다면, 그것은 일반계시와 특별계시와의 관계를 말한다. 우리가 가진 죄에도 불구하고, 이 세상에서의 우리의 삶을 지탱하는 데에 창조의 구조는 원래 창조 때와 기본적인 연결을 가지고 있다. 이 연결점을 전통 신학에서는 '일반 은총'이라고 부르지만, 이보다 더 좋은 표현은 아마도 '은혜의 보전'일 것이다. 우리의 삶은 동시에 창조의 의도 또는 방향에 있어서 근본적인 차이점을 가지고 있다. 이 차이점을 새롭게 극복한 것을 전통 신학에서는 '특별 은총'이라고 부른다. 성경 안에 계시된 하나님의 구원의 말씀은 우리의 삶이 그리스도 안에서 새로운 방향을 추구할 것을 가르친다. 성경 이야기의 흐름은 형성(창조)으로부터 시작해서, 변형(타락)과 재형성(구원)을 걸쳐서, 마지막으로 성취(회복)로 이어지는 것이다.

이렇게 하나님의 구원 역사를 전개하면서 성경은 아주 중요한 위치에 놓여 있다. 복음은 창조와 재창조를 연결하고 있다. 복음의 메시지는 '회복' 또는 '다시'의 뜻을 가진 영어의 접두사 re의 의미를 간직하고 있다. 그것은 하나님의 영원하신 말씀의 재선포이다—"천지는 없어지겠으나 내 말은 없어지지 아니하리라"(막 13:31). 복음은 하나님의 창조의 말씀을 인간의 언어로 재출판한 것이다. 명령형으로 쓰여진 하나님의 율법은 시내 산에서 처음으로 만들어지지 않았다. 그것은 모세 오경에서, 선지서에서, 또는 사도들에게서 처음으로 선포되지도 않았다. 세상 처음부터 하나님의 율법과 말씀은 창조 질서를 위한 기준이었던 것이다. 그러므로 율법은 시내 산에서 '태어난' 것이 아니라 '다시 한 번 태어난' 것이다. 율법은 시내 산에서 돌판 위에 되풀이된, 그리고 명령형으로 재정리된 형태로, 하나님께서 원래 가지고 계셨던 이스라엘과 세상에 대한 긍정적인 목적을 보다 부정적인 의미로(…하지 말라) 재출간된 것이다.

그리스도는 결혼과 이혼의 질문에 대한 답을 주면서 하나님의 말씀의 영원한 기준을 명백하게 밝히고 있다(마 19:3-9). 그리스도는 당시의 바리새인들의 궤변을 반박하면서 모세의 율법의 권위를 들어서 결혼의 영원함을 확인하고 있다. 바리새인들이 율법의 허점을 찾으려 할 때에, 예수는 결혼이 파경에 이르렀을 때에 더 이상의 비극을 막기 위해서 오직 차선책으로 모세가 율법의 적용에 어느 정도의 양보를 허용한 것을 말하고 있다. 그러나 그 양보는 '너희 마음의 완악함' 때문이라고 예수는 지적하였다. 이 문제에 대한 마지막 권위로 예수는 하나님의 말씀의 영원한 기준을 말하고 있다:

"창조 시로부터 저희를 남자와 여자로 만드셨으니 이러므로 사람이 그 부모를 떠나서 그 둘이 한 몸이 될지니라 이러한즉 이제 둘이 아니요 한 몸이니 그러므로 하나님이 짝지어 주신 것을 사람이 나누지 못할지니라 하시더라"(막 10:6-9).

결혼은 원래부터 영원하도록 만들어졌다. 그러므로 이혼을 지지할 일차적인 성경의 근거는 없을 뿐더러, 하나님의 말씀은 영원히 일관되기 때문에 그를 위한 창조적인 근거도 없는 것이다. 이혼이란 더 이상의 비극을 막기 위해서 이차적으로 허용된 것이다.

우리는 때로 '창조 질서'나 '구원 질서'에 대해서 말하곤 하는데, 이러한 관용구는 매우 혼동되는 것들이다. 그 이유는 이러한 두 질서는 마치 서로 다른 두 개의 질서들인 것처럼 혼동되기 때문이다. 이러한 혼동은 우리가 이제까지 강조해 온 이원론의 함정에 빠지는 것이다. 성경은 우리에게 이것보다 훨씬 더 적합한 시각을 제공해 준다. 우리는 그것을 구조/방향의 차이점으로 설명할 수 있다. 창조 이후 지금까지 하나님은 자신의 말씀으로, 죄의 효과에도 불구하고, 자신이 행하신 창조의 구조와 기능들을 보전해 오셨다. 비는 계속 내리고 태양은 아직도 의로운 자들과 불의한 자들 위에 공히 비치고 있다(마 5:45). 결혼은 지금도 결혼으로 남아 있으며, 노동은 계속되고, 피곤한 몸들은 지금도 밤에 쉼을 얻으며, 모든 사람들은 아직도 어떤 제단에서 경배를 드린다.

그러나 죄는 창조의 구조 안에서 우리가 활동하고 다른 것들과 관계를 맺는 것들에 심각한 곡해를 심어 놓았다. '전적인 타락'은 이러한 결과들을 잘 설명하고 있다. 구원은 이러한 여러 가지 구조들 안에서 우리가 활동하는 모든 것들의 방향을 다시 정하고 새롭게 하는 것에 그 목표가 있다. 그러므로 창조와 구원은 서로 대립되거나 또는 서로를 보완해야 하는 실제가 아니다. 이 둘은 우리에게 주어진 유일한 세상을 아는 데 필요한, 한데 묶어진 두 개의 길과 같은 것이다. 그 중의 하나는 하나님의 창조의 시각으로 보는 길이고, 다른 하나는 구원의 시각에서 보는 길이다. 이 두 개의 하나님의 역사는 그 둘이 합해서 이루어내는 종합체의 결과를 통해서 이해되어야 한다. 창조 때에 하나님의 말씀이 이룬 모든 것들은 구원을 위한 동일한 하나님의 말씀에 의하여 회복되었다. 이 회복은 그 원리상 '이미' 이루어졌으며, 그러나 그 완성의 의미에서는 '아직' 이루어지지 않았다.

두 개의 끈으로 엮어진 하나님의 계시, 즉 창조의 말씀과 새 창조(구원)의 말씀은 단순한 신앙 고백 이상의 것, 그리고 신학적으로 중요한 주제 이상의 것이어야 한다. 이것을 아는 것은 그리스도인의 삶을 새롭게 하는 경험이기 때문이다. 이 경험은 성경에서 말하는 그리스도인의 자유를, 증거를, 이 세상 안에서의 할 일을 깨닫게 하기 때문이다. 이러한 그리스도인의 시각은 그리스도인의 삶에 매우 중요하기 때문에, 이것을 알지 못하는 만큼 우리는 신앙의 다른 면에서도 정도에서 벗어나는 길을 걷는 되는 것이다. 그러므로 우리는 창조-타락-구원-완성으로 이어지는 역사를 성경 사건들의 전개에 가장 핵심이 되는 줄거리로 이해하여야 한다. 그리고 이 네 가지 중요한 주제들은 각각 우주적인 상황 안에서 이해되어야 한다. 이러한 주제들에 대한 이해는 매우 중요하기 때문에, 이러한 것들의 이해는 현대 신학의 참 모습을 판단하는 해석학적인 열쇠가 되는 것이다.

9. 순례의 길

전통 신학 속에 오랫동안 사용되어 온 '일반계시' 와 '특별계시' 라는 개념은 지금도 현대 신학에 뿌리 깊이 침투해 있다. 이 두 개념을 중심으로 전통 신학이 구성이 되어왔다면, 왜 굳이 우리는 계시를(또는 하나님의 말씀을) 창조의 말씀, 성경, 그리고 그리스도의 삼분화로 구별하려고 하는가 하고 묻는 질문이 있을 것이다. 이 질문에 답하기 위해서 저자는 저자와 다른 신학자들이 지난 몇 십 년 동안 지나온 신학 순례의 길을 독자들이 함께 되돌아가서 회상할 것을 요청한다.

계시를 일반계시와 특별계시로 구분해서 연구하는 것은 아직도 의미가 있는 신학의 주제이며 특별히 신학의 출발점으로서 그것은 필수 불가결한 것이다. 이러한 신학의 전통으로부터 저자가 제시하는 하나님의 말씀을 삼분화해서 이해하고자 하는 개념도 출발하였다. 그러므로 이러한 전통 신학의 주제에 신학의 뿌리를 두지 않고는 새로운 개혁신학의 방향 제시가 불가능하다. 이러한 전통 개혁신학의 입장에 서 있을 때에만 우리는 삼분화된 하나님의 계시 이해가 전통적인(이분화된) 계시 이해보다 훨씬 더 충분히 그 의미를 표현함과 동시에 그 안에 숨겨져 있는 갈등들을 해결할 수 있게 된다.

저자의 신학 순례의 길은 다음과 같이 정리할 수 있다. 저자가 학생이었을 때에 일반계시와 특별계시는 신학의 용어 중에서 아주 중요한 것들이었다. 그러나 거기에 대해서 질문이 일었다. 그 이유는 계시에 대해서 이렇게 이분화된 시각에서 연구하는 것은 우리가 이전에 살펴본 것과 같이 철학과 신학의 관계를 이원론적인 사고로 보는 것 같은 경향이 있어 왔기 때문이다. 종종 이 두 종류의 계시의 종합적인 이해, 또는 그 둘간의 일치는 간과되어 왔다. 그 결과 계시 실제에 대한 종합적인 이해보다는 둘로 나누는 시각이 팽배해졌다. 한 걸음 더 나아가 본인은 두 신학 용어들의 의미에 대한 의문이 생겼다. '일반계시' 에서 '일반' 은 무엇을 말하는가? '일반' 이라는 말은 도무지 막연하고, 매우 형식적이며, 그 내용을 설명하기에 부족한 용어이다. "궁창이 하나님의 영광을 선포하도다"—이것이 창조에 대한 하나님의 일반계시이다. 그러나 이러한 증거 자체가 동시에 매우 '특별한' 것이 아닌가! 그리고 특별계시는 그 자체가 모든 이들에게 선포되기를 원하는 의미에서 또한 '일반적'인 것이 아닌가? 비록 이 두 용어들이 의미하는 계시의 실제는 다르더라도, 적어도 그 용어의 애매함에 본인은 많은 질문을 가져왔다.

이러한 질문들을 가진 채 본인은 암스텔담에서 신학을 연구할 기회를 가졌다. 그러던 가운데 본인은 『교회 신학』(*Het Dogma der Kerk*)이라는 책을 접하게 되었다. 이 책 가운데 계시에 대한 부분은 본인이 가지고 있던 계시에 대한 연구를 한 단계 성숙하게 해 주었다. 그 책은 계시를 '근본적인' 계시와 '구원적인' 계시로 나누어 설명하고 있었다. 이러한 분류는 새로운 가능성을 시사하고 있었다. 그 용어들은 전통 신학에서 사용하던 막연하고 매우 형식적인 용어들과 결별한 시각의 용어들이었기 때문이다. 그 용어들은 전통 신학의 용어들이 가지고 있던 이원론적인 오해를 해결하는 데 도움이 되었다. '근본 계시'는 하나님께서 창조에 두신 기본적이고 영원한 계시를 말하며, '구원 계시'는 인간의 타락 이후에 타락한 창조 세계를 회복하기 위해서 하나님께서 성경과 그리스도 안에 주시는 새롭게 하시는 계시이다. 이 새로운 시각은 전통적인 신학 주제에 새로운 빛을 던지면서 그 순례의 길을 재촉하였다.

그러던 가운데 캐나다에서 하던 목회 시절의 네 번째 성탄절을 맞이하였다. 성탄의 메시지를 많이 전한 후인데도 본인은 그에 대한 새로운 의미를 찾아보았다. 책장을 뒤지는 가운데 거기서 본인은 클라스 스킬더(Klaas Schilder)의 『연기 가운데의 빛』(*Licht in de Rook*)이라는 책을 꺼내 들었다. 거기에는 스킬더가 마태복음 2장에 대해 쓴 "동방박사들과 하나님의 말씀"이라는 설교 노트가 있었다. 스킬더는 칼빈주의 전통에 따라 세 가지 요점을 강조하고 있었다.

그 첫째로, 동방박사들은 하늘의 별을 보고, 그러니까 자연 안에 계시된 하나님의 말씀에 인도되어 왔다. 둘째로, 그들은 구약성경에 의해서 인도되어 왔는데, 바로 미가서 5:2이 예루살렘으로부터 그들을 베들레헴으로 이끌어왔다. 세 번째로, 창조에 계시된 하나님의 말씀에 자석처럼 이끌리고 그리고 구약성경에 계시된 하나님의 말씀에 따라 방향을 바꾸어 인도되어온 후에 동방박사들은 그들의 긴 여행의 마지막에 이르렀다. 그것은 하나님께서 오랫동안 약속하시던 것의 놀라운 성취였다—이방인들이었던 그들은 예수 그리스도 안에 성육신한 그 말씀에 경배하였다. 이 성탄절 메시지는 본인의 신학 여정을 한 걸음 더 성숙하게 하였다. 이제 삼분화로 이해하는 하나님의 말씀이 더욱 그 의미를 확실하게 잡아가고 있었다. 스킬더는 본인보다 이 길을 먼저 걸어갔던 것이다. 그리고 곧 다른 이들도 이 길을 걷고 있는 것을 알 수 있었다. 개혁신학의 전통은 이 주제에 있어서 계속적으로 개혁하는 좋은 열매를 보여 주고 있는 것이다.

새로운 시각에서 이해하는 하나님의 계시는 여러 가지 이유로 그 자체가 자신을 변호하고 있다. 우선 첫째로, 이러한 시각은 여러 가지 방법으로 하나님의 뜻을 인간에게 알리는 계시의 근본적인 일치를 잘 이해하게 해 준다. 둘째로, 이러한 시각은 전통 신학에서 일반계시와 특별계시가 종종 갖던 이원론적인 문제들을 피할 수 있는 길을 제시한다. 여러 가지 계시의 방법들 중에서 하나님께서는 우리에게 순종하는 삶으로 부르는 일치되고 불변하는 언약의 관계를 요구하고 계시기 때문이다. 그리고 마지막으로, 계시의 신학을 삼요소의 말씀으로 설명하는 것은 성경 본문에 보다 충실하게 연결이 된다. 다시 말하면, 성경으로부터 한두 걸음 떨어져서 일반이나 특별과 같은 추상적인 분류에 의지하여 계시를 이해하는 것보다, 성경 본문 자체에 더 가까이 그리고 충실하게 우리의 지식을 정립할 수 있다는 말이다. 서로 손을 잡은 상태에서 성경신학과 조직신학은 서로 보완하는 작업의 관계로 성장할 수 있는 것이다. 이렇게 함으로 신학은 교회의 사역을 풍성하게 하며 동시에 세계에 흩어져 있는 모든 하나님의 백성들을 섬길 수 있게 되는 것이다.

10. 언약의 동반자

그러므로 이 문제의 중심에는 삼요소로 구성되는 계시의 이해가 있다. 그리고 그 중심축은 중재 역할을 하는 하나님의 말씀이다. 개혁신학을 정독한 신학도는 삼요소로 구성되는 신학이 개혁신학의 전통에서 멀지 않은 것을 쉽게 알 수 있을 것이다. 개혁신학은 언제나 계시하는 하나님, 그에 반응하는 인간, 그리고 그 둘을 연결하는 계시라는 삼요소를 인식하여 왔다. 그러므로 지금 우리가 하고 있는 작업은 개혁신학의 중심 줄기에서 간접적으로 인식되어 오던 것을 명백한 신학의 표준 원리로 형성하는 것에 불과한 것이다. 이것은 카이퍼가 말한 것과 같이 "모든 계시는 (1) 자신을 계시하는 주체, (2) 계시를 받는 대상, 그리고 (3) 그 둘 사이에 필요한 관계를 가능하게 하는 연결을 필요로 한다"(*Principles of Sacred Theology*, 257).

삼요소로 구성되는 계시의 이해는 하나님과 인간을 계시의 동역자, 즉 계속되는 계시의 주체와 반응자로 인정할 뿐만 아니라, 하나님의 말씀이 언약의 연결점이 되어서 그 둘 사이에 결정적인 동역자 관계를 인정하게 해 준다. 전통 신학은 계시의 주체와 반응자를, 이 경우에 하나님과 인간을 강조하는 경향을 가지고 있어서, 종종 둘 사이를 이어주는 연결점을 간과하여 왔다. 이러한 신학적인 경향은 추상적이고, 격리된, 그리고 존재론적으로 설명된 '신론'과 '인간론', 그리고 그 뒤를 이어서 중재자로서의 '기독론'을 만들어 내었다. 이와 반대로 현대 신학은 계시의 주체와 반응자, 즉 하나님과 인간의 관계를 '만남', '대면', '결정적 단계' 또는 '결정의 순간' 등 애매하고 명백히 설명할 수 없는 관계로 이어놓음으로 그 둘의 관계의 실제를 흐려놓았다. 신학의 이러한 전개를 지켜보면서 우리는 전통적인 세례의식에 사용되었던 다음의 문구, 즉 "모든 언약의 관계에는 두 가지의 참여자가 있어야 한다"의 의미를 새롭게 할 필요가 있다. 이 '두 가지의 참여자'를 이어주는 언약의 연결을 올바로 이해하는 것은 성경적인 세계관에, 믿음에, 그리고 개혁신학에 반드시 필요한 요소이다. 그러므로 언약의 연결이 이어주는 두 가지의 참여자를 올바로 이해하는 것은 매우 중요한 일이다.

하나님의 말씀은 창조물인 인간에게 오시는 하나님의 방법이다. 말씀이라는 방법에 따라 하나님은 자신의 영원한 삼위일체의 관계에서 벗어나서 혈육으로 빚어진 이 세상으로 오신 것이다. 하나님의 말씀은 하나님과 우리 사이의 소통을 가능하게 하는 의사 소통의 다리인 것이다. 하나님의 말씀은 다리인 동시에 창조물이 더 이상 접근하는 것을 금지하는 경계선이기도 하다. 하나님의 중재하는 말씀을 연구하면서 우리는 경계선의 밖을 신비라고 알려주는 그 경계선을 우리 신학의 가능성의 한계로 삼아야 한다. 경계선 안쪽의 것은 우리에게 주시는 하나님의 '계시'이며 그 바깥쪽의 것을 우리는 '신비' 또는 '비밀'로 보아야 한다. 이 계시의 경계선을 따라서 우리는 하나님의 '비밀의 뜻'과 '계시된 뜻'의 차이를 따져야 한다. 전자는 말씀의 하나님 쪽에 서 있으며, 후자는 우리 쪽에 서 있으므로 그것은 인간의 반응의 영역이다. 이러한 계시의 경계를 연구하는 신학 지식의 이론적 체계가 곧 애매해지고 우리의 언어로 표현할 수 없음을 깨닫게 된다. 칼빈이 그의 『기독교강요』에서 말한 것처럼(I, 1-5) 그리고 다른 신학자들이 동의하는 것처럼 우리는 본래 자신으로서의 하나님(*ad intra*)과 말씀 안에서 우리에게 오시는 하나님(*ad extra*)의 차이를 주의 깊게 살펴보아야 한다.

선포하시는 말씀은 하나님 자신이 아니라, 하나님의 외부에 되어지는 일이다. 그것은 하나님 자신의 본질이 아니라, 그가 밖으로 행하는 행위인 것이다. 따라서 우리는 "본래 자신으로서의 하나님과 선포하시는 모습으로서의 하나님"의 차이를 인정하여야 한다(James Daane, *The Freedom of God*, 77). 헤르만 훅스마(Herman

Hoeksema)는 다음과 같이 말하고 있다: 하나님은 "모든 법과 관계들 위에 완전한 주권을 가지고 계시지만, 우리 자신은 법 아래 있기 때문에 우리는 영원히 상대적인 것과 관계를 해야 한다." 따라서 "우리가 하나님에 대한 지식을 가지기 위해서 연결점을 만들어야 한다면, 우리는 영원히 그 지식을 가질 수 없게 된다." 그러나 "무한한 존재가 먼저 유한한 존재에게 손을 뻗쳐 왔다. 이 계시를 통하여 우리는 하나님에 대한 진정한 지식을 얻을 수 있는 올바른 중재점을 갖게 되는 것이다"(*Reformed Dogmatics*, 6).

하나님과 세상 사이의 연결점으로서의 하나님의 말씀은 분명히 초역사적인 양상을 가지고 있다. 그리고 이것은 성경이 증거하는 바이기도 하다: "…이 말씀은 곧 하나님이시니라"(요 1:1). 동시에 하나님의 말씀은 창조 세계를 향해서 움직이는 양상도 있다. 그것은 말씀이 창조 실제와 함께 주어진 것이기 때문이다. 그러므로 성경에서 가르치는 것을 살펴볼 때에, 마치 말씀과 동떨어진 창조를 상상할 수 없듯이, 그 말씀은 창조와 동떨어져서 상상할 수 없는 것이다. 그러므로 창조 이전의 창조에 대한 하나님의 말씀을 생각하는 사변적인 것이다. 그 말씀은 "태초에…하나님과 함께 계셨던" 것이다. 이 말씀을 통하여 "만물이…지은 바 되었다"(요 1:1-2). 그리고 그리스도 안에서 "말씀이 육신이" 되었다(요 1:14).

여기서 우리는 하나님의 삼위일체라는 신비를 접하게 된다. 그리스도라는 말씀은 곧 하나님이다. 그리스도는 동시에 하나님의 말씀이다. 이러한 신앙고백은 오직 하나님과 인간 사이의 연결이라는 상황 안에서, 그 연결점을 창조주와 창조물 사이의 다리인 동시에 한계로 이해하는 상황 안에서 그 의미를 찾을 수 있다. 신학작업은 그러므로 하나님에 대한 경이로 시작하고 끝이 나는 것이다. 신학은 중재하는 하나님의 말씀이 하나님과 인간을 종교적으로 이어줌으로 그것을 통해서 온 삶을 통하여 계시와 반응이라는 언약의 관계를 지속시켜 준다는 순전한, 어린아이와 같은 믿음으로 가능한 것이다.

칼빈의 신학은 분명히 이러한 흐름 속에 구성되었다. 그의 『기독교강요』는 다음과 같은 말로 시작하고 있음에 유의하라: "인간이 가지는 거의 모든 지식은…하나님에 대한 지식과 우리 자신에 대한 지식이라는 두 개의 요소로 구성되어 있다"(I, 1, 1). 만약 이 말이 그의 첫말이 아닌 마지막 말이라면, 만약 그의 유일한 말이라면, 그 두 요소, 즉 하나님과 인간 사이에는 아무것도 존재하지 않는다. 그렇다면 그 둘 사이의 이을 수 없는 공백으로 신학은 고통을 당할 것이다. 그러나 칼빈은 이러한 공백을 허용하지 않았다. 칼빈은 우선 "온 우주는 그렇지 않으면 알 수 없는 하나님을 우리로 하여금 알 수 있게 하는 일종의 거울"(I, 5, 1)이라고 말함으로, 하나님에 대해 알 수 없다는 모든 주장들을 거부하였다. 그는 또한 "우리는 우리의 머리로 하나님에 대한 지식을 짜내지 말아야 하는 대신, 하나님께서 행하신 일을 상고해야 한다"(I, 5, 9)라고 말함으로 사변적인 연구도 거부하였다. 그러므로 우리는 하나님을 그 본질로서의 하나님으로 아는 것이 아니라, 하나님 자신이 그의 말씀과 행위로 보여 주신 것을 통하여 알게 되는 것이다. 하나님을 아는 지식에 대한 질문은 스콜라주의가 갖는 '하나님은 본질로서 누구인가'가 아니다. 마땅한 질문은 '우리와 관계되어서 하나님은 누구인가'인 것이다.

칼빈의 신학을 가장 잘 이해하는 길은 하나님의 계시를 인간과 그 창조주 사이의 영원한 언약의 연결점으로 보는 것이다. 그러므로 칼빈은 분명히 하나님, 말씀, 그리고 인간 세계라는 삼요소의 세계관을 통하여 기독교 신학을 정립하였다. 헨드리쿠스 벌코프는 "하나님과 창조 사이에 의지의 결정이 놓여 있다"라고 하였다(*Christian Faith*, 152). 창조에 주신 하나님의 말씀은, 그것이 성경에 그리고 중재자 그리스도 안에 더욱 계시된 상태에서, 창조주와 모든 피조물들을 묶어주는 역동적인 연결점이다. 그것은 마치 성령이 우리와 성육신하고 그 후에는 영화로워진 말씀과 연결시켜 주는 것과 동일한 역동적인 연결인 것이다. 칼빈의 사고는 그 모든 부분에 있어서 관계적인 것임을 상고하라. 따라서 하나님에 대한 모든 진리는 인간적인 관계를 가지고 있으며, 인간에 대한 모든 진리는 또한 신학적인 관계를 가지고 있는 것이다.

우리 창조 세계의 기준으로서의 하나님의 말씀과 율법의 중요성, 그러니까 하나님께서 기꺼이 관계를 맺으시고 또한 우리를 그 안에 자신과 관계를 맺게 하신 그 말씀의 중요성은 다음과 같은 헤르만 바빙크의 글에 잘 나타나 있다:

> 기독교 세계관 안에서 인간은 시간과 공간에 상관없이 하나님께서 내려주시는 법을 자신들의 삶의 기준으로 삼아야 한다. 인간이 사는 어디에나 인간 위에 존재하는 기준이 있는 것이다. 이 법들은 그 안에 일치를 이룰 뿐 아니라, 그것들의 근본은 우주의 법-질서를 주관하는 창조주에 있는 것이다. 이러한 기준이 되는 법들은 인류에게 맡겨 주신 가장 소중한 것들이다. 이러한 하나님의 뜻과 법들은 모든 피조물들에게 그 존재의 기초이자 기준이 되며, 그들 사이를 이어주는 동시에 그 생명들의 원판이 되는 것은 바로 하나님의 명령인 것이다. 이러한 기준에 마음과 정신, 생각과 행동을 맞추어 살아가는 것이야말로 하나님의 아들의 이미지에 따라 사는 가장 기본적인 것이다. 그리고 이것이 바로 인간의 이상이요 목표인 것이다(*Christelijke Wereldbeschouwing*, 90-91).

II. 개혁신학의 재구성

이제 우리는 아래와 같은 몇 가지 방법론적인 결론에 도달해야 한다.

a) 전통 신학으로부터 분리되는 것은 마치 어두움 속으로 뛰어내리는 것과 같다. 과거의 신학의 전통은 우리를 여기까지 이끌어 왔으며 미래를 향해 진행하는 데에도 우리를 지탱해 준다. 오랜 시간에 걸쳐서 확인되어 온 전통을 부정하는 것은 마치 꺾어진 꽃과 같은 신학일 따름이다. 뿌리로부터 단절이 되면 꽃은 우리 손 안에서 곧 시들어버린다. 그러므로 개혁신학의 계속적인 개혁은 아직도 깊은 통찰력과 해석을 우리에게 남기는 과거의 위대한 신학자들로부터 배운 가르침에 대한 깊은 감사로 시작이 되어야 한다. 이러한 전통 신학들 가운데서 중요한 것들을 정리하고 그 안의 긴요한 요소들을 분별하는 작업만도 엄청난 일이다. 이러한 작업은 느린 속도로 되지만 그 결과는 아주 훌륭한 것이었다. 신학의 거성들은 모두 그들의 창의적인 연구로 말미암아 기독교 신학을 잘 설명하여 왔다. 이제까지의 이러한 거성들의 연구로 말미암아 우리의 책상에는 셀 수 없이 많은 신학의 조각들이 놓여져 있는 것이다. 그 중에 이 세상에 전혀 새로운 것들은 별로 없다. 이러한 신학의 상황에서 우리는 아주 창의적인 것들을 찾을 것이 아니라, 이런 다양한 신학의 사고들 가운데에서 우리의 신학을 풍부한 의미와 함께, 일관되며, 종합적인 모습으로 이루어낼 촉매를 추구하는 것이 더욱 필요하다. 신학의 서론을 염두에 두고 볼 때에 우선 필요한 것은 이런 종합적인 신학이 그 안에 구성될 만한 그러한 기본적인 기독교 세계관이다. 조직신학을 이러한 시각 안에서 새롭게 재구성하며, 그 내용을 재정립하는 이러한 긴급성이 바로 본서를 집필하도록 하였다.

b) 이러한 신학의 작업은 닫혀진 시스템 안에 신학을 이성적으로 채우려는 후기 이성주의의 영향으로 이루어진 것이 아니다. 이러한 제국주의적인 신학은 그 자신이 가진 지성적인 거만으로 인해서 무너져 내릴 것이다. 본서가 추구하는 것은 하나님의 말씀을 좀더 새로운 방법으로 충실하게 듣기 위한 것이다. 우리의 가장 우수한 분석도 창조와 구원에 이루신 하나님의 역사가 미친 우주적, 총괄적인 의미를 이해하지 못한다. 그러나 우리는 우리의 신학을 개혁신학이 이제까지 쌓아온 세계관, 인생관, 가치관 안에 종합적으로 구성함으로 그 안에서 성경의 가르침을 좀더 의미 깊게 살펴볼 수는 있을 것이다. 우리가 추구하는 신학의 작업이 스콜라스틱 신학의 '객관적인'

신학과 실존적인 신학의 '주관적인' 신학의 결점을 극복하는 이상의 효과를 거둔다면, 그것만으로도 상당한 공헌이라고 할 수 있을 것이다. 한 걸음 더 나아가서 만약 그것이 현대 신학으로 하여금 기독교 공동체에 더 큰 봉사를 할 수 있다면 그만큼 더 큰 공헌을 하게 될 것이다. 본서의 기본 취지는 이러한 공헌을 할 수 있도록 신학을 재구성하는 것은 가능하며, 동시에 하나님의 말씀을 좀더 충실하게 듣는 것을 신학에 적용함으로 이러한 작업을 가능하게 할 수 있다는 확신 위에 서 있다.

c) 모든 현대 학문에서 공통적인 것은 한 학설을 표현하는 모델을 세우거나 체계의 패턴에 대해 말하는 것이다. 신학자들도 이러한 이미지를 사용하여 왔다. 그들은 인간의 매일의 경험을 설명할 이론적인 청사진을 만들어왔다. 그러나 이러한 모델들과 청사진의 의미와 중요성에 모두가 동의한 것은 아니다. 그러므로 이러한 기본적인 방법에 대해 분명한 이해를 갖는 것이 중요하다. 예를 들어서 한 체계에 대해 너무 많은 주장을 하거나, 또는 너무 적은 주장을 하는 것은 둘 다 가능하다. 어떤 이들은 기독교 학문의 가치를 인정하지 않고 그것을 과소 평가하는데, 그 이유는 기독교 학문이 말하는 진리성을 부인하기 때문이다. 이렇게 평가하는 이들에게는 어떤 실용적인 가치가 있을 때에만 모델과 패턴을 인정하는 경향이 있다. 그것의 유일한 가치는 계속되는 실험에서 짐작할 만한 결과를 이끌어내는 데 도움을 주는 것에 국한이 된다. 다른 한 편으로, 어떤 이들은 단순한 가정을 마치 마지막 권위인 것처럼 주장하기도 한다. 그러나 신학을 포함해서 모든 이론적인 연구는 결국 인간의 일인 것을 기억해야 한다. 인간의 일이란 언제나 수정될 수 있으며 개선될 수 있는 것이다. 이렇게 말하는 것은 결코 어떤 입장을 취하는 것을 전적으로 부정하는 것은 아니다. 확신은 거만과 다르기 때문이다. 그러나 우리가 기억해야 할 것은 우리의 신학의 모델이나 패턴은 하나님의 계시에 대한 반응이지, 결코 그 자체가 계시가 아니라는 점이다. 조직신학은 하나님의 말씀의 해석이지, 그 자체가 말씀이 아니다. 그러므로 어떤 신학을 주장할 때에, 그것에 대한 우리의 확신이 아무리 깊다 해도 우리는 겸손하게 그리고 좀더 배우려는 자세로 하는 것이 마땅하다.

d) 신학은 그저 뛰어들어서 하는 것처럼 단순하지 않다. 그 첫 단계로 요구되는 것이 신학의 내용에 우선하는, 또는 그 내용의 시발점으로서 중요한 신학의 서론이다. 모든 신학은 신학 이전의 가정으로부터 시작을 하며, 또한 반드시 어떤 철학적인 시각 안에서 작용을 한다. 신학 서론의 단계에서 이러한 상황적인 이해를 하지

못한다는 것은 다듬어지지 않은 단면을 드러내어서 남이 판독해 주거나 아니면 신학 맨 끝에 설명할 수밖에 없어진다. 칼빈이 말한 것처럼, 신학 가르침의 올바른 순서는 그러한 주제들을 앞에서 다루는 것이라 하였다. 그 이유는 신학은 그 자체로 홀로 서거나 고립된 학문으로 유지할 수 없기 때문이다. 신학에는 언제나 신학 이전에 가정해야 할 것들, 즉 신앙 고백적인 것들, 해석학적이고 철학적인 이슈들, 종교 입장에 관한 이슈들, 믿음에 헌신함, 세계관과 인생관이 있어서, 우리는 신학의 내용에 들어가면서 이러한 것들을 다루어야 한다. 이런 것들을 다루는 것이 바로 신학 서론의 중요한 관심인 것이다. 신학이란 너무나 중요해서 자기들의 철학적인 토대에 대해서 불분명한 신학자들에게 맡길 수가 없는 것이다.

e) 최근의 신학들을 간단히 살펴보아도 이 점을 쉽게 확인할 수 있다. 신학자들이 알건 모르건 신학은 언제나 넓은 철학의 전통 안에서 움직이고 있는 것이다. 예를 들어서, 현대의 로마 카톨릭 신학은 신신학(New Theology)이 출현하기 이전에는 그 바탕에 토미스트 철학의 구조를 가정하고 있었다. 프린스턴 학파가 추구한 개혁신학은 스코틀랜드의 현실주의 철학(realism)의 영향 아래에 있었다. 루돌프 불트만(Rudolf Bultmann)은 자기의 신학이 하이데거(Heidegger)의 철학에 의해서 형성이 되었다고 밝히 말하였다. 현대 신학 안에서 언어 분석과 증명에 강조를 두는 경향은 비트겐슈타인(Wittgenstein), 러셀(Russell), 화이트헤드(Whitehead)와 다른 철학자들에게서 그 영향을 찾을 수 있다. 그리고 바로 우리 시대에 나타난 여러 형태의 해방 신학은 헤겔(Hegel)과 신헤겔 학파의 철학에 의해서 그 내용을 형성하게 되었다. 위에 열거한 신학자들이 철학의 영향 아래 있었던 것처럼, 다른 신학자들의 신학도 그 구조상 철학의 영향을 받은 것이 사실이다.

철학적인 반영이 없이 신학이 자신에게 주어진 직책을 충실히 감당할 수는 없는 것이다. 어떤 이들은 신학 자체가 철학을 적절하게 대신할 수 있다는 견해를 피력하기도 하였다. 그러나 이 견해는 신학을 너무 넓게 이해한 결과이다. 철학은 보다 일반적인 것을, 신학은 보다 특정한 것을 다루기 때문이다. 철학이 종합적으로 그려놓은 밑그림 안에서 신학이 특정한 믿음의 삶과 신앙 고백적인 표현을 심도 깊게 탐구하고 있는 것이다. 철학은 이론적인 반영이라는 집을 총체적으로 조사하며, 신학은 조직신학을 포함해서 그 집의 한 방만을 탐구하는 것이다. 그렇다면 그 집의 여러 방 중의 하나에 들어가기에 앞서서 그 집의 전체 구조를 살피고, 그 집이 어떤 길 위에 서 있는가를 살피는 것은 매우 타당한 것이다. 이러한 이유 때문에 건전한 신학의 교육을 위해서 철학은 매우 중요한 기본 바탕을 이루는 것이다. 아더 홈스 (Arthur Holmes)는 신학에 있어서의 철학의 중요성을 다음과 같이 강조하였다:

> 철학은…신학과는 다른 초점을 가지고 있으며, 그 초점은 인간 삶의 모든 영역과 사고에 기본이 되는 개념과 논쟁을 다루는데, 그것은 종교와 신학을 포함하되 그것에 국한되지는 않는다. 그러므로 철학의 초점은 과학, 역사, 예술과 신학의 연구에 바탕이 되는 인식론, 형이상학, 그리고 가치 철학과 같은 기초적인 이슈들을 이해하는 데 도움을 준다. 그러므로 한 지성인의 종합적인 사고는 모든 학문에 공통이 되는 기본적으로 이론적인 수준으로부터 시작을 하는 것이다 (Contours of World View, 39).

f) 우리가 현재 추구하고 있는 개혁신학의 새로운 작업은 조직신학을 신(新)-카이퍼주의(Neo-Kuyperian)[2] 전통 안에서 발달된 개혁주의 세계관과 기독교 철학 안에 정립하는 것이다. 칼빈주의 신학의 전통 안에 서서 아브라함 카이퍼는 신학작업을 위한 철학적인 상황 설정의 중요성을 이미 간파하고 있었다. 이러한 신학의 상황적인 이해는 바빙크의 신학작업을 통하여 더욱 분명해지고 또한 후세에 길이 남도록 저서화되었다. 그리고 이러한 전통 아래에서 벌카우어의 조직신학이라는 열매를 맺게 된 것이다. 신학과 철학 사이의 종합적인 관계의 이해는 아래에서 보는 것처럼 카이퍼가 쓴 신학 방법론에서 잘 나타난다:

> 신학의 사명은 "성경이라는 근원으로부터 출발해서 재창조된 인간의 마음속에 알려진 하나님에 대한 모방적인(ectypal) 지식을 찾아서 재구성하는 것이다." 그러나 "철학은 전혀 다른 사명을 가지고 있다." 철학은 "모든 다른 인간의 학문에 의해서 밝혀진 인간의 지식을 하나의 체계 안에 구성하며, 어떻게 이러한 체계가 하나의 기본으로부터 세워졌는가를 밝히는 것이다." 따라서 철학의 필연성은 "하나의 일관된 일치를 추구하는 인간의 마음으로부터 우러나온 것이다." 그러므로 "그리스도인은 비그리스도인보다 철학을 덜 필요로 한다고 말하는 것은 영적인 나태와 올바른 이해의 부족에서 기인된 것이다."
> "자연의 지식에 의해서만 이루어지는 철학은 언제나 범신론적이고, 이신론적이고, 물질주의적인 해석들 사이에서 갈팡질팡하고, 여러 가지의 학파들을 형성하는 것 이외에 일치된 견해에 이르

---

[2] 신카이퍼주의적 전통이란 19세기말과 20세기초에 네덜란드 개혁교회의 한 지도자이며, 신학자, 언론가, 교육가, 정치가였던 아브라함 카이퍼(Abraham Kuyper)의 신학적, 철학적 사상이 미국의 미시간주에 위치한 칼빈대학교와 칼빈신학교에서 발달된 신학적이며 철학적인 전통을 의미한다. V. 12를 살펴보라(역자주).

지 못한다. 그러나 유신론에 뿌리를 박은 기독교 철학은 중생이라는 영역 안에서 해석의 일치를 이룰 수 있다. 이러한 의미에서 기독교 철학은 반드시 필요하다. 바로 이러한 이유 때문에 신학은 기독교 철학과 손을 잡고 작업을 함께 할 수 있는 것이다. 철학의 사명은 인간의 모든 학문의 결과들을 동심원적인 사고 안에 한데 묶어 정리하는 것이며, 만약 비기독교 철학이 신학을 마치 학문이 아닌 양 신학의 결실을 무시할 때 신학은 이것에 대항하여 싸울 의무가 있는 것이다. 만약 다른 한 편으로, 철학자 자신이 중생된 사람이라면, 그리고 그의 삶이 역사적으로 교회적으로 중생된 삶에 일치한다면, 당연히 그의 철학 작업에 다른 모든 학문의 결실과 함께 신학의 결실들을 포함시킬 것이며, 또한 그는 그의 철학의 작업을 우주적인 체계로 넓혀서 그 안에 신학의 결실도 마땅히 자신의 자리를 차지하도록 할 것이다"(Principles of Sacred Theology, 614-15).

12. 성경적 세계관과 기독교 철학

금세기 초에 칼빈주의 전통을 새롭게 확립한 아브라함 카이퍼(1837-1920)의 가장 위대한 공헌은 성경의 가르침에 충실한 개혁주의 세계관/인생관을 역동적으로 명료하게 표현하고 동시에 실질적으로 사회에 적용했다는 데에 있다. 그에게 있어서 영적인 아버지와 같은 그룬 반 프린스터러(Groen Van Prinsterer, 1801-1876)처럼, 카이퍼 자신도 자신이 살던 시대의 아들로 태어나서 자랐다. 19세기는 기독교 신앙에 어두운 시대였다. 슐라이어막허에 의해서 태어난 현대 자유주의가 서구의 신학을 주도하고 있을 때였다. 반 프린스터러처럼 카이퍼에게도 결정적인 회심은 자유주의로부터 종교개혁자들의 신앙으로 돌아가는 것으로부터 시작이 되었다. 그의 회심 이후에 그는 그의 신학을 계속적으로 칼빈으로부터 이끌어왔다. 칼빈의 신학은 물론 계승되어 내려왔지만 그것은 종교개혁 후기의 스콜라주의 신학에 의하여 다분히 변질되어 있었다. 17-18세기의 이성주의적인 개신교 정통신학의 양상은 카이퍼의 신학에도 분명하게 나타난다. 카이퍼는 이원론적인 사고가 전형적으로 나타나는 스콜라주의 신학을 종종 아무 비판 없이 사용하였다. 카이퍼는 그의 개혁주의 세계관이 가지는 새로운 능력을 그의 신학에 충분히 반영하는 데 실패하고 말았다. 신학에 있어서는 바빙크가 카이퍼보다 더 분명하게 칼빈주의 전통을 잘 반영하고 있다. 아직도 바빙크의 신학은 카이퍼의 것보다 더 소중한 길잡이로 남아 있다.

반 프린스터러, 카이퍼, 그리고 바빙크에게 있어서 신학적인 이슈는 보다 큰 그림에 있었다. 여기서 중요한 것은 장래 서구의 기독교가 문화를 형성해 가는 능력으로 성장해 가느냐 하는 것이었다. 기독교는 과연 프랑스 혁명의 무서운 결과들을 이겨나갈 수 있을 것인가? 과연 성경 신학은 팽배해 있는 신개신주의에 맞서 나갈 수 있는가? 개혁 믿음은 아직도 서구 사회를 구원할 영향력을 가지고 있는가? 카이퍼는 칼빈주의 세계관에 대한 중요한 글에서 이러한 갈등들을 아래와 같이 설명하고 있다:

> 처음부터 나는 나에게 이렇게 말해 왔다: "만약 이 싸움에서 승리할 수 있다는 희망을 가지고 싸운다면 원리는 원리에 맞서서 싸워야 한다. 현대 사회에서 인간 삶의 총체적인 에너지가 지금 우리를 둘러싸고 있다는 것을 우리는 인식해야 한다. 그렇다면 우리도 똑같이 총체적이고 모든 곳에 미치는 능력을 갖춘 삶의 시스템을 갖추어야 한다는 필요를 느껴야 한다. 이러한 강력한 삶의 시스템을 우리가 고안할 수는 없다. 그것은 역사 안에 나타나는 대로 받아서 우리 사회에 적용하여야 한다. 내가 믿고 고백하기로 이러한 기독교 삶의 원리는 칼빈주의 신학 안에 이미 나타났다. 칼빈주의 안에서 내 마음은 안식을 찾았다. 칼빈주의 안에서 나는 이러한 원리들이 충돌하는 상황에서 나의 입장을 확고하게 그리고 결정적으로 세울 영감을 얻었다"(Calvinism, Stone Lecture, 11).

그리스도인의 마음과 정신, 그리고 온 삶을 기울여 대치하는 이러한 갈등, 신학의 반영을 넘어서는 이러한 충돌에 대한 민감한 그의 통찰력이 바로 카이퍼로 하여금 기독교 철학으로 돌아서게 하는 배경이 되었다. 기독교 철학에 대한 추구는 신학을 세우고 올바른 방향으로 인도하기 위해서 매우 긴급한 것이었다. 신학은 기독교 철학에 의해서 표현된 성경적인 세계관의 큰 그림 안에서 자신의 위치를 찾기 때문이다.

기독교 철학을 형성하자는 카이퍼의 외침은 당대에는 큰 반응을 얻지 못했다. 카이퍼 자신이 신학자였지 철학자는 아니었기 때문일 것이다. 20세기에 접어들고도 오랫동안 카이퍼가 세우고, 지키고, 가르친 암스텔담의 자유개혁대학교(Free Reformed University)에도 철학 교수의 자리가 없었다. 이 자리가 채워진 것은 1926년에 볼렌호벤(D. H. T. Vollenhoven)과 헤르만 도이비를트(Herman Dooyeweerd) 두 교수가 초빙되면서부터이다. 새로운 기독교 철학을 추구하는 이들 철학자들의 초기 작품들은 "In Kuyper's Line"이라는 출판을 통해서 알려지기 시작하였다.

카이퍼는 자신의 신학과 철학을 다음과 같은 유명한 말을 통하여 간단하게 정리하였다: "이 우주 전체 안에는 모든 만물의 주인이신 그리스도가 '이것은 내 것이다'라고 주장하지 않는 부분이 1입방 인치도 없다." 볼렌호벤과 도이비를트는 카이퍼가 제창한 이러한 세계관, 인생관을 창조 세계의 구조와 기능을 철학적으로 분석하여 일관된 체계로 구성하기를 시작하였다.

그와 동시에 이들 철학자들은 아직도 카이퍼와 그의 동료 신학자들에게 남아 있던 이원론적이고 혼합적인 스콜라주의의 영향을 극복하고자 하였다. 이러한 소명은 볼렌호벤, 도이비를트, 그리고 그들과 뜻을 같이 하는 많은 기독교 사상가들에게 아주 흥미 있는 도전이었다. 약 50년에 걸친 그들의 연구는 '법-이데아의 철학'(the philosophy of Law-Idea) 또는 '우주법 철학'(cosmonomic philosophy)이라고 불리게 되었다. 그들의 분석, 비평, 그리고 삶의 모든 부분들을 망라하는 이슈들의 재구성은 기독교 철학에 기념비적인 공헌을 남겼다. 도이비를트와 신앙을 같이하지 않은 어느 법 철학자는 그를 이렇게 평가하고 있다: "도이비를트는 전혀 과장이 없이 스피노자를 포함해서 네델란드가 배출한 가장 창의적인 철학자라고 불릴 수 있다" (G. E. Langemeijer, "An Assessment of Herman Dooyeweerd", in L. Kalsbeek, *Contours of a Christian Philosophy*, 10).

이러한 기독교 철학의 발전은 신학에서 개혁신학이 역사적으로 전개되는 데에 커다란 공헌을 하였다. 신학을 위한 기독교 철학의 중요성을 개혁신학이 모르고 지낼 수 있었던 시대는 이미 지나갔다. 개혁신학의 새로운 정립은 그 신학의 철학적인 바탕과 상황을 좀더 명확히 이해할 것을 요구한다. 볼렌호벤과 도이비를트가 기초를 놓고 발달시킨 기독교 철학을 경시하는 것은 개혁신학을 불모로 만드는 것이다.

기독교 철학의 기초는 모든 실제는 하나님의 창조에 의하여 질서가 잡혔기 때문에 그의 말씀은 영원히 모든 생명을 위한 주권적이고, 역동적이며, 구원을 이루는 법으로 우리에게 남아 있다는 성경의 가르침에 전적으로 의지하고 있다. 따라서 기독교 철학은 인간의 이성의 자율성을 주장하는 현대의 정론을 거부한다. 기독교 철학은 기독교뿐만 아니라 다른 인간의 사고의 체계를 뒷받침하는 종교적인 뿌리와 동기들을 밝히고자 한다.

기독교 철학은 인간의 중심이 마음이라는 것을 확고히 한다. 왜냐하면 모든 삶의 이슈들이 그곳으로부터 나오기 때문이다. 따라서 기독교 철학은 삶 전체가 종교라는 확고한 확신 위에 작업을 한다. 하나님의 나라 안에서 우리의 소명에 대해 가지는—신학의 작업을 포함해서—이러한 종합적인 시각은 개혁신학에 모든 삶의 부분들이 서로 연결되어 있다는 것, 학문 세계 중에서 좀더 확고하게 구성된 위치를, 좀더 책임이 있는 방향성을, 그리고 계속적으로 신학을 개혁할 수 있는 가능성을 부여해 준다.

13. 기독교 철학과 신학

바르트의 반대에도 불구하고 "철학적인 관심과 전혀 동떨어져서 정통 신학을 구성하려는 모든 의도는 어거스틴이나 혹은 그 이전부터 시작되는 기독교의 전통으로부터 어긋나는 것이다"라는 인식이 증가하고 있다(Carl Henry, *God, Revelation, and Authority*, vol. I, 189). 그 이유는 "철학은 조직신학 안에 편만해 있으며…철학을 사용하지 않는다는 것은 전혀 불가능한 것"이기 때문이다(Winfred Corduan, *Handmaid to Theology*, 22-23). 철학을 사용하기를 반대하는 바르트의 주장은, 비록 그가 일관되게 이것을 주장하지는 않지만, 한 편으로 이해할 수 있는 것이다. 그 이유는 과거의 신학에 있어서, 거의 모든 신학에 그랬던 것처럼, 철학적으로 구성된 신학 서론은 신학 본문에 앞서서 독립적인 사고의 체계를 가지고 있었기 때문이다. 따라서 이러한 신학 서론은 별 수 없이 신학의 본론과 해결할 수 없는 갈등을 빚고 말았다.

서론은 믿음이라는 상부 구조를 지탱하는 이성적인 하부 구조를 제공하는 것으로 이해되어졌다. 그래서 바르트의 주장에 따르면, 대부분의 신학 서론은 "실질적인 신학의 본론으로 인도하기는커녕 오히려 본론으로부터 멀어지게 하였다"(*Church Dogmatics*, I/1). 바티칸 II의 신학자들도 이러한 위험을 인식하고 다음과 같이 말하였다: "교회의 학문을 개혁하면서 가장 먼저 해야 할 것은 철학과 신학을 새롭게 종합하는 것이다"(*The Documents of Vatican II*, "Priestly Formation", Article 14). 신학 서론은 본론과 관계된 일부여야 한다. "만약 신학자가 선택한 철학적인 바탕이 믿음과 상관이 없는 것이라면, 그 신학자는 자기가 고백하는 믿음과 상관이 없을 것이다"(Stuart Fowler, *What is Theology?*, 9).

이러한 종합은 오직 철학적인 서론과 조직신학이 동일한 뿌리를 공유할 때에만 가능할 것이다. 서론과 본론이 그 역할은 다르지만, 그 둘은 학문의 시각으로 볼 때에 일치되어야 한다. 그러므로 지금까지의 우리의 연구를 종합해 보면 다음과 같은 결론에 도달할 수 있다: 개혁신학에 가장 적합한 서론은 기독교 철학이다. 서론과 본론의 지식을 얻는 출발점은 공통적으로 성경이다. 성경은 기독교 신학뿐만 아니라 성경적으로 구성되는 철학에 계시의 출발점을, 지침을, 그리고 '기본 믿음'(control beliefs, Nicholas Wolterstorff)을 제공해 준다. 이보다 더 깊은 공통된 배경은 기독교 세계관인데, 이것은 학자들이나 기독교 공동체의 모두를 믿음의 동역자로 한데 묶어 준다. 이 세계관은 성경에 대한 의지를 철학과 신학이라는 학문적인 작업에 연결하는 다리 역할을 한다. 이 세계관은 성경적인 믿음과 이론적인 사색을 종합시킨다. 그러므로 믿음으로부터 시작을 해서 세계관을 거쳐 신학과 철학으로 움직여 가는 표준이 되는 움직임이 있는데, 이것들 사이에는 또한 상호 작용이 존재한다. 구조상으로 볼 때, 이것은 기독교 전통에만 해당하는 것이 아니라 다른 학문의 전통에도 해당할 수 있는 것이다. 이에 대해 알버트 월터스(Albert Wolters)는 다음과 같이 말하고 있다:

> 세계관이란 인간이 공유하는, 매일 행하는 경험에 관한 문제이다. 그것은 모든 인간의 지식의 피할 수 없는 한 요소이며, 그것의 본질은 비과학적(non-scientific)이며, 또는 더 적당한 표현으로, 선과학적(pre-scientific)인 것이다. 그 이유는 과학적인 지식은 언제나 우리의 매일의 경험을 직관적으로 아는 것에 의존하기 때문이다. 세계관은 학문이나 이론의 질서라기보다는 오히려 인식이라는 기본 질서에 해당하는 것이다. 마치 미학이 아름다움을 느끼는 내적인 감각을 전제하듯이, 법 이론이 정의라는 근본적인 개념을 전제하듯이, 신학과 철학은 세계를 보는 선과학적인 시각을 전제로 하는 것이다. 철학과 신학은 세계관을 학문적으로 해설한다(*Creation Regained: Biblical Basics for a Reformational Worldview*, 9).

그러므로 성경에 근거한 종교는 기독교 세계관이라는 기본적인 윤곽을 형성하는 것이다. 이 공통적으로 받아들여지는 기독교 세계관이 창조 실제의 구조와 기능에 대한 엄밀한 분석과 함께 연구되어질 때에 나타나는 것이 기독교 철학인데, 기독교 철학은 기본적으로는 단일체이면서도 풍부한 다양성을 가지고 있는 인간사의 경험들을 조사하고 설명하는 것이다. 개혁주의 신학의 전통 안에서 발달한 우주법적 철학(cosmonomic philosophy)은 잘 정리된 질서를 가진 삶의 단면들을 붙잡고 있는 표준들을 '양식의 저울'(modal scale)이라는 패턴에 따라 구성하려고 하고 있다(참고, L. Kalsbeek, *Contours of a Christian Philosophy*, 95-108).

물론 이러한 철학적인 해석은, 모든 이론적인 구조가 그렇듯이 조사되고 수정되어야 할 가능성을 가지고 있다. 물론 우주적인 체계의 철학은 그것이 설명하고 있는 기독교 세계관보다 덜 확고한 위치에 있으며, 그것이 마지막 권위로 삼는 성경의 계시보다는 물론 훨씬 적은 구속력을 가지고 있다. 그럼에도 불구하고 이 기독교 철학은 신학의 정체성과 고결성에 매우 귀중한 통찰력을 제공하고 있으며, 다른 학문들 사이의 연결성을 설명함으로 모든 지식 체계에 총괄적인 시각을 제공하고 있다(참고, B. J. Van Der Walt, *A Christian Worldview and Christian Higher Education for Africa*, 23-37).

이러한 종합적인 시각에서 볼 때, 우리는 신학을 많은 학문 중의 하나로 볼 수 있게 된다. 각각의 학문은 그 고유한 연구의 대상을 가지고 있다. 각각은 특정한 실제의 영역에 초점을 맞추고 있는 것이다. 그러나 동시에 모든 학문들은 상호 긴밀히 연결되어 있다. 학문을 이러한 연결/종합성으로 볼 때, 신학은 더 이상 '학문의 여왕'이 아닌 것이다. 그리스도가 모든 것의 왕으로 있는 한 여왕은 불필요한 것이다. 신학은 어떤 주어진 기독교의(또는 비기독교의) 공동체 안에서, 정치학, 미학, 경영학, 윤리학 등과 구별이 되는, 믿음의 생활에 초점을 두어 연구하는 학문이다. 신학이 삶의 모든 부분들을 종합적으로 다루면서도, 신학은 특정한 창을 통하여 삶을 바라보게 되는 것이다. 신학은 모든 사람에게 모든 것이 될 수 없는 것이다. 그것은 물론 바르트가 말한 것과 같이 '행복한 학문'이다. 그러나 만약 신학이 기독교 공동체 삶 안에서 특정되고 동시에 한정된 자신의 역할에 초점을 맞추지 못한다면 그 행복은 곧 손상되고 말 것이다. 신학은 특별한 그리고 특정한 초점에 집중된 학문이다. 그러므로 신학은 철학의 역할, 즉 학문의 일반적인 연구라는 역할을 빼앗아서는 안 된다. 동시에 신학은 학문에서의 동역자인 다른 학문의 고유한 영역으로 침범해서도 안 된다. 신학은 모든 학문들의 모든 영역을 감당할 수 없기 때문이다.

그러나 불행하게도 이러한 일이 너무 자주 일어나고 있음을 볼 수 있다. 너무 많은 실수들이 신학을 '영적인' 모든 것들, 즉 하나님, 계시, 성경 읽기, 기도, 믿음 등의 일들을, 또는 모든 '종교적인' 것들을 다루고 있다는 생각으로부터 나온다. 그러나 사실 소위 '영적인/종교적인' 실제들은 신학적인 연구에 그리고 비신학적인 연구에 그 바탕을 두고 있음을 유의해야 한다. 그러므로 어떤 특정한 영역을 신학 안에서 정의하는 것은 전혀 도움이 되지 않을 수도 있는 것이다. 이러한 정확하지 않은 신학의 이해로 인해서, 마치 삶의 모든 문제에 대한 기독교적인 접근이 모두 신학자의 어깨 위에 올려지는 것처럼, 성스러운 것과 세속의 것이라는 불필요한 양분을 가져오게 된다. 신학이 이렇게 잘못 이해될 때에 신학은 마치 정치 신학, 해방 신학, 그리고 여성 신학들 중의 많은 신학들이 사실상 신학이 아닌 것처럼, 신학의 개념이 잘못 정립되는 것이다. 이러한 잘못 이해된 신학들은 신학의 작업을 무모하게 넓히고 있는 것이다. 이러한 백과사전적 오칭을 수정할 수 있는 유일한 방법은 기독교 철학을 통해서 모든 학문을 내적으로 정리하는 길이다.

신학의 특정한 사명은 삶의 신앙고백적인(또는 믿음) 영역에 초점을 두는 것이다. 그리고 다른 영역들, 예를 들어서 생물학적인 것, 심리적인 것, 사회적인 것, 언어적인 것 등은 다른 영역의 학문에 맡기는 것이 옳다. 신학은 기독교 삶과 세계관과 철학을 형성하는 그러한 삶의 '궁극적인 관심들'(ultimate concerns, 틸리히)과

'내가 여기 서 있나이다"(Here I stand!, 루터)와 같은 확신들을 탐구하는 것이다. 예를 들어, 성경 신학의 주된 관점은, 성경을 고대 역사의 기록이나 또는 문헌으로 다루는 것과 같은 것이 아니다(물론 이러한 요소들을 완전히 외면할 수는 없지만). 이러한 요소들은 성경의 메시지의 핵심이 되는 신앙고백적인 확신에 비해서 전혀 이차적인 것들이다. 역사 신학자들은 세계 역사의 모든 부분들을 연구하려고 하지 않으며, 다만 신앙고백과 관련이 있는 문서(신조), 기관(교회), 행위(예배), 인물(교황), 그리고 운동(부흥)을 다루는 것이다. 이러한 예들은 삶 안에서 신학의 특정한 위치를 설정해 주는 것이다. 신학의 연구 대상은 "창조 이외에 창조되지 않은 실제일 수 없으며…믿음이 세계에 관련되었음을 진지하게 받아들이지 않는 신학은 가질 가치가 없는 것이다"(Fowler, *What Is Theology?*, 6, 8).

존 벤더 스텔트(John C. Vander Stelt)는 신학적인 연구의 대상을 규명하고 정의하는 데 있어서 새로운 지평을 열어 놓았다. 전통적인 '신학'(말 그대로의 의미는 '하나님을 연구함')이라는 명칭 대신에 그는 성경에 나오는 단어 *pistis*(믿음)를 이용하여 '믿음학'(pistology)이라고 이 학문을 명명하였다. 전혀 생소한 이런 이름은 처음 듣는 이로부터 그리 호의적인 반응을 받지 못할 것이다. 그럼에도 불구하고 밴더 스텔트는 "믿음학이라는 이 단어는 사실상 심리학이나, 생물학이나, 또는 신학이라는 명칭처럼 전혀 이상한 것이 아니다"라고 주장한다. 이러한 명칭들도 고대 언어적인 계통과 다르게 사용되기 때문이다. '신학'을 '믿음학'으로 개칭하는 데에 유일하게 어려운 것은 전자가 오랫동안 사용해 온 명칭이라는 사실이다.

이러한 새로운 명칭이 받아들여질 가능성을 말하면서, 밴더 스텔트는 '믿음학'을 "피조물 존재의 주관적이고 객관적인 믿음의 양상들에 대한 본질, 표준, 역할 그리고 범위를 이론적으로 분석"하는 것이라고 정의하고 있다("Theology or Pistology?" in *Building the House: Essays on Christian Education*, 115-35). "신학의 연구 대상은 더 이상 하나님, 계시 또는 종교가 아니다"라고 그는 말하고 있다. 그 이유는 기독교의 시각으로 볼 때에 이 세 가지 실제는 모든 학문에 적용되기 때문이다. 신학이 다른 학문과 다른 점은 신학의 초점이 "믿음이라는 피조물 존재의 특정한 모습"이기 때문이다.

이러한 시각에서 밴더 스텔트는 믿음을 네 가지 의미로 구별하고 있다. 그 첫 번째 의미는 에베소서 2:8에 나타나는 대로 매우 평범한 것이다: "너희가 그 은혜를 인하여 믿음으로 말미암아 구원을 얻었으니 이것이 너희에게서 난 것이 아니요 하나님의 선물이라." 믿음은 다음과 같이 정의될 수 있다:

믿음이란 그것을 통하여 죄인이 중생하고 마땅히 믿어야 할 것을 믿게 되는 그러한 하나님의 은혜의 선물이다. 죄인들은 비신자(un-believer)이며 불신자(dis-believer)이나 무신자(non-believer)는 아니다. 그들은 다른 것을 믿는 사람들이다. 그들은 믿음이 결핍된 사람들이 아니다. 다만 그들의 믿음이 우상적이라는 것이 중요하다. 진정한 믿음은 그 기초를 하나님의 은혜라는 기적에 두고 있다.

그 가장 근본이 되는 의미로 볼 때에, 그것을 전혀 다른 새로움으로 이해할 때에 "믿음은 신학 연구의 대상이 될 수 없다." 그것은 하나님의 행위로서 인간의 이성의 접근을 막고 있는 것이다. 믿음은 모든 기독교의 삶과 학문에 심오한 경험적인 바탕인 것이다. 이 구원하는 믿음은 신학에만 고유하게 제한되지 않는다. 그것은 다만 어느 것이 기독교 신학인지 아니면 비기독교 신학인지를 구별하게 해 주며, 그것은 또한 어느 학문이 기독교 학문인지 아닌지를 구별하게 해 준다.

다른 세 가지 믿음의 의미는 신학의 정당한 대상이 된다. 그 첫째로, 믿음은 "믿고 고백한다는 의미에서 의식적이고 그리고 의지적인 인간의 행위이다." 이러한 믿음은 종종 "믿음으로…"(히 11장)로 설명되는 *fides qua*이다. 둘째로, "믿음은 믿음이라는 행위의 내용이 된다…기독교 신자에게 믿음의 내용은 창조, 성육신, 그리고 성경에 계시된 것들과 또한 기독교 신자들이 신앙고백의 순종 안에서 이러한 계시들을 가지고 행한 것들이 포함된다." 이런 믿음의 내용은 종종 '믿음의 조항'(*fides quae*)이라고 불린다(유 3절). 세 번째로, 우리는 믿음을 아래에 설명한 의미로서 경험한다:

> (우리는 믿음을) 모든 창조된 실제에 대한 우주의 모든 것들, 즉 인간 사회 이외의 것들까지 포함한 모든 실제에 대한 믿음의 모습으로 경험한다. 모든 창조 세계의 단면들을 주의 깊게 성찰해 보면, 우리는 믿음을 믿음의 행위와 믿음의 내용으로 복잡하게 얽힌 구조로 분석할 수 있으며, 또한 그렇게 함으로 어떻게 믿음의 삶이 창조 세계의 모든 부분에 종합적으로 연결이 되는지를 보여 줄 수 있는 것이다(128-30).

위에 살펴본 기독교 철학의 통찰력을 이용한다면, 개혁신학은 신학의 범위를 너무 넓혀서 종교학으로까지 늘어날 필요가 없고, 또한 너무 좁혀서 성경 연구로 줄어들 필요가 없다(cf. Louis Berkhof, *Introductory Volume to Systematic Theology*, pp. 17-26).

14. 신학의 한 줄기로서의 조직신학

　신학의 의미가 올바로 정의되어야 하는 것처럼 조직신학의 의미도 옳게 정의되어야 한다. 통상적으로 사용되는 명칭은 때때로 어떤 특정한 요소를 강조함으로 다른 요소들을 질식시키는 경우가 있기 때문이다. 신학자들은 종종 교조적인 작업을 하는 사람들이라는 잘못된 인식을 받게 된다. 우리가 여기서 말해야 할 초점은 이러한 교조적인 성격은 조직신학을 정의하는 데 아무 상관이 없다는 것이다.

　우리는 어떻게 교의신학(dogmatic theology), 조직신학(systematic theology), 또는 구조신학(constructive theology)으로 불리는 이 신학의 본질, 범위, 임무를 이해할 수 있는가? 본서에서 이 신학을 일반적으로 명시하는 데 사용하는 교의신학이라는 이름은 원래 어근 '교의'(dogma)에서 파생되었다. '교의' 또는 '교의학'이라는 명칭은 여러 가지 다른 의미로 사용되어 왔다. '교의'라는 단어는 고대 희랍의 사상으로까지 거슬러 올라간다. 철학에서 이 의미는 확고하게 형성된 이론적인 개념을 말한다. 법에서 이 의미는 왕의 칙령과 같은 권위 있는 명령을 말한다. 이 '교의'의 개념은 또한 성경으로까지 전파되었다. 성경에서 사용되는 '교의'는 현재 우리가 사용하는 교의 신학의 의미보다 훨씬 넓은 의미를 가지고 사용되었다. 성경은 그것을 황제의 칙령으로(눅 2:1; 행 17:7), 하나님의 선포로(엡 2:15; 골 2:14), 그리고 교회 공의회의 공식 결정으로(행 16:4) 사용하였다.

　초대교회 때에도 희랍 철학의 주요한 가르침들은 계속해서 교의라고 불려졌다. 복음이 점점 그리스/로마 문화에 접하게 되면서 교회에서 말하는 교의, 즉 성경의 진리는 로마 제국이 받아들이는 국가의 교의와 부딪히게 되었다. 교회의 공의회가 결성이 되고 기독교가 점차 수직적으로 정비되어 가면서, 교의는 점차 교회의 공의회가 결정하는 교리의 선포로 정의되어 갔다. 그 결과 교의는 기독교에서 신조나 신앙고백과 거의 동의어로 사용되기에 이르렀다. 이러한 의미는 중세 시대에까지 그대로 전파되었다.

　초대교회에서 중세 시대에 이르기까지 기독교의 어느 학문도 자신의 학문을 교의학이라고 주장하지 않았다. 그러므로 교의학의 등장과 발달은 비교적 근세의 일인 것이다. 그것은 르네상스와 종교개혁 이후인 17세기에 들어서 발생하였다. 현대로 접어들면서 신조의 연구(교의학)는 신조와 신앙고백뿐만 아니라 교부들의 신학 전집들(sentences)까지도 포함시키게 되었다. 한 걸음 더 나아가 신학이 교회의 중심으로부터 벗어나 점차로 현대적인 대학으로 이전하면서, 교의학은 점점 더 학문적이고 이론적인 양상을 띠게 되었다. 개신교 정통신학이 가진 스콜라주의 전통이 가진 강한 이성주의 방법들로 인해서 교의학은 다른 모든 신학의 분류들의 정점으로 비쳐지게 되었다. 성서 연구, 교회의 역사 등 다른 신학의 학문들은 '벽돌'을 제공하고 그 벽돌들을 가지고 교의학이 시스템이라는 '집'을 짓는 것으로 신학을 이해하게 되었다.

이러한 교의 신학의 승리 도취적인 양상은 벌써 수정했어야 했다. 교의학은 넓은 학문의 공동체 안에서 다른 학문들과 공존하고 또는 다른 학문을 위하여 존재하여야 하기 때문이다. 다른 기독교 학문과 마찬가지로 교의학도 종의 역할을 수행하도록 부름을 받은 것이며, 기독교 공동체의 필요를 채우는 일을 맡아야 하기 때문이다. 이러한 마땅한 신학의 태도는 교의학과 다른 신학의 학문들 사이에 있는 문제가 많은 장벽들을, 그리고 신학자들과 철학자들을 포함한 다른 학문을 하는 학자들 사이에 있는 장벽들을 헐기 위하여 먼 길을 가야 할 것이다. 이러한 신학의 태도는 동시에 학계와 교회의 관계를, 강단과 회중석의 관계를, 그리고 주일의 예배와 월요일의 일의 관계를 훨씬 좋게 증진시켜 줄 것이다. 이러한 태도는 또한 사회 속에 일하는 기독교 단체들에 대한 좋은 뒷받침이 될 것이다. 교의 신학이 가지는 이러한 동역자적인 의식은 신학 교육에 대한 문제를 상기시킨다. 예를 들어, 교의학은 여러 학문을 연결시키는 대학에서 가르칠 것인가 아니면 신학교라는 교회 쪽으로 좀더 물러난 환경에서 가르칠 것인가? 아니면 둘 다를 택해야 하는가?

교의학은 여기서 신조를 가지고 형성된 기독교 공동체의 믿음 생활을 연구하는 학문으로 정의할 수 있다. 물론 기독교의 믿음은 신조 이외에 더 큰 의미를 가지고 있다. 교의는 그 중 하나의 표현일 뿐이다. 교의학은 기본 신앙과 신조 안에서 형성되어 가는 믿음을 인식하고 지적으로 반영하는 학문이다. 그러므로 교의학은 기독교의 신조와 신앙고백을, 다른 믿음의 표현들을, 교회의 교리와 전통, 그리고 한 신앙의 공동체가 자라난 신학의 학파들에 대한 연구를 포함한다. 개혁신학 안에서 우리가 하는 교의 작업은 서구 기독교의 중요한 교의들을 성경의 가르침에 따라 재해석하는 것이다. 그것은 오랫동안 교회의 역사 안에서 검증된 교의들의 진가를 존중하면서, 동시에 그것이 오늘날 갖는 적절/타당성을 재발견하는 일이다. 이러한 사명은 영적인 성장과 신학의 발달에 도움이 되는 비평적인 대화를 요구한다. 이러한 긍정적이고 건설적인 교의학은 마땅히 굳건한 신앙고백적인 바탕 위에, 그리고 동시에 계속적으로 개혁할 수 있는 준비를 가지고 서 있어야 한다. 교리적인 무관심은 철저히 금지되어야 한다. 이러한 무관심은 현대 신학의 문제들을 건설적으로 해결하는 데 아무 도움

이 되지 않기 때문이다. 레진 프렌터(Regin Prenter)는 다음과 같이 말하고 있다:

> (신학의) 문제는 오직 신학자가 자신을, 자기가 신앙고백으로부터 받아들이는 자신의 이해 속에 위치시킬 때에만 가능하다. 거기에 서서 그는 우선 성경 메시지의 어떠한 이해를 가지고 그 위치에 서 있어야 하는가를 알아야 한다. 계속적인 성경의 연구를 통해서, 성경의 내용이 자신을 충동하는 한, 그는 자기의 이해를 수정해 나가는 데 힘써야 한다. 이렇게 함으로 그는 성경 본문에 대한 다른 학자들의 이해가 자기의 이해에 줄 수 있는 질문들을 귀담아 들을 수 있는 준비가 되는 것이다. 교회 연합의 차원에서의 토의에서 볼 때, 우리가 다른 입장을 취할 수도 있다는 전제는 우리가 취하는 입장에 대해 절대 무관심하지 않다는 것이다. 다른 신앙 고백을 가진 교회의 관심을 이해하는 데에 걸림돌이 될 만한 것은, 마치 우리 자신이 우리의 신앙고백적인 교회에 무관심하지 않은 그만큼 없는 것이다(*Creation and Redemption*, 29).

15. 기독교 철학의 보증서

본 저자가 가지는 기독교 철학과 신학의 관계는 이것이다: 성경적인 믿음과 기독교 세계관에 의해서 이루어진 기독교 철학은 개혁신학에 가장 건전한 서론을 제공해 준다. 이러한 접근의 서론은 신학의 내용의 문을 활짝 열어주며, 그것의 기초를 놓는 동시에 그것을 넓은 기독교 사상의 상황 안에 위치시켜 놓는다. 그러면 이러한 철학적인 서론의 기본이 되는 원리들은 무엇인가? 다음에서 그 바탕을 형성하는 원리들을 살펴보자.

a) 창조주/창조세계

칼빈주의 전통의 가치는 창조주와 피조물 사이의 확고하고 분명한 차이를 확인하는 데서 찾을 수 있다. 이러한 차이의 원리는 하나님께서 창조 질서 안에 지어놓으신 경계선들, 즉 창조물 안에 지어놓은 남자와 여자, 예배와 정치 등과 같은 차이와, 그리고 더 중요한 차이인 하나님과 인간의 차이를 모호하게 하는 모든 노력들을 저지한다. 이 차이는 존재적인 연결을 부인한다. 하나님은 초월적인 주권을 가지고 계시며, 모든 피조물은 그의 뜻에 순종한다. 이러한 근본적이고 경외감이 넘치는 차이점이 기독교 철학의 타협할 수 없는 기본 원리이다.

b) 중재하시는 말씀

이러한 근본적인 차이점은 물론 하나님과 인간 사이의 교제와 대화를 부정하는 것은 아니다. 하나님은 자신의 중재하는 말씀을 통하여 자신의 뜻을 계시하심으로 인간의 반응을 유도하기 때문이다. 하나님의 말씀은 하나님이 우리에게로 오는 길로서 그것을 통하여 우리가 있는 곳에서 우리와 만나는 것이다. 경계선으로서 그리고 다리로서 하나님의 말씀은 성경에 "포고"로, "법령"으로, "명령"으로 나타나며, 신학적인 언어로는 '창조 질서'로 '법-말씀'으로, 그리고 '문화 명령'으로 나타난다. 이렇게 이해되는 하나님의 말씀은 모든 피조물 위에 적용이 된다. 그것은 만유인력의 법칙에서처럼 자연 위에 지배한다. 인간사에서는, 예를 들어서 예술이나, 과학, 음악, 상업, 건강 관리와 같은, 하나님의 말씀이 우리로 하여금 책임감을 가지고 행하게 가르친다. 조직신학에 있어서도 물론 하나님의 말씀은 표준이 된다. 하나님의 말씀은 기독교 철학이 근거로 하는 축으로, 그것은 개혁신학의 서론에 결정적으로 중요한 위치를 차지한다.

c) 무로부터의 창조

다른 하나의 원리는 '무에서의 창조'(*creatio ex nihilo*)이다. 모든 만물은 절대적인 주권을 가진 하나님의 밖으로 향하는 역사에 의하여 존재하게 되었다. 하나님은 존재하는 모든 것의 주인이다. 하나님이 태초에 이루신 창조는 그의 말씀에 반응하는 삶의 장소를 이루며, 우리의 사고의 가능성에 한계를 정하며, 모든 지상의 행위에 기준이 되는 지평을 이룩하였다.

d) 하늘과 땅

또 하나의 차이점, 즉 성경적인 세계관과 이에 따라 형성되는 기독교 철학과 개혁신학에 필수적인 그 차이점은 '하늘'과 '땅'의 차이이다. 창세기 1:1에는 "태초에 하나님이 천지를 창조하시니라"고 기록되어 있다. 그 후에 전개되는 성경의 드라마는 주로 지상의 일에 국한되어 있다. 성경은 하늘 나라의 천사가 아닌, 우리 인간에게 우리가 사는 곳에 관해서 기록하고 있기 때문이다. 그러나 신비로운 하늘의 영역은 우리에게서 전혀 먼 것은 아니다. 하늘의 사건들이 종종 그 기록에 나타나기 때문이다. 성경은 하늘 나라를 신화에 나오는 신비한 세계로 표현하지 않고 인간 역사 뒤에 있는 매우 구체적이며 깊은 배경으로 나타내고 있다. 우리 머리 위에 있는 가까운 하늘(공중의 새) 위로, 그리고 우주(하늘의 별들) 위로, 하늘의 하늘이 있기 때문이다. 이 '삼층 하늘'이 바로 하나님과 그의 다스리는 영들이 거하는 곳이다(히 1:14). 그래서 우리는 성경에서 하늘에 있는 하나님의 보좌와 인간사의 발등상의 사이를(사 66:1) 움직이는 교통을 볼 수 있는 것이다(욥 1:6; 2:1). 이 두 창조 영역 사이의 교통은 성경의 계시의 한계를 정해 준다. 특별히 구원 역사의 전환점에 하늘의 메신저가 인간 세상에 나타나 인간 역사의 새로운 전개를 선포하고 새로운 사건으로 인도하고 있음을 기억하라.

이러한 차이점은 우리로 하여금 보이지 않는 하늘 나라와 보이는 지상의 나라를 구별하도록 돕는다(골 1:15-20). 이 두 나라에 있는 모든 만물은 그리스도를 통하여 창조되었다(요 1:3). 이 두 나라 위에 하나님의 주권이 통치하신다. 그러나 하늘 나라의 사건들은, '삼층 하늘'의 경험과 같은 예외를 빼고는(고후 12:1-6), 우리의 일반적인 경험의 세계를 초월한다. 현대의 세속적인 지성이 아니면, '하늘 나라'를(엡 1:3) 비과학적인 그리고 신화적인 상상으로 치부할 수 없는 것이다. 하늘 나라는 실제이기 때문이다. 거기에는 그곳의 역사가 있다. 사탄의 타락과(눅 10:18) 악의 세력에 대한 천사들의 승리(계 12:1-17)는 예수 그리스도 안에서 하나님의 은혜가 이루는 지상의 승리의 배경이 된다. 성경의 계시는 하늘의 영역에 언제나 열려 있는 시각을 가지고 성경의 계시는 지상의 사건에 초점을 맞추고 있는 것이다. 하늘의 영역에 대한 열린 시각은 우리로 하여금 인간이 사는 지상의 영역이 모든 창조의 영역이며 세상의 역사는 인간사 안에 국한된 역사라고 주장하는 세속의 사상에 주의하도록 경종을 울려준다. 육안으로 볼 수 있는 것보다 더 많은 것이 언제나 존재하기 때문이다.

e) 문화소명

역사는 그의 세상을 다스리시는 하나님의 방법이며, 그 안에 '내리고' '오르는' 역사를 통하여 그의 창조물의 잠재력을 전개시키는 하나님의 방법이다. 하나님은 모든 것들의 주인이다. 인간 편에서, 다시 말하면, 반응의 시각에서 볼 때 역사는 '문화 명령'(cultural mandate)을 충실하게 또는 불충실하게 추구하는 인간의 드라마이다. 인간은 이 명령 안에서 창조 세계를 여러 가지 양상에서, 즉 농업, 언어학, 건축, 조직신학 등을, 하나님의 대리자로, 그의 영광을 위하여, 그리고 이웃에게 축복을 나누어주는 자로, 개발하도록 부름을 받은 것이다. 성경이 말하는 "다스리고 정복하라"는 명령은 사랑을 가지고 청지기로서 돌보라는 뜻이다.

f) 구조/방향

아담의 죄와 그리스도 안에서 이룬 구원의 영향으로 개혁주의 사상은 '구조'와 '방향'의 사이의 중요한 차이점을 존중한다. '구조'란 창조 질서를 지칭하는 말로,

그것은 하나님께서 원래 그의 창조에 의도하셨던 뜻이며, 현재도 그의 말씀으로 통치하심으로 원래의 상태로 돌아오라고 부르시는 질서로, 장래에 하나님이 원래 의도하셨던 뜻대로 회복시킬 그러한 질서를 말한다. '방향'은 창조의 삶을 지칭하는 말로, 인간이 빠진 죄에 의해 왜곡되고 잘못 방향이 잡힌 삶의 상태를 말하며, 현재는 그리스도 안에서 원칙적으로 이미 새로워지고 그리스도에 순종함으로 그에게로 방향을 되잡은 상태를 말한다. 하나님께서 창조 세계를 위해 정하신 구조는 영원히 불변하는 하나님의 뜻이다. 그러나 창조 세계의 구조는 아담 안에서 타락하였다. 그러나 하나님의 보전하시는 (일반) 은총에 따라 하나님은 지금도 창조의 구조와 질서를, 예를 들어서 결혼, 노동, 안식, 이성적인 능력 등을 변호하며 유지하고 계신 것이다. 그러나 그리스도를 떠나서 우리의 삶은, 비록 그러한 구조와 질서 안이지만 방향을 잃는 것이다. 그리스도 안에서 우리는 우리 삶의 회복을 경험할 수 있으며, 그러한 창조의 구조와 질서 안에서 우리의 삶을 순종하는 섬김의 방향으로 되잡아 갈 수 있는 것이다. 이러한 방향에 민감함을 통하여 우리는 우리의 마음과 삶을(학문 세계를 포함하여) 꿰뚫는 영적인 대조(spiritual antithesis)를 인식할 수 있는 것이다.

16. 교의(조직) 신학: 동역자와 종의 위치

교의 신학의 영역은 접근할 수 없는 섬이 아니다. 여러 연결점을 통하여 그곳으로 이르는 다리들이 있어서 다른 인간의 삶의 영역들로부터 생생하게 오고 갈 수 있는 이차선의 도로가 마련되어 있는 것이다. 이제 그 연결점들을 살펴보기로 하자.

a) 건전한 조직신학은 기독교 공동체의 종교적인 믿음과 삶에 깊이 뿌리를 두고 있어야 한다. "삶은 종교이다"—삶의 전부를 통틀어서(Evan Runner). 우리가 사는 그 방식에 따라 그 삶의 방식은 우리의 종교인 것이다. 조직신학은 이러한 기독교 공동체 안에서 몇 사람에게 주어진 사명이다. 이 공동체 안에 모든 이가 종교적인 삶을 살지만, 모두가 다 신학자는 아니다. 이것은 마치 모든 사람들이 정치에 참여하고 사업에 관여를 하지만 모두가 다 정치가나 사업가가 아닌 것과 같은 이치이다. 그래서 조직신학을 포함한 신학은 그 학문적인 활동으로서 모든 그리스도인들이 해야 하는 것이 아니다. 그러나 신학이 그리스도인의 믿음을 이론적으로 상고할 때에 그것은 그리스도인들이 매일 가지고 사는 실질적인 믿음/지식에 근거를 둔다. 신학

의 의무는 한 기독교 공동체 안에 살아 움직이는 신조들의 전통을 교회가 어떻게 이해하는가를 설명하고, 그 의미를 풍부하게 하고, 보수하며, 필요에 따라서는 그것을 개혁하는 것이다.

믿음과 신학은 뚜렷이 구별되어야 한다. 이 둘은 교의와 교의학이 다르듯, 예배와 예배학이 다르듯, 선교와 선교학이 다르듯, 그리고 설교와 설교학이 다르듯 다른 것이다. 이러한 다름을 이해하지 못하고서는 모든 신학의 문제들은 믿음의 위기를 불러일으키게 된다. 신학은 그 자체로서 정경적인 권위를 가질 수 없다. 그러한 권위는 오직 하나님의 말씀만이 가지는 것이다. 신앙고백조차도 그 말씀에 근거를 둔다. 신학은 이보다 더 낮은 권위를 가지는 것이다. 한 사람이 신학에 가지는 입장은 그 사람이 신앙고백에 가지는 입장보다 더 쉽게 바꿀 자세를 갖추어야 한다. 신학의 작업에 있어서 어느 정도의 실험 가능성, 즉 새로운 아이디어를 가지고 실험할 수 있는 가능성을 인정하고, 즉시 의심이나 이단으로 속단하지 말아야 한다. 인간의 다른 활동들처럼 신학도 실수를 할 수 있는 법이다. 그러므로 신학도 계속적인 개혁을 이루어 나가야 한다. 조직신학은 그것이 단순히 신학적인 활동이라고 해서 옳은 것은 아니다. 신학은 옳을 수도 있고 그를 수도 있으며, 득이 될 수도 있고 해가 될 수도 있으며, 믿는 신학이 될 수도 있고 안 믿는 신학이 될 수도 있는 것이며, 때로는 둘의 혼합일 수도 있다. 신학이 그 본질상 실험적인 것이 될 수도 있으며 또한 계속적으로 개혁되어 나가는 것이라면, 믿음은 그것과 전혀 다르다. 믿음은 "확실한 지식이며…굳은 확신"이다(하이델베르그 요리문답, Q & A, 21).

바빙크는 죽기 직전에 이런 말을 했다고 전해진다: "지금 나를 돕는 것은 나의 조직신학이 아니라, 오직 믿음이다." 이렇게 말함으로 그는 자기가 전 생애를 통하여 이룩한 신학작업을 무시하는 것인가? 결코 그렇지 않다―그는 단지 믿음의 중요성을 강조한 것뿐이다. 믿음과 행위는―물론 행위에는 신학의 작업도 포함된다―구별되어야 하지만, 결코 분리될 수는 없다(약 2:14-26). 믿음은 그것의 작업 현장으로 신학을 세우고 유지한다. 우리의 믿음 생활을 바탕으로, 그리고 우리의 믿음/지식의 영역에서 조직신학은 믿음의 행위와 내용을 연구하는 것이다. 이것은 아주 중요한 의무이다. 그 이유는 우리의 삶을 종합적으로 구성하는 수많은 요소들 중에서 믿음은 나머지 다른 것들의 방향을 설정하는 중요한 역할을 하기 때문이다. 믿음은 우리의 모든 세상에서의 행위들을 하나님의 말씀에 따라 반영하도록 인도하는 것이다.

우리가 믿음을 가지고 "그리스도는 모든 것의 주인이다"라고 우리의 신앙을 고백한다면, 이 신앙고백은 우리의 삶의 지표를 형성하여서, 도덕적으로, 정치적으로, 경제적으로, 사회적으로, 그리고 삶의 다른 모든 관계에서 이러한 고백을 따라 살게 유도하는 것이다. 우리의 모든 삶의 양식을 우리의 신앙고백에 일관되게 살아가는 한, 이러한 "수직적인" 믿음은 우리 모든 삶의 방향을 설정하는 것이다. 이러한 신앙고백의 교의를 전문적으로 상고하는 것이 바로 조직신학의 이론적인 초점이다. 이러한 역할을 가지고 조직신학은 다른 학문들과 더불어 동역자 관계를 가지며, 동시에 다른 학문들을 위해서 종의 위치를 가질 수 있는 것이다. 신학의 작업을 통해서 신학자는 하나님을 섬기며, 그렇게 함으로 그는 하나님의 이미지로 변형이 되어가며(시 115:8), 동시에 그는 하나님의 이미지에 맞는 신학을 형성하는 것이다. 이런 여러 가지 요소들이 보이는 진리는 조직신학을 하는 영적으로 깊은 단면을 반영하며, 그 진리는 또한 (다른 기독교 학문에서처럼) 신학을 하는 열정과 기쁨을 자아낸다. 그래서 믿음과 조직신학은 같은 길을 가는 것이다. 믿음은 조직신학을 형성하는 능력을 가지고 있어서, 믿음의 마음은 사람의 마음 안에 신학의 작업을 할 수 있는 기쁜 뜻을 불어넣어 주는 것이다.

b) 조직신학은 다른 학문과 마찬가지로 표준을 따라 이루어지는 학문이다. 그러면 신학은 어떠한 판단의 표준, 기준, 그리고 규범을 따라서 작업을 해야 하는가? 조직신학의 역사는 여러 가지 종류의 기준에 의해서 엮어져 왔다. 여러 가지 중에서 몇 가지만 열거 한다면, 초대교회의 교부들 중에서 사도의 권위의 전통이 있으며, 로마 카톨릭의 교황의 전통이 있으며, 경건주의의 영적인 경험이 있으며, 현대 자유주의의 과학적인 방법이 있으며, 최근의 과정 신학이 주장하는 제2의 계시로서의 역사적인 실제와 활동 등이 있다. 이러한 선택들을 두고, 루터와 칼빈의 종교개혁의 전통을 유지하고 있는 개혁신학은 하나님의 말씀을 '믿음과 삶의 법칙'으로 보고, 따라서 신학작업의 기준으로 삼는다. 기록된 하나님의 말씀은, 창조의 계시와 그것이 광범위하게 가지고 있는 그리스도를 향한 증거와 함께, 조직신학의 실제적인 원리와 궁극적인 기준이 되어서, 조직신학을 지배하고, 판단하며, 구원한다. 신학도 구원되어야 하기 때문이다.

하나님의 말씀은 역동적인 능력으로 사람의 마음, 영혼, 정신을 주장하며, 모든 믿음에 충실하고 순종하는 학자들에게 능력을 부여한다. 그러나 성경이 인간이 판단하고 지배할 수 있다고 생각하는 종교적인 진술로 이해되는 한, 그것은 우리를, 그리고 우리의 신학을 구원할 수 없는 것이다. 오직 구원하는 이는 성경이 증거하는 그리스도이다. 이것이 바로 예수가 그 시대의 바리새인들을 꾸짖은 이유이다(요 5:30-47). 성경 안에 살아 계신 그리스도에게 순종함이 없는 무책임한 문자주의식의 이해는 성경-우상이 된다. 칼빈이 말한 것처럼, "성경의 옷을 입고" 우리에게 오시는 그리스도가 우리의 모든 신학적 상고의 유일한 변호자이다. 이러한 의미에서 하나님의 말씀은 우리의 올바른 믿음과 올바른 활동의 영원한 기준이다.

c) 조직신학은 교회와 교회가 행하는 여러 가지 사역에 열린 대화를 유지하여야 한다. 교회의 임무는 성도들의 삶을 하나님의 세계 안에서 실질적으로 올바로 살 수 있도록 갖추어 주는 것이다(엡 4:11-16). 조직신학은 좀더 이론적인 단계에서 작업을 한다. 신학자는 그러한 이론적인 작업은 오직 이차적이라는 것을 기억해야 한다. 그리스도인의 공동체의 삶을 지탱하는 믿음/지식이 가장 우선적인 것이며 따라서 그렇게 존중되어야 한다. 이렇게 함으로 신학은 하나님의 백성에게 매우 중요한 공헌을 할 수 있는 것이다. 조직신학은 강단에서, 교회의 회의실에서, 그리고 요리문답을 가르치는 교실에서 뚜렷하고 눈에 띄는 위치를 가지지 않는다. 그러나 믿음과, 말씀 선포와, 그리고 활동과 관련해서 종으로 섬기는 조직신학은, 다른 신학들과 협동함으로 교회의 사역 즉 설교, 가르침, 성찬과 세례, 사회 활동, 심방, 교제와 전도 등과 같은 사역을 도울 수 있는 것이다.

d) 다른 기독교 학자들과 같이 조직신학자들은 그들의 학문의 창을 기독교 공동체와 사회 전체의 도전에 열어놓아야 할 책임이 있다. 그들이 가진 분석의 도구들을 통하여 조직신학자들은 오늘날 닥치는 여러 가지 문제들을 해결하기 위해 좀더 성숙한 그리스도인의 정신을 개발할 수 있다. 그들의 작업은 반드시 하나님 나라의 비전으로 형성되어야 하며, 그렇게 함으로 복음의 개혁하는 능력이 세상의 정신 구조 속으로 그리고 매일의 삶의 현장 속으로 침투하도록 해야 한다. 기독교 안의 다른 학자들도 그리스도인으로 하여금 그들이 정치, 경제, 사회, 그리고 교육에 있어서 좀더 성경의 가르침에 적합하게 살아갈 수 있도록 한다. 조직신학자들은 신앙 고백적인 그리고 신학적인 측면에서 그리스도인들을 도와야 한다. 그렇게 하기 위해서 그들은 기독교 단체들과 사회에서 활동하는 그룹들을 도울 수 있는 기회에 민감해야 한다. 어떻게 월터 라우셴부쉬(Walter Rauschenbusch)가 그의 사회 복음(social gospel)을 가지고 세계에 영향을 끼쳤는지, 어떻게 칼 바르트가 바르멘 선언(Barmen Declaration)을 통하여 영향을 끼쳤는지, 그리고 위르겐 몰트만(Jürgen Moltmann)이

어떻게 최근의 해방 운동의 신학적인 기초를 깔았는지를 생각해 보라. 조직신학은 '상아탑'으로 후퇴해 들어갈 수 없는 것이다.

17. 성경의 정경성

성경은 모든 그리스도인의 삶에 기준이 된다. 동시에 성경은 조직신학을 하는 데에 정경이 된다. 여기서 우리는 성경의 정경성에 대한 질문들에 대한 답을 할 수 있는 좋은 기회를 얻는다. 짧은 지면을 통하여 초대교회에 성경이 정경화된 역사를 서술하기는 쉽지 않다. 정경이란 영어 canon의 어원은 물건의 길이를 재는 '자'(尺)이며, 그것은 궁극적으로 '판단의 기준'을 의미한다. 우리는 바울서신들에서(고후 10:13-17; 갈 6:16) 이러한 개념을 찾을 수 있는데, 그 의미는 그리스도인들의 공동체 안에서 행동이나 믿음의 기준으로 형성된 그러한 공적인 문서를 의미하지는 않는다. 그러나 신약성경은 구약성경을 '성경'(the Sacred Scriptures, 딤후 3:15)으로, 교회를 통해 내려오는 정경으로 인정하고 있다. 이러한 정경에 대한 전통은 초대교회에 강하게 남아 있었다. 처음에 초대교회는 외경까지도 포함한 헬라전통의 정경을 따르지 않고, 얌니아의 유대인 회의(기원후 98)에서 인준한 구약성경만으로 구성된 팔레스틴 정경을 따랐다. 그러나 후에 제롬(Jerome)이 라틴어 성경(the Vulgate, 기원후 385)에 적은 경고에도 불구하고 외경들도 이차적인 정경으로 받아들여졌다. 이러한 정경에 대한 전통은 계속되어 오다가 루터가 그의 독일어 성경(1534)에서 그들의 정경성에 의문을 제기하였다. 우리는 여기서 성경의 정경화 역사를 신약성경의 기술에 국한하기로 한다.

정경의 역사를 거슬러 올라가면서 우리는 다음과 같은 역사적 요소들이 중요한 역할을 했다고 믿는다.

a) 핍박: 교회 초기에 약 열 개의 핍박들이 적게는 한 지방에 국한되어, 넓게는 제국 전체에 발생하였다. 이교도들의 핍박으로 어떤 그리스도인들은 그들의 믿음으로부터 멀어져갔다. 다른 그리스도인들은 순교를 당하였다. 생명에 대한 위협 앞에서 그리스도인들은 그들의 성경을 부인하느냐 아니 하냐는 극단적인 선택을 하여야 했다. 이러한 위기에서 다음과 같은 자연스러운 질문이 제기되었다: 교회에서 사용되고 있는 많은 책들 중에서 우리의 목숨을 걸고라도 지켜야 하는 책들은 과연 어떤 책들인가?

b) 이단: 신앙이 핍박을 받을 때에는 모든 이들이 그런 것처럼 이단들도 그들의 신앙을 정당화하기 위해서 모든 가능한 출처를 사용하였다. 그래서 다음과 같은 질문이 제기되었다: 어느 책들이 하나님의 권위를 가지고 있는가? 기독교의 교리와 활동을 형성하기 위해서 우리는 어느 책에 권위를 두어야 하는가?

c) 여러 가지의 정경들: 초대교회에는 여러 종류의 신약성경들이 생겨났다. 그 중에서 중요한 것은 표준이 되는 목록을 가진 무라토리안 단편 모음(Muratorian Fragment, c. 200)으로서, 이 무라토리안 목록은 영지주의적으로 구성되고, 심하게 반유대적인 성격을 지니며, 신약을 누가복음과 열 개의 바울서신만으로 제한한 말시온(Marcion) 목록(c. 150) 이후에 구성되었다. 말시온이 제한된 신약성경을 주장하였다면, 그 반대로 신약을 넓힌 것은 몬타니스트 운동(Montanist Movement, c. 200)이었는데, 이 운동은 그 운동의 지도자들의 예언을 신약에 포함시켰다. 이렇게 여러 가지 정경들이 난무하는 가운데 그리스도인들은 어느 정경을 택할지를 결정해야 하는 상황에 이르게 되었다. 어느 책들이 신약성경에 포함되어야 하는가? 이러한 반복되는 시련 가운데에서 신약성경은 점차 그 모습을 갖추어 갔다.

정경사를 돌아보면서 우리는 다음과 같은 질문을 할 수 있다: 신약성경이 정경으로 갖추어지는 과정 안에 어떠한 기준이 중요하게 작용하였는가? 우리는 세 가지의 기준을 말할 수 있다.

a) 사도성: 정경이란 개념은 사도의 전통과 동의어로 이해되었다. 그것은 주로 출처와 저자의 문제이다. 정경으로 받아들여지기 위해서 쓰여진 책은 직접 사도들에게로 연결이 되거나, 아니면 적어도 사도들의 직접적인 제자들의 글이어야 했다. 예수의 삶과 죽음, 그리고 부활에 대한 일차적인 증거로 이 문서들은 머리되신 그리스도와 몸된 교회의 사이에서 살아 있는 연결점 역할을 하는 것이다. 정경화된 책들은 교회의 생활에 예수의 복음의 사도적 승계를 나타내는 것으로 이해되었다.

b) 일관성: 정경의 개념은 일관성의 원리와 긴밀히 연결되어 있다. 정경으로 채택되기 위해서 책들은 그 내용이 다른 정경의 책들의 내용과 일치되어야 했다. 사도들의 글들은 그 전체에 있어서 구약의 예언서들의 증거와 일치한다는 근거 아래 하나님의 말씀으로 인정되었다. 이러한 일관성의 원리는 외경뿐만 아니라 신약의 여

러 책들에—히브리서, 베드로후서, 야고보서, 유다서, 그리고 요한계시록에—적지 않은 의심을 가져다주었다. 그럼에도 불구하고 교부들의 기본 입장은, 성경은 성경으로 해석된다는 성경의 유추(analogy of Scripture)에 근거하고 있다. 성경의 내적인 일관성에 대한 질문은 16세기에 루터에 의해서 새롭게 제기되었다. 루터의 "무엇이 그리스도를 선포하는가?"라는 질문이 주는 강조점은 야고보서, 유다서, 그리고 베드로후서를 비난어린 눈으로 보게 하였고, 요한복음(예수라는 말씀을 강조하고 있는)을 마태, 마가, 누가(예수의 행위를 강조하는)의 복음들 위에 두어 '원리적인 복음'이라고 높였으며, 시편들을 '작은 성경'으로, 그리고 로마서를 '신약성경 중에서 가장 중요한 책'으로 보게 하였다. 그러나 일반적으로 종교개혁자들은 근본적인 정경의 일관성이 성경에 내재되어 있다고 인정하였다. 이러한 견해는 로마 카톨릭 교회가 주장하는 것, 즉 정경의 일관성은 교회가 공식적으로 가르치는 사역에 의해서 이루어지며, 그것이 성경, 예수를 증거하는 사도들, 그리고 교회의 전통 사이에 일관성을 보장한다는 주장과 전혀 다른 주장이다.

c) 보편성: 초대 교회 성도들은 성경의 정경성은 교회 연합에 반영되어야 한다고 믿었다. 교회 안에는 문서들이 흘러 넘칠 정도로 많았다. 그 중에 많은 것은 감독들이 지역의 필요에 따라 적은 글로 지역에 따라 깊은 신뢰감을 얻기도 하였다. 그 중에는 사도행전처럼 되풀이되고 회람되기도 하였다. 정경으로 결정되기 위해서 책들은 그 내용에 있어서 교회 전반에 걸쳐서 적절성이 분명하게 증명되어야 했다. 이러한 일반 보편성의 원칙에 따라 고린도 교회에 보낸 로마의 클레멘트(Clement of Rome)의 서신들과(c. 95) 여러 교회에 보낸 이그나시우스(Ignatius)의 서신들은(c. 110) 정경이 아닌, 교훈적인 문서로 채택이 되었다.

현재 정경에 대한 많은 비판에도 불구하고 신약성경을 전통적으로 받아들이는 27권에서 줄이거나 늘리거나 하는 주장은 별로 없다. 그 대신에 성경 신학적이거나 역사적이거나 신학적이건 간에 최근의 비평 학문은 이 받아들여진 본문들을 그것들의 해석학적인 원리에 적응시키는 경향을 띠고 있다. 이러한 접근은 보통 '정경 안의 정경'으로 퇴각하여 그 안에서 진리의 핵심을 찾는 결과를 낳는다(Gerhardt Maier, *The End of the Historical-Critical Method*, 26-49).

이제 이 교회사를 뒤돌아보면서, 우리는 정경 형성사에 정말로 무엇이 발생한 것인가를 해석하는 원리에 대해서 물어야 한다. 이 질문에 대한 대답은 역사적인 판단

이상의 것을 요구한다. 이 질문은 성경의 정경성 자체의 본질에 대한 깊은 사고를 요하기 때문이다. 다음에서 네 가지 견해를 연구해 보자.

a) 하나님의 특별 섭리(providentia specialissima) : 성경이 정경화된 것은 하나님의 특별한 섭리로 말미암아 교회 안에서 특별한 책들이 성경으로 확정되었다고 믿는 견해이다. 이러한 견해를 뒷받침하는 증거는 없다. 성경 정경사는 일관되지 않은 전개와 발달이 나타나는데, 동양과 서양 사이가 그렇고 서양의 교회 안에서도 그렇다. 거기에는 다루기 힘든 차이점들과 때로는 심한 논쟁들이 있었고 그것들은 겨우 조금씩 일치로 나아갔음을 볼 수 있다.

b) 영감: 다른 학자들은 하나님께서 허락하신 영감에 근거하여 정경 형성사를 설명하고 있다. 성경을 작성하던 저자들을 영감한 성령이 교회를 영감하여 쓰여진 성경들을 모으게 했다는 주장이 이것이다. 그러나 이 견해는 성경 안에 쓰이는 영감이라는 의미를 성경 이외로 연장하고 있는 것이다. 이 견해는 성령에 의해서 주장된 하나님의 사람들에게 근거를 두고 있다(벧후 1:20-21; 딤후 3:16-17). 이 견해는 성경의 영감이라는 전통적인 교리를 성경 본문 이외로 넓힘으로 평준화시키고 있는 것이다. 따라서 이 견해는 성경의 영감과 조명 사이의 중요한 차이를 혼동시키고 있는 것이다. 이 둘 중에서 오직 조명만이 교회의 사역, 즉 성경을 받아들이고, 읽고, 해석하고, 그 내용을 활동에 적용하는 사역에 적합한 것이다.

c) 교회의 공회의: 앞에 다룬 두 개의 견해보다 역사적으로 그리고 신학적으로 더 큰 영향력을 가진 이 견해는 정경의 형성을 교회의 공의회와 감독들의 계승이라는 권위에 두는 것이다. 중세의 교회와 현대의 로마 카톨릭 교회는 이러한 전통적인 견해를 유지하였다. 이들이 말하는 정경 형성의 권위는 우선 아타나시우스(Athanasius, c. 297-373)의 부활절 서신에, 그리고 더욱 중요하게 히포 공의회(Councils of Hippo, 394)와 카르타고 공의회(397)에, 그리고 또한 트렌트 공의회(Council of Trent, 1545-1563)에 근거를 두고 있다. 여기서 중요한 질문은 우선권에 대한 것이다: 권위는 교회에 있는가 아니면 성경에 있는가? 카톨릭 교회는 비록 성경 자체가 존재적인 권위를 가지고 있지만, 그것이 실질적으로 알려지는 지적인 권위는 교회의 동의에 달려 있다고 주장한다. 이 주장에 따르면 사도의 권위는 로마의 주교에게로 전승이 되어 내려옴으로 그의 말을 통하여 성경이 진실이라는 실질적인 보증을 마련한다는

것이다. 성경 또한 교회의 품 안에서 탄생하였으므로, 교회가 성경 위에 어느 정도 권위를 가진다고 주장한다. 교회는 이런 의미에서 진리의 보수자이다. 이러한 의미에서 교회의 살아 내려오는 전통은 정경 위의 정경의 역할을 하는 것이다.

카톨릭 교회는 또한 어거스틴이 중생할 때에 들었다고 주장하는 목소리에 그 권위를 둔다: "집어서 읽으라." 이 목소리를 그들은 교회가 성경을 확인하는 의미로 해석하고 있다. 어거스틴이 후에 한 말들도 그들에게는 정경화 역사에 중요한 의미를 가진다: "카톨릭 교회의 권위가 나를 움직이지 않았다면, 나는 복음을 믿지 않았을 것이다", "당신은 교회를 당신의 어머니로 가지기 전까지 하나님을 아버지로 가질 수 없다."

어거스틴의 이러한 말들은 종교개혁 시기에 많은 논쟁을 불러일으켰다. 카톨릭 교회는 어거스틴의 말에서 교회의 권위를 말하는 교회 지도자의 말을 들었고, 개혁자들은 거기서 기독교 사상가의 말을 들었다. 그 결과는 두 어거스틴이었다. 칼빈도 역시 교회를 '그리스도인들의 어머니'라고 하였다. 교회는 그러나 정경으로서의 권위를 가지지 않고, 오직 그의 자녀들을 돕고 인도함으로 그리스도인의 삶을 살아가도록 하는 가르침의 권위만을 가지고 있다고 주장하였다. 그는 아래와 같이 교회의 목회적인 의무를 설명하고 있다:

> 하나님은 그의 (교회의) 품 안에 그의 자녀들을 품기를 원하셨다. 거기서 자녀들이 갓난아이와 어린아이일 적에 교회로부터 양육되고 인도를 받을 뿐 아니라, 그들이 성장해서 적어도 믿음의 목표에 이르기까지 교회의 어머니적인 돌봄을 받아야 한다. (여기서 칼빈은 비유를 바꾸어서) 우리의 일생을 통하여 우리의 약함 때문에 우리는 교회라는 학교에서 떠나지를 못하는 것이다(『기독교강요』 IV. 1. 1 and 4).

칼빈은 어거스틴의 말을 다음과 같이 이해하고 있다. "그리스도인들의 믿음은 교회의 권위 위에 세워지는 것이 아니다." 마치 "성경이 가진 무게가 부족해서 교회의 동의를 얻어야만 되는 것처럼" "복음의 확실성은 교회의 동의에 구애되지 않는다." 성경의 정경성은 '교회의 결정'에 달려 있지 않다. 교회는 "사도들과 선지자의 터 위에 세워"졌다는(엡 2:20) 바울의 가르침을 인용하면서 칼빈은 "만약 사도들과 선지자들의 가르침이 교회의 근거라면, 그 가르침은 마땅히 교회가 세워지기 전부터 권위를 가지고 있었다"고 결론을 짓고 있다. 그러므로 어거스틴이 말한 의미는 "교회의 권위는 우리로 하여금 복음 안에 믿음을 가지도록 준비하는 안내의 권위라는 것이다." 그러므로 비록 "교회가 성경을 인정하는 보증을 하지만, 그렇다고 해서 원래 의심스럽고 논쟁이 되는 것을 교회가 정경으로 만들지는 못한다." 그러므로 교회는 정경 역사에 있어서 수동적인 역할을 하고, 따라서 교회는 교회를 정당화시키고, 판단하고, 능력을 부여하는 정경에 순종하여야 한다(『기독교강요』 I, 7, 1-4).

루터는 교회의 사역을 '어머니'의 역할로 강조하지는 않았지만, 그와 칼빈은 정경의 확실성은 교회의 무오한 결정에 달려 있지 않고, 성령의 내적인 증거에 달려 있다고 동의하였다. 루터는 "하나님께서 당신에게 '이것이 하나님의 말씀이다'라고 말해 주어야지, 그렇지 않으면 확실하지 않다"라고 말하였다. 칼빈도 같은 의미로 "성령의 증거에 의해서 보증을 받지 않으면 성경은 우리에게 불확실하므로", 그래서 "하나님께서는 하나님의 말씀을 쓰게 한 그 같은 성령을 보내어서 그 말씀을 효과적으로 확인함으로 그 일을 다 마치셨다." 그러므로 "성경이 우리에게서 마땅히 받아야 하는 확실성은 성령의 증거에 의해서 얻어진다"(『기독교강요』 I, 9, 3; I, 7, 5). 따라서 16세기 종교개혁은 서구 교회 안에서 성경의 정경성을 이해하는 데 중요한 전환점을 이룩하였다.

개혁자들과 후기 개혁전통의 기본적인 이러한 견해는 사도신경에서도 중요한 뒷받침을 얻고 있다: 우리는 하나의 '거룩한 보편적 교회'(one holy catholic church)를 믿는데 그 믿음을 우리는 '성령' 안에서 믿는 것이다. 따라서 교회는 정경적으로 진리인 것을 선포한다. 그리고 그것이 왜 진리인가 하는 질문에 대한 답변은 바로 성령이다. 한때 바르트가 자신의 신앙고백으로 인용한 어린아이들의 믿음을 그린 찬송가에 있듯이, "예수 사랑하심은…"(Jesus loves me, this I know…)—이러한 믿음은 교회가 준 것이 아니라, "성경에 써 있네"(the Bible tells me so)라는 말처럼 성경이 준 것이다. 종교개혁 시기의 한 신조는 정경에 대한 문제를 간략 명료하게 진술하고 있다. 다음에서 세 가지 요점이 이어지는 연속을 보고 또한 얼마나 주의 깊게 단어들을 선별하였는가를 살펴보라:

> 우리는 이 모든 책들을(신구약의 66권을). 오직 이것들을 거룩한 정경으로 받아들인다…교회가 그것들을 그렇게 받고 인정해서라기보다는, 그보다는 특별히 성령이 우리의 마음 안에 그것들이 하나님께로서 온 것으로 증거하고 있기 때문에, 또한 그것들이 그 안에 그러한 증거를 담고 있기 때문이다(벨직 신앙고백, 5장).

첫 번째 근거는 교회의 가르치는 도구적인 역할이고, 둘째는 매우 결정적인 성령의 확신을 주는 증거이며, 셋째는 믿은 후에 신학의 서술이 주는 확인하는 근거를 이 신앙고백은 잘 설명하고 있다.

d) 정경 형성에 대한 네 번째 견해는 지금까지의 해설에 간접적으로 이미 나타난 것이다. 칼빈은 종교개혁의 대표로 '자증하는' 성경의 본질에 대하여 말하였다(『기독교강요』 I, 7, 5). 이러한 주장은 정경 자체 이외에 어떠한 권위도 배제한다. 성령의 약속된 인도 아래에서(요 16:12-15), 하나님의 말씀은 이 세상에서 자신의 선한 사역을 하는 것이다. 따라서 신약성경 안에서 모든 시대의 교회는 다른 데서는 전혀 들을 수 없는 것을 선한 목자이신 하나님의 말씀에서 듣는 것이다. 그 말씀 자체가 정경화 역사의 역동적인 힘인 것이다. 그 말씀 자체가 그리스도인의 믿음의 공동체인 교회 안에서 자신의 자리를 스스로 찾은 것이다. 교회는 오직 이차적인 권위로서 그 말씀에 순종하는 것이다. 초대 교회에서 가졌던 감독들의 가르치는 권위를 위해서도 성경의 역동적인 능력은 그들의 가르침을 결정적으로 믿게 하는 내적인 증거를 주었었다.

그렇다면 히포와 카르타고의 공의회에서 발생한 것은 무엇인가? 거기 모인 교부들은 여러 개의 정경 중에서 선택을 해야 하는 도전을 받은 것이 아니었다. 몇 가지 의심스러운 점들이 남아 있었지만, 신약성경에는 더 이상 문제될 것이 없었다. 이 공의회들은 이미 확립된 사실들을 이어받았다. 정경화 작업은 그때에 이미 거의 확립이 되어 있었던 것이다. 남아 있던 것은 '자증(自證)하는' 성경의 본질을 인정하는 것이었다. 그것은 결과적으로 교회를 성경의 권위 아래 복종시키는 것이었다. 이것이 바로 개혁신학이 지키려고 하는 정경에 대한 개혁적인 주장이다.

18. 최근의 해석학

조직신학을 성경에 근접해서 연구하는 것이 바로 본서의 주요 목표이다. 이러한 목표는 우리로 하여금 창조 질서를 옳게 이해하기 위해서 성경의 지적인 중요성을 인식하도록 한다. 성경은 모든 진리의 열쇠이기 때문이다. 성경은 또한 신학을 포함한 모든 이론적인 상고의 기준이다. 그 모든 범위에서 그리고 종합적으로 구성된 모든 부분들에서 성경은 하나님의 권위로, 구원하는 권위를 가지고 우리에게 말한다. 성경은 우리 삶의 모든 부분들에 새로운 빛을 비쳐준다. 이러한 삶의 부분들 중에 조직신학은 하나님의 진리를 듣고, 알고, 행하는 한 부분이다.

이러한 상황에서 성경을 어떻게 해석할 것인가 하는 질문은 매우 중요하다. 우리는 성경해석을 주석을 위한 이론으로, 구원 역사적이며 그리스도 중심적인 성경의 계시를 이해하기 위한 원리와 방법으로 이해한다. 그러므로 성경해석은 개혁신학의 기본이 되는 바탕인 것이다.

지난 두 세기에 걸쳐서 신학이 인간론을 중시하는 신학으로 방향을 잡은 후에 그리고 계몽주의 사고의 큰 영향을 받음으로 지나칠 정도로 인식론적인 문제에 집착하는 경향과 함께, 해석학은 거의 모든 신학적인 논의에 점점 더 결정적인 영향을 끼치면서 성장해 왔다. 그래서 모든 신학적인 주제들은 해석학의 문제로 이해되기도 하였다. 이러한 경향 안에서 "당신의 해석학의 원리는 무엇입니까?"라는 질문은 신학적인 주제의 결정에 주요한 시험이 되고 있는 것이다. 개혁신학의 작업을 하면서 우리의 목표는 '신앙고백적인 해석학의 원리'를 가지고 우리의 신학을 서술하고자 하는 것이다. 물론 우리의 해석학의 원리는 성경의 권위의 본질에 대한 개혁주의 신조에 근거를 둔 것이다. 그러면 우리의 성경해석은 어떠한 양상을 취할 것인가?

우리 시대는 수많은 해석학의 양상들로 인해서 매우 복잡한 상태이다. 지난 세기는 여러 종류의 역사-비평적인 방법들이 주도했었다. 그 과격한 표현에서 볼 때에 역사-비평 방법은 세속적이고 인간 중심적으로 이해한 세계에 의해 이루어졌다. 이 견해에 의하면 이 세상은 자연 법칙에 따라 자연 안의 원인과 결과로 이루어지는 닫혀진 자연의 시스템을 말한다. 자연 이외로부터의 가능성, 예를 들어서 무로부터의 창조, 동정녀로부터의 성육신, 그리고 부활은 자연 법칙에 의하여 부정되었다. 현대인이 갖는 성경에 대한 인식, 그리고 그들이 갖는 성경 이해에 대한 인식은 '과학적인 방법이 주는 확실한 결과'에 의하여 형성이 되고 있다. 이런 견해에서 보는 구약 성경은 여호와를 추구하는 쉼이 없는 이스라엘의 종교적인 경험들을 모아 편집한 것으로 치부되고 있다. 그리고 신약성경은 나사렛에서 태어난 사람의 인물과 행동에 대한 초대 그리스도인들의 주석을 모은 것으로 이해되고 있다. 이러한 기본 견해를 가지고 자유주의 신학은 다음과 같은 자신만만한 성경해석의 원리를 창출하였다. 우리가 고등 비평적인 견지에서 고대의 선 과학적인 문서들을 연구한다면, 성경의 서술로부터 "무엇이 정말로 일어났는지"를 알 수 있으며 그러므로 성경을 역사적으로 재구성할 수 있다는 것이다. 따라서 그들은 갈릴리의 '진실한 역사적인 예수'를 재구성할 수 있을 것이라고 주장하였다.

역사 비평 방법의 이러한 근본적인 가정, 원리, 그리고 시각은 성경에 대한 전통적인 개혁주의 시각과 전혀 다른 것이다. 그러므로 전통적인 개혁신학자들이 역사 비평 방법을 거의 일치되게 거부하는 것은 전혀 놀랄 일이 아니다. 그러나 최근 들어서 이러한 태도는 조금 바뀌었다. 어떤 이들은 역사-비평 방식을 제한된 의미에서 사용할 수 있다고 말하고 있다. 그 이유는 성경 자체가 역사적인 계시이기 때문이다. 따라서 성경의 구원의 메시지를 포기하지 않는 한, 성경 연구는 역사적인 연구에 문을 열어야 한다는 주장이다. 그래서 역사-비평 방식에 대해서 '예'와 '아니오' 둘 다가 조심스럽게 거론되고 있는 것이다. 그러나 그 방식이 가지고 있는 기본 전제와 세계관에 대한 전체의 시각은 매우 부정적인 반응을 불러일으키고 있는 것도 사실이다. 동시에 그것이 가지고 있는 연구를 위한 도구와 기술은 긍정적인 반응을 불러일으키고 있다. 이 방식에 긍정적인 접근은 역사-비평 방법의 과학적인 연구 과정은 비교적 모든 학문에 공통적으로 사용되는 '중립적'인 방법이라는 주장에 근거를 두고 있다.

이런 복합적인 해석학은 믿음의 헌신과 신학 방법 사이에, 신앙 고백과 해석 사이에 거대한 긴장을 조성하고 있다. 성경을 하나님의 말씀이라고 고백하면서도 이러한 자신의 고백과 일치하지 않는 해석 방법을 사용하는 학자들도 있다. 이들의 주장은 그리스도인으로서 우리는 성경을 하나님의 말씀으로 받아들여야 한다고 말한다. 그러나 신학자로서 성경의 본문을 역사-비평적인 방법으로 연구할 때에 우리는 방법론적인 면에서 그러한 믿음의 헌신을 옆으로 밀어놓아야 한다고 주장한다. 과학적인 이러한 연구의 논리는 역사적인 방법을 활용하기 위해 개인의 믿음을 사용 중지해야 한다는 것이다. 그 이유는 종교적인 믿음은 이러한 과학적인 방법의 한계 밖에 있기 때문이라는 것이다. 예를 들어서, 개인의 믿음의 견지에서 볼 때, 우리는 그리스도의 부활을 믿을 수 있다. 그러나 역사 신학자의 견해에서 볼 때 우리가 말할 수 있는 전부는 사도들과 같은 어떤 이들은 그렇게 믿고 그렇게 행동했다는 것뿐이다.

이러한 현대의 사고에서 볼 때, 우리는 오직 믿음으로만 성경의 구원 역사를 받아들일 수 있다는 것을 새삼 깨닫게 된다. 해석학에 대해 이렇게 나누어진 견해는 종합적으로 일치된 신앙고백적인 신학을 불가능하게 만든다. 그 결과로 나타나는 것은 믿음과 신학 사이의 긴장이며, 이 긴장은 또한 신앙고백과 해석학 사이의 관계를 불편하게 만드는 것이다. 물론 믿음과 신학, 신앙고백과 해석학의 차이는 구별되어야 한다. 이 차이점들은, 앞서서 이미 밝힌 것과 같이, 믿음/지식과 이론적인 사고 사이의 우선 순위의 차이를 나타내기 때문이다. 그러나 그 둘 사이를 분리시키는 것은 동전을 앞과 뒤로 분리하는 것과 같은 결과를 낳는다. 이러한 분리적인 위험으로부터 탈출하고, 또한 성경의 가르침에 가까운 해석으로 회복하는 길은 성경 자체가 그 안에 가지고 있는 신앙고백적인 출발점으로부터 시작하는 신앙고백적인 해석학에 근거하는 길 하나뿐이다.

19. 성경해석의 전제

성경을 연구하는 모든 해석자는 그 위에 자신의 작업을 세우는 성경에 대한 특정한 전제를 가지고 있다. 성경 연구에도 우리는 우리 자신을 가지고 하는 것이다. 이것은 굳이 변명할 일이 아니다. 그러나 어떤 이들은 성경을 읽을 때에 우리는 먼저 우리가 가진 모든 전제들을 비우고 성경으로 하여금 우리의 빈 마음에 그의 메시지를 쓰게 하는 것이 가장 이상적인 성경 읽기라고 주장하기도 한다. 이러한 방법으로 성경 읽기를 시도하는 것은 가능하지만, 사실 그렇게 성경을 읽는 것은 불가능한 일이다. 우리는 우리 자신으로부터 도망칠 수 없으며, 우리의 확신을 비울 수 없기 때문이다.

성경을 읽을 때에 우리는 어떤 기대감을 가지고 접근한다. 그리고 그것을 읽을 때에 우리는 모두 어떤 안경을—그것이 도덕주의적인 안경이건, 우화적인 안경이건, 역사-비평적인 안경이건, 신마르크스주의 안경이건, 구원 역사적인 안경이건, 세대주의적인 안경이건, 또는 카리스마적인 안경이건—쓰고 읽게 된다. 여기 필요한 질문은 우리가 안경을 쓰고 있는가 아닌가 하는 것이 아니라, 어떠한 해석학적인 안경을 쓰고 있는가 이다. 더 중요한 질문은 성경해석을 위해 우리가 쓰고 있는 안경이 과연 성경 자체로부터 온 것인가, 그것이 과연 성경에 충실한 것인가, 그것이 과연 성경 자체와의 계속적인 관계를 통해서 형성된 것인가, 그것이 과연 성경의 시험을 거칠 수 있는 것인가 하는 것이다. 성경해석학의 가장 좋은 목표는 하나님의 말씀에 정직하게 서는 것이다.

만약 성경을 옳게 읽는 데에 성경적인 견해가 필수적이라면, 우리는 '해석학의 원주'(hermeneutical circle)에 갇혀 버린 것이 아닌가? 결코 그렇지 않다. 그리고 그러한 해석이 결코 기독교적인 해석에 국한된 것도 아니다. 이러한 해석은 모든 인간에게—그것이 인본주의자이든, 세속주의자이든, 이성주의자이든 상관없이—적용되기 때문이다. 모든 인간은 어떤 기준이 되는 권위에 근거해서, 알건 모르건 간에, 살고, 생각하고, 행동하는 것이다. 중요한 질문은 그것이 어떠한 권위인가 하는 것이다. 우리가 과연 성경적으로 정의된 해석학의 원주 안에 사로잡혀 있는가를 아는 방법은 다름이 아니라 우리가 하나님의 말씀이라는 모든 것을 주관하는 최고의 권위에 피조물로서 의존한다는 것을 깨닫는 것이다. 우리는 우리 자신의 피조물의 본질로부터 벗어나 피조물을 넘어서는 시각을 가질 수 없는 것이다. 우리는 우리의 이론적인 사고를 가능하게 하는 그러한 하나님의 말씀 아래 서 있는 것이다.

이미 16세기에 칼빈은 성경에 대한 옳은 전제를 갖는 것이 얼마나 중요한가를 깨달았다. 수세기에 걸친 무지에서 벗어나 칼빈과 그의 동료 개혁자들은 성경을 다시 하나님의 백성들의 손 안에 쥐어 주는 일에 헌신하였다. 그러나 어떻게 수세기에 걸친 영적인 공백을 채울 수 있는가? 하나님의 백성들이 오랫동안 접해 보지 못했던 성경을 다시 읽기 위해서 그들에게 필요한 것은 무엇인가? 그것은 그들이 성경에서 무엇을 기대하고 읽을 것인가를 가르쳐 주는 것인가? 칼빈은 그의 『기독교강요』의 서문에서 이런 질문에 대해 간략하게 답을 주고 있다. 그는 거기서 '이 작은 책'은 그리스도인으로 하여금 성경을 읽는 데 도움을 주기 위해서 쓰여졌다고 적고 있다. 그것을 우리말로 표현하면, 칼빈은 『기독교강요』를 하나님의 말씀의 해석학적인 가이드로 써서, 그것을 읽는 이로 하여금 하나님의 뜻을 믿고 순종하는 삶을 살도록 유도하기 위해서 쓴 것이다. 여기서 우리는 칼빈이 성경적인 해석학 원주에 완전히 만족하고 있음을 볼 수 있다. 자신을 그러한 해석학적인 원주 안에 두면서, 그는 성경 번역과 해석의 기본적인 원리를 서술하고 있다: 성경이 말하는 이상의 것을 말하지 말라, 그렇게 하는 것은 쓸모 없는 사색이기 때문이다; 또한 성경이 말하는 이하의 것을 말하지 말라, 그렇게 하는 것은 성경을 왜소화하는 것이기 때문이다.

20. 성경관

방법론적으로 볼 때에, '이해를 구하는 믿음'(안셀름)이라는 신앙고백은 성경의 영감(inspiration), 무오성(infallibility), 그리고 성경의 권위에 대한 우리의 신학적인 성찰을 주장해야 한다. 성경관에 대한 이 세 가지의 요소들에 대해서 기독교 전통은 우리에게 서로 다른 여러 견해들을 제공해 주고 있다.

영감이란 성경의 책들이 쓰여진 신비로운 과정을 말한다. 이것에 대한 신학적인 성찰은 세 가지의 다른 방향으로 이해할 수 있다. 그 첫 번째는 '기계적'(mechanical) 또는 '구술적'(dictation) 영감설이다. 이 견해에 따르면 인간 저자는 성령의 단순한 도구로 성령이 원하는 것을 받아 적은 역할만을 담당하였다는 것이다. 그들은 단지 성령의 손에 잡힌 펜의 역할을 한 것이다. 이러한 견해는 하나님의 역사를 일방적으로 강조한 견해이다. 성경에 나타나는 다양한 문학의 장르, 문법, 스타일, 단어들, 그리고 어법까지도 성령께서 내리는 영향으로 인정하였다. 여기서 신성이 인간성과 역사성을 완벽하게 가리고 있는 것이다. 이러한 견해의 결과는 계시가 마치 인간의 언어인 듯하게 표현된 것을 말한다. 이 견해는 서구 기독교의 초기부터 있어 왔다.

두 번째로, 이것과 전혀 반대의 견해로, 현대의 후기 계몽주의로부터 발생한 영감의 '역동적'(dynamic) 영감설이 있다. 이 견해는 인간의 통찰력과 성취에 큰 강조를 둔다. 성경은 세계에서 가장 위대한 종교적인 경전들 중의 하나로 인정이 된다. 성경은 아주 위대한 역사적 문서인 것이다. 이 견해에 의하면, 성경은 종교적인 영역에만 서 있는 것이 아니다. 인간의 비범한 창조적 기질이 성경에 있는 하나님의 기원을 삼키고, 또한 하나님의 말씀으로서의 성경의 내용을 덮어버린 것이다.

영감에 대한 이 두 견해들은 이전에 우리가 살펴본 바와 같이 우리 앞에 거짓 딜레마를 보이고 있는 것이다. 이 두 개의 극단적인 견해들의 뒤에는 양분화된 시각이 만들어 내는 신학의 문제가 숨어 있는 것이다. 이 문제는, 그리고 그것이 만들어 내는 거짓 딜레마는 신학의 기준이 하나님이나 인간 중 하나에 속해야 한다고 주장한다. 그러므로 기계적인 영감설과 역동적인 영감설 둘 다, 비록 같은 양분화된 시각으로부터 시작을 했지만, 결국 그러한 시각 안에 일관된 견해들인 것임에는 틀림이 없다. 신학의 구조에서 볼 때에, '보수주의자'나 '자유주의자'도, 비록 그들의 견해가 정반대의 방향으로 발전되어 가지만, 결국은 공통된 기원을 가지고 있는 것이다. 삼요소의 신학만이 이러한 문제를 해결할 수 있다.

세 번째 견해는 유기적 영감설이다. 이 유기적 영감설을 지지하는 학자들은 하나님과 인간 사이에, 그리고 역사와 초역사 사이의 대립되는 긴장을 탈피한다. 이들은 이 둘 사이의 긴장을 해결할 길을 찾는 대신에 성경이 내적으로 가지고 있는 하나님과 인간 사이의 신비에 먼저 머리를 숙인다. 이 유기적 영감설은 성경을 읽을 때에 우리는 하나님의 말씀을 인간의 언어로 듣는다는 신앙고백 위에 안식을 하고 있다. 따라서 성경은 완전하게 그리고 진실되게 하나님의 말씀이면서 동시에 완전하게 그리고 진실되게 인간의 말이다. 이 견해는 중재하는 말씀을 기준이 되는 초점으로 인식을 한다.

성령의 간섭하시는 역사를 통하여 하나님께서는 그의 초월적인 말씀을 히브리어와 헬라어를 사용하는 인간 저자들을 통해서 우리의 피조물의 세계에 그리고 죄로 얼룩진 이해력에 적응시켜(accommodation) 주셨다. 이 유기적 영감설이 성령의 영감을 충분히 반영하면서 동시에 성경의 무오성(infallibility)과 권위를 충분히 인정하는 것에 주의하기 바란다. 성경을 기록하는 모든 하나님의 역사는 인간의 개입으로 인해서 완성이 되었다. 그러나 이 하나님의 역사가 인간의 개입으로 제한을 받은 것은 물론 아니다.

종교개혁 이후 성경의 특징에 대해―즉, 그것의 필요성, 충분성, 명백성, 그리고 권위-많은 신학적인 논의가 있었다. 그러나 불행하게도 이러한 특징들은 너무 자주 추상적인 개념으로 이해되었다. 사실 이러한 특징들은 극적으로 영적인 시련들 속에서 형성된 깊은 종교적인 개념들이다. 16세기의 갈등을 거치면서 로마 카톨릭은 성경의 권위를 희생하면서 '교회의 어머니상'의 필요성을 강조하였고, 이에 반하여 개혁자들은 그리스도인들의 삶을 조명하는 데 성경의 근본적인 필요성을 역설하였다. 카톨릭 학자들이 성경의 권위를 타협하여 계시의 출처를 성경과 교회의 전통으로 양분할 때에, 개혁자들은 오직 성경만이 참된 지식을 얻기에 충분하며, 또한 전통 자체도 성경에 의하여 판단되어야 한다고 주장하였다. 카톨릭이 성경이 가지고 있는 내용의 명백성을 교회의 가르치는 사역에 근거한다고 할 때에, 개혁자들은, 성령의 역사 안에서, 성경은 성경 자신의 해석자이며(analogia Scripturae) 따라서 성경의 중심이 되고 포괄적인 메시지는 교회에 실수 없이 명백하게 밝혀진다고 주장하였다. 성경이 반드시 필요하고, 충분하고, 그 내용에 있어서 명백하기 때문에, 우리는 성경의 구원하는 권위에 겸손하게 순종하여야 하며, 바로 이러한 신앙고백 안에서 교회는 성경에 순종하여야 한다.

성경의 권위에 대한 신앙고백은 그리고 거기에 대한 신학적인 성찰은 우리가 결코 알아내지 못할 하나님과 인간 사이의 신비에 의하여 이루어진다. 성경의 권위는 하나님에게로부터 우리에게 온다. 성경은 성경의 모든 범위에서 그리고 그 모든 부분에서(in its total extent and in all its parts) 영감된, 따라서 무오한(infallible) 하나님의 권위있는 말씀이다. 그러므로 성경의 저자가 말한 것은 곧 하나님의 말씀이다. 예수 그리스도 안에 있는 구원의 메시지로서 성경은 인간 역사에 빛을 비추며, 우리의 삶의 모든 관계에서 새로운 봉사의 삶을 살도록 우리를 부른다. 성경은 인간 저자를 통하여 하나님의 모든 뜻을 우리에게 계시한다.

타락했던 세상, 그러나 지금은 그리스도 안에서 원리적으로 새로워지고 구원된 세상 안에, 하나님의 말씀은 계속적으로 "창조로부터 시작을 해서, 그 보전으로, 그리고 우주를 다스림으로" 우리에게 올 뿐만 아니라, 또한 하나님께서는 그의 거룩하신 말씀을 통하여 자신을 우리에게 더욱 분명히, 우리의 삶에 필요한 만큼 그리고 그의 영광과 우리 자신의 구원을 위해서 계시하고 계시다(벨직 신앙고백, II항). 이러한 우리의 신앙고백은 성경이 자신에 대해서 증거하는 것과 일치한다. 예수는 자신의 모든 사역을 통해서 "성경은 폐하지" 못한다고 가르쳤다(요 10:35). 마태복음 5:17에서는 "내가 율법이나 선지자나 폐하러 온 줄로 생각지 말라 폐하러 온 것이 아니요, 완전케 하려 함이로라"고 하였다. 성경의 모든 부분에서 그리스도는 그 중심이다. 예수 그리스도는 구약성경의 오래된 약속들의 성취로 기록되어 있다: "이 성경이 곧 내게 대하여 증거하는 것이로다"(요 5:39). 이사야 61장을 인용하면서, 예수는 "이 글이 오늘날 너희 귀에 응하였느니라"라고 주장하였다(눅 4:21). 예수는 엠마오의 여행자들에게 성경을 펴주면서 구약의 말씀과 자신의 관계를 설명하셨다: "모세와 및 모든 선지자의 글로 시작하여 모든 성경에 쓴 바 자기에 관한 것을 자세히 설명하시니라"(눅 24:27).

모든 성경은 구원을 위한 권위로 우리에게 주어졌다. 바울은 디모데후서 3:16-17에서 성경의 특징과 필요성을 다음과 같이 쓰고 있다: "모든 성경은 하나님의 감동으로 된 것으로 교훈과 책망과 바르게 함과 의로 교육하기에 유익하니 이는 하나님의 사람으로 온전케 하며 모든 선한 일을 행하기에 온전케 하려 함이니라." 다음에서 베드로의 말을 들어 보라: "먼저 알 것은 경의 모든 예언은 사사로이 풀 것이 아니니 예언은 언제든지 사람의 뜻으로 낸 것이 아니요 오직 성령의 감동하심을 입은 사람들이 하나님께 받아 말한 것임이니라"(벧후 1:20-21). 그러므로 성경이 말하는 것은 곧 하나님의 말씀이다. 창조에 첫 말씀을 하시고 그리고 지금도 그 창조의 말씀을 유지하고 계신 하나님은 "옛적에 선지자들로 여러 부분과 여러 모양으로 우리 조상에게 말씀"하시고, 또한 "이 모든 날 마지막에 아들로 우리에게 말씀"하시며(히 1:1-2), 또한 성경의 모든 페이지에서 우리에게 더욱 분명히 말씀하고 계신 것이다.

언제, 어디서, 어떻게 하나님께서 말씀을 하시든—즉 창조에서, 그리스도 안에서, 그리고 기록된 말씀 안에서—하나님께서는 하나님으로서 하나님의 특별한 권위로 말씀을 하신다. 성경은 그 전체에, 그리고 문자적으로 영감되고 무오한 것처럼 성경의 권위는 그 전체에(plenary), 그리고 문자적으로(verbal) 적용이 된다. 그러므로 성경은 그리스도인의 믿음의 삶에 믿을 만한 인도자이며 신학에 믿을 수 있는 기준이 되는 것이다. 성경이 그 전체에 문자적으로 영감되었다는 것은 성경의 단어들이 분리된 단어 자체로서 또는 다른 부분들로부터 고립된 어구로서 그렇다는 것이 아니라, 성경이 전하려고 하는 구원의 메시지의 문장과 어구의 구성 안의 문자로 그렇다는 뜻이다. 따라서 성경의 영감, 무오성, 그리고 성경 계시의 권위는 인간을 변화시키는 구원의 메시지에 따르고 그것에 의해서 한정되는 것이다. 성경의 모든 주요한 특징과 본질은 성경이 의도하는 바인 구원의 내용과 목적에 직접적으로 관련이 있는 것이다.

이러한 성경관은 창조에 말씀하신 하나님의 계시와 비교할 때에 더욱 분명해진다. 그 본질과 범위에서 볼 때, 성경의 계시가 그 독특한 방법으로 말하는 것은 창조 계시가 그 독특한 방법으로 밝히는 것과 일치한다. 창조에 말씀하신 시초적이고 영원한 말씀을 통하여 하나님은 자신의 선한 질서와 방향을 세상 안에 있는 생명에게 주셨다. 죄의 영향에도 불구하고 하나님께서는 자신의 말씀을 통하여 지금도 우주의 구조와 기능을 유지하고 계신다. 하나님께서는 죄가 가진 인간의 삶의 방향을 바꾸려는 영향을 극복하기 위하여, 인간 삶의 방향을 그의 원래의 의도와 목적에 따라 설정하기 위해서 언어의 형태 안에 그의 말씀을 다시 우리에게 주셨다. 따라서 그 범위 면에서 볼 때, 이 두 형태의 계시는 그 권위에 있어서 우주적인 것이다. 둘 다 그 말하려고 하는 바에 있어서 포괄적이고 완전하다. 그러나 그 메시지에서 그리고 권위의 본질에 있어서, 마치 창조와 구원이 다른 것처럼 이 둘은 서로 다르다. 하나에 있어서 하나님은 창조주로서 위대한 권위를 가지고 말씀을 하시며, 다른 계시에 있어서는 창조주/구세주로서 말씀을 하신다.

창조에 관해서 그리고 하나님을 창조주로 말할 때에, 성경은 구원의 시각에 서서 그것을 말한다. 하나님의 손에 의한 창조에 있어서-재창조하는 성경 말씀보다 못지 않게-하나님께서는 하나님의 권위로 우리에게 그의 뜻을 전하신다. 비록 성령의 영감이 성경에만 적용되지만, 창조의 말씀도 동일한 하나님의 권위를 가진다. 다른 성경의 특징들, 즉 필요성, 명백성, 그리고 충분성도 창조에 주신 하나님의 근본적이고 영원한 계시에 동일하게 적용이 된다. 창조를 위한 말씀을 통하여 하나님께서 모든 피조물을 유지하고 계시기 때문에 이러한 특징이 창조의 말씀에 적용되는 것은 마땅한 것이다. 이 말씀도 그 의도하는 의미에 명백한 것이다. 말씀이 명백하지 않은 것이 있다면 그것은 인간 쪽의 잘못이지, 하나님의 잘못이 아닌 것이다. 이러한 잘못은 죄가 만들어 내는 지식의 왜곡으로부터 생긴 것이며, 그것 때문에 우리는 두 개의 형태로 나타나는 하나님의 계시를 충분히 인식하지 못하는 것이다. 지적인 왜곡은 또한 우리로 하여금 창조에까지 이어지는 하나님의 선하심과 우리의 죄에 반대하시는 하나님의 확실함도 알아보지 못하게 한다.

창조의 계시는 또한 그 원래 주어진 목적을 말하는 데 충분하다. 우리가 하나님의 계시를 대할 때 가지는 현재의 불충분성은 계시 편에 있는 문제가 아니라, 우리의 반응에 있는 문제이다. 창조의 계시는 지금도 인간이 핑계를 대지 못할 정도로 충분한 것이다(롬 1:20). 창조의 계시는 모든 우주를 포함한다. 성경도 동일한 범위에 대해서 다시 한 번 말한다. 성경은 그렇게 하는 것은 구원하는 계시로서, 창조, 타락, 구원의 기본 주제들을 구원의 시각에서 풀어가며, 궁극적으로 창조의 원래 목적을 이루는 성취에 이르고자 하는 것이다. 그러므로 성경의 메시지는 부분적으로 구원에 관한 것이고 부분적으로 다른 것에 관한 것이 아니다. 모든 성경은 구원에 관한 하나님의 말씀이며, 그렇게 하는 과정에서 창조 안에서의 삶의 의미를 재공포하고 재해석하는 것이다. 성경을 이원론적으로 해석하는 모든 패턴은 성경의 메시지와 어긋나는 것이다.

21. 성경의 메시지와 방법

성경의 구원의 메시지는 신구약에 걸쳐서 이어지는 구원 역사의 전개를 따라 점차적으로 계시되고 있다. 따라서 성경의 해석은 이러한 성경 드라마의 전개를 따라 되어져야 한다. 성경 계시의 흐름을 거슬러 올라가면서 해석자는 하나님께서 인간 역사 안에 구체적으로 하신 일들을, 예를 들어서 어떻게 무엇을 말씀하셨는지, 어떠한 상황 아래에서 언제, 어디서, 누구와 무엇을 하셨는지를 설명해야 한다. 이렇게 함으로 성경은 구원 역사를 서술하며 해석하는 것이다. 성경의 기술들은 이 구원 역사에 참여할 뿐만 아니라 그것을 형성하고 있는 것이다. 그것이 기술하는 구원의 사건들은 단번에 이루어진 것이 아니다. 하나의 구원 계획이 추구하는 목적이 있고, 그 목적을 이루기 위한 행위와 반응, 선포와 반응, 약속과 성취, 그리고 예수 그리스도에게 이르러 되어지는 클라이맥스, 중심 사건들, 그리고 십자가와 빈 무덤의 사건들이 그 안에 들어 있는 것이다. 성경에 이어지는 장들을 읽어 가면서 우리는 그 말씀 속에서 하나님을 만나고, 그의 성령의 인도를 따라서 온 인류 역사를 통하여 그의 백성을 부르시고 다스리시는 이 땅의 역사의 순간들을 만날 수 있는 것이다.

성경은 그것이 말하는 범위 안에 일어난 모든 사실, 사건, 또는 인물에 대해서 모든 것을 말하려고 하지 않는다. 성경은 성경이 말하고자 하는 독특한 선택의 원리를 가지고 있다. 이러한 것은 예수의 생애에 대한 서술에서도 마찬가지이다. 성경은 전기(傳記)를 쓰려고 하지 않으며, 요한복음이 아래에 말하는 것처럼 예수 그리스도를 사도의 증거의 시각에서 서술하고 있는 것이다:

> 예수께서 제자들 앞에서 이 책에 기록되지 아니한 다른 표적도 많이 행하셨으나 오직 이것을 기록함은 너희로 예수께서 하나님의 아들 그리스도이심을 믿게 하려 함이요 또 너희로 믿고 그 이름을 힘입어 생명을 얻게 하려 함이니라…예수의 행하신 일이 이 외에도 많으니 만일 낱낱이 기록된다면 이 세상이라도 이 기록된 책을 두기에 부족할 줄 아노라(요 20:30-31; 21:25).

구원을 전하는 성경의 메시지는 고대 신화가 아닌, 역사적 사실에 깊은 뿌리를 두고 있다. 고대 신화에 나타나는 이 땅의 생명들을 형성하는 중요한 '사건'들은 인간 역사가 아닌 하늘에 있는 신들의 영역에서 된 일들이다. 이와는 반대로 성경의 기록에 합당한 해석 방법은 거기 기록되어 있는 구원의 사건들이 역사적 사실에 근거하고 있음을 충실하게 표현하는 것이어야 한다. 성경은 반신화적인 요소를 강하게 증거하고 있다. 따라서 성경은 사건들이 일어난 현장을 눈으로 보고 귀로 듣고 증거하는 일차적 보고에 그 강조점을 두고 있다:

> 태초부터 있는 생명의 말씀에 관하여는 우리가 들은 바요 눈으로 본 바요 주목하고 우리 손으로 만진 바라 이 생명이 나타내신 바 된지라 이 영원한 생명을 우리가 보았고 증거하여 너희에게 전하노니 이는 아버지와 함께 계시다가 우리에게 나타내신 바 된 자니라 우리가 보고 들은 바를 너희에게도 전함은 너희로 우리와 사귐이 있게 하려 함이니 우리의 사귐은 아버지와 그 아들 예수 그리스도와 함께 함이라 우리가 이것을 씀은 우리의 기쁨이 충만케 하려 함이로라(요일 1:1-4).

성경의 진솔한 의미는 반드시 성경이 기록하는 사건들의 구체적인 상황 안에서 밝혀져야 한다. 그러므로 성경해석의 기본 원리는 다음과 같다: 언제나 사건 기록의 상황, 다시 말하면, 사건의 직접적인 상황, 좀더 넓은 상황, 그리고 궁극적으로는 하나님의 말씀의 전체의 상황을 숙고하라. 성경의 기록을 상황과 동떨어진 조각으로 이해하는 것은, 그리고 상황과 동떨어진 어떤 것을 증명하려는 시도(text-proof)는 구원 역사의 흐름을 고려하지 않는 잘못된 해석이다. 성경이 기록하는 모든 메시지의 권위는 창조에 뿌리를 두고, 하나님의 언약에 초점을 맞추고, 하나님의 나라를 염두에 두고, 그리스도를 중심으로 하는 기본 축에 근거를 두고 있는 것이다. 여러 가지의 사건들이 짜여져서 결국 성경은 하나의 구원 역사를 기록하고 있는 것이다. 이러한 성경의 짜임새에 따라서 우리는 우리의 성경해석 방법을 정의해야 한다.

그러므로 우리의 성경해석 방법이 성경이 기록하고 있는 다양하고 풍부한 사건들을 하나의 종합적인 메시지의 틀 안에서 이해할 때에, 그것이 성경이 독특하게 주장하는 자신의 권위를 존중한다고 말할 수 있는 것이다. 이러한 성경해석은 성경의 기록이 우리에게 직접 적용되지 않는 부분에 대해서도 물론 그렇다. 예를 들어서 하나님께서 아브라함에게 그의 외아들 이삭을 제물로 바치라고 한 명령(창 22장)이나 이스라엘에게 주신 모세의 율법이 그렇다. 모든 성경 기록은 우리에게 영원히 표준이 된다. 성경의 표준은 구원 역사 안에서 사건의 기록들이 한 정점을 향해서 움직여 가는 형태 안에서 주어진다. 따라서 위의 예들은 이러한 정점을 향해서 움직여

가는 중간에 주어진 것들이다. 어떻게 바리새인들이 구약의 안식일을 왜곡했는지를, 그리고 어떻게 그것이 예수에 의해서 재해석되고 현실화되었는지를, 그리고 어떻게 안식일의 제도가 궁극적으로 신약 교회의 새 생명 안에서 예수의 부활의 날로 바뀌어갔는지를 기억하라. 이러한 성경해석의 원리는 특별히 신약성경에 나타나는 명령에 더욱 적용되어져야 한다.

우리는 인사할 때 '거룩한 입맞춤'을 해야 한다고 생각하지 않으며, 발을 씻기는 풍습도 행하지 않으며, 또한 예배 시에 여인들로 하여금 베일을 머리에 쓸 것을 요구하지도 않는다. 그러나 이러한 성경의 부분들도 역시 성경의 권위이고 또한 표준이 된다. 이러한 부분들을 해석할 때에 우리는 하나님의 말씀이 사도 시대에 의미된 뜻과 우리 시대에 의미된 뜻의 차이점을 고려하여야 한다. 우리는 이전 시대의 문화와 풍습 안에 뿌리를 둔 성경의 표준이 오늘날 그리스도인의 공동체 안에서 어떻게 적용이 되어야 하는지 그 적절한 표현 방식을 찾아야 한다:

> (비록) 율법의 의식들과 상징들이 예수의 오심으로 폐지되고 모든 약속들이 성취되었지만, (그럼에도 불구하고) 우리는 복음의 교리를 확증하고, 하나님의 뜻에 따라 그의 영광을 위하여 우리의 삶을 올바로 사는 데 도움을 받기 위하여 아직도 율법과 선지자들의 가르침을 사용한다. (그 이유는) 율법과 선지서들이 갖는 진리와 내용은 아직도 예수 그리스도 안에 완성된 채로 우리에게 남아 있기 때문이다(벨직 신앙고백. XXV항).

그리스도 중심적인 해석을 적용하기를 거부하는 사람은 성경의 진정한 권위를 거부하는 사람이다. 이러한 잘못된 설교, 가르침, 신학, 그리고 삶은 그리스도의 심판 아래 놓여 있는 것이다. 우리가 성경이 증거하는 그분을 따를 때에만 우리는 성경의 권위를 주장할 수 있기 때문이다. 그렇지 않을 경우 그리스도가 그를 반대하는 유대인 지도자들에게 한 심판이 우리에게도 적용된다는 사실을 염두에 두어야 한다: "너희가 성경에서 영생을 얻는 줄 생각하고 성경을 상고하거니와 이 성경이 곧 내게 대하여 증거하는 것이로다 그러나 너희가 영생을 얻기 위하여 내게 오기를 원하지 아니하는도다"(요 5:39-40).

창조 역사의 중심이었던 그리스도는 성경이 기록하고 있는 구원의 역사에서도 중심이 되는 것이다. 성경은 고립되고 서로 연결되지 않은 하나님의 역사의 기록이 아니라, 서로 연결될 뿐만 아니라 하나의 중심축을 두고 짜여진 사건들의 서술인 것이다. 성경의 처음부터 끝까지 구원을 위한 하나의 계획만이 있는 것이다. 인류의 시초부터 하나님의 나라의 완전한 도래에 이르기까지, 성경이 증거하는 구원의 역사는 예수 그리스도라는 정점을 향해서 움직이며, 그 정점에 다다른 후에는 그 정점으로부터 다시 '새 예루살렘'으로 움직여 가는 것이다. 예수 그리스도는 성경이 말하는 구원 역사의 중심이자 그 구원을 이루는 능력이다. 구원 역사 안에서 '이미' 우리 시대에 확신이 된, 그러나 '아직' 완성되지 아니한 구원, 그러나 그 구원을 이룰 예수의 승리가 우리의 소망인 것이다.

22. 신앙고백적 해석

위에 서술한 성경해석을 바탕으로 우리는 한 걸음 더 나아가야 한다. 최근의 연구들은 한 사람의 해석은 그의 세계관이라고 하는 넓은 시각 안에서 이루어진다는 것을 밝혀냈다. 예를 들어서, 벨하우젠 학파의 성경해석은 현대의 역사 진화론의 학설로부터 독립해서는 생각조차 할 수 없는 것이다. 최근의 많은 해방 신학이 적용한 신마르크스주의의 해석은 헤겔이 주장한 사회 발달에 뿌리를 두고 있다. 이들의 해석에 내적인 일관성이 없는 것을 비난할 필요는 없다. 이들의 해석에 대해 중요한 것은 그들이 그들의 해석에 가지고 있는 세계관과 철학적인 시각이기 때문이다. 최근에 되어지고 있는 여러 성경해석들에 대한 대안으로 성경에서 가르치는 세계관, 개혁주의 신앙고백, 그리고 기독교 철학에 근거를 둔 해석을 상고해 보기로 하자. 이러한 성경해석을 '신앙고백적인 해석'이라고 불러보자.

성경해석의 기본적인 출발점은 그곳으로부터 삶의 모든 이슈들이 흘러나오는 성경에서 말하는 '마음'이다(잠 4:23). 마음은 작은 자아로서, 우리 자신을 집약시킨 종교적인 중심인 것이다. 이 영적인 샘으로부터 신학의 이슈들도 흘러나오며, 또한 해석의 이슈들도 나오는 것이다. 따라서 신학은 '마음'의 작업이다. 이 '마음'이 온 사람을 움직인다. 따라서 기독교 학자는 자신의 작업을 하나님의 말씀에 반응하는, '마음'에 뿌리를 둔 작업으로 사람들의 생각을 예수 그리스도께로 순종시키는 작업으로 보아야 하는 것이다(고후 5:10). 이러한 종교적인 지향을 전제로 하고, 우리는 어떻게 성경해석의 원리와 방법을 모색해야 하는가? 우리는 어떤 해석의 패턴을 선택할 것인가? 이러한 질문 앞에서 해석의 신앙고백적인 모델을 생각해 보자.

여기 사용되는 '신앙고백적'이라는 말을 주관적으로 보아서 마치 성경이 하나님에 대한 인간의 고백인 것처럼 생각하는 것은 오해이다. 여기서 그것이 의미하는 뜻은 창조 질서에 대한 믿음의 요소로, 진리를 알고 그것을 전하는 한 방편으로서의 '신앙고백적'인 요소를 이르는 것이다. 이 신앙고백적인 방법을 설명하면서 우리 시대에 많은 논란의 대상이 되고 있는 성경 안에 있는 역사적 서술에 초점을 맞추어 보자. 우리는 어떻게 이 역사 서술들을 이해하고 해석할 것인가?

성경이 의미하는 창조의 질서는 역사적 사건을 온전한 사건(whole events)으로 보아야 한다고 주장한다. 이 말은 성경이 기록하고 있는 사건들은 직관적으로 그들의 모든 것을 통하여 우리에게 온다는 것이다. 예를 들어, 출애굽 사건, 부활, 프랑스 혁명, 그리고 히로시마 원폭 사건 등은 그 사건의 전체적인 의미로서 우리에게 전해진다. 사건들을 좀더 주의 깊게 분석해 보면, 우리의 역사의 지평 안에 있는 이 사건들은 여러 가지 다른 시각에서 관찰해 볼 수 있다. 하나의 역사 사건 안에는 다양한 의미의 순간들이 복잡하게 얽혀 있는 것이다. 예를 들어, 히틀러의 정치 세계를 생각해 보라. 1930년대의 독일 사회는 신앙고백적인 차원에서 신학적으로 분석할 수 있다: '독일 그리스도인들'의 기본 믿음은 무엇이었는가? 이런 질문의 차원과는 다르게 우리는 그 심리학적인, 사회적인, 경제적인, 그리고 정치적인 차원에서 그 사회를 조명해 볼 수도 있다. 모든 역사적 사건들은 이러한 여러 가지 다양한 의미의 차원들을 가지고 있는 것이다.

한 역사적 사건이 가지는 온전함 속에 이런 다양한 요소들이 존재한다는 것은 성경의 역사 사건에도 그대로 적용이 된다. 성경 계시의 중요한 핵심이 되는 권위 있는 하나님의 사역 안에 이러한 다양한 시각이 있음을 보여 주는 표시가 있다. 그러나 이러한 다양한 시각과 요소들이 성경의 사건 안에 얽혀져 있어도, 그 안에는 그 사건을 이루는 중심이 되는, 그래서 다른 시각들을 통일시키는, 그러한 지배적인 초점이 있다. 성경은 신앙고백적인 문서이다. 예를 들어서, 우리는 다윗 왕의 통치를 정치적으로, 솔로몬의 행정을 경제적인 차원으로 관찰할 수도 있다. 물론 성경은 이러한 통찰력을 어느 정도 주기도 한다.

그러나 이러한 요소들이 성경이 기록된 목적은 아니다. 이러한 요소들이 성경의 중심으로 우리를 이끌어주지 못한다. 부연하여서, 우리는 사도 베드로를 그의 심리학적인 차원에서 관찰할 수 있다. 또한 유대인을 향한, 헬라인과 로마인을 향한 바울의 선교를 언어학적 관점에서 연구할 수 있다. 바울은 복음 전파에 어떤 언어를 사용했는가? 이러한 연구를 통해서 아마 우리는 성경 계시의 상황에 대해 흥미 있는 것을 발견할지도 모른다. 그러나 성경 메시지의 주된 초점은 정치적인, 경제적인, 심리학적인 또는 언어학적인 것이 아니다. 그렇다면 구원의 역사는 어떠한 관점에서 쓰여졌는가? 성경은 신앙고백적인 관점에서 여러 가지 사건들과 그것들에 얽힌 요소들을 기록하고 있다.

물론 성경에는 역사 실제에 대한 여러 가지 다른 요소들이 있다. 그렇지 않다면 구원의 역사에 속한 사건들은 실제적이지 않고 또한 온전한 사건들도 아닐 것이다. 사건 안에서 여러 가지 요소들은 각각 그들의 역할을 한다. 어떤 때는 한 요소가, 다른 때에는 다른 요소가 그 표면에 떠오르지만, 언제나 이런 요소들은 성경의 중심되는 요소의 지배 아래에 있다. 그러므로 성경의 사건들의 기록 안에서 이러한 다양한 요소들이 있다는 것을 인정할 필요가 있다. 그렇지 않다면, 신앙고백적인 초점은 형식을 떠난 빈 모습으로 나타날 것이기 때문이다.

다윗은 여러 가지 극적인 정치 행위를 거쳐 왔다; 솔로몬은 어떤 잘못된 경제 제도를 이룩하였다; 베드로는 심리적인 충동에 의하여 움직였다; 바울은 그의 선교에 헬라어와 아람어를 사용하였다. 이러한 사실들은 성경의 주된 관점이 아니다. 이들은 모두 성경의 주된 관점의 지배 아래에 있다. 성경이 말하려고 하는 가장 중심된 초점으로 볼 때에, 성경은 다윗에, 솔로몬에, 베드로에, 그리고 바울에 '대하여' 말하려고 하지 않는다. 성경은 모두 예수 그리스도에 '대하여' 말하고 있는 것이다. 성경이 말하고자 하는 가장 중심된 것은 예수 그리스도와 관련된 일련의 사건들이 갖는 신앙고백적인 의미인 것이다.

성경은 실제적인 구원 역사적인 사건들을 증거하지만, '객관적'인 연대기의 서술은 아니다. 성경은 통상적인 역사 기록이 아니기 때문이다. 성경은 언제나 신앙고백적인 초점 아래에서, 한 사건 한 사건을 통하여 구원의 드라마의 의미를 설명하고 있는 것이다. 다양한 역사적 사건들을 통일된 그리스도 중심적인 계시 안에 한데 종합하는 것은 그 사건들이 가지는 신앙고백적인 중요성인 것이다.

이것을 좀더 설명하기 위해서 아래의 예들을 살펴보자. 현대의 고고학은 성경이 기록하고 있는 것보다 훨씬 더 자세하게 이스라엘의 왕이었던 오므리의 상황을 설명할 수 있다. 당시의 그의 치적은 외국에서도 유명하여서 이스라엘을 '오므리의 일가'라고 부를 정도였다고 한다. 그러나 성경은 이러한 사실들에 대해 전혀 침묵하고 있다. 성경은 오므리에 대해 겨우 일곱 절에서 언급하고 있다(왕상 16:21-28). 우리는 이것을 어떻게 해석해야 하는가? 이러한 기록은 성경이 어떠한 종류의 기록인가를 잘 말해 준다. 성경은 성경의 독특한 관점을 가지고 오므리의 통치를 기록하고 있는 것이다. 오므리가 사마리아의 산을 사서 성을 쌓았다는 역사적 상황에 대해서 우리가 성경으로부터 읽는 것은 다음과 같다:

"오므리가 여호와 보시기에 악을 행하되 그 전의 모든 사람보다 더욱 악하게 행하여 느밧의 아들 여로보암의 모든 길로 행하며 그가 이스라엘로 죄를 범하게 한 그

죄 중에 행하여 그 헛된 것으로 이스라엘 하나님 여호와의 노를 격발케 하였더라"(왕상 16:25-26). 이것이 바로 성경이 오므리의 치적에 대해서 관심을 두는 내용이다. 이러한 기록은 신앙고백적인 관점에 서서, 오므리에 대해서 무엇이 가장 중요한 것인가를, 이 경우에는 예수 그리스도에 이르는 구원 역사 안에서 그가 무엇을 남겼는가를 기록하는 것이다.

다른 예를 하나 더 들어보자. 신약성경에서 헤롯 왕은 성경 계시에 매우 중요한 그리스도 중심적인 관점에서 볼 때에 아주 비루한 인간으로 묘사되어 있다. 그는 요한계시록 12장에서 용의 한 대리인으로서 그 '아이'를 삼키려 하고 있다. 그러나 정치 역사에서 보는 헤롯은, 이러한 성경의 기록과 전혀 다른, 로마 제국 안에서 매우 능력이 있는 정치가로 알려져 있다. 무엇이 이러한 대조된 기록을 성경에 남기게 했는가? 그것은 성경이 가진 독특한 관점 때문이다. 성경은 헤롯이 가진 군사적인 능력, 건축에 남긴 공로, 그리고 그의 심리적인 문제들을 부인하지 않는다. 사실 공관복음에는 이러한 것들에 대한 간접적인 언급들이 있다. 그리스도가 성경 전체의 모든 사건들 안에 있는 중심 인물이라는 관점에서 볼 때, 성경이 헤롯에 대해 언급하고자 하는 것은 그가 가진 적그리스도의 정신인 것이다.

이와 같은 관점은 본디오 빌라도와 바리새인들에게, 그리고 특별히 아브라함, 모세, 엘리야, 세례 요한, 예수의 어머니인 마리아, 그리고 사도들에게 적용이 된다. 이들에 대해 이야기하면서 성경은 그들이 참여하는 온전한 사건들 안의 실제 인물로 다루고 있다. 따라서 성경은 사건들의 한 가지 요소에 대해서 언급을 하고 있다. 때로 성경은 어떤 특정한 요소에 대해서 매우 강조를 하기도 한다. 예를 들어, 사울 왕이 그의 후기에 가졌던 정신적인 혼란을 생각해 보자. 이러한 관점의 기록은, 즉 사울의 정신 상태를 묘사한 것은 사울을 반신정체제의 왕으로 표현하여서 성경의 신앙고백적인 기본 관점을 강조하기 위한 것이다. 그러므로 성경에서 사울의 정신 상태는 독립적인 주제가 아닌 것이다.

사울의 이러한 상태는 그의 삶의 다른 요소들, 즉 그의 정치적인, 경제적인, 그리고 종교적인 요소들과 함께, 그의 삶의 구체적인 역사적 상황으로서 성경이 말하고자 하는 "제물을 드림보다 순종이 낫다"는 것을 나타내기 위해서 기록된 것이다. 그러므로 우리가 사울의 사건에서 심리학적인 논리를 편다면, 우리는 성경의 중심 주제를 파악하지 못하게 된다. 그것이 성경이 원하는 의도가 아니기 때문이다. 성경은 아무도, 마치 사울처럼, 하나님의 분명한 '그렇다'라는 말에 '아니오'라고 말할 수 없다는 것을 가르쳐 준다.

아기의 탄생을 두고 우리는 이러한 '신앙고백적인' 표현을 자주 사용한다. 우리는 축하 카드에 "하나님께서 이 아이를 우리에게 주셨습니다"라고 적어 놓는다. 이러한 신앙고백적인 표현을 쓰면서 우리는 부모의 성 결합을, 십 개월간의 기다림을, 의사와 의약품의 도움을, 그리고 국가가 아이의 탄생 증명서를 발급함을 전혀 부인하지 않는다. 아기의 탄생을 둘러싼 이와 같은 일련의 일들은 모두 진실된 사실들이다. 그러나 이런 모든 일들이 다 이루어지고 나서, 우리는 이런 일련의 일들이 결국 "하나님께서 주셨다"라는 우리의 신앙고백 안에 종합된다고 말한다. 이것이 아기의 탄생에 관해서 우리가 성경적인 관점에서 말하는 방법이다. 이 방법은 그 사건의 깊은 의미를 우리의 진실한 신앙고백이라는 초점 안에 집약시키는 방법이다. 이러한 표현 방법은, 예를 들어서, "아기의 출생은 세금 공제를 뜻한다"라는 경제적인 안목에서만 바라본 시각과는 전혀 다른 것이다.

성경은 제한주의적인(reductionist) 표현을 하지 않는다. 물론 가끔 성경은 생물학적인 관점을 강하게 강조하기도 한다. 우리는 늙은 아브라함과 사라에게서 이삭이 태어나는 사건에서 그 예를 볼 수 있다. 성경은 또한 성전을 재건축할 때의 유대인들과 사마리아인들 사이의 갈등을 정치적인 안목에서 기록하기도 한다. 솔로몬의 성전을 기록할 때에는 상당한 미적 감각으로 기록하기도 한다. 초대교회 당시의 유대인과 이방인 그리스도인들 사이의 갈등을 인종적인 그리고 사회적인 차원에서 묘사하기도 한다.

그러나 이러한 성경 기록들을 하나의 특정한 요소에 제한시켜서 이해하는 것은 성경의 원래 의도를 파악하지 못하는 결과를 낳는다. 성경이 그 기록에서 언급하는 모든 요소들, 시각들, 관점들은 성경의 전체 구조 안에서 그리고 그것의 모든 부분을 통하여, 예수 그리스도 안에서 이루는 하나님의 구원이라는 성경의 중심이 되는 신앙고백적인 관점을 지지하기 위해서 종속적으로 나타나는 것이다. 성경의 사건들은 마치 프리즘을 통한 빛이 일련의 색깔로 나타나는 것과 같이 다양하게 나타난다. 그리고 그 다양한 색깔들의 사건들은 프리즘을 통하는 빛의 움직임을 반대로 하여 볼 때처럼 "하나님께서 예수 그리스도 안에서 세상과 화해를 하신다"라는 하나의 신앙고백 안에 집결되는 것이다.

이러한 신앙고백적인 해석은 시편 127:1에서도 찾아볼 수 있다: "여호와께서 집을 세우지 아니하시면 세우는 자의 수고가 헛되며 여호와께서 성을 지키지 아니하시면 파수꾼의 경성함이 허사로다." 이 시편 기자는 집을 건축하는 일을 영적으로 표현하지 않았다. 실제의 건축 자재들, 나무, 벽돌, 시멘트가 그대로 거기 포함되어 있는 것이다. 그는 또한 집을 지을 때에 필요한 것들, 계획, 저축, 그리고 직접 짓는 행위 등을 부인하지 않는다. 모든 정신적인, 경제적인, 미학적인, 사회적인, 정치적인, 그리고 윤리적인 차원들이 그 일에 포함이 된다. 그러나 성경은 마치 X-레이와 같은 독특한 초점을 가지고 이러한 인간의 모든 구체적인 노력들을 뚫고 결국 그 중심이 되는 것에 당도한다: 하나님의 축복이 없다면, 모든 노력과 수고는, 그리고 모든 기쁨과 고통은 의미가 없는 것이다. 하나님의 축복이 없는 집은 서 있어야 할 목적을 잃어버리는 것이다. 그 집은, 그 기초와 벽과 지붕은 서 있을 것이다. 그러나 그것은 이미 그 가족의 삶을 위해 봉사하는 것은 아닌 것이다. 이것은 한 성의 경비에도 적용이 된다. 잠을 자는 파수꾼에게 화가 있으리라! 비록 파수꾼이 밤낮으로 경비를 서도, 그 파수꾼들의 수를 두 배, 세 배로 증가해도, 하나님께서 그 성을 지켜 주시지 않으면, 이런 모든 수고가 헛된 것이다. 이것이 바로 성경이 말하고자 하는 신앙고백적인 초점인 것이다.

이러한 신앙고백적인 관점은 성경 안에서 '구원'이라는 종교적인 차원과 '역사'라는 학문적인 차원을 둘 다 공정하게 이해할 수 있는 도움을 제공한 이러한 해석학적인 열쇠는 성경 계시 전체의 핵심이 되는 그리스도 중심적인 의미를 우리 앞에 열어준다. 이 해석 방법은 또한 제한주의적인 해석의 결점을 방지할 수 있다. 예를 들어, 모범을 찾아서 그것을 토대로 도덕적인 해석을 한다든가, 역사-비평 방법을 사용하여 역사적으로 그 의미를 제한한다든가, 아니면 이성주의, 경건주의, 그리고 율법주의로 제한하지 않도록 이 신앙고백적인 해석 방법은 한 요소만을 해석에 적용하지 않는다. 이 방법은 성경의 권위의 본질에 합당한 개혁주의 신앙고백을 제공함으로 신앙고백적인 신학의 가능성을 열어준다. 이 방법은 또한 신앙고백과 신학 가운데 있을 수 있는 이원론적인 갈등을 해소시켜 준다. 이 해석 방법 안에서 믿음과 신학은 성경이 인간의 언어로 기록된 하나님의 말씀이라는 확신 위에서, 하나의 종합된 시각 안에서 상호 협력하는 관계를 가진다.

23. 복습

지금까지 우리가 논의해 온 것을 복습해 보자. 개혁신학에서의 신학 서론은 무엇인가? 그것의 위치와 역할을 무엇인가? 그것은 과연 우리가 지금부터 다룰 신학의 본론과 어떠한 관계를 가지고 있는가? 요약을 하면, 우리는 신학 서론을 다음과 같은 세 가지의 개념과 연결지어 정의할 수가 있다.

a) 전통: 기독교 신학 형성사를 볼 때에 모든 신학은 어떤 신학/철학적인 전통 안에서 형성, 성장한 것을 알 수 있다. 이런 신학적이고 철학적인 전통이 신학과 동일한 것으로 생각하는 것은 신학을 너무 큰 범위로 평가하는 오해이다. 그리고 신학을 이러한 넓은 전통과 동떨어져서 생각하는 것 또한 신학을 너무 좁게 그리고 표면적으로 다루는 것이다. 신학의 서론은 신학의 '계보', 즉 그것의 문벌, 혈통, 유래와 영적인 유산을 다루는 것이다. 우리가 지금 추구하고 있는 개혁신학의 서론은 칼빈주의 신학 전통이 우리 시대에 신카이퍼주의 운동(neo-Kuyperian movement)에 의해서 형성된 것의 뿌리를 잇는 것이다.

b) 위치: 신학 서론의 임무를 정의하는 두 번째로 신학이 신학의 다른 부분들에, 학문의 다른 영역에, 그리고 삶 전체의 실제적이고 이론적인 것들에 어떻게 관련이 있는가를 생각하는 것이다. 신학의 서론이 '시작의 말'의 형태를 가지고 있건(칼빈) 아니면, '이전의 말'의 형태를 가지고 있건(바빙크), 서론은 그것이 이끌어 가는 신학의 본론 전체와 일관된 관계를 유지하여야 한다. 신학의 일관된 사고는, 예를 들어서, 서론에서 본론으로 진행해 가면서 이성으로부터 믿음으로 진행되어 가는 것을 허용하지 않는다. 신학의 전체라는 시각으로 볼 때에, 그것의 서론과 본론은 하나의 종합적인 학문이다. 서론은 넓은 '마을' 안에서 신학의 본론이라는 '집'의 위치를 찾아주는 역할을 담당하는 것이다.

c) 시각: 전통과 위치에 대한 성찰과 함께, 신학의 서론은 지난 백여 년간에 걸쳐서 개혁주의 사고 안에서 발달된 성경적인 세계관과 기독교 철학을 신학에 반영한다. 성경적인 세계관과 기독교 철학은 서론 안에 하나님의 나라 안에서 우리가 가지는 넓은 범위에 합당한 개혁신학의 위치를 선정하는 데 전제가 되는 출발점, 원리, 통찰력, 그리고 전망을 제공한다.

24. 예고

개혁신학의 시각을 가지고 신학의 본론으로 들어가기에 앞서서 여기 앞으로 나아갈 방향을 도표로 그려보자. 한 눈에 그 전체 방향을 보기 위해서 간단한 도표가 적합할 것이다. 다음의 도표에서 개혁신학이 나아갈 방향을 살펴보라.

개혁신학의 개관			
	창조	타락	구원의 완성
	질방	질방	질방
아버지: 창시자	서향	서향	서향 — 모두
아 들: 중시자	형설	변변	개개 — 안에
성 령: 권능자	성정	경경	혁혁 — 모두

위의 도표에서 보는 신학의 구성 방법은 전통적인 여섯 개의 주제로(신론, 인간론, 기독론, 구원론, 교회론, 종말론) 구성된 '주제 방법'(loci method)과 매우 다른 접근 방법을 보여 준다. 우리가 추구하는 개혁신학의 새로운 구성은 이 여섯 개의 주제들을 잃어버리지 않는다. 그것들은 매우 중요하게 '재구성' 되고 있는 것이다. 본인은 물론 이 재구성을 위한 특별한 이유를 가지고 있다. 그 이유는 전통적인 '주제 방법'이 가지고 있는 추상적이고 이성주의적인 신학의 작업을—특별히 종교개혁 이후의 개신교 스콜라스틱 사고가 보이는 것과 같은—극복하기 위한 것이다.

기독교 신학을 개정하려는 이러한 작업은 이제까지 우리가 논의한 신학 서론의 위치와 목적에 따라 일관되게 진행이 될 것이다. 신학의 내용을 서술하는 과정에서 우리는 성경 계시에 나타나는 구원 역사를 개혁신학 안에 뚜렷이 자리 매김할 것이다. 이러한 자리 매김은 조직신학을 구원 역사의 중요한 주제들, 다시 말하면 창조, 타락, 구원, 그리고 구원의 성취로 이어지는 선상에서 재구성하게 될 것이다. 이 중에서 마지막 주제, 전통 신학에서 '종말론'으로 불리워지는 이 주제는 단순히 조직신학의 맨 끝에 붙여지는 그런 주제는 아니다. 성경의 구원 역사의 전개가 보여 주는 것처럼 성경의 모든 사건들은 종말론적인 취지를 그 안에 가지고 있는 것이다. 성경은 구원의 사건들을 역사의 뒤로 돌리는 '보수적인' 책이 아니다. 성경은 그 자체 안에 구원의 사건과 능력을 장래의 완성된 형태를 향하여 밀어 올리는 추진력을 가지고 있다. 그러므로 성경에는 언제나 장래에 다가올 더 큰, 더 좋은 미래가 있는 것이다.

본서가 추구하는 신학 방법은 사도신경이 가지고 있는 삼위일체적인 형태의 이로움을 취한다. 삼위일체적인 신학의 형태는 전통적인 기독교 신학에서 칼빈의 『기독교강요』와 같은 훌륭한 결실들을 맺었다. 위의 도표에서 보는 바와 같이, 본서는 성경의 구원 역사가 전개하는 주요한 주제들을 삼위일체적인 형태로 접합시켜서 새로운 조직신학을 구성하려는 것이다. 이러한 작업을 통하여 우리는 전통 신학이 말하는 두 개의 개념들, 다시 말하면, 첫째로 창조, 구원, 그리고 구원의 성취에 하나님의 삼위가 모두 보편적으로 참여하였다는 것을 의미하는 '상호 보편 참여'(perichoresis, mutual interpenetration)와 둘째로, 그럼에도 불구하고 삼위는 각각 구원 역사의 사건들 중의 하나를 특별하게 주관하였다는 것, 둘을 다 존중한다.

마지막으로, 신학의 서론의 중요한 관심은 이분화된(두 개의 요소로 구성된) 신학의 구조를 삼분화로(세 개의 요소로 구성된) 변화시키는 것이었다. 이러한 의도는, 앞서서 신학의 개관에서 보았듯이, 하나님의 아들이신 그리스도가 하나님과 세상 사이에 계속되는 언약의 관계를 연결하는 중재의 말씀이라는 사실에 분명히 반영되고 있다. 이 중재하는 말씀은 창조에서, 구원에서, 그리고 종말로 이어지는 구원 역사에 계속적으로 반영되고 있는 것이다.

Reformational Theology

제2부

선한 창조

Reformational Theology

들어가는 서언

　본서가 추구하는 개혁신학의 기초는 1부의 서론에서 마련되었다. 이제 우리는 이 기초 위에 신학의 본론을 위한 작업을 할 것이다. 서론에서 마련된 개혁신학에의 헌신은 우리의 신학작업의 방향을 설정해 주고, 그 기준이 되며, 또한 우리 작업의 범위를 설정해 준다.

　우리가 취하고 있는 방법에 암시된 것 중의 중요한 것은 신학 본론을 하나님의 존재 증명이나 하나님의 존재, 또는 하나님의 속성과 지식, 또는 삼위일체의 교리와 같은 따로 떨어진 주제로 시작하지 않는다는 것이다. 이와 같은 주제들이 창조라는 성경이 가르치는 마땅한 상황 안에서 다루어지기 전에 미리, 상황에서 떠난 독립된 주제로 다루어지는 것은 곧 추상적인 신학으로 연결되기 때문이다. 칼빈이 이미 가르친 것처럼, 우리는 하나님을 알되 그 자신의 원래 존재의 모습(*ad intra*)으로가 아닌 계시를 통하여 우리에게 오신 그 모습(*ad extra*)으로 아는 것이다. 오토 베버(Otto Weber)는 이렇게 말하고 있다: "우리는 하나님의 역사(행위)를 통하지 않고서는 그의 본질에 관하여 도저히 알 수가 없다"(*Foundations of Dogmatics*, Vol. I, 463).

　신학에서 하나님에 대해서 아는 방법은 기독교 공동체에서 믿음의 생활을 알게 되는 방법과 근본적으로 다르지 않다. 후자는 성경의 이야기(biblical narrative)가 우리에게 계시해 주는 이 땅 위에 매우 구체적이고 우리가 경험할 수 있는 사건들을 통하여 알게 된다. 신학은 우리의 믿음의 삶의 교리를 연구하는 전문적인 학문으로서 그러한 구체적인 경험들의 의미를 깊이 성찰하는 임무를 가지고 있다. 신학은 믿음의 생활과 동떨어진 사변적인 방법을 택할 이유가 없는 것이다. 그러므로 방법론적으로 볼 때에, 하나님의 존재, 실존, 지식, 속성, 위격에 대한 성찰을 성경이 계시하는 바와 같은 하나님께서 피조물과 맺으신 언약의 관계라는 신앙고백적인 상황을 떠나서, 그리고 하나님의 나라를 다스리는 창조주의 왕권이라는 상황을 떠나서 하는 것은 매우 심각한 문제를 안은 모험인 것이다.

이러한 방법이 긍정적으로 암시하는 것은 신학을 성경의 중심이 되는 사건들, 다시 말하면 '창조-타락-구원-완성'이라는 축을 중심으로 구성한다는 것이다. 이런 성경의 사건들은 인류의 역사의 방향을 바꾼 중요한 사건들이다. 따라서 이러한 구원의 계시의 패턴은 세계 역사의 줄기 안에 얽혀져 있는 것이다. 이러한 중심축을 따라서 칼빈이 『기독교강요』에서 밝히듯이, 우리는 하나님을 창조주와 구세주로 알게 되는 것이다. 하나님의 말씀이 신학의 기준이 되기 때문에 충실한 조직신학자는 성경의 이야기의 축에 따라 그의 신학을 구성해야 하는 것은 당연한 일이다.

이제 우리는 창조라는 기독교의 기초가 되는 중요한 교리에 도달해 있다. 우리는 이 교리를 아래와 같은 세 개의 전통적인 주제 안에 다루고자 한다:

첫째, 우주론(cosmology, 전체로서의 창조)
둘째, 인간론(인간 존재)
셋째, 역사(창조의 전개로서의 하나님의 섭리)

제1장 우주론

1. 삼위일체 하나님의 역사

창조를 위해서 하나님께서 행하신 모든 일들은 삼위일체의 하나님, 성부, 성자, 성령께서 상호 관련해서 하신 것이다. 아브라함 카이퍼는 그러므로 "온 우주 위에 다스리시는 삼위일체 하나님의 권위"에 대해서 말한다(*Lectures on Calvinism*, 79). 전통적인 기독교 신학은 이러한 교리를 *perichoresis*('하나님의 상호 협력')라는 단어를 통해서 가르쳤다. 성경의 가르침에서 하나님의 역사는 삼위 모두의 역사들로서 공동적으로 이루어진 것으로 말한다. 성부, 성자, 성령은 성경의 사건들, 창조, 구원(성화를 포함한), 그리고 완성에 이르기까지 모든 사건에 함께 동역을 하신다. 그러나 다른 한 편으로 볼 때 창조, 구원, 완성이라는 사건들의 그룹 각각은 성부, 성자, 성령 중 한 위가 중심이 되어서 이루어진다. 성령께서 성화에서 주된 사역을 하시며, 성자는 구원에서, 그리고 성부는 모든 것의 시작에 주된 사역을 하신다. 바울은 고린도전서 8:5-6에서 이러한 가르침을 전한다:

"비록 하늘에나 땅에나 신이라 칭하는 자가 있어 많은 신과 많은 주가 있으나 그러나 우리에게는 한 하나님. 곧 아버지가 계시니 만물이 그에게서 났고 우리도 그를 위하며 또한 한 주 예수 그리스도가 계시니 만물이 그로 말미암고 우리도 그로 말미암았느니라."

'하나님의 상호 협력'이라는 교리는 사도신경을 형성하는 삼위일체의 구조에 잘 반영되고 있다: "전능하사 천지를 만드신 하나님 아버지를 내가 믿사오며." 성경의 가르침과, 교회들이 공통적으로 믿는 신조들과, 종교개혁이 이루어낸 신앙의 기준들에 뿌리를 두고 있는 삼위일체적인 신앙고백은 개혁신학 안에 언제나 중요한 위치를 차지하고 있다.

칼빈의 예를 살펴보자. 그는, 삼위일체 하나님이 사역 안에서 하나됨과 셋 됨을 분명히 하기 위해서 사용되었던 라틴어와 헬라어의 개념들은, 교부들 가운데에 그것들이 가지는 갈등과 혼란으로 종종 곤란을 당한 상황에서, 오직 하나의 제한된 가치를 가지고 있다고 말하였다. 그러므로 칼빈은 "그런 순전히 말로만 하는 잔소리꾼의 논쟁"에 휘말리지 않기 위하여 그에 대한 '말다툼'과 '언쟁'을 피해 왔다. 그리고 그는 하나님의 삼위가 서로 다르다는 점을 지적하기 위해 사용된 말들에 대해 다음과 같은 말을 더했다: "만약 성부, 성자, 성령이 오직 한 하나님이고, 그러나 성자는 성부가 아니고, 성령은 성자가 아니며, 그들은 어떤 독특한 차이에 따라 서로 다르다 라는 것에 사람들이 동의를 한다면, 나는 그런 말들을 땅에 묻고 싶다"(『기독교강요』 I, 13, 5).

그러나 칼빈은 또한 삼위일체의 교리를 설명하기 위해서 사용된 이러한 전통적인 말들은 잘못된 이단을 배격하기 위해서 반드시 필요하다고 말하였다. 분명한 신앙고백을 갖추는 것은 "자신들의 실수를 장황한 옷 속에 감추고" 자신들의 "사악한 거짓"으로 진리를 거스리는, 마치 "뱀이 미끄러져 가는 듯한" "거짓 선생들의 가면을 벗기기 위해서" 반드시 필요한 것이다(『기독교강요』 I, 13, 4).

삼위일체 교리에 대해 좀더 긍정적으로 말하면서 그는 또한 "내가 말하고자 하는 바는 이것이다: 역사의 시작과 모든 만물의 기초는 성부에게 있으며, 모든 만물을 질서 안에 배치한 일, 지혜, 그리고 계획은 성자에게 있고, 그리고 능력, 모든 행위의 효력은 성자에게 있다는 것이다"(『기독교강요』 I, 13, 18).

성경에 근거하고, 전통적 신앙고백과 신학에 검증된 이러한 가르침에 대해 루이스 벌코프는 이렇게 기록하고 있다: "모든 만물은 성부 하나님으로부터, 성자 하나님을 통하여, 성령 하나님 안에서 이루어졌다"(*Systematic Theology*, 129). 따라서 창조에 대한 가르침은 다음과 같은 근본적인 지침에 의해서 세워져야 한다.

첫째, 성부 하나님은 모든 만물의 창시자이다. 요한계시록은 성도들의 찬양을 다음과 같이 기록하고 있다: "우리 주 하나님이여, 영광과 존귀와 능력을 받으시는 것이 합당하오니 주께서 만물을 지으신지라 만물이 주의 뜻대로 있었고 또 지으심을 받았나이다"(계 4:11).
이에 대해 칼빈은 다음과 같이 말하고 있다:

> 만약 당신이 하나님의 피조물이고, 당신은 창조에 의하여 지어졌을 뿐만 아니라, 창조로 인해서 하나님의 뜻 안에 있다는 사실을 깨닫지 못한다면, 당신의 생명이 하나님께로부터 왔다는 하나님의 생각이, 그리고 당신이 계획하는 모든 것, 하는 모든 일을 하나님에게 돌려야 한다는 것이 어떻게 당신의 마음속에 들어갈 수 있겠는가?(『기독교강요』 I. 2. 2)

둘째로, 성자 하나님은 모든 만물의 중재자이다. 요한복음은 이 점을 분명하게 강조한다: "만물이 그로 말미암아 지은 바 되었으니, 지은 것이 하나도 그가 없이는 된 것이 없느니라"(요 1:3). 칼빈의 신학에서 창조를 위한 성자의 중재 역할은 여러 곳에서 간접적으로 표현되기는 하지만, 한 곳에 집중되어서 연구되지는 않았다. 다음에서 칼빈의 견해를 들어보자: "만약 인간이 죄에 물들지 않았다고 해도, 인간의 존재 상황은 인간으로 하여금 중재자를 통하지 않고는 하나님께 갈 수 없게 했을 것이다"(『기독교강요』 II. 12. 1).

셋째로, 성령 하나님은 모든 만물을 가능하게 하는 능력자이다. 창조기사는 이미 이렇게 쓰고 있다: "하나님의 신은 수면에 운행하시니라"(창 1:2). 칼빈이 이에 대해 무엇이라 하는지 살펴보자:

> (우리가 지금 바라보는) 우주의 아름다움의 깊이와 보전이 성령의 능력에 달려 있을 뿐 아니라, 이러한 아름다움이 우주에 더해지기 전에도, (그러니까 우주의 창조 이전에도) 성령은 그 혼돈된 것들을 돌보고 계셨다…우주 어디에나 계셔서 만물을 보전하고, 성장하게 하고, 하늘에 있는 것이나 땅 위에 있는 것에 활기를 주고 , 그의 능력을 모든 것에 주입하며, 모든 것의 본질, 생명, 그리고 운동을 불어 넣어 주는 이가 바로 성령이기 때문이다(『기독교강요』 I. 13. 14).

지금부터 우리는 이 포괄적이고 형평이 잘 맞게 형성된 삼위일체적인 접근을 우선 창조의 신학에, 그 후에는 타락과 이어지는 구원과 그 완성에까지 적용할 것이다. 이러한 신학의 구성은 사도신경의 주요한 교리들(삼위일체의 세 위격) 중의 하나만을 강조할 때에 생기는 문제를 미리 해결할 수 있다. 신학을 성부를 중심으로 한다든지, 성자를 중심으로 한다든지, 또는 성령을 중심으로 한다든지 할 필요는 없는 것이다. 성경에 근거하여 형성된 삼위일체적인 신학의 구성은 전통적인 기독교 신학의 강조점, 즉 우리를 '위한' 성부, 우리와 '함께 하는' 성자, 그리고 우리 '안에' 계신 성령에 대한 가르침과 조화를 이룬다. 이것은 잘 알려진 바울의 가르침으로부터 나왔다: "이는 만물이 주에게서 나오고, 주로 말미암고, 주에게로 돌아감이라. 영광이 그에게 세세에 있으리로다. 아멘"(롬 11:36).

이 본문에 주석을 하면서 카이퍼는 다음과 같이 말한다: "여기 언급되는 것은 세 가지이다: 첫째로, 모든 것을 창조케 하는 행위; 둘째로, 그것들이 형성되어 구성되는 행위; 셋째로, 그것들이 그 창조된 목적에 도달하게 하는 행위"(*The Work of the Holy Spirit*, 20). 교부들의 가르침을 인용하면서, 삼위일체적인 시각을 강조하면서, 카이퍼는 다음과 같이 결론을 내리고 있다: "만물이 만들어진 행위는 성부에게서 나왔으며, 그것들의 질서의 일관성은 성자로부터 나왔으며, 그리고 그것들이 원래의 목적에 따라 움직여 가는 행위는 성령으로부터 나왔다"(ibid., 20). 이 말로서는 모자라는 것처럼 카이퍼는 다음과 같이 요점을 정리하고 있다: "…성부, 성자, 그리고 성령에 의해서 공통적으로 이루어진 모든 역사에 있어서, 그것들을 발생시키는 능력은 성부에게로부터, 질서를 이루는 능력은 성자로부터, 그리고 완성시키는 능력은 성령으로부터 나왔다"(ibid., 19).

2. 출발점으로서의 하나님의 선한 창조

"조직신학의 각 부분은, 그 부분이 가지고 있는 독특한 방법과 시각에 따라, 신학의 전체를 그 부분 안에 품고 있다"란 말은 참으로 옳은 지적이다(오토 베버, *Foundations of Dogmatics*, vol. I, 349). 바르트의 영향을 인정하면서, 이것을 말하는 베버는 이것보다 더 많은 것을 그 머리 속에 가지고 있을 것이다. 그럼에도 불구하고, 한 신학의 중심이 되는 기본 주제는, 신학의 일관성 안에서, 그 신학의 모든 다른 주제들을 형성하는 주요한 역할을 한다고 말하는 베버의 말은 사실이다. 새로운 장들마다 서로 연결되지 않은 새로운 주제들을 다루는 것이 아니기 때문이다.

이전에 이미 밝혀 둔 것과 같이, 개혁신학을 개정하는 우리의 작업은 성경의 사건들을 문자적으로 이해하는 입장에 분명하게 근거를 두고 있다. 최근의 신학의 여러 방향에서 교리에 대해 불어오는 역풍에도 불구하고 우리는 이러한 입장을 공고히 한다. 우리 신학의 출발점은 창조에 대한 성경의 가르침이다. 성경에서 창조는 이 세상의 시작에 하나님께서 행해진 일련의 행위들로만이 아니라, 언제나 현재형으로 계속되는 실제로 생명 안에 계속되는 의미를 부여하는 것이다. 처음에 창조된 본래의 모습은 우리에게 알려지지 않는다. 본래의 천국은 영원히 잃어버린 것이다. 구원조차도 원래 창조의 모습으로 되돌아가는 것이 아니다. 구원은 타락한 창조 세계의 현재와 미래가 그것이 원래 목적했던 바의 모습으로의 회복을 말한다. 좌우간 창조는 종교적으로 신학적으로 가장 중요한 의미를 신학에 부여함으로, 하나님의 선한 창조가 의미하는 원래 만들어진 세상의 상황 그리고 동시에 종말론적인 소망으로 우리의 신학적 사고를 형성하도록 한다. 그렇지 않다면, 우리는 창조주로서의 하나님의 완전한 선하심을 증거하는 성경의 증거를 강조해야 할 것이다. 창조에 있어서 가장 중요한 것은 이것이다: "하나님이 그 지으신 모든 것을 보시니 보시기에 심히 좋았더라"(창 1:31). 이것은 새 피조물에 대해서 말하는 계시록에 다시 나타난다: "무엇이든지 속된 것이나 가증한 일 또는 거짓말하는 자는 결코 그리로 들어오지 못하되…"(계 21:27). 하나님의 창조의 선함을 증거하는 이러한 성경의 가르침은 타락과 구원을 창조 자체에 제한하는 최근의 변증법적인 신학, 과정 신학, 그리고 일원론의 신학에 의하여 침식되고 있다. 이러한 신학들의 결과는 선과 악의 갈등이 내적으로 존재하는 그러한 창조이며, 이러한 창조는 처음부터 구원을 필요로 하는 것이다.

이러한 신학들의 전개를 볼 때에, 우리는 원래의 창조가 근본적으로 선하다는 성경의 가르침을 재확인해야 할 필요를 느낀다. 우리의 현재 시각에서, 창조에 대한 우리의 이해가 아담 안에서 타락의 효과를 그리고 예수 안에서 구원의 효과를 걸쳤다는 것을 깨달아 알면서 더욱 그러하다. 성경의 계시 안에 중요한 세 가지 사건들은(창조, 구원, 완성) 세상의 역사 안에 세 개의 사건들의 축적된 힘으로 우리의 신학의 성찰을 계속적으로 형성하고 있다. 그러므로 우리는 뒤를 돌아보면서, 그리고 장래를 내다보면서, 처음에 죄로 인해 망가졌던 비전을 가지고 선한 창조를 조명하여야 한다. 비록 이 비전이 성경의 시각으로 인해서 지금은 원리적으로 고쳐졌지만, 아직도 우리는 피조물을 "거울로 보는 것과 같이 희미하게" 보는 것이다. 이것이 바로 성경 계시의 시각이다. 성경은 창조의 사건을 우리의 타락과 구원이라는 후기의 시각을 가지고 우리에게 다시 들려주고 있는 것이다. 그러므로 창조에 대한 우리의 신학은 '첫 아담'과 '새 아담'으로부터 파생된 생명에 의해서 채색된 것이다.

창조에 대한 시각이 이렇게 얽혀 있는 것은 칼빈의 신학에서도 잘 나타난다. 그의 『기독교강요』 I권에서 칼빈은 "창조주로서의 하나님에 대한 지식"에 대해서 설명하고 있다. 이러한 창조의 상황에서도 죄의 영향과 그것을 극복하는 "구세주로서의 하나님에 대한 지식"이 반복적으로 나타남을 볼 수 있다. 그러나 우리는 신학을 일관되게 그리고 분명하게 서술하기 위해서 이 주제를 원리에 따라 질서 있게 정리하여야 한다. 따라서 우리는 창조, 타락, 그리고 구원과 그 완성으로 이어지는 성경의 서술의 순서를 따르고자 한다. 그러나 우리는 이러한 신학의 구성이 오직 상대적인 구속력만을 가진다는 것을 기억해야 한다. 이 방법은 성경의 가르침을 억압하지는 않을 것이다. 동시에 우리는 이런 방법을 통해서 모든 것을 한꺼번에 다룰 수 없다는 것도 기억해야 한다. 우선 창조에 초점을 맞추면서 여기에 관계되는 다른 주제들이 우리에게 쏟아져 올 것이다. 그러나 방법론적인 견지에서 우리는 성경의 순서대로, 창조로 시작하는 성경의 구성을 따른다.

3. 가르침의 올바른 순서

우리는 성경이 시작하는 곳에서 우리의 신학을 시작한다. 그리고 우주의 역사를 구원의 시각으로 거슬러 해설하고, 마지막으로 성경이 끝마치는 곳에서 우리의 신학을 마칠 것이다. 창세기의 기사를 우리의 신학의 출발점으로 삼으면서, 우리는 최근 성경신학의 중심 줄기에서 거센 반대가 있음을 기억한다. 통상적인 신학의 사고는, 이스라엘의 족장들을 선택하고 그들의 후손들을 이집트로부터 구원하는 구세주 하나님과 이스라엘의 사건을 신학의 출발점으로 삼는다. 이러한 구원의 위대한 경험은 우주의 시작에 거꾸로 반영이 된다. 신학의 이러한 구성은 구세주인 히브리인들의 하나님의 사역은 창조주인 하늘과 땅의 하나님의 사역과 일치한다는 고백을 낳는다.

실존주의 신학들도 성경의 사건의 순서를 괘념하지 않는다. 이런 신학적인 사고 안에서, 창조, 타락, 그리고 구원으로 이어지는 일련의 사건들은 세상을 전개하시는 하나님의 역사가 아닌, 개개인의 경험 안에 집중하는 "실존적인 순간"으로 이해한다. 이런 전환기적인 사건들은 성경적인 순서로부터 끌어 올려져서 인간의 종교적인 의식 안에 새롭게 위치되는 것이다. 이러한 예를 칼 라너(Karl Rahner)에서 찾아볼 수 있다. 세상과 인간 안에 있는 악에 대해 말하면서, 그리고 "예수 그리스도의 구원으로 말미암아 세상은 경험과 구체적인 면에 있어서 근본적으로 다른 것이 되었다"라고 말하는 구원에 대해서, 라너는 이러한 것들에 "아무 시간적인 연속을 결부시키지 말아야 한다"라고 하였다. 그 이유는 "적어도 방법론적인 견지에서, 우리는 우선 그런 개념들은 시간적인 연속과 관련이 없다는 것을 먼저 말해야" 하기 때문이다(*Foundations of Christian Faith*, 90). 일련의 성경의 사건들 안의 이러한 '순간들'은 분명히 우리의 매일의 경험을 형성하는 것들이다. 그러나 이것들을 창조 실제의 고유한 본질적인 요소로 보는 것은, 그래서 처음부터 사물의 구조 안에 내재하는 것으로 보는 것은 성경의 가르침과 전혀 다른 것이다.

방법론적으로 볼 때 여기서 우리는 창조와 구원의 관계에 대해서 칼빈이 가진 접근방법을 살펴볼 필요가 있다. 그리스도인의 경험에서 창조주로서의 하나님에 대한 지식과 구세주로서의 하나님에 대한 지식은 아주 밀접하게 그리고 분리될 수 없게 서로 얽혀있다. 우리의 믿음/지식 안에 그 둘은 전혀 다른 것이 아니다. 그 이유는 그리스도는 창조뿐만이 아니라 구원에서도 중재자이기 때문이다(『기독교강요』 II, 12, 1). "타락 후에…중재자와 동떨어진 하나님에 대한 지식은 구원에 이르는 능력이 없는 것이다"(『기독교강요』 II, 6, 1).

그러나 신학적인 분석을 위해서 우리는 그 둘을 구별할 수 있어야 한다. 죄의 영향을 염두에 두고서 말하는 인식론적인 면에 있어서, 우리는 먼저 예수 그리스도 안에서 구세주 하나님에 대해서 알고, 그 다음에 이 길을 따라서 창조주 하나님에 대한 참 지식을 얻을 수가 있다. 그러나 존재론적인 면에서 볼 때, 이 순서는 뒤바뀐다. 구원은 창조를 전제로 하기 때문이다. 이것이 성경 계시의 역사적인 순서이다. 칼빈이 "올바른 가르침을 위한 순서"로, 다시 말하면 신학의 강의를 위해서, 선택한 것이 바로 이 존재론적인 순서이다(『기독교강요』 I, 2, 1; I, 6, 1; II, 1, 1; II, 6, 1). 이러한 순서의 결과로, 칼빈의 『기독교강요』의 네 권의 책들은 사도신경의 삼위일체적인 패턴을 따르고 있는 것이다: 첫 번째가 성부 하나님과 창조, 두 번째가 성자 하나님과 구원, 세 번째가 성령 하나님과 성화, 그리고 마지막에 교회론을 더했다.

조직신학에서 한 주제를 다른 주제들보다 더욱 강조하여서 이에 따라 신학 구성의 순서로 정하는 것은 물론 가능한 일이다. 이러한 예로서, 자유주의 신학은 그것의 세속화된 경향을 따라서 첫 번째 주제의 신학(하나님이 가지는 일반적인 아버지상)으로, 신정통주의 신학은 두 번째 주제의 신학(그리스도 일원론)으로, 오순절 신학은 세 번째 주제의 신학(성령의 은사)으로 흐르는 뚜렷한 경향을 볼 수 있다. 위의 예들에서 보는 것과 같은 균형이 잡히지 않은 삼위일체의 구조는 칼빈과 상당한 거리에 있다. 인식론적인 면에서 볼 때는 두 번째 주제가 첫 번째 주제의 매개가 되며, 동시에 세 번째 주제가 첫 번째와 두 번째 주제들을 각각의 고유한 지식으로 완성시킬 수 있다고 칼빈은 말하였다. 그러나 칼빈이 신학의 가르침을 위해서 선택한 존재론적인 시각으로 볼 때에, 그는 사도신경의 순서를 기준으로 삼는다. 이 순서는 창조로부터 시작을 하는데, 성경은 창조를 하나님의 원래 이루신 그리고 계속적으로 이루시는 역사로 증거한다.

다분히 목회적인 신앙고백을 담고 있는 하이델베르그 요리문답이 강하게 인식론적인 접근을 하고 있는 것은 놀라운 일이 아니다. 하이델베르그 요리문답은, 그것이 가지고 있는 삼중구조 안에서, 먼저 죄(타락)로부터 시작을 하고, 구원을 통하여 마지막으로 구원된 봉사의 삶으로 이어진다. 16세기 상황으로 볼 때 이러한 구조는 매우 통상적인 것이었다. 넓은 기독교 안에 있는 종파들은, 비록 다른 교리에 대해 다른 점들을 가지고 있지만, 창조주 하나님의 역사에 대해서는 전통적인 믿음을 유지하고 있었다.

다윈의 진화론은 아직 일어나지 않아서 이러한 보편적인 믿음을 도전할 것은 아무것도 없었다. 후에 현대 과학과 역사-비평적인 성경해석이 창세기 기사를 전통적인 방식으로 이해하는 것에 도전하게 되었다. 그러므로 종교개혁의 상황에서 인간의 타락과 비참함, 그리스도를 통한 구원, 그리고 감사로 드리는 봉사의 삶이 주된 논제였다면, 창조에 대한 교리는 정제된 신앙고백의 설명을 요구하지 않은 상태였다. 그것은 그저 지나가는 정도의 관심만을 받았을 뿐이다. 하이델베르그 요리문답이 "전능하사 천지를 만드신 하나님 아버지를 내가 믿사오며"의 의미를 직접적으로 다룰 때에도 창조에 대한 관심은 크게 다르지 않았다. 거기 나타나는 창조에 대한 신앙고백은 '구원'의 주제 안에, 구원의 길을 강조하는 상황에서, 거의 부제와 같이 다루어지고 있다. 그 질문에 대한 답변을 다음에서 살펴보자:

…우리 주 예수 그리스도의 영원하신 아버지는 무로부터 하늘과 땅을 창조하시고 그 안에 있는 모든 것을 지으셨으며, 지금도 자신의 영원한 경륜과 섭리로 그것들을 유지하고 다스리고 계신데, 그의 아들이신 그리스도로 인해서 이 영원하신 성부는 나의 하나님이요 나의 아버지이십니다…(질문과 답변 26).

위에서 보는 바와 같이 이 요리문답은 창조에 대한 신앙고백에서 인식론적이고 경험적인 접근을 한다. 이러한 신앙고백의 접근은 칼빈이 이미 암시한 바와 같이 매우 적절한 것이다(『기독교강요』 I, 1, 3). 그러나 칼빈이 말한 것과 같이, '가르치기 위한 순서'는 존재론적인 순서를 따를 것을 요구한다. 이러한 순서를 따라서 우리의 설명을 시작하기로 하자.

4. "태초에 하나님이…!"

　성경은 어떤 면에서 이해하기 꽤 까다로운 책이다. 성경은 무조건적이고 돌연한 언급으로 시작을 한다. "무엇을 어떻게 하라는" 말이 전혀 없이, 매우 간단한 어조로 시작을 해서, 우리 앞에 전혀 꾸미지 않은 말로 "태초에 하나님이…"라고 선언한다. 성경은 서문이라는 것이 없이, 이해하기에 전혀 준비되지 아니한 말을 하면서도 설명도 없이, 정당화하거나 증명하려 하지 않고, "옛날 옛적에…"로 시작해서 우리의 주의도 끌지 않고, 도무지 하나님의 존재를 증명하려 함도 없이 우리 앞에 부딪히고 있는 것이다. 성경에서 하나님은 "전제되는 위대한 인격"(great presuppositional Person)으로 우리를 대면해 서 계신다. 성경의 이러한 시작은 성경에 의해서 조절되는 조직신학의 성격을 결정한다. 이러한 양식은 우리로 하여금 성경이 시작하는 곳에서 시작을 하고, 다시 말하면 하나님으로부터, 그곳으로부터 모든 내용이 흘러나온다는 것을 깨닫게 한다. 그렇게 하지 않는다면, 우리는 신학을 시작조차 하지 못하게 되거나 아니면 잘못된 기초를 갖게 될 것이다. 성경에서 하나님의 존재, 실제와 임재는 완전히 자증(自證)하는 것으로 전제되어 있다. 따라서 성경은 그 처음부터, 특별히 처음에, 가장 근본적인 선언으로 우리를 사로잡는다: 하나님은 완전한 시초이며, 완전히 다른 분이며, 모든 것들의 근원이자 원인이다.

　그렇다면 우리는 전통적으로 받아들여 온 이성에 근거해서 하나님의 존재를 증명하려는 노력을 어떻게 다루어야 하는가? 우리는 성경에 근거해서 그것을 전혀 다루지 않고 다만 거기에 대해 침묵으로 지나칠 수 있는가? 이러한 태도는 물론 가능하고 또한 변호할 수도 있다. 현대에 들어와서, 특별히 이성적인 주장들이 신임을 잃어왔다. 그러나 롬바드(Lombard), 안셀름, 그리고 아퀴나스의 시대 이후, 그들의 사상은 중세와 현대의 스콜라스틱 전통을 주장해 오고 그 안에 이성적인 주장들은 중요한 위치를 차지하고 있다. 이러한 전통은 오늘도 여러 주창자들을 가지고 있으므로, 우리는 이러한 사상을 쉽게 지나쳐 버릴 수 없다. 그 이유는 성경이 그것을 다루어서가 아니라, 그리스도인들이 그러한 사상을 가지고 신학을 하기 때문이다. 물론 이것은 우리 기독교 전통의 일부이다. 따라서 기독교 역사는 왜 이러한 전통이 세워졌는가를 우리가 알도록 설명해 준다.

　일반적으로 하나님의 존재를 이성적으로 증명하는 다섯 가지의 방법이 있다: 존재론적인(ontological), 우주론적인(cosmological), 목적론적인(teleological), 도덕적인(moral), 그리고 역사적인(historical) 주장들이 그것이다. 이러한 방법들은 모두 이성과 계시에 대한 관계를 이원론적으로 이해하는 것에 바탕을 두고 있다. 이러한 가정의 바탕에는, 정상적인 이성의 활용에 따른 논리의 법에 근거한 인간의 이성은 하나님의 계시의 도움이 없이 하나님에 대한 어떤 진리를 확실하게 그리고 의심 없이 밝힐 수 있다는 전제가 있다. 그 사상 중에 가장 근본이 되는 것은 "하나님의 존재"이다. 모든 이성적인 주장들을 자세히 설명하지 않아도, 그것들은 모두 그들이 확실하다고 주장하는 일련의 인간의 경험으로부터 시작을 해서, 삼단논법의 줄기를 따라서 하나님의 존재라는 실제에 대해 미리 준비된 결론으로 수직적으로 옮겨간다.

이러한 전통에 뿌리박은 주장에 대해 우리는 어떤 판단을 해야 하는가? 그리스도인들의 생각을 오도하는 그들의 주장이 인상깊은 것만큼, 그들은 '기독교 이단'의 두드러진 예이다. 이러한 이성적인 주장들은 서구 기독교 전통의 부산물로 우리에게까지 전달되고 있다. 수세기 동안 이것들은 매우 존중되어왔다. 그러나 사실 이 주장들은 그것들이 증명하려고 하는 것을 그 시작에서부터 전제하고 있다. '기독교적인' 결론들은 그들의 '기독교적인' 가정 안에 이미 확립되어져 있는 것이다. 그러므로 계몽주의 후기의 여파로 인해서 그들의 가정들이(즉, 존재의 위치, 질서, 목적, 도덕률, 그리고 인간의 삶과 세상에 대한 종교적인 본질 등에 대한 가정들) 더 이상 진실로 받아들여지지 않게 되자, 이러한 가정들로부터 얻어지는 결론들도 자연히 거부되었다. 역사적인 의미에서 볼 때, 이러한 주장들은 '기독교적인' 것들이다. 다시 말하면, 그것들은 서구 기독교 전통의 잔재로 생각을 할 수 있다는 말이다. 그러나 그 본질을 말할 때, 그것들은 올바른 것이 잘못 형성되었다는 의미에서 '이단적'이라고 할 수 있다. 그것들의 올바른 것이란 그들의 잘 형성된 하나님에 대한 믿음이며, 잘못 형성되었다는 것은 그들이 옳다고 주장하는 자율성을 가진 인간 이성 자체에 대한 과대평가이다. 그만큼 잘못 형성된 것은 그들이 생각하는 계시의 필요에 대한, 그리고 인간 이성에 미치는 죄의 극단적인 영향을 과소 평가하는 것이다.

이성적인 주장들에 대해서 이러한 간단한 평가를 내리고 나서, 우리는 성경이 시작하면서부터 주장하는 하나님은 삼단논법의 결론 끝에 서 계시지 않다는 주장으로 돌아가야 한다. 오히려 하나님께서는 '태초에' 서 계시다. 아테네의 철학자들을 향해서 바울은 성경이 시작하는 말과 같은 말을 하고 있다: '너희가 알지 못하고 위하는 그것을 내가 너희에게 알게 하리라 우주와 그 가운데 있는 만유를 지으신 신께서는 천지의 주재시니 손으로 지은 전에 계시지 아니하시고…"(행 17:23-24).

5. '시작'은 명확한 시작을 의미한다

시작은 그것이 언제 시작되었건 간에 실질적이고 그리고 결정적으로 새로운 사건임에 틀림없다. 시작은 하나님 자신이 낮아지시는 행동으로 전혀 새로운 것들을 존재케 하시는 최초의 기적이다. 창조는 선재하지 않았다. 창조는 하나님께서 자신과 다른 어떤 실재를 무로부터 불러오기 위해서, 말하자면 하나님 자신께서 허리를 굽히신 것이다. 하나님께서는 허리를 굽히시고 아래로 손을 뻗치시면서 세상을 창조하시는 언약을 맺으시고 그 결과 전혀 새로운 것들을 존재케 하셨다. 하나님께서는 영원 전부터 하나님이시지만(시 90:2), 창조세계는 그렇지 않다. 창조세계는 영원까지 갈 것이지만 영원 전부터 존재하지는 않았다. 그것은 분명한 시작을 가지고 있다.

하나님께 있어서 창조의 시작은 굳이 인간의 시각으로 말하자면, 물론 우리는 이런 방식으로밖에 말할 수는 없지만, 그분의 삼위일체적인 행동에 매우 커다란 변화가 일어났음을 의미한다. 창조를 통하여 하나님께서는 이전에 없었던 전혀 새로운 일을 시작하신 것이다. 그것은 이미 있었던 어떤 일을 다시 시작한 것이 아니다. 창조의 행위를 통하여 하나님께서는 전혀 새로운 관계들을 수립하셨다. 하나님께서는 다른 것들을 창조하신 것이다. 창조를 통해서 하나님께서는 자신과 다른 세상을 그의 영광이 보이도록 만드시고 그 안에 그의 영광스러운 형상을 담은, 그와 언약을 가진, 그의 나라의 종으로서 우리를 두셨다. 이런 일은 창조 전에 존재치 않았으며 앞으로도 되풀이되지 않을 것이다. 창조세계를 존재케 함은 위험부담을 가진 것이지만, 성탄과 부활을 지나고 나서는 그 창조세계에 두신 하나님의 뜻이 이루어지는 것은 의심할 여지가 없어 그것의 찬란한 가능성은 이제 완성될 것을 기다리고 있다. 창조 이후에 하나님께서는 그 전에 전혀 없었던 일들을 행하신 것이다.

창조라는 거대한 우주적인 사건에 대한 우리의 생각을 표현하기 위해서 우리는 어떤 언어를 사용해야 하는가? 하나님의 행동의 이러한 결정적으로 중요한 변화를 표현하기 위해서는 전통적으로 사용되어져 온 불변성(immutability)이라는 용어는 전혀 적합하지 않다. 그것이 헬라사상을 너무나 많이 간직하고 있기 때문이다. 그것은 감정이 전혀 개입되지 않은 냉정한 불변성, 정적인 충족자족성, 그리고 부동성을 나타내고 있다. 그러나 성경의 기록은 하나님의 충실하심에 강조를 두고 있다. 창조 이전의 삼위일체 내에서의 하나님의 교제(요 1:1; 17:5)로부터 나오셔서 말씀으로 세상을 창조하시고(요 1:3; 히 11:3) 정해진 때에 이르러 말씀이 육신이 되어 우리 가운데 거하시는(요 1:14) 이러한 표현하기 어려운 변화를 거치면서 그리고 그 변화 안에 하나님께서 우주와 관계를 가지시면서 그분은 지속적으로 자신에게 충실해 오셨다. 하나님께서는 자신의 말씀에 변함없이 진실하셨다. 하나님의 진실하심은 그의 세상을 언약으로 붙들고 계신 그분의 꾸준하심과 자신의 나라를 끝내 완전하게 이루시는 성실하심을 나타낸다. 창조세계를 향하신 하나님의 성실하심과 불변하심으로 말미암아 우리는 숨을 쉬며 팔을 벌려 우리의 삶을 함께 살아갈 만한 축복을 누린다.

창조는 하나님 자신의 일이기 때문에 그것의 시작에 대해서 하나님께서는 잘 아신다. 그리고 오직 그만이 그것의 시작으로부터 끝까지 아신다. 그러나 우리에게는 그 시작과 함께 그 끝에 대해서도 오직 계시만이 보여 줄 수 있는 신비로 싸여 있다. 비록 우리가 밝힐 수 없는 것이지만, 창조는 이미 일어난 그리고 움직일 수 없는 하나님의 왕으로서의 주권적인 시작으로 남아 있다. 그것은 모든 피조물의 존재에 결정적인 알파인 것이다. 창조에 둘러싸인 하나님의 마음을 꿰뚫어 볼 수는 없다. 우리가 접근할 수 있는 길은 창조 자체를 만든 운동력인 하나님의 말씀을 들음으로써만 가능하다. 이러한 궁극적인 출발점은 모든 피조 세계의 시간적이고 공간적인 지평을 성립하였다. 이 출발점은 우리의 이론적 사고의 범위, 우리가 넘어설 수 없는 범위를 설정하였다. 이 범위를 넘어서려는 모든 노력은 우리의 이성의 가능성을 넘어서는 것이다. 창조 이전의 상태를 꿰뚫어 보기 위한 어떠한 도구도 우리에게는 없다. 창조의 궁극적인 출발점은 우리 인간의 한계를, 창조주 하나님의 계시에 대한 인간의 완전한 의존을, 그리고 인간의 모든 활동의 상대성을 극명하게 일깨워 준다.

창조에 대한 인간 사고의 한계는 철학적이거나 신학적인 모든 추측과 사색에 대한 지속적인 경고가 된다. 예를 들어서 하나님의 선한 의도에 배치되어 세상을 만들었다고 믿는 어떤 악한 조물주(플라톤 철학에 나오는 Demiurge)에 대한 추측, 창조의 행위에 있어서 하나님께서 선재(先在)하는 어떤 물질을 사용하였을 가능성, 창조세계를 하나님 자신으로부터 발산된 것으로 보는 추측, 창조세계를 하나님의 마음 안에 존재하는 원형에 대한 그림자로 보는 사색, 다른 가능한 세계를 그리는 추측, 하나님의 선하신 의지나 뜻을 떠나서 창조를 가능하게 할 수 있는 어떤 선재하는 원인에 대한 사색, 창조세계가 우연한 사태로 발생했다는 상상, 또는 창조주와 피조물에게 공동으로 적용할 수 있는 기본적인 존재, 시간, 상상력, 그리고 언어에 대한 개념들은 창조에 대한 하나님의 일방적인 주권에 의해서 한계가 지어지며, 따라서 하나님의 말씀이 계시하지 않는 한 그러한 것들은 다만 상상에 불과한 것이다. 세상 자체도 단순히 발생한 외양이나 또는 어둡고 불길한 신화와 같은 역사 전 단계로부터 나오는 신기루나 환상이 아니다. 루터의 거칠지만 올바른 가르침을 빌려 말하면, "세상을 창조하기 전에 하나님께서는 무엇을 하고 계셨느냐"는 질문에 성경이 가르치는 시초의 의미는 "그러한 질문을 하는 사람들을 가둘 지옥을 하나님께서는 만들고 계셨다"라고 대답함으로 그러한 사색을 하는 자들의 입을 막고 있다.

성경이 가르치는 결정적이고 궁극적인 시초는 우리의 신학적인 숙고에 매우 필요한 확신을 제공한다. 이러한 확신 없이 우리의 마음은 안식을 찾을 수 없기 때문이다. 시작에 대한 질문을 다룸에 있어서 인간의 사고가 계시에 의존하지 않고 제길을 간다면, 인간의 사고는 결국 무한한 회귀를 계속하는 결과에 빠지고 만다. 우리 자신이 생긴 끝없이 회귀하는 코스로 뛰어들면서 그러한 사고는 멈출 줄 모르는 과거의 어두움의 망상으로 점점 깊이 빠져들게 한다. 그렇게 되면 시작은 점점 더 뒤로 머물러 가고, 그만큼 잡히지 않는 이상이 되고 만다. 이와는 반대로 "이해를 추구하는 믿음"(faith seeking understanding)이라는 신학의 태도는 창세기의 기록이라는 범위와 한계 안에서 그에 대한 반응으로 그 자리를 잡는다. 계시는 창조에 대한 우리의 질문에 답을 주는 시작이요 또한 마지막이다. "성경이 가르치는 종교라는 유일한 한계 안에서" 안식을 찾는 개혁신학은 성경이 시작하는 곳으로부터 출발하는 여정 안에서 사고의 발전을 추구한다. 이곳이 바로 모든 학문과 지식의 더 들어갈 수 없는 출발점인 것이다.

시작에 대한 이러한 사고는 이성적인 질문을 질식시키지 않으며, 오히려 그러한 질문들의 초점을 성경이 밝히는 계시의 기준에 맞춘다. 신학에 있어서나 또는 모든 학문적인 작업에 있어서도 인간의 이성은 비록 제한될지라도 중요하고 적법한 활동을 수행한다. 인간의 이성은 창조에 의해서 주어지는 계시라는 보편적인 기준 안에서 그것의 합당한 환경을 가진다는 것이 여기서 강조하는 요점이다. 따라서 계시와 이성은 모순되지 않고 서로 배제하지 않는다. 오히려 그 둘은 함께 움직이는데, 전자는 기준으로서 후자의 조건이 되며, 후자는 전자에 대한 반응이 된다. 이성 자체도 피조물이기 때문이다. 따라서 이성은 창조의 질서에 순응하게 된다. 이성이 피조물의 한계를 넘는 일은 그것이 스스로 기준이고자 하는 자율성을 주장할 때에만 가능해진다. 이와 반대로, 창조에 대한 성경의 가르침은 이성을, 그것이 활동하는 환경이 신학이건 아니면 일반 학문이건, 그것이 마땅히 가진 종의 역할에 그 초점을 맞춘다. 우리의 세상의 시작에 대한 올바른 사고는 창조 질서라는 확고한 환경 안에서만 제자리를 찾을 수 있다.

6. 창조에 있어서의 시간

창조론과 진화론 사이의 끝없는 논쟁은 너무나 많은 값비싼 정열을 소비하였다. 만약 그런 논쟁에 소비된 정열과 자원이 세상에서 고통을 겪고 있는 사람들을 위한 정의, 평화, 번영, 그리고 구제에 사용되었다면 얼마나 많은 긍정적인 결과를 가져왔겠는가! 오늘날 이 둘 사이의 논쟁은 지난 1925년의 "원숭이 공판" 때의 상반된 견해만큼 벌어져 있다. 양자에 의해서 논쟁이 결정되는 싸움으로 인해서 우리는 건전한 결과로 우리를 이끌 약속이 전혀 없는 의심스러운 가정으로, 잘못된 딜레마로, 그리고 방법론적인 결정으로 묶어놓고 있다. 문제를 어떻게 구성하느냐 하는 것은 매우 중요하다. 문제를 어떻게 구성하고 이해하느냐에 따라서 올바른 답변이 가능해지는가가 결정된다. 잘못된 질문이 올바른 답변을 낳을 수 없다. 수잔 랭거는 문제의 구성에 대해서 다음과 같이 말하고 있다:

> 질문은 정말로 모호한 진술이고, 답변은 그것의 종결이다…그러므로 철학은 문제의 해결보다는 문제 자체의 구성에 의해서 그 특징이 결정된다…질문 안에 분석의 원리가 심어져 있으며, 답변은 그 원리가 무엇이든지 낳는 것을 표현한다(*Philosophy in a New Key*, 1-2).

이전 부분에서 우리는 창세기 1장에 기록되어 있는 시작(단수의 의미로서)이라는 궁극적인 하나님의 행위에 우리의 모든 시각을 맞추었다. 그러한 시작을 '근본적인 창조'(*creatio prima*)라고 부르도록 하자. 창조의 시작에 이어서 이제 시작들(복수의 의미로서)의 드라마를 창세기의 첫 두 장 뒤에 이어지는 장들에서 살펴보도록 하자. 이 부분을 '이차적인 창조'(*creatio secunda*)라고 부르자. '육 일'에 대한 성경의 기록은 창조론자와 진화론자 사이에 끝없이 벌어지는 논쟁거리를 제공한다.

시작에 관계된 이 뜨거운 논쟁은 물론 사소한 논쟁이 아님은 분명하다. 지구의 나이를 계산하는 것보다, 창세기의 '날'의 길이를 계산하는 것보다, '잃어버린 연결점'을 찾는 것보다, 화석의 기록을 재구성하는 일보다, 과학적인 방법을 정리하면서 방법들에 대한 찬반을 따지는 일보다 더 중요한 일이 있다. 진화론과 창조론 사이의 논쟁은 각각의 이론에 조금씩 다른 이론들이 있는 것은 지금은 간과하고라도, 세계관과 인생관에 대해서, 신과 인간에 대해서, 우주의 운명과 또한 그 우주의 먼 과거에 대해서 매우 깊은 종교적인 선택의 문제를 담고 있다. 예를 들어서, "이 지구는 하나님의 것"이라고 해야 하는가, 아니면 "지구 자체가 주인"이라고 해야 하는가? 이 세상의 질서 또는 무질서를 어떻게 설명해야 하는가? 인간이 된다는 것은 무엇을 의미하는가? 이 세상의 물건 또는 생명들은 왜 현재의 모습으로 존재하는가? 성경의 창조기사는 그 시작에 대해서뿐 아니라 또한 그것의 현재 상태와 모든 것의 미래의 소망에 대해서도 말하고 있다. 창조의 '첫 단추'를 잘못 끼우면 '마지막 단추'는 당연히 잘못 끼워질 것이며 동시에 그 과정에 있는 것들도 잘못 끼워질 것이다. 이러한 근본적인 문제들에 대해 언급하면서 진화론은 다른 복음을, 사실 그것은 복음이 아니지만 선포하고 있다.

성경을 믿는 그리스도인들은 매우 자연스럽게 창조론으로 기울어진다. 그러나 창조론자/진화론자로 대표되는 논쟁은 양쪽 다 성경의 본문을 자주 잘못 다루고 있음을 지적해야 한다. 성경을 언급하는 진화론자들 중에서 이러한 잘못은 성경을 이른바 "과학적인 방법이 가져오는 확실한 결과"에 적응하는 방법으로 나타난다. 한때 과학적인 방법에 따라 나타난 결과에 두었던 눈 먼 확신이 현재 많이 도전을 받고는 있지만, 이러한 잘못은 현재도 진화론을 거의 전도의 열정으로 전하고 있다. 이러한 사람들 중에서 좀더 지식이 있는 사람들은 그러한 이론의 바탕이 흔들리고 있음을 인식하고 있다. 창조론을 따르는 많은 사람들이 이와 동일한 주장을 하는 것은 매우 당황스러운 일이다. '과학적인 창조론'이라는 이름 아래 그들은 상대방의 무기로 상대와 싸우는 올무에 빠지고 만다.

창세기의 창조기사에 대한 하나의 오해는 또 다른 오해에 의해서 상쇄되고 있는 것이다. 이러한 오해들 사이에서 과학과 반대 과학, 증거와 반대 증거, 이론과 반대 이론의 끊임없는 충돌이 지속되고 있다. 창조론자들도, 그들의 원래 의도가 좋았음에도 불구하고, 때때로 그들의 상대방이 가진 성경의 해석만큼이나 잘못된 해석을 사용하고 있다. 이러한 논쟁의 끝에서 우리는 날카롭게 대치되는 견해를 가진 두 개의 그룹이 각각 그들의 방법으로 성경을 자신들의 견해로 동일하게 끌어오고 있음을 본다. 창조론자들은 성경에 호소하면서, 진화론자들은 그것을 억누르면서, 그들은 잘못된 성경 이해에 근거를 두고 있다. 피할 수 없는 결론 하나는 창세기의 창조기사를 어떻게 읽고, 이해하고, 해석해야 하는가 하는 해석학적인 질문에 부딪혀 있다는 것이다.

두 견해 다 잘못되었다면, 올바른 세 번째 견해가 있다는 말인가? 이미 있는 두 견해를 혼합하지 않으면서 진실로 새로운, 문제를 해결할 수 있는 세 번째 견해, 동시에 성경이 가르치는 시작에 관한 올바른 교리에 합당한 견해가 있는가?

이러한 질문들에 긍정적인 대답을 할 수 있는 신앙고백에 근거한 해석이 있다(1

부, V. 21). 이러한 해석은 성경이 언급하고 있는 시간을 새롭게 이해해야 한다고 요구한다. 이 해석에 의하면, 창세기의 '육 일'에 기록된 드러나는 창조 질서 안에서 시간은 필수 불가결한 요소로 기능을 가지고 있다고 말한다. 각각의 새로운 '날'은 창조의 시작들에 있어서 진척을 나타낸다. 우주의 이러한 전개는 진화라는 자율적인 과정이라든가 또는 우주 사건의 자연적인 흐름에 가끔씩 하나님께서 간섭하심으로 이루어지는 것이 아니다. 우주의 전개 속에 보여지는 시작들은 창조주께서 기적적인 능력으로 행하시는 일련의 질서의 연속을 나타낸다. 이러한 전개 속에는 하나님의 창조행위를 드러내 보이는 지속되는 연속성이 보인다. 창조의 시작들에는 연속성과 함께 또한 미래를 향한 새로운 충동과 혁신적인 진보가 반복적으로 작용한다. 각각의 새로운 "날"은 하나님의 세상 안에서 생명을 위한 규범적인 관계들이 점점 더 충만하게 전개됨을 나타낸다. 나중의 역사적 발전을 위한 가능성이 하나님의 역사에 의해서 이미 우주에 주어져 있다. 디이머(J. Heinrich Diemer)가 말한 바와 같이 "시간의 연속성 안에 나타나는 모든 것은 언제나 어떤 구조 안에 나타난다. 나타나는 그것은 이미 어떤 (이전의) 구조 안에 가능성으로 담겨져 있던 것이며 그 둘러싸고 있는 구조를 벗어날 수는 없는 것이다"(*Nature and Miracle*, 5). 그러므로 '육 일'이라는 시작들의 시리즈는 지구의 나이를 계산해 내는 시간적인 지표가 될 수 없다. '육 일'이라는 매일의 시작들은 오히려 형성되는 창조 질서 안에서 일련의 생명들의 관계가 조합되고 있음을 가리킨다. 다른 모든 피조물과 같이 시간도 창조의 과정에 참여한다.

유대와 기독교 전통에서 일직선으로 이해되는 이러한 시간의 운동은 고대의 다른 문화에서 알려진 순환적인 이해와 매우 다른 양상을 가지고 있다. 고대의 다른 문화 중의 일부는 이 세상이 영원 전부터 존재한 것으로 알고 있다. 시작도 없고 끝도 없으며 따라서 그 존재의 과정 안에는 새로운 시작도 있을 수 없다. 그러한 세상 안에서 역사는 무한적으로 반복해서 발생하는 사건들, 그것을 통해서 신들의 불변성 같은 것을 반영하는 역사의 끊임없는 순환이다. 반복되는 인간 삶의 위험 속에서 이스라엘의 인접 국가들은 이러한 세계관과 역사관을 가지고 삶의 안정과 지속성을 찾으려고 노력하였다. 이에 비해 성경이 가르치는 시간의 개념은 매우 다르다. 시간은 하나님의 창조의 일부로서 창조세계의 실재를 구성하는 매우 중요한 요소이다. 시간은 하나의 목표를 향하여 움직이는 운동으로서 그 과정 안에 새로운 시작들과 함께 멈춤 들이 있다. 시간은 일직선상에서 목표를 갖고 연속적으로 일어나는 운동이다. 하나의 운동은 다른 운동을 불러온다. 시간의 과정에는 이전과 이후의 다름이 있으며, 따라서 미래를 내다보는 시각과 함께 뒤를 돌아보는 시각이 있다. 각각의 시간의 기간은 그 자체로서 매우 독특하고 다시 반복되지 않는 중요성을 가지고 있다. 랭던 길키(Langdon Gilkey)는 다음과 같이 쓰고 있다:

> 영원하신 하나님께서 시작과 끝을 가진 시간을 창조하셨다. 따라서 시간은 제한되어 있으며, 각각의 순간에 반복되지 않고 독특한 가능성을 부여하고 있다. 한 걸음 더 나아가, 시간은 '어디론가 움직여 가고 있다.' 창조의 시작과 함께 시간은 목표를 향해서 진행해 가고 있으므로, 영원한 목표를 향해서 움직이는 이러한 운동 안에서 매순간들은 중요한 의미를 갖게 된다(Maker of Heaven and Earth, 249).

창조의 궁극적인 시초는 그것의 '시작'(창 1:1)에 달려 있다. 그러나 창조의 상태는 아직 '혼돈하고 공허'하였다. 이러한 상태로부터 창조세계는 '시작들'(창 1-2)의 과정을 거쳐간다. 우리가 지금 알고 있는 세상은 이러한 '시작들'의 과정의 끝에 이르러 처음으로 생겨났다. '여섯째 날'의 끝에 처음으로 세상은 완성된 상태로 나타나며 '매우 좋다'는 하나님의 축복의 말씀을 받을 준비가 되었다. 시간은 이 창조의 과정에 있어서 필수 불가결하게 수반되는 피조물이 된다. 따라서 모든 피조 세계에 일어나는 일은 시간에도 동일하게 일어난다. 시간의 시작도 창조의 '시작'에 이르러서 발생하며, 그것도 '시작들'의 과정을 지나간다. 다른 모든 피조물과 함께 시간도 전개되는 과정의 중요한 부분인 것이다. 시간은 '태초에' 완전한 상태로 폭발해서 세상에 존재하게 된 것이 아니다. 우리가 지금 경험하고 있는 잘 정돈되고 다른 피조물과 완전하게 시간적으로 수반되는 시간도 '육 일'의 창조과정의 끝에 이르러서 처음으로 생겨났다.

창세기는 신앙고백적인 언어로 하나님을 우주의 창시자로 계시하고 있다. 그 창시자의 주권적인 뜻이 모든 피조물의 원천과 시초가 되는 것이다. 그는 밖으로 나타나고 중재하는 자신의 말씀을 가지고 세상이 정연한 질서에 서게 하시고 자신의 영을 가지고 생명이 충만하게 하셨다.

이러한 시각으로 볼 때에, '육 일'로부터 '칠 일'로 넘어가는 창세기의 중요한 이동은 창조의 과정 안에서의 시간으로부터 역사의 시간으로 전환됨을 보여 준다. 따라서 시간도 역시 그것의 예비적인 역사를 가지고 있다. 지금 우리가 알고 경험하고 있는 시간, 시계와 달력을 가지고 세는 시간은 '시작들'의 기간 안에서 만들어지던 시간과 질적으로 다른 질서이다. 그 다름을 표현하기 위해서 우리는 어떠한 언어를 사용해야 하는가? 예비적인 단계의 시간을 '창조하는 시간'(creating time)이라 부르고, 현재 우리의 시간은 '창조의 시간'(creational time)이라고 부르도록 하자. 전자는 어떻게 현재의 시간이 만들어졌는가를 보여 주고, 후자는 현재의 시간을 표현한다.

창조하는 시간은 세상의 역사 전에 속한 시간이다. 그 시간은 '시작들'에 대한 하나님의 의지에 따라 진행되는 '육 일'에 의해서만 그 길이를 이해할 수 있다. 그 시간은 이전의 '혼돈하고 공허한' 상태로부터 창조의 절정에 이르러서 하나님의 인가를 얻는 완성된 상태로 지구가 질서 있게 형성되어 가는 과정을 반영한다. 시간은 이 '육 일'의 기간 동안 지속적으로 성숙되어서 하나님의 창조하시는 행위의 전체와 일치하게 된다. 이 '시작들'의 기간 동안 시간은 아직 창조하는 시간이었으며, 아직 우리가 현재 연도를 정하고 약속을 정하는 달력의 시간은 되지 못하였다. 따라서 그 시간은 기간에 관한 모든 과학적이고 역사적인 기준에 적합하지 못하다. 그 시간은 길거나 짧거나 창조의 시간의 구분으로 구성되지 못한다. 우리가 아는 시간적인 역사인 우주의 시간은 지속적인 안식으로서, 새로운 창조로 진행되어 가는 '일곱째 날'에 이르러 완전히 드러났다. 창조하는 시간은 현재 우리의 매일의 삶과 학문적인 작업의 구성을 가능하게 하는 창조의 시간을 예고하였다. 그러나 그 창조하는 시간은 다양한 파장의 연속에 의해서 작용하였다.

어거스틴은 오래 전에 이러한 신비와 씨름한 적이 있다. 시간은 *conreatum*으로서 하나님의 창조의 행위에 의해서 주어졌다고 그는 말했다. 우주는 시간 안에(*in tempore*) 주어진 것이 아니라 시간과 함께(*cum tempore*) 주어졌다. 그렇다면 우리는 시간을 하나님께서 순간적으로 완전하고 충분히 발전된 상태로 창조하시고 그 안에 모든 피조물을 집어넣으신 것으로 생각해서는 안 된다. 시간은 하나님께서 단번에 완성된 그릇으로 만드셔서 그 안에 새로운 공간적인 실재를 하나 하나 집어넣으시는 것으로 상상해서는 안 된다. 창조하는 시간은 창조되어져 가는 시간이다. 다른 모든 피조물과 동일하게 시간도 '시작들'의 과정 안에서 질서로 형성되어 감에 포함된다. 디이머(Diemer)의 말을 다시 들어보자:

> …그날들은 어떠한 기준에 의해서도 측정될 수 없다. 각각의 날은 피조물의 새로운 영역을 이루는 기초적인 구조의 시작을 나타낸다…그러므로 그 육 일 동안에 창조의 질서는, 그것이 없이는 세계의 역사가 불가능해지는 시간 안에 자리를 잡게 되었다. 창조의 기사 안에서 미래의 역사는 예고되었다(*Nature and Miracle*, 13).

시간에 대한 이러한 견해가 불러일으키는 파장은 비록 불안정하지만 매우 분명하다. 현재 창조론자/진화론자로 대별되는 전형적인 논쟁방법에 익숙해져 있는 사람들은 이러한 이해에 당황스러워할지도 모른다. '시작'의 결정적인 출발점인 창조 행위의 시초에 우리가 첫 '멈춤'의 표시를 보는 것과 같이, 우리는 '시작들'의 시리즈의 정점에서 두 번째 '멈춤'의 표시를 읽는다. 창조하는 시간의 개념은 '시작들'에 대한 우리의 이해가 계시에 완전히 의존한다는 것을 의미한다. 창세기의 기록은 하나님의 창조행위에 대해서 우리가 가진 유일한 출처이다. 그렇게 먼 과거에 이르러서 분석할 과학적인 도구들을 우리가 가지고 있지 않기 때문이다. '여섯째 날'은 시간에 대한 모든 이론적인 질문을 막아 버린다. 디머의 말을 다시 한 번 들어보자:

> 창조의 기적 자체는 새로운 피조물의 형태가 즉각적으로 출현함을 계시한다. 새로운 어떤 것들이 계속적으로 출현하기 때문에 우리는 창조를 기적이라고 부를 수 있다. 이전에 존재했던 구조로 이해할 수 없는 새로운 구조들이 창조에 의해서 출현한다. 여기서 우리를 인도할 수 있는 것은 성경뿐이다. 성경은 우리의 이성으로 이해할 수 없는 위대한 것들, 하나님의 기적들에 대해서 우리에게 들려준다(Nature and Miracle, 11).

따라서 역사적이고 과학적인 방법은 오직 창조의 시간에만 적용된다. 그것들은 창조하는 시간을 다룰 수 없다. 세상의 시초에 대해서 연구하는 우주 기원론은 잘못된 기반 위에 세워졌다. 잘못된 기반을 벗어나서 우리는 창조의 시간이라는 기초 안에서 우주를 연구하는 우주론에 초점을 맞추어 연구할 수 있어야 한다. 여기에 우리가 살고, 연구할 수 있는 시간과 세상에 대한 기반이 있다.

이 '시작들'을 과학적으로 다룰 수 없다는 점은 하나님의 창조에 대한 기록이 과학에 적합한 용어로 기록되지 않았다는 점에서 더 분명해진다. 창조론자들은 그렇게 쓰여 있을 것이라고 가정하면서 그 기록에 근거를 두고, 진화론자들은 그렇게 쓰여 있을 것이라고 가정하면서 그것을 부정하면서 이 점은 많이 간과되어 왔다. 창세기는 물론 실제 사건들에 대한 믿을 수 있는 증거로써 그것의 첫 번째 독자였던 이스라엘 백성에게 적합한 실제적이고 상식적인 개념으로 쓰여졌다. 창세기는 하나님의 위대한 그리고 근본적인 창조행위를 기록하고 있지만, 현재 우리가 아는 시간의 한계밖에 놓여 있는 것이다. 그러므로 어떻게 창조가 이루어졌는가에 대한 분명한 과학적인 결론을 얻을 수 있는 길은 전혀 배제된다. 왜냐하면 '시작'에 대한 것은 말할 것도 없이, '시작들'에까지 연장해서 분석할 수 있는 논리적이고 신학적인 선이 끊겨 있기 때문이다. '육 일' 동안의 창조하는 시간과 '칠 일' 이후에 지속되는 창조의 시간 사이의 구분은 이을 수 없는 벽을 사이에 두고 있다. 어떠한 과학적인 방법도 역사적인 시간의 출발점을 넘어서 그 전으로 들어갈 수 없다. 그 출발점 너머에 접근하는 것은 다만 계시에 의한 길뿐이다. 시간이라는 통로를 따라 과거로 돌아가서 세상의 원인을 찾는 길은 전혀 불가능하다.

계시 이외에 어떠한 방법으로든 '육 일' 동안의 일들에 대한 탐구는 순전히 상상에 불과하다. 소위 빅뱅(big bang)으로 설명되는 우주의 시초에 대한 노력도 매우 어두운 의심에 가리어진다. 신학을 포함해서 모든 학문은 창조의 시간이라는 범위 안에서 살아야 하는 것을 배워야 한다.

창세기에서 보여 주는 '시작들'에 대한 기록은 질서 있게 발달하는 창조세계의 그림을 우리에게 보여 준다. '시작'으로까지 가는 어떠한 시간적이고 공간적인 진술은 기본적으로 가정이며, 따라서 근거가 없는 것이다. 모든 것이 질서 있게 발달하는 과정을 지나왔다면, 창조된 실재의 일부분인 시간과 공간이 그러한 발달로부터 어떻게 배제되었다고 할 수 있겠는가?

세상의 시초에 대한 이러한 견해는 어려운 문제들을 피해 가려고 날조된 거짓이 아니다. 그것은 또한 학문적인 작업을 배제하지도 않는다. 그러나 그것은 과거, 현재, 그리고 미래에 걸쳐서 우선적으로 다루어야 할 것에 대한 결정을 해야 할 것에 대해서 말한다. 이것은 속박으로 이해될 필요가 없다. 사실 세상의 시초에 대한 이러한 견해는 마치 '시작'으로 가서 그 원인을 규명하려는 노력이 가능한 것처럼 생각해서 우리로 하여금 끊임없이, 그리고 강박관념을 가지고 과거로 가서 시작을 찾는 부담으로부터 우리를 해방시키는 결과를 가져온다. 세상의 시초에 관한 이러한 관점은 계시에 대한 우리의 의존감을 일깨워 주고 동시에 성경이 가르치는 지혜와 관련된 '분별력 있는 무지'의 필요성을 가르쳐 준다. 끊임없이 과거로 회귀하는 작업을 통하여 자신의 자원을 고갈시키는 대신에 우리는 그 자원을 현재의 건설적인 학문과 문화에 좀더 유익하게 사용할 수 있다.

7. 구조와 기능

창조론자와 진화론자를 구분하는 기본적인 주제는 세상의 질서와 과정에 관한 구조와 기능이다. 창조론과 진화론은 창조의 이러한 요소들 중에서 다른 것을 희생시키고 하나만을 절대화하여 주장한다.

하나님께서는 무질서하지 않은, 질서 있게 규범적으로 구성된 우주를 존재케 하셨다. 이 말은 곧 태초의 창조의 구조는 창조를 위해서 하나님께서 결정하신 구조에 순응하였다는 말이다. 그러나 이것이 창조에 대한 모든 이야기는 아니다. 잘 구성된 창조세계에 어떤 역사가 주어졌으며, 거기에는 적극적인 기능이 더해진다. 창조세계에 갖추어진 잘 정돈된 가능성이 활발하게 열린 것이다. 창조론자들은 이러한 창조의 과정을 간과하고 오직 정적인 실재를 강조하는 경향이 있다. 진화론자들의 강조는 이와 정반대의 방향으로 나아간다. 그들이 상투적으로 사용하는 용어, 즉 유동성, 변화, 적응, 우연성, 그리고 임의선택은 완성된 창조의 실재를 간과하고 변화하는 과정만을 강조한다.

두 견해 모두 어떠한 궁극적인 기준에 의존한다. 창조론자들에게 그것은 어떠한 초월적인 기준이고, 진화론자들에게 그것은 세상의 운행 과정 안에서 작용하는 어떠한 내재적인 능력이다. 위와 같이 이해되는 창조론은 비록 일방적인 강조만을 가지고 있기는 하지만 그것은 물론 역사적인 기독교로부터 유래되었다. 그것은 창조의 과정이라는 실재에 있는 보이지 않는 부분을 간과하고 있다. 그러나 창조론은 기독교의 세계관이 가지고 있는 세상이 따라 움직이고 있는 법을 인식하는 만큼 올바르게 성경의 가르침을 따르고 있다. 이에 반해서 진화론은 한 마디로 합리주의의 산물이다. 그의 주창자들은 자연의 임의 선택이 수천만 년 동안 진행된 것으로 가정한다. 근거 없는 이러한 주장이 만약 짧은 기간 안에서 이루어 진 것으로 좁혀진다면 그것은 아마 '기적'으로 이름 붙여질 수 있을 것이다. 그러나 상상할 수 없을 정도로 긴 시간과 공간 안에서 그것은 '진화'라는 명칭으로 불려진다. 그렇다면, 진화는 세계의 실재가 어떻게 존재케 되었는가 하는 경위를 시간을 늘려서 잘못 이해한, 단순히 느리게 진행된 기적이란 말인가? 그렇다면 진화는 근본적으로 유해한 형태 안에 형성된 '기독교의 이단'일 것이다. 진화론은 성경이 가르치는 직선으로 설명되는 세계 역사의 발전에 기생하여 그 영양을 취하지만, 성경이 또한 가르치는 세상의 명백한 시작과 지속적인 새로운 '시작들' 그리고 역사가 하나의 정해진 목표를 향해 운행한다는 점을 인정하지 않는다.

그러나 이 두 견해들은 근본적으로 서로 다른 견해들이다. 진화론의 기본 주장은 기능이 구조보다 앞섬과 동시에 구조를 결정한다는 것이다. 애초부터 정해진 실재의 질서란 것은 없었다. 존재하는 것은 오직 기능들의 집단의 흐름이었다. 말할 수 없이 오랜 기간에 걸친 진화의 발전은 임의의 기능들은 세상 안에 자리잡게 되었다. 우리가 현재 경험하고 있는 질서로 구성된 실재는 다름 아닌 종류, 속, 종, 식물계와 동물계, 인류, 그리고 사회의 집단이 진화한 과정의 결과인 것이다.

성경을 따르는 창조론자들은 이와 정반대로 실재를 설명한다. 모든 피조물은 '각기 그 종류대로' 움직인다(창 1:12, 21, 25). 하나님께서 선택하신 창조의 질서와 구조는 피조물의 각각의 기능들에 우선하며 그 기능들을 규정짓는다. 각각의 피조물이 움직이는 양상은 그것이 무엇인가에 의해서 결정된다. 피조물의 신분이 운동을 규정한다. 완성된 창조세계라는 배경 안에서 그리고 "해 아래에 새 것이 없다"는 사고 안에서 하나님께서 지정하신 창조질서의 구조는 모든 피조물의 한계와 함께 가능성을 규정한다. 그러므로 예를 들어서, 결혼은 문화적 진화의 부산물이 아니라, 태초에 하나님의 세상 안에서, 우리의 삶과 함께, 그리고 그것을 위해서 하나님께서 정하신 법인 것이다(마 19:3-12; 막 10:2-12; 창 2:24). 물론 하나님께서는 산골의 작은 학교나 길가의 교회를 창조하시지는 않으셨다. 그러나 하나님께서는 배우고 경배하는 피조물로 인간을 창조하셨다. 잠재력을 갖춘 인간은 시간이 지남에 따라 자신이 받은 바의 정돈된 사명을 교회의 경배하는 의식에 그리고 학교의 교육적인 행동으로 실행할 수 있게 되었다. 이와 동일한 인류의 가능성은 사회의 다른 구조에서도 나타난다. 인류가 가진 이러한 중요한 사명이 현재 나타내고 있는 형태는 언제나 개선되고 혁신될 수 있다. 그러나 그 사명들 자체를 규정하는 영구적이며 근본적인 질서는 창조에 의하여 언제나 존재한다. 만약 한 문화에 역할을 감당하던 기관이 더 이상 역할을 감당하지 못한다면, 그것이 주어진 목적을 달성할 수 없다면, 그 기관은 개혁되어야 한다. 그러므로 구조와 기능은 서로 상대방에 의해서 배제될 수 없다. 그 둘은 창조세계 안에서 상호작용을 하는 우리 삶의 요소이다.

8. "무(無)로부터의" 창조(creatio ex nihilo)

내가 어렸을 때 가지고 배웠던 요리문답은 이렇게 질문한다: "창조한다는 것은 무엇인가?" 그 답변은 이랬다: "창조한다는 것은 전능하신 하나님의 행위에 의해서 무로부터 어떤 것을 존재케 하는 것이다." 이 답변은 일곱 살짜리 아이에게 꽤 어려운 것이었다. 그것이 좋지 않은 교육방법이었다고 현대의 심리학자는 말할 것이다. 나는 어린 나이에 그것이 매우 어렵게 쓰여졌다는 것을 알 수 있었으며, 물론 그 뜻은 깨닫지 못했다. 지금도 그 뜻을 나는 모두 헤아리지 못한다. 나는 지금도 그 내용을 잘 전달할 더 좋은 방법을 알지 못한다. 그러나 그 내용은 성경의 메시지 전체에서 메아리치고 있으며 따라서 올바른 가르침으로 전해오고 있다.

성경의 어디에서고 우리는 문자적으로 그리고 분명하게 정리된 무로부터의 창조의 의미를 찾을 수 없다. 그러나 그러한 진리는 성경 어디서고 발견할 수 있다. 그러한 진리는 창조주에 대한 성경의 모든 증거 안에 필수 불가결하게 포함되어 있다. 그것은 세상이 어떻게 존재하게 되었는가 하는 질문에 대한 성경의 한결같은 가르침을 구성하고 있다. 히브리서 11:3을 살펴보자: "믿음으로 모든 세계가 하나님의 말씀으로 지어진 줄을 우리가 아나니 보이는 것은 나타난 것으로 말미암아 된 것이 아니니라." 이러한 고백은 우리의 발을 선지자와 사도들의 터 위에 굳건하게 서게 하며, 역사적인 기독교 신앙의 분명한 확신을 반영하고 있다.

창세기 1:1의 선언은 완전한 출발점을 표시하고 있다. 1절의 말들을 되풀이하면서 우리는 과연 무엇을 말하는가? 무로부터의 창조라는 개념은 우리가 사용할 수 있는 의미의 폭을 뛰어넘는다. 전혀 새로운 어떤 것에 대해서 이해하고 말하는 것은 매우 당황스러운 일이기 때문이다. 전례가 없는 완전히 새로운 개념을 우리는 알 길이 없다. 전혀 새로운 것이 그 자체를 존재케 하는 것에 대해서 알려고 할 때에 우리가 느끼는 당황은 더 심한 것임을 말할 필요도 없다. 그러나 우리가 성경의 가르침에 의지하여 창조는, 완전하지 않은, 상대적인 시작이 있었다고 말할 때에 우리는 진리에 좀더 접근할 수 있다. 창조세계는 그 시작으로부터 지속적으로 하나님과 관계해서 존재한다. 따라서 창조세계는 오직 상대적으로만 독립적인 시작과 현 상태를 유지한다.

우리가 개념을 완전히 이해하지 못한 상태로 더듬거리며 말해야만 할지라도 우리는 이 세상의 시작은 그 전 단계가 없었음을 명백히 해야 한다. 그 이유는 '이전'과 '이후'는 시간 안의 조건에서 말할 수 있는 생각과 언어의 개념이기 때문이다. 하나님의 창조행위는 우리의 지성이 탐색할 수 있는 이전 단계를 가지고 있지 않다. 무로부터의 창조는 매우 제한된 개념이다. 창조주의 "…이 있으라"는 명령이 그러한 제한을 만든다. 이러한 시작의 뒤에는 창조세계를 위한 하나님의 뜻하시는 말씀만이 있을 뿐이다. 하나님의 말씀 이외에 그에 반대되는 것은 말할 것도 없고, 그를 보충하거나 도울 어떠한 말도 존재치 않았다. 하나님의 말씀은 모든 생명을 시작하는 명령이었다. 그의 말씀을 넘어서, 신학이 더 궁극적으로 탐색할, 다른 명령이 하나님의 마음에는 없었다. 그렇게 하는 것은, 칼빈의 표현으로 하면, 쓸데없는 사색에 불과한 것이다. 하나님의 영원하신 명령은 창조를 위한 하나님의 말씀으로 밖에는 알 길이 없다. 여기서 우리는 깊게 새겨진 '멈춤'의 표식을 보게 된다. 그 표식 너머에 있는 것은 '접근 금지'라고 팻말이 쓰여진, 인간이 들어갈 수 없는 더 이상 인간의 땅이 아닌 것이다. 이러한 '인간 지성의 급소'에 대해서 헨드리쿠스 벌코프(Hendrikus Berkhof)는 다음과 같이 말하고 있다: "우리는 지금 벽 앞에 서있다. 존재의 더 이상의 원인을 탐색할 수 없다…이러한 신비를 꿰뚫어 볼 수 없으며 그것을 우리의 이해의 출발점으로 삼을 수밖에 없다…무로부터란 말의 의미는 매우 단순하게 존재하는 것으로부터가 아니라는 것이다(*Christian Faith*, 152, 153, 154).

하나님의 선한 의지가 무로부터의 창조의 유일한 원인으로 우리가 생각할 수 있는 것이다. 여기 '무'(nothing)란 개념은 하나님과 같이 존재하는 '어떤 것'(something)에 반대되는 '무성'(無性, nothingness)으로 이해되어서는 안 된다. 그것은 또한 우주의 내재적인 힘으로 창조의 행위 도중에 계속되는 '빛'과 '존재'로 하나님께서 극복하시는 '어두움'이나 '깊음'의 의미도 아니다. 이러한 양극단을 가진 변증적인 갈등을 세우는 것은 결국 창조주 하나님의 선한 역사와 함께 창조세계 자체의 완전성을 해치는 결과를 낳는다. 이러한 이유로 인해서 과거의 어떤 신학들은 '무로부터'의 의미를 강화하기 위하여 '부정적인 무'(negative nothing)로 부르기도 하였다.

우리가 지금 다루고 있는 창조에 있어서의 하나님의 주권은 구속에 있어서도 그대로 나타난다. 창조와 구속은 사실 둘 다 '무로부터의' 하나님의 사역이다. 둘을 향하신 하나님의 유일한 동기는 바로 탄생시키시고 치료하시는 그의 말씀을 통해서 보이시는 하나님의 주권적인 기쁨이다. 창조와 구속에 있어서 유일한 충동과 목적은 드러나는 하나님의 영광이다. 그러므로 '무로부터'라는 개념을 통해서 기독교 신학은 그의 창조세계를 향해서 자신의 언약에 충실하신 창조주/구세주의 완전한 독립, 완전한 자존성, 그리고 완전한 자유를 강조한다.

창조주는 피조 세계를 지으심으로 그 자신으로부터 독립된, 그러나 자율적이지 않은 것을 존재케 하셨다. 그는 피조 세계에 상대적인 독립을 부여하면서 동시에 그의 말씀에 전적으로 의존하게 하셨다. 중재하는 자신의 말씀을 통하여 창조주 하나님께서는 자신과 창조세계와의 관계가 설정되고 있는 다름을 저해하지 않으면서 창조세계와 언약관계를 맺으셨다. 하나님과 인간 사이를 설명하는 어떠한 존재적인 유추도 불가능하다. 무로부터의 창조는 이 진리를 명백하게 드러낸다. 이 진리는 우리가 살면서 행하는 창조, 즉 이미 있는 것으로부터 이차적으로 만드는 것과는 근본적으로 다르기 때문이다.

세상의 근본적인 시작과 관련하여 우리가 추구할 수 있는 것은 상상과 같은 언어의 유추로 후퇴하는 길밖에 없다. 그렇지 않으면 우리는 그에 대해서 아무것도 말할 수 없기 때문이다. 그렇게 유추해 가는 과정에 때로 좀더 적합한 유추가 생겨나기도 한다. 무한하신 창조주와 유한한 피조물 사이의 근본적인 관계가 인간 지성과 언어의 한계를 규정한다. 신학을 포함한 모든 학문은 우리 삶을 하나님의 세상과 연계하여 연구할 자유가 있고 세상의 현재의 과정도 탐구할 자유가 있으나, 그 세상이 어떻게 생겨났는가 하는 궁극적인 원인을 추구할 수는 없다. 이를 위해서 우리는 권위 있는 말씀, 즉 하나님의 말씀에 의존해야 한다.

무로부터의 창조의 기본적인 의미를 랭던 길키의 말을 빌려서 정리해 보자:

> 그러므로 창조에 관한 기독교의 신조는 우리의 피조된 제한성에 관한 신비에 대해서 하나님에 대한 성경적인 신앙이 반응하는 종교적인 확신을 이론적인 언어로 표현한다. 그 확신이란 1) 초월적인 거룩함과 능력의 하나님께서 이 세상을 창조하셨으므로 또한 그분이 모든 피조 세계의 궁극적인 주인이시다. 2) 하나님의 창조하시고 다스리시는 능력으로 인해서, 우리 삶의 당황스러운 신비와 여러 비극적인 사건들에도 불구하고, 그리고 당장 보이는 공허함을 넘어서, 우리의 제한된 삶과 행동은 어떠한 의미를, 목적을, 그리고 반드시 가야 할 뜻을 가지고 있는 것이다. 3) 인간의 삶, 따라서 나의 삶도 내가 원하는 바에 따라 내가 좌지우지할 수 있는 것이 아니고, 나의 뜻을 넘어서 하나님의 능력과 뜻에 의해서 구속되고 보존되기 때문에 그분께서 주장하신다. 이것이 바로 그리스도인들이 "전능하사 천지를 만드신 하나님 아버지를 믿사오며"의 의미인 것이다. 이것이 바로 "무로부터의 창조"의 중심적인 의미이다(Maker of Heaven and Earth, 30-31).

9. 하나님과 신들

성경은 그 시작부터 끝까지 구속의 드라마를 묘사하고 있다. 성경은 구속에 참여하고 구속에 공헌한다. 그러한 과정에서 성경은 창조기사를 붙들고 있다. 성경의 사건기록은 이스라엘의 먼 역사로부터 시작한다. 성경의 언어 형태, 스타일, 비유의 형상, 그리고 개념에 있어서 묘사하고 있는 역사의 시대를 반영하고 있다.

하나님께서 맺으신 언약역사의 중심에 서서 창세기의 저자는, 비유로 말하자면, 고개를 돌려 그의 어깨 너머로 우주 역사의 태초를 바라보고 있다. 마치 현장에 있는 기자와 같이 직접적인 증거자의 위치에 서서 창세기의 저자는 하나님의 태초의 위대하신 창조행위를 그리도록 사명을 부여받았다. 빠른 전개와 신속한 필치로 저자는 '새벽별'과 '하나님의 아들들'(욥 38:7)이 기쁘게 노래하는 바의 '신성(神性)의 표적'(칼빈의 말로 하면)을 묘사하고 있다. 칼빈은 창조세계를 '우주의 극장'이라고 부르는데 처음부터 이 '극장'은 창조주의 영원한 능력과 신성을 증거하고 있다(행 14:15-17; 롬 1:19-20). 구전상의 또는 문서상의 전통을 사용하면서 저자는 세계 역사의 시초를 계시라는 형태로 옮기고 있는 것이다. 펜을 손에 든 채 저자는 하나님의 위대한 창조행위를 재연하고 있는 것이다. 우리는 저자의 어깨를 넘어서 그가 기록하고 있는 놀라운 사건들을 고대 하나님의 백성들의 삶을 메시아적으로 재구성하는 시각에서 보도록 허락 받은 것이다. 창세기의 기사는 그 기사 안에 저자의 나이의 기준을 담고 있다.

창조기사의 저자는 그것을 기록할 당시의 종교적인 필요에 따라서 그가 쓴 내용의 패턴을 결정지었다. 이스라엘은 다신(多神)종교를 섬기던 시대에 살고 있었다. 그들을 둘러싸고 살던 사람들은 여러 신들을 섬기는 문화를 가지고 있었다. 그러한 이방 미신에 올무가 잡혀서 "하나님의 진리를 거짓 것으로 바꾸어 피조물을 조물주보다 더 경배하고 섬기며", 따라서 "썩어지지 아니하는 하나님의 영광을 썩어질 사람과 금수와 버러지 형상의 우상으로 바꾸는" 결과를 낳았다(롬 1:25, 23). 이방신에게 올무가 잡히는 이러한 우상숭배의 삶은 이스라엘의 역사를 통하여 무수히 나타난다. 바벨론 포로에서 돌아오기 전까지 이스라엘은 마치 이방신들의 유혹에 영적으로 면역이 된 것 같은 생활을 계속하였다. 끊임없이 이스라엘을 괴롭히는 이러한 죄를 깊이 인식하면서 저자는 이러한 배교(背敎)에 대한 치밀하고 강력한 메시지를 포함해 넣고 있다. 사실 이러한 반대되는 요소는 원래의 선한 창조의 질서에는 포함되어 있지 않았었다. 그러한 요소는 죄로 인한 타락 이후에 나타나서 창세기가 기록될 때쯤 해서는 이스라엘에 심각한 위험요소가 되었다. 이러한 위험을 인식하고 저자는 창조기사에 경종을 울리는 몇 개의 표시를 두었다.

이제 논쟁의 요소들을 살펴보자. 창세기의 창조기사에서 처음 우리가 보는 것은 초기의 창조가 '공허하고 혼돈된' 상태에 있었다는 것이다. 이러한 상태는 막 발생하는 창조를 위협하는 험악하고 어두운 세력을 말하는 것은 아니다. 그것은 아직 가공되지 않은 마치 원료와 같은 물질로 완성된 창조로 진전하기 위해 기다리고 있는 것으로, 변형된 상태가 아니라 아직 형성되지 않은 상태를 의미한다. '밤'도 마찬가지로 창조의 어둡고 사악한 부분이 아니라, 창조의 드라마가 펼쳐지는 과정 가운데 쉬는 막간과 같은 시간을 말한다. 하늘의 위와 아래에 있는 '궁창'도 땅을 집어 삼키려는 위협적인 홍수가 아니라, 생물들의 무리를 위해서 만들어져 가는 환경을 의미한다. '큰 광명'은 태양신을, '작은 광명'은 달신을, 별들은 낮은 신들을 말하는 것이 아니다. 이러한 것들은 어느 것도 공중에 떠있는 위협하는 신들을 의미하지 않는다. 그들은 모두 창조주의 피조물들일 뿐으로, 그의 명령에 의해서 하늘에 달려 있으며, 그의 명령에 따라 지상의 피조물을 비추고 있는 것이다. 이와 동일하게 창세기의 저자는 '큰 물고기', '땅에 기는 것', 그리고 '공중에 나는 새들'에 대해서도 매우 분명하게 말하고 있다. 이런 모든 피조물들은 창조주 하나님의 주권과 경쟁하는 신적 존재로 또는 창조주의 세계를 위협하는 사악한 능력으로 두려워해서는 안 된다. 창조를 기록하는 저자는 계속해서 "하나님의 보시기에 좋았더라"라고 우리의 귀에 들려준다.

창세기의 표현은 매우 분명하다. 그것은 하나님께서 고물을 창조하시지 않았다는 것이다. 죄로 인해 타락한 후에, 이 세상은 창세기의 저자가 기록하고 있는 세상으로, 매우 충격적인 사건이 벌어졌다. 많은 종류의 피조물들이 신적인 존재로 또는 사악한 존재로 이름지어졌다. 그와 같은 불경한 공상 또는 생각과 행위가 창세기에 의해서 정죄되고 있는 것이다. 그러한 피조물들 앞에서 두려움으로 떨 필요도 없으며, 신적인 존재도 아닌 그들의 분노를 달래기 위해서 제사를 드릴 필요도 없으며, 또는 이스라엘의 삶 속으로 들어온 많은 이방인들 이집트, 가나안, 그리고 블레셋 인들이 그런 것같이 신화에 착념할 필요도 없다는 것을 창세기의 저자는 일깨워준다. 그러나 이스라엘 백성은 그런 진리를 적절하게 배우지 못했다. 훨씬 후에 선지자들의 글에서처럼 이러한 뚜렷한 경고들은 계시의 역사 안에 수없이 반복적으로 나타난다. 이스라엘은 지속적으로 "그들이 두려워하는 것을 두려워하지 않도록" 교훈을 받았다. 오직 너희 하나님 여호와를 경외하라! "네가 여기까지 오고 넘어가지 못하리니 네 교만한 물결이 여기 그칠지니라"(욥 38:11)에서 보는 바와 같이 말씀의 능력으로 물을 제어하시는 이는 창조주 한 분뿐이시다 하나님의 백성들은 소용돌이치는 물결을 두려워하지 말고 "여호와께서 홍수 때에 좌정하셨음이여…왕으로 좌정하시도다"(시 29:10)에서 보는 바와 같이 창조의 주님께 모든 영광을 돌렸어야 했다. 하나님의 백성들은 창조주의 세상에서 용감하게 살 수 있다. "낮의 해가 너를 상치 아니하며 밤의 달도 너를 해치지 아니하리로다"(시 121:6)라는 말씀은 이러한 창세기 저자의 가르침을 잘 반영하고 있다.

창세기의 저자는 위에서 본 바와 같이 우상숭배를 매우 진지하게 다루고 있다. 그 이유는 우상들이 하나님의 다스리심에 적수가 되어서가 아니라, 또는 하나님께서 그들로부터 위협을 당하시기 때문이 아니라(사실 하늘에 앉으신 하나님은 그들을 웃으신다), 이스라엘이 계속적으로 영적인 우상숭배에 빠져들기 때문이다. 이러한 이유로 인해서 그 저자는 창조기사에 드러나지는 않지만 매우 날카로운 논쟁을 포함하고 있는 것이다. 그러나 죄로 인해 타락한 세상의 상태를 원래 세계의 상태로 읽어 넣는 것은 올바른 성경의 해석이 아니다. 인간의 죄악의 어두움이 하나님의 선한 창조의 샬롬을 더럽히지 말아야 한다. 그렇게 되면 선과 악은 창조세계의 구조 자체 안에 서로 대립하는 두 근본적인 세력으로 비쳐지기 때문이다. 이러한 해석은 성경의 가르침, 즉 선한 창조, 그것의 타락, 구속되어 가는 과정, 그리고 언젠가 완성되는 성경의 창조 드라마를 완전히 가리는 결과를 낳는다. 그러한 잘못된 이해는 또한 죄의 근본적인 파괴성을 잊게 만든다. 그리고 은혜는 그 위대함을 잃어버린다. 창조세계는 그 원래 선함을 빼앗기게 된다. 그리고 세계는 구속될 수 없는 것으로 그려진다.

창조에 관한 성경의 신조는 하나님의 주권적인 선하심과 그의 창조세계의 타협할 수 없는 선함을 가장 중요한 원리로 가르친다. 하나님께서는 모든 것을 선하게 창조하시고, 종말에 이르러 다시 선하게 완성시키실 것이다. 창조의 원래의 선함은 지금 현재에조차도 원리상 회복되어 우리가 그 종말론적인 성취를 이미 여기서 미리 맛볼 수가 있다. 이러한 뜻을 바울은 다음과 같이 가르치고 있다: "하나님의 지으신 모든 것이 선하매 감사함으로 받으면 버릴 것이 없나니 하나님의 말씀과 기도로 거룩하여짐이니라"(딤전 4:4-5).

10. 창세기의 날의 시간

창세기의 창조기사에 나타난 '욤'(날)이라는 작은 단어만큼 많은 논쟁을 불러일으킨 단어는 없을 것이다. 이 논쟁은 초대교회로부터 현재까지 계속되고 있다. 우리는 이 일곱 '날들'을 어떻게 이해해야 하는가? 그것은 문자 그대로 스물네 시간을 의미하는가, 더 긴 기간인가, 문학적인 장치인가, 역사적인 구조인가, 의식적인 구조인가, 아니면 단순히 신화인가? 일상용어로 말해서, '날'이라는 단어는 천년 전이나 지금이나 달력의 시간을 가리키는 것은 분명하다. 그러나 문제는 '욤'이라는 단어가 창세기의 기록에서 어떠한 기능을 가지고 있는 가이다. 그것은 시간적인 기간을 의미하는가? 그것은 단순히 시계가 가리키는 기간을 말하는가?

지난 '6. 창조에 있어서의 시간'에서 우리는 '창조하는 시간'(창조의 육 일)은 '창조의 시간'(창조가 끝난 후 '일곱째 날'로부터 그 후의 시간)과 질적으로 다르다는 것을 보았다. 창조하는 시간이 창조의 시간을 불러오기 때문에, 이 둘 사이에는 분명히 어떤 연속성이 존재한다. 그러나 동시에 실질적인 불연속성도 그 둘 사이에 존재한다. '욤'의 의미를 밝히는 데 있어서 그 둘 사이의 연속성과 불연속성을 이해하는 것은 매우 유익하다. 동시에 '일곱째 날'이 우주의 시간으로 진행하는 전환점이라는 것을 아는 것도 이러한 해석의 문제를 푸는 데 유익하다. 현재의 시간인 창조의 시간을 측정하는 시계는 창조하는 시간 앞에서 전혀 무력하다. 그러므로 우리가 현재 '날'이라고 부르는 것은 하나님께서 창조하시는 과정 동안의 '날'과 동일시 할 수 없는 것이다.

따라서 우리가 창조기사의 '날의 시간'을 이해하기 위해서는 전혀 다른 해석학적인 접근을 해야 한다. 창세기의 저자는 육 일 동안 일하고 일곱째 날에 쉬는 일주일의 리듬을 경험적으로 알고 있었다. 계시에 의해서 그는 창조의 질서를 삶에 나타나는 이 일곱 날로 구성하고 있다. 이러한 일곱 날의 구성은 창조주 하나님 자신의 행위에서(창 2:1-3) 이미 나타나며, 십계명에서 밝히 보이는 바와 같이(출 20:8-11) 우리 삶의 형식이 되었다. 창세기의 저자는 육일 동안 일하고 일곱째 날에 쉬는 이 일주일의 형식을 하나님의 지속적인 창조의 역사를 묘사하는 데에 원리로 반영하고 있다. 창세기 이후에 계속되는 계시의 흐름 안에서 '욤'이라는 개념은, 예를 들어서 '주의 날'에서와 같이 놀라울 정도로 중요한 의미를 갖는다. 임박한 이스라엘의 멸망, 그들이 그들의 땅으로 회복, 메시아의 오심, 그리고 모든 창조세계의 회복 등 계시의 중요한 사건들이 이 '욤'이라는 개념과 함께 나타난다. 따라서 '욤'은 역사 안에서의 시간의 연속을 의미하기도 하고(chronos) 또한 소망을 가지고 붙잡아야 하는 중요한 의미가 담긴 기회의 시간(kairos)으로 사용되기도 한다. 요약하자면, 창세기에서 우리는 하나님의 창조행위 안에서 질서 있게 전개되는 위대한 창조의 순간들의 반향을 들으며 동시에 그것들이 우주적인 의미에 대한 계시도 듣는다.

이것을 우리는 이렇게 묘사할 수 있다. 창세기 2장에 기록된 창조기사는 지구를 중심으로 표현되고 있다. 거기서 창조는 마지막 장식을 받게 되는데 그것은 아담과 하와라는 인류의 출현이다. 그들은, 그들 안에서 우리들도, 광대한 하나님의 나라 안에서 다른 피조물 중에서 하나님의 대리인으로서 섬기는 청지기로, 관리자로, 그리고 집행자로 부름 받았다. 이것은 매우 실질적인 내용의 기록이다. 창세기 1장은 이러한 지구의 드라마를 다른 각도에서 기록하고 있다. 1장에서 우리는 그것의 좀 더 깊은 차원의 내용을 발견한다. 시작에 대한 기록에서 우리는, 말하자면 지구의 배경 뒤로 인도되어져서 하늘의 영역에서 창조의 모든 것을 발생하게 하는 동기와 능력의 그림자를 보게 된다. 거기서 우리는 삼위일체 하나님의 원래 모임의 시간에 초대되어 그 과정을 보게 된다: "우리의 형상을 따라 우리의 모양대로 우리가 사람을 만들고"(창 1:26). 하늘의 초월적인 모임에서 하나님의 결정이 있은 후에 우리는 "…이 있으라! …이 있으라!"는 하늘을 울리는 명령을 듣게 되고, 그렇게 이루어지는 것을 바라본다. 명령하시면서 하나님께서는 동시에 축복하신다. 하나님의 명령은 자신의 창조세계에 축복으로 내려온다. 그러므로 우리는 두 창조기사로부터 다른 초점을 보게 된다. 창세기 2장이 하나님의 선하심이 이 땅에 내려오시는 것을 그린 것이라면("사람의 독처하는 것이 좋지 못하니", 창 2:18), 1장은 하나님의 주권적인 위대함을 표현하고 있다.

창세기 1장은 일반적인 형태의 기록이 아니다. 자세히 읽는 독자는 거기에서 서사시의 정서와 언어를 가진 잘 계획된 구조와 스타일을 보게 된다. 매우 인상적인 대칭법, 중심적인 강조의 반복, 점진적인 상관성의 전개, 교차하는 하나님의 말씀과 행동에 대한 강조, 그리고 하나님의 행동과 그에 대한 창조세계의 반응이 거기 잘 나타나고 있다. 첫 삼일 동안 발생한 것과 다음 삼일 동안 발생한 것 사이에는 의심할 수 없는 상관관계가 나타난다. 그러나 단순한 반복과 중복을 넘어서 중요하게 전개되는 것은 바로 상관성이다. 빛이 발생한 첫 날은 넷째 날에 이르러 그 상관되는 발전, 즉 태양, 달, 그리고 별들의 출현을 보게 된다. 둘째 날에는 궁창이 형성되는데 위의 물과 아래의 물로 나뉘어진다. 그 상관성의 전개는 다섯째 날에 이르러 하늘에 새들의 무리가, 그리고 바다에 물고기의 무리가 생겨나는 것으로 나타난다. 셋째 날에 이르러 마른땅이 드러나며 물과 구별되어 식물이 살 수 있는 환경이 조성된다. 그 상관성의 전개는 육일 째에 동물의 창조로 나타나고, 그 클라이맥스는 인류의 탄생으로 나타난다. 동물과 인류는 이미 지어진 녹색 식물을 먹고 생명을 유지하도록 창조되었다.

하나님의 창조 역사를 다시 읽으면서 우주의 극장에서 발생하는 드라마를 의자 깊숙이 앉아서 전혀 수동적으로 보아서는 안 된다. 우리의 첫 부모인 아담과 하와를 통해서 우주의 디렉터께서 우리를 자신의 지구의 나라로 그의 언약의 동반자와 시민으로 불러오시는 것을 깨달아야 한다. 우리는 지금 독자로 창세기를 읽지만 사실은 그 기사에 깊숙이 관련된 독자인 것이다. 우리가 보여야 할 올바른 반응은 우리의 순종으로 아로새겨진 삶 전체의 찬양인 것이다. 창조기사에서 일어나고 있는 것은 단순히 연극의 재연이 아니기 때문이다. 창세기의 기록은 그러한 근본적인 사건이 우리의 실질적인 삶에 영향을 미치도록 허용되어야 한다. 약간의 시적인 표현을 곁들여서 태초의 드라마를 우리는 다음과 같이 재구성할 수 있다.

· 주제: 창조기사의 종합적인 메시지를 선포함-"태초에 하나님께서 천지를 창조하시니라" (창 1:1).

- 시작: 무대와 준비물을 설치함—"땅이 혼돈하고 공허하며 흑암이 깊음 위에 있고 하나님의 신은 수면에 운행하시니라"(창 1:2).
- 드라마의 진행: 육 일 동안의 창조주의 지속적인 창조행위(창 1:3-2:1).
- 클라이맥스: 위대한 창조세계의 완성과 안식, 그리고 그것으로 인해 시작되는 창조시간—"하나님의 지으시던 일이 일곱째 날이 이를 때에 마치니 그 지으시던 일이 다하므로 일곱째 날에 안식하시니라. 하나님이 일곱째 날을 복주사 거룩하게 하셨으니 이는 하나님이 그 만드시던 모든 일을 마치시고 이 날에 안식하셨음이더라"(창 2:2-3).

드라마의 끝에서 창조는 완전한 모습으로 드러난다. 그 드라마는 끝남에 있어서 처음과 같이 하나님을 그 저자로, 제작자로, 그리고 주연으로 초점을 맞춘다. 모든 부분에 있어서 그는 주된 역할을 담당한다. 끝에 이르러 휘장이 내려오면서 자신의 창조행위가 마쳐지고 창조에 따르는 섭리가 오르면서, 창조주 하나님께서는 우리를 무대의 중심으로 인도하시고 우리가 감당해야 할 일로 이끌어 가신다. 이에 따라 우리가 그의 창조세계에 살아갈 날들의 이야기가 열려지기 시작한다.

II. 의인화의 표현

우리가 사용하고 있는 신학적인 용어는 매우 복잡하지 않은가? 만약 잘못 사용한다면 우리는 그것에 의해서 당황해 할 것이다. 의인화의 개념은 '가나안의 언어'에 있어서 정당하게 정착되었다. 그 어원적인 뿌리를 탐색하면서 우리는 그 의미를 확인할 수 있다. '의인화'(*anthropomorphism*)는 두 단어, '인간' 이라는 의미의 *anthropos*와 '형상'이라는 의미의 *morphe*의 합성어이다. 이 합성어는 문자적으로 '인간의 형상으로' 라는 의미를 가진다.

의인화의 표현은 성경 전체에, 특별히 창세기의 기사에 나타난다. 처음부터 끝까지 성경의 계시는 의인화하여 묘사되고 있다. 하나님의 자신을 드러내시는 계시는 바로 인간의 모습으로, 인간의 이해 능력에 적합하게 기록되었다. 하나님의 말씀은 인간에게 적합한 문자적인 형태로, 언어의 그림으로, 그리고 상상으로 정착된 인간의 언어로 기록되었다. 성경의 원본과 초기의 원고들은 하나님의 고대 백성들에게 익숙한 히브리어, 아람어, 그리고 헬라어로 쓰여졌다.

성경에서 하나님께서는 자신의 계시를 우리의 피조된 그리고 죄된 상황에 적응하여 주신다. 여기서 우리는 하나님 편에서의 이중의 낮아지심을 볼 수 있다. 하나님께서는 첫째로 우리의 피조성에 맞추어서, 둘째로 우리의 죄성에 맞추어서 자신의 허리를 굽히셨다. 성경의 메시지는 신성이나 하늘의 언어로 쓰여지지 않았으며 바로 인간의 모습 그리고 지상의 언어로 쓰여졌다. 이것은 그것을 처음 읽었던 독자들의 문화적인 상황에 맞추어서, 고대에 주로 농사와 목축을 하는 사람들에게 그리고 후에 초기 기독교 공동체에서는 좀더 도시적인 상황의 독자들에게 적응된 상태로 기록되었다. 그러므로 성경은 인간의 글자 안에 오면서 동시에 완전한 하나님의 말씀으로 오셨다. 성경은 정경으로써 스스로 하나님의 말씀인 것을 증거하며 따라서 기준이 되는데, 그 메시지는 역사와 문화를 초월하여 기준이 된다.

따라서 성경은 세상의 모든 사람들에게, 1세기의 로마시대의 사람들에게나 21세기의 문명사회에 사는 사람에게나 동일하게, 무한한 권위로 가르친다. 물론 신앙고백적으로 성경을 읽기 시작하는 것은 때때로 우리의 해석학적인 지식을 시험하기도 한다. 그러나 성경이 의인화하여 가르치기 때문에 우리의 해석학적인 지식은 그 보상을 받게 된다. 그러한 묘사 안에서 하나님께서는 우리에게 의미를 전달하고 있기 때문이다. 칼빈은, 한 편으로, 우리는 성경으로부터 마치 하나님의 살아 계신 말씀을 듣는 것처럼 그것이 '하늘로부터 내려온' 것으로 받아야 한다고 하였다(『기독교강요』 I. 7. 1). 그러나 동시에 그는 성경이 의인화해서 우리의 언어에 맞추어서 쓰여진 점을 매우 분명하게 말하고 있다:

> 마치 보모가 보통 아기에게 하는 것과 같이 하나님께서 우리에게 말씀하실 때에 "아기처럼" 하시는 것을 아무리 지식이 없는 사람들이라도 깨닫지 못하겠는가? 그렇게 말씀하시는 형식은 자신에 대한 지식을 우리의 낮은 능력에 적응하시는 것과 같이 하나님 자신이 누구이신가에 대해 분명하게 말하지 않는다. 그렇게 하시기 위해서 하나님께서는 그의 높으심으로부터 더 낮게 내려오셔야 했다(『기독교강요』 I. 13. 1).

그러므로 성경의 계시에 나타나는 인간 저자의 개성, 경험, 교육, 특유의 표현법 그리고 처음 독자들의 역사적인 시간, 장소 그리고 환경 등과 같은 인간역사의 상황을 우리가 진지하게 평가하도록 만든다. 의인화된 어조는 창세기와 그 후 이어지는 성경을 통틀어서 분명하게 나타난다. 따라서 이러한 어조는 창조에 대해서 말하는 성경의 가르침에 포함되어야 한다.

성경은 모두 그 전체와 모든 부분에 있어서 의인화되어 있다. 그러나 어떤 부분에서는 하나님의 위대하신 역사가 매우 집중적으로 의인화되어 있다. 성경은 모든 것을 보시는 하나님의 "눈"에 대해서, 그의 백성들의 기도를 들으시는 하나님의 "귀"에 대해서, 그의 말씀을 하시는 "입"에 대해서, 짧아지지 않는 그의 "팔"에 대해서, 그리고 약하지 않은 하나님의 "손"에 대해서 말한다. 성경의 이러한 의인화된 표현들은 인간에게 적용되는 이러한 언어들이 마치 하나님께도 동일하게 적용되는 것으로(univocally) 이해해서는 안 된다.

칼빈은 이미 그의 『기독교강요』에서(I, 13, 1) 이러한 내용을 다루고 있다. 이러한 표현은 또한 단순히 비유로, 의미 없는 상징으로, 하나님께는 전혀 의미가 없는 표현으로(equivocally) 이해해서도 안 된다. 이러한 표현들은 마땅히 유추적으로(analogically) 이해해야 한다. 따라서 '눈', '귀', '입', '팔', 그리고 '손' 들이 인간의 일상생활에서 사용되는 의미는 성경에서 하나님께 적용하는 것과 유사한 관계가 있다. 예를 들어서 하나님의 코가 이스라엘의 예물의 향기를 맡는다고 성경이 여러 번 말할 때에 우리는 하나님께서 우리의 코처럼 냄새를 맡는다고 상상하는 것보다 하나님께서 구약의 구속의 제물을 받으신다고 생각해야 한다. 성경언어의 이러한 유추는 이와 마찬가지로 우리가 읽는 창세기에서 하나님의 '말씀하시는', '보시는', 그리고 '쉬시는' 행동에도 적용되어야 한다.

베들레헴은 의인화된 계시의 궁극적인 표현이다. 거기에서 "말씀이 육신이 되어 우리 가운데" 거하신다(요 1:14). 거기서 하나님께서는 자신을 우리와 완전하게 동일시하신다. 거기서 하나님의 아들은 인간의 형상을 입으시고, 따라서 모든 면에서 진실로 충분하게 우리와 같이 되셨다(갈 4:4; 빌 2:7).

12. 일반계시와 자연신학

서구 기독교의 주된 신학들은 이원론적인 기조에 의해서 주장되어 왔다. 이 신학들은 그 기본적인 원리로서 실재를 두 영역으로 날카롭게 나누는 세계관을 가정해 왔다. 두 개 중의 하나의 영역에 그들은 자연(일반) 계시를 부여함으로 자연신학의 기초를 이루는 자연법을 두었다. 이보다 높은 영역에 그들은 초자연적인 (특별) 계시를 부여하여 그것이 신성한 신학을 가능하게 하는 신법의 영역이 되었다. 물론 하나님께서 이 두 영역의 주인이시다. 하나님께서는 이 두 방법을 통해서 자신을 계시하신다는 것이 전통적인 기독교 신앙의 견해이다. 이 견해가 가지고 있는 선한 동기에도 불구하고 그것이 이원론적인 구조 안에서 이해될 때에는 상당한 문제를 야기한다. 그렇게 될 때에 창조의 계시는 상대적으로 독립된 그리고 다분히 자율적인 지식의 출처가 된다. 그것은 불완전하기 때문에 이차적으로 주어지는 높은 수준의 지식에 의해서 보완되기만 하면 된다. 논리가 이렇게 전개된다면, 일반계시와 자연법은 그 자체적으로 올바른 정신으로 탐구하는 모든 이들이 일반적으로 접근할 수 있는 공동의 지식이 된다. 이렇게 이해할 때에, 이러한 지식은 특별한 도움을 받지 않고도 인간의 이성이 다룰 수 있으며 따라서 자연신학을 구성할 수 있는 합당한 근거를 제공한다.

이 견해에 의하면 창조에 의해서 주어진 피조 세계는 그 자신의 계시적인 영향을 잃어버리고, 종교적으로 중립적인 현상으로 이해된다. 그렇다면 자연법은 신법의 세속화한 형태가 되고 만다. 그리고 '자연'은 이신론(理神論)적인 의미를 가지게 된다. 실재는 계시에 의존할 이유가 없게 되고, 그 의미는 일반 상식에 의해서 알 수 있게 된다. 계시는 신적인 지식을 얻는 데만 필요하게 되고 그것은 초자연적인 통찰력을 제공하는 것과 동일시된다. 오직 이런 영역에서만 성경적인 신앙이 필요하게 된다. 결론적으로 자연신학은, 그것이 전통적인 스콜라 형식을 따르건 또는 좀더 현대적인 형식을 따르건, 계시적인 기초와 신앙의 반응을 필요로 함을 벗어난 신학이 되고 만다.

기독교 신학은 오랫동안 자연신학이라는 수수께끼에 의해서 얼룩져 왔다. 이런 신학의 이해는 거센 반발을 예고하였다. 그러한 반발의 예가 바로 칼 바르트(Karl Barth)이다. 자연신학과 관련하여 일반(자연) 계시와 그것의 근본적으로 왜곡된 재구성이 주는 심각한 잘못으로 인해서 우리는 그에 대한 바르트의 거센 반발의 이유를 이해하게 된다. 모든 반발들이 그렇듯이, 바르트의 반발적인 수정도 그 문제에 대해서 지속적으로 만족할 만한 답변을 제공하지는 못했다. 바르트 신학의 전통도 실재를 이해함에 있어서 심각한 실수로 빠지고 있다. 그는 계시를 이해함에 있어서 매우 좁은 시각으로 성경을 이해하고 있다. 마치 목욕물과 함께 아기도 같이 던지는 꼴이 된다. 자연계시의 잘못된 기초 위에 세워진 잘못된 자연신학을 열정적으로 부인하면서, 바르트는 시계추를 정반대의 잘못된 실수로 돌리면서, 자연신학을 거부하고 동시에 자연(일반) 계시 자체도 버리고 있다. 두 개의 정반대의 잘못은 결코 올바른 것을 만들지 못한다.

바르트주의자들은 계시를 구속사적인 언어에 국한시켜서 재인식하였다. 여기서 계시는 예수 그리스도 안에서 한 번 보이시는 하나님의 화목케 하시는 은혜 안에만 유일하게 드러난다. 창조는 기껏해야 그리스도만을 통해서 만나는 하나님과 인간 사이의 증거이며 가리킴일 뿐이다. 이 과정에서 창조에서의 하나님의 역사에 대한 성경의 증거는 그 계시적인 내용을 잃어버리고 만다. 그 결과는 계시가 창조로부터 떠나는 것이다. 이렇게 이해되는 그리스도 중심적인 수정은 그것이 개선하려고 하는 신학에서의 자연주의자, 이성주의자, 인본주의자, 그리고 세속주의자를 전혀 개선하지 못한다.

성경의 증거에 뿌리를 둔(시 19, 24, 104장; 롬 1장; 행 14, 17장) 성경의 세계관은, 자연신학이라는 옳지 않은 신학의 문제로 빠지지 않으면서, 타협할 수 없는 창조의 (일반 또는 자연) 계시를 긍정할 것을 분명히 요구한다. 이러한 세계관은 물론 신학의 오랜 전통에서 확인된 시각이다. 이러한 시각은 우리로 하여금 창조에 있어서 그리고 구속에 있어서의 신적인 계시와 인간의 반응 사이의 다름의 중요성을 깨닫게 한다. 계시는 언제나 기준이 되는 법이며 반응은 그렇지 않다. 신학적인 반응을 포함해서 인간의 반응은 순종이건 불순종이건 간에, 때때로 매우 교훈적이기도 하지만, 그것들은 우리를 구속하는 권위를 가지지 않는다. 여기에 바로 자연종교와 자연신학에 기준이 되는 지위를 부여하는 스콜라주의자들과 자유주의자들의 실수가 있다. 그러나 이러한 이해에 정반대로 반응하는 바르트주의자들과 그리고 그와 같은 많은 복음주의자들도 자연신학을 거부하면서 동시에 자연계시를 거부하는 똑같은 실수를 범하고 있다.

전통적인 자연신학들은 창조세계 안의 모든 인간에 불가피하게 깊이 영향을 미치는 하나님의 작품의 표식을 옳게 인식하고 있다. 그러나 그들은 인간 이성을 과대평가하고 죄의 영향을 과소 평가하는 면에서 잘못을 범하고 있다. 그렇게 함으로 그들은 창조주로서의 하나님에 대한 참된 지식을 일반적으로 유효한, 자연적으로 접근할 수 있는, 그리고 누구나 공유할 수 있는 것으로 이해하도록 하는 잘못된 문을 열어놓았다. 이러한 잘못은 바르트의 통렬한 비판을 예고하고 있었다. 그 이유는 자연신학은 우리 세상의 철저한 영적인 파괴를 과소 평가함으로 우리의 신앙고백적인 시각에 불협화음을 낳고, 그 결과 창조세계에 관한 하나님의 말씀에 종교적으로 깊이 다양한 반응을 하는 결과를 낳았다. 물론 하나님의 말씀은 모두에게 똑같은 권위로 남아 있다.

성경의 시각을 통해서만, 그러나 성경의 그리스도에게 순종함으로 그리고 그의 성령에 의해서 조명을 받으며 우리는 창조의 소명에 충실하게 답을 할 수 있게 된다. 그렇지 않으면, 들어도 듣는 것이 아니요, 보아도 보는 것이 아니다. 되풀이되는 자연신학의 위험들로 인해서 우리는, 바르트 신학이 실수한 것처럼, 창조(일반)계시의 명료함, 강렬함, 포기할 수 없는 충만함과 계속되는 실재에 대한 존중을 감소하지 말아야 한다. 하나님께서는 언제나 자신에 대한 증거를 가지고 계시다(행 14:17). 그는 언제나 영원토록 모든 것의 창조주이시고 보존자이시기 때문이다.

그렇다면 일반계시는 있는 것인가? 물론이다. 자연신학은 가능한가? 그렇지 않다. 벌카우어가 이에 대해 다음과 같이 설득력 있게 말하고 있다: "…자연계시와 자연신학을 인과관계로 동일시하는 것은 잘못된 견해이다." "원리상 자연신학은 계시라는 개념을 필요로 하지 않는다…." 그 이유는 "자연신학 또는 하나님에 관한 지식을 인간은 다른 곳에서, 말하자면 인간의 이성을 사용해서 자연으로부터 얻는다고 믿기 때문이다"(*General Revelation*, 47, 67).

13. 두 권의 책

창조에 있어서의 하나님의 일반계시의 유효성, 범위, 그리고 효과에 관계된 대부분의 열띤 논쟁은 벨기에 신앙고백(Belgic Confession, 1561)의 II조항에 초점을 두고 이루어진다. 칼빈주의 전통에 선 많은 교회들은 "하나님에 대해서 우리는 두 가지 방법으로 안다"라고 고백한다:

우선 창조, 보전, 그리고 우주의 구성에 의해서 우리는 하나님을 안다. 우주는 우리의 눈에 아름다운 책과 같아서 그 안에 있는, 크건 적건, 모든 창조물들이 글자와 같아서 우리로 하여금 하나님의 보이지 아니하시는 것들, 바울이 로마서 1:20에서 말하고 있는 바의 그의 영원하신 능력과 신성을 생각하도록 요구하기 때문이다. 모든 피조물들은 인간을 설득하기에 충분하므로 핑계하지 못하도록 한다. 둘째로, 하나님께서는 자신의 거룩하고 신적인 말씀으로 좀더 분명하게 자신을, 우리가 이 땅에 사는 동안 필요한 모든 것을, 자신의 영광과 자신의 백성들의 구원을 위해서 우리에게 보여 주신다.

벨기에 신앙고백은 카톨릭교회가 종교개혁 운동을 거세게 핍박하던 시기에 지금은 벨기에 지역인 남부 네덜란드의 개혁교회 목사인 드 브레스(Guido de Brès)에 의해서 쓰여졌다. 그는 이 신앙고백을 완성한 지 몇 년 후에 순교하였다. 그 후 이 신앙고백은 많은 개혁교회들의 신앙의 기준으로 인정되었다. 그것이 칼빈의 생애 동안에 쓰여졌으나 칼빈이 거기 직접 관련했다는 증거는 찾을 수 없다. 그러나 벨기에 신앙고백은 칼빈이 주로 작업한 것으로 믿어지는 갤리컨 신앙고백(Gallican Confession, 1559)에 많이 의존하고 있다. 칼빈의 신학은 '두 권의 책'으로 이해되는 계시의 기본을 이루고 있다.

칼빈은 다음과 같이 말한다: 이렇게 하는 것은 "우리가 지나친 호기심을 가지고 하나님의 속성을 꿰뚫어 보려고 하는 것이 아니라, 사실 그것은 탐구의 대상이 아니고 우리의 경배의 대상이 되어야 한다. 그렇게 하는 것은 하나님께서 하신 일을 통해서 그는 우리 곁에 우리와 친숙하게 계시며 그를 통해서 우리에게 말씀을 하심으로 우리는 그것들을 인해서 그분을 바라보고 묵상할 수 있게 된다"(『기독교강요』 I, 5, 9). 창조주로서의 하나님을 아는 것은 계시의 일이지 결코 이성적인 성취의 일이 아닌 것이다. "우주를 정교하게 지으신 솜씨는 우리로 하여금 하나님을 바라보도록 하는 일종의 거울이다. 그것이 없이는 우리는 하나님을 전혀 볼 수 없기 때문이다"(『기독교강요』 I, 5, 1). 그러므로 '화려한 극장'인 창조세계의 어디에서나 볼 수 있는 '신성의 표식'과 '하나님의 영광의 불꽃'을 대하면서 그리고 인간 안에 깊이 각인된 '종교의 씨앗'과 '신성을 알 수 있는 감각'을 가지고 "인간은 하나님을 보지 않고는 도무지 눈을 뜨고 살 수 없다"(『기독교강요』 I, 5, 1).

칼빈은 창조의 계시를 "신학의 알파벳"이라고 부른다. 따라서 창조주 하나님에 대한 지식은 "학교에서 처음 배우게 되는 그런 지식이 아니라, 우리 각 사람이 그것을 앎으로 어머니께로부터 태어나고, 아무리 무시하려고 노력을 해도 전혀 잊어버릴 수가 없는 바로 그런 것이다"(『기독교강요』 I, 4, 3). 그것은 "가장 기본적이고 단순한 지식으로, 만약 아담이 죄를 짓지 않았다면 자연의 모든 질서가 우리를 거기로 이끌었을 것이다"(『기독교강요』 I, 2, 1). 죄를 짓지 않았다면 창조의 계시는 그 자체로 충분했을 것이다. 지금도 하나님께서는 창조로부터 자신의 말씀을 걷어가지 않으셨으며, 그의 세상 안에 자신의 계시적인 존재를 축소시키지도 않으셨다. 그러므로 창조에 대하여 누구도 종교적으로 중립적인 자세를 가질 수 없다. 칼빈은 "우리의 어리석음이 주는 실수가 우리 안에 있으므로 인간 편에서 어떠한 핑계도 그쳐져야 한다"고 말하고 있다(『기독교강요』 I, 5, 15). 우리 인간은 "밤에 들판을 가로질러 여행하는 사람과 같아서, 순간적으로 번개가 칠 때에는 멀리 그리고 가까이를 볼 수 있으나, 그것은 너무도 순식간에 사라지므로 그것에 의해서 자신의 길을 안내받기는커녕 한 발자국을 내딛기도 전에 그는 다시 밤의 어두움으로 다시 빠져든다"(『기독교강요』 II, 2, 18).

이것이 인간이 공통적으로 처한 곤경이다. 인간의 이러한 환경은 "두 번째 책", 즉 성경이 주는 '안경'의 필요성을 강조한다. 다시 칼빈의 말을 들어보자:

> 늙거나 흐린 눈, 또는 약한 시력을 가지고 있는 사람에게 만약 당신이 가장 아름다운 책을 준다면, 그는 그것이 어떤 종류의 책인 줄을 알아도 거기로부터 단 두 글자도 읽지 못할 것이다. 그러나 안경의 도움을 받는다면, 그는 그 책의 내용을 분명하게 읽기 시작할 것이다. 마찬가지로

성경은, 그것이 없이는 혼돈되어 있을 우리 마음에 있는 하나님에 대한 지식을 모아서 우리의 어리석음을 헤치고 우리에게 참 하나님이 누구인지를 분명하게 보여 준다(『기독교강요』 I. 6. 1).

그러므로 성경은 "우리를 우주를 만드신 창조주께로 올바로 인도하는 더 좋은 또 하나의 도움인 것이다"(『기독교강요』 I. 6. 1).

이러한 일련의 신학적인 사고가 "우리는 두 가지 방법으로 하나님을 안다"라는 벨기에 신앙고백의 배경이 된다. 이 신앙을 올바로 이해함은 II항이 언급하고 있는 '우리'가 I항의 '우리'와 연결이 됨을 깨닫는 데 도움이 된다. 두 항 모두에서 그리고 이어지는 모든 항들에 있어서 이것을 고백하는 것은 개혁신학의 전통을 따르는 기독교 공동체이다. 기독교 공동체의 공통된 신앙은 이중의 계시를 반영하고 있다. 그러므로 '두 책들' 사이의 관계를 올바로 이해하면 죄가 우리 마음에 끼친 지적인 영향과 함께 구원을 받을 만한 지식을 성경으로부터 얻어야 할 필요성을 깨닫게 된다. 이것이 바로 벨기에 신앙고백의 '그의 영광과 우리의 구원'이 전달하려고 하는 의미이다. 그러나 이것을 존재론적으로 이해하면 이 항은 이 '두 책들' 사이의 이원론적인 분리를 낳는다. 그러면 세계는 두 개의 다른 영역으로 구분되고, 그 구분에 따라 계시의 두 형태가 발생하며, 따라서 지식의 두 형태, 즉 높고 낮은 형태의 지식을 낳는다. 교회역사에 자주 있었던 바와 같이 이렇게 이해가 되면, 이에 대한 바르트의 거센 반격은 오히려 환영을 받게 된다.

14. 바르트의 반격

칼 바르트는 20세기의 주도적인 신학자로 아직도 건재하다. 창조의 신학이 일련의 자연신학으로 변질되어 가는 경향에 그는 거센 반응을 보인 선구자이다. 그의 사고에 대한 어떠한 비판도 먼저 창조에 대한 성경적인 신조가 오랜 기간 동안 왜곡된 데 대한 반응이라는 면에서 타당했다는 인식으로 시작되어야 한다. 그는 중세의 신학들, 모든 준-펠리기안의 전통, 바티칸 I에 의해서 정리된 현대 카톨릭 신학, 루터교회와 개혁교회의 스콜라주의, 계몽주의에 의해 시작되고 칸트, 헤겔, 슐라이어막허, 리츨, 트뢸치, 그리고 하르낙에 의해서 형성된 자유주의, 이성주의, 인본주의 신학들을 열거하면서 비판을 가하고 있다. 그는 이러한 신학들에서 계시, 창조, 그리고 구속을 위한 두 개의 출처를 '이중장부'로 해석하는 왜곡된 전통을 본다. 이런 경향의 끔찍한 결과는 1930년대의 독일기독교에 의해서 잘 나타난다. 우리도 그러한 전통을 이어받고 있다고 바르트는 주장한다.

몇 세기 동안 서구의 기독교는 이단적인 가르침의 씨앗을 뿌려왔으며 지금 우리는 배교라는 휘몰아치는 추수를 거두고 있다. 바르트에 의하면, 과거의 위대한 신학자들은 그리스도 안에 있는 하나님의 유일한 계시를 제쳐놓고 지식을 위한 두 번째 출처를 추구하는 잘못을 범했다. 그것들은 자연, 역사, 이성, 문화, 양심, 또는 감성이었다. 이런 잘못이 범해질 때마다 '자연의 책'은 필연적으로 '은혜의 책'을 억제해 왔다. '자연과 은혜'는 '오직 자연'으로 바뀌어졌다. 이러한 과정의 치명적인 결말은 독일 히틀러의 국수적인 사회주의였다.

나치의 신학자들은 1933년에 하나님께서 새롭게 말씀하시기 시작했다고 주장했다. 이것이 독일 역사에서 하나님에 대한 재각성 운동을 일으켰다고 그들은 주장했다. 그리고 독일 조국은 하나님의 이러한 사명을 받아들였다고 나치 신학자들은 주장했다. 신적(神的) 작정이 독일과 히틀러 편에 서 있으며, 그 운동은 히틀러의 통치 아래에서 오랫동안 기다려 온 천년왕국을 가져온다. 남쪽으로부터 온 구세주(예수)는 이제 북쪽으로부터 오는 구세주(히틀러)에게 그 자리를 내주고 있다는 것이다. 이 새로운 '계시'는 국가의 선전문구에 포함되었을 뿐 아니라, 교회의 강단에서 설교되고, 강의실에서 그리고 신문을 통해서도 전파되었다. 반기독교적인 트로이의 목마가 하나님의 나라로 잠입해 들어온 것이다.

바르트에 의하면, 정통신학은 이에 대해 오직 약한 반발을 보였다고 한다. 로마 카톨릭 교회는 그들 교회의 다스리는 권위에 호소하였다. 개신교의 기본적인 반응은 "종이(紙) 교황"이라고 불렸던 성경이었다. 성경은 살아 계신 주님을, 마치 하나님께서 히브리어, 헬라어, 그리고 라틴어만 말씀하시는 것처럼 닫혀진 정경에 가두었다.

'독일의 기독교'에 대해서 날카롭게 정리한 바르트의 비판은 마땅히 환영받아야 한다. 과거의 자연신학은 창조의 계시를 무지막지하게 왜곡해 놓고 말았다. 그 결과는 얇게 가장된 세속주의였다. 종교개혁의 전통으로부터 떠난 신학은 기독교와 배교적인 관념 사이의 날카로운 대조를 흐려놓고 말았다. 자연신학은 자유로운 하나님의 은혜의 복음을 배반하고 있는 것이다. 그것은 경박스럽고 유혹적으로 그리스도인을 적과의 동침으로 유인하였다. 산을 오르는 등산가가 천길 낭떠러지로 떨어지지 않도록 경고를 받는 것과 같이 긴박하게 교회가 자연신학의 유혹을 멀리할 것을 경고한 바르트의 통찰력은 옳은 것이었다. 그러나 자연신학에 대한 이와 같이 격렬한 반대는 창조(일반) 계시에는 정작 심각하게 잘못 적용되었다. 만약 바르트의 반응을 처음부터 끝까지 일관적으로 적용을 한다면 기독교 신학에 있어서 두 책들을 완전히 덮어야 했을 것이다. 어떤 신학의 주제들이 그 안에서 올바로 다루어질 수 있겠는가? 그러나 잘못된 신학의 방법이 성경적인 가르침 전체를 내버릴 근거는 될 수 없는 것이다. 잘못된 신학에 대해서 바르트는 자신의 또 하나의 잘못된 방법으로 대답하였다. 자신의 신학의 잘못에도 불구하고 바르트는 그의 신학이 칼빈과 종교개혁의 전통에 충실하다고 믿었다. 칼빈과 종교개혁의 신학에는 창조신학의 자취가 있다고 그는 주장하였다. 그러나 그들의 독특한 견해의 결과를 일관적으로 끌어내는 데에 실패하고 있다고 그는 주장하였다. 이러한 실수는 벨기에 신앙고백의 제2항에 이르러서 매우 심각한 표현으로 나타나고 있다고 바르트는 주장한다.

낙원에는 아마도 어떤 형태의 창조의 계시가 존재했을 것이다. 그러나 그것은 현재 '객관적으로' 그리고 '주관적으로' 잃어버려졌다. 하나님께서는 지금 예수 그리스도 안에서 성육신된 말씀을 통해서만 자신을 계시하신다. 종교개혁자들은 이것을 잘 이해하지 못했다고 바르트는 주장하였다. 그러나 부르너(E. Brunner)는 그것을 잘 이해하였다고 그는 말한다. 그럴 만한 역사적인 근거는 분명하다. 종교개혁자들에게 불분명하던 것들이 그들의 후계자 세대에 이르러 주된 주제로 다루어졌다. 종교개혁자들에게 있어서 '자연'이 왕으로 추대되었으며 여왕격인 '은혜'는 종교적인 후광으로 왕을 옹립하였다고 바르트는 주장하였다. 은혜의 계시를 위한 접촉점을 창조의 영역 안에서 찾기를 허용하면서, 브루너는 그가 바르트와 함께 신정통주의 운동을 시작하면서 함께 약속의 땅으로 들어갈 때 포기했던 이집트의 환락가로 돌아가고 있는 것이다. 그들이 새로 발견했던 복음을 부르너가 배반할 때 바르트는 그의 메아리치는 'No'를 발하였다. 창조는 그리스도 안에 있는 하나님의 계시의 접촉점을 제공할 수 없다. 오히려 하나님의 은혜가 '자연' 안에서 자신의 역사를 위한 위치를 창조한다. 일반계시의 가능성과 그에 관계하여 발생하는 변증에 대한 이런 날카로운 논쟁은 다음 30년 동안 '코끼리'와 '고래'의 싸움을 야기하였다.

바르트는 자신과 그의 동료들이 종교개혁 사상의 진정한 의미를 바르멘 선언(Barmen Declaration)의 첫 번째 항에 충실하게 재정리했다고 주장한다: "예수 그리스도는 성경에 의해서 증거되고 있는 바와 같이 삶과 죽음에 있어서 모두 우리가 마땅히 듣고 순종해야 할 유일한 하나님의 말씀이다." 독일이 위기에 처해 있던 시절에 이러한 증거는 위험한 도전으로 간주되었다. 그것은 당시에 대중적으로 인정되던 이중적인 권위, 즉 하나님의 예정, 섭리, 그리고 목표를 광신적으로, 이데올로기적으로 이해하는 국가의 지도력에 복음이 매우 독특하게 멍에를 같이 하는, 이러한 권위에 대한 도전이었다. 바르멘 선언은 계시는 그리스도 안에만 있는 하나님의 말씀이라고 주장하였다. 새로운 '메시아' 임을 주장하는, 그리고 세상으로 나아가 믿는 이들을 유혹하여 '다른 신'을 섬기도록 하는 경쟁적인 주장에 대해서 예수 그리스도는 논쟁할 여지가 없는 주님이시다.

바르트는 이러한 내용을 가진 발만의 신앙고백에 직접적으로 관여하였다. 그 잉크가 채 마르기도 전에 그것의 효과는 그로 하여금 독일의 도시 본(Bonn)을 떠나 그의 본 고장인 스위스의 바젤로 쫓겨나도록 하였다. 바르멘 선언은 철저하게 왜곡된 기독교에 대한 영웅적인 증거임에 틀림이 없다. 바르멘 선언이 옳게 지적한 바와 같이 독일의 사악한 정치와 도덕은 성경적인 개념의 창조질서나 창조의 계기에 대한 기독교의 신조로부터 나온 것이 아니다. 그와 동시에 구속에 국한시켜서 본 하나님의 말씀으로서의 예수 그리스도에 대한 바르멘 선언의 유일한 강조도 이중적으로 나타나는 하나님의 계시를 잘못 이해하고 있다.

이러한 내용을 지지하면서 바르트는 전통적으로 창조계시에 대한 가르침의 기반으로 아는 시편 19편과 104편 그리고 로마서 1장을 피해 가지 않는다. 그러나 그가 이 구절들로부터 이끌어 내는 것은 매우 교조적인 주석을 통해서 성경의 말씀을 자신의 신학적인 틀에 맞추는 것이다. 그로 인해서 나타나는 결과는 창조에 관한 성경의 가르침을 자신의 신학에 맞추어 축소, 변형시키는 것이다.

바르트가 우리에게 제시하는 것은 엄격하게 말해서 두 번째 주제의 신학(그리스도 안에서의 구속)이다. 사도신경의 첫 번째 주제(하나님 아버지와 창조)와 세 번째 주제(성령과 성화)는 심각하게 침해를 받고 있다. II항은(기독론) 창조에 관해서 우리의 유일한 지식의 출처가 되고 있다. 따라서 바르트의 신학전통은 그리스도 안에서의 하나님의 구속의 계시보다 앞서고 또한 그보다 상대적으로 독립되어 있는 하나님의 지속되는 계시로서의 창조를 인식하지 못하는 실수를 범하고 있다. 그것은 또한 창조의 중재자로서의 그리스도를 화목케 하시는 그리스도에게 통합시키므로 창조의 중재자의 역할을 흐리게 하고 있다. 신학에 있어서 창조는 오직 보조적이 되고 그 의미를 구속에서 찾게 된다. 구원론이 중심적인 주제가 되고, 원래 선했던 창조에 대한 신앙은 그 광범위한 범위의 가르침에도 불구하고 배경으로 치부되고 있다. 바르트의 기독론적인 인식론이 기독론적인 존재론을 규정하고 있는 것이다. 방법론적으로 말해서 창조는 바르트의 신학에 있어서 작용을 하지 않도록 묘사되고 있는 것이다. 창조는 오직 상대적으로 자율적인, 종교적으로 중립적인 영역에서, 계시로서 의미가 없는 것으로 이해되고 있다. '은혜와 자연'은 '자연에 대조되는 은혜'에 길을 열어준 것이다.

바르트에 의해서 19세기의 I항(창조와 성부 하나님)의 인간중심주의는 II항(기독론)에 근거를 둔 새로운 인간중심주의적인 신학에 의해서 바꾸어졌다. 그의 신학은 존재론을 희생하는 대가로 인식론에 치중하고 있으며, 이 세상에서의 계시로서 하나님의 창조사역의 실재보다는 인간 지식의 가능성에 치중하고 있기 때문이다. 바르트가 '객관성'에 많은 강조를 두고 있음에도 불구하고 진정한 지식의 궁극적인 기준으로 역할을 하고 있는 것은 인간의 '주관성'이다. 결정적인 것은 칼빈의 경우처럼 창조하시는 하나님의 역사의 존재론적인 질서가 아니라, 인간 수용성의 지식적인 질서인 것이다. 바르트가 현대 자유주의 신학의 인간 중심성을 거세게 반대하였지만, 그의 창조신학은 매우 독특한 그리스도 중심적인 방법을 통하여 자유주의 신학보다 덜 인간 중심적이지 않은 신학의 방법을 보이고 있다.

15. 창조 개념의 쇠퇴

거의 이천 년 동안 창조에 대한 성경의 교리는 역사적인 기독교의 전혀 타협할 수 없는 교리로 남아 있다. 다만 지난 몇 십 년 전부터 그러한 합의가 도전을 받기 시작하였다. 자연법 이론조차도 창조질서의 실재에 적어도 간접적으로 증거하고 있다. 그러나 최근의 신학에서는 창조기사의 역사적인 실재와 계시적인 중요성 둘 다 여러 각도에서 도전을 받고 있다. 창조교리가 쇠퇴하다시피한 이유를 다섯 가지의 신학 패턴을 통하여 살펴보도록 하자.

a) 복음주의 신학
복음주의 기독교의 여러 분야에서는 신학의 제2항(예수 그리스도의 구속)에 매우 큰 강조를 둠으로 제1항(성부 하나님의 창조)의 내용을 밀어내고 있다.[1] 복음주의 신학은 예수 그리스도를 선포함에 열정적인 관심을 가지고 있으므로 창조에 있어서

---

1) 전통적인 개혁신학에서 구속은 창조세계라는 환경 안에서 일어나는 하나님의 역사인 것으로 성경을 이해하고 있다. 저자 스파이크만이 강조하고 있는 것은 하나님의 역사 중에 창조가 역사적으로 그리고 논리적으로 우선되어야 하며, 창조세계 안에 주신 하나님의 뜻, 법, 기준이라는 기반 위에서만 죄로 인한 타락과 그로부터의 구속을 이해할 수 있다는 것이다. 이와 함께 성경을 이해하는 과정으로 구속이라는 시각을 통해서 보는 것과 창조라는 시각을 통해서 보는 것을 비교할 수 있다. 전통적인 루터신학과 개혁신학의 차이가 여기서도 분명하게 나타난다(역자주).

의 성부 하나님의 역사에 대한 관심을 제쳐놓고 있는 것이다. 그것은 십자가에 이르는 지름길로 가로질러 가고자 창조를 지나쳐 가는 인상을 주고 있다. 복음주의 그리스도인들도 물론 진화론의 위험을 반대하기 위해서 창조세계의 영역에 관한 많은 논쟁을 거쳐왔다. 그러나 방법론적으로 말해서 창조는 복음주의의 주류 안에서 경시되어 온 것은 사실이다. 특별계시가 일반계시를 쇠퇴시켜 온 것이다. 후자에 관계된 신학적인 주제는 아직 완성되지 않은, 대체로 다루어지지 않은 채로 남아 있는 셈이다. 이러한 경향은 매우 잘못된 것이다. 인간의 죄로 인해 처해진 곤경, 회개와 성화로의 부르심, 그리고 미래에 대한 우리의 소망에 대한 성경의 풍부한 의미는 오직 하나님의 창조의 역사에 굳은 기반을 두고서야 이해될 수 있기 때문이다.

b) 오순절운동
창조교리에 내리는 어두운 그림자는 20세기의 다양한 오순절운동으로부터 야기되었다. 많은 복음주의 그리스도인들과 같이 오순절교회의 그리스도인들은 창조계시의 합당한 유효성을 인식하지 못했다. 이 세상의 매우 큰 죄악의 영향으로 말미암아 창조의 계시는 완전하게 쇠퇴되었으므로 구원해 가시는 하나님의 역사를 이 세상에서 올바로 볼 수 있는 가능성은 더 이상 없다고 그들은 주장한다. 따라서 중요한 것은 '자연의 가족'과의 연결이 아니라 '하나님의 가족' 안의 멤버쉽이다. 사도신경의 제1항으로부터 떠나고, 제2항에 그 신학의 근거를 두면서, 그들은 제3항(성령의 은사)을 가능한 많이 부당하게 이용하고 있다. 이렇게 극단적으로 영적인 영성주의자들의 삶의 목표는 세상으로부터의 도피이다. 그러나 오순절교회의 그리스도인들을 포함해서 모든 사람들이 창조질서 안에 있으므로 이러한 탈세상적인 경향은 물론 성취할 수 없는 목표이다. 지상의 실재로부터 탈출하려는 이러한 환상을 올바로 수정하는 길은 창조질서의 보존하는 능력을 인정함에 달려 있다.

c) 실존주의
하나님께서 창조하신 질서에 대한 개념을 허무는 또 다른 것은 현대의 실존주의이다. 인간역사의 무서운 이변과 모호성에 의해서 압도된 실존주의자들은 허무주의의 경향으로 흘렀다. 이러한 사고 안에서 인간 삶은 구원받을 수 없는 것이다. 무질서가 바로 인간 삶의 질서이다. 탐욕과 무질서, 또는 그 반대인 단조롭고 맥빠지는 반복되는 삶, 이것이 우리의 운명이다. 우리는 전혀 탈출구가 없는 어리석음의 극장 안에 갇혀 있다. 실존주의 모임 안에서 낙천주의자들은 '용감한 새로운 세상'에 대한 용기와 소망을 짜내려고 노력하고 있다. 그러나 그들 중의 현실주의자들은 체념과 실망, 또는 대담한 자들은 저항과 반발 이외에는 아무것도 찾지 못한다. 인생은 막다른 골목 끝에 서 있는 것이다. 세상은 굽힐 줄 모르는 역경으로 그 안에서의 삶의 유일할 기준은 오직 무의미이다.

d) 과정신학

또 하나의 도전은 최근의 과정신학으로부터 시작되었다. 과정신학은 우리 시대의 지성에 매우 유력한 힘으로 나타났다. 과정신학을 움직이는 기초는 세상의 모든 것, 하늘과 지상의 모든 것들이 하나의 역사적인 운동으로 묶여서 열려 있는 미래를 향해 움직인다는 일원론적인 실재에 대한 이해이다. 모든 것의 기원은 창조질서가 아니라, 순수한 가능성의 규정할 수 없는 알파점이다. 이 세상에서 삶의 기준은 시초에 창조에 의해서 주어진 것이 아니라, 실현되어 가는 과정 안에 지속적으로 있는 어떤 것이다. 진화의 발전이 전개되는 단계들을 통하여 세상은 열려 있는 목표를 향하여 움직이고 있다. 그 미래가 이미 현재에 존재하는 한, 삶은 의미와 방향을 가진다. 그래서 우리는 하나님의 미래에 열려 있는, 그리고 그의 성령에 의해서 인도되는 소망을 가지고 살아야 한다.

이러한 소망의 신학들은 제3항의 신학으로 분류될 수 있다. 이런 종류의 신학은 미래를 향해서 열려 있는 성령의 인도하심에 의존하는데, 세속주의자들의 경우 이 성령은 '세상의 영'으로 불린다. 이런 사고 안에서는 구원뿐 아니라 창조의 개념도 더 이상 찾아보기 힘들게 된다. 창조와 구원의 개념이 쇠퇴된 상태에서 남아 있는 것은 모호한 실존적인 소망으로, 그것은 알 수 없는 미래, 삶의 온전한 질서가 드디어 실현되는 미래의 지평선으로 우리를 오라고 손짓한다.

e) 독일 그리스도인

마지막으로 그리고 가장 중요하게, 히틀러의 독일의 신학적인 발달에 대한 지속적인 반응은 창조에 대한 성경의 신학의 쇠퇴에 공헌하였다. 국수적인 사회주의에 물든 많은 독일 그리스도인들은 창조의 법이라는 성경의 개념에 집착하고 그것을 끔찍하게 왜곡하여 집권당의 이교도적인 이데올로기를 뒷받침하였다. 그들은 독일 제3제국의 미래, 즉 신적 작정에 의해서 인도되는 아리안 민족, 독일제국, 그리고 선택받은 땅의 운명은 새로운 천년왕국의 기적 안에 이 땅에 도래하도록 예정되었다고 믿었다. 이러한 사상의 결과는 대학살로 나타났다. 이러한 사상에 반기를 들면서 바르트, 본회퍼, 니이몰러 등은 그들이 주장하는 창조질서라는 개념 자체에 반대하였는데, 이러한 반응은 이해할 만한 것이었다. 그러나 이러한 반기는 아직 성취되지 않았다. 이러한 사상의 경향은 아직도 남아 있어서 많은 사람들이 이 끔찍한 왜곡을 따라서 창조질서의 개념을 긍정적으로 바라보기가 불가능한 것으로 생각한다. 그러나 하나의 반응으로서 이러한 정서는 물론 신학의 올바른 기준이 되지 못한다. 1930년대의 독일에 무자비한 일을 자행한 이 사악한 정권과 사상은 창조에 대한 성경의 가르침을 무자비하게 왜곡한 풍자로 영원히 그리스도인들에게 기억되어야 한다.

16. 창조질서

(1) 일반적인 표준

하나님께서는 자신의 말씀으로 정교하게 질서가 잡힌 세상을 창조하셨다. 동일한 말씀으로 하나님께서는 그 질서를 지속적으로 보존하신다. 그의 말씀이 우리의 생명이다. 그의 말씀으로 하나님께서는 세상 안에 우리의 삶을 위해서 영원히 기준이 되는 환경을 창조하셨기 때문이다. 창조의 법에 의해서 지배되는 창조세계의 구성과 기능은 모든 피조물을 위한 하나님의 사랑하시는 돌보심을 잘 보여 준다. 모든 피조물은 자신의 독특한 방법으로 창조법의 지속적이고 역동적인 생태계에 순복한다. 창조질서에 순복하는 것은 불쾌한 짐을 지는 것이 아니다. 그것은 어떤 외적인 힘에 의해서 부과된 것이 아니기 때문이다. 창조질서는 자신의 창조세계의 행복을 보장하기 위해서 돌보시는 창조주의 손길의 증거이며, 또한 자신의 자녀들에게 충만한 축복을 연장하시는 아버지의 손길의 증거이다. 생명을 감싸고 있는, 사랑으로 움직이는, 그리고 샬롬을 가져오는 창조법의 구조와 질서에 대한 자발적인 순종은 피조물에 자유, 의로움, 그리고 기쁨을 가져다준다. 그에 대한 자발적인 순종은 우리가 원래 되었어야 했을 모습으로 우리를 인도한다.

창조세계의 선한 질서는 우리 삶의 모든 관계들을 붙잡고 있다. 그 질서는 우리의 다양한 소명을 규정하고 있다. 교회역사에서 기독교 사상가들은 창조질서의 의미를 창조에 주어지고 창세기 1:26-31에 처음 기록되고 그 후 성경을 통해서 더 상세히 설명되고 있는 문화소명(cultural mandate)의 개념으로 이해하고 있다. 이 문화소명은 축복과 명령으로 우리에게 주어졌다. 그것은 인간의 모든 제한과 함께 또한 가능성을 성경의 독특한 방법으로 묘사하고 있다. 그 안에 우리의 다양한 실질적인 직업들의 굳건한 기초가 있다. 이러한 시각으로 볼 때에 모든 직업은 종교적인 소명인 것이다. 학문에 있어서 신학과 윤리가 이 문화소명의 일부이며, 또한 철학이나 다른 학문의 분야도 그에 못지 않게 그러하다. 모든 학문은 종교적으로 깊은 전제 안에 그 기초를 갖고 있어서 하나님의 말씀에 반응함으로 자신의 피조물을 향하신 창조주의 선한 의도를 따라 봉사하도록 소명을 받은 계시적으로 규정된 분야이다.

신학을 포함해서 어떠한 학문도 사물의 의미를 규정할 수 없다. 그것은 창조에 주어져 있기 때문이다. 우리는 이미 규정된 세상 안에 살고 있는 것이다. 존재의 의미는 창조에 주신 하나님의 선한 질서에 의해서 주어졌다. 그러므로 신학을 포함해서 모든 학문적인 활동은 발견하는 과정인 것이다. 이론적이건 실질적이건 지식을 얻는 우리는 안정된(그러나 정적이지 않은) 그리고 전개되는(그러나 진화되지 않는) 우주 질서의 환경 안에서 언제나 그리고 오직 창조세계에 반응할 수밖에 없는 것이다. 그러므로 학문적인 탐구는 제한된, 겸손한, 순종하는, 그리고 임시적인 활동이다. 학문은 그것이 접하고 있는 현상과 정보를 경험적인 분석에 의해서 오직 설명할 수 있을 뿐이다. 학문이 가지고 있는 도구들로 사물의 의미를 설명하는 시초적이고 근본적인 설명으로 파고 들어갈 수는 없다. 이러한 의미를 얻기 위해서 우리는 창조에 반영되어 있으며 지식적으로 성경에 드러나 있는 계시에 의존해야 한다. 과학의 법칙이라고 불리는, 예를 들어서 만유인력의 법칙, 유전의 법칙, 해석학의 법칙 등등은 하나님의 말씀이 창조세계의 질서 잡힌 삶을 붙들고 계신 방법을 우리가 이해하는 것을 설명하는 인간의 실수할 수 있는 지적 활동이다. 실재의 깊은 의미에 대한 통찰력은 창조세계의 질서를 이해해야만 얻을 수 있다. 우리가 과학적인 방법을 통해서 현상을 이해하면서 계시적인 것을 제외하고 따라서 창조 질서 안에 내재해 있는 사물의 종교적인 의미를 배제한다면, 우리의 노력은 오직 올바른 지식의 피상적인 축소로 마치게 된다. 창조세계는 우리가 자유를 가지고 직면해도 되고 하지 않아도 되는 그러한 의미를 단순히 가지고 있는 것이 아니다. 창조는 우리가 그 의미를 부여하기를 기다리고 있는 것도 아니다. 창조세계 자체가 의미이다. 그것은 의미 있으며, 의미로 가득 차 있다. 기독교 학문은 하나님의 세상에서 의미 있는 삶을 살기 위한 이러한 유용한 통찰력을 제공해야 한다.

창조질서는 그러므로 그리스도인과 비그리스도인 모두에게 통용되는 진리이다. 비 그리스도인은 무의식적으로 살지만, 그리스도인들은 그것을 아는 기쁨으로 산다. 창조질서에 의해서 하나님께서는 모든 피조물에 대한 주권을 행사하신다. 이러한 시각은 독특하게 기독교적이지만 그것이 가리키는 실재는 우주적으로 적용되는 일반적인 것이기 때문이다. 하나님의 말씀은 온 피조 세계를 주장하는 역동적인 능력이다. 그리스도는 온 창조의 중재자이시다. 그러므로 기독론은 구원론보다 더 큰 개념이다. 모든 인류는 그리스도와 상관이 있는 것이다. "만물이 그 안에 함께 섰느니라"(골 1:15-20)는 말씀처럼 그리스도께서 모든 피조세계를 보전하고 계신다. 여기서 우리는 성경적인 종교의 일반적인(우주적인) 주장을 볼 수 있다. 창조는 교회에만 관련이 있는 것이 아니라 온 세상에 깊은 관련이 있는 것이다. 창조에 대한 성경의 가르침은 모든 것 위에 드러나는 하나님의 주권을 증거한다. 이러한 사상은 어떤 것에 탐닉하는 종교적인 환상이 아니다. 그것은 모든 존재를 붙들고 있는 정돈된 질서이다. 기독교 신앙은 하나님께서 만드신 세상과 뗄 수 없이 묶여 있는 것이다. 창조질서는 독특하게 성경적인 삶의 형태를 형성하는 존재적인 기초를 제공한다. 그러나 믿지 않는 자들을 대하시는 하나님은 그들에게 낯선, 모르는 하나님으로 다가오시지 않는다. 세상과의 하나님의 관계라는 주어진 환경은 하나님을 알지 못하되 사실은 하나님을 알고 있는 것을 의미한다(롬 1:18-5). 세상의 삶을 붙들고 있는 기준은 모든 사람들의 의식 안에 즉각적으로 존재한다. 그러므로 창조질서는 모든 사람들 안에 어떤 존재적인 공동일치를 설정한다. 그리고 이러한 존재적인 공통성은 다른 종교의 과격한 사람들에게도 마찬가지로 존재한다. 기독교의 신앙은, 창조에 근거를 두고 말할 때에, 모든 사람들에게 전혀 낯선 것은 아니다. 사람들이 깨닫건 그렇지 않건, 문화소명은 하나님의 명령으로서 모두에게 내려지고 있는 것이다.

태초에 하나님께서 창조로 부르신 것, 붙드시는 그의 말씀으로 지속적으로 보전하시는 것, 반역하는 격정을 자신의 보호하시는 은혜로 지속적으로 제한하시는 것, 자신의 치료하시는 능력의 말씀으로 그가 구원하시는 것, 그것은 혼돈이 아니라 바로 창조세계이다. 성경을 통하여 보여 주시는 그것은 다양한 형태가 통일적으로 조화를 이루는 세상의 질서이다. 이러한 우주의 질서가 바로 구원의 장소이며, 환경이며, 또한 양식이다. 십자가와 부활이 주는 새로운 의미는 바로 이 창조세계의 구조 안에 들어오는 것이다. '구속의 질서'가 제공하는 새로운 방향은 '창조의 질서'에 충실하게 합치하는 것이다. 하나님께서는 '세상을 이처럼' 사랑하시기 때문이다(요 3:16).

우리의 사명은 우리 삶을 하나님의 세상의 질서 안으로, 강단에서건 사회생활에서건, 학문세계에서건 시장에서건, 하나님의 세상 안에서 우리의 삶을 위한 하나님의 선한 질서에 순응하면서 들여놓는 것이다. 그러므로 창조의 구조는 창조를 위한 하나님의 질서 안에 그 기초를 두고 있음을 우리는 깨달아야 한다. 하나님의 뜻에 순응하는 모든 노력은 평생 동안의 성화를 요구한다. 이러한 깨달음을 우리는 기도 안에서 만날 수 있다: "하나님, 우리를 가르치셔서 우리의 말이 당신의 말씀에 옳게 응답하게 하시고 우리의 일이 당신의 일을 따르게 하심으로 우리의 삶이 당신의 뜻에 합당한 질서로 잡혀 가게 하소서." 이러한 기도는 삶의 모든 부분들에 적용된다. 이제 하나님의 말씀이 창조세계에 역사하고 계신다는 이 가르침을 좀더 자세히 설명하도록 하자.

(2) 핵심적인 임무들

하나님께서는 말씀하심으로 창조하셨다. 말씀하시는 하나님은 또한 역사하시는 하나님이시다. 그의 말씀과 행동하심에는 모순이 없다. 하나님의 "…이 있으라"라는 명령은 "…되니라"라는 묘사의 결과를 낳는다. 모든 것이 완전한 안정 속에 제자리를 찾고 충만한 샬롬 가운데 평안을 누린다. 우리의 현재 상태로부터 물론 우리는 타락 전의 상태로 돌아갈 수 없다. 인간의 원래 상태의 신선함은 우리의 접근 너머에 있다. 그러나 창조 시에 모든 것을 정돈시킨 원래의 말씀은 아직도 우리를 붙들고 있다. 성경은 우리의 시각을 재조정하심으로 우리로 하여금 지속적이고 역동적인 그리고 회복시키시는 하나님의 말씀의 능력을 새롭게 인식하도록 하고 또한 그 말씀의 요구에 순종하도록 한다. 그러므로 성경의 가르침 안에서 우리는 창조질서의 영구적인 기준을 식별하도록 요구받고 있다.

우리가 경험하는 이 세상은 신성한 것과 세속적인 것으로 양분할 수 없으며, 또는 한 부분은 신성하고 다른 부분은 세속적인 것으로 말할 수 없다. 오히려 인생의 다양한 모습을 '주님의 면전에서' 추구한다는 면에서 세상은 모두 신성하다고 말해야 한다. 또한 동시에 우리가 살아가는 곳은 유일하게 이 세상, 또는 현시대밖에 없다는 의미에서 세상은 모두 세속적(saeculum, '현시대'라는 의미)이다. 창세기 기사의 깊은 내용을 통하여 원래 우리의 핵심적인 소명에 대한 성경의 묘사를 보면서 과연 오늘날 이 세상 안에서 우리의 문화소명이 무엇인가를 식별하도록 하자.

세상의 질서를 이룩하시는 하나님의 말씀은 마치 프리즘과 같다. 한 줄기의 빛이 프리즘을 통과하면서 굴절되어 무지개의 다양한 색깔을 만들어 내듯이, 하나님의 유일하신 말씀(그리고 그것과 동의어인 하나님의 법, 의지, 명령, 법령)도 우리 삶의 모든 부분들을 규정하는 일련의 동일하게 권위 있는 말씀으로 굴절되어 나타난다. 이러한 방법으로 하나님께서는 우리의 개인적이고 사회적인 삶들을 형성하는 다양한 관계들과 직무들 안에서 자신의 주장을 우리에게 구체적으로 적용하신다. 응답하는 면에서 하나의 길을 따라 사는 다양한 양상이 있듯이, 계시적인 면에 있어서도 이러한 여러 가지 소명들이 우리를 주장하므로 우리로 하여금 매우 실직적인 면에서 그 유일한 소명을 이루어 가도록 하신다.

이제 이러한 성경의 지시들이 창세기의 기사에 어떻게 구체적으로 표현되고 있는지 살펴보기로 하자. 우리는 결혼에 대한 하나님의 말씀을 듣는다. 하나님께서 아담과 하와를 함께 부르시고 그 둘이 함께 할 모습에 대해서 말씀해 주시는데, 그것은 둘이 하나가 되어 부모가 되는 것이다. 그리고는 자신의 창조하신 역사에 "생육하고 번성하라"는 명령을 더하신다. 이와 함께 아이들을 낳고 기르는 가족의 사명이 주어진다. '경작'하라는 매일의 노동을 위한 하나님의 말씀도 주셨다. 이와 함께 "에덴을 관리하며 지키게" 하라는 다스림의 명령을 만난다. 이는 아마도 에덴의 외곽을 따라 숨어 있다가 인간의 평화로운 삶의 터전을 침략할 기회를 보고 있는 악한 세력의 존재를 암시하는지도 모른다. 창세기의 기록은 또한 아주 섬세한 터치로 인류가 배워야 할 사명을 주신다. 아담은 각각 동물의 종류와 성질에 따라 이름을 짓도록 요구받았다. 이러한 분류의 과정은 분명히 후에 종과 속으로 분류하는 발전된 과학적인 분류에 미치지는 못한다. 그러나 어떤 기본적인 분류와 분석의 과정은 거기에 이미 진행되고 있었다. 마지막으로 우리는 우리의 경배를 위한 하나님의 말씀, 서늘한 날 하나님과 함께 동행하는 아담과 하와의 삶의 모습을 듣는다.

인류의 원래 삶의 사명에 대한 이러한 묘사에서 후에 삶에 구체적으로 드러날 다양한 직업들의 예고편을 보게 된다. 한 걸음 더 나아가 모든 성경을 통하여 이러한 삶의 사명은 매우 실질적이고 쉽게 그리고 상식적인 표현으로 설명되어 있다. 물론 우리는 창세기가 인류 문화의 사명의 내용을 모두 통틀어서 제공하고 있다고 생각할 필요는 없다. 창세기는 앞으로 계속 이어질 역사를 따라 궁극적으로 발생할 모든 사명과 직업들의 견본되는 실질적 예들을 말하고 있다. 그러나 인류의 사회적인 발달의 방향을 규정하는, 정규적으로 구성된 특정한 종류의 문화소명을 성경을 기록하고 있다.

에덴동산은 죄 없는 상태에 있었다. 그러나 그것은 창조세계가 가지고 있는 충만한 가능성을 모두 성취한 상태의 완전한 것은 아니었다. 그러한 과정은 가능했고 또한 예기되고 있었다. 예를 들어서, 남자는 위대한 일을 하시는 하나님을 닮은 동역자이다. 이러한 핵심적인 사명과 함께 주어진 것은 후에 이루어질 노동조합과 자동조립 장치 등 현대문명의 복합된 축복들을 위한 가능성이다. 무로부터 어떤 것을 존재케 하시는 하나님의 원초적인 역사를 일차적인 창조라고 부른다면, 그리고 창세기의 6일 동안의 정돈하는 과정을 이차적인 창조라고 부른다면, 인류에 주어진 그러한 핵심적인 문화소명을 하나님의 창조역사에 반응하는 수준에서 본다면 그것은 삼차적인 창조(*creatio tertia*)라고 부를 수 있다.

명령으로 표현된 이러한 축복들은 농부와 양치기로 살아가던 창세기의 원래 독자인 이스라엘에게 매우 적합한 개념과 이미지를 통하여 주어졌다. 그러나 그 기록은 20세기의 매우 발달한 기술로 살아가는 현대인들에게도 못지 않은 삶의 규정을 제공하고 있다. 이러한 책이 바로 성경이다. 성경의 가르침을 통하여 창조로 주어진 인류를 향한 이 핵심적인 소명에 순응하면서 우리는 이 소명을 근본적으로 우리에게 요구하시는 하나님의 주권적인 기준으로 인식하면서, 바뀌는 역사적 상황에 적용할 수 있으며 또 그렇게 해야 한다.

이러한 진리의 중심은 종교개혁신학에 이미 나타나 있는 것으로 벨기에 신앙고백의 12항에 잘 표현되어 있다:

> 하나님께서는 자신의 말씀, 즉 자신의 아들을 통하여, 자신이 선택하신 적합한 때에, 무로부터 하늘, 땅, 그리고 모든 피조물을 만드심으로 모든 것에 존재, 모습, 형상, 그리고 사명을 그들의 창조주를 섬기게 할 목적을 가지고 창조하셨다. 창조주는 또한 자신의 영원한 섭리와 무한한 능력으로, 인류를 위해서 그리고 인간들로 하여금 그들의 하나님을 섬기게 할 목적으로 지금도 창조세계를 보존하시고 다스리신다.

(3) 결혼의 규범

창조질서의 지속적인 규범은 결혼과 이혼에 대한 성경의 포괄적인 가르침에 의해서 강화되고 있다. 이 주제에 대한 성경의 가르침은 결혼을 두 자유롭고 자율적인 개인들이 결혼의 합의를 이루는 '사회적인 언약'으로 여기는 현대의 개인주의적인 생각을 비판하고 있다. 현대의 사고에 따르면, 결혼은 창조에 의해서 주어진 상태로 두 사람이 들어가는 삶의 정황이 아니라, 동의하는 두 개인들이 인위적으로 만든 이차적인 상황이다. 이 경우 결혼의 상태는 두 사람의 의지에 달려 있다. 결혼에 대한 현대적인 다른 하나의 개념은 그것을 인류의 문화적인 진화의 진보된 상태로 보는 것이다. 과거의 결혼을 위한 여러 가지 실험들이 역사 안에 진보된 형태로 나타난 것이 현대의 결혼의 양상이라는 것이다. 이러한 논리는 이성결혼의 일부 일처식 결혼 양식은 점점 더 폐지되어 간다고 주장한다. 한 평생을 헌신하는 전통적인 결혼의 양식은 새롭고 좀더 혼잡한 관계들에 의해서 대체되고 있다. 결혼에 대한 이러한 이해는 인류의 문화진화의 정상적인 단계로 인정되고 있다.

창조질서에 시초부터 그 기초를 확실하게 둔 관계로 이해되는, 성경이 가르치는 결혼의 개념은 위에 설명한 최근의 결혼 이해에 극적으로 대조를 이룬다. 이러한 대조는 예수께서 하신 바리새인들과의 대화 안에 극적으로 나타난다(마 19:3-9). 하나님의 말씀은 '이혼증서'에 대한 여지를 두고 있다. 그러나 그 여자는 결혼과 가족의 삶을 파괴하는 성스럽지 못하고 또한 지탱할 수 없는 관계에 대한 강퍅한 인간의 마음을 용인함으로, 오직 이차적인 방편으로 인정하게 된 것뿐이다. 정상적이지 않은 상황에서 더 악한 불행을 피하기 위해서 우리는 정상적이지 않은 방법을 사용해야 할지 모른다. 그럼에도 불구하고 우리는 비정상적인 것을 정상적인 것으로 말해서는 안 된다. 예수는 "처음부터 그랬던 것은 아니다"라고 말씀하심으로 자신의 궁극적인 근거로 나아간다. 처음부터 영구적으로 결혼은 오로지 남성과 여성 사이에 둘이 하나를 이루는 언약으로 이해되었다. 이것이 결혼에 관한 하나님의 뜻이다. 그러므로 결혼은 영원히 지켜져야 한다. 이것이 창조질서에 심어진 유일한 결혼의 규범이다.

(4) 국가의 삶을 위한 기초

창조질서에 뿌리를 둔 다른 하나의 예로 국가를 생각해 보자. 정치적인 삶에 대해서 그리스도인들은 오랫동안 서로 다른 답변들을 말해 왔다. 사회정부를 위한 기준으로 우리는 어떠한 기초와 기준을 말해야 할까? 수천 년 동안 기독교 공동체는 기본적으로 세 가지의 다른 견해를 말해 왔다. 이 세 가지 견해는 성경 계시의 전개를 어떻게 이해하느냐에 따라 달라진다. 각각은 창조, 타락, 그리고 구속이라는 성경의 이야기의 중심이 되는 세 가지의 주제들에 근본적인 근거를 둔다. 국가 또는 정부는 창조에 그 뿌리를 두고 있는가, 아니면 타락에 두고 있는가, 그도 아니면 구속에 두고 있는가? 이 세 가지의 견해를 순서를 거꾸로 하여 하나 하나 살펴보도록 하자.

국가의 삶에 대해서 현대에 들어서 매우 현저하게 나타나는 견해는 구속에 근거하고 있다. 정치적인 활동은 십자가와 부활에 그 뿌리를 둔다는 견해이다. 세상을 구원하는 하나님의 은혜는 예수 그리스도 안에서 현저하게 나타난다. 그리고 그것은 교회에 의해서 우선적으로 현실화된다. 그러나 교회가 우선적으로 증거하고, 모범이 되고, 또한 대리인이 되는 하나님의 정의, 평화, 그리고 선함은 또한 국가의 삶을 통해서도 그 유사점을 찾을 수 있어야 한다. 그리스도의 다스리심이 바로 세상 안에서의 하나님께서 다스리시는 형태이다. 교회 안에서 충만하게 비춰는 예수 그리스도 안에서 세상의 빛은 국가에 의해서도 또한 반영되어야 한다. 달이 태양의 빛을 반사하듯이, 또한 국가는 교회의 빛을 반사하여야 한다. 이 견해에 따르면, 국가는 그 자체의 정통성을 부여받지 못하고 교회의 삶에 의존하게 된다. "자연"은 "은혜" 안에 소멸된다. 정치에 대한 이러한 이론의 배경에는 구속의 개념으로 창조를 이해하는 신학적인 사고가 있다. 창조의 밝은 면과 어두운 면, 즉 경배와 정치가 세계 질서의 구조 자체 안으로 동시에 짜여져 있다. 국가에서의 봉사는 이차적인 그리고 반사성의 위치로 전락하고 만다. 이러한 견해는 "사회의 권세는 하나님 앞에서 거룩하고 합법적일 뿐만 아니라, 유한한 인간의 전체 삶을 통하여 가지는 소명 중에서 가장 성스럽고 또한 가장 명예로운 소명이다"(『기독교강요』 IV, 20, 4)라고 말하는 칼빈의 견해와 얼마나 다른가?

　서구 기독교 전통에서 오래된 그리고 많은 복음주의 계통에서 주된 이 두 번째 견해는 국가의 삶의 뿌리를 타락에 둔다. 이 견해에 따르면, 국가의 정부는 원죄의 결과로 발생하였으며, 인간이 비인간적으로 인간을 다루는 결과에 반대할 하나님께서 제정하신 대리자로 이 땅에 세워졌다. 교회가 하나님의 구원을 위한 특별한 은혜의 열매이듯이, 싸움을 다스리고, 상업을 조정하며, 정의를 강화하고, 죄인을 처벌하며, 국민을 보호하는 국가의 소명은 하나님의 일반은총의 역사이다. 교회는 사랑을 인하여 살며, 국가는 힘으로 움직인다. 교회에게는 "성령의 검"이 주어졌으며, 국가에게는 현세의 능력의 검이 주어졌다. 정부는 사회의 악을 제어할 섭리적인 방편으로 주어졌다. 이 견해는 국가의 삶의 시작을 죄성(罪性)이라는 어두움 아래에 둔다. 이 견해는 긍정적인 기초를 말하지 않는다. 국가와 정치에 대한 매우 부정적인 견해를 따라서 그리스도인들은 될 수 있는 대로 정치적인 일에 가담하지 말 것을 요구받는다.

　세 번째 견해는 본서에서 추구하는 개혁주의적인 시각 안에서 형성된다. 이 견해는 국가적인 삶의 기원, 기초, 그리고 기준을 창조 질서에 둔다. 현재 국가에 의해서 수행되고 다스리는 사명은 하나님께서 원래 인간의 문화소명에 주신 것으로 이해한다. 따라서 이 견해는 정치적인 일에 긍정적인 기초를 제공한다. 정치적인 일뿐 아니라, 이 견해는 또한 사회복지, 경제, 교육, 예술, 그리고 교회의 사역에도 창조적으로 매우 합법적인 지위를 부여한다. 이 견해는 질서 있게 발달한 창조의 현실성과 영구적인 관련성을 강조한다. 물론 죄로 인한 타락도 현실이다. 그러나 타락은 원래 주어진 창조의 구조에 대한 파괴를 불러오지 않았다. 구속은 원래 주어진 창조의 구조에 무엇을 더함이 아니다. 그러므로 정치적인 사명은 자연과 그 기원을 같이 하며, 인간이 자신의 신앙을 고백하고 자신의 몸을 돌보는 것과 동일하게 인간에게 고유한 것이다. 물론 우리는 국가가 원래 뜻하였던 바, 즉 죄로 타락하기 전에 있었던 모습과 현재 우리가 자주 경험하는 국가 사이의 차이를 인정하고 구별할 수 있어야 한다. 이러한 차이는 가족과 교회를 포함하여 사회의 모든 다른 기관에도 그대로 적용할 수 있다. 죄의 파괴하는 힘은 어디에서도 작용하기 때문이다. 그러나 하나님의 보존하시고 구원하시는 은혜 또한 현실적인 실재이다.

이러한 배경을 통해서 우리가 대면하는 질문은 우리 정부의 구조와 기능이 어떻게 효과적으로 하나님께서 원래 정부에 기준으로 주셨던 구조와 기능에 순종적으로 반응하고 있는가 이다. 실상으로 볼 때에 우리는 매우 복합적인 결과를 대한다. 대조의 면을 우리는 국가를 포함한 사회의 모든 기관들에서 볼 수 있다. 이러한 현실을 우리는 또한 구약과 신약을 통해서 계속적으로 볼 수 있다. 이와 긴밀하게 관련된 구절은 로마서 13장과 요한계시록 13장이다. 전자는 국가를 하나님의 사자로 보면서, 정부의 기준이 될 형태를, 이상적인 국가의 모습을, 국가가 의미하는 바를 보여 준다. 후자는 정부를 바벨론의 창녀로 보면서, 불법적인 국가를, 악한 국가를, 악의 세력에 의해서 노예화된 국가를, 우리가 신문에서 자주 대하는 그러한 국가를 묘사하고 있다. 국가는, 모든 피조물이 그렇듯이, 비록 나쁜 길로 빠져서 악해질 수 있으나, 그 자체는 옳고 선한 것이다. 물론 다른 피조물과 같이 국가와 정치는 실상 나쁜 길로 빠졌다. 동시에 다른 모든 피조물이 그렇듯이, 국가의 삶도 구원을 받아야 한다. 사회의 부조리는 창조세계의 시작도 아니고 또한 끝도 아니다. 세상을 향하신 하나님의 첫 말씀은 정치적인 샬롬이며, 그의 마지막 말씀은 저항을 받지 않는 정의가 주재하는 '새로운 우주'이다.

(5) 공동체의 구조

세상에서 우리가 함께 사는 질서 잡힌 삶을 하나님께서 창조하셨다는 사실은 진정한 공동체를 위한 장을 마련한다. 죄로 인한 타락 이후, 보존하고 치료하시는 하나님의 말씀의 능력은, 현실의 삶을 위한 그리고 종말론적인 소망을 위한, "새로운 시작"으로 인도하기 위한 구원의 가능성을 위해서 사회의 삶을 유지하고 있다. 이러한 보존과 치료를 통하여 하나님께서 붙잡고 계시는 창조질서는 공동체적으로 소유하는 샬롬을 위한 영구적인 환경이 된다. 창세기의 초안을 우리는 원래의 공사 환경으로 볼 수 있다. 거기서 하나님께서는 집을 짓기 바쁘시다. 단계들을 거치면서 그 계획은 완성을 향해 움직인다. 처음에는 기초가 잡히지고, 골조가 세워지며, 기둥과 바닥이 준비되고, 그 위에 문과 창문이 끼워지고, 벽과 지붕이 더해진다. 설계자와 건축가는 내부 인테리어를 장식하게 되고, 필요한 대로 방을 나누며, 각 방들에 필요한 가구를 들여오고, 바닥재를 깔고, 커튼을 만들고, 벽에 페인트를 칠하고, 기타 화분과 애완견 등을 "각기 그 종류대로" 들여놓는다. 이 일을 다 마친 창조주는 이제 주인이 되어서 그 집에서 살 사람을, 아담과 하와를, 즉 하나님 자신의 가족을, 인류 공동체를 문으로 인도해 와서 다스리고 관리하면서 그 집에 살도록 한다. 결국 하나님께서는 우리로 살게 하기 위해서 자신의 집을 지으신 것이다.

하나님께서 지으신 지구의 집에는 여러 방들이 있다. 그것을 이렇게 생각해 보자. 우리가 살면서 행하는 여러 일들에 해당하는 방들이 편리하게 자리가 잡혀서 접근하기 용이하고 또한 복도를 따라서 쉽게 움직이도록 잘 설계가 되어 있다. 각 방은 우리의 삶의 여러 일들을 각각 행하기 위해서 매우 아름답게 디자인되고 모든 준비를 갖추고 있다. 거기에는 낙원에서 나는 과일을 먹고 즐기기 위한 식당이 있고, 가족들이 즐겁게 시간을 함께 보낼 수 있는 거실이 있으며, 커피를 마시며 쉬고 담소할 수 있는 방들이 있으며, 매일의 잡무를 행할 작업실이 있고, 땅을 개간할 농기구들이 있으며, 기도하고 생각할 수 있는 작은 방이 있고, 바쁜 하루를 지나고 편히 쉬면서 잠들 수 있는 침실이 있다. 이러한 표현은 너무 전원적으로 들릴까? 그럴지도 모른다. 그러나 이미지를 굳이 사용하자면, 이런 내용이 바로 창조된 환경이고 그렇게 유지되었어야 했던 창조세계의 환경이다. 다시 한 번 그렇게 될 수만 있다면 얼마나 좋겠는가! 주 예수여, 당신이 약속하신 대로 어서 오시옵소서.

창조질서를 이렇게 시각적으로 재구성한 것은 베드로전서 2:13-17에 대한 칼빈의 주석에 잘 나타나고 있다. 그 내용은 "인간에 세운 모든 제도를 주를 위하여 순복하되"(13절)를 중심으로 칼빈은 다음과 같이 쓰고 있다:

> 헬라어 동사 ktizein으로부터 ktisis라는 단어가 나왔는데. 그것은 집을 형성하다 또는 건축하다라는 의미를 가지고 있다. 이 단어는 "법령"이라는 단어와 관련이 있는데, 이 단어에 의해서 베드로는 이 세상의 창조주 하나님께서는 인류를 혼돈 속에 버려두어서 짐승들과 같이 살게 하지 아니하시고 오히려, 비유로 말하자면, 인류에게 여러 방들이 나뉘어져 있는 잘 정돈된 하나의 집을 주신 것과 같다는 것을 가르쳐 준다. 그것은 인류를 위한 법령으로 불리운다. 그 이유는 인간에 의해서 발명된 것이기 때문이 아니라, 인간에게 적합하고, 잘 정돈되고 질서가 잡힌 삶의 양상이기 때문이다.

창세기의 기사는 일관성있는 통일성과 함께 창조질서의 풍부한 다양성을 보여 주고 있다. 다양화된 통일성과 통일된 다양성의 패턴은 창조의 전체 이야기를 형성한다. 전개되는 하나의 드라마로서 창조기사는 창세기 1:2의 혼돈된 덩어리로 시작이 되고, 그것은 6일의 점점 더 다양화되는 지속적인 단계들을 걸쳐서 움직여 간다. 이 창조기사에는 총체성이 스며 있지만, 그와 함께 분명하게 구분하는 경계선들도 있다. 창세기는 하늘과 땅을 구분하고, 동물과 식물을 구분하며, 남자와 여자를 구분하고, 땅을 개간하는 것과 아이를 기르는 것을 구분한다. 아브라함 카이퍼가 그의 작은 저서 『경계선의 깃발』(De Verflauwing der Grenzen)에서 잘 말했듯이, 하나님께서 창조세계 안에 형성해 놓으신 구분들을 흐리게 하지 않도록 우리는 주의해야 한다. 하나님의 말씀의 유일성이 그의 말씀들의 다양성 안에 계시되듯이, 창조에 대한 반응으로서 인간 공동체의 삶은 그의 통일성을 다양성 안에 그리고 다양성을 그의 통일성 안에 드러내도록 지어졌다. 균일도 분열도 인간 삶의 기준이 되지 않는다. 절대화된 통일성은 삶의 일원론의 형태로 나타나며, 절대화된 다양성은 내적인 갈등과 분극화 현상을 나타낸다. 삶의 적합한 관계성 안에 나타나는 통일성과 다양성에 대한 성경의 균형잡힌 강조는 칼빈의 출애굽기 주석 18:13-27에 잘 나타난다:

> 태양으로부터 나오는 한 줄기 빛이 세상 전체를 비취지 못하고 빛줄기들이 하나 안에 그 작용들을 통합하듯이, 창조주께서는 상호관계로 이루어지는 사회와 선함 안에 거룩하고 나뉘어질 수 없는 결합에 의하여 인간들을 보전하신다. 그러므로 창조주께서는 자신의 은사를 다양하게 나누어 주심으로 한 인간을 다른 인간과 결합시키며, 그 중의 하나만을 완전하게 하여 높이시지 않는다.

창조질서의 잘 정돈된 윤곽은 인류 공동체를 위한 기준이 되는 구조를 형성한다. 에베소서 5:21-6:9에서 바울은 초대교회 안에서 다양한 삶의 관계들에 대해서 언급하고 있다. 그 관계들은 남편과 아내, 부모와 자녀, 주인과 종업원 사이에 대한 관계들이다. 이 구절을 주석하면서 칼빈은 순종하는 삶을 특징짓는 다양성 안의 상호관계를 강조하고 있다:

> 바울은 이제 여러 그룹들에 대해서 말하기 시작한다. 복종의 일반적인 굴레 외에 어떤 이들은 그들 각각의 직업소명에 따라서 좀더 가깝게 다른 이들에게 연결되어 있다. 한 사회는 다양한 그룹들로 구성되어 있다. 한 사회 안에서 그 그룹들은 마치 멍에와 같아서 서로 다른 그룹들 사이에 상호적인 의무를 가지고 있다.

성경이 조명하고 있는 이러한 창조세계의 패턴은 인류 사회의 다원성을 나타내며 그것은 영역주권(sphere sovereignty)과 영역보편성(sphere universality)이라는 양면성의 원리로 나타난다. 전자는 우리의 삶의 다양한 관계들이 사회의 다양한 분야에서 형성되어 가는 각각의 정체성과 온전성을 인정한다. 후자는 삶 전체의 통일성이라는 기준을 부여하므로, 공존하는 협력으로서 삶의 다양한 부분에 통일된 방향을 부여하며, 그로 인해서 공동체가 가능해진다. 카이퍼는 이러한 내용의 의미를 분명하게 하기 위하여 시계의 비유를 들고 있다. 시계를 구성하고 있는 각각의 부속들은 자체의 고유한 기능을 가지고 있다. 그러나 하나로 조립되어서 각각의 부속들은 하나의 종합된 운동을 이루어낸다. 카이퍼는 다음과 같이 말한다:

> 인간의 삶은 그 물질적인 구성요소로 볼 때 가시적이고, 그 영적인 구성요소로 볼 때 불가시적이다. 그것은 단순하거나 일률적이지 않고, 무한하게 복합적인 유기체로서 나타난다. 인간의 삶은 한 개인이 집단 안에서만 존재할 수 있으며 공동체 안에서만 자신을 풍부하게 성취할 수 있도록 구성되어 있다. 이 거대한 도구의 각 부분들을 각각의 고유한 능력에 의해서 각각의 축을 따라서 움직이는 부속이라고 불러도 좋다. 또는 각각을 영역이라고 불러도 좋다. 삶은 하늘의 별들과도 같이 무수히 많은 종류의 영역으로 구성되어 있으며 그들 사이에는 분명한 경계들이 있어서 각각은 자신의 고유한 원리를 가지고 있다. 각 영역은 따라서 자신의 역동적인 삶의 기운(life-spirit. 어떠한 개념이나 이미지를 써도 무방하다)으로 가득 채워져 있는 것이다. 우리가 보통 "윤리의 세계", "과학의 세계", "기업의 세계" 또는 "예술의 세계"에 대해서 말하는 것과 같이 우리는 좀더 정확하게 각각이 고유한 범위와 원리를 가진 "윤리의 영역", "가족 삶의 영역" 그리고 "사회 삶의 영역"이라고 부를 수 있다. 각각은 각자의 고유한 범위를 가지고 있으므로, 그 범위의 경계 안에서 각각은 스스로의 주권을 가지게 된다(Sphere-Sovereignty, 13-14).

바빙크는 신칼빈주의 조직신학자로서 노련하면서 우호적인 자신의 독특성을 따라서 창조질서를 다음과 같이 표현하고 있다:

> 모든 것은 각각 자신의 본질을 따라서 그리고 그것을 위해서 하나님께서 부여하신 법을 기초로 창조되었다. 태양과 달과 별은 각각의 독특한 임무를 가지고 있다. 식물, 동물, 그리고 인간은 각각의 독특한 본질을 가지고 있다. 거기에는 풍부한 다양성이 있다. 그러나 이 다양성 안에는 또한 거대한 통일과 조화가 있다. 이러한 양면성의 기초는 하나님에 의해서 지어졌다. 하나님께서는 모든 것을 자신의 형용할 수 없는 지혜로 지으셨으며, 각각의 독특한 성질로 모든 것을 지속적으로 유지하고 계시며, 그것들이 지어진 가능성과 법에 따라 그들을 인도하고 다스리고 계시며, 그들의 한계와 양식을 존중하여 모든 것을 지고의 선과 목표를 향하여 인도하신다. 여기 다양성을 파괴시키지 않고 오히려 그것을 유지시키는 통일성이 있으며, 통일성을 저하시키지 않고 오히려 각각의 풍부함을 따라 그것을 전개시키는 다양성이 있다. 통일성에 의해서 세상은 비유적으로 하나의 유기체라고 부를 수 있으며, 그 유기체 안에서 각각의 부분들은 다른 부분들과 상호관계와 영향을 통해서 연결되어 있다. 하늘과 땅, 인간과 동물, 영혼과 육체, 신앙과 삶, 예

술과 과학, 종교와 도덕, 국가와 교회, 가족과 사회 등등은 각각 독특하면서도 서로 나뉘어지지 않는다. 그들 사이에는 모든 종류의 연결들이 있다. 근본적으로 타고난 또는 강한 결합이 그들을 연결시키고 있다(Gereformeerde Dogmatiek, Vol. II, 399-400).

바빙크는 공동체 삶의 중요성에 관하여 창조질서의 규범적이고 합법적인 성질을 다음과 같이 강조하고 있다:

기독교 세계관은 그 모든 능력을 다하여 자율성과 무질서를 반대하고 있다. 인간은 자율적이지 않으며, 오히려 언제 어디서나 인간에 의해서 고안되지 않고 하나님께서 삶의 기준으로 부여하신 법에 결속되어 있다. 종교와 도덕에 있어서, 가족, 사회, 국가 그리고 어디서나 인간을 초월하는 개념과 규범이 존재한다. 그들 모두는 그들 자체로 하나의 일치를 이루며, 또한 법의 수여자인 우주의 창조주 안에서 자신들의 기원과 존속을 찾는다. 이러한 규범들은 인류에게 맡기신 가장 값진 유산이며 사회의 모든 기관들의 기초가 된다(Christelijke Wereldbeschouwing, 90).

창조질서에 대한 성경적인 신조에 근거한 기독교 세계관의 이러한 발달은 카이퍼와 바빙크에서 그치지 않는다. 칼빈의 신학 전통으로부터 이어온 카이퍼와 바빙크의 신학적인 통찰력은 볼렌호벤(Vollenhoven)과 도이비를트(Dooyeweerd)의 철학적인 저작의 길을 열어주었다. 개혁주의 신학과 같이 이들의 기독교 철학은 성경의 가르침에 따른 창조질서의 이해 위에서 자랐다. 그러므로 이들의 기독교 철학은 창조질서의 이해에 동반하여 나타나는 '삶의 다양성'과 '의미의 일관성'을 강조한다. 영역주권과 영역보편성에 대한 긴밀하게 관련된 양면적인 강조는 다음의 도이비를트의 글에 매우 잘 나타나고 있다:

우리가 경험하는 우주 전체의 의미는 그리스도의 인간적 본성과 관련하여 그리고 새로 창조되는 인류의 기초로서의 그리스도 안에서 찾아야 한다. 그리스도 안에서, 삶의 모든 이슈들이 우러나오는 우리의 마음은 창조된 모든 것들 위에 다스리는 하나님의 주권과 창조주를 고백한다…현세의 다양성과 의미의 통일성을 가지고 있는 우리의 세상은 하나님의 창조의 질서 안에 있으며 따라서 인류의 종교적인 기초를 요구한다. 이러한 종교적인 기초를 떠나서 세상은 어떠한 의미도 실재도 없는 것이다…삶에 존재하는 양식들(modal aspects) 사이의 상호관계는 무엇인가라는 선험적인 질문에 (우리 철학은) 영역주권이라고 답을 한다. 그것은 상호불약분(mutual irreducibility)의 의미인데, 즉 한 양식이 다른 양식을 삭감하거나 축소할 수 없다는 것이다. 이 영역주권은 의미의 다양한 요소들의 우주적인 일관성 안에서 인정되는데, 세상을 시간적으로 임시적인 질서로 지으신 하나님의 질서 안에서 그러하다(A New Critique of Theoretical Thought, I. 1.9, 99-101).

19세기와 20세기의 많은 기독교 사상가들은 현대 역사실증주의의 영향을 받았다. 그들은 역사실증주의의 영향으로 말미암아 다시 주목을 받던 인간 사회의 다원성을 역사/문화 전개의 결과로 이해하게 하였다. 그들 중의 한 사람이 반 프린스터러(Groen van Prinsterer)였다. 후기 신칼빈주의자들에 의해서 활발하게 전개된 개념들이 그에 의해서 처음 시도되었다. 그러나 반 프린스터러는 그러한 개념들이 현대 사조의 초기에 발생하는 것을 단조롭게 재편성함으로 만족하고 있다. 다른 이들과 함께 카이퍼, 바빙크, 도이비를트는 한편으로 반 프린스터러의 기초 위에 작업을 하면서, 다른 한편으로는 창조질서에 근거한 그들의 공동체의 견해에 바탕을 두고 반 프린스터러가 '영역독립'(sphere independence)이라고 부르던 개념에 깊은 통찰력을 더하였다. 이들의 작업은 개혁주의 공동체 안에서 많은 열매들을 가져왔다. 그들 중의 하나가 헨드리쿠스 벌코프이다. '피조성으로서의 세상'이라는 부분에서 그는 다음과 같이 말하고 있다:

1. 이 세상의 피조성은 세상 자체와 그 안에 있는 모든 것들이 구조적으로 선하게 그리고 중요하다는 것을 암시한다. 어느 것도 악하지 않으며, 단순히 외관이 아니며 열등하지 않다…
2. 피조성은 모든 것이 선하다는 것과 함께 그리고 그러한 이유로 인해서 그 안에 아무것도 절대적이지 않다는 것을 의미한다. 어느 것도 하나님의 피조물 이하가 아니며 또한 그 이상도 아니다.
3. 세상의 피조성은 세상의 근본적인 일치를 암시한다. 국가, 인종, 그리고 문화의 다양성보다 더 기초적인 개념이 바로 그들의 일치성이다…이러한 신학적인 통찰력이 주는 문화적인 결과는 특별히 세계가 하나의 지구촌이라는 강한 일치의 욕구가 세력의 블록화와 인종간의 갈등 그리고 부유한 국가와 가난한 국가 사이의 긴장과 교차되는 최근에 이르러서 매우 분명하고 중요한 것은 말할 것도 없다. 또한 이러한 신앙은 데카르트와 칸트 이후 서구사회에서 만연된 이원론에 매우 강한 대조를 이룬다…
4. 피조성은 부분들, 다수, 그리고 다양성을 암시한다. 그리고 창조세계의 다양성은 실제이다. 세상이 자체적으로 발생하였다면 그것의 변화는 오직 현상적인 것일 것이며 따라서 현상 자체로 축소 이해될 수 있을 것이다. 그러나 세상은 세상 이외의 하나님으로부터 지어졌으므로, 창조는 모든 현상들이 그 자체로 축소 이해될 수 없음을 의미한다. 모든 것들은 하나 안에 일치를 이루는데, 그러나 일치 안에서 모든 것은 또한 자신의 고유한 위치와 특징을 가진다. 영은 실제로 물질이 아니며, 식물은 동물이 아니고, 또한 동물은 식물이 아니다. 통일성이 실제인 것과 같이 다양성도 또한 실제이다. 그 통일성은 다양한 부분들의 합성으로 존재한다…창조에 대한 믿음은 통일성과 다양성 사이에 긴장관계가 있음을 반대한다. 이 둘은 차례로 인간의 개념과 활동의 탈선에 강하게 반대할 것을 요구한다. 우리 시대에 각각은 차례로 필요하게 되는데…현대에 이르러 대중화된 진화에 관련하여서 만연된 오해가 종종 세상은 "…이외에

아무것도 아니다"라는 세계관으로 인도한다. 이러한 세계관 안에서 인간은 두뇌의 세포들의 활동 "이외에 아무것도 아닌" 생각을 하는 고등동물 "이외에 아무것도 아니다."
5. 자신의 변화 안에 충실함으로 존재하시는 하나님의 거룩한 사랑으로 지어진 피조성은 세상이 의존할 만한 것임을 의미한다. 창조는 귀신이 나오는 집이나 이상스러운 옛 이야기가 아니다. 우리는 창조세계에 의존하여 살 수 있다. 우리는 창조세계 안에 우리 자신을 맞추어 살 수 있으며, 그 안에서 안전할 수 있고, 세상의 미래와 우리 자신의 미래를 위한 계획을 세울 수 있다. 세상의 거주성은 그것을 알 수 있는 지식에 달려 있으며, 그 지식은 하나님의 법에 다스림을 받는 우주에 대한 지식이다.
6. 자신의 충실함 안에 변화하시는 그리고 지속적으로 새로운 방법을 따라 자신의 목표를 이루어 가시는 하나님의 거룩하신 사랑으로 지어진 피조성은 우리가 의존할 만한 세상이 동시에 놀라움과 변화를 준다는 것을 의미한다. 세상은 귀신들린 집도 아니고 은신처도 아니다…세상은 기적이 일어날 수 있는 곳이다…성경에 나오는 기적들은 오직 믿음에 의해서만 인정될 수 있다. 그러나 믿음이 인정하는 것은 믿음을 앞서는 실제이기 때문에, 믿음은 기적들을 주관화하지 않는다.
7. 계시하시는 하나님에 의해 지어진 피조성은 또한 존재의 목적을 규정한다…계시는 세상이 목적을 가지고 만들어졌다고 가르친다. 세상은 우연한 진화의 발생이라는 눈먼 과정의 결과로 만들어진 것이 아니다. 그렇게 생각하는 것은 혼돈을 우주의 궁극적인 비밀로 이해하는 자연종교들의 소극적인 포기로 돌아감을 의미한다…세상의 모든 현상들을 하나의 공통분모 안에 넣고 볼 때에, 우리는 세상의 목표가 하나님과의 교제를 통하여 인간존재가 충만하게 실현되는 하나님의 나라라고 말할 수 있다(Christian Faith, 160-65).

17. 안식

사도들로부터 이어오는 성경적인 믿음의 기본은 새로운 창조세계에서의 '영원한 생명'이다. 그 믿음의 시작은 창조이다. 창조는 하늘과 땅을 지으신 전능하신 성부 하나님의 역사이다. 창조와 재창조는 성경의 모든 이야기들을 한데 모으는 결정적인, 마치 책꽂이의 양쪽 받침과 같다. 우리가 기독교 신앙의 알파와 오메가와 같은 이 두 신조를 확실히 이해하지 못한다면, 그 둘 사이의 모든 것들은 종이 집과 같이 무너지고 말 것이다. 구원으로 인도하는 수많은 중요한 기로에서 구세주 하나님께서는 우리를 창조주로서 대면하고 계신다. 선지자의 말을 들어보자:

"너는 알지 못하느냐? 듣지 못하였느냐?
영원하신 하나님 여호와, 땅 끝까지 창조하신 자는
피곤치 아니하시며, 곤비치 아니하시며, 명철이 한이 없으시며…

네 구속자요.
모태에서 너를 조성한 나 여호와가 말하노라
나는 만물을 지은 여호와라.
나와 함께한 자 없이 홀로 하늘을 폈으며 땅을 베풀었고"(사 40:28; 44:24).

    창조는 모든 믿음의 삶과 신앙고백과 교회의 신학과 함께 계속되는 계시를 뒷받침하는 움직일 수 없는 기반으로 남아 있다. 창조는 하나님에 대한, 세상과 인류와 역사에 대한 모든 실질적인 중요성과 의미를 부여한다. 문자 그대로 말해서, 모든 것이 하나님의 창조하시는 역사에 완전하게 의존하고 있다. 창조 없이 화해를 위한 복음은 의미 없는 상투어로 증발되고 만다. 창조로 말미암아 구속이 가능해지며, 설명할 수 없을 정도로 중요해지고, 그것이 실현될 구조를 형성한다. 구속의 역사는 창조질서 안에 맞추어 들어있는 것이다.
    그러므로 창조에 대한 성경의 개념은 태초에 하나님께서 단번에 지으신 일련의 창조역사로 국한되지 않는다. 그것은 과거의 실재임과 동시에 현재적인 관계를 가지고 있다. 창조는 하나님께서 자신이 만드신 우주와 지속되는 언약적인 관계를 맺음으로 연결되어 감싸고 있다. 하나님의 시초적인 창조하심의 역사로부터 지속되는 창조적인 돌보심으로 움직여 가는 전환점은 창조기사 안에서의 일곱째 날에 속한다. 창조주는 이 절정의 날을 안식일로 규정하고 있다. 창세기에서 우리는 다음과 같이 읽는다:

"하나님의 지으시던 일이 일곱째 날이 이를 때에 마치니 그 지으시던 일이 다하므로 일곱째 날에 안식하시니라 하나님이 일곱째 날을 복 주사 거룩하게 하셨으니 이는 하나님이 그 창조하시며 만드시던 모든 일을 마치시고 이날에 안식하셨음이더라"(창 2:2-3).

    여섯 날 동안의 역사는 일곱째 날의 안식으로 끝나고 있다. 여기 하나님께서 안식하셨다는 말은 일로 인해 지쳐서 일을 끝냈다는 의미가 아니고, 하나님의 창조하시는 임무가 완성되었다는 의미이다. 창조의 결과로 세계는 완성된 세상으로, 영광스러운 우주의 극장으로 서 있다. 이제 세상은 그것이 되었어야 할 모습을 갖추고 서 있는 것이다. 그리고 안식을 취할 날이 다가왔다. 며칠 동안 허리를 굽히시고 자신의 세상을 완성하신 하나님께서 이제는, 말하자면, 다시 허리를 펴시고 자신이 만드신 세상을 바라보시며 깊은 만족의 기쁨을 가지시는 것이다. 이 첫 번째 안식은 하나님 편으로 볼 때에 또 다른 지속되는 시리즈의 시작을 의미한다. 그것은 하나님께서 이제 할 일이 없으므로 세상으로부터 자신의 천상의 집으로 돌아가셔서 세상은 그 자체로 꾸려가도록 하시는 것이 아니다.

이신론적인 개념 안에서 위대한 시계 제작자는 시계를 다 만들고 시각을 맞추어 이제는 시계 자체의 내적인 운동으로 움직이게 하고는 시계로부터 물러난다. 안식은 게으름과 일이 없음을 의미하는 것이 아니다. 안식은 하나님의 활동의 새로운 단계로 인도한다. 하나님께서는 자신의 세상으로부터 절대로 물러나시지 않았다. 하나님께서는 자신의 돌보시는 행동으로부터 절대로 물러나시지 않았다. 창조의 태초로부터 존속에 이르기까지 창조세계는 보존하시는 하나님의 능력에 완전히 의존하고 있다. 후에 예수께서 자신이 안식일을 범했다는 비난을 들으시고 "내 아버지께서 이제까지 일하시니 나도 일한다"(요 5:17)고 말씀하셨다.

첫 번 안식은 창조의 법으로 영속되는 의미를 가지고 남아 있다. 하나님의 모범에 의해서 세상에서 하나님의 백성의 건강한 노동과 안식의 리듬이 제정되었다(출 20:8-11). 일에 중독이 된 사람들은 여기를 주목하라! 창조의 계획에 의해서 하나님께서는 쉼과 묵상과 여가를 위한 충분한 시간을 준비하셨다. 동시에 노동도 거기 축복으로 존재한다. 일에 있어서도 하나님께서는 모범을 보이신다. 하나님의 안식은 시초의 육 일간의 창조하시는 역사로부터 창조의 역사로 연결하는 다리 역할을 한다. 그러므로 안식은 일차적인 창조(무로부터의 창조) 그리고 이차적인 창조(육 일간에 걸친 하나님의 창조의 형성)의 문을 닫는다. 그렇게 함으로 안식은 삼차적인 창조의 문을 활짝 열어놓는다. 다시 말하면 그것은 창조행위의 세 번째 형태로 우리가 창조세계의 잠재력을 개발해 가는 활동에 있어서 하나님의 동역자로서 우리의 본분을 봉사함으로 지키는 것을 말한다.

안식을 창조의 법으로 가르치는 성경의 개념은 현대인들에게 매우 낡은 것으로 들릴지 모른다. 우리 전 세대의 기독교 사상가들은 그렇게 생각하지 않았다. 그들은 안식일을 지키는 일을 지나치게 강조함으로 오히려 그 반대의 실수를 범했다. 율법주의적인 안식일주의자들은 그리스도인의 삶을 마치 수용소의 삶처럼 강요하였다. 우리 시대는 이러한 율법주의적인 경향의 정반대인 자유로운 반응으로 나아가고 있다. 그러나 안식일을 지키는 것 이상의 어떠한 문제가 대두되고 있다. 그것은 안식이 그 기초를 두고 있는 창조질서의 실재 자체가 의심을 받고 있다는 것이다. 창세기 전체를 몰아서 이렇게 이해하는 것은 창조세계와 그리고 태초로부터 시작되어 역사 안에 존재하는 하나님의 나라에 하나님께서 언약을 맺고 계시다는 것을 부인한다. 이렇게 이해할 때에 남는 것은 하나님과 우주 사이의 규정할 수 없는 관계뿐이다. 이러한 잘못된 이해는 개혁신학에는 말할 것도 없이, 교회의 설교하고 가르치는 사역에 그리고 기독교 공동체의 신앙생활에 엄청난 부정적인 결과를 가져온다.

안식을 창조질서의 영원한 규범의 한 부분으로 인정하면서 우리는 "안식의 신학"의 윤곽을 전개할 수 있게 된다. 성경은 안식일을 "거룩한" 날로 부르고 있다. 이 점은 신성의 개념을 암시하면서 우리 삶의 전체를 하나님께서 의도하시는 목적에 적합하게 헌신하고 성화시킬 것을 요구한다. 창세기는 하나님의 창조하시는 활동을 한 목표를 향해 움직이는 것으로 묘사하고 있다. 그 목표(telos)는 바로 안식에 이르러서 이루어졌다. 거룩함은 결국 하나님의 세상 안에서 우리가 "하나님께 영광을 돌리고 그를 즐거워하는"(웨스트민스터 신앙고백) 목적에 합당하게 사는 것을 의미한다. 그러므로 안식일은 역사의 시초에 위치한 하나의 날 이상의 의미를 가지고 있는 것이다. 그날은 또한, 지속적으로, 안식하는 삶의 스타일에 대한 표징과 인과 상징이다. 안식은 모든 사람을 위해서 하나님께서 제정하신 삶의 방식, 말하자면 "거룩한 세상살이"로 부르는 하나님의 요구이다.

"무엇 때문에 하나님께서는 세상과 인류를 창조하셨는가?"라는 질문에 대한 성경적인 답변은 "안식을 지키기 위함"이라고 말할 수 있다. 다시 말하면, 창조의 목적은 안식의 정신을 가지고 세상의 일에 동참함을 기뻐하는 것이다. 이러한 "안식의 신학"은 안식을 지킴을 온통 주일에만 국한시켜서 이해하는 청교도적인 안식일주의와 매우 다름을 인식해야 한다. 안식일 준수의 진정한 의미는 일주일의 하루를 지키는 것의 중요성만큼 삶의 모습을 중요하게 여김을 포함한다. 안식을 이렇게 이해하는 시각은 하이델베르그 요리문답의 38주일의 내용에 잘 나타난다. 거기 질문은 "네 번째 계명은 무엇을 요구하는가"이다. 그 답변은 "내 삶의 모든 날들을 통해서 내가 죄된 일들로부터 쉬는 것을 말하며, 주님께서 성령으로서 내 안에서 일하게 하심으로 영원한 안식이 내 삶에 시작됨을 의미한다"이다. 여기서 우리는 안식이 창조 안에 그 기초를 두면서 동시에 종말론적인 비전을 향해 열려 있음을 볼 수 있다(사 65:13-14; 히 4:8-10). 안식일 준수는 하나님의 세상에 대한 경이로움에 하나님과 함께 쉼으로 즐거워하며 참여함을 의미한다. 그것은 거룩함을 즐거워한다는 뜻으로, 하나님의 영광을 향하여 사는 언약의 교제와 순종의 삶을 의미한다. 우리 삶의 큰 부분들로부터 매우 작은 부분들에 이르기까지 모두는 우리 주님을 향한 거룩함으로 인도되어야 한다.

허버트 리챠드슨(Herbert Richardson)은 "하나님의 안식일 제정은 자신의 창조세계를 위한 궁극적인 목표를 계시한다. 그것은 모든 것의 성화이다"라고 말했다. 성경의 이야기에 충실하면서 우리는 출애굽기 20장에 기록된, 창조기사에 기초를 두고 있는 안식에 대한 명령이 이스라엘의 출애굽에 기초를 두고 기록된 신명기 5장에 계시적인 우선성을 가지고 있음을 알 수 있다. 이 점에 대해서 리챠드슨은 다음과 같이 기록하고 있다:

> 성경은 창조의 이해가 신학적으로 구속의 이해보다 우선함을 가르친다! 그러므로 이 말은, 인간이 안식일을 순종하건 하지 않건, 모든 인류에게 안식에 대한 명령은 언제나 유효함을 의미한다! 이스라엘이 애굽으로부터 구속되었을 때에 안식일이 처음으로 제정된 것이 아니고 새롭게 제정된 것이다. 율법은 시내산에서 처음 발표된 것이 아니고 거기서 새롭게 발표된 것이다. 그러므로…안식은 창조질서 자체 안에 그 기초를 두고 있으며 따라서 모든 피조물에 적용된다(Toward an American Theology, 112-15).

창세기의 서술에서 궁극적인 권위는 안식을 공포하신 하나님께 있으며, 인류는 두 번째의 권위를 가진다. 창조기사는 하나님의 안식하심으로 마치며, 그것은 우리의 안식의 패턴을 규정한다. 창조의 첫 말과 마지막 말은 모두 안식을 지키시는 하나님의 것이다. 하나님께서는 자신의 창조세계 역사의 전개를 기대하시며, 그것으로 영광을 받으시고 기뻐하시며, 우리로 하여금 그와 똑같이 하도록 부르신다.

제2장 인간론

1. 관점

이제 우리는 인간 역사의 출발점으로 나아가려고 한다. 여기서도 역시 우리는 창조, 타락, 구속, 그리고 완성을 향해 나아가는 성경적인 기준에 따라 우리의 신학적인 서술을 진행시킬 것이다. 원래 인간은 소위 인간이라는 한계 안에서의 "완전한 상태"를 소유하고 있었다. 이러한 신학적 출발점이야말로 역사적 기독교 신앙의 표지이다. 이 말 자체가 보편적인 의미를 지닌다. 이 보편성은 종교개혁 신조들 속에 내포되어 있다. 그 신조들 중 하나인 벨직 신앙고백 XIV항은 이렇게 말한다. "우리는 하나님께서 인간을 흙으로 창조하시고, 그 자신의 형상과 모양대로 선하고 의롭고 거룩하며, 하나님의 뜻에 합당하게 모든 것을 할 수 있는 존재로 창조하셨다는 것을 믿는다."

또한 하이델베르그 요리문답은 우리가 "본성상 하나님과 (우리의) 이웃을 미워하는 경향을 가졌기 때문에", Q & A, 3 항목에서 이렇게 묻는다. "그렇다면 하나님께서 인간을 이렇게 나쁘고 악하게 지었다는 말입니까?" 그 대답은 명확하다. "결코 그럴 수 없습니다. 하나님께서 그의 형상을 따라 진정 의롭고 거룩하게 창조하셨기 때문에 인간은 선하며, 이로써 인간은 올바로 그의 창조주 되시는 하나님을 알 수 있었습니다. 그리고 하나님과 함께 영원한 축복 속에서 그분을 찬양하고 영광 돌리며 살 수 있었습니다."

이제 성경과 신앙고백, 모두에게 신실하기 위해서 개혁주의의 인간론은 반드시 성경이 시작하는 곳에서 시작해야 한다. 인류는 원래 의로운 존재로서 타락과 구속의 은혜 이전에, 죄와는 상관없이 창조되었다. 우리 자신들의 죄인으로의 그리고 의로워진 사람으로의 위치와 가치를 충분하게 이해하려면 먼저 인간이 피조물로 창조되었다는 사실을 잘 살펴보아야 한다. 왜냐하면 우리의 피조성은 지속되는 실재이기 때문이다. 우리 인간은 과거에도 변하지 않았고 미래에도 변치 않을, 전혀 다른 존재가 될 수 없는 존재로서 하나님의 창조세계의 정점에 속한다. 우리는 "본질적으로" 피조물이다. 타락과 회복은 인간에게 "사고를 통해서" 들어온 인간의 특징들이다. 이러한 더해진 특징들은 우리의 창조적 지위가 잘못되었다가 방향을 전환하였다는 것을 보여 준다. 이러한 진리에 올바로 감동을 받으면서 우리는 성경이 시작하는 곳에서부터 출발해야 한다. "태초에…하나님이 가라사대 '우리의 모양을 따라 우리의 형상대로 우리가 사람을 만들고'"(창 1:1, 26).

이 말씀은 지난 2천 년 이상 전세계 기독교의 일관된 믿음이었으며 마땅히 참으로 깊은 종교적 확신을 심어주었다. 그러나 이 종교적인 확신은 상당 부분 부서지고 있다. 실존주의, 일원론주의(monist), 그리고 과정신학의 체계의 영향에 의해서 우리 시대의 주류 신학에 중요한 변화가 일어나고 있다. 바르트의 전통을 이끄는 오토 베버(Otto Weber)는 이것을 다음과 같은 변증법적 방식으로 설명한다:

> 인간이 피조물이라는 바로 이러한 논제를 제외한 그 어떤 논제로도 신학적인 인간론을 시작할 수 없다…(그러나) 이러한 두 가지(완전과 타락이라는) 상태의 시간적인 계승은 단절되어 있다. 왜냐하면 하나님은 또한 타락한 인간들의 하나님이시기 때문이다(*Foundations of Dogmatics*, Vol. I, 550, 553).

성경을 더 이상 시간적인 올바른 순서로 읽지 않는 "새로운 해석학"이 일어났다. 죄악됨이 이제는 탄생으로부터 인간의 특징으로 여겨지게 되었다. 일종의 기이한 현상이 처음부터 인간의 경험 세계에 밀착되어 있는 것이다. 우리는 우리에게 강하게 엉겨붙은 죄를 극복하고 창조의 선한 목적을 성취하기 위해 끊임없는 긴장과 투쟁에 참여하고 있는 것이다. 의로움을 창조의 가능성으로 이해하기 때문이다. 그것은 주어진 상황이 아니고 목표이다. 이것은 마지막 아담에게 적용되는 것이지, 첫째 아담에게 적용되는 것이 아니다. 그것은 역사의 시작이 아니라, 역사의 마지막에 해당된다. 거룩함은 인간의 운명이며, 종말론적 소망이며, 예수 그리스도 안에서만 성취될 수 있다. 이러한 현대신학의 주요한 흐름들은 헨드리쿠스 벌코프(Hendrikus Berkhof)의 글에서 발췌한 다음의 매우 변증적인 문장에 잘 나타난다:

> 신앙의 연구에 있어서 피조된 원래의 인간과 죄인으로서의 인간은 보통 두 개의 별개의 장에서 다루어졌다. 수세기 동안 창세기 2장과 3장이 서로 분리된 방식으로 떨어져 있었다. 창세기 2장은 낙원에서의 인간의 완전함과 축복됨이라는 다소간의 기간에 대한 지식을 담고 있는 것으로 읽혀진다. 그리고 창세기 3장의 타락에 대한 기사는 이러한 축복된 상황을 심히 훼손해 버리고 결국 인간과 그의 환경은 급격한 변화를 겪는다. 그러나 인간과 세상의 기원을 밝히는 하나님의 서술의 목적이나 인간의 고대역사에 대한 우리의 지식은 인류 역사를 그러한 두 개의 연속되는 과정으로 나누는 바탕을 제공하지 않는다. 우리가 확실히 아는 것이라고는 인간은 죄인이라는 사실뿐이다. 그러므로(피조물로서의 인간에 대한 우리의 연구는) 인류의 과거의 상태를 언급하는 것이 아니라, 하나님께서 창조주로서 인간에게 주신 그 구조를 설명하는 것이다…가능성으로 이해되는 인간성은 그 가능성의 성취를 요구한다. 또한 우리가 아는 인간은 존재의 목적에 신비스럽게도 역행하는 사람이다…이 때문에 우리는 죄가 우리의 먼 부모들의 후회스럽게 잘못 디딘 발자국만이 아니라, 인간이라고 불리우는 위험스러운 존재의 창조된 구조 속에 뿌리 깊이 박혀 있는 것이라고 말할 수 있다… (그러나) 창조와 죄는 동시적인 것이 아니다. 이 둘 사이에는 자유의(오용된) 도약이 놓여 있다. 죄는 우발적 사건이 아니다. 그러므로 죄는 인간을 다루는 같은 장에서 논의된다. 죄는 창조로 주어진 것은 아니다. 그러므로 인간에 대해서 논의한 다음에 별도로 논의된다… (창세기의) 저자는 두 가지를 말하고 했다. 그것은 죄는 인류만큼이나 오래된 것이지만, 그것은 창조에 내재적으로 주어진 유산이 아니다…(*Christian Faith*, 188-89).

헨드리쿠스 벌코프는 우리에게 신학적으로 혼합된 인간의 모델을 제시한다. 우리의 현 실존인, 동시에 의인이면서 죄인인(*simul justus et peccator*) 상태는 창조의 원래의 질서로부터 그러하였다. 그렇다면 인간론은 인식적으로뿐 아니라 존재적으로도 기독론 위에 세워진다. 이것은 "가르침의 바른 순서", 즉 존재적인 창조의 완전함이 죄와 은혜의 실재들 앞에 우선한다는 칼빈의 주장에 대한 반대인 것이다. 칼빈은 "죄는 우리의 본성이 아니다. 그것은 단지 본성의 혼란이다"(『기독교강요』 II, 1, 10)라고 말했다. 따라서 칼빈은 "하나님에 의해 창조된 '자연'의 '자연스런' 부패"(『기독교강요』 I, 1, 11)를 말했다. 그러므로 "실수하는 것은 인간 본래의 상태를 나타낸다"라고 말하는 것은 신학적인 잘못이다. 오류가 인간에게 본질적인 것이 아니다. 오히려 오류는 죄인된 인간에게 속하는 것이다. 인간의 삶은 항상 오점 투성이인 것은 아니며 언젠가는 다시 한 점 흠 없는 존재로 변화할 것이다. 우리는 본래

타고나면서부터 부패한 존재가 아니라는 바로 그 이유 때문에 우리는 구속될 수 있는 것이다.

벌카우어가 타락 이전의 인간에 대해 말할 때에 우리는 그것이 멀리 떨어져 있는 것으로 또는 추상적인 개념으로 설명하지 말아야 한다는 말은 매우 적절한 지적이다. 인간이 가졌던 완전성은 단순히 "한때 존재했으나 이제는 잃어버린 어떤 것", 즉 "단지 기억 속에서만 존재하는" 실재가 아니라는 것이다. 우리의 태초의 피조성은 여전히 우리 자신이 현재 누구인지를 규정한다. 죄는 우리의 인간성을 왜곡시킬 수 있고, 그렇게 했고, 지금도 그렇게 하고 있다. 그러나 그것은 우리의 인간성을 완전히 파괴할 수는 없다. 이러한 관점에 함의되어 있는 것은, 창조로 말미암아 우리가 구조적으로 방향적으로 원래 누구인가와 현재 잘못 방향을 잡아 가고 있는 죄인인 상태의 우리 사이의 올바른 상이점에 대한 지적이다. 벌카우어는 이 때문에 "타락 이전과 이후의 인간으로서 *homo creatus*(창조된 인간)와 *homo peccator*(죄인인 인간), 다른 표현으로 하면 타락 이전과 이후의 인간 사이의 관계에 관한 질문"을 적절하게 제기한다. 그는 하나님의 형상 개념이 타락 이후의 인간에게도 여전히 적용될 수 있는가? 아니면 그것은 단지 "본래 창조된 인간이나 혹은 은혜를 통해 원래의 형상을 회복한 인간에게만 의미있게 적용할 수 있는가?"라고 묻는다(*Man: The Image of God*, 37). 이러한 질문들은 인간의 타락과 하나님의 예정 사이에 대한 타락전예정설(prelapsarianism)과 타락후예정설(postlapsarianism)의 논쟁을 암시한다.[1] 창조-타락-구속으로 이어지는 성경 계시의 전개는 개혁주의 인간론을 형성하는 성경적인 구조임에 틀림이 없음을 다시 한 번 강조한다.

2. 인간중심주의 또는 신중심주의?

이제 우리는 어떻게 인간에 대한 우리의 교리를 전개해 나가야 할 것인가? 인간 중심의 관점인가 아니면 하나님 중심의 관점인가? 이러한 오래된 하나님/인간 문제는 우리로 하여금 다음과 같은 질문으로 인도한다: 하나님에 관한 지식과 인간 자신

---

1) 이러한 논쟁은 화란의 칼빈주의자들 사이의 논쟁으로, 하나님께서 인간의 타락이라는 시점에 관련하여 언제 일부 인간을 구원하기로 예정하셨는가 하는 것에 대한 논쟁이다. 타락전예정설(prelapsarianism)은 antelapsarianism으로도 불리우는데, 예정론 중에서 좀더 엄격한 견해로 타락 이전에 하나님께서 예정하셨다는 견해이고, 타락후예정설(postlapsarianism)은 sublapsarianism이라고도 불리우는데, 이 견해는 좀더 온건한 견해로 타락 후에 예정하셨다고 성경을 해석한다.

에 대한 지식은 어떻게 관련되는가? 그것들은 서로 모순되는가 아니면 상호보완적인가? 인간과 하나님은 서로 대적하는 존재로 아니면 협력하는 존재로 관계되는가? 긴장 가운데 놓여 있는 이러한 주제에 관한 역사를 간략하게 살펴볼 때, 우리는 적어도 여기에 세 가지 단계가 있다는 것을 확인할 수 있다. 18세기까지는 이견의 여지가 없이 일치된 공감대가 있었다. 하나님에 관한 지식이 거의 문제없이 믿어졌다. 초대 기독교 사상가들에게 문제가 되었던 논란들이 무엇이었든, 그 논란들은 결코 하나님을 향하는 것은 아니었으며 오히려 인간을 향한 것이었다. 그러나 현대에 들어서자 급격한 반전이 일어났다. 현대 과학의 거의 무한한 가능성이 인간 자신과 세상에 대한 지식을 증폭시켰다고 단언하게 된 것이다. 이러한 유토피아적 신기루에 싸여 인간의 운명에 대한 거의 끝없는 문화적 낙관주의가 흘러나오게 되었다.

급속히 성장하는 세속 인본주의 세계관의 면전에서 사람들이 오랫동안 느껴왔던 신적 임재의 필요는 증발되기 시작했다. 인간은 가장 분명하게 긍정되었으며 하나님은 분명했던 배경에서 물러나 점점 부정되어 갔으며, 급기야는 하나님은 죽었다라는 선언이 나오고 말았다. 그러나 그 "죽음"의 먼지는 곧 인간 위에 쌓이게 된다 (Os Guinness). 이러한 먼지의 결과로 인간은 곤경에 빠지게 되었는데 그 상황은 이렇다. 인간은 하나님에 대한 지식과 세상의 실재를 이해하는 기초가 불분명해졌을 뿐 아니라, 자기 자신을 이해하는 기초도 상실되고 만 것이다. 정체성의 위기는 현대의 가장 두드러지는 특징이다. 후기 계몽주의 시대의 인간중심적 관심은 명쾌함을 주는 대신, 단지 인간 자신에 대한 혼동만을 증가시켰다. 인간은 세상 문제들에 대한 해답인가 아니면 그 자신이 문제 자체인가? 삶이란 의미 있는 순례인가 아니면 불합리가 살아 움직이는 극장인가? 현 세기의 불가지론과 비관주의는 최근의 확신과 낙관주의와는 날카로운 대조를 이룬다. 물론 두 가지 모두 올바른 인간상을 제공하지는 못한다. 왜냐하면 두 견해 모두 인간 스스로 자신을 정의할 수 있다고 가정하기 때문이다.

그렇다면 우리는 자신에 대한 지식의 문제와 인간의 정체성과 통합성의 문제를 어떻게 접근해야 할 것인가? 우리는 어떻게 성경에 근거를 둔 개혁주의 조직신학의 방법론을 존중하면서 이 일을 해나갈 수 있을 것인가? "아래로부터의" 신학을 채택해야 할까, 아니면 "위로부터의" 신학을 채택해야 할까? 아니면 이러한 논의 자체가 잘못된 방향으로 가고 있는 것일까?

칼빈은 그의 『기독교강요』의 초두에서 이러한 잘못된 딜레마를 부수며 이렇게 기록하고 있다: "우리가 가진 거의 모든 지혜, 즉 진실되고 건전한 지혜는 두 부분으로 구성된다. 그것은 하나님에 대한 지식과 우리들 자신에 관한 지식이다"(I, 1, 1). 그 구절에 대한 각주는 다음과 같이 말한다:

> 칼빈의 이러한 가르침은 세 번에 걸쳐서 개정되었으나 모든 기독교강요의 각 편집본에 포함되어 있다. 1560년의 프랑스어 판은 건전한 지식의 두 측면을 더욱 강한 어조로 연결시킨다: "하나님을 아는 지식 안에서, 우리 각자는 또한 자신을 알아간다." 이러한 결정적인 가르침이 칼빈의 신학의 한계와 이어지는 각 진술들의 상황을 설정한다(John T. McNeill, 편집,『기독교강요』, I, 1, 1. 각주 1. 36).

칼빈은 인간중심적 신학과 신중심적 신학 사이의 소득 없는 딜레마에 갇혀서 신학적인 작업을 할 것을 거부한다. 그는 스콜라주의적인 사상가들이 하나님은 "본질적으로" 누구이신가라는 질문으로 신학을 시작하는 것에 대해 강력하게 반대한다. 물론 그는 또한 인간은 "본질적으로" 누구인가라는 질문으로 신학적인 작업을 시작하는 후대의 인본주의자들도 동일하게 반대할 것이다. 칼빈은 하나님에 대한 그리고 인간에 대한 자충족적인 지식을 거부한다. 자기 지식으로 향하려는 헛된 노력은 "겸손"이 아닌 "교만"으로 이끌 뿐이기 때문이다. 이 노력이 하나님에 대한 지식으로 향하게 되면, 파스칼의 말처럼 "아브라함, 이삭, 그리고 야곱의 하나님"이 아닌 "철학자들의 하나님"으로 결론이 나고 만다.

칼빈은 이러한 진정한 지식의 두 가지 측면이 실타래처럼 내적으로 얽혀 있는 것으로 보았다. "지식"은 일반적으로 "계시"와 상응한다.『기독교강요』의 편집자는 이렇게 칼빈의 신학의 특징을 기록하고 있다: "그가 제목으로 '존재'나 '본질'이라는 단어 대신에 '지식'이라는 단어를 선택한 것은 칼빈신학의 구조와 내용 모두에 있어서 계시의 중심을 강조한다"(p. 35). 따라서 계시하시는 하나님과 응답하는 인간 사이에서, 나누어질 수 없는 연결이 언약의 체결과 지속되는 만남으로 인쳐지면서, 하나님에 대한 우리의 지식과 우리 자신에 대한 지식 사이의 연결은 성경뿐만 아니라 창조에 주시는 중재하는 하나님의 말씀이다(『기독교강요』I, 1-10, 특별히 6). 이러한 이중적 지식은 마치 한 동전의 양면과 같다. 둘은 항상 관계되어 있다. 곧 하나님은 그의 말씀 안에서 우리를 만나시기 위해서 나오시고(ad extra), 우리는 그분과 불가항력적으로 살아 있는 대면을 하게 된다.

이러한 이중적 지식은 마치 왕복 도로와 같다. 양쪽 방면으로 모두 차들이 붐빈다. 그러나 이 양쪽 도로에는 차이는 존재한다. 하나님 쪽으로 향하는 방향에서 볼 때, 교통의 흐름은 "비교"(comparision)라는 개념에 의해서 이해될 수 있다. 우리 자신을 하나님과 비교할 때에만 우리는 진정으로 우리가 누구인지를 알게 된다. 칼빈의 말을 빌리자면, "인간이 먼저 하나님의 얼굴을 우러러보고 난 다음 낮추어 자기 자신을 살펴보고 묵상해 보기 전까지는 결코 자기 자신에 대해 명쾌한 지식을 얻을 수 없다"(『기독교강요』I, 1, 2). 우리편에서 볼 때, 이러한 운동은 "자극"이라고 할 수 있다. 진정한 자기 지식은 우리를 자극하여 하나님의 지식에 이르게 한다. 다시 칼빈의 말로 돌아가 보면, "우리 자신에 대한 지식은 우리로 하여금 하나님을 찾도록 자극할 뿐 아니라, 우리의 언어로 표현해서, 우리를 이끌어 하나님을 발견하도록 인도한다"(『기독교강요』I, 1, 1). 그러므로 모든 신학적인 내용들은 인간과 관련성을 가지며 동시에 모든 인간에 대한 내용은 신학적인 상관성을 갖는다. 이러한 상관성은 사실 공동의 관계성(영어의 co-relation이 의미하는 동일한 위치에서의 관계)은 아니다. 왜냐하면 이 관계는 뿌리깊은 창조주/피조물의 구별에 의해서 한정되기 때문이다. 하나님께서는 자신의 완전한 "타자성"(otherness)을 중보하시며, 자극하시며, 믿음을 이끌어내는 말씀의 계시를 통하여 우리에게 다리를 놓으신다. 그러므로 모든 신학은 인간론을 간접적으로 그리고 직접적으로 그 안에 내포한다.

그러므로 하나님과 인간 사이의 문제에 있어서 칼빈은 둘 중의 하나를 선택해야 한다는 딜레마에 빠지기를 거부한다. 개혁주의 신학은 칼빈의 전통을 이어받아서 잘못 설정된 딜레마와 상호 배타적인 신중심주의나 인간중심주의를 거부한다. 성경에 나타난 창조의 구조 안에서 인간의 진정한 자기 지식은 결코 자율적이지 않다. 오히려 항상 타율적이어서 하나님에 대한 지식에 의해서 규정된다. 그러므로 사실상 신율적이다. 칼빈의 *duplex cognitio Dei*("이중적 신지식" – 구속주로서 뿐 아니라 창조주로서 하나님)는 따라서 항상 *pro nobis*("우리를 위한")의 성격을 가지고 있다. 그러므로 신학이 물어야 할 질문은 "하나님 자신은 본질적으로(*ad intra*) 누구이신가?"가 아니라, "우리와 관계해서(*ad extra*) 하나님은 누구이신가?"이어야 한다. 계시는 항상 관계 안에서 형성되는 지시적인 것이다. 계시는 항상 우리를 응답하는 피조물로 우리에게 온다. 하나님과 인간의 동시적 계시/응답의 관계는 대화의 개념으로 설명될 수 있다. 계시하시는 하나님과 응답하는 인간 사이의 대화로, 언약의 관계에 의해서 근본적으로 다른 두 타자의 사이를 존중하는 신중심적인 동시에 또한 인간중심적인 살아 있는 대화인 것이다. 현대에 논의되는 하나님/인간 사이의 문제를 둘 중의 하나를 선택함으로 답을 얻으려는 노력은 처음부터 잘못된 방식인 것이다. 이러한 논의는 하나님이 없는 인간이해나 인간과 관계없는 하나님의 이해로 결론이 나고 만다. 우리가 하나님과 상관된 존재라는 말은 자연 인간 위에 은혜가 초자연적으로 더해졌다는 것을 의미하지 않고, 우리가 그것을 인식하거나 하지 못하거나, 우리의 인간됨의 본성 안에 내재적으로 주어진 것을 의미한다.

이러한 온전한 관계성은 그리스도 중심적인 세계관을 가능하게 한다. 또한 언약의 동반자 관계에 있는 하나님과 인간 모두를 동시에 강조하게 한다. 그리스도는 말씀이시며, 그에 의해서 하나님과 인간이라는 두 존재 사이의 관계가 처음 형성되고 후에 회복된다. 창조나 구속 둘 다에 있어서 그리스도는 창조주와 피조물간의 유일한 중보자이시다.

이러한 관점들은 칼빈에게까지 소급되고, 칼빈 후의 칼빈주의 전통 속에서 더욱 발전하는데, 이 전통은 칼빈이 가장 좋아하는 고대 신학자였던, 히포의 감독이었던 어거스틴의 사상을 발전시킨 전통이다. 어거스틴은 그의 고백록(I, 7)에서 하나님과 인간의 관계를 다음과 같은 용어로 표현했다. "하나님과 영혼, 이것이 바로 내가 간절히 알기 원하는 것이다. 더 이상은 없는가? 그 어떤 것도 없다." 이러한 표현은 두 요소를 기반으로 하는 신학적인 작업을 예상할 뿐 아니라, 기독교 메시지 안에 신플라톤주의적 사상이 개입시킨다. 영혼이 "진정한" 인간으로 인식되면서, 육체적 존재는 사라진다. 인간과 인간의 삶은 "영적으로 해석"되고 있는 것이다.

이와 비슷한 책임이 종교개혁 시기에 쓰여진 개혁신학의 가장 애용되는 하이델베르그 요리문답에게도 때때로 부어진다. 이 요리문답 개혁신학의 전통의 특징인 신본주의의 강조를 저버린 인간중심적으로 쓰여지지 않았는가? 하이델베르그 요리문답은 매우 개인적인 방식으로 교리들을 풀어간다. 곧, "나는 무엇을 알아야 하는가?" "당신의 유일한 위로는 무엇인가?" "그것이 당신에게 어떤 유익을 주는가?" 하이델베르그 요리문답은 분명 종교와 분리된 자기-지식을 말하지 않는다. 성경의 계시는 항상 나는 개인적으로 누구인가와 우리는 누구인가라고 하는 질문에 대한 결정적인 해답을 요구한다. 하나님의 말씀은 결코 자연적인 자기 인식의 부가물이 아니다. 하나님의 말씀은 인간의 원 관계성 속에서 우선 하나님 앞에서 그리고 동료 이웃들, 마지막으로 우리가 사는 창조세계 안에 살아가는 인간이 누구인지에 대한 근본적이며 확실한 정의를 내린다.

하이델베르그 요리문답도 반복하여 강력하게 독특한 방식으로 이러한 일련의 진리들을 납득시킨다. 그러나 이로써 복음의 가장 중심이라고 할 수 있는 하나님 또는 그리스도 중심적 메시지를 희생하고 인간중심의 강조점으로 치우치는 것이 아닌가라고 주장될 수 있다. 그렇지 않다. 만약 하이델베르그 요리문답의 "오직 믿음"(인간 실종의 상황에서 이해되는)의 내용을 하나님의 "오직 은혜"로부터 떼어서 독립적으로 생각한다면, 그것이 인간중심이라는 비난은 타당한 비난일 것이다. 그러나 성경의 가르침을 반영하면서, 이 요리문답은 인격적인 하나님의 말씀을 고도로 개인적인 방식을 사용하여 성도들에게 풀어서 설명하고 있다. 질문과 대답의 형식을 사용하여서, 하이델베르그 요리문답은 하나님/그리스도 중심적인 복음의 진리를 그리스도인의 믿음과 삶에 가장 효과적으로 의미있게 교육하기 위하여 인간중심적인 방편을 사용하고 있는 것이다. 그러므로 이 요리문답은 규범으로서의 계시와 우리의 응답 사이의 매우 적절한 밸런스를 이루고 있다. 헨드리쿠스 벌코프는 아래와 같이 말했다:

> 추상적인 하나님이나 객관적인 진리도 기독교 제자도의 출발점이 아니다. 그 출발점은 또한 추상적인 인간이나 주관적인 종교 속에서 혹은 전제된 존재개념에서 찾아서도 안된다. 올바른 출발점은 실제 하나님과 실제 인간이 대면하므로 연합하는 곳이다. 왜냐하면 그것은 서로 다른 존재들의 만남이기 때문이다. 내가 나의 신실한 구세주이신, 예수 그리스도에게 속해 있다는 바로 그것이 나의 위로이다(하이델베르그 요리문답에 관한 에세이, 94).

인간이라는 것은 피조물이라는 것이고, 피조물이라는 것은 자신을 조성하신 분의 종이라는 것이다. 창조로 인해서 만들어진 인간존재의 모습 속에서 하나님과 우리 자신에 대한 진정한 지식이 있다. 한 쪽에 중심을 둔다는 것이 다른 쪽을 배제하는 것이 아니라 오히려 포함하는 것이다. 『칼빈신학에 있어서 신지식』(The Knowledge of God in Calvin's Theology)이라는 책에서 에드워드 다우이(Edward Dowey)는 관계성에 대해서 다음과 같은 몇 가지 사항으로 제기하고 있다. 첫째, "모든 신지식에는 적응된 특징"이 있다. 칼빈이 말한 대로, "하나님께서는 우리에게 말씀하시기 위해서 우리의 능력과 수준으로 자신을 적응시키신다"(『기독교강요』 I, 13, 1). 다우이가 설명하듯이, 이는 이중적인 적응을 말한다. 우선 하나님께서 인간의 제한된 피조물의 이해력을 고려하신다. 그 다음에 인간의 죄악성을 고려하신다. 이제 다우이는 "하나님과 인간에 관한 지식의 관계적 특징"을 논의한다:

> 하나님은 결코 추상적으로 이해되는 인간성과 관계되는 추상성이 아니다. 오히려 인간의 하나님은 얼굴을 "우리를 향하여" 드시는 분이시며, 그분의 본성과 뜻이 알려진다. 마찬가지로, 인간은 항상 이렇게 알려진 하나님과의 관계 속에서 하나님에 의해 창조되고, 하나님으로부터 분리되었지만, 그에 의해 구속받는 존재로 알아진다.

또한 "우리의 모든 신지식에는 실존적인 특징"이 있다. 이 말을 다우이는 아는 자의 존재를 규정하는 지식을 의미한다고 하였다. 그는 이것을 "실제적인 지식으로서, 전인적 인격과 관련되며, 양심과 마음의 모든 에너지를 불러일으키며, 모든 영적 기능을 가동케 한다"고 묘사했다(pp. 3-40).

따라서 하나님에 대한 지식과 인간에 대한 지식의 사이에는 아무런 갈등이나, 모순이나, 또는 변증적인 긴장이 없으며, 다만 대화할 수 있는 관계가 형성되어 있다. 다우이는 이 주제를 하나님을 향한 방향에서 설명한다. 이와는 반대로, 토마스 토랜스(Thomas Torrance)는 인간을 향하는 방향에서 하나님에 대한 지식과 인간에 대한 지식의 상관관계를 설명한다. 그러나 둘 모두는 21세기 바르트라는 안경을 통해서 칼빈을 읽는 경향이 있다. 토랜스에 있어서나 다우이에 있어서나 하나님을 아는 것과 우리 자신을 아는 것의 동시성과 관련성은 논란의 여지가 없다. 토랜스가 말한 아래의 진술을 주의하라:

> 이것이 모든 진정한 신지식에 관한 기본적인 사실이다. 하나님에 대한 지식은 근본적으로 인정(acknowledgement)이지, 고안(excogitation)이 아니다. 인간이 자신의 상상력의 활동에 근거해서, 또는 스스로의 지성이 조작할 수 있는 유추에 근거해서, 신지식의 근거를 세우려고 하는 것은 다름 아닌 인간들의 죄이다. 이렇게 하나님을 자신들의 능력으로 재는 것은 칼빈이 말하듯이, 단지 가공된 새로운 신으로 귀착될 뿐이다. 반면 인정(acknowledgement)이라는 인간의 행동을 통해서 자신들의 마음을 하나님의 진리에 순복시키며 말씀의 적응하시는 역사에 자신들을 복종시킨다. 그렇게 함으로 하나님을 자신의 지성의 기준 안에 가두기보다, "하나님께서 자신을 어떻게 우리에게 계시하시건 적응하시며 계시하는 주체는 하나님이시기 때문에, 인간이 자율적으로 어떤 판단을 해서 알아가지 못하고 마땅히 따라야 할 어떤 기준이 존재한다"라는 것을 인정하게 된다. "그러므로 하나님께서 어떠한 속성을 가지고 계신가를 결정하는 것은 우리의 일이 아니라, 당연히 스스로 자신을 계시하시는 하나님께 전적으로 달려 있다. 그분이 우리에게 계시하시는 것을 우리는 단지 받아들이고 그것으로 우리의 지식을 삼는 것이다"(*Calvin's Doctrine of Man*, 148-49).

이상의 논의를 통해서 우리는 과거 오랜 신학 안에서 세워진 신중심주의와 인간중심주의를 양극단으로 해석하는 것은 잘못 설정된 대조라는 것을 결론으로 말할 수 있다.

3. 인간이 무엇이관대…?

매우 중요한 이 질문(시 8:4)은 성경적 인간론의 중심에 위치하고 있다. 이 말은 우리가 대답을 하도록 시편기자가 열어놓은 질문으로 준 것이 아니라, 오히려 놀라움의 감탄으로 마치고 있다. 시편기자는 우주의 넓은 궁창 가운데 찬연하게 펼쳐져 있는 하나님의 놀라운 작품의 웅장함에 압도당하고 있다. 오 하나님, 우주의 놀라움에 비해서 우리의 이 누추함과 보잘것없음을 볼 때, 우리가 누구이길래 당신은 우리를 이렇게 보살펴 주시나이까?!

당신은 인간을 하늘 보좌의 영광으로부터 한 걸음밖에 떨어지지 않은 곳에 두셨나이다. 당신은 당신 손으로 만드신 만물을 다스릴 수 있도록 인간에게 왕관을 씌우셨나이다. 하나님 아래와 만물의 위에—이것이야말로 이 세상에서 우리에게 부여하신 높고 거룩한 정치기의 직분입니다. 우리의 환경과 지위가 얼마나 놀라운 것인가! 시편기자는 "오 주여, 온 땅에 주의 이름이 어찌 그리 아름다운지요?"라는 송영을 그 시편의 시작과 끝에서 말함으로 창조주에 관련한 인간의 왜소함과 위대함을 규정하고 있다. 프란시스 쉐퍼(Francis Schaeffer)는 성경이 말하고 있는 인간의 역설에 대하여 이렇게 말하고 있다:

> 인간은 놀라운 존재이다. 인간은 중요한 역사에 영향을 끼칠 수 있다. 하나님께서 자신의 형상대로 인간을 만드셨기 때문에. 인간은 운명주의의 수레바퀴에 붙잡혀 있지 않다. 오히려 인간은 너무나 위대해서 자신과 다른 사람, 그리고 이생과 다가올 삶의 역사에 영향을 미칠 수 있다…지난 몇 년간 복음주의 설교가 가진 중요한 약점 중의 하나는 인간이 위대하다는 성경적인 관점을 잃어버렸다는 것이다…인간은 물론 잃어버려진 존재이다. 그러나 이 말은 인간이 아무것도 아니라는 것을 의미하지 않는다…(왜냐하면) 그가 비록 지금 죄인이지만, 그는 엄청난 일을 할 수 있기 때문이다…간단히 말해서, 인간은 기계의 톱니가 아니며, 극장의 일부가 아니며, 오히려 그는 참으로 역사에 영향을 끼칠 수 있다. 성경적인 관점에서 볼 때, 인간은 잃어버려진 존재이지만 위대한 존재이다(*Death in the City*, 80-81).

이제 우리는 아담 안에서 잃어버린 우리와 그리스도 안에서 회복된 우리를 경험한다. 이러한 역사의 과정 안에서 우리는 구조적으로 하나님의 주신 왕관을 쓴 놀라운 존재들이다.

그러므로 성경은 인간에 대해서 무관심하거나 냉담한 사고의 여지를 남기지 않는다. 우리는 항상 인간 생명의 거룩성에 대해 두려움과 경외심을 가지고 자신에 대한 지식에 접근해야만 한다. 왜냐하면 "인간이 무엇인가"라는 질문은 근본적으로 중요한 종교적인 이슈로 인간의 중심과 함께 모든 부분에 영향을 준다. 하나님께서 우리를 무대의 중심에 세우시고 자신의 세계의 역사가 전개되는 데 핵심적인 역할을 하도록 우리에게 소명을 주셨다.

그러나 창조세계 내에서 인간의 정체성을 분명히 알 수 있는가? 결국 우리가 완전히 이해할 수 없는 삶의 신비적 차원이 있는 것이다. 시편기자가 말했듯이, 우리는 "신묘막측하게"(fearfully and wonderfully) 창조되었다(시 139:13-16). 우리는 우리 자신을 어떻게 보아야 하는가? 어거스틴이 이에 대해서 다음과 같이 말하고 있다: "아무도 나에게 내가 누구냐고 묻지 않을 때 나는 온전하게 알았다. 그러나 그것을 설명하라고 요구받을 때, 나는 그것을 말로 표현할 수 없었다." 우리는 우리 자신에 대한 객관적인 지식을 얻는 것이 매우 어렵다. 얼마나 자주 우리는 자신에 대해서 실수하는가? 오히려 나 아닌 다른 사람이나 다른 피조물들을 아는 것이 더 쉬울 듯 보인다. 인간에 대해 일반적으로 논하는 인간론에 근거해서 생각하는 것이 더 쉬울 것 같다. 거기서 우리는 더욱 일반적인 인간을 만나게 된다. 그리고 더욱 쉽게 인간을 알 수 있다. 그러나 인간의 자아에 대한 구체적이고 진정한 지식에 이르는 것은 항상 신비적인 과정으로 남는다. 왜냐하면 우리는 항상 자신을 인식의 과정 속에 포함하기 때문이다. 우리는 자신의 경험의 세계 속에 인식론적으로 한정되어 있다.

그러나 인간은 아주 독특한 피조물이기 때문에, 우리 자신의 독특한 실존으로부터 분리시켜서 생각하고, 자신을 좀더 자세히 들여다 볼 수 있도록 투영할 수 있음은 충분히 가능하다. 선지자 나단 앞에 선 다윗 왕의 이야기를 생각해 보라. 선지자의 말("당신이 바로 그 사람이라!")로 인한 충격은 다윗으로 하여금 정직한 자기 인식에 이르게 했다(삼하 12:1-15). 일상생활의 아주 실제적이고 상식적인 수준의 판단 안에서 우리는 직관적이고 즉각적인 자기 자신에 대한 지식을 가지고 산다. 하나님 말씀의 능력이 항상 우리에게 영향을 끼치고 있기 때문이다. 말씀은 자기 정체성이라는 우선적 질문에 답한다. 우리 자신의 정체성에 대한 첫 번째 지식은 다음으로 인간의 본성에 대한 이론적인 추구로 나아가게 한다. 인간에 대한 우리의 첫 번째 관점은 두 번째 방법인 자기 분석을 지원하는데, 그 자기 분석은 교의학을 예로 들면 인간론 연구에 중요한 역할을 한다.

그러나 자기 인식의 수준에서 인간의 삶은 스스로 충분히 설명되거나 또는 스스로 정당화될 수 없다. 삶의 의미에 대한 가장 심오한 단서는 초월적인 것에 놓여 있다. "인간이 누구인가"라는 질문에 대한 진정한 해답은 하늘로부터 오는 말씀에 의지해서만 얻을 수 있다. 도이비를트(Dooyeweerd)의 말로 하자면, "그러면 어떻게 우리가 진정한 자기 지식에 이를 수 있는가? 인간은 누구인가라는 질문은 인간 스스로 설명할 수 없는 신비를 담고 있다." 이것은 이성에 의해 풀릴 수 있는 것이 아니

다. 그러나 우리가 무지의 어둠에 남겨진 것만은 아니다. 왜냐하면 자기 정체성에 대한 질문은,

> 하나님 말씀의 계시에 의해서 이미 대답되었다. 하나님 말씀의 계시는 창조와 타락, 그리고 예수 그리스도에 의한 구속에 있어, 인간 본성의 종교적 뿌리와 중심을 밝혀 준다…인간에 대한 우리의 관점과 유한적인 세계에 대한 우리의 관점을 진정으로 변혁시켜 줄 수 있는 것은 하나님의 말씀, 그 자체를 근본적으로 이해하는 것밖에는 없다…(In the Twilight of Western Thought, 179, 195).

4. 신학적 인간론

성경은 철학적으로든, 문화적으로든, 신학적으로든 인간론에 대한 입문서가 아니다. 그러므로 "요한의 인간론" 혹은 "바울의 인간론" 등과 같은 말을 자제해야 한다. 성경은 그러한 종류의 책이 아니다. 성경은 우리에게 이론적인 자료를 제공하지 않는다. 또한 그런 이론은 성경의 의도나 목적도 아니다. 성경은 우리에게 신학이 아닌, 신앙을 말하며, 추상이 아닌 경험을 말하며, 이론적이 아닌 매일의 실제적이고 상식적인 삶을 말하며, 고도로 나누어진 인간의 부분들이 아닌 온전한 모습으로서의 인간을 말한다.

따라서 성경은 인간에 대해서 말하면서 이론의 견해를 가지고가 아니라, 인간에 대한 관점을 가지고 말한다. 성경은 인간에 대한, 혹은 하나님이나, 지구나, 교회나 혹은 어떤 것이든, 과학적인 이론을 제공하지 않는다. 오히려 성경은 우리가 누구인가를 정의해 주는 계시에 근거한 구분선을 긋는다. 한 걸음 더 나아가, 성경이 인간에 대해 말해 주는 것으로 우리는 신학적인 사고를 할 수 있으며, 그러한 통찰력은 우리의 인간론 연구에 방향을 제시하며 빛을 비춰 주어야 한다. 성경은 인간을 사회적이며, 경제적이며, 정치적인 피조물로 간주하지만, 인간에 대한 언급을 정치적, 경제적, 혹은 사회적인 표현으로 언급하지는 않는다.

오히려 성경은 이러한 인간들의 다양한 면모들에 대해서 신앙고백적으로 표현한다. 이미 만들어진 인간론이라는 신학을 제시하지 않으면서, 성경은 종교적으로, 총체적으로, 또한 신앙고백적인 것에 초점을 맞춘 "전인"에 대해서 말한다. 오직 성경이라는 "안경"을 쓰고서야, 우리는 그리스도인으로서 인간론의 장에 들어갈 자격이 주어진다. 인간에 대한 교리 연구에 있어서 우리는 모든 이론에 일상적인 한계가 따

른다는 것을 인정해야 한다. 왜냐하면 모든 학문과 같이, 신학은 인간 전체를 존재적으로 다룰 수 없기 때문이다. 신학은 인간 삶의 일부인 믿음에 초점을 맞춘다. 학자들이 인간됨의 의미를 생물학적으로, 물리학적으로, 혹은 언어학적으로 연구하는 것처럼, 신학적 인간론도 인간을 신앙고백적으로 연구한다. 인간 학문이 가진 이러한 한계는 모든 삶의 경험 중에서도 가장 중요한 개인적 경험인, 탄생과 죽음 안에서 강렬하게 느낄 수 있다. 인간의 존재에 대한 이러한 두 사건들에 인간 자신의 자율적인 생각으로는 도달할 수 없다. 우리는 이러한 신비를 단지 대리적으로 연구할 뿐이다. 결국 자기 지식을 신학적으로 분석한다는 것은 삶과 죽음 사이에 있는 인간으로 그 범위를 한정시켜야만 한다.

그러므로 가장 심오한 의미에 있어서 자기 지식은 과학적인 통찰이나, 신학적 통찰에 의존하지 않는다. 벌카우어가 말한다:

> …(결국) 학문으로서의 신학은 다른 학문이 인간의 본성을 다루면서 도달할 수 없는 어떤 특별한 방법론을 요구하지 않는다. 또한 철학이나 다른 특별한 학문이 이미 인간에 대해서 발견한 것을 단순히 반복하는 것을 목적으로 할 수도 없다. 우리는 신학이 모든 학문의 여왕으로서 인간에 대한 비밀한 지식을 다루며, 이 지식에 이르는 열쇠를 가졌다고 말할 수도 없다(Man: The Image of God, 29-30).

그러므로 인간에 대한 기독교적 모델을 세우기 위해 우리는 창조질서에 의해 규정된 인간의 구조와 기능에로 돌이켜야 한다. 그러나 죄가 창조세계에 혼란을 일으키는 그리고 인식론에 미치는 파괴력과 왜곡의 결과를 알기 때문에, 기독교 인간론은 성경의 빛을 이러한 노력 위에 비춰도록 허락해야 한다.

성경은 인간의 자기 지식을 적절한 관점으로 돌이키는 데 필수 불가결하다. 성경은 인간 존재의 다양한 면모들의 총체로서 인간을 말하며, 하나님 앞에 서 있는 존재로서 말한다. 성경의 중심 주제는 인간 행동의 다양한 내적 활동이나 외적 활동들에 관한 것이 아니다. 그러한 정보를 위해서라면 인간의 창조적 습관들을 연구하면 된다. 성경은 인간의 종교성을 찾으시는 하나님 앞에 우리를 드러내는 것이다. 그러한 언약적 관계 속에서 우리는 인간론을 시작하는 기본 전제들과 방법론들과 이론들의 기본적인 원리들을 분별할 수 있다. 벌카우어를 다시 한 번 인용하면 다음과 같다: "성경의 관심사는 하나님의 면전에 서 있고, 전인으로서의 인간과 하나님 사이의 종교적 관계 안에 있는 전인(whole man), 부분이 아닌 전체로서의 인간(full man), 그리고 실제적인 인간(actual man)이다"(Man: The Image of God, 31). 우주론 못지 않게 인간론에서도 창조 계시와 구속 계시의 상관 관계의 이해는 가장 중요한 것이다.

신학적인 인간론은 진실로 인간의 자기 지식을 심화시키고 풍성케 할 수는 있으나 그것을 낳을 수는 없다. 그렇게 할 수 있다면 예수 시대의 서기관과 바리새인들, 그리고 율법사와 종교 전문가들은 진정한 자기 지식의 길로 갔어야만 했다. 그러나 우리의 마음을 주님께 향하게 하는 진정한 자기 지식은 가난하고 겸손한 자들에게 있었다. 진정한 자기 지식을 제공하는 것이 신학이라고 생각하는 것은 실수이다. 도이비를트는 그것을 이렇게 말했다:

> …기독교 신앙의 항목들에 대한 교리적인 학문으로서의 신학은 철학이나 인간을 연구하는 다른 특별한 학문들보다 우리 자신에 대한 또는 하나님에 대한 진정한 지식에 더 잘 이르게 할 수 없다. 이러한 중심되는 지식은 성령의 능력에 의해서 우리 존재의 종교적 중심인 마음에 역사하는 하나님의 말씀 계시의 결과로만이 될 수 있다(In the Twilight of Western Thought, 184-85).

인간론적 사고는 하나님 말씀의 능력과 그의 성령의 확신케 하는 능력의 열매인 진정한 자기 지식으로부터 시작된다. 종교적 지식은 신학적 지식의 기초이다. 왜냐하면 하나님의 말씀은 우선 우리를 있는 그대로 보통 인간으로 묘사하며, 그 다음에 이론적인 사고에 관련된 사람들로 묘사한다. 종교가 신학을 지원한다. 인간인 것이 신학자인 것에 앞선다. 하나님의 말씀에 우리가 반응하는 방식이 신학을 하는 논조를 형성한다. 다시 한 번 도이비를트의 말을 인용한다:

> 이러한 중심적이고 근본적인 의미에서, 우리 존재의 뿌리를 관통하는 하나님 말씀은 삶의 다양한 요소들, 직업의 부분들, 그리고 여러 가지 일들 안에서의 그리스도인의 삶 전체를 움직이는 충동력이 되었다. 이와 마찬가지로 창조, 죄로 인한 타락, 그리고 구속이라는 성경의 중심이 되는 틀은 우리의 신학적이고 철학적인 작업의 근본적인 출발점과 충동력이 되어야 한다(In the Twilight of Western Thought, 187).

길키(Gilkey)는 동일한 내용을 자신의 방식대로 강조한다. 그는 "그리스도인에게 있어서 세상은 규정할 수 있는 구조와 현실적인 관계를 가진 영역이며, 따라서 과학과 철학적인 연구의 대상이 될 수 있다"고 주장한다. 그러한 연구는 "전(前) 철학적 직관들"(pre-philosophical intuitions)을 포함하지만, "결단을 내리는 것은 사고의 결론이라기보다는 오히려 근본적인 기초"이다. 이러한 관점에서 그리스도인들은 "자신을 통찰력의 근원자가 아닌 계시의 수취인으로 고백한다." 그러므로 그리스도인 은 "자신이 총체적인 존재라는 것과 또한 그가 직면하는 한계적인 것들이 실재하며, 그것들이 초월적인 능력에 의존해 있다는 것을 안다." 따라서 "그는 자신의 삶에 고 유의 질서가 있음을 알지만, 그 질서는 그 자체를 넘어서 좀더 깊은 의미를 가리키 고 있다는 것도 안다. 자신의 삶의 일관성은 스스로 충족되지 않는다…그러므로 그 가 세상을 바라볼 때, 그곳에서 질서를 발견할 수는 있지만, 진정한 의미의 출처는 그의 학문과 그의 철학 모두를 초월한다"(*Maker of Heaven and Earth*, 117, 135, 137).

5. 정체성의 위기

이 장의 요점은 창조세계라는 상황 속에 놓여진 우리의 인간성에 관한 것이다. 죄로 인한 타락과 그리스도 안에서 이루어진 구속의 관점에서 볼 때, 영적인 전쟁은 또한 삶의 실재이다. 그러므로 직설적으로 말해서, 우리가 올바른 우리의 모습을 알 기 위해서 성경이라는 "안경"을 써야 한다. 만약 이 교정 렌즈를 버리기로 결단한 사람들은 다음에 어떻게 될 것인가? 인간에 대한 여러 이해들이 부딪히고 혼란해짐 으로 현대인은 자신의 정체성에 매우 심각한 위기를 맞고 있다.

현대 지성계는 인간에 대한 수많은 실제적 모델들로 혼란스럽게 가득 차 있다. 몇 가지 예로서 충분할 것이다. (1) 인간은 정치적 존재로서, 국가의 볼모이다. (2) 인간은 산업단지의 경제적인 상품으로서 상품의 생산자와 소비자이며, 또한 언론 조작의 주요한 대상이다. (3) 인간은 수학적 숫자이며, 중앙 컴퓨터의 메모리에 저 장되어 있는 일련 번호이다. (4) 인간은 생화학적 유기체로서, 그 주된 목표는 몸의 만족이다. 당신이 먹는 것이 바로 당신을 규정한다: 그러므로 먹는 것에 주의하라.

이처럼 실제 예들은 주로 실용성에 관계를 두어서 형성되고 있다. 이러한 대중적 인 견해들을 지탱하고 보강하는 것은 인간에 대한 이론적인 모델들이다. 간략하게 몇 가지 견해들을 제시해 보려 한다.

a) 자유주의적 인간관

19세기 고전적 자유주의는 르네상스와 계몽주의로부터 나온 인간론에 관심을 과 도하게 기울였다. 인간에 대한 유토피아적 견해와 함께 "사회 복음"이 주장되었다. 역사 비평적 성경해석 방법에 의존하였던 자유주의는 전통적인 유대-기독교적인 인간관을 펠라기우스-알미니우스주의의 역사관, 인간관으로 대치시켰다. 자유주의는 자랑스럽게 인간의 내재적 선함의 교리를 천명했다. 인간의 근본적인 문제는 죄가 아니라 인간 스스로 극복할 수 있는 약점들뿐이라고 했다. 다윈의 진화론 사상에 근거를 두면서, 인류는 이미 놀라운 진보를 했다고 주장했다. 인간은 계속 성년이 되어가고 있다는 것이며, 만약 시간과 기회가 조금만 더 주어진다면, 완전한 가능성에 도달할 수 있는 능력이 사람들에게 있다고 주장했다. 그들의 모토는 "전진 앞으로, 그리고 위를 향하여!"였다. 이러한 낭만적인 사상에 확신이 있는 사람들은 "이 세대 안에 미국에 하나님의 나라를!"이라는 깃발을 흔들었다. 많은 사람들이 확신 있게 세계의 미개한 지역에 그러한 문화 기독교를 일종의 메시아로서 열정을 가지고 전파하기를 소망했다. 교회의 사명은 문명 사회의 재건이었다.

이러한 관점에서 인간은 모든 것의 척도가 된다. 유럽의 이러한 문화적 낙관주의는 1914년과 1918년 사이에 제1차 세계대전의 독(毒)가스실에서 질식해 죽고 말았다. 이 큰 전쟁의 발발은 19세기의 종말을 고했고, 자유주의적 인간론의 죽음을 알렸다. 그러나 낙관주의는 북미에서 더 비참하게 죽고 말았다. 제1차 세계대전은 자유주의자들에게는 삼키기에 너무나 쓴 알약이었다. 그럼에도 그 꿈은 적어도 얼마 동안 살아남았다. 왜냐하면 인류의 진화론적 진보는 거부할 수 없는 방향으로 나아가리라고 믿었기 때문이다. 인간의 정신은 불굴의 것이다. 퇴보와 전진의 긴장 속에서 역사의 발전은 미래에 대한 믿음을 아프게 시험할 것이다. 하지만 소망은 인간의 가슴속에서 영원히 솟아오른다. 이러한 이데올로기로 무장한 자유주의자들은 심지어 제1차 세계대전을 "모든 전쟁을 끝낼 전쟁"으로까지 보았다.

b) 인본주의적 인간관

혼란스런 세상은 인간의 영광을 주창하는 인본주의적 선언들을 무시한다. 심지어 가장 담대한 인본주의자들도 인간의 실패와 삶의 비극, 그리고 악마적 행위들에 대해 인정하지 않을 수 없다. 인간의 드라마는 종종 가장 큰 실망과 당황으로 종말을 고한다. 그러나 한풀 꺾인 인본주의자들이라도 인간의 궁극적 가치에 대한 믿음은 버리지 않는다. 왜냐하면 일상의 비극 뒤에, 인간의 내적 존재의 비밀이 있고, 진정한 인간, 이상적인 인간을 발견할 수 있기 때문이다. 비록 엄청난 탈선이 있음에도, 인간은 분리할 수 없는 선함과 파괴되지 않는 위대함의 근원을 소유하고 있는 것이다. 이러한 희망의 우물에서 물을 길어야만 한다. 우리는 모든 인간 안에서 최상의 것을 건져내야 한다. 모토는 인간으로 하여금 성인이 되어 자기 자신에 이르도록 하라!는 것이다. 그러나 현대와 같은 혼란한 시대에 헌신된 인본주의자가 되는 것은 쉽지 않다.

c) 실존주의적 인간관

1900년대 말 즈음, 급진적인 시나리오가 우리 앞에 나타났다. 20세기 동안 일어났던 일련의 역사적 격변들은 인간에 대한 이미지에 깊은 상처를 남겼다. 미국의 대공황, 유대인 대학살, 제2차 세계대전, 히로시마 원폭사건, 쿠웨이트 사건, 셀 수 없는 베트남인들, 남아공 소웨토인들, 그리고 베이루트 사람들―간단히 말해서 이 세기의 수십 년에 걸친 많은 전쟁들의 결과로 인해, 자유주의자와 인본주의자의 인간에 대한 허상, 곧 '고결함의 전형'으로서의 인간은 이제 완전히 믿을 수 없는 것이 되었다. 그들이 꿈꾸는 세상은 공중에 떠있는 환상의 성과 같은 것이 되었다. 그것마저 회복할 수 없는 수천 조각들로 깨어져 우리 발 앞에서 흩어져 버렸다. 우리 시대의 이러한 우상들은 인간을 실패하게 만들었다. 인간은 신이 되는 길에 있는 것이 아니다. 인간은 천사같이 되지 않을 뿐더러 거룩함과도 거리가 멀다. 인간은 야만적이며, 심지어 사탄적이다. 포악하고, 예측할 수 없으며, 셀 수 없는 능력을 가진 악마와 같다. 매일, 신문의 헤드라인과 뉴스는 인간의 비인간성을 앞 다투어 보도한다. 현대의 실존주의와 도피주의자들의 초현실주의적인 인간론은 전적 부패에 대해 설교했던 가장 엄격한 정통주의 목사의 설교보다도 더 엄하게 인간 본성에 대해서 어둡게 그린다. 인간의 미래는 유토피아적 평화와 번영이 아니라, 오히려 핵전쟁의 기로에 서 있다. 자유주의자와 인본주의자 몽상가들이 강력하게 주장했던 인간의 권리는 매일 먼지 속에서 짓밟힌다. 인간의 보편적 인권에 대한 가장 보편적인 사실은 인권이 보편적으로 파괴되고 있는 것이다.

물론 실제적인 인간이해의 혁명이 세계를 강타하기도 하였다. 인간은 더 이상 하나님의 창조의 왕관으로 여겨지지 않으며, 역사적 과정 속에서 일어난 신묘한 존재로 여겨지지도 않고, 더 심하게는 인간이 더 나은 세상을 위한 희망이라고 여기지도 않는다. 인간이라는 것은 어떤 누리는 재산이 아니라 오직 책임만이 있음을 알게 한다. 우리는 인간 자신에게 문제가 일차적으로 있기 때문에 더 이상 인간을 해답으로 보지 않는다. 인간은 스스로 인간 존재에 위협이 되며, 아마도 우주의 파괴자가 될 수도 있을 것이다. 인간에게는 치료책이 아무것도 없기 때문에, 인간 존재의 심연에서 인간은 죽음에 이르는 병으로 고통하고 있다. 인류 역사의 한 세기 동안에 이처럼 큰 변화가 있었던 적이 있었던가? 이제는 인간을 이해하는 데 이보다 더 큰 변화와 시련은 없을 것 같다.

d) 진화론적 인간관

인간에 대한 수많은 현대의 개념들에 기본적인 사상을 제공하는 것이 바로 진화론의 유혹이다. 이것은 19세기 역사가들의 사고방식의 영향인데, 현대적인 인간에 대한 가장 독보적인 주장을 내놓고 있다. 인간 삶에 어떠한 규범이 있든지, 그 규범은 역사적인 과정의 상관관계 속에서 발견된다. 이것이 바로 진화론적 인간관의 모판이다.

1859년 다윈이 『종의 기원』을 출간한 직후, 그가 제기한 관점은 계속 많은 사람들의 마음을 사로잡았다. 첫 번째 반응으로 중립적인 주장들이 진화론에 제기되었다. 진화는 단지 이론일 뿐이며 가상적인 것이라는 것이다. 그러나 한 세기 반이 지나면서 초기에 나타난 이러한 주장들은 대부분 잊혀졌다. 진화론은 광범위한 그룹에서 논쟁의 여지없는 거의 교리와 같은 수준으로 받아들여지고 있다. 인간이 수 억년의 시간과 함께 원시적인 무생물에서 현 상태로 발전하게 되었다는 사고가 무비판적으로 받아들여지게 되었다. 이런 복잡한 과정은 유전적 돌연변이, 환경적응, 또는 자연 도태 혹은 적자생존 등의 용어로 설명되었다.

진화론은 다른 학문과 동떨어져서 발달된 학문의 운동이 아니다. 진화론은 몰락한 서구 기독교를 향한 계몽주의적 연구의 급진적 부산물이다. 여기서 세속화된 세계관이 나왔고, 역사에 대한 변증법적 관점이 나왔고, 자연주의적 인간론이 제기되었다. 자연주의와 실존주의 모두는 진화의 교리를 그들의 기초로 삼았다. 자연주의는 진화로부터 인간 발전에 대한 긍정적 사고를 얻었다. 실존주의도 똑같은 진화론적 전제로부터 정반대의 결론을 얻었다. 인간의 진보는 고등동물의 수준에서 정체되었다는 것이다. 인간의 짐승 같은 행동에 의해 이것이 매일 증명되고 있다. 이러한 진화론을 논리적으로 이끌고 가면, 인간의 진화는 행복한 기대보다는 오히려 냉혹한 결론에 이르고 만다.

최근 몇 십년 동안 이러한 진화론적 교리들은 최근의 신학을 주도하고 있는 일원론적 세계관들(monist worldviews)로 통합되고 말았다. 일원론 사상가들은 규정할 수 없는 하나의 출발점을 가정하고 그로부터 진화론적인 과정이 출발하여서 열려 있는 미래로 전진해 나아간다고 생각한다. 이러한 과정 안에 하나님과 인간 모두 변증법적 진화론 운동에 사로잡혀 있는 것이다. 우리의 가장 밝은 전망은 인간의 미래를 열어가는 하나님이다. 종국에 인간은 가장 높은 곳에 나타날 것이다. 그러나 인간은 또한 아래로 내려갈 수도 있다. 이러한 진화론적 종말론은 비관적인 실존주의-허무주의적인 인간관으로 향하는가 아니면 낙관적인 자유주의-인본주의적인 인간관으로 향하게 된다.

e) 기계론적 인간관

우리 세기는 새로운 종류의 인간을 양산했는데 다름아닌 기계론적 인간이다. 이런 인간의 이해는 과학혁명의 와중에 잉태되었고, 산업혁명의 산통 속에서 자라났으며, 결국 우리 시대의 기술혁명에 의해 성장하여 왔다. 이러한 현대적인 인간은 기꺼이 그의 재산을 과학과 기술의 결과에 맡기기를 주저하지 않는다. 기술적 천재성이 인간 발전의 동력이며 계속되는 과학적 탐구는 그 동력에 불을 지피는 연료이다. 이렇게 기술문명에 의해서 이해되는 인간은 시스템 분석에 전적으로 의존한다. 컴퓨터는 프로그램화되어 더할 나위 없이 좋은 미래로 향하는 인간을 위한 유용한 도구이다.

인간은 이러한 우주적 체계 속에서 한 부품으로 작동한다. 이러한 인간 이해가 목표로 하는 것은 인간의 실수, 예측할 수 없는 변화들, 그리고 제어할 수 없는 요소를 최소한으로 줄여서 계획에 따라 만들어 가는 사회를 구성하는 것이다. 인공두뇌를 다루는 사이버네틱스는 결국 인간을 스스로 개혁하고, 사회를 새로 만들고, 최근의 경향을 예측함으로써, 나누어진 지구촌을 재구성하여 단일한 세계 질서 속에 들어오게 할 수 있을 것이다. 헉슬리(Huxley)의 『용감한 신세계』와 오웰(Orwell)의 『1984』가 이러한 새 시대를 꿈꾸고 있다.

이러한 미래학은 인간을 비인격적이고 규격화된 부품으로 전락시킨다. 인간의 정보의 입력과 생산은 통계적인 개연성에 의해 지배된다. 다가올 인간의 발전은 과거의 자료로부터 추측되고, 그것을 미래에 투사하여 전체주의적 고급관료들의 위원회는 모든 것을 미리 결정된다. 그러한 마스터플랜은 반드시 숙련된 엘리트 그룹 전문가에게 맡겨져야 한다. 바로 그 엘리트 그룹이야말로 계획을 입안하고, 정리하고, 그 중 가능한 것을 선택해서 수행할 수 있는 유일한 사람들이기 때문이다. 아마도 이러한 것은 임무가 부과되는 것이 아니라, 자발적으로 참여해서 시행될 수도 있을 것이다. 그러나 민주주의적으로 참여하는 것이 위의 경우에는 꼭 필요한 것이 아니다. 결과만이 모든 필요한 수단을 정당화한다. 결국 목표는 잘 조직된 사회와 자유롭게 조정할 수 있는 사회이다. 그곳에서 사람들의 역할이란 효율적인 세계 질서에 순응하는 것이다.

f) 혁명적인 인간관

인간에 대한 기계론적 관점에 강력하게 반대하는 것이 바로 인간에 대한 혁명적 관점이다. 기계론적인 그리고 혁명적인 관점 둘 모두 인간에 관한 유토피아적 기대를 공유하고 있다. 그러나 그들이 추구하는 유토피아는 현격하게 다르다. 그럼에도 불구하고, 어떤 점에서 둘 모두는 형식적으로 유사하다. 기술지상주의자나 혁명가나 인간에 대해 정의하기 위해 사회 철학을 기준으로 제시한다. 그러나 바로 이 점에서 그들은 결별한다.

혁명론자들은 인간을 엘리트 기술지상주의 지도자들이 조직하는 사회의 지배하에 넣어 버리는 과학적으로 계획된 사회를 단호하게 거부한다. 이러한 과학적인 통제의 인간이해는 과거로부터 현재를 통과하여 미래로 나아가는 잘 정돈된 발전의 가능성을 인정하지 않는다. 그 이유는 인간은 지속적으로 혁명을 수행하는 존재들이기 때문이다. 혁명론자들은 사건들과 역사적 흐름에 대한 급진적인 파괴와 단절을 강조한다. 오직 새롭고, 놀라운, 조절할 수 없고, 예측할 수 없는, 발전만이 인간을 해방시켜 인간의 가능성에 달성하게 할 수 있는 것이다. 따라서 그들은 항거와 싸움과 투쟁을 요구한다. 대면과 결단, 그리고 새로워진 대면의 변증법적 과정이야말로 인간이 성인이 되어 가는 과정인 것이다. 그러므로 지속적인 혁명은 역사의 원동력이며 연료이다. 그것이 유토피아적 해방의 꿈에 불을 지핀다. 밝은 미래는 논리적인 분석에 달려 있는 것이 아니라, 상상할 수 있는 영웅적인 능력에 달려 있는 것이다. 억압받는 사람들은 반드시 현재의 실상으로부터 미래로 급진적인 도약을 해야만 한다. 진정한 인간성은 결코 이미 세워진 집에 있는 것이 아니고, 새로운 세상을 세우려는 시도 속에 있는 것도 아니다. 인간은 본래 갈등에 사로잡혀 있기 때문이다. 그러므로 혁명의 열망은 현존하는 질서를 바꾸어야 한다.

g) 프로이드의 인간관

"미안해, 그건 무의식적으로 나온 실언이야!" 이 말은 우리의 일상 대화에서 잘 써먹는 '은폐 언어'이다. 이러한 말들은 프로이드적 생각이 현대의 지성 속으로 얼마나 침투해 들어왔는가를 잘 보여 준다. 프로이드의 일생에 걸친 실험적 심리학의 결과는 사실상 현대인간의 자기 이해를 근본적으로 변화시킴과 동시에, 인간에 대한 성경적 관점에 대해서 근본적인 왜곡을 가져오기도 했다. 성경이 말씀하듯이, 삶의 모든 문제들은 인간의 마음 중심에서부터 나온다(잠 4:23). 무엇보다 죄 아래에서, "만물보다 거짓되고 심히 부패한 것은 마음이라"(렘 17:9)고 말씀했다. 또다시 우리 주님이 말씀하시기를, "속에서 곧 사람의 마음에서 나오는 것은 악한 생각…" (막 7:21)이라고 하였다. 그러나 프로이드의 사상에서는 이러한 인간의 경험에 대한 성경적 통찰이 근본적으로 바뀐다. 이 가운데 드러나는 것은 어둠과 수치이며, 고도로 심리화된 "인간부패"의 교리와 복수다.

프로이드는 스스로 무신론자임을 언명하였는데, 인간행동에 대한 그의 이해는 인간에 대해 철저히 세속화되고 결정론적인 관점을 전제하였다. 다원적인 세계관을 따라 모든 것을 자연 진화의 산물로 축소시켰다. 이 견해에 의하면 우리의 가장 기본적인 행동의 태도와 패턴은 동물적 본능으로부터 나온다는 것이다. 인간에게 있어서 가장 깊게 숨겨진 심연을 꿰뚫어 보는 엄격한 자기 성찰이야말로, 인생의 의미를 푸는 열쇠가 된다는 것이다. 이것은 소위 심리분석이라고 알려진 정신과적 치료의 무자비한 적용을 요구한다. 그러한 도구 사용을 통해서 잠재되어 있고, 오랫동안 억압되었던 충동들을 밝혀낼 수 있는데, 바로 그러한 것들을 통해 현재 우리의 감정과 행동들을 설명할 수 있다. 우리 시대의 많은 사람들은 이런 정신병리학자들을 이 사회의 대제사장들로 받아들인다. 그들은 환자가 누워 있는 침대 주위를 서성이며, 그들의 고객들에게 현재의 질병을 설명해 주는 잊혀졌던 무의식 속의 과거나 충격적인 순간으로 퇴보하도록 유도한다. 그러므로 자아 분석은 자기 이해에 이르는 "계시적" 경로가 되는 것이다.

프로이드의 용어로 말하면, 인간은 빙산에 비유된다. 우리의 혼란스런 자의식의 8분의 7은 공격적이고 성적인 충동의 무의식으로 소급할 수 있다는 것이다. 원인과 결과의 고리가 어릴 적의 경험의 잔재와 어른이 되고 난 뒤의 인격적 결함을 연결시킨다. 이것이 보편적인 인간의 상황이다. 전 사회가 이러한 신경증에 감염되었다는 것은 아주 정당한 말일 수 있다. 인간의 집단적 의식의 불길한 하부영역에 깊이 처박혀 있는 것이 오이디푸스 콤플렉스이다. 이것이 세계의 여러 궁극적인 문제의 근원을 감춘다. 이것은 탈출구가 없는 콤플렉스이다. 이 신경증의 출처와 발생되는 행동은 우리의 통제를 벗어난 것이기 때문이다. 이것은 좋다거나 나쁘다거나, 옳다거나 혹은 그르다고 판단할 수 없는 것이다. 즉, 그것은 가치 중립적인 것이다. 그저 현실로 받아들여야 한다. 그러므로 위로부터 오는 자유케 하는 말씀이란 존재하지 않는 것이다. 기계적으로 우리는 자신이 가둬버린 경험의 세계에 갇혀 있는 것이다.

유일한 "구원"의 소망은 숨은 행동들을 드러내는 것이다. 그리고 그러한 행동들을 표면화시킨 꿈들을 공개적으로 다루는 것이다. 여기에 종교는 아무런 도움도 줄 수 없다. 왜냐하면 유대-기독교적 믿음은 단지 우리의 아버지/어머니 콤플렉스에 뿌리를 둔 허상이기 때문이다. 신자들이 하나님의 음성이라고 부르는 것은 부성적 영향의 잠재 의식적 메아리일 뿐이다. 인간의 삶에 적용되는 초월적인 규범은 없다. 우리의 삶을 규모있게 하는 진리도 없는 것이다. 우리를 조정하는 믿음도 없고, 기준이 되는 윤리적 선택도 없는 것이다. 인간은 타고난 운명의 심리적 피해자일 뿐이다.

h) 행동주의적 인간관

프로이드와 같이, 행동주의는 인류를 진화론적 발전의 산물로 본다. 또한 자연과학적 방법을 사용하는 것과 동물 연구에 집중하는 것, 그리고 인간에 대한 모델을 만드는 것에 대해서 동의한다. 그러나 다른 점도 있다. 프로이드적 인간관은 비록 유전에 뿌리를 두고 있지만, 근본적으로 그리고 철저하게 "정신적인" 분석의 틀을 가진다. 그런데 행동주의적 인간관은 대조적으로 철저히 "물질적인" 이해의 인간을 논한다. 행동주의적 인간론은 인간의 행동을 환경의 결과와 관련시킨다. 인간의 행동을 결정하는 힘은 내적인 동기가 아니라 외적인 요인이라는 것이다. 자기 이해는 심리 분석의 방법이 아니라 환경적 압박에 대한 통제 분석을 통해서 이룰 수 있다. 심리적 상태는 실재가 아니며 독립된 존재가 아니기 때문이다. 그것은 모두 물리적인 기능들의 부차적 현상일 뿐이다. 인간은 기본적으로 문화적 환경의 외부적 자극에 반응하는 생화학적 유기체일 뿐이다. 인간은 과거와 현재의 역사에 따라 설정되고 조절되는 복잡한 기계인 것이다. 그러므로 사람들은 인격으로 다루어지면 안 되고, 변화하는 환경의 산물로서 취급되어야 한다.

그렇다면 분명 행동주의 역시 인격에 대한 성경적 관점을 오도하고 만다. 유대-기독교 신앙과 사실상 모든 신앙은 과학전 시대의 신화로 격하된다. 그러므로 교회는 시대에 뒤떨어진, 문화적 메카니즘으로 치부되고 만다. 과거에 교회는 대중에게 잘못된 환경적 통제를 가했으며, 고대의 신화들에 매달리도록 조작했다. 그러나 그런 때는 이미 오래 전에 지나고 말았다.

이러한 인간에 대한 급진적 관점은 세속화된 세계관과 그 맥을 같이 한다. 절대적 결정론이 모든 인간의 의미를 결정한다. 우리는 개인적이든 사회적이든 자유와 위엄과 미래의 희망을 구성하는 기억들과 행동에 대한 책임감 등에 대한 환상을 포기할 수밖에 없게 되었다. 종교나 도덕, 이웃간의 사랑과 전통의 고수 등의 미덕들은 사라져 가는 부산물들일 뿐이다. 이제 과학적으로 공식화된 새로운 미덕이 그 자리를 대신해야만 한다.

　이러한 기계론적 관점은 여러 문제를 야기시킨다. 현대사회의 다급한 필요에 응답할 수 있는 인간의 새로운 덕목은 어떤 것들인가? 누가 그것들을 정의하는가? 인간 행동이 문화적 환경에 의해서 철저하게 규정된다면, 어떤 문화를 우리는 보전해야 하는가? 그러한 문화가 없다면, 새로운 문화를 창조해야 하는가? 누가 그렇게 중요한 문제를 결정하는가? 또한 어떤 기준을 가지고 그렇게 하겠는가? 유용한 법이라고 해서 선한 것인가, 아니면 악한 것인가? 또는 모든 것이 도덕과는 무관한 것인가? 만약 생존이 가장 궁극적인 관심사라면, 왜 중요하다고 여겨져야 하는가?

　인간의 문제를 해결하고 시대에 뒤떨어진 사회를 개혁하고, 새로운 유토피아적 문화를 건설하는 유일한 방법은 과학의 철저한 적용뿐이다. 행동 과학의 목표는 모든 존재하는 사회적, 경제적, 교육적, 정치적 기관들을 재조정하는 것이다. 왜냐하면 인간 행동은 인간의 행동을 조건화시키는 문화를 변화시킬 때만이 변화될 수 있기 때문이다. 이것은 단호한 계획 경제와 환경의 강력한 통제를 요구한다. 이로써 더욱 예측 가능한 결과를 낳을 수 있다. 그러한 개혁은 인간 행동의 기계론적 적용을 요구한다. 강화기제와 보상, 그리고 조작적 기술 등을 통해서, 인간 행동을 변형시킬 수 있다. 사람들은 "사회적으로 용인될 수 있는 방식들"에 따라 행동하게끔 유도될 수 있다. 그러나 누가 "용인될 수 있는" 행동을 결정하는가? 누가 통제자를 선정하는가? 그들의 결정 또한 문화적으로 조건화된 것이 아닌가? 결국 출구가 없는 악순환의 고리에 갇혀 있음이 드러나게 된다.

　이러한 인간에 대한 현대적 모델들은 우리 현대 서구 사회의 정체성 위기를 부각시킨다. 이러한 관점들 모두는 때로 자의식적으로, 때로 무의식적으로 인간에 대한 성경적 관점을 포기했음을 나타낸다. 계몽주의가 역사적 기독교로부터의 독립을 선포한 이래로 현대 인간론은 위험천만한 기초 위에 그들의 이론을 세웠다. 곧, "…인간을 인간으로서 구성하는 것은 인간의 자기 인식이다. 그리고 역사의 실재를 만들고 구성하는 것은 바로 이러한 자기 인식적인 인간이다"(Ronald G. Smith, *The Whole Man: Studies in Christian Anthropology*, 25).

　자기 정체성에 대한 현대의 질문은 인간의 자기 기만의 여러 가지 모습으로 퇴보하였다. 인간은 자기를 수천 개의 얼굴을 가진 모습으로 재창조하고 있다. 그러나 이러한 지속적인 탐구는 몇몇 영역들의 갈등을 가져온다. 물론 이러한 결과는 전혀 놀랄 것이 못 된다. 왜냐하면 비록 인간의 모델들은 수없이 많지만, 인간은 오직 한 종류밖에는 없기 때문이다. 창조로 인해 우리는 법적으로 공통된 특징을 공유한다.

그리고 하나님 말씀의 능력이 여전히 그의 모든 피조물들을 붙드신다. 말씀을 통해 그분은 인간의 본성을 세우시고 움직이게 하신다. 이로써 누구나 자기를 돌아볼 수 있는 능력을 가진다.

매우 다양한 모든 인간론을 꿰뚫고 있는 영향력은 양극화된 변증법으로, 과거 몇 세기 동안 서구 세계를 병들게 하고 있다. 그것은 칸트의 이원론으로써, 한 쪽으로 과학적 사고의 합리성과, 그리고 다른 쪽으로 자유를 요구하는 도덕성을 나눈다. 따라서 어떤 관점은 합리성의 과학적 이상을 추구하고, 반면 다른 관점은 도덕성과 자유의 이상에 호소한다. 현대인은 이러한 두 경쟁하는 이론 사이의 긴장 어린 힘 겨루기 속에 사로잡혀 있음을 안다.

우리는 어떻게 이러한 두 극단 사이의 조화를 찾을 수 있을까? 우리는 과학을 신봉하여 정돈된 삶을 창출할 수 있으며, 성장과 기술의 축복을 통한 끊임없는 번영을 이룰 수 있다. 우리는 합리적으로 계획하고, 예측할 수 있으며, 통제력이 있는 자유로운 사회 구조 속의 안전을 좋아한다. 그러나 동시에 "이성으로부터의 도피"(쉐퍼의 저서)에 대한 거부할 수 없는 욕구, 우리의 인간성이 전혀 경험해 보지 못한 놀라움과 상쾌함으로 뛰어 오르려는 충동이 일어난다. 우리 인격이 도달할 수 있는 최고의 경지로 자유롭게 도약하고 싶은 것이다.

잘 정돈된 질서와 과학 그리고 새로운 세계를 열망하는 혁명적인 충동 모두는 "더 나은 세상"을 약속하지만, 서로 아주 다른 길을 제시한다. 과학의 이상은 제도와 기반을 신성화한다. 그것은 사람들에게 인류가 나아가고 있는 진로에 잘 붙어 있으며, 과거와 현재의 과학적 업적 위에 세워지고 인류의 유토피아적 꿈인 미래로 나아가는 과정을 놓치지 말라고 요구한다. 인간의 미래에 대한 이러한 관점은 내적인 갱신과 종교적인 방향설정을 요구하는, 우리에게 꼭 필요한 하나님 말씀의 치유하는 능력을 침묵시킨다. 과학의 이상과 달리, 개인성의 이상은 현존하는 질서의 급진적인 변혁을 요구하면서 인간의 정신이 더욱 직관적인, 미적인, 문화적으로 고양된 충동을 만끽하기를 원한다. 삶의 여정에 대한 이러한 관점은 하나님의 말씀이 가지는 구속의 능력을 무시하고, 인간의 어느 부분도 완전히 구원받아야 할 필요가 없다고 천명한다. 지금까지 언급한 이러한 두 가지 이상(과학주의와 초월주의) 모두 인간의 의식 속에 그 뿌리를 가지고 있기 때문에, 현대인은 "영원한 갈등"(본회퍼)의 존재가 될 수밖에 없다.

인간의 자아상에 대한 이러한 다양한 이해들은 "우상을 만드는 자와 그것을 의지하는 자가 다 그와 같으리로다"(시 115:8)는 성경의 가르침을 잘 반영하고 있다. 이러한 모든 자기 이해들은 하나님과 인간의 실재에 대한 뿌리 깊은 왜곡이며 배교이다. 왜냐하면 인간은 결코 하나님으로부터 자유로울 수 없기 때문이다. 심지어 그가 다른 신에게 절을 할 때도 그는 하나님으로부터 자유로울 수 없다. 인간이 하나님으로부터 자유로울 수 없다는 것은 창조의 질서 속에 새겨진 인간됨의 전제이다. 이러한 전제는 진실로 또는 거짓으로 입증될 수 있는 것이 아니다. 모든 실용적으로 또는 과학적으로 형성된 인간이해 뒤에 인간이 공동으로 소유하는 직관적으로 자리한 근본적인 종교적 견해가 있음을 알기 때문에, 이러한 전제는 일상에서 증명된다. 그러므로 현대인의 정체성 위기는 우리 시대의 근본적인 종교적 위기를 반영하고 있는 것이다.

그리스도인으로서 우리는 이러한 시대 조류에서 자유로울 수 없다. 그러므로 다음의 목회서신의 권고는 여전히 우리에게 도전을 준다: "사랑하는 자들아 영을 다 믿지 말고 오직 영들이 하나님께 속하였나 시험하라…"(요일 4:1). 분별하고 구분할 수 있는 마음을 가지고, 우리는 "범사에 헤아려 좋은 것을"(살전 5:21) 취할 수 있어야 한다. 어느 정도 우리는 옳은 것과 그른 것을 혼합한 잘못을 범하기 때문이다. 비성경적인 인간의 요소들이 우리의 사고와 행동에 침입하게 허용함으로 우리는 우리가 고백한 성경적인 인간이해를 혼돈하게 하는 것이다. 의식적으로든 무의식적으로든 우리 모두는 이러한 타협을 용인하며, 때로 복음과는 다른 인간관을 고이고이 간직했던 것이다. 서구 문화의 주류 속에 흠뻑 빠져 있는 우리는 결코 이러한 인간의 의식 속에서 피어난 경향을 피해 갈 수 없다. 그러므로 우리는 전통적인 인간관과 현대의 인간이해에 스며 있는 왜곡시키는 종교적인 영들을 비판적으로 분별해야 함과 동시에, 성경이 제시하는 통찰력에 그것이 아무리 우리에게 오염된 상태로 남아 있을지라도 민감해야 할 것이다. 왜냐하면 하나님의 말씀의 능력이, 다시 말하면 창조질서의 엄정한 실재가 비기독교 사상가들의 거부하는 것조차도 지금 주장하고 있기 때문이다.

6. 종교적 중심으로서의 "마음"

최근 수십 년 동안 성경의 많은 중요한 개념들에 대한 주의 깊은 재평가가 이루어졌다. 그러한 중요한 개념들 중에 마음이 있다. 성경의 여러 장에 걸쳐 "마음"이라는 단어는 전 인간에 대해 일관되게 언급된다. 그러나 초기와 중세 기독교 기간 동안 헬레니즘적 인간론의 영향하에 총체적 관점이 대부분 상실되었다. 마음은 일반적으로 계시에 반응하는 인간의 한 부분으로 축소되었다. 종교개혁 시기에, 칼빈 뿐만 아니라 루터도 이 마음이라는 단어의 성경적 의미를 재발견하기 시작했다. 이러한 성경의 가르침은 칼빈에 의해서 가장 잘 시각화되었다. 손 안에 심장을 담고 있는 그림 주위로 매우 낯익은 문구가 쓰여있다: *Cor meum tibi offero, Domine, prompte et sincere*("나의 마음을, 주여, 당신께 기꺼이 그리고 진심으로 드리나이다"). 또는 조금 덜 유명한 다른 문구로는 *Cor meum quasi immolatum tibi offero, Domine*("나의 마음을 번제로서, 주여, 당신께 드리나이다). 이러한 표현들은 종교개혁 전의 사상가들, 예를 들어서 아퀴나스에게서도 나타나는데 "…이와 같은 표현들을 내용에 있어서보다 주로 말로 들려졌다"(참고, J. T. 맥닐 편집, 『기독교강요』 III, 1, 3; 각주 6).

그러나 총체적 개념으로서 마음에 대한 종교개혁적인 총체적인 재천명은 현대 개신교 스콜라주의 신학의 발흥과 함께 또다시 사라지고 말았다. 하지만 최근 새로운 성경 연구로 말미암아, 스콜라주의 전통 안에 있는 이성적인 마음 개념과는 대조되는 종교개혁 전통의 총체적 마음 개념이 부각되었다. 칼빈이 잘 설명했듯이 우리는 "공허한 생각으로 차 있는" "단지 머릿속을 스쳐 지나가는" 신지식에로 부르심 받은 것이 아니라, "우리가 충분히 받아들이고, 그것이 마음에 뿌리 내리기만 하면 건전하며 열매 맺는" 신지식으로 부르심을 받았다(『기독교강요』 I, 5, 9). 칼빈의 편집자는 이러한 각주를 달았다. "칼빈은 여기서 cerebrum 과 cor, 즉 머리와 마음을 구분한다. 신지식과 관련하여 그는 특히 후자, 즉 마음에 중요성을 부여한다"(『기독교강요』 I, 5, 9; 각주 29). 칼빈은 복음이 "머리보다는 가슴에 가까운 것이며, 이해보다는 성품에 더 가깝다"라고 주장한다(『기독교강요』 III, 2, 8). 마음의 중심성에 대한 칼빈의 강조는 조금 모호한 점도 있다. 그럼에도 그는 명쾌하게 총체적인 관점으로 나아간다. 최근의 연구들은 칼빈의 통찰력이 시대에 뒤떨어지지 않았음을 보여 주었는데, 바르트의 『교회 교의학』에 자주 인용되는 다음과 같은 구절들을 주의해 보라. 마음은 "간단하게 말해서, 인간, 곧 전인을 의미하는데, 그것은 단순히 인간의 행동의 우러나오는 곳이 아니라 인간 전체의 요약이기도 하다"(III/2). 레긴 프렌터(Regin Prenter)는 같은 요지로 이렇게 말했다: 영혼이 "사람과 동의어"이듯이(비교, 롬 13:1), "마음은 영혼의 중심이며, 영혼의 생명이 흘러나오는 지점이다"(*Creation and Redemption*, 273-74).

성경에는 800번 이상 '마음'에 대해 언급하며, 그것은 그물처럼 얽혀 있다. 이러한 구절들을 관찰해 보면 명백한 패턴이 있음을 알 수 있다. 이들은 모두 일관되게 단순한 진리를 가리킨다. 곧, 마음이 인간의 전 존재와 우리의 전 자아의 영적 중심을 대표하는 것이다. 또한 우리가 살아가면서 맺게 되는 모든 관계를 설정해 주는 내적 중심을 대표하는 것이다. 마음은 우리의 의지와 생각과 감정과 행동과 다른 모든 삶의 현상들의 근원이다. 마음은 샘 근원과 같아서 그곳으로부터 인간의 지성과 감성과 의지와 다른 모든 "기능"과 존재양식 등이 흘러나온다.

요약하면, 마음은 작은 '나'인 것이다. 나의 마음을 가진 사람이 나이다. 그것은 나의 일부가 아니라, 내 자신 전체이다. 그러므로 "나의 아들아(나의 딸아), 너의 마음을 나에게 다오!"라고 하는 다급한 하나님의 부르심이 있는 것이다(잠 23:26). 하나님의 말씀은 우리의 마음에 직접 말씀하시는 것이다. 이로써 모든 육체적 활동의 영적 방향이 정해진다. 그러므로 마음은 종교의 핵심이다. 또한 생명의 핵심이다. 왜냐하면 생명이 곧 종교이기 때문이다. 종교는 마음에 뿌리를 내리는데, 어떤 사람은 가지고 있고, 어떤 사람은 가지고 있지 않은 재능이 아니다. 또는 살다가 잃어버리거나 다시 얻을 수 있는 삶의 질과 같은 것도 아니다. 길키(Gilkey)는 이렇게 말한다:

> 인간이 원하든 원치 않든, 그는 자유로운 피조물로서 궁극적인 어떤 선택된 목적에 따라 삶을 살아가야 한다. 또한 궁극적인 어떤 선택된 충성심을 따라 삶을 집중해야 한다. 또한 신뢰할 수 있는 능력에 자신의 안전을 맡겨야 한다. 그러므로 인간은 우연적인 존재가 아닌, 본질적으로 종교적 존재이다. 왜냐하면 그의 근본적인 구조가 자유롭지만, 의지적이며 불가피하게 궁극적인 어떤 것에 삶을 뿌리 내려야 하기 때문이다(Maker of Heaven and Earth, 193).

마음에 중심을 두고서 종교는 하나님과 인간의 언약 관계에 있어 응답의 측면을 가진다. 따라서 마음으로 느끼는 종교는 인간의 내적 존재로부터 외적 영역까지의 모든 전인간의 삶에 관여한다. 왜냐하면 "마음으로부터 (모든) 생명의 일들이 나온다"고 성경이 말씀하기 때문이다(잠 4:23). 따라서 마음은 전인간을 의미한다. 이러한 총체적 관점은 또한 성경의 다른 개념들도 지원한다. 예를 들어, "영혼"(soul), "영"(spirit), "생각"(mind), "속 사람"(inner man), 그리고 또한 "몸"(body) 등이다. 이 모든 것은 전체적 개념들이다. 각각은 독특한 방식으로 사람 전체를 가리킨다. 성경은 바로 이런 식으로 묘사한다. 하나님 말씀은 늘 우리를 전 인격으로 대우하신다. 어떤 때는 한 관점으로 바라보시고 다음에는 다른 관점으로 바라보신다.

이러한 성경적 근거를 가진 전인적 인간관은 "마음"에 대한 다음의 수백 가지도 넘는 실례들에서 나타난다.

a) 사무엘 선지자는 하나님께 반역한 사울 왕의 후계자로 이새의 아들들 중에 한 아들에게 기름 붓기 위해 베들레헴으로 가라는 명을 받았다. 이새의 아들들이 한 사람씩 나섰다. 사무엘은 그의 시선을 엘리압에게 고정시켰다. 그의 외모와 행동을 보니 신임이 갔다. 그러나 선택은 그의 것이 아니었다. "하나님께서는 사람이 보는 것처럼 보지 않으신다. 사람은 외모를 취하지만, 여호와께서는 심령을 감찰하신다"(삼상 16:1-7). 마음은 하나님의 면전에서 그 사람이 진정 누구인가를 결정하는 열쇠가 된다. 이새의 일곱 아들들은 모두 선택에서 제외되었다. 사무엘의 사명이 실패로 돌아간 것처럼 보였을 때, 아들들 중 막내가 들에서부터 불려왔다. "일어나, 그에게 기름부으라!"는 명령이 내려졌다. 왜냐하면 다윗은 "하나님 자신의 마음에 합한 사람"(삼상 13:14)이었기 때문이다. 하나님도 "마음"을 가지고 계신 분이시다! 시간이 지나, 이스라엘의 역사 속에서 다윗은 하나님이 다스리시는 왕도의 전형이 된다. 미래의 왕들은 그들의 마음에 따라 판단을 받는다. 우리는 한 왕씩 이어지는 성경구절에서 "그러나 그의 마음은 그의 조상 다윗처럼 하나님 여호와 앞에 정직하지 않았다"는 말씀을 읽게 된다. 군사적 무용담이나 외교적 치적이 아니라, 옳은 마음만이 하나님이 인정하시는 기준이 된다.

b) 이제 후기 선지자들에게로 주의를 돌려보자. 하나님은 반복적으로 선지자들을 통해 이스라엘의 마음의 완악함을 책망하신다. 이스라엘의 완고함은 "마음이 모든 것 위에 간사한 것이다…"(렘 17:9)라는 말씀을 증거한다. 그러나 자비하신 하나님은 이렇게 말씀하신다: "내가 또 내 마음에 합하는 목자를 너희에게 주리니 그들이 지식과 명철로 너희를 양육하리라"(렘 3:15). 마땅히 받아야 할 심판의 와중에서도 하나님은 여전히 소망의 말씀을 주신다. "또 새 영을 너희 속에 두고 새 마음을 너희에게 주되 너희 육신에서 굳은 마음을 제하고 부드러운 마음을 줄 것이며", 다시 말하면, 유연하고 유순한 성품을 하나님께서 새롭게 주신다는 것이다(겔 36:26). 그러나 이스라엘은 이중성을 버리지 않았다. 비록 내 백성이 "입술로는 나를 존경하나 그들의 마음은 내게서 멀다"(사 29:13)고 하나님은 탄식하신다. 때가 차매, 그리스도께서 선지자의 외침을 다시 한 번 외치셨다. "외식하는 자들아 이사야가 너희에게 대하여 잘 예언하였도다. 일렀으되 이 백성이 입술로는 나를 존경하되 마음은 내게서 멀도다"(마 15:7-8).

c) 계시의 완성인 예수의 말씀과 함께 신약을 더 살펴보고자 한다. 신약의 책들

또한 우리를 전 인간으로 다루시는 하나님에 대해 증거한다. 그리스도 안에서 하나님은 마음의 언어로 우리에게 말씀하신다. 그것은 우리의 생명에 대한 궁극적인 관심이다. 주님은 이러한 진리를 이렇게 말씀하신다. "네 보물 있는 그곳에는 네 마음도 있느니라"(마 6:21). 좋은 나무가 좋은 열매를 맺고 나쁜 나무가 나쁜 열매를 맺듯이, 사람의 마음도 그러하다. 전인격적 생명은 행동이 나타나는 과정 속에 스며있다. 그리스도께서는 이렇게 말씀하셨다. "독사의 자식들아 너희는 악하니 어떻게 선한 말을 할 수 있느냐? 이는 마음에 가득한 것을 입으로 말함이라"(마 12:34).

그러므로 마음은 삶의 모든 것이 순환하는 축과 같다. 마음은 바퀴의 모든 막대가 한 곳으로 집중되게 하는 중심과 같다. 풍성하고 다양한 삶의 명제들 속에서 인간은 종교적 지점에 정착하게 된다. 마음은 인생의 모든 샘물이 흘러나오는 샘의 근원이다. 그곳에서 흘러나오는 선한 것은: "나를 믿는 자는 성경에 이름과 같이 그 배에서 생수의 강이 흘러나리라 하시니"(요 7:38)와 같은 것이고, 악한 것은 "속에서 곧 사람의 마음에서 나오는 것은 악한 생각…"(막 7:21)과 같은 것이다. 믿음은 전인간이 하나님께 헌신하는 영적인 행동이라고 할 수 있다. 바울이 말한 것처럼 그의 길은 그의 마음에 쓰여져 있다. "사람이 마음으로 믿어 의에 이르고 입으로 시인하여 구원에 이르느니라"(롬 10:10).

가장 큰 계명이 무엇이냐는 질문을 받으신 후, 예수께서는 모세의 율법을 가리키셨다(신 6:5). 그리고 이렇게 요약하셨다: "네 마음을 다하고 목숨을 다하고 뜻을 다하고 힘을 다하여 주 너의 하나님을 사랑하라 하신 것이요"(막 12:30). 이러한 네 번의 강조를 시행할 수 있는 인간의 본질은 무엇인가? 성경적 인간관에 대해 우리는 어떤 결론을 내려야 하는가? 인간은 두 부분(이분설의 입장에서 – "몸"과 "영혼")이나 혹은 세 부분(삼분설적 입장에서 – "몸"과 "혼"과 "영")이 아닌, 오히려 네 부분("마음" 그리고 "목숨"과 "뜻"과 "힘")으로 나누어야 하는가? 이런 해석들은 성경 말씀을 오해한 것이다. "마음"은 바로 전인간을 의미한다.

성경은 삶을 중심으로 쓰여졌다. 성경은 인간을 신앙고백적으로 표현한다. 이러한 계시적 표현에 근거해서 기독교 사상가들은 인간론의 모델을 발전시켰던 것이다. 이들의 기본적인 신념은 합리적으로 그것이 옳다거나 또는 그르다는 판단을 넘어선다. 이 기본적인 신념들이 모든 인간이해의 궁극적인 판단 기준이 된다. 그러므로 인간론의 변화는 일종의 "개종"을 포함한다. 만약 우리가 창조주가 아닌 어떤 피조물에 마음을 고정시킨다면, 그것이 우상에게 팔리는 것이다. 실제로 한 공동체는 가장 깊은 충성을 그 마음으로 표현한다.

이러한 성경의 관점에 서서, 이제 알려진 몇몇 기독교에 널리 알려진 인간에 대한 풍자는 그만 논하기로 하자. 우리는 하나님의 구속 사역이 그의 창조 사역을 거역하지 않는다는 것을 기억해야만 한다. 인간을 구원하시는 방법은 인간을 창조하셨던 방법을 존중한다. 구속은 창조의 뜻과 기준에 따른다. 그러므로 아주 그럴듯하게 오랫동안 들려온 오해를 해결해야 한다. 설교나 가르침 중에, "머리"(지성) "마음"(감성) 그리고 "손"(행동) 등의 말로 기독교적 삶을 이야기하곤 한다. 하지만 이런 분류는 심리학에서 온 대중화된 분류법이다. 이것은 인간됨을 지성과 감성과 의지라는 세 가지로 구분한다. 이러한 세 가지 기능들이 합하여 전인간을 이룬다고 생각한다. 이 이론에 의하면 "머리"는 지성을 의미하고, "마음"은 감성을 그리고 "손"은 결단을 의미한다.

이러한 이해를 바탕으로 다음과 같은 결론이 도출된다: 우리에게 필요한 것은 덜 "머리"적인 지식을, 그리고 더 많은 "마음"적인 지식이 가지는 것이다. 교리의 가르침이 아닌 영감 있는 설교와 가르침이 많아져야 한다는 것을 의미한다. 비록 어떤 그리스도인들은 "머리"(지성주의)를 강조하고, 또 다른 이들은 "마음"(감정주의)을 강조하며, 또 어떤 사람들은 "손"(행동주의)을 강조하지만, 우리 칼빈주의자들은 이 세 가지 사이의 적절한 밸런스를 둠으로써 그들과 구분된다. 이러한 가르침은 말로는 정말 멋지고 깔끔하고 깨끗하게 들린다. 그러나 실제에 있어서 우리는 전 인간에 대한 성경의 통합적 관점을 잃어버리고 만다. 이 세 가지 "부분들"을 각각 다루게 될 때, 우리는 스콜라주의적인 방식으로 인간에 대한 성경의 가르침—하나됨, 온전함, 그리고 하나님 앞에서의 전체성을 소홀히 다루게 된다. 결국 "마음"은 인간 전체가 아닌 한 부분이 되고 만다. 이제 시편 기자의 기도를 들어야 할 때이다: "여호와여… 일심으로 주의 이름을 경외하게 하소서"(시 86:11).

벌카우어는 마음에 대한 성경적 개념을 잘 요약하였다. "전 인간"이라는 주제를 다루면서, 그는 인간 본성의 모든 구조와 기능은 마음 안에 있는 종교적 통일성으로 향한다고 주장한다. 잠언 4:23, "무릇 지킬 만한 것보다 더욱 네 마음을 지키라 생명의 근원이 이에서 남이니라"의 말씀을 인용하면서 벌카우어는 다음과 같이 주석을 달았다:

> 이 말씀은 인간의 여러 요소들로 구성된 조합적 구조에 빛을 던져주려는 목적이 있는 것이 아니라, 오히려 인간의 복잡한 기능들 안에 있는 전 인간을 다루고 있는 것이다. 곧, 다른 부분들과는 구별된 인간의 한 부분을 다루는 것이 아니라, 하나님의 존전에 열려 있는 전 존재로서의 인

간을 다루는 것이다…(왜냐하면) 마음속에 있는 인간의 전 삶은 하나님 앞에 열려져 있다. 그분은 모든 마음들을 아시는 분이시기 때문에…(그러므로) 마음은 소위 인간의 가장 중요한 한 부분의 기능적 측면이 아니라 인간의 전인격의 깊은 측면을 나타내 보여 준다. "마음"이라는 말은 전체적인 경향과 방향과 중심, 그리고 그의 전 인간 존재가 형성되는 차원을 다룬다. 하나님께 마음을 드리는 자는 그의 전 인생을 드리는 것이다(참고, 잠 23:26; Man: The Image of God, 202-3).

이러한 총체적 관점은 대부분 종교개혁의 공통 신조들 속에 비슷하게 표현된다. 하워드 헤이그만(Howard Hageman)의 말을 빌리면 다음과 같다:

…인간이 필요로 하는 전체를 처음부터 끝까지 인식했다는 것이 하이델베르그 신앙고백이 가장 많이 사랑받는 신앙문서인 이유이다. 바로 첫 번째 질문 안에 아주 조용하지만 요점이 담겨 있다: "나는 내 몸과 영혼 모두에 있어서 예수 그리스도께 속한다." 이 표현에는 후에 복음주의 진영에서 그러했던 것처럼 인간 존재의 일부를 경건주의식으로 다른 세력에 포기함이 나타나지 않는다. 영혼의 문제에 대한 편협한 관심이나 현대의 유명한 경건성에 대한 특징적인 것도 없다. 이 신조의 처음 답변 속에는 인간의 삶 전체가 예수 그리스도께 속했다는 솔직한 인정이 있을 뿐이다. 그것은 그 단어의 깊은 의미로 볼 때, 인간이 먹는 것, 남녀간의 성 관계, 그가 돈을 벌고 사용하는 방식과 같은 삶도 그가 기도를 하거나 목사의 설교를 듣는 방식만큼이나 예수 그리스도께 중요한 것이라는 것을 뜻한다…(그러므로) 이 신조는 '나의 영혼'이라고 불리는 종교적 추상이 아닌 전 인간으로서 '나'를 말하고 있는 것이다(D. Bruggink, 편집, Guilt, Grace, and Gratitude, 14-15).

바로크 시대의 정신과 스타일을 가진 바하는 그의 "크리스마스 오라토리오"의 성가 가사 속에서 마음이라는 성경적 개념을 음악적으로 형상화시켰다:

아! 고귀하신 예수여, 거룩한 아기여!
부드럽고 정갈한 침대를 만들어
당신을 내 마음속에 두고 그곳에 눕히리니
그 방을 영원히 당신의 것으로 삼으소서

7. 인간: 하나님의 형상

하나님의 형상에 대한 기독교의 신앙고백은 성경적 인간이해의 핵심을 나타낸다.

따라서 과거나 현재에 있어서 모든 기독교 전통의 신학자들은 성경의 이러한 중요한 이슈를 다루어왔다. 결과적으로 교회는 수많은 인간론의 저작들을 가지게 되었다. 하나님의 형상(imago Dei)의 해석들은 그러한 해석을 배출한 다양한 신학의 종류만큼이나 다양하다. 이러한 다양한 인간이해는 각각 다른 세계관에 근거를 두고 있으므로 세계관이 다양한 만큼 다양한 것은 놀랄 일이 아니다.

하나님의 형상으로 지어진 인간에 관한 집중적인 관심에도 불구하고, 아직도 그 정확한 의미는 신비로 가득 차 있다. 바로 그 신비로 인해 인간이 구성된다(참조, 시 139:13-18). *Imago Dei*의 이해에 대한 많은 논의에도 불구하고 어려움이 있는 것은 아마도 성경에서 이러한 단어를 상대적으로 적은 곳에서만 일컫기 때문일 것이다.

그리스도 안에서 하나님의 형상의 회복을 가르치는 신약(롬 8:29; 고전 15:49; 골 1:15; 3:10)을 제외하고서, 인간이 하나님의 형상을 따라 창조되었다는 구절은 창세기의 앞장에서만 발견된다(창 1:26-27; 5:1; 9:6; 비교, 약 3:9). 성경에는, 예를 들어서, 시편 8편에서는 그 부분에 대한 분명한 언급도 발견된다. 그러나 성경은 계시의 목적과 의도를 따라서 그 어디서도 인간에 대한 조직신학적인 연구를 제공하지 않는다. 이러한 면은 바빙크(Bavinck)로 하여금 다음과 같이 말하게 하였다: "(성경의) 그 어디에도 하나님의 형상을 충분히 설명해 놓은 부분은 없다" (*Gereformeerde Dogmatiek*, Vol. II, 494). 그러나 성경은 인간이 하나님의 형상으로 창조되었다는 것을 현실적으로 밝히고 있다. 바울은 "우리는 하나님의 *poiema*(작품), 하나님의 만드신 걸작품이다. 그리스도 예수 안에서 선한 일을 위하여 창조되었다"고 기록하고 있다(엡 2:10).

사실 성경은 인간의 정체성의 주제를 연구하는 데 많은 시간을 사용하지 않는다. 하나님의 창조사역의 절정에서, 우리는 이런 구절을 만나게 된다: "하나님이 가라사대 우리의 형상을 따라 우리의 모양대로 우리가 사람을 만들고, 그로 바다의 고기와 공중의 새와 육축과 온 땅과 땅에 기는 모든 것을 다스리게 하자 하시고 하나님이 자기 형상 곧 하나님의 형상대로 사람을 창조하시되 남자와 여자를 창조하시goes"(창 1:26-27). "아담의 족보"도 이러한 진리를 재언급한다: "하나님이 사람을 창조하실 때에 하나님의 형상대로 지으시되"(창 5:1). 나중에 살인에 대한 그의 정의로운 심판을 말씀하실 때, 하나님은 근본적 창조의 실재에 의거해서 생명의 거룩함을 천명하시고 그것에 심판의 근거를 두신다: "이는 하나님께서 자신의 형상대로 인간을 창조하셨음이라"(창 9:6).

수세기 동안 기독교 사상가들은 창세기에 나타난 두 용어들, "형상"과 "모양"이라는 개념 사이에 의미의 차이가 있다는 유혹을 받았다. 그런 학자들은 "형상"은 하나님이 주신 인간의 지위를 말하고, "모양"은 인간이 추구해야 할 높은 거룩함의 목표를 가리킨다고 주장하였다. 이러한 논리는 하나는 더 크고 다른 하나는 작은 형상을 의미하는 일종의 이중적 형상으로 결론지어졌다. 이러한 해석은 이원론적 인간이해, 즉 하나는 인간이 가지고 있는 자연적인 은사를 지칭하는 것으로 다른 하나는 초자연적인 은사를 지칭하는, 이원론적인 인간이해에 적합한 것으로 들렸다. 그러나 이러한 것들은 성경의 용법과 부합하지 않는다. 성경에서는 두 개념이 거의 같은 의미로 사용된다. 따라서 이러한 구분이 어거스틴이나 아퀴나스 등과 같은 사상가들에서 나타나기는 하지만, 개혁자들에게는 거부되었다. 이에 대해서 칼빈은 "'모양'이라는 말에 설명을 위해서 붙여진 것 외에 '형상'과 '모양'이라는 두 말 사이의 본질적 차이점은 존재하지 않는다"(『기독교강요』 I, 15, 3). 바빙크도 비록 "형상"과 "모양"이 "분명히 같지는 않지만, 누구도 이 둘 사이에 어떤 본질적이고 실제적인 차이를 지적할 수 없다"고 주장한다. "이 둘은 특별한 이유 없이 혼용되고 상호적으로 사용된다"(*Gereformeerde Dogmatiek*, Vol. II, 492).

신적인 형상과 모양은 인간됨의 존재에 반드시 있어야 할 요소이다. 인간은 우선 형상이라는 단어가 주는 반영하고 반사하는 성질이 보기 좋게 하기 위하여 더해진 그런 존재가 아니다. 하나님의 형상이란, *donum superadditum*, 원래는 오직 순수한 자연적인 존재였는데 그 위에 초자연적인 은사가 보완하고 완성하기 위해서 더해진 존재가 아니다. 하나님의 형상은 이미 존재하는 인간 본성 위에 첨가한 부가물이 아니다. 인간됨은 그 자체로 하나님의 형상임을 의미한다. 그러므로 *imago Dei*가 우리의 본래적이고 정상적인 상태를 설명한다. 형상은 우리 안에 있거나 우리 주위에 있는 것을 가리키는 것이 아니라, 인간의 인간성 자체를 가리키는 것이다. 요점을 말하자면, 하나님은 자신의 이미지를 반사함으로 인간을 존재케 하셨다고 말할 수 있다. 그러므로 우리가 하나님의 형상을 "가지고" 있다고 말하는 것은 잘못된 것이다. 또는 단지 "형상의 소유자"(image-bearers)라고 말하는 것도 잘못이다. 이러한 통상적인 말들은 인간됨의 외부적인 요소를 강조하는 의미를 가지고 있기 때문이다. 그래서 마치 "십자가를 짐"(cross-bearing)과 같이 선택할 수 있는 요소가 되어, 하나님의 형상을 인간이 가질 수도 있고 안 가질 수도 있다는 것으로 이해될 수 있다. 하나님의 형상은 인간이 할 수 있는 인간됨의 선택사항이 아니라, 그들에게 주어진 인간의 본질이다. 우리 자체가 바로 하나님의 형상인 것이다. 하나님을 반영하는 것이 우리의 모습, 인간됨, 그리고 영광을 드러내며, 하나님의 세상 안에서 우리를 부르시는 소명이기도 하다.

　인간됨에 대한 이러한 근본적인 관점은 인간에게서 어느 요소도 제외하지 않은 전 인간에게 적용된다. *Imago Dei*의 개념은 인간 존재 전체를 포괄한다. 이것은 우리의 존재와 소유와 행동, 모든 것을 아우른다. 바빙크의 단호한 말을 들어보자:

> …전 인간은 온전한 하나님의 형상이다. …그리고 인간은, 영혼과 육체에서, 그의 모든 능력과 권세 안에서, 그리고 모든 상황과 관계 안에서 완전히 충만한 하나님의 형상이다. 인간은 진정한 인간인 한에 있어서 하나님의 형상이다. 그리고 그가 하나님의 형상이라는 한에 있어서 그는 진정, 본질적으로 인간이다…그러므로 전 인간은 하나님의 형상과 모양이다. 인간은 영혼과 육체에서, 그의 능력과 힘과 은사에 있어서 진정으로 하나님의 형상이다. 인간의 그 어떤 것도 하나님의 형상에서 배제될 수 없다. 우리의 인간성 자체가 하나님의 형상이다. 이것이 바로 우리의 인간됨이다(*Gereformeerde Dogmatiek*, Vol. II, 493, 516, 523).

　다르게 이해할 수 없을 만큼 분명한 언어로 바빙크는 사라지지 않고 지속적으로 나타나는 인간이해의 경향, 즉 하나님의 형상을 인간성의 한 중요한 부분으로 국한시키고 다른 부분을 무시하는 경향을 반대하고 있다. 이러한 하나님의 형상 이해는 인간 안에 하나님의 형상의 "보좌"가 따로 존재하지 않음을, 마치 인간성의 한 부분이 다른 부분 위에 있거나 또는 다른 요소들을 제어하는 것으로 이해되지 않음을 의미한다. 성경이 가르치는 인간의 이해는 이러한 종류의 모든 지나친 단순화 또는 환원주의(reductionism)를 거부한다. 성경이 가르치는 인간상은 통합적인 시각임을 아무리 강조해도 지나치지 않다. 우리는 우리의 모든 부분에 있어서 하나님의 형상들이다. 이러한 인간이해는 다음과 같은 벌카우어의 말로 이어진다:

> 전 인간이 하나님의 형상이라는 성경의 강조는 모든 거부와 반대가 되는 원리들을 이겨왔다. 성경은 인간의 영적이고 육체적인 속성들을 나누어서 하나님의 형상을 영적인 것에 국한시키는, 그래서 그 영적인 요소가 하나님과 인간 사이의 유일한 가능한 유추인 것으로 구분하는 것을 반대한다(*Man: The Image of God*, 77).

　수많은 인간론 연구에도 불구하고 한 질문이 대두된다. 어디에 소위 하나님의 형상의 "자리"가 위치하는가? 인간 본질의 과연 어떤 부분의 형상이 다른 모든 요소들을 주관하는가? 이러한 환원주의적(reductionist) 접근은 인간성의 한 속성이 하나님의 속성과, 비록 하나님의 속성이 우월하지만, 상응한다는 것을 가정한다. 그러한 한 속성이, 그것이 합리성, 언어적 능력, 창조성 또는 어떤 다른 속성이든지, 다른 열등한 속성들을 통합하고 완성하는 자질로 여겨진다. 이제 논쟁은 가열되어 어떤 자질이 주도적인 역할을 하느냐로 이어진다. 이러한 속성들 중 어떤 것이 "공유적"(하나님이 인간과 공유하는 속성)이며, 어떤 것이 "비공유적"(하나님이 홀로 가지고 계시는 속성)인 것인가? 이러한 스콜라주의적 방법은 소득이 없는 노력으로 남게 된다. 성경의 지지를 얻을 수 없는 보물찾기인 것이다. 그 이유는 이러한 견해는 잘못된 세계관을 전제하는데, 그것은 바로 하나님과 인간 사이의 "존재적인 유비"(analogia entis)이다. 이 유비는 창조주와 인간을 포함한 피조물 사이에 있는 본질적이고 질적인 구분을 흐리게 한다. 이것은 초월하시는 하나님과 한계적인 인간 사이를 중보하는 하나님의 말씀을, 그 말씀이 그 사이의 경계를 정함과 동시에 그 둘이 언약의 체결로 묶여진 관계를 잇는 다리인 것을 고려하지 못한 결과이다.

인간은 하나님의 존재론적인 "복사물"이거나, 그의 본질의 "복사물"이거나, 또는 하나님의 본질의 "다른 존재"도 아니다. 우리는 하나님의 형상으로서 하나님의 세계 안에서 피조물의 수준에서 우리의 삶을 통하여 하나님의 뜻을 드러내며, 반영하고, 울려 퍼지게 하는 자들로 부르심을 받은 것이다. 우리는 예수 그리스도 안에 성육신하신 말씀을 보면서 하나님을 닮는다는 것이 무슨 뜻인지를 배운다. 예수 그리스도는 만물 가운데 우리와 같이 되시고 성부의 뜻을 행하러 오셨다. 그는 성령을 통해 종말론적 시각을 허락하신다. 그러므로 인간은 독특한, 하나님과 "다르고" 나머지 피조물과도 "다른" 존재로서의 피조물들이다. 다른 피조물들은 "종류대로" 창조되었다. 그러나 하나님은 인간을 "그의 형상과 모양대로" 창조하셨다. 이러한 수직적인 방향은 다른 생명체와의 관계를 설정해 준다. 이것은 진화론의 수평적 관점과는 사뭇 다른 것이다. 인간의 삶은 하나님이 정의하시고, 우선 하나님과의 관계에 의해서 생성된 삶이다.

그러나 아직도 셀 수 없이 많은 그리스도인들이 하나님과 인간 사이의 가까움과 다른 둘 다를 흐리게 만드는 인간이해를 가지고 하나님의 형상을 인간성 중에서 가장 중요한 속성에 귀속시키는 유혹에 빠지고 있다. 그러한 개념들은 성경과 다를 뿐 아니라 일상의 경험과도 배치된다. 그럼에도 이러한 견해는 사람들이 생각하고, 말하고, 저술하는 일에 상당한 영향을 미치고 있다. 예를 들어 인간을 이성적이고 도덕적인 존재로 정의하는 것은 보통의 일이다. 이러한 이해 안에서, 인간성과 하나님의 본질 사이에 유추가 있다는 전제에 따라, 인간의 이성과 도덕성은 하나님의 본질, 속성, 그리고 특성 안에서 비슷한 것을 찾을 수 있다고 생각한다. 이러한 견해는 결국 문제를 발생시킨다. 곧, 어디에 하나님의 형상의 "자리"를 매김할 것인가? 우리의 이성의 자리에? 그렇다면 결국 하나님은 위대한 사상가가 아니신가? 우리는 "그를 따라 그의 사고를 하도록" 부르심 받은 것이 아닌가? 사실 인간이 가진 지성의 우선성을 거부하기는 어렵다. 그러한 지성주의는 인간 마음의 가장 심오한 열망을 만족시켜 줄 수 없다.

사람들은 이제 죽은 정통으로 말미암아 "이성으로부터의 도피"(쉐퍼)를 꿈꾸게 된다. 그러므로 인간을 합리적-도덕적 피조물로 정의 내리게 될 때, 그 중 합리성이 실패로 돌아갈 때에는 도덕성밖에는 돌아갈 곳이 없어진다. 이제 이것이 궁극적인 인생의 의미가 되고 말 것이다. 바로 이것이 우리 안에 있는 신적 형상의 "자리"가 될 것이다. 결국 하나님은 도덕의 주창자이시며, 세상은 하나의 도덕질서이며, 인간은 도덕의 대리자가 되는 것이다. 그들은 성경이 이것을 "입증하며", 신존재 증명 중에 고전적 도덕 논증이 이것을 확증한다. 그러나 현대인이 제2차 세계대전의 인종말살, 세계의 곳곳에서 일어나고 있는 인종갈등, 그리고 임박한 종말에 의해 압도당해 버려서 더 이상 이 세상의 도덕질서의 실재에 대해 전통적인 확신을 고수할 수 없게 되면 그때는 어찌 해야 하는가?

이러한 논리를 따라서 인간 안에 하나님의 형상의 "자리"를 찾는 환원주의자들의 노력은 계속된다. 인본주의자들이 주장하는 대로 그것은 인간의 높은 정신 속에 있을지도 모르며 또는 쾌락주의자의 주장대로 육체의 만족에 있을지도 모른다. 만약 지성이나 인간의 합리적 영혼(스콜라주의의 견해) 속에 그 자리가 없다면, 우리는 인간의 심오한 감정 속에서 찾아야 할지도 모른다(슐라이어막허의 추종자들). 또는 인간의 의지력 안에는 어떨까?(사회적 행동주의자들) 기독교 정통주의 내에서 우리는 "협의"의 형상과 "광의"의 형상을 구분하는 것을 보게 된다.

이런 잘못된 인간의 이해는 *imago Dei*가 인간의 전체 자아를 의미한다는 성경의 가르침을 모호하게 만든다. 우리는 매우 자세하게 "먹고 마시는 것이 하나님을 향한 사랑의 표현임을" 배워야 한다. "수반하는 은혜의 말씀에 의해서가 아니라, 먹고 마시는 그 자체의 행위를 통해서 그렇게 됨을 알아야 한다. 그리고 어떻게 상업적 경력이 신학적 경력만큼이나 하나님을 섬기는 풍성한 경험이 되는지를 알아야 한다. 그리고 화장실에 가는 것이 기도만큼이나 거룩한 행위임을 경험해야 한다"(Stuart Fowler, *On Being Human*, 7).

*Imago Dei*라는 개념은 고대 사회에서 동전이 하던 역할에서 기인하였다. 동전에는 통치하는 왕조의 형상과 모양이 찍혀 있었다. 이것은 현대에도 그리 낯선 아이디

어는 아니다. 동전에 새긴 왕의 형상은 그의 현존과 그의 권위, 그리고 그의 나라에 대한 그의 통치를 나타내었다(성경 기사 중에서 세금 내는 문제로 발생한 사건을 생각해 보라). 예수께서는 나라에 내는 세금문제로 시험하는 사람들에게 이런 질문으로 대답하셨다. "이것이 누구의 형상이며 화상인가?"(마 22:15-22) 가이사의 것은 가이사에게 돌릴지니라. 하나님의 형상으로서의 인간도 마찬가지이다. 인간이 하나님의 창조세계의 어디를 가든, 그곳에서 그는 창조주의 임재와 다스림과 사랑을 드러내야 한다. 형상이라는 개념의 의미는 우리가 "하나님을 대표하는 것이며, 외국으로부터 온 대사와 같은 것이다…하나님의 권위를(대표하며)…세상을 향한 하나님의 계획을 진보(시키려고 노력하며)…(그리고) 하나님이 이뤄가시는 일을 증진시키는 것이다"(Anthony Hoekma, *Created in God's Image*, 67-68).

인간은 정확히 말해서 특별한 하나님의 형상이기 때문에 하나님은 다른 형상을 만드는 것을 강하게 금하신다(출 20:4-6). 자신의 형상을 세우는 특권은 오직 하나님께만 속하는 것이다. 또한 하나님은 이 특권을 단 한 번 인간을 창조하실 때 사용하셨다. 하나님께서 의도하셨던 것과는 다르게 하나님을 형상화하여 "하나님처럼 행동하는 것"은 분명히 거부되어야 한다. 왜냐하면 하나님은 그의 형상을 만드는 일에 대해 거룩한 질투심을 가지시기 때문이다. 또한 당신의 현존과 통치와 세상을 향한 목적을 임의로 조절하고 조작하는 것에도 눈살을 찌푸리신다. 벌카우어의 말 속에 이것이 나타난다:

> 십계명 중의 두 번째는 인간이 하나님을 자신의 원하는 대로 취급하는 독단성에 대한 금지이다…(왜냐하면) 신의 형상을 만드는 노력 속에는 그를 자신 가까이 두고 조정하려는 인간의 욕심이 숨어 있기 때문이다. 제2계명에서 금지된 것이 바로 이것이다…(이러한 시도는) 분명 원초적으로 하나님과 멀어지는 행위이다. 그리고 동시에 극단적인 자기 고립화이다. 왜냐하면 인간은 그의 존재가 하나님과의 교제 속에 하나님의 형상이 되고, "하나님의 형상"을 건설하려고 노력해야 하기 때문이다…하나님과의 교제가 끊어질 때, 조작해서 만든 신적 "현존"으로 빈곳을 채움으로써 "형상"을 찾으려는 혼돈스럽고 목적 없는 시도가 일어나는 것이다(*Man: The Image of God*, 79-82).

그러므로 *imago Dei*의 성경적인 의미는 관계적인 개념이다. 이것은 우리 내부에 있는 어떤 본질적 자질 안에서 찾아지는 것이 아니다. 그것은 오히려 역동적이며, 활동적이고, 기능적인 의미를 가진다. "하나님은 인간을 당신의 형상대로 창조하셔서 우리로 하여금 임무를 수행하며, 사명을 완수하며, 소명을 추구하게 하신다"

(*Created in God's Image*, p. 73). 하나님에게 있어서나 또는 인간에게 있어서 성경의 정의는 *ad intra*(안으로의 운동)가 아니라 *ad extra*(밖으로의 운동)이다. 우리는 자아를 살펴보거나, 내적 존재를 추구함으로써 형상의 소유자인 인간의 의미를 발견하게 되는 것이 아니다. 오히려 우리의 바깥을 살펴봄으로써 하나님의 형상의 의미를 발견할 수 있다. *Imago Dei*는 내향적인 사람이 아니라 외향적인 사람을 만드는 것이다. 하나님의 형상이란 구조적인 개념이 아니라 방향적인 개념이다. 이것은 언약적 틀을 세우는 종교적 관계를 언급하는 것이다. 하나님과 우리 사이의 관계는 개인, 공동체, 그리고 전체 우주 내에서 다른 피조물과의 관계를 유지하고 살아가는 규범적 관계를 설정한다. 형상의 개념은 우리의 지위와 임무를 가리킨다.

우리는 신성의 존재가 아니라 거룩한 존재인 것이다. 인간의 삶은 전적으로 거룩하다. 왜냐하면 하나님의 면전에서 살아가는 삶이기 때문이다. 그러나 또한 이 세대의 한가운데서 살아간다는 의미에서 전적으로 세속적이다. 창조시에 주어진 하나님의 형상은 언약에 대한 순종과 하나님의 나라를 위한 봉사와 일치한다. 하나님의 형상대로 창조되었다는 것은 그의 뜻을 행하는 것을 말한다. 이것은 우리가 하나님의 말씀을 듣고 주의를 기울여야 하는 것의 문제이다. 이것이 바로 우리의 임무요 사명이다. 이는 "정적인 것이 아니라 역동적인 것이다." 그러므로 우리는 이것을 "단순한 명사로서가 아닌 동사로서 생각해야 한다"(*Created in God's Image*, 28).

베버(Weber)의 말에 의하면, "하나님과 닮은 존재로서 우리는 어떤 일을 해야만 하는 것이다"(*Foundations of Theology*, Vol. I, 560). 왜냐하면 삶은 종교이기 때문이다. 또한 종교는 봉사이기 때문이다. 그리고 하나님의 형상을 입었다는 것은 하나님을 섬기며, 동료 인간들을 섬기는 것이기 때문이다. 그러므로 회심은 새로워진 봉사로의 부르심이다. 이로써 "하나님의 형상의 능력을 잘못된 방식으로 사용하던 사람이 이제는 다시 그 능력을 올바로 사용할 수 있게 되는 것이다"(*Created in God's Image*, 86).

8. 인간의 소명

구속의 메시지를 성경은 창조라는 기준을 전제하고 그 위에 새롭게 세워가는 것이라고 가르친다. 따라서 성경은 인간을 하나님의 형상이요, 직분을 가진 존재로 전제한다. 이 말은 우리가 포괄적인 소명을 가지고 있음을 묘사한다. 우리가 직분을 수행하는 방식이 하나님의 형상의 의미인 것이다.

고전적인 직분 개념은 어려운 시기를 거치며 타락해 버렸다. 이 개념은 현대 인본주의와 세속주의 영향하에서 오용되고, 남용되고, 악용되었다. 그 결과를 우리가 맞이하고 있다. 과연 누가 일상생활을 하나님이 주신 직분의 수행으로 생각할 수 있을 것인가? 거의 없을 것이다. 왜냐하면 우리 모두는 패배자이기 때문이다. 이 잃어버린 기초를 되찾기 위해서는 건전하고 성경적인 개념의 재천명이 중요하다. 이에 우리는 고전적 개념을 새롭게 살펴보고자 한다.

"직분"(office)이라는 용어는 창조세계 속에서 인간의 위치와 임무를 가리킨다. 그런데 이 용어는 성경이 언급하지 않는다. 다만 직분 개념은 성경 전체를 통해 함축적으로 드러난다. 구속의 전체 드라마 속에 총체적으로 스며들어 있다. 예를 들어 구약의 제사장, 왕, 선지자와 신약의 사도, 집사, 장로, 목사, 전도자의 직분 개념을 생각해 보라! 그리스도를 믿는 전체 구성원들에 대한 공식적 직분에 대해, 성경은 "택한 백성이요, 왕 같은 제사장들이며, 거룩한 나라요, 그의 소유된 백성"이라고 말씀한다(벧전 2:9). 이러한 일반적 직분이 교회 내의 특별한 직분들을 지원한다.

그러나 종교개혁 시기까지도 기독교회는 이러한 성경적 직분 개념을 온전히 발전시키지 못했다. 초대교회의 직분은 점점 중세 기독교의 공식적 직분에 밀렸고, 온전한 의미의 성경적 직분개념은 점차 엘리트 관료주의로 대치되어 버렸다. 그리스도를 고백하는 교회의 몸은 특권을 박탈당하고 말았다. 일반 신자들은 우주적 직분의 근본적인 의미를 상실하고 말았다. 대신 기독교적 직분은 교회와 정부의 권위자들에게만 보존되었다. 자연의 영역에서는 지위를 가진 관료들이, 은혜의 영역에서는 제사장들이 직분과 동일시되었다. 그러므로 세속적 통치자들은 "왕권신수설"에 호소해서 정치적 지지를 얻어내었고, 반면 영적 지도자들은 "두 권위(현세적 권위와 거룩한 권위) 모두 한 손 안에 있다"고 최고의 권위를 가진 것처럼 뱃심좋게 허세를 부려 계급제도 속에 머물렀다.

서구 기독교에 깊이 뿌리 박힌 환원주의적 경향을 살펴볼 때, 우리는 16세기 개혁자들이 성경적 직분 개념을 회복시켰다는 것에 깊이 감사해야 한다. 종교개혁 운동의 개척자인 루터는 모든 신자들의 '만인제사장직'의 진리를 회복했다. 2세대 개혁자인 칼빈은 더욱 완전한 직분의 신학을 발전시켰다. 그는 그리스도의 삼중직을 몸 된 교회에 상응하는 삼중 직분과 관련시켰다. 그리스도는 왕으로서 그의 백성이 인내할 수 있는 힘을 주신다. 이것이 그의 왕적 직분이다. "그것이 그의 통치의 본질이기 때문인데, 그는 성부로부터 받은 모든 것을 우리와 함께 나누신다"(『기독교강요』 II. 15. 4).

그러므로 영생으로 무장하신 그리스도에 관해 들을 때마다 교회의 영속성은 이러한 보호 속에서 안전하다는 것을 기억해야 한다. 그러므로 거센 소동으로 계속 문제가 생기는 중에도, 가혹하고 무서운 폭풍이 수 없는 재난과 함께 위협하는 중에도 교회의 영속성은 안전하게 유지된다(『기독교강요』 II. 15. 3).

칼빈은 그리스도의 선지자적 직분을 다루면서 비슷한 어조로 말한다:

…주님은 가르치시는 직분을 수행하기 위해서 기름부음을 받으실 뿐만 아니라, 복음의 지속적인 전파 속에서 성령의 능력이 현존하도록 하기 위해 그의 온 몸에 기름부음을 받으셨다(『기독교강요』 II. 15. 2).

일관되게 칼빈은 그리스도의 중보적(제사장적) 직분에 관한 논의를 다음과 같이 결론 맺는다:

…그리스도께서는 성부로 하여금 영원한 화해의 법을 통해 인간에게 은혜와 호의를 베풀도록 하기 위해 제사장의 역할을 감당하실 뿐만 아니라, 그의 위대한 직분의 동역자로서 우리를 세우시기 위해 그 역할을 감당하신다(계 1:6). 왜냐하면 타락하였지만, 주안에서 제사장들인 우리는 자신과 모든 것을 하나님께 드리며, 자유롭게 하늘의 지성소로 들어가 우리가 드린 기도의 제사와 찬양이 하나님 앞에 받으심 직한 향기로운 향기가 되도록 하기 때문이다(『기독교강요』 II. 15. 6).

칼빈이 왜 하나님은 인간이 되셨는가?(Cur Deus homo?)라는 질문에 대해 한 장 전체에 걸쳐 명확히 밝힌 것처럼(『기독교강요』 II. 12), 그리스도는 "아담의 지위"를 온전히 떠맡기 위해 "마지막 아담"으로 오셨다. 그러므로 그리스도께서 인간을 세 가지 직분으로 회복시키신다는 것을 증명하기 위해, 칼빈은 인간이 하나님의 세계 속에서 가진 본래의 지위에 대해 증거한다.

칼빈에 의해 시작된 이러한 직분의 신학은 20세기초 신칼빈주의 운동을 통해 더 깊이 발전되었다. 1898년 프린스턴에서 행한 연설에서, 카이퍼는 "모든 인간의 삶의 세 가지 근본적인 관계성"에 대해 논의하면서 인간의 우주적 직분과 세계관적 관점을 열어놓았다. 카이퍼에 의하면 직분은 합리성을 필요로 한다. 인간이 가진 세 가지 기본적 관계성은 창조시에 인간에게 주어진(이제는 타락하였다가 다시 회복된) 직분의 구조와 환경을 제공한다. 이 직분으로 인간은 신학적, 사회적, 그리고 우주적으로 정의될 수 있다. 무엇보다 인간은 하나님의 종들이다. 또한 인간은 동료 인간들(우리 자신의 삶을 포함하여)의 보호자들이다. 마지막으로 인간은 수없이 많은 우주적 피조세계의 청지기들이다. 그러므로 신학적으로 직분은 종의 도를 드러내고, 사회적으로 후견인역을 의미하며, 우주적으로 청지기도를 나타낸다(Lectures on Calvinism, 19쪽이하).

성경은 서로 바꾸어 쓸 수 있는 다양한 용어들을 사용하여서 직분의 개념의 기초를 제공한다. 그 중에서 oikonomos(청지기, 문자적으로는 "집안의 책임을 맡은 자")가 아마도 히브리어와 헬라어의 다양한 용법들의 요약을 잘 표현하고 있다(참고, 눅 16:2에서 "불의한 청지기"는 "네 보던 일을 셈하라"는 명령을 받는데, 이것은 문자적으로 "너의 집 지키는 일"이다. 또한 눅 12:42도 보라). 폴 슈로텐보어(Paul Schrotenboer)는 이렇게 말했다:

> 넓은 의미에서 직분 개념은 하나님께서 인간에게 경영하라고 주신 전 세상을 향한 다스림을 가리킨다. 창세기의 창조기사는 하나님께서 인간을 세상 위에 두시고 창조주에게 순종하여 그것을 다스리도록 하셨다는 것을 분명하게 언급한다. 하나님의 대리자로서 인간이 세상의 경영자라는 사실은 선사시대 사람들에게는 받아들이기 쉬운 개념이 아니었다. 이것은 신적인 계시에 의해 지식을 얻게 된 하나님의 백성, 곧 히브리 사람들의 믿음의 결산이었던 것이다(Man in God's World, 4).

직분을 가지고 있다는 것은 인간에게 본질적이다. 이것은 단순한 기능 이상의 것이다. 이것은 개인적이며 사회적인 정체성 문제이다. 직분은 선택의 문제가 아니다. 이것은 우리의 인간성 자체를 정의 내린다. 하나님의 세상 속에서 직분을 가진다는 것은 없어서는 안 되는 것이다. 일반적 직분이 다양한 직업적 직분으로 다르게 나타날 때, 명백한 결단이 필요하게 된다(예를 들어, 아벨의 경우에 "양치기"로서 직분을 수행하고, 가인의 경우에 "땅의 경작자"로서 직분을 수행하게 된 경우에 그러했다). 물론 어떤 경우에 일의 차이가 창조의 근원적 질서에 의해 나눠지기도 한다(이브와 아담의 경우, 누가 엄마가 되고, 누가 아빠가 되어야 하는지의 경우에 그러하다). 그러나 그러한 차이의 저변에는 모든 인간에게 공통적으로 적용되는 소명으로서 직분의 근본적인 일치가 존재한다. 왜냐하면 우리 모두는 종의 도와 후견인역, 그리고 청지기 도의 의무를 가지고 협력하는 존재이기 때문이다.

인간의 기본적 직분은(아담 안에서 주어졌고 그리스도 안에서 회복된) 중재의 역할을 포함한다. 직분을 감당한다는 것은 두 관계성 사이에서 역할을 하는 것을 의미한다. 인간은 아래와 위, 즉 하나님 아래와 창조세계의 위에 위치한다. 따라서 우리는 이중의 책임을 가진다. 하나님께 책임을 가지며, 우리의 돌봄을 받아야 하는 사물을 책임진다. 직분자들인 인간은 창조주의 대리자들이다. 인간은 지구를 지키며, 돌보며, 품는 문화 명령으로 부르심을 받는다. 또한 자신을 위해 하나님의 세계를 관리한다.

직분에 대한 성경적 개념은 우리 눈을 열어 삶에 대한 세 가지 기본적인 관점을 보게 해 준다.

첫째, 직분의 모든 행사는 신적 권위에 근거한다. 신적 권위는 인간의 기본적인 직분을 유지시킨다. 또한 그 영향력이 다양한 봉사의 영역에 미친다. 구체적으로 우리의 직분은 여러 가지 표현들로 나타난다. 예를 들어, 아버지일, 농부일, 집수리, 사업하기, 공부하기, 법 제정하기, 기사 쓰기 등등이다. 어떤 직분도 스스로 할 수는 없다. 직분은 세워지는 것이 아니라, 맡겨지는 것이기 때문이다. 우리는 스스로 행동하는 존재가 아니라 공식적 직무를 주신 분의 대표자일 뿐이다. 다른 것과 마찬가지로 여기서도 "우리가 받은 것 외에는 우리가 가진 것은 아무것도 없다"라는 말은 진실이다. 예수께서 빌라도에게 하신 말씀은 인생에 있어 모든 직분 위에 적용된다. 곧, 위에서 주지 않았다면 그 권세를 가질 수 없다는 것이다(요 19:10-11). 따라서 모든 땅의 직분은 한정된 권위만을 소유할 뿐이다. 우선 하나님의 전세계적 주권에 의해 한정되고, 현존하고 선재하는 다른 직분들의 권한에 의해 제한된다.

둘째, 직분의 성경적 개념은 책임을 포함한다. 응답하는 피조물인 인간은 직분을 수행하는 방식에 있어서도 책임을 가진다. 누구에 대한 책임인가? 물론 지상의 권세자들이다. 이들에게 우리는 제한된 방식으로 응답해야만 한다. 그러나 궁극적인 응답은 왕의 왕이요, 주의 주께 드려져야 한다.

셋째, 직분은 봉사를 위한 것이다. 개인적 특권이나 이득, 자기 만족이나 자기 성취 등을 위해 직분을 사용하는 것은 성경적 직분 개념을 왜곡시키는 것이다. 이러한 오용은 하나님 형상의 소유자인 다른 이웃을 모욕하는 것이다. 이것은 신의 뜻으로 세워진 인간의 관계를 파괴한다. 권세가 부여된 사람들은 반드시 그들의 직분을 수행함으로써 자질을 증명해야 한다. 신뢰는 반드시 얻어져야만 한다. 그러나 직분이 남에게 폐가 되면, 비난과 박탈과 해고의 시기가 무르익은 것이다. 결국 직분자는 권위를 행사할 권리를 박탈당하게 된다. 아버지는 자녀들을 위해, 목사는 교인들을 위해, 그리고 위정자는 시민들을 위해 일하는 것이 직분의 행사에 있어서 본질적인 것이다.

이러한 성경적 직분 개념은 수많은 축복의 근원이다. 또한 사회의 심각한 파괴를 막는 데도 도움을 준다. 한편으로 이러한 직분 개념은 정치적, 경제적, 혹은 교회적인 전체주의를 막는다. 권위와 자유와 봉사에 대한 성경적 메시지는 합법적인 인간의 자유를 파괴하려는 모든 독재 권력에 도전한다. 또 이러한 직분 개념은 잘못된 평등주의를 피하게 한다. 사회 속에 하나님께서 제정하신 계급과 질서(예를 들어 부모와 자식, 선생과 제자)를 없애고자 시도했던 현대적 혁명에 반대하여, 성경적 직분 개념은 하나님께서 인간들에게 나누어 주신 은사와 소명의 다양성을 존중한다. 그럼에도 성경은 하나님 앞에서 모든 인간의 근본적인 동등을 인정한다.

9. 전인(全人): 몸과 영혼

인간이 창조주의 손에 의해서 어떻게 지어졌을까? 인간의 무엇으로 이루어졌는가? 이제 인간 본성에 대한 논의는 이러한 주제로 향하게 될 것이다. 우리는 인간에 대한 총체적 견해와 이원론적 견해 중 하나를 선택해야 한다. 우리는 몸과 영혼인가? 아니면 몸과 혼과 영인가? 또는 우리가 누구인지를 결정하는 다양성 속의 통일성을 더 잘 이해할 수 있는 방법이 있는가? 우리의 삶에는 본질적인 통일성이 있는가? 그렇다면 모든 부분들을 종합하면 전체가 되는가? 아니면 모든 부분들의 총합보다는 더 큰 것이 전체인가?

거의 2000년 동안 이러한 문제는 해결되지 않은 문제로 기독교 공동체 안에 남아 있다. 기독교 신앙과 신학에 있어서 인간론의 영역보다 더 깊이 헬라 철학의 파괴적인 영향이 더 많이 미친 곳도 없다. 2세기경 헬라-기독교의 운명적인 만남 이래로, 인간을 이분으로 나누어 이해하는 이론이 기독교 사상과 삶을 지배했다. 이분법의 또 다른 변형인 삼분법도 나타났다. 파울러(Fowler)는 "인간에 대한 두 구성요소 이론은 기독교 전통 안에서 비성경적인 개념이 성경에 덮어씌어진 이론이다…이것은 이방 철학이 기독교 사상에 침투하여 이뤄낸 왜곡이며, 복음의 풍성함을 심각하게 가로막는 것이다"라고 말하였다(*On Being Human*, 3-4).

이러한 이분법 인간론의 구성이 바로 토마스 만(Thomas Mann)의 책, 『공급자 요셉』(*Joseph the Provider*)에 나오는 이야기를 통해 우리에게 전해진다. 그의 신화적 이야기는 태초로부터 시작된다. 하나님께서 두 종류의 피조물을 창조하신다. 영적 존재인 천사들과 비인간적인 창조세계의 물질이다. 모든 것이 좋았다. 왜냐하면 영적인 것과 물질적인 것이 독립되고, 섞이지 않으며, 순수한 상태에서 평화적 공존을 누렸기 때문이다. 그러나 그때 토마스 만의 소설에 의하면, 하나님께서 세 번째 존재인 인간을 창조하기로 결정하셨다. 인간은 영적인 영혼과 물질적 몸의 결합으로 만들어질 것이었다. 천사들은 실망에 차서 이를 바라보았다. 이 기괴한 모습에 놀라서 천사들은 강력하게 반대를 표명했다. 그러한 영혼과 몸의 복합체는 재앙을 일으키고 말 것이었다. 그러나 효력이 없었다. 인간은 불안하게 혼합되고 구성되었다. 그러나 소설은 하나님께서 항상 최선의 것을 아신다는 사실을 밝힌다. 그래서 하나님은 결심하신 대로 이 이상한 계획을 진행하신다. 이로써 하나님이 보호하시는, 반은 몸이고 반은 영혼인 인간이 무대에 나타났다. 그러나 천사들이 예견한 대로 오래지 않아 명백한 재난이 예언대로 닥쳤다. 인간은 시험을 통과하지 못했던 것이다. 그의 혼합적 기질은 혼돈에 빠졌다. 이때 천사들은 하나님께 "우리가 당신께 이렇게 되리라고 말씀하지 않았나요"라는 태도를 취하였다. 그러나 하나님은 고집스럽게 이 불가능한 실험을 포기하지 않으셨다. 하나님은 인간이라고 불리는 이 타락한 괴물을 회복할 계획을 세우셨다. 신적 완고함에 화가 난 천사들이 마침내 반란을 일으켰고, 죄와 악이 이 세상에 내려오게 되었다.

토마스 만의 이야기는 초현실적 이야기로 가득한 믿지 못할 소설이다. 그러나 이 소설은 서구 기독교에 팽배한 인간에 대한 이분법적 관점을 매우 정확히 드러내 주는 이야기를 담고 있다. 기독교 사상가들은 고대 헬라인으로부터 육체보다 우월한 영의 개념, 혹은 물질보다 우월한 정신 개념을 빌려 왔다. 몸의 기능은 실상 낮은 질서에 속하는 것이며, 영혼이나 경건의 연습에 비해 열등한 것이다. 많은 기독교 사상들(그 중 칼빈도 포함하여)은 몸이 영혼의 "감옥"이라는 헬라적 사상을 받아들이고 있다. 인간에 대한 이런 분열증적 모델의 영향으로 인해서 의식적인 그리스도인들은 몸을 돌봄, 결혼, 쉼터, 혹은 오락 등을 거부하며 몸을 정복하기 위해 금욕적인 자기 부인이나, 독신, 수도원에서 궁핍하게 생활하는 등의 영적 훈련에 심취하였다.

인간이해가 실재에 대한 이원론적인 견해에 의해 형성되었을 뿐만 아니라, 기독교 공동체 안의 기관들과 직업들도 그러한 견해에 의해서 그 개념이 형성되어졌다. 그래서 국가가 오직 세상적이고 한세적인 육체적 존재에 관심을 가지고 있는데 반하여, 교회는 오직 영적인 보살핌과 영혼의 영원한 운명을 다루므로, 당연히 교회는 국가 위에 탁월하다고 인정되었다. 교회 안에서조차도 목사가 믿는 자들의 영혼을, 평신도는 그들의 몸을 대표한다고 생각하였다. 또한 목회와 신학에로의 부르심은 정치적 일을 추구하는 것보다 더 거룩한 일이었다. 성경 학교들은 기독교 종합 대학들보다도 더 영적인 지위를 가졌다. 그리스도인의 사회적 행동이 기껏해야 선택사항인 반면, 복음전도는 분명한 그리스도인들의 명령으로 간주되었다. 신학적으로 논쟁하는 관계에 있는 근본주의와 자유주의는 영혼-육체의 이원론을 인간이해의 출발점으로 삼는 데 동의하고 있으나, 그 후 전혀 반대 방향으로 나아간다. 이러한 비성경적인 인간이해에 의해서 영향을 받지 않은 기독교 전통이 있는가?

칼빈은 젊은 시절에 인본주의적 전통 속에서 교육을 받았는데, 동시대인들처럼 그도 완전히 중세의 만연한 인간론으로부터 자유로울 수 없었다. 또한 플라톤은 칼빈의 사상 세계에 있어서 중요한 부분을 차지한다. 그러므로 칼빈의 인간관은 그의 신학에 있어서 가장 덜 개혁적이다. 그는 분명 중세의 부분 타락과 부분 구원의 개념을 깨뜨렸다. 그는 인간의 전 부분이 선하게 창조되었으며, 죄로 인해 전적으로 부패했기에 그리스도 안에서 전 인간이 구속을 받는다고 주장했다. 그러므로 그의 인간론도 방향에 있어서는 개혁적이다. 그러나 구조적으로 그의 인간론은 여전히 개혁되지 않은 채 남아 있다. 왜냐하면 몸과 영혼 그리고 영혼의 기능에 대한 질문에 대해 칼빈은 인간을 세계의 "소우주"로 여기는 헬레니즘 철학에 대한 의존을 거부하였지만, 몸을 영혼의 "감옥"으로 여기는 생각은 받아들였던 것이다. 이러한 이분법 사상은 현대 개신교 스콜라주의 전통 교의로 받아들여졌다. 토마스주의의 부흥에 대항하여, 후기-종교개혁주의 사상가들은 자신의 무기들—중세 기독교와 너무나 가까운 헬라-기독교적 사상에서 뽑아온 개념과 분석의 범주들—로써 적들을 공격하기로 했다. 그러므로 그러한 인간론은 방법론적으로 로마 카톨릭의 술잔에 개신교의 술을 붓는 것과 같은 격이었다.

현대 개혁주의 영역에서 루이스 벌코프는 이러한 개신교 정통의 존경할 만한 해설자로 우뚝 서 있다. 그의 인간론은 분명 이러한 스콜라주의적 전통을 반영한다. 인간을 이해하는 이분법과 통일성 둘 모두를 우리가 어떻게 존중할 수 있는가? 벌코프는 "비록 성경이 인간 안에 두 가지 요소가 있다고 지적하고 있지만, 또한 인간의 유기적 통일성을 강조하고 있다"고 주장한다. "이것은 성경 전체를 통해 알 수 있다"고 말한다. 인간 본성의 통일성에 대해 다시 한 번 강조하며 그는 이렇게 말했다:

성경은 인간의 복잡한 본성을 인정하면서도 인간을 이중적으로 나타내지 않는다. 인간의 모든 행동은 인간의 전존재의 행동으로 드러난다. 죄를 지은 것은 영혼이 아니라 인간이다. 죽는 것은 몸이 아니라 인간이다. 그리스도 안에서 구속을 받는 것은 영혼만이 아니라 몸과 영혼을 가진 인간이다.

그렇지만 동시에 벌코프는 "성경에서 인간의 본성을 나타내는 대부분의 표현은 이분법적이다"라고 주장한다. 혼과 영의 관계를 주석하면서 그는 삼분법을 거부한다. 왜냐하면 "성경을 자세히 연구해 볼 때, 두 단어는 상호교환적으로 사용됨을 보여 주기 때문이다. 두 단어는 인간 안에 있는 더 높고 영적인 요소를 언급하지만, 그 둘은 서로 다른 관점으로 인간을 보는 것이다"라고 했다. 그러므로 벌코프는 "인간은 영(spirit)을 가지고 있지만, 인간 자신은 영혼(soul)이다"라고 말할 수 있다고 결론을 맺는다. 그러므로 성경은 인간 본성 안에 단지 두 구성 요소, 즉 몸과 영 혹은 영혼만을 가리킨다. 이러한 성경적 증거야말로 인간의 자의식과 조화를 이룬다 (*Systematic Theology*, 191-96).

아주 전통적이지만 극단적인 이러한 인간론 분석은 더 이상 권위 있는 이론으로 받아들여지지 않는다. 왜냐하면 20세기 중반 이래로 새로운 합의가 나타났기 때문이다. 새로운 성경 연구에 근거를 둔 기독교 철학과 인간이해의 적용으로 기독교 사상가들은 전체로서의 인간에 관심을 집중하기 시작했다. 이것은 전에는 관심 밖의 것이었다. 새로운 인식은 성경이 결코 이분법적, 혹은 삼분법적인 관점을 제공하지 않는다는 것을 알게 하였다. 오히려 인간의 전인성(全人性)에 비추어 볼 수 있게 되었다. 이러한 통찰력은 다양한 인간론 연구와 함께 이루어진 것이다. 양심과 일상의 경험, 그리고 많은 다른 사고들이 인간의 근본적 통일성을 증거한다. 이 전체성은 우리 인간됨 안에 가득하다. 이제 점차 총체적인 관점이 이전의 이원론적 관점을 대치하고 있다.

비록 성경에 나타나기는 하지만 인간을 소위 우등한 부분과 열등한 부분으로 나누는 용어들은 사실상 헬라적 사상에 의해 형성된 것이다. 또한 헬라사상조차도 인간이 두 부분으로 이루어졌다는 것을 확신 있게 나타내지 못했다. 성경적 개념들, "몸", "영혼", "내적 사람", "외적 사람", "육체", "마음", "생각", "영" 등은 각각 전 인간을 지칭하는 것으로, 다만 이런 다양한 용어들은 그 전 인간을 여러 관점에서 바라본 언어들이다. 인간을 마음 중심의 통일체로 인식하는 것은 전통적인 인간 이해에 있어서 전적으로 낯선 것은 아니다. 남녀고하를 막론하고 그 어떤 사람도 분열된 인격이나 이중적 자아에 만족하지 못할 것이다. 모든 인간은 전체성, 통합성, 그리고 삶의 일관성을 추구한다. 루이스 벌코프도 그렇듯이, 일반적으로 이분법 속의 통일성을 추구한다. 그러나 단순히 그렇게 말하는 것만으로 되는 것은 아니다. 왜냐하면 이분법적인 출발점(몸과 영혼)은 통일된 결론(인간의 전체성)을 거부하기 때문이다. 그러므로 이분법적인 시각은 그것의 선한 의도에도 불구하고 벌카우어가 말한 바대로, "거짓된 통일성"이라는 결론으로 끝나 버린다. 이런 경우를 그는 다음과 같이 말했다:

> 신학에 있어서 가장 논쟁적인 형태인 이분법은 인간을 두 개의 본질인 육체와 영혼으로 묘사한다. 성경의 지지를 받는다고 주장되는 이 사상은 원래 이원론이나 극단적 긴장을 내포하는 것은 아니었다. 오히려 이러한 시도는 인간이 비록 이중적일지라도 통일성을 가진 존재임을 드러내려는 것이었다. 둘 사이의 밀접한 관련성에 주의를 집중시킴으로써 몸과 영혼을 통합하려 한 것이었다. 그러나 그러한 통일성 속의 이중성을 견지하는 것은 결코 인간이 실제로 통일성을 지닌 존재라는 것을 의미하지 않는다. 문제는 항상 이러한 통일성 속의 이중성이라는 두 용어 사이의 긴장, 곧 두 용어를 함께 사용할 수 없다는 것이 너무도 명백한 상황을 해결할 수 있느냐는 것이다. 또는 실제로 이분법에서 분리되었던 두 용어가 어떤 거짓된 통일성 속에서 합법적으로 결합할 수 있겠느냐는 문제이다(*Man: The Image of God*, 212).

오래된 이분법의 전통에 의해서 인간에 대한 이해를 가진 많은 사람들에게 새롭게 해석되는 성경적인 인간이해는 오히려 당황스럽게 들릴 수도 있다. 성경에서 영혼을 인간의 고귀한 영적인 부분으로, 육체를 낮고 세상적인 부분으로 이해하는 것은 너무도 당연해 보인다. 어떻게 다른 식으로 읽을 수 있는가? 이렇게 성경을 읽게 되면 이원론적 세계관에서는 의미가 통한다. 그러나 이것이 성경을 읽는 유일하고 가장 좋은 방법일까? 개혁주의 전통의 성경해석상 이러한 이원론적 이해가 정말로 가장 옳은 것인가? 아마도 우리는 두 초점 안경으로 성경을 읽어왔던 것 같다. 이러한 오류는 우리의 눈 또한 이중적 시각이 되게 한다. 이러한 왜곡된 느낌은 본문 속에 있는 것이 아니라 보는 사람의 눈에 있는 것이다. 우리가 이것을 알게 될 때, 시각적 허상 뒤에 있는 전통적인 이원론적 인간론을 떠날 수 있게 된다. 이제 우리는 다 낡아빠진 두 초점 안경을 버리고 단일 초점 안경으로 자유롭게 바꿀 수 있다. 성경은 분명히 이런 가능성을 제시한다.

헤르만 리더보스(Herman Ridderbos)는 바울 서신들을 상세히 연구하여 인간이해의 새로운 기초를 세우는 데 크게 도움을 주었다. 그는 "전(全) 존재로서의 인간은 '육체'(body)"라는 결론을 내렸다. "육체"(body)와 "살"(flesh) 사이의 관계를 다루며, "두 표현 모두가 인간 존재의 지상적 측면을 다루고 있는 다른 두 관점"이지만, 그 두 표현은 "현세적인 육체 안에 있는 전 인간을 표현하는 동의어"라는 주장을 하였다. "혼"(soul)과 "영"(spirit)이라는 말의 평행구절인 "육체"(body)는 "인간존재의 구체적인 양식이며, 사람 자신과 동일하게 존재하는 것"을 가리킨다. 통합적인 인간 이해의 관점을 강조한 리더보스는 바울의 용법을 자세히 연구해 본 결과, "육체"(body)와 "살"(flesh)은 "진정한 그리고 내적인 인간의 물리적인 껍질로서 외적인 구성요소로 생각되는 것이 아니라, 존재의 어떤 양식에서 볼 때에 바로 인간 자신을 지칭한다"고 주장한다. 또한 "인간은 단지 외부와 내부를 '가지고' 있을 뿐만 아니라, 인간이 본래 '외부적'이며 '내부적'인 것이다. 곧 인간은 외부적으로도 존재하고, 또한 내부적으로도 존재하는 것이다." 그렇다면 "육체"(body)는 "마치 단순히 물질적-감각 기관인 것처럼 여겨서 인간 자신에게서 분리된 것으로 생각해서는 안 된다는 것과, 인간은 육체를 '가지고' 있을 뿐 아니라 그 자신이 육체라는 것은 분명해진다"(*Paul: An Outline of His Theology*, 115-18). 폰 메이엔펠트(von Meyenfeldt)는 또 다른 관점에서 통합적인 관점의 인간론을 강조했다:

> 인간은 모든 면에서 "영혼"(soul)이며, "영혼"은 모든 면에서 인간이다. 그것은 "영혼"이 막연하고 그림자와 같은 어떤 것이라는 말이 아니라, "영혼"은 피를 가지고 있으며 이 좋은 지구에서 숨 쉴 공간을 가져야 하는 것이다. "영혼"이란 우리의 구체적이고 정서적인 지구상의 존재양식을 나타낸다("The Old Testament Meaning of Heart and Soul", in *Toward a Biblical View of Man*, 편집. Arnold De Graaff and James H. Olthuis, 74).

따라서 이분법적인 인간이해는 성경을 통해 바라본 인간이해가 아니다. "육체"는 원시 시대부터 이어진 "동물적 유산"이 아니다. 인간은 단순히 "육체를 가진 영혼"이나 "생명이 있는 시체"가 아니다. 인간성은 고결한 영혼과 연결되어 있는 세상적인 육체가 아니다. 오히려 인간의 모든 존재양식은 철저하게 물질적이며 동시에 철저하게 영적이다. 어디서 육체적인 삶이 끝나고 어디서 영적인 삶이 시작되는지 말하는 것은 불가능하다. 왜냐하면 차를 운전하고, 글자를 타이핑하는 것은 육체적인 일이지만, 꿈을 꾸거나 합리적으로 생각하는 것이나 창조적으로 상상하는 것도 육체적인 충동을 포함하기 때문이다. 포복절도하는 웃음은 내적인 기쁨으로부터 나온다. 짠맛이 나는 눈물은 고통스러운 영혼으로부터 솟아 나온다. 음란한 생각은 음란한 행동만큼이나 확실히 사람을 망가뜨린다(마 5:28). 분노에 찬 태도는 총알과 메탄가스처럼 사람을 확실히 죽일 수 있다(마 5:22). 세속 인본주의 교육은 뻿소니 운

전자처럼 삶을 망쳐 버릴 수 있다. 모든 인간의 행동은 그 심오한 깊이에 있어 또는 그 외적 표현의 범위에 있어 어디서든지, 항상 완전히 물질적이며 완전히 영적이다. 바빙크의 말을 빌려보면 다음과 같다:

> 영혼과 육체의 통일성은 이해할 수 없는 것이다. 그러나 그것은 우연주의나 예정된 조화나 체계적 해석보다 훨씬 통합적이다. 이러한 통일성은 윤리적인 것이 아니라 실제적인 것이다. 그 통일은 너무나 완전하여서 한 성질이, 다시 말하면 하나인 내가 인간의 모든 행동에 있어서 그 둘의 주체이다(Gereformeerde Dogmatiek, Vol. II, 521).

길키 또한 기독교적 관점 안에서 인간 본성의 통합성을 강조한다. 그는 이러한 통합적 관점을 현대의 자연주의-세속주의적 관점을 고대 이방세계의 고전적 관점과 대비시킨다. 그는 아래와 같이 말한다:

> 성경적 신앙에서⋯존재란 의미 있는 질서의 원리와 의미 없는 역동적이며 물질적인 원리 사이에서 나뉘어져 중간으로 떨어진 것이 아니다. 오히려 기독교적 창조 사상에 따라 모든 면에 있어 각 존재는 하나님의 목적 의지에 따라 존재하게 된 것이다. 그러므로 전체성에 포함된 모든 면과 인간 삶의 모든 의미 있는 요소는 창조적 잠재성이 있다. 그리고 이것은 본질적으로 모든 인간의 성취 속에 포함된다. 신적인 것이 더 이상 존재의 어느 한 요소에만 관련되어 다른 요소를 축소시키는 것이 아니다. 오히려 신적인 것은 존재의 모든 측면의 자원이 된다. 이로써 모든 것이 가치 있게 되는 것이다⋯그러므로 현대 세속저자들과는 반대로, 그리스도인들은 전 인간이 몸과 영혼을 포함한다고 주장한다. 그것은 몸을 버림으로써가 아니라, 오직 몸 안에서 "구원받는다"는 것을 의미한다⋯그러므로 삶에 있어서 기본적인 문제는 더 이상 인간 본성의 한 측면이 다른 측면보다 더 우월하다는 데 있지 않다⋯이러한 논증의 결과로 존재의 재해석과 통일성, 실재, 그리고 각 개인의 의미가 처음으로 온전히 강력하게 증거된다(Maker of Heaven and Earth, 168-69).

따라서 인간은, 이원론자들이 말하는 것처럼 부분적으로는 몸이고 부분적으로는 영혼이 아니다. "부분적으로 이것"이며 "부분적으로 저것"이 아니다. 삼분설은 세 번째 요소를 가미함으로써 문제를 해결하려 한다. 이 경우 서로 적대적인 두 요소(영혼, 육체)의 조화를 도모하며, 영혼(soul)을 영(spirit)과 육체(body)로 나눈다. 그러나 인간성을 몇 가지 요소로 구분하는 이러한 분석은 일상의 경험과도 일치하지 않는다. 상실감에서 오는 향수는 육체의 건강을 감퇴시킨다. 마찬가지로 치통은 성가신 우울증을 촉발시킨다. 인생의 기쁨이나 슬픔, 그 어떤 것도 순수하게 영적이거나, 순수하게 육체적인 감각이 아니다. 이러한 세계의 내적 실재는 총체적으로만 인식될 수 있다. 인간 본성에 대한 부분 분석은 성경적 인간이해와 일치하지 않는다.

이러한 총체적 분석은 이분법이나 삼분법적 인간론의 딜레마를 단번에 잠재운다. 왜냐하면 인간은 단순히 부분의 총합이 아닌, 다양성 가운데 있는 통일된 존재이기 때문이다. 인간에게는 단순히 몇 부분이나 많은 부분이 합쳐진 것 이상의 깊은 의미를 가지는 통일성과 전체성이 있다. 조지 래드(George E. Ladd)가 말했듯이, 몸과 혼과 영은 "전 인간을 보는 다른 방식"이다(*A Theology of the New Testament*, 457). 전통적인 이분설과 삼분설은 이러한 인간의 근본적인 단일성을 파괴한다. 또한 인간성의 다양성에서도 공정하지 못하다. 인간은 둘이나 세 가지 혹은 네 가지 이상 기능을 가진다("마음과 혼과 지성과 힘"). 이러한 성경적 인간 개념들은 인간 본성을 나누어 구획하지 않는다. 오히려 성경적 인간 개념들은 삶을 풍성하게 하고, 전 인간에 대한 신비스럽고 다양한 관점들을 드러낸다.

이러한 통합적인 관점은 기독교 공동체에 깊고 오래가는 상처를 남겼다. 이러한 상처 중의 하나가 바로 영혼불멸설이다. 이 교리는 하나님과 동료인간, 그리고 우주와 관계를 갖는 전 인간이라는 성경의 인간이해와 배치된다. 곧 영혼의 불멸이라는 생각은 기독교적이라기보다는 헬라적이다. 왜냐하면 이것은 영혼과 육체 사이의 본질적인 분리와 대조를 전제하기 때문이다. 이러한 헬라적인 이론은 기독교 신학에 유입되어 창조주께서 인간을 육체와 영혼을 가진 존재로서 그의 형상대로 선하고 의롭게 창조하셨다는 창조의 고결성을 공격하였다. 영혼불멸설이 영혼을 거의 신적 지위로 높이고 육체의 지위를 훼손하기 때문이다. 이런 헬라적인 이론은 육체의 자연적 죽음과 함께 영혼의 영적 불멸성을 옹호한다. 여기서 중요한 것은 인간 생명의 연장이 아니라 그것이 어떠한 모습으로 어떻게 존재하는가를 말하는 것이다. 성경은 근본적으로 다르게 영혼의 불멸을 이야기한다. 성경은 전 인간이 영원히 사는 것을 말하지, 지속되는 영혼의 생존함을 말하는 것이 아니다. 또한 성경은 죽을 육체와 죽지 않을 영혼을 말하는 것이 아니라, 전 인간이 종말론적으로 회복되어 부활의 영광에 이를 것을 말한다. 오스카 쿨만(Oscar Cullmann)은 이렇게 말했다:

…영혼불멸에 대한 헬라적인 교리와 그리스도인의 부활에 대한 소망은 근본적으로 다르다. 그 이유는 헬라의 사상은 창조를 전혀 다르게 해석하기 때문이다. 유대와 기독교의 창조에 대한 해석은 헬라적인 육체와 영혼의 이원론을 배제한다…왜냐하면 몸, 영혼, 육체, 그리고 영의 개념들에 있어서, 그 용어 자체는 신약성경도 헬라 철학자들이 썼던 대로 쓰지만, 그 의미는 아주 다른 것들이기 때문이다…신약성경은 분명 육체와 영혼 또는 훨씬 정확하게 내적 사람과 외적 사람의 차이를 말하고 있다. 그러나 이러한 구분은 하나는 원래 선하고, 다른 것은 원래 악하다는 부정

을 의미하지 않는다. 둘은 모두 전인 안에서 하나님께서 창조하신 한 존재이다. 바깥 사람이 없는 속 사람은 적절하지도, 완전하지도 않는 사람이다…(그러므로) 몸과 영혼은 하나님에 의해 창조되었으므로 원래 모두 선하다. 또한 육체의 죽음의 세력이 그들을 잡고 있는 한둘 모두는 악하다("Immortality of the Soul or Resurrection of the Body? The Witness of the New Testament", in *Christ and Time*, 66-71).

레긴 프렌터(Regin Prenter)는 이러한 총체적 인간이해를 지지한다. 그의 결론적 진술은 다음과 같다: "'영혼'(영)과 '육체'라는 성경적 용어는 인간 본성의 모든 것을 그 자체로서 혹은 함께 나타낸다." 그는 다음과 같이 진술을 이어간다:

영혼(soul)은 그의 육체(body)를 포함하는 전인간의 한 형태이다. 사실상 인간은 육체라고 거의 특별하게 말할 수 있을 것이다. 인간의 외모와 행동은 그의 영혼의 모습 이상의 것이다. 영혼은 인간의 형식적인 기능, 예를 들어 아는 능력, 느끼는 것, 의지를 갖는 등의 기능을 행하지 않는다. 그러나 영혼은 인간의 구체적인 내용이며, 그가 존재하고 말하고 행동하는 모든 것 자체를 드러내는 사실상의 존재이다…그러므로 육체는 영혼에 더해진 다른 어떤 부분이 아니다. 육체 또는 물리적인 성질은 인간 영혼의 독특한 본성이다. 인간의 영혼은 육체를 통해 자신을 나타낸다.

인간론적 용어가 담긴 신약성경의 중요한 용법을 언급하면서 프렌터는 이렇게 말한다. "바울은 그의 사상체계에 있어서 너무나 이스라엘적이다. 그래서 그가 인간에 대해 사용하는 몇 가지 표현에 있어서, 육체, 혼, 영이라고 한 것은 사실 인간이 많은 부분으로 되어 있다는 것이 아니라, 다른 관점에서 전 인간을 볼 수 있다는 것을 의미한다"(*Creation and Redemption*, 272-74).

이러한 다양성 속의 통일성이라는 일관된 관점은 오랫동안 지속된 영혼의 기원 문제를 일단락짓는다. 고대로부터 기독교 사상가들은 헬라의 영혼선재설(preexistentism)을 일관되게 거부하였다. 그 중에도 어떤 그리스도인들이 받아들였던 것은 태초에 하나님께서 창조를 통하여 영혼의 창고를 만들었다는 것이다. 인류 역사가 지나가면서 하나님께서는 새로운 개인이 출산될 때마다, 미리 존재하는 영혼의 창고에서 각각 잘 맞는 영혼을 인간에게 공급하고 몸 속에 이식하신다는 것이다. 이러한 관점은 너무나 사변적이고, 형편없이 이원론적이며, 기독교적 감정에는 너무나 낯설어서 누구도 심각하게 이것을 따르지 않았다. 이러한 갈등은 그러므로 아마도 기독교 신앙에 더 적절한 두 개의 다른 관점에 집중되었다. 우선 한편으로 영혼전이설(traducianism)에 의하면, 영혼과 육체가 부모의 생산 과정으로 일종의 본질의 나누어짐을 통해서 부모로부터 자녀에게로 전달된다. 이런 수평적이고 유전적인 관점은 부모가 자녀에게 영혼과 육체를 나누어 준다는 데 강조점이 있다. 고대 속담에도 그런 말이 있지 않은가? "그 아비에 그 아들이다." 이 견해와는 달리 영혼창조설(creationist theory)은 하나님의 지속되는 창조사역으로 영혼의 기원을 설명한다. 이러한 수직적 관점에 따르면, 잉태와 출산의 어떤 지점에서 하나님은 새로운 영혼을 각 개인에게 창조하시고, 영혼을 육체 안에 이식시켜 주신다는 것이다.

2세기부터 기독교 사상가들은 이러한 두 가지 논쟁을 계속하였다. 심지어 우리 시대에도 이 논쟁은 계속된다. 최근까지 작은 해결의 기미도 보이지 않았다. 영혼전이설은 인간중심적으로 보이고, 창조설은 하나님 중심적인 것으로 보인다. 전통적으로 루터주의에서는 전자에 기울었고, 카톨릭과 칼빈주의에서는 후자에 기울었다. 예를 들어, 루이스 벌코프는 이 두 견해들의 장점과 단점에 대한 많은 민감한 논쟁에 참여했다. 그는 결론을 내리기를 비록 "양측의 주장들이 잘 균형잡힌 것들이지만", 그래서 많은 사람들이 "둘 사이에 어느 것을 선택해야 하는지 어렵지만", 성경의 증거가 "쉽사리 어느 한쪽으로 결론을 내리지 못하기 때문에", "그 주제에 대해서 주의 깊게 논의하는 것이 필요하며", 그럼에도 "우리에게는 창조설이 더 나은 것으로 보인다…"라고 말한다(Systematic Theology, 200-201).

수세기에 걸친 뜨거운 논쟁을 반성해 볼 때, 이제는 뒤로 물러나 정말로 이 싸움에 참여해야 할 결정적인 이유가 무엇인지, 이 오래된 문제를 몸-영혼 문제의 합법적인 진술로 받아들여야 할지를 물어야 할 시간이다. 벌카우어가 말했듯이, "철지난 창조설 비판이 영혼전이설을 받아들이는 데로 나가는 것인가? 이 둘 사이의 딜레마는, 우리가 둘 중의 하나를 선택해야 하는, 제대로 정립된 진정한 딜레마인가? 제3의 가능성은 없는가? 이 제3의 대안은 성경에서 지지되는 인간에 대한 총체적인 관점을 제공한다. 그 관점에서 볼 때, "(위에서 언급한) 두 주장들을 거부하는 것은 결코 손실이 아니라 이득"이 된다. 왜냐하면 "두 이론이 공유하는 이원론적 개념들 때문에 둘은 결코 상대의 이론을 설득시킬 수 없기 때문이다."

사실 이 두 이론은 성경에 별로 호소하지 않는다. 우리는 성경에서 구조적인 전체성을 읽을 수 있으며, 그것은 인간의 기원과 지속되는 존재의 의미를 설명한다. 인간의 이러한 전체성은 우리를 "신묘막측"하게(시 139:14) 창조하신 하나님께 완전히 의존하는 존재로 관계를 갖는 근본적이고 종교적인 신념으로부터 그 출처를 갖는다. 벌카우어는 계속 말하기를, "어떤 것이 우리를 위해 인간의 비밀을 밝힐 수 있는가"라고 묻는다. 우리는 우리가 누구인지에 대해서 좀더 성경 중심적으로 생각하는 법을 배워야 한다. 이 점에 있어서 창조론자들이나 영혼전이주의자들이나 모두 성숙하지 못하다. 그들 모두는 잉태로부터 출산, 이후에 요람에서 무덤에 이르기까지 인간의 전 생명을 표시하는 몸-영혼의 통일성을 무시하기 때문이다. 영혼전이설을 자세히 살펴보면 실제로 이것이 창조설과 같은 전제로부터 출발한다는 것이 드러난다. 영혼전이설이나 창조설이나 모두 영혼의 기원을 전체성과는 다른 어떤 것으로 보며, 마찬가지로 몸과 영혼의 원초적 이중성을 전제한다. 벌카우어는 이렇게 말한다:

> …영혼창조설과 영혼전이설은 사실상 생각한 것보다 훨씬 더 많은 관점에서 밀착되어 있다. 아마도 이것은 서로가 서로를 납득시키지 못한다는 점에서 더욱 그러하다. 그들은 상대 입장으로 접근하는 길을 이해하지 못하는데, 이는 그들이 같은 관점에서 영혼의 기원 문제를 보기 때문이다. 곧, 그들은 영혼을 영적인 본질로 보고, 독립된 물질로 이해하는 육체와 어떤 모습으로 공존한다고 보는 것이다(Man: The Image of God, 305, 307).

인간본성에 대한 이원론적 관점은 극복하기 어려운 딜레마를 낳는다. 물론 현대의 시급한 낙태 문제에 대해서도 불필요하게 복잡하다. 만약 어떤 사람이 육체와 영혼의 분리를 말한다면, 그리고 인간의 인격성이 영적 존재와는 구별된 어떤 것으로 여겨진다면, 언제 태아가 인간이 되는가?라는 문제가 발생한다. 언제 영혼이 몸과 하나가 되는가? 처음 3개월 동안이나, 6개월, 혹은 9개월 중에 일어나는가? 결국 우리는 풀리지 않는 인간론의 딜레마에 빠진다. 설상가상으로 우리는 인간에게 생명을 주신 창조자 앞에 태어나지 않는 아기의 권리를 무자비하게 파괴하는 무시무시한 죄를 짓게 된다. 성경적인 인간관에서는, 수태로부터 태아는 온전한 육체와 영혼을 가진 통합되고 완전한 인간으로서 삶을 시작하기 때문이다. 육체(태아)와 영혼(인격)의 분리에 근거한 모든 합법적인 낙태는 인간의 피조성에 대한 성경적 관점을 무자비하게 왜곡하는 것이므로 정죄되어야 한다. 이는 창조주께서 내려주신 인간의 거룩함이 태아의 수태로부터 인생의 황혼기까지 이르는 모든 삶에 스며들어 있기 때문이다. 인간이해에 있어서 성경은 매우 중요한 구절을 가르친다:

> 그러므로 형제들아 내가 하나님의 모든 자비하심으로 너희를 권하노니 너희 몸을 하나님이 기뻐하시는 거룩한 산 제사로 드리라 이는 너희의 드릴 영적 예배니라 너희는 이 세대를 본받지 말고 오직 마음을 새롭게 함으로 변화를 받아 하나님의 선하시고 기뻐하시고 온전하신 뜻이 무엇인지 분별하도록 하라(롬 12:1-2).

두 초점 안경을 통해 이 본문을 읽게 되면 이원론의 왜곡에 빠지고 만다. 반면 두 초점 안경을 포기하게 되면 좀더 통합된 해석의 가능성이 열린다. 바울은 이 본문에서 "마음을 새롭게 함으로"(즉 영혼, 영)라고 말하는데 "너의 몸을 산제사로 드리라"는 권면과 함께 주어진다. 이러한 바울의 명령은 이원론적 구분으로 이해되어서는 안 된다. 즉, "영혼 부분"은 변화되어야 하고, "몸 부분"은 하나님께 봉사의 제물로 드려져야 한다는 식으로 말이다. "마음"과 "몸"이라는 두 개념은 모두 총체적인 개념들이다. 몸은 영혼 실존의 외관이고, 영혼은 몸 존재의 내적 양식이다. 이로써 본문을 좀더 잘 읽게 되면 다음과 같다: "우리의 전 인격을 내부로부터 변화시켜, 우리의 온 몸의 표현들이 '하나님께서 받으심직한 거룩한' '영적 제사'로 드려지게끔 하자." 그러므로 성경은 전 인간의 내적 갱신을 요구한다. 이것은 우리의 모든 역사적 활동들의 전적인 개혁이라고 바꿔 말할 수 있다.

이제까지 우리는 우리 자신인 인간에 대해서 논의하였는데, 그 주제를 하나님의 세상 안에서 요람에서 무덤까지 이르는 인간 생애에 한정하였다. 그러나 "인생 70" 전후로 또는 언제인지 전혀 모르는 때에 맞이할 "마지막 원수"는 어떻게 다루어야 할 것인가? 시간적 죽음에 대한 이원론적인 해답은 우리에게 익숙하다. 이 관점에 따르면 우리의 몸 부분은 죽고 묻히지만, 영혼 부분은 주와 함께 거하기 위해 떠난다고 말한다. 결국 일종의 "탈출" 신학인 것이다. 성경은 "죄의 삯은 사망이라"(롬 6:23)고 말씀한다. 그러나 이원론적 관점에서 몸은 단지 하나님이 주신 형벌의 대상으로서 끝마쳐지는 것이고, 영혼은 이런 무시무시한 죄의 빚을 면하게 된다. 인간의 덜 중요한 것만 죽고, "진짜 인간"은 영광을 얻는 것이다. 이러한 관점은 엄청난 문제에 휩싸이고 만다.

인간에 대한 총체적인 관점은 죽음의 신비를 드러내면서도 죽음과 죽어감의 진정한 의미를 극적으로 명백하게 가르치고 있다. "나를 믿는 자는 죽어도 살겠고 살아서 나를 믿는 자는"(요 11:25)이라는 예수의 말씀을 예로 들어보자. 이 본문을 이원론적으로 읽게 되면 인간이 부분적으로 육체가 죽고, 그러나 부분적으로 영혼이 계속 살게 된다고 말하게 된다. 그러나 이렇게 읽는 것은 이원론적 선입견을 가지고 본문을 해석했기 때문이다. 오히려 여기서 예수는 단수로 "믿는 자"(한 인격 전체)를 말씀하시고, "그가" 죽고 산다고 하셨다. 그러므로 성경이 일관되게 인간을 말할 때 전(全) 인간을 언급하고 있으며, *analogia Scripturae*[2]의 관점에서 볼 때 이 말씀

---

2) 성경의 유비로서, 성경이 성경을 해석한다는 성경해석의 원리를 말한다. 성경의 불분명하거

들은 비록 전인간이 육적으로는 죽게 되지만 동일한 인간이 영적으로는 살게 될 것이라는 뜻으로 이해되어야만 한다. 육적 생명의 관점에서 볼 때 그 전 인간은 죽는다. 그의 역사적 존재의 모든 양식들은 죽음으로 끝나는 것이다. 그래서 인간은 더 이상 볼 수도, 느낄 수도, 생각할 수도, 말할 수도, 웃을 수도, 울 수도 없게 된다. 그러나 바로 그 순간 우리 주님은 핵심을 말씀하신다. 곧, 영적으로 그 동일한 전 인간이 주와 함께 계속 살아가게 될 것이라는 것이다.

   성경이 가르치는 인간, 즉 전인이 육체의 존재로부터 떠나서 영이라는 다른 영역의 삶으로 "순례의 길"을 떠난다는 신비로운 가르침은 우리의 현재의 생으로부터 다른 생으로의 이전에 대해서 매우 새로운 생각을 가져야 할 것을 요구한다. 처음에는 이러한 변화가 당황스럽고 완고한 저항에 부딪힐 만큼 충격적이다. 결국 전통적인 견해가 더 자연스럽고 이해하기 쉽고, 또 훨씬 이성적으로 설명할 수 있는 것처럼 보인다. 수학적인 공식으로도 매우 잘 들어맞는다. 즉, 몸의 반(죽는 것)과 영혼(살아가는 것)이라는 반이 합하여지면 전 인간이다. 반면에, 총체적 관점은 우리의 이성적 분석 능력을 능가하는 신비스러운 깊이와 차원을 담고 있다. 따라서 그것을 이해하고 받아들이기 어렵다. 육체적으로 전 인간은 죽는다; 그러나 영적으로 그 전 인간은 산다. 이것을 수학적으로 말하자면, 완전한 한 사람과 또 완전한 한 사람이 더하여지면, 공통 집합의 전 인간이 된다. 이러한 성경 논리적 신비는 최고의 지성까지도 혼란스럽게 하기에 충분하다. 그러나 결국 이러한 총체적 견해만이 성경의 진리의 빛을 담고 있으며, 하나님의 말씀 앞에 바로 설 수 있다. 사실 진정한 진리는 늘 이해하기 결코 쉽지 않은 것이 아닌가?

   우선 삶의 경험을 설명하는 것은 죽음에 대한 설명과 다르다. 인간에 대한 총체적 관점은 다른 견해들 보다 더 성경에 접근하며, 창조의 관점에 가깝다고 우리는 설명을 할 수 있다. 그러나 죽음은 이와는 전혀 다른 이야기이다. 죽음은 우리에게 전혀 수수께끼로 남아 있기 때문이다. 청함을 받지 않은 이 죽음이라는 낯선 침입자가 들이닥칠 때 인간이해는 당황스러워진다. 죽음이 모든 만족할 만한 이론적 분석을 망치기 때문이다. 그러나 이성적으로 이해되지 않는 이런 당황스러움이 낯설거나 기대치 못했던 것은 아닐 것이다. 왜냐하면 우리는 죽음이라는 비정상적인 상태에 대해서 고통스럽지만 일상적인 결론을 이미 내리고 있었기 때문이다. 죽음은 무

나. 어렵거나, 난해한 구절들은 그 내용과 동일한 주제를 언급하는 같은 성경의 보다 분명하고 덜 난해한 부분과 비교하여 해석한다(역자주).

시무시한 수수께끼이다. 만약 죽음을 몸과 영혼의 분리라는 깊이 뿌리 박힌 생각으로 설명하게 되면, 비록 총체적인 언어를 사용하더라도 근본적인 왜곡을 낳을 수가 있다. 우선 인간이 단지 몸뿐이라는 생각을 가진 물질주의자를 예로 들어보자. 그의 무덤의 비문에는 "이 사람은 완전히 죽어서…아무것도 남지 않았으며…생명은 완전히 떠났고…모든 것이 끝장이 났고…이는 온 몸이 여기 있기 때문이다"라고 쓰일지 모른다. 이 물질주의자가 총체적 언어를 사용하고 있음을 주의하라. 그럼에도 불구하고 그가 말하는 죽음은 잘못 표현되어 있다. 그의 비문이 인간에 대한 성경적 관점을, 즉 인간의 전체를 말하고 있지 않기 때문이다. 반면 영성주의자는 인간이 기본적으로 영혼으로 구성되어 있다고 여기지만, 또한 같은 오류를 범한다. 그에 대한 비문의 칭송은 다음과 같을 것이다. "그의 진정한 사람은 살아 있습니다…그 어떤 본질적인 것도 일어나지 않았으며…근본적으로 모든 것이 변하지 않은 채 남아 있으며…단지 껍데기만이 떠나서…이는 물질적인 것은 진짜 우리와 아무 상관이 없기 때문에…죽음은 아무런 가치도 없는 것입니다." 영성주의자 또한 총체적 용어를 사용하고 있음에 주의하라. 그러나 물질주의자와 정반대를 향하고 있는 그의 편향성도 역시 잘못된 것이다. 이는 육체의 부활이라는 온전한 진리를 가리고 있기 때문이다.

그러므로 위의 두 견해는 모두 불행한 위로들이다. 성경적인 용어는 이와 다르다. "우리가 사나 죽으나 우리는 주의 것이로다"(롬 14:7-9). 이 구절이 말하는 "우리"는 인간 존재의 많은 양상들의 전체를 의미한다. 지금 "우리"는 육체적으로 그리고 영적으로 산다. 언젠가 "우리"는 육체적으로는 죽지만 영적으로는 계속 살아갈 것이다. 그리고 부활 때에는 동일한 "우리가" 전적으로 새로워진 생명을 육체적으로 그리고 영적으로 경험하게 될 것이다.

10. 공동체 안의 인간

인류는 개인들의 집합체가 아니며(서구의 주된 관점), 또는 우리는 집단적 대중(동양의 주된 관점)도 아니다. 개인주의와 집단주의라는 이 두 개의 사회철학은 각각 개인주의적 인간론과 집단주의적 인간론과 함께, 오늘날 사람들의 마음과 생활 속에 논란이 되는 두 가지 주요한 사상을 대표한다. 이 둘은 성경에 뿌리를 둔 유대-기독교 전통과는 완전히 결별한 사상들이다. 이는 성경이 인류를(문화적이고 사회적 일체감을 강조하는) 민족(peoplehood)으로 묘사하기 때문이다. 창조로 인해 우리는 다양한 관계 속에 있는 삶의 의미를 발견하게 된다. 우리는 하나님이 부여하신 삶의 네트웍 속에 참여한다.

개인주의적 인간이해는 인간이 본질적으로 분별력 있고, 원자적인, 개개의 독립적 존재라는 가정에 근거한다. 개인은 사회를 구성하는 기본적인 단위이며 건물의 블록과 같다. 이러한 관점은 인류의 연합과 일치를 공정하게 다루지 못한다. 또한 유기적인 민족 사상도 공정하게 다루지 못한다. 결혼이나 가족, 국가와 교회, 그리고 학교 등과 같은 사회적 구조들은 개인들이 사회적 규약들을 통해 만드는 이차적이고 조작적인 환경으로 축소되고 만다. 반면 집단적인 인간론은 사람을 단지 커다란 기계의 부속품으로 전락시킨다. 결국 인간의 삶은 그리스의 폴리스나, 중세 교회나, 현대 절대국가와 같은 사회적 거대구조 속에 포함되어 있을 때만 의미를 지닌다. 큰 정부, 큰 사업, 또는 큰 노동이라는 미신은 인간 사회 속에 조직과 질서 원리를 제공한다.

카이퍼가 지난 세기초에 이미 민감하게 주장한 것처럼, 개인주의는 집단주의만큼이나 결정적으로 반기독교적이다. 그러므로 카이퍼는 결연히 이 두 이론을 거부한다. 둘 모두가 반성경적인 계몽주의와 프랑스 혁명의 산물이기 때문이다. 또한 선한 창조 질서 속에 삶이 있게 하는 것을 거부한다. 이것이 카이퍼로 하여금 이 두 구조, 즉 "1789년 파리에서 무신론적으로 선포된 대중-주권주의와 독일의 역사적-범신론에서 발전된 국가-주권주의"를 거부하게 한 것이다. 그는 말하기를 "이 두 이론은 사실 중심 사상에 있어서 동일한 것이다"라고 했다. 왜냐하면 두 이론 모두는 인간의 자율성으로 창조주의 주권을 대치시키는 것이기 때문이다. 카이퍼는 엄격한 개인주의를 거부하며 "하나님께서 인간을 독립된 개인들로 지으셨을 수도 있지만…그렇지 않았다. 인간은 인간으로 창조되었고, 태어남과 동시에 그는 전체 인류와 유기적으로 관련을 맺는다"(*Lectures on Calvinism*, 85, 79)라고 말했다. 18세기와 19세기에 역사적 기독교에 대한 급진적 거부를 염두에 두고, "이것의 근본적 원리는 하나님께서 혐오하시는 '하나님도 없고, 주인도 없다'라는 것이며, 만약 당신이 원한다면 인간은 하나님과 그의 세우신 질서에서 해방된다. 이 원리로부터 한 계열이 아니라 두 계열이 발전된다"라고 카이퍼는 주장했다. 그 하나가 "자유로운 의지와 상상력으로 만든 우위권(supremacy)을 소유한 개인"이다. 이것이 창조질서를 파괴한다. 조국의 급박한 상황 속에서 이러한 사상에 반기를 든 카이퍼는 다음과 같이 주장했다:

…드 코스타(De Costa)가 말했듯이, 우리 나라 사회는 "한 평의 땅에 쌓아올린 영혼들 더미"가

아니라, 하나님의 의지에 의해 형성된 공동체요, 살아 있는 인간의 조직체이다. 분리된 부분들을 함께 묶어 주는 기계도 아니고, 모자이크도 아니며, 비이츠(Beets)가 말한 조각 무늬 새겨진 바닥 같은 것도 아니다. 오히려 생명의 법에 복종하는 지체들을 가진 몸이다. 그러므로 눈이 발이 없으면 안 되고 눈 없이는 발이 살 수 없는 것처럼 우리는 각자가 서로 지체들이다. 이것이 바로 프랑스 혁명이 가장 깊이 오판하고, 가장 완강하게 거부하고, 가장 야만적으로 침략한 기독교적 진리이다(Christianity and the Class Struggle, 47, 41).

이러한 비평을 지지하면서 도이비틀트가 이렇게 기록하고 있다:

하나님의 창조의 법에 따르면 인간의 현세적 사회질서는 자율적인 인간이 자율적으로 구성하여 세워지는 것이 아니다. 각각의 부모가 결합하여 낳게 되는 모든 아기의 출생은 개인주의 이론과는 모순되는 것이다(Christelijke Perspectief, no. 1, 211).

카이퍼는 집단주의와 그 인간론을 공평하게 비평한다. 집단주의적 인간관은 공동체가 "개인들의 총합"이 아니라는 것에서는 옳다. 이는 "민족이 단지 집합이 아니라, 조직적인 전체"이기 때문이다. 그러나 이러한 계몽주의적인 사고의 발전도 기독교적이 아니다. 오히려 기독교의 진리를 파괴한다. 왜냐하면 이것을 끝까지 밀고 나가면, 인간은 "하나님의 질서를 무시할 뿐만 아니라 이제는 자신을 신성화하여, 하나님의 보좌에 앉아, 선지자가 말했던 것처럼 그의 머리로부터 새로운 사물의 질서를 창조하게 될 위험"이 있다(Christianity and the Class Struggle, 47).

개인주의와 집단주의 모두를 향한 성경의 대안은 공동체적 생활에 대한 다원주의적 관점이다. 어느 인간도 고립되어 살 수 없다. 어떤 사람들도 전체주의 사회의 단순한 부품이 아니다. 하나님의 선한 창조 질서로 말미암아, 인간은 일관된 가족, 사회, 정치, 경제, 학계, 문화, 그리고 다른 관계들 속에 통합된다. 우리는 각자가 수많은 방식 속에 속한다. 이는 "인간이 결코 다른 사람들과 구별되어 인간이 될 수 없기 때문이다"(Hoekema, Created in God's Image, 77). "모든 사회의 연합"(Johnnes Althusius) 속에 나타난 다양성 속에서, 우리는 이웃 사랑과 봉사를 통해 "형제를 지키는 자"로 부르심을 받는다. 하나님의 형상의 소유자인 우리가 가지는 정체성은 반정립(Antithesis) 가운데 있는 사람 사이의 관계단절을 메꾸어 주는 연합이다. 이는 하나님께서 "생명과 호흡과 모든 것을 인간에게 주시기" 때문이다. 이는 "하나님께서 온 지구상에 모든 나라와 민족을 만드신" 이래로 진리이다(행 17:25-26). 창조에 근거를 둔 우리의 보편적 인간성은 우리 모두를 향한 하나님의 살아 있는 선포에 근거를 둔다. 태초로부터 우리 모두는 하나님의 것이다. 창조된 민족들에 대한 하나님의 선포는 복음의 전파의 살아 있는 근거가 된다. 종국에는 하나님께서 새롭게 된 지구상에 새롭게 된 인간들로 채우실 것을 계획하시기 때문이다. 개인 정체성의 의미는 우리를 다른 사람들과 묶어 주는 공동체적 관계와 연결된다. 도이비를트는 이렇게 말한다:

> 나는 나의 자아가 동료 인간들의 자아와 관련되었음을 고려하지 않고는 나 자신을 알 수 없다. 또한 나는 사랑 없이 다른 사람을 개인적으로 만날 수 없다. 사랑 안에서 만나는 만남이 있어야만, 나는 진정한 자기 지식과 동료인간에 대한 지식에 이를 수 있다(*In the Twilight of Western Thought*, 178).

우리의 공동체적 인간성에 대한 이러한 이해야말로 개인주의적인 권리에 대한 개념, 급진신학, 민족적 교만, 그리고 국가적 우월감 등과 같은 모든 것들의 해독제가 될 수 있다. 낙태를 개인주의적으로 규정하고 있는 법의 제도에 의해서 하나님(생명의 창조주)과 다른 사람들(태어나지 않은 인간)의 권리가 철저하게 부정되고 있다. 이러한 경향은 가족과 공동체의 관심에서 떠난 십대들이 "내 배의 주인은 바로 나다"라는 주장에서 잘 나타난다. 공동체적 책임을 말하는 성경은 또한 집단학살이나 민족학살의 현실에 무관한 태도를 가진 공동체에 공동체적인 죄책을 부과한다. 인간의 진정한 연대는 아담과 그 안에 있는 모두로부터 시작된 하나님의 창조에 뿌리를 둔다. 또한 새롭게 된 인간성은 마지막 아담인 예수 그리스도에 뿌리를 둔다. 공동체에 대한 이러한 구속의 관점은 벌카우어의 글에 잘 드러난다. 그는 이렇게 말했다:

> 이러한 공동체는 너무나 심오해서 단지 개인적으로 구원을 받아 다른 사람을 찾는 사람들에게서 나오는 것이 아니다. 이것은 십자가를 지신 그리스도 안에서 얻어지고 실제로 존재하는 평화이다. 이런 새로워짐 안에서, 모든 장벽은 사라지고, 둘은 하나가 된다. 이 공동체와 평화 속에서 인간의 인간 됨은 놀랍도록 새로워지며 증거된다…(결국) 인간은 그의 진정한 본성에 이르고, 하나님께서 의도하셨던 그 본성 속에서 진정한 공동체는 더 이상 위협받지 않으며, 그 안에서 한 개인은 더 이상 다른 사람의 위협이 되지 않는다(*Man: The Image of God*, 98-99).

그러므로 역사가 흘러감에 따라 하나님은 인간 공동체를 인정하시고, 심판하시고 그리스도 안에서 다시 회복하신다. 창조시에 주어진 인류의 기원은 아담과 이브에 의해 세워졌던 핵가족에까지 거슬러 올라간다. 처음에 아담은 혼자였다. 낙원에서도 그는 외로웠다. 동물의 나라까지도 공동체를 이루며 삶을 즐겼다. 그러나 인간에게는 조력자도 동반자도 없었다. 그래서 하나님은 인간이 홀로 존재하는 것에 종지부를 찍으셨다. "인간이 독처하는 것이 좋지 못하니…"(창 2:18). 모든 생명의 관계가 이러한 태초의 인간 공동체로부터 종족의 형태로 나타났다. 다양한 공동체 생활에 대한 가능성들이 적당한 때에 드러나고 온전하게 형성되었다. 바르트는 아담과 이브는 이어지는 모든 공동체적 발전의 원형으로서 제시된다고 보았다. 그는 원시적인 핵가족 공동체에 주목한다. *Imageo Dei*에 대한 주석에서 그는 이렇게 말한다:

…창세기 1:27 이하에 나타난 하나님과 같이 만드셨다는 것은 하나님께서 인간을 남자와 여자로 만드셨다는 사실로 이해된다. 이것은 하나님 자신이 홀로(*Deus solitarius*, 홀로이신 하나님)가 아닌 관계성 안에(*Deus triunius*, 삼위일체로서의 하나님) 존재한다는 것에 상응하는 것이다…동료인간이라는 우선되고 전형적인 영역, 곧 사람과 사람 사이의 우선되고 전형적인 차이와 관계는 (그러므로) 남자와 여자 사이의 관계이다…(왜냐하면) 인간은 결코 그렇게 존재하지 않기 때문이다. 오히려 항상 인간 남성과 인간 여성으로 존재한다. 그러므로 인간성과 동료 인간성 속에, 모든 다른 관계성에 있어서도 항시 결정적이며, 근본적이며, 전형적인 질문이 있다면, 그것은 이러한 구분 속에 있는 관계에 관한 질문이다(*Church Dogmatics*, III/4, no. 54, 116-17).

그러나 바르트에게 있어서 보증되지 않은 것은 *imago Dei*를 '수직적' 차원을 배제한 채 '수평적'인 공동체적 관계성에 제한하는 것이다. 카이퍼는 인간과 자연에 대한 우리의 관계를 지지함으로써 진리에 더욱 가깝게 다가갔다.

…하나님과의 관계에 대한 특별한 해석이 출발점이며…어떻게 하나님을 향하여 설 것인가가 첫 번째이고, 어떻게 인간을 향하여 설 것인가가 두 번째 주요한 질문이다. 이것이 우리의 삶의 경향과 양식을 결정한다…우선 하나님을 바라보고 그 다음 이웃을 바라보는 것이 칼빈주의가 제시하는 본성이며, 지성이며, 영적인 관습이다…(그러므로) 만약 칼빈주의가 우리의 전 삶의 영역을 즉각적으로 하나님 앞에 둔다면, 남자와 여자들, 부자와 가난한 자들, 약한 자와 강한 자들, 어리석은 자와 잘난 자들 모두를 하나님의 피조물이요, 잃어버려진 죄인들로서, 그 누구도 다른 사람 위에 군림할 수 없다고 주장하며, 이로써 모든 인간을 하나님 앞에 평등하게 세우며, 결국에는 사람이 다른 사람과 동등함을 선포하게 된다. 그러므로 우리는 사람 사이에 어떤 구분도 인식할 수 없으며, 그것이 하나님 자신에 의해 부여된 질서이다. 다만 그는 어떤 사람에게 권위를 주거나 다른 사람보다는 많은 재능을 주어서, 많은 은사를 가진 사람이 덜 가진 사람을 섬기며, 이로써 하나님을 섬기도록 하신다(*Lectures on Calvinism*, 20, 28).

인간 공동체에 대한 성경적 관점은 모든 사람들이 협력하여 *coram Deo*('하나님

면전에서') 살아간다는 신앙고백에 근거한다. '지구촌'이나 '세속도시'의 거주자들이 조직적인 연대를 만들려는 시도는 엄격하게 말해서 수평적이며 역사적인 산물로서, 자체적 파괴의 씨를 전할 뿐이다. 하나님 말씀의 초월적 개방성은 진정한 인간 공동체에 있어서 필수 불가결하다. 베버는 이렇게 말했다:

…인류의 통일성은 인간에게 자기 자신을 드러내신 하나님의 살아 있는 삼위일체의 통일성에 뿌리를 두고 있다…. (그러므로) '모든 민족'을 제자 삼으라고 하는 명령(마 28:19)의 수행은 모든 국가적인 다신교와 국제적 범신론에 대항한 전쟁을 선포한 것이다. 국가들은 이스라엘의 왕 되신 하나님의 아들을 선포함으로 존경과 위엄을 얻을 뿐 아니라, 자기들이 가진 종교에 대한 상대화된 가치와 거부권을 얻을 수 있게 된다(Foundations of Dogmatics, Vol. I, 537).

II. 책임과 봉사를 위한 인간의 자유

피조물이라는 것은 하나님의 종이라는 것을 의미한다. 시편기자가 말했듯이, "만물이 당신의 종인 연고…"(시 119:91)이다. 하나님의 말씀에 따라 모든 피조물들이 각각 '종류대로' 창조되어서 하나님의 우주의 드라마에서 각각의 종의 임무를 수행한다. 어떤 피조물도 말 없이 침묵하고 있지 않다. 그들은 만물 안에서 각각의 목소리로 이 찬양의 심포니에 '즐거운 소리'를 더한다:

"바다와 거기 충만한 것과
세계와 그 중에 거하는 자는 다 외칠지어다
여호와 앞에서 큰물이 박수하며
산악이 함께 즐거이 노래할지어다…"(시 98:7-8).

모든 피조물들이 크건 작건 다 은사대로, 그것이 식물이나 동물이나 또는 어떤 나라에 속해 있건 자신의 본성에 충실한다. 백합은 백합대로, 사자는 사자대로, 별들과 달과 태양도 마찬가지이다. 각각의 피조물들은 정해진 창조의 법에 따라, 곧 떨어지는 바위들, 달리는 별들, 꽃피우는 나무들, 밀려오는 새들, 그리고 동면하는 동물들이 선택이라는 자유를 제한받지 않고서 각각의 삶을 산다. 이러한 피조물들은 모두 우리가 그들을 돌봄으로 우리가 하나님의 더 성숙한 종들이 되게 하기 위해서 맡겨진 것들이다(창 1:29-31; 9:1-3). 우리는 책임 있는 청지기로서 부드럽고 사랑스러운 돌봄으로 이것들의 본성을 순화시키고, 이용할 수 있도록 개량하고, 그 힘을 사용해야 한다. 왜냐하면 그들을 돌보는 것이 인간의 본성과 성장에 일치하기 때문이다.

모든 것보다 뛰어난 인간은 모든 피조물 위에 가장 크게 보인다. 인간은 창조세계 안에 인간의 종류로 스스로 우뚝 서 있다. 그러한 인류에 매우 특별한 봉사의 임무가 주어졌다. 우리에게 많은 것이 주어졌으며, 우리로부터 많은 것이 기대된다. 우리의 모든 가능성들, 이성, 상상력, 감정, 문화를 형성하는 활동들을 가지고 우리는 창조세계 안에서 종의 역할을 수행하도록 부르심 받았다. 이것은 또한 사회 안에서의 구조적인 임무들과 관련된다. 사회적인 관계 안에서 인간은 우정, 결혼, 가족, 양육, 교육, 예배 그리고 다스림의 일을 수행한다. 이러한 임무는 또한 창조의 선한 질서에 공헌한다. 인간은 자유롭고 책임 있는 대리자로서 하나님을 섬겨야 하며, 동료인간을 섬겨야 하며, 세상을 섬겨야 한다. 이것이 우리의 직분이다. 이것이 바로 하나님의 형상대로 우리가 창조되었다는 것의 의미이고, 다른 피조물들과 우리를 구분시키는 것이다. 다른 피조물들은 결정을 내리는 자유를 갖고 있지 않으며, 또한 다른 피조물에 대한 책임도 갖지 않는다. 어떻게 행동하고 반응해야 하는지에 대한 적당한 선택권이 없다. 그저 저도 모르게, 본능적으로, 즉각적으로 행동할 뿐이다. 원자들, 빗방울, 불꽃, 태양계, 올챙이, 북극곰 등은 창조의 정해진 질서에 복종해야 한다. 소위 그들의 행동을 지배하는 '자연법'이 있는 것이다.

이것이 인간의 규범과 어떻게 다른가? 우리는 여기서 규범적인 행동과 반규범적인 행동의 문제에 직면한다. 우리에게는 의무가 있지만 동시에 또한 선택의 자유가 있다. 선택의 자유가 있는 존재는 그 선택에 대한 책임을 진다. 우리는 좋든 나쁘든 선택할 수 있는 존재이다. 창세기 3장을 생각해 보라! 또한 여호수아 24:15을 보라!—"…너희 섬길 자를 오늘날 택하라…." 인간에게 주어진 이러한 선택의 자유는 창조세계가 그것으로 인해서 망가질 수 있는 '위험의 요소'임과 동시에, 그것은 또한 하나님에게 있어서 '위기'이기도 하다. 자주 사용되는 유명한 격언처럼, "인간이 더 위대할수록 인간은 더 깊이 타락한다." 그렇게 위대한 자질을 가진 피조물이었기에 그렇게 추락할 수 있었을 것이다. 인간의 책임의 어마한 무게는 여기에서 자명해진다. 즉 우리의 원초적 선택(아담 안에서)과 이어지는 선택들이(예를 들어, 생태학에서) 다른 피조물들에게 영향을 미친다. 하나님의 말씀대로 우리는 첫 사람 아담 안에서 파괴적으로 만물을 대했다(창 3:14-19). 그러나 다행스럽게도 마지막 아담 안에서 "하나님의 아들들의 영광의 자유"가 모든 피조물들이 새롭게 되는 신호가 될 것이다(참고, 롬 8:19-23).

우리가 누리는 자유는 스스로 얻은 자유가 아니라 응답하는 자의 자유이며 또한 책임을 동반한 자유이다. 우리는 하나님께 의무를 가지며 다른 피조물에게 책임을 진다. 즉, 창조주께 그의 우주에 대한 책임을 가진다. 창조에 근거하고 성경에 의해 조명된 이러한 인간의 자유 이해는, 그러나, 인간 이성의 위장된 자율성이라는 현대의 세속적 자유개념으로 인해 사라지고 말았다. 진정한 자유는 하나님의 말씀으로부터 벗어나는 것이 아니라, 그것에 기꺼이 복종함으로 얻어지는 것이기 때문이다. 창조의 합법적 환경 속에서 우리는 풍성한 자연 자원을 자유롭게 개발할 수 있다. 이것은 자연을 파괴하는 것이 아니라 부리는 것이다. 우리는 자연을 착취하는 것이 아님을 알아야 한다. 우리는 개인적 관계나 사회적 조직 속에서 농업이나 기계, 신문 혹은 가족의 양육, 정치 등과 같은 영역에서 문화소명을 성취할 자유가 있다. 인간의 자유를 구성하는 영속적인 틀은 하나님을 믿는 것이며, 이웃을 사랑하는 것이며, 지구를 돌보는 것이다. 이러한 성경적 관점은 마치 인간이 선과 악에 똑같이 노출되어 있고, 옳고 그름을 향한 동일한 본성이 주어질 때에만 인간은 진정으로 자유롭다고 생각하는 소위 반대선택의 자유(freedom of contrary choice)를 제외한다. 이러한 자유는 결코 존재하지 않는다. 심지어 아담 안에서도 이런 자유는 없었다. 아담 이후로 지금까지 그러하다. 하나님의 선한 창조에는 이런 선택권이 없다. 하나님의 계획에 따라 우리는 불순종에 대해 결코 자유롭지 않다. 말씀에 대한 순종은 해방된 삶과 해방시키는 삶의 유일한 관문이다.

12. 인간의 권리

성경의 창조교리는 인간의 권리에 대한 근본적이며 영속적인 특징을 보여 준다. 물론 오늘날 고도로 산업화되고 기계화된 사회 속에서 우리가 직면한 복잡성대로 인권에 대해 말씀하는 성경구절을 찾는다는 것은 헛일이다. 이것은 우리로 하여금 다시 한 번 성경이 어떤 책인가를 상기시킨다. 성경은 근본적이고 영속적인 언어의 형태로 계시된 구속의 책이다. 인간의 혼잡한 반응들에도 불구하고 성경의 근본적인 계시는 여전히 살아 있으며 여전히 강력한 힘을 가지고 있다. 오늘날도 인권에 대한 의미를 정의함에 있어서 과거와 미래의 모든 세대들에게 그러한 것처럼 성경만이 권위와 규범을 제공한다. 그러나 죄의 악영향 때문에 이제 우리는 성경의 '안경'을 써야 한다. 왜냐하면 성경의 메시지야말로 인권에 대한 하나님의 영속적인 말씀의 근거이기 때문이다. 비록 인간사에 있어서 의와 정의 그리고 평화에 대한 하나님의 뜻이 이스라엘의 여정과 초대 교회의 발흥이라는 역사적-구속적 틀 속에 드러나고 수세기 동안 66권 성경의 다양한 문학 양식 속에 그 규범들이 표현되었고, 이 '많은 책들'이 2000년 전부터 전세계의 반 이상인 우리를 위해 흘러왔지만, 성경의 명령은 인권의 문제에 대해 사라지지 않는 긴급함으로 역사와 문화를 초월하여 우리에게 전달된다.

과거와 현재의 역사에서 볼 때 소위 보편적 인권에 대한 가장 보편적인 법(예를 들어 1948년 유엔에 의해 제정된 "인간의 권리에 대한 보편적 선언")은 대부분 법을 제정한 자들에 의해 깨어졌다는 것은 의미심장하다. 생명권은 얼마나 근본적인 법인가? 노동권은 어떠한가? 가족이 평화롭게 살 권리는? 법에 의해 적절히 대우받을 권리는? 정치에 동등하게 참여하는 권리는? 창조의 은사를 공평하게 나눌 권리는? 자발적으로 모일 권리는? 자유로운 예배의 권리는? 공공 생활에서의 종교적 자유는? 이것은 일차적인 사회-경제-정치적 주제들이 아니다. 이것들은 모두 인간론적 질문에서 나온 것들이다. 따라서 인간에 대한 성경적 관점이 기초에서 흔들리고 있다. 인권에 대한 주제는 전인격의 삶과 전 인간 공동체의 삶의 방식에 영향을 미친다. 이것은 하나님의 형상으로서의 인간이나, 직분, 마음과 몸과 영혼 등의 성경적 개념만큼이나 총체적 문제이다. 성경적인 인간론은 한 '세계'가 다른 '세계'에 복종하는 지배 이데올로기에 반대한다. 따라서 로마 카톨릭의 종교재판이나, 개신교의 권력 놀음, 흑인 노예제도, 반유대주의, 인종 차별, 민족적 우월감, 자본주의적 제국주의, 공산주의적 폭력, 테러리스트 활동들과 암흑가의 부정부패에 대해 비판한다. 창조 질서에 근거를 둔, 성경적 인간관은 인권에 대한 여러 주제들을 평가하는 신적인 기준이 된다.

성경에서 하나님은 "공의를 행하고, 인자를 사랑하고, 겸손히 네 하나님과 동행"(미 6:8)하라고 명하신다. 하나님께 응답하는 우리의('수직적') 관계성은 궁극적이고 포괄적인 관계이다. 이것은 동료인간들을 향한 우리의 모든('수평적') 관계에 한계를 긋는다. 무엇보다 마음을 다해 하나님을 사랑하는 것은 "가장 크고 첫째 되는 계명"으로서 "네 이웃을 네 몸과 같이 사랑하라"는 '두 번째 계명'에 의미와 방향을 준다(마 22:39). 그러나 누가 우리의 이웃인가? 이 질문에 예수께서는 명백한 질문으로 답하신다(눅 10:27-37). 우리가 지나는 삶의 길목에서 하나님의 섭리대로 만나게 된 도움을 요구하는 모든 사람들이 바로 우리의 이웃이다. 삶에 있어 각각의 역사적('수평적') 순간은 신적인('수직적') 명령에 의해 부과된 것이다. 따라서 모든 인권의 문제는 창조주를 향한 우리의 책임과 관련된다. 하나님의 언약적 말씀은 동료인간을 향한 우리의 의무와 권리를 결정하고 정의하는 데 통찰력을 제공하는 규범적 기준이다. 그러므로 성경은 우리의 시야를 인본적인 만인형제애 위로 높이 들게 한다. 그리고 사람들과 올바른 관계를 맺게 하는 풍성한 감성에 이르게 한다.

성경은 세 가지 관점에서 열려 있다. 즉, (1) 다른 사람들을 향한 우리의 책임, (2) 우리를 향한 그들의 책임, (3) 이 두 관계는 하나님을 향한 모두의 책임에 포함된다. 다르게 표현하자면, 성경은 (1) 우리를 향한 다른 사람의 정당한 권리, (2) 다른 사람을 향한 우리의 정당한 권리, (3) 하나님의 권리에 복종하는 모든 인간의 권리 등을 강조한다. 이런 관점에서 우리는 인권이 항상 자유와 상호권리뿐만 아닌 인간의 의무나, 책임, 명령 등에 의해 평가된다는 것을 알게 된다. 이러한 관점에서 모든 인간은 하나님의 형상이 되는 권리와, 하나님이 주신 직분을 수행하는 권리, 문화 명령을 추구할 권리, 그리고 하나님의 풍성한 자원을 선한 청지기로서 공평하게 나누는 권리 등을 가진다.

이러한 성경의 삼차원적 세계관은 인간에게 의를 행하는 것이 마땅히 칭찬 받을 만한 자선이라는 교만한 생각에 찬물을 끼얹는다. 인권의 옹호는 선한 행위나 자선이 아니다. 변명의 여지없이 이것은 우리 문 앞에 서 있는 타인에 대한, 그리고 그들의 문 앞에 서 있는 우리에 대한 공의의 문제이다. 왜냐하면 '명령한 모든 것을' 행한 후에, 우리는 여전히 '해야 할 일을 했을 뿐'이기 때문이다(눅 17:7-10). 또한 동료인간을 향한 성경의 명령은 어떤 사람들이 주장하는 것처럼 인간 안에 유전하는 자연적이고 빼앗을 수 없는 위엄과 존엄의 자질에 근거하는 것이 아니다. 이러한 현대 인본주의적 인권 이론은 피조물이 하나님을 향하는('수직적') 차원을 없앰으로써 성경적인 인간관을 세속화시키고 만다. 신적 명령만이 인권의 진정한 기초가 될 수 있다. 사실상 "가난한 자들과 도움이 필요한 자들"은 항상 우리 주위에 있다(마 26:11). 그러나 주님의 이 말씀은 사실의 표현이지 처방은 아니다. 그러므로 잠잠히 있는 자는 변명의 여지가 없다. 우리는 사회 개혁으로 부르심 받았다. 주께서 말씀하신다: "내가 네게 명하노니 너는 반드시 네 경내 네 형제의 곤란한 자와 궁핍한 자에게 네 손을 펼지니라"(신 15:11). 이것은 자선의 문제이기 전에 의로움의 문제이다. 이것은 소위 인간의 선함에 근거를 둔 것이 아니라 신적인 명령에 근거를 둔 것이다.

또한 인권의 증진은 다른 사람들과 비교하여 어떤 사람들을 평가하는 것이 아니다. 오히려 전적으로 하나님의 말씀의 요구에 의존한다. 비교는 위선이 따르고 종종 잘못 오해되며 거의 항상 다른 사람들에게 상처를 준다. 하나님이 압박 받는 자들에게 "의를 행하신다"고 성경이 말씀할 때, 그것은 그들의 우월한 도덕적 가치 때문이 아니다. 다만 하나님은 그들의 '대의'(cause)를 변호하신다. 그들의 상태가 어떻든 사람에게 의를 행하는 것은 인간을 위해서가 아니라, 하나님의 계시된 뜻에 근거하는 것이다. 결국 다른 사람들의 고통에 대해 아무런 잘못도 없다고 주장하며, 고난 받는 사람들을 도와야 하는 우리의 소명으로부터 자유로울 수는 없을 것이다. 인권은 다른 사람의 상황에 대해 자기를 비난하는 근거가 되어서도 안 된다. 예를 들어 여리고를 여행하던 사람에게 임한 재난에 대해 선한 사마리아인이 제사장이나 레위인들 보다 더 책임이 있는 것인가? 하나님이 부여하신 인권의 영속적인 기초는 다른 사람들에 대한 주관적인 판단에 달린 것이 아니라, 우리를 향한 하나님의 포괄적인 사랑의 계명에 달린 것이다.

인권은 미래에 투영될 종말의 완성이 아니다. 미래 신학자들은 종말의 완성을 창조의 방향으로 생각하며 결국 창조의 실현이 곧 종말론적 절정이 될 것이라고 고대한다. 예를 들어 위르겐 몰트만은 반복적으로 "하나님의 형상대로 창조된 것이 인권의 기초"라고 주장한다. 그러나 이러한 개념은 인간의 본래적 상태가 아닌 인간의 "본래적 운명"일 뿐이다. 이 견해대로라면 인간의 창조와 죄악은 본래적이고 실존적인 특징이 된다. 인권의 근거가 되는 '운명으로서 하나님의 형상'의 회복은, "애굽에서의 노예생활로부터 이스라엘의 해방과 자유케 된 공동체와 자유케 하시는 하나님 사이에 맺어진 언약"으로부터 시작된다. 인권에 대한 몰트만의 신학은 분명 성경에서 기본적인 모티프를 모은 것이다(창조, 죄, 구속, 종말). 그러나 이 모두는 확정되지 않은 과거로부터 미래의 규범으로 나아가는 과정신학의 변증법적 구조 속에 복잡하게 얽혀 있다. 몰트만은 이것을 다음과 같이 말한다:

> 이스라엘과 기독교의 하나님에 관한 특별한 경험은 보편적인 목적을 가진다. 그것은 하나님께서 그들을 해방하시고 구원하신다는 사실에서 발견된다. 하나님은 세계 역사의 완성자이시며, 그의 나라 속에서 당신의 창조가 실현될 것을 요구하신다. 그러므로 역사 속에서 그분의 자유케 하시며, 구원하시는 행위는 인간의 진정한 미래를 드러낸다. 곧 하나님의 형상은 그들의 진정한 미래이다. 삶의 모든 관계에 있어서, (인간은) 미래에 대한 "권리"를 가지며…(그러므로) 정치적 감각과 인권의 추구는 궁극적으로 이러한 미래적 관점에서만 그 의미를 얻는다. 인간은 자유롭게 되어 진정하고 영원한 미래가 소망 중에 힘을 얻게 되고, 그들의 현재를 조절하게 될 때 그들의 권리와 의무는 확인된다("Theological Basis of Human Rights", 8-13).

이 점에서 많은 문제가 발생한다. 하나님 앞에서 그리고 선한 양심에 비추어 고통하는 이 세계의 수백만의 사람들에게 끝이 없는 미래의 도래를 기다리라고 요구할 수 있는가? 다른 사람을 향한 하나님의 요구는 태초로부터 영원히 우리에게 주어진 것이 아닌가?

그리고 만약 우리가 그 처음 의를 없애버린다면, 미래에 다시 그것을 회복할 희망이 있는 것인가? 창조의 질서를 잃어버렸다면, 본래 세워졌던 종말론적 희망을 잃어버린 것에 대해서도 우리가 정죄받아야 하는 것이 아닌가? 성경은 하나님께서 "심히 좋다"고 선포하신 모든 것을 회복하는 만물의 종말을 태초부터 드러내시고 있지 않은가? 창조의 질서 속에 본래 주어진 것보다 더 본질적인 새로운 어떤 것을 미래에 기대할 수 있는가? 세계 역사의 패러다임은 몰트만과 같은 미래 신학자가 성경적 세계관을 뒤바꾸어 놓음으로써 나타나게 된 것이 아닌가?

만약 선과 악의 변증법적 긴장이 창조의 원래적 틀을 파괴한다면, 어떻게 우리가 말씀에 도전하는 것이 죄라고 가르치는 성경의 진리를 말할 수 있는가? 만약 창조가 근본적으로 태초부터 오류에 차 있다면, 사회개혁에로의 소명은 여전히 유효할 수 있는가? 만약 죄가 우리의 피조성에 필수 불가결한 요소라면, 인권의 남용에 대해 어떤 죄를 물을 것인가? 결국 우리는 압제를 이겨야 할 적이 아닌 불가피한 동맹관계로 보아야 한다는 것인가? 이 견해는 결국 개혁에 대한 성경적 헌신보다는 불법에 대한 운명적 체념에 이르게 하지 않겠는가? 이러한 과정 신학이 과연 퇴보하는 유토피아적 꿈 이외에 무엇을 줄 수 있는가?

이렇게 쏟아지는 질문들에 대해 성경은 창조의 선한 질서 속에 닻을 내리고 있는 인권에 대한 규범들로 답을 한다. 이 규범들은 열려진 종말론적 미래로서 현재를 감싸게 할 수 있는 것이 아니다. 결국 인권에 대한 역사적 기독교의 관점은 창조, 타락, 구속과 완성에 이르는 성경적 진리에 의해 형성된다. 이러한 권리는 그리스도를 중심으로 "공의가 거하는" 새로운 세상을 향해 마지막 완성으로 나아가고 있지만, 그 규범들은 이미 처음부터 우리 모두에게 신적인 요구였다. 이것이 바로 인권과 "의에 주리고 목마른 것"에 대한 열정적인 옹호를 요구한다(마 5:6). 우리는 우리의 사회가 의로운 인간 관계와 창조 질서에 순종할 수 있도록 만들어야 한다. 우리가 이 비전을 붙잡는 한, 우리의 권리는 다른 사람을 위한 의무가 되고, 그 사람의 의무는 우리의 권리가 된다(참고, *Reformed Ecumenical Synod Testimony on Human Rights*, 94-125, 특별히 96-101).

13. 문화소명

최초로 기록된 인간을 향한 하나님의 말씀(창 1:28-30)은 문화소명으로 알려져 있다. 창세기 이야기 속에는 삼단계의 창조(creatio tertia)의 형식이 제안되고 있다. Creatio prima(우선적인 제1의 창조)는 하나님께서 무로부터 우주를 창조하신 최초의 행위를 가리킨다. 이후에 하나님의 질서대로 제2의 창조(creatio secunda)가 뒤따랐다. 그리고 제3창조를 통해서 하나님께서는 인간을 자신의 "작은 동반자"로 삼으셔서 세상의 일을 수행하는 동역자들이 되도록 명령하신다. 이것은 창조의 지속을 의미한다. 원 창조는 물론 선한 것이었지만 끝난 것은 아니었다. 원 창조는 역사적 발전의 입구에 위치하고 있다. 하나님의 창조 사역은 끝났다. 어떤 선한 것도 부족하지 않았다. 구조적으로나 방향적으로 모든 것은 가능성을 가지고 준비되어 있었다. 모든 가능성들은 예정된 실현을 애타게 기다리고 있었다. 이러한 목적을 위해 하나님은 그의 형상의 소유자들인 남자와 여자로서 이 일에 동역자로 참여케 하셨다. 신의 모양으로 창조된 인간은 이 세상 가운데서 하나님의 일을 지속하는 직무를 받았다. 이러한 원래적 명령은 여전히 세계 역사의 방향을 설정하는 문화적 표지로 남아 있다.

분명 창세기의 하나님은 그리스 신화의 하나님과는 다르다. 헬라의 신들은 천상에 머물면서 질투와 시기에 가득 찬 수호신으로서 지상과 멀리 떨어져 스스로에게 봉사한다. 그러나 성경의 하나님은 "전능한 일"을 하신다. 하나님께서는 세속적인 일에 기꺼이 "자신의 손을 더럽히신다." 그러나 그는 또한 권한을 위임하신다. 이 부분이 바로 인간의 문화 명령이 들어올 자리이다. 세상에서 우리의 일은 세상을 위한 하나님의 일을 형상화하는 것이다. 하나님의 주권적인 계획대로 에덴 동산은 도시가 되도록 고안되었다. 이 목표를 향해 우리의 창조주께서는 모든 재능 있는 사람들의 은사가 발휘되도록 계획하셨다. 창세기에서 이 문화 명령은 빛나는 명령들로 분산되어 창세기 원 독자의 문화에 적합한 목가적인 용어들로 표현된다. 이것이 고도로 과학화, 산업화, 기계화, 컴퓨터화된 우리 사회에 더 이상 규범이 될 수 없는 것은 아니다. 이러한 해석의 원리는 성경이 얼마나 독특한 책인지를 반영한다. 문화 명령에 대한 우리의 순종의 응답 속에 축복과, 기쁨, 깊은 만족과 봉사가 여전히 존재한다. 문화 명령을 명쾌하게 하기 위해 성경은 지구를 "다스리고" 그것을 "정복"하라고 말씀한다. 너무나 자주 이 말씀은 땅과 하늘과 바다의 창조적 자원에 대한 방자한 약탈의 변명거리로 인용되어 왔다. 그러나 오용되었다 할지라도 지구를 지키고 돌보라는 말씀 속에 분명 섬김의 권위가 있는 것이다. 우리는 탐욕에 가득 찬 군주가 아니라 하나님이 창조하신 선한 지구를 지키는 신실한 청지기들이다. 그러므로 우리는 마치 우리의 필요를 채우기 위해 노력하듯이 부드러운 관심으로 이 자연 세계를 돌보아야 한다. 그러므로 우리는 일하면서도 휘파람을 부는 피조물이다. 죄의 저주와 만성적인 실업과 환경 오염, 일 중독과 해고에 대한 집착 등에서 우리는 자유롭다. 일상의 잡무 속에서도 자유롭게 하나님을 형상화할 수 있다. 또한 더 높은 영적 경험을 위해 세상을 거부하는 잘못된 경건으로부터도 자유할 수 있다. 문화명령을 기쁨으로 수행하는 데도 자유롭다. 하나님을 향하여도 자유하다! 우리는 이미 그러하며, 미래의 어느 날 다시 한 번 완벽하게 자유하게 될 것이다.

14. 언약/하나님의 나라

개혁주의 신학이라는 집에는 앞 문, 옆 문, 그리고 뒷 문 등 많은 출입구가 있다. 각각의 문은 많은 방으로 인도한다. 현재 우리는 인간론이라고 불리우는 방에서 시간을 보내고 있다. 우리는 이미 여러 개의 관점에서 이방의 내용을 살펴보았다. 이제 우리는 가장 중심적인 내용인, 언약/나라에 대한 성경의 가르침으로 나아가려 한다. 언약/나라의 이중적 사상은 성경 여기저기서 우연찮게 발견하는 주제가 아니다. 이것은 모든 성경 계시의 중심에서 맥박치고 있는 것이다. 이것은 하나님의 세계 속에 있는 인간 삶의 정수요 지속적인 배경이다. 창조에 대한 그의 왕적/언약적 말씀으로 삼위 하나님은 우리를 그의 언약의 파트너요 나라의 시민으로 삼으셨다. 비록 언약과 나라의 개념이 신학적 분석에 있어서 목적상 구분되지만 사실 둘은 실제로 구분되지 않는다. 아마도 명쾌하게 구분하기 위해 둘을 따로 생각할 수는 있을 것이다. 그러나 결코 둘을 따로 경험하지는 않는다. 언약/나라를 별개의 실제로 다루기보다 통일성 속에서 함께 생각해 보도록 하자!

(1) 언약과 하나님 나라의 일치

성경이 가르치는 언약과 나라의 개념은 창조의 의미를 가리키는 이중의 지표이다. 언약과 나라라는 이중의 도구가 창조라는 하나로 일치되는 길을 통해서 하나님께서는 우리에게 오셨다. 이로써 하나님은 당신 자신을 세상 속에 거하는 우리의 내적 삶에 관계시키신다. 그러므로 언약과 나라는 두 개의 독립된 주제가 아니다. 그들은 한 동전의 양면과 같다. 한 쪽이 한 면을 가지고, 다른 쪽이 다른 면을 가진다. 둘은 같은 시작점을 가진다. 둘은 의미상 닮았고 우주적 범위상 공통이다. 둘은 세계 역사 속에서 동시적으로 발생한다. 둘은 공통된 종말론적 목표를 향해 나아간다. 그러므로 리덜보스가 "언약과 나라의 사상은 얼마나 밀접하게 관련되는가"에 대해 말한 것에 주의하라. 왜냐하면 "나라가 도래할 때, 하나님은 자신을 창조주요, 왕으로 계시하실 것이며, 파괴자의 능력에게 이 세계를 포기하지 않으실 것이기 때문이다. 또한 하나님은 그의 백성의 보호자와 보증인으로서 당신을 진지하게 구원에 관련시키시기 때문이다"(*The Coming of the Kingdom*, 38-39). 언약 속에서 창조주는 자신을 성부로 드러내시고, 나라에서는 주(Lord)로 나타내신다. 이러한 이중-단일 주제는 메리디스 클라인(Meredith Kline)의 명백한 표현에도 나타난다:

> 하나님의 인간과의 언약은 하나님의 주권의 시행으로 정의될 수 있는데, 이는 하나님의 법의 규례 속에 한 민족을 성별하여 당신 자신의 소유가 되게 하는 것이다. 이것이 일반적인 하나님 나라의 주권이다. 언약적 다스림은 나라의 다스림이다. (언약) 체결은 하나님의 왕권이 그의 피조물들에게 시행되는 법적 도구들이다(*By Oath Consigned*, 36).

언약과 나라 사이의 깨어질 수 없는 관련성을 우리가 어떻게 창조주-피조물의 관계를 이해하는 방식으로 구분할 수 있을 것인가? 이렇게 할 수 있을 것이다. 즉, 언약은 영속적인 헌장이고, 나라는 지속되는 프로그램인 것이다. 언약은 훨씬 더 기초적이고, 나라는 더 목적 중심이다. 그러므로 언약은 나라의 기원을 돌아보게 될 때 이해될 수 있으며 영원한 의미를 가진다. 나라는 언약이 종국의 완성을 향해 나아갈 때 이해된다. 그러므로 미묘한 차이를 가진 언약과 나라는 상호 교환적인 실재들이다. 둘은 동일한 기원을 가지고 있으며 또한 동일한 근거를 가지고 있다. 둘은 동일한 사람들을 포함하는데, 언약의 백성 혹은 나라의 백성이 바로 그들이다. 따라서 모든 역사는 언약의 역사나 나라의 역사로 정의될 수 있다. 구약에서 하나님은 자신을 *Yahweh*(신실하신 언약 준수의 하나님)와 *Adonai*(주권을 가지신 하나님)로 그의 백성에게 관련시키셨다. 마찬가지로 신약에서 하나님은 자신을 그리스도 안에서 아버지(*pater*)와 주(*Kyrios*)로 계시하신다. 이러한 이중의 일치는 너무나 친숙한 성경의 개념이기 때문에, 태초에 하나님께서 자신의 나라를 언약으로 존재케 하셨다고 말할 수 있다. 또는 다른 표현으로, 하나님께서 왕적 권위를 가지고 자신의 창조세계 위에 언약의 주장을 선포하신 것으로 말할 수 있다.

따라서 언약과 하나님의 나라는 창조실재의 옆이나 위에 구조적으로 존재하는 것은 아니다. 언약과 하나님의 나라는 창조세계의 방향을 설정하는 실재들이다. 그 둘은 선한 창조질서 안에서 어떻게 어린아이같이 신실하게 순종하며 종의 도를 실현하며 나갈 것인가의 방향을 제시한다. 인간의 죄와 타락 때문에 이제 둘은 타락한 피조물의 구조 속에서 구속과 방향 조정의 역할을 한다. 마치 인정받는 그리스도인이 가정 생활, 교육, 정치, 또는 사업에 있어 모범이 되고 새 생활의 방향을 제시하는 것과 같다. "하나님의 나라"가 "가까왔다"고 한 리덜보스의 말은 언약에도 적용시킬 수 있다. 나라는 단지 "하늘로부터 내려온 공간적이거나 상태가 아니라, 하나님의 왕적 통치가 실제로, 그리고 효과적으로 그 역할을 수행하는 것으로서…왕의 신적 행동"이다(*The Coming of the Kingdom*, 25). 언약은 역동적인 실재와 같다.

(2) 영원한 언약
언약의 성경적 개념에 대한 신학적 사고는 많은 유익한 통찰력을 제공해 주었다. 다음 여섯 가지 주제들을 주의해 보라!

① 창조세계를 향한 하나님의 모든 다스림은 성격상 언약적이다. 세계 속에서 우리 삶은 전적으로 언약적 환경 속에서 이루어진다. 피조물이 되면 언약 안에 주어진 거할 처소를 가지게 되고 그 안에서 역할을 수행한다. 언약의 중심에는 하나님의 약속과 인간의 합당한 응답이 있다. 즉 나는 너희의 하나님이고, 너희는 나의 백성이다. 창조된 모든 질서는 하나님의 언약의 말씀 안에 안전하게 정착한다. 또한 언약의 말씀으로 하나님은 세상을 존재케 하셨다. 또한 언약의 말씀으로 하나님은 계속하여 세상을 질서 있게 하신다. 이것은 일상생활에 변하지 않는 일관성을 주며 심지어 어느 정도 예측 가능하게 한다:

"땅이 있을 동안에는 심음과 거둠과 추위와 더위와 여름과 겨울과 낮과 밤이 쉬지 아니하리라…(왜냐하면) 내가 너희와 언약을 세우니…무지개가 구름 사이에 있으리니 내가 보고 나 하나님과 땅의 무릇 혈기 있는 모든 생물 사이에 된 영원한 언약을 기억하리라"(창 8:22; 9:11, 16).

바울은 다른 정황에서 세상에 대한 하나님의 언약의 일관성을 확실히 기억하게 한다. "스스로 속이지 말라 하나님은 만홀히 여김을 받지 아니하시나니 사람이 무엇으로 심든지 그대로 거두리라"(갈 6:7). 그러므로 우리가 믿는 삶 속에는 실재가 있다. 우리는 그것을 설명할 수 있다. 우리는 예기치 않는 놀라움에 빠져들지 않는다. 성경적 세계관은 알 수 없음에 의해 지배되지 않는다. 따라서 하나님이 언약의 말씀에 매이시고, 우리도 또한 그 말씀에 붙들렸다는 확실한 지식 안에서 살아갈 수 있다. 그러므로 근본적으로 우리 모두는 가장 원하는 것을 삶으로부터 얻을 수 있다. 그것은 언약을 지킴으로 오는 복이거나, 언약을 파기함으로 오는 저주이다. 이러한 양자택일은 하나님의 최초 언약 선포에서 이미 주어진 것이었다. 나를 섬기라, 그렇지 않으면…(창 2:15-17). 이제 우리는 결과가 무엇인지 안다. "그러나 아담처럼 그들(이스라엘)이 언약을 범했다…"(호 6:7).

② 언약은 하나님의 창조 사역에 뿌리를 내리고 있다. 하나님은 언약을 통해 그 백성을 존재케 하셨다. 언약적 관계성은 모든 피조물 안에 실제로 존재한다. 태초로부터 창조는 하나님 앞에서(coram Deo)의 뜻과 응답이라는 언약적 관계성으로부터 떨어뜨려 생각할 수 없다. 비록 "언약"(berith)이라는 말이 창조 기사(창 1, 2장)에 나타나지 않지만, 고전적 언약 형성의 기본적인 요소는 분명히 존재한다. 그것은 (a) 서론의 서문으로서, 상대방과의 관계에 있어서 주권을 소개한다. (b) 약속과 의무들은 언약 체결에 의해 형성되는 공동체를 정의한다. (c) 축복과 저주 공문은 신뢰에 대한 조건과 불신에 대한 형벌을 진술한다(참조, D. J. McCarthy, *Old Testament Covenant*, 1-10). 이러한 창조에 근거를 둔 언약의 이해는 전통적인 개혁신학의 전망을 반영한다.

그러나 최근에 이러한 관점은 바뀌었다. 언약의 시작은 인류의 최초의 언약의 머리였던 아담으로부터 노아와 아브라함의 시간으로 옮겨졌다. 언약의 시초를 이런 후기의 시간으로 제안하는 사람들도 태초에 하나님께서 그의 피조세계와 특별한 관계성을 맺고 계셨다는 것을 인정한다. 그러나 그 관계가 어떤 것이었는지에 대한 설명은 만족스럽게 되어지지 않았다. 즉 만약 아담이 모든 인간의 언약적 머리 아니라면, 그의 머리됨(headship)의 본질은 무엇인가? 그리고 만약 그가 언약을 깨뜨린 것이 아니라면 어떻게 그가 깨뜨린 관계성에 대해 말할 수 있는가? 후기 언약 체결 관점은 주로 언약이라는 말이 나타나지 않는다는 데 호소하고 있다. 즉 '언약'(berith)에 대한 히브리 단어가 창세기 전반부에 명백하게 나타나지 않는다는 것이다. 대신 비평가들은 노아의 본문에서 첫 번째 용법이 나타남을 지적한다(창 6-9). 또한 아브라함의 본문에 뒤이어 나타난다(창 12장 이후). 메리디스 클라인은 "중요한 것은— 모든 성급한 비평이 때로 생각하는 것처럼—히브리 단어 berith가 얼마나 사용되었느냐 혹은 있느냐 없느냐가 아니다. 왜냐하면 언약이라는 말은 단어 그 자체를 넘어서는 어떤 것에 대한 '암호적인 말'(code-word)이기 때문이다"(*By Consigned*, 27).

새로운 관점의 옹호자들은 후기 언약 체결의 특징인 "맹세에 의한 서약"이 모든 언약의 본질적인 측면이라고 주장한다. 그리고 창조 본문에는 이것이 나타나지 않는다고 지적한다. 그러나 이것은 후기 구속 언약의 갱신 본문을 가지고 창조 때 주어진 구속 전의 언약을 읽으려 한 경우가 아닌가? 창세기 1-3장까지의 언약 파기는 로마서 5장에 나오는 "두 아담"에 관한 바울의 가르침을 통해 언약임을 나타낸다. 게다가 성경해석의 규범을 성경의 유추(*analogia Scripturae*)로부터 성경 밖의 고고학적 근거에 과도히 의존하는 위험이 생기는 것이다(예를 들어, 히타이트의 '종주조약'). 또한 언약 개념을 구원에 관한 것으로 제한시킴으로 창조와 구속 사이의 밀접한 성경적 관계를 파괴하고 만다. 우리는 자연-창조/은혜-언약의 도식 가운데 있는 이원론적 세계관을 강력하게 피해야 한다. 이러한 접근은 창세기 초반에서 믿음생활에 실제 중요한 문제들은 발견하지 못하고, 신학적인 내용들(예를 들어, 무로부터의 창조를 거부함, 창조질서, 안식일, 그리고 언약)만 발견하게 된다. 성경 안에 일관되게 흐르는 언약-나라의 흐름을 끊게 된다. 하지만 성경은 여전히 하나님이 노아, 아브라함, 모세와 '새로운 시작'을 하셨고, 다윗은 한 언약을 계승하는 갱신자로 대표된다. 결국 창조와 함께 원래 영 단번에 주어졌던 그 언약을 재선포하는 것이다.

다음의 구절에서 선지자 예레미야는 하나님의 언약백성인 포로된 히브리인들에게 창조질서에 호소하여 확신을 심고 있다. 그는 언약에 대한 창조와 구속의 관점을 병렬시키고 있다. 구속의 신실함은 창조의 신실함에 의해 확증된다. 이것이 그의 메시지이다:

> "나 여호와가 이같이 말하노라 너희가 능히 낮에 대한 나의 약정과 밤에 대한 나의 약정을 파하여 주야로 그때를 잃게 할 수 있을진대 내 종 다윗에게 세운 나의 언약도 파하여 그로 그 위에 앉아 다스릴 아들이 없게 할 수 있겠으며 내가 나를 섬기는 레위인 제사장에게 세운 언약도 파할 수 있으리라…나의 주야의 약정이 서지 아니할 수 있다든지 천지의 규례가 정한 대로 되지 아니할 수 있다 할진대 내가 야곱과 내 종 다윗의 자손을 버려서…"(33:20-21, 25-26).

이 본문을 주석하며 칼빈은 선지자가 "비유"를 쓰고 있다고 말한다:

> 이는 하나님이 이스라엘 백성과 맺으신 언약은 자연의 확고 부동한 질서보다 못한 것이 아님을 드러낸다…인간이 세상의 정부에 대해 가지는 관계보다 덜 확고 부동한 것이 아니다…왜냐하면 내가 (하나님) 곧 하늘과 땅을 창조한 바로 그 하나님이며, 자연의 법이 변하지 않고 유지되게 하며, 나

의 교회와 언약을 맺는 동일한 하나님이기 때문이다(Commentary on Jeremiah, 261, 266).

이 예레미야 본문의 분명한 요지는 알더스(Aalders G. C.)의 주석에서 더 깊이 울려 퍼진다. 그는 다윗의 왕권과 레위인의 제사장직에 대한 하나님의 신실함에 대해 다음과 같이 말한다:

> …이것은 자연의 질서를 지시함으로 증거된다. 즉 이 둘(다윗의 왕권과 레위인의 제사장직)은 낮과 밤의 이어짐과 같이 지속적이다…하나님과 맺은 언약처럼 낮과 밤의 지속성을 지적함으로써, (선지자는) 신적 질서의 깨어질 수 없음을 강조한다. 하나님과 낮과 밤 사이에는 구속력 있는 약속이 있다(Jeremia, Vol. II, in Korte Verklaring, 118-19).

그러므로 우리는 클라인의 결론에 다음과 같이 이를 수 있을 것이다:

> 창세기 1장과 2장에서 "언약"이라는 말이 단순히 부재하다는 것 때문에 이러한 본문을 자료로 해서 언약적 관계를 조직신학적으로 공식화할 수 없다고 할 수 없다. 이는 마치 이어지는 창세기 3장의 구속에 관한 계시 속에 "언약"이라는 말이 없는 것 때문에 조직신학적으로 "은혜언약"의 최초의 증거 본문으로 제시하지 못하는 것은 아닌 것과 같다. 분명 한 단어로 표시되는 언약은 그 단어가 빠진 성경 본문 속에서도 발견될 수 있다. 이것(언약)이 바로 그러한 경우이다. 태초에 아담을 향한 하나님의 뜻은 언약의 형태로 나타나는데, 이것은 후대의 역사 속에서 나타나는 것과 마찬가지이다. 사실상 성경신학자들은 고대 율법-언약 계약의 규범적 특징들이 창세기 1장과 2장에 속하는 자료들 속에 포괄적으로 드러나며 이로써 만족할 만한 범주를 만든다…창조의 질서를 언약적으로 구성하는 선호할 만한 다른 성경적 관점들이 있다. 노아에게 하신 하나님의 말씀에서 드러난(창 8:21-9:17) 홍수 이후 세계 질서는 실상 원래적 창조 질서를 재구성한다. 그리고 "언약"을 정했다…특별히 "언약"이라고 불리우는 이러한 후기의 질서와 하나님의 창조의 사역 속에 기초를 둔 원래적 질서 사이에는 밀접하며, 폭넓고, 기본적인 일치가 존재함에도 불구하고, 우리는 후자 쪽(창조시)의 언약적 구조를 더 선호한다…분명 이사야는 (43장에서) 태초에 하나님이 인간을 향해 설립한 왕권이 후대에 이스라엘과 맺으시는 언약의 원형으로 생각했다. 분명 언약-율법 구조의 중요한 요소들은 에덴에서 아담 위에 행사하신 하나님의 주권 속에 드러난다…구속 언약 실행의 기초로서 선(先) 구속 언약의 개념이 발견되지 않는다면, 그리스도의 사역과 구속 언약의 만족할 만한 종합은 교의학에서 허용되지 않는다(By Oath Consigned, 26-29).

이러한 고전적 개혁주의 언약 신학을 좀더 지지하는 파머 로버트슨(O. Palmer Robertson)은 주장하기를, "인간을 하나님의 모양과 형상대로 창조하시는 행위를 통해, 하나님은 자신과 창조세계 사이의 독특한 관계를 설정하셨다." 이러한 특별한 관계는 하나님의 "주권적 창조-행위"에 근거할 뿐만 아니라, "하나님께서 인간에게 말씀하셨다"는 사실에 근거한다. 그러므로 "이 창조하시고/말씀하시는 관계를 통해 하나님과 인간은 창조의 언약을 맺은 것이다." 우리가 이러한 원래적이고 영속적인 언약의 실재를 반감하는 것은 심각한 손실이다. 왜냐하면 "창조의 언약을 너무나 편협하게 생각하므로 교회는 전체적인 세계관의 부족을 낳게 되었다. 그리스도께서 그러하셨던 것처럼 나라-중심이 되기보다 우리는 교회-중심이 되어 버렸다"(*The Christ of the Covenants*, 67-68).

클라인과 로버트슨, 그리고 다른 신학자들의 관점은 20세기 초 시대의 신학자였던 바빙크에 의해 이어졌다. 그는 다음과 같이 각주를 단다:

> 비록 "언약"이라는 말이 성경에서 아담과 하나님의 종교적인 관계를 묘사하는 말로 나타나지 않고, 심지어 호세아 6:7에서도 나타나지 않는데, 그럼에도 불구하고 타락 전 인간의 종교적 삶은 여전히 언약적이었음을 나타낸다. 개혁주의자들은 결코 하나님의 말씀에 대해 편협하지 않다. 다만 문제 자체가 확실할 때에만 그렇다…그러나 말씀에 대한 저항은 사상 그 자체에 대한 저항으로 위장된다. 우리는 이 점을 놓칠 수도 없고 그렇게 할 수도 없다. 왜냐하면 언약은 참 종교의 본질이기 때문이다…(왜냐하면) 종교가 언약으로 불리우게 될 때부터 진정한 종교로 정해지는 것이다. 그 어떤 종교도 이것을 이해하지 못한다. 이는 모든 사람들이 하나님을 범신론적으로 창조물의 위치로 끌어내리거나, 인간을 모든 창조물 위에 높이 올려 신성화시키고 있다. 그 어떤 경우도 진정한 교제나 진정한 언약이나 진정한 종교가 나올 수 없다. 그러나 성경은 두 가지 진리를 모두 담고 있다. 곧 하나님은 무한히 위대하시고 인격적으로 선하시다. 하나님은 주권자이시고, 아버지가 되신다. 그분은 창조주이시며 원형이 되신다. 한마디로 그분은 언약의 하나님이시다…이것은 타락 이전과 이후의 종교를 특징짓는다. 왜냐하면 종교란 단일한 것이기 때문이다. 마치 도덕법과 인간의 운명과 같은 것이다. 행위 언약과 은혜 언약은 목적에 있어서 다르지 않다. 단지 이끄는 방식이 다른 것이다. 이 두 언약 안에는 오직 한 중보자가 있을 뿐이다. 그분은 연합과 화해의 중보자이시다…(진정한) 종교는 항상 본질적으로 동일하다. 단지 형태에 있어서만 다를 뿐이다(*Gereformeerde Dogmatiek*, Vol. II, 530-32).

그러므로 진정한 종교의 중심에는 언약과 함께 하나님의 중재하시는 말씀이 있다. 이것은 창조시에 말씀하신 것이며, 성경에 기록된 것이고, 예수 그리스도 안에서 성육신 하신 것이다.

③ 언약은 기원에 있어 한 방향(일방적)이며, 유지하는 데 있어 두 방향(쌍방적)

이다. 창조주 하나님은 그의 피조물과 언약을 수립하는 데 주권적 우선권을 행사하신다. 그러므로 이것은 50대 50 계약이나, 동등한 동반자간의 약속이나, 각자가 반씩 일하는 것이나, 중간에서 만나는 것이나, 서로 수긍할 만한 말로 타협하는 것이 아니다. 오히려 하나님은 언약의 말씀 안에서 우리를 만나기 위해 우리가 있는 곳으로 내려오신다. 그리고 우리를 이끌어 당신과 관계를 맺게 하신다. 하나님이 먼저 움직이시고 계속 일을 하신다. 이것이 하나님의 시작 방법이다. 하나님이 첫 번째 말씀을 하셨고 마지막 말씀을 가지고 계신다.

그러나 언약이 한 번 시작되고 난 후에는 쌍방이 기능을 한다. 인간은 이제 불가항력적으로 자신의 역할을 수행하도록 부르심을 받는다. 우리는 책임 있는 동반자로 부르심 받았다. 하나님은 "상위 동반자"이시고 우리는 "하위 동반자"가 된다. 언약은 왕복 도로의 역할을 한다. 이 안에서 언약적 교류와 의사소통이 쌍방향으로 자유롭게 오고 간다. 우리가 아닌 하나님이 "언약을 시행하신다." 이것이 그분의 행동 방식이기 때문이다. 그러나 우리는 하나님과 "지속적으로 교제"해야만 한다. 이것이 바로 태초로부터 언약이 있어 왔던 방식이며, 지금도 그러하며 미래의 어느 날 되어질 방식이다.

④ 처음부터 끝까지 언약의 역사는 기본적인 연속성을 드러낸다. 하나님은 당신의 선한 시작에 여전히 진실 되신다. 그는 결코 그의 피조물에 대한 언약을 철회하지 않으신다. 하나님 편에서 언약은 깨어지지 않은 채 남아 있다. 하나님은 세상의 영원한 죄의 영향력에 반기를 드신다. 은혜 안에서 하나님은 다시 오실 것이고 다시 한 번 언약을 새롭게 하실 것이다. 성경은 "새로운 시작"을 연속하여 말씀하신다. 이것은 인간을 다루시는 하나님의 언약적 계획의 일관됨을 드러낸다. 우리는 *protevangelium*(첫 약속 또는 원시복음)을 우리의 첫 부모(아담과 하와)에게 말씀하시는 하나님을 만난다. 노아 때 지구를 쓸어버리시고, 아브라함 안에서 택한 백성을 부르시고, 모세를 통해 새로운 국가를 세우시고, 여호수아에게 약속된 땅을 정복하게 하시며, 다윗 아래에 왕조를 세우시고, 이스라엘과 유다의 뒤얽힌 역사 속에서도 메시아의 계보를 이어가시며, 포로생활로부터 남은 자들을 돌아오게 하시는 하나님을 만난다. 이제 때가 차매 그리스도께서 새롭게 된 언약 공동체의 수장인 마지막 아담으로 나타나셔서, "내 피로 세우는 새 언약"을 체결하신다. 수세기에 걸친 "새" 언약의 기나긴 연속은 계속적으로 반복되는 일관된 "새" 언약이다.

⑤ 모든 사람들은 언약 준수자(covenant keepers)이거나 언약 파괴자(covenant breakers)이다. 아담 안에서 우리는 언약 파괴의 저주 아래서 죽을 수밖에 없다. 그리스도 안에서 우리는 언약의 동반자 관계를 회복한다. 이것은 "이미" 원리상 이루어진 것이다. 그러나 "아직" 완전히 이루어지지 않았다. 언약의 완성은 종말론적 소망으로서 우리를 오라고 손짓한다. 그러나 미래적 종말에 있어서 언약은 다시 처음 언약을 재확인하며, 역사를 통해 나타난 언약들을 한 곳에 모아 하나님께서 창조시에 부여하셨던 언약의 관계로 우리와 이 세계를 회복하신다.

⑥ 언약은 하나님의 면전에서 살라고 부르심 받은 삶의 방식이다. 그것은 바로 이 세상 한 가운데서 살아가는 삶이다. 이것은 이미 에덴 동산에서 아주 특별한 생명 나무의 상징을 통해 성례적으로 나타내신 것이다. 그러나 이것은 단순히 상징적 준수 이상의 것이다. 이것은 "추운 날 하나님과 동행하는 것" 이상의 것을 포함한다. 이것은 인간의 문화 명령의 모든 측면을 포괄한다. 선지자들은 언약적 삶이 단지 의식적 규례만을 지키는 것 이상의 것이라고 끊임없이 외쳤다. 공의를 행하고, 자비를 사랑하고, 가난한 자들과 도움이 필요한 자들을 돌보고, 희년을 기억하는 것 등은 모두 언약의 하나님과 함께 겸손히 동행하는 것이었다. 그러므로 신약성경 시대에도 언약을 지킨다는 것은 성례적 표시나 세례 혹은 성찬을 기념하는 것 이상으로 확장된다. 이것은 사업이나, 농사, 정치, 노동에서 뿐 아니라, 집과 학교와 교회에서 언약적으로 자녀를 양육하는 것 등을 통해 하나님과 혹은 다른 사람들과 언약적 동반자가 된다는 의미이다. 왜냐하면 언약을 지키는 것은 삶의 모든 부분을 포괄하는 방식이기 때문이다. 성경에 의해 나타나고 창조 세계 속에 뿌리내린 언약은 삶의 여러 관계들과 행동들의 모든 범위를 포괄한다.

(3) 하나님의 나라의 도래

태초에 하나님께서…나라를 창조하셨다! 하나님은 언약으로 그의 나라를 세우셨다. "하늘과 땅"의 개념은 전 창조세계를 포함한다. 이는 우주적이며 크건 작건 모든 피조물을 포괄한다. 하나님의 나라를 셈하려면 우주적인 대자가 필요하다. 왜냐하면 나라는 하나님이 다스리는 전 영역이기 때문이다. 곧 성부는 시작하시는 자(Initiator)로서, 성자는 중보자로서, 그리고 성령의 생명을 주시는 역동성은 창조의 표면 위로 움직인다. 그러므로 나라의 성경적 개념은 우리의 시야를 모든 만물의 선하고 지혜로운 통치자이신 창조주께 고정시킨다. 또한 그의 부드러운 통치의 본성과 그의 왕적 권세가 뻗치는 모든 영역에 우리의 시야를 고정시킨다. 모든 피조물들은 하나님의 공적인 종들이다.

이러한 왕적 비전은 두 가지 면에서 우리에게 도전을 준다. 첫째, 우리 현대인들은 이러한 전체주의적인 주장을 위협적이며 심지어 공갈로 여긴다. 사실 어떤 것도 이보다 더 반민주적인 것이 없다. 우리는 "자유로운 세계"에 살고 있음을 자랑스럽게 여긴다. 우리는 공화국 정부 아래서 산다. 우리는 통치자를 스스로 뽑는다. 우리 안의 모든 평등주의적 기질은 신적 독재에 대한 성경적 개념에 강하게 반대한다. 따라서 어떻게 이 문제를 다루어야 할 것인가? 종종 우리는 우리에게 익숙한 주권개념을 따라 하나님의 주권 교리를 순화시키거나 적응주의적으로 해석한다. 마치 현대의 왕과 여왕이 "다스리지만" "통치"하지는 않는 것처럼, 또는 전통적이고 향수적인 과거의 상징으로서의 역할을 하고 국가의 진짜 원수가 아닌 국가 생활의 명목상의 원수가 되는 것처럼, 하나님도 그렇게 해석한다. 이로써 우리는 하나님의 전능성을 다루기 쉬운 정도로 깎아내린다. 따라서 하나님의 나라의 개념은 신인동성동형론적(anthropomorphic)이고 세속적인 개념으로 치부하는 것이다. 즉, 초역사적인 실재를 이 땅의 언어로 표현한 것이라는 것이다. 그럼에도 불구하고 이것은 우리 시대 민주주의 개념이 가지는 것보다 훨씬 더 초월적인 무게와 실상을 갖는다.

둘째, 하나님의 나라에 대한 성경의 개념은 많은 복음주의 그리스도인들로 하여금 하나님의 통치를 아주 개인적인 영역에만 한정시키는 경향에 도전을 준다. 많은 사람들이 하나님의 통치를 신자의 "마음과 삶"에만 한정시킨다. 이런 축소된 나라의 개념은 성경과도 맞지 않는다. 모든 성경과 마찬가지로 시편은 모든 창조된 세계에 대한 하나님의 주권적인 통치에 대해 차고 넘친다. "전능하신 자 하나님 여호와께서 말씀하사 해돋는 데서부터 지는 데까지 세상을 부르셨도다…이는 삼림의 짐승들과 천산의 생축이 다 내 것이며"(시 50:1, 10). 다른 삶의 영역으로 눈을 돌려 잠언 8:15-16을 보면 비슷한 구절이 있다. "나로 말미암아 왕들이 치리하며 방백들이 공의를 세우며 나로 말미암아 재상과 존귀한 자 곧 세상의 모든 재판관들이 다스리느니라." 헨델(Handel)의 "메시아"에서 하나님을 "주의 주, 왕의 왕, 영원히 영원히!"라고 점점 더 강하게 높이는 것은 전혀 이상한 것이 아니다.

하나님의 나라는 공식적으로 드러난다. 우리 안에 그 어떤 사적 감정이 있든지 없애야 한다. 나라에 헌신하는 것은 개인적 헌신과 교회 출석, 그리고 좋아하는 찬송의 문제가 아니라, 삶의 스타일과, 교육적 선택, 직업 결정, 우리가 가입한 단체들과 우리가 지지하는 대의 등의 문제를 해결한다. 나라의 일은 결코 시간이 남을 때 하는 부업이 아니다. 나라는 총체적인 강령이다. 그러므로 전임 일꾼(full time)과 시간당 일꾼(part time) 사이의 구분은 전적으로 잘못된 것이다. 하나님의 세계 속에 있는 우리의 모든 삶은 나라에 대한 봉사로 소명 받은 것이다. 나라는 사실상 "이 세상에 속한 것이 아니다." 예수께서 이 말씀을 하셨을 때 그것은 사실이었다(요 18:36). 이전부터 진리였던 것처럼 오늘날도 이것은 진리이다. 세상은 더 이상 그 자체로서 하나님의 나라를 만들 수 없다. 나라는 "위로부터" 내려온다. 그럼에도 불구하고 나라는 세상 "속에" 있고, 세상 안에서 우리의 삶을 통합한다. 그러므로 나라를 제외한 그 어떤 것이 중요하겠는가?

나라는 이 세계 안에서 우리의 처소와 임무를 정의한다. 이것은 인간의 삼중적 직분에 있어 왕적 측면에 분명히 나타난다. 우리는 하나님의 나라 안에서 종들이며(구약) 시민들이다(신약). 성경이 가르치는 하나님의 나라의 사상은 집과 비슷하다. 또한 수세기를 걸쳐 기독교 공동체의 사고와 삶 속에서 그 메아리를 들을 수 있다. 비록 성경처럼 분명하게 나타난 것은 아니다. 영혼의 구원이나, 교회, 선교, 또는 개인적 경건 등과 같은 개념들은 때때로 나라의 관점을 사라지게 한다. 이것은 리덜보스가 다음과 같이 말한 것처럼, 개혁신학의 전통 속에서도 일어난 일이다:

> 개혁신학의 전통에 있어서 교회가 하나님의 나라보다 더 중심적인 위치를 점하고 있는 것을 발견할 수 있다. 개혁 신앙고백 등에서 하나님의 나라는 크게 이해되지 못하고, 이러한 신앙고백의 구조 속에 나라는 주도적인 위치를 차지하지 못한다고 말할 수 있다…예를 들어 하나님의 나라가 가지는 핵심적인 의미는 예수의 설교 속에 완전하게 드러나지 않으며 요리문답 전체에서도 발견할 수 없다. 다른 주제들이 이러한 개혁 신앙고백들의 구조를 점하고 있는 것이다.

그러나 지난 세기 초 신칼빈주의의 발흥과 함께 변화가 일어났다. "개혁신학의 부흥 속에 특별히 카이퍼나 바빙크 등의 저자들 속에서, 하나님의 나라의 개념은 중심 주제가 되었다." 19세기 창궐하던 자유주의자들에 대항하여 리덜보스는 다음과 같이 말했다:

> …하나님 나라의 사상을 이해한 독창적이고 힘있는 믿음의 통찰력으로 카이퍼의 다음과 같은 유명한 말이 나타났다: "인간 삶의 그 어떤 부분도 그리스도께서 권리를 주장하시지 않는 땅은 한 평도 없다." 카이퍼는 문제의 핵심에 있어서 영혼과 교회를 위했던 칼빈과 동조한다. 그러나 공적(公的)인 삶도 그리스도의 왕권이 미치는 곳이라는 것을 인식해야만 한다("The Church and the Kingdom of God", *International Reformed Bulletin*, no. 27, 9).

제3장 역사

1. 시간, 역사 그리고 문화

역사의 개념은 시간의 개념과 구분하여 생각할 수 없다. 이 두 실재들은 단순하게 일치되지 않지만, 밀접하게 연관되어 있기에 명확한 정의를 내리기가 어렵다. 시간에 관해 어거스틴이 한 유명한 말이 역사에도 적용된다: "아무도 물어보지 않을 때, 나는 그것이 무엇인지 알았다. 그러나 물어보는 순간 나는 말할 수 없었다." 하나님의 창조의 시간은 창세기 기사의 첫째, 여섯째 날까지 기록된 사건들로 제한된다. 제칠일의 새벽에 시간은 시작된다. 이로써 우리가 경험하고 있는 우주적 시간에 대해서 처음으로 말할 수 있게 되었다. 시간은 충만한 지점에 이르렀다. 게다가 "심히 좋았더라" 하는 하나님의 축복도 받았다. 창조의 완결과 함께 시간의 창조에서 오늘날 우리가 알고 있는 시간, 곧 창조적 시간으로의 전이가 일어났다. 시간의 이야기는 또한 역사의 이야기이다. 왜냐하면 역사는 시간을 전제하기 때문이다. 육일에서 칠일, "시간 전"에서 "달력시간"으로의 이동은 "선사"로부터 "세계 역사"로의 이전을 표시한다. 이 세계 역사는 문서화하고 연구할 수 있는, 날짜를 매김할 수 있는 역사이다. 바로 그 이후 지속적으로 역사는 하나님의 창조세계 속에서 우리의 삶에 상황을 제공하며, 새로운 창조세계로 이끌 것이다.

따라서 이어지는 역사는 시간의 진행 속에 안전하게 닻을 내린다. 시간과 역사는 공간과 다른 모든 실재들과 함께 본질적으로 하나님의 피조물들이다. 그러므로 이들은 모두 하나님의 종들이며 그의 말씀에 의해 지속적으로 유지되며 존재하도록 부르심을 받았다(또한 이 말씀은 우리로 하여금 최소한 이러한 것들을 생각할 수 있는 합리성을 갖게 한다). 그러므로 시간에 대한 하나님의 말씀이 있는 것이다. 이것은 모든 역사적 경험을 한계 짓는 창조된 모든 실재에 대한 축소할 수 없는 차원으로 시간을 세우고 유지시킨다. 시간이라는 요소는 우리가 형식적으로나마 시작과 중간, 그리고 결말을 인식하도록 한다(서구의 역사를 이해하기 위한 열쇠로서 "과거", "현재", 그리고 "미래"의 개념을 간명하게 비교 분석한 세속적 관점, 미국 본토인의 관점, 그리고 성경적 관점을 보려면, B. J. Van Der Walt, *Being Human: A Gift and a Duty*, 40-42를 보라). 또한 결정적으로 우리의 삶 속에 순간의 연속을 세운다. 정돈된 사건들의 연속과 세계 역사 속에 있는 시대들을 구성한다. 또한 시간은 성경 계시의 이야기를 형성할 뿐만 아니라 뮤지컬 악보상의 포즈(pause)를 결정하고 인간 생활의 발전 단계를 설정한다.

　우리가 잘 아는 것처럼 창조의 선한 시간적 질서를 어기는 것은 가능하다. 예를 들어 "시간을 때우다", "시간을 허비하다"라는 말이나, 말하자면 좀 쉬라는 표현으로 "쉬세요" 등등의 관습적인 용어 속에 반영된다. 이러한 문제들은 "우리의 날수를 계수하여", "시대를 구속"할 것에 순종함으로 간절히 하나님의 법을 지키라는 성경의 명령을 촉발시킨다.

　사물의 시간적 질서와 전체적으로 연관된 창조의 역사는 인류 문명의 드라마를 내포하며 전개시킨다. 모든 창조된 실재의 역사적 차원은 인간 사회들을 포함한다. 이들은 창조적으로 규범화된 발전의 패턴들 속에 세워진 역동적으로 드러난 과정들 속에 있는 것이다. 이것은 "이전들"과 "이후들" 그리고 "중간 지점들"을 가로지른다. 역사는 문명들의 "흥망성쇠"를 강조한다. 역사는 우리의 눈을 열어 "이미"와 "아직"의 시간적 수평선을 보게 한다. 이런 관점에서 성경의 시간관은(역사와 문화의 자격으로서) 많은 고대 사회들 속에 만연했던 순환적이고 윤회적인 시간개념과는 날카롭게 대비된다. 유명한 이방 사상가들은 시간의 움직임을 부동의 영원 개념과는 반대로 이 땅에서 끊임없이 반복되는 것으로 보았다. 시간과 역사는 사람들을 만성적인 곤경에 가둔다. 그 안에서 사람들은 운명적으로 자신을 포기하며, 그들의 문화적 활동들을 열정 없이 혹독한 운명에 굴복시켜야 한다. 세속적인 일들은 아무런 의미를 주지 않는다. 단지 더 나은 미래에 대한 약간의 희망만을 줄 뿐이다. 결국 궁극적인 탈출 이외에는 더 높은 목표를 가리키지 못한다.

이런 반복음적인 형태의 이교적 개념들이 기독교 전통의 주류 속에 편입되었다. 이것이 탈세상적인 경건의 모습을 양산하였다. 시간성과 역사성은 유전하는 불완전과 떨어지지 않는 타락, 그리고 불확신과 상대성에 의해 특징지어지는 끊임없는 밀물과 썰물의 조류와 동일시되었다. 이것은 교회 교부들과 후기 기독교 사상가들로 하여금 모순적인 이율배반을 생각하게 하였다. 그것은 현재의 삶과 변할 수 없는 영원성과의 피할 수 없는 모순사이에 나타난 날카로운 이율배반이다. 이 땅에서의 실존은 자연적이다. 따라서 사라지는 것이다. 반면 하늘에서의 실존은 초자연적이며 영원하다. 하늘도 역시 그 다양한 의미에 있어서 창조된 실재에 속한다. 따라서 하늘 역시 시간이 있고 독특한 역사를 가진다는 점에서 하늘에서의 실존이 영원하다는 것은 성경의 증거를 무시한다. 두 개의 날카롭게 대비되는 존재의 질서 속에서 삶에 대한 전통적인 양극 개념은 기록된 말씀에 의해 묘사된 창조 세계와는 거리가 멀다. 이것은 오랜 자연/은혜의 이분법적 구조를 반영한다. 성경은 역사나 지상에서의 삶, 혹은 문화적 활동 등에 대해 그렇게 낮은 단계로 보지 않는다. 또한 여기와 저기 사이의 반립(antithesis)을 의미하지 않는다. 성경은 시간에 대해 역동적으로 규범화된 관점을 드러낸다. 시간은 하나님께서 정하신 우주적 질서 안에서 역사적으로 의미 있고, 문화적으로 형성된 인간의 활동에 대한 창조적 조건이다. 역사는 직선적 과정을 따른다. 역사는 어느 곳으로부터 발생하여 어느 곳으로 향한다. 이것은 무작위로 추출된 정보들이 우연히 연관된 것이 아니며, 부조리의 극장도 아니다. 강철같은 운명의 손에 잡힌 재수 없는 꼭두각시도 아니고, 단순한 자연적 규칙도 아니다. 역사는 과거와 현재와 미래를 가지고 있다. 이들은 창조질서 속에 규범화된 기초를 두고 있으며, 하나님이 그의 세상과 맺으신 언약의 통합적 측면을 가지고 있으며, 궁극적으로 다가올 나라를 향하고 있다.

시간, 역사 그리고 문화는 창조세계 자체만큼이나 모든 것을 포괄하는 것이다. 분명 역사적 연구나 묵상이 과거에 일어난 모든 것들을 다시 셈할 수 있는 것은 아니다. 또는 이제 일어나고 있는 일들에 대해서도 마찬가지다. 그러므로 역사 연구는 하나님의 세상 속에 있는 개인들과 장소, 사건, 그리고 운동들에 집중한다. 이것들은 우리의 삶에 문화적으로 영향을 준 시간 속에 있는 것들이다. 성경은 선택적으로 역사적인 사건들의 구속 원리에 집중한다. 그것은 인류 문명의 회복을 목표로 삼는 성경의 경륜적인 메시지에서도 분명히 나타난다.

시간과 역사가 이렇게 밀접하게 연관되어 있는 것처럼 역사와 문화도 그러하다. 문화는 역사적으로 중요한 것을 가리킨다. 이는 역사적 사고가 문화를 형성하는 것에 머무는 것과 같다. 문화를 형성하는 역사 창조의 힘은 신적 계시와 인간의 응답 사이에서 지속적인 상호교류를 포함한다. 따라서 문화의 역사는 주권적인 하나님의 말씀에 공헌한다. 그러나 이러한 포괄적이고 규범적 사항이 결코 인간의 삶과 세상 속에서 일어나는 일련의 사건들에 대한 인간의 책임을 감소시키지 않는다. 오히려 인간의 책임을 강조한다. 정확히 그 이유를 말하자면 하나님이 주권적이시기 때문에, 우리는 더 책임이 있는 것이다.

그러므로 역사를 "그의 이야기"(His-story)로 말하는 것은 우선 잘못이며 적어도 오도될 가능성이 있는 것이다. 세상의 재난들에 대해 우리는 쉽게 우리 자신에게 면죄부를 주고 하나님을 고소하려 해서는 안 된다. 창조는 하나님의 선한 사역에만 제한된다. 우리가 문화라고 부르는 그 혼합된 축복은 우리의 것이다. 그러므로 하나님의 지키시며 치유하시는 말씀의 통치하에 역사는 "우리의 이야기이다"라고 말하는 것이 진리에 더 가깝다. 우리는 계시의 응답자로 남아 있으며 하나님이 우리에게 주셔서 역사와 문화를 형성하는 시간을 사용하는 데 책임을 지는 대리자들이다. 따라서 역사는 시대를 거치며 다양한 인간 사회를 위한 문화 소명에 응답하는 순종과(혹은) 불순종의 기록이다.

2. 하나님의 섭리

시간, 역사, 그리고 문화, 이 세 가지 창조의 실재들은 모두 하나님의 섭리라고 하는 성경적인 교리 속에서 신학적으로 통합된다. 섭리 개념은 성경 속에 편만하게 전제되어 있으며 공공연히 가르쳐진다. 성경 자체는 피조물의 구속을 돌보시는 하나님의 섭리에 대한 말씀의 모음이다. 물론 "섭리"라는 말은 성경에 없다. 이것은 신구약 중간시대 동안 존재하게 된 외경과 70인경의 영향을 통해 히브리-기독교 전통 안에 소개되었다. 나중에 "섭리" 개념은 고대 철학자들의 글에서부터 이 개념을 빌려온 초대 교회 교부들의 수고를 통해 기독교 신학에 정착하게 되었다. 그러나 기독교 사상가들은 이 개념에 전혀 다른 의미를 부여했다. 그리스-로마 전통의 고전적 저자들 사이에서 이것은 "운명"이나 "행운" 또는 "기회" 등으로 생각되던 우주적 힘들을 가리켰다. 그러나 그리스도인들은 섭리를 "매순간 모든 사물을 유지하시고 다스리시는 하나님의 행위"라고 인격적인 설명을 하였다(Bavinck, *Gereformeerde Dogmatiek*, Vol. II, 556). 베버(Weber)는 이러한 생각 때문에 섭리의 지금 용법에 대해 다음과 같이 주석을 달았다:

일반적인 용법으로서 "섭리"의 개념은 성경적 언어와는 매우 이질적이다. 이 말의 사용 속에는 기독교 신앙 외적인 것이 포함된다. 기독교 신학이 이것을 사용할 수 있으려면 매우 깊은 주의를 요한다("독일 크리스천들"의 손에서 급진적인 왜곡이 있었던 것을 생각하라—G. J. S.). 우선 이 특별한 주의는 실제적인 통치 행위를 포함하는 것이며, 둘째로는 그 행위의 주체를 동시에 생각해야 한다. 곧, 소위 삼위 하나님이시다. 오늘날 "섭리"는 종종 교회에서 선포된 하나님이 아닌 어떤 신으로 암호화되어 정의되기도 한다. 이것은 "운명"이라는 말에서도 동일하다. 이 두 단어는 궁극적이며, 알 수 없고, 침묵하며, 추상적인 초월(Beyond)을 가리킨다. 예를 들어 어떤 사람이 "섭리"나 "운명"에게 기도할 수 없다는 사실에서 드러난다(*Foundations of Dogmatics*, Vol. I, 512-13).

아마도 하이델베르그 요리문답(Q & A, 27)에서 만큼 마음을 뒤흔드는 수사로 하나님의 섭리에 대해 핵심을 표현해 주는 것도 없다. 그것은 전체적으로 성경적이며 심오한 믿음이 담겨 있다. 그것은 하나님의 섭리에 대해서 다음과 같이 기록한다:

하나님의 섭리는 전능하시고 어디에나 임재하시는 하나님의 능력입니다. 이것, 곧 그의 손으로 하나님은 하늘과 땅과 모든 피조물들을 붙드십니다. 또한 하나님은 꽃과 잔디, 비와 가뭄, 풍년과 흉년, 먹을 것과 마실 것, 건강과 질병, 부와 가난, 그뿐 아니라 모든 것들을 주관하십니다. 이 모든 것들은 우연히 나온 것이 아니라 하나님 아버지의 손길로 나타나게 된 것들입니다.

"하나님께서 창조하시고 그의 섭리로서 모든 것들을 붙들고 계신다는 것을 아는 것이 우리에게 무슨 유익을 줍니까?"라는 질문에 대해 하이델베르그 요리문답은 다음과 같이 말한다(Q & A, 28):

이는 우리가 역경 중에도 참고, 번성할 때 감사하기 위해서입니다. 또한 미래에 대해서도 우리의 신실한 하나님 아버지를 굳게 신뢰하게 합니다. 그러므로 그 어떤 피조물이라도 우리를 그의 사랑에서 끊을 수 없습니다. 이는 모든 피조물들은 그의 손안에 붙들려 있으며, 그의 뜻이 없이는 움직일 수 없기 때문입니다.

하나님의 창조하시는 행위가 끝나는 곳에 그의 섭리적인 보살핌이 시작된다. 하나님의 능력 있는 행동 속에서 이러한 두 측면은 풀리지 않게 연결되어 있다. 섭리는 창조를 전제한다. 그리고 창조는 자연스럽게 섭리로 향한다. 이 둘 사이에는 아무런 간격이 없다. 성경에서 하나님의 창조 행위는 비유적으로 "일"이라고 묘사된다. 그리고 그의 섭리적 돌봄은 "쉼"(창 2:3)으로 묘사된다. 바빙크는 이 두 성경적인 개념을 살펴본 후에 "하나님의 창조는 '일'이 아니고 '쉼'의 저장도 아니다. 신적인 쉼은 단순히 하나님께서 새로운 것들을 만드시던 일을 끝내셨다는 뜻이다(전 1:9-10). 그러므로 적절하고도 엄격한, 무로부터의 창조 개념에서 볼 때 창조의 일은 끝이 난 것이다. 따라서 하나님은 그의 완성된 일로 인해 선한 신적인 기쁨으로 주연을 베푸셨던 것이다"라고 말했다(Gereformeerde Dogmatiek, Vol. II, 551).

우리의 신학적 사고에 있어서 하나님의 창조와 섭리의 행위를 구분하는 구분선은 매우 희미하다. 하지만 그럼에도 불구하고 이 선은 매우 실제적이다. 그러므로 우리는 이러한 이동 지점을 전적으로 존경해야 한다. 이러한 구분을 없애거나 애매하게 하는 것은 창조주와 피조물의 관계를 심각하게 왜곡시키는 빌미를 제공하게 된다. 이것은 진화론에 있어서 극명하게 드러난다. 하나님의 창조의 역사와 섭리의 역사는 하나의 긴 과정으로 혼합되고 만다. 또한 성경에서 금한 경계를 허무는 일은 "지속적인 창조"(Creatio continua) 개념에서도 명백하게 드러난다. 이 견해에 따르면 하나님은 영원히 활동적으로 세상을 새롭게 창조하는 일을 하신다. 매순간 임박한 무의 상태로부터 세상을 다시금 존재케 한다는 것이다. 이 생각의 옹호자들은 세상이 지속적이고 절대적으로 창조주에 의존한다는 것을 강조하려고 했을 것이다. 그러나 실상 이것은 창조가 끊임없이 무효가 될지 모르는 벼랑 끝에 내몰린 상황이라는 고도의 변증법적 견해로 밖에 보이지 않는다. 하나님의 창조의 작품이 가지는 "태초에"의 특징은 사라지고 creatio ex nihilo의 급진적인 특징만이 수많은 세월 동안 다시 퍼졌다.

성경적 관점에서 하나님께서 한 번 창조라는 최초의 행위를 시작하셨을 때, 무는 그때로부터 영원히 사라졌다. 창조주의 작품은 한 번 시작된 후 완전히 끝날 때까지 영원히 지속된다. 섭리는 창조에 이어지는 신적인 역사이지, 창조의 영원한 반복이 아니다. 오직 창조만이 "무로부터"인 것이다. 섭리는 그렇지 않다. 하나님의 섭리적 돌보심은 존재하는 창조세계를 말씀으로 유지하고 방향을 제시한다. 이것이 하나님이 끊임없이 세상을 운영하시는 역동적인 방식이다. 그러므로 하나님의 창조와 섭리 사이에는 연속성과 불연속성이 존재한다. 둘 모두 똑같이 창조된 실재에 역사 하는 하나님의 사역들이라는 의미에서 연속성이 있고, 둘이 다른 하나님의 행동이라는 의미에서 불연속성이 있다. 벌카우어는 이렇게 말한다:

···하나님의 능력의 지속적인 흐름을 온전히 이해하는 자라면, 동시에 하나님의 창조 사역이 단

한 번에 모든 것이 이루어진 것의 특징을 인식해야만 한다. 우리가 선한 하나님을 이야기할 때, "그는 모든 것을 창조하신 후에 그것들을 포기하지 않으셨다"는 우리의 신앙고백은 바로 이것을 말하는 것이다…(그러므로) 하나님의 사역의 통일성을 이해해야 한다. 동시에 시작과 연속 사이의 성경적 구분도 유지되어야만 한다…과거에 한 번 무로부터 부르심이 있었다. 이제 지속되라는 부르심도 있다(*The Providence of God*, 72-73).

'지속적 창조'(*creatio continua*)에 대해 벌카우어는 "비록 개혁신학자들이 '지속적 창조'라는 용어를 하나님의 위대성과 붙드시는 사역을 강조하기 위해 사용했지만, 그것은 무로부터 늘 새롭게 창조하는 행위라는 생각은 아니었다"라고 부연했다(*The Providence of God*, 70). 디머(Diemer)는 같은 요지의 글을 다음과 같이 남겼다:

> 육일 동안에 모든 것을 창조하신 창조의 말씀은 그 사역이 끝났을 때 침묵하지 않으셨다. 이 말씀은 모든 것을 그 능력과 지혜로 붙드시고 마지막 때에 선포될 것이다. 고대로부터 이 섭리적 돌보심은 *creatio continua*, 즉 지속적인 창조라고 불리었다. 그러나 이 용어는 이미 창조된 것 이외로 전혀 새로운 것을 만든다는 의미로 이해되어서는 안 된다. 오히려 하나님의 성령이 지속적으로 가능성이 잠재된 창조 질서의 틀 안에, 새로운 것들이 나타나는 원인이 되신다는 의미로 받아들여져야 한다(*Nature and Miracle*, 13).

하나님의 섭리를 인정하는 것은 비록 모든 현상들이 반대로 보일지라도 하나님은 영원히 주님이시라는 고백과 같다. 이 고백은 인간의 궁극성, 자율성, 그리고 모든 "수위권과 능력"의 전능성을 공개적으로 거부하는 것을 의미한다. 또한 현실에 대한 심판을 의미할 뿐 아니라 "운명", "기회", "평균법", "가능성" 혹은 별점 등의 고대 유사신(類似神)들(pseudogods)에 대한 심판을 의미한다. 이것은 "자연법"에 의존하는 과학에 대해서도 의문을 제기한다. 결국 자연법이란 하나님의 섭리적 말씀의 붙드시는 능력에 대한 세속화된 형태일 뿐이다.

우리의 삶의 과정들은 처음과 같이 유지되는 데 있어서도 하나님의 질서를 세우는 말씀에 의존한다. 하나님이 잠시라도 그의 말씀을 거두신다면, 세상은 있던 상태를 멈추고, 원래 의도했던 모습과 희망을 잃어버릴 것이다. 섭리는 창조되던 당시의 만물의 시작과 연관될 뿐 아니라, 마지막 나라의 도래 시에 창조의 목적을 가리킨다. 섭리는 하나님의 시작인 알파와 완성인 오메가를 연결시킨다. 헨드리쿠스 벌코프는 말한다:

> 섭리를 가지고 우리는 하나님이 창조 때 존재케 하신 세상을 포기하지 않으시는 그분의 활동을

나타내기를 원한다. 또한 그분이 생각하시는 목적대로 세상을 돌보신다는 것을 나타내기를 원한 다(Christian Faith, 210).

이러한 확신은 기독교 사상가들로 하여금 섭리 교리의 다양한 왜곡을 막도록 했다. 우선 이들은 고전적인 형태의 범신론(pantheism)과 최근의 만유내재신론(panentheism)과 같은 형태의 함정으로부터 비켜 서게 했다. 다른 모든 이단들처럼 이것도 진리의 몇 가지 요소에 기생하여 살아남았다. 범신론자들과 만유 내재신론자들은 세상의 일에 개입하시는 하나님을 올바르게 높이기를 원했다. 그러나 이 과정에서 그들은 신적 초월성과 세상의 통일성, 그리고 인간의 책임을 희생했다. 이제 역사는 하나님의 내재성과 운명 속에 융화된 신적인 "만유에너지"(panergism)의 표현이 되었다. 이것은 인간의 결정과 행동들을 포함하는 것이었다. 문제는 하나님께서 그의 세상 안에 현존하시고 역사하시는가?가 아니다. 오히려 이러한 신적 개입이 중재적인가 아니면 직접적인가?이다. 전자를 지지하는 개혁주의 신학은 하나님께서 그의 말씀과 성령으로 세상을 다스리신다고 고백한다.

기독교 사상가들은 하나님이 소위 이신론(理神論)적으로 세상을 다루신다는 극단적 이론을 단호히 거부한다. 또 다른 이단인 이것도 진리의 몇 가지 요소를 왜곡시킨다. 이 경우에는 하나님의 초월성을 잘못 강조한다. 범신론의 주요한 관심사가 역사에 대한 하나님의 현재적 개입이었던 것처럼, 이신론은 주로 스스로 움직이는 근본적인 시작점을 강조한다(시계수리공과 유사한 이미지를 그려 보라!). 범신론이나 이신론이나 잘못된 것이다. 둘은 모두 처음 설정한 값을 기준으로 삼는다. 범신론에서는 신적 실재가 인간의 행동을 압도하며 신비적 침묵으로 이끈다. 이신론에서는 역사가 "자연법"의 지배하에 드러나지만, *Deus ex machina*(필요에 따라 아무때나 등장하는 신: 역자주)의 공공연한 개입은 자연법의 지배를 받지 않는다.

고대 그리스 철학에서 왔든 현대 세속 신학에서 왔든 하나님의 섭리에 대한 이 두 밑그림의 일방적 성질과는 달리, 개혁주의 신학에서는 전체적으로 일관된 관점을 공정하게 추구한다. 비록 신비스럽고 불가해하지만, 하나님의 주권과 인간의 책임을 모두 이야기한다. 이들은 서로 배타적이거나 서로 한계를 가진 실재는 아니다. 하나님의 섭리의 방법으로 우리가 하나님께 전적으로 의지하는 것과 동시에 하나님과 관계를 맺고 응답하는 독립성이 함께 간다. 아주 도발적인 현대 로마 카톨릭 신학의 틀 안에서, 칼 라너(Karl Rahner)는 이러한 창조주-피조물의 관계를 다음과 같이 묘사했다:

기본적으로 "무로부터의" 창조라는 말은 창조가 전적으로 하나님께로부터 나왔다는 것을 의미한다. 결국 이로써 세상은 근본적으로 하나님의 창조세계 속에서 하나님만을 의지한다…하나님께서 피조물을 창조하시고 자신과 구분하셨다는 바로 그 사실로, 피조물은 하나님과는 본성적으로 다른 실재가 된다. 피조물은 하나님과 자신의 실재가 뒤에 숨어 있는 단순한 모습이 아니다…그러므로 진정한 실재와 근본적인 의존은 분명 하나의 동일한 실재의 단순한 두 면이다…한 사람이 자신을 하나님 앞에 자유로운 책임성 있는 주체임을 경험하지 않고, 그 책임감을 받아들이지 않는다면, 그는 자율성이 무엇인지 이해하지 못한다. 또한 하나님을 의존하는 것이 증가하는 만큼 자율성이 줄어들지 않을 것임도 이해하지 못한다. 이 점에서 우리가 관심을 가지는 것은 인간이 한때 독립적이었다는 것이고, 인간의 근거가 무엇인가의 관점에서 볼 때는 역시 의존적이었다는 것이다(Foundations of Christian Faith, 78-79).

그러므로 섭리란 이론적 탐구나 학문적 주제 이상의 것이다. 이것은 우리의 일상 경험 속에서 매우 결정적이며 본질적인 주제이다. 죄와 그에 수반하는 악이 우리의 세상을 침범한 현재의 상황에서는 더욱더 그러하다. 오늘날 많은 진지한 그리스도인들은 전지하신 하나님의 섭리의 손길을 믿는 믿음이 오히려 중요한 문제들을 야기하고, 심지어 믿음의 위기를 가져온다는 것을 안다. 하나님이 모든 것을 인간의 선을 위해 일하도록 만드실 수 있다고 믿기 때문에 그렇다. 그렇다면 우리는 시한부 질병의 고통을 어떻게 설명할 수 있는가? 비극적인 사건들과 대학살, 자연재해, 끔찍한 불의, 기근과 전쟁의 피해들은 어떻게 설명할 수 있는가? 이러한 재난들의 면전에서 "전능하시고 모든 곳에 편재하시는 하나님의 능력…"에 관한 하이델베르그 요리문답(Q & A, 29)을 마음과 입과 생명을 다해 받아들이는 것은 값싼 상투어만은 아닐 것이 분명하다. 오히려 이것은 값비싼 믿음이다. 이것은 우리가 하나님의 뜻을 아는 것을 요구할 뿐 아니라, 기꺼이 행하려고 결단할 것을 요구한다. 곧 우리가 날마다 기도하는 "당신의 뜻이 이 땅에도 이루어지이다…"의 뜻을 실행하며 사는 것이다. 수없는 참혹함의 진원지에 서 있는, 바로 우리가 해야 할 일이다.

이 모든 재난의 의미가 무엇인가? 매일의 뉴스 방송은 설명해 주지 않는다. 신적 섭리 개념은 세계 역사를 "설명"하는 데 있어서 엄청난 공격을 받고 있다. 그러나 섭리를 거부하는 사람들은 어쩔 수 없이 다른 "설명"을 찾아야 한다. 억제 개념(롬 1:18-23)이 자주 언급된다. 섭리는 아마 전에 없이 무모한 신앙의 항목으로 여겨진다. 헨드리쿠스 벌코프가 말하듯이, "이런 하나님에 의해 세상이 보존된다는 신앙고백은 보지 않고 믿는 사람들의 신앙고백이다"(Christian Faith, 213). 이러한 종말론적 "아직 아님"의 인식은 역사적 불가지론 속에 끝나지 않고 남아 있다. 베버는 매우 강력하게 다음과 같이 주장한다. "역사의 과정에 대한 기독교적 해석을 이끌어 내는 것은 불가능하다. 그리스도인이 된다는 것은 사건들의 불가해성을 견뎌낸다는 것을 의미한다"(*Foundations of Dogmatics*, Vol. I, 510). 또한 섭리는 보증을 포함한다. 창조 질서는 지속적인 정박 지점을 유지한다. 창조의 법과 질서는 하나님의 세계 속에서 우리의 삶을 유지시킨다. 또한 겸손하며 조심스럽게 오늘날의 결정적인 사건들과 연결되는 지침서가 된다. 또한 더 순종적이며, 정의롭고, 평화로운 문화를 건설하는 데 도움을 주는 우리의 소명에도 지침서가 된다.

기독교 신학에서 신적 섭리 교리는 일반적으로 세 가지 관점에서 접근한다. '우선' 보존이라고 불리우는 관점이다. 이것은 말씀으로 창조의 법을 유지시키는 하나님의 지속적인 행위를 가리킨다. 창조 질서를 유지함으로써 하나님은 삶의 구조를 보존하신다. 또한 악의 발호를 억제하신다. 창조의 규범화된 기능들로 세워진 규제들과 자기 수정과 자기 치유의 잠재력은 하나님의 말씀의 영향력 있는 능력이다. 하나님은 인간들이 말씀에 신실하게 순종하기를 요구하신다. 마지못한 추종은 요구하지 않으신다. 따라서 신적인 보존은 마치 "하나님이 다 하신다" 하여 인간의 수동성을 수반하게 하지는 않는다. 정확하게 말하면 정반대이다. 오히려 책임성 있는 삶의 가능성을 창출한다.

신적 섭리의 두 번째 요소는 '동시 작용'(concurrence)이다. 이 개념은 다음과 같다:

> 하나님의 행동과 피조물의 행동 모두는 전적으로 같은 행동을 가리킨다. 매순간 하나님의 뜻에 의해 결정된다는 의미에서 하나님의 행동이다. 그리고 피조물 자신의 행동을 통해 하나님께서 그것을 아셨다는 한에서는 인간의 행동이다. 여기에 상호 한계가 아닌 상호침투가 있는 것이다 (Louis Berkhof, *Systematic Theology*, 149).

'동시 작용'은 창조주-피조물의 관계를 명료하게 하는 또 다른 방식이다. 이것은 온갖 경쟁, 50 대 50 협력, 반반의 협력 또는 보조의 개념을 배제한다. 하나님은 그의 말씀으로써 역사의 흐름 속에서 인간 사회에 강요하지 않고 이끌어진 반응들을 유발시킨다.

'다스림'은 섭리를 이해하는 세 번째 방식이다. 우리의 세상은 광활한 우주 공간에서 궤도를 벗어나 향방 없이 떠도는 것이 전혀 아니다. 삶에는 목적이 있다. 허무주의는 대답이 될 수 없다. 하나님은 그의 창조세계의 생명에게 방향을 주셔서 최후의 행복한 결과를 확인하게 하신다. 그러므로 신적 다스림은 목표에 집중하는 것이다. 그 목표는 "새 창조"이다.

칼빈의 『기독교강요』를 자세히 읽으면, I, 16과 27에서 섭리와 관련되어 끊임없이 떠오르는 근본적인 문제들을 얼마나 잘 설명했는지 알 수 있다. 그는 섭리를 세상을 위한 하나님의 "비밀스런 계획"이라고 말했다. 다음의 인용문은 그의 통찰력의 영속적인 타당성을 잘 드러내어 준다:

> …단 한 번에 그의 모든 사역을 마치신 하나님을 역사적인 창조주로 만드는 것은 냉혹하고 무모한 것이 될 것이다…(왜냐하면) 시작에서부터 우주의 지속적인 상태 속에 신적 능력의 현존을 우리가 보고 있기 때문이다…왜냐하면 우리에게 섭리가 전달되지 않았다면…여전히 "하나님이 창조주이시다"라는 말의 의미를 적절히 이해할 수 없을 것이기 때문이다…(이는) 누구도 하나님에 의해 창조된 우주를 그분이 또한 돌보지 않는다는 것을 믿을 사람은 없기 때문이다…

칼빈은 "행운", "기회", "운명" 등의 개념을 거부했다. 또한 무조건적인 "필요", "자연법" 그리고 논리적 "우연성"을 성경적 섭리 교리의 왜곡으로 보았다. 그러나 칼빈은 종종 비극적이고 불합리하게 보이는 역사 속의 사건들에 대해 투명하게 변호하지는 않았다. 사실 그는 "사건들의 진정한 원인은 우리에게 숨겨져 있다"고 주장했다. 삶에 대한 현대의 비관적 견해를 기대하는 듯 칼빈은 다음과 같이 말했다:

> …그러나 모든 것들은 하나님의 목적과 분명한 원인에 의해 정해진 것이라 할 수 있다. 물론 그것들은 우리에게 우연적이다. 우리는 운명이 세계와 인간을 다스리며, 모든 것들이 제멋대로 요동친다고 생각하지 않는다. 왜냐하면 이런 어리석은 것들은 그리스도인의 마음에는 어울리지 않는다. 그러나 질서, 이성, 목적, 그리고 일어나는 것들의 필요는 대부분 하나님의 목적 속에 숨겨져 있다. 그리고 인간의 견해로는 이해되지 않는다. 하나님의 뜻에 대치되는 그런 것들은 우연의 개념 속에 있다. 왜냐하면 이것들은 다른 모습으로는 나타나지 않기 때문이다…(이는) 우리의 지성의 능력 한도 내에서, 모든 것들이 우연적으로 보이기 때문이다…(그러나) 우리는 하나님의 섭리가 운명의 방향과 목적까지도 주관한다는 것을 의심하지 않는다…(그러므로) 우리에게 우연으로 보이는 것을 우리는 믿음으로 하나님께로부터 온 비밀스런 동기로 인식한다.

따라서 칼빈은 "…하나님은 섭리로써 천상으로부터 지상에 일어나는 일들을 태만히 관장하시는 것이 아니라, 오히려 모든 열쇠들을 가지신 분이 섭리로써 모든 사건들을 주관하시는 것이다. 그러므로 섭리는 그분의 눈과 손에 모두 속한 것이다"(『기독교강요』I, 16, 1-9)라고 말하며 섭리를 정의했다.

3. 역사를 중요하게 여김

원 창조는 혼돈이 아닌 질서정연한 코스모스였다. 인간의 상황은 작은 핵심적 일들로 일관되게 연결되어 있었다. 원래 나타났던 이러한 핵심적 직무들은 가족의 범주 안에 묶여져 있었다. 가정 생활의 범주 속에서 후에 사회적 발전을 이룬 본래적인 기원을 분별해 낼 수 있다. 그곳에 인간의 다양한 명령들의 원초적 궤적이 놓여 있다. 그것은 아이들을 양육하는 일뿐만 아니라 노역, 다스림, 배움, 예배의 직무들이었다. 현재 하나님께서 주신 우리의 모든 소명들은 인류 역사의 여명기에 그곳에 잠재해 있었던 것이다. 꽃의 꽃잎이 봉오리에 감추어져 있는 것처럼, 우리의 핵심적인 직무들도 최초의 공동체 속에서 나타날 준비를 하며 존재했었던 것이다. 문화 명령에 지속적으로 응답하고 신적 섭리의 감독 하에, 최초의 삶의 관계성 속에 놓여 있던 구조는 잠재성의 지속적인 실현으로 수세기에 걸쳐 역사적 분화를 일으켰고 그 과정 중에 성취되었다.

그러므로 성경적인 기독교 사상은 역사를 중요하게 여겨야 한다. 왜냐하면 세상을 향한 하나님의 방법으로 역사를 존중해야 하기 때문이다. 역사는 최종적인 나라의 도래를 향해 하나님의 창조세계의 잠재성을 펼쳐 보이는 방법이다. 역사는 창조세계에 근본적으로 새로운 것을 더하지는 않는다. 오히려 발아기와 첫 열매를 거쳐 추수 때의 무르익은 열매를 거두기까지 전진해 나아간다. 시작 때부터 종자와 씨앗으로 존재했던 것은 열매를 맺는다. 마치 어떤 소금 제품이 자신을 다음과 같은 광고로 선전하는 것과 같다. "자연이 맛을 주어 소금이 나왔습니다." 이렇게 창조세계는 인간의 모든 기업에 돈을 댄다. 그러나 소금처럼 좀더 완성된 실현에 이르게 하기 위해서는 역사를 요한다. 역사적 분화라는 오랜 전통은 과거로부터 나와서 현재를 형성하고 미래를 가능하게 한다. 이로써 인간의 삶은 다양해질 수 있다.

4. 역사적 분화

(1) 구약에서

성경은 역사철학을 제시하지는 않는다. 그러나 역사의 의미를 나타내는 지표를 제시한다. 성경은 주로 네러티브 형식 속에서 구속사를 드러낸다. 성경은 구속의 빛을 우주의 역사에 비춘다. 그러나 무엇보다 이스라엘과 초대 교회의 사건들에 집중한다. 이러한 성경의 해석을 듣고, 그 메시지를 경청하며, 구절을 살펴볼 뿐만 아니라, 행간을 읽음으로써 역사적 분화의 과정 속에 있는 몇몇 커다란 경향들을 추적하고 재구성할 수 있다.

창세기 초반부에서 우리는 하나님의 창조세계 속의 걸작인 아담을 만난다. 그는 능수 능란한 사람으로서 모든 직무가 부여되었다. 그러나 곧바로 직업이 전문화되는 도구가 들어오게 되었다. 카인은 농사를 했고, 아벨은 양을 쳤다. 좀더 나아가면 노동의 더 많은 분화가 생겨났다. 니므롯은 사냥꾼이고, 두발가인은 철 가공인이었으며, 유발은 음악가였다. 이러한 역사적 전개는 끊임없는 과정 속에 일어났다. 아브라함의 다재다능함은 아직 직업적 발전이 다양하지 않던 상황을 반영한다. 땅을 따라 이동하면서 아브라함은 남편, 아버지, 교육가, 추장, 땅 개간자, 이민자, 목축 관리인, 그리고 군대의 지도자 역할을 담당한다. 이런 모든 기능들이 아브라함 한 사람 속에 다 들어 있었다. 모세 역시 만능인으로 드러난다. 출애굽 기간 동안 이스라엘 지도력의 모든 짐은 그의 어깨 위에 지워졌다. 이것은 결국 동료 수하들에게 일정의 책임을 나누어 줄 것을 권유받을 때까지였다.

이스라엘이 사사시대에서 왕정시대로 전이하는 소란스런 시대에 사무엘은 유사한 독보적인 인물로 떠오른다. 모세의 법은 선지자와 제사장과 왕의 세 가지 직분을 제시한다. 그러나 사무엘은 이 세 직분들을 모두 가졌다. 이것은 다시 그의 독보적인 권위를 반영한다. 사무엘은 백성들에게 하나님의 대변인으로서 예언을 말하고, 성스러운 의식을 집도하며 레위 집안의 제사장을 대표하며, 일년에 한 번씩 전국을 순회하며 법적인 문제들을 결하는 왕적 직무를 수행하는 재판관이 된다. 하지만 변화의 표시들은 공개적이었다. 직무들에 대한 매우 규범적인 서술에 수평적인 변화가 나타났다. 사울 왕이 제사장의 특권을 침해한 것으로 인해 왕위에서 물러나야 했다. 이는 "순종이 제사보다 낫기" 때문이었다(삼상 15:22). 이것은 한 사람의 고유 관할 영역의 침해는 하나님이 정하신 법의 침해로 인정되어 정죄된다는 것을 의미했다. 후에 웃시야 왕도 비슷한 주제넘은 행동으로 인해 몹시 벌을 받아야 했다 (대하 26:16-21).

다윗 왕국의 설립과 함께 더욱 안정적이고 지속적인 직무의 분업이 이스라엘 사회 구조 속에 모양을 갖추었다. 선지자, 제사장, 왕의 직분들은 고정적으로 법제화되었다. 따라서 다윗 왕은 나단 선지자에게 책망을 받고 둘 모두는 제사를 주도하는 아비아달 대제사장에게 복종한다. 이런 오랜 역사적 분화 과정은 이스라엘 삼대 기관들의 수장에게 이른다. 선지 학교, 공공 재판정으로서의 왕궁, 그리고 종교제의의 중심지인 성전이 그것이다. 현대 역사 학자들의 비판에도 불구하고, 이러한 발전에 대한 긍정적인 발전을 제시하는 것이 성경의 전체적인 증언이다. 이러한 선지자, 제사장, 왕의 기관들은 하나님이 정하신 존재 목적과 이유를 반영한다. 그들은 서로 각자에게 선행하고 현존하는 관련성을 맺는다. 또한 그들은 하나님의 백성들을 향한 축복의 통로로서 하나의 기능을 수행한다. 사회 구조의 이러한 분화(differentiation) 속에 적어도 후에 영역 주권설/영역 보편설이라고 불리는 이론의 희미한 개관을 발견할 수 있다.

이러한 분화 원리적 특징은 여로보암 I세와 유다로부터 온 이름 없는 선지자의 극적인 만남이 일어났던 분열 왕국시대에 이르면 더욱 분명해진다(왕상 13:1-10). 교만하게도 왕은 선지자의 직분을 취해 불경한 숯불을 정해지지 않은 제단에 올렸던 것이다. 자기 의지에 기초한 예배를 보여 준 그에게는 신체가 마비되는 벌이 내려졌고 이것은 이방 전제군주제로의 회귀에 대한 하나님의 거부를 반영한다. 이는 이스라엘의 두 개의 구별되는 직분이 반규범적으로 혼합되었음을 상징한다. 권위의 한계를 넘어서는 비슷한 경우는 후에 이스라엘 왕이었던 여로보암 II세에 의해 저질러진 것이었다. 비록 벧엘의 거짓 선지자였던 아마샤는 이를 옹호하였지만, 아모스 선지자는 엄히 정죄하였다(암 7:10-17). 아마샤는 "…이것이 왕의 성소요 민족 성전이다"라는 왕의 칙령에 근거해서 벧엘의 사당이 합법적인 예배의 처소라고 주장했다.

이것은 기관들의 분화 원리를 침해하는 것으로서 하나님의 강한 심판의 말씀을 초래하고 말았다. 이 부분에 대한 주석에서 칼빈은 제국의 칙령에 의해 예배를 규제하려는 것은 왕의 특권에 호소한 아마샤의 오만함이었다고 말한다. 그리고 이 오만한 호소에 대해 날카롭게 비판한다. "여기서 그는 왕에게 두 가지 직분을 돌리고 있다. 그는 왕의 권세로서 자기 마음에 맞는 종교로 변화시키려는 것이다. 그리고 아모스도 또한 공동체의 평화를 소동케 했으므로 왕의 권위를 훼손시킨 잘못을 범한 것이다"라고 칼빈은 말한다. 이어서 "그들은(치리자들에게) 영적인 것에 너무나 큰 권력을 부여하는 사려 깊지 못한 사람들이다"라고 말한다. 이를 통해 칼빈은 그의 시대의 독일과 영국 등의 유사한 교회-국가 연합에 대한 그의 염려를 드러낸다. "…이러한 악은 독일의 전역에 만연하다. 이러한 종교는 너무나 퍼져 있다." 이러한 왜곡된 권위의 패턴은 결과적으로 다음과 같은 결론에 이른다:

> …그 왕들과 권세를 잡은 자들은 자신들이 너무나 영적이라고 생각한다. 그래서 더 이상 그 어떤 교회의 훈육도 없게 된다. 이러한 신성모독은 우리 가운데 너무나 크게 만연하고 있다. 이는 치

리자들이 자신들의 직분을 고정되고 합법적인 범주에서 한정하지 않고, 교회의 모든 권위를 폐지함으로 다스리고자 생각하기 때문이다. 그리고 모든 국가적 법에서뿐 아니라 모든 영적 정부의 수장이 되려 한다…아마샤는 여기서 왕의 권위로 벧엘에서의 예배가 합법적이라는 것을 증명하려 했다. 어떻게 그러할 수 있는가? "왕이 제정했으면 누구라도 반대하는 것은 불법이다. 왕은 얼마든지 자신의 권리로 이 일을 행할 수 있다. 왜냐하면 그의 권위는 신성하기 때문이다"라고 생각했기 때문이다.

영국의 종교개혁은 직분의 분화 원리에 대해 유사하게 무시했다. 칼빈은 말하기를, "처음 영국 왕인 헨리를 칭찬했던 사람들은 분명 사려 깊지 못한 사람들이다. 그들은 헨리에게 모든 것과 최고의 권세를 주었다. 이것은 나를 슬프게도 초조하게 만들었다. 왜냐하면 그들이 헨리를 그리스도 아래 있는 교회의 수장이라고 부르는 신성모독의 죄를 범했기 때문이다. 이것은 분명 너무나…"(아모서 주석, *passim*).

(2) 구약과 신약 사이에서

신구약 중간 시대를 "침묵의 400년"이라고 부르는 것은 분명 잘못된 명칭이다. 구약의 마지막과 신약시대의 서두(말라기에서부터 마태복음까지) 사이의 약 4세기는 성경 계시의 관점에서 보면 물론 "침묵 중"이다. 기록된 예언은 그치고 사도적 증언을 기다리고 있기에 그렇다. 그러나 이 기간은 다리를 놓아 주는 세월이었다. 이 기간은 유대 백성의 삶에는 결코 "침묵"의 세월이 아니었다. 앗수르와 바벨론 유수 후에 이스라엘은 국가적 자주성을 상실하고, 왕정은 망하고, 종교-문화의 통일성도 사라져 버렸다. 대다수의 포로 된 유대인들은 온 나라에 흩어지게 되었다(디아스포라). 남은 자들이 약속의 땅에 돌아와 재 정착하여 이제는 대부분 유대지방에 한정되어 살고 있었다. 그들은 거기서 이방 강대국들의 이어지는 정치적-군사적 지배 하에 제사장적인 공동체를 이루었다. 비록 활기 없는 모습이었지만, 성전이 재건축되었고 예배가 회복되었다.

포로 시대의 급박함으로부터 피어난 유산으로서 회당이 설립되었다. 이것은 잡혀 간 유대 공동체가 있는 곳이면 어디든지 세워졌다. 흩어진 유대인들뿐 아니라 귀향한 유대인들 사이에서도 회당은 그 추종자들과 함께 안식일 예배의 중심이 되었다. 또한 젊은이들을 종교적으로 교육하는 교육의 중심지가 되었으며, 유대 사회 생활의 핵심이 되었다. 팔레스틴에는 여러 혼란스런 종파와 정파가 일어났는데, 고통하는 주민들의 불안한 내적 고뇌를 폭발시키는 데 한 몫을 하였다. 모든 면에서 이 시기는 유대 역사에 있어 가장 소란스런 시기였다. 결국 언약 백성의 거의 모든 전통적 열망은 깨어졌다. 그리고 메시아에 대한 고대만이 신실한 소수의 사람들에게 희망의 불꽃으로 남았다. 이스라엘이 생존했다는 것은 아마도 세계 역사의 놀라운 기적 가운데 하나일 것이다. 바르트도 하나님이라는 존재를 유일하게 증명하는 것은 히브리 백성이 여전히 살아남은 것이라는 의미심장한 말을 남겼다. 이스라엘의 내부적으로 일어난 사건과 하나님이 이스라엘을 통해 일하시는 것은 별개의 것이다. 그러나 후에 예수께서 말씀하신 것처럼, "구원은 유대인으로부터 난다"(요 4:22).

분화의 역사 가운데에서도 이 시대에 있었던 한 가지 에피소드를 집중적으로 살펴보자. 기원전 198년 이후로 유대 백성은 시리아 점령군의 지배하에 엄청난 박해를 견뎌야 했다. 특히 안티오쿠스 IV세(에피파네스, 곧 그의 부하들은 그를 "빛나는 사람"으로 불렀지만, 유대인들은 에피마네스, 곧 "미친 사람"으로 불렀다.) 치세 동안이었다. 시리아로부터 온 통치자들은 히브리 백성의 유산을 모두 제거하려 했다. 그들의 극심한 억압 정책은 공포 정치의 결과를 낳았다. 이것은 마치 우리 세기의 대학살과 비견할 만하다. 기원전 167년에 강력한 반항이 일어났다. 마카비의 반란군이 일으킨 저항이었다. 이 저항운동은 제사장 가문인 하스모니아 가문에 의해 주도되었다. 아버지였던 마타디아스가 시작한 이 저항은 그의 아들인 유다스("망치질하는 사람"), 요나단("영리한 사람"), 그리고 시몬("보석")에 의해 승계되었다. 200년에 걸친 지하 저항 운동과 게릴라전에 의해 혁명은 성공적인 결과를 얻게 되었다. 이스라엘은 해방되었다. 기원전 142년에 하스모니아 제사장들의 군사력의 승인 하에 가문의 세 번째 아들이었던 시몬이 왕에 올라 그 땅의 지도자로 세움을 받았다. 이 일로 제사장과 왕의 직무는 단일한 권위로 통합되었다. 공공 기관과 종교 기관은 교회-국가 연합의 일종이 되었다. 구약 전통이 요구하던 "교회와 국가의 분리"가 깨어졌다.

만약 이것이 모든 것의 결말이었다면 그 자체로서 이미 흥미 있는 연구가 될 것이다. 그러나 좀더 말할 것이 있다. 즉 신약의 복음서 속에 타나난 매우 복잡한 결과들에 광범위하게 영향을 주는 것이다. 성금요일이 다가오는 중요한 심문의 장소에서 예수는 이스라엘의 대제사장들인 안나스와 가야바 앞에 서셨다. 이 법정 시나리오는 조작된 고소에 대해 법관이었던 종교 지도자들이 만든 것이었다. 이것은 거의 2세기 전 제사장-통치자로 즉위한 시몬이 낳은 뒤떨어진 결과였다. 다른 두 삶의 소명을 반규범적으로 혼합하는 이것은 정의를 위장한 전제적 권위를 대표한다. 직업 분화의 원리를 깨뜨림으로써, 제사장(신앙적) 직분과 왕(사회적) 직분의 통일성뿐 아니라 정체성까지 침해하고 말았다. 그러한 "이익 갈등" 속에서 삶의 각 영역들은 하나님의 통치아래 있는 그들의 상응하는 독립성까지 상실한다. 물론 예수의 경우는 "고등 정의"를 내포한다. 절대적이고 독특한 신적 은혜의 판단은 인간의 판단과 함께 역동적으로 함께 한다. 이로써 구속의 계획은 이루어진다. 그러나 일상적인 사람들과 국가에서 이런 사회적 구조가 파괴될 때, 셀 수 없는 정의가 낙태되고 만다. 분화된 책임은 규범이 된다.

(3) 신약에서

신구약 중간시대의 유대 역사의 퇴행이 있은 후 그 영향 때문에 신약의 저자들은 직업 분화의 과정을 밝히는 몇 가지 새로운 진보를 드러냈다. 우선 복음서에서 예수와 그 시대의 비난자들 사이에는 전통적인 대결이 있다. 대적자들은 거듭 "그의 말로서 그를 잡아넣으려고" 시도하였다. 특히 반대 종교 지도자들은 속이 뻔히 보이는 위장된 찬사로서 대화를 시작하며 나사렛에서 온 이 불안한 랍비를 코너에 몰려고 하였다. 그들의 질문은 다음과 같았다. "가이사에게 세금을 내는 것이 가하니이까?" 그들은 마침내 평화를 해치는 자를 잡았다고 생각하고 만족스러워했다. 분명 예수는 스스로 죄에 빠지는 딜레마의 뿔에 걸렸기 때문이었다. 어떤 식으로 대답하든 그는 곤경에 처하게 된다. 만약 그가 '그렇다'고 대답하면 유대 충성파의 노를 사고, 만약 '아니'라고 대답한다면 로마 통치자들에게 노를 살 것이기 때문이었다. 이 "위선자들"은 분명 그들의 적이 가진 무한한 자원을 제대로 평가하지 못했다. 예수는 동전을 구해 모든 이들에게 들어 보이며 역으로 질문을 던지셨다. 음모의 테이블을 그들에게 돌려놓기 위해서였다. "이 화상과 문장이 누구의 것인가?" 대답은 분명했다. "가이사의 것이니이다." 예수는 모든 것을 역전시켜 "가이사의 것은 가이사에게 하나님의 것은 하나님에게 돌리라"고 말씀하셨다. 이 역전의 원리로 말문이 막힌 대적자들은 집으로 돌아가고 말았다(마 22:15-22).

불행하게도 너무나 자주 그리스도인들은 예수의 이 말씀을 이원론적으로 해석한다. 인생의 한 부분은 공공 정부에게 속하고, 또 다른 부분은 하나님을 섬기는 데 속한다는 것이다. 그러한 해석은 분명 이원론적 성/속의 세계관을 내포한다. 만약 이것이 정말 예수의 가르침의 의도였다면, 대적자들은 그의 말로써 그를 함정에 빠뜨려 전 성경의 메시지를 대적한다고 예수를 고소하는 데 성공했을 것이다. 그러나 성경을 해석함에 있어 상황을 고려하는 것은 기본적인 원칙이다. 따라서 우리는 예수의 응답이 다음과 같다고 말할 수 있다. '합당하게 그의 것이라고 할 수 있는 것 즉, 통일되고 나누이지 않은 충성을 하나님께 드리라.' 그리고 '하나님 말씀의 주권적 요구에 따라 적절하게—더 많지도 않고 적지도 않게—가이사의 것을 가이사에게 주라' 는 것이다. 확장하면 그리스도의 말씀은 다음과 같은 결론에 이르게 된다. 부모님과 교회 직원들과 교사들, 그리고 삶의 모든 영역의 주관자들에게 그들이 합당히 받아야 할 존경을 주라는 것이다. 모든 지상의 직분과 기관들이 한정된 권위를 가진다는 것을 우리가 기억하기 때문이다. 하나님의 권위는 홀로 절대적이며 전포괄적이다. 그러므로 그리스도의 답변은 상호 관계 속에서 분화된 직무를 요구하는 지속적인 규범의 재확인이다.

사도행전에 이르면 분화의 사상은 초대 교회의 삶 속에서 발전되며 강화된다. 이것은 우리의 삶의 소명 속에 전개된다 우선 기독교 공동체 속에서 권위는 사도적 직분에게 제한적으로 주어진다. 그러나 사도들의 직무가 버거워지고, 교회의 사역이 점점 다양화되면서 사역의 분화가 일어났다. 교회가 확장되면서 지역 회중 속에는 직무가 분배되어 집사, 장로, 사역자라는 세 가지 유사한 직분이 선정되었다.

서신서에서도 사회 활동의 다양한 영역내의 기독교적 책임이 역시 언급된다. 각 영역은 각자의 독특한 규범을 가진다. 또한 그 모두는 공동체적 삶의 통일된 형태로 조화된다. 바울은 그러한 지체의식을 에베소의 그리스도인들에게 다음과 같이 말했다: "그리스도를 경외함으로 피차 복종하라"(5:21). 골로새의 성도들에게 편지하면서 바울은 그들이 참여하는 다양한 소명들을 강조한다: "무슨 일을 하든지 마음을 다하여 주께 하듯 하고 사람에게 하듯 하지 말라"(3:23). 바울의 두 권면은 모두 다양한 공동체적 교제의 영역에 대한 특별한 지침을 제시하고 있다. 남편과 아내, 부모와 자식, 주인과 종의 관계 등이다(참조, 딤전 6:1-2). 칼빈은 에베소서를 주석하면서 다음과 같이 말했다:

> 이제 바울은 다양한 그룹들을 언급한다. 어떤 사람들은 보편적인 복종의 관계뿐 아니라 그들의 소명에 따라 서로에게 더욱 밀접하게 연관된다. 사회는 종종 각 상대가 서로에게 의무를 지는 멍에와 같은 그룹들로 구성되어 있다…따라서 사회는 여섯 개의 다른 계층으로 구성되며, 바울은 각자에게 독특한 임무를 부여한다(에베소서 주석, 5:21-6:9).

또한 교회 지도자들과 회중의 구성원들간의 관계를 위한 명령들을 디모데전서 3장에서 발견할 수 있다. 공공 생활에 관한 기념비적인 메시지가 로마서 13:1-7에 나타난다. 여기에서 바울은 통치자와 시민의 행동을 주관하는 근본적인 원리들을 선언한다. 이러한 사상은 베드로전서 2:12-17에서 다시 한 번 언급된다. 칼빈은 이

것을 다음과 같이 주석한다:

> 헬라어인 동사 *kitizein*은 *kittisis*에서 파생되었다. 이것은 건물의 형태를 만들거나 세운다는 의미이다. 이것은 "법령"(ordinance)이라는 말과 상응하는데, 베드로는 이것을 통해 세상의 창조주가 되시는 하나님께서 인간을 혼돈의 상태에 버려두지 않으셨음을 상기시켜 준다. 따라서 우리는 짐승과 같이 살지 않고 주어진 본성대로 마치 건물이 일정하게 배열되고 여러 개의 부분들로 나누이는 것처럼 살게 된다. 이것을 인간의 법령이라고 부르는 것은 인간이 창안한 것이 아니기 때문이다. 이것은 잘 정돈되어 인간에게 합당한 삶의 형식이 된다(베드로전서 주석, 특히, 2:13).

마지막으로 신약에서 직업과 기관의 분화가 실제로 적용된 예로는 고린도 교회의 경우이다. 이것은 고린도 교회를 병들게 했던 많은 해결되지 않는 문제들 중에 한 가지였다. 재화와 재산 분쟁이 교회 안에 문제가 되었다. 신자가 동료 신자를 고소하여 이방 재판정 앞에 서게 되었다. 바울은 이것이 분쟁을 해결하는 적절한 장소가 되지 않는다고 말한다. 왜 너희의 문제를 "교회에서 가장 인정하지 않는" 자들 앞에 가져가는가? 이방 법정에서 기독교적 청문회를 기대할 수 있겠는가? 그런 문제를 처리할 믿음의 공동체가 있지 않느냐? 좀더 나은 방법이 없는가? 왜 너희 중에 지혜롭고 믿을 만한 사람을 세워 이런 문제를 해결하도록 하지 않는가? 바울은 기독교 공동체 내에 분쟁에 대한 옴부즈맨(민원조사관) 제도를 옹호하고 있는 것 같다(고전 6:1-7). 바울이 이런 공적 소송을 교회 전체 회의에 상정하도록 조언하지 않고 있음에 유의해야 한다. 왜냐하면 그런 문제들은 교회 지도자들의 영역에는 적절치 않기 때문이다. 따라서 바울은 신앙적인 판결과 공적인 판결의 차이를 존중하고 있다. 또한 이 다른 본질적 특징을 존중하는 체계화된 규범을 함축적으로 제시하고 있는 것이다.

(4) 서구 기독교 전통에서

신약 정경과 사도 시대의 폐막과 함께, 서구 기독교 역사는 교부시대, 중세, 종교개혁, 그리고 현대시대로 열려지게 되었다. 과거 19세기 동안 직분과 제도의 체계화된 분화는 기독교 공동체의 삶에 끊임없이 문제로 떠올랐다. 이것은 몇 가지 아주 이상한 변화와 전기를 맞이한다. 그것은 매우 규범적인 발전과 고도로 비규범적인 발전의 혼합이었다. 이것은 각각 진보와 퇴보를 드러내 준다. 오늘날까지 우리의 삶을 특징지우는 두 가지 중요한 제도적 이슈들을 잠시 살펴보고자 한다. 소위, 교회/국가 관계와 대학의 발전이다.

a) 교회/국가간의 계속적인 갈등

A. D. 313년 밀란 칙령과 함께 기독교는 제국의 공식적인 종교로 정해졌다. 한 세대가 안 되는 기간의 박해가 그치고 그리스도인들은 카타콤에서 나와 왕좌에 오르게 되었다. 그 결과 교회와 국가 사이의 세속적인 결합이 일어났다. 이 결합으로 이방 제국은 거룩한 로마 제국이 되었다. 그리고 정치적 판결과 신앙적 판결이 혼동되는 콘스탄틴 시대가 열렸다. 이러한 제국의 권력과 종교적 권위의 혼합은 아주 최근에 이르기까지 야합과 권력 투쟁의 모습을 연출했다. 왕들은 사제들을 임명하고 해임했다. 사제들은 왕들을 조정하고 파문했다. 좋은 시기에는 서로의 영역을 공유하는 정책이 힘을 얻었다. 그러나 이원론적 자연/은혜 교리에 입각한 약속이 전역에 암묵적으로 퍼져 있었다. 이것은 헬라 사상가들에게서 유래한 것이었으며 기독교 사상가들에 의해 주로 보급되었다. 이런 긴장 가득한 합의와 약속은 창조 질서의 규범화된 울타리를 여지없이 허물고 말았다. 결국 수세기 동안 비신앙적이고 비정치적인 직업들의 다양한 스펙트럼은 사라지고 말았다. 이로써 생산적이고 건강한 분화(영역 주권)뿐만 아니라 건강하고 성숙한 공동체 의식(영역 보편성)도 퇴보하게 되었다.

종교개혁은 성경적인 분화를 부분적, 한시적으로 회복하는 데 영향을 미쳤다. 곧 사회 질서의 통일성 속에서 좀더 창조적이며 성경적인 분화의 규범적 패턴을 제시한 것이다. 예를 들어 칼빈의 제네바는 장로법원, 시의회, 학교들, 공업과 학문연구소 사이의 관계성이 적절한 방향으로 새롭게 나아가는 곳이었다. 그러나 개혁자들-루터, 칼빈, 그 외-의 좋은 출발은 서구 세계에 일관된 영향력을 끼치는 데 실패했다. 이것은 새롭게 대두된 스콜라주의에 의해 곧 상쇄되었다. 요하네스 알두시우스(Johannes Althusius, 1557-1638)와 같은 개혁주의 사상가들의 사회 철학에 근거를 두기 보다, 개신교 학자들은 그들의 로마 카톨릭 대적자들과 같이 콘스탄틴주의, 어거스틴주의, 그리고 토마스 아퀴나스주의 사회 생활 모델로 돌아가고 말았다. 르네상스와 계몽주의의 여명 속에 서구 기독교는 점진적으로 쇠퇴하고 세속 인본주의는 발흥하였다. 이와 함께 교회의 중세적 이상은 공동체의 전체주의적 견해에 근거를 두고 있었다. 결국 이러한 이상은 현대 개인주의 사상과 집단주의 사상의 대두로 사라진다. 대신 현대 세속 정부와 관료 정권이 들어섰다. 서구 기독교 역사는 진정으로 다원화된 사회-통합된 관점 안에서 동반자의 기능을 하고, 분화된 사회 구조의 영속적인 원리에 의해 규범화된 공동체-에 대한 좌절된 열망으로 채워지게 되었다.

b) 대학의 발전

A. D. 529년 헬라 아카데미의 폐교 이래로 약 천년의 절반 동안 서구 세계에 "배움의 불빛"은 거의 꺼진 상태로 있었다. 단지 보에티우스(Boethius)의 작품과 몇몇 수도원의 질서정연한 노력만이 학문을 살아남게 하였다. 후에 모하메단(Mohammedan) 학자들의 발흥으로 학문은 원기를 되찾았다. 그러다가 10-11세기 무렵 중요한 학문의 부흥이 일어났다. 이것이 오늘날 우리가 대학이라고 부르는 것의 최초의 시작이었다. 살라만카, 예나, 하이델베르그, 파리, 그리고 옥스퍼드 등의 도시에 대학이 세워졌다. 그들은 "자유 대학들"로서 순회 학자들과 학생들로 구성된 자유 연합의 형식이었다. 이런 새로운 학습 기관들은 분명 사회의 기존 구조와는 구분된 것들이었다. 그들은 정부가 주는 돈이나 교회의 보조에 의해 살지 않았다. 그들은 모두 자비량하였기 때문에 가난으로 고통하는 경우가 대부분이었다. 또한 오래지 않아 그들의 독립된 지위마저도 잃게 되었다. 중세 말에 이르러 사회는 점점 종교화되고, 대부분의 대학들은 교회의 지배하에 들어가게 되었다. 아리스토텔레스의 논리와 기독교 복음의 종합을 대표하는 교회의 교리들은 학문적 목표의 원리와 한계를 밝혔다.

종교개혁의 동기로 세워진 개신교 대학들은 신앙적 군주들의 권위적 감독에서 해방되었고 오직 성경(*sola Scriptura*)의 원리에 따라 다시 시작되었다. 이러한 갱신은 특별히 신학에 뿌리를 내리고 있었다. 그러나 철학과 다른 학문들은 내적으로는 대부분 종교개혁의 영향을 받지 않은 채 남아 있었다. 신학 외의 탐구 영역들에서 스콜라주의적 사고방식이 지속되었다. 이것은 또한 거의 모든 개신교 전통 속에 있는 학문 기관이 세속화되는 데도 의미심장하게 공헌하였다.

현대 르네상스와 계몽주의 사상의 영향하에 세속화는 지속적인 힘을 얻게 되었다. 중세교회의 교리와 종교개혁의 믿음은 대학으로부터 조직적으로 추방되었다. 세속 정부가 교회를 대신하여 사회의 주도적인 세력이 되었다. 따라서 대학도 세속 정부의 지배하에 놓이게 되었다.

자유대학들, 교회 대학들 그리고 공동체가 세운 대학들 거의 모두가 국립 대학들로 대체되었다. 정부의 이데올로기(보통은 세속 인본주의) 주입은 종종 고등 교육 기관들에서 이루어졌다. 이것이 오늘날 우리가 처한 곤경이다. 그러므로 대학의 역사를 통해 신앙적이든 정치적 합병이든, 대학은 사회 속에서 그 분화된 지위를 여전히 상실하고 있으며 고통하고 있다. 이것과 함께 대학의 정체성과 통합성이라는 독특한 모습도 상실하고 있다. 몇 가지 예외가 분명 존재하지만, 너무나 적어서 예외 법칙을 증명할 수가 없다. 한 가지 주의할 만한 경우가 있다. 카이퍼와 그의 추종자들의 극적인 행동으로 1880년 암스텔담에 자유 개혁주의 대학교(Free Reformed University)을 설립한 것이다. 카이퍼는 성경의 관점에서 창조 질서 속에 새겨진 책임 있는 분화의 원리에 호소했다. 카이퍼는 하나님의 명령에 따라 대학과 같은 학습 기관은 사회 속에서 고유한 자리를 가져야 한다고 주장했다. 대학의 임무는 교회나 국가에 의존하지 않는다. 그러한 기독교 고등 교육 기관들은 학문의 내적 개혁을 위해 예약된 자리이다. 우리 시대 이러한 비전은 심각하게 오염되어 있다. 그러나 분화된 사회에 대한 근본적 원리는 지금도 사회 개혁을 향한 긴급한 부르심으로 우리에게 다가온다.

5. 기적들

천년 이상 동안 신비스런 기적에 대한 성경의 가르침은 매우 혼동스러운 것으로 여겨졌다. 학자들은 기적을 하나님의 "정하신 힘"(*potentia ordinata*, 섭리)과 "절대적 힘"(*potentia absoluta*, 기적들)으로 구분하였으며, 이것이 혼란을 가중시켰다. 하나님의 뜻을 강조하는 사상가들의 "절대적 힘" 사상은 대개 순수한 주의주의(主意主義, voluntarism)로 결론지어졌다. 이 견해에서 하나님의 팔은 세상의 각양 사건들을 향해 직접적이고 즉각적으로 뻗쳐진다. 하나님은 그가 뜻하신 모든 일을 수행하실 수 있다. "하나님과 함께 모든 것이 가능하다"는 성경적 가르침의 요약이라 할 수 있다. 섭리의 지속적인 역사는 자기 멋대로인 우둔하고 변덕스러운 방식에서조차 내포되어 있다. "절대적 힘"이라는 주의주의적 개념들은 세계를 다루시는 하나님의 언약적 일관성에 대한 성경적 가르침을 거부한다. 하나님의 언약은 창조에 대한 하나님의 중재하시는 말씀에 안전하게 닻을 내리고 있다. 하나님의 합리성을 강조하는 다른 사상가들은 하나님의 능력은 논리에 일치되게 그 무엇이건 행하신다고 주장한다.

따라서 하나님의 "절대적 힘" 사상에 호소한다. 하지만 그러한 하나님의 행동들은 논리적으로 이해될 수 있는 것이어야 하며 모순법을 깨지 않아야 한다(심지어 성찬식때 빵과 포도주가 신비스럽게 변화되는 성례적 기적까지도 논리적으로 설명될 수 있어야 한다고 주장한다). 기적을 행하는 하나님의 절대적 힘을 이렇게 합리적으로 증명하는 것은 합리성에 대한 아리스토텔레스적 방식에 크게 의존한다. 이 방법은 보에티우스에 의해 서구 기독교에 소개되었고 롬바르드의 *Sentences*에서 정경화되었고, 중세 교회의 대사상가들의 노력으로 만들어졌다. 이 사상은 대부분 개혁자들에 의해 거부되었지만 베자(Beza)와 멜랑히톤(Melanchthon)의 영향을 통해 개신교 스콜라주의 안에서 즉각 부활하였다. 이러한 전통의 끊임없는 영향은 지금까지 조금 모호하기는 하지만 루이스 벌코프의 하나님의 주권적 힘을 정의하는 다음의 글에서까지 드러난다:

> 하나님 안에 있는 힘은 그의 본성의 효과적인 에너지라고 부를 수 있다. 또는 그의 존재의 완전성에 의해 하나님은 절대적이며 가장 높은 인과율이시다…*potentia ordinata*는 하나님의 완전성이라고 정의 내릴 수 있다. 그것으로 하나님은 그의 뜻의 단순한 행사를 통해 현재 그의 뜻과 계획 안에 존재하는 어떤 것이라도 실현하실 수 있으시다(*Systematic Theology*, 79-80).

전통적 스콜라주의 사고에서 역사 속에 있는 하나님의 강한 행위들은 인간의 지성으로 분석되며 풀릴 수 있는 이성적 문제들로 귀착된다. 신적 선포들은 인과율의 법칙에 포함되며 결국 논리적 가능성의 지배하에 놓인다. 하나님 자신은 확장된 연역적 논쟁의 과정을 지원하는 주 전제가 된다. 그러므로 살아 있고 거룩하시며 언약을 지키시는 아브라함과 이삭과 야곱의 하나님, 그리고 우리 주 예수 그리스도의 아버지는 철학자들과 신학자들(파스칼)의 논쟁 뒤로 사라져 버리신다. 성경 메시지의 심오한 영적 취지는 대부분 침묵을 지킨다. "존재의 유비"(*analogia entis*)의 사상과 지식의 상응 이론은 전포괄적 하나님과 사람이 논리적 구조로 엮여 있다고 강하게 주장한다. 인간 이성의 자율성은 신적 계시의 작동 원리와 대비된다. 기독교 사상가들은 이성이 그 자체로서 창조의 규범과 한계에 복종하는 피조된 기능이라는 사실을 보지 못하였다. 따라서 창조주-피조물의 구분은 거의 전부 사라지게 되었다.

신학에 있어서 이러한 스콜라주의 전통은 기적의 문제에 대해서도 수많은 이원론적 접근을 낳았다. 어떤 이들은 기적이 *contra naturam*, 즉 창조질서를 위해 세워진 규범들에 반대로 작용한다고 주장한다. 다른 사람들은 기적을 *supra naturam*, 즉 자연은 초자연적인 간섭의 여지를 가지며, 정상적인 일련의 사건들을 주관하는 "자연법"을 하나님께서 때때로 잠시 지역적으로 정지시킨다고 말한다. 두 가지 견해 모두 변증법적 이원론의 세계관에 근거한 것이다. 디머(Diemer)가 지적하듯이 현대인이 기적을 초자연적으로 설명하게 되면 기적 자체는 실제로 부인되는 것이다:

> 나는 수많은 현대 그리스도인들이 기적을 초자연적이라고 생각하고, 현대 의학이나 심리학의 지식을 넘어선 기적들이 오늘날 유럽에서 일어나면 성경에서 말씀하는 치유의 기적임을 의심하는

것에 대해 염려한다. 초자연적 사건들은 팔레스틴 지방에서 결코 일어난 적이 없으며 또한 오늘날 유럽에서도 일어나지 않는다…(왜냐하면) 초자연적인 것은 항상 *asylum ignorantiae*이기 때문이다. 곧 누구도 설명할 수 없는 것이기에 무엇이든 초자연이 되기 때문이다…(그러므로) 나는 성경의 기적을 설명함에 있어 초자연적 간섭이라는 설명을 고집어 낼 필요는 전혀 없다고 생각한다. 초자연적인 것을 기적적인 사건들의 설명으로 사용하는 사람은 그러한 사건들의 진정한 본질을 이해하는 통찰력을 얻을 수 없다(*Nature and Miracle*, 21-23).

성경적인 통합적 세계관에서 하나님과 세상은 대결하는 세력이 아니다. 따라서 우리가 기적이라고 부르는 것 때문에 하나님이 그의 창조세계 내의 도구들을 제거하시지는 않는다. 창조의 도구들은 하나님의 명령에 응답하는 그분의 종들로 남아 있다. 따라서 하나님의 능력은 역동적이지만 안정적인 당신의 창조질서를 위반하거나 대체하지 않으신다. 기적적인 가능성은 처음부터 하나님의 영원하신 말씀과 그의 세계 속에서 우리에게 주어졌다. 따라서 기적들은 창조의 규범 위에 초월하는 초자연적 "해결책"이 아니다. 하나님의 놀라운 능력으로 그분은 자신의 섭리적 돌보심에서 후퇴하지 않으신다. 혹은 그 섭리를 따로 떼어놓거나, 지나쳐 버리거나 중지 상태로 놔두거나 그 영향력을 취소시키지 않는다. 하나님의 뜻은 하나님의 말씀 자체 속에 있는 놀라운 표적들과 기사들 속에 계시되었다. 거기에는 임시적인 것이나 변덕스러운 것이 없다.

우리의 관점에서 기적들은 놀랍고, 기대치 못했던 것이고, 역사 속에 개입하신 하나님의 특별한 손길처럼 보인다. 그러나 하나님에게 기적은 우리가 이해하는 그런 기적이 아니다. 기적은 오히려 하나님의 뜻을 다르게 수행하는 것뿐이며, 단지 우리에게 이상하고 예외적으로 보일 뿐이다. 하지만 그것까지도 하나님의 명령에 일관되게 따른 것뿐이다. 디머를 다시 한 번 인용한다면, "인류 역사 속에서 하나님의 섭리의 표적과 기적들은 어떤 법과 고정된 관계성의 문제를 회피하지 않는다. 그러나 정상적이고 잘 알려진 상황하에서 다른 힘들이 열려진다. 그것은 사람이 믿음과 기도로 살고 행동할 때 일어난다. 자연의 가능성과 능력은 지구상에 하나님의 나라의 도래를 위해 봉사하는 곳에서는 어디나 역사한다"(*Nature and Miracle*, 16).

따라서 성경적 관점에서 기적은 항상 부재하다가 잠시 나타난 하나님의 표적이 아니다…(오히려) 하나님이 이 순간 특별한 목적을 위해 일상적으로 가지 않으시는 길을 걸으시는 표시이다… 하나님께서 창조의 능력 안에 항상 임재하시며 이제 이곳에 익숙지 않은 방식으로 역사하고 계심을 나타내는 표적이다(Lewis Smedes, *Ministry and the Miraculous*, 48-49).

모든 창조의 가능성들은 하나님의 도구들이다. 그러므로 기적은 창조세계에 모순되지 않게 극적인 방식으로 창조에 대한 하나님의 말씀을 열어놓는다. 하나님의 말씀은 창조세계를 붙드시고 치유하신다. 그 말씀에 우리가 거의 알지 못하고, 종종 주의를 기울이지 않고, 대부분 민감하지 않던 놀라운 가능성들이 포함된다. 벌카우어의 말로 하자면 다음과 같다:

> 기적 안에 일상적인 일에서 드러난 것보다 더 놀라운 능력이 계시되어 있다는 것은 아니다. 하나님이 존재케 하신 모든 것은 그의 동일한 전능하심의 산물이다. 그러나 기적에 있어서 하나님은 일상적인 사건들에서 그가 기대했던 것과는 다른 방식을 취하신다. 이러한 하나님의 "다른" 역사는 종종 성경에서 발견할 수 있다. 이것이 기적을 증거하는 특징적 근거가 된다. 기적은 놀라움을 환기시킨다(The Providence of God, 231).

그러므로 우리는 "산과 같은 경험"에서 하나님의 섭리적 돌보심을 느낀다. 그러므로 위협적인 재난으로부터 "가까스로 피하는" 것에서 뿐 아니라 우리의 "일상 생활"에서도 하나님의 섭리적 돌보심에 민감하게 깨어 있어야 한다. 광야에서 만나를 공급하신 하나님은 땅에 씨를 뿌려, 그 씨가 죽고, 들판에 새로운 알곡이 나오는 기적을 일으키신다. 간절한 기도에 대한 그분의 응답으로서 주신 의학적인 치료는 예수와 그의 사도들에 의해 수행된 극적인 치료만큼 기적적이다. 바빙크는 다음과 같이 말했다:

> (섭리는) 그 자체로 오직 특이한 사건들과 기적들만을 드러낼 뿐 아니라 동시에 자연의 안정적인 질서와 일상 생활의 상식적인 사건들을 드러낸다(Gereformeerde Dogmatiek, Vol. II, 580).

우리가 기적이라고 부르는 하나님의 특별한 섭리와 가장 깊고 심오한 의미는 사실상 신비에 싸여 있다. 그러나 그의 일반적인 섭리 또한 신비이다. 창조된 실재의 그 어떤 면도, 역사 속의 그 어떤 사건도 합리적으로 밝혀지지는 않는다. 합리주의는 교만하게 아는 체하는 것이다. 따라서 기적의 신비스러운 의미는 지적으로 이해하려 하기보다 경외심으로 존경해야 한다. 그러한 겸손이 "인생의 수수께끼를 이해하는 데 실패한 피상적 낙관주의로부터 우리를 구원하며, 세상과 우리의 운명을 절망에 빠뜨리는 교만한 비관주의로부터 우리를 구원한다"(Bavinck, Gereformeerde Dogmatiek, Vol. II, 580).

일상적인 섭리와 기적 사이의 명쾌한 구분선을 긋는 것은 어려운 일이다. 기적이 창조세계를 다루시는 하나님의 "또 다른 방식"이라고 말할 수 있다. 칼빈은 두 "기적"에 대한 주석에서 신적 섭리의 두 측면 사이의 밀접한 관계를 여호수아 시대에 태양이 멈추고, 히스기야의 요구에 따라 태양추의 바늘이 뒤로 움직인 것과 관련시켜 말한다. 다음은 칼빈의 말이다:

> 하나님은 자연의 맹목적인 본성대로 태양이 매일 뜨고 지는 것을 막는 기적이 아닌 태양을 주관하심으로 우리를 향한 당신의 부성애를 새롭게 기억하게 하심으로써 자신을 증거하신다. 봄에서 겨울로 이어지는 것보다 더 자연스러운 것은 없다. 봄, 여름, 가을, 겨울은 순서대로 다가온다. 그러나 이러한 연속에서 우리는 참으로 매년, 매달, 매일 나타나는 새롭고 특별한 하나님의 섭리에 의해 다스려지는 위대하고 놀라운 다양성을 발견하게 된다(『기독교강요』 I. 16. 2).

하나님의 모든 행위는 신비스러운 기적의 의미를 지니고 있다. 따라서 기적의 역사적 실재를 믿는 것은 역사적 기독교 신앙의 영구적인 특징이다. 섭리에 대한 성경적 교리와 역사에 대한 기독교적 관점은 전체 성경 계시 속에 종합적으로 연관되어 창조, 출애굽, 그리고 부활 등의 하나님의 놀라운 행위와 함께 따로 떼어 생각할 수 없다.

그러나 현대의 대두와 함께 급진적인 변화가 생겼다. 계몽주의 사상가들은 기적을 옛 시대의 신화적 세계관으로 격하시켰다. 이런 과학 이전 세계관은 시대에 뒤떨어지는 것이라고 주장되었다. 새로운 세계관이 사랑을 받게 되었다. 현대인은 이제 마침내 성인이 되었기에 신적 섭리와 같은 어떤 "가상적인 것"도 제거해 버렸다. 또한 기적이라는 "변화"와 "탈선"도 제거해 버렸다. "간격의 신"(god of the gaps)은 죽은 것이다. 우리는 단일한 인과 관계의 연속체라는 자충족적 우주 속에 살고 있을 뿐이다. 따라서 세계는 유추의 법칙에 갇혀, 섭리와 같이 과학적으로 제어할 수 없는 요소들과 역사의 "높이 들린 손"과 같은 것을 배제한다. 표적과 기사, 그리고 기적을 증거하는 성경에 대한 현대적 비평은 헬무트 틸리케(Helmut Thielicke)의 다음 글에서 적절히 드러나고 있다. 여기서 그는 현대인의 지성을 대변하고 있다:

> …만약 나를 주장하는 진리가 진리 의식이라는 것을 그 안에 포함하는 나의 의식 구조에 유비적이라면 그 확실성은 가능하다. 나는 계몽되고 성숙한 존재라는 것을 아는 이성적 존재이므로 나에게 이르는 그 어떤 진리의 주장도 그것이 이성적 진리를 내포하고 있기만 하다면 나에게 받아들여지고 사용되어질 수 있다. 그러나 이것은 진리가 오직 역사적으로는 증명되지만 이성으로는 확인되지 않는 것은 단순한 쓰레기에 지나지 않음을 의미한다. 만약 반대로 확인이 된다면 그것

은 증명하는 역사로부터 초월하여 이해될 수 있다. 이는 전도자들이나 사도들이 가르쳤기 때문에 종교가 진실인 것이 아니라, 그들이 진리이기 때문에 이것을 가르쳤던 것이다. 그러므로 나는 진리를 향해 스스로 자율적인 접근을 한다. 아마도 내 발전의 어리석고 미성숙한 단계에서 진리는 역사를 통해 나에게 다가올 것이다. 그러나 내가 그것을 알고 그것을 사용하게 될 때, 나는 그것을 전하는 자와 독립되어 내 발로 서게 될 것이다. 역사적 종족 교육이 끝날 때, 오직 남는 건 순수하고 영원한 이성의 복음일 것이다(*The Evangelical Faith*, Vol. I, 42).

인간과 세계에 대한 이 19세기 이성주의자의 견해를 지지하는 강력하고 확신에 찬 주장은 20세기 혁명적 사건들 때문에 심각하게 누그러졌다. 현대 사상가들은 소위 "가학적 방법의 보증된 결과"에 대해 훨씬 더 주의하며 민감하게 말한다. 이것은 고정된 "자연법"에 관한 그들의 진술보다는 덜 절대적이다. 그들은 사물의 모습은 전에 확신하던 것보다 훨씬 더 복잡하다는 것을 인정한다. 우연, 불확정, 상대성, 심지어 불합리 등의 개념들은 오늘날 학자들 사이에서 일반적으로 사용하는 표현들이다. "패러다임 혁명"이 우리에게 임했다.

그리스도인들은 때때로 현대 기계적-결정론 세계관의 약화와 후퇴의 표시들을 기쁘게 여긴다. 이러한 변화가 적어도 신적 섭리와 기적의 행위에 대한 약간의 새로운 여지를 남기지 않을까 하는 일말의 희망을 제공하리라고 생각하는 것 같다. 마치 기적이 과학의 약점으로 인해 존재하는 것처럼! 부정적인 마음에 굴복한 사람들은 현대 과학이 (약점을 가지고 있다는) 결정적인 선언서를 쓰기를 기대한다. 그러나 이런 부정적인 사람들은 공포와 떨림 속에 과학의 발전을 바라볼 수밖에 없을 것이다. 벌카우어가 이에 대해 이렇게 말한다:

> 자연 과학의 위기 속에서 하나님의 행동의 여지를 재발견한 사람은…이미 이 (신적) 행동을 함축적으로 상대화시키고 있는 것이다. 또한 자연 질서와는 대립하는 실상으로 여기는 것이다. 이런 식으로 기적의 문제는 늘 자연 과학의 문제와 얽히고 말 것이다. 그리고 이 세상 속의 하나님의 활동에 관한 대부분의 성경말씀도 포기되어야 할 것이다(*The Providence of God*, 219-20).

그러나 우리 세기에 바르트와 본회퍼, 그리고 다른 어떤 사람들은 자연주의적-세속주의 세계관에 근거를 두고, 성경의 기적들의 실재를 모두 제거한 현대 자유주의 역사-비평적 해석에 무거운 철퇴를 가했다. 이것은 바르트로 하여금 불트만의 급진적 비신화화 방법에 문제를 제기하게 했다. 잘 알려진 대로 동정녀 탄생의 기적에 대해 바르트는 "예"라고 주장하고, 부르너는 "아니오"라고 주장했다. 그러나 바르트의 기적 해석 방법도 그의 독특한 세계관 속에서 일관된 해석학과 정황을 찾고 있다. 그는 "역사"와 "초역사" 사이의 날카로운 구분선을 긋는다. 따라서 그는 "기적"(역사적 사건)과 "신비"(초자연적 의미) 사이를 구분한다. 현대 바르트 교사들과는 다르게 동정녀 탄생과 같은 기적은 진짜 일어났다고 바르트는 주장한다. 그러나 그것의 진정한 의미를 이해하기 위해서 우리는 그 역사적 사건을 뛰어넘어 초역사적 의미를 보아야 하며, 예수 그리스도 안에서 하나님의 자유롭고 주권적인 행위의 신비를 보아야 한다. "오순절의 기적"을 다루면서 바르트는 이 기적적 사건 자체를 신비스러운 의미와 구분한다. 그의 말은 다음과 같다:

> 기적은 신비의 형태를 띤다. 기적은 신비와 분리될 수 없다. 그러나 둘은 구분되어야 하며 따로 생각해야 한다. 기적의 설명은 신비의 설명과 관련되어야 한다. 마치 예수의 동정녀 탄생의 설명이 이 탄생 속에 실행된 성육신을 설명하고, 빈 무덤이 부활한 그의 생명을 설명하며, 예수의 기적들이 그 기적들 속에 표현된 메시아적 의미를 설명하는 것과 같다. 여기서 기적은 신비를 지시하고 동시에 특징짓는 독특하고 필수 불가결한 기능을 가진다. 그것은 한정되고 구분되는 의식을 주며 신비가 이해될 수 있도록 해석한다. 여기서 형상은 질료와 분리될 수 없다. 또한 질료는 형상과 분리될 수 없다. 그러나 이 점에서 기적이 신비의 형식이요 계시가 증명하는 신적 행동의 형식이라는 것은 의심할 수 없다.

그렇다면 오순절의 기적이 가지는 특별한 의미가 무엇인가? "…이것은 자유에 대한 절대적인 하나님의 신비이다. 하나님은 이들을 부활하신 예수의 사자로 이스라엘과 세계에 보내려는 것이다." 그러나 바르트에 의하면 중요하고 결정적인 믿음의 시험은 오순절의 사건과 같은 기적적인 표적들에 놓이는 것이 아니라 베드로의 설교에서 상세하게 드러난 이 극적인 사건의 신비스러운 의미 속에 놓인다:

> 그럼에도 불구하고, 이 기적에 대한 누가의 설명은 이 기적이 말하는 것을 설명하지 않고 있으며, 그 역사성을 증진시키지 않고 있다. 오히려 그것을 제한하고 설명하는 데 필수 불가결한 것들을 드러내 주고 있다. 이어지는 사도들의 행동에서 우리는 하나님의 놀라운 사역에 참여해야 함을 알 수 있다. 또한 인간의 일에 참여해서도 안 됨을 알 수 있다. 사도들의 사역은 말씀으로써 이웃과의 간격을 좁히는 것이라고 누가의 메시지는 드러낸다(Church Dogmatics, III/4, no. 54, 320-23).

형상과 질료로 해석되는 기적의 신비에 대한 바르트의 구분은 개신교 스콜라주의의 이원론적 경향에 대한 실존적 표지로서의 재확인이 아니다. 도리어 새로운 자연/

은혜 구도가 나타난다. 이러한 이원론적 견해는 창조주/피조물 관계의 신적 개념에 근거한 것이다. 이것은 오랫동안 기적에 대한 우리의 이해를 좀 먹어왔던 것이다. 바빙크는 이렇게 말한다:

> 이신론에 대한 중요한 반대는 다음과 같은 것 때문이다. 하나님과 세상을 구분시키고, 무한과 유한을 구분하고, 그들을 이원론적으로 따로 떼어 대적하는 세력으로 변하게 하고, 끊임없는 갈등 속에 가두어 각자의 영역에서 논쟁을 벌이게 하기 때문이다. 하나님께 드린 것은 세상 밖으로 나간다. 하나님의 섭리가 더 확장될수록, 피조물은 독립과 자유를 잃어버린다. 또한 반대로 피조물은 하나님을 쫓아내고 하나님의 주권을 도둑질함으로써 자기 활동을 유지할 수 있게 된다 (*Gereformeerde Dogmatiek*, Vol. II, 563).

이런 세계관은 창조세계가 기본적으로 자연법을 따라 움직인다는 가정에 근거한다. 그러나 우리는 때로 아주 특별한 은혜나 섭리적 돌보심이 자연 질서의 법칙 안으로 초자연적인 방식으로 위로부터 침투해 들어오는 것을 경험한다. 이러한 기적에 대한 해석 뒤에 약간의 이원론적 세계관적 가정이 숨겨져 있다. 이 세계관 안에서 자연의 인과율은 하나님의 말씀과는 별도로 작용한다. 다만 *Deus ex machina*에 의해 종종 하나님의 수정하는 간섭이 있을 뿐이다.

이 관점은 성경적 세계관과는 정반대이다. 성경적 세계관은 우리에게 언제 어디서나 섭리적으로 활동하시는 하나님을 제시한다. 또한 끊임없이 그의 말씀의 유지하시고 치유하시는 능력 안에서 피조물 모두를 붙드시고 주관하시는 하나님을 만나게 한다. 그러므로 기적을 일반 역사와 구분하려는 많은 상식적 범주를 포기하는 것이 잘하는 것이다. 그것들 중에는 다음과 같은 것들이 있다.

(a) 자연과 초자연을 구분하는 것. 창조세계의 모든 것은 창조 때의 독특한 정체성을 가지고 있다는 의미에서 "자연적"이지만, 신적 명령에 지속적으로 복종한다는 의미에서 "초자연적"이다.

(b) 하나님의 중재하는 행위와 직접적인 행위와의 구분. 하나님께서 그의 피조물들과 함께 그의 중보하시는 말씀의 능력을 통해 언약적으로 다루시는 모든 삶의 관계성 속에서, 하나님의 섭리는 "모든 사물들의 결정적인 원리인데, 때로 중개자를 통해서 역사하시기도 하고, 중개자 없이 역사하시기도 하고, 모든 중개자와 반대로 역사하시기도 한다"(『기독교강요』 I, 17, 1)는 칼빈의 주해와는 반대이다.

(c) 정상과 비정상의 구분. 이러한 범주들도 또한 하나님의 섭리적 사역들 사이의 차이를 고도로 경멸한다. 이런 견해는 하나님의 행동이 때로 창조의 규범화된 질서로부터 떠난다고 가정한다.

(d) 또한 기적을 하나님의 역사 속에서 지속적인 감독과 구분하는 것도 매우 의심스러운 방법이다. 이것은 제1원인과 제2원인의 순서를 아리스토텔레스적으로 구분하여 초자연적이며 직접적인(contra media) 기적 발생의 본질을 강조한다(참고, Louis Berkhof, *Systematic Theology*, 176-77).

(e) 마지막으로 기적을 일상적인 역사적 사건들과 구분하는 관점으로서 기적을 설명할 수 없으며 이해할 수 없는 것이라고 주장하는 것이다. 이것 역시 매우 의심스러운 것이다. 왜냐하면 이것은 대부분의 사건들의 의미가 밝혀질 수 있다고 여기기 때문이다. 실상 우리는 일상적인 경험 속에서 대부분 평범하게 일어나는 사건들까지도 깊이 이해하지 못한다. 헤르만 훅스마(Herman Hoeksema)는 다음과 같이 말했다:

> 우리는 주께서 어떻게 그의 손에 들린 몇 가지 떡 조각들을 증가시켜 그곳에서 엄청난 군중을 먹이셨는지 실제로 이해할 수 없다. 그러나 나의 상상력의 한계 내에서, 어떻게 한 알의 씨가 땅에 떨어져 죽고 백 배의 열매를 맺는지도 모른다. 구주께서 나사로를 그가 땅속에 누운 지 사흘 만에 무덤에서 부르셨을 때 내가 얼마나 놀랬는지 모른다. 그러나 작은아이가 태어나는 것은 나의 자유분방한 이해력을 뛰어넘는다. 주 예수께서 가나의 혼인 잔칫집에서 어떻게 물을 포도주로 만드셨는지 우리에게는 분명 신비이다. 그러나 포도나무가 어떻게 포도를 내고 다양한 종류의 포도주가 되는 것도 이해하기 어렵다. 다른 말로 하자면, 하나님께서 당신의 전능하신 능력으로 상식적이고 알려진 방식으로 포도나무에 열매가 달리게 하시는 것이나, 같은 전능한 능력으로 물을 포도주로 만드신 것이나 나의 이해력에 있어서는 아무런 차이가 없다는 것이다. 태양과 달이 여호수아의 말에 따라 멈췄을 때, 우리는 이 현상을 이해할 수 없다. 그러나 주께서 매일 아침 동쪽 지평선에서 태양이 떠오르게 하실 때, 하나님의 역사는 또한 나의 이해력을 초월한다…기적은 우리로 하여금 놀라게 하고 특별한 주의를 갖게 한다. 그러나 이 기적의 원인은 우리가 상식적인 사건들과 하나님의 섭리의 행위를 이해한다는 사실에서 찾아서는 안 된다. 기사들은 우리의 이해를 초월한다. 그러나 우리가 종종 주의를 기울이지 않는 일상적인 하나님의 전능하신 능력에 대해서는 우리가 좀더 익숙해져야 할 것이다. 기적 속에서 하나님은 분명 특별한 일을 행하신다. 분명 그것을 통해 특별한 관심이 기울여진다. 그럼에도 불구하고 소위 기적의 초자연적인 특징이나 직접적인 특징이나, 이해할 수 없는 특징에서 기적의 적절한 개념은 찾아질 수 없을 것이다(*Reformed Dogmatics*, 242-43).

성경의 강조점은 기적이 풀리는 문제인가, 기적이 가능한가, 혹은 증명되는가에 있지 않고, 오직 기적의 실재에 있다. 자연스럽게 기적은 일어난다! 다른 무엇을 우리가 기대할 수 있겠는가? 부활에 관해 비평가들은 외칠 것이다. 불가능하다! 그러나 성경은 전혀 다른 언어로 말한다. 죽음이 그리스도를 매이게 할 수 없었다(행 2:24-28). 기적은 정복할 수 없는 하나님 말씀의 진리이다. 기적은 권능의 설익은 표시가 아니다. 기적의 목적은 하나님의 전능함을 놀랍게 드러내어 사람들에게 인상을 심어주려는 것이 아니다. 또는 우리의 호기심을 만족시키려는 것도 아니다. 기적은 계시의 내용과 목적과 의미를 가진다.

따라서 성경은 기적과 믿음 사이의 밀접한 관계를 정한다. 우리의 믿음은 하나님의 놀라운 사역을 그 자체로 신적 은혜의 기적으로 바라본다. 복음서에서 불신이 사람들의 눈을 멀게 하여, "(예수께서) 더 이상 저희에게 기적을 행하실 수 없었더라…"(막 6:5)는 구절을 읽게 된다. 아마도 습관적인 영적 무기력은 우리 주님이 약속한 "놀라운 일들" 가운데서도 믿음의 부족과 관련될 것이다(요 14:12-14). 그러므로 하나님의 놀라운 역사와 능력을 어떤(과거의) 시대와(멀리 떨어진) 장소—예를 들어 성경시대—에만 한정하려는 것은 전혀 성경적인 이유가 안 된다. 기적의 실재와 우리 시대의 기적의 가능성까지 거절하는 것은 세속적 정신에 굴복하는 것이다. 삶은 오늘날도 예전과 같이 기적에 열려 있다. 폐쇄적인 세계관에 항복하는 것은 기도의 능력을 약화시킬 뿐이다.

반면 기적의 표적에 과도히 탐닉하는 것도 쉽게 우리의 눈을 가려 일상에서 벌어지는 하나님의 섭리적 돌보심을 보지 못하게 한다. 기적은 저 세상의 것이 아니다. 기적은 이 땅에서의 경험과 하나이다. 기도에 대한 응답으로 많은 기적이 만들어지고 기도로써 우리 대부분이 꿈꾸었던 것보다도 더한 것이 가능해진다. 기적으로서 하나님은 *contra naturam*이 아니라 *contra peccatum*의 행동을 하신다. 곧 죄악된 오용과, 왜곡, 이 세상에서 삶의 타락에 반대로 역사하여 그의 창조의 걸작을 거스르지 않게 하신다.

그러므로 기적은 비정상적이거나 비자연적인 사건이 아니다. 이런 개념은 "자연법"의 기준을 전제한 것이다. 그러나 기적은 언약과 약속에 영원히 신실하신 하나님의 선한 창조 질서의 규범을 재확인하는 것이다. 기적은 하나님이 의도하신 샬롬의 표적과 기사이다. 지금은 깨어졌지만 그리스도 안에서 회복된 샬롬은 그 마지막 회복을 종말론적 소망으로 우리 앞에 놓여 있다. 기적은 현재적 실재 안에서 미래 나라의 선포를 대표한다. 기적은 도래할 나라의 "이미"의 차원을 강력하게 기억케 해 준다. 예수께서 "만약 내가 하나님의 손으로 귀신들을 쫓는 것이면 하나님의 나라가 너희에게 임하였느니라"(눅 11:20)고 선포하신 것과 같다. 그러나 기적이 우리에게 불러일으킨 놀라움은 또한 나라의 "아직 아님"의 차원을 강조한다. 그럼에도 기적의 예외적인 발생을 가지고 일견 "무릉도원"으로 가는 "지름길"이 아닌가라는 생각을 하지 않도록 해야 한다. 기적은 나라의 표지판이다. 그것은 완전한 의가 거하는 새로워진 선한 땅으로 향한다. 그 땅으로 향하여 다시 열린 길 속에 기독론적으로 굳건히 심겨진 표지판이 바로 기적이다.

Reformational Theology

제3부

죄와 악

Reformational Theology

서론: 선한 창조 그리고 타락

아주 굳게 다문 입술을 하고 한 가장이 주일 아침 교회에서 집으로 돌아왔다. 그의 아내가 물었다. "목사님이 뭘 설교했어요?"
"죄에 대해서"라고 그가 대답했다.
"죄에 대해 뭐라고 하시던가요?"
"죄에 반대한다는군."

이제까지 창조에 대한 주제를 다루었는데, 이제는 우리 삶에 만연한 죄악성에 주의를 기울이고자 한다. 그러나 타락한 창조세계를 다룸에 있어서 선한 창조의 교리를 제쳐놓을 수 없다. 전능하신 하나님의 창조 행위는 물론 과거에 속하는 것이 사실이다. 세계 역사에서 그 시작에 해당하는 장은 이미 끝났다. "근원적인 창조" (primary creation, *ex nihilo*)와 "이차적인 창조"(secondary creation, 여섯 날 동안)는 단번에 이루어진 사건들을 반영한다. 이런 의미에서 "해 아래 새 것은 없다"는 말씀이 옳다.

그러나 "세 번째 창조"(tertiary creation, 하나님의 창조세계 안에 있어서 인간의 역할)에 있어서는 다르다. 피조됨, 지속적으로 유지되는 창조 상태와 모든 사물의 기능들로 이해되는 창조세계는 하나님의 말씀에 응답하는 영원한 환경이다. 이러한 창조주-피조물의 관계를 떠나서 우리는 인간의 원죄, 죄악된 환경, 자범죄, 그리고 인간을 둘러싼 만연하는 악의 현현 등에 대한 성경적인 교리를 말할 수조차 없을 것이다. 사실 창조의 선함은 창조 이후 나타나는 모든 교리들을 형성하는 데 필수적으로 중요하다. 오직 창조에 대한 높은 견해만이 하나님의 세계 속에서 우리의 삶 위에 무겁게 내려 있는 우주적 저주의 근본적 깊이를 명료하게 드러낼 수 있을 것이다. 타락한 창조세계의 무시무시한 실재와 인간에게 다가온 죄와 죄의 영향에 대해 성경의 증거만큼 정확한 것은 없다.

죄는 창조-타락-구속-회복이라는 전체적인 성경 이야기 축에 "어울리지 않게" 속해 있다. 시작으로부터 죄는 현재 경험하는 실존적인 상황에 있어 제거할 수 없는 족쇄로 남아 있다. 성경은 역사적 순간의 그 깰 수 없는 사슬로 묶여 있는 현재의 인간을 제시한다. 그러나 죄는 근본적으로 창조세계에 "속한" 것이 아니었다. 죄는 반규범적인 분열이었다. 죄는 선한 창조 질서 속에 연관되는 모든 시도를 좌절시켰다. 죄는 외부적인 능력이며 극복해야 할 적이다. 죄는 창조세계에 "적합한" 것이 아니다.

민감한 그리스도인들은 매일의 삶에서 죄를 경험한다. 그러나 죄의 불협화음은 우리의 신학적 사고를 조율하려는 모든 시도 속에서도 나타난다. 죄는 그 어느 곳도 편하게 하지 않는다. 죄가 이 세상 안에 자신의 "자리"를 가지게 해서는 안 된다. 급진적이고 만연한 죄의 영향과 모든 사물을 왜곡시키는 죄를 다루어서는 안 될 것이다. 그렇다면 우리는 죄의 교리를 어디에 위치시켜야 하는가? 위치 문제는 그리 중요하지 않다. 왜냐하면 어떤 주제가 다루어질 때, 그것은 한 사람의 전체 신학적 관점을 포괄하는 의미심장한 지표이기 때문이다. 개혁신학에서 죄의 교리는 다리를 놓는 역할 그 이상도, 그 이하도 아니다. 이것이야말로 최적의 자리이다. 죄의 교리는 창조의 규범에서부터 구속의 복음의 새로워진 규범으로의 전이 기능을 담당한다. 죄는 창조 질서의 파괴를 대표한다. 죄로 말미암아 그리스도 예수 안에 있는 하나님의 구속의 단계가 설정되었다.

이런 관점이 칼빈의 기독교강요에 나타난 사상적 흐름에 반영되어 있다. 1권에서 칼빈은 창조주 하나님에 관한 지식을 다룬다. 그리고 나서 2권에서 구속주 하나님에 관한 지식으로 나아간다. 그러므로 창조와 구속 사이에 죄에 관한 "교리"가 끼여들지 않는다. 칼빈은 죄를 연구하는 데 "똑같은 시간"을 투자하기를 거절한다. 대신 그는 죄를 구속의 주제 아래 포함시킨다(II, 1-6). 죄의 교리와 그 영향은 율법과 복음을 설명하고 그리스도의 인격과 사역을 설명할 때 설명된다. 죄에 대한 부분은 창조와 구속의 주 흐름 사이에 낮게 연주되는 별난 마디와 같은 것이다.

칼빈은 그의 신학에서 죄를 독립적으로 다루지는 않지만, 그것의 심각하고 무서운 영향을 격감하지 않는다. 『기독교강요』에서 칼빈은 매우 전통적인 사도신경의 삼위일체적 형식을 따라 그의 신학사상을 형성한다. 이 공통신조 속에서 죄의 실재는 분명 2항(그리스도에 관한)과 3항(성령에 관한), 그리고 교회에 관한 마지막 항에 특징적으로 나타난다. 그러나 죄는 독립된 장으로 다루어지지는 않는다. 기독교 공동체에서 "죄를 믿으며"라고 고백하는 것은 별로 내키는 일은 아닐 것이다. 그럼에도 교회의 예배에서 성도들은 "(나는) …죄사함을 믿사오며"라고 공동으로 고백한다.

칼빈의 신학에 죄가 제한되게 설명이 되어 있는 바와 같이 성경에서도 죄는 그렇게 나타난다. 성경은 전체와 각 부분들 모두 예수 그리스도 안에 있는 하나님의 구속의 계시이다. 따라서 인간의 죄로 인한 타락의 기사는 단지 몇 구절, 창세기 3:1-7의 짧은 분량에 압축되어 있다. 창세기 3장의 나머지 부분은 성경 전체와 함께 그 불행한 사건의 결과에도 불구하고 하나님께서 인간의 구원에 개입하시는 이야기를 밝혀준다. 그러나 창세기 3장이 기록하고 있는 사건은 결코 죄만으로 제한된 독립된 사건이 아니다. 인간이 실패한 이 이야기는 성경의 모든 이야기들을 특징지우며 인간 역사의 모든 장에서도 증명된다. 그럼에도 성경의 초점은 메시아의 약속과 그 성취에 놓인다. 따라서 성경은 구속의 계획을 밝히는 시작에서부터 죄의 원초적 행동을 조망한다.

따라서 우리는 성경 기자가 서 있는 곳에 서야 한다. 이는 우리가 너무나 깊이 죄악의 그물에 사로잡혀 있기 때문에, 성경 계시가 없이는 인간의 죄악된 상태를 알 수 없으며 죄악된 인간의 진정한 현 상태들을 알 수 없다. 악을 보지 않고 죄를 볼 수는 없다. 우리는 수천 개의 잘못된 꼬리표를 죄에 붙인다. 그러므로 창조처럼 죄에 있어서도 우리는 성경이 시작하는 곳에서 시작해야 한다.

제1장 죄의 뿌리

1. 죄와 악의 기원

죄를 이해하기 위해서 우리는 성경에 손을 얹고 "사실대로 말할" 각오를 해야 한다. 그러나 생각이 있는 사람이라면 누구나 이 세계에 지속하고 만연한 잘못이 있다는 것을 인식할 것이다. 인간이 "죽음에 이르는 병"을 앓고 있다는 보편적인 지식이 있는 것이다. 이 유령 같은 실재는 때와 장소를 불문하고 최고의 지성들까지 사로잡았다. 그러나 무엇이 잘못되었는가? 왜 이런 일이 발생했는가? 그 기원이 무엇인가? 이런 골치 아픈 문제들에 대해 아직도 합의된 것이 적다.

수세기에 걸쳐 기독교 사상가들과 사람들은 이 해결되지 않는 문제의 복잡성과 씨름해왔다. 우리는 죄악의 기원과 인간의 범죄들과 이 세계에 역사하며 일어나는 악의 힘을 어떻게 설명할 것인가? 선한 창조의 관점에서 이런 낯선 세력을 설명할 수 있지 않을까? 그러나 어디에서 우리는 해답을 찾을 수 있는가? 인간의 죄 뒤에 숨은 악의 기원을 밝히려는 우리의 가장 끈덕진 시도까지도 결국 개혁주의 모토인 *sola Scriptura*에 근거한다. 성경의 증거는 교리의 구성에 있어서 결정적이다. 또한 구체적인 주제로서 죄에 관한 신학을 정립함에 있어서도 성경이 한계를 설정한다. 이는 하나님의 말씀을 넘어서 그 어떤 말도 할 수 없기 때문이다. 심오한 통찰력이나 더욱 궁극적인 해답에 대한 그 어떤 추구도 결국 막다른 길로 향하는 사변에 빠질 수밖에 없다. 그렇다면 성경이 인간의 원죄 뒤에 웅크려 있는 원초적 악을 밝히려는 불안한 시도에 대해 어떤 빛을 던져 주는가? 우리는 이것을 어떻게 "설명"할 수 있는가? 성경은 독특한 방식으로 창조주께서 인간의 이성에 부여한 매우 필수 불가결한 한계를 엄격하게 기억하게 한다. 그러나 조금은 실망스럽게도 성경은 죄의 기원이 아닌 죄의 시작만을 말씀할 뿐이다. 마치 모든 신비스런 것들이 창조의 시작 전에 안전하게 놓여지는 것처럼 창조세계의 타락 시점도 그러하다. 이 점에 있어서도 우리는 성경이 시작하는 곳에서 시작해야 한다. 그 시작점은 하이델베르그 요리문답에 기록된 것처럼 "낙원에서 우리의 첫 부모들의 타락과 불순종"이다.

아주 냉정한 이 설명에 우리는 평정을 유지해야 한다. 더욱 원초적이고 궁극적인 "설명"을 요구하는 것은 공허할 뿐이다. 궁극적으로 악의 기원은 영원히 설명할 수 없는 "불경건의 신비"이다. 따라서 칼빈은 이 주제를 겸손하고 경건한 무지 속에서 접근할 것을 주장한다. 성경의 한계를 깨는 것은 "일종의 미친 짓"이다. 따라서 칼빈은 "하나님의 예정 속에 숨겨지고 완전하게 이해될 수 없는 것을 찾기보다 우리와 밀접하게 관련된 타락한 본성 속에서 정죄(定罪)의 명쾌한 이유를 찾아야 한다"고 말한다(『기독교강요』 III, 23, 8). 바빙크도 비슷하게 주의를 요하고 있다:

> 누구든 인간의 죄를 이해하거나 설명하려고 시도하거나 이미 지나가 버린 것을 따르도록 하는 것은 바로 죄의 본성이며 불의를 행하는 것이다. 그는 선과 악의 경계를 모호하게 하고 선한 것으로부터 인간의 악을 얻어내는 것이다(*Gereformeerde Dogmatiek*, Vol. III, 47).

이 점은 베버에 의해서도 강조된다. 그는 다음과 같이 말한다:

> 이 신비는 죄가 모든 설명을 초월한다는 데서 명백해진다. 우리는 죄가 어떻게 세상에 들어왔는지 말할 수 없다. 심지어 창세기 3장에 맴도는 성경의 진술까지도 설명해 주지 않는다. 다만 설명할 수 없다는 것만을 재확인 할 뿐이다(*Foundations of Dogmatics*, Vol. I, 607).

시작에서부터 강력하게 죄와 악은 이해할 수 없는 실재로 남아 있다. 단지 수수께끼, 퍼즐, 멍청함, 어리석음 등이 죄와 악한 상태를 설명하는 데 가까울 것이다. 이 불법의 침입자가 무자비하게 우리의 목을 조르는 것에 대해 성경은 아무런 공식적 설명이 없다. 벌카우어가 말했듯이 악의 기원을 설명하려는 모든 논쟁들은 "허무로 사라져 버릴" 뿐이다. 우리는 죄를 설명할 수 없다. 단지 우리는 그것을 고백할 뿐이다.

(왜냐하면) 고백의 행위를 통해 우리는 죄에 대한 "설명"을 갈망하지 않고, 할 수도 없음을 드러낸다. 우리는 오직 죄가 우리 자신의 것임을 인정할 뿐이다…만약(무엇이든)…우리가 손가락으로 죄를 지적한다면, 우리의 눈앞에 곧장 반박할 수 없게 서 있는 것은 못난 자책일 뿐이다. "이는 내가 나의 죄를 아오며 나의 죄가 항상 내 앞에 있나이다"(시 51:3; *Sin*, 19).

헨드리쿠스 벌코프는 "왜 하나님께서 죄를 허용하시고 그것을 지금도 참으시는가?"라는 질문에 대해 "아마도 아무런 답이 없을 것이다"는 사실에 동의한다. 그러나 "그럼에도 불구하고 죄를 극소화하고 자기를 정당화하려는 숨은 동기가 없다면 이 질문을 고려하는 것은 분명 가능하다"고 주장한다(*Christian Faith*, 197).

벌카우어는 방법론적으로 죄와 악의 기원에 대한 많은 이론들이 비판적으로 재고되어야 한다고 말한다. 또한 "이러한 동기가 너무나 강해서 우리가 죄를 무시할 수 없다는 것"에도 동의한다. 그러나 이런 비판적 방법은 사변에 대해 "우리가 좀더 경고를 받는 것이 좋다"(*Sin*, 26)는 것을 지지한다. 이와 같이 이제 우리는 인류의 원죄에 대한 좀더 깊고 궁극적인 원인을 찾는 주요한 이론들을 살펴보겠다.

(1) 이중의 전제

이 이론들을 고찰하면서 우리는 기독교 사고에 전통적 한계를 그었던 두 가지 근본적인 원리들을 염두에 두어야 할 것이다. 하나는 창조에 대한 관심이고, 또 다른 하나는 창조주에 대한 관심이다. 첫 번째 전제는 창조의 선함이다. 죄는 창조의 지위를 가지고 있지 않는다. 악은 태초로부터 본질적인 실재를 가지고 있지 않았다. 칼빈이 말하듯이, 인간은 "자연적인 손상으로 인해서 부패했다." 그러나 이 죄악 됨은 "인간의 본성으로부터 흘러나온 것이 아니다." 곧, 인간은 "(타락한) 본성에 의해" 죄인이 된 것이지, "(인간의 원래 창조된) 본성에 의해" 죄인이 된 것은 아니다(『기독교강요』 II, 1, 11). 이는 하나님께서 모든 피조물에게 내리신 승인의 인장이 선포되었기 때문이다. 반복적으로 하나님은 나타난 창조의 질서를 향해 "(매우) 좋았다"고 선포하셨다. 여기에는 그 어떤 숨겨진 오류도 없다. 창조주의 창조적 작품은 모두 완전한 "질서대로" 성스럽고 거룩하였음을 의미한다.

둘째, 이것은 우리에게 역사적 기독교 신앙의 타협할 수 없는 교리에 이르게 한다. 만약 원죄가 창조세계 자체의 어떤 결점 때문이 아니라면 죄의 기원은 어떻게 설명할 수 있는가? 하나님은 어쨌든 창조세계의 "우선적인 운동자"(prime mover)이시지 않은가? 그렇다면 악은 어떤 초월적인 방법으로 하나님으로부터 존재하게 되었는가? 그런 생각은 합당치 않다. 왜냐하면 "하나님은 빛이시요 그 안에는 어두움이 조금도 없기" 때문이다(요일 1:5).

전통적인 기독교 신학은 단호하게, 어떤 의미로든 창조주 자신이 죄와 악의 창조자, 기원, 혹은 원인이 된다는 개념을 거부한다. 이러한 사상은 종교개혁 시대의 신앙고백 속에서도 매우 강력한 용어로 거부되었다. "하나님은 범해진 죄들의 창조자가 아니며, 책임이 있을 수도 없다"(벨기에 신앙고백, 13항). 이와 비슷한 부정이 돌트 신경에도 기록되어 있다: "이 불신과 모든 다른 범죄에 대한 원인 혹은 죄책(罪責)은 하나님께 합당치 않으며 오직 인간 자신에게 있다"(I. 5). 또한 영벌(永罰)에 대한 신조에서도 "결코 하나님은 죄의 창조자(바로 이 생각이 신성모독이다)가 될 수 없다…"(I. 15)고 고백한다.

받아들일 수 없는 이 두 가지 "설명"을 미리 배제한 뒤에도, 기독교 사상가들의 사변적인 욕구는 계속되었다. 해답을 찾지 못해 불안한 지성들은 성경이 가르치는 이 두 가지 전제에 의해서도 그들의 노력을 멈추지 않았다. 수많은 질문들이 "해결책"을 찾는 데 던져졌다. 이런 수고와 노력으로 말미암아 세 가지 이론들이 태어났다.

(2) 일원론적(Monist) "설명들"

바울은 이스라엘을 다루시는 하나님의 방법을 찬양하는 고전적인 영광송의 문맥에서 다음과 같이 썼다: "이는 만물이 주에게서 나오고 주로 말미암고 주에게로 돌아감이라…"(롬 11:36). 여기서 "만물"이라는 말은 죄라고 불리우는 "것"도 포함될 수 있는가? 최고의 주권 사상이라면 악도 신적 명령에 기원을 두지 않을까? 이것은 소위 법령신학(decretal theology)에 기울어진 타락전예정론(supralapsarian) 사상가들을 오랫동안 혼란스럽게 한 질문이다. 결국 하나님의 뜻이 없이는 아무것도 일어나지 않는다. 곤경이든 번영이든, 모든 것은 그의 손에 붙들려 있다. 세계 역사의 다양한 짜임새는 그의 명령대로 된 것이다. 빛이 비추이는 것뿐 아니라 어둠이 내리는 것도 그의 명령이다. 이러한 식으로 일원론적 사상가들은 선과 악을 모두 논리적 대칭 구조 속에서 함께 조합하려고 노력한다.

어떤 일원론 신학자들은 주저치 않고 불신의 신비를 하나님 자신에게 투사한다. 성경 자체가 바로의 마음을 강퍅케 한 분은 하나님이신 것을 말하며(출 4:21) 다윗으로 하여금 인구조사를 하게 한 분도 하나님이시라고 말한다(삼하 24:1). 심지어 주기도문의 여섯 번째 기도도, "우리를 시험에 들지 말게 하옵시며"이다. 이것은 하나님께서 유혹의 문을 여시는 분임을 함축적으로 인정한 것이 아닌가? 이러한 생각은 종종 하나님의 계시된 뜻, 즉 순종의 삶을 위한 규범과 비밀스런 뜻 사이를 구분하여 죄의 피난처로 삼는다. 비밀스런 뜻이야말로 하나님의 진정 효과 있는 뜻이며 일어나는 모든 일들의 결정적인 요소이다. 때때로 하나님의 "두 얼굴"인 '계시된 하나님'(Deus revelatus)와 '숨겨진 하나님'(Deus absconditus) 사이의 변증법적 긴장에 대해 "설명"이 요구된다. 하나는 하나님의 선한 사역의 일면을, "오른편으로" 드러내고, 다른 하나는 어둠의 일에 참여하시는 그의 사역을, "왼편으로" 드러낸다.

그러나 이런 설명은 성경에 나타난 하나님의 계시와는 너무 다르며 긴장을 피할 수 없다. 왜냐하면 그는 "무질서의 하나님이 아니시요, 평강의 하나님"이시기 때문이다(고전 14:33). 어떻게 "규모와 질서의"(40절) 하나님이 완전히 무질서한 악의 힘과 조화를 이룰 수 있다는 것인가? 이 문제에 대해 어떤 신학자들은 하나님이 죄의 의지를 허락하신다고 설명한다. 하나님은 죄를 공개적으로 뜻하신 것이 아니라 단지 허락하신다는 것이다. 그러나 우리가 특별한 죄의 행위를 생각하게 되면 복잡해진다. 때로 하나님이 일반적으로 죄를 계획하시지만 죄를 짓는 것은 아니라고 주장하는 사람도 있다. 그러나 다른 사람의 주장은 반대이다. 하지만 죄는 결코 막연한 추상이 아니다. 오히려 항상 구체적인 실재로 다가온다. 그러므로 우리가 구체적인 죄악의 행위로 주의를 돌리게 되면—사전 모의한 살인, 운명적인 사고, 마약 문화, 방종한 유아 살해, 테러리스트의 폭탄 등—성경은 어떤 인과적 방식으로든 이 파괴적인 경험과 하나님을 연관시키려는 인간의 모든 완고한 시도를 민감하게 거부한다.

하나님의 작정이라는 사고의 체계를 가지고 죄와 악을 설명하려는 이 수고스러운 노력은 분명 이해할 만하다. 이것은 오랜 스콜라주의 신학이 잘못 유도된 유산이다. 적어도 한 관점에서는 그런 신학도 칭찬할 만하다. 이는 악에게 결코 그 어떤 독립적이고 자율적인 지위도 주지 않으려는 것이기 때문이다. 어떤 법 신학자들이 읽는 것처럼 성경을 읽으면, 몇몇 본문은 분명 이러한 "해결책"을 입증하는 것처럼 보인다. 그럼에도 불구하고 죄의 원인에 대한 이 사고는 문제가 있다. 때문에 종교개혁 신조들에서 공히 거부되었다. 선과 악을 모두 단일한 원리로 환원시키는 일원론적 시도는 피할 수 없는 함정일 뿐이다.

악은 "그 어떤 의미에서도" 하나님에게 그 기원을 댈 수 없다. 하나님은 "결코" 인간의 원죄를 "설명"하는 원인이 될 수 없다. 이 설명을 정반대로 지지하는 것이 진정한 사변이다. 악의 기원을 하나님께 두는 것은 우리를 복음의 정수로부터 떠나게 한다. 루터의 말은 여전히 효력이 있다. "하나님으로 하나님 되게 하라!" 하나님은 죄로 인해 폐허가 된 상태에서도 전지전능하시다. 악 그 자체도 "선한 손" 안에 있다. 하나님은 악을 가로막고 선한 결과를 맺게 하실 수 있으시다(창 50:20). 하나님은 "굽은 가지로 직선을 그릴 수" 있으시다. 그러나 정확히 하나님은 하나님이시기 때문에 죄와 악에 대한 하나님의 관계는 의로운 분노, 정의로운 심판, 화해, 그리고 결국 완전한 구속 등과 같이 제한적으로 표현될 뿐이다. 그러나 동시에 바빙크의 말과 같이, 악의 힘은 "하나님의 창조세계 속에 하나님이 참아내시는 가장 큰 반대세력이다. 또한 하나님은 당신의 영광을 위한 도구로 의로움과 정의의 길에 그 악을 사용하신다"(*Gereformeerde Dogmatiek*, Vol. III, 126). 벌카우어도 비슷한 말을 했다. "하나님은 인간의 죄를 억제시켜 깊은 비밀을 드러내실 때, 죄를 정죄하기도 하시고 속죄하기도 하신다"(*Sin*, 62).

죄와 악의 기원을 "설명"하려는 일원론적 시도 속에 칼빈의 해석학도 위태하게 서 있다. 성경이 말하는 것만을 말하는 것은 빈약함을 의미하고, 성경대로 말하지 않으면 사변으로 흐른다. 성경의 메시지는 영적인 어두움이 어떻게 시작되었는지에 대한 이해의 가능성과 한계를 제공해 준다. 우리는 성경 말씀밖에 아무 할 말이 없다.

(3) 이원론적 "설명들"

만약 성경과 신앙고백에 근거해서, 인간의 죄악의 원인을 창조주께 돌리는 것이 합당하지 않다면, 또한 죄의 힘이 창조세계 내에 존재적인 실재로 존재하지 않는다면, 이러한 기원에 대한 사변적 설명을 추구하는 사람들에게 남은 것은 무엇인가? 딜레마에 직면한 어떤 그리스도인들은 우스꽝스럽게도 이원론적 "설명"을 시도하였다. 죄의 기원이라는 이 무시무시한 책임으로부터 하나님을 해방시키기 위해 그들은 두 번째 신과의 공존을 가정하였다.

기독교 신앙의 하나님은 빛의 근원이시다. 그렇다면 반대는 어둠의 신이다. 그 신은 어두움을 세계에 퍼뜨린다. 이 두 신성은 양극단에 떨어져 있지만, 동등하며 둘 모두 영원하다. 모든 세계 역사는 이 둘 사이의 냉혹한 싸움의 현장이다. 삶은 이 두 대적하는 힘들이 이전투구(泥田鬪狗)하는 싸움터이다. 인간은 어쩔 수 없이 이 갈등의 포화 속에 사로잡혀 그 어떤 행복한 결과도 확신하지 못한 채, 두려운 운명의 비극적이고 궁극적인 희생물이 된다.

이 견해에서 인간을 타락시킨 악은 '가짜 신적'(僞造神的, pseudodivine)인 기원을 갖는다. 그렇다면 죄와 악은 존재론적인 실재들로서 선과 평화라는 개념과 같이 이 세상에서 실제적이며 궁극적이다. 이들은 자율적 힘을 대표하고 성경의 하나님과 독립된 대적자의 역할을 한다. 결과는 절대적 이원론이 된다. 둘은 화해할 수 없는 적대자로서 동등하게 생겨난 원리이며 근본적인 반립(反立, antithesis) 관계에 놓인다.

어떤 사상가들은 "모든 신들 위에 뛰어난 하나님"이라는 성경적인 사상에 근거하여 제한된 이원론을 제안한다. 그들은 두 번째 신성을 동등하지 않은 힘으로 줄이고 악에 대한 선의 궁극적인 승리를 안전하게 추구한다. 그러나 또 다른 사람들은 이원론에 근접한 사상을 더욱 옹호한다. 두 적대적 신적 능력간의 반대가 아닌 지상의 두 실재 영역간의 갈등, 즉 한 쪽은 우등하고 다른 한 쪽은 열등한 영역간의 갈등이라고 주장한다. 이 사상은 인간의 삶에 있어서 고등한 영적 기능과 열등한 육체적 기능이 존재한다는 널리 퍼진 이율배반적 이원론 개념의 물꼬를 열었다.

태초의 성경 기사를 두 가지 투쟁하는 우주적 세력의 거대한 갈등으로 읽는 것은 우리 시대에 보편적이다. "혼돈"과 "공허"와 "어둠"(창 1:2)은 창조의 사역 가운데 하나님이 반드시 정복해야만 할 것들이었다. 이러한 본래적 요소들은 매순간 무의 상태로 돌아가도록 위협하며 세계의 가장자리에 숨어 있는 악한 심연으로 이해되어지는 것들이다. 이들은 하나님께서 인정하신 존재들과는 다른 목적을 강력하게 수행하는 반란군이 된다. 비록 패배하기는 했지만 이 반란군은 창조세계 전체에 어두움을 드리운다.

이제 우리는 악의 기원 문제에 대한 이 다양한 이원론적 "해답들"이 많은 매혹적인 변화와 전기를 맞는다는 것을 안다. 그러나 결국 그들은 "성경은 조금이라도 그 어떤 싸움의 근거를 가지고 있지 않은데도 불구하고 창세기와는 완전히 다른 이원론"을 끼워 넣는다(Henri Blocher, *In The Beginning*, 64). 같은 의미에서 벌카우어도 바빙크에 호소하면서 성경 계시는 "하나님의 창조 행위 이전에 독립적으로 존재했던 무질서한 세력에 관한 그 어떤 것도 우리에게 말하지 않는다"고 결론 내린다 (*Sin*, 83).

기독교 시대를 거치며 "굳건한 이원론"은 믿는 공동체의 삶에 있어서 굳건한 지지를 결코 얻지 못했다. 성경이 모든 것의 주님으로 계시하는 바로 그 하나님의 유일한 주권에 대한 공격으로 여겨졌기 때문에 전적으로 거부되었다. 그러나 "부드러운 이원론"이라고 번역된 골치 아픈 생각의 자취는 교회에 어느 정도 자취를 남겼다. 베버가 지적한 것처럼, "독립적이며 반신적 능력인 악은 분명 그것이 생산한 악과 불의로서 모든 세대의 인간에게 수수께끼 같지만 그럴싸한 설명이었다"(*Foundations of Dogmatics*, Vol. I, 582). 이것은 선과 악, 교만과 탐욕의 유혹, 압제자와 압제받는 자의 갈등 사이에 벌어진 틈을 "설명"하는 데 도움을 주었다. 악의 기원을 어떤 초인적 실재에 돌리는 것은 죄악된 상황에 대한 긴박성을 경감하고, 변명 거리를 주며, 개인적으로든 집단적으로든 죄책감을 제거해 준다. 왜냐하면 인간은 "초월적이고 절대적인 반대자가 책임을 더 많이 가질 때 상대적으로 책임을 덜 가지기" 때문이다(Weber, *Foundations of Dogmatics*, Vol. I, 583).

이런 이단적 경향이 마니교와 마르시안주의자들의 영향을 통해 기독교 전통 속에 들어왔다. 그들의 사상은 초대 교회에 영지주의의 형태로 가장 큰 위협이 되었다. 이것은 신플라톤주의 철학과 당대의 신비 종교로부터 빌려온 요소들과 기독교 신앙을 혼합하여 널리 퍼진 운동이었다. 잘 알려진 것으로는 어거스틴의 경우가 있다. 그가 히포의 감독이 되기까지 걸어간 고통스러운 순례 길의 십 년 동안 그는 마니교의 신비주의적 유혹에 빠져 있었다. 인생 말년에 과거를 회상하며 그는 진정한 신앙 고백에 자신의 영혼을 쏟아 부었다:

> 나는 악 또한 어떤 실재라고, 그리고 악도 자기만의 끔찍함과 무시무시한 크기를 가졌다고 믿었다. 땅과 같이 대단한 부피를 가지고 있던가, 혹은 공기처럼 얇고 미묘하던가, 사람들이 어떤 악한 마음이 땅으로 기어다니는 것으로 상상하는 것으로 믿었다. 그리고 경건함 그 자체로 인해 나는 선한 하나님은 결코 악한 본성을 창조하지 않는다고 믿게 되었다. 나는 두 개의 커다란 물질을 생각했는데, 서로가 대적하고, 둘 모두 한계가 없지만, 악은 작고 선한 것은 훨씬 큰 것을 생각했다. 그리고 이런 잘못된 시작으로부터 다른 신성을 더럽히는 자만심이 나의 뒤를 따랐다…(*Confessions*, V. 20).

어거스틴은 그 후 해답을 찾기에 마음이 고통스러웠다:

> 악이 있는 곳은 어디이며, 어디로부터이며, 어떻게 이리로 들어오게 되었는가? 그 기원은 무엇이며 그 씨앗은 무엇인가? 악은 존재가 없는 것인가? 그렇다면 아무것도 아닌 것을 우리는 왜 두려워하고 피하는가? 만약 우리가 어리석게 두려워하는 것이라면 이 영혼을 어리석게 유혹하고 피롭게 하는 것이 바로 그 두려운 악이 아닌가?…또는 하나님께서 창조하고 형성하고(덜 선하라고) 명하신 것에서 뭔가 악한 것이 있지 않은가? 또는 하나님이 아직 선으로 바꾸지 않은 어떤 것이 남은 건 아닌가?(*Confessions*, VII. 7)

마침내 그의 생애 40년 동안 어거스틴은 마니교적 과거를 완전히 청산한다. 이어 악의 기원에 대한 이원론적 "설명"을 거부하는 역사적 기독교가 그의 지도하에 나타나게 되었다. 틸리케가 말하듯이, "두 가지는 거부되어야 한다." 우리는 "악을 그 반대 성격으로부터 제거하는 오류와 단순히 선의 변증법적 상대로 만드는 것 모두를" 거부해야 하며, 또한 "추상적 이원론 속에서 하나님을 대적하는 악을 상정하여 결국 대립하는 두 신을 만드는 영지주의와 마니교의 오류도 거부해야 한다"(*The Evangelical Faith*, Vol. I, 263). 창조주 하나님에게는 대적할 신이 없다. 또한 불길한 대적자도 없다. 창조세계는 "무로부터" 존재케 되었다. 오직 하나님의 자비로운 뜻만 있었을 뿐이다. 따라서 창세기의 기본적인 요점은 벌카우어의 말을 빌자면, "그 어떤 세력도 위협하거나 따라할 수 없는 구조화된 질서를 창조하신 하나님의 창조 행위의 위엄에 찬 특성을 드러내기 위한 것이다"(*Sin*, 85).

(4) 악마적 "설명들"
이 세 번째 "설명"은 악의 기원에 대한 일원론과 이원론적 "설명"을 비켜선다. 대신 정죄의 손가락을 악과 그 악마적 추종자들에게 돌린다. 인간의 죄의 근원은 "악한 자"에게 있는 것이다. 이 견해를 지지하는 사람들은 인간의 타락 이전의 타락을 말한다. 바로 천사의 영역에서 있었던 선행하는 반역을 이야기한다. 성경의 두 본문에 종종 호소하는데, 베드로후서 2:4과 유다서 6절이다. 이 둘은 "죄를 범하고" "자기 직분을 지키지 아니하고 자기 처소를 떠난" 천사들을 언급한다. 그들의 두목은 "거짓의 아비"로서 우리의 첫 부모를 속이고, 유혹하고, 주장했던 자이다. 그러므로 우리는 악마의 계략에 걸려든 운 없고 운명적인 희생물들이다.

이 견해는 종종 "악마의 행복한 교리"라고 불린다. 인간의 죄성에 대해 좋은 변명거리를 제공하고 죄의식을 없애주기 때문이다. 악마가 인간의 "희생양"인 것이다! 그러나 이것은 창세기 3장에 나타난 인간의 타락 기사와는 다르다. 하와와 아담은 이 악마적 대화의 주동자들로 나타난다. 인간의 책임은 그렇게 쉽게 떨쳐버릴 수 없다. 우선 "뱀이 하와를 속였다"(고후 11:3). 그러나 또한 "죄가 한 사람으로 말미암아 세상에 들어왔다"(롬 5:12)는 것도 사실이다. 인류는 악마적 계략에 빠진 수동적이고 죄 없는 희생자가 아니다. 이상하게 혼란스런 방식으로 인간은 이 사탄의 계략에 빠져 줄곧 기꺼이 그에게 협력하였던 것이다. 헨드리쿠스 벌코프의 말대로 이것은 "인간의 삶과 정신으로는 결코 견딜 수 없는 긴장"을 우리에게 남겨놓고 말았다(*Christian Faith*, 202).

비슷한 논조로 부르너(Brunner)는 인간의 죄성은 "유혹하는 세력을 전제한다"고 주장한다. 그것은 밖으로부터 인간을 유혹하는 것이다. 만약 인간 스스로 죄를 만들 수 있다면, 악마적 기질의 어두운 그림자는 바로 인간의 창조성 위에 임하는 것이다. 그러므로 원죄와 모든 이어지는 범죄들은 "사탄의 행위"와 "인간 죄성의 동시적인 점화"를 상징하는 것이다. 왜냐하면 "인간은 스스로 죄를 만들 만큼 천재적이지 않기 때문이다"(*Dogmatics*, Vol. II, 108).

선한 창조에 침입한 이 사탄의 불가해한 배경에 반대하여, 성경은 인간의 모든 변명을 벗겨내 버린다. 유혹자는 속이는 역할을 수행했을 뿐이다. 그러나 인간은 인간의 손에 힘을 주시는 불가항력적인 힘에 굴복하지 않았다. 비난은 뱀, 하와, 아담, 그리고 인간 모두에게든지 갈 수 있다. 인간은 인간 자신의 문 앞에 놓인 죄의 짐을 제거할 수 없다.

성경은 그 원죄의 무서운 결과를 매우 엄격하게 그려준다. 성경은 곳곳에서 "어둠의 권세자", "정사와 권세", "이 어두움의 세상 주관자들", "하늘의 악한 영들", "세상의 신", "세상을 속이는", "악한 자"에 대항하는 경고로 넘친다. 이 모든 것은 무서우리 만치 실제적이다. 게다가 그리스도가 계시지 않으면, 인간은 이 무서운 힘을 저항할 수 없다. 그러나 이 "어두움의 왕국"이 시킨 일이라도 우리의 책임과 죄책을 면제해 주지 않는다. 우리는 "유혹이 어떻게 거룩한 사람 안에서 접촉점을 찾을 수 있는지 말할 수 없다 그리고 천사의 세계에 있는 죄의 기원을 설명하는 것은 더욱 어렵다"고 결론지어야 한다(Louis Berkhof, *Systematic Theology*, 224). 그러므로 악의 악마적 기원에 대한 이론은 막다른 길 뿐이다. 헨드리쿠스 벌코프가 말했듯이, "이것은 아무것도 설명해 주지 않으며, 단지 문제를 초인적 영역으로 옮겨 놓을 뿐이다"(*Christian Faith*, 202).

*   *   *

세 가지 "해결책들" 모두 우리를 사변에 빠지게 한다. "설명들"로서 이들 "모두는 이치에 맞지 않는다"(Berkouwer, *Sin*, 128). 합리주의자가 간절하게 추구해도 그 결과는 아무 소득이 없는 공허한 노력일 뿐이다. 왜냐하면 이들은 성경이 대답하지 않는 질문의 "해답"을 추구하기 때문이다. "죄에 대한 신정론(神正論)", 즉 악의 존재를 하나님의 섭리로 보는 것은 시작부터 받아들일 수 없는 것이다. 우리는 창세기 3장 기사의 뒤에 놓인 숨은 의미가 무엇이건 증명할 길이 없다. "아담의 타락으로 인간 모두가 죄를 범하였다"는 고백은 가장 기본적인 신앙고백이다. 이 결론은 무지의 피난처에 도피처를 찾으려는 패배적 지성의 도약이 아니다. 오히려 성경의 시작점을 존중하는 존경의 표시이다. 성경은 더 궁극적인 "설명들"을 찾으려는 많은 시도에 대해서 아무런 빛도 던져주지 않는다. 악의 기원은 설명할 수 없는 신비로 남아 있다. 그러나 그 시작은 성경 기록에 달려 있다. 그러므로 우리는 성경이 죄와 악의 이야기에 대해서 시작하는 곳에서 시작해야 할 것이다.

2. 원죄

성경은 악의 기원이라는 숨겨진 사색에 대해 커튼을 드리우고 있다. 대신 창세기 3장은 일반적으로 원죄라고 불리는 인간의 죄의 타락에 관한 매우 실제적인 시나리오의 중심 배경이 되고 있다. 이 파괴적인 사건은 성경 이야기 줄기에서 볼 때 두 번째 중요한 전기(타락)를 상징한다. 성경 전체를 통해 이 몇 구절(3:1-7)의 뒤에는 산재한 사상들이 따른다(시 5:1-5; 롬 5:12-21; 고전 15:22). 여기에 인간의 모든 범죄들 뒤에 놓여 있는 원죄를 직면하게 된다. 이것이 인류에게 임한 악의 쇄도를 설명하는 성경의 가장 궁극적이고 심오한 방법이다.

우선 보기에 역사의 무대로 들어온 죄에 대한 이 본문은 아주 사소한 일처럼 보인다. 결국 사과든, 배든, 무화과든, 혹은 무엇이건 간에 그것을 먹는 것이 뭐가 나쁘다는 것인가? 이 "선악을 알게 하는 나무"의 열매는 아마 주위의 나무들과도 별반 차이가 없었을 것이다. 또한 건강한 맛은 우리의 창조주께서 우리에게 주신 축복이다. 그러나 먹기를 금하신 것을 어긴 것은 선한 열망이 잘못 되어진 것이다. 금지는 피조물의 순종과 순수함과 단순함을 시험하는 것이다. 왜냐하면 신적 약속으로 금지된 열매는 언약적 신실성을 결정적으로 증거하는 근거가 되기 때문이다. 금지의 형태를 띤 하나님의 말씀은 분명했다. "나에게 순종하라, 그렇지 않으면…." 인간과 그의 창조주 사이의 전체적 관계성은 위기에 처했다. 이 명령은 우호적으로 안전하게 보호하는 울타리였기 때문이다.

이 울타리는 창조세계 속에서 인간의 위치와 임무를 지켜 주는 것이었다. 이것은 인간이 하나님을 하나님 되게 하려는 의지가 있는지를 시험하는 것이었다. 또한 창조주의 뜻에 전적으로 의지하는 피조물의 한계 내에서 살고자 하는지를 시험하는 것이었다. 삶의 규범으로서 하나님의 말씀을 받아들일 것인가? 또는 다른 피조된 어떤 것에서 찾을 것인가? 이것이 인간의 기본적인 선택이었던 것이다(롬 1:25). 인간의 의지적인 불순종으로 인간 자신과 세계에 대한 하나님의 "그렇지 않으면"이라는 말씀의 측면을 열어놓았다. 임박한 저주에 대한 경고의 말씀은 실재가 되었다. 그러므로 이제 "창조세계뿐 아니라 우리 자신들도 속으로부터 우리의…구속을…기다린다"(롬 8:23).

"반역한 인간"의 행위와 함께(부르너) 가장 급격하고 완연한 변화가 일어났다. 우선 구조적으로는 아무것도 변하지 않았다. 하나님은 여전히 하나님이시고, 그의 말씀은 여전히 유지되며, 인간은 그들의 정체성을 유지하며, 창조세계도 여전히 유효하다. 하나님의 보존하시는 은혜는 삶을 위한 합법적인 질서를 여전히 유지한다. 그러나 동시에 모든 것이 변했다. 갑작스레 걷잡을 수 없이 인간의 존재는 완전히 잘못된 방향으로 나아가게 되었다. 이것은 하나님께서 정하신 다음 번 "안식일의 쉼"이 다가왔을 때 고통스럽게 밝혀졌다. 창조주와 피조물의 교제가 사라져 버린 것이다. 대화의 노선은 심히 복잡해졌다.

그러나 하나님은 죄를 범한 당사자에게 등을 돌리시는 것은 거부하셨다. 분명히 신의 현현(顯現, theophany) 현상을 통해 나타나신 창조주는 동산으로 돌아와 당신의 첫 번째 구속의 행위를 시행하셨다. 그는 나가서 숨은 범죄자를 찾으셨다. 그들의 죄는 재판관의 찾으시는 눈앞에 드러났다. 그러나 하나님의 심판까지도 은혜의 새날을 여는 여명을 드러낸다. 죄로의 타락과 함께 모든 지옥의 문이 열렸고, 반면 모든 천국의 문은 굳게 닫혔다. 그때부터 *sola gratia*(오직 은혜)가 삶의 유일한 희망의 법칙이 될 수 있었다.

타락한 세상에서의 첫 번째 만남은 인간의 곤경과 회복에 대한 긴박한 필요의 깊이를 드러낸다. 남편과 아내는 서로 부끄러워 얼굴을 붉혔다. 그들은 무화과나무 잎을 엮어 그들이 완전히 벗었음을 전례 없이 알고 가리고자 하였다. 이 행동은 인간이 장차 미래에 수없이 많은 위장을 하게 될 전조의 표시였다. 그들이 나무 사이에 숨은 것은 진리를 회피하려는 우리의 만성적 기질을 드러낸다. 은혜로우신 성부는 탕자를 부르셨다. "아담아, 네가 어디 있느냐?!" 그 상속자는 창조 세계 속에서 그가 마땅히 있어야 할 처소를 버렸다. 모든 것이 어긋났다. 마침내 "천국의 추적자"(Francis Thompson)께서 그의 심부름꾼인 왕적 피조물을 찾았을 때, 그들은 변명을 늘어놓았다. 정죄의 손가락을 바깥으로 내밀며, "당신이 내게 준 여자", "뱀이 나를 꾀었나이다"라고 하였다.

이 위대한 취조자의 현현은 최후의 유일한 방편이 되는 진정한 고백, "내가 먹었나이다"라는 말을 듣기 원하셨다(창 3:12-13). 그들의 회피하는 행동과 결사적으로 변명거리를 찾는 것은 인간을 타락으로 이끈 유혹의 과정을 고스란히 요약한다. 아주 조금씩 유혹자의 영민함이 인간의 저항을 무너뜨렸던 것이다. 곧 하나님의 명령에 대해 의심의 씨를 뿌리고, 마치 이 금지가 인간의 권리와 자유를 침해하는 것인 양 말하고, 언약을 깨뜨린 후의 결과에 대해 의문을 불러일으키고, "하나님같이 되리라"는 교만한 전망을 심어 주고, 마침내 탐욕에 눈이 멀게 하였던 것이다. 우리의 첫 번째 부모는 이 사단적인 방법으로 타락한 것이었다. 그들은 이제 그들의 행위를 합리화하려고 시도한다. 그들의 거짓을 함께 나눈 후손 된 우리는 훨씬 더 세련된 방식으로 "남에게 책임을 전가한다." 우리는 우리의 못된 행동을 결점 많은 부모의 양육이 빚은 상처의 결과로 돌리고, 아침에 침대에서 잘못 일어난 탓으로 돌리고, 컴퓨터에 침투한 바이러스 탓으로 돌린다.

"역전된 창조"라고 이름 붙여진 발라드풍 노래에서 버나드 블랙맨(Bernard Blackman)은 인간의 반역이 낳은 영향에 대해서 종말론적인 관점으로 노래한다:

> 그리고 인간이 어둠이 있으라고 말하자 어둠이 있었다. 인간은 어둠이 좋았다. 그리고 그 어둠을 안전이라고 불렀다. 그리고 종말이 이르기 전 제칠일의 밤과 아침은 그 어디도 없었다…그리고 인간은 다른 어떤 신이 우리와 싸우지 않도록 우리의 형상을 따라 우리가 하나님을 만들자고 말했다…그리고 종말이 되기 전 날의 아침은 없었다.

하나님의 심판은 바로 이 긴장되고 깨어진 관계성 속에 완전히 드러난다. 모든 죄지은 당사자들은 "그와/그녀와/그것의 종류대로" 심판을 받는다. 하나님은 이 잘못된 심각한 희극 속의 각 배우들에게 독특한 본성과 일에 따라 적당하게 형벌을 배정하신다. 남자는 매일의 직업 속에서, 여자는 해산의 고통 속에서, 그리고 뱀은(홀로 이 극의 사단적 역할에 대해 스스로 변명할 기회를 얻지 못한 자) 동물의 왕국에서 비열한 위치에 처함으로 형벌을 받는다. 구속이 창조 세계에 "적당"한 것처럼, 하나님이 부여하신 심판 속에 분별할 수 있는 변화와 하나님이 본래 만드신 창조 세계 속에 존재하는 다양성 사이에는 완벽한 "짝"을 이룬다.

결국 다행스럽게 우리가 무릎을 꿇고 "당신께, 바로 당신께만 내가 죄를 지었나이다"(시 51:4)라고 기도할 때까지 하나님은 엄격하지만 자비로우신 손길을 뻗쳐 우리의 정체를 밝히신다. 한 흑인 영가는 이런 질문을 던진다. "그들이 내 주님을 못박을 때 당신은 거기 있었는가?" 이것에 대해 그리스도인은 대답한다. "그래요, 내가 거기에 있었소, 내 죄악이 그를 십자가에 못박았소." 따라서 똑같이 역으로 이런 질문을 다시 만들 수 있다. 우리의 첫 번째 부모가 죄로 타락할 때 당신은 거기 있었는가? 대답은 이렇다. 그래요, 나는 그들의 죄에 참여하였소(롬 5:12). 우리의 회개의 부르짖음 위로 확신을 주는 음성이 들려온다: "복되도다…그의 죄를 가리우심을 입는 자는…"(시 32:1). 이 탈출구는 하나님의 원시 복음 속에 안전하게 닻을 내리고 있다(창 3:15). 그러나 우리는 이 *protoevangelium*('첫 복음') 속에서 하나님이 새겨 놓으신 "적의"(敵意)가 먼 곳에서 희미하게나마 어느 날 도래할 메시아를 통해 화해케 될 것이라는 약속을 듣게 된다.

제2장 쓴 열매의 결실

1. 죄라는 이름

셰익스피어는 "그 어떤 이름의 장미라도 달콤한 향기를 낸다"라고 말했다. 유명론자의 과장을 차치하고서라도, 그 어떤 이름의 죄도 혐오스럽다. 그렇다면 우리는 어떻게 이것의 정체를 밝힐 것인가? 모든 세대의 사람들, 특히 현대인들인 우리는 끝없는 완곡 어법의 목록으로 죄의 강력한 힘을 벗어나려 한다. 사람들은 죄를 선한 판단의 순간적인 결여, 자기도 모르는 말실수, 약간의 하얀 거짓말, "있는 그대로 말하는 것"을 피하려는 거의 모든 종류의 행동들로 부른다. 이런 죄에 대한 잘못된 이름들은 다원주의 사회에 존재하는 자아상과 세계관의 광범위한 모습을 반영한다.

그러나 성경은 부끄러움 없이 정직을 말하는 책이다. 하나님께 정직하며 우리 자신에게 정직하다. 성경은 죄의 실상에 대해 피할 수 없는 인간의 만연한 어두움으로서 공평하게 드러낸다. 죄는 인간의 전 인격에 영향을 준다. 죄는 인간의 모든 삶의 관계성을 파괴한다. 훅스마가 말하듯이 "우리가 성경에서 죄에 대해 많은 다양한 단어들을 발견하는 것은 그리 놀라운 것은 아니다. 왜냐하면 죄는 삶 자체만큼이나 다양한 면을 가지고 있기 때문이다"(*Reformed Dogmatics*, 245). "만물보다 거짓되고 심히 부패한 것은 마음이라 누가 능히 이를 알리요마는"이라는 말씀처럼 죄는 마음의 중심에 위치해 있다(렘 17:9). 마음에 내린 뿌리는 죄가 전 인간을 싸고 있어서 모든 "생명의 근원"을 오염시킨다는 뜻이다(잠 4:23). 인간이 되는 고도로 다양한 그 어떤 방법도 오염에서 자유로울 수 없다.

따라서 성경은 인간의 지불되지 않은 계산서의 긴 목록을 제시한다(그것은 그리스도와는 별도이다). 이것은 너무나 길어서 적기도 어렵다. 또한 아무 말이 없다. 인간의 더러운 옷의 목록에는 다음과 같은 죄목이 포함되어 있다. 언약 파괴, 생명의 법을 어김, 왕국 안에서의 반역, 하나님의 말씀에 불순종함, 하나님의 영광에 미치지 못함, 표지를 잃음, 자기 중심성, 교만, 불신, 간음, 육신의 정욕, 온전치 못한 마음, 양처럼 길을 잃음, 위선 등이다. 인간의 죄성은 무질서의 단순한 외적 행동보다 더 심각하다. 이것은 혼란스런 생각, 예배의 오용, 신경증, 사회적 부정, 경제적 탐욕, 공공의 불의 이상의 것이다. 근본적으로 죄는 내적 기질의 문제이다. 우리 주님은 산상수훈에서 강력하게 이 점을 설교하셨다. 왕국에서의 삶의 규범은 살인뿐만 아니라 치밀어 오르는 증오까지도 정죄한다. 간음의 행위뿐 아니라 끓어오르는 욕정까지도 정죄한다. 죄는 동료들의 압박에 사로잡히는 것 이상의 심오한 실재이다. 왜냐하면 예수의 날카로운 말씀이 다음과 같기 때문이다:

"또 가라사대 사람에게서 나오는 그것이 사람을 더럽게 하느니라 속에서 곧 사람의 마음에서 나오는 것은 악한 생각 곧 음란과 도적질과 살인과 간음과 탐욕과 악독과 속임과 음탕과 흘기는 눈과 훼방과 교만과 광패니 이 모든 악한 것이 다 속에서 나와서 사람을 더럽게 하느니라"(막 7:20-23).

이 정도면 충분하다. 요점은 확실히 분명하다. "오호라 나는 곤고한 사람이로다 이 사망의 몸에서 누가 나를 건져내랴?"(롬 7:24)

죄는 삶 자체의 다양성만큼이나 많은 이름을 동반한다. 다른 모든 창조된 관계, 자아와, 다른 사람과, 그리고 전체 우주와의 관계를 깨뜨리는 것은 다름아닌 하나님과의 깨어진 관계성이다. 하나님의 세계 속에서 우리의 삶의 다양한 특성은 죄에 대한 수많은 환원주의적(reductionist) 관점의 가능성을 만들어 낸다. 그 중 다음과 같은 것이 있다.

a) 죄는 선의 결핍이다. 이 견해는 어거스틴에게 온 것이다. 모든 창조된 것들은 선하다; 그리고 악은 선이 결여된 것으로, 바로 선의 부족이다. 이 견해는 받아들일 만한 내용도 있다. 이 견해는 죄가 본래 존재론적으로 실재라는 개념을 피하려고 노

력했기 때문이다. 그러나 이는 죄가 세상 속에 해를 가하는 강력한 실제 세력이며, "적극적인" 어떤 것이라는 성경의 가르침에 부합하지는 않는다. 매우 가까운 현대적 사상은 죄를 선의 부정으로 보는 것이다. 존재는 선하다; 그리고 존재의 부정인 무존재가 바로 악이다. 고도로 사변적인 이 개념은 비슷한 비평을 받아 마땅하다.

b) 또 다른 사람들은 악은 선이 되기 위해 필요한 조건(necessary condition)이라고 주장한다. 이것은 선을 자극하는 부정적 대리자인 것이다. 어둠이 없이 빛이 비추일 수 없듯이, 악이 없이 선은 있을 수 없다는 것이 그 주장이다. 악은 선의 어두운 면이다. 그러므로 인간은 자신의 진정한 인간성을 얻기 위해 필요한 조건으로서 "선악을 알게 하는 나무"로부터 금지된 열매를 먹어야만 했던 것이다. 그렇지 않았다면 그는 야수적 존재로 정죄를 받았을 것이다. 이 견해대로라면, 이전 것의 내용과는 반대로, 악함이란 근본적으로 선함과 같이 창조 세계에 속한 것이라는 결론을 피할 수 없게 된다.

c) "인간의 자유를 찬양하며"는 계몽주의 시대의 중심 강령이었다. 따라서 죄는 "자연"(nature)과 동의어로서, 인간 이성의 자유로운 도덕적 힘에 의해 정복되어야 할 반항하는 환경의 거친 가능성이었다. "자연적으로" 인간은 원초적 힘의 촉각에 사로잡힌 것이다. 그러나 인간의 불굴의 정신은 이러한 세력으로부터 자유를 얻고자 노력하여 결국 인간은 성인이 될 수 있었다. 자연과 자유 사이의 뭔가 잘못된 이러한 반립(antithesis)은 자연과 은혜 사이의 애매한 중세적 대립 구도의 현대적 변형일 뿐이다. 둘 모두는 죄와 은혜 사이의 성경적 대결 구도를 근본적으로 잘못 읽은 것이다.

d) 이제 다윈의 진화론이 나타남으로 의심할 여지없이 죄에 대한 가장 만연한 현대적 개념이 탄생했다. 죄는 인간의 진화 발전의 전이 단계로서 원시시대, 전과학적 과거 시대의 구차한 유산이라는 것이다. 이러한 다윈주의적 사상은 종종 헤겔의 변증법적 철학과 손을 잡는다. 죄는 한 명제인 선과 긴장 속에 서 있는 반립(antithesis)이 된다. "세계 정신"의 방향을 지시하는 힘 아래, 반명제는 새로운 종합을 형성하기 위해 명제 안으로 또다시 결합한다. 이제 상황은 세계 역사 속에 다음 진화의 단계를 준비한다. 그러므로 악은 선에 대한 도덕적 상대역이 된다. 그것은 아직 자체로서 선하지 않다. 단지 앞으로 전진하는 역사에 속한다. 그 목표는

진보이다. 이 낙관적 견해는 대부분 오늘날과 같은 혼란한 세상 속에서 영향력을 상실했다.

기본적으로 베버가 말하듯이 모든 사변적 이론들은 "실재의 전체 구조 속에 통합되는 악과의 실제적인 타협에 이르게 된다." 이런 이론들은 만약 "예수 그리스도 안에서 자신을 악의 대적자로 만드신 하나님이 알려지시지 않고, 혹은 더 이상 알 수 없을 때"에만 가능하다. 왜냐하면 "하나님이 알려지지 않은 곳에서만 악은 악으로 인식되지 않을 것이기" 때문이다(Foundations of Dogmatics, Vol. I, 587). 그러므로 죄를 죄로 적절하게 부르기 위해서는 구속주로서의 하나님에 관한 지식인 성경이 필요하다.

2. 한 상태에서 다른 상태로

"두 상태" 교리는 최근 현대 신학에서는 별 관심을 받지 못하고 있다. 그 이유는 자명하다. 이 개념은 이제 타락한 상태가 되어 버린 선한 창조에 대한 성경의 이야기 구조를 전제하기 때문이다. 고전적 기독교 신학은 인간의 타락을 "의/완전함의 상태"로부터 "저주/왜곡의 상태"로 떨어진 것이라고 말한다. 대부분의 현대 기독교 사상은 이러한 성경적 해석을 깨뜨린다. 구속(사)적 사고 대신에, "원의"에 대한 실존주의 변증법적 이해와 "심판 아래 있는 현존"이 떠오르게 되었다. 예를 들어 베버는 "원상태와 사실상 원상태의 파괴의 상태라는 두 '상태들'(status)을 언급하는 것이 적절하다"고 인정한다. 그러나 그는 덧붙이기를, "우리는 이 두 가지 상태가 서로 뒤따라오는 역사적인 것이라고는 이야기할 수 없다. 대신 한 가지, 폐기되지 않았지만 여전히 계명과 약속 속에 남아 있는 기원은 다른 상태를 약화시키지 않고 오히려 인간의 상태를 보존한다고 말할 수 있다"고 말한다. 두 상태는 항상 공존하는 실재이다. 그러나 베버는 주장하기를 "이것은(사상) 변증적이지 않고 오직 기독론적이다…"라고 말한다(Foundations of Dogmatics, Vol. I, 580).

헨드리쿠스 벌코프는 "인류 역사에 그러한 두 가지 이어지는 현상을 가정할 근거는" 없다고 비슷하게 주장한다. 의로운 상태는 "인간의 과거의 상태를 말하는 것이 아니라, 창조주 하나님이 인간에게 주신 구조를 묘사하는 것이다…이 구조는 영원하며 파괴되지 않는다." 따라서 이 "humanum의 가능성은 실행을 요구한다. 또한 우리는 존재의 목적을 거슬러 신비스럽게 살아간 어떤 사람도 알지 못한다." 왜냐하면 죄는 "인간이라고 불리우는 위험스런 존재의 창조 구조 속에 깊이 뿌리박고 있기 때문이다." 그러나 죄와 창조세계는 같은 호흡으로 논의되어서는 안 된다. "왜냐하면 죄는 창조의 실재에 속하지 않으며 창조로부터 나온 것이 아니기 때문이다"(*Christian Faith*, 188).

이 두 인용은 오늘날 주요 신학적 사고를 잘 대변하는 것들이다. 그들이 표현하는 관점은 세계 역사를 통해 모든 인간 관계에 만연한 변증법적 긴장을 가정한다. 타락한 본성은 인간의 자기 지식의 일면이다. 동시에 인간은 인간의 기원과 운명인 의로움을 알고 있다. 이 견해대로라면 인간은 그런 변증법적 긴장으로부터 벗어날 수 있는가? "결국 자유로울 것이다!"라고 말할 수 있을까? 바울과 같이 "누구든지 그리스도 안에 있으면 새로운 피조물이라 이전 것은 지나갔으니 보라 새 것이 되었도다"(고후 5:17)라고 외칠 수 있는가? 끊임없는 이 변증법이 *simul justus et peccator*(의로운 동시에 죄인인)를 실존적으로 이해하는 유일한, 아니 가장 좋은 방법인가?

고전적 개혁신학 사상은 위에서 설명한 해답들 보다 더 나은 방법을 제안한다. 이에 따르면 "상태"의 개념은 신적 재판정에 서기 전 인간이 가지는 법적 위치나 지위를 가리킨다. 원죄의 결과로 인간은 더 이상 하나님의 면전 앞에 똑바로 설 수 없다. 재판관은 인간에게 유죄를 선언한다. 그의 선고는 무겁게 인간 위로 내려진다. 인간은 그분의 공평한 판결 아래, 사형이 선고되고, 정죄받은 것은 너무나 당연하다. 인간의 지위는 완전히 바뀌었다. 완전했던 인간의 원상태 속에서 창조주께서 "심히 좋다!"고 선포하신 말씀이 인간의 주위와 내부에서 맴돈다. 인간이 타락한 상태에서 그 관계성은 깨어지고, 생명을 새롭게 하는 복음만을 기다리게 되었다. "그러므로 이제 그리스도 예수 안에 있는 자는 정죄함이 없나니"(롬 8:1), 예수 안에서 깨어진 만남은 회복된다.

하나님 앞에 인간의 법적 상태는 이제 "아담 안에서"이거나 "그리스도 안에서"이다. 우리 자신 안에서는 여전히 타락했지만, 그리스도 안에서 우리는 "새 생명으로 일으킴"을 받았다. 우리 안에 "옛 사람"은 여전히 악한 행동을 요구하지만 그는 더 이상 키를 잡고 있지는 않는다. 그리스도 안에서는 "새 사람"이 우세하다. 한 번 세워지고 깨어졌던 언약의 관계는 이제 회복되었다. 스스로 죄책을 지닌 인간은 그리스도 안에서 의롭다고 선포된다. 이것이 우리의 새로운 지위이다. 이 "두 상태" 교리는 속죄의 만족 교리의 신학적 배경을 형성한다. 그러나 성자의 십자가와 부활 속에 담긴 하나님의 은혜와 공의가 우리를 회복시키는 "높은 상태"를 완전히 이해하기 위해서 우리가 원래 구원받았던 "낮은 상태"를 결코 잊어서는 안 된다.

3. "저주가 있는 저 끝까지"

이 구절은 유명한 크리스마스 캐롤에서 따온 것이다. 이 노래에서 인간의 죄로 인한 타락의 결과는 오실 그리스도를 통해 역전된다. 저주를 벗겨 내시는 하나님의 행위 때문이다:

"죄와 슬픔이 더 이상 자라지 않고,
가시가 더 이상 땅을 덮지 않으며,
주님이 오셔서 축복은 넘치네
저주가 있는 저 끝까지."

창세기 3:14-19의 하나님의 심판의 어두운 그림자가 요람으로부터 무덤까지 인간의 삶에 임했다. 그 어떤 것도 이 저주로부터 피하게 할 수 없다. 모든 피조물은 크건 작건, 땅, 식물, 동물, 인간의 관계, 작지 않은 모든 일, 결혼과 직업 등이 하나님의 심판 앞에 정면으로 서야 한다. 작은 잉크 방울이 한 잔의 물에 떨어지듯이, 인간의 원죄는 전 환경에 물결처럼 영향을 미쳤다. 혹스마가 말하듯이, "생명의 나무는 (이제) 시들었고 (단지) 부패한 열매만을 맺는다"(*Reformed Dogmatics*, 274). 사회적 "의에 주리고 굶주린" 열성파들은 민감하게 좌절을 느낀다. 그것은 우리의 현대 사회와 경제, 그리고 정치 구조가 불평등하게 꼬여 풀리지 않고 있음을 알기 때문이다.

인간 역사의 초기에 벌어진 이 재난에 찬 사건의 놀랄 만한 영향은 "전적 부패"라는 말로 표현된다. 삶은 전 영역에서 모든 부분이 부패했다. 인간은 창조 세계를 향한 하나님의 원래 의도와 목적이 놓였던 상을 엎어 버렸다. "인간의 주된 목적"은 여전히 "하나님을 알고 그를 영원히 기뻐하는 것"이다(웨스트민스터 신앙고백). 그러나 원죄는 한계를 모르는 타락의 수문을 열어놓았다. 어떤 측면, 기관 혹은 관계성도, 매일 보도되는 기사에 공공연히 여론화되는 인물들이나 가장 친한 사람들까지도 타락의 영향을 받지 않은 것은 없다.

죄의 보편적 영향에 대한 이런 성경의 가르침은 때때로 완전 부패 교리로 불리운다. 그러나 이 개념은 분명 애매모호하고 좀 잘못된 것이기도 하다. 죄는 충분히 만연하지만 지나치지는 않는다. 그러므로 이 문제를 확실히 하자. 전적 부패 교리는 나빠질 수 없을 만큼 나빠졌다는 의미가 아니다. 그런 상황은 현재 생각할 수 없는 것이다. 부패한 인간은 지옥이 예정되어 있다. 돌아오지 못할 지점에 이르러 심지어 어떤 하나님의 피조물들은 희미한 구속의 손길 너머에 놓여 있다는 것이 완전 타락 사상이 의미하는 바이다. 이런 운명은 타락한 천사들에게 주어진 것이다(벧후 2:4; 유 6; 계 20:10). 그러나 단지 "사함 받지 못할 죄" 아래 빠진 사람들을 제외하면 타락한 인간에게 완전타락이 주어진 것은 아니다(마 12:32; 막 3:29; 히 6:4-6; 참조, Louis Berkhof, *Systematic Theology*, 253-54; Berkouwer, *Sin*, 323-53). 그러나 이러한 완전한 왜곡 가운데서도 하나님은 그의 창조의 구조를 유지시키신다. 하나님의 유예하시고 보존하시는 은혜, 일반적으로 "일반 은총"이라고 불리는 그것은 현재에도 여전히 사실이다. 비록 타락하였지만 삶은 여전히 살 만한 것이다. 이 삶 속에서 우리는 결코 무제한적인 질문 공세를 경험하지 않는다. 하나님이 심어 놓으신 "적의"는 고통스럽도록 실제적이다. 인간의 죄와 하나님의 은혜 사이의 반대는 삶 자체만큼이나 크다. 이것은 두 개의 적대하는 왕국들 안에서 형성되었다. 언약을 준수하는 것과 언약을 깨뜨리는 속에서 형성되었다. 그러나 하나님의 "일반 은총" 때문에 인간의 타락은 이제 이 땅에서 궁극적이고 절대적인 표현이 될 수 없게 되었다. 이것은 이후로 계속 보존된다.

반면 "혼합된 경륜"이 세계 역사를 표시한다. 가시와 엉겅퀴는 여전히 작물의 성장을 방해한다. 그러므로 "우리의 미간에 땀이 흘러" 노동하여 거둬들인 대가는 일상의 질서이다. "가라지"가 기승을 부려도 "밀"은 수확한다. 추수의 예정된 때가 이를 때 완결될 것이다(마 13:24-30, 36-43). 그리고 하나님은 여전히 태양을 비추고 선한 자에게나 악한 자에게나, 불의한 자에게나 의로운 자에게나 비를 내리신다(마 5:45).

그렇다면 우리가 어떻게 전적 부패와 하나님의 보존하시는 은혜 사이의 반립 관계를 이해할 수 있는가? 이들은 서로 배타적이며 한계를 가지는 실재들은 아니다. 이 세 가지는 "저주가 멀리 사라질 때까지" 갈 것이다. 이들은 어디서나 작용할 것이다. 우리는 이 장을 나누어서는 안 될 것이다. 이 부분과 저 부분을 나누는 분석은 성경의 가르침에 적당하지 않다. 아마도 타락의 무참한 결과 속에서도 살아남은 소위 "남은 자"나 선한 "흔적" 교리까지도 전적 부패의 실상을 약화시키거나 반립의 칼날을 무디게 하도록 해서는 안 될 것이다. 오직 하나님의 은혜만이 전적 부패를 억제하고 반대를 부드럽게 할 수 있다.

전적 부패 사상은 인간의 삶의 근본적이고 만연한 오류와 방향감각 상실이라는 말을 이해하려는 시도를 나타낸다. 반립(antithesis)은 갈등하는 삶의 두 방식 사이의 지속적인 만남을 가리키며, 우리를 반대 방향으로 끈다. 따라서 전적 부패와 반립은 방향적이며 집중의 개념이다. 하나님의 섭리적 은혜에 있어서도 진실은 동일하다. 이것은 삶의 구조에 영향을 미치며 붙들고 주관한다. 이 은혜를 통해 하나님은 죄와 악의 세력을 다른 곳으로 돌리시고 제어하신다. 또한 창조의 질서가 유효하도록 유지시키고 인간의 부패가 도를 넘어서는지 점검하여 역사적 반립의 드라마가 정해진 수순을 밟아 나아가도록 하신다. 그러므로 섭리와 구속으로 이 시대는 여전히 "은혜의 날"이다. 죄의 전체성은 은혜의 전체성에 대한 성경적 이면이다. 결국 요약하면 세 가지 모두, 즉 전적 부패, 보존하시는 은혜, 그리고 반립은 현 세대를 거쳐 손을 잡고 나아가는 전체적 실재이다.

이 통합적 비전은 개혁주의 세계관의 표지이다. 이 전통 속에서 교회의 모든 역사적 신앙고백의 주요한 단어들은 "보편적이며, 전 포괄적 의미로" 이해된다. 이것들은 "범위에 있어 우주적이다."

> 하나님 자신을 제외하고 성경적 신앙의 근본적인 실재의 범위 바깥에 떨어질 수 있는 것은 아무 것도 없다…개혁주의 세계관을 구분하는 것은 죄와 구속에 대한 급진적이고 보편적인 유입을 이해하는 것에 달려 있다. 사탄과 그리스도의 주장에 대한 전체주의적 요소가 있다. 모든 창조 세계 속에 그 어떤 것도 이 두 거대한 곤경 사이의 논쟁에 영향받지 않은 것이 없다는 의미에서 중립적인 것은 없다…창조의 지평은 동시에 죄와 구속의 지평이다…모든 곳에서 인간이 경험하는 것들은 자기를 창조된 것으로 드러내며 죄의 저주 아래 구속을 기다린다(Albert Wolters, *Creation Regained*, 10, 60, 71, 72: 한글역, 『창조, 타락, 구속』).

아마도 죄의 포괄적인 영향은 인간이 하나님의 형상을 "상실"했다는 고백의 의미가 무엇인지 묻는 것에서 더 확연해질 수 있을 것이다(하이델베르그 요리문답, Q & A, 6). 이 "상실"은 어떤 종류의 것인가? 그 양을 측정할 수 있는 상실인가? 이것은(거친 유비를 용서하라) 몸무게를 빼거나 돈을 잃는 것과 같은 것인가? 만약 아담이 창세기 2장의 상태를 거쳐, 창세기 3장에서 하나님의 형상을 "상실한" 후에, 창세기 4장에서 그 무게를 다시 단다면, 말하자면 180파운드에서 140파운드로 그 무게가 줄었다는 것인가? 만약 타락 전에 그가 101가지의 기능을 가졌는데, 51가지로 줄어들었다는 말인가? 아니다, 이것은 그런 종류의 물질적이고, 구조적이며, 기능적인 "상실"이 아니다. 아담은 여전히 180파운드가 나간다. 그는 여전히 101가지 기능을 수행한다. 구조적으로는 아무런 변화가 없다. 왜냐하면 타락한 세상에서 하나님은 당신의 보존하시는 은혜 안에서 창조세계의 구조를 유지하신다.

그러나 방향적으로 모든 것은 변했다. 창조주를 섬기기 위해 180파운드 모두를 헌신하는 대신에 아담은 우상을 섬기는 데 자신의 모든 무게를 던지기 시작했다. 인간의 101가지 모든 측면이 하나님과 이웃을 사랑하기 위해 헌신되던 것에서, 아담처럼 우리도 하나님을 모독하고 우리의 이웃을 대항하는 결국으로 향하고 말았다. 우리는 여전히 완전하고 진정한 인간이다. 그러나 잘못된 방향으로 방향감각을 상실한 인간이 되었다. 아마도 인간의 창조적 소명 안에 있는 하나님의 형상의 능력을 "상실"하였다는 말은 나침반 없이 울창한 숲에 "길을 잃은" 상태와 비견할 만하다. 비록 "잃어버린" 존재이지만, 인간은 여전히 "모두 거기에" 있다. 인간은 모든 소유를 "잃고" 집으로 가는 길을 "상실한" 존재이다. 방향 감각을 상실하여 잘못 길을 가고 있는 우리는 목적 없이 방황하고 있는 것이다. 전적 부패란 전적으로 방향을 잘못 잡은 것이고, 완전한 방향 상실이다.

4. 부전자전(父傳子傳)

죄인이 될 것인가 말 것인가는 우리가 결정할 문제가 아니다. 그 결정은 오래 전에 이루어졌다. 그것은 우리와 별개의 것이 아니라 우리를 향한 일이었다. 아담의 결정은 또한 우리들의 결정이었다. 우리가 그것에 개입했고 또한 개입하는 것이다 (롬 5:12-21). 그러나 정반대로 예수 그리스도 안에서 하나님의 정반대의 결정도 그러하다(롬 6:3-5). 우리는 원죄와 그 행위, 죄책, 그리고 그 결과를 온전히 공유한다. 성경은 우리가 옆에 서서 무감각하게 인간의 타락의 드라마를 관람하는 의심에 찬 사치 누리기를 거부한다. 또한 우리는 인간에게 임한 비극적 운명의 어쩔 수 없는 희생양이 절대 아니다. 우리의 죄책은 우리의 삶의 경험에 황량한 실재로서의 낯선 죄책이 아니다. 매우 실제적인 의미에서 우리는 원죄에 실제로 참여한 사람으로서 대리적으로 그곳에 있었던 것이다. 그러므로 성경에서,

> 인간은 희생자가 아니라 행위자로 드러난다. 인간은 동정을 받아야 하는 자가 아니라 비난받아야 할 자이다. 오늘까지 죄는 사회와 문화 생활의 각 부분에 엄청난 결과를 가져왔다. 인간을 하나님과 이웃과의 관계에 있어 온전한 책임이 있다고 말하는 것보다 인간성을 더 잘 드러내 주는 것은 없다(Hendrikus Berkhof, *Christian Faith*, 210).

원죄로부터 파생된 영원한 상처가 원 죄책과 부패라고 불리우는 인간의 상황 속에서 확연하게 드러나고 있다. 그러나 여전히 유령처럼 떠도는 질문들이 우리를 괴롭게 한다. 어떻게 과거의 우리가 엄청나게 시간이 지나 도달한 지금의 우리가 될 수 있단 말인가? 왜 아담의 불순종이 나를 죄의 함정에 빠뜨리는가? 잔뜩 화가 나서 싸움이라도 할 기세로, 우리는 이 저주의 이야기를 풀어낸 책의 저자에게 우리의 좌절을 쏟아놓는다. 이건 정말 공정하지 않아! 그리고 아담은 왜 어쩌자고 이런 일을 했는가?! 나는 그것에 책임지기를 거절한다! 그러나 삶의 진실은 우리를 엄하게 마주 대한다. 그 아들/딸과 같이, 그 아버지/어머니같이, 그 할아버지/할머니같이…아무리 먼 과거라 할지라도 우리의 가계를 거슬러 올라가면, 이 연쇄작용의 고리는 끊기지 않는다. "모든 사람이 죄를 범하였으매 하나님의 영광에 이르지 못하더니…의인은 없나니 하나도 없으며"(롬 3:23,10) 죄의 보편적 법칙에 예외는 없다. 물론, 타락전의 "첫째 아담"과 "마지막 아담"뿐이다.

우리는 어떻게 대대로 이어오는 반역의 끊이지 않는 계보를 설명해야 하나? 서구사상의 역사는 이 원죄책과 부패의 전이에 관한 문제를 설명하기 위해 네 가지 주요한 시도를 강구하였다. 처음의 세 번째 방법까지는 이미 칼빈의 시대에도 잘 알려진 것이었다. 한 가지는 칼빈이 거부하고, 다른 것은 조용히 제껴두고, 세 번째 것은 칼빈도 강하게 긍정했다. 칼빈이 세 가지 모두를 적절히 다루었기 때문에 우리는 그가 이 문제를 이야기하도록 할 것이다. 네 번째 견해인 진화론은 종교개혁 후 19세기 계몽주의 사상의 산물이다. 우리는 이것을 따로 떼어 생각할 것이다.

a) 모방

영국의 수도승 펠라기우스(ca. A.D. 350-420)에 의해 지지된 죄의 교리이다. 비록 그의 견해가 어거스틴의 고향인 북아프리카의 카르타고에서 그가 살아 있을 동안 이단으로 정죄되었지만, 그의 이설의 의미심장한 측면은 중세교회의 반펠라기우스주의 전통 속에 살아남았다. 또한 후기 종교개혁 시대의 알미니안 신학과 현대의 자유주의 속에 남아 있다.

펠라기우스는 어거스틴과 당대의 교회와 함께 모든 인간이 예외 없이 죄인이라는 것을 인정했다. 우리가 어떻게 이것을 설명할 수 있는가? 모방이 그 해답이다. 죄는 구체적인 행위의 형태로 우리 안에 존재한다. 죄는 죄인된 인간의 본성의 형태를 취하지 않는다. 불순종의 행위로 아담은 다른 사람이 아닌 자기 자신을 해쳤다. 칼빈은 그 시대의 전형적인 논쟁 스타일로 말하기를, 펠라기우스는 "아담은 그의 후손에게 전혀 해를 끼치지 않고 혼자만 상실되는 죄를 범했다는 이단적인 허구를" 불러일으켰다고 주장한다. 인간의 경험에 의해 확증되는 죄의 보편성에 대한 성경의 증거를 볼 때(롬 5:12), "펠라기우스는 죄가 유전이 아닌 본받음에 의해 전이된다고 부당하게 말하였다"고 칼빈은 말한다. 유전이라는 말은 부분적으로 어거스틴적 견해이다.

펠라기우스에 따르면 모든 인간은 아담이 그랬던 것처럼 죄책과 오염이 없는 상태로 결백하게 세상에 태어났다. 어거스틴이 말한대로, 펠라기우스는 "인간 안에 본질적인 악이란 없다. 인간은 허물 없이 태어난 것이다. 그리고 인간이 스스로 무엇인가 행하기 전에는 하나님이 창조하신 것을 제외한 그 어떤 것도 없다"라고 주장했다. 그러나 인간의 환경은 선조들의 범죄들로 오염되어 있으며, 그 선조들은 아담의 발자취를 따른 자들이다. 이제 인간은 이러한 나쁜 보기들로 둘러싸여 있다. 그러므로 인간은 그들의 나쁜 습관을 열심히 모방하게 되는 것이다. 펠라기우스는 "그 어떤 사람도 전 생애 동안 사실상 죄를 범하지 않은 상태로 발견될 수 있다"고 주장하지는 않는다. 그러나 "인간은 죄를 범하지 않을 수 있고 하나님의 계명을 지킬 수 있으며, 만약 그가 그렇게 하고자만 한다면…스스로의 노력과 하나님의 은혜에 의해서 그러하다"고 말했다(Henry Bettenson, *The Later Christian Fathers*, 193-94).

펠라기우스의 인간 본성에 대한 낙관적 견해를 반박하며 칼빈은 "선한 사람들은 (무엇보다 어거스틴이) 유전된 악함에 의해 부패한 것이 아니라 어머니의 자궁으로부터 결점을 가지고 태어났다는 사실을 보여 주기 위해 노력했다"고 말했다. 그리고 나서 칼빈은 결론 맺기를, "이것에 대해 우리는 만족해야만 한다. 곧, 주께서 아담에게 인간 본성에 관한 것을 수여하기로 작정하신 그런 은사들을 맡기셨다는 것이다. 받은 은사를 잃어버린 다음부터 아담은 자신의 은사뿐 아니라 우리 모두의 은사도 잃었다"라고 말했다. 칼빈과 다른 어거스틴주의자들의 관심은 단지 인간과 죄성의 유전에 대한 정통 관점을 고수하려는 것은 아니다. 근본적으로 오직 은혜로 말미암는 구원의 성경적 진리가 위험에 처했기 때문이었다. 왜냐하면 만약 "아담의 죄가 본받음으로 이어진다면…그리스도의 의도 본받을 만한 실례로서의 유익뿐인가? 누가 그런 불경한 생각을 품는가!" 펠라기우스의 "교묘함을 가지고 사탄은 인간의 질병을 덮고 그것이 치료되지 못하게 시도했다"(『기독교강요』 II, 1, 5-7).

역사적 기독교 전통의 부정적인 정죄에도 불구하고 펠라기우스주의의 수정된 형태는 수많은 추종자들을 여전히 이끌었다. 그러나 우리 시대에 알지 못하는 사이 펠라기우스적인 사상은 사회적 악의 뿌리가 인간의 마음이 행하는 변절에 있는 것이 아니라 삶의 문화적 조건화에 있다는 관점을 지지하고 있다. 곧, 환경 속에 나타나는 역경의 자극들이 우리로 하여금 버릇없는 행위의 형태로 반응하게 한다는 것이다.

b) 유전

이미 펠라기우스에 대해 논할 때 언급한 어거스틴(A. D. 354-430)의 견해를 살펴보자. 어거스틴의 위치는 이 두 라이벌들이 살 동안에 소집된 종교회의에 의해 인정된 것일 뿐 아니라, 또한 후에 오렌지 회의(A. D. 519)에서도 인정되었다. 그러나 수세기 동안 이어지는 역사를 보면 어거스틴이 분명 싸움에서 이겼음에도 불구하고 펠라기우스의 주장이 많이 받아들여지고 있는 것처럼 보인다. 이러한 신학적 변화는 16세기 종교개혁의 배경을 제공하였다. 거기서 우리는 어거스틴의 직계로서 루터와 칼빈을 발견할 수 있는데, 그들은 어거스틴의 신학에 무엇보다 호소한다.

죄의 유전에 대한 어거스틴의 관점은 펠라기우스와 매우 상반되지만, 그럼에도 불구하고 상당히 애매한 채 남아 있다. 그의 사상의 이런 불분명한 요소는 분명 개혁자들의 중심 주제를 기대케 한다. 이것은 어거스틴이 원죄를 대표원리와 죄의 전가 사상에 관련시킨 것에서 강화된다. 개혁자들은 어거스틴이 아담이 인류 전체의 머리로서 인간 전체를 대신하여 행동했다고 보는 견해에 있어 일치한다. 하나님의 약속에 따라 죄책과 아담의 원죄의 부패함은 우리의 것이 된다고 그들은 주장한다. 그러한 토론 신학은 마침내 어거스틴의 죄의 교리의 논조를 약해지게 만들었다. 그리스도의 의가 어떻게 우리의 것이 되는지를 다룰 때 더욱 분명해진다. 그러므로 이 점에 있어서 칼빈의 기독론은 그의 인간론에 대한 수정판의 역할을 한다.

원죄를 부인하는 펠라기우스에 반대한 어거스틴은 어떻게 죄책과 오염이 아담으로부터 인류의 모든 세대에게 전가되었는지에 대한 매우 실제적인 이해를 제공한다. 히포의 어거스틴에 따르면, 모든 사람은 아담 안에서 근본적으로 존재했다는 것이다. 따라서 아담의 죄는 "유전적으로 전달되는 것처럼" 우리의 죄인 것이다. 왜냐하면 "한 사람의 삶은 그의 후손이 될 모든 것을 포함"하기 때문이다. 아담이 타락했을 때 "모든 인류는 '그의 허리 아래' 있었다. 따라서 신비스럽고 강력한 자연의 유전 법칙에 따라 그의 허리 아래 있던 자들은 육체의 정욕을 통해 세상에 나왔으며 아담과 함께 정죄를 받은 자들이 되는 것이다." 이 원죄는 "세대를 거쳐 모든 아담의 후손에게 전가되며 거듭남에 의해서만 제거된다"(Henry Bettenson, *The Later Christian Fathers*, 197-200). 어거스틴에 있어서 인류는 독립된 죄의 행위를 연속적으로 범하는 개인들의 총합이 아니라, 죄에 깊이 잠긴 유기적인 전체(행 17:26)이다. 따라서 죄성은 부모로부터 자식에게 유전되는 것이다.

그러므로 어거스틴의 신학에 있어서 인간이 죄로 오염된 상속자들이라는 생각은 죄책을 가진 참여자들에게 법적 지위의 상태가 덧입혀진 것이다. 원죄의 죄책은 즉각적이 아닌 아담 안에서 우리의 언약적 대표에 의해 중재적으로 우리 위에 임한다. 즉 죄를 범한 전체 인류와 함께 공동으로 우리의 유전적 통일이 이루어진다.

c) 전가

칼빈은 자신의 가장 존경하는 교회 교부인 어거스틴의 견해에 대한 공개적인 공격을 자제한다. 때때로 그의 표현들까지 거의 같은 말로 들린다. "아담 안에서 시작된 부패는 조상으로부터 그들의 후손에 이르는 영원한 물줄기처럼 전해진다." 그러나 기본적으로 칼빈은 "죄의 전염이 육체나 영혼의 자질로부터 기원한 것은 아니다…"라고 주장한다. 그는 사실 모든 "유전" 문제에 대한 "고민스런 토론"을 피하기를 원한다. 대신 그는 어거스틴에게는 약간 드러났었던 것, 즉 원죄가 전혀 다른 체제로 전이된다는 주장으로 나아간다. 칼빈은 아담이 인류를 대표하는 수장으로서 행동하게 했던 하나님의 "규례"인 언약적 약속에 근거한다. 이 구조 속에서 하나님은 "의사소통" 하시며, 곧 아담의 죄책을 우리에게 전가시키는 것이다. 왜냐하면 "첫 사람은 자기뿐 아니라 그의 후손들의 것까지도 동시에 잃어버리도록 하나님께서 이미 정해 놓으신 것이기 때문이다. 이것은 하나님께서 아담에게 주신 은사였다." 바울의 말로 하자면, "그러나 아담으로부터 모세까지 아담의 범죄와 같은 죄를 짓지 아니한 자들 위에도 사망이 왕노릇 하였나니…"(롬 5:14). 그렇다면 이것은 "둘 사이의 관계성이다. 즉 우리를 포함하고 있는 아담은 자신과 함께 우리 모두를 파멸시켰지만, 그리스도는 그의 은혜로 우리를 구원으로 회복시키신다." 그렇다면 만약 "그리스도의 의와 생명이 교제에 의해 우리의 것이 되는 것이 이견의 여지가 없다면, 그것들은 아담이 잃었다가 그리스도 안에서 회복되는 것이라는 결론에 즉각 이르게 된다"(『기독교강요』 I, 1, 6-7).

따라서 칼빈은 우리 모두가 죄를 "유전" 받았지만, "유전"에 의한 것은 아니라고 말한다. 오히려 "첫 아담의" 원죄로부터 우리에게 임한 죄책과 부패는 언약적 대표 원리(representation)에 근거를 둔 전가(轉嫁, imputation)에 관한 성경적 가르침에 근거를 둔다. 따라서 구속의 역동적 방식으로 "마지막 아담" 안에 있는 하나님의 의가 새롭게 된 언약 공동체의 중보자로서 예수가 가지는 대표 역할에 근거하여 우리에게 전가된다. 아담은 "옛 사람"의 머리로 행동했고, 그리스도는 "새 사람"의 머리로서 행동했다. 칼빈의 인도를 따라 개혁주의 전통은 기독교 신앙의 분명한 지표로 이 복잡한 근본적 진리들을 밝힌다. 곧, 하나님의 은혜의 주권과 오직 믿음만으로 인간이 의롭게 된다는 종교개혁의 고백을 지지하는 굳건한 기초를 지지한다.

d) 진화

죄에 대한 현대의 주도적인 관점은 과거 두 세기 전에 나타난 진화론에 의해 형성된 것이다. 그 근저에는 삶의 의미, 혹은 무의미를 엄격하게 역사적 과정으로 제한하는 현대 지성의 역사주의에 있다. 그 씨앗은 계몽주의 시대에 뿌려진 것이다. 이것은 지난 세기로 거슬러 올라가는 헤겔의 철학과 다윈주의의 감독 하에 조심스럽게 성장했다. 이 기생 식물은 우리 시대 일원론적 세계관과 과정 신학에 분명히 나타나는 그 무르익은 열매를 맺기 시작했다.

진화론은 세계 역사의 발전에 대한 기본적으로 깨어지지 않는 지속적이고 직선적인 패턴을 전제한다. 그러므로 근본적으로 이 이론은 근본에 있어서 성경이 인간의 보편적 죄와 타락에 대해 묘사하는 엄청난 파괴의 사건을 수용할 수 없는 것이다. 진화론은 역사적 기독교 전통에서 이해하는 식의 원죄의 개념을 원칙적으로 배제한다. 인류 역사의 여명기 가까운 어느 곳에 위치할 선한 창조세계에 대한 성경의 가르침은 이어지는 타락의 결과로 말미암아 실패로 돌아갔음이 밝혀진다. 이것은 진화론의 실재관과는 맞지 않는다. 진화론 사상가들은 인간의 내부와 주위에 있는 악의 완강한 세력을 정복하려는 인류의 영원한 투쟁을 인식하지 못했다. 오히려 인간의 자유에 대한 장애물은 일반적으로 사물의 본질 속에 거하는 것으로 간주했다. 해방을 향한 인간의 역사적 운동을 저해하는 이런 적대 세력들과 계속적으로 맞닥뜨리는 것은 긍정적인 과정 속의 부정적인 측면들이라는 것이다. 인간의 진정한 운명은 진보일 뿐이라는 것이다.

이 진화론적 모델에 따르면, 죄와 악은 아주 원시적인 과거의 유물이다. 이것은 발전에 있어 전 과학적 단계 혹은 하부 윤리적 단계의 남겨진 짐 꾸러미를 상징한다. 우리는 미래가 될 선의 변증법적 상대인 악과 싸워야 한다. 이것이 역사를 통해 우리에게 거슬러 내려온 반립(antithesis)이다. 이것은 항상 한 명제와 긴장 관계에 있으며, 우리가 되어야할 미래로 우리를 되게 하는 것이다. 한 명제(thesis)가 반대 명제(antithesis)를 동화시키고 극복할 때, 우리에게 새롭게 떠오르는 종합(synthesis)은 더 높은 위치로 우리를 들어올린다. 그러한 진보는 어떻게 끝날지 모르는 미래를 향해 나아가는 인간 모험의 다음 단계를 깔끔하게 정리한다. 모든 것은 흐름 속에 있다. 인간의 삶은 진동하는 과정의 영원한 궤적 속에 사로잡혀 있다. 죄와 악은 일련의 전이적(transmit) 단계로서 인간을 "성년"에 이르게 한다.

그렇지 않다면 그렇게 되기를 희망한다. 왜냐하면 우리 시대에 많은 문화적 낙관주의자들이 할 수 있는 것이란 그들의 손가락을 겹쳐서 최선의 것을 고대하는 것뿐임을 알기 때문이다. 우리 시대의 끊임없는 외침은 과거로 회귀하기를 거절한다. 또한 이 미래적 꿈에 대한 강한 진정제 효과를 가지고 있다. 과거 수십 년간의 웅장한 희망은 유토피아인 것으로 판명되었다. 말 그대로 "아무 데도 없는 곳"인 유토피아!

5. 화를 입음

나쁜 짓을 하면 몇 갑절의 화를 입는다. 이것은 원죄와 자범죄 사이의 밀접한 관련을 적절히 묘사하는 금언이다. 원죄의 씨는 한때 바람에 휩쓸려 들어와 깊은 뿌리를 내렸다. 이제 그 추수가 우리에게 임했다. 해가 지남에 따라 인간은 자범죄의 소출을 내게 되었다. 주께서 "속에서 곧 사람의 마음에서 나오는 것은 악한 생각 곧 음란과 도적질과 살인과 간음과 탐욕과 악독과 속임과 음탕과 흘기는 눈과 훼방과 교만과 광패니"(막 7:21-22)라고 증거하셨다. 우리는 원죄를 희미하고 먼 과거에 속하게 할 수 없다. 죄는 완고한 고집으로 우리 시대에도 우리 주위를 맴돈다. 우리는 실망스러운 규칙성으로 죄가 우리의 말과 사고와 행실 속에 나타남을 듣고 느끼고 본다. 그리스도 안에 있는 하나님의 은혜로, 용서받은 죄인들인 우리는 개혁주의 예배 의식에서 말하는 것처럼 "마치 우리가 어떤 죄도 알지 못하거나 범하지 않은 것처럼" 죄를 완전히 배제시켜 놓을 수 있게 되었다. 그러나 이것은 결코 값싼 은혜가 아니다. 이것은 값비싼 제자도를 요구한다. 우리는 매일 우리를 둘러싼 실제적인 죄들과 싸워야 한다. 우리는 현재 우리 자신이기 때문에 현재 우리가 해야 할 일을 한다. 우리의 존재는 우리의 행동을 제한한다. 그러므로 죄인이 되는 것과 죄를 짓는 것 사이의 밀접한 관계를 마음 깊이 새기는 것이 중요하다. 죄를 형식주의를 부추기는 단순한 행동, 도덕주의, 불안 등의 것으로 제한적으로 강조하는 것은 우리를 정숙주의나 무관심 혹은 잘못된 보호에 빠지게 한다. 또한 죄를 단순히 실제적인 범죄들이 아닌 어떤 상황으로 보는 것도 그러하다.

하나님의 은혜는 세계역사 속에 지속적으로 드러난다. 이것은 성경의 이야기이다. 우리는 그것을 *Heilsgeschichte*, 곧 구속의 역사라고 부른다. 그러나 죄도 자신의 역사를 가진다. 성경의 초반부 몇 장들은 죄의 드라마가 전개되는 시작 장면을 드러내준다. 죄를 완전히 심판하기까지는 시간이 걸린다. 그러나 그 순간이 되면 심판은 일어날 것이다. 아담의 죄가 면전에서 그를 응시할 때, 그는 변명거리를 찾아 더듬거렸다. 그는 "당신이 내게 준"(창 3:12) 여자에게 비난을 퍼부었다. 후에 가인이 그의 피 흘린 범죄가 드러났을 때, 그것을 피하려고 했다. "내가 동생을 지키는 자니이까?"(창 4:9) 죄의 드라마는 라멕의 악명 높은 "칼의 노래"에서 가장 높은 음조를 낸다. 그는 자신의 극악한 행위를 찬양한다. "나의 창상을 인하여 내가 사람을 죽였고 나의 상함을 인하여 소년을 죽였도다. 가인을 위하여는 벌이 칠 배일진대 라멕을 위하여는 벌이 칠십칠 배이리로다"(창 4:23-24). 죄는 노아 시대에는 전에 없던 지경에 이른다. "그 마음의 생각의 모든 계획이 항상 악할 뿐임을"(창 6:5). 더 이상 고소할 것이 없었다. 소용돌이가 최고조에 달했다. 최초의 세상에는 심판이 무르익었다. 하나님으로서, 하나님은 죄를 참으실 수 없으시다. 그러나 그는 죄인을 향하여 동정적이시다. 하나님은 인간이 스스로 되어진 것은 미워하면서도 당신이 만드신 인간은 사랑하신다. 그러므로 심판과 은혜를 결합하여 하나님은 창조세계를 물 심판으로부터 구원하시고 새로운 출발을 시작하셨다. 성스러운 증거가 무지개의 표식을 통해 그곳에 나타났다.

그러나 소용돌이는 계속 불었다. 왜냐하면 물은 세계를 죄로부터 깨끗이 씻을 수 없기 때문이었다. 세계를 깨끗케 하려면 피가 요구되었다. 다윗과 같이 우리도 "나의 죄가 내 앞에 영원히 있나이다"(시 57:3)라고 인정해야만 한다. 그러나 얼마나 자주 우리는 우리의 죄성과 범죄 사이를 구분하여 피난처를 삼고 있는가? 우리는 죄성을 일반적인 것으로 만든다. 그러한 추상적인 이야기라면 쉽게 견딜 수 있기 때문이다. 이런 추상성은 죄에 영향 받지 않은 인간을 우리에게 남겨준다. 그러나 구체적인 죄 문제로 들어서면 이야기는 전혀 다르다. 번개는 집과 너무나도 가까이서 내리친다. 그러나 진리는 죄나 죄성 그 어떤 것도 추상적인 것으로 환원할 수 없다는 것을 보여 준다. 우리의 삶에 만연한 죄성과 일상을 점유하고 있는 범죄는 실제적인 현상이다. 이 둘, 즉 악의 뿌리와 그 쓴 열매는 전부 상황적인 것들이다. 그들은 역사 속에 있는 우리의 장소와 시간에 맞게 조정되어 있다. 또한 전체적으로 우리의 문화적 상황과 연관되어 있다. 아담, 가인, 라멕 그리고 노아 시대의 경우에 그러했다. 구체적 문화와 연관된 경우는 교만으로 인해 그 백성의 인구조사를 시행하던 것을 회개한 다윗의 기도 속에 드러난다. "내가 이 일을 행함으로 큰 죄를 범하였나이다"(삼하 20:10). 이사야의 고백도 같은 것이다: "화로다 나여 망하게 되었도다 나는 입술이 부정한 사람이요 입술이 부정한 백성 중에 거하면서…"(사 6:5). 예수도 역시 추상적으로 죄를 드러내시지 않고 직설적인 구체성을 가지고 드러내신다: "악하고 음란한 세대가 표적을 구하나…"(마 12:39). 바울도 역시 매우 구체적으로 "육체의 일"을 언급하는데 그것은 초대 교회 공동체의 삶을 위협하는 것들이었다. "음행과 더러운 것과 호색과 우상 숭배와 술수와 원수를 맺는 것과 분쟁과 시기와 분냄과 당 짓는 것과 분리함과 이단과 투기와 술 취함과 방탕함과 또 그와 같은 것들이라"(갈 5:19-21). 자범죄의 구체적인 실상은 아주 구체적인 우리 시대와 장소에 있어서 결코 덜 적용되지 않는다. 우리의 범죄도 역시 사회 구조, 경제, 정치 구조, 현대 사회의 가정, 교회, 그리고 교육 기관들 속에 정확히 적용된다. 전문인 범죄, 에이즈, 인종차별, 낙태, 제3세계의 가난, 그리고 다른 모든 악함을 다시 되새길 필요가 있는가?

죄는 정말 개인적이기 때문에 그의 책임을 전가할 수 없다. 그러나 그것은 실로 인간 관계적이다. 죄는 우리의 삶의 방식을 특징짓는 복잡한 인간 관계와 기관들 속에서 찾을 수 있다. 우리 모두는 전 지구적 인간들의 죄성을 실제로 함께 공유한다. 그러므로 아마도 어느 정도 피치 못하게 사람들이 각자를 타락하게 하는 것이 가능한 것이다.

성경은 자주 인간의 곤경을 "육체"와 관련해서 정의한다. 인간성은 전체로서 "육적"이다. 이 개념은 "몸"과 "영혼"을 구분하는 유행하는 이원론과는 아무 관련이 없다. 육은 몸뿐만 아니라 영혼의 존재인 전 인간에게 적용된다. 매우 실제적인 방식으로 성경적인 개념인 "육"은 삶의 정황에 의존하는 우리의 삶의 세 가지 구분되는 관점들을 열어놓는다. 때때로 이 말은 하나님의 피조물로서 일반적인 역할을 하는 사람들을 가리킨다. 예를 들어 시편 145:21은 "모든 육체가 그의 성호를 영영히 송축할지로다"라고 기록한다. 다시 "육"은 인간의 타락한 상태를 표시하는 흉터를 가진 인간으로서 우리를 가리킨다. "모든 육체는 풀이다"(사 40:6). 이 구절은 인간의 유함과 연약함, 덧없음, 죽을 수밖에 없음을 나타낸다. 셋째, "육"은 "지금도 역사하는 불순종의 아들들의 영"(엡 2:2)을 가리킨다. 이런 의미에서 "육"은 하나님의 생명을 주시는 영과 대적하는 죽음을 거래하는 세력을 가리킨다. 이것은 우리 안에 역사 하는 악의 원리이다. 육의 오염시키는 힘은 인간의 육체적 기능에 한정될 수 없다. 왜냐하면 "육"은 또한 스스로의 마음을 가지기 때문이다("육신의 생각은 하나님과 원수가 되나니", 롬 8:7). 이것은 마음 자체에 영향을 주고(롬 1:24) 인간의 영혼(계 18:14)에 영향을 미친다. "육"은 그리스도 안에 새로운 생명의 원리인 "영"과 전쟁 중이다. 그러므로 우리는 중요한 선택의 기로에 놓여 있다. "우리는 죽음과 생명 사이에서 선택해야 하는데, 그것은 육과 영 사이의 선택이다…"(Gustavo

Gutierrez, *We Drink from Our Own Wells*, 70).

우리는 단번에 아무런 구분 없이, 동등하게 원죄를 공유한다. 그러나 실제적인 범죄에 이르면 구분이 있다. 우리는 이것을 적어도 평등의 개념이 재판 체계에 가득한 법정에서 가장 바르게 인식할 수 있다. 심판은 범죄에 맞게 적절히 적용된다. 성경도 허물의 정도에 대해 명쾌히 지적한다. 우리는 주님께서 "그가 가장 많이 기적을 행하신 도시들이 회개하지 않음으로" 책망하신 것을 발견한다. 원리는 "많이 받은 자에게 많이 요구하신다"는 것이다. 세상의 빛은 유대와 갈릴리의 고을들에 비추었다. 그러므로 계시의 빛이 크면 클수록 책임도 더 커진다. 따라서 심판의 날에 고라신, 벳세다, 그리고 가버나움보다 두로와 시돈과 소돔에 대한 "심판이 더 견디기 쉬울" 것이다(마 11:20-24).

우리의 범죄에 대한 심판의 때에 우리는 심판을 지구 위에 임하게 할 것이다. 비극, 재난, 그리고 참사 등이 우리 위에 떨어질 것이다. 그것들은 모두 스스로 자초한 삶의 짐들이다. 그들은 동시에 우리가 죄에 동참하여 중개한 하나님의 심판이다. 그러나 그런 고난에 직면하여 우리는 예수의 제자들이 가졌던 논리를 피해야 한다. 그들은 물었다. "랍비여, 이 사람이 날 때부터 소경된 것이 누구 죄로 인함입니까? 자신입니까? 그 부모입니까?"(요 9:1-3) 세상을 향한 하나님의 방법은 "한 사람, 한 죄, 한 심판"의 사고를 용납하지 않는다. 그러한 심판의 태도와 삶의 슬픔을 개인화하는 것은 성경적 인생관에서는 설자리가 없다. 이것은 우리 주님이 "갈릴리 사람의 피를 빌라도가 그들의 제물에 함께 섞었다"와 "실로암의 망대가 넘어져 18명이 죽었다"는 소식에 대해 말씀하시는 것에 풍성하게 드러난다. 이러한 죽음을 언급하시며 예수께서는 요점을 지적하는 질문을 던지신다. 이 희생자들이 "모든 갈릴리 사람들보다 더 악한 죄를 범한 것이냐?" 그리고 망대가 무너져 죽은 사람들은 "예루살렘에 거주하는 다른 모든 사람들보다 더 나쁜 적들인가?" 이 수사학적 질문에 명백히 내포된 정답은 우리 모두에게도 적용되는 것으로 다음과 같다. "아니다, 만약 너희도 회개치 아니하면 그와 같을 것이다…"(눅 13:1-5).

6. 의지의 자유/속박

의지의 자유는 인간 이성의 자율성과 함께 계몽주의 시대에 널리 주장되던 주제 중 하나이다. 자유의지에 대한 좀더 순화되고 성경적인 개념은 이미 돌트 총회(1618-1619)에서 알미니안과 칼빈주의자들 사이에 벌어진 논쟁의 중심이었다. 이 주제는 오늘날에도 여전히 살아 있다. 오늘날 공적으로 우리는 "자유의지 교회"이다!라고 선포하는 회중들이 있다. 무엇 때문에 우리는 이런 오래된 질문을 하는 것인가? 자유의지가 무슨 의미인가? 어떤 의미에서 우리의 의지는 자유로운가? 그리고 그 자유의지도 한계가 있지 않은가? 루터가 "인간 의지의 굴레"라고 말한 것의 의미가 무엇인가? 그리고 칼빈이 "죄에 노예된 의지"라고 말한 것은 무엇인가?

이러한 말들로 개혁가들은 중세 시대에 만연했던 자유의지 개념에 응했던 것이다. 의지의 자유에 대한 스콜라주의적 견해는 인간 본성에 대한 그들의 견해와 밀접하게 관련되어 있다. 헬라 철학에 많은 영향을 받은 그들은 일반적으로 인간의 삼분설을 지지한다. 칼빈은 다음과 같은 말로서 그들의 경우를 말한다:

> …인간은 종종 그의 감각 기관만이 타락한 것으로 여긴다. 그리고 이성은 완벽하게 해를 입지 않았고 의지도 역시 대부분 정상적이라고…(그러므로) 그들은 의지를 이성과 감각 사이에 위치시킨다. 곧, 의지는 자신의 권리와 자유를 소유하며 이성에 순종하거나 감각에 내맡겨 창기와 같이 범해지도록 한다. 그 어떤 경우든 의지는 기뻐한다…(결국) 인간의 이해 속에 거하는 이성은 올바른 행동을 위한 충분한 지침이고, 이성에 복종하는 의지는 악한 일을 하도록 감각에 의해 부추김을 받는다. 그러나 의지는 자유 선택권을 가지기 때문에, 모든 일에 우두머리가 되는 이성을 따르지 않을 수 없다(『기독교강요』 II. 2. 4: II. 2. 2: II. 2. 3).

죄로 부분적으로 타락했다는 이 견해에 따르면 인간의 의지는 중립적인 시계추와 같아서 합리적인 영혼의 긍정적인 편과 육체적 감각의 부정적인 편 사이를 자유롭게 움직인다. 결정적인 요소는 신적 은혜가 있느냐 혹은 없느냐에 달렸다. 만약 인간이 죽을 죄를 범함으로 은혜의 상태에서 떨어지면, 의지는 "육체의 정욕"으로 향한다. 그러면 인간의 의지는 하나님의 계시된 뜻과는 반대로 행동한다. 그러나 일단 옳은 상태로 회복되면, 거룩한 은혜의 주입에 의해서 의지는 곧 이성의 명령에 순종하여 원상태로 복귀하는 일이 종종 일어난다.

루터는 그러한 반대 선택의 자유를 "공허한 말…"이라고 불렀다. 그러므로 사람들이 인간의 능력에 대해 사용하는 말을 자제하고, 그것을 하나님께만 적용되도록 남겨두는 것이 신학자들에게 유익이다. 왜냐하면 "그 누구에게도 무릎 꿇거나 복종하지 않고, 자유롭게 방향을 바꿀 수 있는 능력"에 대한 모든 이야기들은 오직 "신실한 사람들을 위험에 빠뜨리고 현혹할 뿐"이기 때문이다("Bondage of the Will", in *Martin Luther: Selections from His Writings*, J. Dillenberger, 편집, 188-89). 비슷한 논조로 칼빈은 "선과 악에 공평한 자유 선택"이라고 말한다. 그러나 많은 중세 사람들이 인정하듯이 인간은 일반적으로 잘못된 선택을 한다. 칼빈은 이것을 비꼬듯이 주석한다. "고상한 자유는 사실상…고작 그런 일에 그런 교만한 이름을 붙이는 것은 무슨 목적인가?"(『기독교강요』 II, 2, 7) 루터와 칼빈의 이러한 대답들은 매우 실제적이고 목회적인 관심에서 동기 부여된 것들이다. 그들에게 있어서 이것은 신학적 제안을 위한 추상적 논쟁이 아니었다. 기본적으로 이것은 구원의 확신에 관한 문제였다. 루터의 말로 하면 다음과 같다:

> 나는 솔직히 나 자신을 위해, 그렇게 될 수만 있다면 "자유의지"가 나에게 주어지는 걸 원하지 않는다. 또한 구원 이후에도 나로 하여금 노력하게 만드는 그 어떤 것을 내 손에 남겨 두고 싶지 않다…(왜냐하면) 만약 내가 영원을 향해 살고 일한다면, 나의 양심은 내가 하나님을 만족시켜야 할 것으로 인해 결코 평안에 이르지 못할 것이다. 내가 하는 모든 일로도, 나는 여전히 의심하게 될 것이다…(따라서) "자유의지"의 힘으로 우리 중 그 누구도 구원받을 수 없다…("Bondage of the Will", 199).

루터와 칼빈은 모두 자유의지를 지지하는 어머니 교회의 부분 타락의 가르침을 거부했다. "전 인간이 육신적이다"라고 칼빈은 말했다. "죄는 전 인간을 전복시킨다"(『기독교강요』 II, 3, 1; II, 1, 9). 비슷하게 95개 반박문의 처음에서 루터는, "우리 하나님이요 주인 되신, 예수 그리스도께서 말씀하시기를, '회개하라' 하실 때, 그는 신자들의 모든 삶이 회개함으로 하나가 되도록 요구하셨다"고 진술했다. 인간의 타락은 다른 기관만큼이나 인간의 의지에 영향을 미친다. 왜냐하면 "전 인간이—속아서—머리서부터 발끝까지 압도당하여 그 어떤 부분도 죄로부터 면역되지 않고 인간으로부터 나온 모든 것은 죄에게 원인이 돌려지기 때문이다"(『기독교강요』 II, 1, 9).

루터도 비슷하게 주장하기를, "하나님의 은혜가 없는 '자유의지'는 전혀 자유롭지 않다. 다만 영원한 악의 죄수요 노예일 뿐이다. 왜냐하면 자신을 돌이켜 선이 될 수 없기 때문이다"라고 했다. 의지의 이 악한 경향은 "필요"나 "충동"의 산물이 아니다. 왜냐하면 이러한 말들은 "인간의 의지나 하나님의 의지 중 하나에 정확하게 사용될 수 없기" 때문이다. 오히려 "의지가 하나님의 것이든 인간의 것이든, 그것은 선이든 악이든 그 어떤 충동 없이 해야 할 일을 한다. 그러나 마치 전적으로 자유로운 것처럼 그것이 원하고 즐거워하는 일을 한다." 실상 의지가 이끄는 것은 "우선 하나님의 움직일 수 없는 의지이며 다른 한편으로는 인간의 타락한 의지의 무기력이다" ("Bondage of the Will", 187, 183). 칼빈은 이 설명을 좀더 깊이 전개한다. "사람은

충동 없이도 필요에 따라 죄를 짓는다. 중요한 구분점에 대해서" 칼빈은 다음과 같이 말한다:

> 타락으로 말미암아 부패한 인간은 의지적으로 죄를 짓는다. 이것은 기꺼이 하지 않는 것이 아니고 충동에 의한 것도 아니다. 인간의 마음의 가장 하고 싶은 경향에 따라 죄를 짓는 것이지 강요된 충동에 의한 것이 아니다. 스스로의 정욕에 의해 자극을 받는 것이지 충동 없는 충동에 의한 것이 아니다. 그러나 인간의 본성이 너무나 부패하여서 인간은 오직 악에게로 나아가며 충동될 수 있다. 그러나 만약 이것이 사실이라면, 인간이 분명 죄를 지을 필요에 복종한다고 말할 수 있다(『기독교강요』 II. 3. 5).

이 문맥에서 칼빈은 어거스틴을 완전히 요약하여 인용한다. "의지는 사실상 자유롭지만 자유롭게 되지 않는다." 그는 어거스틴을 사용해 "자유의지"의 개념을 조롱거리로 만든다. "하나님은 그 공허한 이름을 비웃으실 것이다"(『기독교강요』 II. 2. 8). "말싸움"을 하지 않으며, 칼빈은 다음과 같이 첨가한다:

> 그렇다면 만약 누구든지 이 말을 나쁜 의미에서 이해하지 않고 사용할 수 있다면, 나는 이 문제로 그를 괴롭게 하고 싶지 않다. 그러나 이 말이 큰 위험성 없이 유지될 수 없기 때문에, 또한 반대로 이것이 폐지된다면 교회에는 큰 유익이 될 것이라고 나는 주장한다(『기독교강요』 II. 2. 8).

이제 남은 문제는 "자유의지" 개념이 좋은 의미로 사용될 수 있는가?이다. 칼빈보다 어거스틴의 경우를 좀더 심각하게 다루면 좀더 나은 이해의 가능성이 있는 것이 아닐까? 그 의미를 한 번 밝혀보자! 인간 의지가 현재 "자유하지만 자유롭게 되지는 않았다"고 어거스틴이 말했다. 이것은 "의무"라는 자발성에 의해 옮겨진 것이다. 어떻게 이것이 그렇게 될 수 있는가? 칼빈 자신이 유익한 단서를 제공한다. 그는 이렇게 말했다:

> 나는 의지가 말살되었다고 말한다. 이제까지 의지라고 한 의지가 아니다. 왜냐하면 인간의 개종으로 그의 본성에 속한 것은 전부 남기 때문이다. 또한 나는 그것이 새롭게 창조되었다고 말한다. 이것은 의지가 이제 존재하기를 시작했다는 말이 아니라, 악한데서 선한 의지로 변했다는 의미이다(『기독교강요』 II. 3. 6).

루터도 비슷한 논조로 말한다.

만약 "자유의지의 능력"이 피조물을 영생과 영벌로 나누시는 성령과 하나님의 은혜에 의해 사로잡히는 것을 의미한다면, 우리는 적절한 정의를 내려야만 할 것이다("Bondage of the Will", 187).

이들 진술에 함축된 구분은 나중에 종교개혁 전통 속에 발전된다. 곧 구조/기능과 방향의 구분이다. 구조적으로 창조 시에 법적으로 인간에게 주어진 측면으로서 의지는 우리의 창조주께서 의도하셨던 기능을 수행하는 데 자유롭다. 우리는 모든 종류의 선택을 할 권리와 자유를 가지며 심지어 의무를 가진다. 타락의 영향에도 불구하고, 하나님은 당신의 보존하시는 은혜로 인간의 구조적 특징을 유지하시고 자유롭게 기능할 수 있는 능력을 유지하신다. 이것이 바로 인간이 된다는 것의 부분적 의미이다.

심지어 타락 이후에도 인간은 여전히 완전한 인간이며, 그 이상도 그 이하도 다른 무엇도 아니다. 그렇다면 우리의 의지에 미친 죄의 영향은 무엇인가? 그것 또한 전적으로 부패하여, 근본적으로 방향을 잘못 잡고, 방향 감각을 상실하였다. 구조적이며 기능적으로 우리는 여전히 예전의 우리이다. 그러나 방향적으로는 하나도 같지 않다. 우리의 의지 역시 이제 "너무나 부패하여 그 어떤 선을 행할 수도 없으며 온통 악한 것을 향한다"(하이델베르그 요리문답, Q & A, 8). 만약 아담이 한때 반대 자유의지를 가졌다가 잃어 버렸다면, 우리는 더 이상 선택의 여지가 없다. 우리의 죄악된 본성대로 우리의 의지는 규모를 상실하고 잘못된 방향으로 돌이키고 말았다.

이것은 "강제"로 일어난 일이 아니라 낯설고 두려운 내적 "필요"에 의한 "충동"에 의해서 일어난 일이다. 우리는 만성적으로 잘못된 선택을 향한다. 그것은 "원치 않는" 것이 아니라, "기꺼이" 향하는 것이다. 비록 구조적, 기능적으로 우리의 의지가 "자유"롭지만, 방향적으로는 죄의 속박에서 "자유롭게" 되지 않았다. 만약 생명을 새롭게 하시는 하나님의 은혜에 의해 해방되고 방향을 새로 정하지 못한다면, 우리는 "노예된 자유"의 짐을 지게 되는 것이다. 아마도 한 비유가 요점을 명쾌하게 하는데 도움을 줄 수 있을 것이다. 약물에 완전히 중독된 사람을 생각해 보라! 그는 매일 주사를 맞기 위해 무엇이든 하고자 할 것이다. 누구도 "강제"로 그에게 그 일을 시키지 않는다. 그 어떤 외부적인 압력도 없다. 사실 그의 주위에서는 끊으라는 제안을 하고 그의 습관을 바꿀 긍정적인 충동도 제공한다. 그러나 운명적인 내적 "필요"를 따라 노예가 된 중독자는 자신의 자유의지에 따라 행동에 옮긴다.

주 예수여, 우리를 당신의 종으로 삼으시고, 당신의 종으로 삼으소서, 그래야 우리가 자유로울 수 있겠나이다. 이것이 바울의 자문자답의 요점이다. "너희 자신을 종으로 드려 누구에게 순종하든지 그 순종함을 받는 자의 종이 되는 줄을 너희가 알지 못하느냐 혹은 죄의 종으로 사망에 이르고 순종의 종으로 의에 이르느니라"(롬 6:16). 그러므로 그리스도 예수여, 당신의 영의 능력으로 우리의 주가 되소서, 이는 "주의 영이 계신 곳에 자유함이 있기" 때문입니다(고후 3:17).

7. 죄의 삯

바울은 "죄의 삯은 사망이요 하나님의 은사는 영생이니라…"고 가르친다(롬 6:23). 삶과 죽음은 두 양극단 사이의 접점으로 성경 전체를 통해 우리에게 다가선다. 죽음인가, 생명인가? 이것은 우리 모두가 직면한 사느냐 죽느냐의 문제이다. 이것은 복음의 선포에 있어서 핵심을 건드린다. 십자가의 죽음과 부활의 생명이 그것이다.

죽음의 상서로운 영향력은 처음부터 끝까지 삶 위에 맴돈다. 아담으로부터 모세까지, 그리고 그 후 계속 "죽음은 왕노릇한다"(롬 5:14). 모든 인간은 "죄와 범죄 가운데서 죽는다." 인간이 처음 공기를 마시던 때부터, 아니 전부터, 마지막 숨을 몰아쉴 때까지, 죽음의 바이러스는 인간 안에 활동한다. 죽음은 "한 사람으로 말미암아 세상에 들어왔고…이런 식으로 모든 사람이 죄를 범하였으매 죽음이 모든 사람에게 임하였다…"(롬 5:12). 성경은 죄와 사망을 밀접하게 연관시킨다. 이제 우리 모두가 잘 아는 죽음은 죄의 결과이며 죄에 대한 하나님의 형벌이다. 죽음은 인간의 죄악된 수고로 제대로 얻어진 삯을 상징한다. 죄는 스스로의 정죄를 가져왔다. 게다가 모든 죄는 죽을 수밖에 없는 죄이다. 왜냐하면 하나님께는 그 어떤 죄의 등급도 없기 때문이다. 한 가지 죄는 우리를 완전히 죄인 되게 한다. 죄는 죄가 어긴 법처럼 한 부분뿐이기 때문이다.

우리가 아담 안에서 생명의 길 대신에 죽음의 길을 택하였을 때, 하나님은 당신의 말씀을 지키셨다. 창조시에 주신 말씀으로 하나님은 당신과 피조물 사이의 언약적 동반자 관계를 맺으시며, 당신의 뜻을 분명하게 계시하셨다: "나를 순종하라, … 그렇지 않으면." 여기에서 우리는 사랑하는 아버지의 부드러운 경고를 듣는다. 이것은 마치 자녀를 엄하게 주의 주는 사랑스런 어머니와 같은 것이다. 성냥으로 장난치지 말거라…난로에 손대지 말거라…그렇지 않으면 덴단다! 하나님의 말씀의 "그렇지 않으면…"의 측면으로 향한 응답은 효과를 거두었다. 그 어떤 새로운 강령도 필요치 않았다. 하나님의 태초의 말씀은 시작 때부터 깨어진 세계에 대해 말씀하실 가능성을 그 안에 두셨다. 창조주의 예견대로 "그렇지 않으면…"이라는 말씀은 죽음을 초래하였다. 그때 그곳에서 인간은 죽음을 맞이하였다. 인간은 말 그대로 정말 죽었다. 곧이어 그 의미가 우리에게도 다가왔다.

생명의 근원으로부터의 근본적인 분리가 일어났다. 걷잡을 수 없는 소외가 발생하였다. 하나님과의 불화는 우리 자신의 집에서조차 우리를 이방인으로 만들고, 다른 사람들과 맞지 않게 하며, 전체 창조 세계와 우리를 조화롭지 못하게 만들어 버렸다. 물론 인간의 곤경을 육체적, 정신적, 영적 죽음으로 나누어 경감시킬 수 있을지 모른다. 그러나 우리가 어떻게 인간 존재를 조각 낸다 할지라도 우리 안과 주위에 있는 그 어떤 것도 죄가 주는 죽음의 세력을 피할 수는 없다. 죄는 전 인간과 모든 삶의 관계에 영향을 미친다. 결국 우리로 하여금 바닥에 곤두박질하여 패배하게 만들고 만다. 결국 우리는 최초 세대의 죽음으로부터 단조롭게 울려 퍼지는 종소리를 들으며 우리 자신의 죽음의 메아리를 듣는다. "그리고 죽었더라…죽었더라…"(창 5:3-31).

그럼에도 생명은 이어진다! 이것은 하나님께서 당신의 말씀으로 돌이키셨기 때문이 아니며, 혹은 그가 말씀하신 "그렇지 않으면…"의 완전한 시행을 보류하셨기 때문도 아니다. 창조세계는 삶과 죽음 사이의 중간 땅으로 들어가는 데서 그 연결점을 발견할 수 있지 않다. 새로운 세대는 일어나고 계절은 여전히 오고 간다. 이것은 하나님의 은혜가 개입하시기 때문이다. 하나님의 왕적인 피조물들은 그들의 존재이유와 권리를 빼앗겼다. 그러나 아직도 이 땅은 아버지의 세상이다. 타락하였지만 당신의 귀한 소유에 대해 거룩한 투기를 느끼시는 하나님은 새로운 행동을 시작하신다. 하나님은 당신의 피조물들에게 형벌의 유예기간을 허락하신다. 하나님은 완전한 죽음의 형벌을 중지시키신다. 따라서 하나님은 생명이 새롭게 될 여지를 남기신다. 또한 당신의 구속의 계획이 펼쳐질 여지를 남기신다. 그리고 이스라엘과 예루살렘 밭 언덕 위에 세워진 십자가와, 빈 무덤과, 교회와, 왕국의 도래와, 죽음이 영원히 추방되고 생명이 완전히 회복될 궁극적인 낙원의 회복을 고대할 여지를 남기신다.

그러나 한동안 죽음은 삶의 수수께끼로 남는다. 그것은 우리의 대적이다. 죽음은 우리 길에 나타나는 외계의 침입자이다. 죽음은 참으로 이곳에 속한 자가 아니다. 그것이 인간 실존의 수수께끼다. 곧 하나님께서 보존하시는 삶의 한가운데 죽음의 무자비한 장악이 있다. 그리고 우리 모두가 아는 것처럼 죽음은 비싼 값을 요구한다. 이 무시무시한 추수꾼은 이상하게 만들어진 낫을 휘둘러 그의 희생물들을 수확한다. 포르노는 돌진하는 자동차보다 훨씬 더 치명적일 수 있다. 비방하는 말은 "토요일은 즐거워!"보다 더 결정적으로 사람을 죽일 수 있다. 세속적인 교육은 수면제의 과다복용보다 더 위험할 수 있다. 질병은 전염한다. 죽음은 죽음을 낳는다. 죽음은 그 누구도 존경하지 않는다. 이것은 인간의 거짓된 자율성과 자랑거리가 된 현대의 끊임없는 진보의 이상이 거짓임을 드러낸다. 이 모든 것들은 놀라움 없이 임할 것이다. 왜냐하면 하나님의 "그렇지 않으면…"의 말씀이 아직도 유효하며, 그분은 우리를 그 말씀에 붙들리게 하시기 때문이다. 하나님은 인간이 한 말대로 인간을 다루실 뿐이다. 아담 안에서 우리가 요구한 것, 그리고 아직도 그 안에서 우리가 요구하는 것을 우리가 받을 뿐이다. 우리의 창조주는 삶에서 가장 원하는 것이 무엇인지를 선택하게 하신다. 그리고 우리가 기뻐하는 대로 행하게 하신다. 우리 자신을 기쁘게 하는 우리의 선택은 결정적인 것이다. 죄와 죽음의 길을 선택함으로 결국 마침내 죽음이 임하게 되는 것을 우리가 안다.

현재 이 땅에는 이미 우리 가운데 활개치고 다니는 살아 있는 죽음을 구체화하는 사람들이 있다. 한 번은 그리스도께서 무덤에 있는 나사로를 가리켜 이렇게 말씀하셨다. "누구든지 나를 믿는 자는 죽어도 살겠고"(요 11:25). 이 말씀은 지금도 역시 진리이다. 어떤 사람들은 살아 있는 사람으로 여겨지지만, 실제로는 이미 죽어 있다. 구조적, 기능적으로 그들은 살았지만 방향적으로는 죽어 있다. 하나님과 생명이 함께 하는 것처럼 죄와 죽음도 손을 맞잡고 함께 간다. 이러한 변화는 그리스도를 믿는 신자들의 경험에는 낯선 것이 아니다. 우리 역시 "사망이 쏘는" 죄로 인해 고통을 당한다. 그러나 그리스도의 부활 안에서 "죽음은 이김의 삼킨 바 된다"(고전 15:54-56). 이는 십자가를 통해 하나님은 당신의 아들에게서 "죄의 삯"을 완전히 뽑으셨기 때문이다. 그리고 그의 부활로 말미암아 하나님은 죽음의 세력을 깨뜨리셨다. 죽음은 인간을 향한 냉혹한 지배를 상실하게 되었다.

그렇다면 "인생 칠십 년"에 무슨 일이 발생하는가? 이 지점에서 우리는 "마지막 원수"를 만난다. 모든 땅의 관계는 간소해진다. 종종 이 순간은 임종의 맹렬한 싸움과 관련된다. 소크라테스가 독약을 마시고 평온하게 죽은 것은 결코 보편적인 모델이 아니다. 그러나 죽는 것은 깊은 확신과 함께 갈 수도 있다. 우리 주님은 우리와 그곳에 함께 하신다. 주안에서 생명을 새롭게 하는 죽음은 가능하며, 실제적일 수 있다. 왜냐하면 죽음은 원리상 이미 여기에 있는 이 생명이 충만함으로 옮겨지는 표시이기 때문이다. "첫째 아담"은 "생명의 나무"로부터 강제로 떨어져 있게 되었다.

이는 영원히 살아 있는 죽음의 상태에 있지 않도록 하기 위해서였다. 하나님의 이 형벌은 동시에 은혜의 표시가 된다. 더 나은 미래를 향한 문이 열려 있는 것이다. 이제 "마지막 아담"인 그리스도 안에서 그 문은 활짝 열려 있다. 승리의 찬송 속에 나타난 극적인 가사처럼, "그는 영원한 생명을 가져오시려고 죽으셨고 사망을 없애기 위해서 살아 계신다."

제3장 죄로부터의 회복

1. 구속사 안에서의 율법의 위치

성령에 속한 하나님의 법은 "세상의 죄와 의와 심판에 대해서 확신케 한다"(요 16:8). 그러나 혼자 남겨지면 우리는 죄를 고백하는 대신 죄를 위장한다. 이러한 인간의 반응은 바울의 강력한 고소장에 잘 나타난다. "율법이 없을 때는 죄가 죽었더니 율법이 나타나매 죄는 살아나고 나는 죽었도다"(롬 7:7-13). 이것이 인간의 곤경이다. 그러나 항상 그런 것은 아니다. 하나님의 세상 속에서 생명을 위한 하나님의 계시된 뜻은 인간의 죄로의 타락에까지 거슬러 올라간다. 율법은 창조세계에 친근한 지침으로 주어진 것이었다. 율법의 주인은 삼위 하나님이시다. 세 분 모두의 인격이 율법을 내시고 유지하시는 데 공히 참여하신다. 그러나 각 위격은 각각 독특한 율법의 측면에 간여하신다. 처음부터 성부 하나님은 기원자이시고, 성자 하나님은 중보자이시다. 성령 하나님은 모든 것을 가능케 하시는 자로서 창조세계 내에 생명의 법을 역동적으로 수행하신다. 태초에 모든 것이 좋았다.

율법은 항상 선하며 동일하다(롬 7:7, 13, 14). 그러나 인간 세상으로 죄가 들어옴에 따라 근본적이며 급진적인 변화가 일어났다. 삼위 하나님의 협력 사역은 계속된다. 그러나 이제 응답의 면에 있어서 율법의 말씀은 인간의 영원한 실패와 불순종을 드러낸다. 그것은 하나님의 선함과 함께 엄격함을 드러낸다. 태초로부터 그의 피조물과 맺는 언약의 사역, 즉 삼위 하나님의 삼중 사역은 기원, 중재 그리고 적용이다. 이들은 세상 속에서 죄로 오염된 인간의 삶에 적용되었다. 성부의 명령은 여전히 우리의 죄를 고소하며 우뚝 서 있다. 그러나 이제 율법은 우리에게 "생명의 성령의 법"으로 드러난다. 이것의 목적은 우리를 "죄와 사망의 법"에서부터 해방시키는 것이다(롬 8:2). 그러므로 이제 우리는 "객관적인" 역사적 실재일 뿐 아니라 "주관적인" 역사적 실재인 죄와 악을 정죄하시는 하나님을 알게 된다. 이에 깨어난 양심의 소리가 이 심판에 동의한다.

하나님의 법은 성경의 이야기를 떠나면 그 의미를 잃어버린다. 왜냐하면 우리가 하나님의 법을 구속사의 정황으로부터 따로 떼어 생각하게 되면, 우리 주님을 비난했던 바리새인의 손에 놀아나게 되는 것이다. 또한 바울의 대적자들이었던 유대주의자들의 손에 놀아나는 것이다. 그들은 율법을 독립적이고 자율적인 행위의 규칙으로 바꾸었다. 이런 행위는 형식주의, 도덕주의, 자기 의를 향한 강력한 추구 등을 양산했다. 그러나 신구약성경 전체의 관점은 그리스도께서 "율법의 마침"이 되신다는 것이다. 아담에서부터 그리스도에 이르는 길에 "율법은 죄를 더하기 위해서 개입했다." 곧, 모세에 의해 쓰여진 하나님의 법은 "범죄를 인하여 더하여진" 것인데, 인간의 죄의식을 강화하기 위해서 주어진 것이다. "…그러나 죄가 더한 곳에 은혜가 더욱 넘쳤다." 왜냐하면 이것은 "약속하신…후손을" 고대하게 하기 때문이다(롬 5:20; 갈 3:19). "내가 이것을 말하노니 하나님의 미리 정하신 언약을 사 백 삼십 년 후에(아브라함과 언약을 맺은 후) 생긴 (모세의) 율법이 없이 하지 못하여 그 약속을 헛되게 하지 못하리라"(갈 3:17).

그러므로 은혜언약은 율법에 응답하는 영속적인 틀이다. 구약의 언약 구조를 연구한 후, 메리디스 클라인은 이렇게 결론을 내렸다. "율법의 언약적 정황을 점점 강조하는 것은 구약과 신약에서 율법의 기능 속에 있는 근본적인 지속성을 강조하는 것이다"(*Treaty of the Great King*, 24). 그러므로 만약 이스라엘과 교회를 선택하시는 하나님의 사랑을 생각지 않는다면, 율법은 행위로 말미암는 의를 위한 도구로 전락해 버릴 것이다. 성경의 드라마에 흐르는 살아 있는 흐름 속에서 율법은 결코 "계시의 이차적 근거"이거나 혹은 "구속의 선택 사항"으로 나타나지 않았다. 오직 그리스도로 말미암는 구원의 길만이 있을 뿐이다. 그 안에서 율법과 복음은 각자의 역할을 담당한다. 언약 안에 율법이라는 이 진리는 십계명의 서두에서 밝혀져 있다. "나는 너를 애굽의 종 되었던 곳에서 구원한 너희 하나님 여호와로다." 이 통찰은 어거스틴의 기도 속에도 발견된다. "주여, 당신의 뜻을 구하게 하시되, 먼저 당신의 뜻을 주소서."

칼빈은 "율법은 그분이 오실 때까지 그리스도 안에서 구속의 소망을 더하기 위해…주어진 것이다"라는 사상을 발전시키는 이 역사-구속적 관점을 좀더 완전히 구체화한다. 성경의 증거는 자명하다고 칼빈은 주장한다. 율법은 '더하여진 것'이다:

> 택한 백성을 그리스도에게서 떼어놓기 위해서가 아니라, 오히려 그가 오실 때까지 그들의 마음을 준비시키기 위해서이다. 또한 주를 향한 열정에 불을 놓기 위해서이며, 주를 향한 기대를 강화시키기 위해서이다. 이는 저희가 너무 오래 지체되는 것으로 인해 믿음이 약하여지지 않도록 하기 위해서인데…그리고 모세는 아브라함의 후손에게 하신 복된 약속을 없애버리는 율법 수여자가 아니다. 오히려 우리는 모세가 반복적으로 유대인들에게 상속자들인 그들의 선조들과 맺은 값없이 주신 언약을 기억하도록 한 것을 안다. 이것은 마치 그가(곧, 모세가) 언약을 새롭게 하도록 부르심 받은 사람인 것처럼 그렇게 한 것이다(『기독교강요』 II. 7. 1).

"율법의 마침"이 되시는 그리스도와 율법의 정황이 되는 언약뿐만 아니라, 레위 족속의 제사장들의 공들인 의식 속에서, 그리고 다윗 집안의 왕가의 족보 속에, "그리스도는 마치 이중의 거울 속에 있는 자처럼 고대인들의 눈앞에 나타나셨다"(『기독교강요』 II. 7. 2). 그리스도께서 책망하신 위선과 바울이 초대 교회에서 거부했던 율법주의의 위협 속에서, "우리는 하나님의 율법을 오용하는 증거와 자신을 정당화하려는 욕망과 관련된 죄의 증가를 보게 된다…(그러므로) 바울은 화산처럼 터져 나온 인간의 죄와 역동적인 구속사에 관심을 가졌다. 인간의 죄는 구속사 속에서 스스로를 드러내고 하나님의 목적에 종노릇하는 것이다"(Berkouwer, Sin, 179-80).

2. 율법과 복음

프란시스 쉐퍼는 "긍정적인 어떤 메시지를 시작하기 전에 부정적인 메시지를 더 해야 할 때가 있는데, 바로 우리 시대가 그런 시대이다"라고 주장했다. 곧, 사람들은 구원의 복음을 듣기 전에 죄인임을 확신하는 데 이르러야 한다. 율법의 무거운 손길은 복음의 자유하는 영향에 선행한다. 쉐퍼는 계속하여 말한다: "사람들이 종종 나에게 묻는다. 만약 당신이 기차에서 정말 현대적인 사람을 만나 복음에 대해서 그와 이야기할 시간이 오직 한 시간밖에 없다면 무슨 말씀을 하시겠습니까?"

> 그러면 나는 55분 중에서 50분을 부정적인 이야기를 하는데 사용하고…그리고 나는 10분에서 15분을 복음을 전하는 데 사용하겠다…왜냐하면 종종 한 사람이 부정적인 것을 이해하는 데는

많은 시간이 요하기 때문이다. 그리고 그가 만약 무엇이 잘못인지를 이해하지 못한다면, 그는 긍정적인 메시지를 듣거나 이해하려 하지 않을 것이다…우리는 한 사람이 자신의 병의 진정한 이유를 알게 하지도 않고 너무나 흥분해서 해답에 이르려고 한다(Death in the City, 70-71).

전략적인 면에서는 아마도 쉐퍼가 핵심을 지니고 있는 것 같다. 순서가 어떠하든 율법과 복음은 서로 분리할 수 없다. 하이델베르그 요리문답 제1부에서는 죄에 대한 지식에 관해 다루는 비슷한 주제가 상정되어 있다. 그것은 이렇게 질문한다. "어디로부터 우리의 죄와 불행을 아는가?" 그 질문의 답은, "하나님의 법으로부터이다." "구원"에 관한 제2부에 이르기 전에 이 요리문답은 구원의 교리를 자세히 설명한다. 그렇다면 우리는 이 이어지는 질문과 대답이 성경의 말씀에 나타난 규범적인 전략이라고 결론을 내려야 하는가? 꼭 그런 것 같지는 않다. 왜냐하면 이미 죄의 지식에 관한 본문 안에서 신앙고백은 "만약 우리가 하나님의 성령으로 거듭나지 않는다면"이라는 구절 속에서 복음의 메시지를 기대하기 때문이다(Q & A, 8). 율법과 복음은 그리스도인의 삶에서 늘 함께 한다. 복음이 없는 율법은 율법주의이다. 하나님의 뜻에 대한 명령이 없는 복음은 "값싼 은혜"이다.

죄에 대한 진정한 지식은 죄를 고백하는 순간에 진정한 모습에 이른다. 그러므로 이스라엘뿐 아니라 기독교 공동체 속에서 참회시편들은 매일의 영적 양식의 주재료였다. 아담 안에 있는 "옛 사람"이 우리 내부와 주위에서 후방의 싸움을 계속적으로 수행하는 것만큼, 하나님의 심판의 강력한 손길도 여전히 우리 위에 임한다. 모든 것을 관통하는 X선처럼 율법은 인간의 "비밀스런 범죄들"과 "숨은 허물들"을 드러낸다. 율법을 통해 일하시는 하나님은 "상한 심령"이야말로 하나님께서 "받으심 직한 제사"가 된다고 말씀한다. 왜냐하면 "상하고 통회하는 심령을, 오 하나님이여, 당신께서 멸시치 않으시리이다"라는 약속이 있기 때문이다(시 51:7). 하나님은 "높고 거룩한 처소에" 거하실 뿐 아니라 "통회하고 마음이 겸손한 자의 영을 소성케 하려 함이라"고 말씀하시기 때문이다(사 57:15).

심판과 은혜는 율법과 복음이라는 이중성 속의 통일성 속에 있는 축복을 통해 믿는 공동체의 삶 속에 합쳐진다. 이들의 밀접한 상호연관성을 마음에 깊이 새겨야 한다. 이는 우리가 구약은 율법, 신약은 복음이라고 이원론적으로 분리하여 구원의 두 길을 만드는 잘못을 막기 위해서이다. 성경은 이 둘 모두가 함께 분명 역사적 연계성이 있음을 지지한다. 이스라엘과 교회에는 오직 유일한 구원의 길이 있을 뿐이다. 오실 메시아에 대한 약속된 "복음"은 율법을 지키는 구약의 장막 아래 가려 있었다.

믿음의 조상들, 율법을 준 사람들, 예언자들, 그리고 시편기자들은 그리스도 안에 나타난 은혜와 영광을 미리 맛보고 즐거워했다. 이것은 그들 사이에 소급하여 나타난 것이었다. 칼빈이 말하듯이, 복음의 완전한 현재는 "그리스도 이전에 죽은 경건한 사람들을 성도간의 교제와 그리스도의 인격 속에 비추는 빛으로부터 배제하지 않는다." 비록 율법과 복음이 그리스도 안에서 합쳐져 통일성 속에 있는 두 개의 모습으로 드러나지만, 그들은 하나도 아니며 동일한 것도 아니다. 이 둘 사이에는 어떤 단절이 있다. 그것은 신구약성경 사이의 관점의 차이와 같다. 이는 "그림자와 같은 윤곽 속에서 얼핏 보이는 신비가 우리에게 드러나는 것이다"(『기독교강요』 II, 9, 1).

인간은 생애 내내 동시에 의로우면서 죄인인(simul justus et peccator) 존재로 남는다. 인간 안에서 죄악되며, 동시에 그리스도 안에서 의롭다. 이것이 진리라면 율법과 복음은 항상 혼합된 후렴구 속에 계속 그들의 목소리를 결합한다:

> 은혜에 관한 지식과 죄에 관한 지식은 함께 간다. 그들은 서로를 전제하고 강화한다. 회개가 없다면 기독교 신앙의 모든 논조는 음조를 상실하고 침묵을 지키게 될 것이다. 그 후 복음은 해방에 대한 놀라운 메시지에서 다소간 값싼 은혜의 자명한 이데올로기로 변한다. 만약 회개가 사라진다면 하나님의 자유로운 은혜의 경이와 기쁨도 사라질 것이다. 이런 이유로 회개는 회복의 길의 출발점에서 옆으로 비켜 선 분위기가 아니라 모든 기독교적 생활의 영속적인 기조가 되며, 매 주일 교회에서 의식적으로 고백하는 죄의 고백 속에 표현되는 기조음이다(Hendrikus Berkhof, Christian Faith, 429).

비록 율법을 들음으로 말미암아 유발된 오랜 회개가 영속적인 기조가 되지만, 그 함축적 의미는 우리에게 오셔서 "복음의 옷을 입히신" 그리스도의 값없이 주신 의에 의해 정해진다(칼빈). 우리는 율법에 의해 겸손하게 되며 복음에 의해 함께 높아진다. "마치 먼 나라에서 집으로 돌아온 탕자처럼 떠나간 아들과 또 한 아들 모두에게 회복의 권리와 아들의 권리를 회복시켜 주신다"(Thielicke, *The Evangelical Faith*, Vol. II, 189). 하이델베르크 요리문답의 말로 하자면, 매일의 회심은 고행과 소생을 포함하기 때문에(Q & A, 88) 율법은 반드시 "엄격하게 선포되어야 하며…우리의 전 인생에 걸쳐서 그러해야 한다"(Q & A, 115). 이런 내적 긴장에 사로잡힌 우리는 바울과 같이 외치지 않을 수 없다. "오호라, 나는 곤고한 사람이로다!" 그러나 이러한 지속적인 투쟁 가운데서 우리는 또한 바울과 같이 영광의 찬송에 동참할 수 있다. "우리 주 예수 그리스도 말미암아 하나님께 감사하리로다!"(롬 7:24-25) 이는 "거대한 변화"(루터)가 발생했기 때문이다. 그리스도께서 우리를 위해 내어주신 바 되었다(빌 3:7-16). 틸리케는 재판 법정에서 율법과 복음의 연합 작용을 구체화한다:

> 이제 항상 나는 하나님을 위해 존재하는 사람이다. 내 육체적 존재 속에서 나는 율법으로는 그가 정죄하시지만 나의 양심은 나를 변호하는 사람이었다(하나님은 검사이시며 나의 마음은 변호인이었다). 그러나 이제 하나님이 나를 변호하시고 내 양심은 나를 정죄하는 사람이다(마음은 검사이고 하나님은 변호인이시다). 정체성의 변화는 고소와 변호의 뒤바뀜 속에 나타난다…믿음 그 자체는 하나님의 변호에 의한 것만을 받아들인다. 그것은 이유를 찾을 수 없는 변호이며 기적과 같이 임할 뿐이다…(The Evangelical Faith, Vol. II, 189-90).

"하나님을 아는 이중의 지식"에 관해서 칼빈이 말한 것, 즉 창조주 하나님과 구속주 하나님은 여기서도 역시 적용된다. "이들은 많은 관계로 묶이지만, 한 가지가 선행하고 나머지가 나타나는 것은 쉽게 구분할 수 없다"(『기독교강요』 I, 1, 1). 그러나 율법과 복음은 동일한 것이 아니다. 왜냐하면 "율법은 모세를 통해 주어졌고, 은혜와 진리는 예수 그리스도를 통해 임하였기" 때문이다(요 1:17). 이제 나아가서 우리는 칼빈에게 "올바른 가르침의 질서"를 호소할 수 있다. 이 경우에 그것은 훈육적인 질서이다. 경험적으로 율법과 복음은 삶을 통해 손을 맞잡고 간다. 그럼에도 더 분명한 분석을 위해 따로 떼어 생각할 수도 있다. 그러므로 이것을 명심하고 우리는 다음 두 단계의 논의를 진행할 것이다.

3. 그리스도께 이르는 "가정교사"로서의 율법

이 사상을 피력하며 루이스 벌코프는 율법이 그리스도인들에게 "그리스도께로 인도하는 몽학선생이요, 그러므로 하나님의 은혜로운 구속의 목적에 도움이 되게" 한다고 말한다(Systematic Theology, 614). 율법을 우리의 "몽학선생", "후견인", 또는 "선생"으로 묘사하는 것은 바울에게 근거한다(갈 3:24). 기독교적 삶에 있어서 율법의 역할에 대한 바울의 가르침은 그가 반대했던 유대주의적 관점의 실천과는 날카롭게 구분되어야 한다. "갈라디아서의 거의 전 논쟁은 바로 이 점을 향한다"고 칼빈이 말했다(『기독교강요』 III, 19, 3).

바울은 "오 어리석은 갈라디아 사람들아! 누가 너희를 꾀었느냐…"(갈 3:1)고 묻는다. 바울은 그들이 그리스도 안에서 얻은 값비싼 자유에서부터 떠나려는 경향에 마음이 심히 상했다. 그들은 믿음만으로 의롭게 되는 진리를 행위로 말미암는 의의 망상으로 변하게 하는 위험에 처해 있었다. 그러므로 전에 종노릇하던 율법주의로 다시 미끄러져 돌아가고 있었다. "그 어떤 사람도 하나님 앞에 율법으로 의롭게 될 수 없다." 게다가 "누구든 율법의 행위를 의지하는 자는 저주 아래 있다"(갈 3:10, 11). 칼빈은 바울의 싸움은 "기독교회에 그리스도의 오심으로 말미암아 폐지된 율법의 옛 그림자를 다시 소개하려는 거짓 사도들"과의 싸움이라고 했다. 이것은 사소한 문제가 아니다. 왜냐하면 "복음의 명료함이 이러한 유대주의적 영향 때문에 불명료하게 되었기 때문…"이다. 그러므로 그들의 주장은 보통 사람들에게 이 순종이 분명 하나님의 은혜를 받기에 합당하게 사용된다는 아주 악한 생각으로 물들게 하였기 때문에, 바울이 여기서 믿는 자들은 그 어떤 율법의 행위로도 하나님 앞에 의를 얻을 수 있다고 생각해서는 안 된다고 강하게 주장한다.

행위란 하찮은 시작으로 말미암는 적은 행위일 뿐이다. "그리스도의 십자가를 통해 (우리가) 율법의 정죄로부터 자유하며, 이것을 믿지 않으면 그 저주는 모든 사람 위에 임한다(갈 4:5). 따라서 (우리는) 그리스도 한 분께만 전적인 신뢰를 둘 수 있다…그러므로 의를 얻기 위해서 조금이라도 어떤 행위를 해야 한다고 생각하는 사람은 이것의 양과 한계를 정할 수 없으며, 단지 전 율법에 대해 자신을 빚진 자로 만들 뿐이다." 따라서 이것이 우리를 어디에 남겨 놓는가? "그러면 율법이 하나님의 약속과 반대되는가?" 바울은 자문자답 속에서 이렇게 대답한다. "절대 그럴 수 없다!"(갈 3:21) "그리스도 안에서" 율법은 폐하여진 것이 아니다. 이는 '내가 율법이나 선지자나 폐하러 온 줄로 생각지 말라 폐하러 온 것이 아니요 완전케 하려 함이로다"(마 5:17)라고 말씀하신 분은 그리스도이시기 때문이다. 이러한 성경의 증거가 칼빈으로 하여금 아무도 바울과 유대주의자들 사이의 논쟁으로부터 "율법이 믿는 자들에게는 불필요하다"라고 주장해서는 안 된다고 말하게 하였다. 왜냐하면 "율법은 선한 것을 가르치고 독려하고 요구하는 것을 멈추지 않기 때문이다. 심지어 비록 하나님의 심판석 앞에서 인간의 양심에 율법의 자리가 전혀 없더라도 그러하다"(『기독교강요』 III, 19, 2). 율법은 결코 죽은 문자가 아니다. 사실 "율법으로 말미암지 않고는 내가 죄를 알지 못하였으니"(롬 7:7)라고 바울은 말한다.

하늘과 땅이 유지되는 때까지 하나님의 법은 그의 모든 피조물들에게 충만한 규범이 된다. 율법을 통해 우리의 창조주께서는 모든 인간을 향한 당신의 명령을 유지하신다(롬 2:12-16). 사람들은 어디서나 마땅히 되어야 할 일과 현재의 일 사이의 현저한 모순을 알고 있다. 분명 종교-도덕간의 연계되어야 할 필요가 있는 간격이 있다. 그것은 화해해야만 하는 "적"이다. 이와 같이 오류와 악행에 대한 어떤 개념은 비록 무디고 오염되어 있거나 왜곡되어 있을지라도, 인간 주위에 맴도는 실재로서 존재한다고 하나님의 법은 주장한다. 헨드리쿠스 벌코프는 이렇게 말한다:

> 한 사람의 죄책 어린 실패를 가리키는 단어가 없는 문화나 언어는 하나도 없다…그러나 죄를 범한 사람들 앞에 그러한 생각은 엄청나게 변화한다…죄의 실체는 한 사람이 죄를 짓는 것에 대한 가치관을 변화시킨다. 이런 이유로 모든 사람이 죄를 알고 있다고 해도 그것에 호소할 수는 없다 (Christian Faith, 193).

죄에 대한 진정한 지식은 이스라엘과의 언약 속에서와(갈 3:17) 그의 아들을 보내심 속에서(갈 4:4, "율법 아래 나게 하심은") 의로운 계명을 주신 하나님을 만날 때 나타날 수 있다.

율법은 그 중요성을 조금도 잃지 않았다. 이것은 산상수훈에서 풍성하게 드러난다. 그곳에서 우리 주님은 율법의 의미를 깊게 하셨고, 율법을 폐지하거나 긴장을 풀지 않으셨다. 대신 그분은 신약 시대의 구속의 언어로 율법을 상황화 하시고 재천명하셨다. 이러한 기독론적 완성의 상황 안에서도 율법은 여전히 죄를 드러내는 역할을 유지한다. 율법은 그 부정적인 영향을 하나도 잃지 않았다. 율법을 가르치는 목적은 "모든 것을 죄 아래 놓기" 위함이다(갈 3:22). "선생", "후견인", "감독" 그리고 "몽학선생"으로서 율법은 하나님의 긍휼하심 앞에 아무것도 없이 남아 있게 한다. 바울 시대에 "선생"은 그리 존경받지 않는 사람이었다. 그들은 일반적으로 종들이었으며, 고용된 "후견인"으로서 그 임무란 "감독"으로서 거친 소년들을 훈련하고 사회적 기대에 부응하는 사람들로 키우는 것이었다. 그러므로 죄를 드러내는 기능 속에서 "율법은 믿음을 위한 평화로운 준비는 되지 않는다. 오히려 율법은 인간을 저주와 죽음과 노예상태 아래 있게 한다"(Berkouwer, Sin, 169). 율법은 근본적으로 모든 자기 의의 근거를 잘라 버린다. 이것이 율법을 사용하여 자기를 의롭게 하려는 자들에 대한 바울의 분노를 설명해 준다. 하나님의 선한 율법은 죄악된 우리 안에 역사하여 "죄로 심히 죄 되게 하려"(롬 7:13) 한다.

이것이 우리가 하나님의 법이라는 거울을 들여다 볼 때 아는 것(혹은 적어도 알아야 할 것)이다. 그러나 거울보기는 자동적으로 정직한 자기 반성에 이르게 하지 않는다(약 1:23-24). 따라서 단순히 이 거울을 가지고 있는 것만으로 반드시 죄에 관한 진정한 지식을 가지게 되는 것은 아니다. 오히려 율법의 의도된 사용과는 정반대로 자기만족에 빠질 수 있다. 매우 극적인 어떤 것이 이 거울에 '비친 자기 모습을 본" 사람에게 발생한다. 그는 이 거울이 하나님의 완전한 법으로서 우리의 삶에 전체적인 책임을 지우는 것이라는 것을 알아야 한다. 얼굴과 얼굴을 마주 대하여 볼 때 우리는 우리가 진정 누구인지를 알게 되고, 우리의 죄가 진정 무엇이었는지를 알게 된다. 율법 속에서 우리가 하나님을 만나고, 복음의 메아리를 들을 때에만 행복한 결과가 드러난다.

벌카우어가 지적하듯이, 우리는 "하나님 없이 율법으로부터 우리의 죄에 관한 지식을" 뽑아낼 수 없다. 곧, "율법에 관한 지식"과 "그 의미와 목적은…하나님의 가장 심오한 의도를 떠나서는 결코 얻을 수 없다." 창조주가 없으면 율법은 "형식적 규례"로 변한다. 그러므로 "지식의 길은 복음과의 관계에서, 또한 복음의 관점에서만 들어설 수 있다"(Sin, 180-82). 결국 궁극적으로 복음은 우리가 거울을 의미 있게 바라볼 때 우리의 시야를 고정시킨다. 구속사 안에서 그리스도는 실상 "율법의 마침"이 되신다. 그러나 그는 또한 경험적으로 율법의 "시작"이시다. 그리스도 안에서 우리는 진정한 죄의 지식에 이른다. 자기를 밝히는 이러한 해방의 과정이 드러날 때, "우리는 율법이 우리 안에 행하신 이미 일어난 일을 이야기할 수 있다…그러나 그것이 어떻게 일어나는가? 사실 우리가 항상 하고 있던 반항을 여기 있는 이 사람이 어떻게 하지 않을 수 있는가?" 대답은 한 가지이다:

> 율법은 하나님의 명하시며 심판하시는 말씀으로서 우리에게 다가온다…율법은 개혁주의 신앙고백에 있어 매우 중요하며, 성경 십계명에 언급되었던 구절에 나타나 있다. "그리고 하나님께서 이 모든 말씀을 하셨다." 율법은 나를 강하게 하셨다(Weber, *Foundations of Dogmatics*, Vol. I, 589).

기준을 낮추거나("…하늘에 계신 너희 아버지처럼 너희도 온전하라", 마 5:48), 혹은 인간의 업적을 부풀린다면("…나는 다른 사람들과 같지 아니함을 감사하나이다…", 눅 18:11), 죄에 대해서 부드러워지는 것이 가능하다. 그리고 만약 우리가 특별한 한두 개의 계명의 관점에서 우리 자신이 죄 없는 것처럼 율법의 정죄를 피해 보려 한다면, 우리는 이 계명들의 중심에 날카롭게 집중되어 흐르는 사랑의 계명으로 싸워야 마땅할 것이다. 하나님을 네 마음을 다해 사랑하고 네 이웃을 네 몸과 같이 사랑하라! 이 요약 속에 "십계명"과 많은 다른 주님 "법"과 "율례"들은 모두 하나의 전(全) 포괄적이고 통일된 계명이 된다. 왜냐하면 "사랑은 율법의 완성"이기 때문이다(롬 13:10). 이 앞에서 인간은 벌거벗은 채, 가면을 벗고, 적나라하게 드러나, 우리의 모든 자기 정당화의 수단을 잃은 채 서게 된다. 그러므로 조금이라도 자기 의를 추구하려는 절박한 시도 속에서 "하나님의 법이 많은 법들로 나눌 때", "교제와 사랑을 가진 하나님의 단일한 명령의 의미는 더 이상 이해되지 않는다"(Berkouwer, *Sin*, 183). 왜냐하면 기본적으로 하나님의 법은 하나로 구성되었기 때문이다.

4. "율법의 마침"으로서 복음

칼빈의 말대로 "…율법 아래서 그리스도는 항상 거룩한 조상들 이전에 위치하며, 그들이 믿음으로 행해야 할 목적이 되신다." 왜냐하면 "복음은 구원의 다른 방식으로 나타나 전 율법을 대신하는 것이 아니기 때문이다. 오히려 복음은 율법이 약속한 것은 무엇이든 확증하고 만족시킨다. 그리고 그림자에 실체를 준다"(『기독교강요』 II, 6, 3; II, 9, 4). 율법은 복음 안에서 자신의 목적에 이른다. 왜냐하면 "복음은 율법을 정죄하지 않고 도리어 완성하기 때문이다"(Otto Weber, *Groundplan of the Bible*, 49). 믿음으로 우리는 하나님의 살피시는 눈이 우리의 모든 악한 속내를 다 들여다 보신다는 것을 안다. 그러나 그가 여전히 우리를 사랑하신다는 놀라운 사실도 안다. 결국 궁극적으로 "죄에 대한 지식은 믿음의 지식이다"(Hendrikus Berkhof, *Christian Faith*, 194).

율법을 통한 죄에 대한 지식과 복음을 통한 은혜에 관한 지식은 똑같은 것은 아니다. 그러나 하나가 없이 다른 것을 가질 수 없다. 이것은 회개와 믿음의 삶을 통해 함께 동행한다. 우리는 하이델베르그 요리문답을 통해 우리의 믿음의 역사 과정이 있음을 기억해야 한다. 그것은 세 부분, 곧 "죄, 구원, 그리고 봉사"이다. 이들은 그리스도인이 성숙에 이르는 연속적 단계는 아니다. 죄와 고난의 계곡에서 하나님의 심판의 응징을 견디는 것이 선행될 때 구원과 봉사의 더 높은 단계로 상승한다. 그럼에도 이 세 순간들은 함께 동행하고 그리스도인의 삶과 함께 성장한다. 그러므로 율법은 복음을 받아들이는 길의 선행하는 준비 단계가 아니다. 회개는 믿음의 집에 들어가는 진입로가 아니다. 칼빈은 이 점을 다음과 같이 말하며 강조한다. "우리가 믿음으로 회개하는 것의 기원을 말할 때, 우리는 그 회개를 낳게 한 어떤 시공간을 상상하지 않는다. 그러나 인간 자신이 하나님께 속했다는 것을 알지 못한 채 진지하게 회개할 수 없다는 것을 보여 준다"(『기독교강요』 III, 3, 2).

죄와 은혜, 율법과 복음에 대한 이러한 사고들은 칼빈이 『기독교강요』의 II, 7,

6-12에서 논의했던 "율법의 세 가지 용법"의 잘 알려진 교리에서 드러난다. 칼빈은 역순으로 이것들을 살펴보면서, "세 번째 중요한 용법이야말로 가장 율법의 목적에 적합하다고 주장했는데, 이 제3의 용법은 하나님의 성령께서 신자들의 마음속에 살아 계시고 다스리시는 것에 그 자리를 찾는다." 그리고 율법의 "두 번째 기능은…악한 행동들을 억제하고 아직 믿지 않는 사람들을 위한 것이다." 율법의 첫 번째 용법은 "하나님의 의로우심을 드러내며…곧, 하나님께만 열납되는 의로움이다. (왜냐하면) 이것은 모든 인간의 불의에 대해서 경고하고, 지시하고, 확신시키며, 결국에는 정죄하기 때문이다…율법은 거울과 같다." 게다가 율법은 "우리의 죄성을 드러내고 하나님의 도움을 구하게 한다." 율법의 목적은 믿음으로만 의롭게 되도록 하는 것으로서(『기독교강요』 III, 11), 우리로 기독교적 자유를 즐기도록 하기 위함이다(『기독교강요』 III, 19). 그러므로 "그리스도 안에서만 홀로 완전한 확신을 누린다." 칼빈의 순서로 돌이켜 율법의 세 번째 중요한 기능은 "첫 번째 용법에 의지하는" 것인데, "양심은 율법을 지키는데, 이는 율법의 필요에 따라 강제로가 아닌, 율법의 멍에에서 해방되어 기꺼이 하나님의 뜻에 순종하는 것이다."

분명 율법의 훈육적인 (첫 번째) 기능과 규범적인 (셋째) 기능은 복잡하게 상호 관련되어 있다. 그러므로 벌카우어에 따르면, "죄와 복음의 관계를 우리가 명심하게 되면, 왜 율법과 복음의 통일성이 죄의 지식에 있어서 결정적으로 중요한지를 알 수 있게 된다." 그러므로 율법의 "교훈적인" 기능은 "율법의 의미와 결코 떨어질 수 없고 또한 율법의 마침인 복음의 가르침과도 떨어질 수 없다…왜냐하면 이 두 기능들을 수행하는 율법은 이 둘을 동시에 수행하며 하나님의 한 율법 속에 이 둘은 결합한다." 그 안에서 "인간의 죄는 설명되고 포기된다. 그리고 순종의 방편이 다시 한 번 지적된다." 그러므로 하나님의 법은 "정죄하며 방향을 제시하는 하나의 계명으로" 우리에게 드러난다. "부정적으로는 금지하며 긍정적으로는 결합한다"(*Sin*, 186, 185, 165). 그러나 "중요한 용법"으로서 율법은 기독교 공동체 내에서 생명에 대한 지침서를 제공한다. 하이델베르그 요리문답은 율법의 세 번째 의미를 감사하는 인간의 봉사에 관련시켜 설명함으로써 이 점을 강조한다.

세계 3분의 2에 살고 있는 우리의 형제 자매들에게 죄와 악의 무시무시한 실재를 확신시키는 데는 긴 말이 필요 없다. 그러나 "과도하게 발전한 서구"에 살고 있는 우리는 인간의 인본적, 세속적 진보 사상에 너무나 심취해서 종종 "우리의 죄와 곤경이 얼마나 큰지를" 알게 하는 강력한 신앙문답 설교를 행한다. 하이델베르그 신앙을 고백했던 선조들의 삶의 상황은 종종 우리를 괴롭히는 위로와 찬사보다도 제3세계 그리스도인들의 상황에 더 가깝다. 그러나 이러한 괴로운 시절 가운데 있던 그들도 만약 우리가 "더욱더 하나님의 형상을 따라 새로워질 수만" 있다면 율법에 대해 "엄격한 설교"를 해야 한다고 요청하였다(Q & A. 115). 그러므로 과도하게 배가 부른 서구인들인 우리는 헨드리쿠스 벌코프의 말이 우리의 양심에 깊이 침잠하도록 해야 할 의무가 있다. 이스라엘과 그리스도 안에서 행하신 하나님의 행위는,

> 인간의 존재를 전제한다. 그리고 이러한 행위 속에서 인간은 하나님의 거룩한 사랑의 명령을 거역하고, 그의 왕국의 원수들이 되어 버린 잃어버린 자식들이다. 이것은 참혹하며 전적으로 기대치 못했던 발견이다. 우리는 이 하나님을 만났던 이스라엘이라는 상징적이며 근본적인 장소가 없이는 이 상황을 알 수 없을 것이다. 그리고 구속사의 절정인 그리스도의 십자가가 없이도 이것을 알 수 없을 것이다. 왜냐하면 십자가가 우리에게 말씀해 주는 것이 무엇이건 간에, 그것은 인간이 하나님 앞에 설 수 없으며, 만약 하나님께서 우리에게 가까이 오시면 죽을 수밖에 없다는 것을 분명히 증명해 주기 때문이다…예수 안에서 행하시는 하나님을 본 자에게, 그리스도의 십자가는 분명 우리가 근본적으로 그리고 전체적으로 하나님과 결별해 있다는 증거가 된다. 십자가 사건 이래로 더 이상 인간에 대해 낙관적으로 생각하기는 불가능한 것이다. 그리고 인간 자신의 선한 잠재력과 가능성을 가지고 구원을 기대하기는 불가능하다(*Christian Faith*, 193).

이는 십자가가 단번에 그리고 동시에 우리를 향한 하나님의 가장 놀라운 찬사와 우리 위에 내려진 가장 큰 정죄를 말해 주기 때문이다. 하나님의 가장 놀라운 찬사란 하나님의 손으로 빚으신 피조물인 인간의 가치를 드러내는 것이며, 하나님의 가장 큰 정죄란 인간을 다시 값 주고 사는 위대한 희생을 드러내는 것이다.

Reformational Theology

제4부

구원의 길

Reformational Theology

들어가는 서언

구원계획은 하나님이 타락한 피조물을 그 원래의 상태로, 또 원래 의도하셨던 모습으로 회복시키는 방법을 보여 준다. 그 목적을 이루기 위해 하나님께서는 우리의 소외된 세상의 사건들 속으로 그리스도를 통해 구속적으로 간섭해 들어오셨다. 그 능력 있는 화해의 사역은 아직도 진행되고 있다. 결정적인 전투는 십자가와 부활을 통해 이미 치러졌고 승리가 결정되었다. 원칙적으로 말해서 전쟁은 끝났고 그 결과는 이미 확정되었다. 그러나 후위에서는 아직도 치열한 소규모 전투들이 계속되고 있다. 이 정복전쟁에 있어서 하나님께서는 이스라엘을 교두보로 선택하셨다. 구원의 길을 따라 전진하고 있는 "말세"의 신자들로서, 우리는 공통적인 순례여행 중에서 과거의 사람들이 갔던 길을 어깨너머로 돌아보게 된다. 그것은 하나님이 이스라엘과 함께 하셨던 길이다.

제1장 유일한 길

우리가 본 바와 같이 율법과 복음은 하나의 구원의 길에서 만난다. 모두 66권으로 이루어진 신구약성경은 약 40명의 저자들에 의해 거의 1,500년의 기간 동안 기록된 책이다. 그것은 전개되고 있는 하나의 구원 드라마에 대한 기록이다. 그 드라마는 장을 거듭하면서 오르내림을 반복하지만, 모든 것들의 마지막 성취를 향해 종말론적 행진을 계속하고 있다. 그러므로 우리는 하나님께서 하나로 이어 놓으신 것을 인위적으로 두 조각으로 나누고 있는 셈이다. 그것은 우리에게 해가 될 뿐이다. 구약을 무시하고 신약만의 드라마를 보여 주는 자들은 결국 두 가지 모두를 잃게 된다. 서구 기독교의 기록들은 성경 이야기의 단일성을 이런 식으로 파괴했던 운동들에 대해 풍부한 증거들을 보여 주고 있다. 과거에 마르시온(Marcion, 주후 약 150년경)을 추종하는 자들이 있었는데, 그는 구약 전체와 신약의 많은 부분을 열등하고 복수심에 불타는 유대적인 신의 것으로 돌려버렸다.

초대교회에는 영지주의자들이 있었는데, 그들은 기독교의 "영적" 덕목들에 대해서는 극찬을 아끼지 않은 반면, 히브리적 신앙의 "육적" 요소들에 대해서는 이를 무가치한 것으로 완전히 무시해 버렸다. 우리 시대에도 세대주의자들이 있는데, 그들은 성경 이야기를 날카롭게 서로 대조되는 몇 개의 시대들로 구분하며, 각 시대는 서로 다른 구원의 방법을 가지고 있었다고 주장한다. 칼빈 역시 그의 시대에 그와 같은 "전염병과 같은 무리들"이 있었다고 증언하고 있다(『기독교강요』 II, 10-11).

루터교 전통에 있어서도 "율법"으로서의 구약과 "복음"으로서의 신약이 날카롭게 구분됨을 통해 성경적 계시의 단일성이 종종 심하게 훼손되곤 했다.

성경 자체는 그 메시지에 대한 이와 같은 구분을 거부하고 있다. 성경은 그 전체가 하나로 되어 있다. 성경의 각 부분이 서로 다른 부분을 지적해 주고 있는 놀라운 교차대조의 패턴은 많은 이야기들을 관통하여 흐르고 있는 하나의 중심적 이야기를 반영해 주고 있다. 하나님이 세상을 다루신 방법을 보면 그 배후에 하나의 동일한 인격체가 있었다는 것을 알게 된다. 구약의 말씀들은 이런 통일성을 반복해서 보여주고 있다: "이스라엘아 들으라 우리 하나님 여호와는 오직 하나인 여호와시니…", "나는 하나님이라 다른 이가 없음이니라…", 그러므로 "너희는 삼가 행하여 좌로나 우로나 치우치지 말고." 신약과 구약 사이에는 유기적인 발전관계가 존재한다. 이런 관계에 비추어 볼 때 통일성이라는 모티브는 신약에 있어서 오히려 더욱더 분명하고 풍부하게 나타나고 있다: 바울은 "한 몸", "한 성령" 그리고 "한 소망"에 대해 말한다. 그의 진술은 "주도 하나이요 믿음도 하나이요 세례도 하나이요 하나님도 하나이시니 곧 만유의 아버지시라 만유 위에 계시고 만유를 통일하시고 만유 가운데 계시도다"(엡 4:4-6)라는 구절에서 절정을 이룬다. 이 비전에 있어서 믿음의 가족 속에는 아브라함의 자손들뿐 아니라 그리스도를 따르는 자들도 포함된다. 왜냐하면 아브라함은 모든 신자들의 아버지이기 때문이다. 이제 그리스도 안에서 아브라함의 복이 이방인들에게도 미치게 되었다(갈 3:14).

초대교부였던 이레네우스(Irenaeus, 주후 약 130-200년경)는 마르시온 신학과 영지주의 신학에 대해 강하게 반대했다. 그들은 성경적 계시의 소위 말하는 "천상적" 부분들과 "지상적" 부분들 사이에 깊은 쐐기를 박아 넣었다. 그는 신구약성경의 통일성에 대해 다음과 같이 적절하게 말했다:

> 처음부터 그의 작품들과 함께 존재하고 있는 하나님의 말씀(Word)은, 아버지(Father)가 원할 때 아버지가 원하는 방식에 따라, 그분이 원하는 모든 자들에게 아버지를 계시해 준다. 그러므로 모든 것 속에, 모든 것들을 통하여 오직 한 분의 하나님 아버지, 하나의 말씀(Word), 하나의 성령이 계시며, 그를 믿는 모든 자들에게 하나의 구원이 있다. …(왜냐하면) 한 분의 동일한 가장(家長)으로부터 언약들과 하나님의 말씀(Word) 모두가 비롯되었기 때문이다. 하나님의 말씀은 우리 주 예수 그리스도이시고, 그분이 아브라함과 모세 모두에게 말씀하신 분이시다(*Against Heresies*. IV. 6. 6; IV. 9. 1).

헨드리쿠스 벌코프는 이렇게 말한다. "그 철저성 때문에 이 문제에 대한 칼빈의 논의는 영속적인 중요성을 갖는다"(*Christian Faith*, 223). 칼빈은 구약의 신자들도 "동일한 중재자의 은혜로 말미암아 우리와 함께 공동의 구원을" 상속받았다고 주장한다(『기독교강요』 II, 10, 1). 칼빈은 "이 점에 주의하는 것이 중요하다"고 말한다. 왜냐하면 비록 그가 신구약 사이의 "차이점들을 거리낌없이 받아들이지만", 그런 구분은 "(성경의) 확립된 통일성에서 벗어나지 않는 그런 방법으로" 이루어져야 하기 때문이다(『기독교강요』 II, 11, 1). 그러므로 칼빈의 주장은 이런 것이다. "모든 족장들과 맺은 언약들은 그 본질과 실체에 있어서 우리의 것들과 너무나 닮았기 때문에, 그 두 가지는 실제로 하나이며 동일한 것이다"(『기독교강요』 II, 10, 2).

언약사에 관한 그의 훌륭한 책을 소개하면서 드 그라프(S. G. De Graaf)는 동일한 내용을 다음과 같이 강조하고 있다. 그는 성경 이야기들을 들려줄 때 도움이 될 유용한 방법들을 설명하면서 교사들에게 다음과 같이 말한다:

…여러분이 구약에 대해 말하고 있건 신약에 대해 말하고 있건 여러분의 이야기들은 (그리스도)에 관한 것이어야 합니다.…구약은 앞으로 오실 그리스도에 관한 책인 반면 신약은 이미 오신 그리스도에 관한 책입니다.…(그러므로) 성경의 모든 이야기들은 우리의 구원을 위한 하나님의 계획의 일부를 드러내 주고 있습니다. 비록 모든 이야기들이 약간씩 다르게 그것에 대해 말하고 있긴 하지만 말입니다. 그리고 모든 이야기들에 있어서 하나님이 주연 배우입니다. 그분은 구원자로서의 행위들을 통해 자신을 드러냅니다.…중재자(Mediator) 속에서의 구원이 모든 이야기들 속에서 우리에게 계시되고 있습니다. 하지만 그렇다고 해서 모든 이야기들 속에 구원의 전 과정이 가시화되어 있다는 것은 아닙니다.…(그러나) 구원의 씨앗은 구약의 모든 이야기들 속에 존재하고 있습니다. 우리는 그것을 발견해 내기 위해 신약의 빛을 사용하는 것입니다(*Promise and Deliverance*, Vol. I, 18-21).

메시아가 모든 성경을 하나로 묶어 주는 주제로서 성경의 중심적 초점이라는 사실은 다음의 글에 잘 요약되어 있다:

구원의 역사로서의 성경은 시작들과 마지막들에 대해 이야기하고 있다. 성경은 하나님의 서로 연관이 없는 행위들과 말씀들의 기록이 아니다. 성경은 그 속에서 여러 다양한 사건들, 말씀들, 그리고 응답들이 서로에 대해 근본적인 상관관계를 갖고 있는 그런 기록이다. 거기에는 단일한 구원계획이 존재하고, 계시 전체는 그 방향을 지적하고 있다. 그러므로 성경에 기록되어 있는 구원의 역사는 예수 그리스도 안에서의 하나님의 구원의 계시라고 특징지어질 수 있다. 처음부터 끝까지, 역사의 처음부터 그 나라의 마지막 임함까지, 구원의 역사는 예수 그리스도를 향하여 나아가고 또 그로부터 흘러나온다. 그러므로 성경에 포함되어 있는 엄청난 다양성을 올바로 이해하는 유일한 방법은 그것을 예수 그리스도와 관련하여 해석하는 것이다. 그분이야말로 모든 것을 하나로 묶는 주제이다("The Nature and Extent of Biblical Authority", 24-25).

제2장 하나님께서 이스라엘을 다루시는 방법

하나님께서 그리스도 및 그를 따르는 자들을 다루시는 방법이 신약 계시 전체를 꿰뚫는 중심주제이듯이, 그 이전에 하나님이 이스라엘을 다루셨던 방법이야말로 구약의 구속 역사의 핵심이다. 그 구원계획의 전개는 적어도 다음과 같은 면들을 포함하고 있다: 아브라함을 부르신 하나님의 새로운 시작의 보편적 배경, 선택된 백성으로서의 이스라엘의 임무, 이스라엘로부터 교회로 흐르는 노선, 언약사로서의 구약, 기독교 공동체의 영속적인 정경으로서의 히브리 성경의 위치와 역할.

1. 이스라엘의 "선(先)역사"

선택받은 백성으로서의 이스라엘의 역사는 주전 두 번째 천년기에 아브라함을 부르심으로 시작되었다(창 12장). 이것은 성경 계시에 있어서, 얼른 봐서는 별로 중요한 것처럼 보이지 않지만 대단히 중요한 전환점을 이루는 사건이다. 그러나 이 사건을 통해 구원역사가 비로소 시작된 것은 아니다. 그 시작을 발견하려면 다시 역사를 거슬러 올라가서 실낙원 사건 때 주어진 "첫 약속"(창 3:15)을 살펴야 한다. 아담을 통한 "새로운 시작"과 아브라함을 통한 "새로운 시작"의 사이에는 또 다른 "새로운 시작"이 존재한다. 그것은 하나님께서 노아 시대 때 홍수로부터 인류를 보존해 주신 사건이다. 이 모든 것은 인류의 보편 역사에 속한다. 저자는 펜을 빠르게 움직여 인류 역사의 절반이 넘는 기간을 간단히 서술하고 있다. 그는 아담으로부터 노아를 거쳐 아브라함에 이르는 셀 수 없이 많은 세대를 하나의 끊이지 않는 족보상의 선으로 연결해 주고 있다. 이야기의 빠른 진행이 암시하는 것은 기자가 어서 속히 족장들에게 도달하기 위해 서두르고 있다는 것이다. 창세기 1-11장은 그러므로 이스라엘의 "선(先)역사"로 볼 수 있다.

아브라함의 부르심의 배경을 이루는 이 보편적 조망은 그러나 영속적인 중요성을 갖고 있다. 그것은 이스라엘이 세상에 대한 하나님의 종국적 관심사가 아니라는 사실을 상기시킨다. 비록 거의 이천 년의 기간 동안 하나님의 메시아적 관심은 이 선택된 백성에게 그 초점이 맞추어져 있었지만, 구원에 있어서 하나님의 궁극적 목적을 반영하고 있는 것은 이런 히브리적 배타주의가 아니라 그보다 더 이전에 존재했던 보편적 조망이다. 이런 보다 넓은 시야는 창세기 10-11장의 "국가들의 등기부"에 명확하게 묘사되어 있다. 그곳에 어엿하게 수록된 다수의 낯선 이름들은 이런 비(非)이스라엘 민족들이 하나님의 구원 계획으로부터 영원히 제외되지는 않을 것이라는 성경적 원칙을 표현해 주고 있다. 주님께서 "그의 백성들을 등록하실" 때, 그분은 "(시온에서) 난 자들"뿐만 아니라 바벨론, 블레셋, 두로, 그리고 에티오피아 사람들까지도 그 안에 포함시키고 있다(시 87편). 그리고 결국 오순절이 이르렀을 때, 오래도록 변두리에 머물러 있던 이 모든 다른 민족들이 다시 중앙 무대로 돌아옴을 통해 하나님이 원래 갖고 계셨던 보편적 조망이 다시 등장하게 된다(행 2:8-11).

2. 선택된 백성

"오직 너희는 택하신 족속이요 왕 같은 제사장들이요 거룩한 나라요 그의 소유된 백성이니…"(벧전 2:9). 이 구절은 이스라엘 백성을 연상시키지만 사실은 교회에 대해 말하고 있다. 이 구절이 포함하고 있는 진리는 구약과 신약 사이에 다리를 놓아 주고 있다. 이스라엘에게 있어서나 교회에 있어서나 하나님이 그들을 선택하신 그 사랑은 전적으로 분에 넘치는 호의에 의한 것이다. 그것은 성취가 아니라 다만 선물이다. 그러므로 그것은 자아를 확대하는 특권이라는 개념을 철저히 배척한다. 그것은 우월감 콤플렉스가 생길 여지를 허용하지 않는다. 하나님의 주권적 은혜는 오히려 섬김으로의 긴박한 부르심이라고 할 수 있다. 그것은 심지어 희생과 고난으로의 부르심이며, 분명히 이런 풍요를 다른 이들과 함께 나누라는 부르심이다. 베드로가 초기 그리스도인들에게 상기시키고 있듯이 그들이 선택된 것은 "(그들을) 어두운 데서 불러내어 그의 기이한 빛에 들어가게 하신 자의 아름다운 덕을 선전하게" 하기 위해서였다.

교회는 선택된 백성이다. 그러나 구원 역사 전체에 있어서 그리스도를 믿는 자들이 하나님에 의해 제일 처음으로 선택된 자들은 아니었다. 그 영예는 이스라엘에게 주어졌다. 그리스도인들은 하나님의 초기의 믿음의 가정에 입양된 나중 시대의 아이들이다. 이 점에 대해서는 바울이 로마서 9-11장에서 자세히 설명하고 있다. 위에서 인용한 베드로의 말은 이스라엘이 억압의 땅으로부터 약속된 땅으로 돌아오는 도중 하나님이 그들을 선택하셨던 사실을 상기시킨다. 모세는 이렇게 말한다. "너는 여호와 네 하나님의 성민(聖民)이라 네 하나님 여호와께서 지상 만민 중에서 너를 자기 기업의 백성으로 택하셨나니." 그렇다면 하나님께서 노예 출신의 이 처량한 무리들을 선택하신 이유는 무엇인가? "너희가 다른 민족보다 수효가 많은 연고가 아니라 너희는 모든 민족 중에 가장 적으니라…." 그렇다면 하나님이 이런 일을 시작하신 이유는 무엇인가? 그것은 "여호와께서 다만 너희를 사랑하심을 인하여 또는 너희 열조에게 하신 맹세를 지키려 하심" 때문이었다(신 7:6-8).

감히 받을 자격이 없는 축복에 대한 이런 재확인의 말씀은 우리로 하여금 이스라엘의 오랜 역사 중에서 그 기원이 되는 것, 즉 하나님이 아브라함을 부르신 것과 족장들에게 자신의 약속들을 주심으로 가도록 유도한다. 파스칼은 그것에 대해 이렇게 이야기했다. "그분은 철학자들과 학자들의 하나님이 아니라 아브라함, 이삭, 그리고 야곱의 하나님이시다." 보잘것없는 유목민으로서 이름이 아브라함으로 바뀐 한 "방랑하는 아람 사람"이 하나님의 부르심을 받고 그 부르심에 응했다. 그 부르심은 장막 말뚝을 뽑아 들고 그곳을 떠나 알려지지 않은 약속의 땅으로 가라는 것이었다. 그곳에서 아브라함은 결국 자신의 무덤밖에는 소유하지 못했다. 아브라함의 이 순종의 행동은, 물론 바울이 이것에 대해 "하나님의 은사와 부르심에는 후회하심이 없느니라"(롬 11:29)고 말하고 있기는 하지만, 역사적 평가의 일반적 기준으로 보았을 때는 단지 영원히 잊혀져 버릴 만한 그런 행동이었다고 할 수 있을 것이다. 그러나 "믿는 자들의 조상"인 이 사람의 선택은 두 번째로 기억할 만한 날, 즉 출애굽 사건 때 다시 확인되었다.

하나님께서 역사에 개입하셨던 이 두 극적인 순간들은 모든 구약 유산의 의미를 해명해 주는 만능열쇠이다. 그것은 미래를 향한 문을 열어 준다. 그 미래는 심지어 지금도 현재로서 계속 진행되고 있다. 왜냐하면 하나님께서 아브라함을 택하실 때 하나님은 이스라엘을 택하셨고, 이스라엘을 택하실 때 그리스도를 택하셨으며, 그리스도를 택하실 때 그분은 또한 오늘날의 새롭게 된 백성들을 택하셨기 때문이다. 하나님께서는 아브라함에게 "내가 너를 축복하리라"고 약속하셨다. 그것이 제일 첫 번째 말씀이었다. 그리고 제일 마지막 말씀은 "땅의 모든 족속이 너를 인하여 복을 얻을 것이니라"였다(창 12:2-3). 그 결과 루이스 벌코프(Louis Berkhof)가 말하는 바와 같이, "선택받은 이스라엘은 특별한 특권과 특별한 섬김의 백성이 되었다"(Systematic Theology, 114).

그러므로 아브라함은 이스라엘의 운명의 개척자로서 이중의 부르심을 받은 것이었다. 그의 시대에 이교도의 세계로부터 부르심을 받았는데, 그것은 사실은 넓은 세상을 향한, 그리고 그 세상을 위한 부름을 염두에 둔 것이었다. 이런 일련의 사건들을 통해 이스라엘은 "하나님이 그들에게 말씀하시고, 그들을 통해 세상의 나머지 사람들에게 말씀하시는 백성"으로 창조되었다(S. de Dietrich, *God's Unfolding Purpose*, 51). 그러므로 하나님의 옛 백성은 "살아 계신 하나님이 모든 나라들에게 가까이 접근하시기 위해 자유로이 선택하신 출입문이 되었다. 그러나 그분이 선택하신 것은 사실은 역사를 통해 뻗어 있는 하나의 길이었다"(H. J. Kraus, *The People of God in the Old Testament*, 70).

아브라함의 자손들이 자신들의 역사적 임무를 계속 수행할 수 있도록 그들을 지탱해 주었던 것은 오직 하나님의 영원한 선택의 사랑이었다. 그러므로 "구약 메시지 전체는 첫 번째 부르심과 첫 번째 약속 위에 근거하고 있다. …그러나 이 부르심의 소리는 사라지지 않는다. 아브라함은 외로이 혼자 남겨지지 않았다"(Kraus, *The People of God in the Old Testament*, 27). 이스라엘은 모든 인류를 대표한다. 대리인으로서의 역할을 담당한 이스라엘은 하나님의 주권적 통치와 세상을 향한 그분의 은혜스러운 목적을 증거할 책임을 가지고 있었다. "나 여호와가 말하노라 너희는 나의 증인, 나의 종으로 택함을 입었나니 이는 너희로 나를 알고 믿으며 내가 그인 줄 깨닫게 하려 함이라…나 곧 나는 여호와라 나 외에 구원자가 없느니라"(사 43:10-11). 그러나 인류 전체가 그렇듯이 이스라엘은 계속적으로 그 부르심을 저버리고 하나님의 선택의 사랑에 대해 거부의 몸짓을 보였다. 그래서 하나님의 종들인 선지자들을 통해 심판의 말씀이 그들에게 임했다. "내가 땅의 모든 족속 중에 너희만 알았나니 그러므로 내가 너희 모든 죄악을 너희에게 보응하리라"(암 3:2).

인간의 마음은 가짜 신들을 만들어 내기 위해 쉴새 없이 돌아가고 있는 "우상 공장"(Calvin)이다. 이스라엘의 삶도 예외가 아니었고 그것은 끔찍한 결과들을 만들어

냈다. 선택된 백성으로서 명예가 컸던 만큼, 그들은 다른 이들보다 더 엄격한 심판을 받아야 하는 무거운 짐을 지고 있었다. 이스라엘이 마치 자신들이 잘나서 선택의 축복을 받은 것처럼 교만하게 행동했을 때, 하나님께서는 자신이 모든 역사의 주권자이심을 보여 주셨다. 하지만 하나님께서는 그의 심판을 수행하기 위해 주변의 나라들을 움직이심을 통해 그의 구원의 목적들을 알리셨다. 이스라엘이 계속적으로 타락하여 결국 포로 신세로 전락한 그 이야기는 인간이 도덕적, 문화적으로 진화한다는 이론에 대해 전혀 증거를 제시해 주지 않고 있다. "…거기에는 위쪽을 향하는 진보는 전혀 없다. …(오직) 실패와 범죄가 계속 쉬지 않고 발생할 뿐이다"(Kraus, *The People of God in the Old Testament*, 61).

하나님의 의로우심 때문에 발생한 엄청난 충격이 결국 메시아에게서 그 휴식처를 발견하게 되었다. 역사에 있어서 하나님의 심판은 그것을 뛰어넘는 은혜에 의해 약화되어 왔다. 아브라함을 부르심은 "우리가 '구속사'라고 부르는 일련의 긴 하나님의 개입들에 있어서 첫 번째 연결고리를 이룬다. 그 사슬의 맨 끝에는 하나의 언덕이 서 있다. 첫 번째 언덕은 모리아의 언덕이고(창 22장), 다음 언덕은 골고다의 언덕이다"(de Dietrich, *God's Unfolding Purpose*, 50). 하나님의 굳건한 선택의 사랑을 드러내는 이 모든 것들을 통해, 우리는 "심오한 신비가 이 선택된 백성 이스라엘의 역사를 통제하고 있다"는 사실을 보게 된다. "그 중심에서 하나님께서는 저 능한 일들을 이루셨고, 그것들은 예수 그리스도의 오심을 지적하고 있었다…"(Kraus, *The People of God in the Old Testament*, 9).

"신실치 못한 이스라엘이 그 임무를 완수하지 못했을 때, 항상 자신에 대해 신실하신 하나님께서 그 한 분(One)을 일으키셨다. 그분은 모든 이스라엘을 자기 자신의 인격 안에 구체화하시고, 천국과 지옥과 모든 인류를 공격하셔서 결국 승리자로 나타나셨다"(de Dietrich, *God's Unfolding Purpose*, 57). 그러므로 구약을 손상시키는 자들과는 달리 개혁신학은 이스라엘에 대한 하나님의 선택 방법의 긍정적이고 지속적인 측면을 강조한다. 그 선택은 구약의 형태를 띤 "좋은 소식"이다. 개혁신학은 반복되는 부정적 요소들과 이스라엘의 반항에 대한 하나님의 심판의 표현들이 하나님의 굳건한 선택의 사랑에 대한 방해요소이기는 하지만 그것들이 그 사랑을 결정적으로 방해할 수는 없다고 본다. 선택은 그분의 구원의 목적들이 "시간이 충분히 차서" 이루어질 때까지, 이스라엘의 하나님의 거룩한 질투가 반드시 세력을 얻게 될 것이라는 것을 든든히 보장해 주는 요소이다.

3. 언약역사

"나는 너희 하나님이 되겠고 너희는 내 백성이 되리라." 이와 같이 두 가지 요소가 하나로 통합된 하나님의 선포는 언약관계의 중심을 이룬다. 이것은 유일하고 영원한 중재자이신 하나님의 말씀의 양면성, 즉 약속과 의무를 우리의 귀에 다시 들려준다. 하나님은 자신을 그 말씀에 구속시키시고, 그의 백성들을 또한 그 말씀에 구속시키신다. 이것은 두 당사자들간의 역동적 상호작용으로서 오늘날에 이르기까지 수세기 동안 지속되어 온 것이다. 우리는 그것을 언약사라고 부른다:

> 그리고 이 역사의 중심에는 십자가가 서 있다. 이 십자가는 성경과 모든 인간 역사의 큰 모순이다. 왜냐하면 그것은 하나님이 세상을 구원하시기 위해 자기 자신이 십자가에 못박히는 방법을 선택하셨다는 것을 보여 주고 있기 때문이다. 창세기 첫 장부터 요한계시록 마지막 장에 이르기까지 모든 사건들은 이 십자가를 지적해 주고 있다. 그리고 마찬가지로 모든 것들은 십자가로부터 발생한다. 십자가는 세계의 중심에 든든히 고정되어 있기 때문에, 세계는 오직 십자가를 통해서, 그리고 십자가에 의해서만 이해될 수 있었다(de Dietrich, *God's Unfolding Purpose*, 20-21).

궁극적으로 십자가에 그 중심을 두고 있는 언약사는 창조가 완성되었을 때를 그 출발점으로 삼고 있다. 그때 창조주께서는 피조물들에 대해 "대단히 좋았다"라고 말씀하셨다. 언약은 모든 성경적인 종교의 기반이자 틀이다. 언약종교는 모든 인간관계들과 사회적 소명을 지탱하고 있는 근본적 구조들을 정의한다. 그것은 삶에 있어서 몇 번 되지 않는 고도의 "영적인" 순간들만으로 제한되지 않는다. 언약 자손의 출생, 언약의 성례전적 표식들과 증표들, 언약 훈련, 혹은 예배를 드리는 언약공동체. 오히려 그것은 지상의 모든 기구들, 결혼, 학업, 노동, 사회봉사, 과학, 예술, 그리고 정치까지 포함한다. 비록 우리가 아담 안에서 우리의 소명을 배신했지만 하나님은 언약을 폐기하지 않으셨다. 그 대신 그분은 그 언약을 지키기 위해 은혜 속에서 인간들에게 개입하셨고, 인간들과의 교제를 되살리기 위해 구원 역사의 긴 여정을 만들어 놓으셨다.

언약사는 끝이 없는 이야기이다. 그것은 하나님이 이스라엘을 다루시는 방법뿐만 아니라 그분이 오늘날과 미래의 기독교 공동체를 다루시는 방법을 포함한다. 그 길 곳곳에는 부흥운동의 흔적들이 있다. 새로운 언약들이 반복적으로 체결된 것은 아니다. 왜냐하면 하나님이 그것에 대해 영원히 신실하신 언약은 단 한 개뿐이기 때문이다. 그러나 언약은 자꾸만 갱신된다. 우리는 노아, 아브라함, 모세, 그리고 다윗과 같은 대표적인 "중재자들"을 통해 언약이 새롭게 갱신되는 것을 본다. 하나님이 계획에 따라 언약을 지키시고 앞으로 전진해 나가시는 과정을 예레미야는 다음과 같이 매우 명료하게 표현해 주고 있다:

> 나 여호와가 말하노라. 보라 날이 이르리니 내가 이스라엘 집과 유다 집에 새 언약을 세우리라. 나 여호와가 말하노라. 이 언약은 내가 그들의 열조의 손을 잡고 애굽 땅에서 인도하여 내던 날에 세운 것과 같지 아니할 것은 내가 그들의 남편이 되었어도 그들이 내 언약을 파하였음이니라. 나 여호와가 말하노라. 그러나 그날 후에 내가 이스라엘 집에 세울 언약은 이러하니 곧 내가 나의 법을 그들의 속에 두며 그 마음에 기록하여 나는 그들의 하나님이 되고 그들은 내 백성이 될 것이라(렘 31:31-33).

이 약속들은 "이 잔은 내 피로 세운 새 언약이니"(고전 11:25)라고 선포한 메시아에 의해 성취되었다:

> 언약의 보증인은 오직 하나님뿐이시다. 그의 명예가 담보로 잡혀 있다. 그리고 비록 아브라함의 자손들이 언약을 깨뜨린다고 해도, 하나님 자신이 예수 그리스도 안에 임재하셔서, 의무를 불이행하고 있는 상대방 대신 자기 자신을 내어놓으시고, 그들의 신실치 못함에 대해 값을 지불하신다(de Dietrich, *God's Unfolding Purpose*, 56).

구약 시대에 있어서 언약을 체결한다는 것은 오늘날 계약을 체결하고 그것을 봉하기 위해 공증인을 찾는 것처럼 매우 일반적인 관습이었다. 그것에는 양 당사자에게 구속력이 있는 동의와 특정한 권리, 의무들이 포함되었다. 하지만 자신의 백성과 맺으신 하나님의 언약에는 놀랍도록 독특한 특징들이 있다. 성경에 나타나는 언약의 갱신들은 동일한 책임을 지닌 양 당사자들의 상호간 동의에 의해 이루어진 오십 대 오십의 거래가 아니다. 사실 그 두 당사자들은 대단히 불평등하다. 한쪽은 변함없이 신실하고 다른 한 쪽은 계속적으로 불성실하다. 그렇기 때문에 하나님이 주도권을 잡으시고, 그것을 결코 놓지 않으신다.

그분이 계시자로서 나타나시고, 그분의 백성들은 그 계시에 대한 응답자로서 언약 관계에 참여하게 된다. 하나님은 "상위 언약 당사자"로서 자신과 그의 "하위 언약 당사자"를 위한 조건들을 제시하신다. 그러므로 그 발단에 있어서 그 언약은 편무(片務)적(일방적)이다. 이스라엘과 교회에게는 무엇보다 먼저 "주님을 기다리라"

는 요구가 주어진다. 그러나 언약을 체결하고 지키는 것의 다른 측면은 또한 실제적이다. 그 실천에 있어서 언약 관계는 쌍무(雙務)적이다. 우리는 "주님과 함께 걷도록" 부름을 받는다. 그러므로 언약은 엄청나면서도 영속적인 중요성을 갖는다. 그 이유는 다음과 같다:

> 언약이 없이는 종교도 없고, 인간과 하나님 사이의 정신적인 교제도 없으며, 사랑과 신실성의 상호환도 없다. 언약이 없다면 인간은 단지 하나님의 손에 들린 도구와 같이 될 것이다. 하나님이 사람을 창조하셨을 때, 그분이 마음에 두셨던 것은 도구 이상의 것이었다: 그는 자신에게 반응할 수 있는 피조물을 만드셨다. 오직 인간에게 응답의 능력이 있을 때에만 하나님은 인간을 언약 당사자로 받아들일 수 있을 것이다. 언약이 없다면 하나님은 오직 요구하시고 인간은 오직 의무들만을 가질 뿐이다. 하지만 하나님이 인간에게 약속을 주심과 동시에, 인간은 또한 하나님에 대해 요구사항을 갖게 된다. 다시 말해서 하나님을 그 약속에 구속시킬 수 있게 되는 것이다. … 일단 약속이 주어지면, 우리는 언약에 대해 말할 수 있다. 왜냐하면 언약이란 결국 양 당사자들 사이의 동의로서, 그 안에서 요구들과 의무들이 상세히 규정되는 것이기 때문이다(De Graaf, *Promise and Deliverance*, Vol. I, 36).

성경적 언약은 하나님과 그의 백성들 사이에 존재하는 평생에 걸친 배타적 관계를 포함한다. 거기에는 시간이나 공간의 제약이 없다. 그것은 "사랑의 라이벌들"이나 나누인 충성을 용납하지 않는다. 그러므로 바알들, 이교의 풍요를 비는 의례들, 다른 나라들의 우상들, 그들의 자연신들, 자력종교들, 그리고 맘몬은 없애 버려야 한다! 하나님은 언약을 만들고 유지하는 자로서 남편이 아내에게, 아버지가 자녀에게, 주인이 종에게, 모든 것의 소유주가 그 청지기에게 대하듯 거룩한 질투를 가지고 그의 백성들을 대하신다. 약속된 땅 그 자체는 하나님이 그의 백성들과 함께 계시다는 것을 보여 주는 거룩한 거주지로서의 역할을 담당했다. 또한 이스라엘이 순례의 여행을 하고 있을 때는 할례가 언약 공동체 속으로 들어오기 위한 의례적 표식이 되었다. 그리고 하나님의 영속적인 축복이 유월절의 의례를 통해 확증되었다. 이 모든 다양한 관계들 속에서 하나님께서는 자신의 인격적인 언약 명칭인 "야훼"를 사용하여 자신을 계속적으로 그의 백성들에게 드러내셨다.

"야훼"라는 이름은 히브리어 단어 "존재하다"에 그 어원을 두고 있다. 그러므로 하나님은 "추상적 존재"로 이해되어서는 안 된다. 그분은 "누군가를 위해 거기 있는 존재", "자신의 백성과 관계를 맺고 있는 존재"로 이해되어야 했다. 그분은 자신의 백성을 위해 존재했고, 존재하고 있으며, 또 존재할 하나님이시다. "만일 하나님이 우리를 위하시면 누가 우리를 대적하리요?"(롬 8:31) 그분은 우리와 함께 그리고 우리를 위해 언약을 지키신다. 그분은 우리를 추상적이고 소외된 개인들로 다루시지 않는다. 그분은 우리를 믿는 자들의 공동체들로 다루시는데, 그 안에서 각 구성원들은 전체로서의 몸이 가지고 있는 생명을 함께 나눈다.

언약을 바탕으로 한 하나님의 백성들 사이에서의 교제는 참으로 독특한 삶의 방식이다. 그러나 구약에 기록되어 있는 언약 갱신들, 특히 이스라엘 역사의 초기 단계에서 발견되는 언약 갱신들은 주변국들의 종주권 조약들(suzerainty treaties)과 놀라울 정도의 구조적 평행관계를 보여 주고 있다. 그 평행성은 특히 출애굽기 19-24장에 나오는 언약 법전과 신명기에 나오는 언약 갱신에 있어서 뚜렷하다. 그곳에 있어서 하나님과 이스라엘 사이의 언약관계는 그 당시 널리 퍼져 있던, 통치자와 신하들 사이의 조약들과 매우 유사한 형식상의 특징들을 보여 준다. 그러나 내용적으로 보았을 때, 하나님께서 언약을 통해 이스라엘을 다루시는 방법은 그분이 다른 나라들을 다루시는 방법과는 현저하게 차이가 난다. 하지만 그래도 그것은 서로 영향력을 주고 받는 역사들의 틀 속에서 발생한 것이다. 메러디스 클라인(Meredith Kline)은 이 비유들에 대해 다음과 같은 설명을 덧붙였다:

> 근동의 군신조약들은…법률언약들이었다. 그것은 한 큰 왕이 신하인 왕과 그의 백성들에 대해 자신의 권위를 선포하는 것이었다. 통상적으로 그것은 신하의 맹세에 의해 효력이 발생했다…신하에게 있어서 맹세 밑으로 들어간다는 것은 언약의 이중적 제재, 즉 축복과 저주 밑으로 들어간다는 것을 의미했다. 큰 왕의 주권은 보호 혹은 파피의 형태로 나타날 수 있었다…그런데 어떤 현저한 예들의 경우에는, 자신의 백성들에 대한 하나님의 언약 관계를 그런 군신조약들의 형식에 따라 기술하는 것이 이스라엘의 주님의 마음에 들었다. 그래서 그런 경우 "언약"은, 그 형식적 수준에 있어서는, 그것들이 모델로 삼았던 군신조약들이 규정하고 있는 것과 동일한 종류의 관계를 지칭하고 있다고 보는 것이 타당하다. 다시 말해서 신과 인간 사이의 문제에 있어서 "언약"이란 법률언약을 말하며, 그것은 축복 혹은 저주를 위해 주권자가 왕의 홀을 내밀음을 통해 언약의 내용을 실현시킬 수 있는 주권의 표현이었다(*By Oath Consigned*, 21-22).

클라인은 이렇게 말한다. "신명기가…그들의 고전적 형식의 일체성과 완전성에 있어서, 고대 종주권 조약들의 구조를 보여 주고 있다는 것은…논의의 여지가 없는 듯이 보인다. 우리의 눈길을 끄는 것은 하나님께서 그의 백성에 대한 자신의 구속적 주권을 정의하고 관리하기 위해 인간 나라들의 이런 법적 도구를 그토록 상세한 부분에 이르기까지 이용하셨다는 사실이다"(*Treaty of the Great King*, 41-42).

은혜와 심판의 혼합이야말로 이스라엘의 언약사의 정확한 특징을 이룬다. 우리는 하나님께서 세상을 다루시는 방법의 전형을 이스라엘에게서 발견한다. 이스라엘의 가장 이상적인 국제관계는 그것을 통해 '구심적' 효과를 발휘하는 것이었다: 우리에게로 오면 주님께서 우리를 위해 행하신 일들을 너희에게 보여 주겠다. 아브라함의 상속자들은 열방들에 대해 축복이 되어야 했지만, 그것은 '배타주의'의 원칙과 조화를 이루고 있었다.

하나님의 구원 사건들 속에서는 한결같지는 않지만 꾸준히 이어지는 협소화의 과정이 있었다. 그래서 심지어 이스라엘 속에서도 메시아에 대한 소망은 오직 신실한 남은 자들을 통해서만 보존되었다. 결국 그것은, 바울의 말에 따르자면, 많은 "자손들"을 통해 이루어진 것이 아니라 한 사람의 "자손"을 통해 이루어졌는데, 그가 바로 그리스도 예수였다(갈 3:16). 수세기를 이어 온 이스라엘 내에서의 언약사는 그러므로 세상을 위한 하나님의 궁극적인 뜻은 아니었다. 세상을 위한 하나님의 궁극적인 뜻은 그리스도였다. 언약사의 목적은 그러므로 '보편주의'였다. 이미 구약도, 비록 간헐적이기는 하지만 보편적 조망을 향한 몇몇 비약적 사건들을 보여 주고 있다. 라합, 룻, 니느웨 사건 등. 이사야 역시 이런 방향을 제시하고 있다: "…내 집은 만민의 기도하는 집이라 일컬음이 될 것임이라"(사 56:7). 여호와의 고난 당하는 종에 대한 예언에서 그는 이렇게 말한다: "내가 또 너로 이방의 빛을 삼아 나의 구원을 베풀어서 땅 끝까지 이르게 하리라"(사 49:6). 그러므로 구약의 배타주의는 "영속적인 의도를 지닌 것이 아니라 그 목적을 다한 후에는 사라져야 할 것이었다. …왜냐하면 그리스도께서 자신을 희생으로 드리신 후, 아브라함의 축복이 열방들을 향해 흘러 넘쳤기 때문이다. 멀리 떨어져 있던 자들이 가까이 옮겨졌다"(Louis Berkhof, *Systematic Theology*, 300).

언약사의 새로운 시작은 약속되었던 대로 예수를 통해 성취되었다. 그때 주신 주님의 말씀은 우리에게는 명령이다: "그러므로 너희는 (세상에) 가서…"(마 28:19). 언약의 좋은 소식이 이제 발표되었다. 그것은 '원심적' 추진력을 가지고 있다: 예루살렘으로부터, 유대와 사마리아를 통해, 땅 끝까지(행 1:8). 현관문을 넘어서서 펼쳐져 있는 온 세상은 우리의 교구이다. 아직도 모든 시대에 있어서 언약의 용어들은 동일하게 남아 있다: "나는 너희 하나님이 되겠고 너희는 내 백성이 되리라." 이에 대한 기대되는 응답은 유명한 찬송가 가사에 담겨 있다: "믿고 순종하라. 왜냐하면 다른 길은 없기 때문이다"(역자주: 찬송가 377장 '예수 따라가며 복음 순종하면…'의 후렴 부분).

4. 옛 것과 새 것: 숨겨진 것 … 계시된 것

　이스라엘과 구약, 그 백성과 정경은 구속사에 있어서 손에 손을 잡고 함께 등장한다. 하지만 그것은 쉽고 편안한 관계는 아니다. 한편으로 이 작품들은 하나님의 이 옛 백성들의 유산과 운명 속에 깊이 스며들어 있고, 또 그것으로부터 직접 나타난 것이다. 하지만 동시에 말씀은 위로부터 그들에게 주어진 것이고, 그들에 대항하여 서 있는 존재로서, 이스라엘은 그 말씀에 의해 무게가 달려서 부족함이 드러나게 되었다. 그러므로 구약은 그때 그곳에서뿐만 아니라 지금 이곳에서도 말하고 있으며, 서술적으로 또한 규범적으로 선언하고 있다. 그것은 하나님이 선택하신 국가의 행복과 불행의 이야기이다. 그러나 그것은 또한 규범적이며, 따라서 모든 세대의 신앙과 생활을 위한 규칙이다. 우리가 구약성경을 이스라엘의 역사에 대한 서술적 설명으로 읽으면, 우리는 한 백성의 변화무쌍한 운명을 발견하게 된다. 그들의 존재는 하나님의 선택의 사랑과 은혜로운 구원 행위에 의존하고 있다. 그러나 그들은 처음부터 끝까지 언약을 파괴하고 약속을 어긴 죄를 범하고 있다.

　그러나 그 모든 굴곡들을 통해 구약은 또한 완전한 권위를 가지고 우리에게 규범적으로 말하고 있다. 구약은 율법, 예언, 그리고 지혜 문학으로서 계속 전개되어 나가면서, 규범 및 기준으로서의 역할을 수행한다. 하나님은 그 기준에 근거하여 계속적으로 백성들을 판단하고, 그들에게 회개를 촉구하며, 생활의 갱신을 요구하고, 구원의 소망을 제시하며, 메시아에 대한 기대를 생생하게 유지시킨다. 그러므로 우리는 이스라엘 '속에서' 발생하고 있는 것과, 즉 거의 끊이지 않는 불신실함, 이스라엘을 '통하여' 발생하고 있는 것을, 언약에 대한 하나님의 신실하심과 앞으로 도래할 왕국을 위하여 계획을 추진하심을 구분해야 한다. 이스라엘 속에서 우리는 바로 우리 자신들과 같은 사람들을 만난다. 그들은 언약을 통한 부르심에 합당하게 살려고 하지도 않고 그럴 능력도 없다. 그러나 미래는 약속들에 대한 하나님의 특별한 열심에 달려 있다. 그 약속들은 오실 메시아에 의해 성취될 것이다. 신약은 이 깨어진 과거의 조각들을 다음의 두 가지 초점들을 중심으로 삼아 함께 맞추고 있다: 그 하나는 이 세상에서 자신의 방법을 고집하려는 이스라엘의 무익한 시도들이고, 다른 하나는 분수에 지나친, 그러나 점점 더 그 필요성이 증대되고 있는 구원의 절박성이다. 그러나 그 구원은 또 다른 "새로운 시작", 즉 그리스도 예수 안에서 이루어지는 하나님의 결정적이면서도 최고의 절정을 이루는 시작을 요구했다.

　그렇다면 복음 메시지에 대한 우리의 이해는 한 정경의 두 부분인 "옛" 언약과

"새" 언약, 즉 이스라엘의 것과 교회의 것의 상호연관성을 우리가 어떻게 보느냐에 따라 달라지게 된다. 우리가 그 양자의 상호연관성을 느슨하게 보면 볼수록 우리는 기독교 신앙과 삶에 있어서 심각한 손실을 초래하게 된다. 구약을 무시하는 것이 우리에게 손해가 되는 이유는 그것이 단지 성경에서 더 큰 부분을 차지하고 있기 때문만은 아니다. 더 중요한 것은 신약을 구약이라는 하층토로부터 분리해 버릴 경우, 그것은 마치 뿌리로부터 잘라 낸 꽃이 우리 손에서 시드는 것처럼 시들어 버리게 된다는 것이다. 왜냐하면 신약의 원래 언어들과 주요 개념들은 히브리 유산으로부터 온 것들이기 때문이다. 만약 이것을 기억한다면, 우리는 신약의 중심적 개념들(이를테면, 로고스, 회개, 몸, 영혼 등)의 기본 의미를 그리스와 로마 문화와 철학사상에서 찾으려는 헛수고를 하지 않아도 될 것이다. 구약의 특징들은 신약에 지울 수 없을 정도로 분명하게 각인되어 남아 있다. 예수 자신이 독단적 임무를 수행한 단절된 인물이 아니었다. 그리스도, 즉 "기름부음을 받은 자"로서 그는 조상들의 메시아적 소망들, 즉 "기름부음을 받은" 소망들의 성육신이었다. 과거부터 이어져 내려온 모든 구원역사가 그에게서 최고점에 달했다. 자신의 "통합된 인격성" 속에서 그는 옛 이스라엘과 새 이스라엘 모두를 대표했다. 그렇기 때문에 복음서 기자는 이스라엘의 출애굽을 언급하고 있는 호세아 11:1, "내 아들을 애굽에서 불러내었거늘"을 예수에게 적용할 수 있었다(마 2:15). 그리스도의 부활과 성령의 쏟아 부어짐에 의해 조명을 받아, 바울은 교회가 사도들뿐만 아니라 선지자들의 터 위에 기초하고 있다고 선포한다(엡 2:20).

하나님께서 구약에서 이스라엘을 다루신 방법의 근본적 중요성은 그리스도인의 신앙생활을 위해 아무리 강조해도 지나친 것이 아니다. 하지만 아마도 판 룰러(A. A. Van Ruler)의 대단히 의심스러운 견해들에 있어서는 예외가 될 것이다. 그의 신학에 있어서 정경적 무게중심은 신약에서 구약으로 완전히 옮겨진다. 그는 본질상 구약이야말로 진짜 성경이라고 주장한다. 구약과 신약 사이의 흥미로운 상관관계들을 길게 설명한 후, 판 룰러는 이렇게 묻는다. "…만약 정경이 오직 한 권뿐이라면, 신약은 단지 누군가에 의해 취해져서 구약에 통합된 그런 책이 아니겠는가?" 이 질문을 다시 표현하자면 이렇게 된다. "…정경은 오직 한 권으로서 구약만이 정경이고 신약은 단지 설명을 위한 해설집으로 그 맨 끝에 추가된 것이 아니겠는가?"(*The Christian Church and the Old Testament*, 94). 『종교와 정치』(*Religie en Politiek*)라는 책에서 그는 이 질문들에 대해 긍정적으로 답하고 있다. 그는 그 책에서 "신약은 말하자면 (구약에서 넘어온) 몇몇 낯선 개념들을 좀더 설명해 주기 위해 부가된 부록에 불과한 것이다"(123쪽)라고 주장한다. 그는 심지어 신약은 "구약만이 세상에서 유일하고 실제적인 하나님의 말씀임을 결정적으로 선언해 주고 있는 것"(142쪽)이라고까지 강하게 말한다.

신약은 구약에 부가적 의미를 더해 주지 않는다. 신약은 구약이 폐기되기는커녕 이제 최종적으로 완성되었다는 것을 알려 주고 있다. 그러므로 신약은 "구약이 이제 완성되었다는 것을 알려 주고 있는 것으로서, 책 뒤의 색인과도 같다. …주님 자신이 노아의 방주의 문을 닫았듯이, 신약은 대단히 독특한 방법으로 정경을 닫고 있다"(142쪽). 그렇다면 우리가 예수 그리스도에 대해서는 무엇이라 말해야 할까? 그는 이렇게 말한다. "예수는 구약 전체에 걸쳐서 흩어져 있는 하나님의 약속들의 편집이요 요약이다. 사람들은 이제 예수를 통해 그 약속들을 보다 쉽게 분류하고 정리할 수 있다"(143쪽). 신약의 가치를 떨어뜨리려는 의도는 이곳에 전혀 없다. 다만 근본적인 초점의 변화가 있을 뿐이다. 그러나 판 룰러의 견해들은 "닫혀진 정경"에 대한 문제와 직접적인 연관을 가지고 있다. 정경은 본질적으로 요한계시록이 아니라 말라기에서 닫혀졌는가? 구원 메시지의 핵심은 주전 4세기 이전에 이미 모두 선포되었는가? 그렇다면 그리스도의 오심은 "용두사미"와 같은 것인가? 복음서들은 우리에게 "풀이 죽은" 감정을 남겨 주고 있는가?

실제적 세대주의에 대한 해독제로서 판 룰러의 견해들은 필요 적절하게 사용될 수 있다. 왜냐하면 그가 한 것처럼 성경의 무게중심을 극적으로 옮기는 것보다는 오히려 구약을 퇴출시키는 것이 오늘날 교회의 생명에 대해 더 큰 위협이 되기 때문이다. 그러나 더 나은 방법이 있다: 구약과 신약을 약속과 성취의 유기적 단일체로 보는 것이다. 옛 금언이 말하듯이 옛 것 속에 '잠재되어'("숨겨져") 있던 것이 새 것 속에서 '명백해지는'("완전하게 계시되는") 것이다. 이것이 문제의 핵심에 보다 더 가깝다. 구약을 무시하는 것과는 달리 이 견해는 신약의 올바른 이해를 위해 구약이 필수불가결함을 강조한다. 따라서 헨드리쿠스 벌코프의 설명은 핵심을 찌르고 있다: "개혁신학은 신약의 올바른 이해를 위해 우리가 구약의 경험들과 개념들에 전적으로 의존하고 있다는 사실을 강조하는 데 특별한 관심을 기울이고 있다"(*Christian Faith*, 224-25).

5. 구약정경: 언약의 책

이스라엘의 역사는 연속적인 이야기의 한 부분이다. 성경 전체를 언약의 책이라고 할 때, 구약의 책들은 그 제1부이고 신약은 제2부라고 할 수 있다. 그 책들은 한편으로는 언약사의 산물들이지만 다른 한편으로는 그 책들이 그 역사를 만들어 나가고 있다고도 볼 수 있다. 심지어 기독교적 관점에서 보았을 때도, 구약은 구닥다리가 되었다는 의미에서의 "옛 것"이 결코 아니다. 아니 어쩌면 기독교에서 그런 관점을 가장 거부하고 있는지도 모른다. 구약은 오히려 영속적인 관련성을 지닌 계시의 몸체 중에서 "더 오래된" 단계를 이루고 있고, 신약은 "더 새로운" 단계를 이루고 있다고 할 수 있다. 종말론적으로 진행되고 있는 이와 같은 계시 운동에 있어서, 이스라엘은 지금은 타락해 버린 원래의 창조와 새 창조의 비전을 가지고 있는 복음 사이에서 핵심적인 위치를 차지한다.

오늘날의 흔한 관습은 구약의 정경적 문헌들을 네 개의 주요 부분으로 나누는 것이다: 율법, 역사, 책들, 그리고 예언. 그러나 히브리 전통은 이 문제를 다르게 본다. 그것은 세 개의 주요 구분들을 동일한 것으로 본다: 율법, 선지서들, 그리고 책들(눅 24:44). 우리가 역사서라고 부르는 책들을 히브리 성경은 "전기 선지서들"이라고 부른다. 즉 그것들은 하나님께서 자신의 백성들을 다루는 방법에 있어서 연대기적 역사사건 이상의 것을 보여 주고 있다는 것이다. 보다 중요하게 그것들은 메시지를 담고 있다. 그것들은 언약사의 흥망성쇠에 대한 살아 있는 주석들이다. 우리가 보통 "대선지서", "소선지서"라고 부르는 책들은 히브리 성경의 연대기적 순서에 있어서 "후기 선지서들"로 간주된다. 구약과 신약 모두를 포괄하고 있는 언약사라는 단일한 드라마의 "더 오랜" 단계를 개괄함에 있어서, 우리는 히브리 성경의 순서를 따르려 한다. 그 이유는 헨드리쿠스 벌코프가 말한 대로 다음과 같다. "이스라엘의 실제적인 언약사는 율법으로부터 선지서들로 흐른다(cf. 눅 24:27). 그러나 이 역사에 참여하고 있는 모든 사람들은 항상 (또한) 이 문헌들 속 여기저기에서 그 자신의 질문들과 경험들을 발견하게 될 것이다"(*Christian Faith*, 235).

(1) 율법

"토라"로서의 율법은 일반적으로 모세의 첫 다섯 권의 책들을 포함하는 것으로 간주된다. 그것들은 상벌들이 부가되어 있는 엄격한 법전이나 규정집이 아니라 언약적 삶을 위한 교훈적인 지침이라고 보는 것이 가장 타당하다. 가장 중요한 것은 율법이 다양하면서도 아직도 응집력이 있는 단일체 속에서의 생활을 다루고 있다는 사실이다. 그것은 인간 관계들의 모든 범위를 다루고 있다. 아마도 언약에 대한 순종을 적절한 축복들 및 심판들을 동원하여 가장 광범위하고 긴급하게 요청하고 있는 것은 안식일과 희년에 대한 규정들일 것이다(레 25장). 비록 이스라엘이 단 한 번이라도 용기를 내어 휴식과 갱신의 이 특별한 절기들을 지켰다는 증거가 그 어디에도 없지만 말이다.

현대 세계에 있어서 우리의 마음자세와 실천은 삶을 대단히 신중하게 의도적으로 두 개의 부분, 즉 개인적 신앙과 공적 업무들로 나누는 경향이 있다. 그러나 구약에 있어서는 "'세속적인 것'과 '거룩한 것' 사이의 (그와 같은) 구별은 존재하지 않았다; 왜냐하면 (소위 말하는) 세속적 삶에 있어서도 백성들은 여전히 여호와의 언약 백성이었기 때문이다"(Otto Weber, *The Groundplan of the Bible*, 48). 이스라엘에게는 신정(神政)국가의 삶의 방식이 요구되었다. 다시 말해서, 정부의 형태가 어떤 것이든 그의 말씀을 통한 하나님의 자비로운 주권적 통치의 목적은 약속된 땅에서 살고 있는 그의 백성들에게 삶 전체를 위한 기준을 제시하는 것이었다. 드 디트리히(De Dietrich)는 이 점을 강조한다: "율법은 삶 전체가 하나님의 명령들 아래 위치해야 함을 분명하게 보여 준다. 왜냐하면 율법은 하나님과 이웃에 대한 관계뿐 아니라 종교적, 시민적 생활의 모든 국면들과도 연관되어 있기 때문이다." 비록 더 디트리히의 설명이 어떤 이원론을 암시하는 것처럼 들릴 수도 있지만, 하나님의 말씀 속에는 세상에서의 우리의 총괄적 삶에 대한 그 어떤 원시적 이원론도 존재하지 않는다. 더 디트리히는 계속해서 이렇게 말한다:

> (비록) 현대 세계는 "거룩한 것"과 "세속적인 것"을 나누는 경향이 있지만, 성경 계시 속에서는 그런 것이 발견되지 않는다. 시민법과 종교법은 분리될 수 없다. 왜냐하면 그들 모두가 하나님의 뜻에서 기원하고 있고, 하나님을 영화롭게 함을 그 목적으로 하고 있기 때문이다. 추수의 첫 과실들과 가축의 첫 새끼들을 하나님께 제물로 바쳐야 하는 것은 땅이 주님의 것이기 때문이다. 각 사람이 이웃의 소와 당나귀를 적절히 존중해야 하고, 모든 사람들이 적절하게 대우를 받도록 해야 하는 이유도 바로 그것이다. 이스라엘이 주님의 유월절을 항상 경축해야 하는 것은 역사에 있어서 결정적 순간에 하나님이 구원자로서 자신을 계시하시기 때문이다. 이스라엘이 자신의 죄들 때문에 속죄제물을 바쳐야 하는 것은 그들이 죄스러운 백성으로 남아 있기 때문이다. 그것은 이스라엘의 헌장이다. 그것은 "인권 선언서"가 아니라 인간에 대한 하나님의 요구를 담은 헌장이다. 왜냐하면 인간의 법과 자유의 실제적인 수호자는 하나님이시기 때문이다. 율법은 하나님의 명령들을 보여 주고 있고, 사람들과 국가들은 그들 자신의 멸망을 초래하지 않고는 그것을 무시할 수 없다(*God's Unfolding Purpose*, 75, 80).

종종 신정(神政)이라 불리는, "옛" 언약 속에서의 하나님의 통치는 이제 메시아의 제왕으로서의 주장들 속에서 구속적으로 새롭게 되었다. 가나안 땅은 도래할 하나님 나라의 임시적 전형으로서, 고대 역사의 캔버스 위에 지리적으로 제한된 실재로서 그려진 것이었다. 그 왕국은 이제 예수 그리스도 안에서 보편적 실재가 되었다. 하늘과 땅의 모든 권세가 그분에게 속해 있다(마 28:18). 그분이 율법의 "마침"이기 때문에, 우리는 지금 "모든 생각을 사로잡아 그리스도에게 복종케" 해야 한다(고후 10:5). 하나님의 법은 이제 또한 그리스도의 법이다. 그리스도 안에서 우리는 그것의 영구적인 의미를 발견한다. 그분은 "보다 오랜" 언약(구약)과 "보다 새로운" 언약(신약) 모두를 위한 해석의 "원리"이다.

(2) 선지서들

율법은 언약적 생활을 위한 생기 있는 맥박과 같다. 히브리 정경의 그 다음 부분에서 우리는 전기 선지서들과 후기 선지서들을 만난다. 선지서들은 이 교훈적 지침들이 하나님의 선택받은 백성들 사이에서 실제로 어떻게 실천되었는가 하는 것을 비판적으로 우리에게 보여 준다. 선지자들, 즉 "보는 자들"(seers)은 그들의 시대의 지평선들을 꼼꼼히 살피면서 미래를 지적하고, 또 그렇게 하는 과정에서 과거를 끌어오고 현재에 충격을 준다. 그들의 예언들 속에서 우리는 "역사 속에서 언약에 무슨 일이 발생했는가 하는 이야기"를 듣는다. "그것은 심판과 은혜, 배신과 고소, 인간의 불신실함과 신실함, 그리고 하나님 편에서의 새로운 약속들에 대한 이야기이다"(Hendrikus Berkhof, *Christian Faith*, 229). 선지자들은 하나님의 "대변인들"이었다. 그들은 자신들을 파송한 분을 위해 말씀을 "선포"했고, 그 파송자는 그들을 "나의 종들"이라고 불렀다.

그들은 지칠 줄 모르고(혹은 거의 지칠 줄 모르고 도망 다녔던 선지자 엘리야의 낙담을 상기하라. 왕상 19:9-10) 나라 안에 만연했던 악들을 비난했다. 그들은 하나님의 백성들에게 개인적 생활과 공동체적 삶에 있어서의 갱신을 요구했고, 그들의 사회 기구들의 개혁을 요청했다. 그들은 특히 재판관들, 지도자들, 제사장들, 왕들, 그리고 거짓 선지자들을 심하게 비난했다. 비난을 받았던 그들은 모두 언약 공동체 내에서 "중재적" 역할을 맡았던 자들이었다. 이들 지도자들은 하나님과 그의 백성들 사이에서 살아 있는 연결고리들, 대표자들, 대사들 그리고 중재자들로서 섬겨야 했던 자들이었다. 그들에게는 많은 것들이 위임되어 있었고 또 많은 것들이 기대되었다. 그렇기 때문에 그들이 일반 백성들을 잘못 인도하면서 보여 주고 있는 이 단성은 특별히 이 "시온 성벽의 파수꾼들"의 주의를 끌었다. 고위직에 있는 자들은 그들의 업무 수행에 있어서 큰 책임을 져야 했다. 탐욕스러운 토지귀족들과 파렴치한 상인들도 비판의 대상이었다. 그 어떤 특권적 지위도 하나님의 심판에서 예외가 될 수는 없었다. 거룩한 "수호자들"의 고소의 손가락은 아무런 두려움이나 편견 없이 모든 방향을 지적했다.

이와 같은 극단적인 것들 뒤에 있는 동기는 분명하다. 이스라엘은 그들 주위의 악들로부터 철저히 분리된 삶을 통해 자신의 정체성을 유지할 것을 요구받고 있다. 백성들에게 그와 같은 절박한 독촉을 하는 것은 하나님께서 자신의 "대리인들"로 세우신 자들의 마음에 지워진 무거운 짐이었다. 이스라엘은 "동화되지 않고, 동화될 수 없는 백성"(de Dietrich)으로서 자신들의 유산을 존중해야 했다. 선지자들은 처음에는 조건적 메시지를 전했다: 회개하라, 그렇지 않으면…그러나 이스라엘이 그들의 언약 맹세의 내용을 점점 더 불이행하게 되자 선지자들의 언어는 무조건적 선포로 변했다: 추방이라는 정화의 불길이 다가오고 있다. 하나님이 자신이 아끼시던 백성들의 대적이 되셨다. 그러나 그의 심판은 소망에 의해 부드러워졌다: 주님은 그들을 구원할 것이지만, 그것은 오직 "나 자신의 이름을 위하여"라고 말씀하신다. 선지자들은 자신들이 처한 상황의 절박한 필요들에 대처하기 위해 반복적으로 미래에 대한 그 기대에 의지했다. 그러나 다가올 "주의 날"에 대한 비전의 의미는 이스라엘의 전 역사를 통하여 흐릿하고 모호했다. 그것은 "때가 찼을 때" 비로소 명확하게 될 것을 기다리고 있었다.

심판과 구원, 이것들은 선지자들의 메시지 속에서 항상 발견되는 이중적 주제였다. 심판은 아주 분명히 눈으로 확인할 수 있는 문제였다. 예루살렘의 파괴와 그 주민들의 포로 됨을 통해 그것은 고통스러울 정도로 분명한 사실이 되었다. 그러나 약속된 구원은 오직 믿음의 눈을 가진 자에게만 분명했다. 하나님을 언약을 지키는 분으로 다시 새롭게 인식하기 위해서, 이스라엘은 그때까지 자신들이 잘못 신뢰하고 있던 모든 것들이 문자 그대로 벗겨져 나가는 것을 경험해야 했다. 메시아에 대한 약속 외에는 아무것도 남지 않았다. 그 약속만이 아직 남아 있는 유일한 소망의 광채였다. 이 빛 속에서 선지자들은 다른 이들이 보지 못하는 것을 볼 수 있었다. 하나님의 성화의 은혜라는 관점에서 보자면, 더 이상 갱신이 필요 없을 만큼 그렇게 모든 것이 선했던 적은 없었다. 그러나 동일한 은혜 덕분에 또한 일들은 완전히 소망이 없을 정도로 그렇게 나빴던 적도 없었다. 그것은 모순적인 상황이었다.

모든 사람들이 낙천적이고 "모든 것이 잘 되어 간다!"라고 말할 때, 선지자는 파멸에 대해 말한다. 그러나 이스라엘이 구덩이의 밑바닥에 내려가 있을 때, 그래서 황폐와 파멸만이 남았을 때,

선지자의 고독한 목소리는 다시 소리를 높여 이번에는 모든 위로의 하나님을 선포한다. …다른 사람들이 영광의 극치에 달한 문명의 찬란함 속에서 눈이 부셔 할 때, 선지자는 죽음의 냄새를 맡는다. 반대로 삶이 땅 속에 묻히고 완전히 망가진 것처럼 보일 때, 선지자는 하나님의 비밀스러운 작업을 감지하고 부활이 앞에 놓여 있다는 약속을 받는다(de Dietrich, *God's Unfolding Purpose*, 112).

이런 놀라운 시각은 "주님의 고난 당하는 종"(사 53:1-6) 속에 구체화되어 있다. 이 신비스러운 인물은 누구인가? 선지자들 중 하나인가? 회복된 이스라엘인가? 앞을 바라보면 우리는 복음서들로부터 다음의 사실을 배울 수 있다. "그의 백성의 죄의 짐을 실제로 지는 종은 오직 한 명뿐이다. 의로우면서도 불의한 자들을 위해 고난을 당하는 자는 한 명뿐이다. …그 한 명뿐인 종이 바로 예수 그리스도, 하나님의 아들이다"(de Dietrich, *God's Unfolding Purpose*, 123). 우리와 함께 하는 그의 영에 의해 조명을 받아, 우리는 지금 이스라엘의 역사 속에서 교회의 가장 초기 역사를, 그리고 우리들 자신의 삶의 이야기를 식별해 내는 법을 배우고 있다. 선지자들의 말씀들은 저항할 수 없는 매력을 가지고 우리를 언약사의 초기 시대로 이끌어 간다.

(3) 성문서(聖文書)

성경의 중간 부분을 차지하고 있는 욥기, 시편, 잠언, 전도서, 그리고 아가서는 히브리 성경의 정경적 구조에 있어서 세 번째 부분을 형성한다. 그 책들은 기독교 성경에도 포함되어 있다. 이 책들은 대단히 다양한 문학양식들, 드라마, 대화, 시, 지혜격언, 교훈 등을 포함하고 있다. 이 놀라운 다양성을 개략적인 언급만으로 충분히 다룬다는 것은 불가능하다. 우리가 소망할 수 있는 최선의 것은 이 책들을 정경 속에 위치시키고, 전개되는 언약/왕국 역사 속에서의 그것들이 기여하는 공헌을 느끼는 것이다. "…책들에 있어서, 그것들의 중심은 시편인데, 우리는 자기 자신을 언약의 하나님과 연관시키고 있는 인간의 목소리를 듣는다. 그는 죄를 고백하고, 감사를 드리며, 의심과 기쁨 가운데 있고, 묵상과 탄식 중에 있다"(Hendrikus Berkhof, *Christian Faith*, 229). 그것들 속에는 풍부한 심상들, 언어 그림들, 평행적 표현들, 재치 있는 언어유희들, 직유, 그리고 은유들이 있다. 이 시인들, 사상가들, 드라마 작가들, 그리고 작사가들은 우리로 하여금 그들의 내면의 분위기를 날카롭게 느끼도록 허용해 준다. 욥기에서는 고난 당하는 얼굴 속에서 쓰디쓴 슬픔을, 잠언에서는 아버지로서의 관심을, 전도서에서는 하나님의 섭리의 신비들에 관한 경이를, 그리고 아가서에서는 열정적인 정절을 느낄 수 있다. 이 모든 책들이 어떻게 구속사라는 주류와 조화를 이루는가 하는 것은 항상 간단한 문제는 아니다.

그러나 시편에 있어서는 우리가 보다 든든한 발판을 가지고 있다. 적어도 많은 부분에 있어서 시편은 하나님이 이스라엘을 다루시는 방법과 좀더 긴밀하게 연관되어 있다. 우리는 그 시들 속에서 하나님과 그의 백성들 사이의 언약적 관계에 대한, 그리고 그들의 삶 속에서의 하나님의 주권적 통치에 대한 깊은 종교적 묵상들을 발견할 수 있다. 언약에 대한 순종은 생명과 평화를 뜻하고, 불순종은 죽음과 공허함을 가져온다. 하나님의 은혜로운 통치에 기꺼이 순종하는 것이 종으로서의 즐거운 삶의 비결이다; 반역적인 정신은 자신을 파괴한다.

시편 기자들은 하나님의 율법에 대한 충성을 대단히 강조한다. 서정적 형식을 통해서 그들은 선지자들의 메시지를 다시 강화시킨다. 그들은 은사를 받은 인물들로서 글을 쓰지만 또한 공동체의 일원으로서 자신들의 동시대인들에게, 또 그들을 위해서 말한다. 그들은 이스라엘은 이렇게 믿고, 고백하고, 살아야 한다고 말한다. 진정한 경건에 대한 요구는 대단히 경험적인 방법들을 통해, 그들의 마음으로부터, 서사시적인 어조로 주어진다. 교만은 궁극적 악이다. 그리고 겸손은 하나님을 두려워하는 삶을 든든히 받쳐 주는 덕목이다. 이와 같은 근본적인 선택에 대해 반응하기 위해 시편기자들은 광범위한 개념들, 회개, 신뢰, 근심, 감사, 정의, 사랑, 불평, 즐거움, 소망을 사용하고 있다.

그렇다면 우리는 시편을 구약 정경 가운데 어디에 위치시켜야 할까? 반응성이야 말로 시편의 근본적 특징이다. 율법은 하나님의 세계 속에서 더불어 살아가고 있는 우리의 삶을 위한 초월적 규범이다. 선지서는 이 요구들이 하나님의 백성들의 역사 속에서 어떻게 실제로 이루어지고 있는가에 대한 비판적 주석이다. 그리고 시편 속에서 우리는 율법과 선지서들 모두에 대한 심오한 종교적 반응들을 발견하게 된다.

루터는 성경 나머지 부분에서 발견할 수 있는 기본적 주제들이 시편 속에 요약되어 있는 것을 보았다. 그러므로 그는 시편을 "소규모의 성경,…간결한 성경"이라고 부른다. 150개의 시편들과 다른 책들을 하나로 묶는 중심적 모티브는 "지혜의 시작"으로서의 "주님을 경외함"이라는 것이다. 이것은 반복적으로 나타나는 주제이다 (시 111:10; 잠 1:7; 9:10). 이렇게 고도로 집중된 마음자세는 경외, 굴복, 그리고 신뢰를 통해 드러나게 된다.

시편 가운데 넘쳐 나고 있는 견실한 경건함에 대한 표현들을 염두에 둔다면, 시편이 이스라엘의 성전 예배와 그들의 축제들의 의식서들 속에서 중심적인 역할을 수행했다는 것은 전혀 놀랄 일이 아니다. 예배에 있어서 시편을 사용하는 전통은 후에 신실한 히브리인들이 회당에 모여 예배를 드릴 때도 그대로 유지되었다. 구속사적으로 새로워진 신약 시대의 상황 속에서도 시편은 초기 기독교 공동체의 생활 속에서 확고한 위치를 차지했다. 그리스도를 믿는 자들 사이에서의 이와 같은 관습을 독려하면서 바울은 이렇게 말한다. "그리스도의 말씀이 너희 속에 풍성히 거하여 모든 지혜로 피차 가르치며 권면하고 시와 찬미와 신령한 노래를 부르며 마음에 감사함으로 하나님을 찬양하고"(골 3:16). 공동체에서 시편을 노래하는 이 오랜 전통은 16세기 종교개혁자들에게 새로운 자극을 주었다. 그때부터 시편은 많은 기독교 집단들에게 있어서 찬양 및 기도의 책으로 사용되어 오고 있다. 칼 바르트는 "이 전통을 오늘날까지도 존중하고 있는 그런 교회들에게 축복이 있기를"이라고 말하고 있다.

6. 이스라엘, 메시아, 그리고 교회

바르트는 하나님의 존재의 유일한 증거는 유대인들의 지속적인 존재라고 말한다. 그러나 미래는 어떠한가? 성경은 이 "마지막 날들"에 관련하여 고대 하나님의 백성들의 미래에 대해서 무엇을 말하는가? 하나님께서는 그들과 이제 아무 관계도 없으신가? 아니면 그들은 아직도 계속되는 언약의 역사 안에 특별한 위치를 점하고 있는가? 지난 몇 세기 동안 이러한 질문들은 기독교와 유대교 사이에 해결되지 않은 채로 남아 있다. 우리 시대에 이 질문들은 새롭게 긴급한 문제로 떠오르고 있다. 서구의 역사는 오랫동안 수많은 반유대주의 운동으로 인해 얼룩졌는데, 제2차 세계대전을 겪는 도중 발생한 유대인학살로 인해서 세계는 심한 고통을 겪어왔기 때문이다. 이러한 역사적인 배경을 가지고 우리는 지금 그리스도인으로서 선한 양심을 가지고 유대인들에게 복음을 전파하고 회개하도록 전도할 수 있는가?

이 내용으로 불거져 나오는 논쟁의 중심에 있는 것은 홀로 주권을 가지고 계신 메시아에 대한 질문이다. 메시아는 모든 나라를 다스리시는, 이스라엘과 함께 교회를 다스리시는 공의로운 심판주이시다. 누가 인자를 십자가에 못박았는가? 그들은 로마의 군인들인가 아니면 유대의 지도자들인가? 그들이 예수를 못박을 때에 우리도 거기 있었는가? 성경은 이러한 역사적인 사건들을 넘어서 골고다에 집중되어 나타나는 하나님의 근본적인 공의와 용서를 가리킨다. 이렇게 역사를 보면서 바울은 우리를 인도하여 그리스도가 십자가에 못박혀 죽을 때에 우리도 그와 함께 못박혔음을 그리고 그 결과 그가 살아날 때에 그와 함께 부활한 것을 가르친다(롬 5:5). 이것이 바로 성령의 역사로 말미암아 우리가 그리스도와 같은 시대에 속해 있다는,

다시 말하면 우리가 그리스도와 연합되었다는 신비이다. 인류의 죄 또한 집합적으로 이해된다. 아담과 하와의 모든 아들들과 딸들은 집합적으로 죄를 지었으며, 이것이 바로 하나님의 아들의 죽음의 이유를 설명한다.

인류의 죄의 이러한 집합적인 의미에 대한 깊은 이해로 말미암아 카톨릭교회 바티칸 II의 신학자들은 유대인이 하나님을 죽였다는 오래된 고소를 철회하기에 이르렀다. 더 나아가 그들은 "비그리스도인"이라는 항목에서 "언제나 또는 어떠한 출처로든지 유대인에 대한 적대감, 증오, 그리고 박해를 개탄한다"고 기록하고 있다. 바티칸 II는 또한 "신약성경이 새 언약의 백성과 아브라함을 영적으로 연결하고 있음"을 강조하고 있다. 비록 유대인의 군중이 "예수를 죽음으로 몰아넣는 계기를 마련하였으나, 그의 죽음의 책임을 그때 살았던 모든 유대인에게 또는 오늘날의 유대인에게 아무 구분 없이 돌릴 수 없다"(W. M. Abbott & J. Gallagher, *The Document of Vatican* II, 664-67).

이러한 이해는 물론 역사적인 판단으로는 옳은 이해이지만, 예수의 사건을 통해서 하나님께서 하신 일이 단지 유대인들 또는 약간의 이방인들만을 다루신 것이 아니고, "그리스도 안에 계시사 세상을 자기와 화목하게"(고후 5:19) 하셨다는 중요한 점을 놓치고 있다. 십자가와 빈 무덤은 지금 구원역사의 매우 중요한 기점이 되어서 그것에 의해서 우리는 이스라엘과 교회 둘 다를 모으시는 하나님의 역사를 보며 또한 그 둘 사이의 구분을 보게 된다. 그러므로 "하나님의 거저 주시는 은혜로 말미암아 과거의 이스라엘이 발생하였고 또한 그 동일한 은혜로부터 현재의 유대인/이방인의 구원공동체가 살아가기 때문에, 이러한 역사인식 위에서 이스라엘은 제한된 의미의 미래를 가지게 되었다"(Otto Weber, *Foundations of Dogmatics*, Vol. II, 487).

이러한 양면성의 효과는 구약으로부터 신약에 이르는 언약역사의 연속성과 불연속성 사이의 날카로운 긴장 때문이다. 철저한 불연속성을 강조하면서 유대주의는 자체의 길을 가고 있으나, 기독교 공동체는 신약성경에 이해의 초점을 두면서 동시에 구약의 율법과 선지서와 성문서에 깊은 연결의식을 가지고 살아간다. 우리 주님의 말씀 "구원이 유대인에게서 남이니라"(요 4:22)와 같이 신약의 메시지는 구약에 그 기초를 두고 있다. 그리고 구원의 위대한 역사는 구약을 의미하는 "성경대로"(고전 15:3-4) 그리스도를 중심으로 성취되었다. 여기서 우리가 의미하는 것은 하나는 유대인을 위하고 다른 하나는 그리스도인들을 위하는 "두 개의 언약"이 아니다. 성경이 가르치는 하나인 언약역사는 메시아인 예수의 인격과 사역을 이해하는 데 필수적인 구약과 신약의 유기적인 통일성으로 이해할 수 있다:

예수 그리스도를 하나님께서 선택하셨다는 것이 기독교 공동체 안에서 구약성경이 권위를 가지는 유일한 이유이다. 그렇지 않다면 그것은 그저 하나의 편지일 뿐이다(고후 3:7ff). 그렇지 않다면 구약성경은 중심도 없을 것이며 목적도 없게 되고 만다. 예수 그리스도를 떠나서 구약성경은 그 자체로서 아무런 정당성도 가지지 못한다(Weber, *Foundations of Dogmatics*, Vol. II. 485).

그러므로 구약성경이 가르치는 구체적인 창조의 실재와 언약의 역사를 떠나서 이해되는 신약의 기독교는 추상적인 개인주의, 영혼의 구원이라는 철저하게 개인적인 의미의 구원, 그리고 신비주의적인 영성, 경건주의, 값싼 은혜, 탈세상주의로 변질되고 만다.

언약의 역사에서 옛 언약과 새 언약의 사이에서 둘 모두를 붙잡고 있는 이가 바로 세례 요한이다(눅 3:1-22). 그 두 지평을 하나의 시각 안에 연합시키면서 그는 "나보다 능력이 많으신 이"에 초점을 맞추고 있다. 매우 직설적인 설교를 통하여 요한은 하나님께서 이스라엘을 다스려오신 역사를 요약하면서 그 역사 전체를 "세상 죄를 지고 가는 하나님의 어린양"(요 1:29)에게 맞추고 있다. 요한은 메시아를 알려주는 사신으로서 세상 모두를 자기에게 불러올 그 메시아의 길을 준비하였다(요 12:32). 요한에게 세례를 받으면서 예수는 죄와 그 결과인 죄책으로 물든 유대인과 이방인 전체의 죄를 대속하기 위한 사역을 시작하셨다. 언약의 역사 안에서 요한은 마지막 선지자와 최초의 복음 사역자로서 과도기적인 사명을 감당하였다.

신약성경의 저자들이 예수에게 붙인 여러 종류의 이름들은 의심할 여지없이 예수를 요한을 넘어서 과거로 연결시키고 있다. 예수는 인자(사람의 아들)요, 다윗의 자손이요, 진정한 멜기세덱이요, 하늘로부터 내려온 떡이요, 고난받는 왕이요, 또한 대제사장인, 한 마디로 말하면 선지자들이 예언한 바로 그 메시아이시다. 그는 메시아로서 "이스라엘 집의 잃어버린 양들"(마 10:6)을 찾으러 오셨다. 그러나 "자기 땅에 오매 자기 백성이 영접지 아니하였으나"(요 1:11)라는 대접을 받으셨다. 메시아를 버림은 돌을 맞아 죽음으로 끝나는 스데반의 설교의 클라이막스를 이루고 있다(행 7:51-53). 예수께서는 악한 포도원 농부의 비유와(막 12:1-10) 예루살렘을 위한 탄식에서(마 23:29-39) 유대인들이 자신을 버림을 과거 이스라엘 역사의 재현이라고 설명하고 있다. 구약과 신약을 이렇게 하나의 언약역사 안에서 볼 때에 구약이 끝나는 곳에서 신약이 언약의 역사를 이어가고 있는 것이다.

예수는 고대 족장들이 미래를 향한 약속에 눈을 떠 바라봄으로 알기 시작한 메시아에 대한 예언 안에 분명하게 드러난다. 예수 자신이 말씀하는 바와 같이 "성경이 곧 내게 대하여 증거하는 것이로다"(요 5:39). 예수의 오심으로 인해서 수세기 동안 채워져 온, 그러나 아직 충만하게 채워진 것이 없는 이스라엘에 대한 축복이 넘치도록 채워졌다. 예수 안에서 솔로몬보다 요나보다 "더 큰 이"가 나타난 것이다(눅 11:31-32). 헤르만 리덜보스(Herman Ridderbos)의 말을 들어보자:

> 하나님 자신께서 인도하시는 이스라엘의 거룩한 역사 안에 예수의 탄생은 위대한 절정이자 그 결론이기도 하다…(왜냐하면) 예수가 이스라엘의 숨겨진 뿌리여서, 그 안에 모든 것이 요약되어 있는. 그 안에서 모든 것이 마지막에 드러나기 때문이다. 예수가 바로 하나님께서 아브라함을 선택하신 이유이고, 그는 아브라함의 씨이며, 그 안에서 이 세상의 모든 나라가 축복을 받는다. 예수는 다윗 집의 영원한 왕이며, 그의 다스림 아래에서 하나님께서 이스라엘과 모든 나라에게 복을 주신다. 예수 안에서만 이스라엘의 죄가 용서를 받고 부활을 얻기 때문에, 예수는 열네 세대에 걸친 유배기간의 종점이기도 하다(*Matthew's Witness to Jesus*, 19-20).

메시아가 요구하는 삶을 거절함으로 인해서 유대교를 포함한 서구의 일반사회에는 어두운 먹구름이 덮이게 되었다. 그 결과 복음은 이제 기본적으로 삼각구도 안에서, 즉 이스라엘, 교회, 그리고 세계종교와 관련하여서 그 구현을 이루어야 하게 되었다. 이러한 구도 안에서 교회와 이스라엘의 단절은 특별히 아픈 현실로 남아 있다. 왜냐하면 "그러한 이해는 성경적인 이해가 아니기 때문이다. 실상 이스라엘은 교회로 완성되었고, 교회는 유대인과 이방인들로부터 모아진 진정한 이스라엘이다. 시온산, 예루살렘, 성전과 제단, 희생제사는 예수 그리스도 안에서 그 원래의 사명이 성취된 것이다…"(Hoeksema, *Reformed Dogmatics*, 818).

메시아로서 예수는 언약역사에 "마지막 날들", 즉 "종말"을 가져왔다. 예수 안에서 하나님의 나라는 이 세상에 현실로 나타나고 있다. 선지자 이사야는 이러한 하나님 나라의 현실성을 다음의 말로 예언하였다: "이스라엘의 쫓겨난 자를 모으는 주 여호와가 말하노니 내가 이미 모은 본 백성 외에 또 모아 그에게 속하게 하리라"(56:8). 이 예언은 시편 87편의 광범위한 시각과 함께 현실로 나타나고 있는 것이다. 옛 포도나무에 새로운 가지들이 접붙임을 받고 있는 것이다. 전체로서의 이스라엘은 이러한 "새 시대" 운동에 참여하기를 거부하였다(마 11:16-19). 그러나 "이스라엘로 인해 시작된 거부에도 불구하고, 그 거부를 통하여 그리고 그 거부를 궁극적으로 넘어서 하나님의 언약은 성취되고 있다"(Weber, *Foundations of Dogmatics*, Vol. II. 483).

예수 이후 첫 사도들은 "세 개의 기본 요소", 즉 "하나님의 신실하심, 인간의 불충실성, 그리고 언젠가 전자가 후자를 정복할 것에 대한 기대"를 구약성경으로부터 찾았다(Hendrikus Berkhof, *Christian Faith*, 258). 그날은 아직 이르지 않았다. 예수는 하나님의 언약에 불충실하고 분파적인 인류를 다시 모으는 메시아로 오셨다. 그러나 그의 오심은 새로운 분리를 야기하고 있다. 이스라엘과 교회가 각각의 길을 가게 된 것이다. 교회는 하나님의 위대하신 구속의 역사가 그 정점에 이르러 인류 역사에 전환점을 마련하였다고 고백한다.

원리적으로 모든 것이, 비록 "아직"의 요소가 심각한 현실로 남아 있지만, "이미" 새롭게 변화하였다. 하나님께서 예수 그리스도 안에서 명확하게 말씀을 하시고 역사하셨는가라는 질문은 이스라엘과 교회 사이의 관계, 즉 하나의 통일성 안에 그 둘을 묶을 것인가 아니면 그 둘을 분리시킬 것인가를 결정하는 매우 중요한 질문이다. 역사 안에 이스라엘의 선택의 길은 마치 아무 일도 일어나지 않을 것과 같은 "아직도"의 팻말을 가지고 있다. 이러한 이해가 교회와의 분리를 조성하는데, "아직도"의 개념은 교회 자신의 신앙의 요소로 매우 현실적인 개념으로 남아 있는 것도 사실이다. 헨드리쿠스 벌코프는 교회와 이스라엘의 분리의 고통을 다음과 같이 기록하고 있다:

> 이스라엘의 대부분이 (예언으로부터) 벗어났기 때문에 예수의 오심은, 그 원래의 목적에 어긋나게도, 하나님의 백성을 두 개의 형태로, 두 개의 방법으로 분리시키고 있다. 그 첫 번째 형태인 이스라엘은 구약의 언약을 지속시키며, 마치 예수 그리스도가 그에 관해서 아무 일도 하지 않은 것처럼 그의 해결을 기다리고 있다. 두 번째 형태인 교회는 소망의 표징으로서의 이스라엘의 남은 자라는 의미를 버리지 아니하면서 새 언약, 즉 구속의 성취된 역사로 살면서 이 세상의 모든 나라 안에 계시는 성령의 역사를 경험하고 있다. 한 쪽에 속해 있는 사람은 다른 쪽에 속한 사람을 이해할 수 없다. 동일한 하나님에 대한 믿음으로부터 사람들이 두 개의 매우 다른 길을 가고 있음으로 인해서 심각한 적대감과 아픔을 자아내고 있다. 우선은 교회에 대한 이스라엘의 적대감이 그것이고, 그 후에 세계의 어디에서도 볼 수 있는 그리고 전보다 더 심한, 세계에 흩어져 사는 유대인에 대한 교회의 반감과 적대감이 그것이다(*Christian Faith*, 261).

이것이 바로 바울이 로마서 9-11장에서 그의 내면의 고통을 토로하는 언약의 역사의 분열이다. 거기서 바울은 "이스라엘의 몰락을 옛적에 족장들을 세우시고 이스라엘을 이방종교로부터 불러내신 바와 동일한 추측할 수 없고 전능하신 하나님의 작정으로 이해하고 있다." 바울의 본문을 더 연구하지 않더라도 우리는 다음과 같은 결론을 얻을 수 있다:

1. 하나님의 작정은 변덕스러운 것이 아니다. 언약역사의 분열은 하나님의 구원의 길을 따라 살지 않는 이스라엘의 불충실에 따른 것이다.
2. 하나님의 이러한 작정에 따라 이방인들이 구원의 빛을 받게 되었다.
3. 이스라엘은 하나님께로부터 완전히 버려진 것이 아니다. 선지자들이 예언한 "남은 자들"이 메시아 시대로 들어갈 것이며, 이로 인해서 유대인과 이방인으로 구성된 기독교 교회에 중대한 분기점이 현실로 나타난다. 바울은 이 분기점을 메시아의 도래, 죽음, 그리고 부활로 말하고 있다. 이러한 분기점을 통해 살며 예수를 메시아로 받아들이는 남은 자들이 진정한 이스라엘이다(Hendrikus Berkhof, *Christ the Meaning of History*, 141).

하나님으로부터 멀어지는 고통스러운 역사가 전개되어 가면서 이스라엘의 끊임없는 죄악은 바울에 의해서 눈 멈(고후 3:14)으로, 교회의 죄악은 영적인 교만으로(롬 11:20) 표현되고 있다. 복음은 유대주의에 "구약의 운명이 실현된 그리스도의 몸 안에서 자신의 정체성을 되찾고 현재의 잘못된 이해를 벗어나 자신의 독특성을 실현하라"고 촉구하고 있다(Richard De Ridder, *My Heart's Desire for Israel*, 11). 랍비인 아브라함 헤셸(Abraham Heschel)의 질문, 기독교 시각 안에서 볼 때, 유대인이 없는 세상이 하나님의 영광을 더욱 드러내는가라는 질문에 드 리더(De Ridder)는 다음과 같이 분명하게 부정적인 답을 한다:

우선 하나님께서는 그의 백성에 대한 일을 끝마치지 않았기 때문에 우리는 그렇게 대답한다. 둘째로, 오직 이스라엘을 포함하고서야 하나님의 나라는 그 완성을 맞이한다. 셋째로, 교회와 세상의 삶에 있어서 이스라엘의 존재가 너무나 명백하기 때문이다. 기독교회는 이스라엘 안에서 일어난 매우 근본적인 위기의 결과로 발생했다는 사실을 잊어서는 안 된다. 이 위기는 이스라엘의 선택과 함께 하나님의 언약이 세계의 모든 사람들에게 전파됨에 관계된 것이다. 그것은 율법과 의로움의 이해에, 그리고 기대와 성취에 관계된 위기였다(*My Heart's Desire for Israel*, 108).

그렇다면 우리는 우리 이웃에 사는 유대인들에게 어떻게 접근해야 하는가? 드 리더는 이에 대해서 다음과 같은 지침을 제공한다:

널리 퍼져 있는 그리스도인의 편견에 반대하여 교회는 유대인이 아직도 구약 언약과 약속의 이스라엘임과, 하나님께서는 이스라엘 안의 "모든 약속의 자녀들"이 구원을 받게 될 때까지 구속하시는 목표를 향해 역사하신다는 것을 인식해야 한다…교회는 지금이 이스라엘을 위한 구원의 날인 것을, "모든 이스라엘"의 구원이 구속역사 안에서 전혀 새로운 시대에 이루어지지 않는다는 것을 인식해야 한다…교회는 이방인과 함께 유대인도 복음을 받아들임으로 예수 그리스도를 믿는 믿음으로만 구원을 받는다는 것을 인식해야 한다…유대인을 향한 교회의 전도의 동기와 자세는 복음과 관련한 이스라엘의 권리의 우선권, 즉 구속역사 안에서 하나님의 약속과 언약으로 말미암아 먼저 그들의 것이 된 복음의 우선권을 염두에 두고 시작되어야 한다…유대인을 향한 교회의 태도는 이스라엘을 위한 하나님의 지속적인 안타까움에 일치함으로 세워져야 한다…(*God Has Not Rejected His People*, 81-82).

제3장 그리스도 안에 있는 하나님의 길

창조세계에 대한 하나님의 길, 세상 나라들에 대한 하나님의 길, 이스라엘에 대한 그분의 길, 그리고 이제 교회에 대한 그분의 길은 모두 다 가장 깊은 의미에서 그리스도 안에서 발견된다. 그분 안에서 모든 창조물들이 함께 서 있다. 그분은 열방의 빛이시며, 이스라엘의 소망이시다. 그분은 그분의 몸인 교회의 머리이시다. 성경 계시의 우주적 전망과 구속사의 전 범위는, 그분의 아들로 구현된 하나님의 전능하신 행적들에 집중되어 있다. 바울은 이 엄청난 전망을 담아냄에 있어서 두 가지 개념을 강조하는데, 이것은 그의 서신들에 반복해서 나타나는 것이다. 만물(*ta panta*)은 그리스도 안에서(*en Christo*) 그리스도와의 관계 안에 그 존재와 가치를 가진다(참조, 골 1:15-20). 새로운 언약과 이전의 언약 모두에 있어서 세계에 대한 하나님의 임재의 충만한 분량은 그리스도에게 집중되어 있다. "그는 보이지 아니하시는 하나님의 형상이요…아버지께서는 모든 충만으로 예수 안에 거하게 하시고." 중보자이신 그리스도 안에서 우리에게 오시는 하나님의 길은 창조세계에 미치며, 더 나아가 그것을 넘어선다. 왜냐하면 그분 앞에 모든 만물이 서 있기 때문이다. 태초에, 시간과 함께 그리고 시간 안에서 모든 만물들이 그분 안에서, 그를 통하여, 그를 위하여 창조되었다. 이러한 폭넓은 전망의 결론은 모든 만물 중에서 그분이야 말로 가장 뛰어난 분이라는 것이다.

예수 그리스도의 탁월성은 신약성경에 아주 잘 나타나 있다. 이 메시지는 과거로부터 전해지고, 미래를 열어가는, 끊어지지 않고 계속된 구원의 역사의 흐름 속에 있는 것이다. 그 목적은 그것을 듣는 사람으로 하여금 변화되게 하는 것이다. 그러나 그 능력은 그것을 수용하든지, 혹은 거부하든지 하는 인간의 반응으로 인하여 제한되지 않는다. 구속사는 하늘에서만 일어나는 일이 아니며, 자기 이해를 구성하는 정신을 넘어서는, 내 밖에서 일어나는 것이기 때문이다. 이것은 계속된 구속사로의 이식으로 말미암아 내가 그리스도의 역사로 들어가는 것을 요구하는 것이다 (Thielicke, *The Evangelical Faith*, Vol. I, 63). 모든 역사의 알파와 오메가, 하나님의 태초와 마지막은 그리스도에게 집중되어 있다. 그분은 지금도 계시고 이전에도 계셨고, 또한 앞으로도 존재하시는, 위대한 스스로 있는 자이신 하나님께서 우리 가운데 실재하신 것이다. 틸리케는 이렇게 말한다. 그분은 우리 가운데 육체로 나타나신 진리이시다. 그분은 동적 요소가 아닌, 존재론적인 '있다' 와 '계시다' 라는 단어로 설명된다(*The Evangelical Faith*, Vol. I, 205). 모든 언약 역사와 다가오는 왕국의 길이와 넓이와 높이와 깊이는 확고 불변하게 그리스도 안에 기초한다. 신약성경의 진실성은 여기에 달려 있다. 그 안에는 화해의 하나님의 말씀, 그 권위, 계속되는 구속사에서의 그 중요한 역할이 한 보자기에 싸여 있기 때문이다.

그리스도의 중심성은 서로 관련된 세 주제들을, 즉 증언, 선포, 그리고 가르침을 중심으로 강조되어 있다. 이러한 세 가지 강조점들의 연합을 통해 신약성경 전체의 포괄적인 메시지를 보다 잘 이해할 수 있다.

1. 삼중(三重)의 주제

이 세 주제에 대한 개관으로 말미암아, 신약성경이 일부는 부분적으로 증언이며, 일부는 선포이며, 일부는 가르침이라고 할지라도, 그렇게 나뉘는 것을 원하지 않았다는 것을 알게 될 것이다. 각각의 테마는 내적인 연관성을 가지면서 성경 전체를 통해서 나타나고 있다. 또한 각각의 테마는 폭넓은 전망을 가지고 있다. 그러나 각각은 또한 다른 것들로부터 고립되지 않으면서도 그 나름의 어떤 독특한 통찰을 보여 준다. 그들은 각각 전체로서의 메시지를 풍부하게 하면서 서로를 강조하고 있다.

(1) 증언

그리스도께서는 사도들로 하여금 그의 증인들, 즉 증인이 되게 하셨다(행 1:8).

순교자라는 단어(martyria로부터 파생된)의 현대적 의미는 자신의 피로 자신의 증언을 보증하는 사람을 의미한다. 신약에서 우리는 그 어원적 용법을 찾아볼 수 있다. 이 증인들은 그리스도 예수의 역사적 실재성과 그에게 일어난 일들의 참됨을 사람과 나라들 앞에서 증언하기 위해 세움을 받은 사람들이다. 주님께서 친히, 그의 삶, 죽음, 부활에 관해 증언하라고 위임하셨다. 그들이 이 사건들에 대해서 계속되는 세대에 신빙성 있는 증언을 할 수 있는 것은 바로 이것 때문이다. 이것은 법정을 생각나게 한다. 증인은 모든 잘못된 것을 수정해서 기록하게 하고, 그 사건의 진실을 밝혀내야 하는 사람이다. 공의로운 법정에서의 진리는 참된 증거에 의존한다. 이러한 관점에서, 사도의 저작들은 삼 년 동안 개인적으로 경험했던 것들에 대한 직접적인 증언이다. 그러한 근거로 인하여, 그들의 말씀은 사도적 권위를 가지는 것이다. 그러므로 아주 담대히 말한다: "우리 주 예수 그리스도의 능력과 강림하심을 너희에게 알게 한 것이 공교히 만든 이야기를 좇은 것이 아니요 우리는 그의 크신 위엄을 친히 본 자라"(벧후 1:16). 이렇기 때문에 그들은 "우리는 그 현장에 있었던 사람입니다. 우리가 말하는 것을 들어보십시오"라고 하면서 그들의 사명에 헌신했던 것이다(요 1:14). 요한은 그의 첫 번째 편지에서 이 점에 대해서 아주 강조해서 말하고 있다:

> 태초부터 있는 생명의 말씀에 관하여는 우리가 들은 바요 눈으로 본 바요 주목하고 우리 손으로 만진 바라 이 생명이 나타내신 바 된지라 이 영원한 생명을 우리가 보았고 증거하여 너희에게 전하노니 이는 아버지와 함께 계시다가 우리에게 나타내신 바 된 자니라 우리가 보고 들은 바를 너희에게도 전함은 너희로 우리와 사귐이 있게 하려 함이니 우리의 사귐은 아버지와 그 아들 예수 그리스도와 함께 함이라(요일 1:1-3).

신약성경의 저자들은 그들의 메시지에 대한 진실성을 확증하기 위해서, 그들의 공통된 경험의 확실성을 자주 이야기한다. 그것이 그들의 보증서와 같은 것이다. 그들의 사명은 바로 보내신 분께서 직접 임명하신 것이다. "너희도 처음부터 나와 함께 있었으므로 증거하느니라"(요 15:27). "너희는 이 모든 일의 증인이라"(눅 24:48). 그들의 증언은 모두 독특하게 실제로 일어난 사건에 대한 것이다. 성령의 인도로 말미암아, 그들은 머리이신 그리스도와 그의 몸인 교회 사이의 살아 있는 연결체로 존재한다. 그들 메시지의 진정성은 그들의 예수와의 직접적이고 계속적인 접촉에 의존한다. 이러한 주님과의 친밀한 관계는 제자들의 새로운 부르심을 의미한다. 요한은 말한다: "이 일을 증거하고 이 일을 기록한 제자가 이 사람이라 우리는 그의 증거가 참인 줄 아노라"(요 21:24).

이 증언에 대한 테마는 복음서에서 가장 탁월하게 나타난다. 복음서는 그리스도를 통하여 하나님께서 무엇을 하셨는가에 대한 기본적이고도, 역사에 기초한, 가시적인 확증된 기록들이다. 그러나 그것이 복음서에서만 드러나는 것은 아니다. 다른 신약성경에 스며들어 그 특색을 나타낸다. 바울은 그가 그 자리에 직접 있지는 않았지만, 그럼에도 불구하고 십자가와 부활에 대한 증언을 하고 있다(고전 15). 그는 또한 과거 광야에서 하나님의 백성과 함께 하셨던 그리스도의 현존에 대해서 증언한다(고전 10:1-5). 증언은 선포와 가르침 양쪽 모두의 기초를 형성한다. 또한 동시에 이들 두 테마로 다듬어진다. 복음증거는 단순한 고대 역사에 대한 공부가 아니며, 더군다나 신선하고 객관적인 사례연구도 아니다. 복음증거(*martyria*)는 선포적이고(*kerygma*) 교육적인(*didache*) 역사이다. 복음의 증인들은 무감각한 딱딱한 사건의 실상을 보고하려고 하지 않는다. 복음은 의미가 가득한 메시지를 담고 있는 사실에 대한 증언을 하고 있다. 그 증언은 그리스도께서 누구이시며, 그가 하신 일이 무엇이며, 지금도 세상을 위해 행하시는 것에 대해서 전달하고 소개하고 해석하시는 성령의 권능에 의해서 그 일을 수행하는 것이다. 이들 저자는 단순히 예수의 죽으심을 역사 기록으로 남기지 않는다. 복음의 열정적인 내러티브는 많은 사람을 위해 그분의 생명을 대속물로 주심을(마 20:28) 그리고 그분이 우리의 의로움을 위해서 다시 살아나셨음을(롬 4:25) 선포한다.

인간의 존재와 삶이라는 상황을 위해 적용된 증언이야말로 기독교의 믿음과 부르심에 대한 기초로 남아 있다. 바울은 이렇게 말한다: "그리스도께서 만일 다시 살지 못하셨으면 우리의 전파하는 것도 헛것이요 또 너희 믿음도 헛것이며, 또 우리가 하나님의 거짓 증인으로 발견되리니 우리가 하나님이 그리스도를 다시 살리셨다고 증거하였음이라 만일 죽은 자가 다시 사는 것이 없으면 하나님이 그리스도를 다시 살리시지 아니하셨으리라…그러나 이제 그리스도께서 죽은 자 가운데서 다시 살아 잠자는 자들의 첫 열매가 되셨도다"(고전 15:14-20). 복음증언의 목적은 믿음을 일으키고 견고히 하는 데 있다. 특별히 요한복음은 믿음에 대한 언급을 강조하고 있다. 십자가 사건에 대해서 설명하면서 요한은 "이를 본 자가 증거하였으니 그 증거가 참이라. 저가 자기의 말하는 것이 참인 줄 알고 너희로 믿게 하려 함이니라"(요 19:35)고 말한다. 예수에 관련된 모든 일을 근원부터 자세히 미루어 살핀 누가도 또한 데오빌로가 그의 믿음의 확실함을 견고히 할 수 있도록 하기 위해서 그 배운 바에 대해서 자세히 상술하기 시작한다(눅 1:1-4). 그리스도께서 위임하시고 성령께서 인도하신 이 그리스도에 대한 증인들은 지금도 세상에 증언하고 있다.

(2) 선포(Kerygma)

복음 메시지는 증언의 형태를 가졌을 뿐만 아니라 선포와 설교의 형태로도 나타났다. 명사형(kerygma)으로 "선포"라는 테마는 신약성경에서 산발적으로 나타난다. 가끔은 설교의 행위(딛 1:3), 혹은 설교의 내용(고전 1:21), 또 설교의 사역(딤후 4:17)을 지칭한다. 동사의 형태(keryssein)로는 거의 모든 곳에서 발견된다. 세례 요한(막 1:4), 예수(눅 4:18-19), 그리고 사도들(행 10:42)을 언급할 때에 관련하여 사용하고 있다. 이러한 역동적 성격의 케리그마는 아마도 복음 메시지의 가장 전형적인 모습일 것이다. 증인의 모티프와 마찬가지로 이 케리그마 모티프는 성경 모든 곳에 스며들어 독특한 특징을 가져다주었다. 특별히 복음서에서 현저하게 드러나며, 또한 사도행전에 요약된 사도들의 설교를 통해서도 볼 수 있다. 그리고 서신서에서는 살아가는 데 있어서의 교육적인 지침을 역설할 때 힘을 보태고 있다.

그리스도를 따르는 사람들은, 지금 여기서 당장 해야 하는 삼중의 과업, 즉 진리에 대해 증언하고, 선포하고, 가르치는 사명을 위임받았다. 이 믿음을 표현하는 세 가지 방법은 하나에 초점이 맞추어져 있다. 그리스도 안에서의 언약 성취와 그리스도 안에서의 구속사의 결정적인 전환점인 하나님 나라의 도래에 대해 선언하는 것이다(행 28:31).

그러므로 신약에 있어서는 역사적 실재(증언, *martyria*)와 그것의 선포된 의미(선포, *kerygma*)는 불가 분리적으로 연결되어 있다. 왜냐하면 선포는 그것이 선포하는 사건의 역사적 진실성에 의지하고 있기 때문이다. 선포, 즉 케리그마는 도대체 어떤 일이 일어났으며, 또한 그것이 우리에게 어떤 유익이 있는가를 다룬다. 이 케리그마에서 선포되는 역사적인 구속의 사건이 사실에 기초했을 때에만이 그 절대적 의미가 유지될 수 있는 것이다(**Ridderbos**, *The Authority of the New Testament Scriptures*, 59-60). 역사적 근거가 없는 선포는 단지 공교히 만든 신화에 불과할 것이며, 또한 선포적 의미가 빠진 역사적 기록은 다른 것과 차이가 없는 고대의 문서에 지나지 않는 것이다. 증언(사실성)과 선포의 양쪽 다를 붙잡음으로써, 신약성경은 우리를 위한 기록 저장소 이상의 것으로 다가온다. 리덜보스는 이렇게 말한다: "많은 양의 역사적 자료들을 전하는 것도 아니며…바울의 편지가 신학적 논문을 전하려 한 것도 아니다." 또한 계속해서 다음과 같이 말한다:

신약성경은 그 자신을 역사학자나 신학자로 향하지 않는다. 그것은 보다 실천적이고 실존적인 의도를 가지고 있다. 그것은 듣는 이로 하여금 급진적인 결정 앞에 서게 하는 것, 즉 믿음의 요구 앞에 서게 하는 것이다(The Authority of the New Testament Scriptures, 58-59).

신약성경의 일관된 통일성은 변증법적 긴장 관계에서, 다시 말해서 예수의 순수한 종교와 바울의 심오한 신학 사이에서, 역사적 예수와 믿음의 대상으로서의 예수 사이에서, 예수는 누구이셨는가(나사렛 사람으로서의 실제 역사적 인물)와 예수는 지금 누구이신가(후대의 교부들에 의해 규정된 존재) 사이에서 읽혀지기를 거부한다. 이 긴장 관계들은 예수 안에 차이점이 있음을 전제하기 때문이다. 신약성경이 우리에게 요구하는 메시지는 예수 그리스도의 위대한 대속적 사건들의 실재성에 대한 증언으로부터 결코 떨어질 수 없는 것이다. 그 케리그마적 선포는 그 중심에 있는 그리스도가 그러하신 것처럼 우주적인 것이다. 그것은 인간 삶과 지식의 모든 영역을 다루는 전체적인 것이다. 케리그마가 말하는 대속이란 전체적인 것이기 때문이다. 그것은 사람과, 세계와, 역사와, 그리고 미래를 조명하며, 또한 교회와 국가, 정부와 사회, 과학과 예술을 하나의 관점, 즉 그리스도의 오심과 죽음, 부활, 그리고 재림의 관점에서 조명한다(Ridderbos, The Authority of the New Testament Scriptures, 61-61).

(3) 가르침(Didache)

신약성경에 있어서 교훈적인 본문들은 서신서에 집중되어 있다. 그런데 그러한 본문들은 신학적 논증이 아니라, 초기 기독교 공동체가 접했던 실제적인 문제들을 다루는 목회적 본문들이다. 선포가 증언과 관련되었던 것처럼, 믿음의 교육은 또한 그 양자와 관련되어 있다. 그리스도에 대한 케리그마적 증언을 하는 사도의 토대 위에 세워지는 교리는, 매일 매일의 삶을 위한 교리의 중요성을 분명히 하며, 어떻게 정통교리와 정통적 실천을 적용할 것인가를 밝혀 준다. 이것은 특별히 신약성경의 "그러므로"가 나오는 본문들에서 그러하다. 로마서 12:1을 살펴보면, 하나님의 크신 은혜를 찬양한 다음 바울은 "그러므로"라고 하면서, 하나님의 선하고, 아름답고, 완벽한 의지에 완전히 헌신할 것을 권면한다. 그리고 고린도전서 15:58에서는 그리스도의 부활 승리에 대한 증언과 선포를 하면서, 그러므로 믿음의 사역을 인내로 계속 열심히 해 나갈 것을 권고하고 있다.

증언과 선포는 매우 다양한 교육적 형태를 가지고 나타난다. 교리, 가르침, 충고, 경고, 격려, 혹은 모범적 삶에 대한 요구 등 어떤 형태로 나타나든지 간에, 디다케(*didache*)는 성경 전체를 통해서 가르치는 내용의 반드시 필요한 요소를 가지고 있다. 그 통찰력과 힘은 신약뿐만 아니라 구약에 있어서의 구속사의 전 영역에 울려 퍼져 있다. 바울은 이렇게 말한다: "모든 성경은 하나님의 감동으로 된 것으로 교훈과 책망과 바르게 함과 의로 교육하기에 유익하니 이는 하나님의 사람으로 온전케 하며 모든 선한 일을 행하기에 온전케 하려 함이니라"(딤후 3:16-17). 이스라엘과 교회의 일치성을 감안하면, 신약성경의 가르침들이 히브리적, 랍비적 스타일을 가지는 것은 그리 놀라운 일이 아니다.

이 거룩한 전통에 알맞게도, 그들은 '지식'(딤전 2:4)과 '지혜'(약 1:5)와 '진리'(엡 4:25)를 강조한다. 이러한 교리들은 분명히 매우 지적인 측면을 가지고 있으면서 한편으로는 감정적인 측면도 가지고 있다. 그들은 실제로 신앙의 전인적인 특성을 강조한다. 그러한 믿음의 지식은 가슴으로부터 발원하는 것이며, 우리의 전인격과 우리 삶의 모든 관계를 포함하는 포괄적인 것이다. 창조세계의 모든 만물들은 원칙적으로 이 복음의 교훈적 의미에서 벗어날 수 없다. 그러므로 신약성경의 권위는 그 증언과 선포뿐만 아니라 그 가르침이 포괄하는 많은 문제들에 대해서도 동일하게 가지고 있는 것이다. 주님의 몸을 세우고, 의와 사랑과 평화의 방법으로 기독교 공동체를 훈련시키고, 언약적 삶으로 젊은이들을 양육하고, 그렇게 함으로 말미암아 교회 전체가 하나님 나라에 봉사하는 데 적합하게 하는 실천적인 목표를 가지는 것은 바로 이 교리이다.

2. 예수: 역사와 케리그마

사실 모든 신학적 논쟁은 항상 해석학의 문제로 좁혀진다. 예수에 대한 문제에 있어서도 결코 예외가 아니다. 초대교회 때 이미 그러한 두 가지의 도전에 직면하였다. 한 쪽 편에서 교회는 만성적인 유대주의에 직면하였다. 이 마찰은 예수 그리스도의 나타나심과 관련하여 어떻게 구약을 해석해야 하는가에 대한 기독교와 유대주의 사상가들의 논쟁을 야기하였다. 또 다른 한편에서, 교회의 교부들은 그리스 로마의 문화에서 빌려온 이방의 조각들(Harnack)로 덧입혀지면서도, 성경 메시지의 무결성을 유지하려는 위험한 사업에 몰두하였다. 초대교회가 그 믿음의 고백을 표현하는 해석학적인 문제들을 어떻게 다루었는가 하는 것은 결국 삼위일체론과 기독론 논쟁에 대해서 광범위하게 다루는 것이 된다. 3세기 동안의 뜨거운 논쟁을 통하여 칼케돈 공의회에서 공통된 신앙 고백의 결실을 맺게 된다(주후 451). 교부들은 예수 그리스도께서는 완전하신 참 하나님이시며, 또한 완전한 참 인간이시라고 선언하였다. 그분의 말씀(하나님의 궁극적인 *Kerygma*)이 육신이 되셨다.

칼케돈 신조의 정통성은 중세와 개혁시대 전체 기간 동안 널리 인정되었다. 그러나 근대의 시작을 알리는 르네상스의 도래와 함께 오랫동안 자리잡아 왔던 기독론에 대한 합의는 깨어지기 시작하였다. 계몽주의의 물결 속에서 이러한 합의의 결여는 아주 심각할 정도가 되었다. 기독론에 관한 문제들은 아주 격렬하게 대단히 급진적으로 뒤바뀐 상황 속에서 논의되었다. 오랜 세기 동안 그리스도에 대한 교리는 위로부터 연구되었다. 그것은 하나님의 아들이 내려오셔서 우리와 같이 되시고, 인자로서 우리와 함께 사셨던 것에 대해 연구하는 것이다. 안셀름(Anselm)은 『왜 하나님께서 인간이 되셨는가?』(*Cur Deus Homo?*)라고 하는 그의 저작을 통하여, 전통적인 "위로부터 아래로의" 성경이해를 보여 주었다. 근대의 지성은 이 방법을 문제로 생각하였다. 이전의 신학적 접근방법을 새로운 인류학적인 논리로 대체하였다. 기독론은 예수론이 되어버려, 나사렛의 선지자를 연구하는 "아래로부터의" 연구를 하였다. 그분에 대해서 우리는 어떤 결론을 내릴 수 있는가? 이 질문을 가지고 역사적 예수에 대한 수많은 근대적 탐구가 진행되었다.

이 해석학적인 전환은 지난 두 세기 동안 꾸준히 증가하였다. 예수의 역사성에 대한 복음의 증언과 그것의 케리그마 사이의 관계에 대한 질문의 결과로 말미암아 우리가 가지고 있는 신학적 함의의 최우선성의 자리를 빼앗겼다. 사실성과 의미, 그리고 그것의 내부적 관련성은 최근의 성경신학에서 주요한 범주로 떠올랐다. 칼 브라탠(Carl Braaten)은 "최근의 신약 연구에 있어서는 예수와 케리그마의 관계에 대한 문제가 주요한 것이 되었다"라고 말한다. 이 주제에 대한 관심은 매우 높았다. 브라탠은 계속해서 말하기를 "역사적 예수가 없는 케리그마는 허공만 치는 말이며, 사도적인 케리그마가 없는 예수는 의미 없는 인형과 같다"라고 하였다(*History and Hermeneutics*, 62).

근대 자유주의에 영향을 받은 해석학에 있어서의 깊고도 광범위한 변화는 세계관의 급격한 변화를 반영하는 것이다. 이러한 변화의 혁명적인 영향은 지난 두 세기 동안 계속되어 온 역사적 예수에 관한 연구에서 잘 나타난다. 이 모든 흥미 있는 연구들은 모두 한 가지 주제로 통해 있으며, 결국 역사와 케리그마의 역할은 서로에게 대조적이라는 것이다. 이제 이러한 연구와 그 함의에 대해서 개관해 보도록 하겠다.

(1) 역사적 예수 연구의 '옛 학파' (The Old Quest)

역사적 예수 연구의 옛 학파들은 계몽주의의 공기를 받아 숨을 쉰 사람들이다. 그들의 견해는 18세기 후반의 마지막 몇 십 년 동안 표면화되었다. 그들은 성경의 케리그마를 데카르트, 스피노자, 라이프니츠의 인본주의 관념론에 맞추어서 철학적으로 재건하였다. 그들 신학의 이 케리그마적 측면은 록크, 버클리, 흄의 경험론으로 특징지어지는 역사에 대한 새로운 견해와 예리하게 긴장관계를 형성하고 있었다. 두 개의 철학적인 개념들, 하나는 현상을 중심으로 보고 다른 하나는 관념을 중심으로 보는 개념들을 모아서, 그 둘을 "순수 이성"(학문)과 "실천 이성"(종교와 도덕)으로 재정의하고, 그 둘을 다시 변증학적인 통합으로 이루어 칸트는 자신을 "현대사고의 창시자"로 형성하였다. 칸트에게서 시작된 이들 두 철학적 전통의 통합은 후대에 헤겔의 역사관에 의해서 더욱 커다란 영향을 미치게 되어 서구 사상계에 깊은 변화의 선구가 된다. 이러한 계몽주의 이데올로기의 복잡한 경향은 그대로 루마루스, 스트라우스, 바우어, 슐라이어막허, 리츨, 하르낙, 트뢸취, 헤르만, 벨하우젠, 슈바이처와 같은 학자들에 의해 근대 자유주의 신학으로 전환되었다. 이러함으로 해서 역사 비평 방법론과, 역사적 예수에 대한 근대적 질문들의 긴 여정으로의 문을 열게 되었다. 시작부터 이 작업은 문제를 안고 출발하였다. 그 역사적 자료들이 이 후대의 기독론적 신학들의 무게를 견디어 낼 수 있는가?

역사적 예수 연구의 옛 학파들의 연구 전제는 분명하였다. 그들은 신약성경을 하나의 고대 역사 문서로서 인정하고 연구하였다. 그러므로 다른 과거의 중요한 문서들에 적용되는 비평 분석 형식을 그대로 적용하였다. 성경저자는 무오하지 않으며, 그들의 기억은 때로는 틀리며, 그들의 설명은 가끔 모순된다. 그러므로 그들의 증언은 꼭 믿을 만한 것이라 생각할 수 없다. 그들의 주님에게 열심이었던 제자들은 가끔 사실을 윤색하고, 또한 예수가 누구이고, 무엇을 행하였나에 대한 설명을 아름답게 꾸미고, 신화화하고, 거룩하게 하여 전달하였다. 역사학자와 신학자로서의 우리의 과제는 전통적인 이러한 편견들에서 벗어나는 것이다. 현대의 분석 도구들을 이용, 본문을 객관적으로 재음미하여 실제의 역사적 예수를 다시 발견하고 재현해야 한다. 기독교의 역사를 통해서 확정된 계시는 이제 이성적 연구의 시험을 통과해야 한다. 이 과제는 가능할 뿐만 아니라, 우리 시대의 믿음의 생존을 위해서 긴급하게 중요한 것이다. 인간은 바야흐로 새 시대를 맞이하고 있다. 교부들의 어린아이와 같은 믿음은 새 시대의 도래와 함께 죽어버렸다. 옛 시대의 운명은 이제 널리 인정되는 인간 이성의 자율성 교리에 의해 확정되었다. 다시 과거로 돌이킬 수는 없다.

과학적 방법론을 가지고 하는 이러한 성경연구는 이 "옛 학파들"에게 역사를 보는 다른 시각에서의 문제를 던져주었다. 그것은 바로 선포의 문제, 주일의 설교에 관계되는 설교자의 문제였다. 어떻게 교회는 현대인들에게 복음을 설교할 수 있는가? 급진적으로 역사화된 예수를 통하여 의미 있는 메시지를 건져내는 것이 가능한가? 그 도전의 심각함에도 위축되지 않고, 자유주의는 그 위기에 대처해 나갔다. 자신들의 교리를 위반하지 않으면서, 교묘한 해석의 방법을 통하여, 그들은 성경의 사건들을 통해 영원한 진리를 얻어내는 데에 몰두하였다. 예수의 오병이어의 기적을 살펴보자. 실제의 삶에서 그러한 기적은 일어나지 않는다. 그들은 원인과 결과 관계라고 하는 불변의 논리를 무시한다. 그들은 이 불가능한 이야기가 비유적 진리를 그려낸다고 본다. 나눔의 미덕, 우리가 가진 것을 다른 사람과 나누는 바로 그것이 기적을 만들 수 있다는 것이다.

이와 비슷하게 폭풍을 잠잠케 한 것은 자연의 무질서를 다스리는 인간의 힘을 지칭하는 것이라 한다. 아주 분명한 어조로 되어 있는 예수의 부활에 대한 증언은 역사 비평적 방법론의 해석학이 넘을 수 없는 장애물이 된다. 성경 시대에 이미 이 곤혹스러운 사건은 유대인에게는 걸림돌이 되고 헬라인들에게는 미련한 것이었다. 유비의 법칙에 충실했던 계몽시대의 아들들에게는 더욱 그러하였다. 그러한 신화가 과학 이전 시대인 고대 민중의 세계관에서는 잘 어울리는 것이었지만, 이성의 시대에서는 더 이상 만족스러울 수는 없었다. 그러나 모든 것을 다 잃어버린 것은 아니다. 예수께서는 새로운 삶으로 살아나셨다. 그러나 무덤으로부터가 아니다. 그의 제자들의 믿음의 의식 속에서이다. 또한 우리에게도 마찬가지이다. 희망은 인간의 마음속에서 영원히 자라난다.

역사적 예수 연구의 옛 학파들이 공유하고 있는 한 가지 기본적인 신학이 있었지만, 그것은 셀 수 없이 많은 다양성을 가지고 뻗어 나갔다. 이들 중 어떤 이는 역사적 주제, 혹은 이성적, 혹은 도덕적, 존재론적, 혹은 종말론적 주제를 강조하였다. 어떤 이는 예수를 영원한 진리에 대한 가장 탁월한 스승으로 혹은 도덕적 미덕에 대한 가장 훌륭한 모범으로, 혹은 그 시대를 앞서 나간 사회 개혁가로, 혹은 정치적 혁명가로, 낭만적인 영웅으로, 새로운 질서를 갈구했던 몽상가로, 유토피아적인 꿈으로 우리를 풍요롭게 한 위대한 전사로, 아직 성숙하지 않은 잔인한 민중으로 인한 가엾은 희생자로 생각하였다. 성미가 급한 이전의 연구자들은 더욱 나아가서 예수의 부정적 이미지를 부각하려 하였다. 그는 그 자신이 메시아가 아니라는 사실을 알면서도, 그를 메시아로 바라보도록 그의 순진한 추종자들을 속인 사기꾼이다. 혹은 그는 정신착란자이다. 고상한 환상의 질병을 앓으며, 그 자신을 메시아라고 생각하였으나 우리가 알다시피 그러한 초월적 존재는 존재하지 않는다. 칸트 철학의 구조 안에서 이 모든 노력들은 역사적, 비평적 방법을 통해 읽고 난 후에 남은 것들로부터 역사적 예수를 가지고 케리그마적인 개정안을 얻으려고 하는 노력은 결국 "마치 …인 것처럼"(as if) 이상의 상태로 나아가지 못한다. 이 학파에 의해 결집된 기념비적인 연구(예수의 다양한 모습에 대한)가 있는데, 그것은 알버트 슈바이처의 『역사적 예수 연구』(The Quest of the Historical Jesus)로서 이러한 신학의 대표적인 50가지가 넘는 사례들을 보여 준다.

예수에 대한 자유주의적인 견해를 살펴보건대, 우리는 "전제 없이 객관적이고 과학적인 작업을 한다는 그들의 주장 그 자체가 바로 한 신화이다"라고 결론을 내릴 수 있을 것이다(Fred Klooster, Quests for the Historical Jesus, 26). 그들의 새로운 발견들은 이미 출발하는 선상에 심어져 있다. 역사적으로 확실하게 얻어진 결과물이라고 하는 것들 중의 많은 부분은 실제로 그 자신의 선택이나, 편견 혹은 그 자신의 문화적 상황과 관념의 산물이다(Hendrikus Berkhof, Christian Faith, 269). 브라탠은 이것을 다음과 같이 말한다:

> 예수에 대한 위대한 전기들을 읽을 때, 우리는 그것들을 통해서 그 책 저자들의 개인적인 종교적 견해를 읽을 수 있다. 19세기에 예수에 대해서 글을 쓴 사람들은, 환자의 얼굴에 그들 자신의 모습을 덧입히는 성형외과 의사와 같다(History and Hermeneutics, 55).

역사적 예수 연구의 옛 학파들이 우리에게 남겨 준 것은, 신성을 벗어버리고 근본적으로 인간화된 예수와, 재구성된 역사와, 알아볼 수 없을 정도로 개정된 선포이다. 신약성경의 증언, 선포, 가르침을 통하여 뵈었던 예수는 신기루처럼 사라져 버린다. 결국 이전 연구에 대한 많은 추종자들은 그들의 노력에도 불구하고 환멸감 속에 남게 되었으며, 복된 소식(복음)은 사라지고 말았다. "인간의 구원은 예수를 통해, 예수에게 일어난 실제의 일들에 근거하기 때문이다. 구원은 이들 사건의 역사적 사실성에 근거한다"(Hendrikus Berkhof, Christian Faith, 270). 결과적으로 "근대 복음 연구의 장은 신통치 못한 가설들의 파편들로 가득하게 되었다." 그렇게 해서 세기가 바뀌었다:

> 복음서에 나타난 예수에 대한 역사적인 접근의 연구는 고갈되어 가고 있었다. 슈바이처의 연구는 하나의 마무리를 알리는 신호가 되었다…초기에는 대담한 확신과 낙관론의 분위기였으나, 불

안파 실패의 분위기로 전환되었다. 누구도 확실한 결론을 말할 수 없으며, 누구도 분명한 방향을 지적할 수 없다. 학자들은 서로 반대의 입장으로 돌아서게 되었다. 예수 연구는 이제 새로운 돌파구를 요구하고 있었다(Braaten, *History and Hermeneutics*, 53, 58).

(2) 신정통주의의 출현

한 신학적 세대 내에서 풀리지 않는 문제는 다음 세대의 출발점이 된다(Klooster, *Quests for the Historical Jesus*, 63). 이러한 생각은 20세기초의 드라마틱한 변화로 말미암아 또 한 번 입증되었다. 이전의 연구들의 붕괴는 서구 기독교에게 허탈감을 가져다주었다. 그리고 제1차 세계대전의 파괴를 벗어난 후 신학계에 시한 폭탄과 같은 대안 신학이 나타났다. 그것은 모든 방면에 충격의 물결을 가져다주었다. 이 새로운 신학적인 경향은 기가 꺾인 자유주의에 의해 방치된 신학계를 장악하였다. 신정통주의로 알려진, 이 강도 높은 공격의 선봉 역할을 한 사람은 부르너, 고가르텐, 투르네이슨, 그리고 틸리히이며, 특별히 바르트와 불트만이다.

이들 새로운 세대의 신학자들은 이전의 자유주의 스승들로부터 초기 교육을 받았다. 그리고 그들 시대의 어려운 위기들로 단련을 받은 후, 서서히 조심스러운 깨달음을 얻기 시작하였다. 당시에 만연하고 있던 역사적 비평적 방법론에 대해서는 세상의 필요와 요구에 맞추어 적절하게 재고되었다. 역사적 실제의 예수를 추구하는 자유주의의 대담한 연구는 결국 환상을 좇는 것이었음이 드러나며 종말을 고하였다. 그것의 해석학은 영적으로 파산한 케리그마를 가진 교회를 양산하였다. 이전의 연구는 종말을 맞이하였다. 그렇게 그 연구는 취소되었다. 바르트는 그의 동료들과 마찬가지로 "자유주의 신학자들이 인정하지 않을지라도, 자유주의 신학은 이제 실신의 상태에 도달하고 말았다"고 결론을 내린다. 바르트는 역사적 비평주의의 공공연한 적이라는 비난을 받게 되었을 때, 역사적, 비평적 학파가 내 마음에 들려면 더욱더 비평적이어야 할 것이다라고 응답하였다(Eberhard Jüngel, *Karl Barth: A Theological Legacy*, 70).

"아래로부터의" 예수를 연구하는 이전의 연구들에서 손을 떼고, 바르트와 그의 동료들은 새로운 기독론의 시도, 즉 "위로부터" 우리에게 내려오시는 방법으로 예수를 이해하기 시작하였다. 그들은 역사에 대해 갑자기 등을 돌리고, 하나님의 말씀(바르트), 케리그마(불트만), 인격적 만남(부르너), 나와 당신과의 관계(고가르텐)에 대해서 다루기 시작하였다. 역사적 관심은 신학적인 수사학의 홍수 속에 자취를 감추게 되었다(Braaten, *History and Hermaneutics*, 25). 이렇게 역사는 케리그마의 제단 위에서 희생되었다. 신정통주의는 이전의 연구들에 반대하면서, 예수 그리스도를 통한 하나님의 전능하신 행적들의 역사적 사실성, 바로 이전의 연구를 가능하게 하였던 이 역사적 사실성을 부정하거나, 혹은 최소한 그것을 낮게 평가하였다. 계시는 물론 실제 시간과 장소를 통하여 실제 역사로 들어오는 것은 사실이지만, 계시가 역사 안에 자리를 잡을 수는 없는 것이라고 바르트는 주장하였다.

바르트의 주도 아래에서 신정통주의는 상당히 변형된 역사적 비평적 방법론에 적응해 나갈 의향을 나타내었다. 이전 연구가들의 손에서 그들의 확실한 결과물, 역사적 예수의 결과는 완전한 실패임이, 그리고 그러한 결과는 필연적이었음도 입증되었다. 신정통주의자들은 역사적 예수의 연구는 처음부터 빈손으로 시작했기 때문에 그것의 실패는 시작부터 예고된 것이었다고 단언한다. 역사는 본질적으로 의심스러운 것이기 때문이다. 그러므로 복음서에 기록된 역사적 사건들은 많은 문제를 안고 있다. 부르너는 다음과 같이 기록한다:

> 그리스도께서 역사적으로 실제로 존재했는가의 문제조차도 결코 확신할 수 없다…불신자들에게 의심될 수 있거나 혹은 부인될 수 있는 그리스도의 역사성을 받아들이는 것은, 그의 역사성에 대한 확신할 수 있는 증거를 제시함이 없이 기독교 종교의 본질에 속한 것이다(*The Mediator*, 186-87).

전형적인 신정통주의의 논증에 대해서, 폴 쥬엣(Pual Jewett)은 부르너에 근거해서 이렇게 말한다:

> 예수 사건의 경우는 표현하기 부적절한 경우이다. 그것은 역사적인 사건으로는 일어나지 않은 (*nicht passiert*) 것이면서도 또한 다른 한편으로 어떤 특별한 의미에 있어서는 발생한 (*gescheiht*) 것이기 때문이다. 그것은 종말론적인 하나의 사건이면서, 우선적으로 종말론적인 역사이다(*ur-Endgeschichte*). 모든 유비의 부적합성을 인식하면서도 부르너는 다음과 같은 몇 가지의 제안을 하고 있다. 그는 번개를 그 예로 사용하곤 하였다. 우리가 벼락이 내려치는 것을 보지 않았을지라도 꺾여 넘어진 나무, 즉 사건의 결과를 볼 수 있다. 또한 그것은 협곡에서의 메아리와 같고, 또는 물속에 던져진 돌로 인하여 생긴 물결도 그렇다. 물속으로 들어가는 순간을 보지 않았을지라도, 물 위에 생긴 동심원을 통하여 어떤 일이 있었는지를 알 수 있다(*Emil Brunner's Concept of Revelation*, 40-41).

직접적인 역사적 증거가 없다고 해도 커다란 문제가 되는 것은 아니다. 근본적으로 중요한 것은 예수를 나타내는 케리그마이기 때문이다. 그것은 역사적 발견물들에 의존하지 않는다. 역사적 비평적 방법론들은 계시를 받은 이들이 그리스도 안의 하나님의 말씀에 대해서 어떻게 반응하였으며, 어떻게 증언하였으며, 어떻게 선포하였는가를 분석할 수 있는 것이다. 그러나 그러한 연구들은 계시 자체를 직접 다룰 수는 없다. 그 연구가 아무리 진척되어도, 그 안에 있는 케리그마와 신앙은 여전히 미지의 것으로 남아 있다. 그것들은 '역사'(*Historie*, 사건의 흐름으로서의 역사)에 근거한 것이 아니라, '초역사'(*Geschichte*, 우리의 삶으로 오신 예수를 통한 하나님의 초월적인 계시의 행위)에 근거한 것이기 때문이다. 바르트는 자유주의자들에 대해서 이렇게 묻는다: "내가 참으로 존경하는 이들 역사학자들은 성경의 말씀의 내용 안에 진정한 말씀이 존재한다는 이 매우 중요한 것을 정녕 알지 못한단 말인가?"(Jüngel, *Karl Barth: A Theological Legacy*, 76).

복음서에 기록된 사건 이야기들은 일어났음직한 이야기이고, 또한 기록된 것처럼 일어났다. 그러나 궁극적으로 그 사건들은 실제의 사건(the real Event), 다시 말하면 그리스도 안에서 하나님의 자유롭고 단번에 일어난 주권적인 은혜의 인격적인 계시를 지칭하는 지시계(*Hinweis*)로서의 역할을 할 뿐이다. 역사의 그리스도는 초역사적인 예수에 대한 색인표에 불과하다. 그 둘은 결코 같은 존재가 아니다. 계시는 역사로 연장될 수 없기 때문이다. 유한은 결코 무한을 내포할 수 없다. 이러한 견해는 대속의 역사를 인정하지 않는다. 역사 속에서는 대속적인 침투만이 있을 뿐이다. 그 역사의 이면에 다른 어떤 것이 있는 것은 아니다. 바르트와 자유주의자들을 비교하면서 융엘은 역설적인 결론을 내린다. 그들은 서로 정반대의 전제에 근거했음에도 불구하고 서로 똑같은 내용의 비난을 하였다. 즉, 역사적 이해를 불가능한 것으로 만든다는 것이다(*Karl Barth: A Theological Legacy*, 75).

신정통주의의 관점에 따르면, 복음 내러티브의 시작과 마지막 장 사건은 초역사(*Geschichte*)로서의 원래의 케리그마가 사건으로서의 역사(*Historie*)를 대체한다는 것을 확실하게 보여 준다고 한다. 부활뿐만 아니라 동정녀 탄생도 역사적인 분석의 범위를 벗어나는 것이다. 이것은 역사에 근거하지 않은, 전적으로 초역사(*Geschichte*)의 행적들이다. 역사적 사실성과 케리그마는 단절되어 있다. 키에르케고르는 영원과 시간 사이의 무한한 질적인 차이를 말했는데, 그러한 세계관을 반영하고 있다. 바르트에게 있어서 하나님이란 전적으로 타자(the wholly Other)이며, 세계는 분리되어 있는 나라(the far country)이다. 오직 하나님만이 이 사이를 연결할 수 있으며, 하나님께서는 그분의 독생자 예수(*Historie*) 그리스도(*Geschichte*)를 통하여 그렇게 하셨다. 바르트는 이전 세대의 신학자들의 문제, 케리그마를 희생시킨

역사의 문제를 해결하면서 새로운 것, 역사로부터 동떨어진 케리그마를 생각해 내었다. 이것에 대해서 브라텐은 다음과 같이 비판한다:

> 역사의 범주는 그리스도 안에서 하나님의 화해케 하시는 행적에 근거한 신학을 위해서는 반드시 필요한 것이다. 화해의 행적은 여호와 하나님께서 이스라엘과 언약을 맺으신 역사적 사실, 교회를 선택하신 역사적 사실과 함께 역사의 절정에 있는 사건이다(History and Hermeneutics, 16-17).

불트만은 역사적 예수에 대한 비평적 연구에 대하여 부르너나 바르트보다 더욱 회의적이며, 그 결과물들에 대해서 강하게 반대한다. 역사적 예수를 보여 주려고 하는 것은 불가능하다. 그러나 이것이 문제가 되지 않는다. 왜냐하면 케리그마는 역사적 근거를 필요로 하지 않기 때문이다. 잘 알려진 바와 같이 불트만의 견해는 이것이다. 그러한 문제에 대해서 "초대 기독교 자료들은 관심을 가지고 있지 않았기 때문에, 더욱 조각 조각되어 있었으며, 때로는 전설적이었다…예수의 삶과 인격에 대해서 우리가 알 수 있는 것은 거의 없다"(Jesus and the Word, 8-9). 복음서의 설명은 불완전하고 모순될 뿐만 아니라, 처음부터 마지막까지 예수의 신화화된 이미지를 보여 주고 있다.

불트만은 그의 책 『예수 그리스도와 신화』(Jesus Christ and Mythology)에서 이러한 생각을 폭넓게 발전시켰다. 그는 복음서들의 중심주제로서의 왕국을 언급하면서, 예수의 하나님 왕국의 개념은 종말론적인 것이기 때문에 역사적 질서를 초월한다고 말한다. 신화적인 것이기 때문에, 교리학적으로 이 개념을 사용하는 것은 불가능하다(12-13). 사실 신약성경에서 일반적으로 예수의 설교에 전제되고 있는 세계관은 신화적이다. 이것은 초기 기독교의 맨 처음부터 그러했던 것이다. 불트만은 성경시대의 세계관을 신화적이라고 부른다. 그것은 초기 그리스에서 시작한 이래로, 모든 현대인들에게 받아들여지는 과학에 의해 형성되고 개발된 세계관과 다르기 때문이다. 현대적인 세계관에 따르자면 인과 관계야말로 근본적인 것이다. 현대의 지성은 역사 과정에 하나님이나 사탄, 귀신이나 천사의 개입을 허용하지 않는다. 역사 과정을 그 자체로 완전한 하나의 통일체로서 이해한다(15-16). 그러므로 오늘날 신화적인 세계관, 종말론의 개념, 구속자와 구속의 개념은 끝이 나며, 다만 케리그마만이 남을 뿐이다. 현대 신학의 해석학적인 과업은 신약성경을 버려 두거나 자유주의의 사회 복음으로 변형하거나 하는 것이 아니다. 신화의 장막 안에 감추어진 보다 깊은 의미를 찾아내는 것이다. 이 방법론을 불트만은 성경을 비신화화하는 것이라 부른다(17-18). 그는 현대의 세계관을 시금석으로 사용하여 비신화화 한다는 것을 인정한다(35). 이러한 생각은 우리가 신화적 개념들 속에서 보다 깊은 의미를 찾아내고, 과거의 세계관들로부터 하나님의 말씀을 자유케 해야 한다는 것을 의미한다(43).

불트만은 하이데거의 실존주의 철학으로부터 많은 영향을 받았음을 시인한다. 그래서 그의 신학의 중심은 복음 내러티브로부터 떠나서 오늘날 선포의 순간에 일어나는 케리그마를 받는 실존적인 대면으로 옮겨갔다. 예수의 역사성은 청중들 개개인의 역사성에게 말씀의 자리를 양보한다. 예수 그리스도라는 종말론적 사건은 지금 여기에서 말씀으로 설교될 때에 일어난다. 그 말씀이 수용되거나 혹은 거부되거나에 상관없이 그러하다(81). 복음의 메시지는 지금 여기서 일어나는 사건으로서 유효한 것이다(71). 하나님에 대한 그러한 진술만이 하나님과 인간과의 실존적 관계를 표현하는 것으로서 적법한 것이기 때문이다. 하나님께서는 창조자이시다라고 말하는 경우처럼, 하나님의 행적을 우주적인 사건으로 진술하는 것은 잘못된 것이다(69).

비역사화되고, 비신화화된 불트만의 케리그마는 이전 자유주의자들의 신화적이고 공상적인 상투적 진술과 거의 구별되지 않는다. 가장 깊은 수준에서 성육신이란 고작해야, 오늘날 신실한 청중들의 자기 발견이다. 그렇다면 생각지 않은 때에 도적이 들어 모든 것을 휩쓸어간 것을 발견한 집주인을 통해 무엇을 말해야 하는가?(눅 12:39-40) 이것을 예수의 약속된 재림을 기대하며 준비하라는 설교로 해석한다면, 시대에 뒤쳐진 신화화한 종말론적인 형태에서 벗어나지 못한다. 그것의 보다 깊은 의미란, 우리가 하나님의 열려져 있는 인생의 길을 따라가다 보면 예기치 않은 일들로 놀랄 수 있다는 것을 가르쳐 주는 것이다. 이와 비슷하게, 예수의 부활에 대한 기사는 그의 제자들에게 빛나는 소망이 되살아났다고 지칭하는 것이다.

복음서 내러티브의 역사성에 대한 아주 강한 비판에도 불구하고 불트만 신학의 중심에는 풀리지 않는 딜레마가 있었다. 브라텐은 이렇게 묻는다:

> 왜 불트만의 생각 속에서 케리그마는 그렇게 적은 역사적인 내용을 가지고 있는가? 만약 역사적 내용 모두가 완전히 사라진다면, 케리그마는 예수와 관계없는 것이 될 것이며, 그것은 결국 완전히 신화 속으로 빠져버릴 것이다. 반면에, 역사적 내용의 많은 부분이 유지된다면, 케리그마는 역사적 연구들에 의해서 영향을 받게 될 것이며, 신앙은 원래 그것이 의미하는 바인 선택할 실존적인 행위라는 본성에 거스리면서, 역사적 사실들을 수용하는 것으로 제한될 것이다. 역사적 연구들로부터 신앙이 독립을 얻으려면, 케리그마에서 모든 역사적 요소를 포기해야 한다. 그러나

불트만은 예수의 역사성과 그의 십자가의 죽음이라는 순수 사건을 단 하나의 예외로 인정하였다 (History and Hermeneutics, 64).

이 한 가지의 예외는 불트만 신학에서 아킬레스 근으로 드러나게 된다. 이것은 그의 급진적 해석학을 모순 없는 결론으로 이끌어가지 못하도록 하였다. 그래서 그는 그의 추종자들에게 풀리지 않는 문제로서 이 딜레마를 남겨두게 되었다. 이제 그들은 돌출한 모순이라고 불리는 이 문제를 가지고 고민하기 시작하였다. 그렇게 무대는 역사적 예수에 대한 계속적인 연구 속에서 다음 장으로 넘어가게 되었다.

(3) 역사적 예수 연구의 '새 학파' (The New Quest)

역사적 예수에 대한 새로운 연구의 시작은 불트만 학파에서 나타났다. 에른스트 캐제만(Ernst Käsemann)의 논문 "The Problem of the Historical Jesus"의 출판으로 케리그마 너머로 가는 길을 막아섰던 장애물은 제거되었다. 그것은 1954년의 일이었다. 그 이후로 불트만의 유력한 제자들은 초대교회의 케리그마와 역사적 예수 사이의 관계에 대해서 연구하면서…예수와 케리그마 사이에 어떤 연속성이 있었는가에 대해서 보다 엄밀하게 밝혀 내려고 힘을 기울였다. 이 새로운 연구가들의 공통된 관심은 기독교 신앙에 있어서 예수의 본질적인 중요성을 밝혀 내는 것이었다(Braaten, History and Hermeneutics, 68).

이 '새 학파'에 속한 연구가들은 '옛 학파'(Old quest)와 그들 스승들의 이러한 인식이 없었던 '무 학파'(No-quest) 사이의 길을 추구하기 시작하였다. 그들은 우선 역사적인 연구로 드러난 증거를 근거로 해서 실제의 역사적 예수에 대한 새로운 연대기를 쓰려는 자유주의의 치명적인 유혹으로 되돌아가지 않기로 결심한다. 그러나 또 다른 한편으로는, 견실한 기독론과 의미있는 케리그마를 위해서는 신정통주의가 허용하는 것보다 더 역사적이고 더 실재적인 근거가 있어야 한다고 확신하였다. 이러한 사고의 결과가 요구하는 신학은 다분히 위험한 밧줄타기였다. 그럼에도 불구하고 신약성경 케리그마 그 자체 안에서 예수께서 누구였으며 또한 무엇을 하셨는가에 대해 충분히 알 수 있는 단서를 우리가 발견할 수 있다는 확신 속에서 그 연구가 시작되었다.

불트만의 그러한 모순은 역사로 나아가는 출구를 약간 열어 두었다. 이 출구를 붙잡음으로써 캐제만과 그의 동료, 새로운 연구가들은 그들의 스승을 넘어섰다. 그들은 역사적 예수와 선포된 예수가 매우 밀접한 관련을 가지고 있다고 상정하였다.

그러나 직접적인 연속성이 있다고 까지는 믿지 않았다. 복음서 저자들은 독창성 없는 단순한 기록자들이 아니었다고 그들이 믿었기 때문이었다. 그들의 예수에 대한 증언은 케리그마를 강조하기 위하여 창의적으로 작성된 것이다. 그들의 증언은 그러므로 사건 자체로부터 한두 걸음씩 멀어진 것이다. 그러나 사건 자체와 케리그마 사이의 거리는 이전의 연구나 또는 신정통주의자들(no questers)의 결론을 정당화할 정도로 그렇게 커다란 것은 아니다. 신약성경의 내러티브에는 케리그마와 그것에 대한 교회의 선포를 지지해 줄 만한 충분한 역사적 사실성의 근거가 있다고 그들은 생각하였다.

역사적 실재성에 대해서 지나치지 않으면서 그러나 충분하게 고려한, 이러한 관점의 자기 부과적 한계를 수용하면서 구(舊) 말버그 학파(old Marburgers)가 의도한 것은 신약성경 저자들이 가졌던 그때 거기서의 의도와, 지금 여기서의 우리의 이해 사이에 있는 차이를 메꾸어 보려는 것이었다. 이 해석학적인 차이를 잇기 위해서, 그들은 역사에 대한 실존주의자들의 관점을 가지고 호소하였다. 성경에 나오는 역사는 객관적으로 연구될 수 없다. 그것은 고대의 화자들과 오늘날의 청중들의 긴밀한 연대, 나와 너의 인격 대 인격으로서의 관련성을 전제로 하고 있기 때문이다. 그들의 스승과 마찬가지로 불트만 범주의 학자들은 계속해서 실존주의 철학의 영향 아래에 있었다. 그들은 또한 현대 신학의 커다란 장애물, 즉 부활을 제대로 다룰 수 없었다. 클루스터는 이렇게 기술한다:

> 그들의 다시 새롭게 된 역사적 연구의 결과에 의하면, 부활은 초기 그리스도인들의 케리그마에 기초가 되는 것이었다는 것이다. 그러나 새로운 연구가들은 부활은 일어나지 않았다는 불트만의 전제를 공유하였다(quests for the Historical Jesus, 63).

새로운 연구가들에게 있는 이 커다란 문제는, 계속되는 역사적 예수에 대한 연구에 있어서 또 다른 출발점이 되었다.

(4) 지금이 곧 미래이다

지난 사 반세기 동안 볼프하르트 판넨베르그에 의하여 역사의 신학이 출현하고 많은 영향을 끼쳤다. 이러한 신학의 경향은 역사와 케리그마에 관련한 백 여년에 걸친 여정에 최신의 것을 형성하고 있다. 이 새로운 신학의 경향은 지난 시대의 학파에 의해 지배되지 않으면서 새롭게 "현재의 연구"(old quest, new quest에 이은 now

quest)로 이름지어졌다. 그들의 해석학은 논증의 합리적, 철학적 형태를 대단히 중
요시하면서 의식적으로 성경 연구에 있어서의 역사적 방법론을 추구하였다. 이전의
연구가들과 마찬가지로 현재의 연구가들은 아래로부터의 기독론을 추구하였다. 판
넨베르그는 이렇게 말한다: "한 사건이, 그것이 아무리 친숙하지 않은 것이라 할지
라도, 실제로 일어났느냐 그렇지 않으냐에 대한 판단은 역사가에게 최종적으로 중
요한 문제이다…." 그러나 이 새로운 신학이 이전의 자유주의로의 복귀를 의미하는
것은 결코 아니다. 판넨베르그는 자연과학의 지식으로 성경 내러티브의 특성에 대
한 문제를 판단할 수 없다고 말한다. 이전의 연구가들은 그렇게 할 수 있다고 생각
했다(*Jesus-Man and God*, 98).

이 현재의 연구가들은 자유주의자들이 근본으로 여겼던 원인-결과의 논리와 유비
의 법칙에 반발하였다. 뿐만 아니라 케리그마를 구하기 위해서 역사를 희생시켜, 역
사에 대해 아무런 연구를 하지 않은 신정통주의를 비판하였다. 그들의 슬로건은 역
사가 없는 케리그마는 의미없는 소음에 불과하다는 것이었다. 실제의 역사와 절연
된 것이라고 한다면 하나님의 말씀을 설교하는 것은 공허한 메아리에 불과하다
(Braaten, *History and Hermeneutics*, 26). 그러므로 판넨베르그 학파가 강조하는 계
시란, 역사 속에서, 역사를 통하여, 역사를 넘어서서, 역사로서의 계시이다. 그러면
서 그들은 충분하면서도 지나치지 않게, 역사적 균형을 잡으려는 새로운 연구가(신
정통주의-역자주)들의 구출 임무를 능가하기 시작하였다. 새로운 연구가들과는 달
리 판넨베르그 추종자들은 그 두 가지 기본적 요소의 상호침투에 대해서 초점을 맞
추었다. 그들은 케리그마와 다른 모든 것을, 예수 그리스도에 대한 복음서들의 증언
의 역사적 실재성 위에 고정시켰다. 역사의 창은 계시의 빛에 대해 넓게 열려 있다.
예수의 부활은 커다란 장애물이 아니라 그들 신학의 중심을 차지한다. 그것은 실제
로 일어났다. 모든 인간의 경험 속에 가장 중심된 시간과 공간의 사건으로서 발생하
였다. 하나님과 인간의 관계, 예수 그리스도의 사역, 그리고 모든 피조물의 미래에
대해서 올바로 이해하기 위해서는 역사적 차원이 대단히 중요하다. 판넨베르그는
이렇게 말한다:

> 역사는 기독교 신학에서 가장 포괄적인 지평이다. 모든 신학적 질문과 대답은 역사적 토대 안에
> 서만 의미가 있다. 하나님께서는 인류와 함께, 인류를 통하여, 또한 모든 창조세계와 함께 이 역
> 사를 가지고 계신다. 그 역사는 이미 예수 그리스도 안에서 계시되었으나 아직까지 감추어져 있
> 는 미래를 향해서 나아가고 있다(*Basic Questions in Theology*, I. 15).

예수의 부활은 모든 세계 역사의 회전축으로 서 있다. 그 안에서 하나님께서는 우주를 향한 궁극적인 그분의 의도를 선언하셨다. 만물의 결말은 그 중대한 전환점에서 이미 예고되었다. 판넨베르그의 개정된 역사적 방법론은 부활사건을 실제의 역사적 사건으로, 그의 신학의 초석으로 놓을 수 있게 해 주었다. 사실 그의 전 신학이 그 위에 세워졌다는 것은 아주 의미심장한 사건이다(Klooster, *Quests for the Historical Jesus*, 71, 83).

이 역사의 신학이 희망의 신학이라고 불리는 것은 이유가 있다. 그들의 미래에 대한 전망은 "미래는 바로 지금이다"라는 슬로건에 잘 나타나 있다. 종말론적인 목표를 향하여 세계 역사를 밀어 올리는 하나님의 힘과 능력은 빈 무덤으로부터 발원한다. 동시에 미래는 거꾸로 소급되어 우리의 현재의 삶에 다가와 우리를 앞으로 이끌어내는 힘을 가지고 있다. 그러므로 역사는 두 가지 힘에 기대어 있다. 하나는 우리 뒤에 있는 부활의 미는 힘과, 다른 하나는 우리 앞에 있는 마지막 날에 의한 끄는 힘이다. 편하게 말해서 역사의 물결은 창문의 차양막과 같다. 그것이 작동하려면 두 가지 힘이 작용해야 한다. 하나는 꼭대기에 스프링이 잡아당기는 힘이며, 다른 하나는 아래에서 작용하는 사람의 손의 힘이다. 그것이 함께 작용하여, 차양막이 내려질 수 있으며, 또한 다시 올라갈 수 있는 것이다. 최종적인 형태로서의 부활과 종말은 서로 연합하여 현재의 계속된 순간들을 규정하는 것이다.

판넨베르그에 따르면 구속사뿐만 아니라 우주의 역사도 계시적이다. 두 종류의 역사가 있는 것이 아니다. 오직 포괄적인 단 하나의 세계 역사가 있을 뿐이다. 그러나 하나님께서는 모든 세대에게 그분 자신을 직접적으로 드러내시지는 않았다. 하나님의 행적으로 보기에는 그 자체로 분명하지 않은 간접적인 방식으로 계시하셨다. 그러나 그 의미를 알아 볼 정도로서는 모든 인간이 그것을 받아들였다. 그러므로 역사로서의 계시는 믿음으로 사는 사람뿐만 아니라 이성을 따라 사는 모든 사람에게 주어진다. 바르트와 불트만에게 그랬던 것처럼, "신학은 공적인 성격을 가지기 때문에, 신앙은 개인적 경험의 사적인 세계의 것으로 후퇴해서는 안 된다." 더 나아가서 "믿음이 구원을 위한 가장 주요한 요소라고 할지라도 이성은 그 믿음의 기초를 제공한다…이성이야말로 믿음의 논리적으로 기초이다"(Don Olive, *Wolfhart Pannenberg*, in "Makers of the Modern Theological Mind", 36, 39). 판넨베르그의 말로 표현하면, 진리란 "일반적인 합리성에 대해 열려 있다"(*Revelation as History*, 137). 그렇지 않다면 "신앙은 맹목이며, 속는 것이며, 미신에 불과할 것이다"("The Revelation of God in Jesus of Nazareth", *New Frontiers in Theology*, Vol. Ⅲ. 131).

또한, 역사적 계시를 영지주의적인 비밀의 지식으로 왜곡하는 것이다(*Revelation as History*, 137).

위르겐 몰트만의 저작과 함께 판넨베르그의 역사와 희망의 신학은 최근의 몇 십 년 동안에 일어난 수많은 정치적 신학 그리고 해방신학들에 커다란 공헌을 하였다.

* * *

지난 두 세기 동안의 신학계의 추세를 살펴보면, 역사적 예수에 대한 계속된 연구들의 흥기와 쇄락 속에서 어떤 공통적인 모습을 관찰할 수 있다. 역사적 비평적 방법론의 수용자들은 신약성경에 있어서의 참된 그리스도인이란 무엇인가에 대해 대답하려고 하였다. 이것은 수납된 정경(the canon) 안에, 혹은 뒤에, 혹은 위에 더 근본적인 성경(a canon)이 있다고 생각하게 하였다. 그러한 모든 시도는 결국 실패로 돌아갔다. 게하르트 마이어는 그 이유를 이렇게 설명한다:

> 누구도 정경 안에 있는 근본적인 성경에 대해서 확실하고 의미있게 규정하지 못하였다. 각각의 신학자들은 정경에 대해서 서로 다르게 이해했으며, 깊이 연구되지 않은(즉, 자유 선택된) 가정에 근거했으며, 무엇이 신적인 권위를 가져야 하느냐의 관련한 문제를 주관적으로 선택했기 때문이다(*The End of the Historical-Critical Method*, 47).

한 사람의 자의적인 선택의 원리가 정경성을 선택하는 결정적인 근거가 된다. 이 연구의 결정적인 문제는 자의적인 선입견과 편견이 개입된다는 것이다. 마이어는 이렇게 말한다. 비평적으로 계시를 분석하고 규범을 발견하려고 하는 사람이 결국 만나게 되는 것은 자기 자신이다!(35)

이 현대의 신학적 작업은, 그 자체가 주제에 적합하지 않기 때문에 실패할 수밖에 없었다(49). "계시와 관련되거나 대응되는 것은 비평이 아니라 바로 순종이다…(그러나) 그것은 내 자신을 고쳐 가는 것이다"(23).

> 고등비평의 사용은 흉물스러운 구멍을 만들어 내었다…무엇이 진정으로 하나님의 말씀이냐 하는 것은 더욱더 혼란스럽게 되었다…교회는 고등비평 방법론으로 짜여진 그물로 말미암아 바벨론의 유수를 맛보게 되었다. 점점 더 살아 있는 말씀의 선포의 흐름과는 거리를 두게 되었고, 그에 따라서 그 자신의 길과 외부 세계에 대한 그 영향력 양쪽에 있어서 불분명하고 불확실하게 되었다(48).

마이어는 한스 큉으로부터 다음을 인용하고 있는데 이것은 우리가 말하는 바를 잘 표현하고 있다:

> 정경 안에서 정경을 찾으려는 모든 노력은 결국 성경보다 더욱 성경적이려고 하는 것, 신약성경보다 더욱 신약성경적이려고 하는 것, 복음서보다 더욱 복음적이려고 하는 것, 바울보다 더 바울적이려고 하는 것이다. 극단적인 열심이 그 원인이고, 극단적인 붕괴가 그 결과이다…결국, 진정한 바울이란 바울 전체이며, 진정한 신약성경은 신약성경 전체이다(The End of the Historical-Critical Method, 45).

3. 하나님의 그리스도

모든 방향에서의 구원의 길은 최정점이 예수 그리스도이다. 기독론의 중심은 대부분의 여러 접근들을 함께 발생시킨다. 이러한 접근들 각각은 "하나님의 그리스도"(눅 9:20)에 대한 전체적인 상을 부분적으로 접근하지 않고, 완전하게 다루고 있다. 예수 그리스도를 중심으로 하여, 이러한 접근들은 핵심적인 질문을 던지고 그 질문에 대해 충분히 이해할 수 있는 성경상의 답을 보충하면서 서로 결합하고 있다. 즉 "너희는 그리스도에 대해 어떻게 생각하느냐?"(마 22:42) "사람들이 인자를 누구라 하느냐? …너희는 나를 누구라 하느냐?"라는 예수 그리스도에 대한 핵심적인 질문이 주어지고, 이어서 이 질문에 대해 베드로는 첫 12제자들의 그룹과 모든 시대의 교회의 대변자로서 다음과 같이 대답하였다: "주는 그리스도시요 살아 계신 하나님의 아들이시니이다"(마 16:13-16).

이 질문과 대답은 하나의 형태로 집약될 수 없다. 핸드리쿠스 벌코프가 제시한 범주들에 따르면, 하나의 완전한 대답이 네 개의 서로 다른 접근들을 드러낸다(Christian Faith, 267-68). 첫 번째 접근은 "뒤에서부터"(from behind)이다. 이는 약속의 유산이 이스라엘에 대한 하나님의 뜻을 통하여 점점 성장하며 전달되었다라는 성취되신 그리스도 예수를 증거한다. 두 번째는 "아래로부터"(from below)의 접근이다. 즉 복음은 나사렛 예수 안에서 하나님의 임재의 역사적인 실재성을 증거하고 있다. 예수는 완전하시며 참된 인간이시다. 이것은 신약성경 전체에 걸쳐 폭넓게 증거되고 있다. 성경은 예수를 "인자"(the Son of Man)라고 기록하고 있다. 이는 예수의 자기 정체성을 표현하는 가장 전형적인 방법으로서 예수께서 인간과 같이 완전한 인성을 지니셨음을 강조하는 말이다. 성경은 예수의 인성에 대한 모든 영지주의와 다른 가현설적인 견해들을 부정하고 있다. 성경은 예수가 참 인간이셨음을 분명하게 밝히고 있다. 예수는 이 세계의 한계와 느낌들과 고통들, 그리고 죽음 자체와 함께 인간의 평범한 삶을 경험하셨다(갈 4:4; 빌 2:5-8; 히 4:15; 5:8).

세 번째 접근은 "위로부터"(from above)이다. 예수는 그리스도시며, 영원하신 하나님의 아들이시며, 모든 만물이 그로 말미암아 창조된 말씀이시며, 우리와 우리의 구원을 위하여 육체가 되시고 우리 가운데 거하시는 분이시다(요 1:1-14). 예수의 중보적인, 화해케 하시는 사역은 우리의 구세주이신 예수의 한 위격 안에, 두 본성 곧 신성과 인성이 완전한 상태로 유지되고 있다는 것을 증명하는 것에 따라 결정된다. 신약성경에 나타나는 이와 같은 증거들은 모두 네 번째 접근을 위한 문을 연다. 이 네 번째 접근은 핸드리쿠스 벌코프는 우리 "이전으로부터"(from before)라고 다소 모호하게 부르는 것이다. 이러한 시각은 "예수 그리스도께서 수세기를 통해 세상 사람들과 인간들의 마음 안에서 사역하신 것"을 지적하고 있다(*Christian Faith*, 267). 이러한 신학의 시각은 또한 "위를 향하여"(up ahead)로 표현할 수 있는데, 이러한 관점은 이후에 다시 설명될 것이다.

(1) 임마누엘: 하나님이 우리와 함께 계시다

보다 생략된 채 설명되고 있는 마가복음 8:29과 누가복음 9:20과 함께, 마태복음 16:16에 나타나는 베드로의 대답은 메시아의 정체와 관련한 핵심적인 질문에 대해 우리에게 가장 완전한 설명을 하고 있다. 예수는 베드로에게 "…네게 알게 한 것은 혈육이 아니요…"라고 말씀하신다. 여기서 베드로의 고백이 근본적으로 수직적인 "위로부터" 온 것임을 지적한다. 베드로의 확고한 고백은 모든 인간이 할 수 있는 고백을 초월하며, 역사적인 가능성들을 벗어나 있다. "하늘에 계신 내 아버지시니라"에서 분명히 드러나고 있다(마 16:17). 그리고 나서 예수는 베드로(*Petros*)의 고백의 "반석"(*petra*) 위에 "내가 교회를 세우리니"(16:18)라고 약속하신다. 예수는 여기서 자신이 하나님의 아들되심을 명백히 선언하신다. 공관복음서는 "뒤로부터"(예수의 역사성)의 접근과 "아래로부터"(그의 인성)의 접근—예수의 감추어진 메시아 되심, 이 땅에서 피흘리시기까지 겪으신 격심한 고통, 십자가에서 유기되신 채 부르짖는 울부짖음—을 강조하고 있다. 그럼에도 불구하고 공관복음서의 내용은 "위로부터"의 접근—예수의 선교적인 측면에 대한 언급으로서, 예수의 메시아적 명칭, 신적 특권을 지니셨다는 예수의 주장, 현세를 초월하는 통찰력, 기적들, 예수의 삶과 죽음과 부활의 결과들을 폭넓게 포함하는 주님의 대담한 선언들—역시 두루 강조하고 있다. 그러나 요한과 바울은 예수의 탁월한 측면들을 가장 강력하게 강조하고 있다.

핸드리쿠스 벌코프는 그리스도인의 신앙은 "예수의 전체적인 상"을 기꺼이 받아들인다라고 말한다. "그러나 누구도 예수의 모습들 가운데 부분적인 모든 면들에 의해 똑같이 동기부여가 되지는 않는다." 그럼에도 불구하고 "누군가 한 가지 측면을 통해 관심이 유발될 때, 그 한 측면은 우리가 다른 측면을 인식하도록 이끈다"(*Christian Faith*, 280-81).

"위로부터"의 시각은 예수 그리스도가 임마누엘(*Immanuel*: "하나님이 우리와 함께 계시다") 되심을 드러낸다(사 7:14; 마 1:23). 예수는 "하나님의 모든 충만이 기꺼이 거하게 되시는" 분이시다(골 1:19). 그래서 예수는 "나를 본 자는" "아버지를 보았다"라고 선언하신다(요 14:9). "때가 차매 하나님이 그 아들을 보내사 여자에게서 나게 하시고 율법 아래 나게 하셨다…"(갈 4:4; cf. 마 11:27; 막 1:11; 요 3:16; 히 5:5; 요일 4:9). "하나님의 아들됨"은 신약성경에서 전적으로 새롭게 나타난 사상은 아니다. "하나님의 아들"이란 관념은 "뒤로부터"의 라인, 즉 구약성경의 구속사적인 뿌리를 가지고 있는 사상이다. 구약성경에는 왕들, 사사들, 다른 지도자들, 천상의 천사들과 이스라엘 자체가 때때로 "하나님의 아들들"(sons of God)이라 불려지고 있다(시 82; 욥 38:7; 요 10:33-38; 호 11:1). 하나님의 아들이신 그리스도 예수는 이 언약의 전통에 있어서 최정점이다. 그러므로 예수는 신약성경의 신자들 역시 "하나님의 아들들"이라 불려지도록 토대를 놓으신 것이다(롬 8:19-23; 요일 3:2).

그러나 "아들됨"(Sonship)과 "양자됨"(sonship) 사이에는 본질적인 차이가 있다. 예수는 "아버지께서 낳으신 유일한 아들"(the only begotten Son of the Father)이시다. 그렇기 때문에 우리는 주권적으로 유일무이하고 탁월하신 뜻 안에서 하나님의 "하나뿐인"(one and only) 아들을 영접함으로써 하나님의 가족으로 아들들과 딸들이 된다. 많은 현대 이론들은 그리스도의 아들됨과 주님의 영광을 받아들인 우리들의 양자됨 사이의 이 구별을 흐려놓는다. 윌리암 템플은 다음과 같이 신랄하게 비평한다: "자유주의 개신교의 그리스도를 십자가에 못박는 것을 왜 그렇게 어려워했는가는 늘 신비로 남아 있다"(*Readings in St. John's Gospel*, 24). 그러나 역사적으로 그리스도인의 신앙은 하나님 아버지와 자식이신 그리스도의 관계가 근원적이요, 하나님 아버지와 우리의 관계는 선물이라고 주장하고 있다. 게다가 예수의 아들됨은 인생을 다시 새롭게 하시는 능력과 함께 "모든 만물"(*ta panta*)을 새롭게 하시는 우주적인 의미를 가지고 있다(고전 8:6; 엡 1:10; 골 1:15-20; 히 1:1-4). 이 구속 사역은 최후까지 계속될 것이다. "…그가 나라를 아버지 하나님께 바칠 때라…만물을 저에게 복종하게 하신 때에는 아들 자신도 그때에 만물을 자기에게 복종케 하신 이에게 복종케 되리니 이는 하나님이 만유의 주로서 만유 안에 계시려 하심이라"(고전 15:24-28).

(2) 기독론적 논쟁들

1세기가 끝나기 전, 사도들의 생애 동안에 이미 기독론적 이단 사설들이 교회 안에 침투하고 있었다. 이를 증거할 만한 몇 가지 분명한 암시들이 신약성경의 여러 기록들, 특별히 목회서신 안에 나타나고 있다. 한편으로는 유대교화된 경향들이 나타나고 있다. 일부 그리스도인들 가운데, 에비온파(Ebionit) 운동에 의해 현저하게 영향받은 이들도 있었다. 에비온파는 유일신론이 뚜렷하게 나타나는 구약의 유대교에 영향을 받았다. 에비온파는 이 유일신론을 강조하는 데 "제2위"의 예수를 포함하는 것이 방해가 된다고 보았다. 구약의 율법과 예언서들과 기타 기록들의 증거들은 "들어라, 오 이스라엘, 너의 하나님 주가 한 분이신 하나님이시다"라고 명백하게 기록하고 있다. 이들의 시각에서는 구약의 조상들의 신앙 안에서 이 근본적인 구절을 붙들고 그리고 타협을 피하면서, 동시에 하나님의 아들로서 그리스도를 함께 고백한다는 것이 신에 대한 모독처럼 보였다. 다른 한편으로, 초대교회는 인간의 육체적인 존재 위에 어두운 그림자를 드리우는 헬레니즘의 영향을 받았다. 이러한 가현설적 경향들은 그리스도의 완전하고 참된 인성에 의문을 제기하면서, 기독교 공동체 가운데 얼마간을 주도해 나갔다. 이와 같은 기독론적인 문제들로 인하여 결국 4세기와 5세기의 공의회가 개최되게 되었다.

① 초기의 논쟁들

초기 기독교 사상가들은 "말씀이 육신 되셨다"라는 말이 의미하는 바가 무엇인가라는 의문에 대해 어떤 확실한 표준적인 답을 얻기 위해 논쟁하였다. 성육신의 신비를 숙고함에 있어서, 중심이 된 논쟁점은 성령과 관련하여 나타나는 성경의 증거들과, 하나님 아버지에 대한 신앙을 확립하는 것과, 예수 그리스도의 위격(person)의 관계에 관한 것이었다. 이와 같이 "교회 교리의 표준적인 근본 내용을 구성하는 삼위일체 교리와 기독론적 교리가 발생되었다. 그것은 보편적인 전통의 출현 과정에서 발전하였다"(Jaroslav Pelikan, *The Emergence of the Catholic Tradition* —100-600, 278).

초대교회 교부들은 오랜 세월에 걸쳐 심도있게 작성된 신조의 전통을 아직 가지고 있지 못하였다. 게다가 신약성경의 정경 역시 완결지으려는 단계에 있었다. 이러한 격동의 시기에, 교회 안 밖에서 그리스도인의 신앙을 도전하는 비판적인 목소리들이 일어났다. 정통적 신앙의 초기 변증가들은 그리스도를 따랐던 무리들 가운데서 핵심 그룹이었던 12사도를 계승한 사도적 전승의 교부들이었다. 그들의 문헌들은 크게 교리문답과 목회적이었다. 그들은 근본적인 증거들을 통해 논의할 여지도 없이 복음을 전하려고 하였다. 이러한 방향으로 너무나 몰두한 나머지 그들은 신학적인 논쟁을 지속적으로 해 나갈 수가 없었다. 그들에게 주님은 완전히 그리고 단순히 참된 하나님이시며 참된 인간이시고 죄 없는 분이시며 그들의 구세주이셨다. 그래서 그들은 예수를 단순히 예배하며 섬겼다. 그러나 히브리와 그리스 로마 교회들이 지중해 주변 국가에서 일어남으로써, 초기 기독교 사상가들은 신성과 인성에 대한 배교와 논쟁할 수밖에 없었다.

㉠ 그리스도의 신성에 대한 심각한 도전은 에비온파(Ebionites) 사이에서 일어났다. 이들은 구약성경이 강조하는 유일신론(monotheism)에 영향을 받아, 이를 강조한 나머지 유일신론에 그리스도의 신성은 극복할 수 없는 장애요소라고 생각하였다. 그래서 부정할 수밖에 없다라고 생각하였다. 초기 기독교의 이러한 영향 아래서 예수는 순수한 인간으로 보여졌다. 요셉과 마리아의 아들, 예수의 덕스러운 삶은 메시아로서 그를 섬기기에 자질이 충분해 보였다. 이 그룹은 예수를 새로운 유대인 사회를 건설하는 자로 보았던 초기 시온주의자들을 포함하였다. 한 걸음 더 나간 다른 이들은 예수의 세례에서, 하나님 아버지에 의해 예수가 하나님의 양자가 됨으로 하등 하나님과 같은 신분을 받게 되었다라고 가르쳤다. "아래로부터 위까지의 기독론"에 대한 이와 같은 초기 이단 사설은 "인성 자체를 초월하는 인성"을 강조하는 현대 많은 신학 이론들의 전조가 되고 있다(Weber, *Foundations of Dogmatics*, Vol. Ⅱ, 108-9).

㉡ 그리스-로마 그룹들 안에서, 정통 기독론에서 이탈한 자들은 단일신론(monarchiannism: 문자상 "단일한 원리")이라 불려지는 기독교화된 일신론(monothism)의 형태를 취하였다. 단일신론의 두 형태는 초기 기독교 공동체들에게

분쟁을 일으켰다. 한 형태는 역동적 단일신론(dynamic monarchiannism)이다. 이 견해는 에비온파 그리스도인들의 일신교 견해와 상당히 유사하다. 이 견해에 따르면, 그리스도는 신성을 획득한 영원한 하나님의 아들이다. 요단강에서 요한을 통해 세례를 받으실 때에, 하늘로부터 "이는 내 사랑하는 아들이요 내 기뻐하는 자라"(마 3:13-17)라는 소리가 선포될 때 하나님의 축복과 함께 예수의 신성한 행위는 왕적 지위를 얻으셨다. 역동적 단일신론은 이 구절을 그때 거기서 신의 영(Logos)이 주입됨으로써 예수의 인간의 영(logos)이 점유되었다라고 해석한다. 이러한 움직임으로 인하여, 교회는 그리스도의 위격에 대한 종속론자(subordinationist)와 양자론자(adoptionist)의 견해와 직면하게 되었고, 강한 도덕주의자들의 색조를 띠게 되었다. 그 결과 기독론이 예수의 신성뿐만 아니라 참되고 완전한 인성이 위태로웠다.

ⓒ 양태론(modalism)으로 알려진 더 현대적인 개념으로 표현한다면, 단일신론의 두 번째 형태가 일어났다. 이 견해는 최근에 들어와서 더 강력하게 부활하였다(cf. Hendrikus Berkhof, *Christian Faith*, 330-37). 양태론적 단일신론의 최초의 주창자들은 프락세우스와 사벨리우스와 밀접하게 연결되어 있다. 그들은 근본적으로 하나님에 대한 일신론자들(unitarian)의 견해를 주장하였다. 그들에 의하면, 아버지와 아들과 성령간의 틀에 박힌 위격의 구별은 위격들 간의 실제적인 차이를 언급한 것이 아니라, 우리에게 오신 한 분 하나님의 세 양태(modes)나, "가면"(masks)이거나, 세 현현(manifestations)을 언급한 것이다. 예수 그리스도는 신의 자기 계시의 한 형태이다.

초기 기독교 안에서 이들 세 학파는 완전하고 참된 신성을 강조함에 있어서 특별히 약점을 지닌 그리스도의 진정한 이중의 본성을 희생시킨다. 그렇게 하여 신격의 단일성을 모두 강조한다. 이들의 도전에 직면하여 일어난 것이 이레니우스와 터툴리안과 같은 기독교 변증가들이다. 그들은 그리스도의 인성을 확고히 하면서 그의 신성을 강조하였다. 그러나 그들의 글들은 난해한 논쟁점들과 관련된 사항들에 대해 전체적으로 명백하고 깊이 있게 다루지는 못하였다. 그들은 근본적으로 단일한 예수의 위격 안에 두 본성의 정체성과 완전성이라고 하는 예수 그리스도의 신비를 가능한 한 완전하게 유지하려고 하였다.

ⓓ 정통 기독론은 초대교회의 삶을 침범하는 가장 위협적이고 치명적인 이단 사설의(영지주의, "Gnostism") 공격 아래 발생하였다. 영지주의는 신비로운 형태의 "지식"을 의미한다. 영지주의 영향들은 헬라 철학 안에 깊이 뿌리내리고 있는 관념

들로부터 발생하였다. 곧 물리적, 인간, 신체적인 것들은 비실재 혹은 적어도 보다 낮은 실재이며, 이를 초월하는 신의 실재, 영적인 초월성과 같은 관념들이다. 이러한 이원론은 신과 인간의 위격적 조화를 허용치 않는다. 그러므로 영지주의는 그리스도를 인간 예수 "안에 거주하는", 즉 내주하는 신성한 영(Logos)로 보았다. 하지만 그들의 견해는 신과 인간의 위격적 연합을 의미하지는 않았다. 인간은 단지 신이 "거주하는 곳이다." 그러므로 예수의 십자가의 못박히심에서, 신성을 보유하고 있던 어떤 부분은 고통으로부터 제외되었고, 오직 육체만이 사탄에게 넘겨진 채 인간 예수가 고통당하신 것이다. 영지주의가 위협하는 가운데, 교회는 가장 교활한 형태의 가현설(Docetism: doke로부터 유래, "존재하는 것 같은", "유사"를 의미)에 빠져 있었다. 가현설적인 경향들은 그리스도의 인성을 환영, 착시로 생각하도록 많이 유도하였다. 그들의 견해에 따르면, 참 그리스도는 단지 신이었다. 예수의 육체는 인간의 육체처럼 보이지만 환영일 뿐이며, 예수는 지상의 육체가 아닌 하늘로부터 받은 천상의 것을 가지고 있었다고 보았다.

 이들 논쟁으로 초대교회는 구원이 그리스도의 완전하고 참된 신성뿐만 아니라, 참되고 완전한 인성에 의존한다는 사실을 인식하게 되었다. 그리고 정통적인 기독론을 변증하기 위해 반영지주의적 교부들이 일어났다. 그들은 영지주의의 입장에 반하여 일어났지만, 변호하는 과정에서 종속론자의 견해 쪽으로 나아가는 성향들을 드러냈다. 즉 예수는 정말로 신이시지만 아버지보다는 낮은 종속된 존재라고 보았다. 이와 같은 예비적인 교리 논쟁들은, 이단 사설들에 대한 더 세밀한 논쟁들이 계속해서 뒤따르면서, 4, 5세기의 일련의 공의회를 개최하게 되는 원인이 되었다. 이러한 공의회의 성장에 있어서, 그때 당시의 사유 방식에 따라, "(그리스도의) 위격을 (그분의) 사역으로부터 분리시켜 독립적이며 거의 격리된 주제로 다루려는 강한 경향이 있었다. 아직까지 우리는 "이런 정의든 저런 정의든 구원사역을 축소시키거나 왜곡시킬지 모른다"라는 근본적인 의문을 완전히 버릴 수 없다. "이 정도로, 위격과 사역 간에는 절대적인 분리란 결코 없다"(Thielicke, *The Evangelical Faith*, Vol. Ⅱ, 344).

 ② 교회 공의회

 교회는 이제 박해의 시대를 벗어나고 있었다. 첫 3세기 동안 여러 기독교 공동체들은 계속해서 밀어닥치는 로마의 박해를 견뎌냈다. 때로는 지역적으로, 때로는 제국 전체적으로 박해했으며, 다양한 강도로 박해를 가하였다. A. D. 313년 밀란 칙령으로 모든 박해는 종식되었다. 신성 로마 제국이 탄생되었다. 이제 왕들 스스로 그리스도인이 되었고, 기독교는 동방 교회와 서방 교회 둘로 나뉘어졌다. 중간시기에는 교회가 국가와 같이 고도로 조직화되었고, 국가와 나란한 위치에 놓이게 되었다. 이 정-교 일치의 체제 안에서, 감독들과 국가 지도자들은 공동으로 공의회("전 세계적"이라는 의미에서)를 연속적으로 소집하였다. 회의에서 의제를 내놓고 결정함에 있어서, 정치적인 문제들이 신앙 고백적인 문제들만큼이나 많이 나왔다. 이러한 결점에도 불구하고, 공의회의 결정들이 지속적으로 중요한 의미를 지니는 것은 발전하고 있는 교리들, 즉 삼위일체 교리와 기독론적 교리에서 찾을 수 있다. 이 교리들은 과거, 현재, 미래 교회에 전해졌다.

ⓐ 벌카우어는 니케아 회의에 대해 다음과 같이 말한다:

> 325년은 교회 안에 기독론적인 반성의 발전이라는 이정표를 항상 남길 것이다. 교회의 단일한 신앙은 교회가 직면했던 가장 심각했던 공격들 중의 하나를 성공적으로 저지시켰다…니케아 공회의는 성경의 증거들을 상기시켰고, 말들이 감정적으로 격해졌음에도 불구하고, 계속해서 신약 성경에 담겨져 있는 증거들을 경배하는 태도로 되풀이하여 상기시켰다(*The Person of Christ*, 60, 63).

니케아 회의와 관련하여 논쟁에 중심에 있었던 사람들은 아리우스(Arius)와 아타나시우스(Athanasius)였다. 아리우스는 그리스도를 성자종속론으로 이해한 사람들 중의 강력한 옹호론자였다. 그는 그리스도는 아버지와 *homoiousios*, 즉 "유사한 본질", 하나님과 비슷한 존재이지만, 완전하고 참된 하나님은 아니라고 주장하였다. 하나님은 한 분이시며 영원하시다라고 논하였다. 게다가 모든 실재는 하나님의 본질이 아닌 하나님의 뜻에 따라 오직 창조되었는데, 그리스도는 다만 "모든 창조물보다 먼저 나신 자다"(골 1:15). 그러므로 그리스도는 영원하지 않을 뿐만 아니라, 하나님 아버지와 본질적으로 "동일한 본질"이 아니다. 그리스도는 하나님의 아들로서 기원을 가지고 있다. 그것은 다음과 같다. 하나님은 한때 아버지가 아니었으며 아들을 가지고 계시지 않았다. 창조의 근원적인 행위인 그리스도를 낳음으로써 하나님은 아버지가 되었다. 그러므로 그리스도는 하나님의 "독생하신" 아들(the 'only begotten' son of God)이시지만, 하나님의 "영원부터 탄생한" 아들(the 'eternally begotten' son of God)은 아니다. 아리우스는 그리스도가 하나님 아버지와대단히 특별한 관계를 가지고 있기 때문에 그리스도를 하나님의 아들로 불렀다. 하지만 동일 본질이어서가 아니라 하나님의 뜻을 따라서였다. "그의 주장은 결국 말씀을 반신(半

神, demi-god)으로 축소시키는 결과를 낳았다"(J. N. D. Kelly, *Early Christian Doctrine*, p. 230).

니케아 회의에서 기독론의 정통을 수호한 사람은 아타나시우스였다. 그는 그리스도가 하나님 아버지와 *homoousios*, 즉 영원히 함께 존재하시며 함께 하나님이시다라는 의미에서 "동일한 본질"이라고 주장하였다. 회의가 진행되는 가운데 애매모호하고 설명하기 어려운 많은 문제들이 쏟아졌고, 그 결과 수많은 논쟁들이 일어났다. 니케아 교부들은 오로지 성경의 증거에만 의존하고자 하였다. 하지만 그들은 확실한 신앙 고백을 얻기 원하였다. 그래서 몇 가지 고도의 철학적인 개념들을 사용하였다. 황제의 개입은 점차적으로 자극을 유발시켰고, 논쟁을 더 악화시키는 요인이 되었다. 즉 왕은 동, 서간의 분열을 피하려고 제국 전체를 하나의 신앙으로 유지시키기를 원하였다.

그러나 마침내 아타나시우스가 승리했고, 그의 주장은 나중에 첨가된 부분들과 함께 니케아 신조의 기초를 세웠다. 이 신조에 따라 강조와 반복되는 구절들로, 교회는 신앙을 고백한다: "…유일하신 주 예수 그리스도를…그는 하나님의 독생자이시며, 만유보다 먼저 아버지에게서 나신 자요, 신 중의 신이시요, 빛 중의 빛이시요, 참 하나님의 참 하나님이시요, 창조된 것이 아니라, 아버지와 동일 본질이시다." 아리우스의 유사 본질을 거부하고 아타나시우스의 동일 본질을 받아들임으로써, "니케아 신조의 해설자들은 교회의 구원론적인 것과 관련된 문제들과 예배와 관련된 일들을 보호하려고 하였다. 그래서 그리스도가 하나님이심을 선포하였다"(Pelikan, *The Emergence of the Catholic Tradition—100-600*, 206).

니케아 회의에서 아타나시우스가 승리했지만, 한동안 아리우스가 이기고 있는 것처럼 보였다. 아타나시우스는 여러 번 유배당하였다. 한편 아리우스주의는 니케아 회의에서 정죄당했음에도 불구하고, 교회 일부 지역에 있어서는 상당한 정도의 추종자들을 형성하며 계속해서 영향을 미쳐 왔다. 아리우스주의는 상당히 유사한 방법으로, 더 극단적인 19세기 자유주의라는 모습으로 되돌아왔다. 역사를 되돌아보면서, 아브라함 카이퍼는 "19세기 자유주의는 단지 아리우스주의 이단사설의 역사에 다른 이름들과 다른 시간들이 기록된 것일 뿐이다. 넓은 윤곽에 있어서, 자유주의는 아리우스주의를 취하고 있다. 그리고 근대사상의 흐름은 반복되고 있다"라고 주장한다(cf. Berkouwer, *The Person of Christ*, 10). 그러나 니케아 회의로부터 계몽주의 시대가 될 때까지 결국 아리우스주의는 서방 교회 안에서 영구적인 터전을 얻는 데 실패하였다. 니케아 회의의 기독론은 널리 보급되었다.

ⓑ 니케아 종교 회의에서 다루어진 문제들이 타결된 후 곧이어 기독론적인 또 다른 측면의 문제가 대두되었는데, 그것은 예수의 완전하고 참된 인성과 관련된 문제였다. 이 문제로 A. D. 381년 콘스탄티노플 회의가 소집되었다. 중심에 선 사람은 아폴리나리스(Apollinaris)였다. 아폴리나리스는 아타나시우스의 견해에 깊은 확신을 가지고 있었으며 니케아 신조를 강력하게 지지했던 사람이었다. 그러나 요한복음 1:14, "말씀이 육신이 되어…"를 해석함에 있어서, 한 위격 안에 신성한 '로고스'(Logos)와 "그리스도의 인성"을 절충시켜 보려고 시도하였다. 그는 신성과 인성의 결합은 완전히 신도 아니고 완전히 인간도 아닌, 하지만 둘이 혼합된 "제3의 존재"로 귀착되기 때문에, 신성한 '로고스'(Logos)가 인간 예수와 완전히 연합된다는 것은 불가능하다라고 주장한다. 그래서 아폴리나리스는 이 문제를 삼분법적 인간관으로 해결하려고 하였다. 그는 인간의 성질을 영, 혼, 육 세 부분으로 이루어져 있다고 보았다. 그리고 예수에게 있어서, 신성한 Logos(Spirit)가 인간의 logos(spirit)의 자리를 대신 차지하였다고 주장한다.

이와 같이 그는 단일한 위격을 보존하면서 신성을 희생시키지 않는 방법을 모색했지만, 결국 예수의 완전한 인성을 심각하게 손상시켰다. 인간 내부의 logos는 이성작용과 자기 결단이라고 하는 활동의 원리이다. 그리스도 안에서도 그와 같으며 최상의 상태이다. 그런데 Logos가 인성의 자리를 차지하였다라는 그의 입장에 따를 때에, 이러한 예수 그리스도의 인성은 심하게 억제되었고 수동적으로 바뀌게 되었다. 게다가 그의 주장에 따르면, 인간의 영이 죄에 복종하기 때문에, 그의 주장은 그리스도의 죄 없으심을 강조하는 것이 가능하도록 만들었다. 하지만 아폴리나리스의 주장은 결국 예수의 인성을 거의 전체적으로 희생시키는 가현설의 형태를 초래하였다. 예수는 더 이상 "모든 면에 있어서 우리와 같은" 이가 아니다. 그의 인성이 신성에 의해 희생되었으며, 사실 인성이 신성 안으로 동화됨으로, 결국 그리스도는 근본적으로 유일한 본질, 즉 신성만이 남게 되었다. 따라서 아폴리나리스의 주장은 단일신론의 부활을 의미한다. 그의 견해는 뒤에 나타나는 두 기독론적 이단 사설, 곧 단성론(單性論, 단일한 본성)과 단의론(單意論, 단일한 의지)을 위한 길을 닦아 놓았다.

콘스탄티노플 회의는 아폴리나리스의 견해를 정죄하였다. 그리스도의 완전하고 참된 신성에 대한 니케아 회의의 결정들을 다시 확인한 다음에, 계속해서 그리스도의 완전하고 참된 인성을 확언하는 방향으로 나아갔다. 완전하고 참된 신성과 완전하고 참된 인성 둘 다 강조함으로써, 이 회의의 결정은 이러한 기독론적인 논쟁들이 계속되어 감에 있어서 다음 논쟁을 위한 배경이 되었다. 니케아 회의에서 제기되었던 동일한 의문이 콘스탄티노플 회의에서도 제기되었다. 즉 교회는 그리스도의 두 본성간의 관계를 어떻게 이해할 것인가? 이러한 의문에 완전히 다른 두 입장의 답이 제시되었다. 하나는 네스토리우스(Nestorius)에 의해서, 다른 하나는 유티커스(Eutychus)에 의해서였다. 이 대립적인 두 견해로 말미암아 다음의 두 회의를 소집하게 되었고, 결국 칼케돈 회의에서 절정을 이룬다.

ⓒ A. D. 431년 에베소 회의는 네스토리우스의 오류를 지적하였다. 네스토리우스는 두 본성, 곧 하나는 인간의 본성과 다른 하나는 신성으로부터 두 위격, 곧 하나는 인간의 위격과 다른 하나는 신의 위격으로 추론해 낸다. 그는 본성의 이중성은 분열된 두 위격과 두 자아를 필연적으로 함축하고 있다고 보았다. 따라서 그리스도 안에서 신과 인간 사이를 깊이 분열시키고 있다. 그러나 네스토리우스는 영에 있어서는 두 본성이 하나라고 보았다. 즉 양성은 두 의지의 도덕적인 연합을 통해 하나가 된다는 것이다. 하지만 그의 주장은 하나님과 인간의 위격적인 완전한 연합을 의미하는 것은 아니었다. 에베소 회의는 신비를 해석하는 데 있어서 이 이분법적인 방법을 거부하였다.

ⓓ A. D. 448년에 또 하나의 회의가 콘스탄티노플에서 네스토리우스의 견해에 반대한 유티커스의 입장을 제기하기 위하여 소집되었다. 그는 단일한 위격이 단일한 본성을 함축한다라고 주장하였다. 그 결과 다른 제3의 본성을 지닌 존재가 제안되었다. 그리스도께서 성육신하시기 전 순수한 신의 위격이셨다. 그러나 베들레헴의 탄생에서 신성과 인성의 만남이 이루어졌다. 그러므로 신앙의 대상인 그리스도는 단일한 본성을 지니신 단일한 위격이시다. 더 이상 완전하고 참된 신성도 아니고, 완전하고 참된 인성도 아니다. 하지만 두 본성이 합쳐진 혼합물이다. 콘스탄티노플 교부들은 유티커스에 의해 제안된 양성의 혼동을 거부하였다. 그러나 다음해의 로버 총회(Robber Synod)는 유티커스의 견해를 지지함으로 혼란한 상황이 야기되었고, 결국 이러한 문제들을 정리하고자 칼케돈 회의가 소집되었다.

ⓔ "칼케돈 확정"은 때때로 동부의 알렉산드리아와 콘스탄티노플을 넘어 "로마의 승리"로 간주되었다. 또한 3세기 그리스도에 관해 뜨거웠던 교리 논쟁에 전환점을 긋는다. 그것의 고전적인 형태들은 시대의 표준을 세워왔다. 이것들은 "시리아 동부

의 일부와 그리스 동부의 대부분, 라틴계 서부 전역의 기독론적인 발전을 이루기까지 계속해서 기초적인 것"을 증명하였다(Pelikan, *The Emergence of the Catholic Tradition—100-600*, 263). 초기 기초를 세움에 있어서 칼케돈 회의는 이전의 회의들에서 다루어 온 이중적인 견해들을 거부하였다. 단일한 위격의 그리스도 안에 양성이 함께 공존함을 확정하였다.

신비에 대하여 그 한계를 정함에 있어서, 칼케돈 회의는 그리스도의 두 본성이 1) "혼동되지 않고"(unconfused, 유티커스에 반대), 2) "변하지 않으며"(unchanged, 아리우스, 종속론자들과 양자론자들의 견해에 반대), 3) 각 본성 안에서 "분리되지 않으며"(undivided, 아폴리나리스에 반대), 4) "분할되지 않으며"(unseparated, 네스토리우스에 반대) 함께 공존한다라고 선언하였다. 칼케돈 회의의 교부들은 신비(단일한 위격 안에 두 본성의 정체성과 완전성)를 그대로 보호하고, 그것의 한계를 정하고, 그래서 잘못 전달되는 것을 막기 위해 이와 같은 내용을 확정하였다. 이 신앙고백의 일치는 미래(피해야 할 이단사설, 확정되어야 할 진리들, 보존되어야 할 신비)의 모습을 구체적으로 제시해 주었다. 벌카우어는 칼케돈 회의에 대해 다음과 같이 말한다. "계시가 보여 주고 보증하는 이상으로 그리스도의 신비를 꿰뚫으려는 모든 형태의 사변에 대해서 칼케돈 신조는 지속적으로 서라는 명령을 하고 있다"(*The Person of Christ*, 88).

칼케돈 신조는 종종 "의미 없는 부정적 표현"이라는 비난을 받아 왔다. 그러나 그리스도에 대한 이해를 이러한 접근 이외의 다른 방법은 거의 생각할 수조차 없다. 칼케돈 회의에서는 성경이 보증하는 것을 넘어서 진행하지 않고 확정해야 한다라고 말하였다. 칼케돈 신조에서는 심지어 소극적인 진술에서도 명확한 진리를 전하고 있다. 신비 앞에서, "우리의 언어는 무너졌고", "말을 더듬으며" 말을 줄이게 되었다. 칼케돈 신조는 "'말로 표현할 수 없는' 인간을 떠난 그러한 신비한 것들을 말하고" 있기 때문이다. "칼케돈 신조의 언어들은 이해시키기 위한 의미가 아니라, 오히려 우리가 이해해 왔던 것을 알려 주기 위한 것이다"(Weber, *Foundations of Dogmatics*, Vol. Ⅱ, 116). 다음의 글은 칼케돈 신조에 대한 결정적인 선언이다:

> 칼케돈의 기독론은 적어도 종교개혁시대까지 라틴 교회의 신앙과 신학을 위한 개념들을 확정하였다. 그리고 그 이후에도, 그리스도의 위격에 대한 다양한 교리적인 논쟁들은 칼케돈 신조에 충실한 그들의 주장을 가지고 서로 논쟁하였다(Pelikan, *The Emergence of the Catholic Tradition—100-600*, 266).

그러나 이와 같은 신학의 경향은 근대의 도래와 함께 급진적으로 바뀌었다. 칼케돈 신조에서 보이고 있는 기독론의 "위로부터"의 접근은 계몽주의 운동의 성경해석학의 "아래로부터"를 위한 길을 형성하였다. 그래서 자유주의 신학은 칼케돈에서 중지하라고 했던 것을 거부할 뿐만 아니라, 칼케돈 신조를 계속 파괴하고 있다.

ⓕ 칼케돈 신조는 기독론적인 정의를 내림에 있어서 근본적인 모든 개념들을 다루었다. 이 이후의 발전들은 사실상 이 교리에 대해 어떤 호기심을 자아낼 만한 왜곡이나 변화는 거의 보이지 않는다. 동방 기독교는 그리스도의 위격에 대해 존재론적인 면에 초점을 맞추었고, 서방 기독교는 그의 사역과 관련하여 구원론적인 측면에 초점을 맞추었다. 종교개혁 시대에 근대 자유주의의 전조인 소시니주의(Socinians)가 아리우스 이단사설을 결정적인 결론으로 확장시켰다. 개혁주의자들은 공의회의 신앙들을 되풀이함으로써 대응하였다. 즉 예수 그리스도는 "하나님의 독생자이시며, 영원부터 탄생하신 자시며, 지음받지 않으시고…아버지와 동일한 본질을 가지시며 같이 영원하시다…그는 하나님의 아들이시니, 그가 우리 인간의 본성을 취하신 때부터만 아니고 영원부터이니…"(벨기에 신앙고백, 10항). 극단적인 반대파와 마찬가지로, "종교개혁의 의붓자식"은 그리스도의 참된 인성을 손상시켰다. 그래서 "그리스도가 그의 어머니의 인간 육체를 취하였다는 것을 부인하는 재세례파의 이단 사설에 반대하여", 종교개혁의 교부들은 그리스도가 "죄를 제외하고, 인간의 모든 연약함을 지니신 참된 인성"을 스스로 취하셨다는 것을 고백하였다(벨기에 신앙고백, 18항). 칼빈의 견해는 이러한 신조들의 진술들 뒤를 잇고 있으며, "칼케돈 신조에 대단히 충실하다"(John T. McNeill, ed.,『기독교강요』Vol. Ⅰ, 482, 각주 1). 칼빈은 "네스토리우스의 오류를 물리쳐라"라고 말한다. 또한 "불경한 거짓말의 저자가 유티커스이다"라고 말한다. 둘 다 여러 공의회를 통해 "명백히 정죄되었다"라고 주장한다(『기독교강요』Ⅱ, 14, 4; 8). 그러나 칼빈은 초대교회 교부들에 의해 사용되었던 모호한 철학적인 용어들을 인정하려는 시도에 저항하였다. 그는 그러한 개념들을 "거짓 교사들을 폭로하는 데 필요하다"라고 말한다. 그러나 그는 "단지 신자들이 성경상의 증언의 순수함에 일치할 수 있다면, 나는 그 용어들이 잊혀져도 좋다고 생각한다"라고 덧붙인다(『기독교강요』Ⅰ, 13, 4; 5). 칼빈의 기독론은 대부분 철저히 구속사적인 맥락에서 바라보고 있다. 구약과 신약성경의 조명 아래, 그는 언약의 중보자로서 그리스도를 말한다. 그리스도의 삼중직에 있어서 그리스도는 우리의 교사이시며, 중보자이시고, 왕이시다(『기독교강요』Ⅱ, 3; 15).

칼빈과 루터를 추종하던 자들간의 뜨거운 논쟁에서, 칼케돈 신조는 종교개혁자들을 떠나지 않고 계속해서 떠오르며 되살아났다. 왜냐하면 칼빈주의자들이 "그리스도는 그의 인성에 있어서는 지금 이 땅 위에 계시지 않지만", 반면에 그의 신성에 있어서는, "그리스도의 신성이 그가 취해 오신 인성의 한계를 확실히 초월해 계시기 때문에", "그리스도는 잠시라도 우리에게서 떠나시지 않는다"라고 고백하고 있기 때문이다. 이런 이유로 루터주의자들은 칼빈주의자들이 네스토리우스의 이원론적인 오류를 범하고 있다고 비난하였다. 이러한 "극단적인 칼빈주의"(『기독교강요』 II, 13, 4)는 그리스도의 두 본성을 나누게 하는데, 그럼에도 불구하고 칼빈주의자들은 "그리스도의 신성이 보존되면서 그의 신성과 인성이 위격적으로 연합한다"(하이델베르그 요리문답, Q & A, 47과 48)는 상반되는 주장을 한다고 루터주의자들이 비난하고 있다.

루터주의자들은 칼빈주의자들이 두 본성의 분할을 강력히 주장하고 있다라고 비난하였다. 이에 맞서서 칼빈주의자들은 루터주의자들이 유티커스의 오류를 부활시키고 있다고 비난하였다. 루터주의 전통에 따르면, 그리스도의 영광의 승천은 급진적인 변화를 수반하였다. 그의 영광스런 육체는 무소부재의 신적 속성을 지니셨다. 이 점에서 루터주의 기독론은 주님의 만찬에서 그리스도께서 실재적으로 임재하신다는 견해와 직접적인 관계가 있다. 마치 열기가 뜨거운 다리미 속에 있는 것과 같이, 그리스도의 몸은 떡 "안에, 아래, 그리고 함께" 임재한다. 칼빈주의자들에 따르면, 루터주의자들의 이러한 생각은 두 본성의 혼동을 주장했던 유티커스주의를 생각나게 한다.

이러한 논쟁은 점점 더 심해져 갔다. 이러한 교리적인 충돌로부터 두 본성 사이의 속성간의 교류(communicatio idiomata)라는 문제가 발생되었다. 즉 속성간의 교류란 두 본성 사이에 고유한 속성이 교류한다라는 개념이다(『기독교강요』 II, 14, 1). 루터주의자들은 무소부재의 신적 속성이 그리스도의 인성에 주어졌다. 그것은 "혼동"(confusion)에 의해서가 아니라, "혼합"(mixture)으로 주어졌다라고 주장한다. 칼빈주의자들은 양성 사이에 고유한 속성의 변화는 없다라고 주장한다. 다시 말해, 각 본성은 그 자신이 지닌 단일한 동일성과 완전성을 완전히 그대로 유지한다. "속성간의 교류"라는 말은 오히려 인간의 모든 속성과 신의 모든 속성들이 예수 그리스도의 단일한 위격에 주어졌다라는 의미이다. 이 교리적 대립에서 두 종교개혁의 전통이 논의의 한계에서 둘 다 칼케돈의 기독론을 복사하고 있다는 것이 분명하게 보여지고 있다. 벌카우어는 칼빈의 견해를 다음과 같이 요약하고 있다:

그리스도 안에서는 오직 하나의 행동하는 주체만이 존재한다. 그러나 그리스도 안에는 속성들 간의 구별이 존재하는데…칼케돈 신조는 이것을 신비로 설명하였다…. (따라서 칼빈은) 피조물의 경계선들을 침범함을 극구 반대하였는데, 이러한 구분은 그리스도 안의 본성에 있어서도 그대로 나타난다. 하나님의 아들은 사랑과 화해의 사역으로 인간의 본성을 취하셨는데, 그의 인성은 모든 점에 있어서 우리와 동일하다…그리스도의 인성은 그가 영화롭게 되신 이후에 가지신 인성에 있어서도 그러하다…그리스도의 모든 사역들은 그 한 분(person)을 통하여 이루어졌으며, 그의 고난에 있어서도 인성은 나뉘어짐이 없이 그의 신성에 연합하고 있었음을 우리는 주의해서 유지하여야 한다. 그러므로 두 본성의 연합은 사역의 연합으로 나타나게 된다(*The Person of Christ*, 282, 293).

(3) 우리 가운데 임재하시는 중보자

구속은 타락한 창조세계가 원래 그것이 창조되었던 모습으로의 회복을 의미하며, 지금도 그러한 구속역사는 지속되고 있다는 것이 바로 개혁신학을 형성하는 성경의 기본적인 가르침이다. 구속의 중보자(고후 5:18-19; 골 1:20; 엡 2:16)이신 그리스도는 자신이 창조사역에 있어서의 하나님의 중보하시는 말씀으로 이미 세웠던 그 기초 위에 새롭게 세워 가신다(요 1:3; 골 1:16-17). 그 창조역사의 결과는 지금 원래의 뜻에서 상당히 멀어져 있다. 그럼에도 불구하고 그리스도 안에서 그의 세상과 더불어 화해하시려는 하나님의 뜻은 창조와 구속 사이에 끊어지지 않는 결속을 미리 전제하고 있다. 그러므로 구속역사는 우리를 세상으로부터 이끌어 내는 것이 아니라, 생명을 새롭게 하는 비전을 가지고 우리를 그 세상 안에 새롭게 위치시키는 것이다.

구속의 중보자로서 우리 가운데 세 직분으로 임재하시는 그리스도에게로 우리의 연구를 전환하면서, 우리는 이 교리와 일찍이 창조 때 하나님께서 부여하신 "인간의 직분" 사이에 깊은 관련이 있음을 기억해야만 한다. "마지막 아담"이신 그리스도는 "첫 아담"과 타락한 인류를 대신하여 왔다. 그러므로 예수의 선교는 우주적이며 하나의 목적을 향해 움직이고 있다. 따라서 "'직분'이라는 개념은 그리스도의 사역이 사적이고 독단적이며 변덕스러운 활동 범위가 아님을 분명히 일깨워준다"(Weber, *Foundations of Dogmatics*, Vol. Ⅱ, 170). 이 세 직분은 인류의 창조와 더불어 근원적으로 주어졌고, 이제 이를 대신하여 그리스도 안에서 새로워졌으며, 이 삼중직 교리는 종교개혁자들을 통해 처음 명백하게 설명되었다. 중세 사상가들에게 이 교리가 전적으로 나타나지 않는 것은 아니다. 그러나 그들은 "냉담하게, 오히려 무익하게" 다루었다라고 칼빈은 평가한다(『기독교강요』Ⅱ, 15, 1). 루터는 모든 신자들의 직분에 대해 자신의 견해를 다루고 있다.

칼빈 역시 루터 이상으로 다루고 있으며 그 이론을 발전시켰다. 성경은 하나님과 인간 사이의 한 중보자를 강조하고 있으며(딤전 2:5; "다른 이름이 아닌", 행 4:12) 유일한 구원의 길을 강조하고 있다(요 14:16). 이러한 내용들은 우리에게 강력한 흥미를 유발시킨다. 개혁주의 사상가들은 그리스도의 중보직이 분리되지 않는 단일한 것이라고 주장하였다. 하지만 이 단일한 직분 안에서 세 측면(선지자적 직분, 제사장적 직분, 왕적 직분)의 직분이 있다. 이들간에는 서로 날카로운 경계선 없이 구별하는 것이 가능하다. 세 직분의 사역은 서로 조화롭게 이루어진다. 중보자로서 그리스도의 위격과 사역은 삼중직을 다 띤다. 벌카우어는 "그리스도의 선지자직과 제사장직과 분리할 수 없게 연결되어 있는 그의 왕직이 세상에게는 은총이다"(*The Work of Christ*, 76)라고 말한다.

칼빈은 이 교리를 설명함에 있어서 구약성경의 구절들에서 끌어온다(『기독교강요』 I, 15). 구약성경의 여러 구절들에서는 직분을 받는 것은 주님으로부터 임명된 대리인들을 통해 "하나님에 의해 기름부음 받은" 존재로, 그리고 "하나님의 선택된 도구"로서 섬기도록 "위임된" 존재로 정규적으로 묘사되고 있다. 모든 왕들과 제사장들과 선지자들은 직분들이 창조적으로 일어난다. 따라서 그들은 항상 겸손하게 봉사하고 더 높은 권위에 대해 섬길 의무가 있다. 직분은 하나님께서 부여하시는 소명이다. "사람은 직분으로 부름을 받는 것이 아니라, 소명으로 부름을 받는 것이다"(Berkouwer, *The Work of Christ*, 64). 모든 직분에 대해 성경적인 의미를 정의내리는 다양한 요소들은 중보자 그리스도를 통해 그 요소들의 핵심에 이른다. 이러한 의미에서, "전혀 다른 이가 될 수 없는, 오직 그리스도만이 이러한 사역과 직분들을 가진 자들의 활동의 중심이 될 수 있다"(Thielicke, *The Evangelical Faith*, Vol. II, 342).

그리스도는 약속된 "메시아"이며 하나님의 "그리스도"인데, 이 두 명칭은 "기름부음을 받은 자"를 의미한다(비교, 눅 4:18; 행 4:27과 사 61:1). 예수는 우리의 삶을 대신하여 살고, 우리 대신 죽으시고, 우리의 부활을 먼저 보증하시는 우리의 대리인이시다. 이러한 예수의 대속사역에는 그의 중보자적 직분의 세 가지 모든 측면이 들어가 있다. 그래서 구약성경에서는 직분자들 사이를 날카롭고 정확하게 구별하여 서술하고 있음에도 불구하고, 이들은 그리스도 안에서 완전히 연합되어 있다. 그러므로 "삼중직" 교리는 어느 한 측면만을 강조하는 것을 저지시키기 위한 적합한 도구이며, 삼중직의 모든 충만함에 있어서 하나의 위격에 단일하고 전체적인 사역을 충분히 이해하기 위해 적합한 도구이다"(Weber, *Foundation of Dogmatics*, Vol. Ⅱ, 176).

① 선지자로서의 그리스도

선지자적 직분을 지니신 그리스도 예수는 타락한 인간에게 하나님으로서 말하고, 하나님에 대해 말하는 성육신 하신 말씀이시다. 예수는 구약성경의 선지자들의 메시지와 자신의 메시지를 동일시한다(마 21:33-46). 하지만 예수는 자신을 또한 "더 큰 이"라고 말씀하고 있다(눅 11:32). 예수 자신과 옛 선지자들 사이에는 단순하지 않은 보다 깊은 연속성이 있다. 예수의 선교는 옛 선지자들의 선교의 성취이며, 그들의 메시지에 대해 궁극적인 의미를 제공한다. 그러므로 예수는 우리의 "대 선지자"가 되신다(하이델베르그 요리문답, Q & A, 31). 선지자적인 측면을 포함하여 예수의 중보적 직분의 전체 범위에서, 그리스도는 그의 아버지의 뜻에 적극적인 순종과 수동적인 순종, 양 측면이 다 나타나고 있다.

예수는 "내가 아버지의 말씀을 저희에게 주었사오매"라고 말씀하신다(요 17:14). 예수는 하늘로부터 위임받은 것에 완전히 순종하신다. "내 교훈은 내 것이 아니요"라고 말씀하신 후 "나를 보내신 이의 것이니라"라고 덧붙이신다(요 7:16). 이 완전한 순종은 동시에 예수 자신의 굳은 의지의 자유로운 표현이다. 예수는 또한 자기 자신에 대해 "…아브라함이 나기 전부터 내가 있느니라"고 말씀하신다(요 8:58). 예수는 자신이 높은 곳으로부터 받았다는 사실을 증거하고 있을 뿐만 아니라, 그는 친히 "진실"임을 선언한다. 그래서 마태복음 7:29에서 "이는 그 가르치시는 것이 권세 있는 자와 같고 저희 서기관들과 같지 아니함일러라"고 기록한 것과 같이, 군중들은 예수의 대담한 선지자다운 말들에 자주 놀라워했다.

지상의 사역 기간 동안 예수는 자신의 선지자적 직분을 예민하게 의식하고 있었다. 열두 살 때 성전에서 랍비들과 대화하실 때에, 이미 이러한 자의식을 가지고 있었다는 것을 분명히 암시하고 있다. 예수는 부모님께 "내가 내 아버지 집에 있어야 될 줄을 알지 못하셨나이까"라고 묻는다(눅 2:49). 그가 자신의 고향 사람들에게 거부당했을 때, 그는 "선지자가 고향에서 환영을 받는 자가 없느니라"고 대답한다(눅 4:24). 예수는 얼굴을 찡그리고 "선지자가 예루살렘 밖에서는 죽는 법이 없느니라!"라고 말씀하시면서(눅 13:33), 예루살렘을 바라보시고 마음이 견디기 어려워 애가를 부르신다. 예수는 이 선지자적 부르심의 깊은 의미로부터 결코 뒤로 물러서지 않았다. 심지어 가장 격심한 형태의 고난과 수치스러운 일들에 직면해서도 자신의 직무를 버리지 않았다. 산헤드린 공회가 예수를 "그리스도야 우리에게 선지자 노릇을 하라 너를 친 자가 누구냐?"(마 26:68)라고 비웃었을 때, 예수의 마음은 고난 가운데 몹시 아팠다. 클라스 스킬더(Klaas Schilder)는 이 구절에 대해 시선을 끄는 해설을 한다. "대선지자"이신 그리스도는 이 구절에서 "예수가 예언의 산 위에 서 있다"는 식으로 비웃음을 당하였다라고 설명하고 있다. 예수가 당하신 가장 최악의 악행은 때리고 침 뱉은 행위가 아니라, "예수의 삶에 있어서 가장 무섭고 두려운 맡은 바 직분에 대한 자기 백성의 (그들과 더불어 우리) 비웃음이었다. 그들은 예수의 선지자적 직분을 일종의 농담으로 다루었던 것이다." "선지자들의 산…예수는 버림당한 모든 선지자들이 있는 깊은 나락에서 무시무시한 공포를 경험하였다"(*Christ on Trial*, 173-94).

선지자로서 예수 그리스도는 자신의 제사장으로서의 직무와 왕으로서의 주장의 의미를 일관되게 선포하셨다. 예수의 중보적 직분의 세 측면은 결국 하나로 집약되기 때문이다. 이 단일성은 성령의 사역을 통해서 연장된다. 선지자의 위기 상황에서 성령은 그리스도를 따르는 자들에게 자기 희생적인 섬김과 최고의 순종을 외친다. 선지자로서의 그리스도의 중요성에 대해서는 거의 과대평가 되고 있지는 않지만, 심하게 왜곡되고 있다. 근대 자유주의는 예수의 제사장직과 왕 되심의 경험에 선지자적 선물을 격찬한다. 예수를 도덕 교사들과 구별되는 역사의 한 사람으로 생각하며, "명소"인 나사렛에서 온 랍비 정도로 취급한다. 마찬가지로 그들의 모든 사상들은 비참한 상황에 따른 비극적인 결과처럼, 그에 따르는 결과들을 가지고 있다. 그리스도의 직분 가운데 다른 것들로부터 한 측면을 분리하는 것은 모두를 상실하는 결과를 초래한다.

예수는 직분들간에 상관관계가 있음을 확실히 말씀하신다. 빌라도가 "그러면 네가 왕이 아니냐?"라고 물을 때에 "네가 그것을 말하였다!"라고 말씀하신다. 그리고 나서 "내가 이를 위하여 났으며 이를 위하여 세상에 왔나니 곧 진리에 대하여 증거하려 함이로다"라고 덧붙일 때에 왕적 직분과 선지자적 직분을 관련시키고 있다 (요 18:37-38). 벌카우어는 "그리스도는 단지 선지자로서, 혹은 단지 제사장으로, 단지 왕으로 행하신 것이 아니라, 그리스도의 전(全) 위격 곧 선지자, 제사장, 그리고 왕 그리고…모든 것이 행하신 것이다. 그는 세 직분으로 존재하시며, 세 직분으로 행하시며, 세 직분의 계시들을 말씀하신다"라고 말하는 바빙크의 말이 옳다라고 지적하고 있다(*The Work of Christ*, 70). 그러므로 우리는 그리스도의 위격을 추상적으로 보거나, 혹은 그의 사역을 그의 위격으로부터 분리하지 않도록 주의해야 한다. 둘은 연결되어 있다.

② 제사장으로서의 그리스도

그리스도의 제사장적 직분 역시 구약성경의 구속역사에서의 제사장 직분과 긴밀한 관계가 있다. 구약과 신약의 제사장 직분의 긴밀한 관계는 신약성경 곳곳에 은연중에 내포되어 있다. 이 관계는 히브리서 안에 대부분 명시적으로 발전하고 있다. 히브리서는 강한 유대적 배경에서 그리스도인들에게 설교하고 있는 편지이다. 히브리서 5:1-10에서 저자는 "모든 대제사장"의 직무에 대해 서술하고 있는데, 이는 그리스도에게 적용되고 있다. 그리스도께서는 "사람 가운데 취한 자"이다. 그분은 "존귀를 스스로 취하지 못하고 오직 아론과 같이 하나님의 부르심을 입었다." 그분은 "하나님께 속한 일에 사람을 위하여 행동하도록 임명되었다." 그분의 직무는 "예물과 속죄하는 제사를 드리는" 것이다. 이것은 레위기의 제사장 직분 그대로이다. 그리스도를 아론과 그의 아들들보다 더 큰 이라고 표현하고 있다(히 7:26-28). 그분은 "멜기세덱의 반차를 좇아 영원한 대제사장이 되셨다"(히 6:20). 그분을 통해 "장차 오는 좋은 일의 그림자"가 "참 형상"으로 성취되었다(히 10:1).

그러므로 옛 언약을 새롭게 그리고 궁극적으로 다시 세움으로 우리의 "유일하신 대제사장"(하이델베르그 요리문답, Q & A, 31)이신 그리스도께서는 그의 아버지의 뜻에 능동적으로, 그리고 수동적으로 순종함을 보여 주셨다. 그가 "온 것은 섬김을 받으려 함이 아니라, 도리어 섬기려 하고 자기 목숨을 많은 사람의 대속물로 주기 위해서"(막 10:45)이다. 예수는 예기치 못한 음모로 비참하게 희생당한 존재가 아니라, 하나님의 구원의 계획에 순종함으로 참여하였다. "이러한 이유 때문에" 예수께서는 "아버지께서 나를 사랑하시는 것은 내가 다시 목숨을 얻기 위하여 목숨을 버림이라 이를 내게서 빼앗는 자가 있는 것이 아니라 내가 스스로 버리노라 나는 버릴 권세도 있고 다시 얻을 권세도 있으니 이 계명은 내 아버지에게서 받았노라"(요 10:17-18)라고 말씀하신다.

그리스도는 "모든 의를 이루는"(마 3:15; 5:17-18; 요 15:10) 자신의 제사장적 사역을 적극적으로 수행할 뿐만 아니라, 산 제물인 어린양으로서 수동적으로 고난을 받는다. 이는 "보라 세상 죄를 지고 가는 하나님의 어린양이로다"(요 1:29)라고 증언하는 세례 요한의 핵심이며, 이사야 선지자가 "도살장으로 끌려가는 어린양"(사 53:7)을 관련시키면서 되풀이하고 있는 부분이다. 바울이 "우리의 유월절 양 곧 그리스도께서 희생이 되셨느니라"(고전 5:7)라고 말할 때, 구약성경의 역사적 중심 사건, 곧 출애굽 사건과 중보자의 죽기까지 복종하신 것을 관련시키면서(빌 2:8) 이 점을 강화하고 있다. 성경은 심지어 신자들이 "오직 흠 없고 점 없는 어린양 같은 그리스도의 보배로운 피로" 속죄되었다는 사역적인 가르침에서, 그리스도의 산 제물된 고통과 죽음에 대해 더 깊은 시각을 열어 놓고 있다. 이것은 "말세에 나타내신 바" 되었고, 그것은 "창세 전부터 미리 알리신 바"(벧전 1:18-20) 되었다. 그러므로 그리스도는 제사장이시고 동시에 희생제물이시다.

이와 같이 짜여진 두 주제는 시작부터 끝까지 그리스도의 제사장으로서의 사역을 가르쳐 준다. 즉 그리스도의 제사장으로서의 사역은 그때 거기서 모두를 위한 단 한 번의 대속뿐만 아니라, 지금 여기에 계속되는 중보를 포함한다. 전자는 예수의 생애 30여 년 동안에 일어났던 사건들로 제한되며 다시 반복되지 않을 것이며 그것은 십자가에서 "다 이루었다!"(요 19:30)라는 외침을 통해 절정에 이르렀다. 이 구속에 있어서 오직 한 분뿐이신 우리의 대리인 그리스도는 절대적인 고립상태로 점점 더 이끌리셨다. "양들의 위대한 목자는 그의 외침에서 철저히 고립되어 버려진 채, 자신의 양들을 구하기 위한 최고의 사역을 행하였다. 이 사역은 다른 모든 사역들의 의미를 설명하고 그것들을 효력 있게 만든다"(Schilder, *Christ in His Suffering*, 456). 예수의 어깨에 지워진 견딜 수 없는 세상의 죄의 짐은 결코 다른 방법으로 벗겨지지 않았다. 누구도 그 짐을 나눠질 수 있거나 가볍게 할 수 없었다. 그리스도께서는 "우리 모두를 위해"(*pro nobis*) 감당하셨다.

이사야 선지자는 "여호와께서는 우리 무리의 죄악을 그에게 담당시키셨도다"(사 53:6)라고 예언하였다. 그리스도는 그의 흠 없음과 우리의 죄의 신비로운 결합을 표현하였다. 즉 주님의 "너희 중에 누가 나를 죄로 책잡겠느냐?"(요 8:46)라는 도전적인 질문에 인격적으로 대답할 수 있는 이는 아무도 없다. 그러나 법적으로 예수는 세상의 가장 큰 죄인이었다. 바울이 "하나님이 죄를 알지도 못하신 자로 우리를 대신하여 죄를 삼으신 것은 우리로 하여금 저의 안에서 하나님의 의가 되게 하려 하심이니라"라고 말하고 있는 것과 같다(고후 5:21). 그리스도 안에서 "위대한 교환"이 이루어진 것이다(루터). 심지어 가야바 대제사장도 유대인들에게 "한 사람이 백성을 위하여 죽는 것이 너희에게 유익하다"라고 합리화시키면서, 이 사실을 고의적으로 입증하였다. 요한은 이 참람함에, 대리적인 그리스도의 죽음을 통해 "흩어진 하나님의 자녀를 모아 하나가 되게" 할 것이라는 심오한 말을 덧붙이고 있다(요 11:49-52). 그것은 그렇게 되어야만 하는 하나님의 뜻이요, 그렇게 되기를 원하는 그리스도 자신의 뜻이기도 하다. 그 안에 거룩한 "필연"이 놓여 있다. 그리스도는 엠마오로 내려가는 여행자들에게 신분을 숨긴 채 "그리스도가 이런 고난을 받고 자기의 영광에 들어가야 할 것이 아니냐?"(눅 24:26; 44에 "…나를 가리켜 기록된 모든 것이 이루어져야 하리라" 한 말에 대해)라고 설명하셨다. 이 필연성은 죄로 인해서 망가진 창조세계에 극도로 필요함을 기록하는 성경의 이야기들에서 비롯된다. 이 사역은 반복되지 않는 단회적인 대속 사역을 통해서 유대 지도자들은 죄 없는 이의 피를 부당하게 흘렸다. 그러나 이런 불의한 일들은 이와 비교할 수 없는 하나님의 공의에 의해서 계획되고 실행되었다. 예수가 "법 없는 자들의 손에 의해 못박혀 죽으셨음에도 불구하고, 그 일은 "하나님의 정하신 뜻과 미리 아신 대로" 이루어진 일이었다(행 2:23).

그러므로 벌카우어는 "비록 임의적인 인간의 모략일지라도 그 안에 하나님의 계획과 역사가 끊임없이 수행된다"라고 말하고 있다(*The Work of Christ*, 146). 그러므로 오늘날 예수의 고난을 재고하려는 요청들은 예수 사건의 근본적인 가르침을 놓치고 있는 것이다. 왜냐하면 십자가의 완전히 독특한 방법 안에 하나님의 의와 사랑이 만나고 있기 때문이다. 이 독특한 방법이 피를 요구하였다. "피흘림이 없은즉 죄사함이 없기" 때문이다(히 9:22). 근대 자유주의는 하나님의 이러한 독특한 구속의 방법을 "정육점 신학"이라고 부를지 모른다. 그러나 역사적으로 충실한 기독교 신앙은 "너희가 다 이것을 마시라 이것은 죄사함을 얻게 하려는 많은 사람을 위하여 흘리는 바 나의 피 곧 언약의 피니라"(마 26:28)는 주의 말씀을 기념하는 의식에서 성찬의 잔을 예수께서 의도하셨던 바에 따라 마시기를 계속할 것이다.

그리스도의 제사장적 섬김에서 두 번째 부분은 계속되고 있는 중보다. 그는 지금도 "자기를 힘입어 하나님께 나아가는" 자들을 위하여 "항상 살아서 간구하신다"(히 7:25). 그리스도는 아버지께 우리를 변호하는 우리의 대언자이시다. 예수의 이러한 중보사역은 예수의 화해케 하시는 사역에 단지 부속물로 덧붙여진 새로운 의무가 아니라, 그것은 예수의 하나의 사역에 반드시 포함되는 일이다. 그리스도는 자신이 지상에서 시작했고 "이룩한" 단회적인 대속사역의 열매를 지금 천상으로부터 가져오고 있다. 그러므로 그리스도의 사역에 있어서의 "이미"의 개념이 고대 역사의 안개 속에서 잃어버리게 해서는 안 된다. 예수의 "중보기도 사역은 대속으로부터 분리되지 않는다. 양자는 단지 그리스도의 동일한 구속 사역의 두 측면이며, 그 둘은 하나로 묶어지기 때문이다(Louis Berkhof, *Systematic Theology*, 402). 우리의 기도들과 그분의 중보기도를 멀리 있는 십자가를 가까이 이끄는 서로 다른 노력으로 이해해서는 안 된다. 그리스도 안에서 지평의 연합이 일어나기 때문이다.

우리는 그리스도의 지상 사역 기간 동안에 이미 기도하고 계시는 예수를 만나게 된다. 그는 예루살렘을 향해 애가의 중보 기도를 드리신다(마 23:37). 베드로는 위기상황에 직면해 있다. 베드로의 배신 직전에 예수는 그의 믿음이 떨어지지 않기를 기도하신다. "내가 너를 위하여 네 믿음이 떨어지지 않기를 기도하였다"(눅 22:32). 다락방에서 대제사장으로서 기도하실 때에, 예수는 아버지께 자신의 제자들을 위해 "우리와 같이 저희도 하나되게 하옵소서"라고 간구하신다(요 17:11). 또한 예수는 제자들 너머 "저희 말을 인하여 나를 믿는 사람들"(요 17:20)을 위해 기도하시는데, 이때 예수의 기도의 대상은 그의 울타리 안에 들어와야만 하는 "다른 양들"(요 10:16)까지 포함하고 있다.

중보자로서 그리스도의 중보사역은 고통을 당하셨고 죽으셨고 다시 부활하셨고 승천하셨으며 영광으로 영원히 통치하시는 분에 의해 이루어지고 있다. 그리고 그 분은 당연히 받으실 만한 통치권을 가지고 이 "종말의 때들" 내내 중보사역을 계속하고 계시다. 그는 우리의 기도를 취하시며 그것들을 자신의 것으로 만드신다. "말할 수 없는 탄식으로 우리를 위하여 친히 간구하시는"(롬 8:26) 우리의 "두 번째 대언자"(second Advocate), 곧 성령의 사역을 통해 우리의 기도들을 정화하시어 그렇게 하신다.

예수 그리스도께서 "우리를 위하여 간구하시기" 때문에 누가 능히 "하나님의 택하신 자들을 송사하리요?"(롬 8:33-34) 그러므로 "우리 형제들을 참소하던 자"가 "하나님 앞에서 밤낮" 신랄하게 고소할 때(계 12:10), 예수 그리스도는 우리의 "변호를 위해 대언자"가 되신다. 사탄이 우리의 마음을 동요시키고 우리의 구원의 확실성을 허물어뜨리는 의심을 속삭일 때, 사탄이 가장 교묘하고 악한 상태에 있을 때라고 루터는 말한다. 그러나 그리스도는 우리의 마음보다 더 큰 자다. 우리에게 있는 "모든 일에 우리와 한결같이 시험을 받은 자로되 죄는 없으시다. 그러므로 우리는 긍휼하심을 받고 때를 따라 돕는 은혜를 얻기 위하여 은혜의 보좌 앞에 담대히 나아가자"(히 4:15-16).

③ 왕으로서의 그리스도

선지자적 직분과 제사장적 직분이 그런 것과 같이, 그의 왕적인 사역도 성경 안에 기록되어 있는 다양한 접근들을 그의 위격과 사역에 집중시킨다. 그리스도의 왕직에 대해 첫 번째 역사적인 접근은 "이전부터"(from before)의 접근이다. 즉 "주 하나님께서 그 조상 다윗의 위를 저에게 주시리니"(눅 1:32)라고 말씀하고 있다. 두 번째는 "아래로부터"(from below) 접근으로, 마리아의 "노래"는 주님에 대해 "비천한 신분"을 반영하고 있다(눅 1:48). 또한 위로부터(from above)의 중보도 나타나고 있다. 즉 "내가 나의 왕을 시온에 세웠다"라고 말씀하고 있다(시 2:6). 끝으로 "앞으로부터"(from ahead)의 접근이다. "세상 나라가 우리 주와 그리스도의 나라가 되어 그가 세세토록 왕 노릇 하시리로다"(계 11:15).

과거와 현재, 미래를 포함하고 있는 네 가지 모든 관점은 왕 되신 그리스도와 관련된 모든 관념들을 하나로 통합시킨다. 전승된 사도들의 신앙고백(사도신경) 속에는 왕직의 우주적인 영역이 반영되어 있다. 하나님께서 "권세있는 자를 그 위에서 내리치셨다"(눅 1:52)라는 말씀과 같이, 예수의 탄생 선언은 그리스도를 통해 그와 같은 일들이 벌어질 것이니 조심하라는 주의를 기울이게 하였다. 주님의 공생애 사역의 출발점에서, 예수의 첫 제자들 중의 하나였던 나다나엘은 "당신은 이스라엘의 임금이십니다"(요 1:49)라고 직관적으로 대답한다. 빌라도는 십자가 기둥 위에 논쟁을 일으킬 만한 "나사렛 예수 유대인의 왕"(요 19:19)이라는 문구를 써서 붙였다. 부활 후, 영광을 위한 승천이 가까워지면서, 그리스도는 "하늘과 땅의 모든 권세를 내게 주셨다"(마 28:18)라고 선언하셨다.

이러한 성경상의 증거들에서, 우리는 낮아지심(卑下)의 신분과 높아지심(昇貴)의 신분으로 정의되는, 두 "신분"을 지닌 왕으로서의 그리스도(또한 선지자와 제사장)를 만난다. 사실, 성경 전체의 계시의 충만한 빛에서 바라보면, 이 기독론적 귀결은 영광으로부터("창세 전에 내가 아버지와 함께 가졌던 영화"〈요 17:5〉), 비하를 통과해서("간고를 많이 겪었으며"〈사 53:3〉), 그리고 완전히 성취된 그의 사역을 토대로 그리스도는 영광으로 되돌아가신다("이러므로 하나님이 그를 지극히 높여 모든 이름 위에 뛰어난 이름을 주사", 빌 2:9)라는 세 단계를 포함한다. 이러한 일련의 연결들은 초대교회에서 가르쳐졌던 "총괄갱신설"(總括更新設, recapitulation theory, 이레네우스)의 내용을 잘 지적하고 있다. 그것은 "마지막 아담"이신 그리스도가 "첫 아담"의 모든 상태, 즉 그의 완전했던 상태로부터 그의 죄된 상태로 돌아가서 그의 발자취를 따라 회복함으로 아담과 그의 인류 후손을 구속하셨다는 것을 말한다. 벌카우어는 다음과 같이 말한다:

> (신분상의 이러한 변화는) 고난을 통해 영광에 이르는 그리스도의 삶의 비하로부터 승귀까지의 역사적인 과정에 대한 성경의 증언에 정당성을 부여하려는 의도이다…그리스도의 삶의 두 신분에 대한 신앙고백은 역사의, 이 역사의 가치를 표현한다(The Work of Christ, 36, 51).

성경의 핵심적인 주제인 십자가와 왕권은 그리스도의 왕적 직분이 행사되는 두 단계를 반영한다. 그 첫 번째 단계에서는 철저히 감추어져 있고, 다음 단계에서 완전히 드러난다. 이 두 영광의 길은 구속 역사에서 결정적인 십자가의 길을 형성하며 교차한다. 베들레헴의 마굿간은 "강보에 쌓여 구유에 누워 있는"(눅 2:12) 왕을 드러내지 않고 있다. 성경은 왕의 미천한 탄생을 우리가 하나님과 필사적으로 가져야 할 화해, 또한 우리 자신과의 화해, 이웃과의 화해, 전체로서의 전 우주와의 신비로운 화해를 일관성 있게 관련시키고 있다. 이것이 바로 단 하나의, 모든 것을 포함하는 성육신이 이루어진 동기요 목적이다.

그러나 모든 사람들이 성경을 이렇게 읽지는 않았다. 종교개혁 시대에 칼빈과 당대의 사상가인 오시안더(Osiander, 주의주의〈主意主義, voluntarist〉 전통에 오래 서있었던 대변인)는 성육신의 이유와 목적에 대해 서로 뜨겁게 논쟁하였다. 오시안더는 "성경에 있어서 특별히 잘못되었다라고 할 만한 증거가 아무 데도 없다라는 것을 구실삼아" 다음과 같이 주장하였다: "만약 아담이 최초의 고결했던 상태로부터 타락하지 않았다 할지라도, 그리스도는 여전히 인간이 되었을 것이다." 왜냐하면 하나님께서 이미 이것을 작정하셨기 때문이다라고 주장하였다. 다시 말해서, 오시안더는 인간과 우주를 구속하시려는 것이 성육신의 유일한 목적이 아니라고 주장하였다. 이와 같은 견해에 대해 칼빈은 그리스도께서 성육신하신 유일한 이유는 우리를 구속하기 위함이라고 주장하였다. 그리스도는 "하나님과 우리 사이에 간격을 잇기" 위해서, 그래서 "우리 대신 순종하시기" 위해서 아담의 본성을 취하셨다(『기독교강요』 II, 12, 1; 3; 5).

오시안더의 주장은 그가 죽은 후에도 계속 논의되었다. 그의 주장은 근대 자유주의자들의 다양한 해석을 통해 되살아났다. 흔히 양자론자들(adoptionist)과 양태론자(modalist)들의 노선을 따라 발전하였다. 매우 최근에는 종종 다음과 같이 추론되고 있다. 선한 의지를 가진 합리적인 모든 인간들이 그들의 신적인 운명을 성취하기 위해 '신은 그리스도 안에서 인간이 되셨다' 라고 추론하고 있다. 그러나 벌카우어는 다음과 같이 말한다. 성경은 "인간 본성의 높아짐을 말하는 것이 아니라, 인성의 구원과 회복을 선포하고 있다…태초부터 임마누엘의 오심이 역사적인 상황으로 인해서 작정되었다는 것이 입증되고 있으며, 임마누엘의 오심은 '하나님과 인간 사이의 연합'으로 묘사될 수 있는 단지 '일반적'인 의미를 가지는 것이 아니다"(The Work of Christ, 29). "말씀이 육신이 되어 우리 가운데 거하시매 우리가 그 영광을 보니 아버지의 독생자의 영광이요 은혜와 진리가 충만하셨기"(요 1:14) 때문이다.

이 성경 구절은 성육신에 대해 핵심적으로 증거하고 있다. 이것이 바로 "베들레헴의 구유에 왕이 나셨다"라고 말하는 성탄의 신비이다. 이 중요한 사건의 깊이는 동정녀 탄생의 기적에서 표현되고 있다. "영원하신 하나님의 아들은 그로 말미암아 우주가 창조된 자이심에도 불구하고, 동정녀의 자궁을 경멸치 않으셨다! 놀라운 것이 거기 있다"(J. Gresham Machen, *The Virgin Birth of Christ*, 394). 마태와 누가의 이야기에서처럼, 그리스도의 비하에 있어서 이 첫 단계는 근대에 이르기까지 교회의 신앙고백으로서 논쟁의 여지가 없이 인정되었다. 그러나 성경에 대한 역사적 비평 연구와 더불어 계몽주의 시대는 급진적인 변화를 가져왔다:

> 거룩한 성경이 하나님의 진리의 말씀으로 받아들여진 한, 그리스도의 동정녀 탄생은 마음에 어떠한 의심도 없이 받아들여졌고 고백되어졌다. 그러나 심지어 성경의 권위에 대한 공격 이래로, 비평의 문은 먼 곳까지 열려져 있다(Berkouwer, *The Work of Christ*, 97).

지난 몇 십년 동안 이 문제는 바르트와 부르너 사이에 대결 양상을 띠며 다루어졌다. 지금 다루고 있는 주제에 대해서 "신약성경의 전통이 불확실하기 때문에" 부르너는 하나님의 아들의 탄생의 신비를 동정녀 탄생으로 우리가 믿어야 할 필연적인 이유가 있는가라는 의문을 제기한다. 그는 동정녀 탄생의 기록은 사도 후기 교회들이 헬라철학의 반(反)성적인(antisexual) 경향으로부터 끌어온 "생물학적인 설명"에 의해서 그 신비를 합리화한 노력이기 때문에, 성육신의 교리를 동정녀 탄생으로 믿어야 될 필요는 없다고 주장하였다. 부르너에 따르면, 우리는 하나님께서 인간이 되셨다는 것을 고백할 수는 있으나, "어떻게" 성육신한 것은 고백할 수 없다는 것이다(*The Mediator*, 322-25). 부르너가 동정녀 탄생을 "아니오"라고 할 때에, 바르트는 "예"라고 대답한다. "부르너의 동정녀 탄생 부정은 잘못되었다"(*Church Dogmatics*, I/2, p. 184).

바르트는 실제의 역사(*Historie*)에 있어서, 동정녀 탄생은 진실로 발생하였다 라고 주장한다. 이것은 "기적"이다. 그런데 이 기적적인 사건은 궁극적으로 중요한 "신비"를 "가리키는 것", 바로 "상징"이며 "지시계"(*Hinweis*)이다. 결국 그리스도의 동정녀 탄생이라는 기적이 전달하려고 하는 것은 아들 안에서 완전히 자유로운 주권을 가지신 하나님의 자기 계시가 역사하는 "통찰력과 새로운 시작"이다(*Geschichte*, 곧 초자연적 종말론적 역사). 이어서 바르트는 "신비는 기적에 의존하지 않는다. 기적이 신비에 의존한다. 기적은 신비에 대한 증거를 담고 있으며, 신비는 기적에 의해 입증된다"라고 결론 내린다(*Church Dogmatics*, I/2, 202). 이것은 바로 하나님의 주권적인 은혜의 승리이다. 다시 말해서, 그리스도의 승귀는 비하의 깊이로 정확하게 계시되고 있다(Berkouwer, *The Triumph of Grace in the Theology of Karl Barth*, 132-35).

복음서 안에는 그리스도의 승귀하신 왕적인 신분이 오랫동안 숨겨진 상태로 있다. 왕적인 신분은 종의 신분을 덮개로 하여 숨겨져 있다. 그리스도는 배고픈 자들에게 먹을 것을 주시고, 눈 먼 자의 눈을 여시고, 귀머거리를 듣게 하며, 죽은 자가 일어나고, 가난한 자를 향해 사역하셨다. 이와 같은 예들에서 보이는 그리스도의 모습은 왕으로서 심판하는 모습보다는 차라리 긍휼의 모습을 지닌 왕의 모습이다. 이런 모습 때문에 세례요한은 실망하여 "오실 그이가 당신이오니이까 우리가 다른 이를 기다리오리이까"(마 11:3) 하고 질문한다. 질문에 대하여 예수는 "그러나 내가 만일 하나님의 손을 힘입어 귀신을 쫓아내는 것이면 하나님의 나라가 이미 너희에게 임하였느니라"(눅 11:20)는 말씀을 통해 사실상 대답하고 계시다.

예수는 결국 이 말씀을 통해 투쟁하는 하나님 나라를 얘기하신 것이다. 유대인들은 지상 나라를 통치할 메시아를 대망하는 그릇된 사상에 물들어져 있었다. 심지어 예수의 열두 제자들조차 이와 같은 그릇된 사상에 젖어 있었고(마 20:20-28), 거의 마지막까지 그들을 사로잡고 있었다(행 1:6). 오순절 성령강림에서야 비로소 그들의 시각이 변화되었다. 성령의 조명하시는 능력을 통하여 그리스도께서 하신 말씀의 의미가 제자들에게 전달되었다. 다시 말해서, 하나님의 나라는 이 세상에 속하지 않고, 하나님께 속해 있다. 그러나 하나님의 나라는 분명히 이 세상을 위해서 이 세상 안에 존재한다. 왜냐하면 왕이 계신 곳, 바로 거기가 하나님의 나라이기 때문이다(눅 17:21).

십자가로부터 빈 무덤으로의 변화는 그리스도의 왕적 사역이 비하에서 승귀로 바뀌게 되는 커다란 전환점을 표시하고 있다. 십자가에 매달려 있는 동안, 유대 지도자들과 군중들과 로마 군인들은 잔인하게 자신들의 역할을 이행하였다. 그러나 가장 결정적인 것은 아버지의 구원의 뜻을 따라 순종한 그리스도의 자기 희생이었다. 심지어 인간의 정서가 격정에 이끌려 제멋대로 행하는 같은 상황에서조차도, 하나님께서는 "처음부터 끝까지 모든 인간의 행위를 다스리고 인도하는 눈에 보이지 않는 신비스러운 손과 같이" 관련하신다(Berkouwer, *The Work of Christ*, 142). 마지막으로, 어찌하여 나를 버리셨나이까 하고 울부짖으신 후, 왕은 머리를 숙이고 죽는다. 그리고 마치 이 고통으로도 충분하지 않은 것처럼, 낮아지신 왕은 더 깊은 나락으로 떨어지신다. 사도 신조 마지막 구절에는 "그가 지옥에 내려가셨다"라고 기록하고 있다. 초대교회 교부들은 이 단계가 그리스도의 비하에 있어서 마지막이든지, 혹은 승귀의 첫 번째 단계(승리를 선언하기 위해 지옥에 내려가셨다)를 의미하는가 하는 것에 일치를 이루지 못했다. 그러나 그들은 이러한 일이 그리스도의 인성에 관계해서 일어났다라는 점에는 동의하였다.

그러나 몇 세기가 지난 후 칼빈과 그의 추종자들은 이러한 생각이 성경적인 근거를 가지고 있지 못하다는 결론을 내렸다. 그래서 이 구절을 신조에서 삭제해야 되지 않는가 라는 질문이 제기되었다. 그러나 이 구절을 삭제한다는 것은 깊은 교회의 전통으로부터의 멀어짐을 의미하였다. 그래서 종교개혁의 교부들은 이 구절을 삭제하는 대신에 보다 성경적인 의미를 따라 이 구절이 의미하는 바를 교정하였다. 즉 그리스도께서 실제로 지옥에 내려가신 것이 아니라, 말하자면 그리스도께서 지옥과 같은 고통을 겪으신 것을 의미한다고 보았다. 하이델베르그 요리문답은 이러한 의미를 잘 담고 있다: "그가 모든 고난 가운데서, 그리고 특별히 십자가 위에서, 형언할 수 없는 불안, 고통, 공포, 그리고 지옥의 고뇌를 당하심으로써, (그리스도께서) 나를 지옥의 공포와 고통으로부터 구원해 주셨다"(Q & A, 44).

성금요일의 고난으로부터 부활주일의 영광스러운 기쁨으로의 전환에서 비하는 끝났고, 승귀는 시작되었다. 그리스도의 감추어진 왕적 신분의 시간도 끝났다. 하나님 나라는 "이미" 현존하는 실재로 도래하였으며, 하나님 나라의 "아직"의 영역의 충만함을 기다리고 있다. 부활의 승리는 나아가, "아버지께서 그리스도께 주신 인자의 왕의 권세, 곧 하늘과 땅의 모든 권세(마 28:18)는 복음을 전하는 모든 이들 가운데 첫 제자들에게 옮겨졌다"(Ridderbos, *The Coming of the Kingdom*, 174). 벌카우어는 그리스도의 삼중직의 결합을 다시 한 번 강조한다. "선지자적 직분은 하나님 나라의 도래와 깊은 관련을 맺고 있으며, 또한 제사장직과 긴밀하게 관련되어 있다"(*The Work of Christ*, 67).

4. 성령의 오심

교회력은 일련의 기독교의 축일들로 구성되어 있다. 모든 축일들은 지상에서의 그리스도의 사역에 집중되어 있다. 성탄절은 예수의 탄생을 기념하며, 주현절(Epiphany)은 동방박사들의 방문과 관련된 축제일이다. 그리고 재(灰)의 수요일(속죄일, Ash Wednesday)과 주의 만찬의 목요일(혹은 세족 목요일, Maundy

Thursday)과 성금요일(Good Friday)은 예수의 고난과 죽음을 기념하는 날이다. 부활 주일(Easter Sunday)은 예수의 부활을 기념하며, 승천일(Ascension Day)은 대부분의 기독교 공동체 안에서 거의 잊혀져 왔는데, 예수의 영광스런 승천을 기념한다. 이와 같은 축제일들 이후에, 전개되는 예수의 지상 사역은 모두 단 한 사건, 곧 십자가 사건에 초점을 맞추고 있다. 이상의 모든 일련의 사건들은 예수께서 우리 가운데 계시는 동안 "행하시며 가르치시기를 시작하심부터 모든 것"(행 1:1)을 나타낸다. 그러나 이것이 이야기의 끝은 아니다. 그리스도의 중보적 사역, 즉 선지자, 제사장, 왕으로서의 사역은 승리를 얻고 "하늘로 올라가신"으로 모두 끝난 것이 아니었다.

사도행전에는 예수의 부활과 승천을 기록하고 있다. 그리고 여기서 멈추지 않고 영광을 돌리신 예수께서 사도들과 다른 초기 제자들의 행적을 통해 계속해서 일하고 계심을 암시하고 있다. 주님의 이 탁월한 행적들을 통해(행 3:12-16) 교회가 탄생되었고, 최초의 엄청난 교회 성장을 경험하게 되었다(행 2:41). 그날로부터 복음의 능력을 의의 편에서 전하는 이들, 곧 "천하를 어지럽게 하는 이들이"(행 17:6) 복음을 들고 세계 곳곳마다 이르게 되었다. 이 모든 변화에 있어서 중심이 된 사건이 바로 오순절 성령강림이다. 오순절 성령강림 사건은 이 "새 시대"를 향한 문을 열고 있으며, 마지막 약속을 향한 문을 열어 놓고 있다. 그럼에도 불구하고 이 절정의 사건은 교회력에 붉은 글씨로 쓰여진 축일 가운데서 흔히 지나쳐 버리기 일쑤다.

(1) 오순절 성령강림 사건

그 "축일"(A. D. 30년, 5월 28일, 일요일; F. F. Bruce, *The Spreading Flame*, 58)에 고대 유대교의 맥추절을 지키기 위해 각국에서 사람들이 예루살렘으로 모여들었다. 각국에서 온 군중들은 그들이 보고들은 것, 곧 표적과 기사들과 지금까지 들어보지 못한 설교로 인하여 몹시 놀라게 되었다. 도저히 통제되지 않는 능력의 이 기이한 현상들을 어떻게 설명할 것인가? 120명의 모든 제자들이 갑자기 "성령의 충만함을 받았다"(행 2:4). 그들의 대표자인 베드로는 요엘 선지자의 예언이 사실로 드러나고 있음을 설교하였다. "그때에 내가 내 영을 부어 주리니…"(욜 2:28-32). 부활하신 주님을 증거하는 이 성령의 대담한 부으심은 강한 바람과 불의 혀와 같은 것들과 문화를 초월한 의사소통으로 더욱 강화되었다. 바벨탑 사건에서 언어를 혼란시킴으로 사람들을 흩어놓았던 충격이 오순절 사건에서 극복되고 있다:

그러나 모든 일들 가운데 가장 놀라운 것은 아마도 예수께서 잡히실 때 그를 버렸던 제자들로 이 몸이 이루어졌다는 사실일 것이다. 한편 그들의 대표자로 활동했던 사람은 바로 베드로였다. 그는 대제사장의 안뜰에서 주님을 세 번이나 부인할 정도로 너무나도 용기가 없었었다. 하지만 제자들의 용기는 확실히 되돌아왔다(Bruce, *The Spreading Flame*, 59).

이러한 극적인 변화를 가져오기 그 이전에 도대체 어떤 일들이 일어났었는가? 베드로의 설교는 모든 의심들을 해결해 준다. 살아나신 예수를 만남으로 말미암아 그들은 새로워졌다. 그리스도의 부활하심은 제자들에게 지울 수 없고 잊을 수 없는 표적으로 남았다. 즉 "…예수 그리스도의 죽은 자 가운데서 부활하심으로 말미암아 우리를 거듭나게 하사 산 소망이 있게 하셨다"(벧전 1:3). 오순절 성령강림은 "아버지와 아들에게서 나오신다"(니케아 신조). 그러므로 오순절 성령강림도 그리스도의 삶과 죽음과 부활과 관련한 복음증거와 더불어 끊어지지 않는 연속선상에 서 있다. 헨드리쿠스 벌코프는 다음과 같이 말한다:

절망이 새롭고, 특별히 강한 믿음을 향한 길을 제공해 준 것은 오직 부활하신 주님의 나타남 때문이다. 그래서 부활이 결정적인 구속 사건이라 불려지는지도 모른다. 부활이 없다면 우리 모두에게 남겨진 것은 나사렛의 죽은 예수, 곧 사람들의 죄를 위해 죽은 수많은 순교자들 중의 한 사람일 뿐이다…그러므로 그리스도인의 신앙은 부활과 함께 세워지든지 아니면 떨어진다(*The Christian Faith*, 307).

그 결정적인 기적, 곧 부활은 그 이전 시대에 예언하고 있는 모든 것들에 대한 확인이다. 만약 부활이 없었다면 아무것도 변하지 않았을 것이다. 따라서 "(우리의) 믿음도 헛되고 (우리는) 여전히 죄 가운데 있을 것이다"(고전 15:17)라는 말씀이 사실이 될 것이다. 그러나 부활은 과거에 대해 인정하시는 하나님의 인일 뿐만 아니라, 또한 오순절과 더불어 폭발적으로 시작된 오순절 이후의 모든 사건들을 위한 확고한 근거가 된다.

① 그리스도와 그의 영

부활과 오순절이 밀접하게 연결되어 있는 것과 같이, 성경은 그리스도와 성령간의 긴밀한 관계를 증거하고 있다. 이 주제를 접근하는 두 길이 있다. 하나님의 아들로 성육신하기 이전의 관점과 성육신하신 그리스도로서의 관점이다. 전자는 역사적으로 하나님에 대한 그리스도인들의 신앙고백과 관련되어 있다. 여러 차례 공의회에서 결의한 기독론에서는 아버지와 아들과 성령의 관계에 대해 명백한 일치를 보는 데는 이르지 못하였다. 그래서 니케아 회의(A. D. 325)와 칼케돈 회의(A. D. 451)를 뒤이은 세기 내내, 이 문제는 초기 교회 교부들을 계속해서 동요시켰다. 마침내 A. D. 589년에 이르러 서방교회에서는 톨레도의 회의에서 *filioque*('그리고 성자에게서')라는 단어의 확정으로 말미암아 신앙고백이 정립되었다. 톨레도 회의는 성령이 삼위일체 하나님의 다른 두 위격과 "동일 본질"이며, 성령이 "아버지와 아들" 둘에게서 나온다라고 확정하였다. 이 문제는 "동방교회와 서방 교회가 분열하게 된 결정적인 이유였다"(Louis Berkhof, *The History of Christian Doctrines*, 96). 결국 A. D. 1052년 두 교회가 완전히 분열되기까지 이 논쟁은 계속해서 격화되었다.

동방 정교회들은 *filioque* 구절을 거부하면서, 아들과 마찬가지로, 성령이 아버지에게서만 나온다라고 계속해서 주장하였다. 이러한 입장은 성육신하신 말씀과 성령 간의 관계에 대한 매우 미묘한 관점에서 기인하였다. 즉 그들은 그리스도인의 삶에 있어서 성령의 다분히 독립적인 역할의 성장을 인정한다. 말씀('올바른 교리')과 성령("영적" 실천)간의 이러한 느슨한 관계는 열광적인 예배로 전형화된 고도의 경험적인 기독교를 촉진시켰다. 그러한 "오순절의" 경향들은 서방 교회에서도 일어났다. 하지만 서방 교회는 말씀(교리)과 성령(황홀한 경험)간의 긴밀한 관계에 대한 훈련 결과로 대개 균형을 이루었다. 하지만 동방 교회와는 대조적으로, 이러한 경향은 종종 스콜라 신학의 "죽은 정통"으로 변질되기도 하였다.

충실하고 건전한 그리스도인의 삶은 그리스도(말씀)와 성령간의 관계에 대한 바른 이해에 상당한 부분이 의존한다. 이 때문에 우리는 두 번째 접근, 곧 성경의 구속사적 증거로 옮겨가게 된다. 이러한 성경의 구속사적 증거는 보다 존재론적인 접근인, 첫 번째 접근을 바르게 이해하기 위한 궁극적인 근거로써 도움이 된다. 예수 그리스도는 "성령으로 잉태되었다"(사도신경, 눅 1:35). 성령은 예수 세례시에 그 위에 내려왔고(막 1:10), 그리고 나서 즉시 성령이 예수 그리스도를 시험하고자 광야로 이끌고 갔다(막 1:12; 눅 4:1). 성령은 병 고치는 사역을 위해 그리스도를 준비시킨다. 성령을 한량없이 그에게 부으시며(요 3:34), 그의 대속적인 죽음을 감당할 수 있도록 대비시킨다(히 9:14). 그리고 부활에 있어서 예수를 격려한다(롬 1:4). 요약하자면, 그리스도는 "성령에 의해 입증되었다"(딤전 3:16). 그래서 성령은 그리스도에게 중보적 사역을 감당하도록 활동적이고 역동적인 권능을 부여한다. 그러나 그 관계는 역시 상호적이다. 즉 그리스도 역시 성령의 오심과 적극적이고 역동적으로 관계하고 있다. 예수께서는 "내가 아버지께 간구하겠으니, 그가 또 다른 보혜사를 너희에게 주사 영원토록 너희와 함께 있게 하겠다"(요 14:16)라고 말씀하신다. 게다가 "내가 가면 내가 그를 너희에게 보낼 것이다"(요 16:7)라고 말씀하신다. 앞뒤로 연결된 이 두 구절은 *filioque*에 대한 서방 교회 신앙고백의 기초를 놓았다: "성령이 아버지와 아들에게서 나온다."

성령은 새로운 사역을 시작하는 것이 아니다. 성령은 그리스도의 완결된 사역의 영광을 나타낸다. 성령의 전형적인 위격과 사역은 자신에게로 주의를 끌어당기는 것이 아니라, 부활하신 주님에 대해 우리의 주의가 완전히 고정되도록 유도한다. 예수께서 사도들에게 부분적인 말씀으로 예언하셨다:

"내가 아직도 너희에게 이를 것이 있으나 지금은 너희가 감당치 못하리라 그러하나 진리의 성령이 오시면 그가 너희를 모든 진리 가운데로 인도하시리니 그가 자의로 말하지 않고 오직 듣는 것을 말하시며 장래 일을 너희에게 알리시리라 그가 내 영광을 나타내리니 내 것을 가지고 너희에게 알리겠음이니라 무릇 아버지께 있는 것은 다 내 것이라 그러므로 내가 말하기를 그가 내 것을 가지고 너희에게 알리리라 하였노라"(요 16: 12-15).

이러한 성경적 증거들을 제시하면서, 칼빈은 성령을 "그리스도에게 우리를 결합시키는 결속"으로 소개한다. "그리스도께서 아버지로부터 받은 것을 우리와 더불어 나누기 위해" 성령이 교회에 부어진다. 성령은 우리의 빌 바를 친히 변호하시는(롬 8:26-27), 우리의 "두 번째 중보자", 우리의 "두 번째 대언자"이시다. 그러므로 "그리스도의(공로)를 취하고 우리에게 그것을 나누어 준다." 성령은 하나님의 백성들 안에 내주하면서, 하나님의 계시에 대해 우리가 응답하도록 불러일으키는 위대한 이행자이다. 그래서 "우리는 그리스도와 그의 모든 은혜를 누리게 된다"(『기독교강요』 Ⅲ, 1, 1). 성령은 우리의 "내적인 교사"이시다(『기독교강요』 Ⅲ, 1, 4). "요컨대 성령은 그리스도와 우리를 효과적으로 결합시켜 주는 띠이다"(『기독교강요』 Ⅲ, 1, 1). 그러므로 우리는 "성령의 교통하심"(고후 13:13)이라 부른다. 이러한 성령의 교통하심이 없이는 "누구도 하나님 아버지의 사랑이든 그리스도의 은혜든 맛볼 수 없기 때문이다"(『기독교강요』 Ⅲ, 1, 2). 그러므로 우리는 아버지가 창조와 구속 두 부분에서 창시자라고 결론내린다. 그래서 아들은 중보자이며 성령을 가능케 하는 자이다.

이와는 대조적으로 양태론자인 핸드리쿠스 벌코프는 성령을 그리스도, 교회, 세계 안에서 "하나님의 역동적인 현현"이라고 주장한다(*Christian Faith*, 331-32). 루이스 벌코프는 전통적인 기독교의 입장을 지지한다. 즉 삼위일체 하나님의 세 위격

사이에 서로 영향을 미치는 활동 영역이 확실히 구분되어 있다. 그래서 우리는 "아버지와 우리의 창조, 아들과 우리의 구원, 그리고 성령과 성화"에 대해 말할 수 있다(*Systematic Theology*, 424). 베버(Weber)는 삼중직에서 성령의 사역을 그리스도의 사역의 연속으로 바라보는 시각에 많은 도움을 제공한다. "예수 그리스도의 증언(선지자직)은 성령에 의해 입증되고 있다. 예수가 우리를 위해 만들어 온 화해(제사장직)는 성령으로 말미암아 우리 안에서 효과적으로 성취되고 있다. 그리고 예수 그리스도의 왕권(그리스도의 왕직)은 성령을 통해 우리 안에 실현되고 있다"(*Foundations of Dogmatics*, Vol. Ⅱ, 244).

② 오순절 이전의 성령

구약성경과 복음서가 묘사하는 오순절로 인도하는 기나긴 길에는, 그 길을 가리키는 수많은 잠정적인 중간 표시들이 그려져 있다. 그러나 그 잠정적인 표시들 중에 어떤 것은 고도의 역설적인 형태를 띠기도 하며, 심지어 변증적인 형태나 표적의 형태로 전해지기도 한다. 한편 성령의 오심은 종종 완전히 새로운 미래의 일로 제시되고 있다. 예를 들어 예루살렘 축제에 참석하시면서, 예수는 자신에 대한 신앙을 믿는 자들의 마음에서 흘러나오는 "생수의 강"에 비유하신다. 복음서 기자는 이 약속된 강의 흘러나옴을 인용하면서(사 12:3), 그것을 "그를 믿는 자의 받을" 성령으로 언급한다. "예수께서 아직 영광을 받지 못하신 고로 성령이 아직 저희에게 계시지 아니하셨기 때문이다"(요 7:39). 승천하실 때에, 예수께서는 사도들에게 "몇 날이 못 되어 너희가 성령으로 세례를 받게 될 것이니", 예루살렘에 머물러 "아버지의 약속하신 것을 기다리라"고 명령하신다(행 1:5).

다른 한편 신약성경은 또한 옛 언약 시대 동안의 성령의 임재와 사역을 확실히 전제하고 있다. 스데반은 돌에 맞기 전, 청중들을 항상 성령을 거스린 그들의 조상들과 연결시켜 비난한다. "너희 조상과 같이 너희도 그리하는도다." "당신들의 조상들이 박해하지 않은 예언자가 한 사람이나 있었습니까?"(표준 새번역, 행 7:51) 이들 선지자들을 회고해 보면서, 베드로는 "그들은 누구에게 그리고 어느 때에 이런 일이 일어날 것인지를 연구하였다. 그들 속에 계신 그리스도의 영이 그들에게 그리스도의 고난과 그 뒤에 올 영광을 미리 알려 주었다"(표준 새번역, 벧전 1:11)라고 말한다. 선지자들의 글들을 상고해 보면서, 베드로는 "예언은 언제든지 사람의 뜻으로 낸 것이 아니요 오직 성령의 감동하심을 입은 사람들이 하나님께 받아 말한 것이다"(벧후 1:21)라고 말한다.

이상의 구절들을 통해 성령이 구약성경의 예언을 통해 사역하셨음이 분명하다. 그리고 성경은 성령의 임재와 사역을 더 넓게 심지어 우주적으로 전개하고 있다. 우리는 태초에 창조될 피조물 위에 운행하는 영(신)을 발견하게 된다(창 1:2). 노아 심판 후 하나님은 "나의 신이 영원히 사람과 함께 하지 아니할 것이다"라고 말씀하신다(창 6:3). 시편기자는 피할 수 없는 하나님의 현존에 직면하여, "내가 주의 신을 떠나 어디로 가리이까?"(시 139:7)라고 질문한다. 모든 피조물은 성령의 능력을 불어넣은 생명에 의존한다(시 104:30). 그러므로 루이스 벌코프는 "생명의 기원과 유지, 발전이 성령의 사역에 의존하고 있다는 것이 구약성경에서 명백하게 나타나고 있다"(Systematic Theology, 425)라고 바르게 결론 내린다. 게다가 성령은 어떤 사람들에게는 문화적으로 풍요롭게 하는 특별한 기술을 부어 준다(출 31:1-5). 또한 어떤 사람들에게는 일과 직무를 위한 지도력을 준다. 즉 여호수아(민 27:18), 삼손(삿 15:14), 사울(삼상 10:6), 다윗(삼상 16:13)이 그러하였다. 그러나 성령의 임재와 사역과 관련한 이러한 구약성경의 언급들은 여전히 의미가 분명치 않고 여러 가지로 해석된다. 그것은 구속 역사에 있어서, 구약성경의 측면이 그림자의 형태를 띠기 때문이다. 그러나 특별히 선지서와 관련하여, 신약성경이 구약 선지자들의 기록들을 인용함으로써 그 의미들이 분명하게 드러나고 있다.

언약과 하나님 나라와 관련한 생각만큼이나 메시아적 예언들과 관련한 생각 역시 적지 않으며, 이러한 성령의 이른 사역들과 관련한 생각 역시 마찬가지다. 또한 이 주제들은 "이미"(already)와 "아직"(not yet)의 두 특성을 띤다. 이들은 전반적으로 종말론적으로 유도한다. 그러므로 오순절 성령강림 사건은 과거와의 연속선상에 서 있으며, 동시에 극적으로 새로운 장 위에 갑자기 펼쳐진다. 수많은 기독교 사상가들은 이 역설적인 긴장관계를 분명히 하고자 노력해 왔다. 대개는 결과들이 만족스럽지 않았다. 카이퍼에 따르면, 구약성경은 "개개인들 위에 성령의 사역"을 계시한다. 반면에, 오순절 이후 성령의 사역은 "유기적으로 연합된 인간 공동체에 계시하는 확장된 성령의 사역"으로 이루어진다(The Work of the Holy Spirit, 120). 바빙크는 오순절 사건으로 인해, "기독교 공동체가 국가로서의 이스라엘의 존재로부터, 제사장들과 율법으로부터, 성전과 제단으로부터 본질적으로 자유로워졌다. 즉 하나님의 새로운 백성으로서 기독교 공동체는 옛 이스라엘을 대신하며, 독립된 종교적 공동체로서 독자적으로 서 있다"라고 말한다(Gereformeerde Dogmatiek, Vol. Ⅳ, 262-63). 핸드리쿠스 벌코프는 "비록 구약성경에 나타나고 있는 사실이지만, 언약이 인간의 마음과 삶에서보다 직무들과 조직 속에 더 많이 나타나고 있다라는 사실을" 대조적으로 보여 준다(*Christian Faith*, 321).

해리 보어(Harry Boer)의 분석은 더 도움을 준다. 그는 "구약성경과 복음서에서, 성령은 이미 오신 분이시며 동시에 아직 오실 분으로 다루어지고 있다…이 차이는 원리적으로(in principle) 현존하시는 분과 완전히 실현되어(in full realization) 오실 분 사이의 차이이다"라고 말한다. 그는 계속해서 오직 "신약성경에서 성령강림과 성령의 사역은 그리스도의 십자가와 부활, 승천에서의 사역에 근거한다." 그러므로 "구약성경에서 성령의 구속 사역은 그리스도의 사역에 근거한다"라고 말한다. 따라서

> 오순절에 강림한 성령은, 비록 새 언약 아래에서보다는 다르게, 덜 분명하게, 그리고 덜 역동적으로 역사하기는 했으나, 옛 언약 아래에서도 역사하였다. 성경의 기록을 근거하여 우리는 다만 이러한 일이 일어났다는 사실을 확인할 수 있으나 어떻게 이렇게 일어났는지는 설명할 수 없다…(그럼에도 불구하고) 우리는 오순절 이전의 성령의 사역을 오순절이 될 때까지 존재하지 않았던 역사적 실재의 과거로 거슬러 올라가는 것으로 생각해야 한다.

성령의 역사를 그리스도의 구속의 배후의 역사로 설명할 수 있다. "구약시대 하나님의 섭리 가운데 구속적 과정"에 있어서, 성령의 참여는 "그 자체로는 빛이 없지만 지평선에 아직 떠오르지 않은 해로부터 빛을 받아 반사하는 달"에 비유된다(*Pentecost and the Missionary Witness of the Church*, 67-77).

③ 교회의 탄생

성령강림으로 인하여, 구약성경에서 통합된 하나님의 백성(*qahal*)은 신약성경에서 "불러내진"(called out, *ekklēsia*) 신자들의 몸으로 바뀌었다. 이 구속사적 발전의 전개는 과거와의 연속과 불연속 둘 다 반영한다. 오순절에 교회는 태어난 것이 아니라 다시 태어난 것이다. 새로워진 인간의 시대가 시작된 것이다. 그러나 하나님의 백성으로서의 교회의 이야기는 태초로 거슬러 올라간다. 곧 "날이 서늘할 때에 하나님과 함께 거닐던" 첫 인류 공동체라고 부르는, 그리고 피조물 중앙에 하나님의 청지기로 세운 태초의 이야기로 거슬러 올라간다. 타락의 결과 하나님의 형상인 우리는 하나님의 나라로부터 떠나게 되는(다른 표현으로 하면, 교회를 떠나는) 결과를 낳았다. 그러나 하나님의 은혜로, 셋, 에녹, 노아의 믿음의 계보를 통하여 타락한 인류를 "다시 교회"가 되도록 개입하셨다. 아브라함을 부르시면서, 구약의 교회인 이스라엘의 양상은 메시아가 오는 길을 예비하는 선택된 백성이라는 존재로 되었다. 그러므로 이스라엘은 하나님의 근원적인 감람나무이다. 그 가지의 일부가 꺾여

졌음에도 불구하고 뿌리는 여전히 살아 있다.

　신약 교회는 돌감람나무가 그 뿌리에 접붙여진 것이다(롬 11:17-21). 오순절 사건으로 말미암아, 이방인들은 이제 "이스라엘의 풍성한 축복"에 참예하게 되었다. 그리스도께서 유대인과 이방인들 사이의 "적대적인 막힌 담"을 허시고, "둘을 대신하여 하나의 새로운 사람"을 창조하셨다. 이제 모든 사람이 "한 성령을 통해 아버지께 나아가고", 모두 "하나님의 권속", "주 안에서 거룩한 성전"이 된다. 이 위대한 재결합은 선지자들과 사도들의 공통된 증언에 근거한 기초 위에 놓여져 있다(엡 2:11-22). 그러므로 스데반은 "광야 교회"에서 그리스도의 임재에 대해 말할 수 있었던 것이다(행 7:38). 그 광야 교회는 "신령한 반석으로부터" 음료를 마셨으며, "그 반석은 곧 그리스도이셨다"(고전 10:4).

　구약의 *qahal*로부터 신약의 *ekklēsia*를 향한 이동이 항상 문제 없이 평탄한 길은 아니었다. 이스라엘은 몇 번이고 반복적으로 "넘어졌다." 바울은 "이스라엘 중 더러는 완악하게 되었다"고 말한다. 믿음이 있는 자는 단지 "칠천"으로 축소되었다. "이스라엘에게서 난" 그들이 다 "이스라엘에 속하지는" 않는다(롬 9-11장). 사실상 "'이스라엘'은 남은 자로 줄어들었다. 남은 자는 표준적이고 후에 종말론적인 개념이 되었다"(Hendrikus Berkhof, *Christian Faith*, p. 339). 절대로 예루살렘이 멸망치 않을 것이라는 이스라엘의 시각이 완전히 깨져 버렸을 때, 에스겔 선지자는 "오호라 주 여호와여 이스라엘의 남은 자를 다 멸절하고자 하시나이까"라고 큰소리로 부르짖는다(겔 11:13). 그리스도 자신은 "하나님의 나라를 너희는 빼앗기고 그 나라의 열매맺는 백성이 받으리라"는 위협적인 말을 덧붙이신다(마 21:43).

　하나님의 확고한 약속은 "충만한 때", 곧 오순절에서 그림자들이 실재를 향한 길을 만들었던 그때까지 계속해서 이스라엘에게 전해졌다. 구약의 축제일과 희생제물들, 그리고 제사의식들과 더불어 구약의 성전은 그리스도로 충만하였다. 이제 예수의 몸 곧 기독교 공동체는 "살아 계신 하나님의 성전"으로서 구약의 것을 대신하게 되었다(고후 6:16). 오순절의 전환을 통해 제단은 설교단으로, 제사장들은 목사들과 전도사들, 장로들, 집사들로 대치되었다. 오순절 사건은 삶의 스타일에 있어서 극적인 변화뿐만 아니라 내용에 있어서도 극적인 전환을 가져왔다. 그러나 믿음의 권속이라고 하는 구성원은 그대로 유지되었다. 신약의 신자들뿐만 아니라 구약의 신자들에게도 열려 있다.

　　　교회의 줄은 계속해서 이어지고 있다…(그래서) 교회는 이스라엘로부터 분리되지 않는다. (왜냐하면) 구속역사에는 두 개의 약속, 즉 하나는 이스라엘을 위한, 다른 하나는 교회를 위한 두 개의 약속이 있지 않기 때문이다…한 목자 아래에는 오직 하나의 양떼가(있다). 모든 양들 안에 한 하나님이 계시고, 한 아버지가 계시다. 그를 부르는 모든 사람들 위에 한 분 주 예수 그리스도가 계시고, 모든 사람들 안에 한 주님의 한 성령이 내주하시며, 그리스도의 한 몸이 있으며, 하나님의 한 나라가 있고, 하나님의 한 백성이 있으며, 모든 시대를 통해 모아진—하나의 거룩한, 보편적 교회가 있다(Hoeksema, *Reformed Dogmatics*, 588-95).

심지어 우리 시대에 있어서까지 이스라엘과 교회 사이의 연속성은 계속되고 있다. 그 결속은 너무나 강력해서 "이스라엘이 스스로 존속할 수 있는 조금의 여지도 끊어져 버린 시대(히틀러가 정권을 장악했던 독일, 러시아)에 있어서 조차 계속되고 있다. 교회는 어느 쪽이든 스스로 존재하기 위한 기회를 가지지 않는다"(Hendrikus Berkhof, *Christian Faith*, 340).

(2) 성령의 영속적인 임재

초대교회의 중심이 되는 제자들에게, 그리고 모든 시대의 교회의 제자들을 통하여, 그리스도는 아버지께서 "다른 보혜사, 곧 너희와 영원히 함께 할 진리의 영"을 보낼 것이라는 약속을 주신다(요 14:16). 게다가 예수는 "진리의 영이 오시면 그가 너희를 모든 진리 가운데로 인도하실 것이다"라고 덧붙이셨다(요 16:13). 이 약속들은 오순절 사건을 통해 사실이 되었다. 성령의 계속적인 사역은 우리를 아버지에게 연합시킨다. "하나님이 그의 아들의 영을 우리 마음 가운데 보내사 '아바! 아버지!'라 부르게 하셨다"(갈 4:6). 동일한 성령의 연합시키는 능력을 통해, 우리는 또한 그리스도와 연합된다. "그가 우리에게 주신 성령으로 말미암아 그가 우리 안에 거하시는 줄을 우리는 안다"(요일 3:24). 그러므로 "주 예수 그리스도의 은혜와 하나님의 사랑과 성령의 교통하심"(고후 13:13)을 통해, 교회는 하나님 나라의 도래와 관련하여 증인으로, 모형으로, 대리인으로서 섬기도록 권능을 부여받는다. 하나님 나라는 그 범위가 우주적이다. 단지 교회만을 포함하는 것이 아니라 하나님의 세계 안에서 인간의 삶 전체를 함께 포함한다. 이와 같은 지구상의 범위들 역시 성령의 사역을 명백히 드러내 준다.

① 세계 속에서의 성령의 사역

성령의 사역들은 바람의 움직임과 비슷하다. 신비스러우며 주권적으로 자유롭게 활동한다. 성령의 사역은 이스라엘과 교회의 경계들을 넘나든다. 주의 영이 포로된 이스라엘 백성을 구원하시고자 기름 부은 종 이방 국가의 고레스 왕을 사용하셨다 (사 45:1-6). 역사의 처음부터 끝까지 성령의 일반 사역을 통해 성령은,

> 인간의 삶과 사회 생활에 있어서 타락시키고 파멸시키는 죄의 영향력을 일시적으로 억제시킨다. 그리고 성령은 인간의 공동 생활에 있어서 일정한 질서와 예절을 유지하도록, 상호 관계에 있어서 외면적인 선과 의를 행하도록, 그들이 천부적으로 부여받은 재능을 발전시킬 수 있도록 인간에게 능력을 부여한다(Louis Berkhof, *Systematic Theology*. 426).

칼빈은 그가 가진 강한 인문주의의 배경을 가지고 성령의 사역을 고대 과학과 예술의 탁월한 통찰력과 관련짓는다. 그는 "자기 중심적인 특권을 누리기 위해서가 아니라, 인류의 공통된 선을 위해, 하나님께서 원하시는 자에게는 누구에게나 주시는 하나님의 영의 가장 탁월한 은혜들을 우리는 결코 잊지 말아야 한다"라고 말한다. 성령은 "자연"에 거스려 행하지 않으시며 그것에 맞게 행하신다. 성령은 자연의 선한 가능성을 나타낸다. 심지어 타락한 세상일지라도 그렇게 행하신다. 하나님께서는 "성령의 능력으로 모든 것을 채우시고 움직이시며 회복시키실" 때, "하나님은 창조의 법칙에 따라 각 종류에게 주신 그 특성에 따르도록 하신다." 그러므로 "우리는 깊은 존경심 없이는 (예술과 과학의) 이들 문제들에 관한 고대인들의 저술들을 읽을 수 없다." 성령의 사역을 통한 하나님의 억제와 보존의 은혜가 심지어 불신자들의 문화일지라도 "그대로 모든 것을 보존"할 수 있다는 것에 대단히 감탄하기 때문이다. "우리는 어떤 일이 훌륭하다 혹은 고귀하다라고 가치를 인정하면서, 동시에 그것이 하나님으로부터 온 것이라는 것을 왜 인정하지 않으려 하는가?" 그러나 위대한 문화를 창조해 내는 인간의 재능이 "진리의 견고한 기초를 토대로 하지 못한다면, 그것은 하나님 보시기에 불안정하고 덧없는 것"으로 남을 뿐이다(『기독교강요』 II, 2, 14-16; II, 3, 3).

흔히 "일반은총"(common grace)이라고 불리는 이와 같은 성령의 보편적인 은사들은 인간 죄성의 뿌리를 치료하는 것이 아니라, 단지 죄의 영향을 억제시키는 것이다. 그래서 칼빈은 동시대 사람들 가운데 어떤 이들이 고대의 저자들을 "그리스도인화"하려는 지나친 주장들을 했을 때, 칼빈은 목소리 높여 이의를 제기하였다. 이와는 반대로, 쯔빙글리와 특별히 에라스무스의 진보적인 사고, 즉 "성 소크라테스여, 우리를 위해 비소서"(*Sancte Socrates, ora pro nobis*)에 응답하면서, 칼빈은 성경이 일반적으로 우리가 구원으로 들어가기 위한 유일한 문이라고 가르치고 있는 그리스

도의 은총 없이 모든 불경건한 자들과 불신자들에게 하늘을 열어주는 저들의 어리석음에 대해 신랄하게 비난하고 있다(『기독교강요』 II, 6, 1; 각주, 8).

이와 같이 구원을 보편화하려는 경향들은 칼빈 당대에는 예외적인 일이었으나 근래에 와서는 에큐메니칼 운동의 범주 속에서 보편적인 것이 되었다. 그들은 흔히 "이름 모를 기독교 신앙"이라는 문구로 요약된다. 그리스도인과 비그리스도인들은 많은 것을 공유하고 있다. 그들은 서로 다른 종교의 삶에 대해 의미있게 기여할 수 있다. 그러한 혼합주의자들의 생각 속에서 우리는 "유사 종교"라고 불리는 19세기 학파의 지속적인 영향을 보게 된다. 세계의 위대한 종교들을 따르는 자들은 모두 다 하나님/신(神)/선(善)에 대한 보편적인 탐구를 추구해 왔다라고 흔히 말해진다. 말하자면, 하나의 거룩한 산이 있고 모든 탐구하는 자들은 그곳에 오르고 있는 것이다. 서로 다른 측면에서 오르고 있다. 물론 어떤 이들은 다른 사람들보다 정상을 향해 더 높이 오르기도 하고, 어떤 이는 다른 이들보다 더 쉽게 오르기도 하며, 다른 이들보다 더 좋은 장비를 가지고 오르기도 한다. 그러나 모든 종교인들은 이 공통된 영적인 여행을 하고 있다. 그러므로 세상 속에서의 우리 기독교의 사명은 비그리스도인들을 잘못된 길로부터 벗어나서 시온산으로 인도하는 것이 아니라, 함께 하는 순례길을 따라가며 다른 사람에게 도움의 손을 내미는 것이다.

돈 리차드슨(Don Richardson)은 그의 흥미로운 책 『마음 속의 영원성』(*Eternity in their Hearts*)에서, "복음을 위해 준비된 세계"와 "세계를 위해 준비된 복음"(213)이라고 하는 두 주제들을 말하고 있다. 그는 성경의 종교가 유일무이한 참 종교라고 주장한다. 그러나 기독교와 수많은 타종교들 사이에 뚜렷한 접촉점들이 있다고 말한다. 기독교는 "소돔의 요소", 곧 무비판적 혼합주의와의 "모든 관계와 단절하고 있으면서", "여호와의 특별계시(아브라함 요소)가 구약과 신약 양 시대를 통해 세상 속으로 계속해서 뻗어 나왔다. 그리고 여호와의 일반계시(멜기세덱 요소)는 이미 거기에 있어서 빵과 포도주 그리고 환영의 축복을 가져다주고 있었다"(p. 32)라고 주장한다.

이 문제를 숙고함에 있어서 구조와 방향의 구별은 비판적인 분석을 하는 데 도움을 준다. 모든 사회의 문제들은 근본적으로는 인간의 문제이며 모든 인간의 삶은 종교이기 때문이다. 게다가 모든 인간은 "보편적으로 종교적인 의식"을 소유한(J. H. Bavinck), "어쩔 수 없는 종교적인"(Calvin) 존재이기 때문이다. 그러므로 세계의 종교적인 공동체들 사이에 어떤 구조적, 기능적 유사점들을 발견하는 것이 놀랍지는 않다. 모든 사람들은 모두 태초, 최초의 "황금시대", 세상 속으로 악의 침입, 그리고 더 나은 삶을 향해 도망치는 길에 대한 신화에 매달린 채, 마음의 평화를 회복하고 사회적으로 조화를 이루는 제식적인 행위들과 더불어 제단에서 경배한다. 그러나 기독교와 타종교간의 삶에 대한 동향과 방향을 고찰해 보면, 종교적인 대조를 보인다. "일반" 은총과 "특별" 은총 사이의 차이는 구조적, 기능적인 공통점들을 설명하는 동시에, 다른 한편으로는 서로에 대조적인 관계를 설명하는 전통적인 방법이다. 그렇다면 "서로 다른 두 종류의 은총이 있다는 말인가?" 그렇다면 우리는 스콜라 신학의 이원론적인 구조의 짐을 다시 한 번 지게 되는 것이다.

은혜에 대한 보다 나은 접근은 바로 성경이 가르치는 것, 한 분이신 하나님께서 그의 하나인 은혜를 성령을 통하여 믿지 않는 세상에서는 보존하고 억제함으로, 그리고 복음이 받아들여지는 곳에서는 구속함으로 나타난다는 가르침에 따르는 것이다. 바빙크의 말에 따르면, "우리가 타종교들을 주의 깊게 고찰할 때마다, 곧바로 그들 가운데 다수의 현저한 유사점들과 직면하게 된다." 첫 인상과는 대조적으로, "그들 사이에 유사점과 상호 관련성이 나타나고 있다. 그리고 일종의 하나님에 대한 보편적인 의식이 존재한다는 것이 나타나고 있다. 그것은 서로 다른 민족과 시대, 그리고 기후에도 불구하고 온전히 남아 있다." 그러나 우리는 이러한 사실들로부터 "모든 종교들이 표준적이고 자연발생적인 종교에서 발생되었다"라고 결론 내릴 수는 없다. 그러한 공통적 원시 종교는 존재하지 않는다. "단지 이 모든 유추들을 생산하게 하는 보편적 종교 개념일 뿐이다." "모든 종교들은 고귀하고 겉보기에 완전해 보이지만, 사실은 죄로 인해 왜곡되어 있다." 이들 종교들은 근본적으로 "하나님으로부터 비약"한 채로 존재하고 있다(*De Boodschap van Christus en de Niet-Christelijke Religies*, 26). 그러나 그리스도인이 "비그리스도인과 마주쳐서, 복음에 관해 그에게 말하게 된다면, 그는 하나님께서 오래 전에 이러한 인간으로 스스로 관여하셨다"라는 것을 확신할 수 있을 것이다(J. H. Bavinck, *The Church between Temple and Mosque*, 126). 열매를 맺을 수 있는 만남의 가능성이 커지면서 이러한 "접촉점"은 나타난다. 하지만 급속히 세속화된 현대 이교 사회들 속에서 이러한 만남이 증가되리라는 것은 기대하기 힘든 일일 것이다. 그러므로 우리는 단지 다음과 같이 확신할 뿐이다:

> 우리가 그들에게 도달하기도 전에 하나님께서는 이미 그들("비그리스도인들")과 상관하고 계셨다. 우리는 그들과 처음으로 논의를 시작하려는 것이 아니다. 그들에게 자신의 영원한 능력과 신성을 이미 계시하신 하나님께서 지금은 새로운 방법으로, 우리의 말을 통하여 그들에게 말씀하

고 계시다는 것을 우리가 분명히 할 필요가 있다. 주도해 오신 분은 항상 하나님이시다(J. H. Bavinck, *The Impact of Christianity on the Non-Christian World*, 109).

② 교회 안에서의 성령의 역사

이제부터 논의되는 모든 부분들은 이 주제의 부연설명이다. 여기서 우리는 우리의 논의를 현대에 적합한 하나의 주제에 맞추어야 한다. 그것은 신약성경이 언급하고 있는 "성령의 은사"와 "성령의 열매"에 대해 말하고 있다. 이들은 어떻게 관련되어 있는가? 오늘날 우리 시대에 있어서 오순절 운동의 부활은 교회를 이 문제에 직면하도록 강요해 왔다. 은사를 강조하는 많은 그리스도인들은 두 단계의 영적 체험을 형식화하여 지지하고 있다. 그들은 모든 그리스도인들을 하나되게 하는 것은 "육체의 일"(15개 항목, 갈 5:1-21)을 버리고 "성령의 열매"(9항목, 갈 5:22-23)를 증명하는 것이라고 말한다. 그러나 덧붙여서, 일부 그리스도인들은 "성령으로 충만케" 되어서 "제2의 축복"을 경험한다라고 말한다. 이 "성령 세례"를 통해 그러한 신자들은 성령의 특별한 선물들(은사, *charismata*)을 받는다고 주장한다. 은사는 영적 성숙에 있어서 더 나아간 단계를 나타낸다. 특별한 은사들 가운데 방언과 예언과 신유는 높은 위치를 차지한다.

신약성경에서 우리는 많은 은사들의 목록을 발견하게 된다(롬 12:6-8; 고전 12:8-10, 28; 엡 4:11; 벧전 4:10-11, 모두 약 20개 정도). 그러나 성경은 고정된 목록을 제시하지는 않는다. 오히려 성령은 은사들을 다양한 시대와 장소의 요구에 따라 지속적이고 풍부하게 부어 준다. 하나의 기본적인 차이는 성령의 은사와 같은 성령의 다양하게 부여하시는 은사들의 차이이다. 리차드 개핀은 "모든 신자들은 예외 없이 성령의 은사(the gift of the Spirit: 단수)를 받는다…은사들(the gifts: 복수)은 교회 안에 다양하게 분배되는 성령의 사역들이다." "특별한 은사들", 이것들 가운데 방언과 예언은 "잠정적이며 준종말론적"(provisional and sub-eschatological)이다(고전 13:8-9). 일단 성령의 지배를 받으면, 우리는 성령의 사역들과 믿음, 소망, 사랑과 같은 성령의 열매들을 받는다. 이것들은 방언이나 예언과는 달리 더 지속적이다. 이것들은 "종말론적 '범위'"를 지닌다("Life in the Spirit", in *The Holy Spirit: Renewing and Empowering Presence*, 53).

"은사와 관련하여 자연-은혜 구조의 문제들을 극복하는 데에 도움을" 주려고 노력함에 있어서, 얀 베인호프(Jan Veenhof)는 다음과 같은 의문을 제기한다. 즉 "성령의 은사적 사역이 우리 인성과 어떻게 관련되어 있는가?" 그는 "은혜는 인간의 본성에 아무것도 더하지 않는다. 하지만 대신 죄로 말미암아 혼란해졌고 단절된 언약 관계를 회복시킨다"고 주장하였다. 그는 얀 베르스떼그(Jan Versteeg)의 새로운 해석을 인용하면서, "남을 돕는 능력과 통치하는 능력도, 바울에 있어서, 예를 들어, 방언과 같은 은사이다"라고 주장한다. 그러므로 우리는 "은사를 기적적인 개념"으로 생각하는 것을 버려야만 한다. "은사들이 너무나 특별해서 하나님이 은사들을 사용하시는 것이 아니다. 오히려 하나님이 은사들을 사용하시기 때문에 이것들이 '특별하게' 되는 것이다." 은사들은 수단이지 목적이 아니다("Charismata–Supernatural or Natural?", in *The Holy Spirit: Renewing and Empowering Presence*, 83-90).

성령이 믿는 모든 이에게 주어졌기 때문에, 전체로서의 신자들의 몸이 성령세례를 받은 것이다(고전 12:12-13). 따라서 신자들의 몸 전체가 성령의 열매와 성령의 은사들을 분배받는다. "성령으로 세례받지 않은 신자는 존재하지 않기 때문이다. 모든 신자는 새 시대에 들어갔다. 그리고 새 시대의 상징과 실재는 성령이다." "성령의 은사들은 그리스도의 몸에 충만함과 권능을 부여하기 위해" 주어졌다. 성령의 임재에 관한 이러한 논증은 단지 지금 여기에 있는 개별적인 신자들과 관계 있는 것이 아니라, "모든 시대의 하나님의 백성과 관련있으며, 성령은 오직 그리스도의 몸의 구성원들인 우리에게 임재한다"(David Holwerda, *Neo-Pentecostalism Hits the Church*, 13, 15, 36).

게다가 "성령의 전체 사역 안에서 신약성경은 성령의 선물(단수)과 성령의 선물들(복수)을 구별하고 있다. 모든 성도들은 그리스도와 연합할 때, 예외없이 성령, 즉 생명을 주시는 성령의 은사(단수)를 경험한다. 이를 통해서 성도들은 성령의 세례를 받은 몸인 교회에 들어오게 된다." 이것을 개편은 "보편 수여"(universal donation)의 원리라고 부른다. 동시에, "성령의 은사들(복수)은 교회 안에서 다양하게 분배되는 성령의 사역들이다. 이러한 의미에서 하나의 동일한 선물이 신자들에게 모두 주어진 것이 아니다." 이것들은 "'상이 분배'(differential distribution)의 원리로 주어진다"("Life in the Spirit", in *The Holy Spirit: Renewing and Empowering Presence*, 53).

베인호프는 이러한 점을 재확인하면서 다음과 같이 주장한다: "은사들(charismata, 복수형)은 그리스도 안에서 (모든 신자들에게) 주어지는 유일한 은혜(*charis*)의 구체적이고 특별한 표현이다." 그러므로 성령의 선물들은 인간의 본성을 초월하여 그 너머에서 나오는 것이 아니다. 또한 우리 인간의 본성에 덧붙여진 것도 아니다. 사람의 능력으로 미리 알 수 없는, 급진적인 새로운 의미에서의 초인간적인 것도 아니다. 성령의 선물들은 오히려 "창조의 관점"에서 바라봐야만 한다. 다시 말해 성령의 선물들은 "우주적인 영역에 성령으로 말미암아" 그때 "부여되었고, …생명이 불어넣어졌고, 활기를 띠게 된 창조된 실재"에 근거한 천부적인 재능들이다. 왜냐하면 성령은 "우리의 인성을 통해 그리고 우리의 인성 안에 그 자신을 나타내기" 때문이다(J. Veenhof, "Charismata—Supernatural or Natural?", in *The Holy Spirit: Renewing and Empowering Presence*, 75, 76, 80, 83).

예언의 은사도 예외가 아니다. 교회 생활에서 "예언적 직분은 중요한 부분이다. 이 중요한 부분의 직분을 매끄럽게 하는 것은 일부 성도들에게 부여되는 특별한 예언의 은사를 회복하는 것일 수 있다." 은사와 직분 이 둘은 서로 긴밀하게 협력하며 이루어진다. 따라서 "선지자 공동체는 특별한 예언의 은사의 수행을 요구한다. 한편 특별한 예언의 은사는 선지 공동체를 요구한다"(George Vander Velde, "The Gift of Prophetic Church", in *The Holy Spirit: Renewing and Empowering Presence*, 95, 118).

5. 제도로서의 교회

구약성경은 하나님의 백성을 지칭할 때 의미가 약간 다르기는 하지만, 서로 교환 가능한 두 개의 단어를 사용하고 있다. 하나는 '부르다' 라는 의미의 *qahal*이다. 이것은 이스라엘 자손의 모임을 지칭하는 말이다. 또 다른 단어는 '지명하다' 라는 어근에서 나온 *edah*이다. 이것은 공식적으로 지명된 리더들로 대표되는 일반적인 이스라엘 사회를 언급할 때 사용되었다. 이 단어는 소집된 모임이나 일상 생활에 있는 백성들에게도 사용되었다. 70인경에는 두 단어 모두 회당(*synagōgē*, 함께 모임)이라는 단어로 번역되었다. 포로기 이후 유대인들이 흩어지면서 이 회당은 상당한 크기의 모든 유대인 공동체들의 예배와 교육과 사회적 삶의 중심지로 부상하였다. 언약역사에서의 이러한 발전은 그리스도 이후의 시대에까지 계속된다. 그러므로 신약성경의 교회는 본질적으로 구약의 제도와 일치한다(Louis Berkhof, *Systematic Theology*, 571):

신약성경에서 하나님의 백성의 의미로 교회를 말하는 것은, 이스라엘과의 계속적인 연대성을 확언하고 있는 것이다. 율법과 선지서에서는 이스라엘의 중요성에 대해 비중을 두고 있다. 초기 그리스도인들은 하나님의 백성의 시작을 예수의 부활이나, 사역, 성찬, 부활, 오순절 성령강림으로 보지 않았다. 아브라함과 모세 시대의 하나님의 언약에서 찾았다(Paul Minear, *Images of the Church in the New Testament*, 70-71).

그러므로 *qahal, édah* 그리고 *synagōgē*의 개념 속에서 구체적으로 드러난 모인 백성들이라는 히브리 전통은 신약의 교회, ekklēsia 라는 표현 속에서 대속적으로 갱신되었다. 이 개념은 밖으로 불러내어지고 하나님의 백성으로 새롭게 되어 연합된 사람들을 지칭한다. 이 교회 공동체는 선지자와 사도들의 증언에 근거해 있으며, 머리되신 그리스도께서 회복하셨으며, 성령께서 권능을 불어넣으셨다. 그러므로 교회는 그것을 세우시고 조직하신 주님의 뜻대로 나아간다(Weber, *Foundations of Dogmatics*, Vol. Ⅱ, 513).

(1) 제도로서의 교회(church)와 유기체로서의 교회(Church)

최근 몇 십 년간 개혁주의의 범주뿐만 아니라 로마 카톨릭에서도(참조, *The Documents of Vatican* Ⅱ, The Church, Ch. Ⅱ : The People of God, 24-37) 교회의 존재가 사회적인 모임 이상의 의미를 가진다는 것에 대한 각성이 깊어지고 있다. 그리스도인의 삶은 강단과 좌석, 예배와 헌금바구니가 있는 길모퉁이에 위치한 건물 안에서 일어나는 사역에 참여하는 것으로 국한되지 않는다. 일차적으로 교회는 사람들이며, 이차적으로 구조라고 말할 수 있다. 교회는 그 근본에 있어서 하나님의 백성, 즉 하나님의 세계 안의 다양한 삶의 관계와 직업의 모든 범주를 총망라하여 그리스도를 믿는 성도들의 몸이다. 따라서 모든 성전, 채플, 그리고 교회 건물들이 사라진다고 해도 교회는 여전히 존재한다(마 16:18). 교회는 세상으로 나아가야 하는 목표를 가지면서(마 10:16), 세상으로부터(out) 부르심을 받은 새로워진 공동체이다(요 15:19). 이러한 성경적 통찰에 근거하여 바빙크는 이중의 돌이킴을 말한다. 기독교 공동체는 사탄의 권세 아래에 있는 "세상으로부터" 돌이키며, 동시에 그리스도인의 제자도를 실현할 삶의 현장인 역사적 사건들의 "세상으로" 돌이킨다.

그러므로 교회를 이룬다고 하는 것은 주일 날 예배 보러 교회에 간다는 것 이상의 의미를 가진다. 이러한 인식은 제도로서의 교회(church, 소문자로 시작한다)와 유기체로서의 교회(Church, 대문자로 시작한다)의 구별을 하게 하였다. 거기에 대한 반대도 있었지만 그러한 구별은 어느 정도 필연적이다. 그것은 이미 구약성경에서의 *qahal*과 *edah*에 다양하게 드리워진 의미 속에 함축적으로 내포되어 있었다. 또한 신약의 교회를 기술할 때 사용한 많은 비유들 속에서는 더욱 함축적이고도 풍부하게 나타나 있다(Minear, *Images of the Church in the New Testament*, 268-69). 중세 시대에는 이러한 구별을 하지 못했으며, 하나님의 백성의 삶에 오랫동안 해로운 결과를 가져다주었다. 대성당은 basilica라고 불려졌다(신약에서 왕국을 의미하는 *basileia*에서 파생된 단어이다). 이 용어는 서구 사회의 *corpus Christianum*(그리스도교 세계) 개념과 잘 맞아떨어진다. 그것은 그리스도인의 공동체의 전 삶을 성직화하고 영적인 성장을 저해하는 것이었다. 리덜보스는 이렇게 말한다:

> 로마 카톨릭 신학의 전통에서 교회와 왕국은 일치한다. 교회는 그리스도의 왕국이며, 로마 카톨릭의 체계는 그리스도께서 통치하시는 방편이다. 그 제도에서 교황은 그리스도의 대리자, 이 땅에서의 하나님의 왕국의 가장 높은 대표자로 발견된다("The Church and the Kingdom of God", *International Reformed Bulletin*, no. 27, October 1966, p. 8).

개혁자들의 시대에는, 유기체로서의 교회와 제도로서의 교회에 대한 정리된 구별은 없었으나, 그러한 차이의 개념은 항상 교회를 이해하는 중요한 기준이 되었다. 이것은 칼빈의 『기독교강요』의 흐름으로 보면 분명히 알 수 있다. 세 번째 책은 그리스도인의 삶, 매일 매일의 교회의 삶(Church, 대문자 C를 사용하였다)에 초점을 맞추고 있다. 그리고 네 번째 책에서 칼빈은 교회의 정치와 질서, 권한, 성례 등등을 다루면서 이 용어(church, 소문자 c를 사용한다)를 사용하고 있다. 교회의 필요성의 서두 부분에서 칼빈은 말한다: "우리는 우리 안에 믿음이 생겨나고, 성장하기 위해서, 또한 그 목적을 이루기 위해서 외적인 도움이 필요하다. 그러므로 하나님께서는 교회라고 하는 외부적인 장치를 주셨다. 그것은 우리의 연약함을 도우시기 위함이다"(Ⅳ, 1, 1). 이 구별은 카이퍼의 저작에서 아주 분명하게 나타난다. 그는 이렇게 말한다:

> 제도 교회의 개념은 교회의 개념보다 훨씬 더 좁은 의미를 가지고 있다…그리스도의 몸으로서의 교회(후자)는 재창조로부터 발원하는 모든 힘들과 사역을 포함한다…제도 교회는 말씀, 성례, 구제, 교회 구조에 국한되는 사역으로 제한된다…그리스도인의 삶이 살아지는 다른 모든 표현들은 이러한 구조의 특정한 기관들에 의해서 살아지지 않으며, 오히려 재창조된 자연의 삶의 기관들에 의해서 살아진다. 예를 들어서 그리스도인의 가정은 믿는 아버지와 어머니에 의해서 살아지며, 그리스도인의 예술은 믿는 예술가에 의해서 살아지며, 기독교 학교는 믿는 행정가로부터 이루어진다…(그러므로 개인적 믿음의 지식은) 개인의 삶의 영역을 대상으로 하며, (고백적인 지식은) 제도 교회의 영역을 대상으로 하며, (과학적 지식은) 유기체로서의 자연의 영역을 대상으로 한다(*Principles of Sacred Theology*, 587-88, 590).

그리스도의 부활로 말미암아 우리의 매주의 삶의 패턴은 극적인 변화를 일으켰다. 지나간 한 주를 돌아보는 제칠일의 안식일은 한 주를 새로 시작하는 주일로 바뀌었다. 이러한 변화로 말미암아 주일은 월요일을 지향하며, 예배는 섬김을 지향하게 되었다. 제도로서의 교회가 가지는 사역도 또한 세상에서의 유기체로서의 교회의 삶에 부속하게 되었다. 이러한 교회의 두 양상은 어떤 의미에서 볼 때 대등한 것이다. 그러나 한편이 다른 하나에 종속하는 경향이 보인다. 루이스 벌코프는 계속해서 이렇게 말한다. 제도 혹은 기관으로서의 교회(*mater fidelium*)는 목적을 위한 하나의 방편이다. 그리고 이 목적은 유기체로서의 교회, 신자들의 공동체에서 발견된다 (*Systematic Theology*, 567). 이 점을 강조하면서 헨드리쿠스 벌코프는 "제도는 중생한 사람들의 공동체를 성취하는 방편이다"라고 말한다. 그는 또한 이렇게 덧붙인다:

> 방편이라는 단어로는 충분하지 않다. 이 제도는 자궁과 기름진 옥토로서, 그것으로부터 말미암아 이 공동체가 지속적으로 새롭게 되고 성장한다. 이 제도는 그 공동체에 대한 것이다…그러므로 교회는 두 개의 얼굴을 가지고 있다. 교회는 제도이며 공동체이다. 기름진 옥토이며 식물이다. 어머니이며 가족이다. 그리고 이러한 두 면은 대등한 관계로 맺어져 있지 않다. 전자(제도)는 후자(공동체)에 대한 기초이며 근거이다. 후자는 목적이며 전자의 열매이다(*Christian Faith*, 392-93).

대중적인 비유를 살펴보자면, 제도적 교회는 십자가의 군병들의 신병훈련소이다. 여기에서 그리스도인다운 삶을 위해 성령의 검을 잘 사용할 수 있도록 훈련을 받는다. 또한 이곳은 주유소이다. 순례자의 삶인 인생의 고속도로에서 재충전을 하는 곳이다. 순례의 길을 계속하기 위해서 정규적으로 이곳에 들러 정비를 해야 한다. 그렇지 않으면 연료가 떨어지고 영적인 전원이 고갈되고 만다. 그러나 이 제도적 교회를 적막한 인생 광야에서의 오아시스, 그들을 계속해서 붙잡아 두는 영적인 피난처로 생각하는 사람들은 그리스도인의 인생의 여정을 계속하는 것에 실패할 것이다. 다르게 표현하자면, 그러한 그리스도인들은 허들을 형성하고 있는 풋볼 경기 팀과 같다. 이들은 허들진영을 깨뜨리지 않고 선 밖으로 나가지 않으면서, 게임을 계속 진행하면서 허들대형(반성, 기도, 묵상)을 지키려고 하고 있다. 결국 정해진 시간이 다 되면, 게임을 지연시킨 것에 대한 벌칙을 받게 될 것이다.

그러므로 제도적 교회(소문자 church)의 모임들은 교회(대문자 Church)의 삶에 있어서 아주 필수적으로 중요한 도구적 역할을 한다. 예배의 핵심인 복음의 선포는 하나님의 백성으로 하여금 창조세계 전체를 통하여 삶의 예배(liturgy of life)를 수행할 수 있도록 하기 위해서이다(참조, 롬 12:1, *liturgeia* 라고 하는 단어는 세상에서의 우리의 모든 몸을 통한 삶의 변화를 지칭하는 데 사용한다). 그렇다면 주일날에 교회(Church)가 교회(church)에 가는 것이다. 그곳은(church) 예배의 장소이다. 그렇다면, 월요일 아침에 교회(Church)는 어디에 있는가? 일하러 가고 학교에 가고 혹은 방학 중에 있고 등등.. "그리스도의 교회(Church)는 여기에서 예배합니다"라고 쓰인 고속도로 가의 간판은 이러한 생각을 잘 나타낸다. 교회(Church)가 이 세상 가운데에서 하나님의 나라의 삶을 살도록 가장 잘 준비시킬 때에 교회(church)는 자신의 사명에 가장 충실한 것이다:

> 세상에서의 우리의 삶과 관련된 우리의 의도는 교회(church), 즉 내부적 범주의 나라 안에서 실현되는 것이 아니라, 보다 광범위한 나라의 범주인 세상에서 실현된다. 그러므로 성도들의 삶이 교회를 통해서 교회 안에서 영양을 공급받고 격려 받는 반면에, 사회적 삶은 교회적이기보다는 세속적인 특징을 가지고 있다.

그러므로 교회 직분자들의 사명은 "교회(Church)로 하여금 세상 속으로 들어가게 할 것이다…성도들은 교회(church)를 떠날 때에 깨어 있어서, 각성해서, 그들의 세상에서의 일과 삶을 어떻게 살 것인가를 배워야 한다"(Ridderbos, "The Kingdom of God and Our Life in the World", *International Reformed Bulletin*, no. 28, January 1967, p. 11).

(2) 신자들의 어머니로서의 교회

칼빈은 제도적(가시적) 교회를 "신자들의 어머니"로 부르는 것을 계승하였다. 초대의 교회 교부들 가운데에서 교회의 어머니적인 역할을 가장 강력하게 표현한 인물은 키프리안이다. "어머니를 교회로 가지지 않는 사람은 결코 하나님을 아버지로 모실 수 없다"(Henry Bettenson, *The Early Christian Fathers*, 265). 어거스틴도 이와 비슷하게 (가시적) 교회에 대해 높은 평가를 하였다. 다만 그의 태도는 다소 완화되었는데 그것은 "한 점의 흠도 없는 교회의 개념을 주장하는" 도나티스트들과의 대립으로 말미암아서 그렇게 된 것이다.

하나님의 예정에 근거하여, 어거스틴은 "바깥에 있는 것처럼 보이는 사람 중 많은 이가 안에 있으며, 안에 있는 것처럼 보이는 사람 중 많은 이가 바깥에 있다"(Bettenson, *The Later Christian Fathers*, 239)고 하였다. 교회가 가지는 어머니로서의 사명은 중세에 이르러 더욱 강화된 교리로 나타나게 되었다. 키프리안의 배타적인 논제에 근거해서, 고교회 신학자들은 "노아의 방주 밖"이 필연적으로 멸망인 것처럼, "교회의 문 밖"에는 결코 구원이 없다고 생각하였다. 어머니인 교회로부터 분리되는 것은 영적인 파멸에 이른다는 "교회밖에 구원이 없다"(*Extra ecclesiam nulla salus*)의 교리는 그렇게 드러나게 되었다.

그러나 칼빈은 그러한 교회론의 엄격함이 신자들의 어머니(갈 2:26)로서의 교회에 대한 적절한 성경적 개념이 손상되지 않도록 하였다. 오히려 그는 그 의미를 재정립하였다. 결정적인 주안점은 배타적인 주장을 하는 권위주의적인 제도가 아니다. 기독교 공동체의 삶에 있어서의 가시적 교회의 교육적인 역할에 있다. 칼빈에 의하면, 하나님께서는 우리의 연약함을 고려하셔서 교회라는 제도를 세우셨다. 우리는 단순한 이름 어머니라는 이름 속에서 교회가 얼마나 유익하며, 사실상 얼마나 필수적인가를 배울 수 있다. 이것이 우리가 교회를 알아야 하는 이유이다:

> 이 어머니가 우리를 잉태하고, 낳으며, 젖을 먹여, 기르고, 보호하고, 지도해 주지 않는다면 아무도 생명으로 들어갈 수 없다…연약한 우리는 일평생 교회에서 배우는 자로 지내는 동안 이 학교에서 떠나는 허락을 받을 수 없다. 더 나아가 교회의 품을 떠나서는 죄의 용서나 어떤 구원도 받을 수 없다(『기독교강요』 IV. 1. 4).

그러므로 칼빈은 그 전통을 깨뜨리지 않으면서 개혁하였다. 이 개혁적 통찰은 젊은 날의 카이퍼에게 많은 영향을 미쳤다. 영어 소설 *The Heir of Radcliffe*를 읽는 것이 그의 삶의 중대한 전환점이 되었는데, 그는 거기에서 자녀를 양육하는 제도적 교회에 대한 비전을 잡았던 것이다. "오 그러한 교회를 향하여!"라고 외치면서 그는 유형성의 교회에 대한 사명을 받았다. 이 감동적인 경험은 그 시대의 교회를 개혁하도록 하는 그 모든 추진력을 불어넣었다.

신약성경에는 교회에 대해서 풍부한 이미지들을 사용하여 표현하고 있다. 리덜보스에 따르면 그들 가운데 "세워져 간다"는 이미지가 가장 현저하게 나타난다. "건물로서의 교회"라고 하는 이 이미지는 신약의 교회가 그 즉시로, 그 최종적 목적이나 완전에 도달하는 것은 아니다라는 것을 전제로 하고 있는 것이다. 교회는 "영원히 하나님의 보호 아래에 있는 대상"이며 그러므로 발전하며, 확장하며, 강해져야 하는, 즉 한마디로 말해서, 세워져가야 한다. 성전이나 혹은 건물로서의 교회의 표상에 대해서 병행을 이루는 것은 보다 유기체적인 개념, 즉 씨뿌림, 물줌, 경작, 가지치기 등과 같이 교회의 성장이나 증가를 나타내는 개념이다(*Paul:*

An Outline of His Theology, 429ff.).

사회적 제도로서의 교회는 다른 제도들, 즉 가정, 학교, 정치연합, 노동조합, 대중매체, 회사 그리고 고등교육을 위한 조직들과 같은 공동체와 함께 공존하고 있다. 그리고 이러한 공동체들은 서로의 활동의 영역에서 긴밀하게 연결되어 있다. 그들 각자는 독특하게 하나님께로부터 부여받은 사명을 가지고 있다. 이러한 상황에서 교회는 그 자신만의 특별한 정체성, 순수성 그리고 사명을 가지고 있다. 그것에는 복음에 대한 공식적인 선언이 포함된다. 이 사명에 충실하면서도 하나님의 말씀이 명쾌하고 분명하게 드러나서 예배로 모인 하나님의 백성들이, 삶 가운데 다른 영역에서도 신자들의 공동체로서 신실하게 살아가도록 되어야 한다. 흩어져 있는 모든 교회는 보다 포괄적 범주의 교회라는 의미에서 연합되어 있으며, 모든 사역과 열매, 성령의 은사를 완전하게 공유하고 있다. 그것은 보다 커다란 전체의 부분을 이룬다는 부속적인 것으로서가 아니다. 각각의 교회는 "유일한, 거룩한, 보편적인, 그리고 사도를 계승한 교회"가 완전히 드러나는 표현양식이다. 그 이미지가 "세워져 가는 것"이든지 혹은 "성장하는 것"이든지, 교회의 사명은 그 전파에 있어서 "광범위하고" 또한 그 가르침에 있어서 "집약적"이다. 리덜보스는 "교회의 '보전'과 '성장' 중 어느 것이 우선한다거나 더한 중요성을 가지는가에 대해서는 결코 말해질 수 없다. 또한 교회의 본질과 사명이 선교적인 것에 있는지 혹은 내적인 성장에 있는지에 대해서도 마찬가지이다…교회의 선교와 성장은 그 단어의 광범위한 의미에서뿐만 아니라 집약적인 의미에서 충만함 안에 함께 존재하는 것이다"(*Paul: An Outline of His Theology*, 435).

(3) 교회의 사명들: 세상 안에서 그리고 세상을 향하여

"성도들의 모임"으로서의 교회와 그 교재의 밖에서 살아가는 세상 사이에 바로 예수 그리스도의 십자가가 있다. 십자가는 커다란 분리를 나타낸다. 십자가로 인하여 세상은 교회를 향하여 못박혔고, 교회 또한 세상을 향하여 못박혔다(갈 6:14). 그러나 십자가는 또한 동시에 연합케 하는 것이다. 하나님께서는 그리스도 안에서 세상과 화목하게 하셨으며 또한 기독교 공동체에게 화목케 하는 직책을 주셨다(고후 5:18-20).

이러한 십자가의 이중적인 영향은 교회로 하여금 세상과의 관계에 있어서 변증법적인 긴장관계에 서 있도록 하였다. 한편으로는 대립적으로 빛과 어둠의 나라 사이의 투쟁으로 갈등하며 존재한다. 그러므로 여기에서 연합이란 믿음에 대한 배교가

된다. 그러나 다른 한편으로, 교회는 멀리 떨어져 있는 세상에 대해서 창문과 문을 열어둘 것이 요구된다. 아직도 어둠 속에서 걷고 있는 사람들을 향하여 연대성과 개방성을 보여 주어야 한다. 원근 각처에 있는 우리의 이웃을 향해서 그리고 그들 안에서 우리의 사명을 수행해야 한다. 그러기 위한 축복의 채널로서의 구성원들의 세워져 감과 성장을 진흥시켜야 한다. 우리들도 역시 구원받은 죄인들로서 그들의 상태를 잘 알고 있기 때문이다. 우리는 모든 인류와 많은 부분을 공유하고 있으며, 우리의 사명은 하나님의 소유된 백성으로서 어두운 데서 불러내어 그의 기이한 빛에 들어가게 하신 자의 아름다운 덕을 선전하는 것이기 때문이다(벧전 2:9). 더 확실한 예언이 있기 때문에 교회는 어두운 데 비취는 등불에 대해서 깊은 관심을 가져야만 한다(벧후 1:19). 세상을 교구로 가지고 있기 때문에 다양한 사역을 해야 하는 교회는 그들의 삶을 좋게 혹은 나쁘게 하는 사회 구조와 우리와 관련된 것들에 대해서 관심과 애정을 가져야 한다. 이러한 사역들은 성경이 그 길을 열어나가도록 해야 한다.

① 선교

선교는 주님께서 교회에 부여하신 막중한 사명이다. 은혜의 날은 계속되며, 밭은 여전히 희어져 추수를 기다리고 있다(요 4:35). 우리의 사역지는 더 이상 예루살렘이나 사마리아에 국한되지 않고 땅 끝에까지 이른다. 선교 사명을 감당하기 위한 방문전도에 있어서 교회는 세상을 복음화하기 위해서 보다 적합한 사역자들에게 위임해야 한다. 점점 더 세상은 "지구촌"으로 변해가고 있다. 이러한 세계화 속에서 교회는 성경의 메시지를 축소시키지 않으면서도 복음을 선포하는 데 있어서 적절한 기술의 발전을 이용하는 데 실패해서는 안 될 것이다. 우리의 방법론은 사도적 메시지를 벗어나서는 안 된다. 두 손과 마음속에 삶 가운데의 하나님의 말씀을 꼭 부여잡으면서 교회는 그 추종자들을 노예로 만드는 현대의 우상들의 무질서를 타개해 나가야 한다. 그리스도의 이름으로 우리는 우리 시대의 귀신들을 쫓아낼 수 있도록 모색해야 한다. 그것은 미신, 무관심, 탐욕, 불신, 억압과 같은 것이다. 우리와 우리의 동료들을 가로막는 수많은 주의들, 즉 인본주의, 세속주의, 이기주의, 쾌락주의, 물질주의, 인종주의, 국가주의, 군국주의가 더 이상 힘을 쓰지 못하도록 노력해야 한다. 복음화한다는 것은 단순히 영혼의 구원뿐만이 아니라 하나님의 보다 위대한 영광을 향하여 삶의 모든 부분이 제대로 기능하도록 하나님의 형상을 회복케 하는 것이다(Hoekema, *Created in Gods Image*, 90).

② 중보

예배하는 교회는 반드시 세상을 위해 중재해야 한다. 기도하기를 배우지 못한 사람들, 기도하기에 너무 바쁜 사람들, 기도하기를 포기한 사람들, 잘못된 기도를 하는 사람들을 위해 기도하는 순서가 예배 안에 반드시 있어야 한다. 기도하지 않는 세상을 위하여 기도하는 것이 필요하다. 기도는 그리스도인의 감사 생활의 가장 중요한 부분이다(하이델베르그 요리문답 Q & A, 116). 창조의 축복과 하나님의 주권적인 보살핌, 그분의 완전하고 값없는 구원에 대한 감사 가운데서 교회는 하나님께서 가지신 세상에 대한 사랑에 호소한다(요 3:16). 하나님께서는 깨어지고 피투성이가 된 인간성에 대해 등을 돌리시지 않았기 때문에 우리도 또한 그렇게 할 권리를 가지고 있지 않다. 그리스도의 중보의 사역과 성령께서 약속하신 중보로 말미암아, 교회는 힘 없는 사람들의 목소리로서, 지지하는 사람이 없는 자들을 위한 기도의 동역자로서 가난하고 궁핍한 사람들, 상처받은 사람들 힘없는 사람들을 위해 탄원하며 은혜의 보좌 앞으로 나아갈 수 있다.

열심 있는 중보의 기도가 필요하다. 말씀과 선행을 통한 복음의 진보가 있기를 위해, 모든 이에게 평화와 번영과 자유와 공의가 있기 위해, 전쟁과 미움과 억압의 종언을 위해, 의의 왕국이 도래한다는 확실한 증거를 위해, 핍박을 받고 있는 그리스도인과 비그리스도인들의 해방을 위해, 사람들과 국가의 삶에 중요한 영향을 미치는 사회 경제 그리고 정치적 지도자들이 지혜를 가지고 자기를 드러내지 않으며 봉사할 수 있도록 하기 위해서 중보의 기도를 해야 한다. 세상을 위한 교회의 중보적인 기도는 바울의 명령에 순종하는 것이다. "그러므로 내가 첫째로 권하노니 모든 사람을 위하여 간구와 기도와 도고와 감사를 하되 임금들과 높은 지위에 있는 모든 사람을 위하여 하라 이는 우리가 모든 경건과 단정한 중에 고요하고 평안한 생활을 하려 함이니라"(딤전 2:1-2).

③ 봉사

세계 전체는 교회의 섬김의 사역(*diakonia*)을 위한 활동의 무대이다. 믿음의 가정이 도와주는 데 있어서 우선 순위를 가지고 있다고 할지라도 기회 있는 대로 모든 이에게 착한 일을 하는 것이 우리의 의무이다(갈 6:10). 왜냐하면 믿음 그 자체는 일하지 않는다면 죽은 것이기 때문이다. 성화된 그리스도인의 섬김의 길은 의롭고 의롭게 하는 사역으로 채워진다(약 2:14-26). 행하는 믿음은 우리의 주인되고 우리가 섬기는 분을 드러낸다. 교회의 섬김의 사역을 수행하면서 우리는 다음과 같은 질문에 대답할 수 있게 된다. 누가 우리의 이웃인가? 유대인인가 사마리아인인가?(눅 10:25-37) 이 질문은 결국 우리가 누구를 섬겨야 하는가에 대한 문제이다. 누가 과연 교회가 줄 수 있는 재난으로부터의 구제, 의료적 보호, 음식과 의복의 공급, 문맹교육, 기술교육, 농업의 개선 등의 혜택을 필요로 하는가? 하나님의 창조세계의 풍성한 재원이 그것을 필요로 하는 사람들에게 나누어지도록 하는 성경적 원리를 실천하는 이러한 소명은 다른 사람들로 하여금 우리와 함께 하도록 하는 것이다. 그것은 교회의 품안에서 성령으로 새롭게 뿌려진 씨앗으로부터 발원한다. 그러나 그 열매가 교회의 구성원에게만 제한되어서는 안 된다. 우리를 둘러싸고 있는 세상도 또한 그 열매를 자유롭게 맛보아야 한다. 섬김의 사역은 자비하시고 오래 참으시는 하나님, 우리 모두가 그 안에서 살고 있고 지향하고 있으며 우리의 생명이 되신 하나님을 증거하는 것이다.

④ 성도를 온전케 함
선교적 사명, 중보의 사명 그리고 섬김의 사명을 수행하면서 교회는 그 회중의 삶 속에서 선포의 사역(케리그마적)을 신실하게 이행해야 한다. 참된 정통성(단 하나의 거룩하고 보편적인 사도적 교회)을 가지며, 참된 교회의 표징(순전한 말씀의 설교, 성령의 올바른 시행, 권징의 신실한 이행)을 가지면서 제도로서의 교회는 그 구성원들을 세상 안에서와 세상을 향한 그들의 사명을 감당할 수 있도록 준비케 하고, 정비케 하고, 훈련시켜야 한다. 그것은 의도적이고도 신중한 방식으로 개인의 갱신을 지향해야 한다. 뿐만 아니라 개인적, 공동체적 노력을 통하여 우리의 삶의 모든 사회 구조와 관계들을 새롭게 하는 목표를 지향해야 한다. 클라스 루니아 (Klaas Runia)는 이렇게 말한다:

> 예배는 실재로부터의 도피가 되어서는 안 되며, 오히려 모든 사람들이 알아보고 읽을 수 있는 살아 있는 편지로서 그들의 삶을 살아가도록 파송하는 집결지, 발사대, 도약판이 되어야 한다. 교회의 사역에는 반드시, 사회에서 화해의 사역을 이행하기 위하여 이 세상의 주권들과 권력에 도전을 주는 기독교 공동체를 구성하고 형성하는 것이 포함되어야 한다(Refromed Ecuminical Synod, *The Church and Its Social Calling*, 21-24).

(4) 교회의 상황성
이 세상에서 교회는 어디에 존재하고 있는가? 이 질문에 대한 전통적인 대답은 아주 깊고 넓은 전망들을 보여 준다. 교회의 현 존재는 지상과 천상을 포괄하는 모든 창조세계에 이르는 아주 넓은 범주에서 존재한다는 것이 강조된다. 기독교 공동체의 믿음은 먼저 "승리한 교회"와 "전투하는 교회"에 대한 구별을 한다. 전자는 이제 수고를 그치고 쉬는 자들이다. 이는 저희의 행한 일이 따르기 때문이다(계 14:13). 그들의 전쟁은 승리로 끝이 났다. 이제 그들은 "승리의 종려가지"를 흔들며, 의로우신 재판장으로부터 의의 면류관을 받는다. 그리고 그것은 주의 나타나심을 사모하는 모든 자에게 그러할 것이다(딤후 4:8). "전투하는 교회"는 우리가 경험하고 있는 세상에 존재하는 교회를 지칭한다. 하나님의 백성들은 지금 여기에서 선한 싸움을 싸우고 달려갈 길을 마치고 믿음을 지키기를 요구받는다(딤후 4:7).

"전투하는 교회"의 범주 안에서 더 깊은 분류를 할 수 있다. 그것은 "보이는 교회"와 "보이지 않는 교회"에 대한 구별이다. 이 서로 관련된 개념들은 16세기의 로마와 종교개혁자들 사이의 논쟁에서 주요한 역할을 하였다. 이러한 구별에 의거해서 개혁자들은 육안으로 보는 교회 이상의 교회, 중세 교회의 가시적이고 외면적이고, 계층적인 구조에 집착한 형식적 교회 이상의 교회가 있다고 생각하였다. 하나님의 백성으로서의 교회의 의미는 그러나 구조적인 가시성으로 규명할 수 없다. 성도들의 교제는 보지 못하는 것들의 증거로서의 믿음이 있는 곳에는 언제나 존재하게 되는 것이다(히 11:1). 그러한 개혁자들의 의도는 두 개의 교회가 있다거나, 보이는 교회에서 보이지 않는 교회로, 천상의 교회론으로 도피하려는 열망을 가진 것은 아니었다. 이것은 교회의 본질이 성령을 통하여 그리스도와 참된 교제를 하는 회중이라는 사실을 기억케 한다(Berkouwer, *The Church*, 37).

이러한 구별은 그 시대의 종교적인 논쟁에서 유용하게 사용되었다. 그러나 그것은 모호함과 어느 정도의 어려운 문제들을 내포하고 있다(참조, **Louis Berkhof,** ***Systematic Theology***, 565-67). 실재의 교회와 대조되는 이상적인 교회, 육적인 실재에 대한 영적인 것의 수위성이라고 하는 개념은 다소 플라톤적인 것으로 보인다. 루터주의자들은 보이지 않는 교회를 추구해야 할 이상으로 생각하는 경향을 보이는 반면에, 칼빈주의자들은 선택된 지체들, 교회의 내적 중심과 본질을 강조하는 추세였다. 이 "보이는/보이지 않는" 교회에 대한 구별은 또한 혼합된 회중으로서의 교회를 설명하는 데 채용되었다. 혼합된 회중이란 신실한 신자들과 함께 위선자들을 포함하는 보이는 구성원으로 이루어진 교회를 말한다. 종종 이러한 개념은 제도로서의 교회와 유기체로서의 교회의 구별로 적용되기도 하였다. 제도로서의 교회는 보이는 교회이며, 매일의 삶에서의 신자들의 몸인 유기체로서의 교회는 보이지 않는 교회로 여겨졌다.

구별의 이러한 모호성은 과연 그것이 유효한 구별인가 하는 질문을 낳았다. 오늘날도 이것이 여전히 도움이 되는 것인가라는 질문을 낳게 하였다. 결국 기독교 교회의 흐름에 맞추어 제도적 교회와 유기체적 교회 양쪽에 대해서 명백하게 "너희를 어두운(보이지 않는) 데서 불러내어 그의 기이한 빛(보이는)에 들어가게 하신 자의 아름다운 덕"(벧전 2:9)이라고 선언하게 되었다. 헨드리쿠스 벌코프는 이렇게 말한다: "보이지 않는 교회는 용어 자체로 모순이 된다"(*Christian Faith*, p. 398). "교회는 마땅히 세상의 모든 요소들에 있어서 세상에 완전히 참여하고 있기 때문이다. 교회는 하나의 관념이 아니라 실제의 살아 있는 지상적인 공동체이다"(Fowler, *The Church and the Renewal of Society*, 16). 한스 큉에 따르면 "교회는 본질적으로 사람들이며, 따라서 가시적이다. 교회가 성령 안에서의 건물이기 때문에, 교회는 참으로 건물이며 또한 가시적이다"(*The Church*, 342).

보이지 않는 교회의 개념은 기독교를 사조직화하는 성향을 부추긴다. 그러나 이러한 성향은 우리가 공적인 영역에서 하나님의 백성으로 인정받으며 그 가운데 서 있도록 부름을 받았다는 사실을 간과하는 것이다. 또한 어떤 이는 그것에 근거해서 이 악한 피투성이의 세상에서 존재하는 잘못된 교회를 고쳐나가는 것의 중요성을 경시한다. 그들의 주장에 의하면, 기독교 공동체가 수많은 분파로 찢겨져 나갈지라도 그렇게 심각한 문제가 아니다. 보이는 분열은 그리스도 안에서의 보이지 않는 하나됨에 의해서 상쇄되기 때문이다.

"보이는 교회"와 "보이지 않는 교회"에 대한 구별은 기껏해야 "우리가 보는 교회"와 "하나님께서 보는 교회" 사이의 차이점을 우리에게 상기시켜 줄 수 있을 뿐이다. 그것은 우리로 하여금 다음과 같은 사실을 인식하도록 한다. 교회가 세상에 있기 때문에 가시적이라고 할지라도 세상에 속한 교회가 아니다. 그 이유는 바로 그 생명이 보이지 않는 원천, 즉 하나님의 말씀과 성령의 초월적인 힘으로부터 오기 때문이다. 이러한 관점에서, "소집되고, 지명되고, 선포된 말씀에 근거한, 보이는 공동체이며, 역사에 뿌리 박은 실재로서의 모든 교회는 진실로 예수 그리스도의 공동체임을 확신할 수 있다"(Weber, *Foundations of Dogmatics*, Vol. II, 547).

우리는 이제 교회에 대한 성경적 개념과 관련한 세 번째 구별을 살펴보도록 할 것이다. "승리한 교회"와 "전투하는 교회"의 구별에서 우리의 초점은 후자에 있었다. 전투하는 교회를 상고한 후 우리의 주된 관심은 보이는 교회에 있었다. "전투하는 교회"를 생각하면서 우리는 "보이는" 요소에 모아졌다. "보이는 교회"의 구조에 있어서 일반적으로는 또다시 두 측면, "제도로서의 교회"와 "유기체로서의 교회"로 구별된다. 우리는 이제 "제도로서의 교회"에 초점을 맞추어 살펴볼 것이다. 승리의 교회는 다양한 사역들 속에서 제도로서의 교회가 가지는 보다 깊은 배경과 목표를 보여 준다. 그 보이지 않는 측면도 또한 실제적이기는 하지만, 우리의 관심의 대상은 역사적인 가시적 실체로서 믿음을 위한 전투하는 싸움으로 뛰어든 제도적 교회이다. 우리는 이것을 동심원적인 구조로 파악한다. 제도로서의 교회는 보다 커다란 유기체로서의 교회에 내부원으로 존재한다. 유기체로서의 교회는 왕국의 삶을 살아가야 하는 신자들의 모임을 지칭하는 것이다.

성경에서 예배 공동체로서의 제도적 교회는 몇 가지 측면을 가진 것으로 나타난다. "*Ekklesia*의 다양한 번역들, 회중, 공동체 혹은 교회라는 단어는 서로 대조되기보다는 오히려 모두 비슷한 것으로 여겨져야 한다"(Weber, *Foundations of Dogmatics*, Vol. Ⅱ, 531). 가끔 *ekklësia*라는 단어는 한 지역의 여러 회중의 무리를 지칭할 때 사용되었다(갈 1:2, 22). 다른 곳에서는 한 가정의 모임을 지칭한다(롬 16:5; 골 4:15). 그러나 대부분은 지방에 있는 회중들을 지칭할 때 사용되었다(행 8:1; 13:1; 고전 1:2; 살전 1:1). 그러한 지방 교회 공동체들이 특정한 시간에 함께 모이게 되면, 그때에 비로소 명백한 교회(Church, 대문자 C)가 완전하게 나타난다. 여기에 말씀의 전체 약속이 주어진다. 예수 그리스도께서 친히 그것을 완전하게 수여하셨다. 말씀과 행적으로 증언함에 있어서 완전성이 요구된다(Weber, *Foundations of Dogmatics*, Vol. Ⅱ, 532). 그러므로 개인주의는 이단의 주장이다. 교회는 결코 개인들의 집합체가 아니다. 서로 고백적 관계를 지속하는 사람들의 연합된 몸이다. 민족적, 사회적, 경제적, 정치적 차이점에도 불구하고 그들은 한 몸으로 되어 있다. 바로 이것이 제도로서의 교회를 하나로 묶어 주는 것이다. 결국 한 개인적 결심이 이 공동체에 속하게 하는 것이 아니라 거룩한 선택과 부르심의 끌어들이는 힘에 의해 그렇게 되는 것이다.

(5) 교회의 특성

초기 기독교로부터 전해진 사도신경의 "하나의 거룩한 보편적 사도적 교회"(one holy catholic <and apostolic> church)를 믿는다고 하는 것은 모든 그리스도인들의 신앙고백이다. 이들 네 가지 특성, 즉 일치성, 거룩성, 보편성, 그리고 사도성(*una, sancta, catholica, apostolica*)은 교회의 본질을 정의하는 것으로 여겨졌다. 중세의 사상가들은 이것을 오직 하나의 참된 교회로서 로마 교회가 가지는 배타적인 특성으로 적용하였다. 명백히 현존하는 것으로 여겨진 이러한 개념들은 어머니로서의 교회의 배타적인 권리를 강조하는 데 있어서 부동의 개념으로 사용되었다. 이러한 특성은 그 존재와 구조 안에 본래 갖추어져 있는 것이다. 이 교회는 언제나 어느 곳에서나 인간 사회에서 유일하게 무오하고 완벽한 제도이다. 이곳은 모든 인간을 위한 유일한 구원의 원천이다. 그러므로 로마 카톨릭 교회는 하나이며, 홀로 거룩하며, 보편적이고 사도성을 가진 교회이다.

루터, 칼빈 그리고 다른 종교개혁자들은 공공연하게 이러한 과장된 주장에 대해 반대하였다. 그들의 주장에 의하면 어떤 교회도 자기 스스로 진정성을 보증할 수 없다. 이들 네 가지 속성은 어떤 교회에게나 자동적으로 주어지는 것이다. 한 교회의 존재는 결코 자기 정당화될 수 없다. 하나님의 말씀보다 높아진 교회는 그리스도의 참된 교회로서의 지위를 잃어버린다. 성경의 권위에 근거한 개혁자들은 교회의 정통성을 판단할 수 있는 시금석을 제안하였다. 이 시금석은 참된 교회의 표징으로 알려졌는데, 이른바 순전한 말씀의 선포 성례의 올바른 시행이 그것이다. 이 표징에 의해서 교회의 특성이 판단된다. 참된 교회와 거짓교회의 구별에 대한 문제에 대해서 좀더 역동적인 접근이 이루어졌다. 오직 이 두 개의 표징이 잘 시행되는 교회만이 오직 하나의 거룩하고 보편적이며 사도적인 교회라고 말할 수 있다.

이렇게 교회를 개혁하는 것에 초점이 맞추어진 방법론에 대해서 로마 교회는 반대하였다. 그 전통적인 신학은 표징과 특성 사이의 구별을 허용하지 않는다. 일치성, 거룩성, 보편성, 사도성이라고 하는 로마 카톨릭 교회의 배타적인 주장을 판단할 수 있는 시금석으로서의 표징은 그러한 기능을 할 수 없도록 어떤 특성으로 흡수되었다. 바빙크는 이렇게 말한다. 로마 카톨릭의 주장에 의하면 참된 교회에 붙일 수 있는 색인 목록 전체가 교회의 특징이라고 한다:

> (그러므로) 속성들은 유형적이고 외부적인 것으로서, 지각될 수 있는 존재로 여겨져야 한다. 그들은 이것을 오직 로마 카톨릭 교회에게만 적용하였다…그러므로 첫 번째 특성, 교회의 통일성(일치성)의 의미는 교회는 한 분 주님, 한 믿음 한 세례를 가진다는 것이다. 그러나 로마 카톨릭의 주장에 따르면 이것은 일차적으로 그리스도께서 세우신 교회는 한 명의 수장 즉 교황을 가지며, 다른 교회는 결코 인정될 수 없다는 의미라고 한다. 그러므로 교황이 유일하고 특징적인 교회의 표징이 되는 것이다(*Gereformeerde Dogmatiek*, Vol. IV, 304-5).

이에 대해 개혁가들은, 그렇다면 구원을 받는 믿음과 교회의 실제적 실천행위는 무엇인가라는 중대한 질문을 묻게 되었다. 성경이 가르치는 기준을 따라서 모든 교회는 삶의 생명의 원천인 그 특성들이 존재하고 있는지, 어디에까지 영향을 미치는

지에 대해서 비평적인 자기반성을 해야 한다. "가장 중요한 요점은 이것이다. 교회는 그리스도의 권위와 주님의 목소리에 순종적으로 존재하여 남아 있어야 한다. 주님께서는 그 순종하는 것으로 교회를 판단하실 것이다. 그러므로 교회의 표징은 예수 그리스도의 교회(Church)로서의 교회(church)를 위하여 결정적인 중요성을 가진다"라고 벌카우어는 기록하고 있다(The Church, 15, 23).

우리는 이제 교회의 속성들 자체를 다루도록 할 것이다. 역사적, 신학적 두 측면 모두에서 이 교리의 전개에는 어떤 전통적인 순서가 있다. 그러나 우리는 벌카우어의 말을 기억할 필요가 있다. 네 가지 모두는 아주 긴밀하게 연결되어 있어서 그 중 어떤 것의 수위성을 생각할 수는 없다(Berkouwer, The Church, 25).

① 교회의 일치성(Unity)

"우리는 성령 안에서 하나입니다"라는 노랫말은 모든 그리스도인들이 부르는 널리 알려진 말이다. 그러나 교회의 실제 상황은 다음과 같이 다른 언어를 사용한다. 하나님의 교회는 하나이지만, 우리는 많은 교회를 가지고 있다. 이것은 구별된 두 개의 교회, 관념적 교회와 실제적 교회를 의미하지 않는다. 우리가 알고 있는 단 하나의 교회는 여기 지상에서의 구체적이고 역사적인 성격을 가진 신자들의 공동체이다. 그것은 과거 사도시대에는 고린도와 로마에 있었고, 지금 오늘날에는 시카고, 토론토 그리고 서울에 존재하고 있다. 교회의 하나됨은 결코 삶에서 명백하게 드러나는 것이 아니다. 우리는 그것의 명백한 부재를 보기도 한다. 교회의 몸의 분열은 교회통합운동이 주도하는 시대에 있어서 대단히 중요한 위기로 여겨졌다. 우리는 역설적인 긴장관계를 감지할 수 있다. 한편에서는 기독교 공동체의 분열이 있으며, 또 다른 한편에서는 그리스도 안에서 우리의 하나됨에 대한 성경적 증언이 있다. 이것은 우리가 죄된 존재이기 때문에 발생한 수수께끼이다.

우리가 그리스도께 가까이 가면 갈수록 우리들은 서로 가까워진다. 이것이 교회생활에 대한 주요한 성경적 표준이며 분열된 기독교를 고칠 수 있는 방안이다. 교회의 하나됨은 예수 그리스도에게 중심되어 있다. 한 분 주님만이 계시다. 그러므로 한 믿음, 한 세례라고 말한다. 기독교 공동체의 하나됨은 그것을 구성하는 개인들의 주관적인 상태에 의존하는 것이 아니다. 그 머리되신 분, 그 공동체에 거하시며 통일성을 주시는 분에 의존한다(Weber, *Foundations of Dogmatics*, Vol. II, 553-54). 그리스도 안에서의 두 사람은 한 사람으로 연합된다. 그분은 미움이라는 분리의 벽을 허무셨다(엡 2:14). 유대인이나 헬라인이나, 종이나 자유자나, 남자나 여자나 그 모두는 이제 구원의 풍성함으로 들어가는 것에 완전히 자유롭다. 그리스도 안에서 우리 모두는 하나이다(갈 3:28).

그러나 이 주님 안에서의 하나됨은 또한 세상에서 드러나야 한다. 교회의 하나됨은 은혜의 선물(한 몸, 한 성령)일 뿐만 아니라 긴급한 사명(한 소망을 품는)이기도 하다. 그러므로 교회는 하나됨을 힘써 지키는 노력을 해야 한다. 그 하나된 교회가 살아서 건강하게 그 잃어버린 영역을 회복하도록 해야 한다. 하나됨은 서술적인 것이면서도 또한 우리의 행함을 요구하는 것이다. 사도 신경의 한 항목이면서 동시에 다른 것들과는 차이점을 가지고 있다. 칼빈의 설명에 의하면 우리는 교회를 신앙한다(believe in)고 말하지 말고 교회를 믿는다(believe)라고 말해야 한다(『기독교강요』 IV, 1, 2). 교회의 이 하나됨은 하나님께서 열어 놓으신 특별한 열매이다. 그것은 믿음을 통한 은혜로만 이루어진다. 그 공동체는 오로지 복음을 통하여 이루어지기 때문이다(Weber, *Foundations of Dogmatics*, Vol. II, 554). 하나됨은 귀중한 것일 뿐만 아니라 동시에 심각하게도 받을 수 있는 보물이다.

그러므로 불화와 갈라짐은 교회가 그러해야 하는 모습과 모순되는 것이다. 그러한 것들은 우리의 실패와 죄를 공식적으로 보여 주는 것이다. 분파주의자들이 '나는 바울에게 나는 아볼로에게 속하였다'라고 말하는 것은 육적인 마음을 드러내는 것이다(고전 3:1-4). 그러한 불화는 교회의 신뢰성을 깎아 내리는 것이다. 그러한 갈라짐은 그리스도의 대제사장적 기도 "저희도 다 하나가 되어 우리 안에 있게 하사 세상으로…믿게 하옵소서"(요 17:21)를 무시하는 것이다. 벌카우어는 이렇게 말한다: "하나됨이 깨어지는 것은 세상의 대 참사이다. 그런데 우리는 이러한 일이 너무나 익숙해져서 그러한 경고에 대해 경계심을 잃어버리는 위험에 직면해 있다"(*The Church*, 46).

칼빈은 참된 교회의 표징이 있는 교회를 그 누구도 무시하거나 그 하나됨을 깨뜨릴 수 없다고 강력하게 주장하였다. 말씀과 성례의 사역을 참되게 간직하는 교회라면, 다른 어떤 많은 잘못으로 가득하다고 할지라도 그 교회를 단념하지 않을 것이다. 주님께서는 이 교회의 공동체를 매우 귀중히 여기신다. 그렇기 때문에 이 기독교 공동체를 교만하게 떠난 그리스도인을 반역자와 배교자로 여기신다(『기독교강요』 IV, 1, 10; 12). 바빙크는 이렇게 말한다: "모든 그리스도의 몸의 분열은 우리로 하여금 겸손히 회개케 한다. 하나됨이 깨어지는 것은 하나님을 향한 죄이며, 주님의 기도와 모순되는 것이며, 그리고 우리 마음속의 어두움과 우리의 심장에 사랑이 없음으로 인해 생겨난 것이다"(*Gereformeerde Dogmatiek*, Vol. IV, 300).

루이스 벌코프는 분파주의의 원천은 하나, 즉 죄의 영향이라고 말한다. 그것은 몰지각한 이해력과, 잘못된 힘과, 사람의 완고함에서 기인한다(Systematic Theology, 573). 그러므로 분열을 정당화하려는 모든 시도는 잘못된 것이다. 이것은 교회에 대한 가현적인 개념으로 빠져갈 수 있는 교회의 불가시성에 대한 표현을 내포하고 있다. 동시에 교회의 특성으로 복합성을 상정하는 것도 잘못이다. 각각의 교회들이 자기들 나름대로 특성을 가지지만 보다 커다란 범주에서 조화되는(무지개의 색상의 연합) 어떤 이상적인 교회가 있다고 할지라도 복합성을 상정해서는 안 된다. 그것은 서로 맞서고 있는 수많은 교회들의 악덕을 미덕으로 바꾸어 놓게 한다. 또한 종말론적인 전망에서의 완벽한 교회로 도피해서도 안 된다. 종국에 하나됨이 이루어질 것이라는 변명으로 셀 수 없이 많이 벌어지는 분열들에 대해서 체념해서는 안 되는 것이다. 사실 영광의 소망이 주는 성경적인 의미는 현재의 어려움 가운데서 위로를 주는 것이다. 종말론적인 전망은 결코 예루살렘의 평화를 구하는 우리의 굳은 소명과 복음적 교훈을 약화시키지 않으며, 어떠한 형태의 패배주의에 대한 여지도 남겨 두지 않는다(The Church, 36).

하나됨은 획일성으로 이해되어서는 결코 안 된다. 그리고 그것은 항상 조직체적인 통합으로 나아갈 필요가 있는 것은 아니다. 고백적인 하나됨이 이루어질 때, 교회 연합이 목표와 의무가 되는 것이다. 교회의 하나됨을 위한, 성경적인 기준에 합당한 분리된 교회들을 연합시키려는 모든 시도는 주저함 없이 강한 영적인 힘으로 이루어져야 한다. 더 나아가 하나님의 창조 질서와 하나님의 다스림 속에서 나타난 지구촌 가족들의 다양한 차이점들이 있다. 인종, 지역, 언어, 문화에 따른 다양성처럼 하나됨을 손상하지 않으면서 그리스도의 몸 안에서 존재하는 이 다양성은 존중 받을 가치가 있다. 교회 안에서의 그리고 교회를 통한 그리스도의 대속의 사역은 이러한 차이점을 없애지 않는다. 오히려 보다 커다란 의미에서 하나됨을 통하여 그러한 것들이 거룩하게 인정된다. 예를 들어, "삼백 명의 단원을 가진 합창단이 헨델의 메시아를 부를 때 그 전체 합창단은 하나이다…교회도 마찬가지이다"(Hoeksema, Reformed Dogmatics, 605).

한편, 교회의 역사 속에는 잘못된 교회를 개혁하려는 뜨거운 노력이 마침내는 분리로 마무리지어지는 고통스러운 사건들이 있다. 그러한 것들은 그 자체의 결과만으로 보자면 용납될 만한 것은 아니지만, 결국 보다 나은 결과를 위한 수단이 되었다. 갈라짐을 통하여 참된 하나됨을 회복하는 연합을 이루었다. 예를 들자면, 루이스 벌코프는 이렇게 말한다: "개혁자들은 로마 교회와 결별하였다. 그들이 보이는 교회의 하나됨을 부정해서가 아니다. 오히려 그것을 계속해서 주장했기 때문이다"(*Systematic Theology*, 573). 널리 알려진 바와 같이 칼빈은 만약 그것이 교회의 잃어버린 하나됨을 회복할 수 있다면 칠대양을 기꺼이 건너겠다고 말한 바 있다.

그 역사를 상고해 볼 때 교회는 슬픔의 노래를 부를 것이다. 분파주의로 찢겨졌고 이단들로 고통받아 왔다. 그러나 그것이 다는 아니다. 바빙크는 이렇게 말한다: "모든 참된 그리스도인을 하나로 묶어 주는 것이 그들을 나누는 것보다 항상 더 많았다. 믿음에 있어서의 차이점들을 넘어서는 그리스도인들은 없었지만, 그러한 차이점들 속에서도 그리스도인들이 현존하고 있었다"(*Gereformeerde Dogmatiek*, Vol. Ⅳ, 305). 그것은 참된 믿음의 하나됨 속에 교회를 보존하는 그리스도의 충만함의 신비이다(하이델베르그 요리문답, Q & A, 54).

② 교회의 거룩성(Holiness)

"거룩한 공회"라고 하는 사도신경의 어구는 상당히 과장된 것처럼 들린다. 그러나 바울과 다른 사도들은 초기의 기독교 공동체를(심지어 고린도 교회도 포함해서) "성도들"로, "성도로 부르심을 입은 자들"로 부르고 있다. 서신서에 나타난 것을 반영하여서, 사도신경은 성도들의 교제를 덧붙이고 있다. 다른 특성들과 마찬가지로 거룩은 하나의 확언임과 동시에 하나의 요구이다. 믿음이 그렇듯이 이것도 또한 그 근거를 그리스도의 대속 사역에 돌리고 있다. 그분의 의로움을 덧입음으로 말미암아 교회는 하나님의 심판의 보좌 앞에서 거룩하다 인정을 받는다. 교회는 그리스도 안에서 거룩하여진다(고전 1:2). 거룩은 특별한 경건의 드러냄으로 이해되어서는 안 된다. 성도란 결코 신자들의 영적인 정예 멤버를 지칭하지 않는다. 성도됨과 거룩은 하나님 앞에서 정직하면서도, 그러나 아직은 교회의 지상적 특성에 매어 있는 것을 일컫는다. 근본적으로 그것은 헌신을 의미한다. 예수 그리스도의 다스리심에 모든 삶을 헌신하는 것이다. 그러므로 거룩은 지속적인 자기 반성과 공동체의 훈련을 요구한다. 이러한 요소들은 반드시 교회 생활 속에서 함께 이루어져야 한다. 훈련은 거룩하게 할 뿐만 아니라 그것의 전제가 되는 것이다. 자기 반성과 공동체의 훈련을 통하여 그리스도인들은 다른 사람들의 삶을 비추어 볼 뿐만 아니라 자기 자신에 대해서 알아볼 수 있다(Berkouwer, *The Church*, 377).

다른 이방의 권세들로부터의 자유를 맛보는 것은 교회가 얼마나 거룩한 생활을 하였냐에 달려 있다. 베버는 이렇게 말한다: "그것이 그 자신의 소유가 아니라 오직 한 분 하나님의 소유가 되었다는 의미에서 그 공동체는 거룩하다. 그러므로 다른 어떤 것의 개입이나 권리로부터 자유롭다"(*Foundations of Dogmatics*, Vol. II, 560). 이러한 것은 바르멘 선언에서 잘 표현되었다:

> 거룩한 성경으로 우리에게 증언된 예수 그리스도께서는 하나님의 한 분 말씀이시다. 그 말씀에 우리는 귀기울여야 한다. 우리는 사나 죽으나 그분을 신뢰하며 순종해야 한다…그분을 통하여 우리는 이 세상 속박으로부터 벗어나 기쁨의 자유를 맛보며 그분의 모든 창조세계로부터 오는 혜택을 누릴 수 있다. 그러므로 우리는 잘못된 교리, 즉 예수 그리스도 대신에 다른 주인을 섬기는 우리 삶의 영역이 부분적으로라도 있다고 하는 교리를 거부한다(*Die Barmer Theologische Erklärung*, 34-35).

교회의 거룩이 궁극적으로는 그리스도 안에 근거한다고 할지라도, 그럼에도 불구하고 반드시, 혹은 그러므로 반드시, 공식적으로 표현되어야 할 것이다(혹은, 표현되는 것이 좋을 것이다). 다가오는 새 질서로 말미암아 완전한 충성이 한 분 왕께, 모든 만물의 봉헌이 그분에게 드려지게 될 것이다. 그러나 그러한 거룩이 무조건 마지막 날로 연기되어서는 안 된다. 그것은 교회의 계속적인 사명을 규정하는 은혜의 선물이다. 그 사명에 대한 헌신 속에서, 제도적 교회는 회집한 회중들에게 주님의 말씀을 선포해야 한다. 그렇게 해서 또한 하나님의 백성들이 세상 속에서 그분의 증언자가 될 수 있도록 해야 한다. 거룩은 주님께 대한 교회의 최고의 의무와 관련되어 있다. 이 관계는 교회가 세상을 향해 나가는 기준이 될 뿐만 아니라 교회의 영적인 원천이며 그 내용이다. 그리스도로부터 출발해서 세상으로 향하는 이 흐름의 질서는 결코 역으로 바뀔 수 없다:

> (왜냐하면) 세상에 대한 교회의 사명의 관점으로부터 출발해서 교회를 이해하는 것은 위험하다. 그것은 교회의 특성을 요구되는 것이면서도 실제로는 중요하지 않은 것으로 이해한다. 이것은 교회의 특성을 다소 무시하는 경향을 가진다. 다른 한편, 하나님과 그리스도 그리고 언약에 대한 근거에서 출발하여 교회를 이해하고자 한다면, 교회에 대한 우리의 이해는 거기에서 지체하지 않고 세상으로 나아가게 된다(Hendrikus Berkhof, *Christian Faith*, 414).

③ 교회의 보편성(Catholicity)

보편성도 또한 서술적인 측면을 가짐과 동시에 명령적 측면을 담고 있다. 서술적인 측면, 즉 교회의 넓은 지평에 대한 성경적 확증은 에베소서 1:23에 잘 나타나 있다. 거기에서 바울은 그리스도의 몸인 교회에 대해서 "만물 안에서 모든 만물을 충만케 하시는 자의 충만"이라고 표현한다. 신약성경 전체를 통해서 보편성이란 용어가 교회에 대해서 정확하게 사용된 곳은 없지만, 보편성의 개념이 바울의 충만이란 표현 속에서 발견된다. 하나님 아버지께서는 교회가 성도들과 함께 그리스도의 사랑의 넓이와 길이와 높이와 깊이가 어떠함을 깨닫는 능력을 주셔서, 교회로 하여금 하나님의 모든 충만하신 것으로 충만하게 하신다(엡 3:18-19). 이 특성 안에는 선물의 의미와 의무로서의 의미가 둘 다 담겨져 있다. 벌카우어는 이렇게 말한다: "이 충만에 대해서는 말하자면 약속과 선언이며 또한 요구와 경고이다. 그리고 그러한 구조 안에서만이 충만이 옳게 이해될 수 있다"(*The Church*, p. 113).

그러므로 보편성은 복음 전파 사명을 요구한다. 천국 복음은 모든 민족에게 증거되기 위하여 온 세상에 전파되어야 한다(마 24:14). 이 세계 복음화를 위한 선교 사명의 측면은 예수께서 마가복음의 마지막 부분에서 너희는 온 천하에 다니며 만민에게 복음을 전파하라(16:15)고 말씀하신 부분에서 명확하게 나타나고 있다:

> 바울의 선교에 대한 주요한 테마는 모든 민족에게 복음이 선포되는 것과(롬 1:16; 3:22 이하; 15:9 이하), 교회의 보편성이 원리적으로 주어졌다는 것이다(갈 3:28; 골 3:11; 고전 12:13) 복음의 선포와 교회에 대한 공간적 제한이 없으며, 모든 것이 합력하여 유대인이나 이방인들 모두를 포함한 하나님의 의도하신 충만한 숫자를 이루어나간다(롬 11:12, 25). 바울에게 역사의 종말은 바로 이것이다(롬 11:25, 26; Ridderbos, *Paul: An Outline of His Theology*, 433).

그러므로 보편성의 개념은 교회에 대하여 전세계를 대상으로 하는 국제적인 범위와 초교파적인 지향성, 즉 한마디로 포괄성(universality)을 가진 커다란 전망을 부여한다. 교회는 민족들간의 고정된 경계를 넘어선다. 교회는 방해의 장애물을 극복한다. 교회는 존재하기를 모색하며, 목소리를 높여서, 주님께서 요구하시는 모든 영역에서 그 증인된 역할을 해야 한다. 하나님 아버지께서는 만물을 그 발 아래 복종하게 하시고 그를 만물 위에 교회의 머리로 주셨기 때문이다(엡 1:22). 원리적으로 이것은 이미 그렇게 되었다. 그것은 지금 그렇게 실재한다. 그러나 아직 끝나지 않은 것으로 남아 있다. 이러한 아직(not yet)의 관점은 종말론적인 성취를 지향하고 있다. 요한은 그것을 이렇게 그려내고 있다. "이 일 후에 내가 보니 각 나라와 족속과 백성과 방언에서 아무라도 능히 셀 수 없는 큰 무리가 흰 옷을 입고 손에 종려가지를 들고 보좌 앞과 어린양 앞에 서서"(계 7:9). 그러나 "지금 그리스도께서는 이미 분명히 보편적이시다"(Hoeksema, *Reformed Dogmatics*, 608).

보편성은 영광스러운 일뿐만 아니라 함께 십자가를 지는 일에 있어서 믿음의 권속들에 속한 모든 사람들과의 상호 관계와 단결에 적용된다. 모든 공동체의 기대와 필요는 근본적으로 말해서 상호간의 관계이다(Weber, *Foundations of Dogmatics*, Vol. Ⅱ, 561). 참으로 보편적인 교회는 현재의 세계적인 전망뿐만 아니라 과거로부터 내려져 온 전통에도 근거한다. 우리는 아브라함과 이삭과 야곱의 하나님을 믿는 것을 고백한다. 교회는 선지자들과 사도들의 증언을 기초로 해서 세워졌다. 그리고 생생한 기억 속에 있는 어거스틴, 안셀름, 루터, 칼빈 그리고 그들과 함께 한 수많은 허다한 증인들을 포함한다. 이러한 복음적 전통에 깊숙이 그 기초가 자리잡고 있기 때문에, 멀고 가까운 우리의 현실 세계에 대해 문을 열어놓고, 창조세계의 회복을 바라보는 소망을 가진다. 그러므로 파벌주의는 이단적이다. 어떤 교회도 자신의 존재를 절대화할 수 없다. 보편성은 모든 편협주의와 분파주의적 경향을 분쇄한다. 큉은 이렇게 말한다. 교회의 보편성은 완전성의 개념 속에 있으며, 그 정체성에 근거하여 포괄성으로 귀결된다. 하나됨과 보편성은 연관되어 있다. 교회가 하나라면 반드시 보편적이어야 하며, 교회가 보편적이라면 그것은 하나이어야 한다(*The Church*, 392).

보편성과 일치성은 아주 밀접하게 연관된 교회의 특성이라는 것을 알 수 있다. 일치성은 하나에 집중된 보편성을 내포하며, 보편성은 확장된 하나됨을 내포한다. 그러므로 "교회는 공간적, 시간적 제한을 받지 않는다…다만 그것이 사고하고 활동하는 영역은 세상이다…예수 그리스도의 공동체로서의 공동체, 하나의 교회가 세상을 포괄한다"(Weber, *Foundations of Dogmatics*, Vol. Ⅱ, 561). 양적인 보편성과 질적인 보편성에 대한 구별은 집약적이고 확장적인 양 측면에서 보여진 일치성과 보편성이라는 관련된 주제들을 조명하는 데 도움이 될 것이다. 양적인 보편성은 그 범위를 일컫는 것이며 질적인 보편성은 그 깊이에 대한 것이다. 교회의 전 역사를 통하여 그리고 오늘날의 많은 교회 일치운동의 범주 아래에서 교회의 보편성의 질적인 면은 자주 무시되어왔다. 그것은 양적인 결과물, 숫자와 통계, 활동의 크기와 범위에 대한 극단적인 관심에 의해서였다. 이 잘못된 것에 대한 반응으로서의 양적인 면과 질적인 면의 구별은 좋은 목적에 활용될 수 있을 것이다. 그것은 모든 이에게 선포되는 구원의 넓이와 깊이 양쪽 모두에 우리의 시선을 잡아두기 때문이다. 그것은 숫자에 집착하는 것을 피하는 데에 유용하다. 참된 보편성은, 계속되는 거스를 수 없는 흐름 속에서의 깊이에 대한 통찰(땅 끝까지 이르는 범위를 추구하는)을 가져다 준다:

(교회의) 보편성은 세상에 대한 하나님의 사랑으로 말미암아 세워진다. 그리고 나서 공간과 범위 그리고 양적인 보편성은 자동적으로 의미심장하게 된다. 양적인 보편성은 그 자체로만은 단지 형식적인 설계도에 불과하며, 보편성을 형식화하거나 수량화하는 사람은 참된 신비의 깊이를 잃어버린다. 오직 질적인 보편성에 대한 양적인 측면이 관련될 때, 교회는 능력과 하나됨을 위한 외면적인 전투로부터 보호받을 수 있다(Berkouwer, *The Church*, 107-11).

교회의 보편성은 모든 이원론적 세계관과 삶의 방식에 대한 성경적인 해답이다. 바빙크의 말로, 기독교는 "결코 세상에서의 우리의 삶 위로 초월적으로 떠돌아다니는 존재가 아니다. 오히려 그 안으로 내재해 들어가는 거룩한 능력이다." 창조의 그 어떤 것도 거스르지 않으며 오직 더러운 것을 분쇄한다. 기독교는 모든 피조물들의 갱신이라는 기쁜 소식을 선포한다. 그 안에서 복음이 참된 진가가 발휘되며 참된 보편성을 얻는다. 복음화되지 않거나 복음화되지 말아야 할 것은 결코 없다. 교회뿐만 아니라 가정, 학교, 사회, 국가도 기독교의 원리 아래에 놓여져 있다(*Katholiciteit*, 30, 32).

④ 교회의 사도성(Apostolicity)
이 특성은 사도신경에는 언급되지 않았을지라도 교회의 일치성, 거룩성, 보편성에 대한 고백을 지지해 주는 전제로 여겨진다. 이것은 신약성경의 사도적인 증언을 교회가 위임받았다는 것을 확증하는 것이다. 여러 세기에 걸친 교회 역사에 대한 길고 깊은 전망은 이것과 함께 한다. 사도성은 참된 기독교 전통의 신실한 보존을 보증한다. 그것은 매우 중대한 요소, 그 기원으로부터의 연계성을 보여 주며, 이단과 반대되는 방향을 따라서 단번에 주신 믿음의 도를 위하여 힘써 싸우는(유 3절) 싸움을 제시한다. 사도적 전통을 주장하려면 교회는 미쁜 말씀의 가르침을 그대로 지키며, 신실하게 바른 교훈으로 권면해야 한다(딛 1:9). 바울은 그의 독자들에게 기록한 말씀밖에 넘어가지 말라고 권고한다(고전 4:6). 교회는 지나쳐 그리스도 교훈 안에 거하지 아니하는 자가 되지 말고, 교훈 안에 거하는 자가 되어야 한다. 그렇지 않으면 하나님과의 올바른 관계를 깨뜨리게 된다(요이 1:9).
이러한 권고는 교회의 설교, 교육, 그리고 목회적 사역을 구속하는 측면이 있다. 그러나 은혜와 진리의 지식 속에서의 성장을 차단하는 것은 아니다. 사도적 전통은 완고한 보수주의나 과거에 대한 집착, 신학적 침체, 1세기의 경건을 모사하려는 낭만적 시도를 요구하지 않는다. 전통(전해 내려져 온 것)을 중시한다는 것은 결코 발전을 가로막는 것이 아니다. 사실 진보를 위해서 필수 불가결한 것이다. 좋은 건물은 무릇 견고한 기초 위에 세워져 있어야 한다. 약속된 성령의 인도하심 가운데, 사도적 메시지에 대한 깊고 풍부하고 넓은 통찰을 얻는 것은 올바르고 실현 가능한 목표이며 또한 중대한 사명이다. 그러나 벌카우어가 말한 것과 같이 성장은 우리가 이미 받은 것을 저버리지 않고, 그리스도의 가르침(didache, 요이 9절)에 거하면서, 이미 얻은 진리를 굳게 붙잡을 때에만 가능하다(빌 3:6; The Church, 226).

여러 세대의 그리스도인들이 힘찬 목소리로 "앞으로, 너희 백성들아 우리와 함께 노래하라"고 외쳤다. 이 찬양의 다른 부분에는 "전장으로 행진"이라는 가사가 있는데, 이것은 평화를 사랑하는 세대들에게는 거부감을 줄 수도 있을 것이다. 그런 가사는 교회의 어제, 오늘 그리고 내일의 선한 구원을 표현하고 있는 것이다. 그것은 현재와 미래에 걸친 교회의 사명이다. 이 사명은 과거와 결코 분리되어 존재할 수 없다. 사도들의 사명 속에 그 규범적 원천이 담겨 있는 것이다. 그리고 사도성은 또한 예수 그리스도의 복음의 시작으로 거슬러 올라간다(막 1:1; Berkouwer, The Church, 225-26).

현재와 미래를 규정하는 그러한 과거와의 연속성은 결코 가현적인 것도 아니며, 고상한 신학적 담론 속에나 있는 추상적이고 동떨어진 것이 아니다. 그것은 이 땅과 관련된 역사적 실재에 대한 것이다. 그것은 결코 사람들, 운동들, 그리고 제도들의 이어져 내려옴과 결코 동떨어져 있지 않다. 그것은 신자들의 몸, 성직자, 기독교 사상가, 교회와 관련한 기관들을 포함한다. 그러나 사도성은 결코 로마 카톨릭의 전통에서처럼 한 사람이나 한 권위 기관으로 규정될 수 없다. 로마 카톨릭은 사도적 전통을 바티칸에 있는 것으로 제도화하며, 교황 한 사람에게 최고의 권위를 주는 것으로 절대화하였다. 베드로의 수위성이라는 교리를 절대무오의 것으로 신성화하였다. 그래서 로마의 교황은 사도적 전승의 궁극적인 구현으로 여겨지게 되었다. 개혁가들은 이렇게 사람에게 집중화하는 견해에 대해서 반대하였다. 개혁가들은 이렇게 주장하였다. 교회의 사도적 연속성은 베드로(Petros)에 있는 것이 아니라 그의 고백의 반석(petra) 위에 있는 것이다. 그 고백은 주는 그리스도시요 살아 계신 하나님의 아들이시니이다이며, 이러한 그의 고백에 대해서 예수께서는 내가 이 반석 위에 내 교회를 세우리니 음부의 권세가 이기지 못하리라고 선언하셨다(마 16:16-18). 개혁가들은 이렇게 성경을 해석하면서 사도적 계승의 교리를 유기하지 않았다. 그들은 제도적인 성직자의 계승을 통해서가 아니라, 사도적 가르침에 대한 계속적인 신실함으로 이해하였다. 도날드 블로취(Donald Bloesch)는 다음과 같이 결론을 내린다:

참된 사도성의 계승은 그러한 사역보다는 교리적인 것이다. 그것은 사역 기관에 존재하는 것이 아니라 그 선포 속에 존재한다. 그리고 이 개념 또한 전 개혁적 전통에 근거하고 있다. 몰트만이 다음과 같이 옳게 진술하였다. 사도성의 계승은 사실 그리고 진실로 복음적인 계승이다. 그것은 부활하신 그리스도의 복음의 순수하고 계속되는 선언이다(Essentials of Evangelical Theology, Vol. II, 279).

이 복음에 대해서 참된 교회, 그 구성원, 사역자들 그리고 제도는 그들의 전심을 다하여 충성할 것이 요구된다. 개혁자들에 관해서 언급하자면, 칼빈은 이렇게 말한다. 베드로에게 그의 동료들 이상으로 어떤 특별한 것이 수여되지는 않았다. 그렇다면, 사도들과 그의 계승자들 사이에 차이점은 무엇인가 전자는 성령의 확실하고 참된 기록자들이었다. 그러므로 그들의 저작들은 하나님의 선포된 말씀이다. 그러나 다른 사람들의 유일한 사명은 거룩한 성경에 증거되고 확증된 것을 가르치는 것이다(『기독교강요』 IV, 6, 3; 8, 9). 왜냐하면 율법과 선지서 그리고 사도들의 저작에 포함되어 있는 것 이외에는 어떤 말씀도 하나님의 말씀으로 여겨지거나 교회에서 그러한 대우를 받아서는 안 된다(『기독교강요』 IV, 8, 8).

교회의 사도성이라는 특성이 항상 변치 않고 존재하는 그러한 것으로 여겨지는 것은 충분하지 않다. 그 모든 사역에 파고 들어가는 필수적이고 역동적인 힘으로 작용하여야 한다. 칼빈은 이 점을 강조해서 이렇게 말한다. 성도들은 하나님께서 나눠 주시는 모든 은혜를 서로 나누어야 한다는 원리 위에서 예수의 공동체로 모여졌다 (『기독교강요』 IV, 1, 3). 그것은 생생한 교회의 상황 아래에서만 사도성은 그 실제적인 의미와 중요성을 얻기 때문이다(Berkouwer, The Church, 276).

(6) 교회의 표식들

16세기의 종교적이고 교회론적인 격론은 교회의 표식에 대한 교리를 낳게 하였다. 종교개혁의 "비극적 필연성"(Jaroslav Pelikan, The Riddle of Roman Catholicism, 45-57)의 관점에서 보자면, 개신교 안에서의 분열의 확대로 심화된 위기는, 공존하고 있는 여러 교회들을 수용할 수 있는 기준을 필요로 하게 하였다. 개혁자들은 참된 교회의 특성으로서 일치성, 거룩성, 보편성, 사도성이라고 하는 성경적 기준들을 인정하였다. 그런데 유례를 찾아볼 수 없을 정도로 다양해진 교회들을 접하게 되면서 이런 질문이 야기되었다. 과연 이러한 특성들이 어떠한 경우에 적용된다고 인정할 수 있는가? 그러한 특성이 실제로 지금 거기에 있는지 혹은 매우 잘 발휘되고 있는지를 어떻게 결정할 수 있는가? 벌카우어에 따르면, 그렇기 때문에 이 표식이 교회의 실재에 대한 색다른 관점으로서, 교회론에 새로운 요소로 들어오게 되었다. 그것은 시험을 통해서 교회를 분별하는 것이었다. 교회가 어떠해야 하며 무엇을 행해야 하는가에 상관없이 이 표식은 교회 안에 그리고 교회를 통해서 실제로 어떤 일이 일어나는가에 초점을 맞추게 한다(*The Church*, 15). 사도적 가르침에 근거해서 개혁자들은 표식의 교리에 대해서 교회의 은혜의 방편이라는 개념을 발전시켰다. 이것은 교회의 자기 반성을 위한 성경적 시금석으로 기능하기 위해서였다. 그리함으로 말미암아 교회 생활에서의 네 가지 전통적 특성(일치성, 거룩성, 보편성, 사도성)이 계속될 수 있도록 하기 위해서였다.

　이러한 교회 생활에 대한 접근에 있어서 개혁자들과 그 추종자들은 현저한 일치성을 보여 주었다. 그러나 이러한 목적을 수행하기 위한 표식을 정의함에 있어서는 다양한 견해가 돌출되었다. "오직 성경"으로는 개혁자들의 제일의 특징이었다. 이 고백에 진실하게도, 개혁자들은 하나님의 말씀의 중심성을 강조하였고, 참된 교회의 주요한 표식으로서 그것의 신실한 선포를 강조하였다. 그들은 하나님의 은혜에 대한 응답으로서의 믿음에 의해 의롭게 된다고 하는 복음을 완전하게 그리고 기꺼이 전하는 데 지속적으로 실패한 "어머니 교회"를 비난하였다. 그들은 또한 로마 교회의 교리와 모두 일곱인 성례의 실행에 대해서도 의문을 제기했으며, 특별히 미사에 대해서 그렇게 했다. 이러한 논쟁을 통하여 성례의 신실한 수행이 교회의 두 번째 표식이 되었다. 잘 알려진 바와 같이, 주님의 만찬의 의미에 대해서는 개혁자들 사이에서도 문제가 되었다. 특별히 그것은 빵과 포도주에 그리스도께서 어떻게 현존하시는가에 대한 문제였다. 그러나 그러한 날카로운 차이점들에도 불구하고, 성례(세례와 성찬)의 올바른 시행이 교회의 두 번째 표식으로서 계속해서 인정되었다.

　그렇게 교회의 두 가지 주요한 표식, 즉 말씀과 성례는 모두가 인정하는 것이었다. 교회의 징계를 교회의 세 번째 표식으로서 인정하는 것이 가능한가? 이 질문은 모호성으로 둘러져 있다. 불링거는 오직 두 가지의 표식, 말씀과 성례만을 인정한다. 칼빈은 때때로 교회의 징계에 대해서 긍정적으로 언급하고 있기는 하지만, 기본적으로 두 가지만을 인정하는 입장이다. 우르시누스는 세 번째 표식으로 받아들이는 입장이다. 또한 이것은 벨기에 신앙고백의 입장이기도 하다:

> 다음과 같은 표식을 가지고 있다면 참된 교회로 여겨질 것이다: 복음의 순수한 선포에 헌신하는 교회, 그리스도께서 제정하신 성례를 순수하게 지키는 교회, 잘못된 것을 고치기 위해 교회의 징계를 시행하는 교회(29 항).

그러나 일반적으로 이 세 번째 표식은 앞의 두 표식의 논리적인 결론, 즉 말씀의 신실한 선포와 성례의 올바른 시행을 유지하고 이행하는 수단으로서의 역할을 감당하는 표식으로 여겨진다. 카이퍼는 이것에 대해 영역주권의 원리를 적용하였다. 그는 말씀의 선포와 성례의 시행이 교회에만 독특하게 그리고 배타적으로 적용되는 두 개의 표식이라고 생각하였다. 그러나 그는 징계에 대해서는 그렇게 적용하지 않았다. 사회의 모든 제도들은 교회뿐만 아니라 가정, 학교, 국가 모두가 그 자신의 임무를 수행하면서 징계의 형태를 시행한다.

벨기에 신앙고백은 참된 교회의 표식에 대한 문제에서 한 단계 더욱 올라간다. 이 세 가지 표식의 공식적인 시행 이외에 회중들의 신실한 반응을 포함하고 있다. 그래서 믿음, 의를 좇음, 하나님과 이웃을 사랑함, 육과 그에 속한 일들을 버림과 같은 그리스도인의 구별된 표식을 상정하고 있다. 여기에서 제도로서의 교회의 사명은 반드시 하나님의 백성으로 하여금 매일의 삶에서 그리스도인으로서의 소명을 수행할 수 있도록 하게 해야 하는 것이다.

표식의 수에 관한 논의, 두 개냐 그 이상이냐 하는 문제로 말미암아, 개혁주의 전통이 그 교회 생활의 다양한 면 중에서 집중된 중요 요소를 인식하고 있다는 점이 흐려져서는 안 될 것이다. 모든 표식이 동일한 비중이나 동일한 결과를 가져오지는 않는다. 복음의 선포는 다른 모든 것들보다 더욱 중요한 것이다. 그것은 모든 교리와 삶에 있어서 근본적인 주춧돌이 된다. 심지어 표식에 대해 삼각 구도를 가지고 있는 벨직 신앙고백에 있어서도 그들의 통일성을 상정하고 있다. 요컨대 이 모든 것들은 하나님의 순전한 말씀에 관련한 것이다. 바빙크에 있어서도 그러한 강조가 분명히 드러나고 있다. 그에 의하면, 하나님의 말씀의 능력은 교회의 공적인 선포에 제한을 받지 않는다.

그러나 사도적 규정에 의한, 이 성례의 표식은 공식적인 은혜의 방편을 드러낸다. 왜냐하면 말씀은 성례와 상관없이 존재할 수 있지만 그 반대는 그렇지 않기 때문이다. 하나님의 일차적이고 가장 중요한 은혜의 방편은 하나님의 말씀이다 (*Gereformeerde Dogmatiek*, Vol. IV, 427). 같은 방식으로 루이스 벌코프는 '복음의 선포는 가장 중요한 교회의 표식이다'라고 말한다. 사실 엄격하게 말해서, 말씀의 참된 선포와 그리고 교리와 삶의 표준으로서 그것을 인정하는 것이 교회의 단 하나의 표식이라고 말할 수 있다(*Systematic Theology*, 577). 헤르만 훅스마는 다음과 같이 덧붙이고 있다:

교회는 그리스도께서 계시는 곳이며, 그리스도께서는 말씀이 선포되고 그 말씀의 모든 순수성이 보존되는 곳에 거주하신다…단 하나의 가장 중요한 참된 교회의 특징인 표식은 하나님의 말씀의 순수한 선포이다. 하나님의 말씀이 선포되고 들려지는 곳, 그곳에 교회가 존재하고 있는 것이다. 말씀이 선포되지 않는 곳에는 교회가 존재하지 않는다. 그리고 말씀이 변질된다면 교회는 회개하거나 아니면 사라져야 한다(Reformed Dogmatics, 620-21).

우리의 교회 연합 운동 시대의 넓어진 지평을 수용하면서, 교회의 표식에 대한 이해가 하나나 혹은 두 개의 표식에 대해 집중된 것에서 보다 확대되어 가는 길이 열렸다. 예를 들어 헨드리쿠스 벌코프는 전달 기구인 교회의 본질적인 아홉 개의 요소를 꼽고 있다. 그 제도적인 요소는 다음과 같다: 교육, 세례, 설교, 회의, 성찬, 섬김, 예배, 직분, 교회 정치(instruction, baptism, sermon, discussion, Lord's Supper, diaconate, worship service, office, church order; *ChristianFaith*, 345 이하).

① 설교
칼빈에 근거하여(『기독교강요』 Ⅳ, 2-4) 벌카우어는 "절대로 확실한 교회의 표식은 선하신 목자의 음성을 듣는 것이며, 그것보다 교회를 더 올바르게 표현하는 것은 아무것도 없다"(*The Church*, 65)고 확언한다. 그러나 들음은 반드시 설교를 전제로 하는 것이다. 바울은 "전파하는 자가 없이 어찌 들으리요"라고 말씀하였다. "믿음은 들음에서 나며 들음은 그리스도의 말씀으로 말미암았다"(롬 10:14, 17). 사도들은 그리스도를 대신하여 사신이 되어 하나님께서 그들을 통해 권면하신다(고후 5:20). 이들은 단지 그들을 향한 주님의 명령, 즉 너희는 온 천하에 다니며 만민에게 복음을 전파하라(막 16:15)에 순종하여 행동하였다. 그러므로 바울은 디모데에게 읽는 것과 권하는 것과 가르치는 것에 착념하라(딤전 4:13)고 권면하였다. 바울은 이 점을 강조하여 "너는 말씀을 전파하라 때를 얻든지 못 얻든지 항상 힘쓰라"(딤후 4:2)라는 말씀을 덧붙이고 있다.

우리 시대에는 교회의 다양한 사역을 통해서 복음의 신실한 선포를 수행한다. 신앙고백서들은 순전한 말씀의 선포를 강하게 요구한다. 교회가 무엇이며, 설교자가 무엇인가는 결국 그 순전함의 문제로 귀결된다. 다른 모든 그리스도인의 소명과 마찬가지로, 말씀의 사역에서 최고의 거룩은 전적인 순종이라는 작은 시작을 통해서 이루어진다. "가장 위대한 설교자라도 완전할 수는 없다. 그러나 하나님과 그분의 백성 앞에서 설교는 선지자들과 사도들의 증언에 근거해야 한다. 설교 중에 성령께서는 우리의 세계와 선지자와 사도들의 세계 사이에 있는 차이점들을 극복케 하려

하시기 때문이다"(Hendrikus Berkhof, *Christian Faith*, 357). 그때와 지금, 거기와 여기 사이에는 다양한 차이점들이 있다. 그러나,

> 이스라엘에게 선포된 하나님의 말씀은 아직도 오늘의 교회에게 의미심장하다. 왜냐하면 그들은 지금 우리와 마찬가지로 동일한 은혜의 언약 아래에 있는 사람들이기 때문이다. 모든 실제적인 의미에서 우리는 그들과 같은 백성들이다. 동일한 한 분 하나님으로부터 창조되고 구속되었으며, 같은 믿음을 공유하며, 같은 소망 중에 살아가며, 똑같이 하나님에 대한 사랑을 드러내려고 한다…더 나아가서, 다가오는 하나님 나라의 궁극적인 내러티브는 구약성경과 신약성경을 넘어서서 미래의 새로운 피조계에까지 이르는 것이므로, 이 궁극적인 내러티브와 관련된 내러티브는 직접적으로 현재와 연결되어 있다. 현재뿐만 아니라 과거도 하나의 단일한 역사를 이루는 부분이기 때문이다(Sidney Greidanus, *The Modern Preacher and the Ancient Text*, 171, 215).

이러한 전망은 기독교 공동체의 매일의 경험 속에서 의미 있게 실천되도록 인도하는 길을 열어놓을 것을 요구한다. 만약 언약의 삶과 천국을 위한 봉사를 계속 할 수 있도록 활동의 장을 열어 놓으며, 그러한 여정에 참석하도록 하는 긴급한 소명과 관련되어 있다고 한다면, 일방적으로 선포되는 설교는 더 이상 참된 예배의 장애물이 아니다. 설교는 우리에 대한 하나님의 영원하신 뜻의 선포이다. 바빙크가 말한 것처럼 "하나님 뜻의 드러남으로써의 설교는 모든 이들에게 선포되는 것이며, 우주적인 중요성을 가진다. 그리고 부족한 믿음을 불러일으키며, 특별히 예배로 모인 성도들에게 힘을 불어넣어 주는 것이다"(*Gereformeerde Dogmatiek*, Vol. Ⅳ, 428). 인간 모든 양식들에 있어서 하나님의 말씀은 바로 우리의 삶이기 때문이다.

② 성례

말씀과 성례는 함께 한다. 말씀으로부터 떨어져서의 성례는 공허한 형식적 예식에 지나지 않는다. 옳게 시행되고 옳게 받아들여진다면, 그것은 복음의 가시적인 선포이다. 교회의 사역을 통해서 전해진 은혜의 방편으로서, 예수 그리스도를 중심으로 한 구원의 메시지를 유형적인 형태로 확증하는 것이다. 칼빈은 성례를 가리켜서 복음의 선포와 관련된 우리의 믿음에 대한 또 다른 보조물이라고 불렀다. 예전에도 그러셨듯이, 하나님께서는 우리와 동행하시면서 물, 빵, 포도주라는 유형적 요소를 통해서 우리의 모든 불신과 의심을 거두어 내신다. 칼빈은 성례에 대해서 다음과 같이 적절한 정의를 내리고 있다.

우리의 약한 믿음을 받쳐 주기 위해서, 하나님께서 우리에게 대한 그의 선하신 뜻의 약속을 우리의 마음에 인치시는 외형적인 표이고, 우리편에서는 그 표에 의해서 주님와 주님의 천사들과 사람들 앞에 주께 대한 우리의 충성을 확인하는 것이다(『기독교강요』 Ⅳ. 14. 1).

성례에 대한 이러한 신학을 가지면서 개혁자들은 성례적 표식물과 그것이 표현하는 대속적인 실재에 대해 구별하는 어거스틴의 견해를 따랐다. 세례와 주님의 만찬을 통하여 비가시적 은혜의 가시적 형태로 은혜를 받는다. 하나님께서 내려주시는 사랑의 가시적, 유형적 표현은 새로운 창조물들이 아니다. 현상들과 관습들로 이미 나타난, 고대 문화에서 흔하게 발견되는 할례의 시행, 공동의 식사, 물로 씻음, 빵과 포도주의 회복하게 하는 성질이다.

바빙크에 따르면 "이스라엘의 성전과 제사장 직분, 제단과 그 희생 제물 그리고 율법과 율례를 세우실 때에 다른 민족들의 평범한 관습들을 사용하신 것과 마찬가지로, 성례의 표식과 인침은 매우 지상적인 성격을 가진다"(*gereformeerde Dogmatiek*, Vol. Ⅳ, 474). 성례는 우리 인간의 존재하는 다양한 방식에 매우 밀접하게 맞추어졌다. 벌카우어는 "하나님께 대한 성례전적인 접근은…인간의 종교적 사회적 심리에 깊게 근거하고 있다"고 말한다(*The Sacrament*, 18).

구속사의 전개에 있어서 신약성경의 성례는 구약성경의 대응물들과 깊게 연관되어 있다. 주님의 만찬은 유월절의 성취이며 세례는 할례의 성취이다. "이 언약사의 관점에서 볼 때, 구약성경의 성례와 신약성경의 성례에는 본질적으로 아무런 차이가 없다"(Louis Berkhof, *Systematic Theology*, 619). 믿음의 한 가족의 구성원으로서 그들과 우리 모두는 하나이다.

③ 세례

세례의 물은 기독교 공동체로 들어감을 나타내며 확증하는 것이다. 그것을 통해 회원이 되는 것이며 따라서 가정과 교회와 학교 그리고 나머지 모든 곳에서 하나님의 백성의 삶에 완전히 참여하게 되는 것이다. 우리가 "유대인이나 헬라인이나, 종이나 자유자나, 다 한 성령으로 세례를 받아 한 몸이 되었고 또 다 한 성령을 마시게 하셨느니라"(고전 12:13). 그러므로 표식과 인침은 하나님의 능력과 성령의 역사하심과 결코 떨어질 수 없는 것이다(Berkouwer, *De Sacramenten*, 175). 초기시대부터 교회는 주님의 명령에 순종하여 성도들과 그들의 자녀들에게 세례를 베풀었다. "너희는 가서 모든 족속으로 제자를 삼아 아버지와 아들과 성령의 이름으로 세례를 주고"(마 28:19).

　전체 성경의 일관된 증언을 통해서 이 성례에 대한 깊은 이해를 할 수 있다. 그 근거는 구속사의 전 영역에 깊숙이 자리하고 있다. 세례 예식은 구약성경으로부터 시작해서 신약에 이르러 성취되는 성경 이야기 흐름의 가장 본질적인 부분이다. 이스라엘에서 할례는 언약적 공동체에 들어가는 예식이었다. 하나님의 선택 백성이 되었다는 상징으로서, 예수께서는 직접 여덟 째날 할례를 받으셨다(눅 2:21). 율법의 의를 성취하심으로 그리스도께서는 이전 것을 완성하시고 새로운 것의 선구가 되셨다. 할례는 세례로 갱신되었다(빌 3:3; 고전 7:19; 갈 5:6; 골 2:11). 이 변환은 세례 요한에 의해서 이미 예고된 것이었다. 그는 죄 사함을 얻게 하는 회개의 세례를 전파하여 메시아의 길을 예비하기 위해 온 사람이었다(눅 3:1-17; 막 1:1-8). 순결 예식으로서의 물로 씻음은 이미 신약 초기 시대의 몇몇 유대인 집단들 속에서 관찰된다. 그러나 요한의 세례는 훨씬 더 급진적이고 포괄적인 성격을 가진 것으로 하나님의 나라의 도래를 선포하는 것이었다.

　예수께서는 세례 요한의 말씀-성례 사역을 통과하셨다. 요한의 반대에도 불구하고 예수께서는 요단의 물 아래로 그 자신의 몸이 내려가는 것을 허락하셨다. 그것은 그분의 공적인 사역을 시작하는 성례전적인 취임식이었다(마 3:13-17). 그러므로 예배의 세례식에서 교회는, 주님께서는 요단강 아래로 내려가셨고, 물위로 올라오사 성령을 덧입으셨습니다. 주님은 죽임을 당하셨으며, 생명의 주님으로 부활하셨습니다. 그 주님께서는 우리와 우리 가운데 있는 가장 연약한 이들을 그분의 품안에서 항상 보호하실 것입니다라고 고백한다. 요단강은 우리를 대신하여 받으실 예수의 가장 중요한 세례를 나타낸다. 이 세례는 앞으로 다가올 더 쓰디쓴 세례인 십자가를 예고하는 것이었으며 그 뒤로 부활이 뒤따르는 것이다. 그 길을 따라서 분쟁케 하시는 분이신 주님께서는 다가올 일들에 대해 깜짝 놀랄 만한 예언을 하신다: "나는 받을 세례가 있으니 그 이루기까지 나의 답답함이 어떠하겠느냐"(눅 12:49-53). 결국 그러므로 세례의 물은 십자가의 피에 대한 상징이다. 그리고 그 십자가의 피는 할례(피로 씻어내는)가 세례(물로 씻어 내는)로 되는 역설적인 중대한 변화를 가져오게 한다.

　이러한 유비는 성경 전체를 통해 흐르고 있는 기본적인 주제이다. 노아의 홍수를 생각해 보자. 물은 씻어냄뿐만 아니라 심판을 상징한다. 그것은 우리의 죽음과 우리의 새로운 삶이라는 양면을 상징하고 확증하는 것이다. 이것은 바울의 날카로운 질문을 통해서 더욱 분명해진다:

"무릇 그리스도 예수와 합하여 세례를 받은 우리는 그의 죽으심과 합하여 세례받은 줄을 알지 못하느뇨 그러므로 우리가 그의 죽으심과 합하여 세례를 받음으로 그와 함께 장사되었나니 이는 아버지의 영광으로 말미암아 그리스도를 죽은 자 가운데서 살리심과 같이 우리로 또한 새생명 가운데서 행하게 하려 함이니라"(롬 6:3-4).

세례의 궁극적 근거는 십자가와 부활이다(벧전 3:18-22). 그러나 기원적 근거는 창조의 질서에 있다. 하나님께서는 인류를 공동체로서 창조하셨다. 처음부터 우리의 삶은 관계의 그물에 놓여져 있었다. 그 관계는 우리를 가족으로 친구로 이웃으로 묶어 주며 예배 공동체의 교제 안에 있게 하는 것이다. 그분의 구원의 사역에 있어서도, 하나님께서는 그분께서 만드신 본래의 창조의 구조를 소중히 여기신다. 대속이란 본래 그랬으며 그렇게 되기로 의도된 창조세계로의 회복이다. 재창조는 창조의 목적과 일치한다. 이스라엘에게 있어서 할례는 부모와 자녀 그리고 친지들을 포함하는 가족의 일이었다. 그것은 공동체적인 측면을 가지고 있었다. 예수의 할례에 있어서도 성전에서 공적으로 부모가 시행했던 것임이 분명하다(눅 2:21-40). 그러한 예식적 정황 속에서 요셉과 마리아 그리고 하나님의 오랜 백성의 신실한 남은 자를 대표하는 안나와 시므온이 예수를 둘러싸고 있었다. 그리고 그들의 찬가는 이 봉헌 예식을 보다 폭넓은 의미로 적용하였다. 모든 민족들 이방을 향한 계시의 빛, 당신의 백성 이스라엘의 빛, 많은 이스라엘 사람의 흥함과 망함 그리고 예루살렘의 대속이 그것이다. 새사람으로서 출발하는 이 성례는 결코 개인적인 행위가 아니다. 가족적이고 공동체적인 것이다.

세례에 있는 구원의 확증은 연합과 확고한 관계로 들어감을 의미한다. 그런데 그것은 세례로 인해서 처음 생겨나는 것이 아니다. 그러나 하나님께서 주시는 선행하는 선한 기쁨의 근거가 되며, 또한 그리스도의 죽음과 부활이라는 가장 중요한 비밀을 형성한다(Ridderbos, *Paul: An Outline of His Theology*, 410). 그러므로 언약적 공동체에 있어서 세례의 모범은 "우리와 당신께서 우리에게 주신 자녀들이 함께 여기에 있습니다"이다. 전체 회중은 이 축제의 기념식의 기쁨에 참여하며, 또한 믿음의 삶을 살아가는 젊은 세대에 대한 양육을 이것에 위임하는 것이다. 하나님의 약속이며 우리의 책임인 성례전적인 통로를 통해서 우리는 깨닫는다. 우리는 언약적 요구를 무시하지 않으면서도 하나님의 무조건적인 보증을 이야기할 수 있다(Berkouwer, *De Sacramenten*, 207).

루터는 *Regressus ad Baptismum*, 즉 우리가 과거에 받았던 세례를 우리와 우리 자녀들에 대한 하나님의 약속과 우리의 소망의 확실한 근거로 이해하며 그것으로 계속적으로 돌아감을 강조하였다. 헨드리쿠스 벌코프는 이렇게 진술한다:

> 창조와 탄생의 이미지가 이 씻음을 설명하기 위해서 반복해서 사용되었다는 것은 의미있는 것이다. 그것은 믿는 그리스도인의 삶의 충만을 의미하는 것이 아니라 그 시작을 의미한다. 그 시작은 우리로 말미암지 않았으며 우리를 위한 구원을 예비하신 하나님으로부터 말미암는다. 그 시작을 우리는 결코 지나간 것으로 지나쳐 버릴 수 없다. 우리는 항상 성도로서의 전체 삶의 근거, 중심, 원천인 그것 위에 서 있어야 한다. 그 시작의 물은 우리가 하나님의 대속과 창조의 행위로, 죄의 전가로, 의롭게 하심으로 살아간다는 것을 말씀한다(*Christian Faith*, 351).

④ 성찬

성례(*sacrament*)라는 단어가 성경에 직접 나타나는 것은 아니다. 이 단어는 신약성경에 나오는 헬라어 *mystrion*(신비)에 대한 라틴어 벌게이트 번역에서 유래하였다. 이 성례전적 '신비'는 세례에도 적용되기는 하지만, 성찬에 더욱 깊은 관련을 가지고 있다. 과학적 세계관과 관련하여 급속히 세속화하는 우리 시대는 그러한 신비적 실재에 대해서 긍정적이지는 않다. 이것은 현대의 믿음의 위기 가운데 매우 긴급한 한 측면이다. 주님께서 다시 오실 때까지 그리스도의 죽음을 상기하는 것이 가장 본질적이고 중요한 공동체의 주제라는 것을 분명히 하는 것은 매우 중요하다. 또한 우리 시대에 있어서는 그리스도의 고난과 죽음의 의미가 의심되는 만큼 더욱더 그 중요성이 커진다고 할 것이다(Berkouwer, *De Sacramenten*, 394-95).

신약성경은 이 성찬의 의미를 매우 다양한 표현을 사용하여 조명하고 있다. '주의 만찬'(고전 11:20)으로 불릴 뿐만 아니라, 또한 '주의 상'(고전 10:21)으로, 유카리스트(마 26:27, '사례'한다는 의미의), '떡을 떼는 것'(행 20:7), '축복의 잔'(고전 10:16)으로도 표현된다. 이러한 모든 비유들은 주님께서 버리심을 당하신 밤을 회상케 한다. 공관복음서는 모두 그 사건을 기록하고 있다. 이 복음서의 기술들이 "모든 세부사항에서는 동일하지 않을지는 몰라도, 그들 모두는 이 가장 중요하고 결정적인 사건, 즉 주님의 만찬의 규례에 대해서 가르치고 있다." 또한 바울은 이것에 대해 다시 언급하면서, 자신을 잘 살피면서 그것에 잘 참여하는 것의 중요성에 대해 확증하고 격려한다(고전 11:23-34). "이것은 일상적인 식사를 말하는 것이 아니며 먹고 마시는 그러한 행위들의 의미, 즉 그것이 가리키는 의미를 지시하는 것이다…즉 '이것은 많은 사람의 죄 씻음을 위하여 흘리는 나의 피, 새로운 언약의 피이다'"(Berkouwer, *De Sacramenten*, 255).

이 사건이 일어난 장소, 다락방은 신약과 구약의 교차로이며, 그 둘을 연결시키며, 한 쪽으로부터 다른 쪽으로의 이동을 나타내는 전환점이다. 성경시대에 있어서 식사를 같이한다는 것은 중요한 일 중의 하나였다. 그것은 또한 지금에 있어서도 그렇다. 식사시간은 흥겨운 시간이며, 편안하게 우정을 돈독히 하며, 따뜻하고 행복한 교제를 나누며, 화해와 새롭게 함이 일어나는 장소이다. 바로 그 자리에서 예수께서는 자신의 제자들을 통하여 그 만남의 저녁을 기념해야 할 만찬으로 새롭게 만드셨다. 예수께서 하신 말씀은 구약의 말씀을 새롭게 하신 것이다. 유월절은 이제 구속사 안에 영원한 만찬으로, 하나님께서 이스라엘을 다루신 지난 역사를 돌아보면서 그리고 미래를 향해서는 "어린양의 혼인 잔치"(계 19:9)를 내다보면서 새롭게 태어났다. 성만찬의 중심에는 갈보리 언덕 위의 십자가가 놓여져 있다. 팔다리가 속박당한 채 면류관을 쓰고 피를 흘린 그 모든 것은, 떡이 나누어지고 잔이 부어짐을 통해 가시적으로 표현된다.

바울은 초대교회를 향한 설교에서 그들을 통해서 지금 우리에게도 마찬가지로, 잔과 떡을 나눔이 그리스도의 몸과 피와의 교제(*koinnia*)를 가져다 준다고 확증하고 있다(고전 10:16). 구원의 전과정은 '마지막 만찬'에서 그 절정에 이르게 되며, 그리스도인의 나그네길의 전체에 있어서 중심점이 되는 것이다. 거기서 우리는 부활의 관점에서 그리스도의 희생을 상기하며, 동시에 종말의 잔치에 참여함을 기대하며, 부활하신 주님을 찬양하며 신자들의 교제를 나누는 것이다. "그러므로 이제부터 그리스도의 교회의 존재양식은 식사로 시작해서 식사로 이어지는 것이다"(Hendrikus Berkhof, *Christian Faith*, 363). 예수의 고별설교의 말씀, "그러나 너희에게 이르노니 내가 포도나무에서 난 것을 이제부터 내 아버지의 나라에서 새 것으로 너희와 함께 마시는 날까지 마시지 아니하리라 하시니라"(마 26:29)의 말씀도 이 성찬에 대한 계속적인 기념의식으로의 길을 열어 놓고 있다. "종말론적인 관점은 예수께서 그의 제자들과 함께 하신 마지막 만찬에 이별의 성격을 부여하고 있다. 바로 이 사실은 영원한 성찬의 참된 의미에 대한 이해에 이르게 한다"(Ridderbos, *The Coming of the Kingdom*, 416).

떡과 포도주에 그리스도께서 임재하시는 방식에 대해서 종교개혁시대에 아주 열띤 논쟁을 일으켰던 이 문제는 지금의 교회의 삶에 있어서는 이상스럽게 별 관심을 모으지 않는 것같이 보인다. 우리 시대의 교회일치운동의 분위기 속에서, 서구 기독교의 다양한 분파들 가운데 보다 보편적인 성례적 일치를 모색하는 것으로 관심이 옮겨졌다. 매우 극소수의 사람들만이 오랜 전통을 가진 이 문제를 심각한 것으로 여길 뿐이다. 헨드리쿠스 벌코프는 "'사실'이 '방법'보다 훨씬 더 중요하다"고 말한다. 그러므로 그는 "실천이 신학보다 더욱 중요하다"고 과감하게 말하고(*Christian Faith*, 368) 있다. 그럼에도 불구하고 오늘날의 교리적 수렴은 과거의 용어, 교회역사에 나타났던 개념들의 다름으로써만 이해될 수 있을 것이다. 그러므로 우리는 이러한 차이점들에 대해서 살펴보아야 할 것이다. 성찬에 임재하는 그리스도의 몸에 대한 로마 카톨릭의 견해는 "화체설"(transubstantiation)이라고 불린다. 사제가 축성할 때에, 떡의 외적인 모양과 촉감과 맛이 여전히 남아 있을지라도, 그 떡과 포도주의 참된 본질(*substantia*)은 그리스도의 실제의 살과 피로 변화한다. 루터신학은 '공재설'(consubstantiation)을 지지한다. 이 견해는 그리스도께서 승천하실 때에 모든 곳에 편재하게 되었다는 믿음에 근거하고 있다. 따라서 루터교회 신학자들은 전통적으로 그리스도의 몸이 성례적으로 떡과 포도주 "안에, 아래에, 그리고 함께" 임재한다고 가르쳐 왔다.

칼빈의 전통은 "그리스도의 말씀과 성령으로 말미암아 결코 우리를 떠나서 계시지 않다"는 그리스도의 "참된 영적인 임재"를 강조한다. 쯔빙글리는 성만찬을 성도들이 자신들의 믿음에 대한 증거로 기억하는 축제로 이해하였다. "땅의 것들"을 부정적으로 이해하는 재세례교도들은 성례의 중요성을 경시하는 경향을 보이기도 하였다. 기독교 공동체가 그러한 신학적 관점으로 나뉜다는 것이 현대의 눈에는 이상하게 보일 수도 있다. 오늘날 성찬에 대한 견해는 매우 부드러운 방식으로 가는 추세이다. 카톨릭교회는 "의미의 변화"(trans-signification)를 말하고 있으며, 루터교 신학자들은 칼빈의 입장에 가깝게 움직여 가고 있으며, 칼빈주의자들은 성찬을 "은혜의 방편"으로 축소하며 기념하는 축제의 의미를 강조하고 있는 것으로 보인다.

칼빈 자신은 예배에 있어서 말씀과 성례의 밀접한 관계에 대해서 강조하였다. 그렇기 때문에 그는 성찬 예식을 매우 자주 가질 것을 주장하였으나 제네바 시의회의 압력 때문에 절충하게 되었던 것이다. 그러나 이 논의에 대한 모든 과정을 통해서 성찬을 "합당하게" 시행하는 것과 "합당하게" 받는 것은 아직도 현대교회에 중요한 관련성을 준다. 벌카우어는 이렇게 말한다: "그리스도의 죽음을 우리가 기억함은 이 세상에 모호하지 않고 매우 분명한 증거를 제공하는데, 그것은 성만찬과 적그리스도의 많은 "상징"들 사이의 경계선이 합당하게 시행함과 부당함 사이의 경계와 일치할 때에만 그 분명한 증거를 제공한다는 것이다"(*De Sacramentem*, 394).

성만찬은 그리스도의 죽음이 주는 대속의 의미를 지속적으로 선언한다. 그것은 마치 출애굽 후와 가나안으로 들어가기 전까지 만나와 바위에서 나온 물이 그랬던 것과 같이, 어떤 기간들 사이에서 영적인 양식이요 음료이다. 반복적인 시행을 통해서 성만찬은 주님께서 오실 때까지 현재 세상에 생명을 이어간다(Ridderbos, paul: An Outline of His Theology, 425).

(7) 참 교회와 거짓 교회

개혁주의 전통은 참 교회와 거짓 교회를 구별하는 두 가지의 기준으로 말씀과 성례를 말한다. 그러나 근대에 들어서서 이러한 표식을 이웃 교회에 엄격하게 적용하는 것을 꺼려하는 경향이 나타났다. 일반적으로 침례교회가 다른 교회들의 세례를 인정하지 않음에도 불구하고 침례교회는 배제되지 않았다. 한 걸음 더 나아가, 성만찬에 관한 반대되는 견해들도 다른 교회들을 배제하는 근거로 여겨지지 않았다. 교회의 삶에 대한 이러한 경향은 그러나 지난 19세기에 급격한 변화를 겪었다. 그때에 발생한 많은 "자유교회"의 운동은 많은 복음주의 교회들로 하여금 기존의 교회들과 결별하게 하였다. 유럽에서 국가교회들이 급진적인 자유주의로 흐르면서, 복음이 그들의 강단에서 침묵하게 됨으로, 그 교회들은 "거짓교회"라는 비난을 받게 되었다. 인본주의의 개념들이 세례의식을 형성하고 성만찬에의 참석의 의미를 규정하였다. 성경이 요구하는 교리와 삶은 점차 사라져 갔다. 이러한 자유주의적인 흐름은 서부 독일에서 전형적으로 나타났다. 이러한 자유주의적인 사상은 다음과 같이 요약할 수 있다:

> 인간과 이성은 중심에 위치한다. 인간의 모든 삶은 과학적으로 설명될 수 있는 것이다. 기적과 신비는 사라졌다. 인간적인 미덕은 시민이나 목회자에게 똑같이 궁극적으로 도덕적인 목표이다. 이러한 영적인 환경에서 경건한 그리스도인들은 자신들이 생존할 수 없음을 깨닫게 된다. 그러한 환경은 곧 그들을 바깥 어두운 곳으로 몰아냈고, 오래지 않아 제도교회 밖으로 쫓겨나게 되었다 (G. J. Beuker, Umkehr und Erneuerung, 57).

우리 세대에 이러한 '자유교회들'은 자신들의 군건한 자리를 차지하고 있다. 다소 정적인 개신교의 스콜라주의적 신학의 영향으로, 개신 교회들은 종종 모든 교회를 항구적으로 "참 교회와 거짓 교회"로 분류하려고 한다. 어떤 교회는 "참"되며 다른 교회는 "거짓"되다. 어떤 경우는 유동적인 기준을 적용하면서 교회들은 다소 참되거나 혹은 다소 거짓된 교회로 분류되었다. 각각의 그룹은 나름대로 각각의 정통성에 대한 분명한 가이드 라인을 가지려는 경향을 보였다. 참 교회와 거짓 교회를 구분하는 기준은 너무나 종종 교회들을 고정된 등급으로 매기려는 경향으로 나타났다.

이렇게 잘못 알려진 기준은 사람들에게 맹목적으로 그리고 좀더 많은 경우에는 분명한 이유를 가지고 자신들의 교회가 그리스도의 몸의 "가장 순수한" 모습을 갖추고 있다는 확신을 가지게 하였다. 교회가 자기 자신의 존재를 위해 주장하던가 또는 자기의 보전을 위해서 무절제하게 관심을 갖는 곳에, 제도적인 보전과 안정을 말씀과 성례에 고백적으로 순종하는 것보다 더 중요하게 생각하는 곳에, 그리고 교회의 체계와 규정에 대한 집착을 영적인 건강과 회중을 위한 목회 위에 놓는 곳에는 계급적인 전제횡포와 양심의 억압이라는 위험이 존재한다. 이런 교회는, 만약 그것을 교회라고 부른다면, 종교개혁의 매우 중요한 원리, 즉 "한번 개혁된 교회는 지속적으로 개혁되어야 한다"(*ecclesia reformata semper reformanda est*)의 원리를 잃어버린다.

"참" 교회와 "거짓" 교회를 이렇게 정적 고착된 개념으로 이해하는 것은 매우 도전적인 상황 가운데서도 역사하는 하나님의 말씀의 역동적인 능력에 모순되는 것이다. 성령의 역사는 결코 제한될 수 없다. 그의 역사는 바람이 그 마음대로 부는 것과 마찬가지이다. 루터가 말한 바와 같이 복음은 소나기와 같아서 한 곳에서 다른 곳으로 옮겨간다. 복음은 교파의 경계를 넘어선다. 복음이 말씀과 성례를 통해 신실하게 선포되는 곳이면, 언제나 그리고 어디든지 항상 "참"된 교회가 발견된다. "하나님의 말씀을 떠나서는 결코 교회가 존재할 수 없다." 말씀이 올바로 선포되는 그곳에는 또한 성례도 또한 신실하게 수행된다. 그리고 그것이 일어나는 곳에는 참된 교회가 존재하는 것이다"(Bavinck, *Gereformeerd Dogmatiek*, Vol. III, 339).

그러므로 교회의 표식은 교회가 고착된 형태로 이해된 영속적인 소유물이 될 수 없다. 그것은 잃어버리기도 하며 되찾아지기도 하는 것이다. 그러한 변화들은 교회와 교회 사이의 차이를 만들어 내기도 하고 그 간격을 좁히게도 하는 것이다. 그러한 "참된/거짓된 교회" 사이의 변화는 한 교회 안에서 한 주일과 다른 주일 사이에도 일어날 수 있다. 예배로 모였을 때 "우리는 오늘 참된 교회를 경험합니다" 혹은 "오늘 우리 교회는 교회답지 않습니다"라고 말할 수 있다.

가장 참된 교회란 설교자가 말씀을 전할 때나 장로가 그 성례를 수행할 때에 하나님의 말씀에 대한 신실한 봉사자로서 일할 때, 그래서 회중에 앉은 하나님의 "직분자들"에게 참된 "직분자들"이 될 때에 일어난다. 참된 교회는 하나님의 백성으로 하여금 그들의 언약에 신실하게 하며 하나님 나라의 부르심에 응답할 수 있도록 준비하게 하는 것이다.

(8) 교회 리더십

교회의 직분은 리더십을 위한 것이다. 가정, 학교, 동아리 모임, 회사, 사회적 동호회, 국가 등 모든 단체는 이 목적을 위하여 나름의 직원들을 가지고 있다. 각각 나름대로 가지고 있는 그 기구의 본질과 목적이 직원들의 권위와 업무를 규정한다. 교회도 결코 예외가 아니다. 모든 기독교 공동체는 성경적이고 신앙고백적인 기준에 의해서 직원의 임무와 삶을 규정한다. 그 기준은 제도로서의 교회 안에 있는 특별한 사역을 담당하는 사람들에 대한 요구를 형성한다. 감독제도이든 장로교 제도이든 독립교회 제도이든, 각각의 기독교 전통에 있는 교회 질서는 교회의 공식적인 사명과 사역을 규정하는 배경이 된다. 교회 생활의 형식적인 두 가지 측면, 특별직분과 그 정치질서에 대해서 간단하게 살펴보도록 하겠다.

① 특별한 직분

이스라엘 속에서 이미 "교회 생활"은 하나님의 백성의 삶을 풍성하게 하는 임무들 사이의 차이점을 나타내고 있다. 거기에서 우리는 제사장들, 레위인, 백성들의 장로들, 선지자, 서기관을 발견한다. 이러한 직분의 세분화 원리는 신약성경에서 더욱 성숙하게 적용된다. 그리스도께서는 최고의 주님, 즉 머리가 되신다. 성령의 부어주심을 통하여 그의 선택된 사도들로 하여금 초대 교회를 이끌어 나가도록 위임하셨다. 그들은 머리이신 그리스도와 그분의 몸인 교회를 연결하는 살아 있는 연결고리였다. 초대교회에 새로 나타나는 요구들을 충족하기 위해서 본래의 사도 직분은 보다 세분화된 집사, 장로, 목사의 직분들로 나뉘어져서 확대되었다. 그들의 사랑의 사역은 교사, 돕는 자, 다스리는 자, 선지자, 기적을 행하는 자, 통역자의 보조적인 성격의 섬김을 통하여 강화되었다(엡 4:11; 고전 12:27-30). 봄철에 점차로 개화되고 있는 꽃봉오리처럼, 사도의 직임은 구별된 다양한 섬김의 역할들로 펼쳐지게 되었다. 모든 그리스도인들은 은사를 받은 사람들이다. 그러므로 다양한 섬김의 방법들이 존재한다.

사도행전과 신약의 서신서를 읽으면, 우리는 그리스도께서 제정하신 사도직에 공통적으로 뿌리를 두고 있는 교회 안에 있는 어떤 특별한 직분들이 발견된다. 이러한 직분들을 맡고 있는 자들에게 기본적으로는 모두 동등한 존경과 권위가 보장되었다. 교회의 직분은 위계적 체계를 가지고 있지 않다. 다만 각각의 직분들은 그 할당된 업무에 있어서 차이점을 가질 뿐이었다. 각각은 그 나름대로 특별한 사명을 가지고 있었다. 교회 직분들의 근본적인 통일성은 신약 교회의 생성보다 선행한다. 심지어 이스라엘에 대한 하나님의 길보다도 선행한다. 인간 공동체의 모든 직분과 마찬가지로, 교회의 직분들은 창조의 질서와 함께 태초로부터 모든 인류에게 주어진 보편적 직분에 근거하고 있기 때문이다. 마지막 아담으로서 그리스도께서는 첫 번째 아담과 그 후손의 타락한 직분을 회복하셨다. 성령의 사역을 통해서, 특별 직분을 통해서 그분은 지금 그분의 추종자들을 모든 성도들이 보편적 직분들로 올바로 봉사할 수 있도록 회복하신다.

중보의 직분으로 볼 때 예수께서는 섬김을 받으려 오신 것이 아니라, 섬기러 오셨다(막 10:42-45). 그러므로 그분의 이름으로 지금 특별 직분을 가지고 있는 사람들은 또한 회중의 유익을 위하여 그들의 권위를 사용할 것이 요구된다. 그들은 동등한 가운데 앞에 선 사람들이다. "특별 직분"의 권위는 모든 성도들이 가진 "보편 직분"을 섬기기 위한 것이다. 섬김과 권위는 항상 같이 움직인다. 서로에 영향을 미치며 긴밀히 연관되어 기능하는 이러한 두 측면은 교회 직분의 의미를 규정한다. 직분자들이 정식으로 위임되었을 때만이 만족스러운 섬김의 역할을 감당할 수 있다. 섬김을 위한 권위가 주어졌을 때, 그들은 "하나님의 양무리를 치되 부득이함으로 하지 말고 오직 하나님의 뜻을 좇아 자원함으로 하며 더러운 이를 위하여 하지 말고 오직 즐거운 뜻으로 하며 맡기운 자들에게 주장하는 자세를 하지 말고 오직 양무리의 본"이 될 수 있다(벧전 5:2-3).

세상의 다른 기관들과 마찬가지로 교회에도 사실상 계급과 질서가 있다. 어느 누구도 개인적 특권이나 특전으로서 혹은 본래부터 타고난 권리로서의 리더십을 가질 수는 없다. 그것은 주님으로부터 위임된, 소명을 위한 권위이며, 회중의 적극적인 참여에 의해서 그 회중 가운데 있는 적합한 이에게 주어지는 것이다. 관계 속에 나타난 종됨의 모습이 가장 중요하다. 직분자들은 둘 사이에 존재한다. 그들은 그리스도 "아래에서" 섬기며, 그의 백성들 "위에서" 다스린다. 그들은 교회의 믿음 생활을 위한 책임을 맡았으며 동시에 우리의 주님께 대해 책임을 가지고 있다. 이 소명을 이루기 위해서 직분자들은 교회의 사역, 즉 설교와 교육, 성례의 시행, 전도와 선교, 구제와 목회적 돌봄, 친교에서 특별한 능력의 역할을 감당해야 한다.

말씀을 통해 하나님의 음성을 듣는 것, 그분의 백성에 대해 따뜻한 사랑을 가지는 것, 회중의 성숙에 깊은 관심을 가지는 것 등은 모두 신실한 직분자의 표식이다. 교회를 둘러싸고 있는 상황의 필요에 주의하면서, 그들은 선하신 목자의 음성이 들려지도록 해야 한다. "21세기의 초두에 이 세상에 서 있는 교회"(쉐퍼)가 필요로 하는 것은 대중과 관계를 올바로 맺는 사람, 경영 전문가, 능력있는 행정가 혹은 유명한 텔레비전 설교가가 아니라, 오히려 겸손한 종, "주님께서는 이렇게 말씀하셨습니다"라고 말하며 행동하는 사람이다. 집사에 대해서 칼빈은 본래적으로 그들이 수행하는 일은 세속적인 것이 아니라 하나님께 헌신된 영적인 직무였다고 말한다. 그리고 감독/장로에 대해서는 그들의 최고의 의무는 하나님의 말씀으로 그의 백성들을 먹이며, 공적으로나 사적으로나 건전한 교리로 교회의 덕을 세우는 것이라고 말한다(『기독교강요』 IV, 4, 4-5).

아주 극단적인 경우에 있어서, 최후의 수단으로서의 엄격한 기준을 필요로 할지도 모른다. 징계와 심지어는 파문이 필요할 수도 있다. 그러나 그러한 단계는 공동체의 권고 속에서 회복을 소망하는 측면에서 이루어져야 한다(마 18:15-20; 고전 5:1-5). 섬김의 권위는 모든 이기적인 소망과 세속적인 권세에 대한 욕망을 배제한다. 크고자 하는 것과 으뜸이 되고자 하는 것은 기독교 공동체에 있어서 그 의미가 급진적인 변화를 일으킨다(막 10:42-45). 모든 당파심과 특별 대우을 받고자 하는 것은 불법이다. 왜냐하면 너희는 "유대인이나 헬라인이나 종이나 자유자나 남자나 여자 없이 다 그리스도 예수 안에서 하나"이기(갈 3:28) 때문이다. 사도 바울의 권고를 가슴에 담아 두기를 원한다:

"그러므로 너희는 하나님의 택하신 거룩하고 사랑하신 자처럼 긍휼과 자비와 겸손과 온유와 오래 참음을 옷입고 누가 뉘게 혐의가 있거든 서로 용납하여 피차 용서하되 주께서 너희를 용서하신 것과 같이 너희도 그리하고 이 모든 것 위에 사랑을 더하라 이는 온전하게 매는 띠니라 그리스도의 평강이 너희 마음을 주장하게 하라 평강을 위하여 너희가 한 몸으로 부르심을 받았나니 또한 너희는 감사하는 자가 되라 그리스도의 말씀이 너희 속에 풍성히 거하여 모든 지혜로 피차 가르치며 권면하고 시와 찬미와 신령한 노래를 부르며 마음에 감사함으로 하나님을 찬양하고 또 무엇을 하든지 말에나 일에나 다 주 예수의 이름으로 하고 그를 힘입어 하나님 아버지께 감사하라"(골 3:12-17).

② 교회법

고린도 교회는 바울에게 근심을 끼치는 자녀이었다. 그 모임 가운데 있는 문제에 대해 설교하면서 바울은 다음과 같은 불변의 원리를 말한다: "모든 것을 덕을 세우기 위하여 하라…하나님은 어지러움의 하나님이 아니시요 오직 화평의 하나님이시니라…모든 것을 적당하게 하고 질서대로 하라"(고전 14:26, 33, 40). 이 성경의 권고에 대해서 칼빈(법학을 한 신학자로서)은 이렇게 주석한다:

집권자와 정치 제도가 없다면 어떤 도시도 제대로 그 기능을 발휘할 수 없다. 그것과 마찬가지로 하나님의 교회도 영적인 정치제도가 필요하다…이 점은 특히 교회에서 준수되어야 한다. 모든 일이 정연한 법 아래 있을 때에 교회는 가장 잘 유지되며…그러므로 교회의 안전을 도모하려면 우리는 모든 것을 적당하게 하고 질서대로 하라고 한 바울의 명령을 정성껏 따라야 한다(『기독교강요』 Ⅳ. 11. 1: 10. 27).

신약성경 속에 교회의 정치에 대한 완전한 이론적인 모델이 제시되어 있지는 않다. 바빙크가 말한 바와 같이 성경은 결코 세세한 부분까지 정해 놓은 율법을 집대성한 책이 아니다. 오히려 교회의 자유에 많은 것을 맡기고 있다(Gereformeerde Dogmatiek, Vol. IV, 370). 그러나 그렇다고 해서 아주 깜깜한 가운데 있는 것은 아니다. 특별 직분의 감독 아래에서 성도들의 몸의 적극적인 참여를 통하여 중요한 결정을 한다는 것을 보여 주는 수많은 단서들이 있다. "위로부터" 뿐만 아니라 "아래로부터"를 포함하는 상호 협동적인 패턴은 첫 번째 집사들을 선택함에서도 분명히 드러나고 있다. 사도들은 말한다: "형제들아 너희 가운데서 성령과 지혜가 충만하여 칭찬 듣는 사람 일곱을 택하라. 이에 일곱이 선택되었다. 그리고 그들을 사도들 앞에 세우니 사도들이 기도하고 그들에게 안수하니라"(행 6:1-6). 바빙크는 성도들의 몸이 중요한 역할을 했다고 하더라도 "성도들의 공동체가 자율적인 것은 아니었으며 그러므로 그 직분들은 회중으로부터 주어지는 것이 아니라, 그리스도에 의한 제도로부터 주어지는 것이었다"는 점을 견지한다(Gereformeerde Dogmatick, Vol. IV, 369). 그러므로 "공동체는 오직 직분자를 선출할 뿐이며, 직분 자체는 만들어 내지 못한다." 공동체의 모든 다스림은 형제적 협동으로 이루어진다(Weber, Foundations of Dogmatics, Vol. II, 570).

보다 훌륭한 정치제도의 형식과 관련하여 칼빈은 국가와 교회간의 구조적인 유사성들을 인식하고 있다. 성경은 이러한 삶의 두 영역 중 어느 것에 대해서도 이론적인 규정을 정해 놓지 않았다. 그러므로 "상황을 별개로 하고서는 그들 중에 어떤 것이 더욱 유용한지를 가려내는 것은 쉽지 않다." 그들은 모두 주어진 각각의 기관들을 위해 봉사하기 때문이다(『기독교강요』 Ⅳ. 20. 8). 그러므로 서구의 기독교에서 많은 수의 교회법들이 생겨난 것은 조금도 이상한 일이 아니다. 루터교와 영국 국교회의 지역에서는 국가적이거나 지역적으로 설립된 교회 조직이 발생하였다. 베버는 그러한 교회와 국가 또는 사회 사이의 융합은 심각한 위험을 내포하고 있다고 말한다. 교회는 "그 나름의 책임"을 가지고 있기 때문에, "도시나 국가 기능 중의 교회적인 면"으로 만족할 수 없다(Foundations of Dogmatics, Vol. II, 581). 이러한 "고

(高) 교회 제도"(high church traditions, 국가교회의 제도)는 성공회제도와 계급제도의 구조로 발전하였다. 이와는 반대로, "저(低) 교회 제도"(low church circles, 회중교회 제도)는 다소 느슨하게 연결된 독립 교회들이 모여 민주적으로 의사결정을 하는 교회제도를 옹호하였다. 전자는 지방색을 희생시켜서 전체의 통일성을 강조하며, 회중의 참여를 제한함으로 성직자의 역할을 강조하였다. 반면 후자는 그 반대의 방향으로 나아갔다. 칼빈은 이러한 두 극단을 피하기 위해서, 대안적인 교회 정치체제로서 "성경적 모형"을 제안하였다. 그는 공식적으로 임명받은 직분자들의 감독의 역할 그리고 공동체의 참여 사이에 균형을 모색하였다. "목사는 공동체가 무질서에 의해서 잘못 되지 않도록 교회의 일들을 지도해야 하며, 한편으로 그 지도는 공동체의 찬성과 승인을 받아야 한다." 그는 바울과 디도에 대해서 "그들이 다른 사람들 위에 있는 것은 건전하고 좋은 충고를 하려는 것뿐이었고, 다른 사람들을 무시하면서 자기 생각대로 하려는 것이 아니었다"라고 말한다(『기독교강요』 IV, 3, 15).

그러므로 개혁주의 장로교회 정치체제가 형제적 연합(fraternal cooperation)의 성경적 패턴에 가장 좋은 대답이라는 것은 근거가 있다고 하겠다. 이것은 선택된 직분자들이 전체의 유익을 위하여 사역하는 대표의 원리를 존중한다(Louis Berkhof, *Systematic Theology*, 591). 바빙크는 장로의 다스리는 직분에 근거한 장로정치체제가 "성경의 생각을 가장 순수하게 포함하고 있으며, 회중의 권리를 가장 적극적으로 존중한다"라고 말한다. "교회 안에서의 그리스도의 다스리심은 민주제가 아니며, 군주제나 과두제도 아니라, 귀족제도와 장로제도의 결합이다." 하나님께서는 그분의 "말씀과 성령"으로 그 직분자들의 선지자적, 제사장적, 그리고 왕적인 사역들을 통하여 교회를 다스리신다(*Gereformeerde Dogmatiek*, Vol. IV, 371). 그러한 정치체제는 교회의 모임이 교회의 사명에 맞게 행동하게 하는 것을 가장 잘 보증해 준다. 그것은 교회 안의, 교회에 의한, 교회를 위한, 교회적인 방법으로 오직 교회의 사명을 행하는 것이다.

국가에 대한 칼빈의 견해는 교회에 대한 견해와 유사하다. 국가 정부의 가장 좋은 형태에 대한 질문은 간단히 대답할 수 없으며 신중함을 요구하는 것이다. 그리고 그 대답은 많은 부분, 상황에 달려 있다. 그러나 귀족주의와 민주주의의 혼합 형태가 다른 것보다 더욱 훌륭하다. 그는 국가와 마찬가지로 교회도 그렇다고 결론을 내린다. 주요한 세 가지 정부 형태 모두 치명적인 약점에 노출되어 있다. 나라가 전제국으로 타락하는 것은 쉬운 일이다. 그러나 가장 우수한 사람들의 정치가 소수인의 당파로 타락하는 것은 훨씬 더 쉽다. 그리고 민중의 지배가 난동으로 타락하는 것은 가장 쉽다. 결국 칼빈은 "여러 사람이 정권을 운영하는 편이 더욱 안전하고 국민들에게 적합하다"고 결론을 내린다(『기독교강요』 IV, 20, 8).

개혁주의의 장로정치형태가 가지고 있는 미묘한 균형은 몇 가지의 긴장으로 흐를 수 있는 경향을 가지고 있다. 이러한 교회제도에 대해서 어떤 이들은 총회주의, 관료주의, 또는 회의탁상주의라고 조소했으며, 또 다른 이들은 독립주의 또는 회중교회주의라고 반박하였다. 건강한 상태의 형제적 연합은 지방 회중들의 권리와 의무 사이의 적절한 균형을 불러일으킨다. 그 균형은 모든 교회의 생활에 근본적인 것이며, 또한 보다 포괄적 의미에서 하나된 유기체 교회에도 근본적인 것이다. 또한 변화하는 상황과 서로 다른 문화의 요구 속에서 창조적인 적응성을 보여 주면서도 동시에 성경적, 신앙고백적 기준에 근거한 교회에 대한 흔들리지 않는 부동의 의미를 강하게 붙잡아야 하는 과제가 있다. 교회 정치제도에 대한 대표성의 형태의 주장자들은 "그러한 근본 원리들이 성경에서 직접 인출된 것"이라고 주장한다. 그러나 동시에 "많은 세부적인 항목들이 상황이 요구하는 편의와 인간의 지혜에 의하여 결정되었다"는 사실을 기꺼이 인정한다(Louis Berkhof, *Systematic Theology*, 581). 이러한 복잡성을 인정하면서 헨드리쿠스 벌코프는 "교회법은 특별히 우리 시대에 있어서 정당한 기준 안에서 융통성있게 사용할 수 있는 것이 되어야 한다"고 결론을 내린다(*Christian Faith*, 384).

(9) 제도와 유기체

제도로서의 교회(소문자 c)에 대한 논의로부터 진전하여 이제부터 우리는 유기체로서의 교회(대문자 C)에 대해서 살펴볼 것이다. 이 둘을 연결하기 위해서, 우리는 교회 삶의 세 가지 과도기적인 요소들을 간단하게 살펴보도록 할 것이다. 이 세 가지 요소들은 유기체로서의 교회가 하나님의 백성으로서 세상 한가운데서 그들의 삶을 제자도의 길로 살아가면서 제도적 교회의 문을 유기체로서의 교회에 대해서 열어 놓는다.

① 증인으로서의 교회

모든 사람들이 다 어떤 사람의 증인이라고 할 수 있다. 인간의 삶은 사회의 관계 안에서만 형성되기 때문이다. 인간의 삶은 따라서 그 자체의 위치와 목적 이외의 의미가 있다. 이것은 공동체들에게도 이러한 삶의 양상은 그대로 적용된다. 제도 교회와 유기체로서의 교회는, 그러므로 이스라엘을 관계하시는 하나님의 방법, 그리스도 안에서 하신 일, 미래를 열어가는 구원을 따라 성령께서 사역을 증거해야 한다.

② 모범으로서의 교회

기독교 신앙으로 사람들을 양육함에 있어서 행하는 믿음의 모범을 보여 주는 것보다 더 좋은 것은 없다. 그리스도들은 삶의 모든 영역에서 모범적인 공동체를 만드는 데에 협력해야 한다. 우리의 세상은 대안적인 삶의 방식의 확실한 표식을 결사적으로 필요로 한다. 우리는 함께 인간 관계에 대한 하나님의 본래의 의도대로 그것을 회복하도록 부르심을 받았다. 그것은 그리스도께서 함께 하시는 진정으로 갱신된 인간의 연합의 모범을 보여 주는 것으로, 우리의 영광의 미래의 소망인 의와 평화의 새로운 질서에 참여하기를 갈망하는 모범을 보여 주는 것을 통하여 되는 것이다.

③ 대사로서의 교회

"나를 믿는 자는 나의 하는 일을 저도 할 것이요 또한 이보다 큰 것도 하리니"(요 14:12). 이 말씀은 우리가 그 의미를 완전히 헤아릴 수 없는 축복이며 사명이다. 그러나 최소한 이것은 분명하다. 그리스도께서는 우리를 세상 한가운데에서 그분의 사역을 수행하는 그분의 대리자로, 그분의 대사로, 그분의 비밀요원으로 임명하셨다. 만약 세상이 어떤 모범적인 공동체의 활동에 대해서 증언하게 된다면, 사회 속에서 빛과 소금의 역할을 하는 하나님의 사람들로 유지되는 기관들을 통한 것이 되도록 해야 할 것이다.

6. 유기체로서의 교회

"그리스도께서 어찌 나뉘었느뇨"(고전 1:13)에 대한 교회의 대답은 언제나 아니오였다. 성도들의 몸은 둘이 아니고 언제나 하나이다. 또한 제도로서의 교회와 유기체로서의 교회를 구분하는 것이 두 개의 교회를 말하는 것이 아니다. 두 개념 모두 하나의 하나님의 백성을 지칭한다. 다만 존재방식에 있어서의 다른 양태를 말하는 것이다. 따라서 이 구분은 하나님의 백성을 바라보는 두 가지 방식, 즉 한편으로 다양한 사역을 가진 예배를 드리는 공동체와, 다른 한 편으로 교회 밖의 모든 삶의 영역을 살아가는 그리스도인을 말한다. 이러한 두 관점은 완전하게는 아니지만 어느 정도 구별이 가능하다. 하나님의 말씀의 포괄적인 요구들에 대한 순종으로서, 유기체 교회는 주일에 교회에 가는 것 이상의 것으로 제자됨을 드러낸다. 그렇지 않으면 기독교는 다만 제도로서의 교회주의로 전락해 버릴 것이다. 이러한 기독교 공동체 삶의 두 가지 면은 매우 밀접하게 관련되어 있어서, 주일은 월요일을, 예배는 봉사를 지향한다. 그러므로 제도적 교회의 사명은 유기체적 교회로 하여금 세상 한가운데에서 매일 천국의 삶을 살 수 있도록 하게 하는 것이다.

(1) 세상에 살지만, 거기에 속하지 않은

널리 잘 알려진 이 문구는 세속문화 속에 있는 기독교 공동체의 현주소를 잘 요약해 말해 주고 있다. 그런데 그 안에는 세상이라는 개념의 의미에 대한 재미있는 변화가 함축되어 있다. 그리스도인들은 사실 세상적인 존재는 아니다. 바울이 반복해서 말하고 있듯이 그리스도인들은 "그리스도의 것"이며 "그리스도 안"에 있다(참조, 골 2:1-5). 그러면서도 분명히 그들은 "세상 속"에 존재하고 있다. 그렇다면 세상이라는 단어는 무엇을 의미하는가? 신약성경은 이 단어를 사용하는 방법에 있어서 미묘한 뉘앙스들을 드러내고 있다. 어떤 경우에 그것은 우리가 우리의 상황에 대해서 "어떻게" 관계하고 살아야 하는가를 의미한다. 우리는 "세상적인" 것을 피해야 하며, 우리 삶의 영적인 방향을 강조해야 한다. 그러나 성경은 동시에 세상이라는 단어를 우리가 사는 곳, "세상 안에서"의 "어디서"의 의미를 가지고 있다. 이 단어의 다소 난해한 상호 교착은 예수께서 승천하시기 앞서 남겨진 자신의 백성들을 위한 대제사장적 기도문에 잘 스며들어 있다:

"나는 세상에 더 있지 아니하오나 저희는 세상에 있사옵고…세상이 저희를 미워하였사오니 이는 내가 세상에 속하지 아니함같이 저희도 세상에 속하지 아니함을 인함이니이다 내가 비옵는 것은 저희를 세상에서 데려가시기를 위함이 아니요…아버지께서 나를 세상에 보내신 것같이 나도 저희를 세상에 보내었고"(요 17:9-19).

이렇게 양면의 의미로 사용함은 바빙크에게서도 나타난다. 그에 의하면, 그리스도인들은 반드시 두 번의 돌이킴을 경험한다. 먼저는 "세상으로부터" 돌이킴이며(한 가지 의미), 그 다음은 "세상을 향한" 돌이킴이다(다른 한 가지 의미).

신약성경을 읽어 내려가다 보면 우리는 계속해서 "세상"이라는 개념이 의미하는 방식에 있어서 솜씨 있게 두 가지가 섞여 있는 것을 볼 수 있다(참조, 고후 10:3-4). 각각의 경우에 그 의미는 본문의 상황 아래에서 결정되어야 한다. 이러한 의미 변화의 패턴을 이해하는 것은 매우 중요하다. 성경적 세계관과 그리스도인의 삶의 방식에 대한 올바른 이해가 거기에 달려 있기 때문이다.

성경을 상고하노라면, 우리는 "세상"이라는 개념이 세 가지 기본적 의미를 담고 있다는 것을 발견하게 된다. 그들 중의 둘은 긍정적인 것이다. 그것들은 세상을 창조된 실재의 구조로서 그리고 인간의 삶의 현장으로, 우리가 우리 자신을 그리고 우리의 삶을 느끼고 경험하는 환경으로 이해한다. 세 번째 이해는 매우 부정적인 것이다. 그것은 우리 삶의 잘못된 종교적 풍조에 대해 경계하면서, 엄중한 경고의 말씀 속에서 사용된다. 이러한 다중의 의미에 대해서 주의 깊게 이해하지 못한다면, "세상에 살지만 세상에 속하지 않음"의 원리에 대해 잘못된 반응을 하게 될 것이다. 세상의 개념을 모두 긍정적인 의미로서 읽는다면, 신앙이 세상의 문화로 각인된 문화화된 기독교로 결론이 날 수 있다. 그 반대로 읽는 것은 그리스도인으로 하여금 세상으로 나가는 것을 두려워하게 할 것이다. 세상의 세 가지 의미를 간단하게 살펴보도록 하자.

a) 어떤 본문에서 "세상"(*cosmos*)은 하나님께서 창조하신 작품을 지칭한다. "믿음으로 모든 세계가 하나님의 말씀으로 지어진 줄을 우리가 아나니 보이는 것은 나타난 것으로 말미암아 된 것이 아니니라"(히 11:3). "여호와 우리 주여 주의 이름이 온 땅에 어찌 그리 아름다운지요 주의 영광을 하늘 위에 두셨나이다…주의 손가락으로 만드신 주의 하늘과 주의 베풀어 두신 달과 별들을 내가 보오니…주의 손으로 만드신 것을 다스리게 하시고 만물을 그 발 아래 두셨으니"(시 8편). 비록 타락했을지라도, 그것은 여전히 우리 아버지의 세상이다. 그리스도 안에서 하나님께서는 자신의 최고의 작품을 회복하신다. 하나님께서는 자신의 창조세계에 등을 돌리시지 않으셨으며, 따라서 우리도 그러해야 할 것이다. 사실 "이 세상은 내 집이 아니네…잠시 지나가는 세상…"이라고 부르는 복음 성가는 오해의 소지가 있다. 최소한 지금 당장이라도, 다른 곳이 아니라 바로 이 세상이 하나님께서 정해 놓으신 우리의 거주지이다. 모든 그리스도인들은 하나님께서 만드신 이 세상을 집으로 느낄 모든 권리를 가지고 있다. 그러나 지구를 지키고 돌보아야 하는 과제가 너무나 엄청나기 때문에 그들은 평안하게 쉴 수만은 없다. 그것은 오염된 공기와 물, 고갈된 토양, 크고 작은 생물들의 멸종, 인간의 삶의 저하, 소용돌이치는 대 참사의 가능성. 그들을 지으신 이를 위하여 이러한 문제들은 기독교에서 대단히 중요하게 다루어져야 한다. 결국 이 모든 것은 바로 이렇게 요약할 수 있다. 우리 주님께서 다시 오실 때에 우리가 어떤 세상을 우리 주님에게 보여드릴 것인가?

b) 세상(cosmos)은 또한 사람들의 세계, 즉 인간 행동의 복잡한 패턴들과 관련된 사회의 구조들을 지칭한다. 그것은 다양한 문명의 교차로들, 시장, 재판소, 학교들을 떠올리게 한다. 성경은 세상의 확신, 세상의 판단, 세상의 대속이라는 표현 속에서 거기에 인간의 속성을 부여해서 사용하고 있다. 요한복음 3:16을 생각해 보자: "하나님이 세상을 이처럼 사랑하사 독생자를 주셨으니." 우리 주님께서는 선교 사명에 대해서 말씀하실 때 이것을 반영하셨다. "그러므로 너희는 (세상으로) 가서 모든 족속으로 제자를 삼아 아버지와 아들과 성령의 이름으로 세례를 주고"(마 28:19). 선반 위의 소금이, 말 아래 놓여진 등불이, 섞여지지 않은 누룩이 무슨 도움이 되는가? 세상을 뚫고 나가는 우리의 전략은 복음이 가진 삶을 변화시키는 능력이 우리와 마주치는 사람들에게 입혀지게 하는 것이다. 그런데 그들이 누구이며, 그들이 무엇을 하며, 그리고 그들이 어떻게 행동하며 반응하는가는 그들을 둘러싸고 있는 사회적, 경제적, 정치적 상황에 의해 대단히 많은 영향을 받는다. 이러한 구조들도 또한 복음의 치유의 손길이 필요하다.

그러므로 기독교 공동체는 중요한 문화의 교차로, 왜냐하면 그 교차로는 엄청난 수의 사람들의 삶을 좋게도 하고 나쁘게도 하는 중요한 결정이 이루어지는 곳이기 때문에, 그 사회의 교차로에 반드시 창조적이고 영향력 있는 존재가 되어야 한다. "세월을 아끼라 때가 악하니라"(엡 5:16)의 말씀처럼 긴급한 마음으로 이 일을 행해야 한다. 흔들리는 부부관계, 깨어진 가정, 노동분쟁, 민족적 인종적 긴장관계, 사회 불평등, 아동 학대, 낙태, 부패한 정치 등 그 목록은 끊임없다. 이러한 긴급한 문제들은 우리의 문 앞에 놓여져 있는 우리가 결코 피할 수 없는 세상이 가지고 있는 것들이다. 그러나 나는 거기에 들어가기를 원하지 않아요라고 대답하는 것은 그리스도인답지 않은 것이다. 그리스도인이 된다는 것은 개인적 증언의 차원을 넘어선다. 기본적으로 기독교 공동체는 힘을 다하여 싸워야 하는 대규모의 도전들을 받아들여야 한다. 복음이 빠르고, 편안한, 그리고 만병통치적인 해결책을 주지 않는다는 것은 분명하다. 물론 그리스도가 그 해답이다. 그러나 이 결정적인 해답은 반드시 구체적이고 현대적인 방법으로 삶의 현장 안에서 이루어져야 한다. 그것은 결코 쉬운 일이 아니다. 헨리 자일스트라(Henry Zylstra)는 교육분야에 우리가 가진 도전과 관련하여 이렇게 말한다:

> 세상 안에서 존재한다는 것은 어려운 일이다. 그것은 종교적이고 선지자적인 긴장관계들과 세상의 압력들. 세상에 있는 다양한 문화들을 통해 나타나는 궁극적인 도움과 봉사. 현재의 문화적

도전들을 만들어 낸 이전 사람들의 종교적 도덕적 선택을 알아야 한다. 우리가 세상 안에 그러한 방식으로 살며, 그것의 원리에 따라 살지 않는 것은 대단히 어려운 일이다. 하나님의 소유인지 아닌지에 대한 이 시금석. 세상에 있지만 그것에 속해 있지 않는다는 것이. 바로 그것이 정확하게 우리의 인문계 교육 사업의 거의 전부이다(Testament of Vision, 146).

3) 위에서 창조된 실재의 구조와 사회적 관계와 기능들로 이해된 세상의 의미와는 날카롭게 대조되어 있는 세 번째 이해는 대단히 반기독교적인 의미를 가지고 있다. 그것은 어둠의 나라에 속한 사단의 힘들을 지칭한다. 그것은 모든 피조물과 모든 인간 관계에 파고들어서 잘못되게 하고 왜곡한다. 그리하여 하나님의 심판을 받게 하는 것이다. 바울은 이러한 적대적인 "권세"와 "능력"에 대해서 여러 번 경고하고 있다(롬 8:38; 고전 15:24). 본래적으로는 그들도 그리스도 안에서 하나님의 선하신 창조의 일부분이었으나(골 1:16), 그들은 그들의 창조주를 배반하였다. 구세주 그리스도께서 지금 정사와 권세를 벗기시고(무장해제를 시켰다는 의미) 승리하셨음에도 불구하고 그들은 계속해서 하나님의 세상에서 우리의 삶을 혼란으로 몰아넣으려고 한다. 이러한 적그리스도(요일 2:18)는 단체의 활동들, 운동들, 그리고 조직들로 나타나는데, 그들은 모두 그리스도 예수 안에 있는 하나님의 화해의 사역에 반대함으로 연합한다.

이렇게 이해되는 "세상"은 죄로 물든 비대속적 삶의 총체적 측면을 기술하는 것이며, 이것은 이 세상을 지배하는 악, 불행, 죽음의 능력이다:

> 바울은 반복해서 이 용어를 간결하게 사용하여, 그리스도를 영접하기 이전의 그리고 그리스도 밖에 있는 삶의 정황과 그러한 삶의 정황 속에 있는 인간의 존재 양식을 표현한다. 그것은 하나님과 그의 나라에 대적해서 서 있는 자기 독립적인 삶의 정황이다. 그러므로 그것이 상징하는 의미는 인간의 죄와 부패의 유일한 원인이라고 볼 수 있다…사실 세상의 영은 인간의 모든 생각과 행동을 결정하는 능력으로서 말해진다. 그것은 하나님의 성령을 대적해 있는 것이다(고전 2:12)(Ridderbos, Paul: An Outline of His Theology, 91-92).

지금 우리 세상에 편만하게 퍼져 있는 많은 죄들에 대해서 생각해 보면, 성경은 우리 모두에 대해 유죄 판결을 내릴 것이다. 개인적으로 그리고 집합적으로 우리 모두는 책임을 가지고 있는 하나님의 요원들이다. 뿐만 아니라 우리에게 영향을 미치는 이방의 "정사"와 "권세"들도 존재하고 있다. 죄에 대한 바울의 교리를 연구함에 있어서, "개인적인 의미와 방향보다는 먼저 구속역사적인 그리고 집합적 측면을 살펴보아야 한다." 왜냐하면 "바울에게 있어서, 죄는 그 자체로 나타나는 개인적인 행동이나 상황이 아니며, 오히려 우리가 공유하고 있는 존재의 초개인적 양식과 관련되어 있기 때문이다…그리고 그것으로부터 대속되는 것은 오직 그리스도 안에서 계시된 새로운 삶의 정황으로 들어가는 것을 통해서만 이루어질 수 있다"(골 2:13; Ridderbos, *Paul: An Outline of His Theology*, 91, 93).

사도 요한은 그의 영적 자녀들에게 세속의 유혹에 경고하면서 이렇게 말씀하고 있다:

> "이 세상이나 세상에 있는 것들을 사랑치 말라 누구든지 세상을 사랑하면 아버지의 사랑이 그 속에 있지 아니하니 이는 세상에 있는 모든 것이 육신의 정욕과 안목의 정욕과 이생의 자랑이니 다 아버지께로 좇아온 것이 아니요 세상으로 좇아온 것이라 이 세상도, 그 정욕도 지나가되 오직 하나님의 뜻을 행하는 이는 영원히 거하느니라"(요일 2:15-17).

바울은 세상의 미묘한 뉘앙스의 의미를 다시 한 번 살리면서, 이렇게 권면하고 있다: "우리가 육체(world)에 있어 행하나 육체대로(worldly) 싸우지 아니하노니, 우리의 싸우는 병기는 육체에(worldly) 속한 것이 아니요, 오직 하나님 앞에서 견고한 진을 파하는 강력이라"(고후 10:3-4). 이러한 세상의 부정적인 의미를 접하면서, 우리는 독일의 그리스도인들이 히틀러와 관련하여 기도했던 것과 같이 "오 주님 그를 회개시키시든지 아니면 데려가 주옵소서"라고 기도할 수밖에 없을 것이다.

(2) 무제한적인 사명

태초에 이미 우리 창조주 하나님께서는 우리에게 "무제한적인 사명"을 주셨다. 전통신학에서는 그것을 "문화사명"(cultural mandate)이라고 불러왔다. 그것은 하나님으로부터 주어진 다양한 사명들을 포함한다. 결혼, 가족 부양, 교육, 노동, 그리고 예배를 포함한 하나님으로부터 주어진 다양한 과업들로 이루어져 있다. 우리는 우리의 의도적인 불순종을 통하여 본래적인 대 사명을 거부하였다. 왜곡된 이스라엘과 이방 나라들의 역사는, 교회의 과거와 현재의 역사와 마찬가지로 우리 창조주 하나님의 기대대로 살아나가는 데에 지속적으로 실패했음을 보여 주고 있다. 때가 차매 하나님께서는 그의 아들을 보내시어, 우리를 위하여 그리고 우리 가운데 거하게 하사, 깨어진 언약을 거스르시고, 순종으로부터 오는 축복을 회복하셨다. 복음서 저자는 예수께서 이 땅에 계실 때에 반복해서 말씀하신 사명들의 갱신을 소리 높여 외치고 있다. 예수께서는 이렇게 말씀하셨다: 만약 나를 사랑한다면 나의 계명을 지키라, 서로의 발을 씻기라, 화평케 하라, 의에 주리고 목마른 자가 되라, 다른 사람의 이웃이 되어라, 일할 수 있는 동안에 일하라, 가이사의 것을 가이사에게 주라, 너의 원수를 사랑하라 등 많은 메시아적 사명들의 이러한 본보기는 마태복음의 마지막 장면에 집중되어 표현된다.

미래의 모든 성도들의 몸의 핵심인 그분의 제자들에게 설교하실 때, 예수께서는 복음서에 기록되었을 뿐만 아니라 구약에 계시된 많은 사명들을 보이시고, "대 사명" 안으로 그들을 함께 잡아 이끄셨다:

"예수께서 나아와 일러 가라사대 하늘과 땅의 모든 권세를 내게 주셨으니 그러므로 너희는 가서 모든 족속으로 제자를 삼아 아버지와 아들과 성령의 이름으로 세례를 주고 내가 너희에게 분부한 모든 것을 가르쳐 지키게 하라 볼지어다 내가 세상 끝날까지 너희와 항상 함께 있으리라 하시니라"(마 28:18-20).

그리스도께서는 승천하시면서 창조시에 성부 하나님으로부터 선포된 "대 사명"을 가져다가 신약시대의 구속의 언어에 적합하게 재선포하고 계신다. "계시의 점진적인 전개에 따라서", 우리 주님께서는 "자신의 무한한 권세를 말씀하시며(모든 권세), 그의 제자들에게 무한한 사명을 맡기시며(모든 나라), 그들에게 무한한 동행(모든 날들 동안)을 약속하셨다"(Ridderbos, *Matthew's Witness to Jesus Christ*, 94). 이제 이 세 가지 요소들을 살펴보도록 하자.

① 무한한 권세

이 우주적인 주장은 기독교 공동체가 최고의 소명으로 여겨야 한다. 인생에 있어서 최고의 권위를 가진 중심지는 어디인가? 초기 제자들은 이 문제를 해결해야만 했다. 사도들 중 수장인 베드로인가? 아니면 유대 사회의 중추적인 역할을 하는 회당? 아니면 제국 내에서 어느 정도의 제한된 자치를 시행하는 팔레스틴의 공식적 회의 기관인 산헤드린인가? 아니면 빌라도, 헤롯, 혹은 로마, 황제의 보좌? 개혁자들은 그들의 시대에 이 문제를 다시 직면하게 되었다. 누가 홀을 잡고 있는가? 황제, 교황, 제도교회의 공회의? 교부들의 전통? 그리스도께서는 이러 저러한 모든 잘못된 딜레마와, 이러한 세속적인 권세의 다툼, 잘못된 믿음의 형태들을 분쇄하신다. 그분은 선언하신다. 모든 권세는 내 것이다! 그분은 만주의 주님이시요, 만왕의 왕이시다. 나라와 권세와 영광이 영원히 주님의 것이다. 이 무제한의 권위에 근거해서 그분은 또한 말씀하신다.

② 무한한 사명
"세상을 두루 다니며 모든 족속으로 제자를 삼아 내가 너희에게 분부한 모든 것을 가르쳐 지키게 하라." 그리스도께서는 그분의 제자들에게 모든 것을 포괄하는 사명을 위임하셨다. 그 범위는 선교 본부뿐만 아니라 일반 사업체에도 적용이 되는 것이다. 우리 주님께서는 모든 어부가 베드로와 같은 설교자가 되고, 장막 만드는 사람이 모두 선교사가 되고, 모든 의사가 누가와 같은 복음전도자가 되기를 요구하시지는 않는다. 기독교 공동체 안에는 어부, 장막 만드는 사람, 의사를 위한 자리가 있으며, 또한 비서, 예술가, 법률가, 농부, 기계공, 상인, 언론인도 있을 만한 넉넉한 자리가 있다. 카이퍼의 잊을 수 없는 명언이 있다. "만유의 주재이신 주 그리스도께서 내 것이다라고 주장하시지 않는 부분은 우주 전체에서 단 한 평도 존재하지 않는다." 이 말씀을 존중하고 가능한 대로 항상 언제 어디서나 이 말씀대로 행하는 것이 우리의 의무이다. 이것은 정치적인 제자도, 학문적인 제자도를 요구한다. 결국 모든 종류의 문화적 제자도를 요구하는 것이다. 이것은 참으로 엄청난 사안이 아닐 수 없다. 그러나 그것을 수행하는 것은 우리들 혼자서가 아니다. 예수께서는 무제한의 사명을 감당하도록 다음과 같은 약속을 하셨다.

③ 무한한 동행
"내가 세상 끝 날까지 너희와 항상 함께 있으리라." 제도로서의 교회와 유기체로서의 교회를 통하여 "우리들은 그의 신성, 위엄, 은혜, 성령의 측면에서 그리스도께서는 항상 우리와 함께 계신다"(하이델베르그 요리문답, Q & A, 47)라는 확신으로 무장한다. 이 확신은 모든 세대의 소수 그리스도인들의 능력이 된다.

(3) 기독교 공동체 삶의 표식
"세상 안에" 존재하면서 "그리스도께 속해 있는" 것은 "무한한 사명"을 감당하는 길을 밝혀 준다. 어려운 과제인 그리스도인의 순례길은 하나님의 창조의 세계와 인간의 문화를 거부함을 통해서가 아니라, 정제된 열방의 보물을 취함으로써 앞으로 나아갈 수 있다. 그것을 가지고 기초를 가진 도시로 나아가는 여행을 할 수 있다. 그러한 삶의 길은 조심스럽게 걷는 것을 요구하며, 범사에 헤아려 좋은 것을 취하는

(살전 5:21) 것이 필요하다. 우리가 여행하는 그 길은 사람이 미치지못하는 황야처럼 알려지지 않은 길이 아니다. 창조의 표지물을 통해서 방향을 잡는다. 앞서 간 구름같이 허다한 증인들이 그 다양한 결과와 함께 갈 길을 보여 준다. 그리고 성경은 절대 필요한 길잡이가 되어주고 있다. 거기에는 분명한 두 지표가 세워져 있는데, 그것은 도래하는 나라의 방향을 지시해 주는 것이다. 기독교 공동체는 개인적 공동체적 삶 모두에서 이 두 주요한 지표에 근거해서 나아가야 한다. 이 두 지표는 자유함과 거룩함이다.

① 그리스도인의 자유

칼빈은 "복음의 가르침을 충실하게 요약하고자 하는 사람은 이 주제에 대한 설명을 빠뜨려서는 안 된다"고 주장하였다. 왜냐하면 "자유함은 의로움이 요구하는 부속물이기 때문이다." 그것은 행함으로써가 아니라, 오직 믿음에 의해서 우리는 복음의 자유케 하는 능력을 경험한다. 그리스도인의 자유는 그러므로 "최우선적으로 필요한" 것이다. "그것이 없다면 우리의 양심은 감히 어떤 일도 의심 없이 시도할 수 없으며…항상 불안과 동요를 느끼게 될 것이다"(『기독교강요』, III, 19, 1). 칼빈은 계속해서 우리가 그리스도 안에서 가지고 있는 자유의 세 가지 측면을 다루고 있다. 우선 우리는 율법이 마땅히 우리를 억압하는 그 "정죄로부터" 자유롭다. 그리고 바로 그 율법을 자진하여 순종함을 "향하여" 자유롭다. 또한 우리는 "별로 중요하지 않은 일들에 있어서" 자유롭다. 그러나 자유함은 스스로 충족한 자체로서의 충동은 아니다. 참된 자유는 이웃에 대한 사랑과 하나님께 대한 믿음의 동심원 속에 역동적으로 통합된다. "자유함이 반드시 사랑에 종속해야 하며, 사랑은 신앙의 순수함 아래서 살아가야 하기" 때문이다(『기독교강요』, III, 19, 13).

리덜보스는 이러한 생각을 확장시켜서 "그리스도인의 삶에 대한 모든 생각은 하나님의 나라가 성도들로 하여금 세상으로 향한 문을 닫게 하는 것이 아니라, 오히려 그것을 여는 것이다"라는 명제에서부터 출발해야 한다고 말한다. "이 세상은 성도들에게 다시 한 번 열리는데, 그것은 그리스도와 그분의 나라 도래를 통해서이다. 주님의 구원하심에는 모든 나라들이 포함될 뿐만 아니라, 모든 차원의 삶의 전 영역도 또한 포함된다"("The Kingdom of God and Our Life in the World", 4). 이 대속적인 다시 열림은 그리스도인의 자유의 핵심이다. 죄는 세상의 문을 닫았다. 그리스도의 자유케 하시는 사명을 통하여 그것이 열린다. 기독교 공동체는 이제 하나님 나라를 위한 삶을 갱신케 하는 활동들을 통하여 열방들을 축복하며, 깨어지고 피 흘린 인류와 함께 복음의 치유의 능력을 자유롭게 나눌 수 있다.

그렇다면 분명히 "그리스도인의 삶은 좁음, 한계, 제한에 반대되는 것이다." 그 이유는 하나님의 나라의 시각으로부터 그렇게 규정되기 때문이며, "그 나라는 전혀 좁지 않으며 오히려 창조세계만큼 광대하다." "그러나 동시에 다시 열려진 이 자유는 방종, 자율, 중립과는 거리가 먼 것이다"(Ridderbos, "The Kingdom of God and Our Life in the World", 7). 믿음과 사랑으로 말미암을 때, 우리 그리스도인의 소명은 창조된 모든 것들 전반에 걸쳐 있다. 이것의 의미는 성도들은 먹고 마시고 결혼하고 사고 파는 삶의 모든 일에 대하여 그리스도 안에서 자유롭다는 뜻이며, 또한 동시에 "그리스도인의 자유 속에 내재적으로 그리스도인의 사명이 담겨 있다"는 의미이다. 리덜보스는 조심스럽게 이런 말을 덧붙인다: "의식적으로 매우 커다란 원을 그리고 있지만, 성경보다 크게 그리지는 않는다"("The Kingdom of God and Our Life in the World", 4-5). 바울이 담대하게 말씀한 바와 같이 성도들의 몸의 자유는 오직 머리되신 그리스도의 우주적 다스리심에 의해서만 제한된다. 세계나 생명이나 사망이나 지금 것이나 장래 것이나 다 너희의 것이요 너희는 그리스도의 것이요 그리스도는 하나님의 것이니라(고전 3:22-23). 진정한 자유는 그리스도에게 근거하여 존재한다. 그것은 "주 예수에 대한 지식으로부터 오는 믿음과 관련한 것"이다:

> 이 지식으로 말미암아 우리는 한 분이신 하나님이 계신다는 것을 알게 된다. 여전히 신들이나 주들이라고 불리는 것이 있을지라도, 교회에는 아버지 하나님 한 분이 계시며, 예수 그리스도 한 분 주님만이 계실 뿐이다(고전 8:1-13). 또한 이러한 지식으로부터 우리는 시장에서 파는 무엇이든지 먹을 자유가 있음을 깨닫게 된다. 이는 땅과 거기 충만한 것이 다 주님의 것이기 때문이다(고전 10:23-26: Ridderbos, *Paul: An Outline of His Theology*, 302).

② 거룩으로의 부르심

거룩함에 대한 성경적인 의미를 분명히 밝혀 두는 것은 기독교 공동체를 위하여 중요한 일이다. 우리가 "거룩함을 위한 시간을 가지며…"라는 찬송을 마음과 삶에 적용한다면 잘못된 길로 나아가는 것이 될 것이다. 당연히 우리는 먹고, 자고, 쉬고, 기도하는 시간을 가지는 것처럼 "교회에 가는" 시간을 가진다. 그러나 그것을 거룩에 적용한다면 영성과 마찬가지로, 전혀 다른 것을 말하게 되는 것이다. 우리가 시간을 할애하여 거룩케 되거나 혹은 영적이게 될 수 있다고 생각하는 것은 전적으로 잘못된 것이다. 왜냐하면 영성과 거룩함은 그 어느 것도 시간이나 장소에 제한되는 것이 아니기 때문이다. 양쪽 모두 있다가 없다가 할 수 있는 경건한 마음가짐 이상의 의미를 가지고 있다. 영성이란 우리의 삶의 방향을 인도하고 움직이는 원동력에 대한 질문을 불러일으킨다. 그렇게 인도하는 것은 거룩한 성령인가, 아니면 어떤 거룩치 않은 영인가? 거룩도 또한 마찬가지로 그리스도인 삶의 기본적인 질에 말하는 것이다. 거룩은 거룩하게 살게 하는 충동에 있어서 가장 거룩하다. 성경은 거룩함에 대해서 유기체 교회의 개인적, 공동체적 삶을 특징짓는 단일한 실재로, 또한 모든 것의 방향을 인도하는 것으로서 표현한다. 그 근본적인 의미는 "헌신"이다. 그리스도인의 자유함과 "끊을 수 없는 관계에 있으므로" 그리고 "그만큼 또한 중심적인 것으로서", "거룩함의 관점은 그리스도의 주되심에 삶을 순종하는 것이며, 모든 삶을 하나님께 헌신하는 것"이다(Ridderbos, "The Kingdom of God and Our Life in the World", 6).

자유함과 마찬가지로 거룩함도 두 가지 면, 하나는 부정적이고 하나는 긍정적인 면을 가지고 있다. 이미 이스라엘에게 세상의 부정한 것으로부터 분리되는 거룩함이 요구되었으며, 그것을 통하여 언약의 백성이 주님께 전적으로 헌신하게 하였다. 제사장의 장식품에 "주님께 거룩"(출 28:36-38)이라는 글귀가 새겨졌을 뿐만 아니라, 말 위에 매다는 방울 종과 예루살렘 모든 부엌의 솥에, 하나님의 백성의 매일매일의 소명을 드러내는 것으로서, "주님께 거룩"이라는 글귀가 새겨져 있었다(슥 14:20-21).

거룩함에 대한 성경의 요구는 본질적으로 수직적이고 초월적인 것이다. "오직 너희를 부르신 거룩한 자처럼 너희도 모든 행실에 거룩한 자가 되라"고 기록되었다. 그렇게 할 수 있는 이유는 "내가 거룩하니 너희도 거룩할지어다 하셨느니라"(벧전 1:15-16)는 주님의 말씀에 있다. 하나님께서 악하고, 계속해서 의에 거스르는 모든 것들에 반대하신 것처럼, 그의 백성들도 그와 비슷한 사역을 위해 따로 구별되었다. 바울은 이렇게 권면하였다: "너희 몸을 하나님이 기뻐하시는 거룩한 산 제사로 드리라 이는 너희의 드릴 영적 예배니라"(롬 12:1). 그리고 리덜보스는 이렇게 말한다:

> 이 세상에서의 삶을 위한 계명들이 뒤따르고 있다(롬 12, 13, 14). 여기서 제물, 예배, 그리고 성화는 성전 밖으로 옮겨진다. 이 새로운 예배와 의식은 주일이나 교회생활 그 내부 안으로 제한되지 않는다. 그것은 교회의 회원의 매일 매일의 평범한 삶 속에 존재한다. 결혼, 사회 그리고 정부와의 관계, 그리스도인이 아닌 이웃과의 교류 속에 있는 것이다("The Kingdom of God and Our Life in the World", 6).

모든 세대에 있어서 그러나 특별히 우리의 매우 세속화된 시대에 있어서, 사회에 상당 부분 적응된 기독교, 즉 거룩함에 의해 규정되지 않은 자유함을 기독교 공동체는 단호하게 거부하여야 한다. 이러한 타협은 궁극적으로 부딪히는 두 나라의 대조를 흐리게 하기 때문이다. 바울은 이러한 가르침을 "믿지 않는 자와 멍에를 같이 하지 말라"는 권면으로 말하고 있다:

> "의와 불법이 어찌 함께 하며 빛과 어두움이 어찌 사귀며 그리스도와 벨리알이 어찌 조화되며 믿는 자와 믿지 않는 자가 어찌 상관하며 하나님의 성전과 우상이 어찌 일치가 되리요 우리는 살아계신 하나님의 성전이라 이와 같이 하나님께서 가라사대 내가 저희 가운데 거하며 두루 행하여 나는 저희 하나님이 되고, 저희는 나의 백성이 되리라 하셨느니라"(고후 7:14-16).

"멍에를 같이 하지 말라"는 것은 "서로 다른 멍에를 매지 말라는 것"이다. 이 비유는 두 동물이 동일한 일을 행하는 장면을 묘사하고 있다. 두 동물이 전혀 다르기 때문에, 그들은 서로 다른 멍에를 짊어지고 있다. 리덜보스는 이 말의 의미를 "신자와 불신자의 삶은 근본적으로 접근 방법이 다르기 때문에, 그들은 결코 한 팀을 이룰 수 없다"라고 설명한다(*Paul: An Outline of His Theology*, 305).

그러나 세속화된 사회에 적응된 그리스도인의 자유함에 대한 해결책은 세상으로부터 도피해서 이루어낸 거룩함이 될 수 없다. 리덜보스는 "우리의 병은 결코 다른 것으로 고쳐질 수 없다"고 말한다("The Kingdom of God and Our Life in the World", 8). 여기에 배워야 할 어려운 문제가 아직 남아 있다. 기독교 공동체는 이 반대되는 두 극단을 시계추처럼 왔다 갔다 하는 경향을 가지거나, 혹은 그들 사이에 변증법적인 중간적 입장을 만들어서 이 잘못된 딜레마를 극복해 보고자 한다. 자유함과 거룩함에 대한 성경적인 균형잡힌 시각은 사실 매우 어려운 긴장관계를 가져다준다(참조, 롬 14장의 연약한 자와 강한 자의 문제, 그리고 화나게 하는 것과 화를 내는 것에 대한 문제). 성경은 자유함과 거룩함을 상호 배타적인 것으로 그려내고 있지 않다. 그들은 상호 관련성을 가지고 있다. 세상에 대한 안목이 열려야(자유함) 거룩을 실천할 수 있으며, 헌신된 삶의 방식이(거룩함) 그리스도인에게 진정한 자유를 지켜준다. 교회가 "그리스도인의 인간과 사회에 대한 매우 중요한 결정들이 정해지는 삶의 모든 현장에서 기독교적인 자유함과 거룩함을 실천함에 유의할 때", 우리는 우리의 삶에 "더 이상 영적으로 중립지대가 없음을, 나는 하나님의 나라의 영향력의 바깥에 있다라고 말할 만한 삶의 현장이 없음을 점점 더 깨닫게 된다"(Ridderbos, "The Kingdom of God and Our Life in the World", 6, 10).

(4) 교회와 하나님 나라

성경 전체를 통해 나타나는 가장 중심적이고 모든 것을 포괄하는 통합된 주제는 하나님 나라의 도래이다. "하나님 나라는 모든 측면에서 볼 때에 인류 위에 근본적으로 우선적인 중요성을 가지고 있기 때문이다. 따라서 우리의 사고의 방향은 하나님의 나라로부터 그 나라의 아들들로 움직여 가야 한다"(Minear, *Images of the Church in the New Testament*, 124). 하나님 나라를 제외하고는 다른 어느 것도 중요하지 않다; 그러나 하나님의 나라로 인해서 모든 것은, 특별히 교회의 사역과 유기체로서의 교회의 매일의 삶은 중요하게 된다. 여기서 반드시 이해해야 할 중요한 것은 하나님의 나라, 유기체로서의 교회(Church), 그리고 제도적인 교회(church)는 결코 분리된 세 개의 실재들이 아니라는 것이다. 이 셋은 서로 상이한 개념들이지만, 하나의 관계 안에서만 그들은 상호의존적으로 존재한다. 성경에서 유기체 교회와 제도 교회는 모두 하나님 나라로부터 그 의미를 부여받으며, 그 반대의 관계는 성립되지 않는다. 아래의 그림과 같은 동심원적 구조를 가지고 그 상호 관계를 표현할 수 있다.

하나님의 말씀은 중심으로서 이 세상의 모든 삶에 대한 방향과 능력을 제공한다. 제도로서의 교회의 사역들은 예배 공동체의 사귐 안에서 그 말씀을 선포하는 것이다. 그리고 그리스도의 몸으로서의 유기체 교회는 삶의 모든 영역에서 하나님의 말씀을 그리스도인의 증언의 형태로 전환시키는 부르심을 받은 것이다. 이러한 광범위한 전파의 목표는 하나님 나라의 도래이다(벧후 3:12에서 하나님의 날이 임하기를 갈망하고 앞당기게 하라고 한 독특한 어휘의 조합에 유의하라).

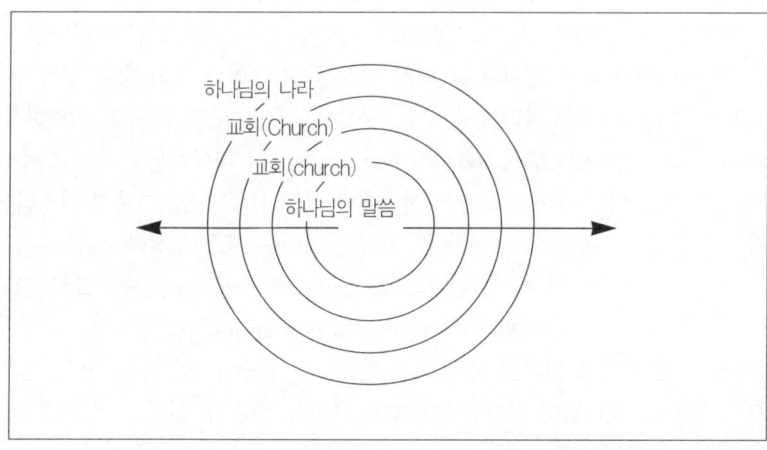

바빙크는 "교회는 그리스도께서 하나님 나라의 은혜를 나누어 주며, 또한 그 나라의 완성을 준비케 하시는 방편이다"라고 설명하고 있다(*Gereformeerde Dogmatiek*, Vol. Ⅳ, 281). 그리스도는 만유의 주님이시며, 제도 교회의 머리이시며, 유기체 교회의 왕이시다. 따라서 "그리스도의 왕 되심과, 머리 되심은 서로 긴밀히 묶여져 있기는 하지만, 후자(머리 되심)가 전자에 종속된다. 하나님 나라의 시민 됨은 유기체 교회의 일원이 됨과 공존한다. 그러나 "하나님 나라의 활동의 장이 더욱 넓다…왜냐하면 그 나라의 목표는 모든 삶의 구현 방식을 완전히 통제하는 것이기 때문이다…이 나라는 모든 인간의 활동의 영역에서 하나님의 다스리심을 나타내는 것이다"(Louis Berkhof, *Systematic Theology*, 409-10, 570). 리덜보스에 따르면, 복음서에는 제도 교회의 의미로 '바실레이아'(*basileia*, 나라)를 사용한 곳이 하나도 없다. 그러나 '에클레시아'(*ekklesia*, 하나님의 백성들)의 개념은 예수의 설교와 자기 계시의 범주에 있어서 매우 본질적인 요소이다. 왜냐하면 '에클레시아'는 하나님께서 선택하시고 부르셔서 '바실레이아'의 축복에 참여하는 사람들이기 때문이다. 그러므로 '에클레시아'는 '바실레이아'의 나타남의 열매이며, 반대로 '에클레시아' 없이 '바실레이아'는 상상할 수도 없는 것이다. 그 이유는 "백성을 떠난 메시아의 개념은 불가능하기 때문이다." 그러므로 교회와 하나님의 나라는, 전자가 후자 안으로 들어옴을 떠나서 서로 분리될 수 없다"(*The Coming of the Kingdom*, 348-55).

하나님의 말씀에 순종하여 제도 교회는 반드시 그 모든 사역자들과 전 회중들의 필요를 공급하여서, 세상 속의 그리스도의 몸인 유기체 교회로 하여금 도래하는 하나님 나라의 촉진을 위해 일할 수 있도록 해야 한다.

그리스도의 왕 되심은 "하늘과 땅의 모든 권세"를 포괄하는 것이다. 그분이 다스리시는 영역은 크고 작은 모든 피조물들을 포함한다. 피조계의 회복과 하나님 나라의 도래는 하나이며 같은 것이다. 따라서 예수께서는 "인간 삶의 모든 정상적이고 합법적인 영역은 하나님 나라의 일부를 구성하도록 의도된 것으로 이해하셨다"(Geerhardus Vos, *The Kingdom and the Church*, 88). 더 나아가서 그분의 다스리심은 하나님 나라로 다시 태어난 순종의 시민뿐만 아니라(요 3:5), 그분의 다스리심을 거부하는 불순종의 사람들도 포함한다. 이러한 이해는 서로 투쟁하는 두 나라라고 하는 대립구도를 성립시킨다. "사단과 그리스도의 두 주장에는 공통적으로 전체주의적인 성격이 있다. 따라서 이 두 적대자 사이의 분쟁과 관련되지 않은 것은 하나도 없으며, 이런 의미에 있어서 모든 피조계에서 가치 중립적인 것은 하나도 없다." 그러므로 "우리는 하나님의 나라를 제한하는 뿌리를 뽑을 수 없이 그리스도인들 사이에 남아 있는 경향을…세상을 거룩한 나라와 속된 나라로 이분화하는 끊임없는 경향, 하나님의 나라를 '개인의 경건', '제도적인 교회', '종말론적인 미래' 또는 인본주의적인 열망으로 보든지 상관없이, 나누는 경향을 거부하여야 한다"(Wolters, 『창조-타락-구속』⟨Creation Regained⟩, 60, 61, 65).

7. 그리스도인의 삶

바빙크는 "은혜가 자연을 회복한다"고 말한다. 그리스도인이 되는 것은 그러므로 세상에서 가장 자연에 순응하는 일이다. 따라서 바빙크는 "그리스도인이야말로 참으로 진정한 인간이다"라고 말한다:

> 비그리스도인들에게 이것의 의미는 창조주 하나님의 의도를 따라서 진정한 인간이 되라는 것이다. 그러기 위해서 당신은 믿음을 가져야 한다. 그리스도인들에게 이것의 의미는, 당신이 그리스도인이라면, 참으로 그 단어의 진정한 의미에서 그리스도인이라면 당신은 독특한 인간이나 괴팍한 인간이 아니라, 완전한 인간이라는 것이다…그 이유는 한 사람이 그리스도인이라면, 그는 완전하고 진정한 의미로서 인간이기 때문이다(Jan Veenhof, *Nature and Grace in Bavinck*, 23-24).

(1) 그 이름 안에는 무엇이 있는가?

"제자들이 안디옥에서 비로소 그리스도인이라 일컬음을 받게 되었더라"(행 11:26). 그들은 삶을 갱신하시는 말씀으로 거둬들인 초기의 회중들이었다. 이 복음의 교두보를 확보하기 위해서 삼위의 하나님께서 역사하셨다. 아버지 하나님의 은혜로 말미암아 수많은 사람들이 주 그리스도를 믿는 믿음으로 돌아섰다. 성령께서는 이 믿음의 공동체로 하여금 복음 증언의 사역을 위하여 따로 사람을 세우도록 하셨다. 성령에 의해 보내심을 받은 사람 중의 하나가 바울이다. 구속사의 드라마 속에서, 복음을 원래의 근거지인 히브리에서 그 시대의 그리스 로마의 문화 속으로 가져간 개척자는 바로 바울이었다. 그는 이러한 위대한 사명을 계획에 따라 실천하였다. 유대인의 회당에서는 예수께서 약속된 메시아이심을 보여 주기 위해 선지자들의 기록된 말씀에 호소하였다(행 17:1-3). 그리고 이방인 청중들에게 설교할 때에는 "자기를 증거하지 아니하신 것이 아니니"(행 14:16-17)라는 말씀을 들어서 창조 세계에 나타난 하나님의 말씀에 호소하였다. 그리스도인들의 믿음을 불러일으키는 막 시작된 교회들에 대한 바울의 편지들에 있어서는 모든 초점이 예수 그리스도에게 맞추어졌다. 그분은 성육신하시고, 십자가에 못박히시고, 부활하신 말씀이시다. 만물이(*ta panta*) 그 안에(*en Christô*) 함께 섰느니라(골 1:15-20).

> (그리스도 안에) 인간의 참된 삶을 살아가는 데 있어서의 곁가지의 부수적인 일, 그리스도인의 삶의 부차적인 문제들이 있는 것이 아니다. 삶의 가장 깊은 뿌리, 즉 그리스도 안에서 경험되며, 그분으로 인해 창조되는 새로운 삶을 드러낸다…삶의 전부가, 그 존재의 본질로부터 시작해서 불합리한 행동에 이르기까지, 그리스도의 실재로 둘러싸여 있다. 이 순례의 여행은 무거운 발걸음으로 외로이 걸어야 하는 고통스러운 것이 아니다…왜냐하면 시작과 그 과정과 마지막이 그리스도 안에 있기 때문이다. 그분은 우리가 걸어가는 경로이시며, 우리가 여행해서 통과하는 그 지역이 되신다. 그리스도인들은 항상 그리스도 안에 거한다(Lewis Smedes, *All Things Made New*, 81-82).

그러므로 그리스도인이라는 이름을 얻는 것은 그리스도를 빼놓고는 결코 상상할 수도 없는 것이다. 빗나간 의도이기는 했지만, 기독교의 매우 중요한 이 개념은 안디옥 도시민들의 공로로 돌려야 한다. 그들의 덕분으로 우리는 이러한 용어를 가질 수 있게 되었다. 그것을 생생하게 되살려서, 하이델베르그 요리문답은 개혁자의 후예들에게 다음과 같은 핵심적인 질문을 던지고 있다. "당신은 왜 그리스도인이라고 불립니까?" 그에 대한 대답은 우리로 이렇게 고백하게 한다: "믿음으로 말미암아 그리스도의 한 지체이며 따라서 그의 기름부으심에 참여하기 때문입니다"(Q & A, 32). 그리스도 안에서 우리의 기름부음이란, 바울이 말한 바와 같이, 그와 함께 십자가에 못박히는 것이며, 죽으심을 본받아 연합한 자가 되는 것이며, 그의 죽으심과 합하여 세례를 받음이다. 만일 "우리가 그리스도와 함께 죽었으면" 우리도 또한 그와 함께 살 것이다. "그의 부활을 본받아" 연합한 자가 되었다면, 이제는 또한 그리스도 안에서 새로운 생명의 삶을 살아가는 것이다(롬 6:1-11).

역사적으로 멀리 떨어져서 사는 우리가 어떻게 그리스도와 함께 살고 죽을 수가 있는가? 이 질문에 대해서 칼빈은 성경의 말씀을 요약한다. "성령은 그리스도와 우리를 결합시켜 주시는 띠이시다." 그분은 "제2의 중보자"이시다. 그분의 내주(內住)하시는 사역을 통하여 "그리스도께서 아버지로부터 받은 것을 우리와 함께 나누신다"(『기독교강요』 III, 1, 1). 그러므로 처음부터 마지막까지 그리스도인의 삶은 모두 성부, 성자, 성령의 구원하시는 도우심에 근거해 있다. 많이 알려진 이런 설교 문구가 있다:

The Father thought it(성부께서 세상을 이처럼 사랑하셨다).
The Son bought it(많은 사람을 위한 대속물로 아들께서 자신의 생명을 주셨다).
The Spirit wrought it(우리에게 증언하신다).
Thus we sought it(구하라 그러면 얻을 것이다).
But the devil fought it(우는 사자처럼 돌아다닌다).

이것은 결국 평생에 걸친 매우 격렬한 영적인 전투에 대해 말하고 있는 것이다(롬 7장). 오직 은혜와 믿음을 통해서만 이 순례길을 진행해 나아갈 수 있다.

(2) 믿음의 단계들

전통 신학에서는 '구원의 순서'(*ordo salutis*)라는 주제로 그리스도인의 삶을 분석하는 것이 관례였다. 많은 힘을 들여서 그리스도인의 삶의 다양한 발전 단계들을 정확하게 분류하고 정렬하려고 하였다. 중생과 효력있는 부르심 중에서 그리스도인의 삶에 먼저 오는 것은 어느 것인가? 내적 소명은 외적 소명(복음의 초청)과 어떠한 관계를 가지고 있는가? 역사 안에서 믿음으로 의롭게 되는 것은 또한 동시에 영원히 의롭게 되는 것인가? 돌이킴은 단 한 번에 이루어지는가 아니면 날마다 이루어지는가? 아니면 둘 다인가? 믿음은 회개와 어떻게 관련되어 있는가? 죽임은 살림에 어떻게 관련되어 있는가? 성화, 견인, 영화는 어떻게 관련되어 있는가? 이 구원의 순서에서 선택의 자리는 어디인가? 이러한 많은 어려운 논리적인 논쟁 속에서 "구원"은 논리적인 "서정" 속에서 희생되고 있다.

이 모든 개념들은 성경계시에 대한 신학적 숙고로부터 나온 것이다. 그러나 성경 어느 곳도 정확하고 완벽한 구원의 순서를 그려내고 있지는 않다. 성경은 결코 교리를 위한 지침서가 아니다. 구원의 순서를 논리적인 순서로 가장 잘 묘사하는 것은 로마서 8:28-30이다: "하나님이 미리 아신 자들로 또한 그 아들의 형상을 본받게 하기 위하여 미리 정하셨으니…또 미리 정하신 그들을 또한 부르시고 부르신 그들을 또한 의롭다 하시고 의롭다 하신 그들을 또한 영화롭게 하셨느니라." 그러나 여기의 목록에는 중생, 성화, 견인이 빠져 있다. 다른 본문들에서 우리는 다른 순서를 접하게 된다. "주 예수 그리스도의 이름과 우리 하나님의 성령 안에서 씻음과 거룩함과 의롭다 하심을 얻었느니라"(고전 6:11; 참조, 고전 1:30; 딛 3:5). 성경은 "완성된 결정적으로 정해진 순서를 제공하지 않으며", 그러나 통일된 그리스도인의 삶의 풍부하고 다양한 실재를 말하고 있다. 구원의 전 과정은 "오직 믿음으로"와 "오직 은혜"로를 드러낸다. 그러므로 그리스도께서 "길"이다라는 것이 고백될 수 있을 뿐이다(Berkouwer, *Faith and Justification*, 29-33).

개혁자들의 복음적인 신학에는 성경의 풍부하고 다양한 강조점들이 반영되어 있다. 그 예로 칼빈에 있어서 우리는 다소 느슨하게 배열된 순서를 볼 수 있다. 그는 "믿음에 의한 중생과 회개"에 대해서 언급한다(『기독교강요』 III, 3). 그러나 그의 작품은 후기 개신교 스콜라적 신학의 정교하게 구성된 구원의 서정을 결여하고 있다. 이 점 때문에 카이퍼는 개혁자들 속에 있는 미완성의 개념이라고 하였다(*The Work of the Holy Spirit*, 294). 그러나 칼빈의 장점은 그 복잡성이 아니라 구원의 길의 통일성에 대한 강조에 있다. 다른 개혁자들과 함께 그는 중세의 의미 없는 구별에 반대하였던 것이다. "그들은 내재된 믿음과 드러난 믿음 사이를 구별하고 형성된 믿음과 형성되지 않은 믿음을 구별함을 통하여 그리스도에게 베일을 덮어 가리워 버렸다. 우리가 그분을 똑바로 보지 못한다면 끝없는 미로를 방황하게 될 것이다" (『기독교강요』 III, 3, 2). "그리스도와의 연합은 그분이 베푸시는 모든 유익에 참여한다는 것을 의미한다"—이것이 칼빈 신학의 기본적인 주제이다.

어떤 이들은 칼빈의 주관적 주장 그리고 분명하고 정확한 정의가 없다는 이유로 그것을 칼빈의 결점으로 여겼다(Louis Berkhof, *Systematic Theology*, 417). 그러나 그러한 비난은 사실 후기 스콜라적인 전통으로 채색되고 오염된 안경을 통해서 칼빈과 다른 개혁자들의 저작을 읽기 때문이다. 카이퍼는 이렇게 말한다: "은혜의 작용들은 사슬의 고리들처럼 하나로 묶여 있다"(*The Work of the Holy Spirit*, 297). 그러나 대부분의 숙련된 스콜라적 신학자들은 궁극적으로 그리스도인의 삶은 "하나의 과정"으로서 그것은 "그 안의 다양한 운동들은 그 과정 안에서 구별할 수 있다는 것과 구원의 적용은 하나의 논리적인 순서 안에 이루어져 감을 강조한다는 것을 알게 된다"(Louis Berkhof, *Systematic Theology*, 416).

질서정연하게 체계를 갖춘 신학을 위해서 개념들 사이의 어떤 구별들은 매우 중요한 것이다. 그리스도인의 삶은 "결코 분리되지는 않지만 반드시 구별되어야 하는 다양한 경험들을 포함하고 있다." 그러므로 "구원의 서정에 나타나는 다양한 국면들은 나중의 것이 먼저의 것을 대치하는 식의 일련의 연속적인 단계들로 이해되어져서는 안 되며, 오히려 구원의 과정 속에 나타나는 다양하면서도 동시적인 국면들, 즉 이 모든 국면들이 시작된 후에도 계속적으로 나란히 지속되는 것으로 이해되어야 한다"(Hoekema, 『개혁주의 구원론』⟨*Saved by Grace*⟩, 15, 16). 이와 비슷하게 존 머레이는 "구원의 서정은 어떠한 순서를 가지고 있으며, 그 순서는 하나님의 계획, 지혜, 그리고 은혜로 세워졌다고 말한다"(*Redemption-Accomplished and*

Applied, 98). 칼빈은 이미 이것을 의식하고 있었다. 칼빈은 이렇게 말한다: "어머니 교회"(mother church, 카톨릭교회를 의미함)는 선한 행실의 삶이 어느 정도 하나님께 나아갈 수 있는 근거가 되는 것처럼 의로움과 성화를 혼동한 책임이 있다. 칼빈에 의하면, 회개(성화를 의미)와 용서(칭의를 의미)는 서로 연관되어 있다. "그들은 서로 분리되지 않을지라도 반드시 구별되어야 한다." 그러므로 "주께서 자기 백성을 값없이 의롭게 하심은 동시에 성령에 의한 성화를 통해서 그들을 진정한 의로움으로 회복시키기 위함인 것을 알 수 있다"(『기독교강요』 III, 3, 5; 9). 칼빈이 늘 말한 바와 같이, 가르침의 올바른 순서는 본질적으로 변증론적인 목적을 가지고 있어서, 건전한 교리를 육성하고 그것에 근거해서 성경의 진리를 잘못 드러내는 것을 피하는 것이다. 구원의 순서에 대한 과도한 강조가 논리적 구조를 위해 도움이 되었을지라도, 그 자체의 어떤 독립적인 의미를 가지고 있는 것은 아니다. "만약 어떤 독립성을 가지게 된다면, 가장 잘 만들어지고 조직화된 구원의 서정은 그리스도인의 경건으로부터 멀어질 것이며, 교리와 교리학을 평가절하 하게 될 것이다"(Berkouwer, *Faith and Justification*, 27).

(3) 공동체 안에서의 개인들의 삶

> 많은 곡식들로부터 선별되어 함께 가루가 되고 한 떡으로 구워지며, 많은 과일로부터 선별되어 함께 눌려져서 한 음료로 되어지는 것처럼, 우리 모두는 그리스도 안에서 참된 믿음으로 말미암아 한 몸으로 연합되었다.

전통적인 성찬을 위한 예식서에 나와 있는 위 문구들은 기독교 공동체의 통일성 안에 다양한 삶의 양상을 강조하는 바울의 가르침을 잘 반영하고 있다(고전 12:12-31). 바울은 우리에게 몸은 하나이면서도 많은 지체를 가지고 있다고 하였다. 몸의 모든 지체는 여럿일지라도 결국 한 몸인 것이다. 그리스도께서도 그러하시다. 우리 모두는 한 성령으로 세례를 받아 한 몸이 되었다라고 말씀한다(12-13). 또한 "우리가 한 몸에 많은 지체를 가졌으나 모든 지체가 같은 직분을 가진 것이 아니니 이와 같이 우리 많은 사람이 그리스도 안에서 한 몸이 되어 서로 지체가 되었느니라"(롬 12:4-5; 참조, 엡 4:4, 16; 5:30; 골 2:19). 오늘날 우리에게 이것은 보다 커다란 기독교 공동체의 일부분인 하위 공동체들(가정, 제도교회, 학교 서클, 사회 활동 기관, 보조기관)과 관련된 구조 속에서의 우리의 위치를 찾아내고, 우리의 역할을 수행하게 하는 것이다. 우리는 이러한 관계 속으로 들어감을 통하여 사회 안에서의 우리의 사명을 잘 감당할 수 있게 되는 것이다.

"하나"와 "다수"의 관계에 대한 다원론적 견해는 세상에서의 삶에 대한 두 주요한 현대적 견해와 예리하게 대조된다. 서구의 민주주의는 개인주의적인 성향으로 흘러갔다. 그들은 근본적인 수준에서 개인의 실존을 절대화하는 오류를 가졌다. 서구의 기독교는 이 오류의 바이러스에 대한 항체를 가지지 못했다. 그들의 출판물들은 개인의 윤리에 대해서 비중을 두었으며, 사회 윤리는 상당히 경시하였다. 복음의 영향력은 "형제여, 당신의 영혼이 구원을 받았습니까"라는 전형적인 관심 끌기 방법 이상으로 나아가지 못했다. 설교는 개인의 영성의 표식에 대해서 초점을 맞추었다. 그러한 공동체 의식의 부재는 리덜보스로 하여금 "그리스도의 몸으로서의 우리의 힘은 너무나 작다. 우리는 너무나 쉽게 그 몸을 저버리고, 지체들을 분리함으로써 우리를 강화하려고 시도했기 때문이다…이것은 반드시 인정되어야 한다"라고 말하게 하였다. 그리고 그리스도와 그리스도의 성령의 사역으로부터 오는 모든 것은 본질적으로 공동체적 특징을 가지고 있다("The Church and the Kingdom of God", p. 17; "The Kingdom of God and Our Life in the World", 11). 동구의 교회는 그 반대의 실수, 즉 집단주의, 공산주의 혹은 사회주의가 그것이다. 그것은 인간 결속의 개념을 절대화하였다. 민중 운동들과 계급활동은 보다 커다란 다수의 유익을 지향하면서 하나의 중요성을 무시하였다. 어쨌거나 서로 다른 모습을 가진 이 두 철학 모두는 계몽주의 운동의 인본주의 영향을 드러내는 것이다.

성경은 하나님의 세상에서 함께 살아 나가는 데 보다 바람직하고 보다 표준적인 "제3의 길"을 보여 준다. 그 길은 참된 대안으로서 세상의 깨어진 관계를 회복한다. 그리고 기독교 공동체는 그것을 실행하는 가장 적당한 곳이다. 예수께서는 "나는 포도나무요 너희는 가지니라"고 말씀하셨다(요 15:1-5). 각각의 가지는 그 자신 나름의 정체성을 가지고 있다. 그러나 그 많은 가지들은 그들의 생명을 공통의 원천으로부터 공급받는다. 그들은 다같이 좋은 열매를 얻기 위하여 함께 포도나무로 접붙임을 받았다. 우리도 또한 마찬가지다. 우리는 개인으로서 행동하지만 그러나 결코 고립된 개별자들이 아니다. 그리스도인의 삶은 역동적인 인간관계의 한복판에서 가장 의미 있게 드러난다. 따라서 복음은 우리를 지속적으로 하나님의 백성들로서, 그리스도의 몸으로서 언급하며, 그 상황 안에서 그 메시지를 개인에게 적용시킨다. "사람은 오직 공동체 안에서만 참된 한 사람일 수 있다…하나님께서 개인을 부르셔서 하나 되게 하신 공동체가 한 개인을 참으로 한 개인 되게 한다"(Weber, *Foundations of Dogmatics*, Vol. Ⅱ, 505). 언약, 하나님의 나라, 제도 교회, 유기체 교회 등 모든 성경의 중심 되는 실재들은 모두 공동체적인 개념이다. 제도 교회는 성도들의 어머니이며, 우리 모두는 그 자녀들이다. 이 하나님의 권속들 안에서 우리는 우리의 창조주와 대속자를 닮아 가는 것과 우리의 과제를 수행하는 것을 배운다. 이러한 전망이 없다면, 성도들의 모임은 전적으로 혹 대부분은 단순히 개인들을 모아 놓은 것에 지나지 않으며, 개인적 믿음의 소산이 되어버릴 것이다. 그 해독제는 인간됨은 항상 관계 속의 인간됨이다라는 것을 깨닫는 것이다. 그러므로 인간은 그 안에서 서로를 도와주고 풍성케 하는 공동체를 통해서만 언약에 참여함을 충만히 경험할 수 있다 (Hendrikus Berkhof, *Christian Fait*, 340-41).

(4) 그리스도인의 순례의 길

순례자(벧전 2:11의 *paroika*에서 온 단어로서, 이로부터 교구, parish라는 단어가 유래하였다)는 도중(途中)에 있는 사람들, 그러나 향방 없이 헤매거나, 떠돌이나 추방자, 나태한 여행가 아니라, 분명한 목적지를 가지고 있는 사람들이다. 그들은 땅을 기업으로 받을 사람들이다(마 5:5). 순례의 무리에 참여할 때에 "모든 무거운 것과 얽매이기 쉬운 죄를 벗어버리고" 가볍게 여행할 것을 충고받는다(히 12:1-2). 그래야 우리는 자유롭게 되어서 만국의 영광과 존귀를 가지고 예루살렘으로 들어갈 수 있는 것이다(계 21:26).

우리가 가는 길은 인적 없는 황야가 아니다. 성경의 빛이 그 길을 인도한다. 새롭게 이해되는 창조세계라는 이정표가 그 길을 인도한다. 그리고 앞서간 사람들이 시간의 모래 위에 그들의 발자국을 남겨두었다. 그리고 우리는 확실한 인도자이신 예수, 우리 믿음의 선구자이시며, 완전하신 분을 모시고 있다. 그분은 인도하는 길이 되실 뿐만 아니라 순례의 최종 목적지가 되신다. 때로 순례자들은 자의가 아닌 심각한 어려움과 역경으로 인하여 그 길을 홀로 걸어가게 되기도 한다. 그러나 정해진 계획은 다른 사람과 함께 여행하는 것이다. 그것은 결혼 상대자, 가족들, 친구들, 회중들, 동료 직원들, 학우들, 그리고 다른 사회, 경제, 정치 단체의 사람들을 포함한다.

어떠한 상황이든지 간에 우리들은 "믿음을 통하여, 은혜로", 좀더 설명을 하자면, 하나님의 은혜라는 하나님의 계시에 우리가 반응하는 믿음을 가지고 살아가도록 부르심을 받았다. 이러한 아주 종교적인 단어들은 역동적인 상호 관계를 형성하는데, 바로 이러한 상호 관계가 우리로 하여금 순례길을 가도록 격려하며 방향을 제시해 준다. 은혜는 값없이 주시는 하나님의 최고의 선물이며, 그 은혜가 우리 안에 구원받을 만한 믿음을 일으킨다. 이전 세대가 즐겨 말한 것과 같이 "모든 것이 은혜로 말미암는다." 동시에 모든 것은 또한 믿음으로 말미암는다:

> (왜냐하면) 사람 안에는 어떤 조건을 성취할 수 있는 것이 없으며, 구원하는 믿음은 일반적인 인간의 믿음의 형태가 아니다. 하나님을 믿는 것과 내 친구를 믿는 것은 결코 같은 범주가 아니다…믿음은 그 대상에 의한 전체성과 본질로 정의되며 결정된다…믿는다는 것은 그를 붙잡는 것만큼 하나님에 의해 사로잡히는 것이다(Berkouwer, *Faith and Justification*, 190).

믿음은 "거지의 손"(루터)이, 자기 자랑을 버리고, 하나님의 채우심을 바라는 것이다. 그러나 그것은 또한 사람으로 하여금 움직이도록 재촉한다. 성경은 모든 "싸구려 은혜"의 개념, 즉 시종일관 받기만 하는 은혜의 이해를 배척하기 때문이다. 하나님의 은혜는 "값비싼 믿음"(본회퍼)을 요구한다. "내가 무엇을 하여야 구원을 얻으리이까"라는 긴급한 질문에 대해서 성경은 "믿으라!"고 대답한다. 믿음은 활동이다. 그러나 믿음은 그 행위로 말미암는 어떤 공로도 주장하지 않는다. 성도들은 그들의 구원을 찾되 그들 자신 속에서가 아니라 예수 그리스도 한 분에게서 찾는다. 그리스도 안에 있는 하나님의 길에 참여함으로 그들은 또한 이스라엘과 초대 교회에 대한 하나님의 길에 참여한다. 하나님의 풍성하신 은혜에 대한 선지자들과 사도들의 과거 증언들은 그들 안에 가진 미래에 대한 소망의 새 노래를 부르게 한다. 그렇게 언약의 역사는 계속된다. 왕이신 그리스도께서는 다가오는 하나님 나라의 진행 속에 그의 추종자들을 계속해서 참가하게 하신다.

처음부터 마지막까지 순례자들은 오직 은혜만으로, 오직 믿음을 통해서 그 길을 진행한다. 믿음은 "구원의 순서에 있는 한 단계일 뿐만 아니라, 성도들의 삶 전체에 걸쳐 지속되는 것이다"(Hoekema, *Saved by Grace*, 14). 은혜와 믿음은 그러므로 인생의 여정 중에 존재하는 독립적 단계들이 아니라, 그들은 서로 영향을 미친다. 그러나 그것은 각각 그 나름의 신적이고 인간적 순수성을 지속하는 방식으로 이루어진다. 그런데 이들은 경쟁적이거나 반반씩의 협력관계인 객관적 주관적 인자들로 축소되어서는 안 된다. 또한 양극단의 변증법적 긴장관계에 있는 것도 아니다. 하나님의 화평케 하시는 말씀에서 중심된 이 은혜와 믿음은 그 길을 따라서 항상 완전히 자유롭게 펼쳐져 있는 것이다. 이 역동적인 관련성은 벌카우어가 강조하는 상관성에 대한 주제 안에 잘 나타난다. 상관성에 대한 테마는 칭의, 성화, 견인에 대한 벌카우어의 저작 속에 두루 스며들어 있다. 그는 이렇게 말한다. 믿음은 객관성과 주관성 사이의 모든 긴장관계를 해소한다. 여기의 주관성과 객관성의 구별은 인간에 대한 하나님의 관계를 말하는 것이 아니기 때문에 그러하다. 이것은 단지 세계 내의 실재들에게만 적용될 뿐이다. 하나님께서는 하나의 객관적 대상이 아니시기 때문이다. 그런데 믿음은 어떤 주관성을 포함하고 있다. 적어도 우리들은 성도들로서 관련되어 있으며 하나님의 말씀에 종속해서 행동한다. 그러므로 주관성은 복음으로 제한되는 한에서만 의미를 가진다. 모든 믿음의 생활 방식은 그 중심, 하나님의 은혜로 모여야 한다(*Faith and Justification*, 29-30).

성경은 다양한 이미지, 예를 들어서 "양자됨", "접붙임", "변화함", "그리스도를 닮아감", "새 사람을 덧입음", 그리고 놀라운 표현인 "신의 성품에 참여하는 자"(벧후 1:4) 등의 풍부한 이미지를 사용하여 그리스도인의 삶을 묘사한다. 가장 확고한 순례자라고 할지라도 이러한 모습을 가진 자기를 본다는 것은 시간이 걸리는 일일 것이다. 그러나 실망치 말고 우리는 보이는 것으로 걷는 것이 아니라 소망있는 믿음으로 걷는다는 것을 기억하자. 순례의 길은 "결코 수도사, 순교자, 금욕주의자, 순회 설교자와 같은 특별한 범주의 사람들의 특권이 아니다. 그것은 은혜를 받아들인 모든 사람들에게 나누어지는 혜택이다"(Berkouwer, *Faith and Sanctification*, 149).

성경의 풍부하고 다양한 증언을 근거로 해서, 그리스도인의 삶의 중요한 측면에 대한 신학적 숙고를 간단하게 살펴보도록 하자.

① 중생: 새로운 삶

개혁자들의 중생에 대한 교리는 후대 신학의 좁아진 초점보다 더욱 포괄적인 전도의 범주를 담아내고 있다. 이러한 포괄적인 시각에서 중생은 칭의, 회개, 돌이킴, 성화와 같은 그리스도인의 순례길의 다른 측면들과 매우 밀접히 관련되어 있다(참조, Calvin, 『기독교강요』 III, 3). 95개조의 반박문의 서두에서 루터는 중생한 사람을 지칭하는 회개한 영혼에 대해서, 평생에 걸친 갱생의 과정에 있는 것으로 기술한다. 즉 성도들의 전 생애는 돌이킴이다. 이것과 크게 다르지 않은 견해가 믿음으로 중생함에 대한 신앙고백에 반영되어 있다(벨기에 신앙고백, 24항). 그리고 더욱 최근에는,

> 중생이라는 단어를 보다 제한적인 의미로, 즉 그것을 통하여 죄인이 새로운 영적인 생명을 부여받고 새 생명이 처음으로 행동화되는 하나님의 역사를 나타내는 용어로 사용한다. 이렇게 생각

할 때, 중생은 "거듭남"과 "새생명" 양자를 포함하는 것이다(Louis Berkhof, *Systematic Theology*, 467).

이러한 보다 정밀한 용법은 개신교의 스콜라적 신학의 영향을 반영한 것이다. 그럼에도 불구하고 어떤 분명한 신학적 차이점들에 대한 구별의 필요성에서 볼 때는 어떤 유익이 없는 것은 아니다. 그러나 그것이 하나의 구원의 길을 조각 내는 것이 되어서는 안 될 것이다:

> 중생은 반복적인 것이 아니다. 단번에 완전히 주어진 새로운 삶의 역사적 시작이며, 의롭게 됨과 성화의 시작이다…중생은 부르심, 의롭게 됨, 성화 등과 독립되어 있는 사건이 아니다…중생 속에서 오직 은혜로 죄인들의 의롭게 됨이 완성되어 가는 것이기 때문이다(Helmut Burkhardt, *The Biblical doctrine of Regeneration*, 22, 26, 29).

중생은 그리스도인의 삶의 다른 모든 요소들에 그 기본적인 깊이를 제공한다. 이런 의미에서 중생은 복음의 핵심을 여는 것이다.

약간의 경건주의자들에게서 보이는 과도한 주관성, 중생한 사람과 그렇지 않은 사람으로 너무나 간단하고 쉽게 분리하려는 바리새인적인 경향, 그리고 다시 태어난 그리스도인이 되었다고 하는 특권의식에 대한 반작용으로 말미암아 많은 현대의 주요한 신학들은 중생의 성경적 개념에 대해 꺼리는 경향이 있다. 그들은 요한복음의 다시 태어남에 대한 주관적인 측면에 대한 강조를 희생시키면서 바울의 서신에 나타난 의롭게 됨의 객관적인 교리를 이용한다. 이러한 경향에 대해 오토 미첼(Otto Michel)은 개혁주의 신학은 "칭의를 가장 우선하고 중생은 거기 따르는 부산물로 이해하는 경향이 있다"라고 언급하였다. 그러나 "이러한 평가는 요한 신학의 중요성을 손상하고 있는 것이다. 요한복음은 의도적이고 계속적으로 하나님의 중생하시는 역사에 대해서 언급하고 있다"(Regeneration, *Basic Christian Doctrines*, 189). 이 문제에 대해서 다시 한 번 주의해야 할 것은 하나님과 인간의 관계를 객관성/주관성의 관계로 국한시켜서 이해해서는 안 된다는 것이다. 중생과 칭의는 함께 진행되는 것이기 때문이다. 칭의는 하나님 앞에서의 우리의 신분이 근본적으로 변환되어 더 이상 심판 아래에 매여 있지 않게 되어 결코 정죄함이 없다는 것을 지적한다. 동시에 중생은 우리의 상태의 커다란 변화, 그 근본적 방향의 전환, 갱신된 삶의 시작점을 언급하는 것이다. 벌카우어가 말한 것과 같이, "마음의 자궁이 비어 잉태를 거부하기 때문에, 중생은 하나님의 크신 은혜의 저항할 수 없는 인도하심에서 생겨나는 것이다"(*Faith and Sanctification*, 190). 이 새로운 시작으로부터 참된 믿음이 생겨나고 하나님의 의롭게 하시는 은혜를 받아들이게 된다. 칭의와 중생 모두는 하나님의 선택하시는 사랑의 결정적인 우선성을 강조한다. 바울은 그 둘을 밀접히 관련시키며, 하나님의 자비 속에서만 있는 배타적인 것으로 설정한다. 바울은 "우리를 구원하시되…오직 그의 긍휼하심을 좇아 중생의 씻음과 성령의 새롭게 하심으로 하셨나니…우리로 저의 은혜를 힘입어 의롭다 하심을 얻게 하기 위함"이라고 말한다. 인간의 자랑은 여기서 완전히 배제된다. 그 모든 것은 오직 하나에 근거한다. 그 근거는 우리 구주 예수 그리스도로 말미암아 우리에게 풍성히 부어 주시는 과분한 은혜이다(딛 3:5-8). 구원의 전과정은 그리스도에 중심되어 있다. 그분은 메시아에 대한 약속, "너는 내 아들이라 오늘날 내가 너를 낳았도다"(시 2:7)의 성취로서 오셨다. 우리의 거듭남은 성부 하나님께서 그분을 낳으심과 그분의 세상에 오심과 성령의 기름부으심에 근거한다. 그리스도의 지상적 사역에 근거하여 베드로는 "예수 그리스도의 죽은 자 가운데서 부활하심으로 말미암아 우리를 거듭나게 하사 산 소망이 있게 하시며"(벧전 1:3)라고 증언한다. 칼빈이 말한 바와 같이 그리스도와의 교제는 새로운 삶의 원리 속으로 이식되는 것을 포함하여, 그분의 모든 은혜에 참여하는 것을 의미하는 것이다.

우리 주님께서는 분명한 어조로 내적인 변화의 근본적 중요성을 강조하셨다. "사람이 거듭나지 아니하면 하나님 나라를 볼 수 없느니라"(요 3:3). 이 결정적인 돌이킴은 성령의 헤아릴 수 없는 사역의 결과이다. "바람이 임의로 불매 네가 그 소리를 들어도 어디서 오며 어디로 가는지 알지 못하나니 성령으로 난 사람은 다 이러하니라"(요 3:8). 그래서 칼빈은 "성령에 대하여 하늘 나라의 보물을 우리에게 열어주는 열쇠"라고 한다(『기독교강요』, Ⅲ, 1, 4). 우리는 "죽음에 이르는 병"으로 고통을 받는다(키에르케고르). 그리스도께서는 중생을 통하여 우리를 새로운 피조물로 만드신다. 우리의 예전 본성은 그리스도와 함께 장사되었으며 우리는 이제 새로운 삶으로 그와 함께 일으킴을 받았다. 새로운 삶을 살게 하시는 성령께서는 우리의 어두운 마음을 비추어 주신다. 우리의 종된 의지를 자유케 하신다. 그리고 그분은 시작하신 것을 계속해서 이루신다. 우리를 잉태에서 출생으로, 그리고 새로운 삶의 표식으로 이끌어 가신다. 우리가 우리의 자연적 잉태와 출생을 하게 할 수 없는 것과 마찬가지로 거듭남도 우리의 힘으로 되는 것이 아니다. 그것은 거룩한 은혜의 기적이다. "하나님께서는 인간의 모습 그대로 인간과 언약적인 교제를 하시기를 원하신다. 그러나 그러한 교제가 가능하기 위해서 하나님께서는 우리가 처해 있는 상태 그대로 두실 수가 없다"(Hendrikus Berkhof, *Christian Faith*, 425). 그 결과 우리는 이전의 똑같은 상태로 다시 돌아가지 않게 되었다.

중생은 날짜로 따질 수 없는 사건이다. 그 시간과 장소는 우리의 한계를 벗어나는 것이다. 그러나 그것은 새로운 삶의 시작을 알리는 것이다. 그것과 함께 새로운 삶이 시작된다. 그것은 땅에 뿌려진 씨앗과 같아서 어느 정도는 감추어진 상태로 유지된다. 그러나 이윽고 싹이 트고 열매를 맺는다. 그러므로 중생은 "머리부터 발끝까지 전체 인격의 총체적인 갱신이며, 하나님의 성령의 사역에 의해 이루어진 결정적인 방향의 전환이다"(Burkhardt, *The Biblical Doctrine of Regeneration*, 23). 그러나 성령께서 아무것도 없이 빈손으로 일하시는 것은 아니다. 그분의 중생케 하시는 사역에는, 태초부터 계신 하나님 말씀의 치유의 능력이 함께 한다. 베드로는 이렇게 말씀한다: "너희가 거듭난 것이…하나님의 살아 있고 항상 있는 말씀으로 되었느니라"(벧전 1:23; 참조, 약 1:18).

그렇다면 이제 우리 앞에 있는 길은 하늘 아래 구름 한 점 없는 아무런 문제가 없을 것인가? 성경은 건강과 부귀의 복음을 약속하지 않는다. 중생은 사실 아주 뿌리 깊은 기쁨과 평안을 가져다준다. 예수께서 약속하신 것처럼(요 14:27), 우리가 심각한 어려움들에 직면해서도 누릴 수 있는 것이다. 예수께서 세상을 이기셨다는 것을 아는 것은 결코 변치 않는 기쁨을 가져다준다(요 16:33). 그러나 그것이 결코 평탄한 삶을 약속하는 것은 아니다. 사실 중생은 실제의 전투를 시작하는 분기점이다. 그것은 새로운 자아가 이전의 자아와 싸우는 계속적인 영적인 전투에, 바울처럼 참여하게 되는 것을 의미한다(롬 7:13-25). 이러한 전환은 그리스도인의 삶에 대해서 *simul justus et peccator*(동시에 의인이고 그리고 죄인)이라고 한 루터의 표현에 대한 충분한 도입설명이 될 것이다. 그 전선은 또한 "하나님께로서 난 자"(요일 5:18)와 "거짓의 아비"(요 16:33)에서 난 자들 사이에 놓여져 있다. 그렇다고 패배주의자적인 마음을 가질 필요는 전혀 없다. 계속해서 패배할지라도, 세례 속에 담겨있는 하나님의 확실한 인치신 약속, 즉 "중생의 씻음"(딛 3:5)으로 돌아가 다시 진을 칠 수 있기 때문이다. 그렇게 깨끗하게 되어서, 우리는 거듭난 믿음의 가족의 아들과 딸로 입양되었으며, 하늘 아버지 나라의 상속자가 된다. 우리는 우리의 형제자매들과의 약속과 소망을 저버리게 될지도 모른다. 그러나 우리는 결코 이러한 영적인 결속에서 빠져나갈 수 없다. 우리의 아들과 딸됨이 이미 결정된 것이기 때문이다. 그러므로 어떠한 일이 있더라도 이러한 교제의 관계 속에서 우리는 개인적으로, 그리고 공동체적으로 항상 아바 아버지!를 부를 것이다.

성도들 모두는 영적으로 성숙한 특별한 범주의 사람들이 아니라 거듭난 그리스도인들이다. 더욱이 우리는 우리의 거듭남을 개인적 축복으로서 만족하며 살아가서는 안 된다. 이 거듭남은 반드시 우리의 거듭난 결혼 생활, 거듭난 친구 관계 그리고 거듭난 직장생활, 거듭난 정치로 확장되어 실천되어야 한다. 그리고 어느 날 우리는 온 창조세계가 최종적인 중생에 참여하라는 부르심을 들을 것이다(롬 8:18-25).

② 칭의: 하나님 앞의 의로움

그리스도께서 "우리의 의롭다 하심을 위하여 살아나셨기"(롬 4:25) 때문에, 우리를 정죄하는 비우호적인 배심원들은 더 이상 활동하지 않는다. 해방의 선언이 언도되었다. 그리스도 안에서 하나님께서는 우리의 죽음의 선고를 철폐하셨다. 그렇지 않다면 우리는 죄인으로서 가혹하게도 그러나 마땅히 그것을 지어야 했던 것이다. 그분은 죄인들을 의롭게 하신다. 우리는 원수 되었을 때에 그 아들의 죽으심으로 말미암아 하나님으로 더불어 화목되었다고 말씀하신다(롬 5:6-11). 하나님의 해방하시는 행위로 말미암은 칭의의 은혜는 믿음을 통하여 현재의 실재로서 우리에게 명확히 깨달아진다. 탕자는 용서받고 그 아버지의 집으로 기꺼이 맞아들여졌다(눅 15:20-24). 빗나간 자녀도 후사 곧 하나님의 후사요 그리스도와 함께 한 후사가(롬 8:17) 된다. 칭의는 회개한 세리에게 주신 것처럼 값없이 공로 없이 의롭다고 하시는 하나님의 선언이다. 바리새인은 그 자신의 의로움을 구하였으나 의롭게 되지 못한 반면, 세리는 의롭다 하심을 받고 집에 내려갔다(눅 18:9-14). 중생은 우리 안에서(*in nobis*) 성령에 의해서 일어나는 반면, 칭의는 좀더 깊은 근거로서, 우리 밖에서(*extra nobis*) 그리스도 안에서 일어난다. 그리고 이것도 또한 단번에 일어나는 것이다. 이것은 결코 과정이 아니다. 그러나 "성도들은 반드시 끊임없는 믿음의 실천으로 계속해서 자신의 칭의에 합당하게 살아야 한다…위로와 평화와 기쁨의 끝없는 원천이 되는 것이다"(Hoekema, *Saved by Grace*, 173).

이 "위대한 교환"은 하나님의 심판의 법정 앞에서 또한 우리의 뒤얽혀진 삶의 모호함 가운데에서 이미 일어난 사실이다. 그리스도께서는 그분이 아닌 것으로부터 우리를 대신하여 위대하신 세상 죄악의 담당자가 되셨다(사 53:4-6). 그것은 본성적으로 의롭지 못한 우리를 하나님 앞에서 의롭게 하려고 하신 것이다. 우리는 이 놀라운 사건 속에서 복음의 핵심을 감지한다. 개혁자들에게 화해의 이 말씀은 성경의 말씀들을 축약해서 나타내는 것이다. 실제로 이것은 바울이 로마에 있는 그리스도인에게 보낸 편지 전체를 통하여 울려 퍼져 있다. 이 서신이 계속해서 교회의 삶을 개혁하는 데에서 중대한 역할을 한 것은 조금도 이상한 일이 아니다. 그 자유케 하시는 메시지는 루터로 하여금 나는 여기에 확고부동하게 서 있습니다!라고 외치며, 수세기 동안의 비성경적 전통의 족쇄를 분쇄하게 하였다. 그의 라틴어 저작들에 대한 서문에서 그는 자신의 탑에서의 경험에 대해서 설명한다. 바르트부르그에서 호의적인 인질로서 숨어 있는 동안 그를 사로잡았던 사건이었다. 개혁으로 가는 길의 전환점은 "믿음으로 의롭게 된 사람은 살리라"는 로마서 1:16에 대한 그의 묵상에서 유발되었다. 루터는 "바울의 이 말씀은 내게 있어서 낙원으로 가는 참된 문이었다. 나는 여기에서 내가 거듭났다는 것을 깨달았다. 전체 성경의 전혀 다른 면이 내게 비춰졌다"라고 회상한다(Dillenberger, Martin Luther, 11-12). 루터는 그의 불굴의 그러나 열매가 없었던 의를 얻기 위한 노력으로부터 해방되었고, 바울의 가르침의 포괄적 의미를 간파하고, 성경의 한도 내에서 "오직 믿음"으로 의롭게 된다는 말씀을 써내려 갔다. 복음서에서 선포된 의는 하나님의 속성이나 하나님께서 우리에게 요구하시는 의가 아니다. 그것은 그리스도로 인하여 값없이 수여하시는 것이다. 그것은 오직 그리고 전적으로 은혜로 말미암으며, 또한 오직 그리고 전적으로 믿음으로 말미암는 것이다. 루터는 "바울이 언급한 하나님 앞에서 의롭게 되려는 두 가지 상반된 방법은 정확하게 그의 삶에 있었던 두 모습이다. 하나는 그리스도를 만나기 전이고 하나는 그리스도를 만난 후이다"라는 것을 발견했다. 바울처럼 "그의 (루터) 회심 전에는 그 자신의 의를 세우기 위해 노력했으나, 회심 후에는 그리스도의 의를 받아들였다"(Berkouwer, Faith and Justification, 78).

하나님의 크신 은혜에 대한 근본적이고도 완전한 의존성은, 우리의 능력으로 그것을 얻을 수 없는 것으로 또한 동시에, 유대인과 이방인들에게 그리고 현대인들에게는 더욱 "미련한 것"과 "거치는 것"으로 존재한다. 우리는 모두 자력구원 종교의 엄청난 힘의 유혹에 빠져 있다. 이것을 감지한 루터는, 그의 생애의 말년에 그의 죽음 이후에 이 교리는 완전히 희미해져 버릴 것이라고 말했다고 한다. 그 후의 역사는 그의 이 두려운 예언이 현실화되고 있음을 보여 준다. 개혁주의적 신앙과 그렇게 멀어지게 된 이유를 돌아보면서, 헨드리쿠스 벌코프는 "구원은 순수하게 하나님의 값없이 주시는 선물이라는 믿음에 의해 죄인으로 살아가는 것은 결국 많은 것을 요구하는 것이다." 오직 믿음으로 의롭게 된다는 메시지는 "결코 우리 안에서 일어나는 것이 아니기" 때문이다. 사실 그 메시지 안에서 "우리는 우리가 경험하는 것과 정반대의 것을 받는다." 그러므로 "완전히 정반대의 경험 앞에서 우리는 우리 안으로부터 일어나는 것이 아닌, 전혀 하나님의 자비의 은혜로만 칭의와 성화가 일어난다는 사실을 반복적으로 들을 필요가 있다"(*Christian Faith*, 438).

칼빈은 이 그리스도인의 믿음의 기본적 항목에 대해서는 루터와 전적으로 일치하고 있다. "칭의에는 결코 공로가 있을 자리가 없다"고 그는 말한다. "우리는 반드시 그리스도의 의로 옷입어야 한다" 그리고 "이 의를 받아들이는 도구가 바로 믿음이다"(『기독교강요』 Ⅲ, 11, 6). 벌카우어는 이러한 생각을 더욱 분명히 하여서, "의롭게 하는 것은 믿음 그 자체가 아니다; 믿음은 단지 우리의 의로움이신 그리스도를 받아들이는 도구에 불과하다"고 설명하고 있다(*Faith and Justification*, 45). 칼빈은 또한 믿음에 대해서, 자기 의로움의 모든 생각을 배제한 비어 있는 그릇으로 비유한다. "우리가 그리스도의 은혜를 얻기 위해 우리를 비우고, 우리 영혼의 입을 열지 않는다면 우리는 그리스도를 받아들일 수 없다"(『기독교강요』 Ⅲ, 11, 7). 중요한 것은 믿음이 수동적이라는 것이 아니라, 인간의 모든 공로를 배제한다는 것이다. 믿음은 사실 수동적인 것이다. 그러나 그것은 활동적이고 요구되는 수동성인 것이다. "그것은 결정, 두려운 결과들을 일으키는 결정이 반드시 있어야 하기 때문이다"(Berkouwer, *Faith and Justification*, 186). "믿음의 길을 걷는다는 것은 그리스도께서 그 길이라는 것을 순수하게 인정하는 것이다"(Berkouwer, *Faith and Justification*, 43). 그분 안에서 우리의 과거와 현재의 모든 죄의 용서를 확신할 뿐만 아니라, 또한 미래의 용서를 위한 구속적인 근거가 된다.

최근에 한스 큉은 16세기의 로마와 개혁주의 사이의 논쟁을 다시 재개하였다. 바르트 신학의 눈을 통하여 개혁주의 신학을 해석한 그는, 이 오랜 논쟁은 커다란 오해에서 비롯되었다고 주장한다. 근본적으로 개혁자들의 믿음은 칭의에 대한 트렌트 공회의의 선언과 전혀 다르지 않다고 그는 말한다. "전체적으로 바르트의 신학과 카톨릭 교회의 신학 사이에는 근본적인 일치점이 있다." 이 주제에 관하여 바르트는 고대의 교회로부터 이탈할 아무 이유도 가지고 있지 않다. 왜냐하면 "참된 카톨릭 신학은 칭의를 예수 그리스도 안에서의 하나님의 주권적인 행위로 여기고 있기 때문이다"(*Justification: The Doctrine of Karl Barth and Catholic Reflection*, 276, 282). 이러한 놀라운 논제에 대한 대답으로 보낸 편지의 서두에서 바르트는 만약 큉이 카톨릭의 입장을 잘 요약한 것이라면, "이제까지 나는 Santa Maria Magiore(트랜트 공회의의 장소)를 두 번 방문해서 그 주제에 대한 논의를 하였는데, 이제 세 번째로 다시 가서 '사제들이여, 내가 죄를 지었나이다'라고 참회를 해야 할 것이다"라고 하였다(*Justification*, xx). 분명히 바르트와 그 밖의 다른 이들도 그러한 이해를 수긍하지 않았다. 전통적인 카톨릭 신학은 칭의를 위한 믿음을 구원의 전 서정을 여는 결정적인 단계로서 이해하지 않고, 단지 구원의 과정을 이루는 시작에 불과하며 그 후에는 추가적인 단계들에 의해서 보충되어야 한다고 이해되었기 때문이다.

믿음으로 말미암은 칭의에 대한 다른 이해들도 있어서 개혁자들은 이것들을 거부하였다. 로마 카톨릭 신학은, 죄인들이 변화하지 않은 상태 그대로 남아 있기 때문에 개혁자들의 칭의의 교리를 허구적인 것이라고 불렀다. 하이델베르그 요리문답은 이러한 비난에 대해서 이렇게 고백함으로 대답한다: "참된 믿음으로 인하여 그리스도로 접붙임을 받은 사람들이 감사의 열매들을 생산하지 못하는 것은 불가능하다"(Q & A, 64). 그렇다면 우리의 지속되는 죄와 부족한 점들은 무엇인가? 하나님의 의롭게 하시는 은혜 안에서 믿음으로 산다는 것은 이러한 모순되는 증거들에도 불구하고, 그리스도 안에서 우리의 의로움을 선포하시는 하나님의 판결을 순수하게 그러나 의미 깊게 받아들이는 것을 의미한다. 알미니안주의자들도 이것에 대해서는 반대하였다. 그들은 개혁자들의 칭의에 대한 교리가 성도들로 하여금 하나님의 은혜의 수동적인 수납자에 불과하게 만든다고 비난하였다. 자유 의지에 대한 준 펠라기안의 견해에 근거해서 그들은 구원에 있어서 인간의 참여가 활동적이고 연합적이고 결정적인 역할을 한다고 주장하였다. 돌트 신조는 잘못된 거부에서 알미니안의 입장이 "오직 은혜로"의 성경적 교리에 대해 심각한 위반을 하고 있다는 것을 발견한다("부분적인 원인으로 동반하는 은혜와 자유 선택", Main Points 3/4 9항). 성도들은 그들의 의로움에 조금도 공헌할 수 없으며, 믿음도 선행하는 조건도 아니다. 믿음은 의롭게 하시는 하나님의 은혜를 경험하는 우리의 방법이다.

바르트의 신학은 그 자신 나름의 독특한 도전을 던져준다. 현대 자유주의의 주관화하는 경향들에 대항하여 믿음을 "빈 그릇"으로 이해하는 개혁주의적인 생각을 존중하려는 의도에서, 바르트는 믿음을 인간의 모든 참여를 배제한 하나님 주권의 행위로 규정하였다. 우리가 하나님을 믿는 것이 아니라 하나님께서 우리를 믿는다. 하나님께서 "믿음의 주체"가 되시고, 우리 인간은 믿음의 "대상"이 된다. 그러므로 믿음은 "알지 못하는 어둠 속으로, 빈 공간 속으로의 계속되는 뛰어듦이다." 그러므로 여기서 "나는 믿음의 주체가 아니다." 왜냐하면 "믿음은 절대적인 타자성이며"(absolute otherness), 이 '근본적인 타자'(radically Other)는 나의 모든 것과 대면하여 서 계시다"(*Römerbrief*, 73, 125). 그러나 성경이 가르치는 믿음은 비록 공로를 전혀 인정받을 수 없는 것이면서도, 그것은 전적으로 인간의 것이다. 그것은 하나님의 은혜에 대하여 강하게 나타나는 반응인 것이다. 딸의 회복을 위해서 유대인의 상위에서 떨어지는 부스러기라도 기꺼이 먹으려고 했던 가나안 여인에게 예수께서는

"여자야 네 믿음이 크도다 네 소원대로 되리라"(마 15:28)고 말씀하셨다. 메시아의 옷에만 손을 대어도 고침을 받으리라고 믿었던 여인에게 예수께서는 선언하신다: "딸아 네 믿음이 너를 구원하였으니 평안히 가라. 네 병에서 놓여 건강할지어다"(막 5:25-34; 마 15:28). 칭의는 결코 하나님의 모노드라마가 아니다. 언약 관계는 인간과 하나님의 대화의 장을 만들어 낸다. 거기에서 믿음은 멀어진 사이를 화해케 하며, 불의의 의롭게 하시는 하나님의 은혜의 말씀에 대해서 반응한다. 그럼에도 불구하고 우리는 유혹적인 그리고 스스로 충족적인 칭의의 이해를 주장하는 이들의 가르침을 바르트와 함께 거부해야 할 것이다. 그러한 칭의는 빈 약속에 불과하다. 가장 정통적인 교리의 체계라고 할지라도 그것이 우리를 하나님 앞에 의롭게 할 수 없다. 벌카우어는 "우리는 건전한 신학에 의해서 의롭게 되는 것이 아니다. 오직 믿음이 우리를 구원한다"고 옳게 지적하고 있다(Faith and Justification, 201).

칭의는 그리스도의 대속 사역에 견고한 기초를 두고 있다. 그분은 "우리 범죄함을 위하여 내어 줌이 되고 또한 우리를 의롭다 하심을 위하여 살아나셨다"(롬 4:25). 그러므로 하나님 앞에서 "그리스도 예수 안에 있는 자에게는 결코 정죄함이 없다"(롬 8:1). 믿음으로 의롭게 되었기 때문에 "하나님으로 더불어 화평을 누리며" (롬 5:1), "아들의 명분"(갈 4:5)을 얻은 것에 대해 기뻐할 수 있다. 성경은 하나님의 칭의의 선언을 재판정의 이미지로 많이 나타내고 있다. 거기서 법률의 요구는 만족되어야 한다. 중보자께서 우리의 심판을 대신 받으시고, 우리는 무죄로 선언되었다. "그리스도의 수동적인 순종 속에서 우리의 죄를 용서하시는 근거를 발견하며, 그리스도의 적극적 순종 속에서 우리의 양자됨의 근거를 발견한다. 양자됨을 통하여 우리는 영원한 생명의 상속자가 된다"(Louis Berkhof, *Systematic Theology*, 523). 아브라함이 여호와를 믿으니 이것이 그의 의로 여기심을 받은 것처럼(창 15:6; 참조, 롬 4:3, 9, 22), 그리스도 안에 있는 우리도 또한 의로 인하여 산 것이다(롬 8:10). 그분의 공로가 우리의 것으로 전가된 것이다.

이 "위대한 교환"으로 인해서 우리는 법정에서 일어나는 일들과 같은 것을 보게 된다. 법정의 용어는 여기에 아주 잘 들어맞는다. 전가된 의에 근거해서, 은혜로운 판사는 그 비싼 속량금이 지불되었다고 선언한다. 하나님 아버지께서는 결코 두 배의 보상을 요구하시지 않는다. 그리스도께서 우리의 모든 형벌을 떠 맡으셨다. 성령께서는 우리의 무죄를 증명하신다. 이러한 법정적 은유를 거부한다면 대리 속죄의 실재에 대해서 충분히 설명하지 못할 것이다. 법정적 의로움의 개념은 그 모든 중요성들 가운데서 "오직 은혜로"(*sola gratia*)와 "오직 믿음으로"(*sola fide*)의 복음을 중요시한다. 사탄은 아마도 우리를 대적할 것이다. 루터는 이렇게 말한다. 악마는 가장 심한 경우에, 우리의 어깨에 앉아서 우리의 귀에 이렇게 속삭일 것이다: "너의 죄가 너무나 크다는 것을 아느냐?" 그러나 그 다음에 다른 음성이 들려온다: "사단아, 여호와가 너를 책망하노라. 예루살렘을 택한 여호와가 너를 책망하노라. 이는 불에서 꺼낸 그슬린 나무가 아니냐"(슥 3:2). 그리고 우리의 양심도 또한 우리를 책망할 것이다(하이델베르그 요리문답, Q & A, 60). 그러나 하나님의 선언은 우리의 양심의 반대도 쉽게 하신다. 이러한 많은 비난들은 물론 "충분하고 명백한 사실들에 의해서 입증된다." 사실, "그러한 비난은 옳은 것이기에 죄인들은 그러한 비난이 옳다고 인정할 수밖에 없다." 그러나 "그리스도 안에서(in Christ)라는 문구가 사람의 칭의의 선언에 포함되어 있기 때문에, 우리들은 법정으로 인도되어 자비로운 용서의 선언을 듣게 되며, 이 선언의 독특한 특징을 알게 된다"(Berkouwer, Faith and Justification, 41).

믿음으로 우리는 우리에게 "속하지 않은 의"의 말씀을 받아들인다. 그것은 우리의 행위로부터 나온 것이 아니라 하나님께서 부여하신 것이다. 칭의는 기쁜 소식, 즉 그리스도로 인하여 심판의 날에 선언될 자유케 하시는 판결이 현재로 옮겨진 것을 의미한다. 그것은 하나님의 선택하시는 사랑의 우선성을 강조한다. 우리는 이것을 이사야로부터 배운다. 하나님께서는 먼저 그의 택하신 백성들에게 그분을 드러내신다. 그리고 말씀하신다. "너는 네 일을 말하여 의를 나타내라!" 그러나 이러한 말씀 가운데 용서의 말씀이 있다: "나 곧 나는 나를 위하여 네 허물을 도말하는 자니 네 죄를 기억지 아니하리라"(사 43:25). 그 구약성경 말씀의 증언은 여전히 유효한 것이며, 후에 신약에서 그리스도 안에서가 덧붙여짐으로 말미암아 성취된다. 그리스도께서 완전히 우리를 대신하심으로 "마치 우리가 전혀 죄를 짓지도 않았고 따라서 전혀 죄인이 아니었던 것처럼, 마치 그리스도께서 나를 위해서 순종하심과 같이 내가 완전하게 순종했던 것처럼" 여기신다(하이델베르그 요리문답, Q & A, 60). 여기서 "…한 것처럼 여겨진다"는 문구는 그것을 믿는 그리스도인들에게 무한한 위로를 주는 표현이다. 그런데 그것은 너무나 좋은 것이기에, 많은 사람들은 그것을 사실이라고 받아들이는데 오히려 어려움이 될지도 모른다. 복음은 바로 그런 것이다.

칭의는 "허구"가 아니다. 그것은 믿는 것처럼 하는 것과 전혀 다른 것이다. 칭의 안에서 매우 참된 어떤 것이 실제로 일어난다. 또한 한편에는 참으로 문제가 되는, 마치 불신자들처럼 살아가는 허구적인 삶의 방식이 존재하는데(눅 18:9, 참조, 눅 20:20), 그것은 자기 의의 방식으로 살아가는 것이다(Berkouwer, Faith and Justification, 88-

89). 그러나 믿음으로 살아가는 모든 사람에게는, 본성상 우리에게 있지 않은 것이 그리스도 안에서 우리를 위해서 우리의 것이 된 것이다. 그분이 바로 우리의 의로움이다.

③ 성화: 믿음을 지킴

성화에 관한 거의 모든 이슈들은 칭의와 깊은 관계를 가지고 있다. 성경은 그리스도인의 믿음의 이 두 측면, 즉 칭의와 성화를 분리될 수 없이 연결된 통합적인 시각에서 바라보고 있다. 칭의는 성도들이 성화의 삶의 길을 따라 앞으로 나아갈 때에, 행복한 추억으로서 뒤에 남기고 떠나가는 휴게소와 같은 것이 아니다. 벌카우어의 표현으로, "칭의가 성도들의 삶으로부터 사라졌을 때 구원의 길도 존재할 수 없다"(*Faith and Sanctification*, 77). 사실 우리는 "오직 믿음만으로" 의롭게 되었다. 그러나 믿음은 홀로 그대로 남아 있지 않는다. 믿음은 역사한다. 선한 삶은 "믿음으로 살아진 삶의 실재이다"(바르트). "의롭게 하는 믿음은 선한 삶으로 많은 열매를 맺는 믿음이다"(Louis Berkhof, *Systematic Theology*, 521).

아브라함의 인생 여정을 살펴보자. 족장으로서 맺은 언약의 핵심은 믿음으로 의롭게 되는 복된 소식이다. "아브라함이 여호와를 믿으니 여호와께서 이를 그의 의로 여기시고"(창 15:6). 이 확실한 약속의 말씀은 후에 아브라함의 희생적 순종에서 그 열매를 맺는다(창 22). 언약사의 관점에서 볼 때, 루터가 바울과 야고보 사이에서 느꼈던 예리한 긴장 관계는 해소된다. "아브라함이 그 아들 이삭을 제단에 드릴 때에 행함으로 의롭다 하심을 받은 것이 아니냐? 그러므로 사람이 행함으로 의롭다 하심을 받고 믿음으로만 아니니라. 믿음이 그의 행함과 함께 일하고 행함으로 믿음이 온전케 되었느니라. 그리고 경에 이른 바 아브라함이 하나님을 믿으니 이것을 의로 여기셨다는 말씀이 응하였고"(약 2:21-24). 다른 말로, 루이스 벌코프는 "의로운 사람의 의는 믿음으로 이루어진 칭의를 행함으로 확증한다"고 하였다(*Systematic Theology*, 521).

직설법의 표현(믿음으로 의롭게 됨)과 명령법의 표현(이제 사랑으로 살아라)은 동전의 양면과 같은 것이다. 삶에 있어서 끊어지지 않는 고리로 연결되어 있는 이 칭의(하나님의 직설법)와 성화(하나님의 명령법)는 상호 관련성을 가지고 있다. 하나님께서는 우리 속에서 구원의 은혜로 역사하셔서, 우리로 하여금 믿음의 삶 속에서 이 구원을 이루도록 하는 능력과 마음을 주신다(빌 2:12). 이 명령법에 대한 순종은 또한 직설법의 실재를 증거하는 시금석의 역할을 한다(다음 구절의 만약을 주의하여 보라, 고전 3:12-17; 갈 5:25; 골 3:2).

> 명령법은 직설법에 근거한다. 그리고 이 순서는 뒤바뀔 수 없다…(명령법은) 직설법으로 이미 주어진 실재에 근거해 있으며, 거기에 호소하며, 완전한 성장을 가져오게 하기 위한 것이다…직설법은 그러므로 단번에 주어지는 것이면서도 계속해서 새로운 것으로 받아들여져야 한다 (Ridderbos, *Paul*, 254-56).

자녀들로 입양되었기 때문에 우리에게는 이제 양자된 삶을 살 것이 요구된다. 사실 "선행은 선한 사람을 만들지 못하지만 선한 사람은 선행을 한다"("The Freedom of a Christian", *Martin Luther*, ed. Dillenberger, 69). 칭의로부터 성화로의 이행은 자동적으로 일어나는 것이 아니다. "비록 성경에서 칭의와 성화는 항상 상호 연합되어 나타난다고 할지라도, 칭의에서 성화에로의 전이를 위한 충고와 권면이 지속적으로 필요하기 때문에, 그 전이가 자동적으로 이루어지는 것은 아니다"(Hendrikus Berkhof, *Christian Faith*, 454).

> (그러므로 성화는 결코) 칭의로 주어진 구원에 대한 단순한 보충이나 첨가가 아니다. 성화의 핵심은 이 칭의로 살아가는 삶이다. 하나님의 행위로서의 칭의와 사람의 행위로서의 성화가 대치되는 것은 아니다. 그리스도께서 우리의 성화가 되신다는 사실은(그리스도께서 우리의 의로움이신 것과 같이) 믿음을 배제함이 아니라, 오히려 삶을 통하여 오직 그리스도에게만 매달리는 믿음을 포함한다. 믿음은 모든 것들이 그것을 중심으로 움직이는 중심점이다. 믿음은 그 자체가 무엇을 창조하지는 않을지라도, 자율적인 자기 성화와 도덕주의로부터 우리를 보호한다(Berkouwer, *Faith and Sanctification*, 93).

회복케 하시는 하나님의 은혜에 대한 확실한 선언으로서의 칭의는 우리 그리스도인의 삶의 전 여정과 함께 한다. 믿음으로 산다는 것은 결코 실패하지 않는 말씀에 계속해서 근거해서 산다는 의미이다. 그러나 그 길을 따라 가면서 반드시 피해야 할 두 가지 함정이 있다. 성화를 멀리한 채 칭의를 논하는 것은 "값싼 은혜"를 끌어안는 것이며, "방탕한 생활"에 빠져드는 것이며, 또는 믿음의 삶이 가지는 싸움을 과소 평가하는 것, 때때로 종교개혁주의자들에게 드리워진, 특별히 루터주의자들에게 드리워진 비난인 것이다. 다른 한편, 칭의를 희생시키면서 성화를 강조하는 것은 율법주의, 정제된 바리새주의, 그리고 근심과 불안을 양산한다. 개혁자들에게, 특별히 칼빈주의자들에게 이러한 비판이 돌려졌다. "오직 은혜로"와 "오직 믿음으로"가 이 두 위험에 대한 유일한 해독제이다.

　균형잡힌 시각으로 성경의 중심된 이 가르침을 이해하려고 한 칼빈은 칭의와 성화를 독특한 방식으로 관련시킨다. "가르침의 올바른 순서"를 언급하면서, 그는 "삶의 갱신"(성화)과 "값없이 베풀어진 화해"(칭의)를 그리스도께서 우리에게 수여하셨다고 한다. 그리고 둘 다는 믿음을 통해서 우리에게 주어진다. 따라서 그들은 서로 연합되어 있다. 그런데 칼빈은 정상적인 순서를 바꾸어서 죄의 용서(칭의)를 논하기에 앞서 회개(성화)를 먼저 다룬다. 그에 의하면 그렇게 하는 것이 "사람이 오직 믿음으로 의롭게 된다"는 것을 더 잘 드러낸다라고 생각한다. 그러나 더욱 중요한 것은, "행함을 배제하는 오직 믿음으로의 칭의의 교리가 방탕으로 나아갈 것이라는 비난을 방지하기 위해서, 삶의 실제적인 거룩함, 즉 성화는 결코 값없이 전가된 의로부터 결코 분리될 수 없다는 것을 분명히 하고 있다는 것이다"(『기독교강요』Ⅲ, 3, 1).

　하나님이 의롭게 하시고 거룩케 하시는 은혜는 갱신된 순종의 삶으로 가는 문을 열어 놓는다. 성화는 바울의 명령법의 포괄적인 목표이다. 그것은 이른바 새로운 삶 전체이다. 이 새로운 삶의 방식의 기원은 값없이 주시는 하나님의 선택하신 은혜에 있다. "이 새로운 순종의 경건하고 하나님 중심적인 성격은 성화의 개념 속에서 가장 풍부하게 발견된다"(Ridderbos, Paul, 264-65). 그것은 삶의 전 범위와 전 부분에 있어서의 모든 것을 포함하는 것이다. 그러므로 우리는 정치적 성화, 학문적 성화, 경제적 성화 그리고 나머지 모든 것의 성화를 의미심장하게 말할 수 있을 것이다. 믿음으로 말미암은 삶을 새롭게 하는 힘이 미치지 못하는 곳은 결코 존재하지 않는다. 그것은 매일의 삶에서 일어나는 세상의 음식과 금전적인 문제들까지도 포함한다.

　그러므로 바울은 하나님의 뜻은 이것이니 "너희의 거룩함"(살전 4:3)이라고 말함에 있어서 연애와 결혼의 개인적 인간 관계들을 포함하고 있다. "성화된 삶의 양식은 인간의 자연발생적인 감사의 반응이며, 자기 중심적이지 않고, 하나님의 영광과 이웃의 유익을 지향한다"(Hendrikus Berkhof, Christian Faith, 451). 성경은 성화에 대해 우주적인 전망을 가지고 있다. "바울의 새로운 삶에 대한 교리의 결정적인 출발점은 새로운 "피조물"(creature)이 아니라, 새로운 "창조세계"(creation) 전체이기 때문이다." "성경 계시에 있는 구약과 신약의 대조적, 역사적 범주는 결코 개인적, 개별적 중생을 먼저 말씀하지 않는다. 수위성을 차지하는 것은 그리스도로 말미암았으며, 그로 대표되는 새로운 창조세계에 성도들이 포함되고 참여한다는 것이다"(Ridderbos, Paul, 206).

성화된 삶으로의 부르심은 자구노력의 피상적인 도덕적 행위를 요구하는 것이 아
니다. 모든 그리스도인들의 구체적인 삶과 직업 속에서 전심으로 주님께 헌신하는
"세상적인 거룩함", 다시 말하면 세상에서 구체적으로 현실화되는 거룩함인 것이다.
확실한 하나님의 인도하심에 전적으로 의존하는 가운데서의 언약적 신실함, 하나님
나라에 대한 충성이 요구된다. 그러한 순종의 삶은 믿음으로 움직여지고 인도된다.
그리고 그 믿음은 하나님의 은혜 속에 그 힘의 원천을 두고 있다. 그러므로 마치 은
혜가 떨어진 곳에서 신앙이 회복되는 것인 양 성화를 인간의 활동으로, 칭의를 하나
님의 행위로 구별하는 것은 전적으로 잘못된 것이다. 삶은 결코 부분적으로는 이것,
부분적으로는 저것으로 나뉘어질 수 없다. 성경은 결코 50대 50의 협력관계에 대해
서 말씀하고 있지 않다. 그러한 신인협동설은 잘못된 것이다. 칭의뿐만 아니라 성화
도 역시 전적으로 은혜에 의해서 그리고 전적으로 믿음에 의해서 이루어지며, 또한
동시적으로 그리고 연속적으로 일어나는 것이다. 이스라엘에게 계속적인 순종을 요
구하시면서, 하나님께서는 "너희는 스스로 깨끗케 하여 거룩할지어다…나는 너희를
거룩케 하는 여호와니라"(레 20:7-8)고 말씀하신다. 하나님의 항상 준비되어 있는
은혜와 그에 대한 반응으로서의 우리의 믿음이 하나님의 백성의 삶을 살아갈 수 있
도록 한다. 이러한 "상호관계" 테마로 무장되었기 때문에, 우리는 이스라엘과 함께
"약속된 땅"을 취하는 대담한 모험에 과감히 참여할 수 있는 것이다.

이러한 용기를 주는 전망은 루터로 하여금 "용감하게 죄를 지으라"고 하는 논쟁
적 발언을 하게 하였다. 이러한 거친 표현을 우리는 어떻게 이해해야 하는가? 잘 알
려진 것처럼, 루터는 대화를 함에 있어서 거슬리고 자극적으로 말하게 하는 경향이
있었다. 이러한 과격한 표현은 반드시 그 순간의 상황에 비추어 비평적으로 걸러져
서 이해되어야 한다. 16세기 이후의 현대의 감수성은 아마도 벌카우어와 함께 "루
터는 좀더 조심스럽게 말을 했어야 했다"라고 말하고 싶을 것이다(*Faith and
Sanctification*, 34). 그러나 그가 말한 것은 무절제한 방종으로 마음껏 죄를 지어도
좋다는 것이 아니다. 루터는 "그리스도에 대한 우리의 믿음은 우리를 선행으로부터
해방하는 것이 아니라, 선행으로 의로움을 얻을 수 있다는 거짓된 가정으로부터 해
방케 한다"라고 말했기 때문이다("The Freedom of a Christian", *Martin Luther*, ed.
Dillenberger, 81). 이 원기 왕성한 개혁자의 또 다른 과격한 표현들을 이해하기 위
해서는 이러한 그의 확언을 먼저 머리에 담아 둘 필요가 있을 것이다. "믿음 안에서
간음을 행할 수 있었다면, 그것은 결코 죄가 아닐 것이다!" 이것은 수사학적인 표현
으로 이해해야 한다. 그것은 우리가 그렇게 음란한 행동을 할 수 없다는 의미이다.

그리스도인들에게 "용감히 죄를 지으라!"고 말하면서, 루터는 그 이면에서 "용감히 살라!"고 강하게 권면하고 있는 것이다. 루터는 그러한 적극적인 삶이 여러 번 죄에 빠지게 한다고 할지라도 하나님의 은혜에 깊숙이 기대어 믿음으로 살라고 말하곤 했다. 우리의 삶에서 죄짓는 것이 끝난다는 것은 결국 삶이 끝난다는 것이다. 그러므로 또 하나의 놀라운 표현으로, 우리가 "하루에 수천 번 간음을 행하고 살인을 했다고 할지라도" 아무것도 우리를 그리스도 예수로부터 결코 떼어 낼 수 없다는 사실을 기억하고 계속해서 앞으로 나아가자고 그는 주장한다. 루터는 "나는 죄인입니다. 그리고 나는 용감히 죄를 짓습니다. 그러나 나는 믿음 안에서 더욱 담대하며, 죄와 죽음과 세상을 이기신 그리스도 안에서 기쁨을 누립니다"라고 말한다. 루터 자신이 직접 이러한 격렬한 표현 속에 대한 최고의 설명을 덧붙이고 있다. 루터가 사용한 이러한 혼란스러운 말에 대해서 판단하자면, 용서될 수 없으며, 모방될 수도 없다. 또한 그것을 처음부터 끝까지 완전히 정죄할 수도 없다. 루터의 표현은 올바르게 이해되어야 한다. 올바로 이해해서 보자면, "오직 은혜로", "오직 믿음으로"의 복음에 대해서 근본적으로 호소하고 있으며, 인간의 공로를 의지하거나 인간의 결점에 매여 있는 것으로부터 완전히 해방시켜 주려고 한 것이다.

루터가 남긴 대단히 변증적인 성격의 글은 로마서 7장에 나오는 "전투하는 성도들"(벌카우어)의 모습을 반영하고 있다. "원함은 있으나 선을 행하는 것은 없노라"와 "원치 아니하는 바 악은 행하는도다"의 역설이 이 본문에서 우리 앞에 서 있다. 바울의 설교는 내적인 싸움의 표현으로 점철되어 있다. 그것은 성경 전체를 통해서 드러나는 테마이다. 그런데 이 대단히 매혹적인 인간 내부의 대화의 주체는 누구인가? 그리스도인이 되기 전의 바울인가, 아니면 믿는 성도로서의 바울인가? 본문에 나타난 정황적 증거를 살펴보자면, 5장에서 8장까지의 역동적인 사고의 흐름은 후자를 지지한다. 내적인 투쟁에 대한 자기 분석은 "옛 사람"의 목소리가 아니다. "자연적 인간"은 그러한 싸움에 관련하지 않는다. 이것은 전투하는 교회의 회원으로서, 전투에 배치된 성도들의 마음 깊은 곳에서 우러나오는 참된 고백이다. 성령의 함께 하시는 사역은 이 "영적인 싸움"의 종언이 아니라 시작을 알리는 것이다. 성도들 안에 몰아 닥치는 이 싸움은 불신자들에게는 생소한 것이다. 그리스도인들은 서로 싸움을 벌이고 있는 "육신의 생각"과 "성령의 생각"을 예리하게 감지한다(롬 8:7-8). 격렬한 대립이 우리의 마음과 삶의 중심을 통과한다. 그 결과 우리 일생 동안 싸움을 싸워야 한다. 그것은 회개하는 마음에서 우러나오는 매일 매일의 돌이킴을 요구한다. 회개는 우리의 잘못에 대해 책임을 인정하는 것이다. 그것이 우리의 발걸음을 인도한다. 우리는 그렇게 불완전하기에 우리의 구원을 우리 자신 속에서가 아니라 예수 그리스도에게서 찾도록 인도된다.

그러므로 로마서 7장에서 우리가 만나는 바울은 두 사람이 아니라 한 사람이다. 마치 전혀 다른 두 사람이 말하는 것으로서의 명백한 이원론은 아주 위험한 인류학적이고 종교적인 문제를 만들게 된다(Hoeksema, *Reformed Dogmatics*, 535). 그러므로 우리 내부의 한 부분과 대립하는 다른 부분이 교창(두 합창대가 번갈아 노래하는)하는 것처럼, 서로 싸움을 하는 두개의 자아가 있는 것으로 말하지 않는 것이 좋다. 우리는 "지킬 박사와 하이드처럼 부분적으로 새로운 사람이면서 또한 부분적으로 예전 사람인 것"은 아니다(Hoekema, *Saved by Grace*, 209). 이러한 싸움과 관련한 언급은 죄인이면서도 의인인(*simul justus et peccator*), 그리스도 안에서 새로운 사람의 마음속에서 우러나온 표현인 것이다. 평안과 전투, 자기 부정과 자기 실현, 죽임과 살림은 그리스도인의 삶 속에서 함께 하고 있는 것이다(『기독교강요』 Ⅲ, 3, 3):

> 성도들은 의사로부터 그 가진 병이 반드시 나을 것이라는 약속을 받은 환자와 같다고 루터는 말한다. 그러므로 성도들은 질병을 앓고 있으면서도 건강하다. 그러나 오직 의사의 약속이 있다는 의미에서만 건강한 것이다(Berkouwer, *Faith and Sanctification*, 72).

오직 약속이 있다는 의미에서만 그렇다는 것인가? 분명히 성경은 보다 커다란 약속을 주고 있다. "이전"과 "새로운" 사이에 정말로 전투가 있기는 하지만 그러나 그 전세는 "새로운"으로 넘어가 있다. "성도들은 결코 예전 그대로의 옛 자아로 남아 있거나, 옛 자아와 새로운 자아가 같이 남아 있지도 않다. 그들은 그리스도 안에서 새로운 사람이다"(Hoekema, *Saved by Grace*, 212). 그리스도인이기 때문에 우리는 우리의 신분에 합당하게 그리스도인이 되기에 힘써야 한다. 우리는 더욱더 그렇게 되어야 한다. 하이델베르그 요리문답의 구성요소인 우리의 죄와 죄책, 그리스도 안에서의 우리의 구원, 그리고 우리의 합당한 반응으로서의 감사의 삶, 이 세 가지에 대한 의미를 깊이 숙고할 필요가 있다. 이 세 가지에 대한 신념은 우리 인생길을 통하여 함께 공존하여 함께 자라나게 된다. "우리가 우리 자신에 대해서 알게 되면 될수록, 우리는 자신에 대해서 덜 기대하게 되며, 우리 삶의 근본적인 기초로서 하나님의 은혜에 보다 더욱 의존하게 된다"(Hendrikus Berkhof, *Christian Faith*, 471).

우리의 성화는 사실 "그리스도 안에" 있다. 그러므로 결과는 더 이상 의심스러울 수 없다(롬 7:25; 고전 15:57). 승리는 이미 결정된 것이다(롬 8:37). 이것은 이 투쟁의 한복판에 있는 우리에게 위로의 원천이다. 그러나 결코 자기 만족에 빠져서는 안 된다. 왜냐하면 "이 땅에서의 삶에서는 가장 경건한 자라도 우리에게 요구되는 순종에 대해서는 보잘것없는 시작단계에 불과하기 때문이다"(하이델베르그 요리문답, Q & A, 114). 그러나 그 시작단계는 비록 보잘것없을지라도 중요한 것이다. 그것은 우리가 믿음의 선한 싸움을 싸우는 데 필요한 발판을 제공해 주기 때문이다. 더 나아가서 그것은 약속된 것에 대한 완전한 성취의 담보물이다. 그러므로 성경은 반복해서 "승리를 근거로 해서 전투에 임하며, 전투에 근거해서 승리를 얻는다"고 하는 이중적 견해를 강조한다(Ridderbos, Pual, 267). 하나님의 신실하심이 우리의 시작단계를 일으키시고, 우리의 보잘것없는 시작 단계를 통하여 그분의 신실하심이 넘쳐난다.

④ 견인: 다시는 돌아가지 않음
믿음으로 하나님과의 관계를 정립한 후 새로운 삶을 사랑의 법으로 살면서, 우리는 하나님께서 우리를 실망시키지 않으신다는 확신으로 살아갈 수 있을까? 그렇다, 이제 이전의 삶의 모습으로 돌아갈 수 없다. 주님께서는 "저희를 내 손에서 빼앗을 자가 없느니라"(요 10:28)고 말씀하셨다. 아무것도 "우리를 우리 주 그리스도 예수 안에 있는 하나님의 사랑에서 끊을 수 없다"(롬 8:39). 바울은 "너희 속에 착한 일을 시작하신 이가 그리스도 예수의 날까지 이루실 줄을 우리가 확신하노라"(빌 1:6)고 말한다. 하이델베르그 요리문답은 거룩한 보편교회와 관련한 이 성경 주제에 대해서 "나는 이 공동체의 살아 있는 지체이며, 또한 앞으로도 항상 그럴 것이다"(하이델베르그 요리문답, Q & A, 54)라고 고백한다. 견인에 대한 성경의 교리는 "하나님께서 그의 능력으로 자기의 백성들이 자기에게서 떠나 타락하지 않도록 지키시며, 그리스도는 누가 자기의 손에서 자기의 양을 빼앗아 가도록 허락하지 않으시며, 그리고 성령께서는 구속의 날까지 그들에게 인치셨다"(Hoekema, *Saved by Grace*, 255)는 것을 확증한다.

교회의 고백(돌트 신조, 제5교리)에서 그리고 그것에 대한 신학적인 작업에서 이 교리는 성도들의 견인이라고 불린다. 오직 성도들만이 견인된다. 이 교리는 모든 성도들을 포함하는 것이다. 믿음을 지키는 것은 하나님의 보호하시는 끝없는 은혜에 견실히 의존하는 것에 의해서 가능하다. 그분의 변하지 않으시는 신실함이 없다면, 견인은 영원한 환상을 좇는 것이 될 것이다. 이것은 이스라엘의 언약사를 통해서 얻어진 확실한 교훈이다. 주님께서는 "나 여호와는 변역지 아니하나니 그러므로 야곱의 자손들아 너희가 소멸되지 아니하느니라"(말 3:6)고 말씀하신다. "이스라엘의 위로"를 기다리는 보존된 남은 자의 간절한 열망은, 메시아에 대한 약속을 지키시는 하나님의 변치 않으심에 대한 감동적인 증거이다(눅 2:25). "하나님의 은사와 부르심에는 후회하심이 없느니라"(롬 11:29).

때가 차매 그 메시아가 나타나셨고, 그분은 자비하신 아버지의 비유에서 나타난 하나님의 인내와 보호하시는 은혜에 대한 폭넓은 시계를 열어 놓으셨다(눅 15:11-32). 탕자의 마음을 울리는 아버지의 거부할 수 없는, 끊임없는 자비하신 사랑의 끌어당기는 힘만이 탕자가 돌아오는 길을 열어 놓는다. 회개한 성도들은 이제 아버지의 집으로 가는 길이 항상 열려 있다는 확신 속에서 인내할 수 있다.

견인이란 어떤 상태를 나타내는 상징이 아니라 역동적인 실재이다. 그것은 하나님의 주권적인 은혜에 근거해 있으며 오직 믿음으로만 경험된다. 그것은 자기 의와 영적 자기 만족에서 벗어나 있다. 그것에 대해서 어떤 추측이나 합리적인 예상을 할 수 없다. 그것은 우리의 삶이 전혀 굴곡 없이 순탄하리라는 것을 자동적으로 보증을 해 주는 것은 아니다. 또한 미래에 보장된 영광을 미리 잡게 하는 것도 아니다. "삶이라는 현장 안에서 실제 부딪히는 도전과 싸움 가운데에서 성경은 은혜로 말미암는 견인을 가르치고 있다"(Berkouwer, *Faith and Perseverance*, 99). 성도들을 보호하심은 전적으로 하나님의 지속적인 기적 그리고 신실하심의 신비에 전적으로 의존한다. 우리 인생의 순례에서 통과하는 그 길은 가끔은 구부러지기도 한 오르막과 내리막의 길이다. "만약 혼자 남게 된다면 성도들은 그 길에서 실족할 것이다"(Louis Berkhof, *Systematic Theology*, 546):

> (믿음을 지킴은) 구원을 위한 인간의 공로가 아니다. 그것은 오히려 하나님의 은혜로 인도된 상태이다. 그것은 붙잡는 것이 아니라 붙잡혀지는 것이다. 그것은 차지하는 것이 아니라 정복되는 것이다. 그러므로 하나님의 은혜에 성도의 견인의 영원한 근거가 있다(Berkouwer, *Faith and Perseverance*, 112-13).

견인은 실존의 현상이지만, 그렇다고 죄가 없는 완전함은 신화라고 성경은 가르친다. 그럼에도 불구하고 어떤 기독교 전통은 한쪽에서 다른 한쪽으로 극단을 달리기도 하였다. 사실 우리는 "하늘에 계신 우리의 아버지의 온전하심과 같이 온전할 것을 요구받는다"(마 5:48). 그러나 이 본문을 통해서 그리스도께서 우리에게 하나님처럼 죄가 없으라는 것을 요구하시는 것이 아니다. 그 요구는 영적인 지향성의 온전함 그리고 위선과 이중성에 반대되는 의미에서의 정직을 말씀하는 것이다. "완전한 거룩"을 주장하는 가르침은 아직도 사랑의 율법의 명령들로부터 논의를 시작하여 그러한 기준에 합당한 완전한 삶을 살 수 있다는 우리의 능력으로 이어진다. 하나님께서 우리에게 불가능한 것을 요구하시지는 않으실 것이다. 그러나 루이스 벌코프가 옳게 결론을 내린 것처럼 성경 전체를 통해 살펴볼 때, "우리의 능력의 한계가 성경의 명령들로부터 추론될 수 없는 것이다"(Systematic Theology, 538). 완전함과 견인이 신학적 연역으로 검증되어서는 안 될 것이다. 또한 하나님의 말씀의 요구들이 인간의 반응의 가능성에 짜맞추어져서도 안 될 것이다. 그러나 완벽주의자들은 요한일서 3:9에 근거하여 자신들의 교리를 주장한다: "하나님께로서 난 자마다 죄를 짓지 아니하나니 이는 하나님의 씨가 그의 속에 거함이요 저도 범죄치 못하는 것은 하나님께로서 났음이라"(요일 3:9).

그러나 이 본문을 주의 깊게 살펴보면 다음과 같이 이해해야 하는 것이 드러난다. 하나님으로부터 난 자들은 고정된 삶의 방식으로서 죄를 짓는 것에 얽매여 있지 않는다. 이 목회적 서신은 죄없음/죄가 충만함의 문제에 대한 해결의 빛을 던져주고 있다. 예수 그리스도의 피는 모든 죄로부터 우리를 깨끗하게 하신다. 그러한 씻김은 날마다의 돌이킴과 같이 반드시 필요한 것이다. "만일 우리가 죄 없다 하면 스스로 속이고 또 진리가 우리 속에 있지 아니할 것이요"(요일 1:5-10). 그러므로 온전하라는 성경의 요구는 결코 성도들에게 특별한 단계를 요구하는 복음적 권고가 아니다. "그리스도인의 믿음의 내용을 바르게 받아들인 사람 모두는 다 온전하다"(Ridderbos, Paul, 271). 그러나 고난을 통과하지 않으면 영광도 없다. 그리스도인들은 내부적으로 외부적으로 고통을 당하는데, 그 이유는 그리스도께서 승리를 이루신 새롭게 하시는 능력이 있음에도 불구하고 고통을 당하는 것이 아니라, 오히려 바로 그 새롭게 하시는 능력 때문에 고통을 당하는 것이다. 그러므로 "새로운 삶의 그 새로움"은 결코 "정적인 위치를 말하는 것이 아니라 역동적인 능력이며, 지속적인 갱신, 성장, 변화를 필요로 하는 것이다"(Hoekema, Saved by Grace, 212-13).

칼빈은 이미 그 시대의 기독교 완전주의적인 경향들에 대해서 반박하였다. 그에 의하면, 우리가 "중생(성화)을 통하여 죄의 얽매임에서 해방되었다고 할지라도, 우리는 결코 육체의 괴롭힘으로부터 완전히 해방된 그러한 완전한 자유를 소유하고 있는 것은 아니다." "죄가 성도들을 다스리는 것은 멈추었지만, 죄가 그들 속에 거하고 있는 것이 끝난 것은 아니다"(『기독교강요』 III, 3, 10-11). 하나님의 은혜는 우리로 하여금 일생 동안 전투를 수행하게 하신다. 우리들은 항상 위험에 직면한 위치에 있기 때문이다. 그러므로 우리는 결코 "죄를 이미 정복하고 뒤에 남겨 두고 떠나 온 것처럼" 행동해서는 안 될 것이다(Ridderbos, *Paul*, 267, 269). 그리스도 안에서 "새 사람"은 아직까지 아담 안에서의 "옛 사람"을 정복하지 못했다. 우리는 아직 "보이는 것"으로가 아니라 "믿음으로" 산다. "두 번째 축복"으로서의 죄 없는 완전을 얻으려는 분투 대신에, 우리는 반드시 믿음에 의해서 우리의 칭의와 성화를 위한 하나님의 원래의, 그리고 계속되는 축복으로부터 지속적으로 우리의 힘을 끌어내야 한다. 이 땅에서 죄로부터의 완전하고 궁극적인 분리를 구하는 것은 결국 삶 자체로부터 분리되기를 구하는 것과 같다. 칼빈은 "이 세상의 삶에서 종교적인 온전을 주장하는 것은 무익한 일"이라고 말한다. "그것이 가능하다면, 모든 사람들이 교회로부터 축출되어 버릴 것이기 때문이다"(『기독교강요』 III, 6, 5).

죄 없는 완전함이 가능하려면, 하나님의 말씀의 기준을 낮추거나, 우리의 타락의 폭을 축소하거나, 죄의 실재에 대해서 외형만을 보든가, 인간의 미덕을 과대 평가해야 할 것이다. 성경은 그러한 신비주의적인 자아상을 버리도록 한다. 오직 그리스도 안에서 우리는 "이미" 지금 "거룩하나" 동시에 "아직의" 요소를 가지고 있다. 웨버가 말한 것처럼 "완전주의는…성취되지 않은 갈망이라는 의미에서, 그 자체로서 사실 환상인 것이다"(*Foundations of Dogmatics*, Vol. II, 287).

믿음 안에서의 성도의 보존은 그 반대의 개념에 의해서 또한 공격을 받는다. 어떤 부흥운동의 범주에서는 그리스도인의 삶은 반복되는 돌이킴과 예측할 수 없는 타락으로 끝없는 원을 쳇바퀴 도는 것으로 되었다. 완벽주의자들이 죄 없는 상태의 견실함을 대단히 귀중히 여긴 반면, 주의주의자(主意主義者, voluntarist)들에게 있어 구원은 계속해서 재앙 직전에서 흔들리고 있는 것이다. 서로 정반대의 입장에 있다고 할지라도, 양쪽의 견해는 둘 다 동일하게 잘못된 출발점으로부터 시작해서 영적인 자기반성이라는 근거 위에서, 어떤 이들은 신학적으로 낙관적인, 그리고 다른 이들은 비관적인 결론에 이른다. 복음은 틀림없이 그리스도인의 공동체에 대하여 강건한 믿음을 준다(고전 15:58). 그러나 그러한 견실함은 계속되는 하나님의 은혜에만 근거하는 것이다. 그러므로 우리의 안전은 "오직 구원의 실재는 주관적인 것과 그것에 부수적으로 일어나는 것을 경험하는 것을 초월한다는 것임을 깨달음에 달려있다"(Berkouwer, *Faith and Perseverance*, 79). 거듭 말하건대, 하나님의 거스릴 수 없는 은혜가 우리의 저항을 압도하는 것이다. 예레미야 선지자는 "주께서 나보다 강하사 이기셨으므로"(렘 20:7)라고 고백한다. 믿음으로 하나님의 보호하시는 은혜를 받아들일 때 "우리는 죽음으로부터 삶으로 옮겨짐이 결코 바뀔 수 없다는 것을 확신할 수 있다"(Berkouwer, *Faith and Perseverance*, 238). 그러한 불변성에 대한 확신은 대단히 중요한 것이다:

> (그리스도인들은) 생명에서 죽음으로 그리고 다시 죽음에서 생명으로 옮겨지는 양자택일의 문제에 직면하거나 전진했다가 후퇴했다가 할 수 없으며, 그렇게 하지도 않을 것이다…다시 되돌아감이 없는, 반드시 앞으로 나아가야 하는 오직 한 가지 길이 있을 뿐이다(Berkouwer, *Faith and Perseverance*, 119).

성경은 개인적, 공동체적인 유혹의 힘에 대해서 결코 과소평가하지 않는다. 세계역사 속에서 교회의 길은, 이스라엘의 역사와 마찬가지로 사단적인 주권과 권세로부터 공격을 받았다. 그러므로 복음은 항상 "믿음에서 떨어짐"에 대한 긴급한 경고를 덧붙이고 있다(요일 2:19; 히 6:4-8). 그것의 긍정적인 의미도 똑같이 분명하다: "믿음에 굳게 서 있으라 나중까지 견디는 자는 구원을 얻으리라"(마 10:22). 그 적들은 우리에 대한 그리스도의 권리에 대해서 계속해서 저항한다. 그러나 그것은 결코 결과를 알 수 없는 싸움이 아니다. 그들의 성과는 아무것도 없다(요 10:18). 성경은 인내하라는 권면(두렵고 떨림으로 너희 구원을 이루라)을 하면서 아버지 하나님의 무한한 은혜(너희 안에서 행하시는 이는 하나님이시니)를 확증한다(빌 2:12-13). 그러므로 근본적으로는, "우리가 인내하는 것이 아니라, 그분께서 우리를 계속해서 부르시며, 각성케 하시며, 감동을 주셔서 우리를 견인하신다"(Hendrikus Berkhof, *Christian Faith*, 477).

구원의 계획은 새롭게 된 세상에 어울리는 완전하게 갱신된 인간성을 창조함을 지향한다. 그 마지막은 하나님의 이중의 견인의 약속에 확고하게 놓여 있다. 하나님께서는 구원의 상속자들과 그들의 상속물 둘 다를 보호하신다(마 25:34; 요 14:1-4; 벧전 1:4). 하나님의 백성들은 빛나는 영원한 거주지를 보장받았다. 이러한 전망은 우리 그리스도인의 순례길의 든든한 진로가 될 것이다:

> (견인은) 인생의 불확실성 속에서의 있다가 없다가 하는 위로의 경험이 아니다. 내일은 위태로워 졌다가, 나중 언젠가는 완전히 사라져 버리게 될 수 있는 것이 아니다. 오히려 그것은 우리 삶의 일시성 가운데서 연속성을 가지고 있다. 그것으로 예수 그리스도의 그날 종말을 향해 있는 셀 수 없는 사건들과 위험의 구불구불한 길을 걸어가는 것이다(Berkouwer, *Faith and Perseverance*, 10).

(5) 계속해서 기도함

1953년의 박사학위 논문의 부록으로 애드윈 팔머(Edwin Palmer)는 다음과 같은 주제를 다루었다. "대부분의 개혁주의 조직신학이 기도에 헌신하지 않았으며 깊은 관심을 가지지 않았다는 것은 심각한 태만으로 여겨져야 할 것이다"(Scheebens Doctrine of Divine Adoption, "Stellingen", no. 8). 사반세기 후에 헨드리쿠스 벌코프는 이 분야에 대한 몇몇 보다 최근의 저작들을 포함하는 정리를 하면서 비슷한 결론에 도달하였다(Christian Faith, 495-96). 그러나 그러한 공백을 메우려는 주의할 만한 시도들이 있었다(참조, Berkouwer, "Perseverance and Prayer", Faith and Perseverance, 127-53, 여기에서 저자는 성도들의 기도, 그리스도의 중보, 성령의 기도에 대해서 논의한다; Hendrikus Berkhof, "Prayer", Christian Faith, 490-97; Thielicke, "Empowering for Prayer by the Pneuma", The Evangelical Faith, Vol. III, 83-89). 이러한 교리적 연구들은 칼빈이 신앙의 가장 중요한 훈련인 기도에 대해서 그토록 강조했었음을 반영하는 것이다(『기독교강요』 III, 20, 1-52). 칼빈은 "쉬지 말고 기도하라"는 바울의 권고(살전 5:17-18)를 언급하면서,

> 쉬지 말고 기도하며 범사에 감사하라고 바울이 우리에게 명령하는 이유는…그가 모든 인간이 그들의 원함을, 가능한 지속적으로, 할 수 있는 모든 시간에, 모든 장소에서, 그리고 모든 일과 행동에 있어서 하나님께 올리기를 원하기 때문이며, 그리고 모든 것이 하나님께로서 오기를 기대하도록 하는 것이기 때문이며, 모든 일들에 하나님께 찬양을 드리기를 원하기 때문이다. 왜냐하면 하나님께서는 이 모든 일들 가운데서 우리로 하여금 찬양하고 기도할 충분한 이유를 우리에게 주시기 때문이다(『기독교강요』 III, 20, 28).

기도는 "신앙의 끊임없는 훈련"이다. 그러므로 바울은 데살로니가의 교인들에게 "일상의 삶을 억누르는 태도로서의 신비주의적인 기도를 권유하고 있지 않은 것이다. 사실 끊임없이 기도해야 하는 것은 일상 속에 포함되어 있는 과정인 것이다"(Berkouwer, Faith and Perseverance, 129). 기도 안에 성경적 세계관의 다양한 전 범위가 실행된다. 기도는 삶에 있는 일상적인 "세속적인" 일들과 비교되는 특별한 "거룩한" 활동이 아니다. 기도는 그 전망에 있어서 총체성을 가진다. 그것은 삶의 모든 것을 이 인간과 하나님의 대화에 올려놓게 한다.

기도는 삼위일체 하나님과 관련된다. 우리의 주님께서 가르쳐 주신, 우리 공통의 기도문에서도 매우 친밀한 표현으로 "하늘에 계신 우리 아버지"라고 부른다. "복음으로 말미암아 믿음이 생겨난 것과 마찬가지로, 복음을 통해서 우리의 심령은 하나

님의 이름을 부르도록 훈련받는다"(『기독교강요』 Ⅲ, 20, 1). 또한 기도에 있어서 다른 무엇보다도 "그리스도께서 영원하시고 불변하시는 중재자이시다"(『기독교강요』 Ⅲ, 20, 20). 그분은 "그 길을 예비하시는 분일 뿐만 아니라 그분 자신이 그 길이시다." 그러므로 "우리들의 기도는 그리스도의 기도에 우리 자신을 연합하는 것에 지나지 않는다"(Wilhelm Niesel, *The Theology of Calvin*, 154). 그분의 중보는 끊임없는 전체 언약사의 흐름과 직접 연결되어 있다. "구약에서는 희생제물이 기도를 효과있게 했던 것처럼, 신약에서는 그리스도의 희생이 하나님의 오른손에 있는 우리에 대한 그분의 중보가 영원한 효력을 발휘하게 한다"(Ronald Wallace, *Calvin's Doctrine of the Christian Life*, 275).

더 나아가서 칼빈은 "올바로 기도하는 것은 드문 은사이다"라고 말한다. "믿음의 연약함이 우리 모두 그럴 가능성이 있는 무관심의 상태에 머무르게 해서는 안 되며, 우리의 무기력과 우둔함을 혐오하고 성령의 도우심을 구해야 할 것이다"(『기독교강요』 Ⅲ, 20, 5). "그분만이 기도하는 법을 제대로 가르쳐 주는 훌륭한 교사이시다. 그분은 우리에게 언어를 불어넣어 주실 뿐만 아니라 우리의 마음까지도 인도하신다"(Niesel, *The Theology of Calvin*, 155).

뜨거운 기도는 우리 전 인격을 통합하는 중심인 마음으로부터 우러나온다. 대화가 모아지는 한 선과 같이, 기도는 일상생활의 수다한 외적인 표현들을 한 점에 집중된 대화로 이끌어들인다. 기도는 "하나님 앞에서 마음을 내려놓음"이다(Wallace, *Calvin's Doctrine of the Christian Life*, 281). 그리고 마음을 감찰하시는 "하나님 앞에 쏟아 놓는 마음의 정서"이다(『기독교강요』 Ⅲ, 20, 29). 인간적으로 볼 때 기도는 마음에 자리잡고 있다. 그러나 그것은 자기중심적인 수준의 것은 아니다. 주기도문을 생각해 보자. 주기도문은,

(루터에 의하면) 우리가 기도하고 있는 모든 상황을 포괄하는 아주 중요한 기도의 지침이다. 거기에서는 하나님의 나라의 도래와 하나님의 이름이 거룩히 여김을 받는 것뿐만 아니라, 일상의 양식, 우리 육체의 필요들, 음식, 옷, 신발, 집, 농장, 밭, 돈, 재산, 경건한 부인, 경건한 자녀, 경건한 동료, 경건하고 고결한 선생님, 좋은 정부, 좋은 날씨, 평화 건강, 질서, 명예, 좋은 친구 참된 이웃과 그리고 그와 같은 것들에도 관심을 가진다(Thielicke, *The Evangelical Faith*, vol. Ⅲ, 88).

그러므로 "모든 그리스도인들을 위하여 그리스도께서는 교회와 하나님 나라에 대한 중보의 사역을 떠맡으심으로 말미암아 유기체 교회의 복락을 책임지신다"

(Wallace, *Calvin's Doctrine of the Christian Life*, 288).

오늘날 많은 사람들이 기도의 위기를 느낀다. 기도하는 것은 정말로 효과가 있는 것인가? 하나님 입장에서 듣는 것과 대답하는 것 모두를 포함하는 우리의 모든 기도는, 그분의 중보의 말씀에 달려 있다는 것을 아는 것이 대단히 중요하다. 그 말씀은 창조를 통하여 처음 선포되었고, 성경에 기록되었으며, 그리스도로 성육하셨다. 그 말씀은 하나님과의 교제에 있어서 우리의 생명줄이다. 하나님께서 직접 그 말씀을 붙잡고 계시다. 그러므로 우리는 그분의 언약의 약속에 끊임없이 호소해야 할 것이다. 칼빈은 이렇게 말한다. "불의한 재판관과 강청하는 과부의 비유에서처럼(눅 18:1-8) "성도들은 하나님 아버지께 매달려야 한다. 그렇게 하지 않으면 즐겨 주시지 않을 그 것을 마침내 받게 될 때까지 그렇게 매달려야 한다"(Wallace, *Calvin's Doctrine of the Christian Life*, 291). 그렇기 때문에 성경에 "인내하며 꾸준히 기도해야 하는 것에 대한 매우 많은 강조"가 있는 것이다(Berkouwer, *Faith and Perseverance*, 129).

그 비유에서와 또 다른 본문에서도 성경은 매우 분명하게 비유적으로 말한다. 성경은 우리 이해의 수준에 맞추어진 언어를 사용하고 있다. 그런 속에서도 그 비유의 실재는 하나님의 중보의 말씀에 근거해 있다. 하나님께서는 그 말씀에 언약적으로 신실하실 뿐만 아니라 우리를 그것에로 붙잡아 놓으신다. 기도를 통하여 마음은 혀를 움직여서 하나님의 말씀에 응답케 한다. 우리가 하나님께로 나아감은 반드시 그분이 먼저 우리에게 오심에 의해서 이루어진다. 그분의 언약의 말씀은 대화의 상대를 찾으신다. 기도는 "독백이 아니라 만남이다"(Hendrikus Berkhof, *Christian Faith*, 496). 언약적 만남의 참됨과 근본적 본질을 확신하는 사람은 하나님께서 우리들에게, 우리가 기도하거나 상상하는 것 이상으로 영향을 미치신다는 것을 의심치 않는다. "이러한 관계 밖에서 이 믿음의 근거가 있을 수 없으며, 이 관계 안에서는 의심이란 있을 수 없다"(Hendrikus Berkhof, *Christian Faith*, 497). 하나님 아버지의 우주적 다스리심 아래서의 그리스도인이라는 멋진 제목의 논문에서 바르트는 기도에 대해서 이렇게 말한다:

> 하나님 앞에 이르며 앞으로 나아갈 때, 그리스도인들은 하나님을 영화롭게 하며, 자신은 낮아진다…이 위대하고 거룩하고 풍성하신 하나님께서는 그분의 말씀으로 아버지와 자녀의 가까움 속으로 잡아 이끄셔서, 인간들은 하나님 앞에서 아버지와 자녀의 가까움 속에 있는 자신을 발견하게 된다. 그렇게 해서 오직 하나님께서만 실제로 그에게 주실 수 있는 것을 받을 수 있도록 하신다(*Church Dogmatics*, III/3, no. 49, 268-70).

제3장 그리스도 안에 있는 하나님의 길 599

(6) 그리스도 안에서의 선택

일반적으로는 예정론에 포함되는, 특별히 예정과 유기에서 다루어지는 이 교리를 왜 구원의 서정의 마지막 부분에 놓고 있는가? 이들 진리가 단지 신학적 숙고로 추가된 것임을 표시하기 위해서인가? 결코 그렇지는 않다. 하나님의 뜻에 대한 이러한 표현은 우리의 세상을 하나님께서 처음부터 끝까지, 근본적으로 그리고 포괄적으로 다스리심을 나타내는 것이다. 그것은 성경 이야기의 흐름과 결코 풀리지 않도록 단단히 엮여져 있다. 우리가 이 교리에 대해서 어떻게 생각해야 하며, 어떻게 이야기해야 하는가는 대단히 중요하다. 또한 이것을 우리의 신학 체계에서 어디에 위치해야 하는가도 결코 사소한 일이 아니다. 이 교리의 위치에 대해서는 칼빈의 기독교강요 최종판의 선례를 따랐다:

> 1539-1554년 판들에서는 칼빈은 섭리와 예정론은 같은 장에 편입되었다. 1559년의 최종판에서는 완전히 분리되어, 섭리는 창조주 하나님에 대한 지식에 편입되었으며, 예정론은 뒤로 미루어져서(3권으로), 성령의 구속사역 가운데의 하나로 들어오게 되었다(John T. McNeill, ed. 『기독교강요』 I. 16. 1. 각주 1. 197).

신학이 원래 다루는 이 주제는 다소 추상적이고, 학문적이고, 비역사적으로 다루어졌다. 그 후 칼빈이 그 자리를 놀랍도록 바꾼 후에 그것은 구체적이고, 경험적이고, 확증적인 영향력을 가져다주었다. 그것은 성도들로 하여금 그들의 구원이 깊은 배경을 가지고 있다는 것을 확신케 하기 위한 것이었다. 구원은 하나님의 영원하고 신실한 말씀에 안전하게 근거를 두고 있다. 처음부터 끝까지 구원은 과거에나, 현재나, 미래에 선하신 손 아래 있는 것이다.

칼빈은 성경이 예정/선택/유기의 교리에 대한 신학적인 이해를 지지하고 있다고 주장한다. 다른 한편, 우리들은 성경이 말씀하는 것 이상으로 나아가서, 우리의 무의미한 사색으로 떨어져서는 안 될 것이다. 그러므로 그는 "인간적 호기심"에 대해서 경고한다. "그것은 해결되거나 풀리지 않는 하나님에 대한 비밀의 여지를 남겨 두지 않는 것이다." 이러한 잘못된 추구는 "금지된 샛길을 방황함과 하늘 꼭대기로 치달아 올라감"을 막지 않는다. 그러한 "거만과 무례에 빠져드는 사람은 결코 출구를 찾을 수 없는 미로에 들어가게 될 것이다"(『기독교강요』 Ⅲ. 21. 1). 칼빈은 또한 다른 한편으로 우리는 성경이 말씀하는 것 이하로 말해서는 안 된다고 한다. 그것은 "그 메시지를 약화시키는 것이다." 여기서 칼빈은 "예정에 관한 모든 언급을 묻어야 한다고 주장하는 사람은 마치 암초를 피하듯이 그 언급을 피하라고 가르친다"(『기독교강요』 Ⅲ, 21, 3). 칼빈은 "우리가 주님에 대해 정확히 알게 하는 길을 갈 때에 우리를 인도할 수 있는 유일한 길은 주의 말씀이며, 우리가 주께 대하여 보아야 할 모든 것을 보려고 할 때에 우리의 눈을 비추어 주는 빛은 오직 주의 말씀뿐이다"라고 말한다. 그러므로 "그는 일종의 유식한 무식"을 권유하고 있는 것이다(『기독교강요』 Ⅲ, 21, 2). 이 부분에서 언급하고 넘어갈 것이 있다. 우리 모두가 그렇듯이 칼빈도 이 교리에 대한 신학적 숙고에 있어서는 가끔 건전한 해석의 원리를 적용하는 데 실패하였다. 칼빈에게 있어서는 어거스틴의 이중 예정의 개념을 수용하는 것에서 많이 나타났다. 어거스틴의 이중 예정은 신플라톤주의 사상의 영향을 받은 것이었다.

 그러한 단점에도 불구하고 칼빈은 중세 사상가들의 스콜라적인 접근으로부터 근본적으로 벗어난 사람을 대표한다. 칼빈은 그들을 논박하여 "우리는 그들이 하는 것처럼 하나님에 관한 것으로 우리의 두뇌를 괴롭혀서는 안 된다. 오히려 우리는 그분의 사역 속에서 그분을 바라보아야 할 것이다"라고 말한다(『기독교강요』 Ⅰ, 5, 9). 그러므로 중요한 질문은 "스스로 있는 존재로서의 하나님은 누구인가가 아니라 우리와 교제하시는 분으로서의 그분은 누구이신가"이다. 하나님의 뜻에 대한 모든 지식은 다 관계적이다. 하나님과 인간을 언약 관계로 묶어 주는 것은 하나님의 중보의 말씀이다. 그러나 이러한 칼빈의 신선한 복음적 통찰은 그의 추종자들에게 금방 잊혀졌다. 그들은 칼빈이 교황적 신학인 스콜라주의를 개신교화 함으로 몰아냈던 중세의 전통을 다시 세웠다. 이것은 많은 영향을 미친 두 가지 신학적 요소를 가져오게 하였다. 이것은 하나님의 영원하신 작성의 순서에 대해서 아주 복잡한 추론의 길을 열어놓았다. 바로 개혁주의 공동체들로 하여금 잘못되고도 끔찍한 딜레마에 빠지게 하며, 해결될 수 없는 문제를 가져다 준 타락전 선택설과 타락후 선택설 사이의 열띤 논쟁이 일어났다. 결과적으로, 구원의 길에 대한 성경의 가르침에 어둡고 불온한 그림자가 드리워지게 되었다. 하나님의 주권적인 은혜에 대해서 소망과 평안과 안전을 느끼는 것이 아니라 심각한 불안감을 느끼게 되었다. 이 스콜라적 전통의 열매는 다음과 같이 표현되었다:

> 유기론은 그 상황으로부터 논리적으로 자연스럽게 추론된다. 선택의 작정은 필연적으로 유기의 작정을 함축한다. 만약 무한한 지식을 소유하신 전지하신 하나님이 영원히 어떤 사람들을 구원하기로 의도하셨다면, 그분은 바로 그 사실에 의하여 다른 어떤 사람들은 그렇게 하지 않기로 의

도하셨다. 만약 하나님이 어떤 이들을 선택하셨다면, 또한 바로 그 사실에 의하여 다른 사람들을 거절하셨다(Louis Berkhof, *Systematic Theology*, 117-18).

이제 질문은 이 골치 아픈 무거운 짐을 지지 않을 수는 없는가 하는 것이다. "진리의 말씀을 올바르게 다루는" 더 나은 길이 있지 않은가? 칼빈이 "두려운 작정"(*Decretum horribile*)이라고 부른 이것에서 벗어나서, 좀더 신앙적으로, 설교적으로, 교육적으로, 적용할 수 있도록 만들 수는 없는가? 성경으로 눈을 돌려보자. 복음이 퍼져가는 상황에 대해 다음과 같이 말씀하고 있다. "이방인들이 듣고 기뻐하여 하나님의 말씀을 찬송하며 영생을 주시기로 작정된 자는 다 믿더라"(행 13:48). 물론 그것을 마음에 둠으로 해서 역사에 나타난 하나님의 다스리심의 신비한 깊이를 꿰뚫어 볼 수 있다고 상정하는 것은 완전한 거짓이 될 것이다. 그 신비는 다음과 같은 찬송에 감동적으로 표현되어 있다:

나는 주님을 찾았었네.
그리고 후에 알게 되었네.
그분께서 먼저 나를 찾으셨고
내 영혼을 주장하사
그분을 찾게 하셨네.

그러므로 "선택은 하나님의 역사의 첫 번째 말이며 성도들의 고백의 마지막 말이다"(Hendrikus Berkhof, *Christian Faith*, 480).

예정/선택/유기는 독립적이고 고립된 교리가 아니다. 그것은 삶을 보는 전체적인 시각인 것이다. 헨드리쿠스 벌코프의 말을 인용해 보자: "선택은 영적 전투의 오르막 내리막길에서 마음의 안식을 얻는 장소이기만 한 것이 아니다. 그것은 구원 자체만큼이나 포괄성을 가진 근본적인 단어이다. 하나님께서 그분의 백성, 그분의 교회, 그분의 세상을 다루시는 방식의 모든 특징을 규정하는 것이다"(*Christian Faith*, 479). 오직 삼요소의 세계관(하나님/그분의 말씀/세상)만이 스콜라적 사고로 야기된 긴장관계를 해결하고 우리의 시각을 새롭게 할 수 있다. 선택은 하나님의 말씀에 근거해 있으며, 결코 그것과 분리되어 생각될 수 없다. 창조에 주어졌으며, 성경과 그리스도 안에서 재확인된 그 중보의 말씀은 언약의 보존과 언약의 파기에 대한 영원한 기준이 된다. 우리 신학 안에서 그 말씀이 가지는 규정적인 역할을 존중하면서 우리는 그 말씀에 대한 우리의 계속된 반응의 긴급함, 심오함, 안전함에 대한 이해를 풍부히 할 수 있다. 그리고 우리는 하나님의 불변하심을 보다 구체적으로 인식할 수 있게 된다. 그분은 선택하시고 유기하시는 말씀에 신실하시다. 그렇다면, 우리는 그 말씀에 대한 우리의 반응이라는 면에서 언약에 신실함/선택과 언약에 불신실함/유기에 대해서 보다 경험적으로 말할 수 있게 된다.

태초부터 하나님께서는 그분의 중보의 말씀을 통하여 모든 인류에 대한 선택/유기의 권리를 가지고 계신다. 그 시초의 말씀은 수용와 거부를 표현하는 "예스"와 "노"를 둘 다 포함한다. 유기는 타락이후 첨가된 말씀이 아니다. 그것 또한 본래적인 것이다. 하나님의 선택의 말씀은 "내게 순종하라"고 하신다. 그러나 동시에 그분의 유기의 말씀 "그렇지 않으면…"이라고 하신다. 유기란 하나님의 사랑을 드러내는 명령의 "그렇지 않으면…"의 측면이다. 창세기의 이야기를 상기해 보자. 선택의 말씀은 "모든 나무로부터 자유롭게 먹어라"고 말씀하신다. 그러나 그것의 다른 측면인 유기의 말씀은 "그 나무로부터 먹는 날에는 정녕 죽으리라"고 말씀하신다. 이 또한 실제적이다. 역사의 여명으로부터 하나님 말씀의 이 두 측면은 유효하면서도 결정적이다. 그것은 언약관계를 형성하는 모든 중요한 요소들, 즉 약속, 조건, 상급, 처벌을 포괄하는 것이다. 하나님의 말씀에 대한 반응에 따라서 삶(선택)과 죽음(유기)의 갈림길이 결정된다.

인류역사가 걸어온 과정을 결과적으로 살펴볼 때에, 우리는 우리의 대표자인 아담 안에서 모두 유기의 상태로 떨어지게 되었다. 인류를 실제로 유기에 처하시는 이 하나님의 심판은 다른 추가의 작정을 필요로 하지 않는다. 그 심판은 시초적인 말씀 안에 이미 담겨져 있던 결과이다. 하나님께서는 다만 자신의 영원하신 말씀을 시행하셨을 뿐이다. 하나님께서는 자신의 말씀에 신실하게 자신을 (계속해서) 거부한 자들을 거부하신다. 그 결과 모든 사람이 "정죄" 아래 떨어지게 되었다. 로마서 8:1의 "결코 정죄함이 없나니"의 선언은 대조적으로 우리에게 말로 형용할 수 없는 평안과 안식을 우리에게 베풀어 준다.

이제 그리스도 안에서 우리에게 현실화되는 선택은 아담 안에서 받은 우리의 유기보다 더 위대한 실재이다. 하나님의 선택의 은혜 안에서 하나님 아버지께서는 자신의 말씀의 본래적 의도를 재확증하신다. 그분은 그를 거부하는 모든 사람을 계속해서 다 거부하시지는 않는다. 그분께서는 성경의 그리스도를 통하여 그분의 작정의 말씀의 선택(예스)의 측면을 반복하신다. 성령의 그것을 가능케 하시는 사역을 통하여 그 말씀은 우리의 마음과 삶에 뿌리내린다. 이 생명의 측면은, 우리의 유기를 선택함에 대한 하나님의 거부의 선언으로 비롯된 죽음의 결과를 압도한다. 그렇다면 어찌하여 어떤 이들은 하나님의 거부의 어두운 그림자 밑에서 계속해서 살고 있는가? 그것이 바로 유기의 수수께끼이다. 그리고 다른 사람들은 어찌하여 그분의 선택을 받아들이는가? 그것은 바로 선택의 신비이다. 양쪽 반응 모두 다 영원하신 하나님의 말씀과 관련을 가지고 있다. 그러므로 하나님께서 주신 그 말씀을 넘어서, 하나님 쪽에 놓여 있는 신비를 탐구하려는 충동 없이도, 그 하나님의 말씀에 대한 우리의 응답의 면도 충분히 신비에 쌓여 있는 것이다. 우리 주위를 돌아볼 때, 오늘날 이 세상 삶의 지평을 넘어서까지도, 우리는 하나님의 선택이 현재에 일어나고 있는 역사적인 실재인 것을 깨닫게 된다. 이러한 확신은 "영원 전부터의 선택"이라는 사고에 의해서 가리워질 필요는 없다.

그렇다면 하나님께서 "시간 이전에" 예정하신 역사를 언급하는 성경 본문에 대해서 어떻게 이해해야 하는가? 성경은 "창세로부터 너희를 위하여 예비된 나라"(마 25:34), 이 일은 "하나님이 전에 예비하사 우리로 그 가운데서 행하게 하려 하심"(엡 2:10), 곧 "창세 전에 그리스도 안에서 우리를 택하사"(엡 1:4)라고 말씀한다. 결국 이 본문들은 하나님의 마음속에 있는 영원하신 작정을 말씀하고 있지 않는가? 이 본문들은 삶의 여정에는 보다 깊은 이면이 존재하고 있다는 그리스도인의 확신을 증명하고 있다. 이러한 성경의 구절을 이해하는 데에는 오직 "작정론자"(decretalist)의 해석만이 유일한 길인가? 성경적 세계관에서 살펴볼 때, 그러한 성경 본문이 우리에게 주장하는 것은 하나님의 시초적이며 중보의 말씀에 근거해서 의미 있게 이해될 수 있다. 그 말씀은 하나님의 영원하신 작정이다. 그 말씀을 넘어서 하나님의 마음 깊은 곳으로 도달하는 것은 필요하지도 않고 가능하지도 않다. 니젤은 칼빈의 생각을 이렇게 진술한다:

> 우리의 운명을 보다 분명히 알기 위하여 우리의 사고의 과정을 통하여 우리 자신을 (하나님)에까지 높아지려고 하는 것은 분명히 하나님의 뜻이 아니다…그리스도께서 그분의 말씀으로 우리를 대면하셔서, 우리가 그분의 소유가 되었을 때, 우리의 고민과 의심의 대상이 될 만한 하나님의 불가사의한 계획은 우리에게 더 이상 존재하지 않는다(*The Theology of Calvin*, 163).

전적으로 명확한 하나님의 말씀은 모든 인간에게 항상 결정적이다. 선택은 "내게 오라"는 초대의 메아리이며, 유기는 "내게서 떠나라"는 말씀이다. 동일한 하나의 말씀이 하나님의 공의와 자비를 다 드러낸다.

성육하신 그리스도 예수 안에서 하나님의 공의와 자비는 만나 조화를 이룬다. 이 주권적 은혜의 계시가 언약사의 모든 것을 이룬다. 타락한 아담을 선택하시고, 열조 아브라함을 부르시고, 선택된 나라로 이스라엘을 재창조하심 속에서 하나님께서는 메시아의 오심을 목적으로 하는 그분의 선택의 사랑을 보여 주셨다. 그렇게 해서 이제는 세상의 대속자로 그리스도를 세우셔서(벧전 1:20; 벧후 2:4), 우리 그리스도인의 소명인 창조의 사명을 수행할 새로운 인간을 세우신다. 어거스틴과 칼빈 그리고 다른 이들에게 소급되는 비유를 들자면, 그리스도는 "우리의 선택의 거울"이다. 그리스도께서는 완전하고도 분명하게 아버지 하나님의 마음과 의지를 반영하신다. 그리스도는 선택과 유기에 있어서 하나님의 최종적이고도 궁극적인 말씀이시다. 우리는 그를 넘어서서 어떤 말씀도 가지고 있지 않으며 가질 필요도 없다. 그리스도는 세상을 위한 하나님의 처음이자 마지막이신 말씀이다. 그리스도를 본 자는 아버지를 본 것이다(요 14:6-11). "그러므로 그리스도는 우리가 우리의 선택의 사실을 볼 수 있고 또한 보아야 하는 거울이시다"(Niesel, *The Theology of Calvin*, 163). 또한 "그리스도와 관련하여 우리는 어디에 서 있는가?" 하는 질문에 대한 우리의 대답이 선택에 대한 문제, "이 길이냐 또는 저 길이냐"를 결정하는 것이다. 하나님의 주권적인 은혜로 말미암아, 우리가 믿음으로 의롭게 된 것과 같이 그렇게 우리는 또한 믿음으로 그리스도 안에서 선택되었다:

> 선택/유기는 그러므로 먼저 일곱 개의 질문을 결정한 후에 결정해야 할 여덟 번째 질문이 아니다. 선택과 유기의 질문은 그리스도를 믿고, 사랑하고, 그분을 섬기기에 애를 쓰면서도, 여전히 궁극적으로 머리 속에서 끊임없이 떠오르는 여덟 번째 질문. 그런데 "나는 과연 선택되었나" 하는 고통스러운 질문이 아니다. 선택/유기는 다른 것들과 별도의 분리된 문제가 아니다. 하나님과 우리의 관계에 대한 근본적인 문제는 "당신은 예수를 어떻게 생각하는가?"에 대한 대답의 과정에서 결정된다. 우리는 그리스도 안에서 선택되었기 때문에, 다른 어떤 누구도 그분의 손에서 우리의 선택됨을 빼앗아 갈 수 없다. 우리는 하나님의 영원하신 작정 속에 감추어진 하나님의 깊고 높은 뜻을 발견하려고, 예수 그리스도 속에 있는 하나님의 뜻 너머에까지 도달하려고 할 필요도 없으며, 그렇게 할 수도 없다. 그분은 우리의 "반석이시며 대속자이시거나" 아니면 "우리의 거치는 돌"이시다. 그리스도의 머리를 넘어서 아버지 하나님께로 직접 건너가는 것, 마치 중보자를 돌아서 "산 정상으로" 올라가는 것과 같은 접근은 불가능하다. 하나님께서 그리스도를 통하여 말씀하시고 행하신 것 이외에 어떤 다른 것을 말씀하시고 행하셔야 하는가? 그리스도는 세상을 향한 하나님의 유일한 통로이다(Gordon Spykman, "A New Look at Election and Reprobation", *Life Is Religion*, Henry Vander Goot. ed., 181-82).

그러므로 그리스도 안에서의 선택은 우리 믿음의 확실성과 구원의 확신을 떠받치는 굳건한 기초가 된다. "그리스도 안에 있는 구원의 확실성은 또한 선택의 확실성이며, 그 역도 마찬가지, 즉 선택의 확실성은 오직 그리스도 안에서만 알 수 있다"(Niesel, *The Theology of Calvin*, 165). 벌카우어의 말을 들어보자:

> 하나님의 선택은, 정확하게 그것은 그리스도 안에서의 선택이기 때문에 자비의 선택이다. 그렇기 때문에 성경이 우리에게 믿음의 길을 보여 주며, "그리스도 안에서"가 그리스도를 구원의 거울로 나타내는 목회적 메시지의 기초가 될 수 있는 것이다. 이것은 엄청난 구원의 사실에 직면할 때 단단히 붙어 있어야 하는 현실도피의 반석이 아니다. 그 선택의 구조는 그리스도 안에서 계시되었다. 선택은 오직 그리스도 안에서 일어나며, 그것 때문에 우리는 그분을 바라볼 수 있다…어떤 신학적인 성찰도 그 자체로 이러한 통찰로 나아가지 못한다. 오직 믿음의 길을 가리키는 복음의 설교만이 그렇게 할 수 있다. 선택의 불가사의가 더 이상 어떤 위협이 되지 않을 것이기 때문에 그리스도 안에 있는 성도는 이 믿음의 길로 나아갈 수 있다. 선택은 그리스도 안에서 선택이며, 그 메시지의 빛이 분명하게 비추기 때문이다. 이 빛이 비취기 때문에 복음이 설교될 수 있는데, 설교는 어떠한 일의 성취된 상태에 관한 선포로서가 아니라 부르심과 요구로서의 선포인 것이다. 믿음의 길을 살면서 예수 그리스도만을 의지하는 사람은 이제 그를 넘어서 새로운 문제가 발생하지 않는다는 것과, 오히려 그분 안에서 그 문제가 해결된다는 것을 알게 된다. 하나님의 선택은 그리스도 안에서의 선택인 것이다(*Divine Election*, 149, 162).

Reformational Theology

제5부

완 성

Reformational Theology

들어가는 서언

성경 이야기의 중심을 이루는 하나님의 계획은 계속 드러나고 있다. 이 마지막 장은 이미 구속사의 연대기 속에 쓰여져 있다. 전통적으로 이 장은 "종말론"(eschatology)이라고 한다. 바르트가 왜곡되게 말한, "짧지만 완벽하게 무해(無害)한 장"의 역할이 너무나 자주 요구된다(*Epistle to the Romans*, 500). 신학 수업에 있어서 마지막 주간에 예정되어, 종말론은 늘 중요하게 다룰 시간이 부족하다. 그러한 실례가 성경의 가르침을 심도 있게 다루지 못하게 한다. 왜냐하면 "마지막 일들"에 대한 교리는 "성경의 중심 되는 요점이라는 관점에서 '마지막 때'에 대해 해석하는 교리"이기 때문이다(Weber, *Foundations of Dogmatics*, Vol. II, 667).

종말론적 드라마는 이미 막이 올랐다. 그것은 더 이상 완전히 새롭고, 듣지 못한 주제나 특징을 말하지 않는다. 그것은 과거와 현재를 단절시키지 않는다. 오직 진보만이 있을 뿐이다. 왜냐하면 이 "마지막 때"의 역사는 창조, 타락, 그리고 구속의 성경적 구도를 따르기 때문이다. 또한 각각의 요소들 모두를 합쳐서 숨막히는 절정에 이르도록 정렬시키기 때문이다. 그러므로 모든 일들의 종말에 관한 교리에서 우리는 세상에 대한 하나님의 연속적인 구원의 역사 안에서 놀라운 불연속성을 다룰 것이다. 바빙크의 말로 하자면, "그리스도의 초림과 재림은 서로 매우 가까운 관계로 서 있다. 이것은 성부께서 성자에게 위임하신 단일한 사역이며, 그 사역은 인류의 전 역사를 포함하여 모든 세대에 미친다"(Bavinck, 『하나님의 큰일』〈*Magnalia*

Dei〉, 김영규 역, 630).

이제 하나님의 달력에 빨간 글씨로 명백하게 표시된 한 가지가 더 있다. 모든 인간과 열국의 궁극적 운명이 결정되는 마지막 회합의 날이다. 우리가 어떻게 이 놀라운 "주의 날"을 맞이할 것인가? 그러나 초조해 하거나, 두려워하거나, 손톱을 물어뜯는 걱정과 염려에 휩싸일 필요가 없다. 우리는 믿음이 주는 확신 가운데 그날에 다가설 수 있다. 왜냐하면 유명한 격언이 말하듯이 "비록 인생은 짧고 그 뜻은 모두 빨리 지나가지만, 그리스도를 위해 한 일은 영원할 것"임을 알기 때문이다.

제1장 최종단계

1. 매혹적인 우주적 담화

때로 성경이 사용하는 이 "마지막 때"를 묘사하는 놀랍고도 환상적인 이미지는 우리의 성화된 상상력을 상당히 요구한다. 시각적인 상징들과 언어의 이미지들은 우리의 신학적 단어들을 그 한계까지 이르도록 한다. 성경의 마지막 이야기를 장식하며 오랫동안 사용된 "종말론"이라는 말 자체는 때로 우리를 길에서 멈추게 한다. 이 말은 에스카톤(*eschaton*)과 로고스(*logos*)의 합성으로서, "마지막 일들"에 관한 학문이라는 뜻이다. 그 중심에는 에스카토스(*Eschatos*, 모든 일의 "결국")이며, 오메가(*Omega*, 헬라어의 마지막 글자)이며, 텔로스(*Telos*, 모든 창조 세계의 "목적")이신 그리스도께서 서 계시다. 주의 재림과 관련된 사건들은 에피퍼니(*epiphany*, 그의 "현현"), 아포칼립스(*apocalypse*, 그의 "계시"), 그리고 파루시아(*parousia*, 그의 "돌아옴", "도착" 혹은 "다시 오심", 그러나 단순히 "재림"은 아닌데, 또 다른 가능성인 세 번째 "오심"을 가능케 한다. 그러나 오직 "마지막 오심"만 있을 뿐이다. 이는 그리스도 자신이 "마지막 아담"이신 것과 같다)로 표현되고 있다. 세상 속에서 인간의 삶의 모든 날들은 이 위대한 "주의 날"의 여명 속에서 종말과 결합한다. 그 날은 정해진 "시간"(*chronos*)이 그 마지막 코스를 완주하고, "때가 차면"(*kairos*) 임하게 될 것이다.

이러한 성경적 관점들은 '비교할 수 없는 다양성'으로 우리에게 다가온다(Herman

Ridderbos, *Paul*, 562). 주마등처럼 스치는 그림들은 이렇게 풍성하게 다양한 요소들을 하나의 폐쇄적인 교리 체계로 재구성하려는 가장 완고한 시도를 거부한다. 또한 종말에 관한 계산된 시간표와 정확한 청사진을 제시하는 것도 거부한다. 리덜보스의 말에 의하면, 이 다양한 견해들은 "고정된 질서와 부분이 모여 전체 그림을 드러내는 한 교리를" 단순히 만들 수는 없다고 했다. 왜냐하면 "사건들의 순서에 대한 모든 짜여진 표현들과 어떻게 그것이 발생할 것인가에 대한 근거는 부족하기" 때문이다(*Paul*, 554, 555).

장차 올 일들에 대한 파노라마식 비전은 다시 한 번 성경이 어떤 종류의 책인가를 재고하게 한다. 성경의 무게 중심은 바로 이곳 이 땅에 있다. 심지어 성경의 빛이 미래를 관통한다 할지라도, 그것은 현재의 긴급함에 일관될 것을 이야기 해 주는 것이다. 왜냐하면 "(하나님의) 안식에로 들어갈 약속은 여전히 남아 있으며", 하나님은 "다시 어느 날을 정하여 오늘날이라고 미리 일렀기…"(히 4:1-10) 때문이다. 벌카우어의 말에 의하면, "미래의 선포는 항상 실존적이다. 왜냐하면 현재는 다가올 왕국의 구조 속에서 부르심 받기 때문이다"(*The Return of Christ*, 12).

이제 우리는 종말에 대해서 알려진 매우 적은 지식으로 만족해야 한다. 성경은 기다리고 보라!고 말씀한다. 그것이 당신이 생각하는 것보다 더 좋다! 또 성경은 이렇게 말씀한다:

> 하나님이 자기를 사랑하는 자들을 위하여 예비하신 모든 것은 눈으로 보지 못하고 귀로도 듣지 못하고 사람의 마음으로도 생각지 못하였다(고전 2:9).

그러므로 당신의 소중한 출처를 공상이나 묵시적 사변에 소진하지 말라. "주의 날"의 오심에 관한 자세한 내용은 하나님의 천상 회의에 신비스럽게 보관되어 속하여 있다. 온전한 그림은 하나님의 영속적인 말씀의 "다른 면"에 놓여 있다. 그러므로 "경건한 무지"로서, 우리는 "이미"와 "아직"이라는 지식의 결합을 독특하게 믿는 미래를 바라보아야 한다. 이는 "우리가 지금은 하나님의 자녀라 장래에 어떻게 될 것은 아직 나타나지 아니하였으나 그가 나타내심이 되면 우리가 그와 같을 줄을 아는 것은 그의 계신 그대로 볼 것을 인함"(요일 3:2)이기 때문이다. "가까움"이 약속된 그의 재림의 약속을 마음으로 영접한 우리는 성경의 "오실 일들에 대한 확실함의 긴급한 요구"에 대해 서로를 세워가도록 부르심을 받았다(Ridderbos, *The Coming of the Kingdom*, 524-25). 이는 "예수의 종말론적 선포를 주장하는 재림(*parousia*)의 확실함이 가까웠기" 때문이다(Ridderbos, 521). 성경은 "어떤 계산이라도 금지한다." 왜냐하면 "모든 계산의 형태는 성경의 메시지를 흐리기 때문이다"(Adrio König, *The Eclipse of Christ in Eschatology*, 198).

종말에 관한 성경의 관점은 종종 묵시론적 언어로 표현되어 있다. 이들은 세상 역사의 진정한 움직임을 드러내기 위해 때때로 실제적이지 않고 이 세상을 벗어난 이야기를 그려낸다. 신약의 매우 집중된 묵시적 표현들은(마 24-25; 살전 4-5; 살후 2; 계시록) 구약의 예언(에스겔, 다니엘)에서 빌려온 주제들을 구속적으로 새롭게 하여 반복하는 것들이다. 이러한 말씀들의 "경계" 형상들은 실제 일어난 사건들, 과거, 현재, 그리고 미래를 가리킨다. 그러나 이들은 모두 신비에 싸여 있다. 그러한 성경적 이미지는 신들의 영역에서 모함과 암투가 드러나는 헬라 신화의 세상과는 다른 세상이다. 성경의 묵시적 상징들은 오히려 종말론적 드라마 속에 매우 상세한 위기 순간들을 숨긴 계시들이다. 이들은 실재의 외적 언저리를 다루는 언어로서 삶과 죽음의 매우 역사적인 이슈들을 다룬다. 이들은 "마지막 때"를 기대하는 관점에서 현재를 비춘다.

따라서 우리는 렘브란트의 작품 "야경꾼"을 볼 때 캔버스의 재질을 살펴보거나 그림의 각 선들을 살펴보지 않고, 오히려 그림 전체를 조망하기 위해서 한 발짝 뒤로 물러서는 것처럼 묵시를 해석해야 한다. 왜냐하면 그러한 "이미지는 음악의 언어에서와 같이 영원히 어떤 것인지에 대해서 그려주는 언어"이기 때문에(헨델이나 바하에서처럼), 우리는 헨드리쿠스 벌코프처럼 다음과 같이 물어야 한다. "교의학자는 (신학을) 시인에게 양보해야 하는 것 아닌가?"(*Christian Faith*, 533)

2. 전개되어 가는 교리

고대 세계에서 히브리-기독교적 전통은 역사에 있어 목적론적 관점을 가졌다는 점에서 독특했다. 예언자들과 사도들은 언약의 역사 속에서 거대한 사건들을 평가했다. 과거, 현재, 그리고 미래는 직선적인 움직임과 상호 연관됨 속에서 하나님이 정하신 "종말"을 향해 목적론적으로 나아가는 것으로 여겨졌다. 당시 사람들에게는 순환적인 시간관이 만연했었다. 따라서 유대와 기독교 공동체들은 인간 존재에 대한 영속적인 질문들에 대한 매우 필요한 질문들을 제공할 기회를 가지는 축복을 받았다. 곧, 우리는 어디로부터 왔는가? 어떻게 우리는 현재 우리가 살아가는 방식대로 살게 되었는가? 왜 우리는 여기에 있는가? 그 전에는 무엇이 있었는가? 이러한 문제들을 설명하는 신구약의 증거들은 기독교 종말론의 굳건한 근거를 제공한다. 왜냐하면 이미 십자가와 부활 안에서 "그 나의 신비는 가장 영광스럽게 계시될 뿐 아니라 아직도 관통할 수 없도록 가려져 있기 때문이다. 이제 마침내 우리 귀에 대고 속삭이던 것이 지붕 위에서 전파될 수 있게 되었다." 사실상 "인자의 재림은 그의 부활 속에서 잠정적으로 성취되었다"(Ridderbos, *The Coming of the Kingdom*, 465, 468).

이러한 개혁신학에 있어서 16세기 개혁자들의 신학은 역사적 출발점의 역할을 감당한다. 그러나 "마지막 일들"에 대한 교리에 있어서 훅스마가 제기한 비판적 주석은 설명이 요구된다. 그는 말하기를, "종교개혁 시기에 종말론은 교의학에 있어서 적절한 위치와 관심을 얻지 못했다"(*Reformed Dogmatics*, 730). 그러므로 이 주제에 대한 개혁자들의 저서들은 단지 한정된 설명의 근거만을 제공할 뿐이다. 재세례파 안에서는 미래적 나라에 대한 성경적 비전들이 매우 크게 탐구되었다. 그러나 루터는 "마지막 일들"에 관한 교리를 다룰 때 단지 부분적으로만 다루었다. 칼빈 역시 단지 지나치는 관심만을 표명했다. 칼빈의 방대한 저작들 중에서 주의할 만한 것은 계시록에 대한 주석서가 빠졌다는 것이다. 이 주석이 빠졌다는 것에서 종종 공공연한 결론들이 도출되었는데, 칼빈 전통에서는 소위 종말론이 약하다는 것을 보여 주었다는 것이다.

그러나 개혁자들의 신학적 유산에 있어서 이러한 부족함은 이후 세기동안 나타난 이 교의의 발전의 배경을 볼 때 잘 이해될 수 있다. 간략한 개관이 이것을 분명하게 입증할 것이다. 많은 초대 교회 교부들은 이미 성경에 있는 "마지막 때"의 신비를 증명했다. 이레니우스와 터툴리안의 천년왕국에 대한 견해와 오리겐의 형편없는 사색을 기억해 보라! 수세기 동안 종말론적 사고는 쓸모 없는 상태로 남아 있었다. 결국 어거스틴의 "세상 도시"에 대한 "신의 도시"의 궁극적 승리에 대한 묘사로서 동의가 형성되었다. 결국 핵심에 있어서 초대 그리스도인들은 이방 세계의 핍박에 직면하여 그들의 영광의 소망이신 예수 그리스도를 바라보는 실제적인 경건성만을 그들의 믿음으로 유지했던 것이다.

중세 시대 동안 종말론적 관심은 타계적 추구로 강하게 집중되었다. 이것은 "지복(至福)의 환상"에 대한 성자적 이상을 낳았다. 동시에 이것은 유령처럼 떠도는 연옥의 불에 대한 두려움으로 일반 성도들의 양심을 괴롭혔다.

이러한 발전에 대응하기 위해 개혁자들은 강조점의 근본적인 변화를 가져왔다. 당시 세기의 심오한 영적 투쟁 속에서 가장 긴박하고 즉각적으로 압박하는 문제는 믿음의 확신을 가지고 현재 구원의 길을 걸어가는 것이었다. 구원의 확신에 관한 문제는 너무나 핵심적인 부분을 차지했기 때문에 종말론적 이슈는 대기 상태가 되었다. 우리는 그때가 여전히 16세기였다는 것을 기억해야 한다. 19세기가 되기 전까지는 서구에서도 역사 발전에 대한 무르익은 개념이 강력하게 나타나지 않았다. 종말론적인 주제들은 역사적인 사고에 강하게 의존한다. 이러한 상황은 철저하게 계몽주의의 시작 속에서 전개되었다. 개혁자들이 무시했던 "세상의 미래에 대한 질문"은 "시간을 과정으로 이해"하지 못한 탓으로 돌릴 수 있다(Weber, *Foundations of Dogmatics*, Vol. II, 672). 그러므로 1500년 교회 시대 동안 교회의 종말론적 환상이 종종 오염되었지만, 결코 사라지지는 않았던 것이다. 성도의 현실을 초월하는 희망은 순례의 길을 가는 동안 그들을 강하게 하였던 것이다.

현대의 등장과 함께 혁명적인 변화가 일어났다. 초월적인 환상은 사라졌다. "내적 힘의 대두"에 근거하여 새로운 종말론이 탄생하였다(Hendrikus Berkhof, *Christian Faith*, 522). 세속화된 진보적 이상을 절대화하는 역사주의가 나타났다. 성경적 종말론은 인간적 유토피아로 대치되었고, 삶은 역사적 과정으로 환원되었다. 현대 자유주의 진영의 사회 복음은 "지구상의 천국"이 가능하다고 외쳤다. 만약 선한 의지를 가진 이성적인 사람들이 대의를 향해 함께 모인다면 가능하다고 주장했다. 사회적 다원주의를 포함한 진화론은 선두주자가 되었다. 실존주의는 미래의 지평을 영원한 현재의 연속으로 흡수해 버렸다. 일단의 대립하는 미래학들이 나타났는데, 어떤 것들은 외관상 낙관적이고, 다른 것들은 비관적인 것들이었다. 그 사이에 과학과 기술은 즉각적인 변화라는 약속을 내놓았다.

이러한 경향에 대항하여 신정통주의는 세상을 다루시는 하나님의 심오한 종말론적 인식을 회복하는 데 도움을 주었다. 그러나 종말론의 역사성을 희생하고 성경적 종말론의 현재적 측면만을 강조하는 경향이 있었다. 결국 종말론의 수평적인 차원을 허물고 수직적 만남이라는 위기 순간을 강조했다. 19세기 미래주의에 대한 더욱 강한 반발이 현대 근본주의에서 일어났다. 특히 세대주의 계열에서 그러했다. 1909년 스코필드 성경의 출간에 불이 붙은 복음주의적인 그리스도인들 다수가 잊혀진 근거를 회복하기 시작했다. 그들은 우리에게 매일 임박한 휴거(rapture)의 예언들을 들이댄다. 이것은 커다란 혼란과 함께 임하게 될 것이며, 천년왕국 시대가 열리고, 하나님이 직접 다스리시는 이스라엘의 재회복이 있을 것이라고 주장한다.

이러한 간략한 개관으로 대충 오늘날 우리가 살고 있는 상황을 묘사해 보았다. 우리는 이쪽, 저쪽, 그리고 중간의 미래학에 직면해 있다. 이러한 대립하는 교리의 경향 한 가운데, 성경적인 종말론이 우리의 신학적 일정에 대한 전략적 위치를 차지한다. 이것은 매우 문제가 많고, 위험한 모험이며, 아마도 그 이전보다 더 심해질 것이다. 또한 이 때문에 아마도 검증이 최우선의 문제가 될 것이다. 개혁주의 신학은 우리 시대의 긴급한 질문들에 귀머거리가 되지 않을 것이다. 즉, 인간과 세계의 운명이 무엇인가? 여전히 "행복한 결말"의 소망이 있는가? 아니면 우리는 임박한 "암울한 최후"를 준비해야 하는가? "묵시적 현재"는 이미 우리에게 임하였는가? 이 문제들은 삶의 다른 모든 것들과 함께 성경적 종말론의 윤곽을 탐구함에 있어서 우리 마음에 우선적으로 간직해야 할 것이다. 그 자체가 종말론적 과정이기 때문이다. 이 가운데 "이미"의 측면과 함께 "아직" 아닌 것이 "진행중"인 것이다. 그러므로 우리가 "종말론적 교의학"에 이미 관계하고 있음을 민감하게 알고 있어야 한다.

3. 마지막 일들/첫 번째 일들

하나님의 중보하시는 말씀이신 그리스도는 요한의 계시 안에서 반복적으로 절대적 알파("시작")요 오메가("끝")로 드러난다(계 1:8, 11; 21:6; 22:13). 그리스도는 창조와 구속의 중보자이실 뿐만 아니라 종말의 중보자이시다. 왜냐하면 그리스도 안에서 "(하나님의) 뜻의 신비"가 "하늘에 있는 것이나 땅에 있는 것이 다 그리스도 안에서 통일되게 하려 하심"을 계시하기 때문이다(엡 1:10). 그는 "모든 시대의 사람"(the Man for all seasons)이다. 시원론("처음 일들"에 대한 교리)과 종말론("마지막 일들"에 대한 교리)은 우주적 범위에 있어서 그리스도 안에 중심을 두고 있다. 둘 사이의 모든 것이 그리스도 안에 중심을 둔다. 언약 역사의 모든 변화와 전환, 그리고 도래할 나라를 포함하는 모든 것을 통해, 그리스도는 하나님의 첫 번째 말씀이요 세상을 위해 예비된 마지막 말씀으로 남아 있다:

> 왜냐하면 창조와 종말의 가장 심오한 관계는 예수 그리스도 자신에게 놓여있기 때문이다. 그는 시작과 끝이며, 처음과 마지막이며, 창조주와 완성자이다. 자신의 인격 안에서 예수는 창조와 종말을 결합한다. 그리스도 안에서 이 둘은 시간 속에서 서로 무한정 분리된 사건들이 아니며, 오히려 살아 있는 주 안에서 하나로 묶이는 실재이다. 그의 능력으로 창조는 종말로 나아가고 종말은 창조로부터 나온다. 모든 것이 그에게 창조되었고, 그로 인해 모든 것이 새롭게 된다(König, The Eclipse of Christ in Eschatology, 62-63).

그러므로 완성과 완성에 이르도록 역사하시는 이는 서로 뗄 수 없게 연결되어 있다. 시작에서처럼 종말에 있어서도 사건과 인격, 역사와 케리그마는 손을 맞잡고 동행한다. 왜냐하면 "만물"은 예외 없이 "그리스도 안에" 있기 때문이다. 모든 창조된 것은 그리스도의 인격과 사역 안에서 하나님께서 주신 의미를 담고 있다. 인생은 여러 가지 중에서 하나님께서 주신 의미를 단순히 하나 가지고 있는 것이 아니라, 인생 자체가 하나님께서 부여하신 의미이다. 이는 삶의 모든 것, 전체 속에서 삶은 종교이기 때문이다. 그러므로 삶은 의미로 가득 차서 의미심장한 것이다. 따라서 삶은 태초에 있었다. 창조는 혼돈이 아니라 질서였다. 삶의 의미로 충만함은 십자가와 부활로 말미암아 그리스도께서 죄와 악의 부조리를 정복하신 것에서 결정적으로 회복되었다. 이 "새로운 시대" 속에서 그리스도는 생명의 의미를 새롭게 하는 당신의 사역을 계속하신다. "보라 내가 만물을 새롭게 하노라"(계 21:5). 이러한 관점에서 "종말론은 목적론적 기독론, 즉 목적을 향하는 기독론이다." 이것은 "종말론이 기독론과 공존한다"는 말이 아니다. 오히려 "종말론을 이해하기 위해서…우리는(그리스도)에게 집중하며 그분이 누구이신지를 결정해야 한다"(König, *The Eclipse of Christ in Eschatology*, 37-38).

종말은 세상 속에 있는 인간의 삶의 최종적인 회복을 가리킨다. 이것은 과거와 현재까지 그렇게 되리라고 의도된 것이었다. 지금까지 모든 세계 역사는 그리스도 중심적인 예정된 종말을 향해 종말론적으로 드러나고 있다. 이것이 성경의 전체적인 증거이다. 하나님의 "마지막 때"에 대한 우리의 지식은, 하나님의 "창조하시는 시간"에 관한 우리의 지식과 같이 전적으로 성경 계시에 의존한다. 그러므로 종말론적 드라마의 양끝에서 우리는 인간의 기원론뿐만 아니라 인간의 종말론을 "희미한 거울을 통해서 본다." 또한 이것은 "경건한 무지"의 건강한 사용에 의해서 영광스럽게 되어야 한다. 성경을 겸손하고 복종하는 자세로 연구하는 것은 우리의 할 일이다. 이로써 우리는 우리의 삶을 위대한 "주의 날"을 향해 열게 된다. 우리가 이 날을 향해 나아갈 때, 이러한 확신은 그리스도께서 모든 창조 세계의 아르케(Arche, "시작점")일 뿐만 아니라 텔로스(Telos, "목적", "목표")가 되신다는 사실로 우리를 이끈다. 그의 재림은 "종말을 가져오는데, 그날은 (성자께서) 성부 하나님께 나라를 바칠 때"이다. 이는 "만물을 저에게 복종하게 하신 때에는 아들 자신도 그때에 만물을 자기에게 복종케 하신 이에게 복종케 되리니 이는 하나님이 만유의 주로서 만유 안에 계시려 하심이라"(고전 15:24-28) 함과 같기 때문이다. 이제 "모든 눈이 마침내 이 세계가 하나님께 속하는 것을 볼 것이다"(*A Contemporary Testimony*, 58항).

4. 두 관점

종말론은 신문 뒷 페이지에 보이지 않을 만큼 작게 올려진 사망에 대한 소식이나 광고기사처럼 하나님께서 추가하신 어떤 것이 아니다. 종말론의 주제인, "왕이 임하신다"는 소식은 뉴스의 앞면 헤드라인을 차지한다. 또한 첫 페이지에서부터 이어지는 섹션마다 펼쳐지는 내용이다. 종말론은 부록이 아니라, 오히려 "모든 성경 계시의 통합적인 측면"이다(Anthony Hoekema, 『개혁주의 종말론』〈The Bible and the Future〉, 3). 시작에서부터 끝까지 구속의 역사는 종말론적이다. 이것은 약속된 "결말"을 향한다. 또한 목적을 향해 방향 지워졌다는 의미에서 목적론적이다. "어머니 약속"(mother promise, 창 3:15)에서부터 줄곧, 아브라함의 소명을 거쳐 "약속된 땅"을 물려주기 위한 "택한 백성"의 창조와 열왕들의 시대를 거쳐 포로기, 그리고 포로생활로부터 귀환과 최종적으로는 신실한 남은 자들의 보존이라는 이스라엘을 향한 하나님의 구원의 방법은 종말론적 과정이었다. 언약의 역사에 있어서 이러한 오랜 양상은 상당한 기간 동안을 거치며 "이스라엘의 위로"(눅 2:25)가 되시는 메시아의 출현 속에 결론이 내려졌다.

성육신은 이야기의 결말을 표시하는 것이 아니라 성경 이야기 구조 속의 또 다른 시작을 표시한다. 이것은 결정적으로 새로운 시작이다. 세상에 대한 하나님의 구원 방법은 이스라엘의 기대를 넘어서는 것이다. 그리스도는 자신의 삶, 죽음, 그리고 부활을 통해 나라의 역사에 있어 마지막 장을 시작한다. 그가 파송한 사도들은 "마지막 시대"를 개척했다. 우리는 그들과 함께 이제 "마지막 날들"로 들어간다. 이것이 성경 드라마의 개관이며, 이로써 우리는 두 부분으로 된 구속사를 종말론적으로 읽게 된다. 이제 잠시 멈추어 이 두 관점을 구분하여 생각해 보자. 첫 번째 관점은 선지자들이 서 있는 곳이며, 다음에는 사도들이 옆에 서 있다.

(1) 터널 비전

위대한 "주의 날"이 동터올 때까지 이스라엘이나 교회는 '우리가 도달했다!'고 말할 수 없다. 이 둘 모두와 함께 우리는 "진행중"이다. 이 "아직 아님"의 요소는 항상 우리와 함께 있다. 현재 이 마지막 날에도 우리는 봄으로써가 아니라 믿음으로 살도록 부르심을 받는다. 그러나 우리의 잠정적인 삶의 길에서, 우리는 그리스도 안에 있는 하나님의 "이미"의 측면에 의해 유지된다. 그러나 이스라엘에게는 사정이 매우 달랐다. 그들의 종말론적 비전은 훨씬 더 임시적인 것이었으며, 그들의 믿음은 훨씬 더 불확실한 것이었다. 그들에게는 기준으로 삼을 것이 적었으며, 분명 볼 수 있는 것도 적었다. 그들은 구속사의 제한적인 "아직 아님"의 단계의 그림자 속에서 살았다. 그들에게는 "이미"의 것이 전혀 없었고, 그들이 호소할 수 있는 메시아적 실재도 없었다. 이스라엘에게 믿음은 먼 약속을 향하는 것이었다.

그러므로 예언자들이 그들의 "현 시대"를 뛰어넘어 "다가 올 시대"를 본 것처럼, 그들의 미래에 대한 예측은 단편적일 수밖에 없음을 이해할 수 있다. 우리의 관점에서 메시아에 대한 두 번의 오심은 구분이 가능하다. 그러나 예언자들은 "터널 비전"을 가지고 있었기 때문에 충분히 볼 수 없었다. 그들의 환상이 가지는 한계적 영역 안에서, 이 두 종말론적 수평선은 하나의 격변하는 위기 속으로 결합된다(눅 3:9, 17). 심판과 구원의 기대는 그들의 메시아적 소망의 전 영역을 상징하며, 다가올 "주의 날"에 강력하게 집중되었다. 메시아의 오심과 마지막 시대의 도래가 동시적으로 보였던 것이다(사 65:17-25). 그러나 이런 한계적인 시야 속에서도 "종말론적 기대가 풍성하게 성장하는" 증거가 성경 속에 있다(Hoekema, *The Bible and the Future*, 11).

종말에 관한 신구약의 결합은 "당신이 오실 때의 표시"와 "마지막 때"에 관한 제자들의 질문 속에 고루하게 울리고 있다(마 24:3). 그들의 마음은 여전히 선지자의 관점에 의해 형성되어 있었다. 이 관점 하에서 그리스도의 두 모습은 너무나 가깝게 밀착되어 있어서 마지막 오실 때와 관련된 사건들은 "초림 때의 한 그림"으로 농축된다(Bavinck, *Gereformeerde Dogmatiek*, IV, 667). 첫 번째 종말을 내적인 성취로 결합하는 이러한 관점은 구약의 성도들을 반만 집으로 가게 한다. 신약은 우리에게 좀더 분명하게 차별화된 관점을 제공한다. 옛 관점과 새 관점이 다르다고는 해도, 그 시대의 사람들과 이 시대의 우리는 구원의 같은 길을 걷고 있으며 같은 종말을 기다린다. 심지어 선지자들의 "현 시대"도 이제 우리에게는 "지나간 때"가 되었고, 그들이 말한 "올 시대"도 "이 마지막 날들"(히 1:1-2)로 변하였다. 선지자의 시대와 사도 시대는 이제 하나로 드러나는 종말론적 드라마의 최종적 양상에 대한 "소개"와 "결론"으로 구분될 수 있다.

(2) 시간들 사이에서

> 신약의 성도는 한 편으로 구약에서 예언된 위대한 종말론적 사건이 이미 일어났다는 사실을 의식하고 있다. 반면 또 다른 면에서 그는 또 다른 종말론적 사건들이 여전히 다가올 것이라는 것을 안다(Hoekema, *The Bible and the Future*, 13).

이러한 범위는 그리스도인 공동체의 삶의 "시간들 사이에서"를 정의한다. 첫 번째 "때가 참"은 세상 속에 사는 현재의 우리를 증거하는 조건이 되었다. 그것은 하나님의 구속 사역의 연속성을 강조한다. 과거와 현재와 미래의 다른 모든 하나님의 강한 행위들과 함께, 그리스도의 첫 번째 오심은 구속의 방편에 대한 종말론적 연속성을 확신케 하고, 그것을 섬기며, 결정적으로 구원의 역사적 중심으로 섰다.

그리스도의 높아지심과 함께 나라의 역사를 만들었던 목적론적 움직임들은 이제 빠른 걸음으로 전진해간다. 성금요일로부터 부활의 주일까지 있었던 세 가지 놀라운 날들은 선지자들이 예언했던 메시아적 기대가 잠정적으로 "결말"을 맞이하는 수많은 절정의 무대를 제공했다. 그리스도의 부활("이미")의 순간에서부터 그의 재림("아직")은 이어지는 종말론적 드라마의 시작과 결말의 장으로서 두 가지 강력한 사건들과 함께 결말로서 나타난다. 선지자들이 완성과 종말을 하나의 고도로 농축된 사건으로 보았던 반면, 사도들은 이 잠정적 기대들이 일어나는 순서대로 구분하여 인식하고, 그럼으로써 주의 초림과 재림에 의해 경계지어지는 현 역사의 공간을 창출하였다.

이 두 중요한 사건들은 복음의 메시지를 포함하는 신약성경의 "마지막 책"의 역할을 한다. 종말이라는 주제는 우리가 서 있는 곳으로부터 이 "마지막 날들"의 시작으로 거슬러 올라간다. 종말의 주제는 거대한 "주의 날"의 정점을 향해 나아간다. 비록 이 시대에는 주께서 계시지 않지만, 그리스도의 현현(나타나심)은 이 두 사건들의 결과를 통합한다. 비록 수세기에 걸친 시간의 흐름으로 인해 분리되었지만, 그리스도의 초림과 재림은 구속역사의 "첫 열매"와 "마지막 추수"를 대표한다. 이 기간 동안 "그리스도는 화해한 피조물에게 시공간을 주어서 그로 하여금 단순히 구경꾼이 아닌 동역자로서 추수에 참여할 수 있게 하신다"(Berkouwer, *The Return of Christ*, 135).

종말론적 "아직"은 비록 우리가 그것을 우리의 연약함에 대한 변명으로 핑계대지만 결코 기독교적 삶의 규범이 아니다. 우리의 규범은 십자가와 부활 속에서 구속적으로 갱신된 창조 질서의 "이미"의 측면에 순종하는 것이다. 바울이 말하듯이, "그리스도께서 죽은 자 가운데 다시 살아나셨기 때문에", 이제 우리는 "새 생명 가운데 행하는 것"이다(롬 6:1-4). 다가오는 재림은 모든 창조세계와 함께 우리가 언젠가는 변화될 것이지만, "아직" 온전히 회복된 피조물이 아님을 지속적으로 상기시켜 준다. "그러나 '아직'의 길이 만약 '이미'가 주는 영원한 관점에 의해 만들어진다면 영광에 이르는 길이 될 수 있을 것이다"(Berkouwer, *The Return of Christ*, 138). 왜

제1장 최종단계

냐하면 미래로 향한 창문은 과거라는 열려진 문을 통해 들어온 산들바람으로 인해 모든 구름을 제거하여 선명하기 때문이다. 이 "'이미' 와 '아직' 의 관계는 성도들 공동체의 표지를 구성한다"(Berkouwer, *The Return of Christ*, p. 113).

십자가와 부활은 역사 속에 영속적인 전환점을 표시한다. 그러므로 "시간의 중심은 유대주의에서처럼 더 이상 미래에 놓이지 않는다…오히려 과거에, 즉 그리스도의 오심과 행동 속에 놓인다"(Ridderbos, *The Coming of the Kingdom*, 466). 그러나 결정적인 과거는 "종말로 가는 길"인 약속된 미래와 관련되어 있다(Hoeksema, *Reformed Dogmatics*, 772). 우리가 이 길을 걷게 될 때, "현재와 미래 사이에는 밀접한 관계"가 있다(Geerhardus Vos, *Pauline Eschatology*, 51). 과거와 함께 신약의 저자들이 종종 우리로 하여금 우리의 눈을 향하게 하고 동시에 뒤돌아보게 하였던 것은 우리가 지금 서 있는 "중간 땅"을 명확히 보도록 하기 위함이었던 것이다. 곧 양 "극단"을 하나의 초점으로 바라보는 것이다.

그러므로 우리의 "시간들 사이에서"는 기독론적 진공이 아니다. 즉, 전주곡처럼 울리는 그리스도의 과거의 실재와 후주곡으로 울리는 그의 미래의 실재 사이에서 외로이 연주되는 간주곡과 같은 것은 아니다. 왜냐하면 "역사의 모든 사건들 속에서 항상…예수는 오실 것이며, 그는 속히 오실 것"이기 때문이다(Hoeksema, *Reformed Dogmatics*, 775). 하이델베르그 요리문답은 우리 주님의 "영원한 부재"의 상황을 다음과 같이 증거한다: 이는 "인간의 본성대로 그리스도는 지금 지구상에 (우리와 함께) 있지 않는다. 그러나 신성, 영광, 은혜 그리고 성령으로 그리스도는 잠시도 우리를 떠나 계시지 않는다"(Q & A, 47).

이러한 관점은 또한 우주적 전망을 열어 준다. 왜냐하면 우리가 이미 "임시적으로 실현된 종말의 상태"에 참여하고 있기 때문에 "…주위의 세상은 새로운 상황과 양상으로 여겨지게 되었다"(Vos, *Pauline Eschatology*, 38, 47). 그러므로 모든 순간은 종말론적으로 임신중이다. 즉, 전 창조세계가 우리를 포함하여 산고를 치르고 있는 것이다. 산통의 "수고로 신음하며" 간절히 마지막 구속을 기다린다(롬 8:18-25). 그러므로 우리는 확신 있게 말할 수 있을 것이다. 즉, 모든 삶의 그 어떤 것도 종교적으로 중립적인 것은 없다. 중립의 신화는 지금 그런 것처럼 영원히 거짓말로 드러난다.

그러므로 "마지막 날들"은 이미 우리와 함께 있는 것이다. 이 날들은 과거의 모든 것이 잊혀진 후에 일어나는 새로운 것을 소개한다는 의미에서 "마지막"은 분명 아니다. 또한 그 후에 아무것도 더 이상 일어날 수 없다는 의미에서 "마지막"으로 보아서도 안 된다. 이 날의 "최후성"은 결말로서 종말론적 역사를 밝히는 도구를 가리킨다. 이제 마지막 힘이 모아지면 종말론적 역사는 모든 사물의 종말 속에서 점점 강하게로 끝날 것이다. 이 "마지막 날들"에 바르게 사는 것은 우리의 일상적인 삶의 한가운데서 다가오는 거대한 "주의 날"을 기다리며 다가가는 것을 의미한다. 왜냐하면 궁극적인 카이로스의 시간(그리스도께서 다시 오실 시간)은 우리의 매일의 크로노스의 시간(달력 시간)의 중요성을 감소시키지 않고, 오히려 두 번째 의미를 부여하기 때문이다. 모든 시간은 하나님의 시간이다. 하나님의 카이로스는 우리의 크로노스를 만든다. 우리는 일상에서 경험된 크로노스의 한 가운데서 다가올 종말론적 카이로스에 우리 자신을 열어야 한다. 그 궁극적 "마지막 시간"은 시간적으로, 그리고 종말론적으로 우리의 매일의 일에 급박함을 준다.

우리가 대대로 "시간들 사이로" 지날 때, 성경은 우리에게 우리의 구원이 "처음 믿을 때보다 더 가까웠다"(롬 13:11)고 확신을 준다. 이 구절은 바르트로 하여금 그의 초기 급진적으로 수직적이었던 종말론의 관점을 형성하게 하였다. 미래를 향한 우리의 방향은 하나님께서 정하신 직선적 시간 선에 의해 정해졌다. 그러나 이 "가까움"이 시간보다는 더 큰 무엇을 포함한다. 또한 이것은 카이로스(의미있는 시간)가 부여된 실존적 결단에 전 무게가 실려 있다. 우리의 시간은 위기의 시간이다. 이 시간은 다가올 나라의 기준에 의해 매겨진다. 그러므로 "마지막"은 항상 가깝다. 왜냐하면 그분의 말씀과 성령으로써 왕은 항상 가까우시기 때문이다.

"주께서 가까우시다"는 말씀 때문에 우리는 긴장하지 않고 부주의한 삶을 살 수 없다(빌 4:5-6; 마 6:25-34). 왜냐하면 그 결과가 "이미" 확증되기 때문이다. 동시에 이 시간들 사이의 "아직 아님"의 측면은 우리로 하여금 적극적인 기대를 하게 만든다. "이미"의 측면은 삶의 모든 영역에서 갈등하는 나라의 두려운 실재를 제거하지 않고 도리어 강화시킨다. 즉, 정치, 국제법, 사회적 관계, 교육, 노동, 그리고 다른 모든 것에서 그렇다. 왜냐하면 "세계 역사 속에서 그리스도의 오심 이래로 하나님 나라의 성장과 발전은 함께 '악의 나라'의 성장과 발전이었음을 우리가 알기 때문이다"(마 13:24-30, 36-43).

> 여기서 다시 우리는 역사의 모호성을 본다. 역사는 악에 대한 선의 단순한 승리를 드러내지 않는다…악과 선은 계속 공존한다. 이 둘 사이의 갈등은 현 시대 동안 계속된다. 그러나 그리스도께서 승리하였기 때문에 이 갈등의 궁극적인 결과는 결코 의심할 수 없다. 적은 질 수밖에 없는 싸움을 싸우고 있는 것이다(The Bible and the Future, 35).

오스카 쿨만의 잘 알려진 비유를 빌려서 말하자면, 우리는 D-day와 V-day 사이에 살고 있다. 하나님의 "결정의 날"은 십자가와 부활 속에서 일어났다. 이것은 영 단번에 일어난 사건이며 따라서 반복될 수 없다. 마지막 "승리의 날"은 수평선 위에 떠 있다. 오래 참음과 믿음의 확실성 속에서 우리는 다가올 묵시적 사건을 향한다. 왜냐하면 "마지막 승리의 희망은 승리가 이미 정해진 싸움에 대한 흔들리지 않는 굳은 확신 때문에 너무나도 자명"하기 때문이다(Cullmann, *Christ and Time*, 87). 그리스도의 재림은 그의 초림에 대한 우리의 이해 속에 남아 있는 신비와 숨겨진 것을 완전히 밝혀 줄 것이다. 왜냐하면 종말은 완성의 결국이기 때문이다. 그동안 기독교 공동체는 "재림(parousia)에 근거를 두고 재림을 향해" 살아야 한다.

5. 오랜 연기

"내가 곧 오리라!"(계 22:20) 1세기의 마지막이 가까울 무렵 밧모섬에 묵시적으로 울려 퍼진 이 몇 단어들은, 그리스도께서 그의 교회에게 마지막 인사로 보낸 것이다. 그러나 어떤 쪽지를 주신 것도 아니다. 요한이 들은 것은 예수께서 그의 지상 사역 동안 선포하셨던 것을 신실하게 되새겨주는 것이었다. "…인자가 가까이 곧 문 앞에 이른 줄 알라"(마 24:33). 이 임박한 종말론적 전망은 또한 증인과, 증거와, 사도들의 가르침 속에 있었다. 비록 바울의 관심사가 "시간을 정하는 것"은 아니었지만, "그가 곧 이루어질 재림(*parousia*)의 기대 속에서 살았다고 믿을 만한 충분한 이유가 있다"(Berkouwer, *The Return of Christ*, 92; 또한 Ridderbos, *Paul*, 487-88을 보라; Hoekema, *The Bible and the Future*, 123).

많은 초대 그리스도인들은 그리스도의 예언을 액면 그대로 받아들였던 것처럼 보인다. 그러나 오래지 않아 질문들이 솟아오른다. "곧"이란 얼마나 곧인가? "주께서 가까우시니라!"(빌 4:5)는 말씀은 분명 "곧장"이라는 의미가 분명하다. "때가 가깝다"(계 1:3)에서 만약 "가깝다"는 것이 아주 먼 것으로 판명될 때 우리는 어떻게 해야 하는가? 예수께서 자신이 강조하시며 반복적으로 그의 제자들 중에 첫 세대가 "이 모든 일들이 되어질 것"(마 24:34; 10:23; 막 9:1; 13:30)을 볼 때까지 산다고 하시지 않았는가? 데살로니가 회중 가운데 몇 사람이 "종말"이 이제 막 임했으므로 적절한 응답은 모든 직업을 포기하는 것이라고 결론을 내렸다. 바울은 이런 태도를 꾸짖는다. 그는 그들을 원래 질서로 돌아오도록 부른다. "선을 행하다가 낙심치 말라!"(살후 3:6-15) 이 종말론적 긴장에 더해진 것은 회의주의자들의 조소였다. "그의 오신다는 약속이 어디 있느냐?"(벧후 3:4) 그들은 주장하기를 그리스도의 초림은 아무런 차이를 만들지 않았다고 했다. 그의 재림은 이제 어디서도 보이지를 않는다. 아무것도 바뀌지 않은 것이다.

이에 따라 의심이 생겨났다. 제자들의 원래 믿음이 잘못된 것인가? 예수께서 잘못 계산하신 것인가? 하나님께서 교묘하게 발을 빼시는 것인가? 시대가 갈수록 이 "커다란 연기"(great delay)의 경험은 많은 그리스도인들에게 종말론적 희망에 대한 소란스런 그림자를 던졌다. 어떤 사람들은 신약성경의 글들은 이런 연기된 기대가 깨지는 위기를 극복하기 위해 "임시방편적 해결책"으로 나타난 것이라고 주장하며 연기된 시간에 대한 환멸감을 수용했다. 현대의 해석학에서는 세속적 세계관과 비판적 분석의 도구로 이 믿음의 문제를 완전히 변질된 신학적 구조로 바꾸었다. 즉 완전히 개방된 미래로 바꾼 것이다.

근본적으로 베드로의 답변(벧후 3:1-13)이 승리를 얻어야 할 것이다. 시간과 계절을 재시는 분은 하나님 자신이시다. "가까움"을 계수하시는 하나님의 방법은 우리의 것과 다르다. "천년이⋯하루 같다." 결국 "이미"의 순간적 영향, 즉 전면적인 변화는 "아직 아님"에 대한 약속과 완성의 종말론적 관계성 속에 발생했다. 이는 "구원이 이미 그리스도의 죽음과 부활을 통해 왔기 때문에, 재림의 날짜 문제는 더 이상 결정적으로 중요한 것이 아니다"(Berkouwer, *The Return of Christ*, 74). 이러한 새로운 지평 속에서 "가까움"은 "신약의 종말론적 선포에 있어서 절대적으로 중요한 요소로" 남는다(Berkouwer, *The Return of Christ*, 84). 그러므로 임박한 재림에 대한 "가까움"이라는 주제는 "믿음의 기대 속에 점증하는 위기가 아니라, 오히려 깨어 있음에 대한 긴급한 부르심"으로 우리에게 다가온다(Berkouwer, *The Return of Christ*, 94). "지체의 문제"는 "이미"가 아직 온전히 존중되지 못할 때 영적 소외감으로 변할 수 있다.

심지어 지금 이 천년이 지난 후이지만 우리는 다가오는 한 세기의 마지막에 대해 광적인 기대를 하지만, 성경은 다시 한 번 질서로 돌아오게 한다. 가장 결정적인 것은 종말의 가까움이나 멀리 있음이 아니라 그 확실성이다. 복음은 시간과 장소를 계산하는 모든 시도를 금지한다(마 24:23-28). 그러므로 "'지체'라는 말을 전혀 쓰지 않는 것이 더 좋다. 왜냐하면 그런 말은 계산을 의미하기 때문이다"(König, *The Eclipse of Christ in Eschatology*, 200). 종말의 구체적인 모습은 완성자의 손에 달려 있다. 칼빈이 말하듯이, "새로운 삶의 시작과 끝은 모두 (하나님)의 처분에 달렸다"(Niesel, *The Theology of Calvin*, 130). "지체됨"(delay)의 경험은 성경의 증언이 정

말 잘못되었거나 종말론이 진짜 곤경에 처한 것을 가리키지 않는다:

> 마지막 분석에서 "가깝다"라는 것은 중간 시대의 중요성의 문제를 포함하지 않는다. 오히려 미래와 현재의 분리할 수 없는 성질의 문제를 포함한다 중간기의 의미는 "재림(parousia)의 연기 문제"로부터 출발하지 않는다. 오히려 완성이라는 전포괄적인 주제로부터 출발한다(Ridderbos, Paul, 496).

중간기의 시간론(*chronology*)은 기회(*kairos*)를 부여받는다. 이것은 성령의 부어 주시는 능력의 역사에 대한 시간과 공간을 창조한다. 또한 언약적 삶과 복음의 확장, 그리고 나라의 프로젝트에 대한 시공간을 창조한다. 그러므로 우리는 "세월을 아끼기 위해"(모든 기회를 선용하는 것) 바빠야 한다(엡 5:15-16). 우리는 "긴박감을 가지고, 역사의 끝이 우리가 알고 있는 대로 매우 가까웠다는 것을 알아야 한다. 그러나 동시에 (우리는) 오랜 시간 동안 지속될 현재의 지구 위에서 미래를 위해 계속 계획하고 일해야 한다"(Hoekema, *The Bible and the Future*, 52). 우리는 "주의 오심만을 생각하는 것이 아니라 늘 주의 오심과 함께 생각하는 태도"로 부르심을 받았다. 그러므로 비록 주의 오심은 "예기치 않게 일어나지만", "기대 없이" 일어나지는 않을 것이다(Berkouwer, *The Return of Christ*, 84, 85).

6. 그렇다면 우리는 어떻게 살아야 하는가?

신약은 이 질문을 종말론적 예증으로서 말씀한다. 시간은 짧다. 그러므로 "지혜롭게 행하라", "기도에 항상 힘쓰라", 다른 사람을 "정의롭고 공평하게" 대우하라, "깨어 있으라" 그리고 "감사하라"(골 4:1-6). 경계의 말씀은 "항상 깨어 있으라"(*semper paratus*; 특히 마 25:1-13)로서, 이것의 의미는 항상 그리스도의 재림을 기대하며 살아가라는 뜻이다. 그러나 이것은 단지 과거의 선명한 회상으로써 지지되는 미래에 대한 준비를 의미하는 것이 아니다. 완성과 기대감은 늘 함께 한다. 왜냐하면 "교회는 미래의 교회"이기 때문이다. 그러나 그 기대란 "완성이 다가온다는 사실에 근거한다"(Ridderbos, *The Coming of the Kingdom*, 519-20). 미래가 현재를 관통하기에 우리는 말 그대로 한 쪽 눈으로는 주의 약속하신 재림을 깨어 바라보고, 다른 한 쪽 눈으로는 맡겨진 일들에 고정되는 것에 평행을 유지해야 한다:

> 종말의 묵시는 모든 사람들을 무장 해제시키고 밤에 도적과 같이 깨고 들어올 것이다(살전 5:2:

눅 12:35-40). 놀라움의 요소는 결코 빠질 수 없다(계 3:3; 16:15). 그러나 놀람의 정도는 역으로 우리의 깨어 있음, 봉사의 정도에 반비례할 것이다. 준비됨은 복음을 주신 그리스도에 대한 순종의 응답이라는 기본적인 요구 외에 그 어떤 새로운 결단도 요구하지 않는다.

그러므로 성경적 종말론은 하나님이 우리에게 주신 소명으로부터 타계적 이탈의 변명거리가 아니다. 성경적 종말론에는 "부정적인 의미는 없고, 오직 현재 시간 안에서 삶에 대한 긍정적인 의미를 가진다"(Ridderbos, *Paul*, 495). 미래에 대한 기대는 현재 우리를 향한 명령을 강화한다. 왜냐하면 하나님의 말씀의 규범은 바뀌지 않기 때문이다. 이 규범은 창조로부터 종말 때까지 동일하다. 하나님의 과거와 그의 미래 사이에서, 우리의 현재적 삶은 임시적이라는 특징을 가진다. 그러나 이것은 문화 명령 이외의 그 어떤 "중간기 윤리"의 기준도 가져오지 않는다. 우리는 사실 "위의 것을 사모하라"고 부르심을 받았다(골 3:2). 그러나 이 명령은 그 요지에 있어 우리가 "어디서" 살아야 한다는 구조의 문제가 아니라, "어떻게" 혹은 "누구의 이름으로" 행해야 하는가를 말씀해 주는 방향의 문제이다.

위의 것을 찾는 가장 좋은 방법은 이 세계 속에서 하나님의 사명에 동참하는 것이다. 왜냐하면 "종말론적 기대와 사명에로의 부르심 사이의 관계는 본질적이며 뗄 수 없는 것"이기 때문이다(Berkouwer, *The Return of Christ*, 132). "거룩한 세속성"은 우리 자신이 기대하는 "영원한 지복(至福)의 상태"에 과도하게 빠진 관심이 아니다. 이는 "세상의 관점 없는 그리스도인의 기대는 눈이 멀고 절름발이일 뿐이다. 또한 그리스도인의 현존은 바리새적인 분리나 기대 자체에 빠져 있는 신비주의가 된다"(Weber, *Foundations of Dogmatics*, Vol. II, 684). "복음 안에 그 무엇도(그리스도인들로 하여금) 생명과 지구와 문화에 대해서 신실하게 사는 것을 막는 것은 없다." 오히려 복음은 우리에게 "하나님께서 우리에게 주셔서 즐기게 하신 시간 동안 삶을 받아들일 것"을 요구한다(Ridderbos, *The Coming of the Kingdom*, 471). 이때 우리는 적극적인 평화주의자, 지구지킴이, 정의의 옹호자, 그리고 이웃사랑의 대리자들이 된다.

제2장 천년왕국

미리 경고를 받는 사람은 미리 준비를 한다. 우리는 "전쟁 지역"으로 들어갈 것이기 때문에 주의해서 들어야 할 말이 있다:

신학이 수행하는 싸움은 너무나 자주 "잘 보이지 않는 상황" 안에서 이루어질 뿐만 아니라, 이미 죽어서 현재 활동하지 않거나, 그들의 책이 도서관의 책장 뒷 선반이나 쓰레기 더미에 밀려 저자들과의 싸움이다. 이것은 특별히 천년왕국에 관한 논쟁에 있어서 그러하다(A. J. McCain, in Charles L. Feinberg, *Millennialism*, 13).

1. 한 목소리와 많은 메아리

서구 기독교 전통에 있어서 신학 작품의 쇄도는 그리스도께서 "천 년 동안 다스리신다"는 사상에서 쏟아져 나왔다. 세계역사의 매혹적이고, 종종 공상적이고, 때때로 열광적인 관점들이 천년왕국에 대한 하나의 성경 구절에서부터 나왔다. 그것은 요한계시록 20:1-6이다. 이 여섯 절의 짧은 구절 속에서 우리는 다섯 번에 걸친 "(그) 천년"(*ta Chilia ete*)의 언급을 발견할 수 있다. 여기서 "천년왕국설"(chiliasm)이란 용어가 유래하였다.

수세기 동안 수많은 천년왕국설이 나타났다. 그 종말론은 우주와 인류의 전 운명을 포괄하는 것이다. 세속화된 형태의 천년왕국 사상은 인간의 문제에 대한 "마지막 해결책"으로 파시스트적 꿈을 형성하였고(히틀러의 "제3제국"), 또한 유토피아적 사회에 대한 마르크스적 사상을 형성하기도 했다. 많은 기독교 계열에서 요한의 환상에 대해 나타나는 언급은 창세기로부터 에스겔을 거쳐 다니엘과 계시록에 이르는 전 성경의 드라마를 그려주며 구성하는 해석학적 열쇠구멍의 역할을 하였다. 네 가지 주요한 사상의 학파가 나타났는데, 무천년설, 후천년설, 역사적 전천년설과 세대주의적 전천년설이 그것이다. 이 모두는 성경적 의미의 "천년왕국"(*millenium*)에 대한 상이한 해석에 근거를 둔다. 라틴어로 *mille*는 "천"을 *annus*는 "년"을 의미한다.

기독교 공동체는 서로 다른 해석들로 인해서 야기된 분열의 고통을 견디어 왔다. 열띤 논의의 주제는 천년왕국의 본질뿐만 아니라 그것과 관련된 역사적 사건들의 순서였다. 우리는 이 "황금 시대"를 언제 어디에 위치시켜야 하는가? 어떻게 "휴거"와 "이중 부활"과 "대환난"이 연관되는가? 이러한 생각들은 벌카우어로 하여금 다음과 같이 말하게 했다. "연대기를 구성하는 것은 계시록 20장의 해석에 있어서 정말로 문제가 되는 것이다"(*The Return of Christ*, 307-8). 재림이 "대환난" 전인지, 중간인지, 혹은 후에 일어날 것인지에 대한 성경해석의 불일치는 "환난 전", "환난 중" 그리고 "환난 후" 대환난이라는 개념을 발생시켰다. 분명히 교회는 일치된 한 목소리를 내지 못하고 있다. 교회의 나팔은 불분명한 소리를 내고 있다.

그러나 이러한 통탄할 분열은 큰 그림의 일부일 뿐이다. 그 보다 더 큰 문제는 한 공동체의 성경해석은 그 공동체가 가지는 세계관과 함께 한다는 데에 있다. 그러므로 "논쟁의 주경적 측면은 종종 세계의 구조에 대한 더욱 일반적인 논쟁의 뒷전에 밀린다"(Berkouwer, *The Return of Christ*, 293). 그러므로 천년왕국의 조경을 너무 서둘러 드러내는 것은 크로밍가(D. H. Kromminga)의 다음과 같은 말을 강조한다. "종말론적 견해들은 정말로 부족함이 없을 정도로 많다." 이러한 상황은 훨씬 더 심각하다. 왜냐하면 "한 사람의 종말론적 전망은 주어진 시대를 평가하는 눈을 결정하기 때문이다. 이러한 경향은 후천년주의자, 전천년주의자, 그리고 무천년주의자에게 있어서 동일하게 나타난다"(*The Millennium in the Church*, 113, 114).

2. 뒤를 돌아보며

천년왕국에 대한 기대는 이미 초대 교회에서도 널리 퍼졌다. 대부분의 초대교부들은 천년왕국이 놀라운 우주적 회복을 가져올 것이라고 상상하였다. 오리겐은 이 세계가 "일련의 세계들" 가운데 하나일 뿐이라는 고도로 사변적인 개념을 말한 것으로 기억된다. 그러나 교부들이 그 주장을 지지하기 위해 성경을 사용하는 것은 종종 알레고리적인 해석방법이었으므로 성경의 원래의 의미를 밝히는 데는 그다지 믿을 만하지 못하였다. 초대교부들 중에서 이레니우스의 관점은 매우 대표적이다. 창세기 27:27-29을 인용하면서 그는 이삭이 야곱에게 내린 축복은 "논쟁의 여지없이 나라의 시간, 즉 의인들이 죽은 자 가운데서 다시 살아나 다스리게 될 것이며, 새롭게 되고 해방된 창조세계는 모든 종류의 음식을 풍성하게 생산할 시간을 가리킨다"라고 설명했다. 사도의 전통에 호소하면서 이레니우스는 계속하여 말했다:

> 그날이 오면 포도나무가 자라게 될 것인데, 한 나무에 만개의 싹이 나고, 한 싹에 만개의 가지가 달리고, 각 가지에는 만개의 작은 가지가 나오고, 각 작은 가지에는 만개의 포도송이가 열리고, 각 포도송이에는 만개의 포도알이 열릴 것이다. 그리고 각 열매로 즙을 짜면 25병 상당의 포도주가 나올 것이다. 그때 성도들 중 누가 한 송이를 잡게 되면, 다른 송이가 외칠 것이다. "내가 더 좋은 송이에요. 나를 따세요. 그리고 나를 통해 하나님을 찬양하세요." 이처럼 밀 한 알이 만개의 이삭을 내고, 한 이삭이 만 개의 알곡을 맺으며, 각 알곡은 천 파운드의 고운 흰 밀가루를 만든다. 또한 과일, 씨앗 그리고 풀들은 같은 비율로 소출할 것이다. 그리고 모든 동물들은 지구상의 이러한 과일들을 즐기며 평화와 조화 속에서 살며 전적인 복종으로 인간에게 순종할 것이다(Henry Bettenson, *The Early Christian Fathers*, 99-100).

· 터툴리안도 이와 비슷한 소망을 말하였다:

> 우리가 하늘을 얻기 전에 이 땅에서 나라를 얻음이 약속되었다. 그러나 (첫 번째) 부활 이후의 지금 세상과는 다른 상태에서 이루어질 것이다. 그 나라는 하나님께서 만드신 도성, 예루살렘에서 천 년 동안 지속될 것이다…왜냐하면 사실 그의 종들이 그 이름 때문에 고난받았던 그 장소에서 기뻐하는 것이 옳으며 또한 하나님께 합당하다. 이것이 그 나라의 목적이며, 그 나라는 천년간 지속될 것이다. 그 기간 동안 성도들은 그들의 선한 행실을 따라 조만간 부활할 것이다. 그때 성도들의 부활은 완성되고, 세상의 파괴와 불 심판은 성취될 것이다. 우리는 "한순간에 변화하여" 천사와 같은 존재가 되고 "썩지 않을 몸을 입고" 영원한 나라로 옮겨질 것이다(Bettenson, *The Early Christian Fathers*, 164).

이러한 천년기의 개관은 히포의 감독인 "어거스틴의 잘못된 해석"이 나타날 때까지 초대 그리스도인들 사이에 계속하여 광범위하게 받아들여졌던 것 같다. "신의 도성/세상의 도성"을 다루면서 어거스틴은 천년왕국을 현재의 나라의 실재로 다루고 있다. 크로밍가는 말하기를, "어거스틴 이후 천년왕국설은 교회에서 사라진 것처럼 보였다." 어거스틴의 계시록 20장의 주석은 "심지어 일반적인 사람들까지도 천년왕국설에서 멀어지게 만드는 경향이 있었다." 그때부터 계속 교회는 "천년왕국에 대한 위대한 해석자의 부재"를 경험하여야 했다(The Millennium in the Church, 29, 112, 113). 그 후 어거스틴의 천년왕국의 이해는 카톨릭교회의 교회관에 짜맞추어진 상태로 중세 시기 동안 널리 만연되었다. 종교개혁 시기 동안 루터와 칼빈, 그리고 다른 개혁가들은 어거스틴이 원래 가지고 있었던 무천년적인 이해를 부활시켰다. "그리스도의 다스림을 천 년에 한정하는" 천년왕국주의자에 대하여 칼빈은 "그들이 자신들의 주장의 근거로 삼는 묵시록은 전혀 그들의 견해를 지지하지 않는다. 왜냐하면 '일 천'이라는 숫자는(계 20:4) 교회가 누릴 영원한 축복을 말하는 것이 아니라, (요한의 시각에서 볼 때) 이 땅에서 여전히 수고하는 교회를 기다리는 다양한 핍박의 기간들을 말한다"(『기독교강요』 III, 25, 5)라고 말했다.

급격하게 변화된 상황이 르네상스와 종교개혁의 여명기에 일어났다. 민주주의 이상이 나타나고 종교 다원주의 그리고 현대 교회 주류의 세속화 등이 나타났다. 이것들은 일단의 새롭게 이해되는 천년설의 발흥에 유익한 토양을 제공했다. 이러한 발전들은 20세기의 마지막 십 년 동안 줄어들지 않는 기세로 계속되었다. 별 예외 없이 이 모든 역사의 천년기적 관점은 이미 언급한 기본적이고도 날카롭게 대비되는 유형들의 그것들과 같다. 역사적 구분에 따라 후천년설, 전천년설이 있고 또 세대주의적 형식과 무천년설이 있다.

3. 종말론의 기본 유형들

다음은 천년왕국에 대한 주요한 이론들의 간략한 요약이다.

(1) 후천년설(Postmillennialism)
때로 "현재 교회시대의 천년왕국설"로 불리는 이 견해는 "그리스도와 성령의 능력의 전개가 이 시대의 장래에 최대한으로 발달할 것을 기대한다"(Hendrikus Berkhof, Christ the Meaning of History, 166). 현대 자유주의의 "사회 복음"은 성경적 천년왕국 사상에 대한 급진적인 개정판이라 할 수 있다. 이 설의 대변자들은 "재난에서 발전으로의 변화"를 소개하였다. 그들은 "진화가 점점 천년왕국을 가져올 것이다"고 주장했다(Louis Berkhof, *Systematic Theology*, 717). 다원주의의 역사관과 연계되어 문화적 낙관주의 개념에 빠진 자유주의자들은 그 어떤 극적인 하나님의 간섭이 없이도 인간 성취의 결과가 지속되는 진화론의 발전에 대한 이상을 추구한다. 좀더 역사적이고 정통적인 형태의 후천년주의자들은 "아무런 대변동의 환난 없이" 그리스도의 재림을 불러올 "황금시대"의 도래를 기다리는데, 이 황금시대는 "복음과 성령의 역사에 의해" 일어날 것이다(Kromminga, *The Millennium in the Church*, 298). 따라서 후천년설의 옹호자인 로레인 뵈트너(Loraine Boettner)는 이렇게 말한다:

> 후천년주의자는 삶의 기본적인 부분들에 관한 한 황금 시대는 본질적으로 지금의 우리 시대와 다를 바 없다고 기대한다. 이 시대는 기독교로 개종하는 세계 인구의 비율이 점점 증가하면서 천년왕국 시대로 점점 들어가는 것이다…현재의 이단들은 과거의 것과 같이 사라질 것이다…(그러므로) 천년왕국의 도래는 여름이 오는 것과 같은데, 그것보다는 훨씬 더 천천히 그리고 매우 장엄한 스케일로 임할 것이다("Postmillennialism", in Robert G. Clouse, *The Meaning of the Millennium*, 120-21, 129, 133).

재림으로 가는 길에서 악은 "무시할 만한 부분으로 줄어들 것이다." 복음이 지속적으로 세상에 펼쳐져 가면서 "그리스도께서 진정으로 기독교화 된 세상에 재림하실 때", "기독교적 원리들은 예외 없이 모든 것을 다스릴 것이다"(Boettner, *The Millennium*, 14). 무천년주의자인 안토니 후크마는 이 견해에 대해 "역사에 대한 낭만적인 단순화로서 성경이 지지하지 않는다. 확실히 그리스도는 죄와 사탄에 대해 결정적인 승리를 거두셨다. 따라서 싸움의 최종 결과는 결코 의심할 수 없다. 그러나 그리스도와 그의 적들과의 대립은 마지막까지 계속될 것이다"라고 말하였다(*The Bible and the Future*, 180).

평화에 대한 오래된 소망들이 우리 시대에 들어와서 산산히 부서지면서 "그 소망이 스스로를 지탱하는 목소리를 내지 못하게 되면서" 세대주의적 전천년설의 열정적인 제안자인 루이스 스페리 쉐퍼(Lewis Sperry Chafer)는 "후천년설은 죽었다"고 주장하였다(in Charles L. Feinberg, *Millennialism*, 14).

(2) 전천년설(Premillennialism)

이름이 가리키듯이 전천년주의자들은 그리스도께서 천년왕국 이전에 재림하셔서 "지구상에 천년 동안 평화로 다스리실 것"을 시작한다고 믿는다. 벌카우어는 이 기대되는 황금 시대를 "임시적 종말", "역사의 막간"이라고 불렀다(*The Return of Christ*, 292). 리덜보스는 "천 년간의 간주곡"에 관한 이 개념을 성경적 종말론을 가로막는 주요한 걸림돌로 여겼다. 왜냐하면 신약의 구속사적 관점에는 "재림이 단지 아직 임하지 않은 임시적 목적일 뿐이라는 생각의 근거"가 없기 때문이다(*Paul*, 559). 전천년의 전제에서는, 이 현시대의 결말은 "역사적 발전을 매우 비관적으로 보는 견해"에 눌려 있다고 본다. 후천년설과는 매우 대조적으로, "전천년설은 진화론적 노선을 따라 평화로 다스린다는 아무런 기대를 가지지 않는다. 오히려 그리스도께서 그의 영광의 나라와 함께 오시는 것을 초월적으로 방해하는 것이 악마적 진화일 것이라 기대한다"(Berkouwer, *The Return of Christ*, 297). 따라서 역사적 전천년주의자들은 "예수의 재림 후에 이 땅에서 천년 동안 그리스도께서 다스리시는 것을 기대하며, 그 후에 마지막 심판이 나타난다"고 주장한다(Hoekema, *The Bible and the Future*, 180).

그러나 재림이 다가오면서 몇 가지 필연적인 사건들이 발생하는데, 우선 "만국이 복음화되고, 대 환난이 있으며, 매우 큰 형태의 배교가 있고, 그 후 적그리스도의 출현이 있을 것이다." 그 후 전세계를 향한 그리스도의 가시적인 통치가 있게 된다. 그것은 "대략 천 년 동안 지속될 나라"인데, "그와 함께 구속받은 백성들이 다스릴 것이며…그때까지 지구상에 있을 믿지 않는 나라들은 그리스도 아래서 그의 철장으로의 다스림을 받게 될 것이다"(Hoekema, *The Bible and the Future*, 180-81).

그러나 이렇게 이해되는 천년왕국의 기대는 "신학적인 변질"이다. "이것은 완전히 현 시대도 아니고 완전히 다가올 시대도 아니다"(Hoekema, *The Bible and the Future*, 180-81, 186). 신약의 전체적인 증거로 볼 때, 전천년설 종말론은 그 안에 커다란 모호성을 함께 세워간다: "우선 한 편으로 강한 자를 결박하는 (그리스도의) 승리를 말하고, 다른 한 편으로 악마의 현재 존재와 함께 지속되는 활동을 말한다"(Berkouwer, *The Return of christ*, 306). 동일한 모호성은 임박한 "휴거"(rapture)에 대한 전천년설적 견해 속에 함축되어 있다. "천년"에 대한 견해는 휴거에 대해 매우 지상적인 의미를 던진다. 그러나 "휴거"는 종종 타계적으로 도피하는 상황을 묘사한다. 이러한 이해는 종종 다음과 같은 자동차 범퍼(미국의 문화 현상 중의 하나로서 자동차에 여러 가지 간단한 슬로건이나 메시지를 써서 붙인다)에 공공연히 표현되고 있다: "휴거가 일어날 때 이 차는 운전자 없이 달릴 것이다." 이 말은 종종 그리스도께서 그를 따르는 사람들을 그와 함께 하늘로 들리우실 것이라는 데 사용된다. 그러나 성경은 우리가 "그리스도와 함께 만날 것"(살후 2:1)을 말씀하시고 우리가

"영광 중에 그와 함께 나타날 것"(골 3:4)과 "하나님께서 그와 함께 잠자는 자들도 데려가실 것"(살전 4:14)을 말씀하시는데, 그 문맥의 요지는 그리스도께서 지상을 향한다는 것이다. 이는 "그리스도의 재림이 (정확히) 지구를 향하는 것"이다. 따라서 "주를 만나기 위해 성도들이 떠나가는 것은 주의 재림 때 그리스도의 옆에 있게 될 것을 의미하는데, 이것은 성도들이 그리스도의 백성으로서 그에게 속한다는 것을 공개적으로 표현하는 것이다…그와 함께, 그의 수행원으로서, 영광 중에 그리스도와 함께 올 것을 의미하는 것이다"(Ridderbos, *Paul*, 536).

요한계시록 20장에 대한 전천년설적 해석은 다른 성경을 해석하는 해석학적 열쇠로 여겨진다. 특히 바울의 모든 저작들을 이 관점에서 읽으려는 거의 거부할 수 없는 유혹이 된다. 그러나 리덜보스가 고린도전서 15장 주석에서 말했듯이, "중간나라"는 존재하지 않으며, 그러한 개념은 "명백하게 성경에 덮어 씌어진 것이다"(*Paul*, 558). 벌카우어도 비슷하게 이 고린도전서 15장의 문맥을 "천년왕국에 대한 바울의 언급으로 읽는 것은 계시록 20장의 영향을 너무나 받은 것이다"라고 주장하였다(*The Return of Christ*, 302).

훨씬 철저한 세대주의적 형식을 취하는 전천년설은 종종 대단한 열광을 동반하는데 이러한 견해는 금세기 초엽에 스코필드 성경의 출현으로 나타나기 시작하였다. 스코필드 성경이 주장하는 성경이해는 그 전까지 있었던 전통적인 구속사의 이해에 전적인 개편을 요구하였다. 세대주의의 기본적인 원리는 이스라엘과 교회의 날카로운 구분에 있다. 하나님의 역사는 두 가지의 목적을 가지고 있는데, 그 두 목적은 각각의 독특한 백성들을 다루고 있어서, 결국 하나님께서 두 백성에게 서로 다른 뜻을 두고 계신다. 그리고 그들은 전 역사를 통해 구분되고 영원히 구분될 것이다. 이러한 해석학은 "성경 전체의 의미와 중요성을 포함하여, 현 시대의 의미와 과정을 정의하고, 하나님의 현재 목적들을 결정하며 신학의 자료와 방법을 제공한다"(John Walvoord, *The Milllennial Kingdom*, 15). 따라서 이렇게 이해되는 현 시대의 개념은 구약성경에서 재림 전 시대를 독특하게 그리고 예언할 수 없게 만든다." 이 세대에 있어서 "시대가 전개되어 가면서 세상은 더욱더 악해져 간다"(John Walvoord, *The Milllennial Kingdom*, 134).

이 견해에서는 성경계시의 이야기는 첫 아담의 창조로부터 마지막 아담의 재림 때까지 연속된 일곱 세대로 구분한다. 왜냐하면 "하나님께서는 몇 가지 언약에 근거해서 역사의 과정 속에 있는 세계 인류를 다루시기 때문이다." 각 세대들은 "사람에 대한 다른 시험을 가리킨다. 그리고 그들이 시험을 성공적으로 만족시키지 못했기 때문에 각 세대는 심판으로 끝나고 만다." 그러므로 세대주의자들은 "구속사의 새로운 이론을 만드는데, 그곳에서는 이스라엘이 주도적인 역할을 하고 교회(시대)는 간주곡의 역할을 할 뿐이다"(Louis Berkhof, *Systematic Theology*, 710). 그들은 신구약을 근본적으로 구분한다.

구약은 하나님의 나라의 과거의 형상에 관한 책으로 보며, 신약은 교회의 현재 삶에 대한 책으로 본다. 하나님 나라의 회복된 영광은 미래의 천년왕국에서 이루어질 것이다. 왜냐하면 "천년왕국과 하나님의 나라는 동일한 것이기 때문이다"(Feinberg, *Millennialism*, 184). 하나님의 나라와 천년왕국이 이렇게 이해된다면, 심지어 세대주의적 전천년설에 동정적인 사람들에게도 다음과 같은 질문은 매우 삼키기 어려운 내용이 된다: 그렇다면 구원의 길이 오직 하나라는 성경의 가르침은 어떻게 이해해야 옳은가?

(3) 중간 논평

후천년설은 종종 "교회 역사적"(church-historical) 종말론으로 여겨지고, 전천년설은 "마지막 역사적"(end-historical) 종말론으로 여겨진다. 이 두 구속사는 일반적으로 서로 정반대이며, 심지어는 서로 배타적이기도 하다. 그러나 연대기에 있어서 그들은 공통분모를 공유한다. 둘은 비록 매우 다른 시간표에 근거하지만, 모두 천년왕국을 "천년"의 기간이라는 매우 구체적으로 정의할 수 있는 "황금 시대"의 기간으로 본다. 그러나 둘은 모두 "보고자의 종말론"(reportorial eschatology, 미래를 미리 보고하는 형식으로 쓰여진 종말론)에 상당한 관심을 쏟는다(Berkouwer). 일반적으로 천년왕국설의 오류는 그들이 계시록을 "미리 쓴 역사"로 본다는 데 있다. 그것은 "계시록을 정확히 해석만 한다면 우리는 인류역사를 미리 쓸 수 있게 된다"는 잘못된 가정에 근거한다(König, *The Eclipse of Christ in Eschatology*, 135).

후천년설 형식의 천년왕국설이 중요하게 내포하는 것은 현재의 창조세계에 대한 강한 헌신과 하나님의 세상의 새로움에 대한 열정적인 소망이다. "세상과 세상에서의 실존에 대한 이 뜨겁고 열정적인 기대는" 종종 "유토피아적 측면"과 겹치는 "반영성적 동기"에 의해 가열되었다(Berkouwer, *The Return of Christ*, 308, 296). 이와는 반대로, 전천년설은 이 세대에 대한 희망을 갖지 않는다. 이 세상에는 오직 지속되는 환난과 시험만이 있음을 알며, 결국 사탄의 세력에 의한 극한 대 환난의 때가 가까웠다고 생각한다. 그러므로 이 두 종말론은 기대되는 평화의 다스림이 이 세대에 세워지느냐 아니면 다음 세대에 세워지느냐에 대한 시간의 문제에 있어서 주로 차이가 난다.

그렇다면 우리에게는 성경이 증거하는 올바른 다른 대안이 없는가? 하나의 문화적 낙관주의와 또 다른 문화적 비관주의 사이에서 다른 선택은 없는 것인가? 다행히도 성경이 가르치는 권위있는 "세 번째 선택"이 있다. 우리의 운명을 하나님의 나라의 역사 내적 실현이나 배타적인 후기-역사적 기대라는 연기된 희망, 둘 중 하나에 내던질 필요가 없다. 벌카우어가 주장하듯이, "초월적인 천년왕국의 확실성과 천년왕국으로 향하는 전화론적 발전성 모두를 거부하는 것"은 미래를 적은 "확신과 희망"을 가지고 대하는 것을 의미하지 않는다. 한 걸음 더 나아가서, 그러한 "적은 확실성"이 더군다나 "종말론적 기대의 약화"를 의미하지 않는다. 그것은 또한 "이러한 기대를 제한하지 않으며 오히려 이러한 기대를 자극한다." 왜냐하면 믿음은 "하나님의 방식은 늘 불가해하다는 확실함"에 항상 근거하기 때문이다(*The Return of Christ*, 321).

4. 해석학적 기준

이제까지 사용되어진 천년기에 대한 선택들을 열거해 보면 수많은 기본적 해석학의 다양성이 있다. 놀라울 것 없이 이 교의학 연구의 전체를 형성하는 해석의 원리들 중의 대부분은 결정적으로 무천년설적 종말론을 지지한다. 성경 전체로부터 해석해야 한다는 "성경의 유추"(analogy of Scripture)의 원리는 계시록 20장의 의미를 밝히는 데 있어서도 존중되어야 한다. 따라서 천년왕국은 성경 드라마에 있어서 창조, 타락, 구속 그리고 종말(완성)이라는 계시역사에서 중요한 한 요소를 담당하고 있다. 창조가 한정된 시작이었던 것과 같이, 구속역사는 한정된 종말을 향하여 진행되어 가고 있다. 이 말은 현재의 "종말의 시간"과 마지막인 "주님의 날" 사이에 잠정적인 "천년"의 기간이 존재하지 않는다는 의미이다. 언약과 하나님의 나라를 총괄하는 전체 역사는 계시록 20장을 이해하는 영속적인 배경이므로, 그 구속역사의 전개 안에서 계시록 20장의 위치와 의미를 이해하여야 한다. 이러한 성경적 세계관이 계시록 20장을 이해하는 기초를 형성한다.

천년왕국에 대한 고전적인 이 구절은 또한 그것이 어떠한 문학 장르인지를 결정할 것을 요구한다. 요한은 "주의 날에 성령으로"(계 1:10) 계시록을 썼다. 이로써 영감된 그의 비전이 드러나기 시작한다. 초대 교회들의 추방된 감독이었던 그는 "밧모라 불리우는 섬"에 있었다(계 1:9). 이 상황이 그의 작업의 근거였다. 그러나 그가 받은 계시는 묵시적 이미지의 형태로 임했다. 그러므로 그가 우리에게 남긴 것은 "고도로 상징적인 책"이다(Louis Berkhof, *Systematic Theology*, 715). 그 상징성은, 예를 들어 "일곱"처럼 반복되어 나타나는 숫자의 가치가 잘 말해 준다. 이러한 숫자들은 일곱 촛대, 일곱 별, 일곱 교회, 또한 일곱 인장으로 봉인된 책, 일곱 나팔을 부는 일곱 천사들, 일곱 천둥, 진노의 일곱 대접, 그리고 일곱 왕 등은 모두 상징적인 의미를 지니고 있다. 숫자에 관한 비슷한 묵시적 표현이 세 번의 저주와 세 명의 악한 영들, 보좌의 이십사 장로들, 그리고 십사만 사천 명의 선택된 자들, 열두 문의 도성, 열두 과일이 달린 생명 나무, 그리고 짐승의 숫자 666 등이다. 또한 "두 때와 한 때와 반 때"는 삼 년 하고 반년, 또는 42개월인데, 상징적으로 선택된 시간의 때를 가리킨다. "천년"이라는 개념도 동일한 상징에 속한다.

요한은 교회의 두 번째 큰 박해 기간 중이던 A. D. 95년경 도미티안 황제 치하의 교회들에게 편지했다. 요한의 추방을 불러온 고난의 상황에서 계시록의 메시지는 초대 성도들에게 보내는 암호화된 메시지로 읽혀졌으며 매우 긴박함을 주었다. 이 서신의 언어는, 만약 이것이 다른 사람의 손에 잘못 들어가게 될 때를 대비한, 대단히 신비적인 비유와 교회 공동체 내에서 사용하는 이미지들로 암호화되어 비밀스러운 것이었다. 외부인들은 그 언어로 인해 혼동스러워할 것이었다. 그러나 그리스도인들은 에스겔, 다니엘, 그리고 예수의 종말론적 담화(마 24장) 등의 묵시적 예언에 익숙하였기 때문에, 이 암호 같은 메시지를 해석하는 데 필요한 단서들을 능숙하게 다룰 수 있었다.

그러므로 초대교회 공동체에게 계시록은 핍박과 순교에 직면해서도 위로와 안정을 주는 책의 역할을 했다. 계시록은 그들에게 하나님께서 그의 왕좌를 결코 포기하지 않으실 것이라고 확신시켜 주었다. 하나님의 어린양은 이제 유다 족속의 사자이시다. "그분이 하나님의 어린양이시기 때문에 왕의 왕이 되실 수 있으시다"(George E. Ladd, *The Last Things*, 56). 이것이 보편적인 교회의 상징인 "일곱 교회들"을 향한 요한의 메시지였던 것이다. 계시록의 원 독자들을 거쳐 요한은 여전히 우리에게도 말씀한다.

위의 해석학적 시각을 받아들임으로써 오늘날 제기되는 계시록 20장의 해석에 관한 네 가지 주요한 방법에 대해서 기본적인 해석학적 결정을 내릴 수 있다. 첫째, "실현된 종말론"(realized eschatology)에 대한 학파가 있다. 그들은 이 모든 것들이 이미 성취되었다고 주장한다. 둘째로 전천년설의 "미래적"(futurist) 관점이 있다. 셋째로, 많은 현대 신학들은 계시록에 묘사된 사건들로부터 역사적 실재의 요소를 배제한 일반적인 "신화들"을 걸러내려고 노력하고 있다. 이와 반대로, 넷째로 본 개혁주의 교의학이 따르고 있는 해석학적 관점은 "천년"을 그리스도의 초림으로부터(계 12장) 재림의 시기까지(계 22:16-20) 이르는 이 시대에 대한 계시적인 주석으로 여긴다. 이것이 소위 무천년설의 견해이다. 계시록을 이렇게 읽으면 오늘날 하나님의 세계 안에 있는 우리의 삶은 매우 실제적이며 실질적인 타당성을 얻을 수 있다. 그렇다면 우리는 더 이상 계시록을 예언서로서 멀리하거나 풀기 어려운 퍼즐처럼 부끄러워할 필요가 없다. 대신 계시록은 우리에게 현재 진행중인 구속사에 대한 성경적 관점을 제공해 준다.

5. 친천년왕국설(Promillennialism)

이제 새로운 개념을 소개할 때이다. 무천년설(amillennialism)의 "a"는 부정의 접두어로서 문자 그대로의 의미는 마치 천년기를 부인하는 것과 같이 들린다. 그러나 무천년설은 그것을 부인하는 것이 아니라, 전천년설과 같이 일정한 시간으로 이해하는 것을 부정하는 의미로 쓰였다. 또는 그 접두어는 "…을 반대하는"의 의미로도 쓰일 수 있다. 이제 보다 나은 천년기의 이해를 위해서 부정 접두사를 가진 무천년설로부터 친천년설(promillennialism)로 전환함이 필요하다. 여기서 접두사 "pro"는 "…을 위한"이라는 의미이다.

많은 주석가들이 "무천년이라는 용어가 아주 만족스러운 것이 아니다"라고 생각한다. 왜냐하면 이것은 위에서 말한 해석학적 관점에 대한 "정확한 묘사"가 아니기 때문이다(Hoekema, *The Bible and the Future*, 173). 무천년설이라는 말은 아주 부정적인 입장을 반영한다. 그래서 무천년주의자들은 다른 천년설에 대해 완강히 거부하는 듯한 인상을 준다. 단순히 부정적으로 반응하고, 싸우고, 전천년주의자나 후천년주의자들과 구분하려는 모습만 주었던 것이다. 그러나 이 의심스러운 개념은 개혁신학자들의 사전에는 여전히 존중받는 위치에 있다. "무천년의 견해는 그 이름이 말하듯이 아주 부정적이다"라고 루이스 벌코프가 이 용어를 정당화하면서 말했다. 그럴 만한 이유는 "천년왕국의 기대에 대한 그 어떤 충분한 성경적 근거도 없기 때문이다"(*Systematic Theology*, 708).

후크마도 비슷하게 "무천년주의자들은…성경이 천년왕국에 대해서 그 어떤 형태로든 가르치지 않는다"고 믿는다(*Reformed Dogmatics*, 816). 다른 대안적 개념인 "실현된 천년왕국설"조차도 "훨씬 어색한 것"이라고 거부하면서 후크마는 "더 짧고 보편적인 용어인 무천년설"이라는 용어를 사용하기를 계속한다(*The Bible and the Future*, 173-74).

그러나 분명 매우 부정적이며 방어적인 명성으로 둘러싸여 살기를 계속해야 하는가라고 의문을 제기하는 것은 잘못된 것이 아니다. 제이 아담스(Jay Adams)는 이것을 "성경적인 종말론 체계에 대한 오칭"이라고 불렀다(*The Time is at Hand*, 107). 그는 "이 용어를 비판하기는 쉽지만, 만족할 만한 대안을 제시하기는 힘들다"고 인정한다(8). 그러나 이 어려움을 인정한다고 선 채로 도전을 받아들일 수는 없다. 왜냐하면 계시록 20장에 나오는 "천년"의 사상을 단지 "아니다"라고 말하는 것만으로는 충분하지 않기 때문이다. 그러므로 좀더 적극적인 소리를 내는 것이 우리의 의무이다. 이는 "무천년설 계열의 책들이 전천년설의 책들을 거부하는 것 이상의 일을 행하지 못할 때에, 후자는 분명히 성경적인 가르침을 거부함에 대한 반대의 근거를 제시하고 있기 때문이다." 무천년설의 임무는 "천년왕국의 '설명을 없애 버리는' 것이 아니라, 그것을 설명하는 것이다"(Adams, *The Time is at Hand*, 7). 그러므로 친천년설이라는 말은 부정적인 인상을 지우고 긍정적인 의미를 강조하기 위해 사용될 수 있다.

우리가 친(親)천년설이라고 부르는 견해를 지지하는 무천년설은 상대적으로 새롭고 충분히 연구되지 않은 것이라고 종종 주장되곤 하였다. 그러나 이와 반대로 루이스 벌코프는 이 교리가 "기독교만큼이나 오래된 신학"이라고 말한다. 이것은 "가장 널리 받아들여진 관점으로서…교회의 위대한 역사적 신앙고백 안에 표현되거나 내포된 유일한 관점이다"(Louis Berkhof, *Systematic Theology*, 708). 그러므로 개혁신학은 현재와 미래를 망라한 "마지막 때"에 대한 새로운 이해를 위해 긍정적인 공헌을 하고 있다고 말할 수 있다. 우리의 계시적 잣대인 성경 이야기 구조와 함께, 개혁신학은 적어도 희미하게나마 우리의 삶을 형성하는 신비스럽게 진행하는 사건의 과정을 이해하는 관점을 제공한다. 모든 인간과 우주의 역사는 종말론적이다. 구약과 신약은 계속해서 더 크고 더 좋은 일들이 다가올 것이라는 희망을 제시한다. 앞을 바라보라는 것은 성경에 계시된 이야기들 속에서 결코 빠지지 않는다. 우리의 전 삶은 하나님의 세계 속에서 모두 처음 "주의 날"로부터 다시 오실 위대한 "주의 날"을 향해 목적론적으로 향해 있다. 임시적인 "마지막 때"가 연속되었기에 이제 우리는 최종적인 "마지막 때"를 향해 나아가는 결정적인 현재의 "마지막 때"로 들어섰다.

이러한 성경적 관점 안에서 종말론(eschatology)은 시원론(protology)과 뗄 수 없이 연결되어 있다. 세상을 향한 하나님의 구원 방법 속에서, 종말에 모든 일들이 완전히 성취될 것이라는 전망은 창조의 시작으로부터 잠재되어 있었던 것이다. 이미

제2장 천년왕국 639

타락의 시간에서 하나님께서는 심판의 한가운데에서 다가올 구속의 승리를 선포하셨다(창 3:15). 이스라엘이 남긴 유산의 핵심은 메시아에 대한 기대이다. "시대의 종말"이 일어나는 것에 대한 복음의 말씀 속에서, 삶, 죽음, 부활, 그리고 그리스도의 승천은 현재적 실재로서 나라의 삶을 향하는 문을 열었다. 그것은 이미 이 "마지막 날들" 동안 지속되고 있는 것이며 그리스도의 재림과 함께 완성되는 것이다. 오순절 성령의 부으심은 구속사의 단절된 연속성 안에서 중요한 전기를 나타내었다. 그것은 곧 "미래의 시작"이었다:

> (왜냐하면)…하나님의 성령의 활동은 하나님의 종말론적 통치의 현재적 선포이기 때문이다. 성령은 하나님의 나라의 능력이며, 따라서 종말론적인 능력이시다…성령의 능력 있는 임재가 바로 종말론적 임재이다…(성령의 임재는) 종말에 대한 보증금이며, 그 보증금 자체가 종말의, 기대 안에서 보는 실현인 것이다. 성령은 종말론적 실존의 첫 번째 불입금이다(installment)…한 마디로 말해서, 성령 안에서의 삶은 종말론적 삶이다(Richard Gaffin, "Life in the Spirit", in *The Holy Spirit: Renewing and Empowering Presence*, 46-48).

이것이 바로 "천년"에 대한 친(親)천년적 견해의 계시적인 상황이해이다. 친천년설은 실질적이며 구체적인 역사적 시간의 기간을 포함한다. 또한 그리스도의 첫 번째 오심으로부터 마지막 재림 때까지 확장된다. 계시록의 다른 숫자들처럼, "천년"도 묵시적 상징으로서 온전한 의미를 지니고 있다. "천년"은 "정확한 개요를 내기보다 그림을 그려 주기 위해 고안된 것이다. 이미 '천년왕국'은 현재 2천년이나 지속되고 있다"(Adams, *The Time is at Hand*, 86). 현재의 천년시대는 그리스도께 적대적인 "정사와 권세"를 정복하고, 요한이 "용, 옛 뱀(창 3장)이라고도 하는 자, 곧 악마요 사탄"인 "강한 자를 결박하는" 그리스도의 능력을 나타내는 신호이다(마 12:29; 참조, 눅 10:18). 그는 하늘에서 쫓겨난 천사로서 "천년 동안…묶여 있을 것"이라고 밝힌다(계 20:2).

구속역사 안에서 결정적인 전기는 우리 뒤에 놓여 있다. 십자가의 능력과 부활의 능력이 이제 "종말"의 시작을 의미하는 종말론적 능력인 것이다. 어둠의 세력들은 굴복했지만 아직 사라지지는 않았다. 쿨만의 비유대로 구속사의 "D-day"(하나님의 결정적인 시간)와 "V-day"(하나님의 승리의 시간) 사이의 "결판"의 시간 동안 삶은 혼합된 축복들로 가득 찬다. 하나님의 은혜의 승리는 여전히 세상 속에 있는 하나님의 심판과 혼재한다. 우리 주위에는 온통 "수수께끼들로 차 있다. 그리고 신비가 있다…이것은 아마도 종말론의 가장 깊은 신비일 것이다. 곧 종말론적 전망의 기쁨은 긴장감과 함께 동행한다"(Berkouwer, *The Return of Christ*, 322). 이것이 바로 요한이 본 "일곱 봉인"(5:1-8:5)과 지구 위에 부어지는 마지막 심판의 "일곱 대접"(8:6-11:19)의 그림이다. 일곱 번에 걸친 시대의 징조는 역사 속에서 평행적이며 상호적인 과정이 뒤따른다. "각각은 그리스도의 초림과 재림 사이의 새로운 세대 전체 기간이다." 그들은 모두 "심오한 진보나 더해지는 갈등"을 드러낸다(William Hendriksen, *More than Conquerors*, 28, 30). 그러므로 계시록 20장을 문맥적으로 읽으면 "미래에 있을 평화로운 지상적 통치에 대한 서사문이 아니라, 그리스도의 통치는 숨겨진 채 고난과 순교의 실상이 여전히 계속되는 것에 대한 묵시적 계시"인 것이다. 이러한 친천년적 해석학은 "계시록의 본질에 부합할 뿐 아니라 십자가와 영광 사이의 대조점을 명쾌하게 하는 데에도 일관성을 가진다"(Berkouwer, *The Return of Christ*, 307).

그러므로 하나님의 나라의 삶에는 손쉬운 승리주의의 여지가 없다. 왜냐하면 "예수께서 오실 때까지 부활의 종말론은 십자가의 종말론이기 때문이다…시작된 종말론의 표시는 십자가이다. 성도들은 그들이 그리스도의 부활에 참여한다는 사실에도 불구하고 또는 그러한 사실과 함께 고난을 받는 것이 아니라, 그와 함께 부활하고 그와 함께 하늘에 앉았기 때문에 고난을 받는다"(Gaffin, "Life in the Spirit", in *The Holy Spirit: Renewing and Empowering Presence*, 54). 용의 군대와 천사장 미가엘의 군대가 전체 기간 동안 싸우는 것처럼, "천년"(계 20장)은 현 세대 전체 기간을 의미한다. 이는 계시록 전체가 "아직 감추어진 오실 주님의 승리라는 관점으로 역사를 조명"하는 것이기 때문이다(Berkouwer, *The Return of Christ*, 313).

6. 봉인되지 않은 메시지

천사는 요한에게 "이 책의 예언의 말씀을 봉하지 말라 때가 가까우니라"(계 22:10)고 주의를 준다. 이 묵시적 환상은 천년왕국적 삶에 합당한 긴박한 메시지로서 우리에게 다가온다. 따라서 천사의 말은 엄한 경고와 함께 확신을 주는 위안으로 즉각 인도한다. 계시록은 실존적인 책이다. 그러므로 이것은 읽혀질 수 있고, 가르쳐 질 수 있고, 설교될 수 있으며, 이 "마지막 날들"에 말씀대로 살아갈 수 있다. 왜냐하면 "이것은 우리의 호기심을 만족시키기 위해 제공된 미래에 관한 담화가 아니라, 하나님의 부인할 수 없는 구원으로 우리를 이끌고 그 메시지를 선포하는 것이기 때문이다"(Berkouwer, *The Return of Christ*, 314). 우리가 직면한 기본적인 선택은 "천년왕국을 교회역사의 특징으로 해석하는 것과 역사의 마지막까지 기다려야 하는 것으로 해석하는 것 사이에 있는 것이 아니다. 그것은 오히려 묵시적 위로와 정확한 시간적 설명이라는 두 가지 해석 사이의 선택이다." 친천년설의 근거 위에 계시록은 우리에게 "이 마지막 날에 종말론적 관점의 실재"를 제공한다(Berkouwer, *The Return of Christ*, 315).

제3장 종말론적 카운트다운

1. 시대의 표적

우리가 여행한 모든 길들은, 이 "마지막 때" 역사의 수평선을 따라 정점으로 다가오는 그리스도의 재림으로 모아진다. 그러나 잘못된 환상은 이 종말론적 드라마를 "낮은 단계에서 높은 단계로 나아가는 역사적 발전"의 드라마로 그려낸다. 어떤 진화론적 세계관도 "종말"이나 그곳으로 인도하는 길을 설명할 수 없다. 이것들은 모두 "인자의 권세 있는 행동"의 결과로부터 온 것이다(Ridderbos, *The Coming of the Kingdom*, 469). 왜냐하면 세계의 미래는 과거와 현재의 일들과는 관련이 없지 않기 때문이다. 세계의 역사는 한 방향을 지향하면서 온 세상의 왕의 오심을 알리고 있다.

성경은 우리의 눈을 열어 수많은 과거와 현재의 일들을 보게 한다. 오직 한 번 그것들이 "시대의 징조들"로 언급된다(마 16:3). 그러나 흩어진 신약의 구절들 속에서 우리는 이 종말론적 징조들과 그것들을 정확히 밝히는 암시를 발견한다. 이들은 사람들, 권력자들, 사건들, 운동 등 다양한 형식으로 나타난다. "마지막 일들"에 관한 설교에서 예수는 "전쟁과 전쟁의 소문들", "기근과 지진", "박해", "거짓 선지자들", 그리고 "나라의 복음"이 전세계에 선포될 것(마 24:3-14)을 말씀하셨다. 이들은 모두 우리 시대와 유사한 징조들이다! 바울은 더욱 구체적으로 말한다. 그는 쇄도하는 "반역"에 대해 성도들을 경고하고, "불법의 사람"이 나타남과 "마귀의 자식", 잠시동안 "억제된" 채 제어당한 악한 세력을 경고한다(살후 2:1-12). 요한의 서신에서 어둠의 세력들은 "적그리스도"(요일 2:18, 22)로 성육신한다. 그는 "적그리스도의 영"에 힘입어 예수 그리스도를 부인하는 자이다(요일 4:3).

"마지막 시대"의 이러한 징조들은 우리에게 어떠한 유익을 주는가? 리덜보스(Paul, 528)와 벌카우어(The Return of Christ, 243)는 "보고자의 종말론"(미래를 보고하는)을 반대하는 이유에 대해 분명하게 우리에게 주의를 준다. 베버는 또한 "세계의 희망"은 "실재에 관여하는 기독교"가 아니라 "부활하신 이의 재림"에 있다고 말한다(Foundations of Dogmatics, Vol. II, 680). 이 징조들은 모든 시대를 위한 것이다. 이 징조들은 준비됨에 대한 긴급함을 불러일으킨다. 이것은 과거의 성도들을 위해서 뿐 아니라 또한 이제 이곳에 있는 성도들을 위한 것이기도 하다. 이는 "예수는 지난 19세기 동안 그 언제라도 오실 수 있었다. 그리고 어떤 징조도 성취되지 않은 것은 하나도 없다"는 것과 같다. 그러므로 어떤 시대이든 "그리스도의 재림이 가까웠다고 설교하는 것이 불가능하도록 만들었던 징조에 대한 모든 이해는 왜곡인 것이다"(König, The Eclipse of Christ in Eschatology, 191, 193).

이 징조들에 대한 성경의 가르침을 잘 이해하기 위해서 후크마의 분석은 매우 도움이 된다. 그의 논의를 부정적인 면과 긍정적인 면 양쪽으로 요약한 우리는 다음 네 가지 "잘못된 이해"를 먼저 소개한다.

1) "시대의 징조를 재림 직전의 기간으로 생각해서 그 앞의 몇 세기와는 전혀 상관없는 것으로 이해하는 것."
2) 징조들을 "단지 비정상적, 경이적인 사건들 혹은 재난적 사건들로만" 생각하는 것.
3) 징조들을 "그리스도의 재림의 정확한 시간을 계산하는 수단으로" 생각하는 것.
4) 징조들을 "미래에 일어날 일들에 대한 정확한 시간표를 작정하는 데" 사용할 수단으로 생각하는 것.

이제 후크마는 징조들을 이해하는 다섯 가지의 "올바른 기능"을 논한다.

1) 징조들은 "무엇보다 우선적으로" "미래"가 아닌 "하나님께서 과거에 하신 일"을 지적한다.

2) 그 다음에 "시대의 징조들은 역사의 종말을 향하며 특히 그리스도의 재림을 가리킨다."
3) 징조들은 "역사 속에서 하나님의 나라와 악의 세력간의 지속되는 반립(antithesis)"을 드러낸다.
4) "시대의 징조들은 결단을 요구한다."
5) 이들은 "지속적으로 깨어 있어야 함을 요구한다"(*The Bible and the Future*, 130-35).

오실 나라로 가는 길은 이 종말론적 표지판들과 함께 서 있다. 이들은 공개적으로 드러난 것들이다. 그러나 성령께서 암시하는 눈을 가진 사람들만이 그들이 누구이며 읽는 것을 정확히 알 수 있다. 비록 믿음의 눈을 가지고 있다고 하더라도, 단지 희미하게 멀리서 보는 것일 뿐이다. 그럼에도 불구하고 이 징조들은 하나님의 의로운 심판이 이 세상의 "땅에 내리는 불"이라는 두려운 실재로 나타나고 있음을 강력하게 되새겨 준다(눅 12:49). 그러나 하나님의 인내와 오래 참음의 긍휼은 더 이상 실제적이 아니다. 모든 사람으로 하여금 하나님께서 계수할 날을 정하신 이래로 회개할 것을 요구한다(히 9:27). 이것을 아는 교회는 "분열로 서로 떨어지고, 이단으로 골치를 썩지만" 미래를 향해 창문을 열고 우리 시대의 역사가 여전히 진행중이며 "종말"은 분명히 열려질 것을 확신한다. 여행자들에게 "일하는 사람들"을 주의하라는 고속도로의 공사중 표시판처럼, 시대의 표징도 "하나님이 일하시는 중이라는 실수할 수 없는 사실"을 확인시킨다(Ridderbos, *Paul*, 522).

아마도 가장 뚜렷한 특징은 모든 징조는 모든 사람이 보도록 드러난 것이지만, 우리가 그 의미를 아는 데 실패한다는 것이다. 우리는 여행하는 세일즈맨과 같아서, 한밤중이 가까워 하루 일과를 마치고 집으로 운전하며 돌아오는 중에 네온 불빛이 반짝이는 거리를 따라오지만 그것이 무엇인지 알지 못하며 돌아온다. 이는 우리 마음이 내일 판매고를 올릴 계획에 사로잡혀 있기 때문이다. 우리는 지금은 "변해야 할 때"라고 하는 소리를 듣는다. 그러나 인간의 응답에 이르러서는 별로 진정으로 변하려 하지 않는다. "노아 시대와 같이 인자의 오는 날도 그러하리라!" 사람들은 "먹고 마시며, 시집가고 장가가는 일"을 할 것이다. 이 모든 일들은 선하고 정상적인 삶의 일상이다. 그러나 누가 과연 종말론적 징조에 민감한가?(마 24:37-39) 이것이 급속도로 세속화되는 후기-기독교 사회의 비참한 운명이다. 그래서 "저희가 평안하다 안전하다 할 그때에 잉태된 여자에게 해산 고통이 이름과 같이 멸망이 홀연히 저희에게 이르리니"(살전 5:3)와 같이 "개종하기를 꺼려할 것이다"(Ridderbos, *The Coming of the Kingdom*, 480).

2. 적그리스도

우리는 성경에서 그리스도의 통치에 대한 궁극적이며 직접적인 대적으로서 적그리스도(들)라는 험악한 인물을 만나게 된다. 바울의 글에서 적그리스도가 나타나고 요한의 글에서 적그리스도들이 나타난다. 초기 그리스도인들에게 바울은 "주의 날이(이미) 임하였다"라는 소문에 동요되지 말 것을 경계한다. 왜냐하면 "그날은 적그리스도, '불법의 사람' 혹은 '사단의 자식'이 하나님의 영광의 자리를 차지하려는 적대자로 나타나기 전까지는 오지 않을 것"이기 때문이다. 그리스도의 통치를 강탈하려는 적그리스도의 출현은 "사탄의 행동"을 지시하는 것으로서 "모든 능력"과 "징조와 기사와 같은 것"을 나타낼 것이다(살후 2:1-11). 그리스도를 대체하려는 적그리스도는 가짜 성육신을 나타낸다. 그는 하나님의 그리스도의 형상에 대한 절대적으로 부정적인 형상이다. 적그리스도는 그리스도 자신의 최고의 기생(*parasite*)이요, 악마적으로 변형된 자아이다. 그러므로 그는 "하나님의 나라의 복음"이 뿌리를 내린 세상에서만 자신의 온전한 지위를 드러낸다.

바울에게 있어서 이 결정적인 대조는 어두움이 짙어서 위대한 "주의 날"의 새벽을 선포하기 직전에 나타날 것으로 알려져 있다. 그때에 적그리스도는 하나님의 예정된 계시를 거스르는 거짓 계시로 인류역사에 불거져 나올 것이다. 자신의 시간이 얼마 남지 않은 것을 아는 그는 완강하게 자신의 마지막 악마적인 적대행위를 시작할 것이다. 그 싸움의 장은 물론 지상에도 전개될 것이다. 그러나 모든 전선에서의 그 싸움은 전역으로 퍼져서 결국 종말로 이어갈 것이다. 이 결정적인 전쟁은 우리의 경험의 세계와 그 이상의 영역에까지 진행될 것이다(계 12:7-9).

적그리스도의 신분증은 "666"이라는 숫자를 동반한다(계 13:18). 그의 힘은 강하지만 항상 "일곱"에는 미치지 못한다. 그러므로 그는 패할 운명에 처해 있다. 그러나 싸움이 지속되는 동안, 적그리스도 안에서, "하나님께 대적하는 인간은 그 최종적인 종말론적 표현에 이르게 된다." 왜냐하면 "'불법의 사람'은 분명 인간 예수 그리스도에 대한 마지막 종말론적 대적자로서 의도되어진 인물"이기 때문이다:

그의 나타남은 그리스도의 나타남과 같이 재림(*parousia*)이라고 불리운다. 그의 나타남은 마치 그리스도의 능력과 기사와 징조들이 과거에 그러하셨던 것처럼 능력들, 징조들, 그리고 기사들의 형태로 표현된다…죄의 사람은 하나님께 반항하는 인간(인류)의 마지막, 가장 궁극적인 계시이다(Ridderbos, Paul, 514-515).

그러므로 적그리스도는 개인적인 대적자 이상의 존재이다. 그는 하나님께 반역하는 인간을 대표한다. 그러나 그는 또한 초인적 권력으로 드러난다. 그는 악한 성육신으로서 어두움이라는 외부세력을 자신을 위해 모집하고 움직이는 자이다. 그는 단지 "그것" 이상의 존재, 또는 유혹을 위한 전략이나 무인격적인 능력 이상의 존재이다. 현대 지성이 이 사상을 매우 거부함에도 불구하고, 바울은 결국 적그리스도적인 모든 것이 개인적 적그리스도인 우두머리에게로 모일 것이라고 말한다:

(왜냐하면) 인간의 삶의 유기적이고 집합적인 통일성은 자신의 지도자와 대표를…아담과 그리스도 안에서 발견하듯이, 또한 한 독특한 사람으로서 적그리스도 안에서도 발견한다. 만약 적그리스도가 불법의 의인화된 정점이 아니라면, 또는 불법의 사람이 아니라면, 그는 아예 적그리스도가 아닐 것이다(Ridderbos, Paul, 516).

바울은 이 종말론적 싸움이 그 "마지막 날들"에만 국한되었다고 말하지 않는다. 왜냐하면 "불법의 비밀이 이미 활동하였기" 때문이다(살후 2:7). 바울이 지나가면서 한 이 언급은 요한에게 있어서 중요한 주제가 된다. 요한의 서신에서 훨씬 먼 미래는 현재로 옮겨져 온다. 요한은 "자녀들아, 지금이 마지막 때라"고 한다. 그는 바울의 강조점을 상기시킨다. "적그리스도가 올 것이다" 그리고 그는 빠르게 "많은 적그리스도들이 (이미) 왔다"고 덧붙인다. 적은 한 둘이 아니라 무리로 많다는 것이다. 적은 군대이며, 그의 무리는 우리가 안심할 수 없을 정도로 가까이 근접해 있다. 사실 요한의 시대에 이러한 가짜 그리스도들은 신실한 성도들의 공동체 내에서 일어났다. "그들은 우리로부터 나왔지만…우리에게 속한 것은 아니다." 그들의 아비인 거짓처럼, 그들도 역시 거짓의 삶을 산다. 이는 "예수가 그리스도이다"라는 진리를 거부하기 때문이다. 요한의 글 속에서 적그리스도의 영은 이단의 옷을 입고 나타난다. 이는 "아버지와 아들을 부인하는 자가 바로 이 적그리스도"이기 때문이다(요일 2:18-25). 이러한 "거짓 선지자들"은 성육신의 실재를 거부한 영지주의의 희생양이 되었다. 예수 그리스도가 "하나님의 본질"이며 그가 "육체로 온 것"을 거부하는 것은 성부와 성자의 관계를 파괴하는 것이다(요일 4:1-3). 적그리스도의 영을 구체화하는 사람들은 요한의 메시지의 핵심인 위대한 사랑의 계명과 함께 믿음을 깨뜨렸다. 많은 적그리스도적 배반자들이 "세상으로 나갔는데", 그들은 "예수 그리스도께서 육체로 오심을 알지 못하는 사람들"이다. 누구든지 이 이단을 받아들이는 자는 "속이는 자요 적그리스도이다"(요이 6-7).

적그리스도는 많은 종류의 가면을 쓰고 나타난다. 그는 하나이며, 그 하나의 지도 아래 많은 군대를 이룬다. 그는 모든 시대에 자신의 추한 머리를 드러낸다:

> 이는 적그리스도의 징조는 시대의 사조를 알리는 다른 징조들과 같이 교회의 역사 전체를 통해 드러나기 때문이다…모든 시대는 적그리스도가 활동하는 독특한 형태를 가지고 있다. 그러나 우리는 (또한) 그리스도의 재림 직전에 나타날 마지막 적그리스도에게서 이제까지의 그의 활동보다 훨씬 집약적인 강한 징조를 보게 될 것이다(Hoekema, *The Bible and the Future*, 162).

3. 막는 자와 그가 막는 것들

이 변장한 "불법의 사람"이 드러나 활동함에 따라 미혹된 "사단의 자식"인 적그리스도와 그의 악마적 추종자들이 다가오는 하나님의 나라의 길을 따라 매복하고 있는 상황에서, 어떻게 많은 사람들은 그들의 삶을 여전히 살 만하고, 심지어 즐길 만하고, 의미있게 하는 것이 가능하단 말인가? 이 종말론적 질문에 대한 대답으로 바울은 세계역사 속에 존재하는 억제하는 힘의 현존을 지적한다. 현재 성경이 말하는 "불법의 비밀"은 억제하는 힘에 의해서 제어되고 있다. 그러나 어느 날 이 억제하는 힘은 그칠 것이다. 미리 경고를 받은 사람은 미리 준비를 할 수 있다(살후 2:6-8). 이 주제들에 대해 말하면서, 벌카우어는 "바울이 여기서 의도하는 의미를 이해하기는 쉽지 않다. 왜냐하면 그는 데살로니가의 성도들에게 친숙한 주제에 대해 말하고 있기 때문이다"(*The Return of Christ*, 125). 그러나 그것이 우리에게 친숙한 주제는 아니다. 그리 만족할 만한 답변이 없이 질문만 쌓여 간다. 역사의 전개가 우리가 지금 궁금해 하는 것에 대한 답변을 제시할 것이다.

우리가 알 수 있는 것은 바울이 이 "억제하는 능력"을 세력과 사람 둘 다에 적용하여 사용한다는 것이다. 바울은 적그리스도의 악마적인 광포가 전면적으로 활동하지 못하도록 억제하는 "그것"을 그의 독자들이 알고 기억하기를 원한다. 그것은 마치 적그리스도가 세상을 향해 쏟아놓으려는 격노한 물줄기를 댐이 막고 있는 것과 같은 형국이다. 적그리스도가 "궁극적으로 활동할 때가 차기까지" 그의 능력은 중지된 상태로 있는 것이다. 때가 되어 그를 제어하는 "억제의 능력"이 풀리면 마지막 삶과 죽음의 사투가 벌어질 것이다. 이러한 싸움은 멀리 창세기 3장에까지 미치는 빛의 나라와 어두움의 나라 사이의 대적관계를 결정적으로 해결할 것이다.

거의 같은 기조로, 바울은 이 억제하는 능력을 인격화하여 표현한다. "불법의 비밀이 이미 이 세상에 활동중"이다. 그러나 "그것을 막는 이도" 역시 활동중이다. 사랑과 정의 그리고 평화의 수단은 사람들과 모든 나라들 안에, 물론 장소와 환경에 따라 정도의 차이가 있기는 하지만 여전히 나타나고 있다. 따라서 건설적인 역사는 여전히 가능하다. 바울은 이것은 막는 분 자신이 "그 길에서 나올 때"까지 지속될 것이다. 결국 그는 옆으로 비켜서 뒤로 물러나고, 그의 억제하는 손길을 뺄 것이기 때문이다. 그때가 이르면 악의 파괴하는 힘은 세상에 만연하여 자유롭게 날 뛸 것이다. 그러면 "법 없는 자의 세력이" 사라지지 않는 진노와 함께 드러날 것이다.

이러한 묘사는, 비록 자세한 부분들을 말하기는 어려워도, 그 메시지의 내용은 매우 자명하게 보여 준다. 벌카우어는 "현재 역사 안에 활동하는 이 억제하는 능력으로 인해서, 비록 그 능력의 본질을 우리는 알지 못하지만, 불법의 사람이 마지막으로 드러나는 시간은 억제되고 있다는 것을 알 수 있게 된다"고 하였다(*The Return of Christ*, 127). 리덜보스가 말하듯이, 이 종말론적 조망은 "특별한 역사적 현상들이나 사건들을 가리키는 것이 아니라, 역사의 마지막 일들이 드러남을 억제하는 것을 결정하는 초자연적 요소들에 대해서 묵시적인 언어로 말하는 것이다"(*Paul*, 525). 이러한 조망은 우리에게 다음과 같은 질문을 묻게 한다: 억제하는 능력의 물러섬은 하나님의 "일반은총"이 세상을 억제하고, 보존하고, 보호하는 영향력의 "물러섬"과 "나를 대적함" 사이의, 언약을 지키는 자와 언약을 파괴하는 자 사이의, 그리고 빛의 나라와 어두움의 나라 사이의 반립(antithesis)을 의미한다.

4. 중간상태

전세계의 셀 수 없이 많은 묘비에는 "예수 안에서 잠들다"와 "평화 속에 쉬다"라는 어귀가 새겨져 있다. 그러한 묘비문의 주위에는 또한 헤아릴 수 없는 신비가 숨어 있다. 이 묘비들은 한때 살아 있던 삶에 대한 증거들이며, 또한 인생의 삶 너머로까지 연장되는 소망에 대한 증거들이다. 한 묘비에 기록된 "용서받은"이라는 한 단어는 어떤 사람의 믿음을 단순하면서도 그러나 깊이 있는 믿음을 매우 아름답게 표현하고 있다. 나무가 쓰러지면 밑둥이 남는다라는 서양의 격언과 같이 이것은 매우 자명한 일이다. 그러나 죽음 뒤에 놓여 있는 것은 우리에게 모순적인 실재로 다가온다. 우리를 기다리는 최후의 처리는 "죄의 삯"에 대해서 마지막 계산을 해야 하는 것이다(롬 6:23). 우리의 "마지막 원수"가 우리의 죽음을 기다리고 있는 것이다(고전 15:26). 그러나 우리의 삶의 이야기는 밝은 면도 가지고 있다. "죽음은 죄에 대한 처벌이 아니라, 그리스도 안에 있는 사람에게는 오히려 유익한 것이다…그 이유는 그리스도에게 죽음은 저주의 일부였으나, 우리에게 죽음은 축복의 근원이 되기 때문이다"(Hoekema, *The Bible and the Future*, 84). 그러므로 우리는 우리가 삶에서 겪었던 거스릴 수 없는 패배로부터 "온전케 된 의인들의 영들"(히 12:23)과 함께 하는 승리로의 전환점으로서 죽음을 맞이한다. 이러한 전망은 바울로 하여금 "내게 사는 것이 그리스도니, 죽는 것도 유익함이니라"(빌 1:21)고 선포하게 한다.

그러나 장례식이 끝나고 고인에 대한 마지막 말들이 끝난 후에, 고인의 관을 덮었던 꽃들이 시들고 고인을 위해 흘렸던 눈물이 말랐을 때, 그때는 무슨 일이 일어나는가? 우리는 죽음 이후에 관해 곧바로 의미 있는 어떤 것을 말할 수 있는가? 성경은 단지 이러한 상태의 존재에 대해 벌카우어의 표현으로 하면, 분명하지 않게 단지 "속삭임"으로 말할 뿐이다. 칼빈은 우리가 궁금해 하지만 하나님께서 허락하시지 않는 것에 대한 거룩한 무지를 말하였다. "하나님께서 우리에게 정해 주신 한계에 만족하자!" "그리고 피상적인 상상으로 인도하는 길을 따라서 그 한계를 넘어서지 말자…오히려 우리가 얼굴과 얼굴을 대하여 분명하게 보게 될 때까지 '거울'과 '흐릿함'에 만족하자"고 권면한다(『기독교강요』 III, 25, 6, 11). 그러므로 많은 질문들이 여전히 대답되지 않은 채 남는다. 그렇다고 우리가 전적으로 어둠 속에 있는 것은 아니다. 이는 생명 안에서처럼 죽음 안에서도 우리는 "그리스도와 함께" 있기 때문이다. "이것이 바로 바울이 중간상태에 대해 알고 있던 모든 것이다"(Hoekema, *The Bible and the Future*, 104). 그런 확신이 바로 가장 중요한 것, 그리스도와 함께 하는 "지속적인 연합의 약속"인 것이다(Berkouwer, *The Return of Christ*, 52). 칼빈이 말하듯이 "성경은 그리스도께서 그들과 함께 계시고 그들을 낙원으로 인도하셨다고 말하는 것 이상 나아가지 않는다"(『기독교강요』 III, 25, 6).

성경이 비록 아무런 "중간상태에 대한 이론적 설명"을 제공하지 않고(Berkouwer, *The Return of Christ*, 51) 그에 대한 구체적인 분석도 없지만, 성경은 기본적으로 그것의 실재를 전제하고 있다. 역사가 전개되어 가면서 점진적으로 분명하게 드러나는 하나님의 계시는 인간이 지속적으로 피조된 존재인 것을 기본적인 전제로 말한다. 그러나 마치 다른 차원에서 성경이 창조주 하나님의 존재를 논리적인 주장을 통해서 증명하지 않는 것처럼, 성경은 중간상태를 "증명"하지 않는 것은 아니다. 현세적 삶의 지속으로서 사후의 삶의 실재는 종말론적 역사의 목적론적 방향으로 향하는 성경의 드라마에 있어서는 자명한 이치이다. 현재 우리가 사는 이 삶은 죽음으로 끝나는 길이 아니다. 이곳의 삶의 끝에는 문이 있는데 그 문은 신비스럽게 지속되지만 또한 어느 정도 우리의 현재 삶과는 전혀 다르게 펼쳐질 세계가 열릴 것이다.

칼빈이 말하듯이, 죄와 악과의 싸움은 그곳에서 끝난다. 그러나 영원한 왕좌는 여전히 지속될 것이다. 그 중간상태에서도 여전히 다가올 그 무엇을 기다릴 것이다. 임시적 영광을 누리면서 그 중간상태의 삶은 그리스도의 재림을 기다릴 것이다(『기독교강요』 III, 25, 6). 칼빈에게 "전체의 중간상태는 다가올 무엇을 기대하는 것에 초점이 맞춰진다. 그것은 그리스도의 오심이다." 그러므로 기독교적 소망이 "무덤을 넘어 확장되고 궁극적으로 재림 그 자체를 향하는 것이기에…'이미'와 '아직'의 긴장은 여전히 주의 오심을 기다리는 죽은 사람들에게도 남는다"(Berkouwer, *The Return of Christ*, 49, 34). 그러므로 "어느 때까지니이까!"라고 외치는 사람들의 종말론적 기대는 줄어들지 않고 그리스도와 함께 하는 이 방법 속에서 강화된다. 마지막 부활은 언제 어떻게 오는가? 지금 서 있는 시각으로 볼 때에 우리는 중간상태와 그리스도의 재림을 두 개의 독립된 것으로 보지 않고, 하나의 종말론적 운동의 두 단계로 보게 된다. "죽음은 절대적 의미에서 종말이 아니라 더 큰 종말로 인도하는 하나의 종말이다"(Weber, *Foundations of Dogmatics*, Vol. II, 665).

죽음은 삶이 멈추고 모든 것이 활기 없는 노인병 환자들의 방으로 들어가는 문이 아니다. 현재의 삶으로부터의 우리의 "변화"는 휴식 상태, 영혼의 잠, 혹은 무의식의 존재로 우리를 인도하지 않으며, 더군다나 파멸이나 멸종되는 것은 더욱 아니다. 바울이 말하는 바와 같이 "몸을 떠나 주와 함께 거하는 것"이 만약 위에 언급한 것과 같은 영광스러운 존재양식이 아니라면 그가 "더 좋다"고 한 말은 이해되지 않는 말이 된다(빌 1:23-24).

비록 "성도들이 죽음 이후 곧장 그리스도와 함께 할 것은 의심할 수" 없는 것이지만, "그 함께 하는 실재와 그런 일이 일어나는 장소가 전체 구원의 과정 안에 어떠한 의미를 담고 있는가는 분명하지 않다(Ridderbos, *Paul*, 506). 그러나 중간상태는 "삶과 죽음에 있어 우리의 위로"가 된다. 심지어 죽음이라는 파괴도 그리스도와 그의 몸 사이의 연합하는 관계를 끊을 수 없다. 왜냐하면 "우리가 살아도 주를 위하여 살고 죽어도 주를 위하여 죽나니 그러므로 사나 죽으나 우리가 주의 것이로라 이를 위하여 그리스도께서 죽었다가 다시 살으셨으니 곧 죽은 자와 산 자의 주가 되려 하심"(롬 14:8-9)이 의미하는 그리스도와 그의 몸 사이의 끊을 수 없는 관계 때문이다. 그의 살아남이 우리의 확실한 보증이다. 죽음 이전의 우리의 삶이 그리스도 안에 중심을 잡은 것처럼, 죽음 이후의 우리의 삶도 그러하다. 모든 창조 세계 속의 그 어떤 것도 이 관계를 끊을 수 없다(롬 8:39). 그러므로 중간상태의 삶은 "독립적인 존재" 양식을 가지지 않는다. 또한 이것은 "독립된 위로의 근거를" 제공하지 않는다. 이것은 "전적으로 부활의 소망 안에서 취해진 것이며 부활의 소망 없이는 존재하지 않는다"(Ridderbos, *Paul*, 506).

이러한 이해에도 불구하고 우리는 현재 우리가 사는 역사적 존재의 모습을 떠나서 영적으로 산다는 것이 과연 무엇인지 우리는 늘 궁금해 한다. 현재의 육체적인 그리고 영광에 이르지 못하는 삶 너머에서 산다는 것은 "우리가 이해할 수 없는 존재의 양식"이다(Ridderbos, *Paul*, 507). 그 삶의 모습은 그 구성과 기능에 관하여 묘사할 언어가 없는 것이다. 언어가 없는 정도가 아니라, 우리가 가지고 보고 말하는 인간적인 감각은 그곳을 전혀 느낄 수 없다. 그럼에도 불구하고 그것은 전혀 숨겨져 있는 것은 아니다. 죽음 이후의 삶은 퇴보를 의미하지 않는다. 동시에 그것은 우리가 되어야 할 존재로는 "아직" 이르지 않는다. 그것은 "잠정적인 그리고 불완전한" 상태이다(Bavinck, *Magnalia Dei*, 634). 중간상태는 우리의 종말론적인 순례에 있어서 곧 들어갈 다음의 문이다. 우리의 이 곳과 저 곳을 잇는 많은 모호함들 가운데서 우리는 이미 "선한 손" 안에 있다. 지금으로서는 그것으로 충분하다.

5. 부활의 삶

매주일 교회로부터 지하교회에 이르기까지 셀 수 없이 많은 성도들이 사도신경을 고백한다: "몸이 다시 사는 것을" 믿사옵니다. 이것은 기독교의 독특한 신앙고백이다. 헬라 철학자들(행 17:30-32)과 계몽주의 사상가들은 "영혼의 불멸" 이론을 옹호하였다. 그들은 이 견해를 소위 인간의 영혼 안에 확실하게 포함된 것으로 여겨지는 영원성에 근거하여 주장하였다. 불행히도 매우 의심스럽고 낯선 이 개념은 전통적인 기독교 내부로 침투해 들어왔다. 영혼불멸의 교리는 "믿음의 혼합된 항목"이었다(Bavinck, *Gereformeerde Dogmatiek*, IV, 567). 이는 후크마가 말한 것처럼 "영혼의 불멸에 대한 개념은 확연히 기독교적인 교리는 아니다. 오히려 성경적 기독교의 중심에 있는 것은 몸의 부활에 관한 교리"이다(*The Bible and the Future*, 91).

헬레니즘, 영지주의의 전통, 그리고 몇몇 인본주의의 전통과 대조적으로 성경은 육체를 가지고 사는 삶의 통합성을 강조한다. 육체를 가지고 사는 삶의 피조된, 그리고 구속사 안에서 가지는 중요성은 성육신에서 가장 잘 표현된다: "말씀이 육신이 되어 우리 가운데 거하시매…모든 것에서 우리와 같이 되심은…." 이 성경의 가르침은 전인간의 삶과 함께 다른 모든 피조된 실재, 즉 모든 육체를 가진 전 피조계의 행복을 추구하도록 우리를 인도한다. 한 걸음 더 나아가서 이 가르침은 현재의 역사를 넘어 삶이 완전히 새롭게 회복될 것을, 우리의 부활과 함께 전체 창조세계의 회복에 대한 종말론적인 약속을 담고 있다. 이는 개인에 관계된 종말론은 우주적 종말론과 함께 하나의 종말로 나타나기 때문이다(롬 8:18-25). 성경에서 "어떤 한 기대는 다른 기대를 저버리지 않는다"(Berkouwer, *The Return of Christ*, 36).

　죽음은 창조의 삶에 침투한 낯선 반규범적 침입자이다. 부활은 최종적으로 모든 사물이 정상 상태로 회복되는 것을 가리킨다. 부활로 말미암아 우리의 시야는 중간상태의 어렴풋한 전망으로부터 훨씬 더 잘 알 수 있는 미래로 향하게 한다. 부활한 세상은 매우 친밀하고 이 땅에 구체적인 느낌을 갖게 한다. "의가 거하는 새로운 세상"(벧후 3:13)에서 '내 육체 안에서 내가 하나님을 뵈옵나이다"(욥 19:26)라고 말할 것이기 때문이다. 종말은 분명 극적인 변화를 가져올 것이다. "영화된 몸"은 무덤에서부터 올라올 것이다(빌 3:21). 새로워진 세상이 불로 연단되어(벧후 3:10-13) 나타날 것이다. 그러나 이러한 종말론적 불연속은 또한 그만큼 분명한 우리의 지상적인 현재 삶과의 연속성을 실제적으로 전제하고 있다. 후크마가 이것에 대해 말했듯이, 우리는 지금 "정신과 신체의 통일성의 상태에서 산다. 우리는 그렇게 창조되었으며, 지금도 그렇게 살아 있고, 또한 몸의 부활 후에도 그렇게 살 것이다"(*Created in God's Image*, 218). 교회의 믿음의 고백이 우리가 말하고 있는 이 주제에 도움이 된다. 우리의 믿음의 선배들은 부활을 종종 우리가 영광으로 "변화"되는 것으로 묘사했다. 이러한 "변화"를 책의 번역에 비유하여 보자. 예를 들어서, 어떤 독일어 서적을 영어로 번역했다고 가정해 보자. 번역된 책을 읽으면서 우리는 언어의 불연속성과 함께 그 내용에 대한 본질적인 연속성을 발견한다.

　성경은 부활된 삶을 묘사하면서 고통이 없는 몸, 슬픔의 눈물이 없는 눈, 부패한 영향이 없는 생명 등 "…이 아닌"이라는 부정적인 언어를 사용한다. 어떻게 우리는 우리가 경험하지 않은 전혀 새로운 세상의 모습을 "…이다"라는 긍정적인 표현을 사용할 수 있겠는가? 모든 것을 알 수 없는 한계적인 시야를 가질 때 우리는 그렇게 부정적인 언어를 사용한다. 그것이 바로 미래에 대한 우리의 비전을 형성하는 제한된 믿음의 표현법이다. 우리는 "불완전이 다 지나간" 후에(고전 13:10) "완전이 다 가올 것"을 기대하는데, 그렇게 기대하는 것은 보기 때문이 아니라 믿기 때문이다.

우리는 사실 "우리가 무엇이 될지를" 확실히 알 수 없다. 그러나 "그가 나타내심이 되면 우리가 그와 같을 줄을 아는 것은 그의 계신 그대로 볼 것"(요일 3:2)을 우리는 분명히 안다. 그러므로 "경건한 무지"는 기독교 공동체의 기대에 적합한 요소이다. 이것은 바울의 씨와 식물의 유비에서 분명해진다(고전 15:35-50). "씨와 식물 사이에 연속성이 있듯이 현재 몸과 부활의 몸 사이에도 연속성이 있을 것이다." 그러나 "누구도 씨가 장차 어떤 모습이 될지 말할 수 없는 것처럼, 우리도 현재의 몸을 보고 정확히 부활의 몸이 어떠할지 알 수 없다"(Hoekema, The Bible and the Future, 248).

우리의 부활에 대한 소망은 우리가 가진 다른 소망과 같이 그리스도를 중심으로 이루어진다. 그리스도를 떠나서 "인간의 마음이 그것을 이해하기는 몹시 힘들다"고 칼빈은 말한다. "몸이 썩어 사라진 뒤에 때가 되면 다시 몸이 부활한다는 것은 믿기 어렵다"는 것을 알고, 칼빈은 "여러 가지 중에 한 가지, 믿음을 도와서 이 어려운 장애를 극복할 수 있는 것은 우리의 부활이 그리스도의 부활과 같은 점이다"라고 주장하였다(『기독교강요』, III. 25. 3). 우리의 부활이 "아직 일어나지 않았음"은 그리스도의 "이미 일어난"의 부활(롬 8:11; 고전 6:14; 고후 4:14)이라는 강력한 실재에 확실하게 닻을 내리고 있다. 우리의 부활은 그에게 뿌리내리고 있고, 그의 부활은 우리의 부활을 확실하게 말해 준다. 우리의 삶 가운데서 새롭게 하시는 성령의 역사는 우리의 미래적 부활의 삶이 종말론적으로 이미 시작이 된 것을 의미한다(고후 3:18; 4:10-11; 빌 3:10-11). 우리는 "진정으로 새로운 사람들"로서 언젠가 "완전히 새롭게" 될 것이기에, 우리는 "이 삶 속에서 우리가 받은 구원의 축복"을 "다가올 시대에 우리가 기대하는 더 큰 축복의 예고"로서 받아들일 수 있다(Hoekema, The Bible and the Future, 9).

"영이신 주님께로부터 오는" 궁극적인 새로워짐을 미리 맛보는 것은 마지막 종말이 이루어질 것이라는 약속이요 보증이 된다. 그러므로 우리 몸의 역사에 있어서 여기와 이후는 "이원론적 인간론을 따라 이곳은 낮은 단계로, 이후는 더 높은 단계로 서로 대조되는 것이 아니고, 오히려 몸의 실존의 두 상태로서, 그리스도의 부활을 전기로 하여 전의 것이 후의 것으로 변화된다"(Ridderbos, Paul, 543).

나팔소리가 들리기를 기다리며 우리는 참된 인간상이 어떠한 것인가를 기다린다. 무덤이 열리는 것은 인간됨의 다양한 측면들이 회복되었음을 의미하는 신호가 될 것이다. 우리가 지금 "완전히 이해된 것"과 같이 우리는 "완전히 이해할 것이다." "이제"로부터 "그때"로 옮겨가며, 바울은 "믿음, 소망, 사랑이 거한다"(고전 13:12-

13)고 했다. 이것은 우리가 계속 믿고, 소망하고, 그리고 사랑하게 될 것을 전제한다. 예수 그리스도는 부활의 원형이시다. 부활로 다시 산 사람은 죽어서 묻혔던 사람과 동일한 사람이다. "나의 손과 발을 보라"고 확실하게 초대하는 예수는 그의 낙심한 제자들을 안심시키신다. "내 손과 발을 보고 나인 줄 알라 또 나를 만져 보라 영은 살과 뼈가 없으되 너희 보는 바와 같이 나는 있느니라"(눅 24:39). 또 다른 모습에서 우리는 "제자들이 주신 줄 아는 고로 당신이 누구냐 감히 묻는 자가 없더라"(요 21:12) 하심을 안다. 그러나 그의 영광스러워진 몸에는 그가 들어갈 수 없도록 막히고 닫혀지고 잠겨진 문이 없었다. 아마도 물리학에서 이끌어 온 비유가 이 놀라운 변화를 설명하는 데 도움을 줄 수 있을지 모른다. 즉 어떤 물체를 이상한 주파수로 작동을 시켜 보면 이상한 형태의 행동을 보이는 것과 같다. 여전히 우리는 희미한 유리창을 통해서 볼 수밖에 없다.

그러나 우리는 "몸의 부활"에 관한 믿음의 고백이 "하나님에 의해, 하나님의 영광을 위해, 또한 그를 섬기도록 창조된 사람을, 그러므로 또한 하나님에 의해서 죽음으로부터 일어나고 구원을 받은 사람을 언급하고 있음을 말할 수 있다(Ridderbos, Paul, 548-49). 그러므로 우리는 "부활하는 것은 바로 우리 자신들이며…존재하게 되는 것도 다른 사람이 아니다. '변화하는 것도 바로 이 몸이다'라고 확신있게 말할 수 있다"(Hendrikus Berkhof, Christian Faith, 527).

6. 마지막 심판

원래의 창조세계로부터 새로워진 창조세계에 이르기까지 세상을 위한 하나님의 말씀은 늘 동일하다: "오직 공법을 물같이 정의를 하수같이 흘릴지로다"(암 5:24). 태초에 창조된 질서는 "보시기에 심히 좋았더라!"는 샬롬으로 표시된다. 그러나 곧 "의로운 피"가 흘려지고 말았다(히 11:4). 그러므로 구속사를 통해 선지자들은 대담하게, "공의를 행하라"(미 6:8)고 외쳤던 것이다. 때가 차매 그리스도께서 "의에 주리고 목마른 자를" 축복하셨다(마 5:6). 결국 하나님께서는 세상을 정의롭게 심판하실 것이다. 의로움은 이제 완전히 옹호될 것이다. 그러나 하나님의 말씀에는 의로운 자들을 옹호하는 것 외에 "또 다른" 측면이 있다. 의로운 재판장은 "우리 주 예수의 복음에 순종하지 않는 자들에게…진노를 내리실" 것이다(살후 1:5-8). 그리스도께서 재림하실 때에 인류가 하나님의 심판대 앞에 서게 된다는 사실은 하나님의 변하지 않는 말씀이 진리라는 것을 공개적으로 알리는 궁극적인 선언이 될 것이다:

종말이 오면…일들에 대한 정치적인 계산을 해야 할 때가 반드시 올 것이며, 그동안 인간 정치에서 오용되었던 능력은 원래 그것의 합당한 출처로 되돌려질 것이다. 그리고 이러한 되돌려짐은 어떤 의미에서 "공적인" 사건으로 나타날 것이다. 역사의 부패한 통치자들은 이스라엘과 유다의 불의한 왕들과, 애굽의 파라오들, 앗수르와 시리아의 통치자들, 로마의 시저들, 히틀러, 스탈린, 이디 아민, 그리고 소위 "자유세계"의 부패한 정치인들 등이 심판대 앞에 설 것이다. 마지막 때가 되면 권세의 오용도 반드시 심판대 앞에서 심판을 받아야 한다(Richard Mouw, *When the Kings Come Marching In*, 31).

하나님의 심판은 이미 이 세상에서 진행중에 있다(롬 1:18-32). 그러나 현재를 넘어서 마지막 심판의 날은 모든 인류에게 기다리고 있다. "이는 우리가 다 반드시 그리스도의 심판대 앞에 드러나 각각 선악간에 그 몸으로 행한 것을 따라 받으려 함이라"(고후 5:10). 각각을 생명으로 또는 죽음으로 이르게 하는 심판은 더 이상 상소하거나 호소할 가능성이 없이 하나님의 심판대에서 이루어질 것이다. 판결의 기준은 이제나 그때나 동일한 것, 즉 우리의 생명이 "하나님 안에서 그리스도와 함께 감추어져 있는지" 아니면 우리가 "여전히 우리의 죄악 가운데" 있든지 둘 중의 하나로 결정될 것이다. 지금 선포되고 있는 기준은 그때에도 반복될 것이다; 더 이상 새롭고 놀라운 기준은 없다. 그럼에도 불구하고 그때가 되면 놀라는 사람들이 많을 것이다(마 25:31-46).

마지막 심판에 대한 이 종말론적 묘사는 하나님의 존재에 대한 고전적인 도덕적 증명에 대한 성경적인 응답이다. "도덕적인 세계질서"의 존재는 아무런 합리적 증거를 필요로 하지 않는다. 성경 안에서 세계질서의 실재가 스스로 증명된다. 특별히 바울의 서신에서 "하나님께서 어느 날 세계를 심판하실 것이다"라는 사실은 자명한 것으로 드러나고 있다(Ridderbos, *Paul*, 552). 현재의 "마지막 시대"가 지속되는 한, 하나님께서는 자신의 의로운 분노를 오래 참으시는 자비로 억제하시고, 지속적으로 회개를 촉구하신다. 그러나 마침내 은혜의 날은 가던 길을 마치고, 세상의 불의의 잔이 차면, 그리스도께서 나타나셔서 단번에 모든 것들을 바로잡으실 것이다.

그러나 현재의 삶 속에서도, 비록 불투명할지라도, 우리의 "죄는 우리를 끝까지 추적한다"(어거스틴). 이 세상에서도 이미 선과 악은 자신들의 몫을 받는다. 그러나 종말이 이르면 심판자는 자신의 합당한 자리에 앉아서 해결되었거나 미결로 남아 있었던 모든 것들을 최종적으로 처리하실 것이다. 심판자는 그때까지 인류가 알고 있었던 기준을 어떻게 받고 응답한 것에 따라 의롭게 심판할 것이다(마 11:20-24).

이러한 복음의 가르침은 현재 교회의 선교사명에 지대한 영향을 끼친다. 그러나 "이 큰 구원을 우리가 어찌 등한시하리요?"(히 2:3)가 가리키는 이 큰 복음의 빛은 우리 중에 어디서 비추고 있는가? 복음의 부르심에 응답하면서 인류는 그들의 삶에서 얻을 수 있는 가장 귀한 것을 얻는다. 따라서 심판을 선포하는 것은 현재와 미래에 있어서 바로 성육신하시고, 십자가에 달리시고, 부활하시고 이제 높이 들리신 그리스도를 선포하는 것이다. 그의 재림은 그의 초림으로부터 시작된 "대 역전"을 완성할 것이다. 그리스도는 모든 거짓을 드러내고 모든 위선을 벗기실 것이다(눅 11:37-52). 그는 인류와 모든 나라들 가운데 우리의 깊은 충동을 드러내고, 역사의 모호성을 밝히시고, 국제적 분규의 비밀 파일들을 공개적으로 드러내시면서 최종적인 수정을 이루실 것이다. 그러나 바울이 말하는 것과 같이 이 "마지막 날들" 동안 하나님께서 오래 참으시는 것을 존중하면서 "주께서 오시기 전에, 시간 전에 심판을 미리 선포"하지 말아야 할 것이다. 그의 오심은 "어두움에 감추인 것들을 드러내고 마음의 뜻을 나타내시리니 그때에 각 사람에게 하나님께로부터 칭찬이 있으리라"(고전 4:5). 벌카우어는 다음과 같이 말한다:

> 더 이상 악이 선으로, 그리고 선이 악으로 불리우지 않을 것이다. 더 이상 어두움이 빛으로, 그리고 빛이 어두움으로 변하지 않을 것이다. 더 이상 쓴맛이 단맛으로, 그리고 단맛이 쓴맛으로 바뀌지 않을 것이다(사 5:20). 종말에 일어날 이러한 일은 모든 인간의 거짓이 확실하고도 근본적으로 마친다는 것을 의미한다. 선과 악의 갈등 그리고 인간의 활동에 대한 동기, 의도, 그리고 선함의 본질에 관한 모든 논쟁들도 종말을 고할 것이다…오류, 즉 우주의 주님으로부터 돌아서려는 모든 진정한 오류는 드러날 것이다. 종말의 드러남은 교회의 연보에 기록된 것들(저주, 정죄 혹은 기타 삶 속에서 나타난 오류에 대한 거부들)보다 더욱 철저하고, 자명하고, 공정하며, 진실될 것이다…모든 위장된 동기들은 있는 그대로 드러날 것이며, 모든 궤변도 사람들의 마음을 더 이상 움직일 수 없을 것이다. 주는 것이 받는 것보다 복되다는 말씀을 누가 진정 믿었는지(행 20:25), 그리고 누가 그의 형제의 필요에 마음을 닫았는지도 드러날 것이다(요일 3:17: *The Return of Christ*, 160).

굽어진 의지는 마침내 곧아질 것이고, 보응을 받지 않은 잘못도 공의로 심판을 받을 것이며, 인간에 대한 해결되지 않는 범죄들, 하나님 이름을 경멸하는 것, 태어나지 않은 아이들에 대한 무자비한 살육, 가난하고 압제받는 자들의 울부짖음에 대한 무관심 등이 해결될 것이다. 이는 "우리의 양심이 우리 세대가 살아가는 환경에 만족하여 안식하기에는, 너무나 많은 불의가 처벌되지 않은 채 남아 있고, 너무나 많은 선이 보상되지 않고 남아 있기 때문이다"(Bavinck, *Magnalia Dei*, 641). 결국 "우리가 다 하나님의 심판대 앞에 서리라 기록되었으되 주께서 가라사대 내가 살았노니 모든 무릎이 내게 꿇을 것이요 모든 혀가 하나님께 자백하리라 하였느니라 이러므로 우리 각인이 자기 일을 하나님께 직고"(롬 14:10-12)하게 될 것이다.

이 종말론적 법정으로부터는 오직 두 갈래, 즉 죽음으로 인도하는 "넓은 길"과 생명으로 인도하는 "좁은 길"이 있을 뿐이다. 지옥과 천국으로의 운명은 타락하고 구속된 창조세계 자체만큼 실제적인 현상이다. 지옥은 인간이 말할 수 있는 너무나 두려운 것이기에, 그것에 대해 말을 해야 한다면 오직 두려움과 떨림으로 할 수밖에 없다. 그러나 우리는 성경의 놀라운 증거를 억압하지 않기 위해서, 그리고 다른 이들이 영원한 정죄로 떨어지게 하는 데 공범자가 되지 않기 위해서 지옥에 대해서 말해야 한다(겔 3:16-21). 사람들이 절망 중에 "전쟁은 지옥이다!"라고 부르짖을 때, 또는 식사를 대접하는 주인에게 "천상의 식탁"이라고 감사의 표현을 할 때, 우리는 우리 마음 안에 있는 것을 과장하고 있다. 그러나 우리가 일상생활에서 말하는 이러한 과장도 성경이 천국과 지옥에 대해서 말할 때에 가지고 있는 매우 긴급한 의미를 다 포괄하는 데에는 턱없이 부족하다. 천국과 지옥의 실재는 두 개의 역사적 지평이 충돌하기 때문에, 인간의 삶의 경험을 의미하는 언어로는 그 실재성과 긴급성을 표현할 길이 없다. 물론 사실 우리는 영원한 삶과 영원한 죽음을 이미 현 시대에서 맛보고 있다. 그러나 오직 우리의 대리자이신 그리스도만이 "지옥의 고통과 아픔"의 온전한 무게를 이 땅에서 견디어 내셨다(하이델베르그 요리문답, Q & A. 44). 그리고 홀로 그는 하늘의 온전한 영광의 상태를 경험하신다. 나머지 인간들에게 지옥과 천국의 진정한 실재는 심판의 날까지 기다려야 만날 수 있다. 지금 잠정적으로 그리고 불투명하게 나타나는 반립은 완전히 해결된, 그래서 고착된 대조로 완전히 드러나게 될 것이다.

기독교 공동체도 또한 하나님의 재판정 앞에 서야 한다. 왜냐하면 "전투하는 교회(*ecclesia militans*, 또는 지상의 교회)는 그 안에서 일어나는 모든 분열, 훈련, 불순종, 설교, 사랑과 함께, 심판이 하나님의 권속으로부터 시작한다는 것을 기억해야 한다"(Berkouwer, *The Return of Christ*, 160). "하나님 집에서 심판을 시작할 때가 되었나니 만일 우리에게 먼저 하면 하나님의 복음을 순종치 아니하는 자들의 그 마지막이 어떠하며"(벧전 4:17). 교회는 마지막 심판으로부터 제외되지 않는다(고전 3:10-15). 이는 "무릇 많이 받은 자에게는 많이 찾을 것이요 많이 맡은 자에게는 많이 달라 할 것이니라"(눅 12:48) 하셨기 때문이다. 게다가 카이퍼가 종종 말하는 것처럼, "세상은 종종 우리가 기대했던 것보다 더 선하며, 교회는 더 나쁘다." 그럼에도 불구하고 성도는 다음과 같이 고백할 수 있다: "내 눈을 돌려 하늘을 바라보고, 이미 나를 대신하여 하나님 앞에서 재판자리에 서신 심판자를 내가 확신함으로 기다립니다"(하이델베르그 요리문답, Q & A. 52). 비록 현재 그리스도인들이 행하는 실패가 "심판의 날의 그림 속에 들어올지라도…중요한 점은" 다음과 같다: "성도들의 죄와 허물은 심판 때에 용서된 죄들로 드러나게 될 것이다"(Hoekema, *The Bible and the Future*, 259). 지금 이미 그런 것처럼, "결국"에도 역시 그리스도 안에 있는 사람들에게는 정죄함이 없다. 이는 심판자가 바로 우리의 구세주이시기 때문이다. "한번 죽는 것은 사람에게 정하신 것이요 그 후에는 심판이 있으리니 이와 같이 그리스도도 많은 사람의 죄를 담당하시려고 단번에 드리신 바 되셨고 구원에 이르게 하기 위하여 죄와 상관없이 자기를 바라는 자들에게 두 번째 나타나시리라"(히 9:27-28).

7. 모든 것 안에 모든 것

"종말에 이르러." 성경의 이야기 구조는 한 바퀴 돌아 제자리에 올 것이다. 이것은 계속 반복되는 사건들의 악순환과 같은 어지러운 결과가 아니라, 하나의 목표를 향해 진행해 온 구속역사의 완성으로 돌아온다는 것이다. 하나님과 인류 사이의 깨어진 언약 관계는 완전히 치유될 것이다. 하나님의 나라는 의심의 여지없이 완성에 이를 것이다. 창세기는 그 시작에서 우리에게 에덴을 보여 주는데, 거기 하늘과 땅을 창조하시는 일을 하시는 하나님을 보여 준다. 요한의 계시록에는 그 원래의 비전이, 즉 하나님께서는 여전히 모든 것을 새롭게, 그러나 종말론적인 진보를 드러내는 결정적인 창조를 하신다. 이러한 종말론적 성취는 에덴동산이 도시가 되게 한다! 성경의 시작과 마지막을 이루는 이 두 위대한 신기원 사이에 하나님의 나라의 도래를 선포하는 복음이 있는데, 이 복음은 인류의 모든 활동의 구속해야 할 것들을 "새로운 예루살렘"으로 이끌어 간다.

"종말"에 대한 우리의 이해는 "시작"에 대한 이해를 단번에 결정한다. 우리는 창조세계를 회복된 세계로 보든지, 아니면 대체된 세계로 이해한다. 바빙크는 "복귀" 사상, 즉 에덴으로의 복귀, 마치 창조로부터 종말에 이르기까지 일어난 모든 일들을 청소해 버리는 것으로 구원역사를 이해하는 것을 거부하였다. 또한 바빙크는 "파괴"로서의 구원 이해도 거부한다. 그리스도는 그의 성부의 사역이나 그의 제자들의 순종의 행위들을 파괴하러 오신 것이 아니라, 오직 마귀의 일과 악마적 대의를 섬겨왔던 자들을 멸하러 오신 것이다. 오히려 하나님은 창조세계의 위대한 회복자이시다(Veenhof, *Nature and Grace in Bavinck*, 19-20). 칼빈은 이미 이 견해를 지지하며 다음과 같이 말했다: "그리스도는 세상을 파괴하러 오신 것이 아니라 구원하기 위해 오셨다"(『기독교강요』 III, 25, 9). 다른 사람들도 이러한 노선을 따른다. "현 창조 세계의 새로워짐에 대한 기대는 개혁신학자들에 의해서 받아들여졌다"라고 루이스 벌코프가 말한다(*Systematic Theology*, 737). 헨드리쿠스 벌코프 역시 이러한 종말론적 비전을 인정하며 "개혁신학의 정통은 종종 재창조의 관점에서 다가올 세상이 새로워질 것이며 이 세상의 종말을 맞이할 것이다"라고 주장한다(*Christian Faith*, 520, 529). "새 하늘과 새 땅"에 대한 요한의 비전에서 "새"라는 단어의 뿌리는 *kainos*(계 21:1)인데, 그것이 함축하는 의미는 "현재 세상과 완전히 다른 우주의 드러남"이 아니라, "우주는 비록 영광스럽게 새로워질 것이나 그럼에도 불구하고 그것은 현재 세상과의 연장선 안에 드러날 것"이라는 것이다(Anthony Hoekema, *The Bible and the Future*, 280). 심지어는 "불조차도 이 우주를 없애 버리지는 않는다." "불심판이 있은 후에도 동일한 '하늘과 땅'은 존재할 것이지만, 전혀 영광스럽게 새로워진 모습으로 남아 있을 것이다…"(William Hendriksen, *The Bible on the Life hereafter*, 205).

그러므로 그리스도의 재림은 과거의 이 세상과 급격한 단절을 가져오지 않는다. 우리가 본서에서 다루고 있는 기본적인 근거, 그리고 그러한 통일성과 그 안에 있는 풍부한 다양성들은 다가올 세상의 실재 안에서도 연결되어 나타난다. 창조된 질서의 친밀한 구조는 하나님이 이 세상 안에 부여하신 구조와 기능과 함께 모든 것이 완전히 구속되고 하나님께서 지정하신 목표를 향해서 완성된 하나님의 새로워진 세상에서 부활한 인류의 삶에 형태와 구조를 제공한다. "칼을 부수어 보습을 만드는" 이사야의 예언(60, 65장)은 새로운 지상에서 최종적인 완성에 이를 것이다.

"그의 약속대로 의의 거하는 바"(벧후 3:13)가 의미하는 세상, 즉 의가 행해지는 완성된 세상을 우리는 어떻게 상상할 수 있는가? 요한의 묵시적 이미지, 예를 들어서 황금길, 생명의 강, 항상 열매맺는 나무, 밤낮 열려 있는 성문들 등은 우리가 그러한 세상의 기본적인 이미지를 갖게 도와준다. 그것은 다시 얻어진 낙원, 샬롬이 삶의 질서가 되는 세상의 묘사이다. 다가올 세상을 이렇게 지상적인 개념으로 소개하는 것은 초대 그리스도인들에게는 매우 친근한 것이었다. 그들이 이미 잘 알고 있던 "새 예루살렘"은 그리스도를 통해서 이 세상에 현실화되는 구속역사의 지리적 중심이었다. 종말(eschaton)이 그 종말을 이루는 자(Eschatos), 즉 그들이 잘 알고 있는 주님에게 속해 있기 때문에, "미래는 '알 수 없는 영역'(terra incognita)으로 불려질 수 없었다. 물론 새 세상에서의 삶이 우리의 현재 상상을 넘어서지만(고전 2:9), 그래도 "그것은 전혀 알지 못하는 미래가 아니라, 종말론적인 생각을 결정적으로 알려주는 그러한 미래이다"(Berkouwer, *The Return of Christ*, 13). 영화롭게 변화된 인간성에 대해서 우리는 "저희의 행한 일이 따름이라"(계 14:13)고 읽게 된다.

거기 있을 일에 대하여 계시록은 다음과 같이 묘사하고 있다: "만국이 그 빛 가운데로 다니고 땅의 왕들이 자기 영광을 가지고 그리로 들어오리라 성문들을 낮에 도무지 닫지 아니하리니 거기는 밤이 없음이라 사람들이 만국의 영광과 존귀를 가지고 그리로 들어오겠고, 무엇이든지 속된 것이나 가증한 일 또는 거짓말하는 자는 결코 그리로 들어오지 못하되 오직 어린양의 생명 책에 기록된 자들뿐이라"(계 21:24-27).

> (그러므로) 종말의 거룩한 성은 현재의 상황과 완전히 다르지 않다. 이 성에 대한 성경의 가르침은 우리에게 그 안에 있는 것이 현재의 사람들에게는 완전히 이질적인 것이 아니라는 생각을 하게 한다. 사실 그 성에 있는 것들은 보통 알고 있는 것보다 우리의 현재 문화적 패턴들과 매우 가까울 것이다(Mouw, *When the Kings Come Marching In*, 6-7).

그러나 21세기를 살아가는 우리 그리스도인들에게도 이러한 생각은 가능한가? 때로 우리는 요한의 그림을 매우 탈세상적인 용어들로(파란 수평선 너머), 또는 먼 곳에 있는 것으로(어딘가에 있을 아름다운 섬), 평범하지 않은 이상한 이름으로, 그래서 우리가 실제의 것으로는 생각할 수도 또는 실제로 매우 원하지도 않는 그러한 세상으로 채색한다. 이러한 탈세상적인 묘사에 대해 후크마는 다음과 같이 적절한 질문을 던진다:

> 그러한 개념이 성경적 종말론에 적절한가? 우리는 공간을 벗어난 어느 곳에 흰옷을 입고, 하프를 뜯으며, 노래를 하며, 구름 사이를 날아다니면서 영원을 살 것인가? 그 반대로 성경은 하나님께서 새로운 세상을 창조하시며, 그 창조세계에서 우리는 영화되고 부활한 몸으로 하나님을 찬양하며 살 것이라고 확신시켜 준다. 그러므로 이 새로운 세상이 우리가 영원을 지내기를 소망하는 곳이며, 그 아름다움을 즐기고, 그 자원을 개발하고, 또한 하나님의 영광을 위해서 그 자원들을 사용할 수 있는 곳이다(*The Bible and the Future*, 274).

바빙크도 또한 불연속 가운데 있는 연속성을 강조한다:

우리는 완전히 새로운 창조의 관점에서 생각할 수 없다. 현재 존재하는 하늘과 땅은 사실 현재의 모습으로 종말을 맞이할 것이며(고전 7:31) 불에 의해서, 과거에 지구가 물로 정화된 것처럼 정화될 것이다(벧후 3:6, 7, 10). 그러나 인간들이 그리스도로 말미암아 거듭나듯이, 이 세상은 새로 창조되기 위하여 파괴되지 않을 것이며(고후 5:17), 따라서 비록 형태에 있어 매우 큰 변화를 경험하겠지만, 그래서 새 하늘과 새 땅이라고 이름 붙이겠지만, 본질적으로 이 세상은 보전될 것이다(Magnalia Dei, 644).

그러므로 우리는 초대 그리스도인들이 가졌던 기대를 우리 시대에도 회복시켜야 한다. 오늘날 성도들의 공동체는 가난으로 인한 압박, 압제, 핍박에 둘러싸여, 종말은 "저 안식"(히 4:9-10)의 소망으로 제시한다. 그러나 "새로운 질서"는 이 세상에서의 문화소명을 추구할 풍부한 기회를 제공함을 기억해야 한다. 새로운 나라가 오면 더 이상 교회당에 국한되지 않고, 얼굴과 얼굴을 마주하며 가까이서 활기 넘치게 주님을 예배할 충분한 시간이 있을 것이며(계 21:22), 지금 교회들 사이에서 교회의 크기로 다툼을 하는 일들은 영원히 해결될 것이다.

그러나 이와 함께 낙원에서도 정원을 가꿀 시간이 있을 것이며, 그 나라를 가꾸고 섬길 활동이 있을 것이며, 지금은 얻을 수 없는 아주 좋은 책들을 읽을 시간이 있을 것이며, 지금은 끝마칠 수 없었던 편지를 다 쓸 수 있을 것이며, 우리의 현재 학교의 성적표에 있는 "미완성"이라는 표식도 지울 수 있을 것이다. 내게 화학을 가르쳤던 선생님이 하셨던 말씀처럼, 우리가 살 영원한 시간은 실험실의 실험은 계속될, 그리고 창조세계의 이해할 수 없는 경이로움을 계속 탐구할 그런 시간일 것이다. 어쩌면 바르트와 함께 더 모차르트의 음악을 들을지도 모른다. 그리스도 안에서 "만물이 다 너희 것임이라"(고전 3:21-23), "온유한 자는 복이 있나니 저희가 땅을 기업으로 받을 것임이요"(마 5:5). 지금 이미 모든 것들이, 그리고 그 이상이, 소망 안에서 우리의 것이며 그 소망은 종말에 이르러 완성될 것이다.

참고문헌

Abbott, W, M., and J. Gallagher. *The Documents of Vatican II*. New York: Herder & Herder, Association Press, 1966.
Adams, Jay. *The Time Is at Hand*. Nutley, N.J.: Presbyterian and Reformed Publishing Company, 1970.
Augustine. *The Confessions of St. Augustine*. London: Dent & Sons, 1946.
Barth, Karl. *The Word of God and the Word of Man*. Boston/Chicago: Pilgrim Press, 1928.
——. *The Epistle to the Romans*. London: Oxford, 1950.
——. *Church Dogmatics*, I/1, III/3, III/4. Edinburgh: Clark, 1955.
Bavinck, Herman. *De Katholiciteit van Christendom en Kerk*. Kampen: Zalsman, 1888.
——. *Christelijke Wereldbeschouwing*. Kampen: Kok, 1913.
——. *Gereformeerde Dogmatiek*, Vols. I, II, III, IV, Kampen: Kok, 1928.
——. *Magnalia Dei*. Kampen: Kok, 1931.
Bavinck, J. H. *The Impact of Christianity on the Non-Christian World*. Grand Rapids: Eerdmans, 1948.
——. *The Church between Temple and Mosque*. Grand Rapids: Eerdmans, 1966.
Berkhof, Hendrikus. *Christ the Meaning of History*. Richmond: John Knox Press, 1966.

---. *Christelijk Geloof.* Nijkerk: Callenbach, 1973.
---. *Christian Faith.* Grand Rapids: Eerdmans, 1979.
---. *Essays on the Heidelberg Catechism.* N. p., n.d.
Berkhof, Louis. *Introductory Volume to Systematic Theology.* Grand Rapids: Eerdmans, 1932.
---. *Systematic Theology.* Grand Rapids: Eerdmans, 1947.
---. *The History of Christian Doctrines.* Grand Rapids: Eerdmans, 1949.
Berkouwer, G. C. *Faith and Sanctification.* Grand Rapids: Eerdmans, 1952.
---. *The Providence of God.* Grand Rapids: Eerdmans, 1952.
---. *De Sacramenten.* Kampen: Kok, 1954; English translation *The Sacraments.* Grand Rapids: Eerdmans, 1969.
---. *Faith and Justification.* Grand Rapids: Eerdmans, 1954.
---. *The Person of Christ.* Grand Rapids: Eerdmans, 1954.
---. *General Revelation.* Grand Rapids: Eerdmans, 1955.
---. *The Triumph of Grace in the Theology of Karl Barth.* Grand Rapids: Eerdmans, 1956.
---. *Faith and Perseverance.* Grand Rapids: Eerdmans, 1958.
---. *Divine Election.* Grand Rapids: Eerdmans, 1960.
---. *Man: The Image of God.* Grand Rapids: Eerdmans, 1962.
---. *The Work of Christ.* Grand Rapids: Eerdmans, 1965.
---. *Sin.* Grand Rapids: Eerdmans, 1971.
---. *The Return of Christ.* Grand Rapids: Eerdmans, 1972.
---. *The Church.* Grand Rapids: Eerdmans, 1976.
Bettenson, Henry. *The Early Christian Fathers.* London: Oxford, 1956.
---. *The Later Christian Fathers.* London: Oxford, 1970.
Beuker, G. J. *Umkehr und Erneuerung.* Uelsen, Germany: Synode der Evangelisch-altreformierten Kirche in Niedersachsen, 1988.
Blocher, Henri. *In the Beginning.* Downers Grove, Ill.: Intervarsity Press, 1984.
Bloesch, Donald. *Essentials of Evangelical Theology.* San Francisco: Harper & Row, 1978.
Boer, Harry R. *Pentecost and the Missionary Witness of the Church.* Franeker: Wever, 1955.
Boettner, Loraine. *The Millennium.* Grand Rapids: Baker, 1958.
Bonhoeffer, Dietrich. *Letters and Papers from Prison.* New York: Macmillan, 1972.

참고문헌 665

───. *Ethics.* New York: Macmillan, 1975.
Braaten, Carl. *History and Hermeneutics.* Philadelphia: Westminster, 1966.
Bruce, F. F. *The Spreading Flame.* Grand Rapids: Eerdmans, 1958.
Bruggink, Donald. *Guilt, Grace, and Gratitude.* New York: Half Moon Press, 1963.
Brunner, Emil. *Dogmatics,* Vol. II. Philadelphia: Westminster, 1950.
───. *The Mediator.* Philadelphia: Westminster, 1957.
Bultmann, Rudolf. *Jesus and the Word.* New York: Scribner, 1958.
───. *Jesus Christ and Mythology.* New York: Scribner, 1958.
Burgsmüller, Alfred. *Die Barmer Theologische Erklärung.* Neukirchen-Vluyn: Neukirchener, 1983.
Burkhardt, Helmut. *The Biblical Doctrine of Regeneration.* Downers Grove, Ill.: InterVarsity Press; Exeter, England: Paternoster, 1978.
Calvin, John. *Commentary on Ephesians.* Grand Rapids: Eerdmans, 1948.
───. *Commentary on (I Peter) the Catholic Epistles.* Grand Rapids: Eerdmans, 1948.
───. *Commentary on Jeremiah.* Grand Rapids: Eerdmans, 1950.
───. *Commentary on (Amos) the Twelve Minor Prophets.* Grand Rapids: Eerdmans, 1950.
───. *The Institutes of the Christian Religion.* ed. John T. McNeill and Ford Lewis Battles. Philadelphia: Westminster, 1960.
Clouse, Robert G. *The Meaning of the Millennium.* Downers Grove, Ill.: Inter Varsity Press, 1977.
Corduan, Winfred. *Handmaid to Theology.* Grand Rapids: Baker, 1981.
Cullmann, Oscar. *Christ and Time.* Philadelphia: Westminster, 1950.
Daane, James. *The Freedom of God.* Grand Rapids: Eerdmans, 1973.
Darwin, Charles. *The Origin of the Species.* New York: P. F. Collier, 1909.
De Dietrich, Suzanne. *God's Unfolding Purpose.* Philadelphia: Westminster, 1974.
De Ridder, Richard. *My Heart's Desire for Israel.* Nutley, N.J.: Presbyterian and Reformed Publishing Company, 1974.
───. *God Has Not Rejected His People.* Grand Rapids: Baker, 1977.
De Graaf, S. G. *Promise and Deliverance,* Vol, I. St. Catharines: Paideia, 1977.
De Graaf, Arnold, and James H. Olthuis. *Toward a Biblical View of Man.* Toronto: Association for the Advancement of Christian Scholarship, 1978.
Diemer, J. Heinrich. *Nature and Miracle.* Toronto: Wedge, 1977.

Dillenberger, John, ed. *Martin Luther: Selections from His Writings.* Garden City, N.Y.: Anchor Book, 1961.
Dooyeweerd, Herman. *A New Critique of Theoretical Thought.* Philadelphia: Presbyterian and Reformed Publishing Company, 1953-1958.
──. *Christelijke Perspectief,* No. 1. Amsterdam: Buijten and Schipperheijn, 1962.
──. *In the Twilight of Western Thought.* Nutley, N.J.: Craig Press, 1968.
Dowey, Edward. *The Knowledge of God in Calvin's Theology.* New York: Columbia University Press, 1952.
Feinberg, Charles. *Millennialism.* Chicago: Moody Press, 1982.
Fowler, Stuart. *What Is Theology?* Blackburn, Australia: Foundation for Christian Scholarship, n.d.
──. *On Being Human.* Blackburn, Australia: Foundation for Christian Scholarship, 1980.
──. *The Church and the Renewal of Society.* Potchefstroom: Potchefstroom University Press, 1988.
Gilkey, Langdon. *Maker of Heaven and Earth.* Garden City, N.J.: Doubleday, 1959.
Greidanus, Sidney. *The Modern Preacher and the Ancient Text.* Grand Rapids: Eerdmans, 1988.
Gutiérrez, Gustavo. *We Drink from Our Own Wells.* Maryknoll, N.Y.: Orbis Books, 1984.
Hendriksen, William. *More than Conquerors.* Grand Rapids: Baker, 1939.
──. *The Bible on the Life Hereafter.* Grand Rapids: Baker, 1959.
Henry, Carl F., ed. *Basic Christian Doctrine.* New York: Holt, Rinehart, and Winston, 1962.
──. *God, Revelation, and Authority.* Waco, Tex.: Word, 1976.
Hoekema, Anthony. *The Bible and the Future.* Grand Rapids: Eerdmans, 1982.
──. *Created in God's Image.* Grand Rapids: Eerdmans, 1986.
──. *Saved by Grace.* Grand Rapids: Eerdmans, 1989.
Hoeksema, Herman. *Reformed Dogmatics.* Grand Rapids: Reformed Free Publishing Association, 1966.
Holmes, Arthur. *Contours of a World View.* Grand Rapids: Eerdmans, 1983.
Holwerda, David. *Neo-Pentecostalism Hits the Church.* Grand Rapids: Christian Reformed Church Board of Publications, 1968.

Jewett, Paul. *Emil Brunner's Concept of Revelation*. London: J. Clarke, 1954.
Jüngel, Eberhard. *Karl Barth: A Theological Legacy*. Philadelphia: Westminster, 1986.
Kalsbeek, L. *Contours of a Christian Philosophy*. Toronto: Wedge, 1975.
Kant, Immanuel. *Religion Within the Bounds of Reason Alone*. New York: Harper 1960.
_____. *The Conflict of the Faculties*. New York: Abaris, 1979.
_____. *The Critique of Judgement*. Indianapolis: Hackett, 1987.
Kelly, J. N. D. *Early Christian Doctrine*. London: Black, 1958.
Kline, Meredith. *Treaty of the Great King*. Grand Rapids: Eerdmans, 1963.
_____. *By Oath Consigned*. Grand Rapids: Eerdmans, 1968.
Klooster, Fred. *Quests for the Historical Jesus*. Grand Rapids: Baker, 1977.
König, Adrio. *The Eclipse of Christ in Eschatology*. Grand Rapids: Eerdmans, 1989.
Kraus, H. J. *The People of God in the Old Testament*. New York: Association, 1958.
Kromminga, D. H. *The Millennium in the Church*. Grand Rapids: Eerdmans, 1948.
Kuitert, Harry. *Wat Heet Geloven?* Baarn: Ten Have, 1977.
Kuyper, Abraham. *The Work of the Holy Spirit*. Grand Rapids: Eerdmans, 1941.
_____. *Christianity and the Class Struggle*. Grand Rapids: Piet Hein, 1950.
_____. *Principles of Sacred Theology*. Grand Rapids: Eerdmans, 1965.
_____. *Lectures on Calvinism*. Grand Rapids: Eerdmans, 1970.
_____. *Souvereiniteit in Eigen Kring*. Amsterdam: Kruyt, 1880.
Küng, Hans. *Justification: The Doctrine of Karl Barth and Catholic Reflection*. New York: Nelson, 1964.
_____. *The Church*. New York: Doubleday, 1976,
Ladd, George E. *A Theology of the New Testament*. Grand Rapids: Eerdmans, 1974.
_____. *The Last Things*. London: Scripture Union, 1978.
Langer, Susanne K. *Philosophy in a New Key*. Cambridge: Harvard University Press, 1951.
Machen, J. Gresham. *The Virgin Birth of Christ*. New York: Harper, 1930.
Maier, Gerhardt. *The End of the Historical-Critical Method*. St. Louis: Concordia, 1977.

Mann, Thomas. *Joseph the Provider.* New York: Knopf, 1944.
Minear, Paul S. *Images of the Church in the New Testament.* Philadelphia: Westminster Press, 1960.
Moltmann, Jürgen. "Theological Basis of Human Rights." Neukirchen-Vluyn: World Alliance of Reformed Churches, 1977.
Mouw, Richard. *When the Kings Come Marching In.* Grand Rapids Eerdmans, 1984.
Murray, John. *Redemption - Accomplished and Applied.* Grand Rapids: Eerdmans, 1955.
Niesel, Wilhelm. *The Theology of Calvin.* Philadelphia: Westminster Press, 1956.
Olive, Don H. *Wolfhart Pannenberg.* Waco, Tex.: Word, 1975.
Palmer, Edwin H. *Scheebenn's Doctrine of Divine Adoption.* Kampen: Kok, 1953.
Pannenberg, Wolfhart. *History and Hermeneutics.* New York: Harper and Row, 1967.
──. *Revelation as History.* New York: Macmillan, 1968.
──. *Basic Questions in Theology.* Philadelphia: Fortress Press, 1970-1971.
──. *Jesus - God and Man.* Louisville: Westminster John Knox, 1982.
Pelikan, Jaroslav. *The Riddle of Roman Catholicism.* New York: Abingdon Press, 1959.
──. *The Emergence of the Catholic Tradition - l00-600.* Chicago: University of Chicago Press, 1971.
Prenter, Regin. *Creation and Redemption.* Philadelphia: Fortress Press, 1967.
Rahner, Karl. *Foundations of Christian Faith.* New York: Seabury Press, 1978.
Richardson, Don. *Eternity in Their Hearts.* Ventura, Cal.: Regal Books, 1984.
Richardson, Herbert. *Toward an American Theology.* New York: Harper & Row, 1967.
Ridderbos, Herman N. *Matthew's Witness to Jesus Christ.* New York: Association, 1958.
──. *The Authority of the New Testament Scriptures.* Grand Rapids: Baker, 1963.
──. "The Church and the Kingdom of God", *International Reformed Bulletin*, No. 27, October 1966.
──. "The Kingdom of God and Our Life in the World", *International Reformed Bulletin,* No. 28, January 1967.
──. *The Coming of the Kingdom.* Philadelphia: Presbyterian and Reformed

Publishing Company, 1975.
―――. *Paul: An Outline of His Theology.* Grand Rapids: Eerdmans, 1975.
Roberson, O. Palmer. *The Christ of the Covenants.* Grand Rapids: Baker, 1980.
Runia, Klaas, ed. *The Church and Its Social Calling.* Grand Rapids: Reformed Ecumenical Synod, 1980.
Schaeffer, Francis. *Death in the City.* Chicago: Inter Varsity Press, 1969.
Schilder, Klaas. *Christ in His Suffering.* Grand Rapids: Eerdmans, 1938.
―――. *Christ on Trial.* Grand Rapids: Eerdmans, 1939.
―――. *Licht in de Rook.* Delft, Netherlands: Meinema, 1951.
Schleiermacher, Daniel F. E. *Christian Faith.* Edinburgh: T. & T. Clark, 1928.
―――. *On Religion: Discourse to Its Cultured Despisers.* New York: Harper, 1958.
Smedes, Lewis B. *All Things Made New.* Grand Rapids: Eerdmans, 1970.
―――. *Ministry and the Miraculous.* Pasadena, Cal.: Fuller Theological Seminary, 1987.
Smith, Ronald G. *The Whole Man: Studies in Christian Anthropology.* Philadelphia: Westminster, 1969.
Spykman, Gordon J., ed. *Testimony on Human Rights.* Grand Rapids: Reformed Ecumenical Synod, 1983.
―――. "Christian Philosophy as Prolegomena to Reformed Dogmatics", *'N Woord op sy Tyd.* Pretoria: NG Kerkboekhandel, 1988.
Temple, William. *Readings in St. John's Gospel.* London: Macmillan, 1949.
Thielicke, Helmut. *The Evangelical Faith,* Vols. I, II, III. Grand Rapids: Eerdmans, 1974.
Torrance, Thomas. *Calvin's Doctrine of Man.* Grand Rapids: Eerdmans, 1957.
Vander Goot, Henry, ed. *Life Is Religion.* St. Catharines: Paideia, 1981
Vander Stelt, John. "Theology or Pistology?", *Building the House: Essays on Christian Education.* Sioux Center, Iowa: Dordt College Press, 1980.
Vander Velde, George, ed, *The Holy Spirit: Renewing and Empowering Presence.* Winfield, B.C.: Wood Lake Books, 1989.
Van Der Walt, B. J. *Being Human: A Gift and a Duty.* Potchefstroom: Institute for Reformational Studies, 1990.
―――. *A Christian Worldview and Christian Higher Education for Africa.* Potchefstroom: Institute for Reformational Studies, 1991.
Van Ruler, A. A. *Religie en Politiek.* Nijkerk: G. F. Callenbach, 1945.
―――. *The Christian Church and the Old Testament.* Grand Rapids: Eerdmans, 1971.

Van Til, Cornelius. *The Doctrine of Scripture: In Defense of the Faith,* Vol. I. Ripon, Cal.: den Dulk Christian Foundation, 1967.

Veenhof, Jan. *Nature and Grace in Bavinck.* Toronto: Institute for Christian Studies, n.d.

Vos, Geerhardus. *The Teaching of Jesus Christ Concerning the Kingdom and the Church.* Grand Rapids: Eerdmans, 1958.

──── . *Pauline Eschatology.* Grand Rapids: Baker, 1979.

Wallace, Ronald. *Calvin's Doctrine of the Christian Life.* Tyler Tex.: Geneva Divinity School Press, 1982.

Walvoord, J. *The Millennial Kingdom.* Findlay, Ohio: Dunham, 1959.

Walsh, Brian J., and J. Richard Middleton. *The Transforming Vision: Shaping a Christian Worldview.* Downers Grove, Ill.: InterVarsity Press, 1984.

Weber, Otto. *Groundplan of the Bible.* Philadelphia: Westminster, 1959.

──── . *Foundations of Dogmatics,* Vols. I, II, Grand Rapids: Eerdmans, 1981/1983.

Wolters, Albert M. *Creation Regained: Biblical Basics for a Reformational Worldview.* Grand Rapids: Eerdmans, 1985.

Zylstra, Henry. *Testament of Vision.* Grand Rapids: Eerdmans, 1961.

CHRISTIAN LITERATURE CRUSADE

사단법인 기독교문서선교회는 청교도적 복음주의신학과 신앙을 선포하는 국제적, 초교파적, 비영리 문서선교기관입니다.

사단법인 기독교문서선교회는 한국교회를 위한 교육, 전도, 교화에 힘쓰고 있습니다.

만일 당신이 예수 그리스도와 그리스도인의 생활에 대하여 알기를 원하시면 지체 말고 서신연락을 주십시오. 주 안에서 기쁜 마음으로 도움을 드리겠습니다.

서울 서초구 방배동 983-2
Tel. (02)586-8761~3

사단법인 기독교문서선교회

개혁주의 신학

Reformational Theology

2002년 7월 30일 초판 발행
2009년 4월 25일 초판 2쇄 발행

지은이 | 고든 J. 스파이크만
옮긴이 | 류호준 · 심재승

펴낸곳 | 사) 기독교문서선교회
등록 | 제16~25호(1980. 1. 18)
주소 | 서울시 서초구 방배동 983-2
전화 | 02) 586-8761~3(본사)   031) 923-8762~3(영업부)
팩스 | 02) 523-0131(본사)   031) 923-8761(영업부)
홈페이지 | www.clcbook.com
이메일 | clckor@gmail.com
온라인 | 기업은행 073-000308-04-020, 국민은행 043-01-0379-646
        예금주: 사)기독교문서선교회

ISBN 978-89-341-0745-3(93230)

* 낙장 · 파본은 교환해 드립니다.